소크라테스에서
포스트모더니즘까지

소크라테스에서 포스트모더니즘까지

새뮤얼 이녹 스텀프 · 제임스 피저 지음 | 이광래 옮김

SOCRATES TO SARTRE AND BEYOND — A HISTORY OF PHILOSOPHY
by SAMUEL ENOCH STUMPF and JAMES FIESER

Copyright (C) 2003, 1999, 1993, 1988, 1982, 1975, and 1966,
by The McGraw-Hill Companies, Inc.
All rights reserved.
Korean Translation Copyright (C) 2004 by The Open Books Co.
Korean translation rights arranged with McGraw-Hill Companies, Inc.
through Eric Yang Agency Co., Seoul.

이 책은 실로 꿰매어 제본하는 정통적인 사철 방식으로 만들어졌습니다.
사철 방식으로 제본된 책은 오랫동안 보관해도 손상되지 않습니다.

제7판 서문

철학의 역사는 여러 면에서 웅장한 서사시적 소설과도 같다. 거기에는 후손들의 번영을 위해 커다란 고통을 감내하며 전통을 확립해 나가는 존경스러운 선조들이 등장한다. 또한 분란을 일으키고, 형제자매들을 곤혹스럽게 만들고, 때로는 급기야 정치권력자들의 분노를 사고 마는 가문 내의 말썽꾸러기들도 등장한다. 그리고 거기에는 이렇다 할 승자도 없이 대물림되어 온, 가문들 사이의 사무치는 원한의 이야기도 나오며, 전설적 영웅담이 세대를 이어 전해 준 성공의 감동들도 느껴진다. 해묵은 방법들이 폐기되고 일시적인 경우도 있긴 하지만 새로운 방법들이 그 자리를 차지하는 일들도 관찰된다. 이렇게 보면 철학의 역사는 위대한 철학자들의 언어를 사용하는 관념의 모험이다. 이 책은 그러한 드라마의 커다란 줄거리를 기록하려는 시도다.

이 개정판에서 가장 두드러진 변화는 여러 장들을 새로 재구성했다는 데 있다. 다소 짧은 장들을 결합하여 다른 장들과 비슷한 길이로 조정했고, 19세기와 20세기의 철학을 다루는 장들을 연대순으로 다시 정돈했으며, 책의 마지막에 최근의 철학을 다루는 새로운 장을 추가하였다.

이와 더불어 루소에 대한 간략한 논의를 제외하고는 이전 판에 나왔던 인물들을 빠짐없이 포함시켰으며, 새로운 독자들의 취향에 맞게 책의 구성을 전체적으로 수정하였다. 마지막으로 독자들의 명료한 이해를 돕기 위해 어떤 부분은 전적으로 새로 작성하였으며, 어떤 부분은 더욱 간결하게 간추렸다.

제임스 피저

제2판 서문

이 책의 초판이 열광적인 반응을 얻을 수 있었던 것은, 한 권으로 편집된 철학사는 불가피하게 선택적이며, 선택된 철학자들조차 비교적 간략하게 논의될 수밖에 없다는 사실을 독자들이 이해해 주었기 때문이다. 얇은 책이라는 한계 내에서 생생한 철학적 문제로 최대한의 지식을 제공하기 위해서 많은 노력이 필요했다. 개작이 이 책의 특성과 유용성을 감소시킬 수 있다는 우려에서 대부분의 서평자들은 필자에게 제2판을 크게 확장하지 말라고 권고했다.

그래서 제2판은 초판과 동일성을 유지하면서 몇 가지 새로운 내용들을 담았다. 흄의 윤리학, 후설의 현상학, 카르납의 실증주의, 분석 명제와 종합 명제의 구분에 대한 콰인의 반론, 『정신의 개념 The Concept of Mind』(1949)에 나타난 라일의 논지, 오스틴의 일상 언어 분석의 방법론 등이 첨가되었다. 다른 내용들도 첨가될 수 있겠지만 필자는 이 책이 현재의 형태만으로도 폭넓고 다양한 유용성을 유지하길 바란다.

인용 부호를 사용한 문구들은 모두 철학자들의 저서들에서 인용한 것이며, 대부분의 경우 원전을 참고했다. 필자가 각주를 사용하지 않은 이유는 이 책과 같은 이야기체의 철학사가 가지는 나름대로의 특성을 살리기 위해서였다.

새뮤얼 이녹 스텀프

차례

제7판 서문   5
제2판 서문   7

제1부 고대 그리스 철학

제1장 소크라테스 이전의 철학자들   19
  1. 무엇이 영원히 존재하는가?   22
     1.1. 탈레스 1.2. 아낙시만드로스 1.3. 아낙시메네스
  2. 만물의 수학적 기초   28
     2.1. 피타고라스
  3. 변화를 설명하려는 시도들   33
     3.1. 헤라클레이토스 3.2. 파르메니데스 3.3. 제논 3.4. 엠페도클레스 3.5. 아낙사고라스
  4. 원자론자들   53
     4.1. 원자들과 빈 공간 4.2. 인식론과 윤리학

제2장 소피스트들과 소크라테스   59
  1. 소피스트들   60

1.1. 프로타고라스　1.2. 고르기아스　1.3. 트라시마코스
　2. 소크라테스　　　　　　　　　　　　　　　　　　　　　　　66
　　　2.1. 소크라테스의 생애　2.2. 철학자 소크라테스　2.3. 소크라테스의 인식론:
　　　지적 산파술　2.4. 소크라테스의 도덕 사상　2.5. 소크라테스의 재판과 죽음

제3장　플라톤　　　　　　　　　　　　　　　　　　　　　　　83
　1. 플라톤의 생애　　　　　　　　　　　　　　　　　　　　　85
　2. 인식론　　　　　　　　　　　　　　　　　　　　　　　　　90
　　　2.1. 동굴의 비유　2.2. 분리된 선분의 비유　2.3. 형상론
　3. 도덕 철학　　　　　　　　　　　　　　　　　　　　　　　106
　　　3.1. 영혼의 개념　3.2. 악의 원인: 무지 또는 망각　3.3. 상실된 도덕의 회복
　　　3.4. 기능의 실현으로서의 덕
　4. 정치 철학　　　　　　　　　　　　　　　　　　　　　　　115
　　　4.1. 인간의 거대 형상으로서의 국가　4.2. 철인 군주　4.3. 국가의 덕목들
　　　4.4. 이상 국가의 몰락
　5. 우주론　　　　　　　　　　　　　　　　　　　　　　　　124

제4장　아리스토텔레스　　　　　　　　　　　　　　　　　　130
　1. 아리스토텔레스의 생애　　　　　　　　　　　　　　　　　130
　2. 논리학　　　　　　　　　　　　　　　　　　　　　　　　135
　　　2.1. 범주와 추론의 출발점　2.2. 삼단 논법
　3. 형이상학　　　　　　　　　　　　　　　　　　　　　　　141
　　　3.1. 정의된 형이상학의 과제　3.2. 사물의 제1본질로서의 실체　3.3. 질료와 형상
　　　3.4. 변화의 과정: 네 가지 원인　3.5. 가능태와 현실태　3.6. 부동의 동자
　4. 인간의 위치: 물리학, 생물학, 심리학　　　　　　　　　　151
　　　4.1. 물리학　4.2. 생물학　4.3. 심리학　4.4. 인간의 이성
　5. 윤리학　　　　　　　　　　　　　　　　　　　　　　　　156
　　　5.1. 〈목적〉의 종류　5.2. 인간의 기능　5.3. 목적으로서의 행복　5.4. 중용으로서의 덕
　　　5.5. 심사숙고와 선택　5.6. 관조
　6. 정치학　　　　　　　　　　　　　　　　　　　　　　　　163
　　　6.1. 여러 형태의 국가　6.2. 차이와 불평등　6.3. 선한 정부와 혁명
　7. 예술 철학　　　　　　　　　　　　　　　　　　　　　　　167

제2부 헬레니즘과 중세 철학

제5장 아리스토텔레스 이후의 고대 철학　173
1. 에피쿠로스　174
1.1. 물리학과 윤리학 1.2. 신과 죽음 1.3. 쾌락 원리
1.4. 개인의 쾌락 대(對) 사회적인 의무
2. 스토아 철학　180
2.1. 지혜와 통제 대(對) 쾌락 2.2. 스토아학파의 인식론
2.3. 모든 실재의 기초로서의 물질 2.4. 만물에 내재하는 신 2.5. 숙명과 섭리
2.6. 인간의 본성 2.7. 윤리와 인간의 연극 2.8. 자유의 문제 2.9. 세계주의와 정의
3. 회의주의　189
3.1. 감관은 기만적이다 3.2. 도덕률은 회의를 일으킨다
3.3. 지적인 확실성 없이도 가능한 도덕률
4. 플로티노스　195
4.1. 일자로서의 신 4.2. 유출의 비유 4.3. 구원

제6장 아우구스티누스　204
1. 아우구스티누스의 생애　204
2. 인간의 지식　209
2.1. 회의주의의 극복 2.2. 지식과 감각 2.3. 계시론
3. 신　215
4. 창조된 세계　217
4.1. 무에서의 창조 4.2. 배아의 원리
5. 도덕 철학　219
5.1. 사랑의 역할 5.2. 악의 원인으로서의 자유 의지
6. 정의　224
7. 두 개의 나라와 역사　226
7.1. 역사

제7장 중세 초기의 철학　229
1. 보에티우스　230
1.1. 철학의 위안 1.2. 보편자의 문제
2. 사이비 디오니시우스　235
3. 요한네스 스코투스 에리우게나　238
3.1. 자연 구분론
4. 보편자 문제의 새로운 해결　242

       4.1. 오도와 기욤의 과장된 실재론 4.2. 로스켈리누스의 유명론
       4.3. 아벨라르두스의 개념주의 또는 온건 실재론
    5. 안셀무스의 존재론적 증명 246
       5.1. 안셀무스의 실재론 5.2. 존재론적 증명
       5.3. 고닐로의 반박 5.4. 고닐로에 대한 안셀무스의 답변
    6. 이슬람 철학과 유대 철학에서의 신앙과 이성 252
       6.1. 아비센나 6.2. 아베로에스 6.3. 모세스 마이모니데스

제8장 토마스 아퀴나스와 그의 후계자들 261
    1. 토마스 아퀴나스의 생애 262
       1.1. 보나벤투라와 파리 대학교
    2. 철학과 신학 266
       2.1. 신앙과 이성
    3. 신의 존재 증명 268
       3.1. 운동, 작용인, 필연적 존재를 통한 증명 3.2. 완전성과 질서를 통한 증명
       3.3. 증명에 대한 평가
    4. 신의 본성에 대한 지식 275
       4.1. 부정적인 방법 4.2. 유비에 의한 지식
    5. 창조론 278
       5.1. 창조된 질서는 영원한가? 5.2. 무에서의 창조
       5.3. 이 세계가 가능한 최선의 세계인가? 5.4. 결핍으로서의 악
       5.5. 창조된 존재의 범위: 존재의 질서
    6. 도덕과 자연법 282
       6.1. 자연법
    7. 국가 287
    8. 인간의 본성과 지식 290
       8.1. 인간의 본성 8.2. 지식
    9. 스코투스, 오컴, 에크하르트 292
       9.1. 주의주의 9.2. 유명론 9.3. 신비주의

제3부 근대 초기의 철학

제9장 르네상스 시대의 철학 301
    1. 중세의 마감 301
    2. 인문주의와 이탈리아의 르네상스 303

    2.1. 피코 델라 미란돌라 2.2. 마키아벨리
  3. 종교 개혁   309
    3.1. 루터 3.2. 에라스무스
  4. 회의주의와 신앙   315
    4.1. 몽테뉴 4.2. 파스칼
  5. 과학 혁명   322
    5.1. 새로운 발견과 방법 5.2. 근대의 원자론
  6. 프랜시스 베이컨   328
    6.1. 〈학문의 병〉 6.2. 정신의 우상 6.3. 귀납적인 방법
  7. 토머스 홉스   333
    7.1. 기하학이 홉스의 사상에 끼친 영향 7.2. 운동 중의 물체: 사유의 대상
    7.3. 인간의 사유에 대한 기계론적인 견해 7.4. 정치 철학과 도덕
    7.5. 자연 상태 7.6. 자연 상태에서의 의무 7.7. 사회 계약 7.8. 시민법 대(對) 자연법

제10장 대륙 이성론   347

  1. 데카르트   348
    1.1. 생애 1.2. 데카르트의 방법 1.3. 방법적 회의
    1.4. 신의 존재와 영원한 사물 1.5. 정신과 육체
  2. 스피노자   365
    2.1. 방법 2.2. 신: 실체와 속성 2.3. 신의 속성의 양태로서의 세계
    2.4. 지식, 정신, 신체 2.5. 윤리학
  3. 라이프니츠   375
    3.1. 실체 3.2. 신의 존재 3.3. 지식과 본질

제11장 영국 경험론   387

  1. 로크   388
    1.1. 로크의 인식론 1.2. 로크의 도덕 및 정치 이론
  2. 버클리   403
    2.1. 물질은 무의미한 용어 2.2. 과학과 추상 관념 2.3. 신과 사물의 존재
  3. 흄   413
    3.1. 흄의 인식론 3.2. 우리의 외부에는 무엇이 존재하는가? 3.3. 윤리학

제4부 근대 후기와 19세기의 철학

제12장 칸트   431

  1. 칸트의 문제 형성   432

2. 칸트의 비판 철학과 코페르니쿠스적 혁명　　　　　　　　436
　　2.1. 비판 철학의 방법　2.2. 선천적 지식의 본성　2.3. 선천적 종합
　　2.4. 칸트의 코페르니쿠스적 혁명
3. 이성적 사유의 구조　　　　　　　　　　　　　　　　　443
　　3.1. 사유의 범주와 직관 형식　3.2. 자아와 경험의 통일
　　3.3. 현상적 실재와 본체적 실재　3.4. 규제적 개념으로서의 순수 이성의 선천적 관념들
　　3.5. 이율배반과 이성의 한계　3.6. 신의 존재 증명
4. 실천 이성　　　　　　　　　　　　　　　　　　　　　452
　　4.1. 도덕적 지식의 기초　4.2. 도덕과 합리성　4.3. 선의지로 정의되는 〈선〉
　　4.4. 정언 명령　4.5. 도덕적 요청
5. 미학　　　　　　　　　　　　　　　　　　　　　　　461
　　5.1. 독자적인 유쾌한 만족으로서의 아름다움　5.2. 보편적 기쁨의 대상으로서의 아름다움
　　5.3. 미의 대상에서의 궁극성과 목적　5.4. 필연성, 상식, 아름다운 것

제13장 독일 관념론　　　　　　　　　　　　　　　　467

1. 독일 사상에 미친 칸트의 영향　　　　　　　　　　　　467
2. 헤겔　　　　　　　　　　　　　　　　　　　　　　　469
　　2.1. 생애　2.2. 절대정신　2.3. 실재의 본성　2.4. 윤리학과 정치학
　　2.5. 절대자에 대한 인식
3. 쇼펜하우어　　　　　　　　　　　　　　　　　　　　488
　　3.1. 쇼펜하우어의 생애　3.2. 충족 이유율　3.3. 의지와 표상으로서의 세계
　　3.4. 염세주의의 근거　3.5. 〈의지〉로부터의 도피

제14장 공리주의와 실증주의　　　　　　　　　　　　504

1. 벤담　　　　　　　　　　　　　　　　　　　　　　　505
　　1.1. 벤담의 생애　1.2. 공리성의 원리　1.3. 법률과 처벌　1.4. 벤담의 급진주의
2. 밀　　　　　　　　　　　　　　　　　　　　　　　　516
　　2.1. 밀의 공리주의 해석　2.2. 자유
3. 콩트　　　　　　　　　　　　　　　　　　　　　　　528
　　3.1. 콩트의 생애와 시대　3.2. 실증주의의 정의　3.3. 세 단계의 법칙
　　3.4. 콩트의 사회학과 〈인간성의 종교〉

제15장 키르케고르, 마르크스, 니체　　　　　　　　　541

1. 키르케고르　　　　　　　　　　　　　　　　　　　　542
　　1.1. 인간의 실존　1.2. 주체성으로서의 진리　1.3. 미적 단계
　　1.4. 윤리적 단계　1.5. 종교적 단계
2. 마르크스　　　　　　　　　　　　　　　　　　　　　550
　　2.1. 마르크스의 생애와 영향　2.2. 역사의 여러 시대: 마르크스의 변증법

2.3. 하부 구조: 물질적 질서 2.4. 노동의 소외 2.5. 상부 구조: 관념의 기원과 역할
3. 니체 572
3.1. 니체의 생애 3.2. 〈신은 죽었다〉 3.3. 아폴론적인 것 대(對) 디오니소스적인 것
3.4. 주인의 도덕 대(對) 노예의 도덕 3.5. 힘에의 의지 3.6. 모든 도덕의 재평가
3.7. 초인

제5부 20세기와 현대 철학

제16장 프래그머티즘과 과정의 철학 591
1. 프래그머티즘 592
2. 퍼스 593
   2.1. 의미론 2.2. 신념의 역할 2.3. 방법의 구성 요소
3. 제임스 597
   3.1. 방법으로서의 프래그머티즘 3.2. 프래그머티즘의 진리관 3.3. 자유 의지
   3.4. 믿음에의 의지
4. 듀이 609
   4.1. 방관자 대(對) 경험 4.2. 습관, 지성, 학습 4.3. 사실의 세계에서의 가치
5. 과정의 철학 617
6. 베르그송 618
   6.1. 분석 대(對) 직관 6.2. 분석이라는 과학적 방법 6.3. 직관이라는 형이상학적 방법
   6.4. 지속의 과정 6.5. 진화와 생의 약동 6.6. 도덕과 종교
7. 화이트헤드 629
   7.1. 단순 정위의 오류 7.2. 자아의식 7.3. 파악의 이론 7.4. 영원한 대상

제17장 분석 철학 638
1. 버트런드 러셀 640
   1.1. 논리적 원자론 1.2. 논리적 원자론이 지닌 문제들
2. 논리 실증주의 645
   2.1. 검증 원리 2.2. 루돌프 카르납 2.3. 논리 실증주의의 문제들
   2.4. 콰인의 경험론 비판
3. 루트비히 비트겐슈타인 659
   3.1. 비트겐슈타인의 철학에 이르는 길 3.2. 신(新)비트겐슈타인
   3.3. 언어 게임과 후속 규칙들 3.4. 형이상학적 언어의 명료화
4. 존 오스틴 667
   4.1. 〈변명〉의 관념 4.2. 일상 언어의 이득

제18장 현상학과 실존주의 674

1. 에드문트 후설 675
   1.1. 후설의 생애와 영향 1.2. 유럽 학문의 위기 1.3. 데카르트와 지향성
   1.4. 현상과 현상학적 괄호 묶기 1.5. 생활 세계

2. 마르틴 하이데거 685
   2.1. 하이데거의 생애 2.2. 세계 내 존재로서의 현존재 2.3. 관심으로서의 현존재

3. 종교적 실존주의 691
   3.1. 카를 야스퍼스 3.2. 가브리엘 마르셀

4. 장 폴 사르트르 699
   4.1. 사르트르의 생애 4.2. 실존은 본질에 선행한다 4.3. 자유와 책임
   4.4. 무와 불성실 4.5. 인간의 의식 4.6. 마르크스주의와 자유의 재발견

5. 모리스 메를로퐁티 714
   5.1. 메를로퐁티의 생애 5.2. 지각의 우선성 5.3. 지식의 상대성
   5.4. 지각과 정치학

제19장 최근의 철학 723

1. 정신과 육체의 문제 724
   1.1. 라일과 기계 속의 정령 1.2. 동일성 이론과 기능주의
   1.3. 설과 중국어 방 논의

2. 로티 734
   2.1. 프래그머티즘의 영향 2.2. 언어의 우연성 2.3. 자아의 우연성
   2.4. 공동체의 우연성

3. 되돌아온 덕 이론 744
   3.1. 엘리자베스 앤스콤 3.2. 넬 노딩스

4. 대륙 철학 750
   4.1. 구조주의 4.2. 포스트구조주의 4.3. 포스트모더니즘

용어 해설 757
참고 문헌 763
옮긴이의 말 781
찾아보기 785

제1부

고대 그리스 철학
The Ancient Greek Philosophy

1 소크라테스 이전의 철학자들

인간은 수십만 년 동안 지구에서 살아왔다. 말할 필요도 없이 우리가 초기에 살았던 사람들의 경험과 사상을 모두 안다는 것은 불가능하다. 하지만 그때의 사람들도 지금처럼 세상을 설명하고픈 욕망에 사로잡혔을 것이라고 추측하는 것은 당연한 이치다. 아마도 초기의 우리 선조들은 세계가 어떻게 이루어졌는지에 대해 생각했을 것이며, 그들이 동물들 가운데 특별한 존재인지, 그리고 그들을 둘러싸고 있는 지구 너머에 또 하나의 세상이 있는지에 대해서도 생각에 잠겼을 것이다. 그들은 우연히 마주치는 여러 종족에게 들어맞는 도덕 행위나 사회 질서의 통일된 표준이 있는지에 대해서도 염려했을 것이다. 이런 문제들에 대해 그들이 생각했을 법한 것들이 무엇이든 그들의 견해는 지금 시간 속으로 돌이킬 수 없이 사라져 버렸다. 우리가 선조들의 어떤 사색에 대해서 정확히 알 수 있게 된 것은 비교적 최근에 생각해 낸 방법인 글쓰기의 도입을 통해서일 뿐이다. 우리가 지구상에서 가장 오래된 기록물들을 보고 발견한 것은 여러 지역마다 나름대로 가지고 있는, 예를 들어 동아시아, 인도 대륙, 중동, 아프리카가 지닌 사색의 전통이었다. 그러므로 이 책이 시도하는 것도 그러한 전통에 대한 설명이다. 다시 말해 유럽에서 개발된 뒤 미국과 전 세계로 퍼져 나간 것에 대한 설명이다. 이러한 전통은 흔히 그 기원으로서 유라시아 대륙의 서부를 지칭하여 〈서구적Western〉이라고 불린다.

서양 철학의 이야기는 기원전 6세기 동안 고대 그리스에 있는 일련의 섬들과 식민지에서 시작되었다. 최초의 몇몇 사상가들은 매우 특별한 수수께끼들, 특히 〈사물이란 실제로 무엇인가〉, 그리고 〈우리는 어떻게 사물의 변화 과정을 설명할 수 있을까〉와 같은 것들에 사로잡혀 있었다. 그들이 푼 이런 수수께끼의 해답은 지혜에 대한 사랑이었다. 그들은 이것을 얼마 지나지 않아 〈철학〉이라고 부르게 되었다. 이러한 사색의 기초를 이루는 것은 겉으로 보이는 사물의 모습이 결코 정확하지 않다는 사실을 점차 시인하는 데 있다. 현상은 흔히 실재와 구별된다. 거기에는 탄생과 죽음, 성장과 쇠퇴, 즉 생성과 소멸이라는 맹목적인 사실이 존재한다. 사물과 사람이 어떻게 생성하게 되는지에 대한 포괄적인 질문을 제기하는 이러한 사실은 시대마다 다를 수 있으며, 단지 다른 사물과 사람이 뒤이어 나타남으로써 소멸될 뿐이다. 최초의 철학자들이 제기한 이런 질문에 대한 수많은 대답은 그것들이 이런 〈특정한〉 질문에 초점을 맞추었다는 사실만큼 중요하지 않다. 그들은 참신한 관점에서 이 문제들에 접근했다. 그들의 관점은 당시의 위대한 시인들이 지닌 매우 신비적인 접근 방법과는 뚜렷하게 대조되는 것이었다.

철학은 밀레토스Miletos라는 항구 도시에서 태어났다. 그곳은 아테네로부터 에게 해를 건너 소아시아의 이오니아 서쪽 해변에 자리 잡고 있었다. 이러한 이유에서 최초의 철학자들을 밀레토스 학파 또는 이오니아학파라고 부른다. 밀레토스의 철학자들이 그들의 체계적인 작업을 시작했던 시기인 기원전 585년경의 밀레토스는 해상 교역과 코즈모폴리턴적 이념을 위한 교차로였다. 밀레토스는 경제적인 부로 인해 여가를 누릴 수 있었는데, 만일 여가가 없었다면 예술 및 철학 활동은 발전할 수 없었을 것이다. 또한 밀레토스 인들의 폭넓은 정신 성향과 지적 호기심은 그것에 부합되는 지적 활동의 풍토를 조성했고, 이 지적 활동이 점차 철학이 되어 갔다. 좀 더 일찍이 이오니아는 『일리아스Illias』와 『오디세이아Odysseia』의 저자인 호메로스Homeros(B. C. 7세기)를 낳았다. 그의 서사시는 올림포스 산의 정경을 묘사했고 그가 그린 신들의 삶은 지상의 인간들의 삶과 거의 다를 바 없었다. 또한 이 시적인 세계관은 신들이 인간의 대소사에 무리하게 끼어들거나 간섭하는 다양한 방식들을 묘사했다. 특히 호메로스가 그린 신들은, 절제심을 결여한, 특히 자만이나 굽히지 않는 성격 — 이를 그리스인들은 휴브리스hubris라고 불렀다 — 을 지닌 인간을 응징하기도 한다. 호메로스의 신들은 결코 도덕적인 존재들이 아니었다. 그 대신 그들은 단지 인간보다 〈강할〉 뿐이며 강제적인 엄격한 복종만을 요구할 뿐이다.

비록 호메로스가 주로 인간적인 특징들로 신들을 묘사한다 하더라도 그는 때때로 자연에 내재한 엄격한 질서를 암시하곤 했다. 더욱이 그는 이른바 〈운명〉이라는 하나의 힘, 즉 신들조차 종속시키는 힘, 모든 사람과 사물이 반드시 종속되어야 하는 힘이 존재한다는 사실을 제안했다. 그럼에도 불구하고 그의 시적 상상력은 인간적 입장에 철저하게 지배되고 있다. 그렇기 때문에 그가 그린 세계는 어디든지 인간의 형태들로 채워져 있으며, 그의 자연 개념에는 물질적인 자연 법칙이 지배하는 것이 아니라 변덕스런 의지의 작용이 지배하고 있다. 호메로스와 거의 같은 시기에 활동한, 기원전 8세기경의 헤시오도스[1]야말로 신과 운명에 대한 이러한 개념을 변화시킨 장본인이다. 그는 신들로부터 모든 변덕스러움을 제거했고, 대신에 신들에게 도덕적 일관성을 부여했다. 헤시오도스에게는 아직도 신이 자연을 통제한다는 생각이 남아 있기는 하지만, 사물들의 본성 속에 있는 이러한 인격적 요소와 우주의 도덕적 법칙의 비인격적 작용에 관한 강조가 균형을 이루고 있다. 헤시오도스의 견해에 나타난 도덕적 질서는 아직도 제우스의 명령의 산물이다. 그러나 이러한 명령들은 호메로스가 생각했던 것처럼 변덕스럽거나 신들을 만족시키기 위해 계산된 것이 아니라 인간의 선을 위해 이루어진 것이다. 아무튼 헤시오도스에게 우주란 하나의 도덕적 질서다. 그리고 이러한 생각과 비교하여, 신들에 대한 어떠한 언급도 없이 우주에는 그 구조를 다스리며 그 변화 과정을 규제하는 어떤 비인격적인 힘이 있다고 말하는 것은 간발의 차이에 불과하다.

세 명의 위대한 밀레토스 철학자인 탈레스Thales, 아낙시만드로스Anaximandros, 아낙시메네스Anaximenes가 바로 이 발걸음을 내디딘 것이다. 한편 헤시오도스가 여전히 인격신과 더불어 전통적인 신화학(神話學)의 입장에서 사유했다면, 밀레토스

---

1 Hesiodos. 고대 그리스에서 활동한 호메로스 이후 최대의 서사시인. 그의 중요한 작품으로는 개인의 경험과 감정을 교차시키면서 신들의 정의가 존재하고 농업과 항해, 그리고 길한 날과 흉한 날들에 대해 가르치는 『노동과 나날들』, 세계의 시초와 신들의 탄생 및 계보를 노래하는 『신통기Theogonia』, 그리고 신들과 교체된 영웅의 어머니, 그 자손의 조상이 된 여자들을 다룬 『명부전』 등이 있다. 특히 『신통기』는 기본적으로 우주의 생성의 문제와 제우스를 주신(主神)으로 하는 올림포스의 신들이 주권을 획득하는 과정 등 두 가지 요소로 성립되었다 — 이하 모든 주는 옮긴이의 주.

학파의 철학은 독립된 사유 행위로 시작되었다. 그들이 물었던 〈사물들이란 실제로 무엇인가〉, 그리고 〈어떻게 우리는 사물의 변화 과정을 설명할 수 있는가〉와 같은 질문들은 호메로스와 헤시오도스 시가(詩歌)로부터의 실질적인 분리를 암시하며, 더욱 과학적인 사유 방법을 지향하는 하나의 운동임을 설명해 준다. 사실상 이런 단계의 역사에서 볼 때 과학과 철학은 동일한 것이었다. 그리고 얼마 뒤에야 철학의 영역으로부터 의학을 시작으로 해서 다양한 개별 과학들이 분리되었다. 그러므로 우리가 밀레토스의 최초의 과학자들을 최초의 그리스 철학자들이라고 부를 수 있는 것은 당연하다. 어쨌든 명심해야 할 중요한 것은 처음부터 그리스 철학은 하나의 〈지적〉 활동이었다는 사실이다. 왜냐하면 그것은 단지 보거나 믿는 문제가 아니라 〈생각하는〉 문제였기 때문이다. 철학은 순수하고 자유로운 탐구의 태도에서 이루어지는 근본적인 의문들에 대한 사유를 의미했던 것이다.

1. 무엇이 영원히 존재하는가?

1. 1. 탈레스

우리는 밀레토스의 탈레스에 관해 우리가 원하는 것만큼 많이 알지 못한다. 또한 우리가 알고 있는 것도 비교적 일화적인 성격을 띤다. 그는 저술을 남기지 않았다. 우리가 사용할 수 있는 것은 단지 후세 사람들이 그의 생애에서 기억할 만한 사건들을 기록했던 단편적인 언급들뿐이다. 그는 정치가 솔론[2] 및 고대 그리스의 왕 크로이소스와 동시대인이었고 그의 모든 활동은 기원전 624년에서 기원전 546년 사이에 이루어졌다. 페르시아와의 전쟁 기간에 그는 강물의 흐름을 바꾸는 수로를 파서 좀 더 좁혀진 두 개의 강에 다리를 놓음으로써 리디아 왕의 군대가 넓은 할리스 강을 건널 수 있게 하는 어려운 문제를 훌륭하게 해결했다. 또한 탈레스는 이집트를 여행하면서 피

---

[2] Solon(B. C. 640?~B. C. 550?). 아테네의 최초의 시인이자 정치가였으며 그리스의 일곱 현인 가운데 한 사람. 특히 그는 귀족과 평민 간의 당쟁 해결에 힘썼을 뿐만 아니라 국가 전체의 대개혁에 앞장섰다. 우선 부채 장부를 소각하고 신체를 저당하는 제도를 폐지시켰으며 시민의 토지와 재산을 4등급으로 나누고 이에 따라 참정권을 부여하는 재산 평가제를 채택하였고 화폐와 도량형 제도를 개정하기도 했다.

라미드의 높이를 측정하는 방식을 고안해 냈다. 그것은 어떤 사람의 그림자가 그의 키와 같아지는 시간에 피라미드의 그림자를 재는 간단한 방식이었다. 그는 또한 이집트 여행 기간에 습득한 것으로 추정되는 지식을 통해 기원전 585년 5월 28일의 일식 현상을 예견할 수 있었다. 밀레토스에서 그는 실용적인 목적으로 해상에 보이는 배의 거리를 측정하는 도구를 만들었고, 항해에 도움을 주기 위해 선원들에게 작은곰자리가 북쪽을 가리키는 가장 확실한 안내자라고 가르쳤다.

탈레스처럼 비범한 사람에게 많은 일화들이 남게 되는 것은 당연하다. 플라톤은 『테아이테토스 Theaetetos』에서 이렇게 기록하였다. 〈탈레스가 하늘의 별을 쳐다보다가 우물에 빠졌을 때 한 영리하고 재치 있는 트라케인 하녀가 말했다고 전해지는 재담이 있다. 그녀는 탈레스가 하늘에 떠다니는 것을 알려는 열망이 너무 강해서 자신의 발 앞에 있는 것을 볼 수 없었다고 말했다.〉 플라톤은 계속해서 〈이것은 모든 철학자들에게도 적용될 수 있는 이야기다〉라고 썼다. 『정치학 Politica』에서 아리스토텔레스는 이렇게 기록하였다.

밀레토스의 탈레스에 관한 이야기가 하나 있다. 탈레스가 지혜롭기로 이름났기 때문에 그에 관한 사실로 알려져 있는 이 이야기는 돈을 버는 방식에 관한 것이다. ······그는 가난 때문에 많은 비난을 받았다. 왜냐하면 가난은 철학의 무용성을 증명하는 것이었기 때문이다. 그러나 그는 그의 기상학적 지식으로 다음 해 여름에 올리브가 풍작을 이룰 것이라고 예상하고는 얼마 안 되는 금액으로 그해 초에 밀레토스와 키오스의 모든 올리브 짜는 기계들을 선약했다. 더 높은 가격을 부르는 사람이 없었기 때문에 그는 매우 싼 값으로 그것을 확보할 수 있었다. 여름이 되자 갑자기 한꺼번에 수요가 생겨났다. 그는 자신이 선약해 두었던 물건들을 모두 풀었다. 많은 재산을 모은 그는 철학자들도 그들이 원하면 많은 돈을 벌 수 있지만 실제로 그러기를 원하지 않을 뿐이라는 사실을 성공적으로 증명했다.

그러나 탈레스가 유명한 것은 그의 일상적인 지혜나 실천적인 명민함 때문이 아니라 그가 사유의 새로운 영역을 열었기 때문이며, 그러한 이유에서 그가 서양 문명의 최초의 철학자란 칭호를 받은 것은 당연하다.

탈레스의 새로운 탐구는 사물들의 본성에 관한 것이다. 만물은 무엇으로 되어 있으며 어떤 종류의 〈재료stuff〉가 사물들을 구성하는가? 이러한 의문을 가지고 그가 파악하려 했던 것은 우선 땅과 구름과 바다 같은 서로 다른 사물들이 많이 있다는 사실과 이들 중 몇몇 사물은 시간이 흐르면서 다른 어떤 것으로 변화한다는 사실, 또한 그것들은 어떤 점에서는 서로 닮았다는 사실을 모두 설명해 줄 수 있는 방식이었다. 탈레스의 독특한 기여는 그의 다음과 같은 착상이었다. 즉 다양한 사물들 간에는 차이점이 존재하지만, 그럼에도 불구하고 그것들 모두에는 어떤 근본적인 유사점이 존재한다는 생각, 다시 말해 〈다자the many〉는 〈일자the One〉와 연관되어 있다는 생각이었다. 그의 생각으로는, 모든 물질적 실재의 근저에는 몇 개의 단일 요소들, 몇 개의 〈재료〉들, 즉 그 자체의 활동이나 변화의 원칙을 내포하는 어떤 재료가 존재한다는 것이었다. 그에게 있어서 일자 또는 이 재료는 〈물〉이었다.

왜 탈레스가 물이 모든 사물의 원인이라고 결론을 내리게 되었는지에 관해서는 아무런 기록도 없다. 그러나 아리스토텔레스는 탈레스가 단순한 사건들의 관찰에서 그 결론을 이끌어 냈을 것이라고 말한다. 〈아마도 만물의 영양소가 수분이라는 사실, 열이 수분에서 발생하며 수분에 의해 유지된다는 사실을 봄으로써⋯⋯ 또한 만물의 씨앗들이 수분을 가지며 그 수분의 근원은 물이라는 사실로부터 그는 그의 생각을 끌어냈다.〉 증발이라든가 결빙 같은 현상도 물이 다양한 형상들을 갖는다는 사실을 보여준다. 그러나 탈레스의 만물의 구성에 대한 분석은 그가 세계의 본질에 관계된 질문을 제기했다는 사실 자체에 비하면 그렇게 중요한 것은 아니다. 그의 의문은 새로운 탐구로 길을 열어 주었으므로 이후의 분석을 통해 그의 주장의 타당성이 논의될 수 있었으며 지지되거나 반박될 수도 있었던 것이다. 비록 그에게는 〈만물은 신들로 충만해 있다〉는 사고방식 — 그에게 있어서 어떤 신학적 의미를 갖는다기보다는 암석들의 자기력(磁氣力)처럼 사물들의 본유(本有)한 힘을 설명하기 위한 시도에서 나타나게 된 — 이 있긴 했지만, 탈레스는 사유의 기초를 신화적 근거에서 과학적인 탐구로 옮겨 놓았던 것이다. 따라서 다른 사람들도 선택적인 문제를 해결하는 데 있어서 탈레스의 이러한 원초적인 출발점을 따랐다. 즉, 자신들의 문제를 해결하기에 앞서서 언제나 탈레스의 문제를 가지고 시작했던 것이다.

1. 2. 아낙시만드로스

아낙시만드로스는 당시 탈레스의 젊은 제자였다. 그는 하나의 어떤 근본 재료가 있어서 그것으로부터 만물이 발생한다고 생각함으로써 탈레스와 견해를 같이했다. 그렇지만 아낙시만드로스는 탈레스와 달리 이 근본 재료는 물이 아니라 다른 특정한 요소일 수 있다고 주장했다. 물이나 다른 모든 결정체들은 단지 좀 더 근본적인 어떤 것의 구체적인 변형들이거나 파생물들에 불과하다는 것이다. 그가 생각하기에, 물론 물이나 수분은 다양한 형상으로 도처에서 발견되지만 물도 많은 다른 요소들 가운데 특정한 하나의 사물일 뿐이며, 따라서 이들 특정한 사물들은 모두 그것들의 기원을 설명하기 위한 좀 더 근본적인 재료를 필요로 한다는 것이다. 아낙시만드로스에 따르면, 이 모든 특수한 사물들이 근거하는 제1의 실체는 하나의 〈부정적(不定的)〉인 또는 〈무한한〉 것이다. 그러므로 아낙시만드로스는 제1의 실체를 〈비결정적 무한성 *the indeterminate boundless*〉이라고 표현함으로써 바위나 물웅덩이처럼 특정하고 결정적인 사물들과 그것들의 근원을 분리했다. 실제적인 사물들이 특정한 것인 데 반해 그것들의 근원은 비결정적이며, 사물들이 유한한 데 반해 근원적인 재료는 부정적이고 무한하다.

사물의 근원적 실체에 관한 새로운 생각을 내세운 것 외에도 아낙시만드로스는 그의 새로운 생각을 위한 몇 가지 설명을 시도함으로써 철학의 영역을 확장시켰다. 탈레스는 제1재료가 어떻게 현실의 많은 개별적 사물들로 되어 가는가를 자세히 설명하지 못했지만 아낙시만드로스는 이 문제를 정확히 표현했다. 사실 그의 설명에도 모호한 점이 있지만, 그것은 지식의 발전에 있어서 진일보였다. 특히 그것은 논의 불가능한 신비스런 용어로 자연현상을 설명하는 대신에 이미 알려진 사실들을 가설로서 다루려는 시도였다. 그의 설명은 이러하다. 비결정적인 무한한 것은 근원적이며 불멸하는 제1실체이지만, 그는 이 실체가 영원한 운동을 갖는다고 믿었다. 이 운동의 결과로 다양한 특정 요소들이 그 근원적 실체로부터 〈분리 *separated off*〉 방식에 따라 생겨나며, 이처럼 〈하나의 영원한 운동이 있어서 이를 통해 삼라만상이 생겨났다〉는 것이다. 즉 최초에 〈온기〉와 〈냉기〉가 분리되었고, 이 양자로부터 〈습기〉가 생겨났으며 이것들로부터 〈땅〉과 〈공기〉가 생겨났다. [또한 아낙시만드로스는 천체와 지상의 공기의 유동을 설명하려 했고, 별들의 질서 정연한 운동에 대해서도 기계적인 설명을 했다. 대지를 물 위에 떠 있는 원판형의 평면이라고 생각했던 탈레스와 대조적으로 아낙시만드로스는 그것을 원통 모양이라고 생각했다. (제2판)][3]

 인간의 기원에 관해 그는 이렇게 주장했다. 인간을 포함한 모든 생명이 바다에서 태어났고 시간이 흐르면서 바다로부터 마른땅으로 나왔다는 것이다. 또한 그는 인간이 다른 종류의 피조물들로부터 진화했다고 했다. 그의 주장에 의하면 다른 피조물들은 빨리 독립하는 데 반해 인간만이 오랜 기간 동안 양육된다. 따라서 만일 현재의 인간이 인간의 원형이었다면 결코 인간은 살아남을 수 없었을 것이다. 플루타르코스[4]는 아낙시만드로스의 인간의 기원에 관한 설명을 이렇게 언급하였다.

 실제로 시리아인들은 물고기를 인간과 유사한 종(種)이며 유사한 성장 과정을 갖는 것으로서 숭배한다고 한다. 이런 면에서 그들은 아낙시만드로스보다 더 적절하게 철학적으로 사색한다. 왜냐하면 그들은 물고기와 인간은 동일한 부모 밑에서 태어나는 것은 아니지만, 인간은 그 근원에 있어 물고기의 뱃속에서 태어났고 — 마치 상어처럼 — 거기서 양육되며 인간 자신을 닮은 모습을 형성해 나가다가 결국 밖으로 나와 육지에 도달했다고 말하기 때문이다.

사색의 방향에서 다시 광활한 우주로 되돌아간 아낙시만드로스는 생멸하는, 즉 창조와 파괴가 부단히 교체되는 많은 세계와 많은 체계의 우주가 동시에 존재한다고 생각했다. 그에게 있어서 이러한 순환 과정은 하나의 엄격한 필연성이었다. 왜냐하면 본질상 반대되는 힘들의 상충은 그가 시적으로 표현했던, 그것들의 궁극적 파멸을 요구하는 이른바 〈불의*injustice*〉를 낳기 때문이다. 지금까지 남아 있는 유일한 아낙시만드로스의 문구에서 그는 자신의 사상을 집약적으로, 또한 어느 정도는 시적으로 묘사하고 있다. 〈만물은 자신들이 파멸되었을 때 필연적으로 자신들이 생겨났던 근원

---

 3 이하 〔 〕 속의 내용은 옮긴이가 독자의 이해를 위해 첨가한 것으로, 신판(제7판)에는 생략되었지만 제2판에는 있는 것은 (제2판)이라고 표시하였다.
 4 Plutarchos(46?~120?). 로마 제정 시대의 그리스계의 저작자. 그는 전기, 윤리, 철학, 심리, 종교, 자연 과학 등 다양한 분야에 걸쳐 저작 활동을 했다. 특히 『영웅전*Bioi paralleloi*』은 일화나 도덕적 측면에 초점을 맞춰 그리스와 로마에서 유사한 생애를 보낸 인물들을 대비한 책이다. 따라서 거기에는 플라톤, 스토아학파, 피타고라스학파의 요소들이 혼합되어 있다.

으로 되돌아간다. 거기서 그들은 처벌받고 시간의 질서에 따라 서로 자신들의 불의를 배상한다.〉

1. 3. 아낙시메네스

밀레토스의 철학자 중 세 번째이자 마지막 인물은 아낙시메네스(B. C. 585?~B. C. 528?)다. 그는 아낙시만드로스의 젊은 친구였다. 자연의 사물들의 구성과 관련된 의문에 대한 아낙시만드로스의 대답을 검토하면서 아낙시메네스는 모든 사물의 근원으로서의 〈무한자〉라는 관념에 만족할 수 없었다. 그 관념은 너무 모호하고 임의적이었기 때문이다. 그는 아낙시만드로스가 물이 만물의 원인이라는 탈레스의 생각에 반대하여, 왜 이러한 해결책을 제시했는가를 이해할 수 있었다. 적어도 무한자는 유한하고 구체적인 사물들의 폭넓은 다양성에 대해 〈무한한〉 배경을 설명해 줄 수 있는 것이었기 때문이다. 그렇지만 아낙시메네스에 있어서 그 비결정적인 무한자는 구체적인 의미를 결여한 것이었고, 따라서 그는 탈레스가 행했던 방식대로 하나의 특정한 실체에 관심을 집중하면서도, 동시에 아낙시만드로스에 의해 이루어진 성과를 구체화하기 위해 노력했다.

두 선구자의 견해를 조정하려는 시도로서 아낙시메네스는 〈공기〉라는 제1실체를 고안했으며, 만물은 그것에서 비롯된다고 주장했다. 물에 대한 탈레스의 관념처럼 공기는 무한한 실체이다. 또한 우리는 만물의 토대에서 어렵지 않게 그것을 발견할 수 있다. 예를 들면 우리는 공기를 볼 수 없지만 그것을 호흡해야만 살 수 있다. 또한 〈우리의 영혼이 우리를 감싸듯이 공기의 존재도 우리를 호흡하게 한다. 공기는 온 세상을 감싸고 있는 것이다〉. 아낙시만드로스의 지속적으로 운동하고 있는 무한자에 대한 관념처럼 공기는 어디에나 퍼져 있으며, 비록 무한자와는 다르다고 할지라도 그것은 구체적이고 감각할 수 있는 물질적 실체며, 따라서 밝혀질 수 있는 것이다. 더구나 공기의 운동은 아낙시만드로스의 〈분리〉 작용보다 훨씬 더 구체적이다.

[아낙시메네스는 공기의 변화를 표현할 수 있는 운동의 구체적인 형식들로서 〈희박rarefaction〉과 〈농후condensation〉라는 매우 훌륭한 개념을 제시했다. (제2판)]

그러나 어떻게 공기가 만물의 근원이 되는가를 설명하기 위해 아낙시메네스는 공기가 어떻게 수축되거나 팽창되는지에 따라 각각의 사물이 구성된다고 주장했다. 그는 이 점을 강조하기 위해 중요한 새로운 아이디어를 내놓았다. 질적 차이는 양적 차이에 의해 야기된다는 것이다. 공기의 팽창과 수축은 양적 변화들을 보여 주며 하나의 단일한 실체에서 발생하는 이 변화들은 우리가 세상에서 볼 수 있는 여러 사물들의 다양성을 설명한다. 공기의 팽창, 즉 희박은 온기를 발생시키는데, 결국에는 불이 된다. 반면에 수축, 즉 공기의 농후는 냉기를 발생시키며 점차로 공기를 고체로 변화시킨다. 아낙시메네스는 〈농후해진 공기는 바람을 만들고…… 만일 이 과정이 지속되면, 물이 되고 그다음에는 땅이 생겨난다. 마지막으로 농후의 최후의 모습은 암석에서 발견된다〉고 하였다.

비록 이 밀레토스의 철학자들이 과학적 관심과 기질로 연구를 진행했지만 그들의 가설은 현대 과학자들의 그것과 판이하며, 그들은 자신들의 이론을 검증할 수 있는 어떤 실험 장치도 고안하지 않았다. 그들의 생각에는 참된 가설들을 시험하려는 의도보다는 독단적인 성격과 무엇인가를 적극적으로 주장하려는 기분이 더 많이 내포되어 있다. 그러나 우리는 인간 지식의 본성과 한계에 관한 비판적 의문들이 아직까지는 제기되지 못하고 있었다는 사실을 상기할 필요가 있다. 밀레토스 학파는 정신과 육체 간의 관계에 관한 문제를 한 번도 언급하지 않았다. 그들이 모든 실재를 물질적 근원에 귀속시키려 했을 때 이러한 의문은 충분히 나올 수도 있었지만 그것은 사상사의 흐름이 조금 지난 뒤에야 하나의 문제로 인식될 수 있었다. 사물의 제1실체로서의 물과 무한성과 공기에 대한 그들 각자의 생각이 유용하든 유용하지 않든 밀레토스 학파의 실제적인 중요성은 그들이 최초로 사물의 궁극적 본성에 관한 의문을 제시했다는 점이며, 또한 처음으로 무엇이 실제적으로 자연을 구성하는가에 대한 불완전하지만 직접적인 탐구를 시도했다는 점이다.

2. 만물의 수학적 기초

2.1. 피타고라스

밀레토스에서 바다로 조금 나가다 보면 에게 해안에 사모스라는 조그만 섬이 나타난다. 여기가, 현명하고 비범했던 피타고라스(Pythagoras, B. C. 570?~B. C. 497?)

의 출생지다. 그와 그의 추종자들에 관해 여러 군데에서 모은 지식으로부터 우리는 그의 새로운 철학적 반성들에 나타나는 불완전하지만 여전히 매혹적인 모습을 발견할 수 있다. 폴리크라테스[5]의 폭정 기간에 이오니아나 사모스 섬의 상황에 만족할 수 없었던 피타고라스는 남부 이탈리아로 이주했고, 거기서 크로톤이라는 번영한 그리스의 도시에 정착했다. 그곳에서의 그의 활발한 철학 활동은 대개 기원전 525년에서 기원전 500년 사이에 이루어졌다. 아리스토텔레스의 기록에 의하면 〈피타고라스학파는 수학에 몰두했고 그 연구를 최초로 발전시켰다. 또한 수학 속에서 그들은 수학의 원리야말로 만물의 원리라고 생각했다〉고 한다. 밀레토스 학파와는 대조적으로 피타고라스학파는 사물이 수(數)로 구성되어 있다고 주장했다. 이러한 주장은 매우 낯설기는 하지만, 이 이론의 난해한 면은 피타고라스가 왜 수에 관심이 있었으며 그의 수의 개념이 무엇인가를 살펴보면 매우 잘 극복된다.

피타고라스는 종교적인 이유에서 수학에 관심을 가지게 되었다. 그의 독창성은 수학의 연구야말로 영혼의 가장 훌륭한 정화 역할을 해준다는 그의 신념 속에 나타난다고 말할 수 있다. 그러므로 그는 한 종파의 교조이면서 동시에 한 수학 학파의 창시자로 지칭된다. 피타고라스 교단을 생겨나게 한 것은 좀 더 심오한 영적 종교에 대한 사람들의 열망 때문이었다. 그들에게 그 종교는 영혼의 정화를 위한 수단과 영혼의 불멸성을 보증해 주는 수단을 제공할 수 있었다. 호메로스의 신들은 신학적 의미에서의 신들이 아니었다. 왜냐하면 그들은 인간과 마찬가지로 비도덕적이었으며, 그래서 숭배의 대상일 수도 어떤 영적인 힘의 근원일 수도 없었다. 그래서 그들은 도덕적 부정(不淨)을 극복해 줄 수도 없었고, 짧은 인생과 죽음이라는 종말에 대한 인간의 불안을 씻어 줄 수도 없었다. 피타고라스보다 먼저 이러한 인간 문제의 영역에서 전개되었던 종교 운동은 디오니소스의 종교였으며, 이 종교는 기원전 7세기와 기원전 6세기에 널리 퍼져 있었다. 디오니소스 숭배는 그러한 정화와 불멸성에 대한 열망을 어느 정도 만족시켜 주었다. 비밀스럽고 신비적인 소규모 사회들로 구성된 채, 광신자들은 다양한 동물 형상을 통해서 디오니소스를 숭배했다. 그들은 격렬

---

[5] Polycrates. 사모스 섬의 명문가인 아이아케스의 아들로 태어나 기원전 540년경 두 형제와 더불어 참주권을 수립했지만 나중에 형제들을 모두 제거하고 독재자가 되었다. 그럼에도 불구하고 그는 강력한 해군력을 동원하여 인근의 섬들을 합병시킴으로써 사모스의 번영을 이룩한 인물이기도 하다.

한 춤과 노래의 광란 속에 빠져 들어가 그들이 흥분 상태에서 찢어 놓았던 동물들의 피를 마셨고 마침내 지쳐 쓰러졌다. 그들은 광란의 정점에서 디오니소스의 영혼이 그들의 육신으로 들어와 육신을 정화하고 그들의 영혼에 디오니소스 자신의 불멸성을 불어넣는다고 확신했다.

피타고라스학파는 정화와 불멸이라는 신비적인 문제와 명백히 관련되어 있었다. 그들이 과학과 수학에 집중했던 것도 그러한 이유에서였다. 그들은 그것들에 대한 연구를 영혼을 위한 가장 훌륭한 정화라고 생각했던 것이다. 과학적이며 수학적인 사유에서 그들은 다른 어떤 것보다도 더 순수한 생활양식을 발견했다. 사유와 반성은 상업 활동이나 여러 가지 명예를 위한 경쟁과 명백히 대비되는 것이었다. 피타고라스는 세 가지 종류의 삶을 분명하게 구분했고, 영혼에도 세 부류가 존재함을 암시적으로 표현했다. 그에 의하면 올림포스 경기에 나가는 사람들은 세 부류로 나뉠 수 있다. 최하 부류는 그곳에서 물건을 사거나 팔아서 이익을 취하고자 하는 사람들, 두 번째 부류는 그곳에 경쟁을 위해, 명예를 얻기 위해 나가는 사람들, 가장 훌륭한 부류는 구경하러 가는 사람들, 즉 일어나고 있는 일들을 반성하고 분석하는 사람들이었다. 이 세 부류 중에서 구경꾼은 사상가를 비유한 것이다. 철학자로서의 그의 활동은 일상생활의 잡다하고 불완전한 것들로부터 그를 풀려나게 한다는 것이다. 〈구경한다〉는 말은 그리스어의 〈이론theoria〉이라는 단어가 가진 의미들 가운데 하나다. 피타고라스학파는 이론적인 사유나 순수 과학 및 순수 수학이야말로 영혼을 정화하는 방법이라고 생각했다. 수학적 사유는 인간을 개별적인 사물들에 대한 생각에서 해방시켜 영원하고 질서 있는 수의 세계로 이끈다. 피타고라스학파가 보는 신비스런 승리 가운데 마지막 것은 〈출생의 굴레〉, 즉 인간의 영혼이 동물이나 생사의 끊임없는 변화 과정에 있는 다른 형상들로 변이한다는 사실로부터 해방되는 것이다. 이렇게 하여 구경꾼은 신과의 합일을 통해 신의 불멸성을 분유(分有)한다.

이러한 종교적 관심을 피타고라스학파의 철학적 측면과 연결시키려면 우리는 우선 그들의 음악에 대한 관심을 연구해야 한다. 그들은 음악을 신경 질환에 매우 좋은 치료법이라고 생각했다. 그들은 음악의 화음과 인간의 내적 생활의 조화 사이에는 어떤 관계가 있다고 믿었다. 하지만 그들이 음악 분야에서 진정으로 발견한 것은 마디 사이의 음정이 정수(定數)로 표현될 수 있다는 사실이었다. 그들은 악기의 현의 길이가 그것들이 내는 음들의 실제 음정과 비례적이라는 사실을 발견했다. 예를 들어 바이올린의 한 줄을 잡아 당길 때 일정한 음을 내던 것이 그 줄의 길이를 절반으로 하면 한 옥타브 높은 음을 낸다. 이때 비례는 2:1이 된다. 다른 음정들도 모두 정수비로 유사하게 표현될 수 있었다. 따라서 피타고라스학파에 있어서 음악이란 만물에는 수들이 충만해 있다는 사실의 결정적인 실례였다. 아리스토텔레스는 그들을 가리켜 이렇게 말했다. 〈그들은 음계의 속성과 비율이 수적으로 표현될 수 있다는 사실을 알고 있었기 때문에, 모든 다른 사물들의 본성은 수를 본받은 것으로 간주되었고, 수는 자연 전체 내에서 최초의 사물로 간주되었으며, 천체는 하나의 음계며 하나의 수라고 생각되었다.〉

피타고라스학파는 수를 계산하고 기록하는 특정한 방식을 실행했으며, 아마도 이것이 〈만물은 수다〉라는 그들의 교의(敎義)의 발전을 가속화시켰을지도 모른다. 그들은 마치 조약돌을 세듯이 개개 단위들로부터 수를 만들어 나갔음이 틀림없다. 따라서 하나라는 수는 하나의 조약돌이었고 그 밖의 다른 수들은 조약돌의 더하기에 의해 만들어졌다. 오늘날에 비유하면 점들을 사용해서 주사위에 수를 표현하는 방식과 같다고나 할까? 그러나 중요한 점은 피타고라스학파가 대수와 기하학의 관계를 발견했다는 사실이다. 하나의 조약돌은 하나의 점과 마찬가지로 하나다. 그러나 둘은 두 개의 조약돌이나 두 점으로 구성되며 이 두 점은 하나의 선분을 이룬다. 삼각형의 세 꼭짓점처럼 세 점은 하나의 평면을 이루며, 네 점은 하나의 정육면체를 보여 준다. 이러한 사실은 수와 크기 사이의 밀접한 관계를 피타고라스학파에 시사해 주었으며, 피타고라스는 우리가 〈피타고라스의 정리〉로 알고 있는 것, 즉 직각 삼각형에서 직각을 낀 두 변의 제곱의 합은 나머지 한 변의 제곱과 같다는 사실을 증명했다. 이러한 수와 크기와의 상호 관계는 우주 내의 구조와 질서의 원리에 대한 증거를 찾으려 했던 사람들에게는 대단히 만족스러운 것이었다. 그러므로 히파소스Hippasos라는 피타고라스주의자를 헬레스폰토스 해협에 수장시킨 데 얽힌, 어쩌면 날조되었을지도 모르는 이야기도 이해할 만하다. 이 이야기에 따르면 히파소스는 직각 이등변 삼각형의 경우에는 직각을 낀 두 변과 빗변 사이의 관계가 정수비에 의해서는 표현될 수 없고, 단지 무리수에 의해서만 표시될 수 있으므로 피타고라스의 원리(정수비)는 틀리다는 비밀을 폭로했다는 이유로 수장당했다는 것이다.

피타고라스에게 수란 어떤 도형들, 예를 들면 삼각형, 정사각형, 직사각형 같은 도형을 의미했다는 점에서 수와 크기의 관계는 중요하다. 개개의 점들은 〈영역〉을 표현하는 〈경계석(境界石)〉이다. 더욱이 이들 〈삼각형 수〉와 〈정사각형 수〉와 〈직사각형 수〉와 〈구형 수〉는 피타고라스학파에 의해 홀수와 짝수로 구분됨으로써 대립자들의 상충 현상을 다루는 새로운 방식을 부여했다. 그러므로 이 모든 형상들, 수들은 추상적 개념이 아니라 구체적인 실체들이 되었다. 피타고라스학파에 따르면 〈만물은 수다〉라는 주장은 모양과 크기를 갖는 만물의 기초에는 수가 존재한다는 것을 의미했다. 그러므로 그들은 대수로부터 기하학으로, 더 나아가 실재의 구조로 나아갔다. 만물은 수를 가지며, 그 수들의 짝수성이나 홀수성은 하나와 다수, 정방형과 장방형, 직선과 곡선, 정지와 운동 같은 사물의 대립된 성격을 설명해 주는 것이었다. 밝음과 어둠조차 수적인 대립자들이었고, 남자와 여자, 선과 악도 마찬가지였다.[6]

피타고라스학파는 이러한 방식으로 수를 이해함으로써 그들의 가장 중요한 철학적 개념, 즉 〈형상form〉의 개념을 형성하는 데까지 나아갔다. 밀레토스 학파는 만물을 구성하는 제1의 질료matter 또는 재료의 개념을 착안해 냈지만 어떻게 구체적 사물들이 이 단일한 질료로부터 개별화되는가를 조리 있게 설명할 수는 없었다. 그들 모두는 물이나 공기나 비결정적 무한성 같은 무제한적인 재료를 통해 어떤 제1질료를 표현하려 했을 뿐이다. 이제 피타고라스학파는 형상의 개념을 갖고 나타났다. 그들에게 있어서 형상은 한계를 의미했고, 한계는 특히 수적으로 이해 가능한 것이었다. 그들은 음악과 의학이 그 한계의 개념을 가장 잘 예시한다고 믿었다. 왜냐하면 이 두 가

---

[6] 피타고라스학파에게 있어서 삼라만상을 이루는 대립자들의 근본적인 짝은 〈제한성〉과 〈무제한성〉이다. 수의 제한적인 홀수성과 무제한적인 짝수성 같은 대립 현상으로 만물의 실재 구조를 설명하려는 열 개의 대립자들을 표로 정리하자면 다음과 같다.

제한성limit	무제한성unlimited
홀수odd	짝수even
하나unity	다수plurality
오른쪽right	왼쪽left
남성male	여성female
정지rest	운동motion
직선straight	곡선curved
명light	암darkness
선good	악bad
정방형square	장방형oblong

지 기술에 있어 중심이 되는 것은 조화며, 조화는 비율과 한계를 설명함으로써 얻어지기 때문이다. 〈음악〉에는 하나의 정수비가 존재하며, 그 비율에 따라 각 음절들은 조화로운 음정을 이루기 위해 분리되어 있어야 한다. 조화란 정수비라는 제한적 구조를 악기의 현이 낼 수 있는 무한히 다양한 가락에 부과하는 형식인 것이다. 피타고라스는 의학에 있어서도 동일한 원리가 작용함을 목격했다. 건강이란 온과 냉, 습과 건 같은 대립자들의 조화와 균형이나 적정비며, 후에 생화학적 요소들이라고 알려진 다양한 구체적 원소들의 부피상의 균형이었다. 사실 피타고라스학파는 신체를 하나의 악기로 간주했다. 이들에 의하면 건강은 신체가 〈조율되어〉 있는 것이며, 질병은 현이 적절하게 조율되지 않았거나 너무 팽팽히 당겨졌을 때 생긴다. 특히 인체의 구성과 관련된 초기 의학 서적에서 수의 개념 —— 〈도형〉을 의미하는 것으로 번역된 —— 은 건강이나 질병과 관련하여 자주 사용되었다. 그러므로 참된 수나 도형은 육체의 모든 원소들과 기능들의 적절한 균형과 관련된다. 따라서 수는 무한적인 것(질료)에 대한 한계(형상)의 적용을 보여 준다. 또한 피타고라스학파는 그들의 매우 폭넓은 개념, 즉 〈만물은 수다〉라는 개념의 생생한 설명을 위해 음악과 의학에 대해 언급했다.

우리는 피타고라스와 그의 추종자들이 이후의 철학자들, 특히 플라톤에게 미쳤던 영향을 통해 그들의 천재성을 어느 정도 가늠해 볼 수 있다. 플라톤은 피타고라스의 가르침 가운데 많은 부분을 계승했다. 그 부분 중에는 영혼의 중요성, 영혼의 세 부류, 형상의 개념 및 이데아와 관련된 수학의 중요성이 포함된다.

3. 변화를 설명하려는 시도들

3. 1. 헤라클레이토스

초기의 철학자들은 인간을 둘러싼 자연의 궁극적인 구성 요소를 묘사하는 데 집중했던 반면에, 에페소스의 귀족인 헤라클레이토스(Herakleitos, B. C. 540?~B. C. 480?)는 하나의 새로운 문제, 즉 〈변화〉의 문제로 관심을 옮겨 갔다. 그의 핵심 명제는 〈만물은 유전한다〉는 것이었다. 그는 〈당신들은 같은 강물로 두 번 걸어 들어갈 수 없다〉고 말함으로써 자신의 영원한 변화의 개념을 표현했다. 강물은 변화한다. 왜냐하면 〈항상 새 물결이 당신에게 밀려오기 때문이다〉. 〈유전 *flux*〉의 개념은 강물뿐 아니라 인간의 영혼을 포함하는 만물에 적용되는 것이었다. 강물과 인간은 항상 변하면서도 동일성이 유지된다는 매력적인 면을 보여 준다. 비록 새 물결이 항상 강으로 밀려오고 있지만, 우리는 〈동일한〉 강으로 되돌아갈 수 있으며, 성인 역시 소년과 마찬가지의 인간이다. 사물들은 변화하여 많은 다른 형상들을 취한다. 그렇지만 그것들은 변화의 흐름 속에서도 항상 동일할 수 있는 어떤 것을 내포한다. 이 다양한 형상들과 단일한 지속적 요소 사이, 즉 다자와 일자 사이에는 어떤 근본적인 통일성이 존재함이 틀림없다고 헤라클레이토스는 주장했다. 이러한 주장은 상상력이 풍부한 것이었으며, 따라서 그의 어떤 생각들은 공상적인 것처럼 보이기도 하지만, 그의 주장 가운데 많은 부분이 이후의 플라톤과 스토아학파의 철학에서 중요한 위치를 차지하였다. 불과 한두 세기 전의 헤겔과 니체도 그를 가슴속 깊이 경탄한 바 있다.

3.1.1. 유전과 불

변화를 다양성 속의 통일성으로 묘사하면서 헤라클레이토스가 전제했던 것은 변화하는 〈어떤 것〉이 존재한다는 사실이었다. 그는 이 어떤 것을 〈불〉이라고 주장했다. 그러나 그는 단순히 탈레스의 물이나 아낙시메네스의 공기를 불이라는 원소로 대치하지 않았다. 헤라클레이토스가 불을 사물의 근본적인 원소로 생각할 수 있게 한 것은 불이 변화의 과정을 암시해 주는 방식으로 작용한다는 점이었다. 불은 일종의 결핍인 동시에 과잉이다. 그것은 항상 무엇인가를 섭취하면서 동시에 항상 무엇인가를 열이나 연기 또는 재의 형태로 방출한다. 그러므로 불은 변형의 과정이며, 따라서 불이 섭취한 어떤 것은 다른 어떤 것으로 변형된다. 헤라클레이토스는 물과 같은 실재의 본성으로 어떤 근원적인 원소를 지적하는 것만으로는 만족할 수 없었다. 왜냐하면 이는 그 근본 재료가 어떻게 다른 형상들로 변화할 수 있는가 하는 문제에 대답할 수 없기 때문이다. 그러므로 헤라클레이토스가 불을 근본 실재로 상정했을 때, 그는 변화하는 〈어떤 것〉을 염두에 두었을 뿐만 아니라 이미 자신은 변화의 원리 그 자체를 발견했다고 생각했다. 헤라클레이토스에게서 만물이 유전한다는 말은 세계가 하나의 〈영원히 타는 불〉임을 의미하는 것으로, 그 불의 영원한 운동은 〈타는 정도와 연소되는 정도〉에 의해 보증된다. 또한 이 〈정도들〉은 타는 것과 연소되는 것의 일종의 균형을 의미했다. 그는 이 균형을 경제적인 교환의 입장에서 설명한다. 〈만물은 불의 교환이며, 불은 만물의 교환이다. 이는 마치 물품이 금의 교환이며, 금이 물품의 교환인 것과 같다.〉 이 교환을 설명함으로써 헤라클레이토스는 사물의 본질에 있어서 잃는 것은 아무것도 없다는 점을 지적하려 했다. 만일 금이 물품의 교환이라면, 비록 그것들이 서로 다른 수중에 있긴 하지만 금과 물품은 계속 존재하는 것이다. 이와 유사하게 만물은 시시각각 그것들의 형상을 교환하면서 계속 존재한다.

변화나 유전의 질서 있고 균형 잡힌 과정으로 인해 우주 안에는 안정이 이뤄진다. 실재는 마치 동일한 양을 들이마시고 내뿜는 거대한 불처럼 동일한 〈정도〉를 들여보낸 만큼 내보낸다. 따라서 세계 안에 있는 만물의 목록은 그대로 유지된다. 이 만물의 목록은 사물들의 광범위한 포진을 보여 주는데 그 모두는 불의 또 다른 형상들이다. 유전과 변화는 불의 운동이며, 헤라클레이토스는 이 운동을 상향로(上向路)와 하향로(下向路)로 명명했다. 불의 하향로는 우리가 경험하는 사물들의 발생을 설명하는 것이다. 불이 응축되면 습해지며, 이 습기는 증가하는 압력의 조건하에서 물로 되고, 그 물이 응결되면 대지가 된다. 상향로는 이 과정과 정반대다. 땅은 액체로 변형되며 이 물로부터 다양한 형태의 생명이 나타난다. 이 변형의 과정에서는 아무것도 손실되지 않는다. 헤라클레이토스는 그 이유를 이렇게 말한다. 〈불은 죽은 땅을 살리며, 공기는 죽은 불을 살리고, 물은 죽은 공기를 살리며, 땅은 죽은 물을 살린다.〉 불을 통한 만물의 영원한 변형을 묘사함으로써 헤라클레이토스는 자신이 하나의 근본 재료와 세계 내의 〈많은〉 다양한 사물들 사이의 통일성의 원리들을 설명했다고 생각했다. 한편 그의 불의 개념 이외에도 또 다른 중요한 관념이 있다. 그것은 다름 아닌 보편 법칙으로서의 〈이성reason〉의 관념이었다.

3.1.2. 보편 법칙으로서의 이성

변화의 과정은 임의적인 운동이 아니라, 신의 보편 이성(로고스logos)의 산물이다. 이 〈보편 이성〉의 관념은 헤라클레이토스의 종교적 신념, 즉 만물 가운데 가장 실재적인 것은 영혼이며 그 영혼의 가장 판명하고 중요한 속성은 지혜이거나 사유라는 그의 신념에서 출발했다. 그러나 헤라클레이토스는 신과 영혼에 관해 언급할 때 각각의 개인적인 실체들을 염두에 두지 않았다. 그에게 유일한 근본 실재는 오직 하나, 즉 불이며, 이 물질적 실체인 불이야말로 그가 말한 일자 *the One* 또는 신과 일치한다. 헤라클레이토스는 신이란 우주 산물과 별개의 것이 아니라는 범신론자가 될 수밖에 없었다. 그에게 만물은 불이자 즉 신이었기 때문이다. 불, 즉 신은 만물에 내재하기 때문에 인간의 영혼조차도 불, 즉 신의 일부다. 지혜가 불, 즉 신의 가장 중요한 속성인 것처럼 인간의 주된 활동 역시 지혜 또는 사유다. 더 나아가 무생명체들 역시 이성의 원리를 내포한다. 왜냐하면 그것들 속에도 불의 원소가 침투해 있기 때문이다. 헤라클레이토스가 생각하기에 불, 즉 신은 이성이고 만물에 충만해 있는 일자이기 때문에 결국 불, 즉 신은 만물을 통일성 속에 가두며 사유나 원리들에 따라 만물을 움직이고 변화하게 하는 보편 이성이며, 이 원리들과 사유는 법칙의 본질을 구성한다. 이 법칙은 만물에 내재하는 보편 법칙이다. 모든 인간은 그들 자신의 본질 속에 불, 즉 신을 지니고 있으므로 사유의 능력을 지니는 한에서 이 보편 법칙을 보유한다.

논리적으로 인간의 이성적 본성에 관한 이 설명은 인간의 모든 생각들이 신의 생각이라는 사실을 의미한다. 왜냐하면 일자와 다자 사이, 즉 신과 인간들 사이에는 하나의 통일성이 존재하기 때문이다. 모든 인간은 신에 대해 유사한 관계를 갖기 때문에 같은 줄기의 지식을 공유하고 있다. 세계의 다양한 양상을 예로 들어 보면, 모든 암석은 그것을 모두 중력의 법칙에 따라 움직이게 하는 신의 이성을 분유하는 것이다. 그러나 인간은 주지하다시피 서로 반목한다. 또한 인간은 매우 모순되게 행동한다. 인간의 반목을 인정한 헤라클레이토스는 그 사실을 이렇게 설명했다. 〈잠에서 깨어난 사람은 대개 하나의 질서 있는 세계를 발견한다. 그러나 잠들어 있는 인간은 항상 그 자신의 세계로 돌아서 버린다.〉 헤라클레이토스에게 〈잠자는 행위〉란 틀림없이 생각이 없거나 무지한 상태를 의미한다. 만일 인간의 영혼과 정신이 신의 일부라면 생각이 없는 상태가 어떻게 가능한지를 불행하게도 그는 설명하지 않는다. 이러한 한계점들에도 불구하고 그의 이론은 그 이후의 사상가들에게 지대한 영향을 주었다. 특히 모든 사유하는 인간들에게 적용되는 공통의 우주가 존재한다는 신념, 나아가 모든 사람들은 신의 보편적 이성이나 보편 법칙을 분유하고 있다는 신념이 바로 그것이다. 몇 세기 지나, 스토아학파의 세계 시민주의적 이상(理想)에 근거를 제공한 것도 이 개념이다. 스토아학파에 의하면 모든 인간은 세계의 시민들이 될 수 있다. 왜냐하면 모든 인간은 일자, 즉 신의 이성을 분유하며 신의 광채인 불을 어느 정도로 함유하고 있기 때문이다. 또한 이 개념은 고전적인 〈자연법〉 이론을 위한 기초를 제공했다. 헤라클레이토스를 조금 변형한 그 이론은 스토아학파에게 전파되었고, 고대 및 중세의 기독교 신학자들에게 전해졌으며, 마침내 아메리카 혁명에 동력을 제공해 주었다. 심지어 오늘날조차도 자연법은 법 이론의 근간을 이루고 있다.

3.1.3. 대립자의 투쟁

인간은 모든 사물을 관류(貫流)하는 영원한 지혜를 인식할 수 있으면서도 이 지혜에 집중하지 않는다. 따라서 사물들이 나타나는 방식에 대한 이유들을 인간이 〈파악하지 못하고 있다는 사실이 증명되었다〉. 인간은 자신에게 보이는 것이 단지 세상의 온갖 의미 없는 무질서들뿐이라는 사실 때문에 고민한다. 또한 그들은 선과 악의 존재에 압도당해 왔으며 투쟁의 목적을 의미하는 평화를 갈망한다. 그렇지만 헤라클레이토스는 투쟁이 변화 그 자체의 본질이라고 말함으로써 우리에게 작은 위안을 준다. 우리가 이 세계에서 목격하는 대립자 간의 투쟁은 단순히 한때의 불행이 아니라 만물의 영원한 조건이다. 헤라클레이토스에 의하면 우리가 변화의 전 과정을 볼 수 있으려면 우리는 먼저 다음과 같은 사실을 인식해야 한다. 즉 〈싸움이란 일반적인 것이며 정의는 투쟁이다. 또한 만물은 투쟁과 필연성에 의해 발생한다〉. 이러한 관점에서 그는 〈대립 속에 존재하는 것은 일치 속에 존재하는 것이며, 서로 다른 것들로부터 가장 아름다운 조화가 나타난다〉고 주장한다. 죽음조차 불행이 아니다. 왜냐하면 〈인간이 기대하거나 상상할 수는 없지만 사후에도 만물은 인간을 기다리기 때문이다〉. 투쟁과 무질서의 문제를 다루면서 헤라클레이토스는 줄곧 다음과 같은 사실을 거듭 강조했다. 즉 만물은 일자 속에서 그것들의 통일성을 발견하며, 따라서 서로 무관하다고 생각되는 사건들과 모순적인 힘들도 실제로는 친밀하게 조화되어 있다는 것이다. 이러한 이유에서 그는 〈사람들은 모순적인 것이 어떻게 그 자체와 일치하는지를 알지 못한다. 그것은 마치 활이나 수금(竪琴)처럼 대립적인 긴장들의 조화다〉라고 말했다. 불 그 자체는 대립자 간의 이러한 긴장을 보여 주며 실제로 그 긴장에 의존한다. 불은 불 자체의 대립자들 간의 수많은 긴장들이다. 일자 속에서 만물은 그들의 통일성을 발견하며, 따라서 일자 내에서는 〈상향로와 하향로가 동일하며 선과 악이 하나로 된다〉. 또한 〈인간에 있어서는 살아 있는 것과 죽은 것, 깨어난 것과 잠든 것, 젊은 것과 늙은 것이 마찬가지다〉. 대립자의 투쟁에 관한 이러한 해결책은 헤라클레이토스의 다음과 같은 주요 가정, 즉 어떠한 것도 손실되는 것은 없으며 자신의 형상을 변화시킬 뿐이라는 가정에 의존한다. 영원한 불은 이성인 신의 방향 설정에 따라 계획된 속도로 움직이며 모든 변화는 대립자들과 다양한 사물들을 필요로 한다. 더 나아가 〈신에게는 만물이 공평하고 선하며 정의로우나, 사람들은 어떤 것은 그르고 어떤 것은 옳다고 한다〉. 헤라클레이토스가 이러한 결론에 도달했던 이유는 만물이 선하다고 판단하는 어떤 인격적인 신이 존재한다고 믿었기 때문이 아니라 단순히 〈만물은 하나〉며 그 일자는 다양한 형상들로 체현된다는 〈사실에 동의하는 것이 현명하다〉고 생각했기 때문이다.

3. 2. 파르메니데스

헤라클레이토스보다 젊은 동시대인인 파르메니데스Parmenides는 기원전 510년경에 엘레아에서 태어나 대부분의 생애를 그곳에서 보냈다. 오늘날 이탈리아의 남서부에 위치한 엘레아는 그리스의 망명자들이 세운 식민지였다. 파르메니데스는 그곳에서 많은 능력을 발휘하여 엘레아 주민들을 위한 법률의 기초를 제공했고 그의 후계자들에 의해 엘레아학파로 알려진 철학의 새로운 학파를 세우기도 했다. 파르메니데스는 그 이전 철학자들의 견해와는 달리 전 우주란 하나의 사물로 이루어졌다는 아주 놀라운 이론을 내놓았다. 하나의 사물은 결코 변하지 않으며, 나누어지지도 않고, 절대로 소멸될 수도 없다. 그는 이 유일한 사물을 〈일자the One〉라고 불렀다. 마치 작은 도토리가 커다란 참나무가 되듯이 세상의 사물들이 변화하는 것처럼 보이는 것은 당연할지도 모른다. 세상에는 바위, 나무, 집, 사람과 같은 서로 다른 수많은 사물들이 있는 것처럼 보이기도 한다. 파르메니데스에 의하면 그러한 변화와 다양성은 모두가 일종의 환상에 지나지 않는다. 다양한 현상에도 불구하고 세상에는 변하지 않는 하나의 영원한 사물만이 존재한다. 파르메니데스는 무엇 때문에 이처럼 현상들과 반대되는 이론을 내놓았을까? 그는 자신의 눈으로 본 것보다 논리적 추론에 더욱 깊이 빠져들었기 때문이다.

파르메니데스의 이론이 지닌 논리는 〈어떤 것이 존재한다거나 어떤 것이 존재하지 않는다〉와 같은 단순한 언명으로 시작한다. 예를 들어, 소는 존재하지만 유니콘은 존재하지 않는다. 더 나아가, 그렇더라도 파르메니데스는 어떤 사람들이 〈어떤 것이 존재한다〉는 언명만을 주장할 수 있을 뿐이라는 사실을 잘 알고 있다. 왜냐하면 사람들은 존재하는 사물들에 대해서만 개념화하고 말할 수 있을 뿐 존재하지 않는 것에 대해서는 그렇게 할 수 없기 때문이다. 우리들 가운데 누가 비존재의 정신적 그림을 그릴 수 있을까? 따라서 파르메니데스에 의하면 우리는 〈어떤 것이 존재하지 않는다〉를 함의하고 있는 어떠한 논쟁도 물리치지 않으면 안 된다. 파르메니데스는 이러한 사색을 거쳐 자신의 여러 가지 속뜻들을 드러내고 있다. 첫째로, 그의 주장에 따르면 변화하는 것은 아무것도 없다는 사실이다. 이미 보았듯이 헤라클레이토스는 만물의 끊임없는 변화를 주장했지만 파르메니데스의 생각은 그와 정반대였다. 우리는 일상적으로 사물의 생성 변화를 경험한다. 예를 들어 커다란 참나무는 조그마한 도토리에서 생겨나고, 그 나무가 죽어서 소멸됨으로써 사라지는 것이다. 비록 이와 같이 하여 사물들이 어떻게 출현하는지 보여 줄지라도, 파르메니데스의 주장에 따르면 변화 과정에 대한 이러한 주장은 논리적으로 결함이 있다. 우리는 [생성 소멸의 순서상 생성 이전에] 먼저 어떤 나무도 〈존재하지 않는다〉고 말한다. 그러고는 [생성되면] 〈그것이 존재한다〉고 말한다. 그 뒤[소멸 뒤]에는 다시 한 번 〈그것이 존재하지 않는다〉고 말한다. 이처럼 우리는 〈어떤 것이 존재하지 않는다〉는 있을 수 없는 논점에서 시작하여 그것으로 끝낸다. 그러므로 우리는 논리적으로 잘못된 이러한 변화 과정의 주장을 거부하지 않으면 안 된다. 또한 우리는 그것이 대단한 환상이라는 사실도 알려야 한다. 변화하는 것은 아무것도 없기 때문이다.

이와 마찬가지로 파르메니데스의 주장에 따르면 세계는 하나의 불가분의 사물로 이루어진다. 하지만 우리는 대체로 세상에는 수많은 다양한 사물들이 존재한다고 말한다. 예를 들어 고양이 한 마리가 카펫 위에 앉아 있다고 가정해 보자. 고양이와 카펫은 다른 사물이라는 사실, 그리고 그것들은 구별되지 않는 하나의 질료 덩어리가 아니라는 사실에 대한 지각을 누구나 공유하고 있다. 그러나 물질적 구분에 대한 이러한 공통의 견해도 논리적으로 결함이 있다. 그는 본질적으로 다음과 같이 주장하기 때문이다. 그 고양이의 발 아래는 어떤 고양이도 〈존재하지 않는다〉. 고양이는 발에서부터 머리를 통해 존재한다. 그리고 그 고양이의 머리 위에는 어떤 고양이도 존재하지 않는다. 이와 같이 그 고양이의 신체적 경계를 설정할 경우, 나는 〈어떤 것이 존재하지 않는다〉처럼 〔비존재에 대한〕 있을 수 없는 논점에서 시작하여 그것으로 끝내고 있는 것이다. 따라서 나는 이른바 물질적 구별 짓기라는 사실을 거부하지 않으면 안 된다. 또한 나는 그것이 대단한 환상임을 공표해야 한다. 간단히 말해 세상에는 오직 불가분의 일자만이 존재할 뿐이기 때문이다.〔파르메니데스의 공헌은 그가 주로 변화하는 현상에 대해 근본적으로 새로운 해석을 했다는 점이다. 파르메니데스는 변화를 다양성 속의 통일성으로 설명하려는 헤라클레이토스의 시도를 거부하면서 동시에 사물의 기원에 관한 밀레토스 학파의 이론들을 비판했다. 헤라클레이토스나 밀레토스 학파의 철학에는 모두 만물은 또 다른 어떤 것으로부터 발생한다는 주장과 비록 세계 내에서는 오직 하나의 근본 재료만이 존재하지만 이 근본 재료는 만물의 근원이며, 그 일자가 다양한 사물로 되어 가는 과정이 곧 변화의 과정이라는 주장을 전제하고 있었다. 반면에 파르메니데스는 그러한 변화의 개념에 반대하면서 적어도 두 가지 근거로 자신의 반박을 뒷받침했다. 그는 만물의 배후에 하나의 단일 실체가 있다면 변화의 개념은 논리적으로 모순된다는 점과 변화하는 현상이란 근본적으로 일종의 환상이라는 점을 논거로 내세웠다.

파르메니데스에 있어서 변화의 개념은 논리적으로 볼 때 생각할 수 없는 것이거나 표현 불가능한 것이다. 그에 의하면 〈절대적〉인 의미에서 존재한다는 것은 그것이 무엇이든 간에 존재한다는 것만을 의미한다. 〈어떠한 것이⋯⋯ 비존재(非存在)에서 존재로 될 수 있다는 주장은 결코 용인될 수 없다〉는 것이다. 존재화(存在化)라는 개념이나 〈생성한다〉는 개념은 그에게 매우 불합리한 것으로 간주되었다. 어떤 것은 〈존재하거나 존재하지 않거나〉 둘 중 하나라는 것이 그의 주장이다. 도대체 어떻게 어떤 것이 존재화했다고, 다시 말해 비존재에서 존재로 변화했다고 말할 수 있단 말인가? 그의 주장에 따르면 우리는 결코 어떤 것에 관해 그것이 한때 비존재였다고 말할 수 없다. 왜냐하면 만일 우리가 하나의 〈그것〉을 생각할 수 있다면 그것은 이미 존재하기 때문이다. 따라서 한 사물이나 한 사물의 상태가 비존재에서 또는 비존재로 변화할 수 없기 때문에 변화의 과정 역시 있을 수 없다. 파르메니데스는 〈생각될 수 있는 것과 존재할 수 있는 것은 동일한 것〉이라고 말했다. 그는 다음 문구에서 이것을 좀 더 직접적으로 표현했다. 〈당신들은 생각이 지향하는 존재 없이는 결코 생각할 수 없을 것이다.〉 생각하는 것은 무엇에 관해 생각하는 것이며, 이러한 이유에서 우리는 변화하는 어떤 것 또는 존재화하는 어떤 것에 관해 생각할 수 없다. 변화에 관해 생각하는 것은 불가능한 일을 하려는 것과 다름없다. 즉 현존하지 않는 어떤 것에 관해 생각하는 것이다. 존재 또는 실재란 현존하는 것 자체일 뿐 다른 어떤 것이 아니다. 그렇다면 명석한 방식으로 변화에 관해 생각하는 것은 불가능하다. 인간이 유일하게 생각할 수 있는 것은 존재 혹은 현존하는 것일 뿐이다. 그러므로 여기에는 존재란 절대적이며 모든 존재는 유사하기 때문에 분류할 수 없다는 주장이 뒤따른다. 파르메니데스는 이렇게 말한다. 〈……모든 것은 존재로 충만하다. 따라서 존재는 전적으로 연속적이다. 왜냐하면 존재는 존재와 밀착되어 있기 때문이다.〉 이 점을 강조하기 위해 파르메니데스는 어떤 것이 존재하게 된다는 주장을 일축함으로써 생성이나 변화의 개념이 갖는 모순을 증명하려 했다.

〈어떤 것이 존재화한다〉는 명제는 어디에 모순이 있을까? 파르메니데스에 의하면, 어떤 것이 존재나 비존재 둘 중의 하나로부터 발생할 수 있다는 주장을 조리 있고 일관성 있게 내세울 수 없다는 데 그 모순이 있다고 한다. 변화의 개념의 배후에 있는 가정은 어떤 것이 비존재 또는 존재에서 존재로 변화한다는 바로 그것이다. 그러나 파르메니데스에 의하면 이러한 가정은 다음과 같은 이유에서 의미를 갖지 못한다. 즉 만일 누군가가 탈레스나 밀레토스 학파가 주장했던 것처럼 어떤 것이 존재로부터 발생한다고 말한다면 거기에는 어떠한 의미도 있을 수 없다. 왜냐하면 만일 그것이 존재로부터 발생한다면 그것은 이미 존재하는 것이기 때문이다. 한편 만일 어떤 것이 비존재로부터 발생한다고 누군가가 주장한다면 그는 비존재가 어떤 것이라고 가정한 것이다. 비존재가 어떤 것이라고 말하는 것은 명백한 모순이다. 왜냐하면 모든 어떤 것은 존재성을 갖기 때문이다. 파르메니데스에 따르면, 우리가 실재의 전 구조의 기원에 관한 광범한 문제를 설명하려 하든, 아니면 단순히 작고 특수한 사물을 설명하려 하든 변화를 설명하는 일은 마찬가지로 불가능하다. 각각의 경우에 난점은 동일하다. 즉 그 난점은 어떤 형태의 존재가 존재나 비존재로부터 발생해야 한다는 데 있다. 다시 말해 만일 존재가 존재에서 발생한다면 그 존재는 이미 존재하는 것이며, 따라서 변화나 생성은 있을 수 없다. 한편 존재가 비존재로부터 발생한다면 유(有)가 무(無)에서 발생한다는 모순을 피하기 위해 비존재를 유로 취급하지 않을 수 없다. 각각의 경우에 만일 어떠한 운동이 존재한다면 그것은 존재로부터 존재로의 운동일 뿐이며, 따라서 변화란 있을 수 없다. 〈변화〉가 생겨나기 전에 이미 어떤 것이 존재하며, 변화 후에도 그것은 계속 존재하기 때문에 각각의 경우에 변화나 운동은 있을 수 없는 것이었다. (제2판)〕

파르메니데스는 마찬가지의 논리를 동원하여 〈일자〉는 부동의 것이어야 한다고도 주장한다. 만일 그것이 움직인다면 그것은 그 이전에 있었던 자리에는 더 이상 존재하지 않을 것이다. 그렇게 되면 그것은 〈어떤 것이 존재하지 않는다〉는 점을 논리에 맞지 않게 주장하는 셈이 된다. 또한 파르메니데스의 주장에 따르면 일자는 하나의 완벽한 구형(球形)임에 틀림없다. 만일 그것이 어떤 식으로든 불규칙적이라면 — 세 개의 구멍을 가진 볼링공이 그 구멍에 빠지듯이 — 이것은 (공간적으로) 아무것도 존재하지 않는 그 공간에 어떤 영역을 지니고 있는 것이다. 그렇게 되면 이것은 〈어떤 것이 존재하지 않는다〉는 사실을 잘못 주장하는 꼴이 될 것이다. 〔모든 실재를 일자로서 간주한 파르메니데스의 주장에 의하면 우리가 말할 수 있는 유일한 것은 〈일자는 존재한다〉이다. 여기에는 말하자면 만들어질 수도 파괴될 수도 없는 대단히 많은 징표들이 있다. 왜냐하면 그것은 완전하고 확고부동하며 끝이 없기 때문이다. 존재에는 다양한 차이들이 있을 수 없다. 그것이 존재하거나 그것이 존재하지 않을 뿐이다. 또한 생성도 있을 수 없으므로 존재는 불가분적이다. 한 장소의 존재는 다른 장소의 존재만큼 많으며 빈 공간이 없다. 이러한 생각에서 파르메니데스는 그것이나 실재는 본질상 물질적이며 유한하다고 주장한다. 실재는 구형이며 물질적이고, 불활성(不活性)이며 충만된 공간, 즉 덩어리로 거기에는 어떠한 공백도 있지 않으며 또한 그곳을 넘어서면 아무것도 없다. 변화가 존재하지 않기 때문에 실재는 생성되지도 파괴되지도 않으며 따라서 영원하며 불활성적이다. (제2판)〕

변화의 개념의 모순이 논리적으로 증명된다고 해도 이 개념을 상식으로부터 없애기에는 충분하지 않다. 속인들은 도처에서 유전하는 사물들을 발견하며 그는 이 사실을 순수한 변화라고 생각한다. 그러나 파르메니데스는 현상과 실재를 구분함으로써 변화에 대한 상식적인 사고방식을 거부한다. 그에 의하면 변화란 현상을 실재로 혼동한 결과다. 따라서 단순히 하나의 환상이다. 현상과 실재에 대한 이 구분의 배후에는 파르메니데스의 속견과 진리에 대한 구분이 존재하며 그 역시 중요한 가치를 지닌다. 실재가 진리의 토대라면 현상은 속견을 조장할 뿐이다. 비록 상식은 사물들이 유전의

와중에 있으며 따라서 연속적인 변화의 과정에 있다고 말하겠지만 감각에 근거한 이 속견은 이성의 활동에 종속되어야 한다는 것이 파르메니데스의 주장이다. 이성이야말로 사물들에 대해 진실을 말할 수 있게 하며 우리에게 다음과 같은 사실, 즉 만일 만물을 구성하는 단일 실체가 존재한다면 어떠한 운동이나 변화도 존재할 수 없다는 사실을 알려 준다. 최초의 철학자 탈레스도 이와 유사한 점을 지적한 바 있다. 즉 탈레스는 만물이 물에서 비롯된다고 주장했을 때, 사물의 현상은 우리에게 실재의 참된 구성 요소나 재료를 보여 줄 수 없다는 사실을 어느 정도는 지적한 것 같다. 그러나 이 구분을 명료하게 강조한 인물은 파르메니데스였으며, 이는 플라톤의 철학에서 결정적인 역할을 했다. 플라톤은 존재의 무변화성에 관한 파르메니데스의 기본 개념을 채용했고, 이것을 기초로 속견의 가시계(可視界)와 진리의 가지계(可知界)를 확실히 구분해 주었다. 플라톤은 또한 파르메니데스의 변화하지 않는 존재로부터 자신의 객관적이며 영원한 이데아를 추론해 냈다.

그는 65세 때 그의 제자인 제논과 함께 아테네를 방문했는데 이때 그가 젊은 소크라테스와 대화했다는 이야기가 전해진다. 〔실재가 단일 실체로 구성된다는 주장의 논리적 합의를 추론해 내기 위해 열정적으로 노력한 그는 결국 우리의 감각과는 상반되게 운동이나 변화가 존재하지 않는다는 결론을 내리게 되었다. (제2판)〕 파르메니데스의 급진적인 결론은 불가피하게 비판적인 도전과 조소를 받았다. 파르메니데스를 논박하는 이들에 대해 스승의 입장을 옹호해야 할 임무를 부여받은 사람은 바로 파르메니데스의 제자, 제논이었다.

3.3. 제논

제논Zenon은 기원전 489년경에 태어났다. 그의 스승인 파르메니데스와 함께 아테네를 방문했을 때 제논의 나이는 약 40세였다. 제논의 관심은 주로 파르메니데스에 대한 비판에 답변하는 것이었다. 그의 방식은 세계에 대한 이른바 상식적 견해가 파르메니레스의 견해보다 훨씬 더 우스꽝스러운 결론을 내리게 하는 것이었다. 예를 들면 피타고라스학파는 파르메니데스가 수용했던 기본적인 가정, 즉 실재는 유일하다는 가정을 거부했다. 대신에 그들은 사물의 다수성, 즉 다수의 구체적이며 분리된 사물들이 존재한다는 사실과 운동과 변화는 실재적이라는 사실을 믿었다. 그들의 주장은 상식이나 감각적 검증과 좀 더 밀착되어 있는 것처럼 보였다. 그러나 제논이 추종했던 엘레아학파의 노선은 현상과 실재 사이의 명확한 구분을 요청했다. 파르메니데스와 제논에 따르면 철학을 하기 위해서는 세계를 고찰해야 하는 동시에 그것을 이해하기 위해 그것에 관해 사유해야 한다.

제논은 우리의 감관이란 우리에게 현상에 관한 단서만을 제공할 뿐 실재에 관해서는 어떤 단서도 제공해 주지 못한다는 느낌을 강하게 받았다. 따라서 우리의 감관은 오직 속견만을 제공할 뿐 믿을 만한 지식을 제공하지는 못한다. 그는 수수 씨앗의 예를 들어 이러한 사실을 논증한다. 제논에 의하면 만일 한 알의 씨앗을 떨어뜨리면 아무 소리도 나지 않지만, 한 말의 씨앗을 떨어뜨리면 소리가 나게 된다. 제논은 이 차이로부터 우리의 감관이 우리를 기만해 왔다고 결론짓는다. 왜냐하면 한 알의 씨앗을 떨어뜨려도 소리가 나거나 아니면 한 말의 씨앗들을 떨어뜨려도 소리가 나지 않아야 할 것이기 때문이다. 따라서 사물의 진리를 파악하기 위해서는 감각 대신에 사유를 통해 나아가는 것이 더 믿을 만하다.

3. 3. 1. 제논의 네 가지 역설들

제논은 파르메니데스의 비판에 답하면서 역설의 형식으로 자신의 논증을 만들어 냈다. 흔히 세계에 대한 상식적 견해는 다음과 같은 두 가지 주요한 사실을 가정한다. (1) 변화는 시간을 통해 발생하며, (2) 대상의 다양성은 공간을 통해 펼쳐진다는 것이다. 물론 파르메니데스에 이어서 제논도 이러한 두 가지 가정들을 모두 거부한다. 그러나 제논은 사물에 대한 상식적 견해에 반대하는 논증 속에서 앞서 말한 두 가지 가정을 잠정적으로 승인한 뒤, 그 가정에 뒤따르는 역설들에 주목한다. 사실상 그 결과는 불합리하다. 그러므로 세계에 대한 상식적 견해도 더 이상 상식적인 것 같지 않다. 하지만 이와는 반대로 일자에 대한 파르메니데스의 견해는 세계에 대한 보다 합리적인 설명처럼 보인다. 그러면 제논이 제시한 네 가지의 주요한 역설들을 보자. 〔그가 보여 주고자 했던 것은 유일자의 세계에서 운동과 변화의 실재를 증명할 수 없듯, 다양한 사물의 세계에서도 운동과 변화의 실재를 증명할 수 없다는 점이다. 제논에 따르면 각각의 방식에는 극복하기 어려운 난점들이 있다. 그러나 다양한 사물들이 존재한다는 가정하에 운동의 실재를 증명할 때의 난점들은 파르메니데스의 견해와 관련된 난점들보다 훨씬 더 많다. 확실히 사건의 단순한 관찰자는 자신이 진정한 운동을 관찰하고 있다고 생각한다. 예를 들면 어떤 경기의 관찰자나 날아가는 화살을 보는 사람과 같은 경우다. 그러나 제논은 그것을 환상이라고 말한다. 왜냐하면 마치 운동이 있는 것처럼 〈보이지만〉 어떤 운동이 실제로 존재하는가에 관해 〈사유하는〉 것은 불가능하며 또한 그것을 합리적으로 설명할 수도 없다. 분할 가능한 실재나 다수의 단위들로 구성되는 세계 내에서 운동이 불가능함을 보여 주기 위해 제논은 다음의 네 가지를 논증했다. (제2판)〕

3. 3. 2. 경주로

〔파르메니데스는 일자란 불가분적이며, 따라서 유일한 연속적 만공간(滿空間)으로 이루어져 있다고 주장했다. 이에 대해 피타고라스학파는 다수적인 세계를 주장했다. 즉, 세계는 몇몇 단위로 나뉠 수 있다는 것이다. 제논에 의하면 누군가가 피타고라스학파가 주장하는 대로 한 경주로를 도는 거리를 고려한다면, 그는 이 거리가 몇 개의 단위 구간으로 나뉠 수 있다고 말할지도 모른다는 것이다. (제2판)〕 운동의 역설을 예로 들면 주자(走者)는 경주로의 출발점부터 도착점까지의 일련의 구간 거리를 통과한 셈이 된다. 그러나 제논은 이렇게 묻는다. 과연 이 예에서 실제로 무엇이 일어났는가? 실제로 어떤 운동이 존재하는가? 경주로를 따라 달리기 위해 주자는 무한히 많은 수의 지점들을 통과해야 하며, 그 통과는 유한한 수의 시점들을 통해 이루어진다는 것이 피타고라스학파의 주장이다. 그러나 여기서 비판적인 의문의 제기가 가능하다. 주자는 어떻게 유한한 시간에 무한히 많은 지점들을 통과할 수 있는가? 주자가 무한히 많은 지점들에 직면하게 된 이유는 만물은 분할 가능하며 따라서 경주로의 출발점부터 도착점까지의 거리도 분할 가능하다는 피타고라스학파의 가정에 따랐기 때문이다. 그러므로 주자는 일단 중간 지점의 경계선을 넘어야만 도착점에 도달할 수 있고, 출발점부터 중간 지점까지의 거리는 또 반으로 분할될 수 있으므로, 그 중간 지점에 도착하려면 일단 4분의 1 지점에 도착해야 한다. 이와 유사하게 출발점과 4분의 1 지점 사이의 거리도 분할 가능하며 이러한 분할의 과정은 무한히 계속되어야 한다. 왜냐하면 항상 분리되어야 할 것은 남아 있으며, 또 그 남아 있는 단위는 분할 가능하기 때문이다. 그러므로 만일 주자가 그 중간 지점에 먼저 도착하지 못하고는 어떤 지

점에도 도달할 수 없고, 또한 무한히 많은 지점들이 존재한다면 유한한 시간에 무한히 많은 지점을 통과한다는 것도 불가능하다. 이러한 이유에서 제논은 운동이 존재하지 않는다고 결론을 내렸다.

3. 3. 3. 아킬레우스와 거북이

이 역설은 경주로의 실례와 유사하다. 빠른 아킬레우스와 느린 거북이 사이의 경주에서 거북이가 먼저 출발한 경우를 생각해 보자. 아킬레우스는 운동선수이기 때문에 거북이가 먼저 출발하게 해주었다. 그러나 제논에 따르면 아킬레우스는 거북이를 추월할 수 없다고 한다. 왜냐하면 그는 항상 거북이가 지나갔던 지점에 도달해야만 하기 때문이다. 그러므로 논리적으로는 거북이가 항상 앞서 있을 것이다. 아킬레우스와 거북이 사이의 거리는 항상 분할 가능하며 따라서 경주로의 경우에서처럼 좀 더 이전 지점에 먼저 도달하지 않고는 어떠한 지점에도 도달할 수 없다. 그 결과 운동은 존재하지 않으며, 이러한 가정하에서도 아킬레우스는 거북이를 추월할 수 없다. 다시 말해 제논이 여기서 증명하려 했던 것은 비록 피타고라스학파가 운동의 실재성을 주장하고 있지만, 그들은 세계의 다수성에 대한 그들의 이론으로 인해 운동의 개념을 조리 있게 생각해 낼 수 없다는 점이었다.

3. 3. 4. 화살

궁수가 과녁을 향해 화살을 쏘았을 때 화살은 움직이는가? 공간의 실재성과 그것의 분할 가능성을 주장했던 피타고라스학파라면 날아가는 화살은 매 순간 공간상의 한 특수한 위치를 차지해야 한다고 말할 것이다. 그러나 한 화살이 공간상에 그것의 길이만큼의 위치를 차지한다는 주장은 화살이 정지해 있다고 말하는 것과 다를 바 없다. 화살이 공간상에 그것의 길이만큼의 위치를 차지하려면, 화살은 항상 정지해 있어야 한다. 더욱이 우리가 경주로의 예에서 본 것처럼 모든 양은 무한히 분할 가능하기 때문에 화살에 의해 점유된 공간은 무한하며 이 점은 그 밖의 다른 모든 것들과도 일치하지 않으면 안 된다. 그러므로 모든 경우에 만물은 다자가 아니라 일자가 되어야 하며, 따라서 운동은 일종의 환상이다.

3.3.5. 운동의 상대성

서로 평행인 트랙 위에 차 세 대가 있다고 생각해 보자. 각 차의 한 면에는 여덟 개의 창문이 있다. 한 대는 정지해 있고, 다른 두 대는 상반된 방향으로 등속으로 움직이고 있다. 그림 1에서 차 A는 정지해 있고, 차 B, C는 그림 2에 표시된 위치에 도달할 때까지 등속으로 상반된 방향으로 움직이고 있다. 그림 2의 위치에 도달하기 위해 B의 전면은 A의 네 개의 창문을 지나갈 것이며, C의 전면은 B의 여덟 개의 창문 모두를 지날 것이다. 각각의 창문은 거리의 구간을 나타내며 그 각각의 구간은 그에 상당하는 시간 단위 속에서 통과된다.

B는 단지 A의 네 개의 창문만을 지났던 반면에 C는 B의 여덟 개의 창문을 지났고 그 각각의 창문은 동일한 시간의 단위를 나타내고 있기 때문에 다음과 같은 결론이 나오게 된다. 즉, 시간의 4단위는 시간의 8단위와 같거나 거리의 4구간은 거리의 8구간과 같다는 결론이 도출되는 것이다. 이는 불합리하다. 이러한 주장의 함축된 의미가 무엇이든 간에 아무튼 제논의 주요 논점은 운동이란 명석하게 정의될 수 없으며 일종의 상대적인 개념이라는 주장이었다.

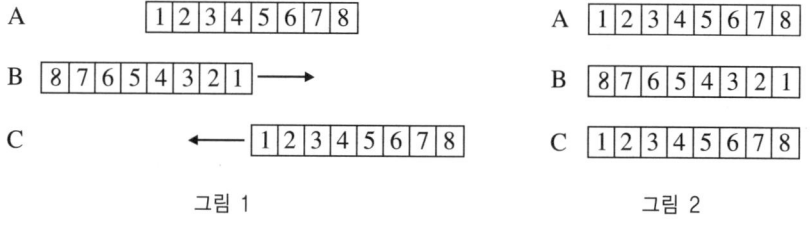

그림 1   그림 2

이 네 가지 논증을 통해 제논은 단지 파르메니데스의 논적(論敵)들에 대해 반격을 가하려 했다. 특히 그는 다수적인 세계, 예를 들면 선이나 시간이 분할 가능한 세계라고 하는 그들의 가정을 논파하려 했다. 이러한 가정들의 논리적 결론들을 밀고 나감으로써 제논은 하나의 다수적 세계에 대한 개념이 인간을 구제 불능의 불합리성과 모순으로 유도한다는 사실을 자신이 증명했다고 생각했다. 그러므로 그는 변화와 운동이란 환상이며, 유일한 존재는 연속적이고 물질적이며 운동하지 않는다는 파르메니데스의 주장을 되풀이했다. 제논의 용감한 노력에도 불구하고 세계에 대한 상식적 견해는 계속되었고, 그로 인해 그 이후의 철학자들도 변화와 불변에 대하여 서로 다른 접근 방법을 취하게 되었다. 〔그러나 사물은 실제로 운동하며, 따라서 변화가 존재한다는 상식적 견해 역시 지속되면서 일자와 다자의 문제를 새롭게 다루려는 시도를 낳았다. 이 새로운 시도는 엠페도클레스의 철학에서 발견된다. (제2판)〕

3. 4. 엠페도클레스

엠페도클레스Empedokles는 그의 고향인 시칠리아의 아리겐튬에서 대략 기원전 490년에서 430년까지 살면서 매우 인상적인 활동을 한 인물이었다. 그의 관심과 활동 범위는 정치학과 의학에서부터 종교와 철학에까지 이르렀다. 전설에 따르면 그는 신과 같은 인물로서 기억되기를 바라면서 에트나 화산의 분화구 속으로 뛰어들어 삶을 마감했다. 그렇게 하여 그는 자신의 육신의 어떤 흔적도 남기지 않기를 바랐다. 또한 그렇게 해야만 사람들이 그가 승천했다고 생각할 것이기 때문이다. 그는 자신의 철학을 시가(詩歌) 형식으로 기록했지만 겨우 일부분만이 남아 있을 뿐이다. 거기에서 우리는 독창적이고 참신한 철학보다는 오히려 그 이전 철학자들의 말을 종합하는 새로운 방식을 발견하게 된다. 엠페도클레스는 운동과 변화에 대한 찬성과 반대의 논증들이 모두 나름대로의 장점을 지니고 있다고 믿었다. 그러므로 그는 이들 가운데 어느 한 쪽을 택하는 것이 아니라 양자의 관점을 조리 있게 결합함으로써 최초로 그 이전 철학자들의 주요한 철학적 공헌을 결합하려고 시도했다. 그렇게 함으로써 그는 변화를 말하는 동시에 실재란 근본적으로 불변적이라고 단언하는, 논리적으로 양립적인 방법을 발견하기도 했다.

엠페도클레스는 존재란 창조되지 않으며 파괴될 수도 없다는, 따라서 존재는 단순히 존재하고 있을 뿐이라는 파르메니데스의 주장에 동조했다. 그에 의하면 〈전혀 존재하지 않는 것으로부터 어떤 것이 발생한다는 것은 불가능하다. 또한 존재가 완전히 소멸된다는 것도 있을 수 없으며 생각될 수도 없다. 왜냐하면 누군가가 그것을 언급하는 모든 경우에 그것은 항상 존재하고 있기 때문이다〉. 그러나 파르메니데스와는 달리 그는 존재가 단순히 일자로 구성된다는 데는 동의하지 않았다. 일자의 개념을 받아들이게 되면, 그는 운동의 실재를 부정하지 않을 수 없게 된다. 그러나 엠페도클레스에 있어서 운동의 현상이란 매우 명백하면서도 동시에 부정할 수 없는 것이었다.

그러므로 그는 일자의 개념을 거부했고, 대신에 비록 존재가 창조되지도 파괴되지도 않는다는 파르메니데스의 주장은 옳지만, 그 존재는 하나가 아니라 다수라고 했다. 변하지 않고 영원한 것은 바로 〈다자〉인 것이다.

　엠페도클레스는 우리가 지각하고 경험하는 대상들이 실제로 생성되거나 소멸되기도 하지만 이 변화와 운동은 대상들이 다양한 물질적인 입자들로 구성되기 때문에 가능하다는 사실을 보여 주려 했다. 그러므로 헤라클레이토스의 주장처럼 〈대상〉들은 변화하지만, 그것들을 구성하는 〈입자〉들은 파르메니데스가 일자에 대해 주장했던 것처럼 변화하지 않는다. 그렇다면 이 입자들은 무엇으로 구성되는가?

　엠페도클레스는 대상을 구성하는 입자들을 가리켜 영원성을 지닌 물질적 원소들이라고 했다. 다시 말해 흙, 공기, 불, 물이 그것이다. 그는 제일원소로서 물과 공기를 무엇보다도 강조하는 밀레토스 학파의 탈레스와 아낙시메네스의 철학을 재해석함으로써 자신의 생각을 발전시켰다. 〔탈레스는 만물을 구성하는 재료가 물이라고 주장했으며 아낙시메네스는 이 재료를 공기라고 생각했는데 이 두 철학자는 다자를 일자에 귀속시킴으로써 일자와 다자의 관계를 설명하려 했다. 예를 들면 탈레스의 경우는 물이 다양한 종류의 대상이 된다고 말했고 이는 마치 한 종류의 질료가 다양한 종류의 물질로 변형된다고 말하는 것이나 다름이 없었다. (제2판)〕 엠페도클레스는 흙, 공기, 불, 물이라는 네 개의 제일원소를 강조하는 그리스 철학의 전통에 따라서 탈레스와 아낙시메네스의 철학을 더욱 확대했다. 이 네 원소는 변화하지 않고 영원하며 결코 다른 것으로 변형되지 않는다. 〔네 가지 근본 입자가 존재한다는 이러한 주장이 데모크리토스Democritos의 원자론과 혼동되어서는 안 된다. 후자는 만물이 원자들의 다양한 배열들로 인해 이루어진다고 주장했기 때문이다. (제2판)〕 우리 주변에 있는 대상들의 변화를 설명해 주는 것은 이 근본적인 물질 원소들의 변형이 아니라 그것들의 〈혼합〉일 뿐이다. 그에 의하면 존재하는 것은 〈단지 하나의 혼합과 혼합되어진 것들 간의 교환뿐〉이다. 흙, 공기, 불, 물, 이 네 입자는 변화하지는 않지만 대상들을 형성하기 위해 혼합되며, 우리가 상식적인 경험에서 지각하는 변화를 가능케 한다.

　흙, 공기, 불, 물에 대한 엠페도클레스의 설명은 단지 그의 이론의 첫 번째 부분에 지나지 않는다. 두 번째 부분은 변화 과정을 고무시키는 특정한 힘들에 대한 설명이다. 밀레토스 학파는 자연 재료가 단순히 다양한 대상들로 변형된다고 가정했다. 단지 아낙시메네스만이 공기는 농후와 희박의 과정을 통해 다양한 사물로 된다는 그의 이론을 가지고 변화의 과정을 어느 정도 구체적으로 분석하려 했다. 엠페도클레스는 이와 대조적으로 자연에는 두 가지 힘들이 존재한다고 생각했는데, 그는 이 힘들을 〈사랑〉과 〈증오〉(또는 조화와 부조화)라고 불렀다. 이 힘들은 네 가지 원소의 결합과 분리의 원인이 된다. 사랑의 힘은 원소들이 서로를 끌어당겨 어떤 구체적 형태나 인간을 조립할 수 있게 해준다. 반면에 증오의 힘은 사물의 해체를 야기한다. 그러므로 네 원소들은 사랑과 증오가 나타내는 정도에 따라 서로를 결합시키거나 분리시킨다. 실제로 엠페도클레스는 때에 따라 정도를 달리하며 사랑과 증오를 나타내는 자연 속 순환주기가 있다고 믿는다. 엠페도클레스는 이 끊임없는 순환을 그의 시적인 문체로 이렇게 표현한다.

 이 과정은 인간의 사지(四肢)를 통해 명백히 나타난다. 육신에 달린 사지는 사랑을 통해 하나로 뭉쳐지게 되고 가장 훌륭한 삶을 표현한다. 그러나 증오에 굴복할 때, 그것들은 삶의 파괴자들에 의해 따로따로 방황한다. 이와 유사하게 초목들은 숲에서, 물고기는 물속의 집에서, 야수들은 산속의 동굴에서, 날아다니는 새들은 공중에서 방황한다.

개개의 순환적 변화에는 네 개의 단계가 존재한다. 첫 번째 단계에서 사랑은 현존하지만 증오는 전적으로 부재한다. 이 출발점에서는 네 원소들이 충실히 혼합되며 지배적인 사랑의 원리에 의해 조화가 유지된다. 두 번째 단계에서 가까이에 숨어 기다리던 증오의 힘이 사물에 침투해 들어간다. 그러나 거기에는 증오보다 더 많은 사랑이 존재한다. 세 번째 단계에서는 증오가 우세해지기 시작하면서 입자들은 부조화의 상태에 빠지고 분리되기 시작한다. 마지막 단계에 이르면 증오만 남게 되고, 네 원소의 모든 입자들도 네 개의 그룹으로 각각 분리된다. 그러면 다시 사랑의 힘이 요소들을 서로 끌어당겨 조화 있는 결합을 이루게 되면서 새로운 순환이 시작되고 이러한 과정은 끊임없이 지속되는 것이다.

3. 5. 아낙사고라스

아낙사고라스는 오늘날 터키의 해안 도시인 클라조메나이 출신이었다. 그는 나중에 아테네로 옮겨가 그곳의 정계에서 활약했다.[7] 그의 주요한 철학적 공헌은 질료와 구별된 〈정신(누스nous)〉의 개념이다. 아낙사고라스는 엠페도클레스와 마찬가지로 존재의 모든 생성 소멸은 단지 기존의 실체들의 결합과 분리라고 생각했다. 그러나 그는 다양한 경험적인 대상들을 형성하는 사랑과 증오에 대한 엠페도클레스의 애매하고 다소 신비스런 개념을 인정하지 않았다. 그에게 세계와 만물은 매우 질서 있는 것, 지식과 힘을 가진 하나의 존재를 설명 원리로 요구하는 복잡한 구조라고 생각되었다. 그러한 이성적 원리가 그가 주장했던 정신 또는 누스라는 개념이었다.

아낙사고라스에 따르면 실재의 본성은 〈정신〉과 〈질료〉로 구성되었다고 하는 것이 가장 타당하다. 정신이 질료의 모양과 행동에 영향을 주기 전에 질료는 창조되거나 소멸됨이 없이 이미 다양한 물질적 실체들의 혼합으로서 존재하고 있었다. 이 근원적인 질료의 덩어리가 현실적 대상들로 분할될 때조차 그 각 부분은 모두 각각의 다른 요소적인 〈사물들(spermata, 씨앗)〉을 내포하고 있었다. 예를 들면 눈[雪]은 흑색과 백색이라는 대립자를 모두 내포하지만, 단지 백색이 그 안에서 우세하기 때문에 희다고 말하게 되는 것이다. 그러므로 어떤 의미에서 각 부분은 전(全) 실재를 함유하며, 각각의 사물도 그 속에 만물의 특별한 〈부분〉들을 내포하고 있다.

아낙사고라스에 의하면 이러한 질료가 사물로 형성되는 과정은 〈분리〉의 과정이다. 이러한 분리는 본래 〈정신〉의 힘을 통해 획득된다. 구체적으로 말하면, 정신은 회전 운동을 일으켜서 질료의 원 덩어리의 좀 더 많은 부분을 포함할 수 있도록 확산되어 나가는 소용돌이가 일어나게 하며, 다양한 실체들의 〈분리〉를 가능하게 한다. 이 회전 운동은 처음에 질료를 두 주요 부분으로 분리시킨다. 한 덩어리는 온기, 밝음, 희박, 건조를 내포하며, 다른 한 덩어리는 냉기, 어둠, 농후, 습기를 지니게 한다. 이러한 분리 과정은 지속적이며, 그 과정 속에서 진행이 부단하게 이뤄진다. 특정한 대상들이란 예외 없이 몇 개의 특정한 실체가 지배하는, 실체들의 결합이다. 예컨대 물

---

[7] Anaxagoras(B. C. 500~B. C. 428). 기원전 462년 아테네로 옮겨와 정치에 참여하여 페리클레스와 친분을 쌓았지만 결국 그의 정적이 되어 신을 모독했다는 죄목으로 람프사코스로 쫓겨났다. 그는 그곳에서 학파를 세워 활동하다 삶을 마쳤다.

은 습기라는 기본 재료가 우세하지만, 또한 다른 모든 기본 요소들을 갖고 있다. 아낙사고라스는 자신이 쓴 마지막 책의 한 단편에서 이 과정을 다음과 같이 묘사했다.

정신은 만물을 과거에도 있었고, 현재에도 있으며, 미래에도 있을 하나의 질서 속에 놓아두었다. 이 회전은 분리된 별과 해와 달과 공기와 에테르aether를 순환시킨다……. 그 회전 자체는 분리를 야기했으며, 농후는 희박으로부터, 온기는 냉기로부터, 밝음은 어둠으로부터, 건기는 습기로부터 각각 분리되었다. 또한 많은 사물들의 많은 부분들이 존재한다.

사물의 지속적인 혼합을 강조하면서 그는 〈어떠한 사물도 누스 없이는 어떠한 것으로부터 분리될 수 없다〉고 말했다. 소용돌이 운동 속에 있는 힘들은 그 중심에서는 진함과 습기의 현상, 원주에서는 엷음과 온기의 현상, 다시 말해 지구와 대기권의 현상을 보여 준다. 회전력은 또한 붉고 뜨거운 돌덩어리들을 지구로부터 분리하여 에테르 속으로 내던진다. 이것이 별들의 기원이다. 원래 진흙이었던 지구는 태양에 의해 건조되었고 공기 속에 함유된 배종(胚種)에 의해 비옥해졌다. 식물의 생장과 인간의 감각적 지각을 포함하는 만물은 지금조차도 정신에 의해 활성화된다. 정신은 어디든지 존재하며, 아낙사고라스에 따르면 정신은 〈만물이 존재하는 곳에, 또는 둘러싸인 덩어리들 속에도 존재한다〉.

비록 아낙사고라스가 정신을 인체와 우주에 작용하거나 그것들을 통제하는 힘으로 간주했지만, 정신의 현실적 역할에 대한 그의 설명은 제한되어 있다. 첫째, 아낙사고라스에게 정신nous은 질료의 〈창조자〉가 아니다. 왜냐하면 그는 질료가 영원하다고 주장했기 때문이다. 더 나아가 그는 정신 속에서 자연계를 지향하는 어떠한 목적의 근원도 발견하지 못했다. 〈분리〉의 과정에서 개별적인 사물들의 기원에 관한 그의 설명은 기계론적인 설명처럼 보인다. 아직까지도 사물들은 물질적인 원인들의 산물로 간주되는 것 같다. 또한 정신은 출발 작용 이외에는 어떤 명확한 역할도 하지 못하고 있는 것 같다.

이후에 원인들의 종류를 다양하게 구분했던 아리스토텔레스는 아낙사고라스의 견해를 이중적으로 평가했다. 만물의 기원을 자연 발생적이며 우연적인 것으로 간주했던 아낙사고라스의 선구자들과 아낙사고라스를 비교하면서 아리스토텔레스는 이렇게 서술했다. 〈아낙사고라스가 질서의 원인이며 모든 조화의 원인으로서 이성이 존재함 — 동물이나 자연 속에도 물론 존재한다 — 을 주장했을 때, 그는 비논리적으로 주장한 그 이전의 학자들과는 달리 매우 분별력 있는 사람으로 보였다.〉 그러면서도 아낙사고라스가 정신의 개념을 폭넓게 사용하지 못했다는 것이 아리스토텔레스의 주장이다. 즉 아리스토텔레스에 따르면 〈아낙사고라스는 이성을 세계의 형성을 위한 돌연한 해결책으로 사용하고 있다. 그는 무엇이 어떤 것을 필연적으로 존재하게 하는가를 말하기 곤란하다고 느꼈을 때 이성의 개념을 이끌어 냈다. 그러나 그 밖의 모든 경우에는 사건들을 이성보다 어떤 사물에 귀속시키고 있다〉. 아낙사고라스는 단지 어떻게 질료가 회전 운동을 하게 되는가만을 설명해 주었을 뿐, 그 외 자연의 질서는 그 운동의 산물이라고 규정했다.

그렇지만 아낙사고라스의 이성에 대한 언급은 철학 사상에서 매우 위대한 업적이었다. 왜냐하면 그는 그렇게 함으로써 정신적 원리를 사물들의 본성에 부과했기 때문이다. 즉 그는 정신과 질료를 분리했던 것이다. 그가 정신을 완전히 비물질적인 것이라고 묘사한 적은 없었지만, 그는 정신을 그 정신에 의해서 작동되는 질료와 구분했다. 그에 의하면 정신은 질료와 달리 〈어떤 것과도 혼합되지 않으며 홀로 존재하고 그 자체로서만 존재한다〉. 정신을 질료와 다르게 만드는 것은 정신이 〈만물 중 가장 훌륭하며 가장 순수한 것이며, 정신은 만물에 관한 모든 지식과 지고한 권능을 소유한다〉는 사실이다. 그러므로 질료는 복합적이지만 정신은 단순하다. 그러나 아낙사고라스는 정신의 세계와 질료의 세계라는 두 개의 세계를 구분하지 않았고, 이 양자를 항상 상호 관련된 것으로 간주했다. 왜냐하면 정신은 〈만물이 존재하는 곳에 존재하기〉 때문이다. 비록 그가 자신의 정신의 개념이 갖는 모든 가능성들을 좀 더 세련되게 하지는 못했지만, 그럼에도 불구하고 이 개념은 이후의 그리스 철학에 지대한 영향을 미칠 운명을 지니고 있었다.

4. 원자론자들

레우키포스Leukippos와 데모크리토스는 사물의 본성에 관한 하나의 이론을 체계화했는데, 이는 현대의 여러 과학적 견해들과 놀랄 만한 유사성을 보여 준다. 〔그들이 다듬어 놓은 원자론적 철학은 소크라테스와 플라톤과 아리스토텔레스에 의해 새로운 철학적 전환이 이루기 전의 탈레스적 의문에 대한 마지막 대답이었다. (제2판)〕 그러나 이 원자론에 대해 레우키포스와 데모크리토스가 이룩한 공헌을 오늘날 각각 분리해서 밝히는 것은 거의 불가능하다. 그렇지만 대부분이 손실된 그들의 저작을 통해서도 분명하게 밝힐 수 있는 것은 레우키포스가 원자론의 창시자였고 데모크리토스는 원자론을 세련되게 하는 데 많은 공헌을 했다는 사실이다. 레우키포스는 엠페도클레스와 동시대인이었던 반면에 데모크리토스는 트라케의 아브데라에서 태어나 기원전 460년에서 기원전 360년까지 1백 년간 생존했던 것으로 알려져 있다. 데모크리토스의 광범위한 학식과 추상적인 원자론을 명석하게 밝히려는 그의 고심참담한 노력으로 인해 레우키포스의 이름은 데모크리토스에게 가려졌다. 그렇지만 우리가 만물은 텅 빈 공간 속에서 운동하는 원자들로 구성된다고 하는 원자론의 핵심적인 논지와 관련해서 찬사를 아끼지 않아야 할 인물은 레우키포스다.

4. 1. 원자들과 빈 공간

아리스토텔레스에 따르면 원자론적인 철학은 엘레아학파의 공간 부정론(空間否定論)이 지닌 논리적 결과들을 극복하기 위한 하나의 시도로 계획되었다. 파르메니데스는 존재란 어느 곳에든지 있기 때문에 많은 독립된 사물들이 존재할 수 있다는 사실을 부정했다. 그에 의하면 모든 경우에나 일자만이 전 실재였다. 특히 그는 비존재, 또는 빈 공간(공허)의 존재성을 부정했다. 왜냐하면 빈 공간이 존재한다고 말하는 것은 그 빈 공간이 어떤 것이라고 말하는 것이기 때문이다. 〔하지만 운동과 변화가 존재한다는 사실을 증명하기 위해서는 사물들이 움직일 수 있는 빈 공간이 존재함을 가정하지 않을 수 없는 것이다. (제2판)〕 그러나 그는 빈 공간이란 무(無)라고 말할 수 없다고 생각했다. 〔파르메니데스에게 있어서 그것이 존재한다고 말하는 것은 공간이 전 실재의 부분이라고 말하는 것을 의미한다. 사물들에게 분리된 존재의 영역들을 만들어 주는 사물들 간의 비존재란 존재할 수 없기 때문에 오직 일자만이 존재한다고 주장함으로써 파르메니데스는 자신이 운동이나 변화의 존재 불가능성을 증명했다고 생각했다. (제2판)〕 레우키포스가 그의 새로운 이론을 내세운 것은 무엇보다도 엘레아학파의 공간 부정론을 반박하기 위한 것이었다.

레우키포스는 공간의 실재를 인정함으로써 일관성 있는 운동 및 변화의 이론을 위한 기초를 닦았다. 파르메니데스의 공간의 개념을 복잡하게 했던 것은 존재하는 모든 것이 〈물질적〉이어야 한다는, 따라서 공간 역시 존재한다면 물질적이어야 한다는 그의 사고방식이었다. 반면에 레우키포스에 의하면 공간은 물질적이라고 주장하지 않아도 존재하는 것이었다. 그러므로 그는 공간을 어떤 경우에는 빌 수도 있고, 어떤 경우에는 찰 수도 있는 저장고와 유사한 어떤 것이라고 묘사했다. 일종의 저장고로서의 빈 공간은 사물들이 움직일 수 있는 장소일 수 있었고, 레우키포스에게는 이러한 공간의 특성을 부정할 아무런 이유도 없었다. 이러한 공간의 개념이 없었다면 레우키포스와 데모크리토스는 그들의 이론, 즉 만물은 원자들로 구성된다는 그들의 견해를 결코 발전시킬 수 없었을 것이다.

레우키포스와 데모크리토스에 따르면 사물의 본질은 수많은 입자들, 즉 원자라는 단위들로 구성된다. 이 두 사람이 모두 원자에 부여한 특성은 파르메니데스가 일자에게 부과했던 특성, 즉 불멸성과 이에 따른 영원성이었다. 파르메니데스가 실재는 일자라고 주장했던 반면, 원자론자들은 이제 무한히 많은 원자들이 존재한다고 주장했는데, 그 각각의 원자들은 충만해 있고 빈 공간을 갖지 않아서 견실하고 분할될 수 없는 것이었다. 이 원자들은 공간상에 존재하며 모양과 크기도 서로 다르다. 또한 그것들은 매우 작기 때문에 볼 수도 없고, 영원하기 때문에 결코 창조되지도 않는다. 그러므로 자연은 단지 두 가지로 구성된다. 즉 진공으로서의 〈공간〉과 〈원자들〉뿐이다. 원자들은 공간상에서 운동하며 그 운동을 통해 우리가 경험하는 대상들을 형성한다.

원자론자들은 공간상의 원자들의 운동의 기원을 설명하는 것이 필요하다고 생각하지 않았다. 그들이 생각하기에 이 원자의 운동의 기원은 먼지 알맹이들의 운동과 유사한 것으로, 그것들은 바람이 없을 때조차 태양 광선 속에서 모든 방향으로 나아간다. 데모크리토스는 절대적인 〈상향〉이나 〈하향〉은 존재하지 않는다고 주장했다. 또한 그는 원자들에게 〈무게〉를 부과하지 않았기 때문에 원자들은 어떠한 방향으로든 움직일 수 있다고 생각했다. 우리가 경험하는 모든 사물은 원자들의 운동에서 그 기원을 갖는다. 공간상에서 운동하는 원자들은 본래 단일한 개별 단위들이었다. 그러나 그것들은 불가피하게 서로 충돌하기 시작했고, 또한 그것들이 서로 엉키게 되어 밀집

군(密集群)들 또는 아낙사고라스가 말했던 〈소용돌이들〉을 형성하기 시작했다. 이 점에서 원자론자들은 만물이 수라고 말했던 피타고라스학파를 닮았다. 수와 마찬가지로 사물들은 결합할 수 있는 단위들로 구성되며, 따라서 원자론자들에게 사물이란 단지 다양한 종류의 원자들의 결합이었다. 그러므로 수학적 도형과 물질의 모양은 유사한 것이라고 생각했다.

이와 같이 태초부터 원자들은 공간상에 존재했다. 그러나 각각의 원자들은 파르메니데스의 일자처럼 소멸되지 않으면서 계속적인 운동을 한다. 원자론자들에게 물, 공기, 불, 흙은 단지 불변적인 원자들의 밀집군, 즉 근원적으로는 단일한 원자들의 운동의 산물에 불과했다. 이 네 원소들은 다른 모든 사물들의 근원적 〈뿌리들〉이 아니라 원자라는 절대적으로 근원적인 재료의 산물에 불과한 것들이었다.

원자론은 사물의 본질에 관한 기계론적인 사고방식을 표현했다. 원자론자들에게 만물은 공간상에서 움직이는 원자들의 충돌의 산물이었다. 그들의 이론에는 〈목적〉이나 〈계획〉의 요소가 들어설 여지가 없다. 모든 실재를 원자로 환원시키는 그들의 유물론적 태도는 어떤 창조자나 계획자도 필요로 하지 않았다. 그들은 원자의 기원이나 원자를 움직이게 하는 동인(動因)에 대해 설명할 필요를 느끼지 않았다. 왜냐하면 기원의 문제는 신에 대해서조차도 항상 제기될 수 있는 것이기 때문이었다. 그들에게는 영원한 존재를 물질적 원자에 귀속시킨 것이 적어도 다른 해결들만큼 만족스러운 것으로 생각되었다.

레우키포스와 데모크리토스에 의해 제시된 원자론은 장기간 영향력 있는 역사가 되었다. 이 원자론은 매우 심오한 것이었기 때문에 비록 그것이 아리스토텔레스 이후와 중세 동안에는 쇠락했을지라도 그것은 다시 되살아났고, 그 이후의 수세기 동안 과학에 쓸모 있는 모형을 제시해 주었다. 뉴턴이 자신의 유명한 『프린키피아』를 저술했을 때 그는 여전히 원자론자의 입장에서 생각하고 있었다. 행성, 혜성, 달, 바다의 운동을 추론하면서 그는 1688년에 이렇게 서술했다.

나는 우리가 자연의 나머지 현상들을 똑같이 기계적 원리들로부터의 추론을 통해 규명할 수 있기를 원한다. 나는 여러 가지 이유에서 다음과 같은 사실들을 탐구했다. 즉 그 원리들은 모두 어떤 힘들에 의존하며 아직도 몇몇 원인들은 규명되지 못했지만, 이 힘들에 의해 물체들의 입자들은 서로 잡아당겨서 규칙적인 방식으로 결합하거나 서로 밀어내서 움츠러든다.

비록 뉴턴은 신이 사물을 작동시킨다고 가정했지만, 그의 자연에 대한 물리학적 분석은 공간상에 움직이는 질료의 기계론적 원리들로 제한되었다. 뉴턴 이후의 원자론은 양자론에까지 영향을 주었고 아인슈타인도 원자들의 비파괴적 속성을 부정하면서 현대 과학에 하나의 새로운 물질의 개념을 내세웠다.

4. 2. 인식론과 윤리학

데모크리토스는 자연의 구조를 기술하는 이외에도 두 가지 철학적 문제에 관심을 기울였다. 지식의 문제와 인간 행위의 문제가 바로 그것이다. 철저한 유물론자인 데모크리토스는 〈사고〉도 원자의 운동과 같은 여타의 다른 현상들을 설명하는 것과 동일한 방식으로 설명할 수 있다고 생각했다. 그는 지각을 감각의 지각과 이해의 지각으로 구분하였는데, 이 두 가지 모두 물리적 과정이다. 우리가 눈으로 어떤 것을 볼 때, 그것은 대상을 이루는 원자들의 〈방사(放射)〉 또는 발산이며, 〈이미지image〉의 형태를 띤다. 이 원자적 이미지들은 눈 안과 다른 감각 기관들로 들어와 원자들로 이루어진 영혼에 부딪힌다.

나아가 데모크리토스는 지식의 유형을 둘로 구분한다. 〈지식에는 두 가지 형태가 있다. 하나는 적출(嫡出)이요, 다른 하나는 서출(庶出)이다. 시각, 청각, 후각, 미각, 촉각은 모두 서출에 속하며, 적출은 이런 것들과 전혀 다르다.〉 이 두 사고 유형의 차이는 〈적출〉의 지식이 오직 대상에만 의존하는 데 반해, 〈서출〉의 지식은 관련된 사람의 특정한 신체 조건에 의해 영향받는다는 데에 있다.[8] 예를 들어 두 사람이 사과를

---

[8] 데모크리토스는 우리가 지각하는 모든 것이 실재적이라고는 생각하지 않아 지식의 종류를 〈있는 그대로의 것〉과 〈주관적인 것〉으로 구분했다. 전자가 감각 기관과 별도로 존재하는 자연이라는 본래의 텍스트, 즉 객관적 실재라고 한다면 후자는 자신의 언어로 해석한 것, 즉 의식 속에서 체험되는 감각의 주관적 성질들에 지나지 않는다. 그런데 실재와 현상에 대한 이러한 구별은 데카르트와 로크에게 계승되기 이전에 이미 갈릴레이에 의해 부활되었다. 갈릴레이에 의하면 자연계에 실재하는 것은 측정 가능한 양적인 것들뿐이다. 빛깔이나 소리, 맛, 냄새 같은 질적인 특징들은 자연 어디에도 존재하지 않는다. 그것들은 어떤 특정한 사물들이 우리의 감각 기관에 작용함으로써 우리 안에서 생겨나는 것들, 즉 실재에 대한 우리의 수식어들일 뿐이다.

맛보고 그것이 사과라는 데에는 동의할 수 있다(적출의 지식). 그러나 이들은 사과의 맛에 대해서는 의견이 다를 수 있다(서출의 지식). 즉 한 사람은 그 사과가 달다고 말할 수 있고 다른 사람은 쓰다고 말할 수 있는 것이다. 그러므로 데모크리토스에 따르면 〈감각에 대해서는 실제로 아무것도 확실하게 알지 못한다. 단지 신체의 기질, 그리고 그 신체에 들어오거나 부딪히는 사물들의 기질에 따라 변하는 것만을 알 뿐이다〉. 그렇다고 해도 데모크리토스는 감각과 사고, 이 둘이 동일한 유형의 기계적 과정이라고 말할 수밖에 없었다.

윤리학과 관련하여 데모크리토스는 매우 야심적인 인간 행동의 규칙들을 개발했다. 일반적으로 그는 인생의 최고 목적이란 쾌활함에 있으며, 우리가 이 목적을 모든 일에서의 온건함과 문화의 고양을 통해 가장 잘 성취할 수 있다고 주장했다.[9] 윤리학이 주된 관심사로 떠오르면서 철학은 주로 자연적, 물리적 질서를 탐구했던 초창기의 막을 내리는 분기점에 도달했다. 이제 사람들은 〈우리가 어떻게 행위를 해야 하느냐〉에 관해 좀 더 밀착된 물음을 하고자 했다.

〔데모크리토스가 또 다른 문제, 즉 윤리학의 문제에 직면했을 때 그는 사물에 대한 자신의 기계론적 견해를 이탈했던 것으로 보인다. 우선 만일 전 실재가 기계적으로 상호 결합된다면, 여기에는 어떻게 행동해야 하는가를 조언해 줄 수 있는 관점이 들어설 여지가 없다. 왜냐하면 개인의 활동은 다른 사물들의 운동에 의해 결정될 것이며, 행위 자체도 인간의 통제에서 벗어나 있을 것이기 때문이다. 그의 철학에 나타나는 이 미묘한 모순에도 불구하고 데모크리토스는 인간의 행동을 위한 일련의 고상한 규율들을 발전시켰다. 그는 문화적 교화에 따르는 만물 내의 중용을 생의 최고의 목적, 즉 환희의 상태를 실현하기 위한 최선의 방식이라고 주장했다. (제2판)〕

---

9 그의 윤리학은 기본적으로 〈원수를 이겨 내는 사람뿐만 아니라 쾌락을 이겨 내는 사람도 씩씩한 사람이다(단편174)〉, 〈우리들이 추구해야 할 것은 모든 쾌락이 아니라 아름다움에 붙어 있는 쾌락뿐이다(단편207)〉라고 하여 에피쿠로스학파의 선구였음을 짐작할 수 있게 한다. 그는 선(善)의 궁극적인 본질도 결국 유쾌함이나 쾌활함에 있다고 생각했다.

2 소피스트들과 소크라테스

　최초의 그리스 철학자들이 그들의 관심을 자연에 집중했다면, 소피스트들과 소크라테스는 철학의 중심을 인간에 대한 탐구로 옮겨 놓았다. 사물의 궁극적 원리에 관해 광범위하며 우주적인 의문을 제기하는 대신에 이제 철학은 인간의 행동과 좀 더 밀착된 의문을 제기하기 시작했다. 이전의 과학적 관심으로부터 근본적인 윤리의 문제로의 이러한 전이는 소크라테스 이전의 철학자들이 우주에 관한 일치된 결론에 도달하지 못한 데에도 어느 정도 이유가 있다. 자연에 관한 해석들은 일관성 있게 제기되지 못했으며, 또한 그 해석들을 조화시킬 수 있는 방식도 결코 존재하지 않는 것처럼 보였다. 헤라클레이토스는 자연이 다수적인 실체들로 구성되며 만물은 지속적인 변화의 과정 속에 있다고 주장했다. 반면에 파르메니데스는 실재란 유일하고 정태적인 실체, 즉 일자이며, 운동이나 변화는 사물의 현상으로 인해 우리의 감관에 제공된 환상들이라고 주장했다. 만일 이러한 상반된 우주론이 자연의 비밀을 간파하는 데 따르는 난점들로 인해 지적인 권태감만을 낳았다면 철학은 이쯤에서 멈추는 편이 나았다. 실제로 사물의 궁극적 원리에 관한 논쟁은 자연의 진리를 발견할 수 있는 인간 이성의 능력에 대한 회의주의적 태도를 낳았다. 그러나 회의주의 그 자체도 심각한 탐구의 주제가 될 수 있었기 때문에 이 회의주의로 인해 철학은 새로운 방향으로 나아가게 되었다.
　자연에 관한 대체적인 이론들을 제시하는 대신에 이제 철학자들은 인간의 지식의 문제에 집중하면서 과연 인간의 정신은 보편적 진리를 발견할 수 있는가에 관해 질문했다. 이러한 의문은 다양한 종족들과 사회들 간의 문화적 차이에 관한 논의에 의해 더욱 가중되었고 따라서 진리에 관한 의문은 선(善)의 문제와 깊은 관련을 갖게 되었다. 만일 인간이 어떤 보편적 진리를 인식할 수 없다면 선에 대한 보편적 개념은 존재할 수 있을까? 이 새로운 논쟁의 참여자들이 소피스트들과 소크라테스였다.

1. 소피스트들

대략 기원전 5세기 동안 아테네에 출현했던 소피스트들 중 가장 유명한 세 사람은 프로타고라스, 고르기아스, 트라시마코스였다. 그들은 주로 떠돌이 교사로서, 혹은 엘리스의 히피아스[1]처럼 외교관의 자격으로 아테네에 왔던 사람들이었다. 그들은 자신들을 특별히 소피스트 또는 〈지식인〉이라고 불렀다. 그들은 서로 다른 문화로부터, 즉 프로타고라스는 트라케의 아브데라, 고르기아스는 남부 시칠리아의 레온티니, 그리고 트라시마코스는 칼케돈에서 왔기 때문에 아테네인의 사고방식과 관습을 참신하게 여겼고 그것들에 대해 탐구적인 질문을 제기할 수 있었다. 특히 그들은 아테네인들에게 그들의 사고방식과 관습이 진리 위에 있는가 아니면 단순히 생활 습관에서 기인한 것인가를 생각하게 함으로써 그리스인들을 계몽하는 데 크게 기여했다. 그들은 이렇게 물었다. 그리스인과 이방인 사이의 구분, 주인과 노예 사이의 구분은 단지 편견에 근거하는가 아니면 어떤 증거에 근거하는가? 소피스트들은 서로 다른 관습을 가진 서로 다른 나라에서 살았을 뿐만 아니라, 다양한 문화적 사실들의 관찰에 근거한 많은 양의 지식을 수집했다. 각 문화에 대한 백과사전적 지식은 그들에게 사회를 질서로 이끌 수 있는 어떠한 절대적 진리가 불가능하다는 생각을 갖도록 했다. 따라서 그들은 아테네의 지식인들에게 다음과 같은 질문을 제기했다. 즉 그리스 문화는 인위적인 규칙들 *nomos*에 기초하는지 아니면 자연 *physis*에 기초하는지, 또한 그들의

---

[1] Hippias of Elis(B. C. 481?~ B. C. 411?). 교사이자 변론가로서 그리스의 각지를 떠돌아다닌 소피스트. 그는 수학을 비롯하여 천문, 문법, 시, 음악, 역사, 공예에 정통했다. 특히 그는 각의 삼등분의 문제를 해결하여 2차 곡선 *quadratics*을 발견했다고 전해진다.

종교적, 도덕적 규약들은 〈관습적〉이며 따라서 변화 가능한지 아니면 〈자연적〉이므로 영원한지? 소피스트들은 단호한 방식으로 인간 본성에 대해 좀 더 신중한 고려를 위한, 특히 인간이 지식을 획득하는 방식이나 인간이 자신의 행동을 결정하는 방식에 대해 좀 더 신중하게 고려할 수 있는 발판을 마련했다.

소피스트들은 무엇보다도 실용성을 추구하는 사람들이었다. 특히 그들을 그 시대의 상황에 들어맞도록 해주었던 것은 그들의 화술뿐만 아니라 산문과 문법에 대한 경쟁심이었다. 페리클레스 치하(B. C. 490~B. C. 429)에서 귀족 정치는 민주 정치로 대치되었고, 이는 자유 시민들을 정치적 토론으로 인도하여 그들에게 지도력을 부과함으로써 정치 활동을 강화하는 결과를 초래했다. 그러나 구시대의 귀족주의적 교육 방식은 사람들에게 민주 생활을 위한 새로운 조건을 마련해 주지 못했다. 왜냐하면 그 교육은 대부분 가계적 전통에서 이루어졌기 때문이다. 따라서 종교, 문법, 시에 대한 섬세한 해석과 같은 분야에는 좀 더 세련된 이론적 교육이 전혀 없었다. 소피스트들은 이 문화적 공백 상태에 침투해서 교육에 대한 그들의 실용적 관심을 통해 절박한 필요를 충족시켰다. 그들은 대중의 교사가 되었으며 새로운 교육의 주요 기반이 되었다. 특히 그들은 수사rhetoric의 기술, 즉 설득적인 화술을 가르치는 데 전념했다. 그 설득의 힘은 민주 아테네에서 지위 상승을 요구하는 모든 사람에게 정치적 필수 조건이 되었다. 〔소피스트들은 문법에 관한 광범위한 지식을 소유하고 있었고 다양한 문화에 대해 많은 지식을 갖고 있었기 때문에, 또 많은 나라에서 가르치고 그 지역을 여행함으로써 넓은 견문을 획득했기 때문에 발흥하는 새로운 아테네의 시민들을 교육시킬 수 있는 모든 것을 소유하고 있었다. (제2판)〕

소피스트들에 대한 평판은 처음에는 대단히 우호적이었다. 그들은 사람들이 분명하고 설득력 있게 자신의 생각을 표현하도록 교육함으로써 크게 기여했다. 명료한 표현과 설득력은 특히 대중 집회에서 필수 불가결한 것이었으므로, 거기에서 자신의 의사를 표현할 줄도 모르고 반대자의 주장의 오류를 잘 발견하지도 못하는 미숙한 화자들 간에 토론이 허용되는 것만큼 불행한 일도 없었다. 그러나 수사학은 마치 칼 같은 것이었다. 왜냐하면 빵을 자를 수도 있고 사람을 죽일 수도 있는 칼처럼 수사학은 선용될 수도 있고 악용될 수도 있었기 때문이다. 한편, 설득력을 소유한 자는 그 힘으로 난제를 해결하거나 훌륭한 이상을 청중들이 받아들이도록 심리적으로 강제하는 데 사용할 수 있고, 다른 한편으로 윤리적으로 의문의 여지가 많은, 자신이 특별한 관심을 가진 이상을 주장하는 데 사용할 수 있었다. 수사학을 전자에서 후자로 사용하게 된 것은 소피스트들이 본래부터 가지고 있는 회의주의에도 큰 원인이 있다. 그들을 의심스럽게 만든 것은 바로 그들의 회의주의와 상대주의였다. 그들이 어떤 진상의 다른 측면을 변호할 수 있도록 변호인들을 교육시킨 데에는 아무도 이의를 제기하지 않았다. 피소자도 기소자가 사용하는 기술과 마찬가지의 기술을 자신의 변호를 위해 마땅히 사용할 수 있다. 설득의 기교가 진리의 추구와 연결된 한에서는 소피스트를 나무랄 수 없었다. 그러나 진리를 일종의 상대적인 것으로 간주했던 소피스트들이 어떻게 악한 것을 선하게 보이도록 만들 수 있는지, 정의롭지 못한 대의명분을 정의로운 것으로 보이게 만들 수 있는지와 같은 기술을 젊은이들에게 가르친 것에 대해서는 책임이 따를 수밖에 없었다. 더욱이 그들에게는 훌륭한 가문의 젊은이들에게 전통적인 종교나 윤리적 견해에 대해 단지 비판적이며 파괴적인 태도를 갖게 한다는 비난이 점차 쇄도했다. 여기에 그들의 악명은 그들이 경제적 소득에 관심 갖지 않은 채, 철학에 종사한 사심 없는 사색가들이었던 초기의 철학자 상(像)에서 벗어났을 때 더욱 높아졌다. 그들은 가르침에 대한 대가를 요구하였고 이 대가를 지불할 수 있는 부자들을 찾기에 혈안이 되었다. 소크라테스는 소피스트 밑에서 공부했다. 그러나 그는 가난 때문에 〈단기 과정〉밖에 이수할 수 없었다. 이러한 금전 수수 행위에 자극받은 플라톤은 소피스트들을 〈영혼의 상품을 파는 상점 주인들〉이라고 비난했다.

1.1. 프로타고라스

아테네로 건너왔던 소피스트들 중에서 아브데라의 프로타고라스(Protagoras, B. C. 490?~B. C. 420?)는 최고령자였고 여러 면에서 가장 영향력 있는 사람이었다. 그는 〈인간은 만물의 척도다. 존재하는 것에 대해서는 존재하는 것의, 존재하지 않는 것에 대해서는 존재하지 않는 것의 척도다〉라는 명제로 가장 잘 알려져 있다. 인간이 만물의 척도라는 그의 명제는 인간이 어떤 사물에 대해 획득할 수 있는 모든 지식은 나의 인간적 능력들에 의해 제한된다는 사실을 의미한다. 그는 어떠한 신학적 논의들도 배제하면서 이렇게 말했다. 〈신들에 관해 나는 그들이 존재하는지 존재하지 않는지를 알 수 없다. 그들의 모습이 어떠한지도 알 수 없다. 왜냐하면 지식을 방해하는

여러 요소들, 예를 들면 주제의 불명료성, 인생의 유한성과 같은 요소들이 많기 때문이다.〉

 프로타고라스에 의하면 지식은 우리의 다양한 지각들로 제한되며 이 지각들도 사람마다 다르다. 두 사람이 동일한 대상을 관찰할 경우에도 그 양자의 감각은 서로 다를 수 있다. 왜냐하면 그들은 그 대상에 대해 서로 다른 입장을 갖고 있을 수 있기 때문이다. 예를 들면 동일한 미풍(微風)도 한 사람에게는 차갑게 느껴질 수 있고 다른 한 사람에게는 따뜻하게 느껴질 수 있다. 그 미풍이 차가운지 따뜻한지는 간단하게 대답할 수 없다. 그러므로 인간이 만물의 척도라는 명제는 우리가 지각한 것이 우리의 지식의 척도가 된다는 말이다. 따라서 서로 다른 방식으로 사물을 지각하게 하는 어떤 것이 각 개인마다 존재한다면, 누구의 지각이 옳고 누구의 지각이 그른지를 검증할 기준이 없다. 프로타고라스의 생각으로는 인간이 그들의 다양한 감관을 통해 지각하는 대상이란 여러 사람들이 그 대상에 속하는 것으로 지각하는 속성들을 모두 소유해야 하는 것이었다. 이러한 이유에서 어떠한 사물의 〈참된〉 본성을 발견하는 것은 불가능하다. 한 사물은 그것을 지각하고 있는 사람들만큼이나 많은 성격을 지니고 있다. 〈현상〉과 〈실재〉를 구분할 방도도 없다. 이러한 인식론에 입각할 때 과학적 지식을 수립한다는 것은 불가능하다. 각각의 관찰자들이 지니고 있는 차이점들이 그 개인들로 하여금 사물을 서로 다른 눈으로 보게 하기 때문에 자연의 실재에 대한 파악이 불가능하다고 생각한 것이다. 그러므로 프로타고라스는 지식이란 개인에게 상대적인 것이라고 결론을 내렸다.

 그가 윤리학의 문제를 다룰 때에는 도덕적 판단이 상대적이라고 주장했다. 물론 그는 법의 관념에는 사람들 사이의 도덕적 질서에 대한 각 문화의 일반 의지가 담겨져 있음을 인정했다. 그러나 그는 어디서나 모든 사람이 발견할 수 있는 인간 행동에 적용되는 획일적인 자연법이란 결코 존재하지 않는다고 주장했다. 그는 자연과 관습(또는 전통)을 구분하여 법률과 도덕률이 자연이 아니라 관습에 근거한다고 했다. 각각의 사회는 나름의 법률과 도덕률을 갖는다. 어떤 것은 옳고 어떤 것은 그르다고 판단할 어떠한 방법도 없다. 그러나 프로타고라스는 이러한 도덕적 상대주의를 극단적인 견해로 몰고 가지는 않았다. 즉 그는 도덕적 판단이란 상대적이기 때문에 무엇이 도덕적인가는 개인의 판단에 달렸다고까지 주장하지는 않았다. 대신에 그는 보수적인 입장을 취함으로써, 국가가 법률을 제정하고 이 법률이 만인에 의해 수용되어야 한다고 주장했다. 왜냐하면 그것은 누가 제정하나 마찬가지이기 때문이다. 각각의 사회는 서로 다른 법률을 가질 수 있고, 한 국가 내에서의 개인도 서로 다른 법률을 생각할 수 있다. 그러나 어떠한 법률이 더 좋다고 할 수는 없다. 그것들은 서로 다를 뿐이다. 그러므로 평화롭고 질서 있는 사회의 구현을 위해 모든 사람은 그들의 전통이 신중하게 키워 온 관습, 법률, 도덕률을 준수해야 한다.

종교 문제에서도 프로타고라스는 비슷한 견해를 취했다. 즉 그는 존재와 본성을 확실히 알 수 없다고 해서 신들에 대한 숭배를 금지해야 한다고는 주장하지 않았다. 프로타고라스의 상대주의는 기이하게도 다음과 같은 보수적인 결론으로 끝난다. 즉 젊은이들은 그들의 사회의 전통을 수용하고 유지하기 위해 교육되어야 한다. 왜냐하면 그 전통이 진리이기 때문이 아니라 사회의 안정을 가능하게 해주기 때문이다. 그렇다 하더라도 프로타고라스의 상대주의는 참된 지식을 발견할 수 있다는 인간의 자신감을 크게 파괴했음에 틀림없으며 그래서 소크라테스와 플라톤도 그의 이러한 회의주의를 크게 비판했던 것이다.

1. 2. 고르기아스

고르기아스(Gorgias, B. C. 5세기 후반)는 그의 고향인 시칠리아의 레온티니로부터 외교관 자격으로 기원전 427년에 아테네로 왔다. 그는 진리에 대해 매우 급진적인 견해를 취했다. 따라서 그는 철학을 포기하고 수사학의 실천과 교육으로 전향했다. 그의 이러한 급진적 견해는 프로타고라스의 경우와 일치하지 않는다. 만물은 사람에 따라 상대적으로 참되다는 프로타고라스의 주장과는 달리 고르기아스는 어떠한 진리도 존재할 수 없다고 주장했다. 고르기아스는 머리카락을 세로로 자르듯이 날카롭게, 또한 엘레아학파의 파르메니데스와 제논에 의해 사용된 추론 방식을 이용하여 그의 비상한 생각을 다음과 같이 표현했다.

(1) 아무것도 존재하지 않는다.
(2) 만일 어떤 것이 존재한다 해도 그것을 파악할 수 없다.
(3) 그것을 파악한다 해도 그것은 전달될 수 없다.

예를 들면, 세 번째 명제를 통해서 그가 주장하려 했던 것은 〈우리는 단어를 전달하지만 단어란 단지 상징이나 기호며, 상징과 그것이 상징하는 사물 자체와는 동일하지 않기 때문에 우리가 지식을 전달한다는 것은 불가능하다〉는 것이다. 이처럼 면밀한 추론 방식으로 고르기아스는 그가 자신의 세 명제 모두를 증명할 수 있다고 생각했거나 최소한 자신의 추론이 그와 의견을 달리하는 사람들이 사용하는 어떠한 추리에 못지않을 만큼 논리적이라고 생각했다. 결과적으로 그가 확신하게 된 것은 믿을 만한 지식, 더 나아가 확실한 진리란 결코 존재하지 않는다는 것이었다.

철학을 포기한 고르기아스는 수사학으로 전향하여 그것을 완벽한 설득의 기술로 완성하기 위해 노력했다. 그는 심리학적 지식과 최면술에 의한 일종의 기만술을 발전시켰다고 할 수 있다. 그는 진리란 존재하지 않는다고 일찍이 결론을 내림으로써 실용적인 목적을 위해서 자신이 선택한 모든 것을 설득시킬 수 있는 기술을 기꺼이 사용했던 것이다.

1.3. 트라시마코스

플라톤의 『국가론』에서 트라시마코스(Thrasymachos, B. C. 5세기 후반)는 소피스트로 묘사되고 있다. 트라시마코스는 불의가 정의로운 생활보다 도움이 된다고 주장하였다. 그는 불의를 성격의 결함으로 간주하지 않았고, 오히려 불의한 사람을 성격과 지성에 있어서 매우 우월한 사람으로 간주했다. 그는 실제로 〈불의도 쓸모가 있다〉고 말했다. 소매치기처럼 하급 수준에서 벌이를 한다는 점에서 쓸모가 있지만 특히 쓸모가 있는 것은 불의를 완전무결로 고양시키려는 사람이나 모든 도시와 국가의 지배자가 되려는 사람의 경우다. 그에 의하면 정의는 얼간이에 의해 추구되며 인간을 약하게 만든다. 트라시마코스는 인간이란 무한하게 자기 자신의 이익을 적극적으로 추구해 나가야 한다고 주장한다. 그는 정의를 강자의 이익이라고 생각하여 〈힘이 곧 정의〉라고 믿었다. 그에 의하면 법률은 지배적인 편의 이익을 위해 만들어진다. 이 법률들은 정의로운 것이 무엇인가를 규정한다. 거의 모든 국가에서 〈정의〉는 동일한 의미를 갖는다. 왜냐하면 〈정의〉는 권력을 가진 편의 이익이기 때문이다. 그러므로 트라시마코스는 이렇게 말한다. 〈정의로운 것은 어디서나 동일한 것으로서, 강자들의 이익이라는 결론은 매우 타당한 것이다.〉

도덕성을 권력에 귀속시키는 현상은 진리와 윤리를 상대주의적 태도로 받아들였던 소피스트들의 회의주의의 불가피한 논리적 결과다. 소크라테스의 주된 관심사는 소피스트의 논리적 모순을 폭로하고 진리의 개념을 재정립함으로써 도덕적 판단을 위한 확고한 기초를 마련하는 데 있었다.

2. 소크라테스

많은 아테네인들이 소크라테스를 소피스트로 오해했었다. 그렇지만 사실 소크라테스는 소피스트들에 대한 가장 날카로운 비판자들 가운데 한 사람이었다. 소크라테스가 소피스트와 동일시된 것은 그가 소피스트와 마찬가지로 어떤 문제에 대해서도 냉정하게 분석했다는 데에 원인이 있었다. 그렇지만 그 양자 간에는 근본적인 차이점이 있다. 소피스트가 극도로 면밀하게 보여 주려 한 것은 어떠한 주제든지 반대편 입장에서도 훌륭한 논지를 전개할 수 있다는 점이었다. 또한 그들은 확실하고 믿을 만한 지식이 존재한다는 것을 의심한 회의주의자들이었다. 더욱이 그들은 모든 지식이 상대적이기 때문에 도덕적 기준들까지도 상대적이라고 주장했다. 그러나 소크라테스는 그들과는 다른 동기에서 논지를 전개했다. 그는 진리를 추구했으며 확고부동한 지식을 위한 기초를 발견하려고 노력했다. 그는 아는 것과 행하는 것을 상호 연관시키려 했다. 선을 아는 것은 선을 행하는 것이며, 따라서 〈지식은 덕〉이라고 그는 주장했다. 그는 소피스트와 달리 변호사나 법률가의 실용적 기술들을 발전시키거나 진리를 파괴하려는 목적에서가 아니라 진리와 선의 명실상부한 개념을 수립하기 위해 자신의 논법을 전개했다.

2. 1. 소크라테스의 생애

기원전 470년의 아테네만큼 천재가 풍부했던 지역과 시기는 없었다. 소크라테스도 그해에 태어났으며 아이스킬로스[2]가 그의 위대한 희곡들을 발표했던 것도 그 당

---

2 Aeschylos(B. C. 525~B. C. 456). 고대 그리스의 3대 비극시인 중 가장 연장자. 그는 기원전 490년의 마라톤 전투와 480년의 살라미스 해전에도 참전했다. 기원전 5세기 초부터 비극시인으로 활동하기 시작하여 약 80편 정도의 작품을 남겼다. 현존하는 작품으로는 「페르시아인들」을 비롯하여 일

시였다. 소크라테스가 심취했던 위대한 비극들을 창작한 에우리피데스Euripides와 소포클레스Sophocles는 어린 소년이었고, 민주주의의 위대한 시대와 예술의 전성기를 이룩했던 페리클레스도 아직은 젊은 청년이었다. 소크라테스는 살아생전에 완성되었던 페이디아스[3]의 조각품들과 파르테논 신전을 볼 수 있었다. 또한 이 당시 페르시아는 이미 패퇴했고 아테네가 에게 해의 대부분을 지배하는 해상력을 보유하게 될 만큼 발전하고 있었다. 아테네는 전대미문의 세력과 영광을 누리게 되었던 것이다. 그러나 소크라테스는 이러한 황금시대에 성장했지만 그가 노쇠해 가던 시기에는 아테네도 전쟁에서 패배했다. 결국 기원전 399년에는 소크라테스도 자신을 체포했던 법정에 의해 내려진 독약을 마시고 감옥에서 71세를 일기로 세상을 떠났다.

소크라테스는 아무것도 쓰지 않았다. 그에 대한 우리의 지식은 거의 당대의 유명한 세 사람, 즉 아리스토파네스,[4] 크세노폰Xenophon, 가장 중요하게는 플라톤에 의해 전해진 것들이다. 이 자료들에 따르면 소크라테스는 굉장한 천재였다. 그는 비상한 이성적 엄격성뿐만 아니라 인간적인 따뜻함과 유머 감각까지도 지니고 있었다. 그는 강인한 힘을 가진 건장한 사람이었다. 아리스토파네스는 그의 희극 「구름The Clouds」에서 소크라테스의 눈알 굴리는 습관을 놀리고 그의 〈제자들〉과 〈생각하는 상점〉에 관해 장난스럽게 언급하면서 소크라테스를 점잔 빼며 걷는 물새에 비유했다. 크세노폰이 전하는 소크라테스의 모습은 윤리 문제에 대해 토론하기를 즐겼으며 불가피하게 그의 충고를 구하고자 했던 젊은이들을 그러모았던 충성스런 군인이다.

곱 편뿐이다. 그의 시는 난해하지만 신들의 정의를 관철하고 비극적 운명의 힘에 저항하는 인간의 영웅적인 모습을 격조 높은 시구로 노래하고 있다.

  3 Pheidias(B. C. 490?~B. C. 415?). 아테네의 카르미데스의 아들로 태어난 고대 그리스 최고의 조각수. 그는 기원전 447년 페리클레스에게 아크로폴리스의 파르테논 건설의 총감독을 위촉받아 건축가 칼리크라테스와 익티노스의 도움으로 파르테논 신전을 432년에 완성했다. 그러나 페리클레스의 정적에게 쫓겨 엘리스로 도망친 뒤 그곳에서 죽었다. 그의 대표작은 「아테나이 프로마코스 청동상」, 「올림피아의 제우스 금 상아상」 등으로, 대상을 생생하고 정확하게 조각하여 단아한 정신성을 나타내는 고전 양식의 완성품들이었다.

  4 Aristophanes(B. C. 450?~B. C. 385?). 필립포스의 아들로 태어난 아테네의 대표적인 희극시인. 그의 작품은 44편이지만 온전한 형태로 전해지는 것은 열한 편이다. 「아카르나이의 사람들」을 비롯하여 그의 희극들은 주로 정치와 시사 문제들을 다룬다. 소피스트의 신사상이나 배심원들의 우매함을 비판한다든지 호전적인 정치가들을 공격하여 평화를 주장하거나 부의 불공정한 분배를 풍자하기도 한다.

그러나 플라톤은 크세노폰의 평가를 긍정하면서 여기에다 소크라테스의 다른 면모, 즉 책임감이 강하고 도덕적으로 결백한 그의 모습을 첨가하고 있다.『향연 Symposium』에서 플라톤은 한 멋진 청년인 알키비아데스[5]가 소크라테스의 사랑을 얻기 위해 얼마나 노력했으며 그와 단둘이만 있기 위해 얼마나 많은 음모를 꾸몄던가를 기록하고 있다. 그러나 알키비아데스는 〈아무 일도 없었다. 그는 보통 때와 마찬가지로 나와 대화했고 그가 나와 함께 소일할 때도 나를 혼자 놔두고 나가곤 했다〉고 말했다. 알키비아데스에 따르면 소크라테스는 군복무 시절에 아무것도 먹지 않고도 누구보다 오랫동안 걸을 수 있었으며, 추운 겨울에 다른 사람들은 엄청나게 옷을 껴입고 털모자를 쓰고 신발에 양털을 덮었던 반면에 소크라테스는 〈평상시에 입던 외투를 그대로 입고 나갔으며 신발을 신은 우리들보다도 더 쉽게 빙판 위를 맨발로 걸어갔다〉고 한다.

소크라테스는 오랫동안 긴장한 채 집중할 수 있었다. 그는 군복무 시절에 하루 종일 깊은 명상에 잠겨서 밤을 새고, 〈새벽이 오고 태양이 떠오를 때까지 서 있었다. 그러다 태양을 향해 기도를 한 후 떠났다〉. 그는 종종 한 신비한 〈음성〉 또는 이른바 다이몬 daimon으로부터 전달이나 경고를 듣곤 했다. 비록 이 〈초자연적 음성〉이 그의 유아 시절부터 그의 생각에 찾아들곤 했지만 그것은 소크라테스 자신의 〈환상〉, 특히 삶을 가치 있게 하는 인간 행위의 도덕적 성질들에 대한 그 자신의 감수성에 불과했다. 비록 소크라테스가 플라톤의『변명』에서 〈오, 아테네인들이여, 진실은 단 하나, 즉 내가 물질적인 것에 대해 전혀 사색하지 않았다는 사실입니다〉라고 강조하고 있지만 그는 초기 그리스 철학자들의 자연과학에 대해 잘 알고 있었음에 틀림없다. 그에게 있어서 물질적인 사색은 좀 더 다급한 문제, 즉 인간의 본성과 진리와 선에 대한 문제에 양보해야 했다. 그가 자신을 도덕 철학가로서 생각하게 된 결정적인 사건은 델포이 신탁의 응답이었다. 카에로폰 Chaerophon이 델포이의 아폴론 신전에 가서 소크라테스보다 더 현명한 사람이 있느냐고 물었을 때 그 응답은, 그런 사람은 결코 존재하지 않는다는 것이었다. 소크라테스는 이 응답의 의미를 그가 그 자신의 무지를 깨닫고 인정했기 때문에 가장 현명한 사람이 된 것이라고 해석했다. 이러한 태도로 소크라테스는

---

5 Alkibiades(B. C. 450?~B. C. 404?). 정치가이자 군인으로 펠로폰네소스 전쟁, 시칠리아 원정 등에도 참전했으며 기원전 408년, 아테네가 패한 뒤 살해되었다.

진리와 지혜에 관한 탐구를 시작했다.

2.2. 철학자 소크라테스

소크라테스는 저술을 남기지 않았기 때문에 어떠한 철학적 의미를 그에게 부여해야 할 것인가에 대한 몇 가지 논란이 오늘날까지도 존재한다. 그의 사상에 대한 가장 포괄적인 자료는 플라톤의 대화편들인데 여기에서 소크라테스는 특히 초기에 나온 대화편의 주요 인물이다. 그러나 플라톤이 여기에 기록하고 있는 것이 과연 소크라테스가 실제로 가르쳤던 것인지 아니면 소크라테스라는 인물을 통해 플라톤의 생각을 표현한 것인지에 관해서는 계속 의문이 제기되고 있다. 어떤 사람들은 플라톤의 대화편에 나타나는 소크라테스가 역사적으로 들어맞는 소크라테스라고 주장한다. 이 주장이 의미하는 것은 이 대화편들이 담고 있는 새로운 철학 활동은 소크라테스 자신의 공로로 인정되어야 하며 플라톤의 공로로는 단지 소크라테스의 사상을 보존하고 좀 더 잘 정돈하며 정확하고 특색 있게 하기 위해 그가 생각해 낸 문학적인 형식만이 인정되어야 한다는 것이다.

반면에 아리스토텔레스는 소크라테스와 플라톤에 의해 이루어진 철학적 공헌들을 구별했다. 아리스토텔레스는 소크라테스에게는 〈귀납법적인 논증과 보편적인 정의(定義)들〉에 대한 공헌을 부여했고, 플라톤에게는 이데아론(또는 형상론) ─ 보편적 원형들(즉 이데아들이나 형상들)은 그것들을 체현한 개별적인 사물들과 독립적으로 존재한다는 ─ 의 발전에 대한 기여만을 인정하려 했다. 그 논의는 본질적으로 형상론을 소크라테스가 발전시켰는가 아니면 플라톤이 발전시켰는가에 관한 것이다. 아리스토텔레스는 특히 이 문제에 관심을 가지고 있었기 때문에 아카데미아에서 플라톤과 오랜 토론 과정에서 소크라테스와 플라톤의 사상을 분명하게 구분하려 했던 것도 무리는 아닐 것이다. 또한 초기의 대화편들은 『변명』과 『에우티프론』의 경우와 마찬가지로 소크라테스 자신의 사상을 표현한 것이라고 여겨진다. 그러므로 그 문제에 대한 가장 그럴듯한 해결은 양자의 의견을 조금씩 받아들이는 것이라고 생각된다. 즉 초기의 대화편들은 소크라테스 자신의 철학적 활동을 묘사한 것이며 비교적 나중에 나온 대화편들은 플라톤 자신의 철학적인 발전 ─ 그의 형이상학적 형상론의 성립을 포함하는 ─ 을 보여 주는 것이라는 주장이 가장 바람직하다고 생각된다. 이렇게 볼 때 소

소크라테스

크라테스는 지적 탐구의 새로운 방법론을 발전시킨 최초의 철학자라고 할 수 있다.

소크라테스는 소피스트들의 상대주의와 회의주의를 극복하는 데 성공하기 위해서 우선 지식이라는 건축물의 확고한 기초를 발견해야 했다. 그는 이 기초를 인간 세계의 외부의 사실들에서가 아니라 인간의 내부에서 발견했다. 소크라테스에 따르면 인간의 내부는 인식 행위를 실천적인 행위로 인도하는 독특한 활동 무대였다. 이 활동을 묘사하기 위해 소크라테스는 〈영혼psyche〉이라는 개념을 만들었다. 그에게 있어서 영혼은 어떤 특수한 기능도 아니고 특수한 종류의 실체도 아니다. 그것은 오히려 지성과 인격을 위한 능력, 즉 인간의 의식적인 퍼스낼리티를 의미했다. 나아가 소크라테스는 영혼의 의미를 두고 말하길 〈우리 내부에 존재하는 것으로서 그것을 통해 현명한가 아니면 어리석은가, 선한가 아니면 악한가를 판별할 수 있다〉고 했다. 그는 영혼을 이렇게 묘사함으로써 어떤 유령과 같은 실체로서가 아니라 지성과 인격의 정상적인 능력을 지닌 것으로 파악하려 했다. 영혼은 퍼스낼리티의 구조였다. 소크라테스에게 영혼이 무엇인가를 정확하게 묘사한다는 것은 매우 어려운 일이었지만 그가 확신했던 바는 영혼의 활동이란 〈인식〉할 수 있고 인간의 일상 행위에 영향을 주며 심지어는 그 행위를 인도하고 지배하기까지 한다는 사실이었다. 그래서 영혼은 〈사물〉이 아니지만 그는 인간의 가장 큰 관심이 〈가능한 한 영혼을 선하게 만드는 데〉에 집중되어야 한다고 주장했다. 인간은 언제 자신의 영혼을 가장 훌륭하게 배려하는가? 사실과 환상의 차이를 이해하고 인간 생활의 실재에 대한 지식에 근거해 자신의 사상을 형성할 때가 바로 그때다. 그러한 지식을 획득했고 자신의 영혼을 잘 배려한 사람은 참된 도덕적 가치들에 대한 자신의 지식에 따라 행동하게 될 것이다. 한마디로 소크라테스에게는 〈선한 생활〉이 주된 관심사였으며 단순한 명상적 태도는 없었다.

소크라테스의 영혼의 개념에서 요점은 인간은 단어들이 의미하는 바를 잘 의식하고 있다는 것이다. 어떤 것이 다른 것과 모순된다는 것, 예를 들어 정의(正義)는 남을 해치는 것을 결코 의미하지 않는다는 사실에 대한 지식은 영혼이 인식 능력을 사용함으로써 획득할 수 있는 지식의 한 전형적 예다. 남을 해치는 어떤 행위가 자신의 정의에 대한 지식과 위배된다는 사실을 알면서도 남을 해치는 경우처럼 지식에 위배되게 행동하는 것은 그 스스로가 인간으로서 자신의 본성을 해치는 행위다. 소크라테스는 인간은 확실한 지식을 획득할 수 있으며 그러한 지식만이 도덕의 기초가 될 수 있다고 확신했다. 그러므로 그의 첫 번째 작업은 자기 자신과 동료들에게 〈어떻게〉 인간은 신뢰할 수 있는 지식을 획득할 수 있는가를 제시해 주는 것이었다.

2. 3. 소크라테스의 인식론: 지적 산파술

소크라테스는 믿을 만한 지식을 얻을 수 있는 가장 확실한 방법은 지적인 산파술인 변증술dialectic을 통해서, 즉 숙련된 대화의 방법을 통해서라고 믿었다. 이것은 믿을 수 없을 만큼 간단한 기술처럼 보인다. 그것은 항상 어떤 문제의 가장 명백한 측면을 논의함으로써 시작된다. 소크라테스는 대화의 과정을 통하여 모든 사람들이 자신의 생각을 분명하게 할 수밖에 없게 되고 마침내 대화의 최종 결과로서 당초 의도했던 것을 명료하게 진술하게 된다고 믿었다. 그 기술은 간단해 보였지만 얼마 지나지 않아 모든 사람들은 그의 반어법에 대해 불쾌감과 아울러 그 기술의 강한 엄격성을 느낄 수 있었다. 이 방법이 발휘된 가장 초기의 대화편들에서 소크라테스는 어떤 주제에 대해 무지를 가장하고 다른 사람으로부터 그 주제에 관한 가장 충실한 지식을 유도해 내고 있다. 그는 이 변증술의 방법을 일종의 지적 산파술이라고 생각했다. 그의 가정에 따르면, 어떤 사람이 불완전하고 그릇된 생각을 갖고 있을 때 그것을 점차적으로 교정해 줌으로써 그 자신이 스스로 진리를 끌어낼 수 있도록 한다는 것이다. 그는 논점 부정elenchus이라는 기술로 종종 다른 사람의 견해 뒤에 숨어 있는 모순을 들추어내곤 했다. 또한 그는 그렇게 함으로써 다른 사람이 잘못 알고 있는 속견을 포기하지 않을 수 없게 만들기도 했다. 인간의 정신이 대상을 인식할 수 없다고 하더라도 소크라테스는 이 주장 역시 증명하려 했다. 왜냐하면 그는 되는대로 사는 〈삶〉이 살 가치가 없는 것처럼, 심사숙고하지 않은 〈생각〉 역시 소유할 가치가 없다고 생각했기 때문이다. 그러므로 어떤 대화는 결론 없이 끝난다. 이는 소크라테스가 듣는 이에게 독단적인 관념을 불어넣기보다는 그를 질서 정연한 사유 과정을 통해 확실한 지식으로 인도하기를 원했기 때문이다.

소크라테스의 방법 중 좋은 예는 그의 대화편 『에우티프론』에서 발견된다. 장면은 아르콘 왕의 궁전 앞이다. 거기서 소크라테스는 자신을 〈불경죄〉로 고소한 사람을 기다리고 있다. 그는 그 고발이 뜻하는 바를 알기 원한다. 그때 젊은 에우티프론이 그 장면에 나타나고, 그는 부친의 불경죄를 고발하기 위해 왔다고 얘기한다. 소크라테스는 아이러니컬하게도 그를 만난 것을 행운이라 여기며 기뻐한다. 왜냐하면 에우티프론이 그의 부친에게 행하는 비난은 소크라테스가 받았던 비난과 동일한 것이기 때문이었다. 풍자적으로 소크라테스는 에우티프론에게 이렇게 말했다. 〈단지 몇몇 사람만이 당신이 행하고 있는 것을 옳게 행할 수 있을 것이오. 잘 교육받은 지혜로운 사람만이 말이오.〉 불경죄가 무엇인지를 정확하게 아는 사람만이 그 죄목으로 누군가를 고발할 수 있으며, 더 나아가 자신의 〈부친〉을 고발할 정도라면 고소자는 자신이 비난하고 있는 것을 더욱 확실히 알고 있을 것이다. 그러므로 소크라테스는 불경죄의 의미에 대한 자신의 무지를 고백하면서 에우티프론에게 그 의미를 설명해 달라고 청한다. 왜냐하면 그는 그러한 죄목으로 부친을 고발했기 때문이다.

　에우티프론은 소크라테스에게 〈잘못한 사람을 고발하는 것〉이 경건성이며 그 반대가 불경이라고 정의해 준다. 이에 대해 소크라테스는 이렇게 대답한다. 〈내가 당신에게 청하고 있는 것은 세상에 존재하는 많은 경건한 행동들 가운데 한두 가지를 말해 달라는 것이 아니오. 나는 모든 경건한 행동을 경건하게 만들어 주는 경건성의 《개념》이 무엇인지 알고 싶은 것이오.〉 자신의 첫 번째 정의가 불만족스러웠던 에우티프론은 다시 〈신들을 기쁘게 해주는 것이 경건한 행동〉이라고 말한다. 그러나 소크라테스는 신들 사이의 잦은 싸움에 대해 이야기하면서 신들 사이에도 무엇이 더 좋고 무엇이 나쁜지에 대한 의견의 일치가 존재하지 않음을 제시한다. 즉 동일한 행동도 어떤 신에게는 기쁘지만 다른 신에게는 기쁘지 않을 수 있다는 것이다. 여기서 에우티프론의 두 번째 정의도 부적당한 것이 된다. 궁지를 벗어나기 위해 그는 또 다른 정의를 내세운다. 〈모든 신이 사랑하는 것이 경건이며, 모든 신이 싫어하는 것이 불경〉이라는 것이다. 그러나 소크라테스는 이렇게 되묻는다. 〈도대체 신들은 어떠한 행동이 경건하기 때문에 그 행동을 사랑하는 것인가 아니면 신들이 그것을 사랑하기 때문에 그 행동이 경건한 것인가?〉 간단히 말해서 경건성의 〈본질〉은 무엇인가? 에우티프론은 다시 이렇게 말한다. 〈경건은 신들에게 바쳐야 할 정성과 관계가 있는 정의(正義)의 부분〉이다. 소크라테스는 어떠한 종류의 정성이 신에게 바쳐져야 하는가를 물음으로써 더욱 명확한 정의를 요구한다. 에우티프론은 여기서 우물쭈물한다. 소크라테스는 그에게 이렇게 말하면서 다시 한 번 좀 더 분명한 정의를 요구한다. 〈만일 당신이 경건과 불경이 무엇인가를 정확히 알지 못했다면 당신은 결코 당신의 아버지를 고발할 수 없었을 것이오.〉 소크라테스가 한 번 더 분명한 정의를 그에게 요구하자. 에우티프론은 〈소크라테스여, 다음에……. 난 지금 바빠요. 지금 난 떠나야 해요〉라는 대답밖에 하지 못한다.

경건성이라는 주제에 대한 대화는 결론을 내리지 않은 채 여기서 끝난다. 그렇지만 그 대화는 소크라테스의 변증술의 생생한 예를 보여 주며 철학적 삶에 대한 그의 사고방식을 제시해 주고 있다. 또한 여기에는 명석한 사유의 도구로서 〈정의(定義)〉에 대한 소크라테스의 각별한 관심이 좀 더 구체적으로 표현되고 있다.

2.3.1. 정의

정의(定義)의 과정에 대한 소크라테스의 지대한 관심은 그의 인식론의 핵심을 이루고 있다. 그에게 있어서 정의는 하나의 확고부동한 개념이다. 비록 개별적인 사건이나 사물은 어떤 점에서는 변화하고 또 사라지지만 항상 동일한 어떤 것이 그것들에 대해 존재하므로 그것은 변화하지도 소멸하지도 않는다고 소크라테스는 주장했다. 바로 이것이 그것들의 정의이거나 본성이다. 그가 에우티프론에게 〈경건한 행위를 경건하게 만들어 주는 경건성의 개념〉을 요구했을 때, 에우티프론에게 듣기를 원했던 것은 바로 이 영원한 의미였다. 소크라테스는 비슷한 방식으로 정의의 개념(어떤 행동을 정의롭다고 평가할 수 있게 하는), 미(美)의 개념(개별 사물들의 미를 측정하는), 그리고 선의 개념(우리에게 어떤 행동이 선하다고 생각할 수 있도록 하는)을 추구했다. 어떠한 개별적인 사물도 완전히 아름다울 수는 없다. 그러나 그것이 어느 정도 아름답다면, 이는 그것이 미의 개념에 더 많이 분유하고 있기 때문이다. 더욱이 하나의 아름다운 사물이 사라진다 해도 미의 개념은 계속 남아 있다. 소크라테스는 개별 사물뿐만 아니라 일반 개념에 대해서도 사유할 수 있는 정신의 능력을 믿었다.

그가 생각하기에 정신이 어떤 것에 대해 사유할 때는 언제나 대상들의 두 가지 종류에 대해 사유한다. 아름다운 꽃 한 송이는 〈특정한 꽃〉인 동시에 일반적이며 〈보편적인 의미의 미〉의 한 예이거나 분유자. 소크라테스에게 있어서 정의의 과정은 정신이 사유의 두 가지 대상을 구분하는 과정, 즉 개체(이 아름다운 꽃)와 보편자(미의 개념) 사이를 구분하는 과정이었다. 만일 소크라테스가 〈아름다운 꽃은 무엇인가〉 또는 〈경건한 행동은 어떤 것일까〉 하고 물었을 때 우리가 이 꽃 또는 저 행동을 제시한다면 그는 결코 그 대답에 만족할 수 없을 것이다. 왜냐하면 비록 어떤 사물에 어느 정도의 미가 함유되어 있다고 하더라도 그 사물이 미의 개념과 동일하거나 그 전부를 표현하고 있지는 않기 때문이다. 더욱이 꽃이든 사람이든 다양한 사물들이 서로 다른 미를 표현하고 있음에도 불구하고 그 각각의 사물을 아름답다고 할 수 있는 이유는 그것들이 아름답다고 할 수 있게 하는 어떤 요소를 공통적으로 각각 분유하고 있기 때문이다. 단지 엄격한 정의의 과정을 통해서만이 정신은 특수한 사물(이 아름다운 꽃)과 보편적인 개념(美, 또 아름다움) 사이의 차이를 파악할 수 있게 된다. 결국 정의의 과정은 소크라테스가 노력했던 것과 같이, 정의의 확고부동한 개념에 도달하기 위한 과정이었던 것이다.

  소크라테스는 정의의 기술을 통해 참된 지식이란 사실들에 대한 단순한 조사 이상의 것임을 보여 주었다. 정신의 힘은 사실들 속에서 그 사실들이 사라진 후에도 남아 있는 영원한 요소들을 발견할 수 있으며 참된 지식은 바로 이 정신의 힘과 관계를 갖는다. 장미가 시든 후에도 아름다움 자체는 남아 있다. 불완전한 삼각형은 삼각형 그 자체를 정신에게 암시해 주며, 불완전한 원들은 완전한 원의 근사 도형으로 간주된다. 사실들은 다양한 생각들을 유발한다. 두 송이의 꽃은 결코 같을 수 없기 때문이다. 마찬가지로 두 사람이나 두 문화도 같을 수 없다. 따라서 우리가 우리의 지식을 해석되지 않은 사실들에 단지 제한시킨다면, 만물은 서로 다르다든가 어떠한 보편적 유사성도 존재하지 않는다는 결론이 도출될 수밖에 없다. 소피스트들의 주장이 바로 그러하다. 그들은 서로 다른 문화로부터 수집했던 사실들에 근거해서 모든 정의와 선의 개념들이 상대적이라고 주장했던 것이다. 그러나 소크라테스는 이러한 결론은 받아들이려 하지 않았다. 그에 의하면 사람들 사이의 사실적인 차이들, 예를 들어 키나 힘이나 정신 능력의 모든 차이들이 그들 모두가 인간이라는 또 하나의 확실한 사실을 흐리게 할 수 없다. 정의의 과정을 통해 그는 명백한 사실적 차이들을 무시했고 모든 인간들 간의 차이에도 불구하고 그들을 인간이라고 부를 수 있도록 하는 그 무엇을 발견하기 위해 노력했다. 〈인간humanness〉에 대한 그의 분명한 개념은 그에게 인간들에 대해 사유하기 위한 확고한 기초를 마련해 주었다. 이와 유사하게 문화들은 서로 다르고 문화마다의 법률과 도덕률도 다르지만 법률, 정의, 선의 개념들 역시 인간의 개념만큼 엄밀하게 정의될 수 있다는 것이 그의 생각이었다. 지적 회의주의나 도덕적 상대주의 대신에 소크라테스는 만일 우리가 분석과 정의의 기술을 사용한다면 우리 주변의 다양한 사물은 확고부동한 개념들을 산출할 수 있다고 믿었다.

그러므로 사실의 세계 배후에는 사물들의 질서가 존재하며, 소크라테스는 그 질서를 정신에 의해 발견할 수 있다고 믿었다. 이러한 생각은 우주 만물을 조망하는 한 방식을 그의 철학에 부과시켰다. 즉, 그것은 사물들의 〈목적론적〉 개념이었고, 이 견해에 따르면 사물들은 하나의 기능이나 목적을 가지며, 선을 향해 나아가는 경향이 있다. 예를 들면 인간이 정의될 수 있는 본성을 소유한다고 말하는 것은 그의 본성에 적합한 하나의 활동이 존재한다고 말하는 것과 동일하다. 만일 인간이 이성적 존재라면 이성적으로 행동하는 것은 인간의 본성에 적합한 행동인 것이다. 이러한 주장으로부터 인간은 이성적으로 행동〈해야〉 한다는 주장이 발생하는 것은 필연적이다. 소크라테스가 믿었던 것은 만물의 본성을 발견함으로써 만물 내의 질서 역시 지적으로 파악할 수 있다는 사실이었다. 이러한 견해에서 볼 때 사물들은 그 자신들의 본성과 기능을 소유하며 동시에 그 기능들은 사물의 모든 체계 속에서 몇 가지의 부가적인 목적들을 갖는다. 우주 안에 많은 사물이 존재하는 것은 우연한 혼합의 결과가 아니다. 그 사물들 각각은 나름대로 최선을 다하고 있으며 그것들 모두가 함께 작용함으로써 질서 있는 우주를 형성한다. 소크라테스는 지식의 두 수준을 명백히 구분할 수 있었다. 하나는 사물들에 대한 면밀한 〈조사〉에 기초하며, 다른 하나는 사실들의 〈해석〉에 기초하는 것이었다. 다시 말해 전자는 개별적인 사물에 근거하며 후자는 일반적이거나 보편적인 개념들에 의존한다는 것이었다.

미, 직선, 삼각형, 인간 등에 있어서의 저 보편적 개념들은 항상 그것의 사용을 위한 근거가 실재한다는 사실을 전제로 하고 대화에서 사용되었다. 그렇다면 여기서는 커다란 문제가 제기될 수 있다. 즉 이러한 보편 개념들이 어떤 〈현존하는 실재〉에 관해 사용될 때 특정한 단어들이 사용되는 것과 동일한 방식으로 사용되느냐 그렇지 않느냐에 대한 문제가 발생한다. 만일 존John이라는 단어가 특정한 장소에 있는 어떤 인간을 지칭한다면 〈인간〉이라는 개념도 어딘가에 존재하는 실재를 가리키는 것인가? 보편자의 형이상학적 위치에 대한 문제를 소크라테스가 다루었는가 하는 문제를 따져 본다는 것은 우리가 플라톤 또는 소크라테스가 이데아론의 창시자라고 생각함을 전제하고 있다. 아무튼 플라톤은 이러한 개념적인 이데아들이 존재하는 사물들 중에서 가장 실재적이며 이들 이데아들을 분유한 개별적인 사물과 분리되어 존재한다고 가르쳤다. 아리스토텔레스는 이데아가 별도로 존재한다는 이론을 반박하면서 이 보편적 이데아들은 오직 우리가 경험하는 현실의 사물들 안에만 존재한다고 주장했다. 또한 아리스토텔레스는 소크라테스의 경우에 이 이데아와 사물이 〈분리〉되지 않았다고 주장했다. 그러나 비록 소크라테스가 플라톤의 대화편에 나타나는 이데아론의 창시자는 아니라고 하더라도 그는 가시계(可視界)의 배후에 있는 가지적(可知的) 질서의 개념을 형성했던 사람임에 틀림없다.

2. 4. 소크라테스의 도덕 사상

소크라테스에게 지(知)와 덕(德)은 일치하는 것이다. 만일 덕이 〈가능한 한 영혼을 선하게 만드는〉 데 관련된다면 영혼을 선하게 만드는 것이 무엇인지를 먼저 알아야 한다. 그러므로 선과 지는 밀접히 관련된다. 그러나 소크라테스는 단순히 선과 지가 관련된다는 것 이상을 말하려 했다. 실제로 그는 이 양자를 동일시했던 것이다. 그에 의하면 선을 아는 것은 선을 행하는 것이다. 그러므로 지는 덕이다. 지와 덕을 동일시한 소크라테스는 더 나아가 악덕이나 죄를 지의 부재라고 주장하려 했다. 지가 덕인 것처럼 악덕은 무지다. 이러한 추론의 결과로, 소크라테스는 어느 누구도 알면서 악덕에 빠지거나 죄를 범하지 않는다고 확신했다. 그에 의하면 그릇된 행동은 항상 무의식적이며, 무지의 산물이다.

덕과 지, 그리고 악덕과 무지를 일치시킨 것은 어떻게 보면 대부분의 인간이 가장 기본적으로 경험하는 것들과 모순되는 듯하다. 우리의 상식에서 볼 때 우리는 종종 잘못이라는 것을 알면서도 행동하는 경우가 있고, 따라서 우리의 악행은 계획적이고 의도적인 행동일 경우가 있기 때문이다. 소크라테스도 인간이 소위 죄라고 불리는 행동들을 저지른다는 사실에는 동의했다. 그러나 그는 누군가가 자신의 행동이 죄라는 것을 알면서도 고의적으로 죄를 저지른다는 사실을 부정했다. 소크라테스에 의하면 죄를 저지르는 사람은 항상 그 행위가 어느 정도 선하다고 생각하면서 행동한다는 것이다.

소크라테스는 덕과 지를 일치시킬 때 이미 덕에 대한 구체적인 개념을 갖고 있었다. 그에게 덕이란 인간 기능의 완전한 실현이었다. 이성적 존재로서 인간의 기능은 이성적으로 행동하는 것이다. 동시에 모든 인간은 불가피하게 영혼의 행복에 대한 갈망을 갖는다. 이 내면의 행복, 즉 이 〈가능한 한 영혼을 선하게 만드는 행위〉는 적합한 행동 양식에 의해서만 이루어질 수 있다. 인간은 행복에 대해 갈망하기 때문에 자신의 행위를 선택할 때 그 행동들이 그를 행복으로 이끌 것이라는 희망을 전제한다. 어떤 행동, 무슨 행위들이 행복을 낳을 것인가? 소크라테스는 몇몇 행동들이 마치 행복을 낳는 것처럼 보이지만 실제로는 그렇지 못한 경우가 있다는 사실을 알고 있었다. 때문에 인간은 종종 의문의 여지가 있는 행동을 선택하기도 하지만 이 경우에도 인간은 그 행동이 자신을 행복으로 인도할 것이라고 생각한다. 도둑은 도둑질이 나쁘다는 것을 안다. 그러나 그는 도둑질이 그에게 행복을 줄 것이라는 희망에서 도둑질 하는 것이다. 마찬가지로 사람들은 성공과 행복의 상징들인 권력, 육체적 쾌락, 부를 추구한다. 그러나 그들은 이러한 것들과 참된 행복의 기반을 혼동하고 있는 것이다.

그러므로 결국 악덕과 무지를 동일시하는 것은 상식에 위배되지 않는다. 왜냐하면 소크라테스가 말한 무지는 행동 자체가 아니라 행복을 낳는 그 행동의 능력에 관한 것이었기 때문이다. 그것은 인간의 영혼과 관련된 무지였고 〈영혼을 가능한 한 선하게 만드는 행위〉와 관련된 무지였다. 그러므로 악행은 행동 양식에 대한 그릇된 평가의 결과로 발생한다. 어떤 종류의 사물이나 쾌락이 행복을 낳을 것이라는 기대는 잘못된 것이다. 악행은 얻을 수 없는 것을 얻을 수 있다는 희망에서 이루어진 무지의 산물이다. 무지는 어떠한 행위가 행복을 낳을 수 없다는 사실을 알지 못해서 나타난다. 우리는 인간의 본성에 대한 참된 지식을 통해 그것이 요구하는 것이 행복이라는 사실을 알게 된다. 또한 우리는 사물들과 행동 양식들에 대한 참된 지식을 통해 그것들이 과연 행복에 대한 인간의 요구들을 충족시킬 수 있는가를 알 수 있다. 또한 행복을 주는 것처럼 보이는 것과 실제로 행복을 주는 것을 구분할 때에도 지식이 요구되는 것이다.

그러므로 악덕이 무지며 무의식적이라는 주장은 결국 인간이 자신의 본성을 손상시키고 파괴한다는 사실을 알면서도 고의적으로 악행을 선택하지는 않는다는 주장이다. 인간은 고통을 선택할 때도 이 고통이 자신을 덕으로, 인간 본성의 완전한 실현으로, 행복으로 이끌 것이라는 기대에서 선택하는 것이다. 인간은 항상 자신이 올바르게 행동하고 있다고 생각한다. 그러나 그의 행동이 실제로 옳은가는 과연 그 행동이 참된 인간의 본성과 조화를 이루고 있는가에 달려 있으며, 따라서 그 문제는 참된 지식의 문제인 것이다. 더욱이 소크라테스는 인간 본성의 궁극적 구조가 영원하다고 믿었고 따라서 덕스러운 행동도 또한 영원하다고 생각했다. 이러한 주장은 소피스트의 회의주의와 상대주의에 대한 그의 위대한 승리의 기초를 이루고 있었다. 서구 문명의 전 역사를 통해 도덕 철학이 지향해 온 방향은 소크라테스에 의해 결정되었다. 물론 그의 사상은 플라톤과 아리스토텔레스와 기독교 신학자들에 의해 수정되었지만, 지배적인 지적 도덕적 전통으로 계승되었고 그 주변에서 많은 수정된 이론들이 발전할 수 있었다.

2. 5. 소크라테스의 재판과 죽음

인간 영혼에 대한 배려를 인간의 최대 관심사로 생각했던 소크라테스는 자신의 삶을 면밀히 관찰하고 다른 아테네인들의 삶과 사유에 대하여 음미하는 데 거의 모든 시간을 소모했다. 페리클레스 치하의 아테네는 부강했고 안전했으므로 소크라테스는 심각한 반대에 부딪치지 않고 단지 〈귀찮은 존재〉로서 자신의 소명을 실천할 수 있었다. 인간의 즉흥적 행동의 근저에 확고부동하고 영원한 도덕적 질서를 세워야 한다는 그의 엄청난 요구는 짜증스럽고 우스꽝스러운 것으로 간주되었고 그에게는 이율배반에 빠진 지식인이라는 평판이 주어졌다. 좀 더 사태를 악화시킨 것은 많은 아테네인들이 이미 논의가 끝난 것이라고 생각했던 민감한 문제들에 대해 자유롭게 사유했던 그의 태도였다. 그러나 당시 아테네의 경제력과 군사적 위치는 막강했으며, 아직은 불황이나 패배를 모르던 시기였기 때문에 소크라테스는 거의 제재를 받지 않고 활동할 수 있었다. 물론 상류층 가문의 젊은이들 사이에 변증술 — 도덕, 종교, 정치적 관습들에 대한 의문들을 제기하는 기술 — 을 유포시킴으로써 소크라테스는 오래전부터 의심을 받고 있었다. 그러나 아테네가 스파르타와의 전쟁에서 패배할 때까지는 그의 행동이 확실한 위험으로 간주되지 않았다.

결국 이 전쟁과 관련된 일련의 사건들로 인해 소크라테스는 법정에 서게 되었고 선고까지 받게 되었다. 한 가지 사건은 소크라테스의 제자로 알려졌던 알키비아데스의 역적 행위였다. 알키비아데스는 실제로 스파르타에 건너가서 스파르타인들에게 전쟁에 귀중한 정보를 제공했다. 많은 아테네인들은 당연히 알키비아데스의 그러한 행위에 소크라테스도 어느 정도는 책임이 있다고 생각했다. 게다가 소크라테스는 자신이 속해 있었던 5백 인의 원로원 위원회와 심각하게 반목하고 있었다. 그 위원회의 임무는 여덟 명의 군 지휘관의 재판이었는데 그들은 아르기누사이 군도 외곽에서 벌어진 해전에서 임무 태만 죄로 기소된 자들이었다. 그 전투에서 아테네인들은 결국 승리를 거두었지만 작전 지연으로 인해 25척의 배와 4천 명의 병사를 희생시켰다. 이 소모전에 참가했던 여덟 명의 지휘관들은 재판으로의 회부가 결정되었고, 그들의 유죄 판결도 개별적이 아니라 전체적으로 한 번의 표결로 확정하기로 결정되었다. 처음에 위원회는 그것이 정상적인 법 절차에 위배된다고 주장하면서 이 조치를 반대했다. 그러나 기소자들이 위원들의 이름을 그 지휘관들의 명부에 기재하겠다고 위협하자 소크라테스를 제외한 나머지는 모두 그 조치를 수락했다. 결국 지휘관들은 유죄 판결을 받았고 그 가운데 여섯 명은 구금되었다가 곧 사형당했다. 이 사건들은 기원전 406년에 발생했다. 기원전 404년 아테네가 몰락하면서 소크라테스는 또다시 세력 있는 집단과 반목하게 되었다. 승리국인 스파르타의 압력으로 아테네의 새로운 정부를 위한 입법을 마련하기 위해 30인 위원회가 소집되었다. 그러나 이 집단은 폭력적 과두 지배 체제를 형성했고, 자의적으로 페리클레스의 민주제 질서의 핵심 인물들을 숙청하였으며 자신들을 위해 축재했다. 1년도 채 되지 않아 이 과두 체제는 무력에 의해 와해되었고 민주제의 질서도 붕괴되었다. 그러나 이는 소크라테스에게는 불행한 일이었다. 왜냐하면 혁명적 과두 체제의 구성원 가운데 몇 명, 특히 크리티아스[6]와 카르미데스[7]가 소크라테스의 친한 친구였기 때문이다. 이는 알키비아데스의 경우와 마찬가지로 소크라테스에게 반역자들과 제휴했다는 혐의를 갖게 했다. 이러한 이유들로 인해 소크라테스에 대한 짜증은 이제 그에 대한 불신으로 발전했고 결국 기원전 399년 그는 재판에 회부되었다. 디오게네스 라에르티우스Diogenes Laertius는 그 기소 내용을 이렇게 기록하고 있다. 〈첫째, 국가가 숭배하는 신들을 숭배하지 않는 대신 새롭고도 기이한 종교 의식을 소개한 죄, 둘째, 더욱이 젊은이들을 타락시킨 죄로 기소자는 사형을 요구함.〉

6 Kritias(B. C. 460~B. C. 403). 기원전 404년 아테네가 스파르타에게 항복할 때까지 30인 참주의 지도자로서 아테네의 권력을 장악했던 인물. 그는 플라톤의 어머니의 사촌으로, 한때 소크라테스의 제자들의 모임의 일원이기도 했다.

7 Charmides(?~B. C. 403). 소크라테스의 제자였으며 플라톤의 삼촌으로서 플라톤을 소크라테스에게 소개해 준 인물.

소크라테스는 자신이 기소되었을 때 곧바로 망명할 수 있었다. 그렇지만 그는 아테네에 남아 배심원이 5백 명이나 되는 법정에서 자신을 변호했다. 플라톤의 『변명』에 기록된 그의 변호는 자신의 지적 활동에 대한 훌륭한 변호였으며 그의 비난자들의 부적절한 기소 동기에 대한 강력한 폭로였다. 그는 일생 동안 아테네에 많은 것을 헌신했음을 역설했다. 여기에는 그의 군복무와 지휘관의 재판에서 합법적인 절차를 주장했던 그의 행동이 포함된다. 그의 변호는 전형적인 강한 논증이었다. 그것은 전적으로 사실에 기초한 진술과 이성적 담론에 대한 요구에 의존하고 있었다. 유죄가 표결된 후 형량을 정하기 위한 피고의 진술이 허용되었다. 자신의 무죄를 확신했고 자신의 생활 방식과 가르침이 아테네인들에게 기여했던 바의 위대한 가치를 확신했던 그가 제안한 것은 아테네인들이 그가 받아야 마땅할 대우를 함으로써 그에게 보상해야 한다는 것이었다. 자신의 삶을 〈올림피아의 경마 경기나 전차 경기에서 승리한〉 어떤 사람에 비유하면서 소크라테스는 〈그 사람은 단지 당신들을 행복해 보이게 할 뿐이지만 나는 실제로 당신들을 행복하게 하고 있습니다〉라고 말했다. 그러므로 그가 주장하는 그에 대한 보상이란 〈영빈관에서의 공식적 대접〉이어야 한다는 것이었다. 당시 그 대접은 일종의 명예로서 저명한 아테네 시민들이나 장군들, 올림픽의 승자들이나 그 밖의 뛰어난 인물들에게만 베풀어지고 있었다. 그의 오만함에 모욕을 당한 배심원들은 그에게 사형을 선고했다.

　그의 친구들은 마지막까지 그가 탈출할 수 있도록 노력했다. 그러나 소크라테스는 결코 도망치려 하지 않았다. 그의 아내와 어린 자식들에게 관심을 쏠리게 해서 배심원들의 마음을 움직이자는 의견을 거부해 온 소크라테스는 이번에도 그의 어린 자식들을 생각해야 한다는 크리톤Criton의 간청에도 동요하지 않았다. 어떻게 그가 자신이 몸소 가르쳤던 것들을 위배할 수 있단 말인가? 어떻게 그가 진리 앞에서 갈팡질팡해서는 안 된다는 자신의 신념을 지키지 않을 수 있단 말인가? 소크라테스는 탈출이란 아테네와 아테네의 법률 절차를 거역하는 것이며, 따라서 그것을 해치는 것이라고 생각했다. 과녁은 명중되지 않을 수도 있는 것이다. 법률은 그의 재판과 판결에 아무 책임도 없다. 잘못된 사람들은 바로 그를 고발한 사람들, 아니토스Anytos와 멜레토스Meletos일 뿐이다. 그러므로 그는 법정의 선고에 순응함으로써 법률과 그 절차에 대한 자신의 경외심을 확인했다.

독배를 마신 후의 소크라테스의 임종 순간을 플라톤은 『파이돈』에서 이렇게 묘사하고 있다. 〈소크라테스는 자신의 몸을 한 번 더 만져 보고서 약 기운이 심장까지 오면 그때 떠나게 된다고 말씀하셨다. 그의 몸은 점점 식어 가고 있었다. ……그리고 마지막으로 말씀하셨다. 《아, 크리톤! 아스클레피오스 Asclepios에게 닭 한 마리를 빚지고 있다네, 꼭 갚아 주게나.》 이것이 최후였다. 이것이 우리들의 친구, 우리들이 그때까지 알아 온 사람들 가운데 가장 훌륭하고 지혜로우며 정의로웠던 한 인간의 최후였다.〉

3 플라톤

플라톤의 광범위한 지식 체계는 매우 강한 영향력을 지니고 있었고 그의 철학은 서양 사상사에서 가장 지속적인 흐름을 형성해 왔다. 한 가지 문제에만 집중했던 그 이전의 철학자들과는 달리 플라톤은 인간 사유의 모든 영역을 하나의 일관된 지식 체계로 포섭했다. 최초의 철학자들인 밀레토스 학파는 주로 물질적인 자연의 구성에만 관심을 가졌을 뿐 도덕의 기초에는 관심이 없었다. 이와 마찬가지로 엘레아학파의 파르메니데스와 제논은 실재란 변화하지 않고 유일한 실재, 즉 일자로 구성된다는 사실을 주장하는 데 전념했다. 반면에 피타고라스학파와 헤라클레이토스는 실재를 항상 변화하고 유전하는 것으로 파악했고, 또한 그 실재가 다양한 사물들로 구성되었음을 보여 주었다. 소크라테스와 소피스트들은 물질적인 자연에는 거의 관심을 갖지 않았지만, 대신에 철학을 도덕의 영역에 두었다. 플라톤의 위대한 영향은 바로 여기서 나타난다. 즉 그는 이러한 모든 다양한 철학적 관심사를 하나의 통합된 사상 체계로 포섭했던 것이다.

〔플라톤은 우리의 목전에 펼쳐지는 다양한 사물들에 대한 상식적인 인식에서 출발했다. 이 수많은 사물들의 이치를 파악하기 위해서 정신은 우선 이 물질적인 사물들이 움직이는 이유들을 발견해야 한다는 사실을 플라톤은 깨달았다. 그는 이를 위한 시도를 통해 사물들의 세계 배후에 존재하는 세계를 발견했다. 그것은 사유 및 이데

아들의 세계, 과학의 세계였다. 그가 생각하기에 물질적인 사물들은 정신을 물리학으로 이끄는 것이었다. 더 나아가 그 물리학을 이해하기 위해서는 수학에 대한 지적 이해가 요구되었다. 왜냐하면 사물들의 활동 — 개별적인 사물들이 아니라 유사한 상황에 있는 모든 사물들 — 을 이해하기 위해서 정신은 우선 사물들이 그것들의 활동에서 준수하는 원리들과 규칙들을 발견해야 하기 때문이다. 그러한 규칙들에 관한 사유의 모델이 수학이었다. 왜냐하면 수학은 개별적인 것과 연결되지 않고도 사유할 수 있는 방식이기 때문이다.

수학은 플라톤을 형이상학의 영역으로 이끌 수밖에 없었다. 물리학이 현상의 세계로부터의 정신의 해방에 의해, 즉 가시적 사물들의 위에 혹은 배후에 존재하는 이데아의 세계로의 정신의 유입에 의해 가능한 것이라면 이 단계에서 또 하나의 피할 수 없는 문제가 대두되는데 그것은 이 이데아의 세계가 〈존재하는가〉 또는 〈실재하는가〉의 문제다. 실로 상식과는 반대로 플라톤은 가장 실재적인 것이 바로 이 이데아의 세계라고 주장했다. 예를 들면 두 개의 사과는 사라져도 둘이라는 이데아는 초시간적 성질을 갖는다.

이러한 관점에서 플라톤은 진리에 대한 의견의 불일치는 이 두 세계를 혼동한 데서 연유한다고 주장했다. 현상계가 속견만을 낳는다면 초시간적인 이데아들은 참된 지식을 산출할 수 있다. 여기서 플라톤은 소피스트의 회의주의에 대한 그의 위대한 스승 소크라테스의 논박을 계승했다. 어떤 사물에 대한 참된 지식은 획득될 수 없다는 소피스트의 주장은 과학을 불가능하게 만들 수도 있는 것이었다. 또한 플라톤은 소피스트의 도덕적 상대주의를 거부했고, 자신의 인식론은 형이상학에서 윤리학에 이르는 확고한 다리를 놓았다고 주장했다. 다시 말해 만일 우리가 사물의 참된 본성인 실재 — 인간의 참된 본성을 포함하는 — 에 대해 지식을 소유한다면, 우리는 어떻게 행동해야 하는가의 문제에 대한 근본적인 실마리를 동시에 소유하게 된다는 것이다. 인간의 행동은 처음에는 한 개인의 문제였다가 그다음에는 동료들을 포함하는 문제가 되며 결국에는 인간의 궁극적 운명에 관한 문제를 제기한다. 플라톤에게 이러한 인간의 관심은 윤리학, 정치학, 종교라는 세 가지의 분리된, 그러면서도 서로 연관된 분야들에 의해 취급되어야 하는 것이다. 플라톤은 자신의 인식론을 물리학, 형이상학, 윤리학, 정치학, 종교 문제, 그리고 예술론과 결합시켜 좀 더 체계적인 방식으로 탐구했으며, 따라서 우리는 그의 인식론을 그만큼 신중하게 평가해야 한다. 그는 아리스토텔레스와 함께 서구인의 정신을 형성했다. 서구 문명의 도덕 철학과 과학적 전통은 본질적으로 플라톤의 사상이 이룩한 업적이었다고 해도 과언이 아니다. (제2판)]

1. 플라톤의 생애

플라톤은 페리클레스가 죽은 지 1년 뒤인 기원전 428년(또는 기원전 427년) 아테네에서 태어났다. 그때 소크라테스는 마흔두 살이었고 아테네의 문화는 번영을 누리고 있었다. 플라톤의 가문은 아테네의 저명한 가문 가운데 하나였기 때문에 그는 어린 시절부터 예술, 정치학, 철학 등 다방면에서 그 문화를 두루 섭렵했을 것이라고 추측된다. 그의 부친은 자신의 혈통을 고대 아테네의 왕들, 그 이전의 포세이돈 신까지 소급해 올라갔다. 한편 그의 모친인 페릭티오네Perictione는 카르미데스의 여동생이자 크리티아스의 사촌이었는데, 그 두 사람은 펠로폰네소스 전쟁(B. C. 431~B. C. 404)으로 아테네가 몰락한 후 생겨난 과두 체제의 핵심 인물들이었다. 플라톤이 아직 어렸을 때 그의 부친이 죽은 후 모친은 페리클레스의 친구였던 피릴람페스Pyrilampes와 결혼했다. 이렇게 저명인사들과 결합한 플라톤 가문은 특히 어머니 쪽이 명문이었다. 그의 외가 쪽 조상 중에는 위대한 입법가인 솔론Solon의 친구가 있었고 먼 친척 중에는 집정관이나 최고 행정관도 있었다.

그러한 가문의 분위기 속에서 플라톤이 공공 생활에 관한 많은 것을 배우고 이미 어린 나이에 정치적 사명감을 가지게 된 것은 당연한 일이었다. 그러나 아테네 민주정에 대한 플라톤의 태도는 펠로폰네소스 전쟁의 막바지에 그 자신이 목격했던 것에 영향을 받았다. 그는 민주제로는 위대한 지도자를 낳을 수 없으며 소크라테스와 같은 가장 위대한 시민도 죽일 수 있다는 사실을 경험한 것이다. 플라톤은 소크라테스의 재판에 참석했고 거기서 그의 벌금을 보증해 줄 의사를 표현하기도 했다. 아테네의 붕괴와 그의 스승의 사형은 민주제에 대한 절망감을 그에게 안겨 주었다. 따라서 그는 권위와 지식이 적절히 배합된 정치 지도자의 상(像)을 구상하기 시작했다. 플라톤은 배에 비유하여 다음과 같은 결론을 내렸다. 선원의 권위가 항해에 그 대한 지식에 의

제자와 담소하고 있는 플라톤

존하는 것처럼 국가라는 배는 적합한 지식을 소유한 사람에 의해 운항되어야 한다는 것이다. 그의 이러한 생각은 『국가론』에서 자세히 설명되고 있다.

〔플라톤은 아테네에 팽배했던 다양한 형태의 철학을 두루 알고 있었다. 그러나 그의 사상 형성에 결정적인 영향을 준 것은 소크라테스의 일생과 가르침이었다. 플라톤은 소크라테스를 어린 시절부터 알고 있었으며 그와의 우정을 통해 철학의 새로운 의미를 발견했다. 플라톤에게 철학이란 소크라테스에게와 마찬가지로 하나의 전문화된 기술적 행동이 아니라 하나의 생활 방식이었다. 철학은 과학과 인간 행동의 영역에 공히 적용되기 때문에 철학을 하기 위해서는 지적 능력뿐만 아니라 도덕적 품성도 요구된다는 것이 그의 주장이었다. 모든 지식의 분과들이 추구하는 목적은 인간에게 그들이 우주의 전 체계와 조화되는 방식을 이해할 수 있도록 해주는 것이었다. 궁극적으로 인간은 철학적 활동, 즉 정신의 부단하고 정열적인 활동을 통해서 그 자신을 세계에 관련시킬 수 있고 전인적인 힘과 능력을 소유할 수 있었다.

소크라테스와 마찬가지로 플라톤 역시 완전한 지식이나 절대적 진리를 발견했다고 생각하지는 않았다. 지식으로 향하는 가장 확실한 방법은 변증술이라는 확신만을 가지고 있었다. 변증술이란 대화의 기술로서 한 가정이나 가설을 끊임없이 반대의 주장과 대비시키는 기술이다. 이는 소크라테스의 기술인 동시에 그의 삶이었다. 겸허하고 포용력 있게 소크라테스는 선한 삶을 이룰 수 있는 조건들을 이해하고 거기에 순응하는 올바른 방식에 대한 끊임없는 의문을 제기했다. 비록 그가 실제로 〈제자들〉을 거느린 적은 없었지만 그는 바로 플라톤의 철학적 삶을 위한 지표가 되었던 것이다. 또한 소크라테스가 남긴 작품은 없었지만 그의 사상은 플라톤에 의해 결실을 맺게 되었다. 더욱이 플라톤은 자신의 저술을 대화의 형식으로 서술함으로써 소크라테스의 변증술을 보존했고 자신의 형이상학 체계와 자연 및 실재론을 통해 소크라테스의 도덕적 관심을 승화시켰다. (제2판)〕

기원전 387년경 그의 나이 약 40세였을 때, 플라톤은 아테네에 아카데미아를 세웠다. 〔이때 플라톤은 자신의 대화편을 거의 완성해 가고 있었고, 그의 활동은 정점에 달해 있었다. (제2판)〕. 어떤 의미에서 그의 아카데미아는 서구의 역사에서 최초로 출현한 대학이었다. 플라톤은 20년 동안 그곳의 지도자로서 여러 가지 일을 관장했다. 아카데미아의 주요 목적은 본원적인 탐구를 통해 과학적 지식을 추구하는 데 있었다.

플라톤의 주요 관심은 미래의 지도자들의 교육에 있었다. 그러나 그들의 교육은 엄격한 지적 훈련으로 구성되어야 한다고 생각한 플라톤은 그들에게 수학, 천문학, 화성학(和聲學) 등을 포함한 과학적 탐구 방식을 교육했다.

아카데미아의 과학에 대한 강조는 동시대의 이소크라테스[1]의 활동과 뚜렷하게 구별된다. 후자 역시 젊은이들에게 공공 생활에 대해 교육했지만 그는 과학의 유용성을 거의 부정했다. 즉 그는 순수한 탐구란 실용적 가치나 인문주의적 관심에 위배된다고 주장했다. [대신에 그는 명확하고 효과적인 표현과 설득의 기술을 교육함으로써 그의 제자들이 지배적인 의견이나 특수한 관점을 제시할 수 있는 능력을 길러 주었다. (제2판)] 그러나 플라톤이 교과 과목의 중심에 둔 것은 수학이었다. 정치적 권력을 장악하고자 하는 사람들이 할 수 있는 가장 훌륭한 준비를 그는 진리나 과학적 지식의 사심 없는 추구라고 생각했기 때문이다. [그러므로 정신은 속견과 감정을 배제할 수 있도록 훈련되어야 하며 엄격한 사유를 통해 실재를 직시하고 지식에 입각해서 판단할 수 있도록 훈련되어야 한다. 수학과 과학적 연구에 대한 플라톤의 엄격한 강조로 인해 소피스트의 허구적인 접근 방식은 이미 논박되었고 몇몇 유능한 사상가들이 아카데미아로 찾아오게 되었다. (제2판)] 아카데미아에 참여했던 뛰어난 학자 집단은 이전의 피타고라스학파의 수학적 지식을 능가하는 훌륭한 진보를 이룩했다. 또한 이러한 활동으로 인해 저명한 수학자 에우독소스[2]도 키지코스에 있는 자신의 학파에서 아테네로 건너와 플라톤의 아카데미아에 합류했다.

소크라테스의 사형은 플라톤에게 정치적 환멸을 깊게 느끼게 했고, 이러한 이유로 그는 공익을 위한 정치 활동에는 참여하지 않았다. 그러나 그는 엄밀한 지식이야말로 지배자의 훈련을 위해 가장 적절한 것임을 가르치기를 계속했다. 이러한 견해로 그는 커다란 명성을 획득했으며, 그가 적어도 세 번 정도 여행한 적이 있는 시라쿠사로 초

---

1 Isokrates(B. C. 436~B. C. 338). 아테네의 변론가이자 정치가. 소피스트에게서 변론술을 배운 뒤 키오스 섬에서 수사학을 가르쳤다. 기원전 392년에는 아테네에 학교를 열고 많은 제자를 양성하기도 했다. 주로 서간문이나 법정 변론문을 작성한 그의 문체는 아티카 산문의 극치를 나타내는 것으로 평가된다.

2 Eudoxos(B. C. 408~B. C. 355). 고대 그리스의 수학자이자 천문학자. 그는 이집트의 천문, 역법 등을 배워 일찍이 카노푸스의 별자리를 발견하였다. 또한 그는 천체 관측을 통해 지구 중심의 동심 천구설을 주장하는가 하면 구면 기하학을 창시한 인물이기도 하다. 그는 수학에서도 비례 개념을 분명히 하여 일반 비례론을 정리했다.

빙되어 젊은 군주였던 디오니시우스 2세를 교육했다. 그러나 그의 노력은 성공을 거두지 못했다. 왜냐하면 디오니우스에 대한 교육이 너무 늦게 시작된 데다가 그의 성격 또한 모질지 못했기 때문이다. 플라톤은 만년까지 끊임없이 저술하면서 아카데미아에서 활동하다가 기원전 318년(또는 기원전 347년) 80세를 일기로 세상을 떠났다.

플라톤은 아카데미아에서 강의할 때 전혀 노트를 사용하지 않았다. 플라톤의 강의는 기록되지 않았기 때문에 출판되지도 않았고 단지 그의 수강자들의 노트만이 전해질 뿐이다. 기원전 367년 18세 때에 아카데미아에 들어간 아리스토텔레스가 거기서 플라톤의 강의들을 기록하기 시작한 것이 그 예이다.

그럼에도 불구하고 플라톤은 20편이 넘는 철학적 대화편들을 작성했고, 그 중 가장 긴 것은 대략 200페이지나 되었다. 학자들은 이러한 대화편들의 정확한 연대에 대해 논쟁 중이지만 일반적으로 세 부류로 대화편들을 나눈다. 그의 초기 저작들은 윤리학에 집중하고 있었기 때문에 흔히 〈소크라테스의 대화편〉이라고 불리는 『변명』, 『크리톤』, 『카르미데스』, 『라케스』, 『에우티프론』, 『에우티데모스』, 『크라틸로스』, 『프로타고라스』, 『고르기아스』로 구성된다. 이데아론과 형이상학이 제시되고 있는 두 번째 시기의 대화편에는 『메논』, 『향연』, 『파이돈』, 『국가론』, 『파이드로스』가 포함된다. 플라톤은 일생의 후반에 자연의 구조를 다룬 기술적인 대화편을 저술했다. 그것은 어떤 문제들에 대해 많은 시간을 사색했던 사람들의 견해와 종교적 신념을 심화시킨 사고방식을 묘사하고 있다. 여기에는 『테아이테토스』, 『파르메니데스』, 『소피스트』, 『정치가』, 『필레보스』, 『티마이오스』, 『법률』이 포함된다. [플라톤의 모든 저작들은 하나의 철학 체계를 구성하기에 충분하다. 그러나 플라톤 자신은 그의 사상을 그렇게 명료한 체계로 조직화하지는 않았다. 따라서 그의 많은 대화편은 충실한 철학 체계의 요소들을 내포한 것은 틀림없지만(제2판)] 우리가 그의 사상에 대한 체계적인 정리를 발견할 수 있는 저작은 하나도 없었다. [그는 자신이 어떠한 주제에 관해 서술했다고 해서 그 주제에 관한 그 이후의 논의의 여지를 없애지는 않았다. (제2판)] 다양한 이슈들을 다루고 있는 그의 대화편들은 그의 지적 발전 과정을 반영하고 있으며 그가 많은 문제들을 처리하는 방법에서의 변화 과정을 보여 주고 있다. 그럼에도 불구하고 다양한 대화편에서 비롯되는 주요한 주제들이 드러난다. 이제 우리는 그것들을 살펴볼 것이다.

2. 인식론

플라톤의 철학은 지식에 대한 설명에 기초한다. 앞에서 보았듯이 소피스트는 인간이 지식을 구하는 능력에 관하여 회의적인 견해를 나타냈다. 그들이 보기에 인간의 지식은 개인의 사회적 관습과 지각에 근거한 것이었다. 그와 같은 〈지식〉은 일개의 문화나 개인에 따라 달라지는 것이다. 그러나 플라톤은 이러한 견해를 철저하게 거부한다. 그는 변하지 않는 보편적인 진리가 있다고 확신하기 때문이다. 그는 인간의 이성이 그것을 파악할 수 있다고도 믿었다. 그는 『국가론』에서 이러한 경우를 〈동굴의 비유〉와 〈분리된 선분의 비유〉를 통해 그림처럼 그려 보이려고 했다.

2. 1. 동굴의 비유

플라톤은 우리에게 커다란 동굴 속에 살고 있는 몇 사람의 죄수들을 상상할 것을 요구한다. 그들은 어린 시절부터 그곳에서 발과 목이 사슬에 묶여 있어서 움직일 수도 없었다. 그들은 머리를 돌릴 수조차 없기 때문에 단지 전방에 있는 것만을 볼 수 있을 뿐이었다. 그들의 뒤에는 앉아 있는 바닥보다 조금 높은 지대가 있다. 이 높은 지대에는 사람들이 만든 물건들을 나르면서 앞뒤로 지나다니는 또 다른 사람들이 있다. 그들이 나르는 물건은 나무와 돌과 그 밖의 다양한 재료로 만들어진 동물과 인간의 상(像)들이다. 이 보행자들의 뒤에는 불이 있으며 그보다 훨씬 뒤에 동굴의 입구가 있다. 묶여 있는 죄수들은 단지 동굴의 끝에 있는 벽만을 마주 볼 수 있을 뿐, 서로를 마주 보거나 움직이는 사람들을 볼 수 없다. 그들 뒤에 있는 불도 볼 수가 없다. 그 죄수들이 볼 수 있는 것은 그들 앞의 벽에 비친 그림자가 전부인데, 그 그림자는 사람들이 불 앞에서 걸을 때 비친 것이다. 그들은 대상물이나 그것을 나르는 사람을 결코 볼 수 없으며 그 그림자들이 다른 사물의 그림자임을 알 수도 없다. 그들은 한 그림자를 보며 어떤 사람의 음성이 벽에서 나오는 메아리를 들을 때 그 소리가 그림자에서 나온 것이라고 생각하게 된다. 왜냐하면 그들은 그 밖에 다른 것의 존재를 알지 못하기 때문이다. 그러므로 이 죄수들은 벽에 만들어진 그림자들만을 실재로 인식하게 된다.

플라톤은 다음과 같이 묻는다. 만일 이 죄수들 가운데 한 사람이 사슬에서 풀려나 일어나서 주위를 돌아 불빛을 향해 걸어 나오게 된다면 어떤 일이 발생할까? 앞으로의 그의 모든 움직임은 매우 고통스러울 것이다. 그가 벽을 통해 그림자를 보는 데 익숙했던 그 움직이는 대상들을 직접 보게 되었을 경우를 생각해 보자. 그는 혹시 이 움직이는 대상물이 그림자보다 의미가 없으며 그의 눈에 적합하지 못하다는 사실을 발견하지나 않을까? 만일 그가 불 자체로부터 직접 나오는 빛을 보게 된다면 그의 눈이 통증을 느끼게 되지나 않을까? 이때 틀림없이 그는 자신을 풀어 준 사람으로부터 도망쳐 그가 명백히 볼 수 있었던 상황으로 되돌아가려 할 것이다. 그 그림자들이 그가 불빛 속에서 보게 되었던 대상물보다 더욱 분명하다고 확신하면서 말이다.

이 죄수가 되돌아가지 못하고 대신에 강제적으로 동굴 입구로 통하는 가파르고 거친 통로를 거쳐 태양빛을 접하게 된 연후에야 풀려나게 되는 경우를 생각해 보자. 태양 광선은 눈에 매우 고통스러운 충격을 주게 되고, 그는 방금 실재한다고 생각했던 어떠한 사물도 볼 수 없게 될 것이다. 그의 눈이 동굴 외부의 세계에 익숙해지려면 얼마의 시간이 필요할 것이다. 처음에 그는 몇몇 그림자를 인지할 것이며 그것들에 대해 친밀감을 가질 것이다. 만일 그것이 사람의 그림자라면 그는 이전에 동굴의 벽면에 나타났던 것과 마찬가지인 그 모양을 보게 될 것이다. 다음에 그는 수면에 비친 인간과 사물의 반영을 볼 것이며, 이는 그의 지식에서 중요한 진보를 나타낼 것이다. 왜냐하면 그가 한때 순전히 어둡고 흐린 것으로 알고 있었던 것이 이제 좀 더 세밀하게 선과 색으로 나타나기 때문이다. 꽃의 경우 그림자로는 실제의 모습을 별로 드러내지 않는다. 그러나 물에 비친 꽃의 상(像)은 시각으로 하나하나의 꽃잎과 그것들의 다양한 색상을 좀 더 분명하게 제공해 준다. 이윽고 그는 꽃 자체를 보게 될 것이다. 그가 자신의 눈을 하늘로 쳐들었을 때, 그는 밤에 빛나는 하늘의 물체들, 즉 달과 별들을 보는 것이 대낮의 태양을 보는 것보다 용이함을 알게 될 것이다. 마침내 그는 하늘에 떠 있는 태양을 똑바로 보게 될 것이며 더 이상 그림자나 그 밖에 다른 어떤 것을 통하여 그것을 보지 않게 될 것이다.

이 비상한 경험을 통해 그 해방된 죄수는 점차적으로 사물들을 볼 수 있게 만드는 것이 바로 태양이라는 사실을 깨닫게 될 것이다. 연중의 계절을 설명해 주는 것이 태양이며, 따라서 생동하는 봄의 원인도 태양임을 그는 깨닫게 되는 것이다. 이제 그는 자신과 동료들이 벽면에서 보았던 것, 즉 그림자 및 반영들과 가시계에 실재하는 사물과의 차이점을 이해하게 될 것이며, 태양 없이는 가시계가 존재할 수 없다는 것도 깨닫게 될 것이다.

  이 죄수는 동굴 속에서의 이전의 삶에 대해 어떻게 느끼게 될 것인가? 그는 자신과 자신의 동료들이 지혜라고 간주했던 것, 즉 지나가는 그림자에 대한 가장 날카로운 안목을 가진 사람에게 상(賞)을 주고, 그 그림자들이 진행되는 질서를 가장 훌륭하게 기억함으로써 다음에 올 그림자를 가장 잘 추측하는 사람에게 포상하면서 서로 존경하고 칭찬했던 행동 방식을 회상하게 될 것이다. 해방된 죄수가 그러한 상들을 여전히 가치 있다고 생각하고 동굴 속에서 존경받던 사람들을 부러워할 것인가? 부러움은커녕 그는 그들에 대한 슬픔과 동정만을 갖게 될 것이다.

  만일 그가 동굴 속의 자신의 옛 자리에 돌아간다면, 그는 우선 매우 곤란한 지경에 이르게 될 것이다. 왜냐하면 갑작스레 동굴로 들어감으로써 그의 눈은 어둠으로 가득 차 버릴 것이기 때문이다. 그는 이러한 환경에서 벽면의 그림자들을 분별하는 데 다른 죄수들과 효과적으로 경쟁할 수 없을 것이다. 그의 시력이 아직 침침하고 불안정한 가운데 어둠 속에서 계속 거주해 온 사람들은 그와의 경쟁에서 전승을 거둘 수 있다. 그들은 우선 이 상황을 매우 우스꽝스럽게 생각할 것이며 이렇게 그를 비웃을 것이다. 동굴 밖으로 나가기 전에는 그의 시력이 완벽했었으나, 이제 그는 자신의 시력을 상한 채 되돌아왔다고 말이다. 동굴 밖으로 나가려는 시도는 아무 가치가 없다는 것이 그들의 결론일 것이다. 플라톤은 〈만일 그들이 자신들을 속박에서 풀어서 이끌고 나가려고 노력하는 사람의 손을 잡을 수 있다면 그들은 그를 죽일 것이다〉라고 말한다.

  이 비유는 대부분의 인간이 동굴의 어둠 속에 살고 있음을 암시한다. 그들은 그림자의 불투명한 세계 주변으로 자신들이 생각하는 방향을 정해 놓았다. 인간을 동굴에서 빛의 세계로 이끌어 내는 것이 바로 〈교육〉의 기능이다. 통찰력이 눈먼 사람에게 시력이 부과되는 것 이상을 의미하는 것처럼 교육도 지식을 소유하지 못한 인간의 영혼에 지식을 주입시키는 문제 이상의 것이다. 지식은 그것을 수용할 수 있는 하나의 기관을 필요로 한다는 점에서는 통찰력과 유사하다. 죄수가 어둠 대신에 밝음을 볼 수 있기 위해서는 자신의 전신을 돌려야 했던 것과 마찬가지로 영혼에 있어서도 영혼의 무지의 원인이 되는 변화와 욕망의 기만적인 세계와 전적으로 결별하는 것이 필수적이다. 그러므로 교육은 〈전회 conversion〉의 문제, 즉 현상계에서 실재계로의 완전한 전회를 의미한다. 플라톤은 이렇게 말한다. 〈영혼의 눈은 이미 시력을 소유하고 있다. 따라서《영혼의 전회》는 영혼의 눈에 시력을 주입시키는 것이 아니라 그릇된 방향으로 보는 대신에 마땅히 보아야 할 방향으로의 전회를 의미한다.〉그러나 올바른 방향으로 보는 것은 쉬운 일이 아니다.〈가장 고매한 품성을 지닌 사람들〉이라고 할지라도 언제나 올바른 길을 보려고 하는 것은 아니다. 플라톤에 따르면 통치자들이 그들을 어둠에서 빛으로 고양시키기 위해서는〈강제를 가해야만〉한다. 마찬가지로 동굴로부터 벗어난 사람들이 지고의 지식을 획득했을 때, 그들은 고결한 관조의 세계에 계속 남아 있어서는 안 되며 동굴로 다시 내려가 죄수들의 생활과 노동에 참여해야 한다.

두 개의 세계, 즉 어두운 동굴의 세계와 밝은 빛의 세계가 존재한다는 플라톤의 주장은 소피스트의 회의주의에 대한 그의 반론이었다. 플라톤에게 지식이란 가능한 것일 뿐만 아니라 절대로 확실한 것이다. 지식을 확실하게 만드는 것은 지식이 가장 실재적인 어떤 것에 기초해 있다는 점이다. 그림자와 반영과 실재적인 대상물 사이의 극적인 대조는 인간이 계몽될 수 있는 서로 다른 정도에 대해 명확하게 보여 준다. 〔플라톤은 인간의 모든 활동과 언설 속에서 그림자의 닮은꼴을 발견했던 것이다. 예를 들면 정의(正義)의 의미에 관한 다양한 의견은 각자가 정의의 실재와는 다른 측면을 보는 데서 연유한다. 정의란 지배자에 의해 규정된 행동의 규율과 관계있다는 가정에서 혹자는 정의를 지배자가 백성에게 행하라고 명령한 모든 것을 의미한다고 생각할 수 있을 것이다. 한 그림자가 그것의 대상물과 어느 정도의 관계를 갖는 것처럼, 물론 이 정의의 개념 역시 정의에 대한 어느 정도의 진리치를 갖는다. 왜냐하면 정의는 지배자와 어느 정도 관련이 있기 때문이다. 그러나 각각의 지배자들은 서로 다른 행동 양식을 요구하며, 따라서 만일 인간의 정의에 관한 지식이 정의의 다양한 실례에서 추론된다면 정의에 관한 단일하고도 일관성 있는 개념은 결코 존재할 수 없다. (제2판)〕소피스트들은 사물의 다양성과 계속적인 변화에 감염된 나머지 참된 지식의 가능성에 관해 회의적이었다. 플라톤은 만일 우리가 인식할 수 있는 모든 것이 그림자뿐이라면 우리는 결코 믿을 만한 지식을 가질 수 없다는 사실을 인정한다. 왜냐하면 이 그림자들은 우리에게 알려지지 않은 실재적 대상의 운동에 따라 크기와 모양에 있어서 항상 변화하기 때문이다. 그러나 플라톤은 인간의 정신이 매우 다양한 그림자의 배후에 있는 실재적 대상을 발견할 수 있으며, 따라서 정신은 참된 지식을 획득할 수 있다고 믿었다.

2.2. 분리된 선분의 비유

플라톤은 〈분리된 선분 the Divided Line〉의 비유에서 우리가 얻을 수 있는 지식의 수준에 관해 좀 더 자세하게 언급한다. 우리는 참된 지식을 획득하는 과정상 네 가지의 발전 단계를 통해 이동한다. 각각의 단계에는 정신에 제시되는 대상의 종류와 이 대상이 만들 수 있는 사유의 종류 사이에 하나의 평행선이 존재한다. 이들 대상과 그것들에 나란히 하고 있는 인식의 유형들은 다음과 같이 도식화될 수 있다.

	대상(Objects)	사유 양식(Modes of Thought)	
가지계 (Intelligible World)	최고선(형상) (The Good)	지식(Knowledge)	지식 (Knowledge)
	수학적 대상 (Mathematical objects)	사고 작용(Thinking)	
가시계 (Visible World)	사물(Things)	신념(Belief)	속견 (Opinion)
	허상(Images)	상상(Imagining)	

(Y는 위, X는 아래)

X에서 Y로의 수직선은 연속적인 것이며 지점마다 어떤 정도의 지식이 존재함을 나타낸다. 그러나 선이 실재의 최하급 형태로부터 최고급 형태로 진행됨에 따라 이와 평행하게 진리도 가장 낮은 정도로부터 가장 높은 정도로 발전한다. 무엇보다도 선분은 두 개의 다른 크기의 부분으로 분할되어 있다. 상층의 커다란 부분은 가지계를 나타내며 하층의 작은 부분은 가시계를 보여 준다. 이 다른 크기로의 분할은 가시계에서 발견되는 좀 더 낮은 정도의 실재와 진리를 상징하며 이는 가지계의 더 큰 정도의 실재와 진리와 비교된다. 이 두 부분은 같은 비율로 세분되어 네 부분이 되며, 그 각각은 아래 부분보다 더욱 명석하고 확실한 사유의 양태를 나타낸다. 동굴의 비유를 생각해 보면 우리는 이 선분이 어두운 그림자의 세계 X에서 시작하여 밝은 빛의 세계 Y로 올라가고 있음을 알 수 있다. X에서 Y로의 진행은 연속적인 정신의 계몽 과정을 나타낸다. 각각의 수준에서 정신에 현시된 대상들은 4개의 서로 다른 실재적 대상들이 아니라 같은 대상을 보는 4개의 다른 방식을 나타낸다.

2.2.1. 상상

정신 활동의 가장 피상적인 형식은 선분의 가장 낮은 수준에서 발견된다. 여기서 정신은 허상들이나 최소량의 실재와 상응한다. 물론 〈상상〉이라는 단어는 사물에 대한 단순한 현상을 넘어서 좀 더 심층의 실재를 규명하려는 활동을 의미한다고 말할 수도 있다. 그러나 여기서 플라톤이 상상이라는 단어를 통해 의미하고자 했던 것은 현상들에 대한 감각적 경험 — 여기서는 현상들이 참된 실재로 간주된다 — 이었다. 한 가지 명백한 실례는 실재적인 어떤 것으로 착각할 수 있는 그림자다. 실제로 그림자는 실재적인 어떤 것이기도 하다. 즉 그것은 어떤 실재적인 그림자인 것이다. 그러나 상상을 최저급의 지식 형태로 만드는 것은 다른 데 있다. 즉 이 단계에서 정신은 자신이 마주하고 있던 것이 하나의 그림자이거나 허상이라는 사실을 알지 못한다는 데에 있다. 만일 누군가가 그것이 그림자라는 사실을 인식한다면 그는 더 이상 상상이나 환상의 단계에 존재한다고 말할 수 없을 것이다. 동굴 속의 죄수들은 가장 깊은 무지의 덫에 걸려 있다. 그들은 자신들이 그림자를 보고 있다는 사실을 깨닫지 못하기 때문이다.

그림자 이외에도 플라톤이 기만적이라고 생각했던 몇 가지 허상이 있다. 이것들은 예술가와 시인에 의해 만들어진 허상들이다. 예술가들은 참된 실재로부터 최소한 두 단계 떨어진 허상들을 표현한다. 어떤 예술가가 소크라테스의 초상을 그린다고 생각해 보자. 소크라테스는 인간이라는 이데아의 구체적이며 특수한 표현을 나타내며, 나아가 그 초상화는 소크라테스에 대한 그 예술가 자신의 견해만을 표현하고 있다. 그러므로 여기서 세 가지 실재의 수준, 즉 (1) 인간의 이데아 (2) 이 이데아의 소크라테스로의 체현(體現) (3) 화폭에 표현된 소크라테스의 허상이 나타난다. 플라톤의 예술에 대한 비판은 예술이 허상을 산출하며, 허상은 곧 관찰자의 환상적 관념들을 자극한다는 것이다. 다시 말해, 환상은 허상을 실재적인 어떤 완전한 것으로 이해하려 할 때 생겨난다. 대부분의 경우 사람들은 화가란 사물을 보는 자기 방식에 따라 어떤 주제를 화폭에 담는다고 알고 있다. 그렇지만 예술가의 허상이 사유를 형성한다. 만일 사람들이 사물에 대한 자신의 이해력을 왜곡과 과장을 지닌 이와 같은 허상에 국한시킨다면, 그들은 실재 그대로의 사물에 대한 이해를 결여하게 될 것이 틀림없다.

플라톤이 가장 많은 관심을 가졌던 것은 단어를 사용하는 예술에 의해 만들어진 허상들이다. 시(詩)와 수사학은 그에게 가장 심각한 환상의 근원들이었다. 단어들은 정신보다 먼저 허상들을 창조해 내는 힘을 가지며, 시인과 수사학자는 그러한 허상을 창조하는 단어들을 사용하는 데 훌륭한 기술을 지니고 있다. 플라톤은 특히 소피스트에 대해 비판적이었는데 그들의 영향력이 바로 이 단어 사용의 기술에서 비롯되었기 때문이다. 그들은 어떤 주장의 한 측면을 마치 다른 측면과 동일한 것처럼 〈보이게〉 만들 수 있었다. 〔예를 들면 정의에 대한 논의에 있어서 소피스트나 단어를 사용하는 그 밖의 다른 예술가들은 우리가 초상화의 경우에서 보았던 것과 똑같은 왜곡을 창조할 수 있었다. 아테네인들이 이해하는 정의는 한 사람의 변호인에 의해 결정될 수 있는 것이고, 특정한 소송 의뢰인을 위해서 왜곡될 수 있는 것이었다. 이 특정한 변호인의 정의에 대한 해석은 아테네적 견해를 왜곡시킬 수 있다. 또한 아테네적 견해도 당연히 이데아적 정의의 왜곡일 수 있다. 만일 누군가가 그 특정한 변호인의 정의에 대한 해석만을 들었다면, 그는 최소한 정의의 이데아로부터 두 단계 떨어져 있는 것이다. 만일 아테네적 정의에 대한 그 특정한 변호인의 왜곡을 인지한다면 환상은 존재하지 않는다. 더욱이 시민들에게 아테네의 법률 자체가 참된 정의의 개념으로부터 어느 정도 벗어나 있다는 사실을 깨닫게 하는 일도 어렵지 않을 것이다. 모든 일은 정신이 자신의 대상으로서 접근할 수 있는 것에 의존해 있다. 그 특정한 변호인은 정의에 관해 어느 정도의 진리를 표현했음에 틀림없지만 그것은 마치 그림자가 어떤 실재에 대한 약간의 증거를 제공하는 것과 마찬가지로 매우 왜곡된 형식으로 표현했다. 어쨌든 상상이란 어떤 사람이 그가 허상을 관찰하고 있다는 사실을 모르는 경우를 의미하며, 따라서 상상은 환상이나 무지와 마찬가지다. (제2판)〕

2.2.2. 신념

상상의 다음 단계는 신념이다. 플라톤이 현실적인 대상을 봄으로써 생기는 정신의 상태를 묘사하기 위해 〈인식한다〉는 단어 대신에 〈믿는다〉는 단어를 사용한 것이 이상할지도 모른다. 우리는 보고 만질 수 있는 사물을 관찰할 때 확실성에 대한 강한 느낌을 갖는다. 그렇지만 플라톤에게 본다는 것은 단지 믿는다는 것에 불과하다. 왜냐하면 가시적 대상들은 그것들이 지니는 많은 특성들을 위한 상황에 의존하기 때문이다. 그러므로 본다는 것은 우리에게 어느 정도의 확실성을 주지만 그것이 절대적인 확실성은 아니다. 만일 지중해의 물이 해변에서는 푸르게 보이지만 바다에서 퍼냈을 때에는 투명하다는 것이 입증된다면, 바닷물의 빛깔이나 구성에 대한 인간의 확신은 적어도 의문의 여지를 남기게 된다. 모든 물체는 우리가 그것들이 낙하하는 것을 볼 수 있기 때문에 중량을 갖는다는 것이 하나의 확실성으로 보일지도 모른다. 그러나 이러한 우리의 응시 행위에 대한 증명은 하늘 높이 있는 물체의 무중력 상태에도 마땅히 들어맞아야 할 것이다. 그러므로 플라톤에 따르면 신념이 비록 관찰에 기초한다 할지라도 여전히 속견의 단계에 있다는 것이다. 가시적 대상에 의해 생겨난 정신 상태는 상상보다는 분명히 더 높은 수준이다. 그러나 비록 현실적인 사물들이 그것의 그림자보다는 더 많은 실재를 소유하지만, 그것들 스스로 우리가 그것들에 대해 가지기를 원하는 모든 지식을 우리에게 제공할 수는 없다. 색이든 무게이든 다른 어떤 성질이든 이러한 사물의 속성들은 특수한 상황에서 경험된다. 또한 그렇기 때문에 그것들에 관한 우리의 지식은 이들 특수한 상황으로 제한된다. 그러나 정신은 이러한 종류의 지식, 즉 상황이 변한다면 그것의 확실성이 변할 수도 있는 지식에 만족하지 않는다. 그러므로 진정한 과학자는 자신들의 오성을 이러한 특수한 경우에 한정하려 하지 않고 사물의 움직임 배후에 있는 원리를 추구하려 한다.

2.2.3. 사고 작용

누군가가 신념에서 사고 작용으로 옮겨 간다면, 그는 가시계에서 가지계로, 속견의 영역에서 지식의 영역으로 이동한 셈이다. 플라톤이 〈사고 작용〉이라고 부르는 정신의 상태는 특히 과학자들의 특성이다. 과학자들은 가시적 사물을 취급하지만 단순히 그것들에 대한 자신의 단순한 응시 행위에 의존하지만은 않는다. 과학자에게 가시적 사물이란 생각될 수는 있지만 보이지 않는 어떤 실재의 상징들이다. 플라톤은 이러한 종류의 정신 활동을 수학자에 대한 언급을 통해 설명한다. 수학자는 〈추상화〉의 작업, 즉 가시적 사물들로부터 그 사물이 상징하는 것을 이끌어 내는 작업에 종사한다. 수학자는 어떤 삼각형을 볼 때 〈삼각형의 본질〉이나 삼각형 그 자체에 관해 사유한다. 그는 〈가시적〉 삼각형과 〈가지적〉 삼각형 사이를 구분한다. 가시적 기호들을 사용함으로써 과학은 가시계에서 가지계로 다리를 놓는다. 과학은 인간을 사유하게 한다. 왜냐하면 과학자는 항상 법칙이나 원리들을 추구하고 있기 때문이다. 비록 과학자가 어떤 특정한 대상, 즉 어떤 삼각형이나 두뇌를 볼 수도 있지만, 그는 이미 이 특정한 삼각형이나 두뇌를 뛰어넘어 보편적 삼각형이나 보편적 두뇌에 대해 사유한다. 과학은 우리의 감각에서 〈벗어나서〉 우리의 지능에 의존할 것을 요구한다. 정신은 어떤 종류의 둘이든지 둘에 둘을 더하면 넷이 된다는 사실을 알고 있다. 또한 정신은 정삼각형의 세 각은 그 삼각형의 크기에 관계없이 균등하다는 사실을 알고 있다. 그러므로 사유는 개개의 실제적인 대상이 여러 가지 속성들을 가지고 있다 할지라도, 그것들의 집합에서는 동일한 속성을 지닌다는 사실을 하나의 가시적인 대상으로부터 추상화할 수 있는 정신의 능력을 보여 준다. 간단히 말해 우리는 소인이나 대인, 흑인이나 백인, 청년이나 노인 가운데 어느 누구를 관찰하든지 〈인간〉의 이데아를 사유할 수 있는 것이다.

사고 작용을 특징짓는 것은 그것이 가시적 대상들을 기호로서 취급한다는 점 이외에도 가설로부터 추론한다는 점에 있다. 플라톤에게 〈가설〉이란 자명한 것으로 간주되긴 하지만 좀 더 높은 진리에 의존하는 하나의 진리를 의미했다. 플라톤은 이렇게 말하였다. 〈당신들은 기하학이나 산수를 배우는 학생들이 어떻게 홀수와 짝수 또는 다양한 도형과 세 종류의 각 같은 것들을 전제로 해서 시작하는지를 알 것이다. 그들은 이것들을 이미 알고 있는 것으로 간주하고 가정으로 채택함으로써 그들 자신이나 다른 사람들에게 그것들을 설명할 필요를 느끼지 않을 뿐만 아니라 자명한 것으로까지 여긴다.〉 가설을 사용함으로써 또는 〈이러한 가정으로부터 출발함으로써 그들은 자신들이 처음에 계획했던 모든 결론에 도달할 때까지 일사 분란하게 나아간다〉. 그러므로 플라톤에게 가설이란 오늘날에 사용되는 의미, 즉 일시적 진리를 뜻하지 않는다. 그는 가설이란 확고한 진리지만 좀 더 광범위한 연관 관계를 갖는 것이라고 생각했다. 특정한 과학과 수학은 그것들의 주제를 마치 그것들이 독립적인 진리인 양 취급한다. 이 점에 대해서 플라톤이 말하고자 하는 바는 만일 우리가 모든 사물을 실제 있는 그대로 파악하려고 한다면 모든 사물이 상호 연관되어 있다는 사실을 발견해야 한다는 것이다. 사고 작용이나 가설로부터의 추론은 우리에게 그러한 진리에 관한 지식을 제공한다. 그러나 그것은 몇몇 진리를 다른 진리로부터 고립시킨다는 점에서 제한적이다. 이 단계에서 정신은 어떠한 진리가 왜 진리인가를 의문으로 남겨 놓는다.

2.2.4. 완전지

우리가 사물에 대한 좀 더 충분한 설명을 요구해야 하는 한 우리는 결코 만족하지 않는다. 그러나 완전한 지식을 소유하기 위해서 우선 우리는 만물의 만물에 대한 관계를 파악해야 하며, 모든 실재에 대한 통일성을 알아야 한다. 완전지(完全知)와 함께 우리는 감각적 대상들로부터 완전히 풀려난다. 이 수준에서 우리는 직접적으로 형상을 취급한다. 형상은 현실적 대상들로부터 추상화된 보편적 삼각형과 〈인간〉과 같은 가지적 대상들이다. 우리는 이제 가시적 대상의 상징적인 성격들로부터 어떠한 간섭도 받지 않고 이들 순수 형상들을 취급한다. 또한 여기서 우리는 더 이상 가설을 사용하지 않는다. 왜냐하면 가설은 제한되고 고립된 진리만을 나타내기 때문이다. 우리가 가설의 제한을 초월해서 모든 형상의 통일로 지향할 수 있을 때 이러한 최고 수준의 지식으로의 접근이 가능하다. 우리는 〈변증법〉이라는 지적 능력을 통해서 그것의 가장 높은 목적으로 향할 수 있다. 왜냐하면 변증법은 지식의 모든 부분의 관계를 동시적으로 파악하는 힘이기 때문이다. 그러므로 완전지는 실재에 대한 객관적 이해를 의미하며 플라톤에게 이것은 지식의 통일성을 의미한다.

플라톤은 그의 분리된 선분의 비유를 다음과 같이 요약해서 설명한다. 〈이제 당신들은 이 네 부분과 상응하는 것으로서 정신의 네 가지 상태를 생각할 수 있을 것이다. 제일 높은 것은 순수지(純粹知), 직관지(直觀知)며, 두 번째는 추론지(推論知), 간접지(間接知)며, 세 번째는 신념이며, 네 번째는 상상이다. 당신들은 이 용어들을 비율에 따라 배열할 수 있는데 이 비율은 그 용어들의 대상이 진리와 실재를 소유하는 정도에 따라 그 각각에 대해서 명확성과 확실성의 정도를 배분한다.〉 그의 주장에 따르면 그림자나 심지어는 가시적 대상들과 비교해 볼 때 가장 높은 실재를 소유하는 것은 형상이었다. 이제 우리는 그가 형상을 통해 나타내고자 했던 바를 좀 더 자세히 살펴보지 않으면 안 된다.

2.3. 형상론

플라톤의 형상론〔이데아론〕은 그의 가장 중요한 철학적 공헌이다. 한마디로 말해 형상이나 이데아는 불변적이고 영원하며 비물질적인 본질로서 우리가 보고 있는 현실적, 시각적 대상들은 단지 그것의 조잡한 모사에 불과하다. 〈삼각형〉이라는 형상이 있다. 그러므로 우리가 보고 있는 모든 삼각형은 단지 그 형상의 모사에 불과하다. 〔비물질적인 실재로서 형상에 대한 이러한 표현은 플라톤의 이론에 있어서 매우 새로운 면을 이미 보여 주고 있다. 소크라테스 이전의 철학자들이 실재를 몇 가지 종류의 물질적 재료로 생각했던 반면에, 이제 플라톤은 비물질적인 형상이나 이데아를 참된 실재로서 내세웠다. 이와 마찬가지로 소피스트들은 물질적인 질서가 항상 유동하고 변화한다는 이유에서 지식을 상대적이라고 생각했던 반면에, 플라톤은 지식을 절대적인 것이라고 생각했다. 왜냐하면 사유의 참된 대상은 물질적 질서가 아니라 변화하지 않고 영원한 이데아의 질서이기 때문이다. 비록 개별적인 선을 판단 가능케 하는 하나의 절대적인 선이 존재한다는 소크라테스의 주장이 이러한 견해를 예견하긴 했지만 플라톤은 그 최고선의 개념에 형이상학의 이론, 즉 실재의 모든 구조에 대한 설명과 그 속에서의 도덕의 위치에 대한 설명을 부가함으로써 소크라테스의 윤리학적 관심을 뛰어넘었다. 더욱이 플라톤은 이 형상론을 통해 일자와 다자 간의 관계에 대한 새로운 설명을 할 수 있었는데, 이는 만물은 일자라는 파르메니데스의 결론과 만물은 유전한다는 헤라클레이토스의 결론을 우회한 것이었다. 그는 수학에서 유래된 피타고라스적인 형상의 개념으로부터 도움을 받았다. 그러나 결국 플라톤의 이데아론은 새로운 어떤 것이었고 그의 모든 철학에서 중심 개념이 되었다.

형상론은 존재의 본성을 설명하려는 진지한 시도를 보여 준 것이다. 우리는 존재에 관한 의문을 일으키는 몇 가지 경험들을 갖고 있다. 예를 들면 우리는 어떤 사물을 아름답다고 말하거나 어떤 행동을 선하다고 말하면서 사물과 행동에 관한 판단을 한다. 이는 우리가 판단하고 있는 사물과 별도로 존재하는 선의 표준이 어딘가에 있음을 암시하며, 우리가 판단하는 인간이나 그 인간의 행위와 어느 정도 분리된 선의 기준이 존재한다는 사실을 암시한다. 더욱이 시각적인 사물들은 변화한다. 즉 그것들은 나타났다가 사라지고 생겼다가 없어진다. 그것들의 존재는 덧없다. 그러나 사물과 비교해 볼 때 선이나 미 같은 이데아들은 영원한 것으로 보인다. 그것들은 사물보다 더 많은 존재를 지닌다. 그러므로 플라톤은 실재적인 세계는 가시계가 아니라 오히려 가지계라고 결론을 짓는다. 플라톤에 의하면 가지계는 영원한 형상들로 구성되기 때문에 가장 실재적인 것이다. (제2판)〕

우리는 형상에 관한 적어도 다섯 가지 질문을 제기할 수 있을 것이다. 또한 비록 그 질문들이 엄밀하게는 대답될 수 없다 해도 그의 많은 저작 속에서 발견되는 그것들에 대한 응답은 플라톤의 형상론을 개관해 줄 것이다.

2. 3. 1. 형상이란 무엇인가?

형상이란 영원한 패턴이며 우리에게 보이는 대상들은 단순한 모사들에 불과하다고 말함으로써 우리는 이미 이 물음에 대한 플라톤의 대답을 제시한 바 있다. 어떤 아름다운 인간은 보편적인 미의 모사다. 우리는 아름다움의 이데아를 알고 있기 때문에, 또한 인간은 많든 적든 이 이데아를 분유하고 있다는 사실을 알고 있기 때문에 어떤 사람에 대해 아름답다고 말할 수 있다. 『향연』에서 플라톤은 우리가 무엇보다도 어떤 특정한 대상이나 인물을 통해 아름다움을 파악한다고 주장한다. 그러나 이 제한된 형태의 아름다움을 발견한 후에 우리는 곧 〈어떤 형태의 아름다움이 다른 것과 유사하다〉는 사실을 지각하게 된다. 따라서 우리는 특정한 물체의 아름다움으로부터 〈모든 형태의 아름다움이 전적으로 동일하다〉는 사실을 인식하게 된다. 미의 모든 양태들은 어떤 유사성을 갖는다는 이러한 발견의 결과로서 아름다운 대상에 대한 인간의 집착은 완화되면서 아름다운 물질적 대상에서 미의 개념으로 옮겨가게 된다. 플라톤에 의하면 어떤 사람이 미의 이러한 보편적 성질을 깨닫는다면 〈한 가지 아름다움에 대한 그의 극렬한 사랑은 시들게 되고, 그는 그것을 사소한 일이라고 간주할 것이며······ 모든 아름다운 형상들을 사랑하는 사람이 될 것이다. 다음 단계로 그는 정신적인 미가 외형적인 미보다 훨씬 숭고한 것임을 인정하게 될 것이다. 그다음에 그는 미의 광활한 바다로 들어가 그 속에서 관조하면서 지혜에 대한 무한한 사랑 가운데서 참되고 고귀한 사상과 관념을 수없이 창조해 낼 것이다. 해안에 도달할 때까지 그는 점점 더 성장하고 강해져 결국 그의 시야에는 단 하나의 과학이 펼쳐질 것이다. 이것이 곧 다름 아닌 미의 과학이다〉. 즉, 아름다운 사물들은 그것의 다양성 속에서도 모든 미의 근원인 미의 이데아를 지향한다는 것이다. 그러나 이러한 미의 이데아는 단순한 개념이 아니다. 즉 그것은 객관적인 실재를 갖는 것이다. 미는 하나의 이데아다. 사물들은 아름답게 〈된다〉. 그러나 미의 이데아는 항상 〈그러하다〉. 따라서 미의 이데아는 자신의 안팎으로 움직이는 변화하는 사물과 별도의 존재를 갖는다.

『국가론』에서 플라톤은 진정한 철학자가 관심을 갖는 것은 사물의 본성에 대한 인식이라고 말한다. 그는 무엇이 정의인가 또는 무엇이 미인가를 물을 때 정의롭고 아름다운 사물들의 예를 원하지 않는다. 그가 알기를 원한 것은 무엇이 이 사물들을 정의롭고 아름답게 만드느냐는 점이다. 속견과 지식의 차이는 바로 이것이다. 속견의 수준에 있는 자는 정의로운 행동을 알 수는 있지만 왜 그것이 정의로운가는 말할 수 없다. 그는 그 특정한 행동이 분유하고 있는 정의의 이데아에 대한 본질을 알지 못한다. 지식은 단순히 일시적인 사실과 현상들, 즉 생성의 영역과 관련되지 않는다. 실제로 존재하는 것, 존재를 지닌 것은 사물의 본성이며 보편의 미나 선과 같은 본질들은 우리가 무엇이 선하다든가 아름답다는 판단을 할 수 있도록 해준다. 이것들은 영원한 형상이나 이데아들이다.

 미와 선의 형상 이외에도 다른 형상들이 많이 존재한다고 말할 수 있다. 플라톤은 침대의 이데아에 관해서도 언급하는데 우리가 보는 침대들은 단순한 모사에 불과하다. 그러나 이는 과연 본질이나 본질적 속성이 존재하는 수만큼 많은 형상들이 존재하는가 하는 의문을 일으킨다. 비록 플라톤이 개〔犬〕, 물〔水〕, 그 밖의 다른 사물의 이데아나 형상이 존재한다고 확인한 바는 없지만 『파르메니데스』에서 진흙과 먼지의 이데아들이 〈확실히 존재하는 것은 아니다〉는 사실을 보여 준다. 만일 모든 종류의 사물의 배후에 형상들이 존재한다면 일종의 중첩된 세계가 될 것임에 틀림없다. 얼마나 많은 형상이 존재하는가 또는 어떤 형상이 존재하는가를 세밀히 밝히려 할 때 이러한 난점들은 증가하게 된다. 그럼에도 불구하고 플라톤이 형상을 통해 의도했던 바는 명백하다. 그는 형상들이 영원한 존재를 가지며 감관에 의해서가 아니라 정신에 의해 파악되는 사물의 본질적인 원형이라고 생각했다.

2.3.2. 형상들은 어디에 존재하는가?

 만일 형상들이 정말 실재하며 존재를 체현한다면 그것들은 어디엔가 존재해야 할 것이다. 그러나 어떻게 비물질적인 형상이 위치를 가질 수 있을까? 그것이 공간상에 자리 잡고 있다고는 말할 수 없을 것이다. 이 문제에 대한 플라톤의 가장 명백한 제안은 형상들이 구체적인 사물과 〈떨어져〉 있다는 것이다. 즉 그것들은 우리가 보는 사물로부터 〈분리되어〉 존재한다. 〈떨어져〉 있거나 〈분리되어〉 존재한다는 것은 형상이 하나의 독립적 존재를 갖는다는 사실을 의미한다. 그러므로 그것들은 비록 특정한 사물이 사라진다 해도 계속 존재한다. 형상들은 차원을 갖지 않는다. 그것들의 위치에 관한 의문은 형상도 어떤 것이므로 공간의 어딘가에 위치해야 한다는 우리의 언어의 결과다. 형상은 독립된 존재를 갖는다는 사실 이외에 그것의 위치에 관해 언급될 말은 없을 것이다. 그러나 이러한 사실은 세 가지의 부가적 방식으로 플라톤에 의해 강조된다.

첫째, 그는 영혼의 선재론(先在論)과 관련해서 인간의 영혼이 신체와 결합되기 이전에 이미 형상과 친숙했다고 말한다. 둘째, 창조의 과정에서 데미우르고스, 즉 조물주는 특정한 사물을 만들어 내는 데 형상을 사용했으며 이는 형상들이 사물로의 체현 이전에 이미 존재를 가졌다는 사실을 의미한다. 셋째로, 이 형상들은 〈신의 정신〉 속이나 〈합리성의 최고의 원리〉 속에 존재했던 것으로 나타난다. 플라톤의 분리된 선분의 비유를 다룰 때 우리는 어떻게 플라톤이 가장 낮은 허상의 단계에서 가장 높은 단계 — 선의 이데아가 〈실재〉에 대한 완전한 이해를 내포하는 — 에 이르는 정신의 여행을 추적했던가를 보았다.

또한 동굴의 비유에서 태양이 동시에 빛과 삶의 근원이었던 것처럼 선의 이데아는 〈아름답고 올바른 모든 사물의 보편적 창조자이고 현세에 빛을 낳아 준 부모며, 한편 진리와 이성의 근원이다〉라고 플라톤은 말했다. 실제로 형상들이 신의 마음속에 존재하는지는 하나의 의문이다. 그러나 형상들은 중개자이며 그것을 통해 이성의 원리들이 우주 속에서 작용한다고 말하는 것은 플라톤이 의도했던 것처럼 보인다.

2. 3. 3. 형상과 사물의 관계는 무엇인가?

형상은 세 가지 방식으로 사물과 관련되며 이는 동일한 사항에 관해 언급하는 세 가지 방식이라 해도 좋을 것이다. 첫째, 형상은 사물의 본질의 〈원인〉이다. 둘째, 사물은 하나의 형상을 〈분유한다〉고 말할 수 있다. 셋째, 사물은 하나의 형상을 모방하거나 〈모사한다〉고 말해도 좋을 것이다. 각각의 경우에서 플라톤이 암시하고 있는 것은 비록 형상이 사물로부터 분리되어 있고, 〈인간〉의 이데아는 소크라테스와 다르지만 모든 구체적, 현실적 사물은 어떤 방식으로든 자신의 존재를 형상에 의탁하고 있으며 형상을 어느 정도 모방하거나 모사하고 있다는 점이다. 나중에 아리스토텔레스는 형상과 질료가 분리될 수 없으며 실재적인 선과 미는 현실적인 사물들 속에서만 발견된다고 주장했다. 그러나 플라톤은 사물과 그것의 형상 사이의 관계에 대한 설명으로서 단지 분유와 모방만을 허용했다. 이러한 그의 견해는 혼돈이 형상에 의해 질서화된다는 주장에 의해 강조되었으며, 이는 형상의 실재와 질료의 실재가 분리되어 있음을 나타내는 것이었다. 아리스토텔레스의 플라톤 비판은 주목할 만하다. 왜냐하면 현실적인 사물과 분리된 형상의 존재를 설명하는 어떤 일관된 방식도 존재하지 않는 것 같기 때문이다. 그렇지만 플라톤은 만일 정신이 불완전한 사물 이외의 다른 어떤 것에도 접근할 수 없다면, 어떤 것의 불완전성에 관한 판단을 가능하게 하는 것은 무엇인가를 아리스토텔레스에게 반문할 것이다.

2. 3. 4. 형상들 간의 관계는 어떠한가?

플라톤은 〈우리는 형상을 함께 엮음으로써만 언설을 행할 수 있다〉고 말한다. 사고 작용과 논의는 대부분의 경우 특정한 사물 이상의 수준에서 진행된다. 우리는 사물이 현시하는 본질이나 보편자의 용어로 이야기하며 그러한 방식으로 여왕들, 개들, 목수들에 관해 언급한다. 이러한 것들이 바로 사물의 정의며, 따라서 보편자나 형상들이라고 말할 수 있다. 확실히 우리는 경험을 통해서 어두움, 아름다움, 인간 등의 구체적 사물에 관해 언급한다. 그러나 우리의 언어는 형상과 형상을 관련시키는 일을 한다. 우선 동물의 형상이 존재하며 그것의 속류(屬類)로서 인간과 말[馬]의 형상이 존재한다. 그러므로 형상들은 서로 유(類)와 종(種)으로 관련되어 있다. 이런 방식으로 형상은 그들 나름대로의 단일성을 지니면서도 서로 얽혀 있다. 동물의 형상은 말의 형상에도 나타난다고 할 수 있으며, 그렇게 해서 한 형상은 다른 형상을 분유하는 것이다. 그러므로 실재의 구조를 나타내는 형상의 위계질서가 존재하며, 그 가운데 가시계는 단지 하나의 반영에 불과하다. 이 형상의 위계질서가 〈하부로〉 내려가면 갈수록 마치 〈빨간 사과들〉에 관해 언급할 때처럼 점점 더 시각적 대상에 가까워지며, 따라서 지식은 점점 더 보편적일 수 없게 된다. 반대로 위로 올라가면 갈수록 형상은 점점 더 추상적이 되며 — 예를 들면 일반적인 사과에 관해 언급할 때처럼 — 지식은 점점 더 넓어진다. 과학의 담론은 가장 추상적이다. 그러나 바로 이런 이유에서, 즉 그것은 특정한 경우들과 특정한 사물들로부터 그러한 독립성을 획득했기 때문에 그것은 최고 형태의 지식을 소유하는 것이다. 이 장미로부터 보편적 장미로 더 나아가 보편적 꽃으로 진행하는 식물학자는 특정한 것들로부터 일종의 추상화와 독립을 획득해 온 셈이며, 이는 플라톤이 여기서 말하려 했던 것과 일치한다. 그렇지만 이는 플라톤이 모든 형상이 서로 관련될 수 있다고 생각했다는 것을 의미하지는 않는다. 그의 의도는 모든 의미 있는 언명이란 형상의 사용과 연관되어 있으며, 지식은 적합한 형상의 상호 관계에 대한 이해로 이루어진다는 사실을 말하려 한 것일 뿐이다.

2. 3. 5. 우리는 어떻게 형상을 인식하는가?

플라톤은 정신이 형상을 발견하는 방식을 최소한 세 가지로 제시한다. 첫째, 〈상기(想起)〉의 방식이다. 영혼은 육체와 결합되기 전에 이미 형상과 친숙했다. 그러므로 인간은 그들의 정신이 존재의 선험적 상태에서 인식했던 것을 상기한다. 가시적인 사물들은 인간에게 이미 알고 있던 본질들을 상기시킨다. 실제로 교육은 상기의 과정인 것이다. 둘째, 인간은 변증법적 활동을 통해 형상의 인식에 도달하게 되는데, 〈변증법〉이란 사물의 본질을 추상화하는 힘이며 지식의 모든 부분들의 상호 관계를 발견하는 힘이다. 셋째, 〈갈망〉의 힘, 즉 〈사랑eros〉이 존재하는데, 이것은 플라톤이 『향연』에서 서술했던 대로 인간을 아름다운 대상으로부터 아름다운 사유로, 더 나아가 미의 본질 바로 그 자체로 단계적으로 나아가게 한다.

형상론은 인간 지식에 관한 많은 문제들을 해결해 주지만, 그것은 또한 대답할 수 없는 많은 의문들을 남겨 놓고 있다. 플라톤의 말에 따르면 두 개의 분리된 세계가 존재한다는 인상을 받지만 이들 세계 간의 관계를 쉽게 이해하기는 힘들다. 형상과 이에 상응하는 대상의 관계는 우리가 바라는 만큼 그렇게 분명하지 못하다. 그렇지만 그의 주장은 시사해 주는 바가 매우 크다고 할 수 있다. 특히 그가 가치 판단에 대한 우리의 능력을 설명하려 했다는 점에서 그러하다. 어떤 사물이 더 좋다든가 더 나쁘다는 표현은 가치 평가를 받고 있는 그 사물들 속에 명백히 존재하지 않는 어떤 기준이 있음을 암시한다. 또한 형상론은 과학적 지식을 가능하게 한다. 왜냐하면 과학자들은 실제로 현실적인 가시적 개별자들을 〈초월〉해서 본질이나 보편자, 즉 〈법칙〉을 다루기 때문이다. 과학자는 법칙을 정식화한다. 또한 이 법칙은 우리에게 순간적이며 특정한 사물만이 아니라 모든 사물에 관한 어떤 것을 말해 준다. 비록 이 형상론의 전 체계는 궁극적 실재가 비물질적이라는 플라톤의 형이상학적 관점에 의존하지만 그것은 결국 어떻게 우리가 일상적으로 담화할 수 있는가 하는 좀 더 단순한 사실에 대해 설명하려는 방향으로 나아가게 된다. 인간 간의 모든 언설은 개별적 사물로부터 우리가 독립해 있음을 설명해 준다고도 할 수 있을 것이다. 플라톤의 표현을 따르면 대화는 우리를 형상으로 이끄는 단서다. 왜냐하면 대화는 보는 것 이상의 것이기 때문이다. 눈은 단지 특정한 사물만을 볼 수 있지만 대화에 생명을 불어넣는 사고 작용은 보편적인 것, 즉 형상을 〈파악〉함으로써 특정한 사물을 떠나게 된다. 결국 플라톤의 이론에는 비록 이론이 불확정적으로 끝나긴 했지만 아무도 부정할 수 없는 매력이 있다.

3. 도덕 철학

플라톤의 형상론은 당연히 그의 윤리학으로도 진행되었다. 만일 인간이 자연의 물질세계에 존재하는 현상들에 의해 기만당할 수 있다면 그러한 가능성은 도덕의 영역에도 동일하게 존재한다. 가시계에서 그림자, 반영, 실재적 대상들 사이를 구별해 주던 지식은 진정으로 선한 삶의 그림자와 반영 사이를 구분하는 데 필요한 지식과 동일하다. 플라톤은 만일 우리의 지식이 가시적인 사물에 제한된다면 결코 물리학이 존재할 수 없는 것처럼, 만일 우리가 특정한 문화 현상에 대한 경험에만 우리를 묶어 놓는다면 선의 보편적 이데아에 대한 지식도 결코 얻을 수 없다고 믿었다. 잘 알려진 소피스트의 회의주의는 이러한 지식과 도덕의 관계를 소크라테스와 플라톤에게 예시해 주고 있었다. 모든 지식은 상대적이라고 믿었기 때문에, 소피스트들은 인간이 어떠한 확실하고 보편적인 도덕 기준들을 발견할 수 있다는 것을 부정했다. 소피스트들은 스스로의 회의주의로 인해 도덕에 관해서도 다음과 같은 결론에 도달할 수밖에 없었다. 첫째, 도덕률이란 각각의 공동 사회에 의해서 임의적으로 만들어지는 것이므로 그 사회에 대해서만 적합성과 권위를 갖는다. 둘째, 도덕률은 비자연적인 것이므로 사람들이 그것에 복종하는 것은 여론의 압력 때문이다. 그러므로 인간 행위가 은밀히 이루어질 수 있다면 〈선한〉 사람들조차도 그 도덕률을 추종하지 않을 것이다. 셋째, 정의의 본질은 권력이며 〈힘이 곧 정의다〉. 넷째, 〈선한 삶이란 무엇인가〉에 대한 대답은 쾌락적인 삶이라고 할 수 있을 것이다. 소피스트의 이러한 가르침에 대해 플라톤은 〈지는 덕이다〉라는 소크라테스의 생각을 수용해서 그것을 발전시켰다. 플라톤은 도덕에 관한 소크라테스의 견해를 다듬어서 (1) 〈영혼〉의 개념과 (2) 기능으로서의 〈덕〉의 개념을 강조했다.

3. 1. 영혼의 개념

『국가론』에서 플라톤은 영혼이 세 부분으로 나뉘어져 있다고 묘사한다. 그는 그 부분들을 〈이성reason〉, 〈기개spirit〉, 〈욕망appetite〉이라고 부른다. 그는 모든 인간이 분유하고 있는 내적 혼란과 갈등에 대한 공통의 경험으로부터 이러한 영혼의 3분법을 이끌어 냈다. 그는 이 갈등의 본성을 분석하는 과정에서 인간에게는 세 종류의 행동이 존재한다는 사실을 발견했다. 첫째, 목적이나 가치에 대한 인식이 존재하는 이성의 행위다. 둘째, 행동을 위한 충동, 즉 기개가 존재한다. 그것은 처음에는 중립적이다가 곧 이성의 방향을 따르게 된다. 마지막으로, 사물들에 대한 신체의 갈망, 즉 욕망이다. 플라톤은 영혼이 삶과 활동의 원리라는 가정하에서 이 모든 활동을 영혼에 귀속시켰다. 신체는 그 자체로는 생명이 없다. 따라서 행동하거나 움직일 경우에 신체는 삶의 원리, 즉 영혼에 의해 조종되지 않을 수 없다. 이성은 행동을 위해 하나의 목적을 제시할 수 있지만, 그 행동은 감각적 욕망에 의해서 전도될 수 있다. 따라서 기개의 힘은 이들 감각적 갈망 때문에 어느 쪽으로든 끌려갈 수 있다.

플라톤은 이러한 인간의 조건을 『파이드로스』에서 적절한 비유를 통해서 설명한다. 여기서 그는 두 마리의 말을 모는 전차 마부를 그린다. 플라톤에 의하면 한 마리는 선하기 때문에 〈채찍질할 필요가 없이 몇 마디의 경고만으로도 몰 수 있다〉. 다른 한 마리는 악하므로 〈건방지고 뻔뻔스러워 채찍질과 박차를 가해도 잘 굴복하지 않는다〉. 비록 전차의 마부가 목적지를 정확히 알고 있고 선한 말이 그 길을 따르고 있다 해도 그 악한 말은 〈이리저리 날뛰고 이탈함으로써 선한 말과 마부를 온갖 곤경에 처하게 한다〉.

반대 방향으로 움직이는 말들, 명령이 이행되지 않아 어쩔 줄 모르고 서 있는 마부 — 이 광경은 질서의 균열을 매우 명백하게 보여 준다. 그와 같은 상황에 있는 마부, 즉 고삐를 쥐고 있는 사람은 그 말들을 인도하고 통제해야 할 권리와 의무, 직분을 갖는다. 마찬가지로 영혼의 이성적 부분은 기개의 부분과 욕망의 부분을 지배할 권리를 소유하는 것이다. 확실히 마부는 두 마리의 말이 없으면 아무 곳에도 갈 수 없다. 그러므로 이 삼자는 결속하여 그들의 목적을 달성하기 위해 함께 매진해야 한다. 영혼의 이성적 부분 역시 다른 부분에 대해 이런 종류의 관계를 갖고 있다. 왜냐하면 욕망과 기개의 힘도 삶 그 자체에 필수 불가결한 것들이기 때문이다. 이성은 기개와 욕망과 함께 그들 위에 작용하며, 기개와 욕망 역시 이성을 움직이게 하며 이성에 영향을 준다. 그러나 이성과 기개와 욕망의 관계는 이성의 상태에 의해 결정된다. 즉 목적 지향적인 기능에 의해 결정되는 것이다. 물론 정념도 끊임없이 쾌락이라는 목적을 추구하며 쾌락 역시 삶의 필수적인 요소임에 틀림없다. 그러나 정념은 쾌락을 제공하는 사물들을 향해서만 충동적으로 움직이기 때문에 보다 고차원적이고 지속적인 쾌락을 제공하는 대상과 단지 쾌락을 주는 것처럼 보이는 대상들 사이를 구분할 수 없다.

영혼의 이성적인 부분의 고유한 기능은 삶의 참된 목적을 구하는 것이며, 이는 사람들을 그것의 본성에 맞춰 평가함으로써 가능하다. 비록 정념이나 욕망이 우리를 공상의 세계로 안내해서 어떤 종류의 쾌락이 우리에게 행복을 가져다주는 것이라고 믿도록 우리를 기만할 수도 있지만, 이성의 고유한 역할은 그 환상의 세계를 관통해 참된 세계를 발견하며 욕망의 방향을 진정한 대상으로 전환시킬 수 있도록 하는 것이다. 그때야 욕망은 참된 쾌락과 참된 행복을 낳을 수 있는 대상을 사랑하게 되는 것이다. 일반적으로 불행과 인간 영혼의 무질서는 인간이 형상과 실재를 혼동한 결과이며, 이러한 혼동은 거의 욕망이 이성을 압도할 때 발생한다. 이러한 이유에서 플라톤은 소크라테스가 그에게 가르쳤던 것처럼 도덕적인 악을 〈무지〉의 결과라고 주장했다. 마부가 말들에 대한 통제 능력이 있을 때 질서가 존재할 수 있는 것처럼 인간의 영혼에서도 이성이 기개와 욕망을 통제할 수 있을 때에만 질서와 평화가 획득될 수 있는 것이다.

인간의 도덕적 경험에 대한 플라톤의 설명을 전체적으로 볼 때, 그는 인간의 덕에 대한 잠재 능력을 긍정하면서도 과연 그 잠재 능력을 실현할 수 있는가에 대해서는 부정적 태도를 취한다. 이러한 이중적 태도는 그의 도덕적인 악에 대한 이론에서 기인한 것이다. 이미 소크라테스의 견해에서 보았듯이, 악행이나 악덕은 무지의 결과다. 즉, 잘못된 지식에 의해 야기된다. 잘못된 지식은 욕망이 이성에 영향을 미쳐 어떤 것을 실제로는 그렇지 않은데 마치 행복을 줄 수 있는 것처럼 생각하게 될 때 발생한다. 그러므로 욕망이 이성을 제압했을 때 영혼의 조화는 거꾸로 된다. 여전히 거기에는 조화가 존재하지만 이 새로운 영혼은 전도된 것이다. 왜냐하면 이제 이성은 욕망에 굴복했고 따라서 자신의 올바른 위치를 상실했기 때문이다. 어떻게 이 무질서한 조화가 발생할 수 있을까? 이 잘못된 지식은 어떻게 발생할까? 간단히 말해 도덕적인 악의 원인은 무엇일까?

3. 2. 악의 원인: 무지 또는 망각

악의 원인은 영혼 그 자체의 본성에서 그리고 영혼과 육체의 관계에서 발견된다. 플라톤에 따르면 영혼은 육체에 들어가기 전에 선험적 존재를 갖고 있었다. 우리가 본 것처럼 영혼은 이성적인 부분과 비이성적인 부분으로 구성되며 이 비이성적인 부분도 다시 기개와 욕망으로 구성된다. 이 두 가지 영혼의 근원적인 부분은 각각 다른 기원을 가지고 있다. 세계영혼과 같은 용기(容器)에서 나온 영혼의 이성적 부분은 데미우르고스에 의해 창조된다. 반면에 비이성적인 부분은 신체의 모양을 만들어 주는 신들에 의해 창조된다. 이런 식으로 영혼은 육신으로 들어가기 전에 이미 두 가지의 다른 성분들로 구성되어 있었다. 그러므로 그때 이미 이성적 부분은 형상들과 진리에 대해 분명한 견해를 지니고 있고, 동시에 기개와 욕망은 그 본성에 의해 하강하려는 경향을 지니고 있다. 만일 우리가 플라톤에게 왜 영혼은 육신으로 내려가는가를 묻는다면 그는 이렇게 대답할 것이다. 그것은 영혼의 비이성적인 부분이 제멋대로 영혼을 지상으로 끌고 내려가는 경향 때문이라는 것이다. 플라톤에 의하면 〈완전하고 날개 달린 영혼은 하늘로 올라간다. 반면에 날개를 잃은 불완전한 영혼은 아래로 떨어져 결국은 지상에 안주한다. 거기서 하나의 고향을 발견한 영혼은 지상의 체질을 받아들인다. 이 영혼과 육신의 결합이 하나의 살아 있는, 그러나 죽어야 할 운명의 피조물이라고 불린다〉. 영혼은 〈떨어지며〉 결국 하나의 육신 속에 들어가게 된다. 그러나 중요한 점은 영혼이 육신에 들어가기 전에 자신의 비이성적인 부분들에 이미 방종과 악의 본성을 지니고 있다는 사실이다. 그러므로 어떤 의미에서 악의 원인은 영혼의 이전 상태에서 이미 존재하고 있었다. 이미 〈천상〉에서 영혼은 형상이나 진리를 바라보는 행위와 이러한 조망을 〈망각하는〉 행위 — 여기서 영혼의 몰락은 시작된다 — 사이에서 갈팡질팡하고 있었다. 〔영혼은 무질서의 가능성을 내포하고 있으며, 따라서 실제로 무질서가 영혼에서 발생할 때 악의 원인은 영혼 그 자체 내부에 자리 잡고 있으며, 그것은 실재를 파악하는 일에 무지했거나 망각한 데서 온 결과다. (제2판)] 이러한 입장에서 악이란 구체적인 사물이 아니며 오히려 영혼의 한 특성, 즉 영혼의 망각〈가능성〉인 것이다. 따라서 진리를 망각하고 지상의 사물들에 대한 관심에서 끌려 내려온 것도 바로 그러한 영혼인 것이다. 그러므로 영혼은 본질상 완전하지만 그것의 한 측면에는 무질서로 이끌릴 수 있는 가능성이 있다. 피조물의 다른 부분들이 그러하듯이 영혼은 완전성과 동시에 불완전성의 원리도 내포하고 있다. 그러나 영혼이 육신에 들어가게 되면 영혼의 어려움들은 크게 증가된다.

육신은 영혼의 비이성적인 부분을 자극하여 이성의 지배를 전복시킨다고 플라톤은 확신하였다. 그러므로 영혼의 육신으로의 유입은 무질서, 즉 영혼의 각 부분 간의 부조화를 가중시킨다. 우선 영혼은 형상의 영역을 떠나 육신에 들어감으로써 일자의 영역에서 다자의 영역으로 이동한 꼴이 될 것이다. 이제 영혼은 다양한 사물들의 거친 바다에서 표류하면서 이들 사물들이 지니는 기만적인 성질 때문에 많은 오류들을 범하게 된다. 게다가 육신은 영혼의 비이성적 부분에게 쾌락적인 행동들을 무분별하게 자극한다. 육신에서는 배고픔, 갈증, 자손을 낳으려는 갈망 등과 같은 욕망들이 과장되어 결국 그 하나하나가 극심한 탐욕으로 변하게 된다. 영혼은 육신 속에서 공포와 근심뿐만 아니라 감각, 갈망, 쾌락, 고통들을 경험한다. 사랑에도 매우 넓은 대상의 영역이 있다. 즉 미각을 만족시켜 줄 수 있는 음식에 대한 사랑에서 순수하고 영원한 진리나 미에 대한 사랑까지의 넓은 영역이 존재하는 것이다. 이러한 사실로부터 육신은 영혼에 대한 방해자로 서서히 작용하며 영혼 가운데 기개와 욕망의 부분이 특히 그 육신의 작용에 민감하게 된다. 이러한 방식으로 육신은 영혼의 조화를 방해한다. 왜냐하면 육신은 영혼에 자극을 주어 이성이 참된 지식을 지향하지 못하게 하며, 이성이 한때 인식했던 진리를 상기하지 못하도록 방해하기 때문이다.

인간 세상에서 만일 어떤 사회가 잘못된 가치 체계를 갖게 된다면 오류는 지속된다. 왜냐하면 개인들은 이 그릇된 가치들을 자신의 것으로 수용하기 때문이다. 모든 사회는 불가피하게 그 사회 구성원의 교사로서 작용하며 이러한 이유에서 한 사회의 가치는 개인의 가치가 될 것이다. 더욱이 모든 사회는 이전 세대들에 의해 이루어진 죄악과 오류들을 지속시키려는 경향이 있다. 플라톤은 이러한 사실을 중시하면서 이렇게 주장했다. 즉 오류의 사회적 전달과 마찬가지로 영혼들도 전달을 통해 새로운 육신에 그들 이전의 오류와 가치 판단을 주입함으로써 재생된다는 것이었다. 결국 잘못된 지식과 성급함, 욕심을 설명해 주는 것은 육신이다. 왜냐하면 육신은 영혼을 감각의 폭포로 유인함으로써 이성과 기개와 욕망의 정결한 활동을 방해하기 때문이다.

인간의 도덕적 조건에 대한 플라톤의 설명을 회고하면서 우리는 그가 육신과 독립적으로 존재하는 영혼의 개념에서 출발하고 있음을 알 수 있다. 이 상태에서 영혼은 이성적 부분과 비이성적 부분 간의 근본적 조화를 향유하고 있고, 그 조화 속에서 이성은 진리에 대한 지식을 통해 기개와 욕망을 통제하고 있다. 그러나 영혼의 비이성적 부분은 불완전의 가능성을 소유하며, 그러한 가능성은 기개와 이성이 더욱 저질스러운 데까지 욕망에 끌려 다님을 보여 준다. 영혼의 각 부분들 간의 본래적 조화는 육신에 유입되자마자 더욱더 동요되고 이전의 지식이 망각되며 육신의 타성은 그 지식으로의 복원을 방해한다.

3. 3. 상실된 도덕의 회복

플라톤에게 도덕은 인간의 상실된 내적 조화의 회복에 있다. 그것은 이성이 욕망과 육신의 자극에 의해 전도되었던 과정을 다시 역전시키는 것을 의미한다. 인간은 자신이 무엇을 행하든지 그 행위가 그들에게 쾌락과 행복을 줄 것이라고 생각한다. 플라톤에 의하면 어느 누구도 그 자신에게 해로운 행동을 알면서 선택하지 않는다. 물론 인간은 살인이나 거짓말 같은 〈잘못된〉 행위를 할 수도 있으며, 이러저러한 행위들의 잘못된 점을 인정까지도 할 수 있다. 그러나 그는 항상 그러한 행위들로부터 그 자신이 어느 정도의 이익을 얻을 수 있다는 사실을 전제한다. 이것은 잘못된 지식 — 일종의 무지 — 이며 인간은 그것을 극복함으로써만이 도덕적으로 될 수 있다. 그러므로 〈지가 곧 덕이다〉라는 명제가 의미하는 바는 잘못된 지식은 사물 및 행위와 그것들의 가치에 대한 정확한 평가에 의해 대치되어야 한다는 것이다.

인간이 그릇된 지식에서 참된 지식으로 갈 수 있으려면 우선 자신이 무지의 상태에 있다는 점을 알아야 한다. 그것은 마치 인간이 〈무지의 잠〉에서 깨어나야 하는 것과도 같다. 인간은 자신의 내부에서 발생한 어떤 것에 의해, 또는 그의 외부의 어떤 것이나 다른 어떤 사람에 의해 잠에서 깨어날 수 있다. 이와 유사하게 지식, 특히 도덕적 지식에 있어서 인간의 깨어남은 두 가지 방식으로 가능하다. 플라톤이 생각했던 대로 지식이 정신의 기억 속에 깊숙이 자리 잡고 있다면 이 잠재한 지식은 때때로 의식의 표층에 나타날 것이다. 영혼이 한때 간직했던 지식은 〈상기〉의 과정에 의해 재인식될 수 있다. 상기는 무엇보다도 정신이 감각적인 경험의 모순들로 곤경에 부딪치게 될 때 시작된다. 누군가가 다양한 사물들의 이치를 깨달으려 노력할 때 그는 사물들 그 자체로부터 이데아로 〈초월〉하기 시작한다. 정신의 이러한 행동은 해결될 필요가 있는 난제에 대한 인간의 경험에서 시작되는 것이다. 이러한 각성의 내적 근원 이외에도, 플라톤은 누군가의 가르침을 통해서 각성이 이루어진다고 주장한다. 동굴의 비유에서 플라톤은 어떻게 인간이 어둠에서 밝음으로, 무지에서 지식으로 이동하는가를 묘사한 바 있다. 그러나 거기에서 그는 죄수들이 자기만족에 빠져 있는 분위기를 그리고 있다. 즉 그들은 자신들이 죄수라는 사실도, 그들이 그릇된 지식에 속박되어 무지의 어둠 속에 거주하고 있다는 사실도 알지 못한다. 그들의 각성을 위해서는 누군가의 가르침이 필요하다. 플라톤에 의하면 〈죄수가 사슬로부터 풀려나 자신의 무지를 치유하려면 그는 우선 강제적으로 일으켜 세워 뒤로 돌려서 눈을 쳐들고 빛을 향해 걷게 해야 한다〉. 즉 누군가가 죄수의 사슬을 풀어서 그를 돌려놓아야 한다. 강제적으로 풀려난 다음에야 그는 동굴 밖으로 조금씩 나올 수 있다. 아이러니의 힘과 지속적인 변증술을 사용했던 소크라테스는 인간을 무지의 잠에서 깨어나게 한 역사상 가장 위대한 계몽자 가운데 한 사람이었다. 그러나 인간을 각성시키고 그의 사슬을 풀어 주는 행위에서 더 나아가 훌륭한 삶의 교사는 죄수를 돌려놓아야 한다. 그렇게 해야만 죄수는 그림자로부터 실재 세계를 응시할 수 있게 되기 때문이다.

〔우리가 앞에서 본 것처럼 사슬에서 풀려난 죄수는 그림자로부터 현실적인 대상물로, 수학적 대상으로, 결국은 선의 이데아로 조금씩 이동하는 것이다. 이 고행길을 통해 그는 우선 상상과 신념이 지식을 구성하는 속견의 영역을 통과하여 결국 가지계의 경계선을 넘어선다. 여기서 사유와 참된 지식이 획득된다. 정신이 지식의 좀 더 낮은 수준에서 좀 더 높은 수준으로 차츰 이동함에 따라 한때 소유했던 지식과 내적 조화를 이루기 위한 필수적인 지식도 점점 더 많이 획득된다. 인간의 도덕적 발전은 그의 지적 상승과 평행한다. 왜냐하면 인간의 점증하는 지식은 진선미의 이데아에 대한 그의 사랑을 좀 더 깊게 해주기 때문이다. 해방된 죄수가 이전에 동굴에서 그림자가 어떤 모습으로 동굴의 벽에 나타날까를 예측하면서 상(賞)을 주고받았던 때를 회상할

때, 이제 그는 자신이 이전에는 그것들이 그림자였음을 알지 못했다는 사실을 깨닫게 된다. 더욱이 그의 새로운 지식에 입각해서 볼 때 그러한 경기나 상들은 쓸모없는 것으로 간주된다. 플라톤에 의하면 참된 지식은 실제 생활에 있어서도 사소한 것과 추구할 만한 가치가 있는 것을 구분해 준다. 사소한 일의 추구는 행복감을 낳을 수 없는 반면에 가치 있는 행동은 그러한 행복과 덕으로 인도한다. 다시 말해 덕은 지식, 즉 모든 행위의 참된 결과에 대한 참된 지식을 의미한다. 그러나 〈지는 곧 덕〉이라는 명제는 덕이 단순히 진리의 목록에 대한 지식임을 의미하지는 않는다. 플라톤에게 덕이란 하나의 고유한 기능의 완전한 실현이라는 좀 더 넓은 의미를 내포한다. (제2판)]

3. 4. 기능의 실현으로서의 덕

도덕에 관한 논의 전체를 통해서 플라톤이 선한 삶이라고 생각했던 것은 내적 조화와 안녕, 그리고 행복이 있는 삶이었다. 〔도덕의 핵심 용어인 덕과 선의 개념은 소피스트들에 의해 불투명해졌었다. 그들의 생각에 의하면 각각의 문화는 이 용어들에 그것이 원하는 모든 의미를 부과할 수 있다는 것이었다. 그렇지만 플라톤에게 선과 덕은 행복과 조화를 낳는 행동 양식과 밀접히 연관되어 있었다. 그에 의하면 조화는 영혼의 각 부분이 그 각각의 본성이 요구하는 바를 행하고 있을 경우에만 이루어질 수 있었다. 영혼의 각 부분은 각각 특수한 기능을 갖는다. 플라톤은 〈사물의 기능이란 그것만이 할 수 있는, 따라서 다른 어떤 것보다도 더 훌륭히 할 수 있는 활동이다〉라고 말한다. 여기서 플라톤은 덕이란 관습이나 속견의 문제가 아니라 영혼의 본질 자체에 근거한다는 사실을 보여 주려고 했다. 기개와 욕망을 인식하고 인도하는 것이 바로 이성의 본질이다. 이성은 하나의 기능을 가지며 따라서 이성은 그 기능을 발휘할 때만이 선할 수 있는 것이다. 만일 이성이 욕망에 의해 밀려난다면, 이성은 자신의 기능을 발휘할 수 없을 것이다. 한편 기개와 욕망도 각각의 기능을 갖는다. 따라서 선한 삶은 모든 부분이 각자의 기능을 발휘하고 있을 때에만 이루어진다. (제2판)〕

플라톤은 종종 선한 삶을 사물들의 효과적인 기능의 발휘와 비교했다. 그에 의하면 칼은 잘 자를 수 있을 때, 즉 그것이 자신의 기능을 수행하고 있을 때 선한 것이다. 의사의 경우는 그가 의료 활동을 실행하고 있을 때에만 선한 의사가 될 수 있다. 음악가들의 경우도 마찬가지로, 그들이 각자의 기술을 수행할 때 그들은 선한 것이다. 그렇지만 플라톤은 이렇게 묻는다. 〈영혼은 다른 어떤 것에 의해서는 수행될 수 없는 하나의 기능을 갖는가?〉 플라톤에 의하면 삶도 하나의 기술과 같은 것이며 영혼의 고유한 기능은 삶의 기술이라는 것이다. 플라톤은 음악과 삶의 기술을 비교하면서 그 양자의 기술은 한계와 정도를 인식하며 그것에 복종하는 것이라고 주장했다. 음악가는 악기를 조율할 때 각각의 현이 알맞게 조여졌는가를 확인한다. 왜냐하면 각 현은 특수한 음조를 갖기 때문이다. 그러므로 음악가의 기술은 현이 조여져야 하는 한계를 인식하는 것과 음정 간의 〈정도〉를 관찰하는 데 있다. 이와 마찬가지 방법으로 조각가도 정도와 한계에 대한 생생한 인식에 의해 조각을 해야 한다. 왜냐하면 그가 망치와 끌로 작업할 때 그는 완성하려는 형상에 맞춰 두드리는 강도를 조절해야 하기 때문이다. 그가 대리석을 처음 깎아 내기 시작할 때는 그 강도도 커야 하겠지만 머리 부분을 마무리할 때는 그의 끌이 더 나아가면 안 될 한계를 정확히 인식해야 하며 얼굴의 미세한 특징을 손질할 때에는 조심스럽게 두드려야 할 것이다.

  삶의 기술도 비슷한 종류의 한계와 분수에 대한 지식을 요구한다. 영혼은 다양한 기능을 갖지만 이 기능들은 지식이나 지성에 의해 규정된 한계 내에서 작용해야 한다. 영혼은 다양한 부분으로 되어 있기 때문에 각각의 부분도 저마다 특수한 기능을 가질 것이다. 또한 덕은 기능의 실현이기 때문에 기능의 수만큼 많은 덕목들이 존재할 것이다. 영혼의 세 부분에 대응하는 세 가지 덕은 이 부분들이 각각의 기능을 실현할 때 이루어진다. 그러므로 욕망이 한계와 분수를 지켜서 영혼의 다른 부분을 침해하지 않을 때 쾌락과 갈망에 대한 이러한 조절은 〈절제〉의 덕을 낳는다. 또한 영혼의 기개 부분에서 나오는 의지력이 한계를 지킴으로써 앞뒤를 가리지 않는 성급한 행동을 피하고 공수(攻守) 행위에서 믿을 만한 힘을 발휘할 때 〈용기〉의 덕이 이루어진다. 이성이 욕망의 공격에 동요되지 않고 일상생활에서의 끊임없는 변화에도 불구하고 참된 이상을 계속 지켜 나간다면, 그때 〈지혜〉의 덕이 성취된다. 그런데 이들 세 가지 덕들 간에는 상호 연관성이 존재한다. 절제가 욕망의 이성적 통제라면 용기는 기개의 이성적 명령이기 때문이다. 또한 동시에 영혼의 각 부분이 자신의 특수한 기능을 충실히 수행할 때 네 번째 덕인 〈정의〉가 이루어진다. 정의는 그 각 부분에 각각의 고유한 의무를 부과하므로 보편적인 덕이라고 할 수 있다. 정의는 한 인간의 행복 및 내적 조화의 성취를 반영하여 영혼의 모든 부분이 자신의 고유한 기능을 실현하고 있을 때에만 성립될 수 있다.

〔플라톤은 도덕을 영혼의 다양한 기능에 근거하게 함으로써 소피스트의 회의주의와 상대주의가 극복되었다고 생각했다. 플라톤에 의하면 도덕이란 여론의 산물도 단순한 힘의 문제도 아니었다. 확실히 어떤 문화나 어떤 사람들은 도덕을 여론과 힘의 산물이라고 생각하지만 플라톤은 이러한 주장에 대해 다음과 같이 말할 것이다. 즉 망치의 고유한 기능이 여론에 의해서 발견되는 것이 아니라, 그 망치의 본질과 능력을 분석함으로써 발견되는 것처럼 인간에게 적합한 행동도 여론에 의해서 제시될 수는 없으며 영혼의 각 부분들의 성격에 의해 밝혀진다는 것이다. 물론 인간은 영혼의 각 부분이 복종해야 하는 명백한 한계와 분수를 피하려 하지만, 그렇다고 인간이 자신들의 행위의 결과를 모면할 수는 없는 것이다. 모든 인간은 행복의 성취를 원하며 하나의 행동 양식을 선택할 때에도 그 행위가 그러한 행복을 가져다줄 것이라고 가정한다. 그러나 인간 본성의 행복은 오직 영혼의 각 부분의 내적 조화와 균형이나 질서에 의해서만 이루어질 수 있다. 그러므로 욕망과 기개는 이성의 권위에 복종해야 한다. 이성이야말로 인간의 행동 능력들을 지도하며 온갖 갈망과 애정을 질서 속에 편입시킨다. (제2판)〕

4. 정치 철학

플라톤의 사상에서 정치 철학은 도덕 철학과 밀접히 관련되어 있다. 『국가론』에서 그는 국가의 여러 계층은 인간 영혼의 여러 부분과도 같다고 말한다. 국가의 상이한 유형은 국민의 여러 유형이 덕과 악덕을 지녔듯이 마찬가지로 그러한 특징을 지니고 있다. 두 경우 모두 우리는 국가의 계층이나 영혼의 부분이 각자의 기능을 잘 수행하고 서로의 고유한 관계를 지니고 있는지에 따라서 국가나 개인의 건전성을 분석해야 한다. 사실상 플라톤은 국가를 하나의 거인이라고 생각했다. 정의가 도덕적인 사람이 지닌 일반적인 덕인 것처럼 선한 사회를 특징짓는 것도 정의다. 『국가론』에서 플라톤은 의로운 사람을 이해하는 최선의 방법이란 국가의 본질을 분석하는 것이라고 주장한다. 그에 의하면 〈우리는 우선 국가에서 정의란 무엇을 의미하는가를 탐구하는 것에서 시작해야 한다. 그다음에야 우리는 동일한 형상의 좀 더 작은 규모를 개인 속에서 추구해 나갈 수 있다〉는 것이다.

〔또한 그는 정의롭고 선한 인간에 대해서만 탐구하려는 사람을 다음과 같이 묘사한다. 〈근시임에도 불구하고 조금 떨어져서 깨알 같은 글씨로 쓰인 비명(碑銘)을 읽고 있는 사람이다. 만일 누군가가 어떤 곳에 더 큰 글씨로 쓰인 동일한 비명이 있다는 사실을 그에게 알려 준다면, 그는 이것을 횡재라고 생각할 것이다.〉 (제2판)〕

4. 1. 인간의 거대 형상으로서의 국가

플라톤에게 국가는 개인의 본성에서 추론되고 있으며, 따라서 논리적으로는 개인이 국가에 선행한다. 플라톤에 따르면 국가는 하나의 자연적인 제도다. 왜냐하면 그것은 인간 본성의 구조를 반영하고 있기 때문이다. 국가의 기원은 인간의 경제적 욕구의 반영이라고 플라톤은 주장한다. 즉 〈어떤 개인도 스스로를 충족시킬 수 없기 때문에, 즉 우리 모두는 많은 욕구들을 소유하기 때문에 국가가 발생하게 되었다〉. 우리의 많은 욕구들은 많은 기술을 요구하며, 어느 누구도 의식주에 필요한 모든 기술을 소유할 수는 없다. 그 밖의 다양한 기술들은 말할 것도 없다. 그러므로 노동의 분화도 필수적이다. 〈모든 사람이 모든 다른 업무에서 벗어나 그에게 본성적으로 적합한 한 가지 일에 전념할 때 좀 더 많은 것들이 생산될 수 있고 작업도 좀 더 쉽고 훌륭하게 실행된다.〉 더구나 인간의 욕구는 그의 육체적인 필요조건들로 제한되지 않는다. 왜냐하면 인간의 목적은 단순히 살아남는 것이 아니라 동물보다 고매한 삶을 영위하는 것이기 때문이다. 그러므로 건강한 국가는 곧 광범위한 영역의 갈망들에 의해 영향을 받게 되며 〈어떤 단순한 필요에 국한되지 않는 다양한 직업들이 팽배하게 될 것이다〉. 〈사냥꾼들, 어부들, 조각가들, 미술가들, 음악가들, 직업적인 시(詩) 낭송가를 동반한 시인들, 배우들, 무희들, 연출가들, 주부들의 장신구 일체를 포함한 각종 가정용품의 제조업자들〉이 존재하게 될 것이다. 〈우리는 좀 더 많은 종복(從僕)들······ 하녀, 이발사, 요리사, 제빵사들을 요구하게 될 것이다.〉

많은 사물에 대한 이러한 갈망은 국가의 자원을 이내 소모하게 될 것이다. 플라톤에 의하면 머지않아 〈우리는 이웃들의 땅을 한 뼘이라도 잘라 가져야 할 것이며 그들도 우리의 땅 한 뼘을 원하게 될 것이다〉. 이러한 상황에서 이웃들 간의 싸움은 불가피해진다. 투쟁의 기원은 〈갈망에 있으며 갈망은 개인과 국가 모두에 대해 죄악의 가장 충실한 근원이 된다〉. 전쟁이 불가피하다면 〈모든 재산과 시민들을 보호하기 위해…… 침략자와의 전쟁에 참가할 군대를 보유하는 것〉도 필수적이다. 그러므로 국가의 수호자들이 출현한다. 그들은 처음에는 침입자들을 격퇴하고 군 내부의 질서를 공고히 하는 엄격하고 힘 있는 사람들이었다. 이제 사람들은 두 계층으로 분명히 구분된다. 한 계층은 생산 계급, 즉 농부, 장인, 상인들이며, 다른 계층은 공동 사회를 수호하는 전사(戰士) 계층이다. 후자에서 가장 잘 훈련된 전사들이 선택되는데, 그들은 국가의 통치자들이 되어 제3의 엘리트 계층을 형성한다.

개인과 국가의 관계는 이제 명백해진다. 왜냐하면 국가 내의 세 계층은 영혼의 세 부분의 연장이기 때문이다. 기술자나 장인 계층은 영혼의 가장 낮은 부분, 즉 욕망을 나타내며 전사는 영혼의 기개 부분을 체현하고 있다. 또한 최상의 계층인 통치자는 이성적 요소를 나타낸다. 이러한 분석은 논리적 엄격성을 갖는 것처럼 보인다. 왜냐하면 쉽게 다음과 같은 관련을 상상할 수 있기 때문이다. (1) 개인의 욕망과 이 욕망을 충족시키는 노동 계층 사이의 관계 (2) 인간의 기개의 요소와 그 역동적 힘을 거대한 규모로 변형한 군대 조직 사이의 관계 (3) 이성적 요소와 지배자의 영도력이라는 특수한 기능 간의 관계가 그것이다.

그러나 플라톤은 백성들이 국가 내의 이러한 계층 조직을 받아들이는 것은 결코 단순한 문제가 아님을 알고 있었다. 특히 그들이 기회가 있었다면 결코 선택하지 않았을 계층 내에 자신이 속해 있는 경우는 더욱 받아들이지 않을 것이기 때문이다. 그렇다면 모든 사람을 폭넓게 교육시킨 후 계층을 정해 주어야 할 것이며, 그 계층 내에서 임무를 수행할 수 있는 사람에게는 더 높은 계층으로의 진출이 허용되어야 할 것이다. 그러나 비록 이론적으로는 모든 사람이 최상의 계층까지 올라갈 수 있는 기회를 갖고 있지만, 실제로는 그들이 타고난 적성의 수준에 머물고 만다. 모든 사람을 그의 운명에 만족하게 하기 위해 플라톤은 〈어떤 편의적인 허구〉를 사용할 필요가 있다고 생각했다. 그에 의하면 〈나는 (이 허구적인 이야기를 통해) 먼저 지배자들과 전사들을 설득하고, 다음으로 나머지 시민 계급에게 우리들이 그들에게 베푼 모든 양육과 교육은 그들에게 마치 꿈에서 경험했던 것처럼 생각하게 설득하겠다. 실제로 그들은 내내 지하에 있었고 거기서 형태가 잡히고…… 모양이 만들어졌던 것이다. 마침내 그들이 완성되었을 때 대지가 그들을 그녀의 태내에서 지상으로 올려 보냈던 것이다〉.

이 〈고상한 거짓말〉은 결국 다음과 같은 사실을 이야기하고 있다. 즉 모든 인간을 창조했던 신은 〈통치자가 될 사람에게는 황금을 섞었고, 전사에게는 은을 섞었으며, 농부와 장인에게는 쇠와 구리를 섞었다〉는 것이다. 모든 사람은 본성에 따라 통치자가 되기도 하며 장인이 되기도 한다. 그러므로 이러한 사실은 사회에 완전한 위계질서를 위한 기초를 마련해 준다. 그러나 후세의 유럽 사회에서 유아들은 그들이 태어난 계층과 동일한 계층에 속한다고 생각했던 반면에, 플라톤은 유아의 경우 그들의 양친과 동일한 품성을 가지지 않을 수도 있다는 점을 인식하고 있었다. 따라서 플라톤의 주장에 의하면 하늘이 지배자들에게 내린 계율 가운데는 〈지배자에게는 자손의 영혼에 어떤 종류의 금속이 혼합되어 있는가를 살펴보는 일만큼 중요한 것도 없다는 계율이 있다. 만일 그 자신들의 자식이 구리나 쇠의 성분을 지니고 태어나면, 동정의 여지없이 그의 성향에 맞는 직위를 주어 수공인이나 농부가 되도록 해야 한다〉. 이와 유사하게 장인에게서 금이나 은을 지닌 자식이 태어나면, 〈그들은 그 아이를 그의 가치에 맞게 대우해야 할 것이다〉. 아무튼 가장 중요한 사실은 플라톤의 생각에 모든 사람은 누가 지배자가 될 수 있는가에 동의해야 하며 그들이 지배자에게 복종해야 하는 이유에 동의해야 한다는 주장이 들어 있다는 점이다.

4.2. 철인 군주

플라톤에게 권위의 자격이 능력이어야 함은 두말할 필요도 없다. 국가의 지배자는 그러한 기능을 수행할 수 있는 특수한 능력을 구비한 사람이어야 했다. 국가에 있어서 무질서는 개인에게서의 무질서가 발생하는 것과 동일한 상황에 의해 야기된다. 즉 더 낮은 요소들이 좀 더 높은 임무의 역할을 침범하려는 시도에 의해 야기되는 것이다. 개인과 국가에 있어서 욕망과 기개가 통제되지 않는 행위는 내부의 무질서를 초래한다. 양자의 경우 모두 이성적 요소가 통제력을 발휘하고 있어야 한다. 누가 배의 선장이 되어야 하는가? 가장 인기 있는 인간이 되어야 할까 아니면 항해술에 해박한 사람이 되어야 할까? 누가 국가를 통치해야 할까? 전쟁에서 훈련된 사람이어야 할까 아니면 상업에서 훈련된 사람이어야 할까? 플라톤에 의하면 통치자는 충실히 교육받은 사람이어야 한다. 즉 가시계와 가지계의 차이, 속견의 영역과 지식의 영역의 차이, 현상과 실재의 차이를 이해해서 경지에 도달한 사람이어야 한다. 철인 군주는 교육을 통해 분할된 선분을 거슬러 올라가 결국은 선의 이데아에 대한 지식을 소유하게 된, 따라서 모든 진리들의 상호 관련성을 개관할 수 있게 된 사람이다.

이 단계에 도달하기 위해서 철인 군주는 여러 단계의 교육을 거쳐야 한다. 적어도 18세가 될 때까지 그는 문학, 음악, 기초 수학을 훈련해야 한다. 그의 문예(文藝)도 검열되어야 한다. 왜냐하면 플라톤은 신의 행동을 불경스럽게 설명한 시인들을 비난했기 때문이다. 음악도 지정되어 향락적인 음악은 좀 더 건전한 음조로 대치되어야 한다. 그 후 몇 년 동안은 육체 단련과 군사 훈련이 광범위하게 시행되고, 20세에는 고등 수학을 배우기 위해 몇 년이 더 할애되어야 한다. 30세가 되는 해에는 변증법과 도덕 철학의 5년 코스가 시작된다. 그다음 15년은 공공 봉사를 통해 실제적인 경험을 축적하는 데 소비되어야 한다. 결국 50세에 가장 유능한 사람이 가장 높은 지식의 단계인 선의 이데아를 인식하는 경지에 도달할 것이다. 그때가 되서야 비로소 국가를 통치할 수 있는 자격이 구비된 것이다.

4. 3. 국가의 덕목들

플라톤에 의하면 정의가 한 국가에서 성취될 수 있는지의 여부는 과연 사회 안에서 철학적 요소가 지배력을 획득할 수 있는지에 달려 있다. 그는 〈나는 올바른 철학을 옹호할 수밖에 없다. 그것은 하나의 장점을 제공한다. 그 장점은 우리가 그것을 통하여 어떤 경우에서든지 국가와 개인을 위해 무엇이 정의로운 것인가를 식별할 수 있다는 점이다〉라고 말하면서, 그는 다음과 같은 자신의 믿음을 표현했다. 〈올바르고 참되게 철학을 추종하는 사람들의 무리가 정치권력을 획득하든지 아니면 도시에서 권력을 소유한 계층이 신의 섭리에 의해 실제적인 철학자가 되지 않으면 인간은 결코 죄악에서 해방되지 못할 것이다.〉 그렇지만 앞에서 보았듯이 정의는 일종의 보편적인 덕목이다. 그것은 모든 부분이 그들의 고유한 기능을 실행하고 있으며 그들 각각의 덕을 성취하고 있음을 의미한다. 국가의 정의는 그 세 계층이 그들의 기능을 실현할 때에만 획득될 수 있을 것이다.

욕망의 요소를 체현하는 장인들은 절제의 덕을 보여 준다. 절제는 장인들에게만 국한되는 것이 아니라 모든 계층에 적용된다. 왜냐하면 절제는 낮은 계층이 높은 계층의 지배를 승인하는 것을 암시하기 때문이다. 그렇지만 절제는 특수한 방식으로 장인과 연결된다. 그들은 최하 계층이며 지배자와 전사라는 두 계층에 복종해야만 하기 때문이다.

국가를 수호하는 전사들은 용기의 덕을 보여 준다. 이 전사들이 항상 그들의 기능을 수행할 수 있으려면 특수한 훈련과 규정이 그들에게 부과되어야 한다. 결혼도 하고 사유 재산도 소유하는 장인들과 달리 전사들은 재산과 부인을 공동으로 소유한다. 플라톤이 생각하기에 이러한 원칙은 전사들이 참된 용기를 획득하기 위해 필수적인 것이었다. 왜냐하면 용기는 두려워해야 할 것과 두려워하지 말아야 할 것에 대한 지식을 의미하기 때문이다. 전사들이 진정으로 두려워해야 할 유일한 대상은 도덕적 죄악이다. 그는 결코 가난이나 빼앗김을 두려워해서는 안 된다. 이러한 이유에서 그들의 생활양식은 사적 소유와 격리되어야 한다.

비록 부인들이 공동으로 소유될지라도 이것이 결코 난혼(亂婚)의 형식을 의미하는 것은 아니다. 반대로 플라톤은 남자와 여자가 어떤 면에서는 동등하다고 생각했다. 예를 들면 〈남자와 여자가 모두 의학에 대한 재능을 갖는다면 그 둘은 동일한 본성을 지닌 셈이다〉. 만일 그들이 동일한 재능을 소유한 경우는 언제든지 그들에게 동일한 임무가 부가되어야 할 것이다. 이러한 이유에서 플라톤은 여자도 남자처럼 전사가 될 수 있다고 생각했다.

전사 계층의 구성원들의 단체성을 보존하기 위해서 독립 가족의 형식은 폐지되어야 하며 전 계층이 하나의 단일한 가족으로 되어야 할 것이다. 플라톤은 전사들이 재산을 모으고 싶은 유혹, 심지어는 자기 가족의 이익을 국익보다 우선으로 하고 싶은 유혹들로부터 자유로워야 한다고 하였다. 더욱이 경주용 개나 말을 교배하려고 그렇게 노력하면서 전사들과 국가의 통치자들을 낳는 데는 순수한 우연에 의존하는 것은 어리석은 일이라고 하였다. 이러한 이유에서 성관계는 엄격히 통제되어야 하며 특정한 결혼 축제일에만 허용되어야 할 것이다. 이 축제는 국가가 정한 날에 거행되어야 한다. 또한 각 쌍 ─ 이들은 추첨에 의해 맺어졌다는 환상을 갖게끔 해야 한다 ─ 도 지배자의 세심한 조정을 통해 가장 높은 우생학적 가능성을 보증할 수 있도록 맺어져야 한다. 플라톤은 이렇게 강조한다. 〈전쟁 및 기타 업무에서 훌륭한 기량을 발휘한 젊은이들은 다른 보상과 특권 중에서도 특히 부인과 잠잘 수 있는 좀 더 자유로운 기회가 주어져야 한다.〉 그러나 이것은 단지 공리적인 목적에서이며, 〈가능한 한 많은 아이들이 그러한 부친들에 의해 태어날 수 있도록 그럴듯한 구실을 붙여야 한다〉. 전사들에게서 태어난 아이들은 곧 그러한 목적에서 임명된 관리들의 손에 넘겨져서 그 도시의 특별한 위치에 있는 탁아소에서 보모의 보호로 양육될 것이다. 플라톤의 생각으로는 이러한 상황에서만이 그들의 참된 기능, 즉 다른 관심에 동요되지 않고 국가를 수호하는 기능을 좀 더 용이하게 수행할 수 있다. 또한 그들은 이를 통해 용기라는 고유한 덕을 이룰 수 있는 것이다.

그러므로 국가의 정의는 개인의 정의와 동일하다. 그것은 모든 사람들이 자신의 위치에 머물러 그의 특수한 임무를 수행할 때 발생하는 것이다. 정의는 절제와 용기와 지혜의 조화다. 국가는 개인들로 구성되기 때문에 우선 이 각각의 덕목은 개인에 의해 달성되어야 할 필요가 있다. 예를 들어 장인들조차 지혜의 덕을 가져야 한다. 그렇게 함으로써 그는 자신의 욕망을 제어할 수 있을 뿐만 아니라 자신이 속해 있는 위치와 자신이 지배자에 복종해야 한다는 사실을 정확히 인식할 수 있다. 마찬가지로 전사들도 두려워해야 할 것과 하지 말아야 할 것을 인식하기 위해서는 충분한 지혜를 가져야 하며, 이를 통해 그들은 참된 용기를 발전시킬 수 있다. 무엇보다도 중요한 것은 지배자가 선의 이데아에 대한 지식에 가능한 한 가까이 가야 한다는 점이다. 왜냐하면 국가의 행복은 그의 지식과 인품에 달려 있기 때문이다.

4. 4. 이상 국가의 몰락

만일 국가가 〈거대 형상의 인간〉이라면 국가는 하나의 공동 사회가 이루어 온 인격을 반영할 것이다. 플라톤의 생각에 의하면 비록 인간의 본성은 모든 인간이 세 부분으로 구성된 영혼을 소유한다는 점에 고착되어 있지만, 그 인간들은 그들이 이룬 내적 조화의 정도에 따라 종류가 구분된다. 그러므로 국가는 인성에 있는 다양한 모습을 그대로 보여 줄 것이다. 플라톤의 주장에 따르면 이러한 이유에서 〈정체(政體)란 식물이나 돌로부터 발생할 수 없다. 정체는 그 사회의 나머지 인원들을 그들의 잠에서 깨어나게 하는 인물의 역량에 달려 있다. 그러므로 다섯 가지 정부 형태가 존재한다면, 개인들 간에도 다섯 종류의 정신적 체질이 존재함에 틀림없다〉. 이 다섯 가지 정부 형태가 곧 귀족제 *aristocracy*, 명예제 *timocracy*, 금권제 *plutocracy*, 민주제 *democracy*, 참주제 *despotism*이다.

플라톤에 따르면 귀족제에서 참주제로의 전환은 국가의 질에 있어서 점차적인 몰락이다. 이는 지배자와 시민들의 도덕적 성격의 점진적인 타락과 대응된다. 그러므로 그의 이상 국가는 귀족 국가였다. 거기서는 철인 군주로 체현된 이성적 요소가 가장 우위에 있으며, 시민들의 이성이 자신들의 욕망을 통제하고 있다. 그렇지만 플라톤은 이러한 국가란 지향해야 할 목표로서는 충분한 가치가 있을지라도 단지 하나의 이상에 불과하다는 사실을 강조했다. 그는 정치에 별로 매력을 느끼지 않았다. 왜냐하면 특히 아테네 시민들이 소크라테스를 처형했고 계속해서 훌륭한 지도자들을 배출하는 데 실패했기 때문이었다. 그는 이렇게 말했다. 〈나는 공공 생활의 소용돌이를 자세히 관조해 보았다. 나는 그때 오늘날 존재하는 모든 국가의 경우, 예외 없이 그 정부 제도가 잘못되어 있음을 명확히 알 수 있었다.〉 그러나 귀족제는 모든 국가의 규범이다. 왜냐하면 그 형태 속에서는 모든 계층의 적절한 복속(服屬)이 이루어지고 있기 때문이다.

그러나 만일 이러한 이상이 이루어진다 해도 거기에는 변화의 가능성이 존재하기 마련이다. 왜냐하면 어떤 것도 영원할 수는 없기 때문이다. 귀족제는 우선 〈명예제〉로 전락한다. 이는 퇴보를 나타낸다. 왜냐하면 그 제도에서는 명예에 대한 사랑이 나타나며, 지배 계층의 구성원들은 공익보다도 자신의 명예를 더 사랑하기 때문이다. 지배자의 기개가 이성의 역할을 강탈하는 것이다. 비록 이러한 현상은 단지 영혼의 구조상의 미세한 균열일 뿐이다. 그렇지만 이제 비이성적 부분의 역할이 점차 비대해져 가는 과정이 시작된 것이다. 명예에 대한 사랑에서 재산에 대한 욕심으로의 진행은 시간문제다. 그것은 욕망에게 통치의 기회를 부여해 준다.

명예제에서는 이미 사유 재산 제도가 싹트고 있었다. 이제 부에 대한 갈망은 금권제라고 불리는 정부 제도를 가능하게 한다. 여기서 권력을 가진 사람들의 주요 관심사는 부다. 플라톤은 말하기를 〈부자의 사회적 명망이 상승함에 따라 덕 있는 자의 명망은 하락한다〉. 그에 의하면 금권제에서 가장 심각한 문제는 부가 국가를 서로 싸우는 두 계층, 즉 부자와 빈자로 갈라놓는다는 점이다. 더욱이 금권자는 상품의 소비자이며, 따라서 그가 자신의 돈을 모두 사용했을 때 그는 위태로워진다. 왜냐하면 그는 이미 자신에게 익숙해진 많은 것의 결핍에 내몰리게 되기 때문이다. 금권자는 끊임없는 쾌락을 추구하는 사람과 유사하다. 하지만 쾌락의 본성은 순간적이라는 데 있으며, 따라서 반복되기 마련이다. 한 번도 완전한 만족은 있을 수 없다. 밑 빠진 독이 채워질 수 없는 것처럼 쾌락의 추구자도 결코 만족할 수 없다. 그렇지만 금권자는 세 가지 종류의 물욕 — 많은 욕망들 가운데 (1) 필수적인 것 (2) 불필요한 것 (3) 불법적인 것으로 나눠지는 — 이 어떻게 다른지를 알고 있다. 〈그의 좀 더 나은 갈망은 언제나 좀 더 못한 갈망을 지배하고 있다.〉 따라서 금권자는 〈군중보다는 좀 더 점잖은 얼굴을 하고 있다〉고 플라톤은 주장한다.

〈민주제〉는 더 퇴보된 체제다. 평등과 자유의 원리는 퇴락한 인간의 모습을 반영한다. 인간은 평등한 자유라는 명목으로 온갖 욕망을 추구한다. 확실히 플라톤의 민주제에 대한 개념과 민주제의 비판은 아테네라는 소규모 도시 국가의 특수한 민주제에 대한 직접 경험에 근거했다. 여기서의 민주제는 모든 시민이 정부에 참여할 권리를 갖는다는 점에서 직접 민주제를 뜻한다. 아테네의 정치 집회는 적어도 이론상으로는 18세 이상의 모든 시민들로 구성되어 있었다. 그러므로 플라톤은 근대적인 자유 민주제나 대의제를 염두에 두지 않았다. 그가 당대에 경험했던 것은 대중의 직접 참여 형식이었고, 이는 한 국가의 통치란 특수한 재능을 보유하며 통치를 위해 교육된 사람에 의해 이루어져야 한다는 그의 생각과 어긋나는 것이었다.

평등의 정신은 금권제의 산물이었다. 삶의 목적을 가능한 한 부자가 되는 것으로 설정했던 금권제는 모든 욕망을 합법화했다. 플라톤은 〈이 만족할 줄 모르는 갈망이 민주제로의 전환을 야기했다〉고 말한다. 왜냐하면 〈어떤 사회도 부를 존경하면서 동시에 시민들 스스로가 충분한 절제심을 갖는다는 것은 명백히 불가능하기 때문이다〉. 민주제에서는 개들조차도 제멋대로 날뛰면서 평등과 독립을 과시한다. 결국 금권제에서는 부자와 가난한 자가 대결하고 결국 거기에서 전환이 야기되며 〈가난한 자가 승리할 때 민주제가 발생한다〉. 그리하여 〈방종과 자유분방한 주장들이 여기저기에서 난무하며, 모든 사람에게는 그가 원하는 대로 행할 기회가 주어진다〉. 이제 〈당신이 원하지 않는다면, 당신은 권위에 복종하거나…… 권위에 강요당하지 않아도 된다〉. 이러한 모든 정치적 평등과 자유는 질서가 흐트러진 영혼에서 발생한다. 영혼의 욕망은 이제 모두 평등하고 자유로우며 정념이라는 〈폭도〉로 활개를 친다. 자유와 평등의 생활은 〈하나의 욕망은 다른 것만큼 선하며, 모든 것은 나름대로의 동등한 권리들을 소유한다〉고 선언한다.

그러나 욕망으로의 끊임없는 탐닉은 결국 불가피하게 하나의 지배적인 감정이 인간의 영혼을 노예로 만드는 지경으로 이끈다. 인간이 추구하는 모든 욕망은 결국 가장 강하고 가장 지속적인 정념에 굴복하지 않을 수 없다. 이 단계에서 인간은 자신의 지배적인 욕망의 독재로 들어가는 것이라고도 말할 수 있다. 국가의 경우도 이와 유사하다. 돈과 쾌락에 대한 갈망은 대중이 부자를 강탈하도록 고무하며 부자들이 항거할 때 대중은 한 명의 강자를 뽑아 그를 그들의 투사로 삼는다. 그러나 그 인물은 절대 권력을 요구하며 그것을 획득하여 백성을 자신의 노예로 삼는다. 그 백성들은 조금 지나서야 그들이 얼마나 깊이 그에게 종속돼 버렸는지를 깨닫게 된다. 바로 이것이 정의롭지 못한 사회며 정의롭지 못한 영혼의 확장이다. 결국 민주제는 〈참주제〉로 자연스럽게 귀결되는 것이다.

5. 우주론

플라톤의 주요 관심사는 도덕 철학과 정치 철학이었지만 그는 과학에도 주의를 기울였다. 자연에 대한 그의 이론인 물리학은 주로 『티마이오스』에서 발견된다. 그는 이 대화편을 약 70세가 되었을 때 저술했다. 플라톤이 이 주제를 고의로 연기했던 것은 아니다. 오히려 그는 과학의 진보를 촉진하는 대신에 도덕의 문제를 중심 과제로 선택했던 것이다. 한편 그가 활동하던 시기에 과학은 막다른 골목에 도달해 있었다. 이 분야에는 어떤 방향도 결실을 맺을 수 없는 것처럼 보였다. 플라톤에 따르면 소크라테스는 〈자연의 탐구라고 불리는 철학의 분과를 인식하는 데, 즉 사물의 원인을 인식하는 데…… 비상한 관심〉을 가지고 있었다. 그러나 소크라테스는 아낙시만드로스, 아낙시메네스, 레우키포스, 데모크리토스 등 일련의 학자들에 의해 제기된 이론과 해결 방식의 상호 모순에 환멸을 느꼈다. 플라톤 역시 똑같은 실망감을 갖고 있었다. 더욱이 플라톤 자신의 철학이 형성되었을 때, 실재에 대한 그의 이론은 엄격한 과학적 지식의 가능성을 의심하는 것들이었다. 그에 의하면 물리학은 〈단순한 이야깃거리〉 이상일 수 없었다. 특히 그의 형상론〔이데아론〕은 엄격한 지식의 한 형식으로서의 과학을 불가능하게 했다. 그에 의하면 가시계는 변화와 불완전으로 가득 차 있는 반면에, 실재의 세계는 형상들로 구성된다. 과학이 이론을 정립하고자 하는 곳이 바로 사물들의 가시계다. 어떻게 우리가 불완전 그 자체며 변화로 가득 찬 주제에 대해 엄밀하고 영원한 지식을 가질 수 있을까? 그렇지만 동시에 그는 우주론의 필요를 느끼고 있었다. 왜냐하면 그의 형상론 및 도덕과 악과 진리에 대한 사고방식이 좀 더 일관된 형식을 가지려면 우주관을 형성할 필요가 있었기 때문이다. 즉 그는 물질세계란 〈단지 이야깃거리〉이거나 기껏해야 개연적인 지식일 뿐이라고 설명하면서도, 그 주제를 가능한 한 정확하게 표현해야 할 필요를 느끼고 있었던 것이다.

세계에 대한 플라톤의 처음 생각은 이러하다. 즉 세계는 변화와 불완전으로 가득 차 있으면서도 목적과 질서를 보여 주고 있다는 것이다. 데모크리토스는 만물의 생성을 원자들의 우연적인 충돌로 설명했지만 플라톤은 이러한 설명을 거부했다. 예를 들어 플라톤은 행성의 궤도를 관찰하면서, 그것들은 일련의 엄밀한 기하학적 간격에 따라 배열되며 그 간격을 잘 계산하면 조화로운 비율이 나타난다고 주장했다. 플라톤은 세계를 묘사함에 있어서 피타고라스학파의 수학의 많은 부분을 사용했다. 그러나 그는 만물이 수라고 말하는 대신에 사물은 수를 〈분유〉하며, 따라서 사물들에 대한 수학적 설명이 가능하다고 주장했다. 사물의 이러한 수학적 성격이 플라톤에게 의미하는 것은 사물의 배후에는 우연적이고 연달아 일어나는 메커니즘이 존재할 뿐만 아니라 사유와 목적도 틀림없이 존재한다는 것이다. 만물에 질서를 부여하는 것은 정신이기 때문에 우주에는 〈지성 intelligence〉의 작용이 틀림없이 존재한다. 인간과 세계는 상호 유사성을 갖는다. 왜냐하면 양자는 우선 지적이고 영원한 요소를 함유하며, 그 다음으로 감각적이고 일시적인 요소를 함유하기 때문이다. 이러한 이원성(二元性)은 영혼과 육신의 결합으로 인간 속에 표현된다. 이와 유사하게 세계는 영혼이며, 그 영혼을 통해 사물은 질서 있게 배열되는 것이다.

플라톤은 〈정신〉이 만물을 배열한다고 주장했으면서도 창조론을 발전시키지는 않았다. 창조론이란 사물이 〈무로부터 ex nihilo〉 창조된다는 주장이다. 그러나 플라톤의 가시계의 기원에 대한 설명은 이러한 창조론을 무시한다. 물론 플라톤은 〈생성하는 것은 필연적으로 어떤 동인을 통해 생성된다〉고 말하고 있다. 그가 말하는 동인이란 조물주나 데미우르고스를 뜻한다. 그러나 이 조물주는 새로운 사물들을 창조하지는 않으며 이미 혼돈의 형식 속에 선재하는 어떤 것을 질서 있게 배열할 뿐이다. 그러므로 우리는 여기서 조물주의 상(像)과 그가 작용하는 질료를 동시에 발견할 수 있다. 가시계에서 사물의 발생을 설명할 때 플라톤은 사물의 모든 성분들의 존재, 즉 사물을 구성하는 성분들의 존재를 가정하며 동시에 조물주와 이데아나 형상 또는 사물들이 그것을 모방해서 만들어지는 〈형식〉을 가정한다.

그렇지만 플라톤은 유물론자와 구분된다. 유물론자들은 만물이 어떤 근본 물질 ― 흙, 공기, 불, 물이든 ― 에 근거한다고 주장했던 반면에 플라톤은 물질이 근본 실재라는 생각을 받아들이지 않았다. 플라톤에 의하면 물질 자체는 좀 더 정연한 개념으로 설명되어야 한다. 즉 더 높은 차원의 몇 가지 물질의 결합으로서가 아니라 물질 이상의 것의 구성으로서 설명되어야 한다. 흙이든 물이든 우리가 물질이라고 부르는 모든 것은 이데아나 형상의 반영이며 이들 형상은 하나의 매개체를 통해 표현된다. 플라톤에 의하면 사물은 〈용기(容器)〉에서 발생한다. 그는 그 용기를 〈모든 생성의 보모〉라고 생각했다. 그 용기는 〈주형*matrix*〉 혹은 하나의 매개체로서 어떤 구조도 갖지 않는다. 그것은 단지 데미우르고스에 의한 구조의 부과를 받아들일 수 있을 뿐이다. 플라톤이 〈용기〉의 대칭어로 사용한 것은 〈공간*space*〉이다. 그에 의하면 그 공간은 〈영속적이며 파괴를 용납하지 않고 생성하는 만물에게 장소를 제공한다. 그러나 그 자체는 의사(擬似) 추론에 의하지 않고는 파악될 수 없으며 믿음의 대상도 아니다〉. 그 용기의 기원은 형상들과 데미우르고스가 그렇듯이 어디에도 설명되고 있지 않다. 왜냐하면 그것은 플라톤 사상에서 추론된 것이 아니기 때문이다. 용기란 단지 사물들이 나타났다 사라지는 장소일 뿐이다.

생각이 깊지 못한 사람에게는 흙이나 물이 영속적인 형태의 질료로 보일지도 모른다. 그러나 플라톤에 의하면 그것들은 끊임없이 변화하기 때문에 〈이것〉 또는 〈저것〉으로 표현할 수 없으며 어떤 문장으로도 〈그것들이 영속적 존재임을 증명할 도리가 없다〉. 물과 흙처럼 감관을 통해 〈질료〉나 〈실체〉로 생각된 요소들은 단지 〈성질들〉일 뿐이며 그 성질들은 용기라는 매개체를 통해 나타난다. 〈용기 속에서 만물은 생성하며 그것들의 현상을 형성했다가 용기로부터 사라져 간다.〉 물질적 대상은 비물질적 복합물로 구성된다. 그의 주장에 의하면 물체는 그것들의 표면 형식에 따라 기하학적인 입장에서 묘사되고 정의될 수 있다. 이러한 주장은 피타고라스학파의 관점에 의해 영향받은 것이다. 즉 그에 의하면 어떠한 평면도 삼각형에 의해 분할될 수 있으며 삼각형은 직각 삼각형들에 의해 분할된다. 이러한 삼각형적 표면 형식은 물질이라고 알려진 복합물의 구성 요소임에 틀림없다. 예를 들어 가장 단순한 입체는 사면체며, 그 사면체는 4개의 삼각형 표면을 갖는다. 유사하게, 육면체는 6개의 사각형의 표면들로 되어 있는데, 각각의 사각형의 표면은 두 개의 반쪽 사각형, 즉 두 개의 삼각형으로 구성되어 있다. 우리가 흔히 〈고체〉라고 부르는 것은 〈표면 형식〉 이상의 것을 내포하지 않는다. 그러므로 〈물체〉나 〈분자〉는 기하학적 도형이라고 할 수 있을 것이다. 사실상 우주는 그것의 기하학적 도해(圖解)의 입장에서 생각될 수 있다. 또한 단순히 공간상에 발생하고 있는 것들로서, 또는 다양한 형상을 반영하는 공간으로서 정의될 수 있다. 플라톤이 특히 정립하고자 했던 것은 물질이란 단지 좀 더 근본적인 어떤 것의 현상이라는 생각이었다.

만일 다양한 종류의 삼각형이 만물의 근본 성분이라면 우리는 어떻게 사물들의 안정과 변형을 설명할 수 있을까? 간단히 말해 우리가 알고 있는 세계나 우주를 존재할 수 있게 한 것은 무엇일까? 여기서 플라톤은 다시 만물은 정신에 의해 질서를 이루며 우주는 용기 안에 있는 〈세계영혼〉의 활동이라는 주장을 반복하게 된다. 사물의 세계는 현상 *phenomena* ─ 그리스어로 외양 ─ 의 세계다. 우리가 지각하는 것은 다양한 현상이지만 그것들을 분석해 보면 기하학적 평면들로 구성되어 있음을 알 수 있다. 이들 평면들은 근본적이며 환원 불가능하고, 용기 안에 있는 〈원질〉이다. 한편 평면들은 자신들을 삼각형으로, 더 나아가 현상들로 배열해 주는 어떤 동인을 필요로 한다. 이러한 모든 활동은 〈세계영혼〉에 의해 수행된다. 비록 플라톤이 어떤 때는 세계영혼을 데미우르고스의 피조물이라고 표현하는 것처럼 보일 때도 있지만 그것은 영원하다. 세계영혼은 영원하지만 현상계는 변화로 가득 차 있다. 이는 마치 인간의 영혼이 영원한 요소를 반영하지만 육체가 변화의 요소를 내포하는 것과도 같다. 물질과 육신의 세계는 변화한다. 왜냐하면 그것은 복합적이며, 항상 자신의 근본 성분으로 되돌아가려 하기 때문이다. 즉 공간으로 〈들어가고〉, 공간에서 〈사라진다〉. 그러나 세계영혼이 영원한 한 우리의 경험 세계에 존재하는 모든 변화에도 불구하고 안정과 영속의 요소, 즉 하나의 구조나 식별 가능한 하나의 우주가 존재한다.

플라톤에 의하면 세계 내에 악이 존재하는 것은 데미우르고스의 활동에 방해 요소들이 존재하기 때문이다. 비록 데미우르고스가 가능한 한 자신의 형상을 닮은 세계를 만들려고 했지만 세계는 완전히 선하지는 못하다. 데미우르고스는 신적 이성이며 우주의 질서를 형성해 준 동인이었다. 이 우주의 발생은 필연과 이성의 결합의 결과였다. 여기에서 필연이란 변화에 대한 불인정을 의미한다. 또한 용기의 〈원질〉에 적용될 때 그것은 정신의 질서에 둔감한 일종의 고집을 의미한다. 이러한 의미에서 〈필연〉은 세계 안에 있는 악의 존재들 가운데 하나다. 왜냐하면 악은 목적의 파괴이고, 목적은 정신의 성질이기 때문이다. 그러므로 정신의 활동을 방해하는 모든 것은 질서의 파괴에 기여하며 따라서 악의 의미를 갖는다. 이는 인간의 활동에서도 정신에게 통제력이 없을 때는 언제나 반항적인 육신과 영혼의 낮은 두 부분이 악을 낳는다는 사실을 암시해 준다. 필연은 관성이나 불가역성 같은 다양한 양태로 표현된다. 따라서 분명한 목적에 따라 세계를 질서화해 가면서 이성, 심지어는 신의 이성조차도 이러한 장해물들과 맞서 싸워야 한다.

마지막으로 〈시간〉에 관한 문제가 있다. 플라톤에 따르면 시간은 현상이 만들어진 후에야 나타난다. 불완전하고 변화하는 사물들이 존재하기 전에는 시간도 있을 수 없다. 그러므로 논리적으로 그때까지 존재하는 모든 것은 영원하다. 시간의 의미는 바로 변화이며 따라서 변화가 없는 곳에는 시간도 없다. 형상은 초시간적인 데 반해 그것의 다양한 모사들은 끊임없이 용기 속으로 〈들어가고〉 그 밖으로 〈나간다〉. 이 출입이 변화의 과정이며 시간의 원인이다. 그러므로 시간은 시간의 우주와 영원의 우주 속에 이중적으로 나타나게 된다. 즉 우주는 정신에 의해 정돈되기 때문에 영원의 요소를 내포하며, 동시에 우주는 표면 형식의 일시적인 결합이기 때문에 변화의 요소와 시간을 내포한다. 또한 변화는 불규칙적이 아니라 규칙적이기 때문에 변화의 과정 자체는 영원한 정신의 나타냄을 보여 준다. 변화의 규칙성, 예를 들어 별이나 행성의 규칙적인 운동은 변화의 측정을 가능하게 하며, 따라서 〈시간을 말하는 것〉이 가능하다.

그 밖에도 플라톤의 우주에 대한 〈이야깃거리〉는 어떻게 데미우르고스가 형상들을 사용함으로써 용기로부터 사물들을 주조해 냈는가에 대한 설명으로 계속된다. 데미우르고스에 의해 나타난 세계영혼은 용기 내에서 활기를 주는 활동이며, 마치 우리에게 실체처럼 보이는 것 또는 물질을 산출하는데, 이 물질은 실제로 단순히 기하학적 도형의 배열에 의해 이루어진 성질들에 불과한 것이다. 이러한 설명에서 악과 시간은 불완전과 변화의 산물이다. 우리가 알고 있는 그대로의 세계는 하나의 동인과 〈원질〉

에 의존하며, 이것들은 우리가 알고 있는 그대로의 물질세계에서는 발견될 수 없다. 이 동인은 정신이며 원질은 주로 수학적 측면에서 설명될 수 있다.

　이쯤에서 독자들은 플라톤의 거대한 철학 체계에 대한 일련의 비판적 평가를 원할지도 모르겠다. 그렇지만 어떤 의미에서 철학사는 플라톤의 대화편과 유사한 대규모의 대화를 보여 준다. 이 대화를 통해 사상가들은 바로 그가 가르쳤던 것에 동의하기도 하고 의문을 제시하기도 한다. 그가 철학에 조립해 놓은 틀이 너무 완벽했기 때문에 여러 세기가 지나도록 그의 견해들은 지식 사회를 지배했다. 화이트헤드는 이렇게 말한 적이 있다. 〈유럽의 철학적 전통을 가장 안전하게 일반화해서 평가한다면, 그것은 플라톤에 대한 일련의 주석들이라고 할 것이다.〉 그리고 이 주석들의 대부분이 플라톤의 경이로운 계승자인 아리스토텔레스에 의해 쓰였다고 덧붙여도 될 것 같다.

4 아리스토텔레스

1. 아리스토텔레스의 생애

아리스토텔레스Aristoteles는 트라케의 북동 해변에 있는 스타게이라라는 작은 도시에서 기원전 384년에 태어났다. 그의 부친은 마케도니아 왕의 주치의였다. 〔갈레노스[1]에 따르면 아스클레피오스의 가문은 관습적으로 해부의 기술을 그들의 아들에게 교육했으며(제2판)〕 그렇기 때문에 아리스토텔레스의 생물학과 과학 일반에 대한 지대한 관심은 그의 어린 시절에 이미 싹틀 수 있었다. 17세가 되던 해에 아리스토텔레스는 아테네로 가서 플라톤의 아카데미아에 등록했다. 그는 거기서 그 학원의 학생이자 일원으로 20년을 보냈다. 아카데미아에서 아리스토텔레스는 〈독서가〉나 〈아카데미아의 예지〉라는 평판을 받을 정도로 뛰어났다. 그가 결국 플라톤의 철학에서 뛰쳐나와 그 자신의 독자적인 철학 이론을 수립했지만 그는 플라톤의 사상과 인품에서 깊은 감화를 받았다. 그는 아카데미아에 체류하는 동안에 플라톤의 방식대로 많은 대

---

1 Claudios Galenos(129?~200?). 페르가몬에서 태어난 그리스의 의학자이자 철학자. 개업의로서 명성을 날렸으며 그가 쓴 150편의 고대 서양 의학의 기본서들은 르네상스에 이르기까지 의학사에 커다란 영향을 주었다. 대체로 히포크라테스의 체액 병리설에 기초한 그의 주장은 실험 생리학의 단서를 제공하기도 했다.

화편을 저술했으며, 그의 동료들은 그 대화편의 우아한 문체를 〈황금의 강〉이라고 칭송했다. 그의 『에우데모스 윤리학』에서조차 플라톤의 핵심 이론인 형상론을 재차 긍정했지만 그는 얼마 뒤 그 이론을 혹독하게 비판했다.

아리스토텔레스와 플라톤의 사상이 언제 결별했는지를 정확하게 재구성할 수는 없다. 주지하듯이 플라톤 자신의 사상도 아리스토텔레스가 아카데미아에 있는 동안 변화의 과정 속에 있었다. 플라톤이 〈후기〉에 수학과 방법론과 자연 과학으로 관심을 옮겨갔다는 사실을 들어 아리스토텔레스가 그 〈후기〉의 플라톤에게서 배웠다는 주장도 가끔 제기된다. 또한 이 시기에 의학, 인류학, 고고학 같은 다양한 학문의 전문가들이 아카데미아에 들어왔다. 이는 아리스토텔레스가 많은 양의 경험적 사실을 접할 수 있게 되었음을 의미한다. 하지만 그는 자신의 기질 때문에도 그러한 지식에 대한 탐구의 필요성을 발견했고, 또 그 지식들이 과학적 개념의 형성을 위해 유용하다는 사실도 깨달았다. 그러므로 플라톤의 후기의 관심에 의해 남겨진 아카데미아의 지적 분위기와 특수한 분야에서 수집된 자료들의 유용성은 아리스토텔레스에게 그의 과학적 기질과 부합되는 철학의 방향을 제시해 주었다고도 말할 수 있다.

플라톤과 아리스토텔레스가 어느 정도의 차이를 보이는가는 좀 더 신중하게 해석할 문제이기도 하지만 아리스토텔레스가 취했던 방향이 결국 그를 플라톤의 몇몇 이론으로부터 이탈하게 했다. 그러나 그들이 아카데미아에 함께 있었을 때조차 기질상의 차이는 분명히 있었음에 틀림없다. 예를 들어 아리스토텔레스는 플라톤보다 수학에 열의를 덜 나타내는 대신 경험적인 자료들에는 좀 더 많은 관심을 가지고 있었다. 더욱이 시간이 흐를수록 아리스토텔레스의 관심은 자연의 구체적인 진행 과정들에 좀 더 확고히 고착되어 갔다. 따라서 그는 자신의 추상적인 과학적 사고방식이 생동하는 자연 속에 뿌리박아야 한다고 생각하게 되었다. 반면에 플라톤은 사유의 세계를 변화하는 사물들의 세계와 분리시키면서 이데아와 형상들에게 참된 실재를 부과했다. 그가 생각하기에 참된 실재는 본래 사물과 분리된 채 존재한다. 그러므로 플라톤의 사상이 초시간적 〈존재〉의 정적인 영역에 좀 더 밀착되어 있다면, 아리스토텔레스는 자신의 사상을 〈생성〉의 동적인 영역으로 나아가게 했다고 말할 수 있다. 위대한 두 정신들의 차이가 무엇이든 아리스토텔레스는 플라톤을 개인적으로 공박하지 않았고 플라톤이 죽을 때까지 아카데미아에 남아 있었다. 더욱이 아리스토텔레스의 독특

아리스토텔레스

한 해석과 문체에도 불구하고 그의 후기 주요 저작들에까지 플라톤 사유의 명백한 영향이 발견된다. 그러나 그의 명백한 〈플라톤주의적인〉 시기는 플라톤의 죽음과 함께 종말을 고했다. 아카데미아의 경영은 플라톤의 조카인 스페우시포스Speusippos의 수중으로 넘어 갔고, 수학에 대한 그의 과도한 강조가 아리스토텔레스와 맞지 않아 그는 아카데미아에서 물러나 아테네를 떠났다.

아리스토텔레스가 아카데미아를 떠나 헤르메이아스 왕의 초빙으로 트로이 근처에 있는 아소스에 간 것은 기원전 348년(또는 기원전 347년)이었다. 당시 아소스의 지배자인 헤르메이아스도 한때는 아카데미아의 학생이었다. 얼마 동안 철인 군주의 면모를 지니고 있었던 그는 궁정 안에서 소규모의 사상가 집단을 형성했다. 여기서 아리스토텔레스는 3년 동안 저술하고 가르치며 계속 탐구할 수 있었다. 그는 이 궁정에서 기거하는 동안 헤르메이아스의 질녀이자 양녀인 피티아스Phythias와 결혼하여 딸 하나를 낳았다. 나중에 아리스토텔레스가 다시 아테네에 있는 동안 그의 아내가 죽자 그는 거기에서 헤르필리스Herphyllis와 결합했다. 그것은 합법적이지는 못했지만 행복하고 지속적이며 애정 어린 결합이었다. 그녀 사이에서 태어난 아들이 바로 『니코마코스 윤리학』에 이름 붙여졌던 니코마코스Nicomachos였다. 아소스에서 3년을 보낸 후 그는 인접해 있는 레스보스 섬으로 건너가 오랫동안 미틸레네에 머물렀다. 거기에서 그는 가르치면서 동시에 생물학의 탐구, 특히 해양 생물의 다양한 생태에 대한 연구를 계속했다. 여기서도 그는 그리스 통일론자로 유명해졌다. 그의 주장은 페르시아의 무력에 대항하기 위해서는 통일 국가가 분산된 도시 국가보다 더욱 효과적이라는 것이었다. 그 후 기원전 343년(또는 기원전 342년)에 마케도니아의 필립포스 대왕[2]은 아리스토텔레스를 초빙하여 그의 아들 알렉산드로스의 스승으로 삼았다. 당시의 알렉산드로스의 나이는 열세 살이었다. 이때부터 그는 장래 통치자의 스승으로서 정치학에 관심을 기울이기 시작했다. 158개 그리스 도시 국가들의 정치 제도를 수록 비교한 방대한 정치 제도집을 구상하게 된 것도 이 무렵의 일이라 생각된다. 필립포스가 죽은 후 알렉산드로스가 왕위를 계승하자 스승으로서의 아리스토텔레스의 임무도 끝났다. 그는 그의 고향 스타게이라에 잠시 머물렀다가 다시 아테네로 돌아갔다.

기원전 335년(또는 기원전 334년)에 아테네로 돌아온 후 아리스토텔레스에게는 그의 생애 중 가장 생산적인 시기가 시작되었다. 그는 마케도니아의 정치가인 안티파트로스[3]의 지원하에 자신의 학원을 세웠다. 그의 학원은 소크라테스가 사색하러 가

---

2 Philippos II(B. C. 382~B. C. 336). 알렉산드로스 3세의 아버지. 소년 시절 3년간 그리스의 테베에 인질로 잡혀 있다가 귀국한 그는 왕위에 오른 뒤 마케도니아를 통일하고 영토 확장에 나섰다. 기원전 338년에 그는 아테네, 테베 연합군을 격파하고 헬라스 동맹을 체결하여 맹주로서 그리스의 패권을 확립했다. 이듬해 그는 페르시아 정벌을 계획했으나 암살됨으로써 알렉산드로스에게 왕권과 대업을 넘겨야 했다.

3 Antipatros(B. C. 397~B. C. 319). 알렉산드로스 대왕의 동방 정벌 때에 마케도니아와 그리스의 통치를 위탁받았으며, 기원전 330년에는 메가로폴리스에서 아기스 3세를 타도했다. 그는 기원전 323년의 라미아 전투에서는 아테네 휘하의 반마케도니아 연합군을 격파하여 알렉산드로스의 제국 건설을 크게 도운 장군이었다.

곤 했다고 전해지는 아폴론 신전 부근에 있는 리케이온의 숲 속에 있었다. 여기서 아리스토텔레스와 그의 제자들은 숲 속의 산책로 페리파토스를 거닐면서 철학을 토론했다. 이러한 이유에서 그의 학파는 〈소요학파peripatetic〉라고도 불리게 되었다. 이러한 산책과 토론 이외에 강론도 있었다. 그는 오전에는 소수의 제자들을 상대로 고도의 탐구를 요하는 문제들을 강론했고, 오후에는 다수의 청중들을 상대로 좀 더 대중적인 문제를 강론했다. 또한 그는 최초의 거대한 도서관을 세웠다고도 전해진다. 그곳에는 수백 권의 수고(手稿)와 지도들, 동식물 표본들이 소장되어 있었는데 그는 그것들을 강론 도중에 예증하는 데 사용했다고 한다. 더욱이 그의 학원은 제자들끼리 자체 내의 지도자를 서로 교대해서 담당하는 형식적 절차를 발전시켰다. 아리스토텔레스는 이러한 절차를 위한 규율을 제정했으며 그 규율에 따라 그 자신도 공동 식사를 했고, 한 달에 한 번씩 향연을 베풀었다. 그 향연에서는 한 명의 제자에게 나머지 제자들의 비판에 대해 자신의 철학적 입장을 고수하는 방식을 배우게 하기도 했다. 12년(또는 13년) 동안 아리스토텔레스는 리케이온의 원장으로 남아 있으면서 교육과 강론뿐만 아니라 그의 주요 사상들을 발전시켰다. 무엇보다 거기에서 그는 학문의 분류에 대한 주요한 생각들을 정식화했고, 논리학이라는 대단히 새로운 학문을 만들었으며, 철학과 과학의 모든 주요 분야에 대해 집필하였다. 특히 그는 보편적 지식에 대한 비상한 능력을 보여 주었다.

알렉산드로스가 죽은(B. C. 323) 직후에 발생했던 반(反)마케도니아적 정서는 아테네에서 아리스토텔레스의 입장을 매우 위험하게 만들었다. 왜냐하면 그는 그때까지도 마케도니아와 밀접한 관계를 맺고 있었기 때문이다. 소크라테스가 그러했듯이 아리스토텔레스도 〈불경죄〉로 기소되었다. 그러나 그는 〈아테네 시민들이 철학에 대해 또 한 번 죄를 저지르지 않도록 하기 위해〉라고 말하면서 리케이온을 떠나 칼키스로 피신했다고 전해진다. 기원전 322년 여기서 그는 오랜 지병이었던 위장병으로 사망했다. 그의 유서에는 그의 세심한 인간성이 표현되어 있다. 이 유서는 자신의 친지들에 대한 엄밀한 배려를 보여 주며, 심지어는 노비들의 처우 문제까지도 소상히 언급하고 있다. 여기에는 자신의 노비들을 팔지 말 것이며, 몇 명의 노비는 해방시키라는 내용도 포함된다. 소크라테스와 플라톤이 그러했던 것처럼 아리스토텔레스의 사상도 매우 결정적인 영향력을 발휘하여 금후 몇 세기간의 철학을 지배했다. 그의 광범위한 철학 체계를 우리는 논리학, 형이상학, 윤리학, 정치학, 예술 철학의 순으로 다루게 될 것이다.

2. 논리학

아리스토텔레스는 형식 논리학을 창안했으며, 개별 과학들에 대한 개념을 최초로 만들어 냈다. 그에게 논리학과 과학은 밀접한 관련을 갖는다. 그는 논리학을 어떤 과학이 내포하는 문제들을 분석할 때 그것을 적절히 언표할 수 있는 도구 organon라고 생각했다. 〔물론 형식 논리는 인간의 사유 형식들과 관련되지만, 논리학에 대한 그의 관심은 단순히 명제들의 상호 관계나 언어 자체의 논리적 일관성에 국한되지 않았다. 그의 주된 관심은 증명 형식들과 관련되어 있었고, 따라서 그가 특히 집중했던 문제는 인간이 실재에 대해 정밀한 언어로 진술할 수 있는 것, 즉 〈어떠한〉 사물이 존재하며 〈왜〉 그것은 이러저러한 모습으로 존재하는가에 관한 문제였다. 아리스토텔레스에 따르면 과학은 참된 명제들로 구성되며 그것들은 왜 사물들이 이렇게 행동하고, 저렇게 존재해야 하는가를 설명해 준다. 이러한 의미에서 과학은 〈사실〉과 〈이유〉에 대한 지식으로 구성된다. 그것은 관찰과 관찰된 결과들을 설명하는 이론을 모두 내포한다. 예를 들면 우리는 난로 위의 주전자에서 발생하는 수증기를 관찰할 수 있다. 그러나 단순한 관찰만으로는 〈수증기〉가 체계적이며 과학적인 방식으로 정의될 수 없다. 이 관찰에 대한 과학적인 명제는 연료의 종류나 물을 담은 용기와 같은 〈우연적인 것들〉과는 별로 관계가 없다. 그것은 하나의 특정한 사건, 즉 수증기의 발생에 집중하고 우리가 알 수 있는 방식으로 열과 물을 수증기와 관련시킴으로써 이 사건의 발생 원인들을 제공하면서 어떤 조건에서 열과 물이 수증기를 발생시키는가를 증명하는 것이다. 그러므로 과학에서 가장 중요한 것은 그것을 형성하는 언어인 것이다. 과학적 언어는 가능한 한 엄밀하게 과학의 주제를 구성하는 것이 무엇인가를 명백히 제시해 주어야 하며, 왜 사물들이 이러저러하게 행동하는가를 밝혀 주어야 한다. 그러므로 논리학은 문법학자들이 다루는 방식과는 다른 단어와 언어에 대한 연구다. 아리스토텔레스의 논리학은 사유에 대한 연구로서 단어들은 그 사유에 대한 기호들이다. 즉 그것은 사물의 본성에 대한 우리의 이해를 반영하는 사유를 분석함으로써 진리에 도달하려는 시도인 것이다. 간단히 말해서 아리스토텔레스의 논리학은 실재에 관한 인간의 사유를 분석하기 위한 도구다. 확실히 사유는 실재를 항상 정확하게 반영하지는 못한다. 그러므로 언어와 실재 간의 좀 더 적절한 관계의 정립을 위해 끊임없이 노력하는 것이 논리학의 기능이다. (제2판)]

2. 1. 범주와 추론의 출발점

우리는 어떤 것을 논증하거나 증명하기 전에 우리의 추론 과정을 위한 명석한 출발점을 가져야 한다. 우선 우리는 논의하고 있는 주제를 구체화해야 한다. 즉 우리는 다루고 있는 문제의 구체적인 〈종류〉를 파악해야 한다. 여기에 첨가되어야 할 것은 그 사물의 종류와 관련된 속성과 원인들이다. 이러한 관계 속에서 아리스토텔레스는 그의 범주categories 개념을 발전시켰다. 범주들은 우리가 사물들에 대해 사유하는 방식을 설명해 준다. 우리가 하나의 분명한 주제에 관해 사유할 때 우리는 하나의 주어와 그것의 술어들, 즉 〈실체〉와 그것의 우연한 성질들을 고려한다. 우리는 〈인간〉이라는 단어를 생각할 때 인간이라는 단어를 〈크다〉나 〈유능하다〉와 같은 술어들과 관련시킨다. 여기서의 〈인간〉이라는 단어는 실체며 거기에는 아홉 가지의 〈범주들〉(술어들을 뜻하는 것으로서), 즉 양(6피트 높이), 질(말할 줄 안다), 관계(이중적이다), 장소(학교에서), 시간(지난주에), 상태(서 있다), 소유(옷을 입고), 능동(봉사한다), 수동(봉사받는다)이 관련된다. 실체 그 자체도 하나의 범주로 고려될 수 있다. 왜냐하면 우리가 〈그는 한 인간이다〉라고 말할 때, 그 경우의 인간(하나의 실체)은 〈술어〉이기 때문이다. 이 범주들은 과학적 지식에서 사용되는 개념들의 분류를 의미한다. 그것들은 모든 존재가 존재하는 방식과 실현되는 방식을 구체적으로 나타내 주는 것이다. 우리는 사유 과정에서 사물들을 범주 내에 배열하며 그 범주들을 유(類), 종(種), 개체(個體)들로 분류한다. 우리는 개체들을 종의 한 구성원으로 간주하며 그 종을 유에 관련시킨다. 아리스토텔레스는 이 범주나 분류들을 정신의 인위적 피조물이라고 생각하지 않았다. 그는 그것들이 정신 외부에, 그리고 사물들 내부에 실제로 존재한다고 생각했다. 그에 의하면 사물들은 그것들의 본성에 따라 다양한 범주에 귀속되며 우리는 범주를 유나 종의 한 구성원이라고 생각한다. 왜냐하면 그것들은 〈실재〉하기 때문이다. 아리스토텔레스가 생각하기에 사유는 사물의 존재 방식과 관련되기에 논리학과 형이상학 간에는 밀접한 관계가 있다. 사유는 항상 구체적인 개체, 즉 하나의 실체에 관한 것이다. 그러나 사물은 단순히 존재하는 것이 아니다. 그것은 나름대로의 존재 〈방식〉과 존재 〈이유〉를 가지고 있다.

술어들(범주들)은 항상 주어들(실체들)과 관련된다. 술어들이 어떤 사물에 본유(本有)되어 있을 때 그러한 술어들이나 범주들은 그 사물에 속한다. 왜냐하면 단지 〈그 사물은 그 자체이기〉 때문이다. 예를 들면 말(馬)은 그것이 말이기 〈때문에〉 술어를 갖는 말로 생각되는 것이다. 그것은 다른 모든 말들이 일반적으로 가진 술어들을 가지고 있다. 또한 그것은 다른 술어들도 갖는다. 색, 크기, 장소와 다른 사물들의 관계에 영향을 주는 결정 요인들과 같은 술어들은 본질적이 아니라 〈우연적〉이다. 아리스토텔레스가 강조하려는 것은 〈과학〉으로 접근하는 일련의 순서가 존재한다는 사실이다. 이 순서는 첫째, 사물들의 〈존재〉와 그것들의 과정들이며, 둘째, 사물들과 그것들의 행동에 대한 우리의 〈사유〉이며, 셋째로 사물들에 관한 사유의 〈단어〉로의 전환이다. 언어는 과학적 사유를 정식화하기 위한 도구이다. 그러므로 논리학은 언어의 분석인 동시에 추론 과정의 분석이며 언어와 추론이 실재에 관련되는 방식의 분석이다.

2. 2. 삼단 논법

아리스토텔레스는 〈삼단 논법syllogism〉에 기초하여 논리학의 체계를 발전시켰다. 그는 삼단 논법을 〈어떤 사물들이 진술되는 표현 양식이며 진술되는 것 이상의 어떤 것이 필연적으로 그 진술로부터 나타나게 되는 표현 양식〉이라고 정의한다. [이것은 내포(內包)의 원리다. 아리스토텔레스가 특히 강조했던 사실은 과학적 담론이란 엄밀하게 한 단계에서 다른 단계로 진행되어야 한다는 점이었다. 그는 결론이 전제로부터 올바르게 추론될 수 있게 해주는 규칙들을 발견하려 했다. 그렇다면 어떻게 우리는 결론이 그것의 전제로부터 추론됨을 확신할 수 있는가? 또는 우리가 두 가지 명제를 가지고 있을 때 어떻게 우리는 이 양자로부터 제3의 명제를 추론할 수 있는가? 아리스토텔레스에 의하면 이러한 문제들에 대한 대답은 삼단 논법의 기본 구조 속에서 발견될 수 있다.

삼단 논법은 언어 관계의 특수한 형식을 나타낸다. 과학적 논증이 가능한 이유는 사물의 어떤 속성이나 성질이나 특성을 나타내는 어떤 단어들이 존재하기 때문이다. 그러한 단어들은 〈우연적〉인 속성과 비교할 때 〈본질적〉인 속성들을 나타낸다. 인간은 죽는다는 명제는 인간의 본질적 속성들 가운데 한 가지를 묘사해 주는 것이다. 반면에 그는 붉은 머리카락을 가지고 있다는 명제는 우연적인 것이다. 왜냐하면 인간에게 머리카락이 붉다든가 심지어는 머리카락을 가진다는 사실조차도 필연적이거나 본질적이 아니기 때문이다. 그러나 인간에게 그가 죽는다는 사실은 〈본질적〉이며, 과학적 명제들이 내포하는 것도 사물의 그러한 본질적 속성들이다. 바로 여기서 삼단 논법의 특수한 언어 연관 형식이 효력을 발생한다. 왜냐하면 삼단 논법은 본질적인 속성에 관한 명제들을 연결시킴으로써 결론이 필연적으로 나타나게 되는 방식을 의미하기 때문이다. 결론을 유도하는 것은 대전제와 소전제의 단일 명사인데 그것은 이 두 전제를 연결시킴으로써 결론에 필연적으로 도달된다. 명제들을 연결해 주는 이 명사를 아리스토텔레스는 〈중명사(中名辭)〉[4]라고 불렀다. 〈내가 말하는 중명사는 그 자체는 다른 것 속에 존재하면서 그 자체 속에 다른 것을 내포하는 명사다. 그것의 위치 역시 중간이다.〉 그러므로 〈모든 인간은 죽는다〉는 명제가 참인 〈이유〉는 그 명제가 〈모든 동물은 죽는다〉는 대전제와 〈모든 인간은 동물이다〉라는 소전제로부터 중명사 (여기서는 동물)에 의해 연결된 결론이기 때문이다. 여기서 중명사는 〈죽는다〉는 술어와 〈모든 인간〉이라는 주어를 연결해 준다. 그러므로 〈모든 인간은 죽는다〉는 결론이 나오게 된다. (제2판)]

삼단 논법의 고전적 예를 들면 아래와 같다.

대전제: 모든 인간은 죽는다.

소전제: 소크라테스는 인간이다.

결론: 그러므로 소크라테스는 죽는다.

여기에서 처음의 두 명제는 전제다. 그것은 결론인 세 번째 명제를 위한 증거로서 작용한다. 그러면 우리는 결론이 그 전제에서 비롯된다는 사실을 어떻게 확신할 수 있을까? 그 대답은 삼단 논법이 지닌 타당한 논증의 기본 구조 속에 들어 있다. 아리

---

[4] 모든 인간은 생물이다(대전제)
모든 철학자는 인간이다(소전제)
모든 철학자는 생물이다(결론)
이상의 삼단 논법에서, 생물을 대명사(*major term*, 대개념)라 하고, 인간을 중명사(*middle term*, 중개념 또는 매개념)라 하며, 철학자를 소명사(*minor term*, 소개념)라고 한다.

스토텔레스는 결론이 그것의 전제들로부터 올바르게 추론되는 경우를 결정하는 일단의 규칙들을 고안해 냈다. 19세기까지만 해도 철학자들은 아리스토텔레스의 삼단 논법이 논리학이라는 것에 관해 말할 수 있는 모든 것을 구성하고 있다고 믿었다. 아리스토텔레스의 설명을 능가하는 논리학의 대안적인 체계가 등장한 것은 불과 최근의 몇 십 년도 안 된 일이다.

비록 아리스토텔레스의 삼단 논법의 이론이 전제들과 결론 간의 논리적인 관계를 결정하기 위한 도구일지라도, 그의 목적은 과학적인 논증을 위한 도구를 제공하려는 것이었다. 이러한 이유에서 그는 논리학과 형이상학과의 관계, 즉 우리의 인식 방법과 사물들의 존재 및 행동 양식 간의 관계를 거듭 강조했다. 그의 생각에 의하면 언어가 반영하는 사물들은 상호 연관되어 있기 때문에 단어나 명제들도 상호 연관된다. 그러므로 만일 전제가 타당한 가정에 근거하지 않는다 해도(만일 전제가 참된 실재를 반영하지 않는다 해도), 삼단 논법은 논리적으로 사용될 수 있는 것이다(단지 진리나 과학에 도달하지 못할 뿐이다). 따라서 아리스토텔레스는 세 종류의 추론을 구분했다. 그 각각은 모두 삼단 논법을 도구로 사용할 수 있지만 서로 다른 결론에 도달한다. 첫째는 〈변증법적〉 추론이다. 그것은 〈일반적으로 인정되는 의견들〉로부터의 추론이다. 둘째는 〈논쟁적〉인 추론이다. 그것은 일반적으로 인정되는 것 같지만 실제로는 그렇지 않은 속견들로부터 출발한다. 셋째, 〈논증적〉인 추론이다. 이 추론이 출발하는 전제들은 참이며 근본적이다.

이와 같이 아리스토텔레스에게 삼단 논법의 가치는 전제들의 정확성에 의존하는 것이었다. 참된 과학적 지식이 이루어질 수 있으려면 사용되는 전제들이 속견이나 개연적 진리 이상의 것이어야 한다. 논증적 추론은 마치 결론으로부터 전제들 — 결론의 필연적인 출발점을 구성하는 — 로 거꾸로 진행되는 것 같다. 우리가 〈모든 인간은 죽는다〉고 말할 때, 우리는 사실상 인간의 죽음을 암시해 주는 동물들에서 그러한 원인들과 속성들을 거꾸로 추적하는 것이다. 그러므로 우리는 모든 인간을 동물들의 집합에 포함시킴으로써 인간을 이러한 속성들과 연결시킨다. 논증적 추론은 확실한 전제들, 원리들 또는 아리스토텔레스가 말한 〈제1원리들 archai〉을 전제해야 한다. 논증적 추론은 참된 제1원리들, 즉 어떤 사물이나 유의 엄밀하게 정의된 속성들로부터의 추론이다. 그러므로 타당한 추론은 결론을 이끌어 낼 수 있는 참된 제1원리들의 발견을 전제한다.
　우리는 제1원리에 어떻게 도달되는가? 아리스토텔레스에 의하면 우리는 이 제1원리를 관찰과 귀납으로부터 배운다. 그는 이렇게 말했다. 〈우리가 어떤 사실들을 여러 번 관찰하면 《그곳에 존재하는 보편자는 명백히 나타나게 된다》. 우리가 어떤 특정한 《저것》을 관찰할 때마다 우리의 기억은 그것을 저장하며, 따라서 유사한 《저것들》을 자주 관찰하게 되면 이 모든 특정한 《저것들》로부터 하나의 보편적인 의미를 지닌 일반 명사가 발생한다. 우리는 귀납의 과정을 통해 개체들 내부에 존재하는 보편자를 발견한다. 귀납의 과정은 특정한 《저것》 속에서 관찰되는 부가적 의미를 발견하는 결과를 낳기 때문이다.〉
　그때 어떻게 우리는 제1원리들이 참이라는 사실을 인식할 수 있을까를 묻는다면, 아리스토텔레스의 대답은 간단하다. 즉 어떤 사실들에 작용하는 정신은 그것들의 진리를 〈알고 있기〉 때문에 우리는 그것들이 참이라는 사실을 인식할 수 있다는 것이다. 이들 제1원리〔즉 근본 전제〕들은 차례대로 논증되지 않는다. 만일 모든 전제를 논증해야 한다면 이는 무한한 소급을 의미한다. 즉 각각의 전제에 선행하는 전제들이 무한히 증명되어야 할 것이며, 따라서 지식의 축적은 결코 이루어질 수 없다. 아리스토텔레스는 근본 전제들을 재언급하면서 이렇게 말했다. 〈모든 지식이 다 논증될 수는 없다. 직접적인 전제들에 대한 지식은 오히려 논증으로부터 독립해 있다.〉 그에 의하면 과학적 지식은 과학적 결론과 동일한 증명을 필요로 하지 않는 지식에 의존한다. 그러므로 〈과학적 지식 이외에도 우리들이 정의를 명석하게 인지할 수 있게 해주는 지식의 근원이 존재한다〉.
　여기서 아리스토텔레스는 우리가 어떤 진리를 인식하는 방식을 플라톤과는 대조적으로 설명한다. 즉 〈인지한다〉는 단어는 플라톤의 〈상기한다〉든지 〈기억한다〉는 단어와 대조적으로 설명되고 있는 점이다. 어떤 진리를 〈인지한다〉는 것은 마치 우리가 2+2=4를 인식할 때처럼 진리를 즉각적으로 파악하게 되는 것을 의미한다. 이러한 산술적 진리를 〈인지하는〉 경우는, 돌멩이와 같은 구체적인 사물들에 대한 덧셈에서 가능할 것이다. 그렇지만 정신은 이러한 구체적인 경우들로부터 어떤 사물들이 어떤 종이나 유에 속한다든지, 어떤 관계(2+2=4와 같은)들이 그 사물들 간에 존재한다든지 하는 진리를 〈파악〉하거나 〈인지한다〉. 그러므로 아리스토텔레스는 과학이란 근본 전제들에 의존하며 그 근본 전제들은 지적 직관(누스 *nous*)에 의해 도달된다고 주장했다. 사물의 본성에 대한 근본 전제와 정의가 파악되면 논증적 추론 역시 가능해진다. 〔이 전제들이 정확하게 실재의 양상을 파악하고 있는 한에서 삼단 논법은 중명사라는 매개자를 통해 대소 전제의 연결 관계를 확고히 해주며, 따라서 타당한 결론들이 도출된다. (제2판)〕

3. 형이상학

『형이상학 *Metaphysica*』이라는 그의 저서 속에서 아리스토텔레스는 이른바 〈제1철학〉을 전개한다. *Metaphysica*라는 이 명칭은 그 기원이 다소 분명치 않지만 문맥상 그것은 적어도 그의 다른 저서들 가운데서 이 저서의 위치를 시사해 준다. 즉, 그것은 자연학에 대한 그의 저작을 〈극복한〉 것으로 〈그다음에〉 온 것이다.[5] 그는 『형이상학』을 통해 줄곧 〈지혜〉라는 형태의 지식에 대해 다루고 있다. 그는 이 저서를 〈모든 인간은 본래적으로 앎을 갈망한다〉는 명제에서 시작한다. 그의 말에 따르면 이 본유적 갈망은 단순히 어떤 일을 행하기 위해서나 어떤 것을 만들기 위해서 알려고 하는 갈망이 아니다. 이러한 실용적 동기들 이외에도 인간에게는 단순히 앎 그 자체를 위하여 어떤 종류의 사물들을 알려고 하는 갈망이 있다. 아리스토텔레스에 의하면 이것은 우리의 감관들 자체가 누리는 기쁨이 있다는 사실을 시사한다는 것이다. 왜냐하면 우리의 시각이 우리에게 사물들 간의 많은 차이를 구별해 주는 한 유용성과는 별도로 그 사물들은 그 자체로 사랑받기 때문이다.

지식에는 여러 수준들이 존재한다. 어떤 사람들은 단지 그들의 감관을 통해 경험하

---

[5] 아리스토텔레스는 *Metaphysica*라는 용어를 사용하지 않았다. 그 대신에 그는 *prote philosophia*, 즉 〈제1철학〉이라는 용어를 사용했다. 그런데 이것이 *Metaphysica*가 된 것은 그가 죽은 지 2백 년 후의 일이다. 그것은 기원전 1세기경 그의 주석가들이 아리스토텔레스의 모든 저작물을 편찬하면서 제목 없이 알파 *Alpha*에서 뉴 *Nu*까지 14권으로 쓴 제1철학에 관한 논의들을 『자연학 *Physica*』 다음 차례에 위치시킨 데서 비롯된 일이다. 그러나 *Metaphysica*의 어의는 〈자연학의 뒤〉이지만 그 내용으로는 〈자연학을 넘어서〉 자연의 배후 세계를 연구하는 학문이므로 *Metaphysica*를 형이상학이라고 부르게 되었을 뿐만 아니라 *meta*의 의미도 오늘날 〈……뒤에〉가 아니라 〈……을 초월하여, ……의 상위에〉의 뜻으로 쓰이게 되었다.

는 것만을 인식한다. 예를 들어 불은 뜨겁다는 지식 같은 것이다. 그러나 아리스토텔레스는 우리가 감관을 통해 인지한 것을 지혜라고 간주하지 않는다. 〔확실히 특정한 사물에 대한 우리의 가장 권위 있는 지식은 감관을 통해 획득된다. 그러나 이러한 종류의 지식은 단순히 우리에게 〈왜〉가 아닌 〈저것〉만을 말해 줄 뿐이다. 예를 들면 그것은 우리에게 〈저〉 불은 뜨겁다만 말해 줄 뿐 〈왜〉 뜨거운지를 말해 주지는 못한다. 약(藥)의 경우에도 어떤 사람은 단순히 〈저〉 약이 어떤 병을 치료한다는 사실만을 안다. 아리스토텔레스에 따르면 특정한 경험에 근거하는 이러한 지식은 약학자의 지식보다는 낮은 수준이다. 왜냐하면 약학자는 〈저〉 약은 치료한다는 사실뿐만 아니라 〈왜〉 그러한가의 이유도 알고 있기 때문이다. 다양한 기술직에서도 숙련 기술자들은 〈좀 더 참된 의미에서 알고 있으며 육체노동자들보다 더 현명하다. 왜냐하면 그들은 만들어진 사물들의 원인을 알고 있기 때문이다〉. 그러므로 지혜는 감각적 대상들 및 그것들의 성질로부터 획득된 지식 이상의 것이다. 또한 그것은 동일한 사물들의 반복된 경험에서 획득된 지식보다 우위에 있다. (제2판)〕 그 대신에 지혜란 과학자가 소유하는 지식과 유사한 것으로서 과학자는 어떤 것에 대한 관찰에서 시작해서 이 감각적인 경험들을 반복하며 결국 그가 경험한 대상들의 원인들에 관해 생각함으로써 감각적 경험을 뛰어 넘게 된다. 과학은 정의 가능한 탐구 분야들의 숫자만큼 많이 존재하며 아리스토텔레스는 그것들 중 많은 분야를 다루고 있는데 여기에는 물리학, 윤리학, 정치학, 미학이 포함된다. 〔이들 과학은 그 과학의 주제에 대한 활동의 근저에 놓여 있는 원인, 이유, 원리들을 발견하는 데 관심을 갖는다. 그러므로 사람들은, 물리학에서는 무엇이 물체를 움직이게 하는가를, 윤리학에서는 무엇이 행복한 생활을 가능케 하는가를, 정치학에서는 무엇이 훌륭한 국가를 가능케 하는가를, 미학에서는 무엇이 좋은 시를 가능케 하는가를 묻는 것이다. 여러 과학은 그것들의 주제에서 서로 다를 뿐만 아니라 서로에 대한 관계에서도 다르다. 어떤 과학은 다른 과학에 의존하고 있는데, 물리학자가 수학에 의존해야 한다는 사실은 그 예가 되겠다. 아리스토텔레스에 의하면 여러 과학의 위계질서 속에서 〈각각의 사물들이 행해져야 하는 목적을 아는 과학이 모든 과학 가운데 가장 권위 있는 과학이며 어떠한 보조 과학들보다도 큰 권위를 갖는다〉. (제2판)〕

뿐만 아니라 개별 과학들 이외에도 다른 하나의 과학이 존재하는데 이것이 〈제1철학〉 또는 이른바 〈형이상학〉이다. 형이상학은 다른 과학들의 주제를 넘어서[어떤 특정한 대상이나 행위에 관한 것이 아니라] 참된 실재에 관한 지식과 관계되기 때문이다.

[형이상학은 가장 추상적인 수준의 지식을 취급한다. 이 지식은 특정한 것 대신에 보편적인 것에 관한 것이기 때문에 추상적이다. 모든 과학은 주제에 대한 제1원리들과 제1원인들을 취급하는 한 그 나름대로의 추상적인 수준을 갖는다. 예를 들면 물리학자는 일반적인 운동의 원리들에 관해 말하며 이는 〈이〉 위성의 운동 또는 〈저〉 추의 운동을 묘사하는 것과는 구별된다. 그러므로 지혜는 추상적인 수준의 지식과 관계될 뿐 시각적인 사물들의 수준과는 관계하지 않는다. 아리스토텔레스에 의하면 〈감각적 지각은 누구에게나 있다. 따라서 용이하지만 결코 지혜를 보여 주지 못한다〉. 참된 지혜로서 제1철학인 형이상학은 가장 추상적이며 또한 모든 과학들 가운데 가장 정확하다. 왜냐하면 그것은 다양한 과학들의 제1원리마저도 근거하고 있는 참된 제1원리들을 발견하려 하기 때문이다. 그러므로 참된 지식은 가장 인식 가능한 것 속에서 발견된다. 아리스토텔레스에 따르면 〈제1원리들과 원인들이야말로 가장 인식 가능한 것이다. 또한 이것들로부터 모든 다른 사물들이 인식된다〉. 그렇다면 우리는 좀 더 구체적으로 형이상학의 주제를 살펴볼 필요가 있겠다. (제2판)]

3. 1. 정의된 형이상학의 과제

다양한 과학은 물체들, 인간의 육체, 국가, 시 등의 특정한 것들에 대한 제1원리들과 제1원인들을 발견하려 한다. 〈이런 저런 사물은 무엇이며, 또 왜 그러한가〉를 묻는 이들 과학과는 달리 형이상학은 좀 더 일반적인 문제를 제기한다. 결국 이 문제는 과학이 궁극적으로 설명해야 할 것인데 〈과연 어떤 것이 존재한다는 사실은 무엇을 의미하는가〉, 좀 더 간단히 말하면 〈존재한다는 것〉은 무엇을 의미하는가의 문제인 것이다. 바로 그것이 아리스토텔레스가 그의 『형이상학』에서 관심을 기울였던 질문이었고, 결국 그에게 형이상학은 〈존재자로서의 존재자에 대한 학문〉이 되었다. 그러므로 그가 생각했던 형이상학의 과제는 존재와 그것의 〈원리들〉 및 〈원인들〉에 관한 연구였다.

아리스토텔레스의 형이상학은 상당 부분 논리학과 생물학에 대한 그의 관심의 자연스러운 결과였다. 그의 논리학적 관심에서 볼 때 그에게 〈존재한다는 것〉은 정확하게 정의될 수 있는, 따라서 논의의 주제가 될 수 있는 〈어떤 것〉이었다. 생물학에 대한 관심의 측면에서 볼 때 그에게는 〈존재한다는 것〉을 동태적(動態的) 과정과 관련된 어떤 것으로 생각하려는 의도가 있었다. 아리스토텔레스는 〈존재한다는 것〉이 항상 〈어떤 것〉임을 의미한다고 생각했다. 그러므로 모든 존재는 개별적이며 한정적인 성격을 갖는다. 아리스토텔레스가 그의 논리학적 저서들에서 다루었던 모든 범주들, 예를 들면 성질, 관계, 양태, 장소 등과 같은 범주들(또는 술어들)은 이 술어들에 상응하는 어떤 주어를 전제한다. 모든 범주들에 상응하는 주어를 아리스토텔레스는 실체ousia라고 칭했다. 그러므로 존재한다는 것은 특정한 종류의 실체다. 한편 〈존재한다는 것〉은 동태적 과정의 산물로서의 실체를 의미하는 것이기도 하다. 이러한 식으로 형이상학은 〈존재〉, 즉 현존하는 실체들 및 그것의 〈원인들〉, 즉 실체들을 출현시키는 과정들과 관계한다.

3. 2. 사물의 제1본질로서의 실체

아리스토텔레스가 생각하기에 실체가 의미하는 것을 이해하기 위한 단서는 주로 우리가 어떤 사물을 인식하는 방식 속에서 발견된다. 범주나 술어들을 염두에 두고 아리스토텔레스는 이렇게 주장한다. 즉 우리가 어떤 사물을 더 잘 인식하는 시기는 우리가 그것의 색이나 크기나 양태를 알 때가 아니라 우리가 〈그것이 무엇인가〉를 인식할 때라는 것이다. 정신은 사물을 그것의 모든 성질과 분리시켜 그 사물이 실제로 무엇인가, 즉 그것의 〈필연적인 본질〉에 집중한다. 이를 위해 아리스토텔레스는 사물의 〈본질적〉 속성과 〈우연적〉 속성을 구분한다. 예를 들어 어떤 사람이 붉은 머리카락이라고 말하는 것은 어떤 우연적인 것을 표현하는 것이다. 인간이 되는데 누가 붉은 머리카락을 가졌다는 것은 — 그 문제에서는 심지어 어떤 머리카락이더라도 — 필연적이거나 본질적이지 않기 때문이다. 그러나 나라는 존재에게 인간이란 반드시 죽어야 할 존재라는 사실은 본질적이다. 이와 마찬가지로 우리는 사람들의 크기, 피부 색깔, 나이 등의 차이와 무관하게 모든 사람을 〈사람〉이라고 인정한다. 사람들마다 구체적으로 다른 〈어떤 것〉은 이 특정 인물을 만드는 독특한 특징들과 상관없이 어떤 사람을 만든다. 이 경우에도 아리스토텔레스는 이들 특정한 성격들 — 범주들, 술어들 — 역시 존재하며, 따라서 존재성을 갖는다는 사실에 동의한다. 그러나 이러한 성질들의 존재는 형이상학적 탐구의 중심 대상이 아니다.

형이상학의 주요 관심사는 실체의 연구, 즉 사물의 본성에 대한 탐구다. 이러한 관점에서 실체는 〈하나의 주어에 의해 단언될 수 없으며 모든 사물을 단언할 수 있는 것〉을 의미한다. 즉 실체는 어떤 사물의 기초이므로 우리는 그 기초를 알고 난 후에 〈그 어떤 사물〉에 관한 다른 사실들을 말할 수 있다. 우리는 어떤 것을 정의할 때마다 그것에 관해 무엇인가를 말하기 전에 그것의 본질을 이해한다. 우리가 하나의 커다란 탁자나 한 명의 건강한 사람에 관해 이야기하는 경우처럼 말이다. 여기서 탁자와 사람은 큰 것이나 건강함으로 이해되기 전에 그것들의 〈본질〉 속에서, 즉 그것들을 하나의 탁자나 한 사람으로 만드는 것 속에서 이해된다. 실제로 우리는 단지 특정하며 한정적인 사물들만을, 즉 현실적인 개개의 탁자들과 사람들만을 알 수 있다. 동시에 탁자나 인간의 본질 또는 실체는 그것의 범주나 성질과 분리된 채 존재한다. 그렇다고 하나의 실체가 그것의 성질들로부터 동떨어져서 존재하고 있음을 뜻하는 것은 아니다. 그렇지만 〈탁자의 본질〉처럼 만일 우리가 둥글다든가, 작다든가, 갈색이라든가 하는 이들 특정한 성질들로부터 분리될 수 있는 어떤 사물의 본질을 알 수 있다면, 우리가 탁자를 볼 때마다 발견할 수 있는 어떤 보편적 본질이 존재함에 틀림없다. 이 본질이나 실체는 특정한 성질과 독립되어 있음에 틀림없다. 왜냐하면 각각의 현실적 탁자들이 서로 다른 성질을 갖는 데도 불구하고 본질은 항상 동일하기 때문이다. 결국 아리스토텔레스가 말하려고 한 것은 어떤 사물은 그것의 개별적인 성질들의 총체 이상의 것이라는 점이다. 모든 성질들의 〈근저 sub stance〉에는 어떤 것이 존재한다. 그러므로 어떤 특정한 사물은 성질들과 그 성질들에 상응하는 토대의 결합체다. 이러한 주장을 전제로 하고 아리스토텔레스는 이전에 플라톤이 시도했던 것처럼 이러한 본질과 개체의 관계를 규명하려 했다. 간단히 말해 무엇이 실체를 실체로 만드는가? 그것은 토대로서의 질료인가 아니면 형상인가?

3. 3. 질료와 형상

비록 아리스토텔레스가 질료 hyle와 형상 morphe을 구분한다 하더라도 형상이 없는 질료나 질료가 없는 형상을 내세운 적은 없다. 존재하는 만물은 구체적인 개별 사물들이며 질료와 형상의 조화다. 그러므로 실체는 형상과 질료의 복합체인 것이다.

돌이켜 보면 플라톤은 인간이나 탁자 같은 형상이란 사물과 동떨어져 존재한다고 주장했다. 목전에 있는 탁자와 같은 특정한 사물은 탁자의 형상 같은 이데아들 속의 〈분유〉에 의해 그 본질을 획득한다는 것이다.

아리스토텔레스는 플라톤의 보편적 형상에 대한 설명에 반대했다. 특히 그는 형상들이 개체로부터 동떨어져 존재한다는 생각을 부정했다. 물론 아리스토텔레스도 보편자들이 존재하며 또한 그것들은 단순한 주관적 관념 이상의 것이라는 사실에 동의했다. 실제로 아리스토텔레스에 있어서는 보편자가 존재하지 않는다면 과학적 지식도 존재할 수 없었다. 왜냐하면 하나의 특정한 유(類) 안에 있는 모든 구성 분자들을 어떤 것이라고 말할 수 있는 방식이 존재하지 않기 때문이다.

과학적 지식을 유효하게 만드는 것은 그것이 대상들의 종류 — 예를 들면 어떤 형태의 질병 — 를 발견할 수 있으며, 따라서 한 개체가 이 종류에 속할 때 그와 관련된 다른 사실들도 가정될 수 있다는 점에 있다. 그러므로 이 보편자들은 단순한 정신적 허구가 아니라 객관적인 실재를 갖는 것이었다. 그러나 아리스토텔레스에 의하면 그것들의 실재는 개체들 그 자체 내에서만 발견될 수 있다. 그는 〈보편적 형상들이 완전히 분리된 채 존재한다는 가정에 의해 무슨 목적이 달성될 수 있단 말인가〉라고 반문한다. 만일 그렇게 존재한다면 이는 사태를 더 복잡하게 할 뿐이다. 왜냐하면 만물은 (개체들과 그것들 간의 관계를 포함하는) 형상들의 세계에서 모사되어야 함으로 두 배로 늘어나게 되기 때문이다. 더욱이 아리스토텔레스는 플라톤의 형상론이 사물들을 더 잘 인식하는 데에는 도움을 줄 수 없다고 생각했다. 〈형상들은 다른 사물들에 대한 지식에도 결코 도움이 되지 못한다.〉 아리스토텔레스의 비판은 계속된다. 형상은 운동하지 않기 때문에 우리에게 현상으로 나타난 사물을 이해하는 데도 도움을 줄 수 없다. 왜냐하면 사물은 운동으로 충만해 있기 때문이다. 더구나 형상은 비물질적이기 때문에 우리가 감각적으로 지각하는 대상을 설명할 수 없다. 아리스토텔레스는 비물질적인 형상들이 어떻게 특정한 사물과 연관될 수 있는지 다시 한 번 반문한다. 아리스토텔레스에게는 사물이 형상을 〈분유한다〉는 플라톤의 설명도 만족스러운 것이 못 되었다. 결국 그는 이렇게 결론을 내린다. 〈그것들이 원형이며 다른 사물들이 그것들을 분유한다는 주장은 시적인 비유이며 말장난일 뿐이다.〉

우리가 어떤 특정한 사물을 묘사하기 위해 〈질료〉와 〈형상〉이라는 용어를 사용할 때 우리는 어떤 사물의 재료와 그것으로 만들어진 것을 구분해서 생각할 수도 있다. 즉 어떤 사물의 재료로서 질료는 그것이 한 사물로 만들어질 때까지 형상을 갖지 않은 채로 존재하지 않을까 하는 의문을 가질 수도 있는 것이다. 그러나 아리스토텔레스에 의하면 우리는 어느 곳에서도 〈제1질료〉, 즉 형상이 없는 질료로서의 사물을 발견할 수 없다. 대리석으로 비너스의 상을 조각하려는 조각가를 생각해 보자. 그는 형상이 없는 대리석을 결코 발견할 수 없을 것이다. 그것은 항상 이 대리석이거나 저 대리석이며, 매끈한 덩어리거나 울퉁불퉁한 덩어리일 것이다. 즉 그가 작업하는 덩어리는 이미 형상과 질료가 결합되어 있는 덩어리다. 그러나 그 조각가가 대리석을 다른 형상으로 만들려는 사실은 또 다른 문제를 제기한다. 어떻게 한 사물은 다른 사물로 될 수 있는가? 즉 〈변화〉의 본질은 무엇인가?

3. 4. 변화의 과정: 네 가지 원인

우리는 우리를 둘러싼 세계에서 사물들이 끊임없이 변화하고 있음을 발견한다. 변화는 인간 경험의 기초 사실들 가운데 하나다. 아리스토텔레스에게 〈변화〉라는 단어는 운동, 생성, 소멸, 발생, 변조 등을 포함하는 많은 사실들을 의미한다. 이 변화들 가운데 일부는 〈자연적〉이며 나머지 부분은 〈인간 기술〉의 산물이다. 사물들은 항상 새로운 형태를 취한다. 새 생명이 태어나고 새로운 동상들이 건립된다. 변화는 항상 새로운 발생을 내포하기 때문에 변화의 과정에 관해 몇 가지 질문이 제기될 수 있다. 아리스토텔레스에 의하면 우리는 어떤 사물에 관해서도 네 가지 질문을 할 수 있다. (1) 그것은 무엇인가? (2) 그것은 무엇으로 만들어지는가? (3) 그것은 무엇에 의해 만들어지는가? (4) 그것은 어떤 목적을 위해 만들어지는가? 이 질문들에 대한 네 가지 대답이 아리스토텔레스의 네 가지 〈원인들〉이다. 현대적 의미에서의 〈원인 cause〉이라는 단어는 결과에 선행하는 어떤 사건을 지칭하지만, 아리스토텔레스는 그것을 〈설명〉이라는 의미로 사용했다. 그러므로 그의 네 가지 원인들은 만물의 전체적 설명을 위한 폭넓은 형식이요, 뼈대였다. 예를 들어 기술의 대상을 적용시키면, 이 네 가지 원인들은 (1) 입상(立像) (2) 대리석으로 (3) 조각가에 의해 (4) 장식용이다. 인간의 기술에 의해 이루어진 대상들 이외에 〈자연에 의해〉 산출되는 사물들도 존재한다. 물론 아리스토텔레스에게 자연은 〈이성적인〉 의미에서는 〈목적들〉을 갖는다. 타고난 운동 방식을 가진다는 의미에서, 자연은 언제 어디서나 〈목적들〉을 지니고 있다. 이러한 이유에서 씨앗은 싹이 트고, 뿌리는 땅 속으로 (올라가지 않고!) 내려가며, 식물들은 성장한다. 이러한 변화의 과정 속에서 식물들은 〈목적들〉, 다시 말해 분명한 기능이나 존재 방식을 지향한다. 그러므로 자연에서의 변화도 동일하게 네 가지 요소를 갖는다. 아리스토텔레스의 〈네 가지 원인들〉은 (1) 어떤 사물이 무엇인가를 결정해 주는 〈형상인〉, (2) 사물이 만들어지는 〈질료인〉 (3) 사물을 만들어 주는 〈작용인〉 (4) 사물이 만들어진 〈목적인〉이다.

아리스토텔레스는 생물학자의 눈으로 자연을 관찰했다. 그에게 자연은 〈활동〉이다. 만물은 운동 속에 있다. 즉, 생성과 소멸의 과정 속에 있다. 그에게 재생의 과정은 변화를 시작한 만물에 내재하는 힘을 증명해 주는 훌륭한 예였다. 아리스토텔레스는 다음과 같이 원인들을 요약하고 있다. 〈생성하는 모든 사물은 어떤 작용인에 의해, 그리고 어떤 것으로부터 생겨나서 어떤 사물로 된다.〉 이러한 생물학적 관점으로부터 그는 형상과 질료가 결코 분리된 채 존재하지 않는다는 관념을 다듬을 수 있었다. 자연에서 새로운 생명의 발생은 무엇보다 우선, 자손이 가지게 될 특정한 형상을 이미 소유한 개체 — 부친 — 를 필요로 한다. 그 후엔 이 형상을 실어 나르는 마차인 질료 — 모친의 속성이라고 할 수 있다 — 가 있어야 한다. 이들로부터 동일한 형상을 지닌 새로운 개체가 생겨난다. 이 예를 통해 아리스토텔레스가 시사하는 바는 변화란 형상 없는 질료나 질료 없는 형상으로부터 결코 발생할 수 없다는 사실이다. 이와는 반대로 변화는 이미 형상과 질료의 결합인 어떤 것 안에서 발생하며 새로운 다른 어떤 것으로 되어 가는 과정이다.

3. 5. 가능태와 현실태

아리스토텔레스에 의하면 만물은 변화의 과정 속에 놓여 있다. 각각의 사물은 힘을 소유하며 그 힘은 그 사물의 형상이 그것의 목적으로 설정했던 것을 실현한다. 만물 속에는 〈목적〉을 향해 나아가려는 역동적인 힘이 존재한다. 이러한 노력 중에는 외적인 대상들을 지향하는 것도 있다. 예를 들어 사람이 집을 짓는 경우가 그것이다. 그러나 내적 본성에 함유된 목적을 이루어 가려는 노력들 역시 존재한다. 인간이 사유 행위를 통해 인간으로서의 자신의 본성을 실현하는 경우가 그 좋은 예다. 그 자체에 함유된 목적이라는 관념이 아리스토텔레스에게 〈가능태 potentiality〉와 〈현실태 actuality〉의 구분을 생각하게 했다〔즉 사물들이 목적을 갖는다는 사실은 아리스토텔레스가 가능태와 현실태를 구분할 수 있게 해주었다〕. 그는 이러한 구분을 변화와 발전의 과정을 설명하기 위해 사용했다. 만일 도토리의 〈목적〉이 나무가 되는 것이라면 아직 현실적으로 그렇게 되지는 않았지만, 어떤 의미에서 도토리는 잠재적인 한 그루의 나무다. 그러므로 변화의 궁극적인 양식은 가능태에서 현실태로의 변화다. 그렇지만 이러한 구분이 지니는 주요한 의미는 아리스토텔레스가 현실태를 가능태에 선재하는 것으로 주장했다는 점이다. 비록 현실적인 어떤 사물은 가능태에서 나오지만 우선 현실적인 어떤 사물이 존재하지 않는다면 가능태에서 현실태로의 운동은 있을 수 없다는 것이다. 소년은 잠재적으로 어른이다. 그러나 그러한 가능태를 가진 소년이 존재할 수 있으려면 우선 현실적인 어른이 선재해야 한다.

자연의 모든 사물은 소년과 어른, 도토리와 도토리나무의 관계와 유사하기 때문에 아리스토텔레스는 존재의 다양한 수준을 주장하기에 이르렀다. 만일 만물이 변화, 즉 생성 소멸의 과정 속에 있다면 만물은 가능태를 함유하고 있을 것이다. 그러나 가능태가 존재하기 전에 현실태가 존재해야 한다. 잠재적인 사물들의 세계의 존재를 설명하기 위해 아리스토텔레스는 가능적이거나 소멸하는 사물들보다 더 상위 수준의 어떤 현실태의 존재를 필연적으로 가정하게 되었다. 이러한 생각은 어떠한 가능태도 없는 순수한 현실태로서의 최고 존재라는 개념을 이끌어 내었던 것이다. 변화는 일종의 운동이기 때문에 아리스토텔레스는 가시적 세계를 운동 가운데 사물들로 구성된 어떤 것으로 간주했다. 그러나 변화의 한 양식으로서의 운동은 가능태를 내포한다. 그러므로 잠재적으로 운동 중에 있는 사물들은 현실적으로 운동 중에 있는 어떤 것에 의해 움직여지지 않으면 안 된다. 〔결국 아리스토텔레스는 운동을 설명하기 위해서 〈부동의 동자 the Unmoved Mover〉를 내세우지 않을 수 없었다. (제2판)〕

3. 6. 부동의 동자

아리스토텔레스에게 부동의 동자는 자연계에서 일어나는 모든 변화의 궁극적인 원인이다. 그러나 이러한 관념은 운동이란 그것이 시작했던 〈시간〉까지 추적될 수 있지만 〈제일의〉 동자와 같은 것은 아니었다. 또한 그는 부동의 동자를 신학적 의미에서의 〈창조자〉라고도 생각하지 않았다. 그는 미리 가능태와 현실태를 구분함으로써 다음과 같은 결론에 도달했다. 즉 운동이나 변화의 발생을 설명해 주는 유일한 방법은 현실적인 어떤 것이 모든 가능적인 것에 〈논리적으로〉 선행해야 한다는 결론이었다. 변화의 사실은 현실적인 어떤 것을, 다시 말해 가능태가 섞이지 않은 〈순수한〉 현실태를 전제해야 한다. 아리스토텔레스에 따르면 부동의 동자는 힘을 발휘한다는 의미에서의 〈작용인〉도 아니며 〈의지〉를 표현하는 것도 아니었다. 왜냐하면 그러한 행위들은 가능태를 전제하기 때문이다. 예를 들어 하느님은 세계의 창조를 〈의지했다〉와 같은 경우가 그러하다. 이 예는 하느님이 〈세계를 창조하기 전〉에 세계를 잠재적으로 창조할 수 있었거나 창조를 의도했다는 것을 의미한다.

아리스토텔레스는 부동의 동자를 세계에 대해 〈사유〉하거나 세계에 〈목적〉을 부여하는 신적 존재라고 생각하지 않았다. 어떤 의미에서 부동의 동자는 아무것도 알지 못한다. 왜냐하면 그것은 운동을 설명해 주려는 하나의 방식이라는 점을 제외하면 어떤 종류의 존재도 아니기 때문이다. 자연은 개개의 목적을 실현하려는 노력으로 가득 차 있다. 만물은 각기 자신들의 가능성과 목적의 실현을 지향한다. 그 〈목적〉은 완전한 나무가 되는 것일 수도 있고, 완전히 선한 인간이 되는 것일 수도 있다. 이러한 노력들의 총체는 대규모의 세계 질서의 과정이며, 따라서 모든 실재는 변화의 과정, 다시 말해 가능태로부터 그 가능태의 궁극적 완전화로 진행하는 과정에 있다고 말할 수 있다. 이 포괄적이며 일반적인 운동을 설명하기 위해 아리스토텔레스는 부동의 동자를 운동의 〈이유〉나 〈원리〉로 채용했다. 이러한 이유에서 부동의 동자는 현실적인 운동의 원리이며, 어떤 가능태도 내포하지 않기 때문에 운동의 〈영원한〉 원리이다. 또한 부동의 동자를 통한 운동의 설명은 영원한 활동을 내포하기 때문에 사물의 세계가 진행 중에 있지 않았을 때에는 결코 〈시간〉도 존재하지 않았다. 이런 이유에서 아리스토텔레스도 시간 내에 〈창조〉가 존재한다는 사실을 부정했다.

비록 아리스토텔레스의 여러 문장들 속에는 명백히 종교적이며 신학적인 맛도 존재하지만 부동의 동자에 관한 그의 사상은 종교적이라기보다 과학적이다. 그렇지만 아리스토텔레스는 그것을 비유적인 표현으로 설명했다. 어떻게 부동의 동자가 운동의 〈원인〉일 수 있는가를 설명하면서 그는 그것을 한 명의 사랑받는 사람과 비교했다. 사랑받는 사람은 사랑의 대상이 되는 것만으로도 사랑하는 사람을 〈움직인다〉.

즉 강제에 의해서가 아니라 매력에 의해서 움직이는 것이다. 좀 더 기술적인 방식으로 아리스토텔레스는 부동의 동자를 〈형상〉으로서, 세계를 실체로서 간주했다. 그는 자신의 4원인론의 관점에서 부동의 동자를 〈목적인〉이라고 생각했다. 왜냐하면 어른의 〈형상〉은 소년 속에 존재하며 소년의 변화 과정은 하나의 〈최종적〉이고 자연적인 〈목적〉을 지향하기 때문이다. 한편 목적인으로서 부동의 동자는 세계와의 관련 속에서는 〈작용인〉이 된다. 매력에 의해, 갈망되고 사랑받음에 의해, 자연적인 목적들을 향한 노력을 고무함에 의해 그것의 작용은 영원히 지속된다. 아리스토텔레스의 부동의 동자에는 운동 및 내재적 형식에 관한 무의식적인 원리가 존재했다. 이 개념은 몇 세기 뒤에, 특히 13세기에 토마스 아퀴나스에 의해 기독교의 하나님에 대한 철학적 설명으로 바뀌었다.

4. 인간의 위치: 물리학, 생물학, 심리학

아리스토텔레스는 만물의 위계질서 속에서의 인간을 무생물 및 동물과 구별하는 지점에 위치시켰다. 〔아리스토텔레스는 『자연학』에서 이렇게 지적한다. 〈존재하는 사물들 중에서 어떤 것은 본성적으로 존재하며 어떤 것은 다른 원인들로부터 존재한다. 동물들과 동물들의 신체 각 부분들은《본성적으로》(자연에 의해) 존재한다. 식물들과 단순 물질들 — 땅, 불, 공기, 물 — 도 마찬가지다.〉 (제2판)〕 자연의 질서 속에는 무엇보다도 단순한 물체들, 식물들, 동물들이 존재한다. 의자와 탁자처럼 인위적으로 만들어진 대상들과 달리 자연적 대상들은 〈각각 그《내부에》운동과 정지의 원리를 지니고 있다〉. 이 내부의 운동은 사물들의 결정적인 측면이다. 왜냐하면 아리스토텔레스는 이 운동을 통해 생성 소멸의 모든 과정을 설명하고 있기 때문이다.

4. 1. 물리학

어떻게 사물들이 자연계 내에 존재하게 되는가의 문제에만 우리의 관심을 국한시킬 때 아리스토텔레스의 출발점은 〈제1질료〉다. 우리가 이미 본 것처럼 아리스토텔레스는 순수 형상과 순수 질료가 분리되어 있다는 주장을 거부했다. 〈제1질료〉는 혼자만으로 어느 곳에도 존재할 수 없다. 아리스토텔레스가 〈제1질료〉를 통해 보여 주려 했던 것은 변화할 수 있고 다른 실체나 사물로 될 수 있으며 새로운 형상들을 가정할 수 있는 사물들 내의 토대였다. 그러므로 자연의 모든 과정은 한 형상에서 다른 형상으로의 끊임없는 질료의 변형을 내포한다. 조각가가 하나의 상을 조각할 때 대리석이라는 그의 재료는 이미 어떤 형상을 갖고 있으며 그는 그것을 변형시키려 하고 있는 것이다. 아리스토텔레스에 의하면 세계 내에는 어떠한 원질들이 존재하며 사물들은 그것들의 〈본성〉에 의해 만들어진다. 그는 이를 〈단순 물질들〉, 즉 공기, 불, 흙, 물이라고 칭했다. 만물은 예외 없이 이 물질들로 분해될 수 있다는 것이다. 그렇지만 이 물질들이 서로 결합될 때 그것들은 새로운 실체들을 형성한다. 조상(彫像)과는 달리 이 새로운 형상들의 발생은 자연 그 자체의 산물이다. 왜냐하면 이 물질들은 그들 자신의 내부에 〈운동과 정지의 원리〉를 지니고 있기 때문이다. 이러한 이유에서 불은 상승하여 공기가 되려 하고 물은 떨어져 흙이 되려 하며 고체는 액체로, 습기는 건기로 된다. 그러므로 사물이 〈변화〉한다는 것은 결국 이 단순 물질들이 내적 운동의 원리나 다른 사물의 운동에 의해 여러 사물들로 끊임없이 변형된다는 사실을 의미한다.

4. 2. 생물학

어떤 물체에 생명을 부여하는 것은 무엇일까? 아리스토텔레스는 〈영혼〉의 본성을 규명함으로써 비유기체에서 유기체로의 전이를 설명한다. 그에 의하면 모든 물체는 제일 원소들의 결합이지만 어떤 것은 생명을 가지며 어떤 것은 그렇지 않다. 아리스토텔레스가 말한 생명이란 〈자생과 성장(상대적인 노쇠)〉을 의미한다. 따라서 질료 그 자체는 생명의 원리가 아니다. 왜냐하면 물질적 실체는 단지 잠재적으로 살아 있기 때문이다. 질료가 항상 가능태인 반면, 형상은 현실태다. 그러므로 현실적으로 살아 있는 육체는 현실태의 근거인 〈형상〉으로부터 그것의 생명을 부여받는다. 따라서 영혼은 유기체의 형상이다. 그 양자 가운데 하나가 존재하지 않으면 양자 모두는 존재할 수 없으며 파악될 수도 없다. 아리스토텔레스는 이렇게 말한다. 〈그것이 바로 우리가 영혼과 육체가 하나인가라는 질문을 전적으로 불필요한 것으로 간주할 수 있는 이유다. 왜냐하면 그 질문은 밀랍과 도장에 의해 밀랍에 찍힌 형태가 하나인가라는 질문처럼 전혀 의미 없는 것이기 때문이다.〉 아리스토텔레스가 정의한 영혼은 〈본성적인 유기체의 현실태 가운데 제1등급〉이다. 한 육체가 〈생명적 특성〉을 지니게 될 때 그 육체의 각 부분도 기능을 수행하기 위해 운동을 시작한다. 그러므로 살아 있는 식물에서 〈잎은 과피를 보호하며, 과피는 과실을 보호한다. 한편 식물의 뿌리들은 동물의 입과 마찬가지로…… 양분을 흡수한다〉. 영혼은 〈한 사물의 본질을 정의해 줄 수 있는 법칙〉이다. 영혼은 하나의 특수한 육체가 있을 때 존재한다. 즉 〈사물은 그 자체 내에서 운동하며 또한 그 자체를 구속하는 힘을 갖는다〉. 영혼과 육체는 분리된 것이 아니라 단일체가 지닌 형상과 질료다. 따라서 〈이렇게 볼 때 영혼이 육체와 분리될 수 없다는 결론이 자연적으로 귀결된다〉. 육체가 없으면 영혼도 존재할 수 없다. 이것은 눈이 없으면 볼 수 없는 것과도 같다.

아리스토텔레스는 영혼의 세 가지 형태를 구분했는데 이는 하나의 물체가 생명을 표현할 수 있는 서로 다른 세 가지 방식을 나타내 주기 위한 것이었다. 그는 이것들을 〈식물vegetative의 영혼〉, 〈동물sensitive의 영혼〉, 〈인간rational의 영혼〉이라고 불렀다. 그것들은 어떤 물체의 다양한 활동 능력을 나타낸다. 식물의 영혼은 단순히 살아 있음의 행위다. 동물의 영혼은 살아 있음과 감각을 동시에 포함한다. 인간의 영혼은 살아 있음과 감각과 사유 행위를 모두 포함한다.

4. 3. 심리학

감각적인 영혼은 동물의 수준에서 발견된다. 그것의 주요 특성은 〈질료〉를 통하지 않고 사물의 성질과 〈형상〉을 감지할 수 있는 능력에 있다. 더 낮은 단계인 식물적 영혼은 이와는 대조적으로 단순히 〈질료〉의 형태를 취하기만 할 뿐 자신의 〈형상〉을 파악할 능력이 없다. 촉각 같은 기초 감관은 모든 물체들이 공동으로 소유하는 어떤 것들을 감지할 수 있다. 다른 감각의 경우도 〈감각의 감관은 각자 관련된 한 가지씩의 대상을 가지며 따라서 무슨 색과 무슨 소리가 존재하는지를 파악하기 전에 무엇이 존재한다는 사실을 보고하는 데는 오류를 범하지 않는다〉. 다시 말해 감각적인 영혼은 단지 질료는 알지 못한 채 형상에만 열중한다. 예를 들면 〈타고 있는 촛불의 모양은 금이나 쇠 없이도 반지의 모양을 취하게 된다. 비슷한 방식으로 감관도 칠해진 색이나 풍기는 맛, 들리는 소리에 의해 영향을 받는다. 그러나 그것은 각각의 경우에 무엇이 실체인지에 대해서는 관계가 없다〉.

아리스토텔레스는 〈가능태〉라는 개념을 사용해 감각적인 영혼이 사물들을 감각하는 방식을 설명했다. 감각 기관들은 다양한 형상을 감각할 수 있음에 틀림없다. 그러므로 감관은 어떠한 성질과 잠재적으로 부합될 수 있는 어떤 것이다. 예를 들면 눈에는 푸르게 될 수 있는 가능태를 지닌 물질이 틀림없이 포함되어 있으며, 따라서 어떠한 종류의 대상이 감각될 때 그 물질은 실제로 푸르게 된다. 눈의 이러한 중립적 물질은 잠재적으로 모든 색과 모양을 소유해야 한다. 우리의 다른 감관도 다른 성질과 관련하여 유사한 가능태들을 소유한다. 더욱이 오관은 감각 내용들이 생겨나는 하나의 단일한 대상이나 세계를 반영하면서 그들의 정보를 하나의 통일된 전체로 결합시키는 방식을 갖는다. 〔물론 오류도 가능하다. 어떤 것이 딱딱해 〈보이지만〉 부드럽게 〈느껴지는〉 경우처럼 말이다. (제2판)〕 또한 우리가 감각한 성질들은 하나의 대상을 더 이상 직접적으로 지각할 수 없는 경우에도 계속될 수 있다. 아리스토텔레스는 이러한 현상을 〈기억〉과 〈상상〉의 입장에서 설명한다. 우리가 회상하는 것의 대부분은 다른 사물과의 관계를 유지하는데, 이는 감각과 기억이 결코 임의적인 행위가 아니라 실제 세계에 존재하는 어떤 것을 재생산해 주는 행위라는 사실을 보여 준다. 그렇게 때문에 기억과 상상의 능력으로부터 결국 영혼의 최상의 형식인 인간의 영혼이 발생한다.

4. 4. 인간의 이성

인간의 영혼은 좀 더 낮은 형식의 영혼들, 다시 말해 식물적인 영혼과 감각적인 영혼을 결합시키며, 이들 영혼 이외에도 〈이성적 영혼〉을 소유하고 있다. 이성적 영혼은 과학적 사유의 힘을 지닌다. 〈이성〉은 사물들 간의 차이를 구별할 수 있는 분석의 능력일 뿐만 아니라 사물들 간의 상호 관계를 이해하는 능력이기도 하다. 이성적 영혼은 과학적 사유 이외에도 〈심사숙고〉하는 능력을 지닌다. 여기서 정신은 어떠한 진리가 사물의 본성에 존재하는가를 발견할 뿐만 아니라 인간의 행위를 위한 지침도 발견한다.

여기서 다시 아리스토텔레스는 영혼이란 육체를 결정해 주는 결정적인 형상이라고 주장한다. 육체가 없다면 영혼은 존재할 수도 자신의 기능을 발휘할 수도 없다. 아리스토텔레스에 의하면 육체와 영혼이 함께 하나의 실체를 형성한다. 이러한 주장은 플라톤이 육체를 영혼의 감옥이라고 생각했던 사실과 뚜렷하게 대조된다. 영혼과 육체를 분리시킴으로써, 플라톤은 영혼의 선재성을 주장할 수 있었다. 또한 그는 지식이나 학식을 영혼이 이전에 알고 있었던 것에 대한 회상의 과정이라고 묘사할 수 있었다. 더욱이 플라톤이 개인의 영혼의 불멸성을 주장했던 반면 아리스토텔레스는 영혼과 육체를 밀접히 관련시키면서 육체가 죽으면 그것을 조직화하는 원리인 영혼도 함께 소멸한다고 주장했다.

인간의 이성적 영혼은 감각적 영혼과 마찬가지로 가능태로서 특징을 지닌다. 눈은 하나의 붉은 대상을 볼 수 있지만 현실적으로 그 붉은 대상과 직면할 때에만 그것을 볼 수 있다. 이와 마찬가지 방식으로 이성적 영혼은 사물의 참된 본성을 이해할 수 있다. 그렇지만 이성은 단지 잠재적으로만 그 본성에 대한 지식을 지니므로 그것은 그것의 결론들로부터 추론되어야 한다. 간단히 말해서 인간의 사유는 하나의 가능태이지 연속적인 현실태는 아니다. 왜냐하면 인간의 정신은 지식을 획득할 수도 있지만 획득하지 못할 수도 있기 때문이다. 그러므로 인간의 정신은 〈현실적으로〉 아는 것과 〈잠재적으로〉 아는 것 사이의 중간자다. 진리는 인간의 지성에 결코 연속적으로 현현되지 않는다.

진리의 연속성을 암시해 주는 것은 세계의 연속성이다. 그러므로 인간의 정신이 소유하는 잠재적 지식은 어떤 의미에서 완전하며 연속적인 것이다. 아리스토텔레스는 부동의 동자를 세계의 영혼 nous이며 세계의 지적 원리라고 주장했다. 『영혼론 De Anima』에서 그는 〈능동적 지성〉에 관해 언급하면서 〈정신 nous이 어떤 순간에는 작용하면서 다른 순간에는 작용하지 않는 일은 결코 없다〉고 주장한다. 여기서 그는 개인의 지성과 〈능동적 지성〉을 구분한다. 전자는 간헐적으로 인식하는 지성이며, 후자는 개인과 어느 정도 독립적으로 존재한다. 따라서 그것은 영원한 지성이다. 만일 이 지성이 순수하게 능동적이기만 하다면 그것은 결코 가능태들을 소유하지 않는다. 그리고 아리스토텔레스의 주장에 따르면 능동적 지성은 부동의 동자와 동일하다. 부동의 동자의 판명한 행동은 순수 행위며, 순수 행위는 모든 실재에 관한 진리와 완전히 조화된 정신의 활동이다. 그러므로 만물의 가지적 구조로서 간주된 형상들의 전 체계는 세계의 영혼, 부동의 동자, 능동적 지성에 대한 연속적인 지식을 구성해야 한다. 이러한 지성이야말로 불멸적이다. 따라서 수동적이며 잠재적인 인간의 지성은 어떠한 진리에 대해서 인간적 지성이 인식할 수 있는 정도까지만 능동적 지성을 지닐 뿐이다. 인간이 죽을 때도 죽지 않는 것은 능동적 지성에 속하는 어떤 것이다. 그러나 이것은 〈그 인간〉의 일부가 아니기 때문에 인간 개인의 영혼은 그것의 질료인 육신과 함께 사라진다. 오직 순수한 활동[6]만이 영원하다. 따라서 가능태와 혼합된 인간의 실체는 더 이상 생존하지 않는다.

5. 윤리학

아리스토텔레스의 도덕론은 인간을 포함한 자연 안에 있는 만물에게는 성취하려는 분명한 〈목적〉이나 수행하려는 기능이 존재한다는 그의 신념에 중심을 둔다. 그는 『니코마코스 윤리학』에서 이렇게 시작한다. 〈모든 예술과 학문 그리고 모든 행동과 추구는 선을 지향한다고 생각한다.〉 그렇다면 여기에서 윤리학을 위한 의문이 제기될 수 있다. 〈인간의 행동이 지향하는 《선》이란 과연 무엇인가?〉 이 물음에 대한 플라톤의 대답은 인간이란 선의 이데아에 대한 지식을 지향하는 존재라는 것이다. 플라톤에게 선이라는 최고의 원리는 경험 세계나 개인과는 분리된 것이었고 정신이 가시계에서 가지계로 상승함으로써만 도달될 수 있는 경지였다. 반면에 아리스토텔레스에게 선과 정의의 원리는 모든 개인들에게 뿌리를 두고 있다. 더 나아가 이 원리는 인간의 본성을 탐구함으로써 발견될 수 있으며 일상생활에서의 현실적인 행동을 통해 획득될 수 있는 것이다. 그렇지만 아리스토텔레스는 그의 독자들에게 경고하기를 윤리학의 논의에서는 〈그 주제가 허용해 주려는 것〉보다 더 많은 엄격성을 기대해서는 안 된다고 했다. 그렇지만, 단지 이 주제가 〈오류와 잘못〉에 감염되기 쉬운 인간을 다룬다고 해서 참과 거짓에 대한 관념이 〈사물의 본성에 존재하는 것이 아니라 관습적으로만 존재하는 것〉이라는 사실을 의미하지는 않는다. 이러한 사실을 염두에 두고 아리스토텔레스는 인간 본성의 구조 속에 존재하는 도덕성의 근거를 발견해 나갔다.

6 17세기 말 이성론자인 라이프니츠는 『단자론』에서 정신적 단자의 능동적 활동을 강조하면서 우주를 비추는 자발적 힘인 표상 능력이 가장 뛰어난 단자인 신적 단자의 활동을 가리켜 〈순수한 활동 actus purus〉이라고 불렀다.

5. 1. 〈목적〉의 종류

아리스토텔레스는 알기 쉬운 실례를 들어 자신의 윤리학을 위한 틀을 마련했다. 모든 행동은 목적을 지향하는 것이라고 주장했던 그는 목적을 두 가지 종류로 구분했다. 하나는 〈도구적〉 목적 — 다른 목적들을 위한 〈수단〉으로서 행해진 — 이며, 다른 하나는 〈본래적〉 목적 — 이 행위들은 그것들 자체를 위해 수행된다 — 이다. 〈전쟁과 관련된 모든 행동〉은 이 두 가지의 목적을 예증해 준다. 아리스토텔레스의 설명에 의하면 우리가 어떤 과정에서 이루어지는 모든 행동을 단계적으로 고려할 때 우리는 일련의 특수한 행위들이 이루어지고 있음을 발견할 수 있는데, 그 행위들은 나름대로의 목적을 지니고 출발하지만 그것들이 완성되어 있을 때에는 결국 다른 목적들을 위한 수단이 될 뿐이라는 것이다. 우선 말고삐 제작자의 기술을 살펴보자. 말고삐가 완성되면 말고삐 제작자로서의 그의 목적도 실현된 것이다. 그러나 결국 말고삐는 전투에서 말을 달리는 기마병을 위한 수단이 될 뿐이다. 이와 유사하게 목수도 막사를 건축한다. 그 막사가 완성되면 목수로서의 그의 기능은 실현된 것이며 그 막사의 경우도 그것이 병사들을 위한 안전한 주거를 제공해 줄 수 있다면 막사로서의 기능을 충실히 실현한 것이다. 그러나 이 경우에 목수와 건물에 의해 달성된 목적들은 그 자체로 본래적 목적이 아니라 도구적인 것들이다. 즉 병사들이 그들의 다음 행동 단계로 이동해 갈 때까지 병사들에게 주거를 제공해 준다는 점에서 수단인 것이다. 한편 배의 건조자도 그 배가 성공적으로 바다에 띄워졌을 때 자신의 기능을 수행한 것이다. 그러나 이 목적 역시 군인들을 전장으로 수송하기 위한 수단에 지나지 않는다. 의사도 병사들의 건강을 지켜 줄 수 있을 때 자신의 기능을 수행한 것이다. 그러나 이 경우에 건강의 〈목적〉은 좀 더 효과적인 싸움을 위한 〈수단〉에 지나지 않는다. 지휘관도 전쟁에서의 승리를 목표로 하지만 전쟁은 평화를 위한 수단일 뿐이다. 그렇다면 평화가 전쟁의 진정한 목적일까? 그렇지 않다. 평화란 인간이 〈인간답게〉 인간으로서 자신의 기능을 수행할 수 있는 조건을 조성하기 위한 수단일 뿐이다. 결국 우리는 목수나 의사나 장군으로서가 아닌 인간으로서 인간이 추구하는 것을 발견하게 되며, 그때 우리는 모든 다른 행동을 수단으로 삼는 〈그것 자체를 위한〉 행동에 도달하게 된다. 아리스토텔레스는 이러한 행동이 〈선(善)임에 틀림없다〉고 말한다.

〈선〉이라는 단어는 어떻게 이해되어야 할 것인가? 아리스토텔레스는 플라톤과 마찬가지로 〈선〉이라는 단어를 어떤 사물의 특수한 기능과 연결시켰다. 망치의 경우 어떤 망치가 선하다고 하는 것은 사람들이 망치들에 대해 기대하는 기능을 그것이 수행했을 경우다. 만일 목수가 건축자로서의 자신의 기능을 수행한다면 그 목수는 선하다. 이는 모든 기술과 직업에 적용된다. 그러나 여기서 아리스토텔레스는 한 인간의 기술이나 직업을 인간으로서 그의 활동과 구별한다. 예를 들어 좋은 의사가 좋은 사람과 같다는 뜻은 아니다. 좋은 사람이 아니면서도 좋은 의사는 될 수 있다. 그와 반대도 마찬가지다. 의사의 기능과 인간으로서 행위의 기능은 서로 다르기 때문이다. 아리스토텔레스에 의하면 인간이 지향해야 하는 선을 발견하기 위해서는 인간 본성의 기능을 판명하게 발견해야 한다. 아리스토텔레스에게 선한 인간이란 인간으로서 자신의 기능을 수행하고 있는 사람을 의미한다.

5. 2. 인간의 기능

아리스토텔레스는 이렇게 물었다. 〈목수나 구두공이 어떤 일거리와 작업 과정을 갖고 있는 동안에, 과연 인간 그 자체는 아무런 일거리도 없으며 어떤 작업도 하지 않고 자연 그대로 남아 있게 된다고 가정할 수 있을까?〉 또 〈눈과 손과 발과 신체의 각 부분이 명백히 각자의 기능을 갖는다면 과연 인간은 이 모든 부분들 이외에도 다른 어떤 기능을 갖는다고 규정해도 좋을 것인가?〉 확실히 인간은 하나의 분명한 행동 양식을 소유한다. 그렇다면 그것은 무엇일까? 여기서 아리스토텔레스는 인간의 고유한 활동을 발견하기 위해 인간의 본성을 분석한다. 그에 의하면 인간의 목적은 〈단순한 생활의 영위가 아니다〉. 왜냐하면 그것은 분명히 식물들에게조차도 분유되어 있기 때문이다. 그러므로 〈우리는 인간에게 고유한 그 무엇을 원한다〉. 또한 감각적인 생활의 경우도 〈말이나 소 등의 모든 동물〉에게 공통적으로 존재한다. 그러므로 〈이성적인 원리를 지닌 요소의 능동적인 활동만이 남는다. 만일 인간의 기능이 하나의 이성적 원리를 추종하거나 내포한 영혼의 활동이라면…… 인간의 선은 덕을 수반한 영혼의 활동임이 증명될 것이다〉.

인간 존재로서의 사람의 기능은 영혼의 고유한 기능이라는 이유에서 아리스토텔레스는 영혼의 본성을 묘사하려 했다. 영혼은 육체의 형상이므로 인간 전체와 관련된다. 그러므로 아리스토텔레스에 의하면 영혼은 이성적인 부분과 비이성적인 부분으로 나눠진다. 또한 비이성적인 부분은 다시 두 부분으로 나눠지는데 하나는 식물적인 부분이요, 다른 하나는 갈망 또는 〈욕망〉의 부분이다. 전자가 인간에게 영향 섭취 능력을 제공해 줌으로써 생물학적 삶을 유지시키는 생장 성분을 지닌 식물들의 것과 같다면, 후자는 인간에게 욕망을 실현시키는 능력을 제공해 줌으로써 욕망 실현을 위해 인간으로 하여금 주위를 배회하게 만드는 물욕적 성분을 지닌 동물들의 것과 같다. 대부분의 경우 이 양자는 〈이성적인 원리에 대항하거나 반대하는 것이다〉. 인간 내부의 이성적 요소와 비이성적 요소 간의 투쟁은 도덕에 관한 제반 문제를 제기한다.

도덕은 행위와 연관되어 있다. 그러므로 아리스토텔레스에 의하면 〈올림피아 경기에서 월계관을 받을 자는 가장 강하고 훌륭한 사람이 아니라 경기 참가자 명단에 올라간 사람이다. 왜냐하면 이들 가운데서 승자가 가려지기 때문이다. 삶의 경우도 마찬가지로 가장 명예롭고 선한 자는 승리를 얻어야 마땅하게 행동하는 자들이다〉. 우리가 아리스토텔레스의 영혼에 대한 분석을 염두에 두고 있다면 우리는 여기서 암시되고 있는 인간의 특수한 행동 양식을 쉽게 추측할 수 있을 것이다. 그것은 영혼의 비이성적 부분에 대한 이성적인 통제와 인도를 의미한다. 더욱이 선한 인간은 선한 행위를 시시각각으로 행하는 자가 아니라 모든 생활이 선으로 항상 충만해 있는 사람이다. 〈왜냐하면 한 마리의 제비나 단 하루의 화창한 날이 봄을 만들 수 없는 것처럼 하루나 한 순간이 인간에게 은총과 행복을 가져다주지는 못한다.〉

5. 3. 목적으로서의 행복

인간의 행동은 그것에 적합한 목적을 지향해야 한다. 인간은 어디서나 쾌락과 부와 명예를 목적으로 삼는다. 이러한 목적들은 비록 가치가 있다 하더라도 인간이 지향해야 하는 선을 결코 달성할 수 없다. 궁극적인 목적이 되기 위해서 하나의 행위는 〈자족〉이며 〈최종적〉이어야 한다. 그러한 행위는 〈항상 그 밖의 다른 것을 위해서가 아니라 그 자체로서 바람직한 것이며〉 그것은 또한 〈인간에 의해 달성될 수 있는 것〉이어야 한다. 아리스토텔레스는 아마도 〈행복〉이야말로 인간 행위의 궁극적 목적에 대한 다양한 견해들을 충족시켜 줄 수 있는 유일한 목적이라는 사실에 모든 사람들이 동의할 것이라고 확신했던 것 같다. 사실상 우리는 쾌락이나 부나 명예를 추구할 때 〈그것들의 도구성을 통해 우리가 행복해질 것〉이라는 생각을 틀림없이 전제한다. 행복은 다른 말로 표현하면 〈선〉이다. 왜냐하면 선과 마찬가지로 행복도 인간에게 고유한 기능의 수행이기 때문이다. 아리스토텔레스에 의하면 〈행복이란…… 영혼이 탁월성이나 미덕의 방법으로 행하는 작용〉이다.

그렇다면 영혼은 어떤 방식으로 행복을 실현하기 위해 작용하는가? 도덕성의 일반 법칙은 〈정의로운 이성에 따라 행동하는 것〉이다. 이는 영혼의 이성적인 부분이 비이성적인 부분을 통제해야 한다는 것을 의미한다. 영혼의 비이성적인 부분이 통제를 필요로 하는 이유는 우리가 그것의 구성 요소와 메커니즘을 살펴볼 때 명백히 드러난다. 영혼의 비이성적인 부분으로서의 욕망은 자아의 외부에 있는 사물들, 즉 대상물들이나 다른 인간들에 의해 영향을 받는다. 이러한 외적 요소들에 반응하는 욕망의 두 가지 근본적인 형식이 존재하는데, 하나는 〈사랑〉이며 다른 하나는 〈증오〉다. 사랑이 인간에게 사물들이나 인간들을 갈망하도록 한다면, 증오는 그것들을 피하거나 파괴하도록 한다. 그러므로 사랑이나 증오, 당기거나 밀어냄, 창조나 파괴, 이 모든 감정이나 능력은 이내 〈혼란으로 치닫는다〉. 그 감정들 안에는 어떠한 척도나 선택의 기준도 내포되지 않는다. 인간은 무엇을 얼마나 어떤 상황에서 갈망해야 하는가? 인간은 어떤 방식으로 부나 명예나 다른 사람들과 그 자신을 관련시켜야 하는가?

올바른 방식의 행위는 결코 자동적으로 이루어지지 않는다. 아리스토텔레스에 의하면 〈도덕적 행위는 결코 자연적으로 발생하지 않는다. 왜냐하면 존재하는 어떠한 것도 자연적으로 그것의 본성과 대립되는 습관을 형성할 수 없기 때문이다〉. 그러므로 도덕은 습관을 발전시키는 것이다. 도덕은 올바르게 사유하는 습관, 올바르게 선택하는 습관, 올바르게 행동하는 습관의 발전과 관계한다.

5. 4. 중용으로서의 덕

인간의 정념은 매우 넓은 행동의 영역을 갖기 때문에 인간은 과다와 과소의 조화를 발견하지 않으면 안 된다. 음식물에 대한 우리의 욕구를 생각해 보라. 인간은 탐식하려는 과도한 욕심에 사로잡힐 수 있는 반면 아사에 이를 정도로 식욕 부진에 빠질 수도 있다. 그러므로 행동의 적절한 과정, 다시 말해 〈덕이 높은〉 과정은 과도함과 결핍의 중간 입장, 즉 중용이다.

인간은 공포, 자만, 색욕, 분노, 연민, 쾌락, 고통과 같은 정념들 속에서 중용을 추구해야 한다. 중용을 취하지 못할 때 인간은 과도와 결핍이라는 악덕에 빠지게 된다. 인간은 영혼의 이성적인 힘을 통해서 감정을 통제한다. 또한 그렇게 함으로써 자신을 중용에 자발적으로 따르도록 인도하는 덕스러운 습관을 가지게 된다. 예를 들면 〈용기〉의 덕은 두 가지의 악덕, 즉 공포(과소)와 만용(과다)의 중용이다. 그러므로 덕의 상태는 〈심사숙고에 의한 선택을 실행하는 상태며 상대적인 중용 속에 머무는 상태고, 이성에 의해 결정되는 상태며 실천적이며 지혜로운 인간이 결정하는 상태다〉. 그러므로 덕은 중용에 따라 선택하는 습관이다.

중용은 만인에게 동일하지도 않으며 모든 행동에 대한 하나의 중용도 존재하지 않는다. 각각의 중용은 상황 변화에 따라 각각의 인간에게 상대적이다. 식사할 때 성인 운동선수와 어린 소녀에 알맞은 식사량은 서로 다르다. 그러나 그 양자에게도 적절한 중용이 존재하는데, 그것이 〈절제〉다. 여기서의 양극단, 즉 포식(과다)과 절식(과소)은 악덕을 의미한다. 이와 유사하게 돈을 주는 경우에도 낭비와 인색의 중용으로서 〈관대〉가 존재한다. 그러나 그것은 절대적인 양이 아니라 사용자의 재산에 따라 상대적이다. 수많은 덕이 극단적인 악덕들 사이에 존재한다고 하더라도 어떤 행위에는 중용이 전혀 없을 수도 있다. 즉 그 행위들 자체가 악의, 질투, 절도, 살인과 같이 사악함을 이미 그 본성 속에 내포하고 있는 경우에는 중용이 존재하지 않는다. 이것들은 본질적으로 악하며 과다와 과소를 막론하고 그러한 행동들을 한다는 것은 항상 잘못된 것이다.

그러므로 도덕은 인간을 자발적으로 중용에 이끌리게 하는 습관의 배양에 달려 있거나, 또는 도둑질이나 살인 같은 나쁜 행동을 피하려는 습관을 기름으로써 생겨난다. 이미 플라톤이 네 가지 주요한 덕(나중에 〈4주덕(主德)〉이라고 부른)의 목록을 작성했듯이 아리스토텔레스도 이른바 용기, 절제, 정의, 지혜의 덕을 지지했다. 그러나 아리스토텔레스는 이것들뿐만 아니라 장대함, 관대, 우정, 자존심이라는 덕들에 대해서도 언급한 바 있다.

5. 5. 심사숙고와 선택

이성적 영혼에는 두 종류의 이성적 기능이 존재한다. 하나는 이론적인 것으로서 우리에게 확고한 원리들이나 철학적 지혜를 제공해 준다. 다른 하나는 실천적인 것으로서 우리가 자신을 발견하는 특수한 상황에서 이루어지는 우리의 도덕적 행동에 대해 이성적인 지침을 제공해 준다. 이는 실천적 지혜다. 이성의 역할이 중요한 이유는 만일 이러한 이성적 요소가 없다면 인간은 결코 어떠한 도덕적인 능력도 소유하지 못하게 될 것이라는 점이다. 그러므로 아리스토텔레스는 이렇게 재차 강조했다. 인간은 〈올바른〉 행동을 위한 생득적인 능력을 지니고는 있지만, 그렇다고 해서 〈자연적으로〉 올바르게 행위하지는 않는다는 것이다. 인간의 삶은 무한한 수의 가능성들로 이루어진다. 선이란 인간 내부의 〈가능태〉다. 그러나 도토리가 거의 기계적인 확실성을 가지고 도토리나무로 되는 것처럼 인간도 자신의 내부에 잠재해 있는 것을 현실태로 전환시키지 않으면 안 된다. 그러므로 인간은 그가 행해야 할 바를 알아야 하고 그것에 관해 심사숙고해야 하며 그것을 행할 수 있도록 선택해야 한다. 선을 아는 것만으로도 선을 행하기에 충분하다고 생각했던 플라톤이나 소크라테스와 달리 아리스토텔레스는 지식 이외에도 심사숙고에 의한 선택이 있어야 함을 강조했다. 그러므로 아리스토텔레스에 의하면 〈도덕적 행위의 기원 — 그것의 목적인이 아니라 작용인 — 은 선택이며, 선택의 기원은 갈망이자 목적에 대한 견해를 가진 이성적 추리다〉. 〔이성이 없다면 〈선택〉도 존재할 수 없다. 따라서 〈지성 그 자체는 아무것도 움직이게 하지 못한다. 그러나 목적을 지향하는 실천적인 지성만이 어떤 것을 움직이게 할 수 있다〉. (제2판)〕

자유 선택과 인간의 책임 간에는 중요한 연관이 있다. 예를 들어 당신을 난폭해지게 하는, 억제할 수 없는 충동의 원인이 당신의 뇌종양에 있다고 가정해 보자. 만일 당신의 난폭한 행동이 정말 억제할 수 없는 것이라면 당신의 행위를 도덕적으로 책임질 수 있다고 말할 수 없을 것이다. 따라서 아리스토텔레스의 주장에 의하면 어떤 인간에게 책임을 물을 수 있는 행위는 〈자발적인〉 행동이다. 그러므로 그는 이렇게 말했다. 〈비자발적인 행위에 대해서는 그 정상이 참작되며 때로는 동정이 주어지기도 하지만 자발적인 행동에 대해서는 칭찬과 비난이 발생하는 것이다.〉 그에 의하면 자발적인 행위와 비자발적인 행위는 주로 다음과 같은 것에 의해 구분된다. 즉 〈비자발적인〉 행위는 다음과 같은 경우 책임이 없다. (1) 특수한 상황에 대한 무지에서 행해졌거나 (2) 외적 강제의 결과로 된 것이나 (3) 또는 더 큰 죄악을 피하기 위해 행해졌을 경우이다. 〈자발적인〉 행위들의 경우는 행위자에게 책임이 있다. 왜냐하면 그 행위는 위의 세 가지 정상 창작의 조건을 가질 수 없기 때문이다.

5. 6. 관조

아리스토텔레스에게 인간의 본성은 이성적인 영혼만으로 구성되지 않으며 식물적인 영혼과 감각적[또는 물욕적]인 영혼도 포함한다. 덕은 이러한 본성상의 여러 능력들에 대한 거부나 부정을 의미하지 않는다. 도덕적인 인간은 자신의 모든 능력, 즉 〈육체적인 면〉과 〈정신적인 면〉 모두를 사용한다. 인간 내부의 이러한 두 영역에 대응하는 이성의 두 가지 기능이 존재한다. 하나는 〈도덕적〉 기능이며 다른 하나는 〈지적〉 기능으로서 그 각각은 나름대로의 덕을 가진다. 아리스토텔레스의 설명에서 이미 보았듯이 〈도덕적인 덕〉은 우리의 물욕적 본성이 지닌 욕망에 대하여 중용을 따르도록 한 습관이다. 이와는 반대로 지적인 덕은 육체적 본성보다는 지적 본성에 관심의 초점을 맞춘다. 지적인 덕들 가운데 가장 중요한 것은 철학적 지혜sophia인데 그것은 과학적 지식과 제1원리들의 파악 능력을 포함하기 때문이다.

아리스토텔레스는 그의 철학적 지혜와 지적 진리의 관조 행위에 대한 논의로 윤리학에 관한 자신의 주요 저작을 결론짓는다. 만일 행복이 우리에게 고유한 본성에 따라 행동할 때 생겨나는 것이라면, 우리의 최고 본성에 따라 행동할 때 우리가 가장 행복하다고 여기는 것은 합당하다. 이러한 행위는 관조적인 것이다. 이 행위가 최상의 것인 이유를 아리스토텔레스는 이렇게 말한다. 〈왜냐하면 이성은 우리의 내면에서 최상의 것일 뿐 아니라, 이성의 대상도 인식 가능한 대상 중에서 최상의 것이기 때문이다. 더욱이 관조는 가장 연속적이다. 왜냐하면 우리는 우리가 어떤 일을 행위할 때보다도 더 연속적으로 진리에 관해 관조할 수 있기 때문이다. 결론적으로 우리는 행복이 그것과 결부된 쾌락을 내포한다고 생각한다. 그러나 철학적 지혜의 행위들은 가장 환희에 찬 덕행들임에 틀림없다.〉

6. 정치학

아리스토텔레스는 『니코마코스 윤리학』에서와 마찬가지로 『정치학』에서도 목적의 요소를 강조한다. 자연은 국가에게도 인간과 마찬가지의 하나의 고유한 기능을 부여해 준다. 이 두 가지의 개념을 결합시키면서 아리스토텔레스는 이렇게 말한다. 〈국가란 자연의 피조물이며 따라서 인간도 자연적으로 정치적인 동물이다.〉 그는 인간의 본성과 국가를 밀접히 연관시키면서 이렇게 결론을 내린다. 〈사회 속에서 살 수 없는 사람이나 스스로 자족적이기 때문에 그러한 욕구도 갖지 않은 사람은 동물이 아니라면 신임에 틀림없다.〉 인간의 본성은 운명적으로 국가 속에서 살도록 되어 있고, 국가도 다른 공동 사회와 마찬가지로 〈어떤 선을 목적으로 성립되며〉 어떤 목적을 위해 존재한다. 우선 가족은 개인의 생명을 보존하기 위해 존재한다. 그렇지만 가족과 마을로는 결국 자급자족이 불가능하기 때문에 그들의 생명을 보존하기 위해 국가가 성립되기 시작한다. 그러나 초기의 이러한 경제적 목적을 넘어서서 국가는 인간의 최고선, 즉 도덕적이며 지적인 인간의 생활을 보증해 주게 된다.

플라톤과 달리 아리스토텔레스는 이상적인 국가를 위한 청사진을 그리지 않았다. 비록 그가 국가를 인간이 자신의 궁극적인 목적을 달성할 수 있게 해주는 대행자로 간주했지만, 그럼에도 불구하고 그는 국가 이론은 여러 실천적인 문제들에 주목해야 한다고 생각했다. 예를 들어, 비록 최상의 정부 형태에 도달하기 어렵더라도 우리는 〈어떤 정부가 특정한 국가에 적용되어야 할지〉를 결정해야 한다. 또한 우리는 〈어떤 주어진 조건에서 한 국가가 어떻게 성립될 수 있는가〉, 그 국가가 가장 오래 존속할 수 있는 방식은 무엇인가를 결정해야 한다. 결국 〈정치학자들이 훌륭한 이상을 가지고 있을 경우에도 그들은 종종 실천적이지 못하다〉. 이러한 이유 때문에 아리스토텔레스는 플라톤의 매우 급진적인 이상에 대해 인내할 수 없었다. 전사 계층의 가족 폐지와 그 계층의 어린이에 대한 국가의 양육과 같은 플라톤의 구상을 비웃으면서 아리스토텔레스는 이렇게 말했다. 〈그 이론에는 소위 아버지라는 사람이 아들을, 아들이 아버지를, 형이 동생을, 동생이 형을 염려해 주어야 하는 이유가 없다.〉 마찬가지로 재산의 공동 소유도 인간의 근본적인 쾌락을 파괴할 뿐만 아니라 비능률과 끊임없는 분쟁을 야기할 뿐이다.

6.1. 여러 형태의 국가

아리스토텔레스에 의하면 한 공동 사회는 환경에 따라 적어도 세 가지 정부 형태를 조직화할 수 있다. 그 세 형태의 근본적인 차이는 각각의 통치자 수효에 의해 결정된다. 즉 한 정부의 통치자는 한 명일 수도 있고 소수일 수도 있으며 다수일 수도 있다. 그렇지만 이 각각의 형태는 저마다 진정한 형태일 수도 있고 전도된 형태일 수도 있다. 정부는 국민 모두의 공통선을 위해 노력할 때 비로소 올바르게 기능하지만, 반대로 정부의 통치자들이 자신들의 사리사욕만을 추구한다면 타락하게 된다. 아리스토텔레스에 의하면 진정한 형태는 한 명에 의한 통치 형태(왕정)와 소수자에 의한 통치 형태(귀족정), 다수자에 의한 통치 형태(민주정)다. 이와 달리 타락한 형태는 전제정(일인 통치), 과두정(소수 통치), 민주정(다수 통치)이다. 그러나 이 가운데 그가 선호한 것은 귀족정이었다. 그 주된 이유는 한 명의 특출한 인재도 이상적으로는 가능하지만 그러한 인물이 충분하게 존재할 수는 없기 때문이다. 반면에 귀족 정치의 경우에는 소수 집단에 의한 통치가 존재하는데, 그 집단의 구성원은 어느 정도 탁월하며 업적도 이루었고 재산을 소유하고 있기 때문에 책임감이 있으며 유능하고 명령을 내릴 줄도 아는 사람들이다.

6. 2. 차이와 불평등

아리스토텔레스의 이론은 거의 사실에 대한 관찰에 의존했기 때문에 그가 몇 가지 오류를 범하는 것은 불가피하다. 이러한 오류는 그의 노예관에서 가장 분명하게 드러난다. 노예들은 항상 힘이 세고 장대하다는 사실을 관찰한 결과 그는 노예란 자연의 산물이라고 결론을 내렸다. 그에 의하면 〈어떤 사람들은 태어날 때부터 자유로우며 어떤 사람들은 태어날 때부터 노예가 된다. 따라서 노예제는 있어 마땅하며 동시에 올바르다〉. 그러나 아리스토텔레스는 태어날 때부터 노예가 된 사람들과 정복 전쟁에 의해 노예가 된 사람들을 확연히 구분했다. 그는 전자를 노예로 인정했을 뿐 후자는 노예가 아니라고 생각했던 것이다. 왜냐하면 어떤 사람이 다른 사람을 힘으로 제압했다고 해서 그 양자 간의 우열이 본성적으로 결정되었다고는 할 수 없기 때문이다. 더욱이 힘의 사용은 정당화될 수도 있고 되지 못할 수도 있지만, 그 각각의 경우에 노예란 정의롭지 못한 행위의 산물이며 그 연장일 뿐이다. 동시에 그는 〈노예에 대한 적절한 대우〉에 관해 〈노예들에게는 그들의 봉사의 대가로서 항상 자유가 보장되어야 한다〉고 주장했다. 사실상 아리스토텔레스는 자신의 유서에도 몇몇 노예의 해방을 유언으로 남겨 놓았다.

한편 아리스토텔레스는 시민권의 불평등성을 믿었다. 그에 의하면 시민권이 부여되는 기본적인 자격은 지배할 수도 있고 지배를 받을 수도 있는 인간의 능력이라고 했다. 즉 시민은 정의로운 행정에 참여하는 권리와 의무를 동시에 갖는다. 그러므로 시민은 정치 집회와 법정에 출석할 수 있을 정도로 적합한 기질과 인품뿐만 아니라 시간적인 여유도 가져야 할 것이다. 아리스토텔레스는 이러한 이유에서 노동자까지 시민이 되어야 한다고는 믿지 않았다. 왜냐하면 그들은 시간도 없고 적합한 정신이 계발되지도 않았을 뿐더러 그들이 정책 과정에 참여한다고 해서 이익을 얻을 수도 없기 때문이다.

6. 3. 선한 정부와 혁명

아리스토텔레스가 계속 강조한 점은 국가란 인간의 도덕적이며 지적인 완성을 위해 존재한다는 사실이다. 그에 의하면 〈국가는 단순히 삶의 영위를 위해 존재하는 것이 아니라 선한 삶을 위해서 존재한다〉. 또한 〈국가는 가족과 마을을 완전하고 자족적인 생활로 일체화시키며, 따라서 우리는 국가를 통해 행복하며 명예로운 삶을 추구할 수 있다〉. 결국 〈우리의 결론은 …… 정치적인 사회는 고귀한 행동을 위해 존재하며 단순한 정치 집권을 위해 존재하는 것이 아니다〉. 그렇지만 한 국가가 과연 선한 삶을 낳을 수 있는가는 그 국가의 통치자들이 어떻게 행동하는가에 달려 있다. 우리는 앞에서 이미 정의로운 정부 형태와 사악한 정부 형태를 구분한 바 있다. 전자의 경우에는 선한 통치자들이 만민의 선을 이루기 위해 노력하는 반면에 후자의 경우에는 사악한 통치자들이 자신들의 사적인 영리만을 추구한다.

어떤 형태를 취하든지 정부는 정의와 적절한 평등의 개념에 기초해야 할 것이다. 그러나 다양한 정의의 개념들은 불일치를 초래할 수 있고 궁극적으로 혁명을 낳을 수 있다. 아리스토텔레스에 의하면 민주제가 기초하는 가정은 어떤 면에서 평등한 사람들이 모든 면에서도 평등해야 한다는 것이다. 즉 〈인간은 다 같이 자유롭기 때문에 절대적으로 평등해야 한다〉는 가정에 기초한다. 반면에 〈과두제〉는 〈한 가지 측면에서 불평등한 모든 사람은 모든 면에서도 불평등하다고 가정한다〉. 즉, 〈재산의 소유에서 불평등하므로 자신들이 절대적으로 불평등하다〉는 것이다. 이러한 이유 때문에 민주론자들이나 과두론자들이 수적으로 열세를 차지하게 되면 그 시대의 통치 철학도 〈그들의 이상과 불일치하게 되고, 따라서 혁명을 자극하게 된다. 여기서 바로······ 혁명의 샘이 솟구치기 시작한다〉.

아리스토텔레스는 다음과 같이 결론짓는다. 〈이 혁명적 감정의 보편적이며 주된 원인은 평등에 대한 갈망이다. 즉 그때 사람들은 그들이 보다 더 많이 가진 다른 사람들과 평등하다고 생각하게 되는 것이다.〉 물론 그는 〈오만과 탐욕〉이나 공포와 소심 같은 다른 원인도 간과하지 않았다. 이러한 혁명의 원인들을 제시하면서 아리스토텔레스는 각각의 정부 형태가 혁명을 적절히 예방할 수 있다고 주장했다. 예를 들면 왕은 무자비한 행위를 피해야 하며, 귀족제는 부유한 계급의 이익을 대변하는 소수의 부유한 사람들에 의한 통치를 피해야 한다. 또한 민주정은 좀 더 유능한 사람들이 보다 많은 시간을 정부에 참여할 수 있도록 해야 한다. 무엇보다도 중요한 것은 〈법률에 대한 복종심보다 더 엄중하게 주장될 수 있는 것은 없다〉는 사실이다. 결국 국가가 백성으로 하여금 훌륭한 삶이라고 여길 만한 행복을 성취할 수 있도록 그들의 생활 조건을 만들어 주지 못한다면 그들은 언제라도 국가를 비판할 수 있다.

7. 예술 철학

아리스토텔레스의 예술에 대한 관심은 플라톤보다 훨씬 더 긍정적이었다. 플라톤에 있어서 예술이란 본질적으로 모방, 즉 자연에 대한 모방의 문제였고 아리스토텔레스도 동일하게 이러한 관심을 갖고 있었다. 플라톤이 몇 가지 형태의 예술에 대해 그토록 경멸적이었던 이유는 예술 작품이란 진리로부터 적어도 세 단계 떨어져 있다는 그의 주장에서 연유하는 것이다. 즉 인간의 참된 실재는 인간의 영원한 이데아며, 이러한 이데아의 궁색한 모사가 구체적인 인물, 예를 들면 소크라테스다. 그러므로 소크라테스의 초상화는 모사의 모사가 될 것이다. 결국 플라톤의 예술관은 예술의 인식적 측면에 집중되어 있었고, 따라서 그는 실재로부터 몇 단계 떨어진 예술은 지식을 왜곡하는 결과를 낳을 뿐이라는 결론을 짓게 되었다. 반면에 아리스토텔레스는 보편적인 형상이 구체적인 사물들 속에만 존재한다고 믿었기 때문에 예술가는 보편적인 것들을 직접적으로 취급한다고 생각했다. 즉 예술가는 사물들을 연구하면서 그것을 예술의 형식으로 바꾸는 사람들이다. 이러한 이유에서 아리스토텔레스는 예술의 인식적 가치를 인정했다. 그에 의하면 예술은 자연의 모방이기 때문에 자연에 대한 정보를 전달해 줄 수 있는 것이다.

『시학』에서 아리스토텔레스는 시와 역사를 비교하면서 시의 인식론적 측면을 강조하고 있다. 단지 특수한 인간과 사건을 취급하는 역사가와 달리 시인은 인간의 근본을 다룬다. 따라서 시인은 보편적인 경험을 다룬다. 그 양자의 진정한 차이는 역사가 이미 일어났던 것에 관심을 갖는 반면에 시는 일어날 수 있는 것에 관심을 갖는다는 점에 있다. 〈그러므로 시는 역사보다 더욱 철학적이며 좀 더 높은 수준에 있다. 왜냐하면 시는 보편적인 것을 표현하려 하지만 역사는 개별적인 것을 표현하려 하기 때문이다.〉 아리스토텔레스에게 보편성이 의미하는 것은 〈어떤 유형의 사람이 어떤 경우에 개연성이나 필연성의 법칙에 따라 어떻게 말하고 행위하는지에 관한 것〉이다. 따라서 〈시가 지향하는 것도 이러한 보편성〉이다.

아리스토텔레스의 견해에 따르면 예술은 인식론적 가치 이외에도 매우 중요한 심리학적 의미를 갖는다. 우선 예술은 인간 본성의 심층 구조를 반영하며 바로 이러한 점이 인간과 동물을 구별해 주고 모방에 대한 본능을 심어 준다. 사실상 유년 시절부터 인간의 학습은 모방을 통해 이루어진다. 이러한 본능 이외에도 인간은 예술을 통하여 쾌락을 얻을 수 있다. 그러므로 〈인간이 하나의 유사함을 발견하면서 즐거워하는 이유는 인간은 그것을 관조함으로써 학습할 수 있고…… 아, 그것은 바로 저것이라고 말할 수 있기 때문이다〉.

물론 아리스토텔레스는 〈서사시〉와 〈비극〉과 〈희극〉에 대해 자세히 분석하고 있으며 그 각각의 구성 요소와 기능을 제시하고 있지만, 후세의 사상에 가장 영향력을 미친 것은 그의 비극에 대한 언급이다. 그는 특히 비극의 감정적인 측면을 강조했고, 〈카타르시스 catharsis〉라는 개념에 집중했다. 아리스토텔레스는 이렇게 말했다.

비극은 진지하고 일정한 길이를 가진 완결된 행위를 모방하며 듣기 좋게 다듬어진 언어를 사용하되 이를 개별적으로 작품의 각 부분에 삽입하며 서술 형식이 아니라 드라마 형식을 취하는 것으로서, 연민과 공포의 감정을 야기함으로써 바로 이러한 감정에 대한 카타르시스를 이룩한다.

〈카타르시스〉라는 개념은 비극을 통하여 우리가 우리의 감정들을 〈제거한다〉는 것을 의미하는가? 아니면 그것은 우리의 심층적 감정들을 대행적인 방식으로 표현하고 발산할 수 있는 기회가 우리에게 주어진 것을 의미하는가? 이 두 경우에 아리스토텔레스는 다음과 같이 주장하는 것 같다. 심층적이며 거대한 고통에 대한 예술가들의 모방은 청중의 가슴에 공포나 연민을 불러일으킴으로써 그러한 감정을 추방하고 더 나아가서는 관객의 영혼을 정화시킨다는 것이다. 그러므로 〈비극은 어떤 행동의 모방이다. ……공포나 연민을 통하여 이러한 감정들을 적절히 추방할 수 있도록 해준다〉고 아리스토텔레스는 주장한다.

제 2 부
헬레니즘과 중세 철학
| Hellenistic and Medieval Philosophy

생테티엔 드 부르주 대성당

5 아리스토텔레스 이후의 고대 철학

　아리스토텔레스가 그의 거대한 철학 체계를 완성한 후에 철학은 새로운 중심점으로 이동하기 시작했다. 이 새로운 방향을 향한 철학자 집단은 네 가지 부류로 구분된다. 그것은 바로 에피쿠로스학파, 스토아학파, 회의주의자, 신플라톤주의자이다. 물론 그들은 그 이전 철학자들에게서 많은 영향을 받았다. 에피쿠로스는 데모크리토스에게서 자연의 원자론을, 스토아학파는 헤라클레이토스의 만물에 퍼져 있는 불이라는 실체의 개념을, 회의주의자는 소크라테스적인 회의의 방법을 자신들의 탐구 방법으로 이용했으며, 또한 플로티노스는 플라톤에게 크게 의존했다. 그들의 철학이 각기 다른 것은 그 주제에 있는 것이 아니라 방향이나 강조하는 바가 다른 데 있다. 그들은 실천적인 데 강조점을 두었으며 자기중심적인 분위기를 띠었다. 철학은 삶의 기술을 강조함으로써 더욱 실천적으로 되었다. 또한 이러한 새로운 사상 활동들은 우주의 구조에 대해서 사변적으로 기술하고 있다. 그러나 플라톤과 아리스토텔레스처럼 이상 사회에 대한 청사진을 만들고 개인을 거대한 사회 및 정치 구조에 귀속시키는 대신에 이 새로운 철학자들은 먼저 사람들 자신에 대해 생각하게 하고, 어떻게 하면 자연의 구조 안에서 개인으로서 사람들이 가장 만족스러운 개인 생활을 이룰 수 있는지에 대해 생각하게 되었다.

　윤리학에서 이러한 새로운 흐름은 대부분 시대마다의 역사적인 조건에 의해 크게 야기되었다. 펠로폰네소스 전쟁 이후 아테네가 몰락하자 그리스 문명은 쇠퇴했다. 그리스의 소도시 국가의 몰락과 더불어 시민 개개인은 이제 자신들의 사회와 정치적인 운명을 조정하거나 완성하기 위한 개인의 중요성과 능력 같은 것의 의미를 상실하게 되었다. 개인이 강대한 로마 제국에 흡수됨에 따라 그들은 점차 집단생활 속에서 자신의 삶에 대한 통제력을 상실했다. 그리스가 로마의 속국이 된 이후 사람들은 이상 사회에 관한 문제들을 사색하는 데 관심을 잃었다. 필요한 것은 변화하는 조건 속에서 삶의 방향을 제시해 줄 수 있는 실천 철학이었다. 사람들에게 사건이 엄습해 올 때면 역사를 변화시키는 일 따위는 한가한 얘기처럼 보였다. 그러나 역사가 인간의 통제력 밖에 있다 하더라도 적어도 개인의 삶은 별문제 없이 유지될 수 있었다. 그러므로 철학은 더욱 직접적인 개인의 세계에 대한 관심의 증가와 더불어 이러한 실천적인 면을 강조하기에 이르렀다.

에피쿠로스학파는 이른바 〈아타락시아*ataraxia*〉, 즉 영혼의 평정을 통한 삶을 향해 이상적인 방향을 잡았다. 스토아학파는 불가피한 사건에 대한 자신들의 반응을 조절하는 데 힘쓴 반면, 회의주의자들은 그 진리가 의심스러운 이상에 구속됨을 거부함으로써 개인의 자유를 유지하려 했다. 마지막으로 플로티노스는 신과의 신비적인 결합 속에서 구원을 약속했다. 그들은 인간의 존재 의미의 원천을 찾기 위해 철학에 의지했다. 그리고 그들의 철학, 특히 스토아학파가 후에 인간의 충성을 요구하는 종교와 반목하게 된 것도 이상할 바가 없다. 그들이 추구하고자 하는 것은 서로 친근하지도 않고 함정으로 가득 찬 세계 속에서 각 개인들이 성공적으로 행복이나 만족을 획득할 수 있는 방법을 찾는 것이었다.

1. 에피쿠로스

에피쿠로스는 플라톤이 죽은 후 약 5, 6년 후에 태어났으며 그때 아리스토텔레스의 나이는 마흔두 살이었다. 기원전 342년(또는 기원전 341년) 에게 해의 사모스 섬에서 태어난 그는 10대쯤에 데모크리토스의 저서를 접했으며 데모크리토스의 자연 철학이 그 이후에도 그의 철학에 지속적인 영향을 주었다. 아테네인들이 사모스 섬에서

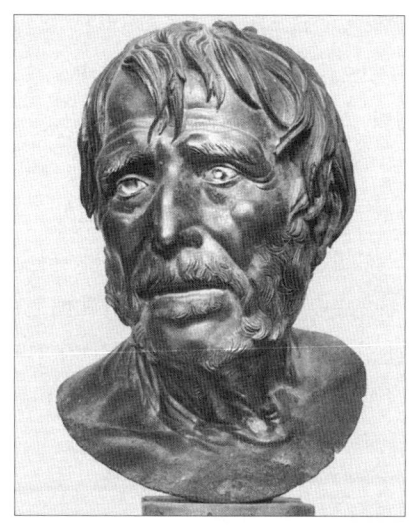

루크레티우스

쫓겨나자 에피쿠로스는 소아시아로 가서 그곳의 여러 학교에서 교편을 잡았다. 기원전 306년쯤에 그는 다시 아테네로 돌아와 학원을 세웠다. 그 학원의 모임 장소는 다름 아닌 그 자신의 정원이었다. 나중에 이곳은 플라톤의 아카데미아, 아리스토텔레스의 리케이온, 제논의 스토아와 더불어 고대의 이름 있는 학원 가운데 하나가 되었다. 에피쿠로스는 깊은 애정과 존경에 의해서 또는 서로 간의 고상한 대화에 의해서 그를 좋아하는 가까운 친구들을 그곳으로 불러 모았다. 그의 많은 저서들이 소실되었음에도 불구하고 기원전 270년 에피쿠로스가 죽은 이후에도 철학에 대한 독특한 접근이 이 학원에서 비롯되었다. 아테네에서 그의 가르침의 영향은 계속 이어졌고 로마에도 전파되었다. 오늘날까지도 전해지고 있는 루크레티우스(Lucretius, B. C. 98?~B. C. 55?)의 시 「사물의 본성에 관하여 De rerum natura」에는 에피쿠로스의 주요 사상이 구체적으로 나타난다.

에피쿠로스는 실천적인 철학자였다. 그는 의학이 신체의 건강에 영향을 미치는 것처럼 사상은 삶을 통제하는 데 마찬가지의 영향을 미친다고 생각했다. 진정으로 그는 철학을 영혼의 의학이라고 생각했다. 그는 〈세계는 무엇으로 만들어졌는가〉와 같은 난해한 문제를 자세히 다루지 않았다. 그에게는 원자나 물질의 조각들로 구성된 세계의 상을 전개시킨 데모크리토스의 이론이 적절한 대답으로 생각되었다. 에피쿠로스의 생각으로는 세계가 무엇으로 구성되어 있다면 그것으로 인간의 행동에 어떤 결과가 초래되는가가 문제였다.

에피쿠로스에게 인생의 주된 목적은 쾌락이다. 그러나 쾌락이란 먹고 마시고 즐기는 세 가지 공식에 있다는 생각 이외에 어떠한 것도 에피쿠로스의 가르침에서 얻어낼 것은 없다고 하여 오늘날까지도 그를 식충이나 주색가와 결부시키는 것은 아이러니컬한 일이다. 그는 여러 종류의 쾌락을 구별하기 위해 매우 애썼다. 예를 들면 강렬하긴 하지만 짧은 쾌락과 덜 강렬하지만 오래 지속되는 쾌락의 구별이나 후에 고통을 주는 쾌락과 안정과 휴식의 감정을 주는 쾌락의 구별 등이다. 이처럼 그는 쾌락의 원리를 행동의 근거로서 체계화하는 데 힘썼다.

1. 1. 물리학과 윤리학

에피쿠로스가 쾌락설을 택하게 된 것은 데모크리토스에게 물려받은 〈과학〉, 즉 물리학 때문이었다. 물리학은 신이 만물을 창조했고 인간의 행위도 만물의 근원인 신에 대한 복종에 기초해야 한다는 관념을 제거하는 데 효과적이었다. 그의 〈원자론〉에 기반을 둔 에피쿠로스는 존재하는 모든 사물은 단단한 물질로서 작고 부서지지 않는 조각, 즉 영원한 원자로 구성되어 있다고 결론지었다. 이 원자들의 무리 없이는 아무것도 존재하지 않는다. 이것은 곧 유일신이나 여러 신들이 존재한다면 그들도 역시 물질적인 존재여야 한다는 뜻이다. 무엇보다 중요한 것은 신이 모든 사물의 원천이거나 창조주도 아니며, 그 스스로는 목적도 없는 임의적인 사건의 결과라는 사실이다.

원자에는 어떠한 시초도 없다는 개념에 의해 만물의 기원이 설명된다. 원자는 항상 공간 안에 존재했다. 빗방울처럼 원자들은 한꺼번에 제각기 공간 속에 떨어지며, 그것들은 어떠한 저항도 받지 않으므로 항상 서로 같은 간격을 유지한다. 수직으로 낙하할 동안에 한 원자는 완전히 수직으로 떨어지지 않고 한쪽으로 약간 〈벗어나〉 측면으로 기울게 된다. 그래서 이 원자가 가까이 있는 원자의 경로로 움직여 충돌을 일으키면 이 두 원자는 서로 힘을 받아 또 다른 원자들에게 충격을 줌으로써 연쇄적인 충돌이 일어나며 결국 모든 원자들이 여러 무리로 뭉쳐질 때까지 이 충돌은 계속된다. 이러한 원자들의 무리나 배열이 우리가 지금 보는 바위, 꽃, 동물, 인간, 다시 말해서 세계 내의 모든 사물들이다. 원자는 무한히 많았으므로 지금 세계 또한 무한하게 많이 존재함에 틀림없다. 어쨌든 인간은 신에게 지배를 받거나 신에 의해 창조된, 또는 목적성이 있는 질서의 일부분을 이루는 것이 아니라 원자들의 충돌에 의한 우연적인 산물이다.

1. 2. 신과 죽음

인간의 기원에 대한 이러한 설명과 〈신성한 존재들〉을 포함하여 모든 존재들의 근본이 되는 물질에 대한 설명에 의해 에피쿠로스는 자신이 인간을 신에 대한 공포와 죽음의 공포에서 해방시켰다고 생각했다. 신은 자연이나 인간의 운명을 조정할 수 없다. 따라서 신은 인간의 삶에 개입할 수 없기 때문에 인간은 신을 더 이상 두려워할 필요가 없었다. 에피쿠로스에 의하면 살아 있는 사람만이 고통이나 쾌락의 감각을 느낄 수 있으므로 죽음이 어느 누구도 괴롭히지는 않는다. 사후에는 아무런 감각도 없다. 왜냐하면 육체와 정신을 구성하고 있는 원자는 따로따로 흩어지기 때문이다. 정신이나 육체가 특별히 따로 존재하는 것이 아니라 단지 수많은 분명한 원자들만이 존재한다. 그것들은 새로운 배열에 필요한 순환 과정을 지속하기 위하여 원래의 물질 창고로 되돌아간다. 물질만이 존재하며 인간의 삶 속에서 우리가 아는 것이라고는 이 육체와 경험하는 현재의 순간뿐이다. 인간의 본성의 구성 요소는 다른 크기와 모양을 가진 원자들이다. 더 큰 원자는 우리의 육체를 만들며 더 작고 부드러우며 빠른 원자들이 감각과 사유 작용을 설명해 준다. 인간의 본성을 설명하기 위해 신도 사후의 세계도 그 밖의 어떠한 원리도 필요치 않다. 신과 죽음의 공포에서 벗어난다면 인간은 자신의 통제하에서 삶의 방식을 전개하기 위한 무대를 마련할 수 있다.

이것은 도덕 철학의 새로운 흐름이었다. 왜냐하면 그것은 신의 명령에 따르는 추상적인 올바른 행동 원리 대신에 육체와 정신의 쾌락을 위한 개인의 직접적인 욕망에 초점을 두기 때문이다. 그의 자연론이 개개의 원자를 모든 존재의 궁극적인 근거로 삼은 것과 마찬가지로 그는 개인을 자신의 도덕 체계에 대한 활동 무대로 삼았다.

1. 3. 쾌락 원리

에피쿠로스가 만물의 기원을 기계론적으로 설명했고 쾌락 추구를 본질로 하는 인간을 또 하나의 작은 메커니즘으로 여겨 사물의 본질 속에 위치시켰지만 그럼에도 불구하고 그는 인간에게 자신의 욕망을 규제하는 힘과 의무를 부과했다. 설사 그가 인간을 신의 섭리에 대한 공포에서 해방시켜 주었을지라도 그는 정욕과 방종의 수문을 개방할 의사를 가지고 있지 않았다. 그는 쾌락을 선의 척도라고 확신했지만 쾌락이라고 해서 모두가 똑같은 가치를 지니는 것은 아니라고 생각했다.

만일 누군가가 에피쿠로스에게 쾌락이 〈선〉의 척도라는 것을 어떻게 아느냐고 묻는다면 그는 단순히 다음과 같이 대답할 것이다. 모든 사람은 쾌락과 고통의 차이, 다시 말해 고통보다는 쾌락이 바람직하다는 것을 쉽게 느낀다. 〈왜냐하면 우리는 쾌락을 우리 안에 본유하는 제1의 선으로 인식하여 쾌락으로부터 선택 및 금지의 모든 행위를 결정하고 우리는 다시 쾌락으로 돌아가기 때문이다.〉 에피쿠로스에 의하면 감각이 진리에 대한 시금석이 되듯이 감정은 선악에 대해 직접적인 척도가 된다. 우리의 감관에 고통은 언제나 악이며 쾌락은 언제나 선이다. 그것은 우리가 어떤 것을 본다는 사실이 우리 앞에 그것이 있거나 그렇지 않거나 둘 중의 하나인 경우와 똑같다.

더욱이 에피쿠로스는 인간을 가장 행복한 삶으로 인도하기 위해 여러 가지 종류의 쾌락을 구별하는 데 최대의 주안점을 두었다. 음식의 경우처럼 자연적이고 필연적인 욕망이 있는가 하면, 성적 쾌락처럼 자연적이지만 필연적이 아닌 욕망도 있으며 사치나 인기처럼 자연적이지도 않고 필연적이 아닌 욕망도 있다. 그는 그것들을 확실하게 구별할 수 있었기 때문에 다음과 같은 결론을 내렸다.

우리는 쾌락이 곧 목적이라고 주장할 때, 그것은 방탕한 자의 쾌락도 아니며 무지하거나 우리와 의견을 달리하는 또는 이해하지 못하는 사람들에 의해 상상되는 호색적 쾌락도 아니다. 그것은 육체의 고통과 정신의 불안으로부터의 자유를 의미한다. 그것은 연일 음주와 연회를 벌이는 것도 아니고 또 정욕의 충족도, 편안한 생활을 하는, 즉 생선을 즐기고 호화로운 식탁을 소유하는 것과 같은 사치도 아니다. 오히려 그것은 취할 것을 취하고 금할 것을 금하는 동기를 탐구하거나 정신이 매우 혼란할 때 생기는 잘못된 의견을 떨쳐 버리는 건전한 논리적 사고다.

에피쿠로스는 육체의 쾌락을 반대하려는 것이 아니라 단지 이러한 쾌락에 너무 관심을 두는 것은 부자연스럽고 불행과 고통에 이르는 가장 확실한 길임을 밝히고자 한 것뿐이었다. 어떤 육체적인 쾌락은 결코 완전하게 만족되지 않는다. 만일 그러한 쾌락에 계속 빠지게 된다면 그 쾌락을 추구하는 사람은 항상 불만족하게 될 것이며, 따라서 항상 고통에 시달릴 것이다. 예를 들면 어떤 사람이 많은 돈이나 대중의 인기 또는 외국산 음식이나 고관직을 원하게 된다면 그는 항상 현재의 상태에 만족을 느끼지 못하고 늘 내적인 고통에 시달리게 될 것이다. 그러나 현명한 사람은 그의 본성을 최소로 억제할 수 있으며 쉽고 빠르게 필요한 것들을 만족시킬 수 있다. 이러한 욕구들이 만족될 때 인간의 본성은 균형을 이룬다. 식도락가가 자신이 좋아하는 음식을 과식할 때보다는 현명한 사람이 적절한 빵과 물을 먹을 때 행복을 더 쉽게 얻을 수 있다. 왜냐하면 현명한 사람은 음식을 조금만 필요로 할 뿐만 아니라 조금만 먹어도 된다는 것을 알고 있기 때문이다.

인간의 본성이 추구하는 궁극적인 쾌락은 〈마음의 평정〉이다. 에피쿠로스는 그것을 육체적인 고통 없이 정신이 평온한 안정 상태라고 말한다. 이러한 평정의 느낌을 얻으려고 한다면 욕망을 점차 줄여 가며 불필요한 근심을 극복하고 무엇보다도 가장 영구하게 지속되는 정신적 쾌락에 의지해야 한다. 어떤 의미에서 이러한 정신적 쾌락은 육체적인 일에 깊게 빠지는 일과 그것이 수반하는 고통을 방지해 주는 효과를 지니기 때문에 그것들은 육체적 쾌락인 셈이다.

1. 4. 개인의 쾌락 대(對) 사회적인 의무

끝으로 에피쿠로스는 자기중심적인 도덕 철학을 확립했다. 왜냐하면 그는 인간 사회에 관심을 가진 것이 아니라 개인의 쾌락에 관심을 두고 있기 때문이다. 철학자의 삶마저도 고통을 피하는 수단이지 선한 사회를 만들고자 영향을 주는 것으로 여기지 않는다. 에피쿠로스는 외국산 음식을 멀리했을 뿐만 아니라 타인들, 특히 요구나 문제가 많은 가난한 사람들을 멀리했다. 그에 의하면 선한 삶이란 자기의 동료를 도와주는 것이 아니라 지적인 매력을 지닌 친구들과 즐겁고 유쾌하게 교제하는 가운데 발견할 수 있다. 에피쿠로스가 인정하는 시민 사회의 유일한 기능은 타인에게 고통을 주는 자들을 막는 일이다. 모든 목적과 이성적인 질서의 어떠한 영역도 배제하는 그의 자연론은 그에게 정의에 대한 어떤 확고한 생각도 허용하지 않았다. 에피쿠로스에게 고통의 부재와 정신에 의한 욕망의 절제보다 더 높은 가치는 없다. 우리는 그 뒤 수세기 동안 에피쿠로스의 이러한 도덕 철학이 도덕적인 삶에 대한 그의 것과는 다른 개념들을 반박했고 또한 그것들에게 도전받는 것을 보게 될 것이다.

2. 스토아 철학

철학의 한 학파로서 스토아학파는 고대의 가장 뛰어난 지성인들 가운데 몇 명을 포함하고 있다. 키티온의 제논(Zenon, B. C. 334~B. C. 262)이 스토아(*Stoa*, 현관을 의미하는 그리스어)[1]에 세운 이 학파의 철학적 운동은 아테네에 있는 클레안테스(Cleanthes, B. C. 330?~B. C. 233?)와 아리스톤[2]의 관심을 끌었으며 후에 키케로(Marcus Tullius Cicero, B. C. 106~B. C. 43), 세네카(Lucius Annaeus Seneca, B. C. 4?~65), 에픽테토스(Epiktetos, 60?~117?), 마르쿠스 아우렐리우스(Marcus Aurelius, 121~180)와 같은 로마에 있는 지지자들을 발견한다. 제논은 청년 시절에 윤리적인 가르침, 특히 소크라테스의 용기 있는 죽음에 감명을 받았다. 스토아학파는 아리스토텔레스의 리케이온에서 정한 철학의 세 분과인 논리학, 물리학, 윤리학의 탐구에 힘썼지만 제논의 영향에 의해 윤리학에 치중하게 되었다.

2. 1. 지혜와 통제 대(對) 쾌락

스토아학파의 도덕 철학도 역시 행복의 추구가 목표였지만 에피쿠로스학파와 달리 그들은 쾌락에서 행복을 기대하지는 않았다. 그들은 지혜를 통하여 행복을 추구했다. 즉 지혜에 의해서 그들은 인간의 능력 안에 있는 것을 통제하고 인정해야만 하는 것을 품위있게 받아들였다. 청년 시절 제논은 주로 조용히, 그리고 용기 있게 죽음을 맞

---

[1] 이 학파의 명칭은 키프로스 섬의 키티온에서 태어난 제논이 기원전 313년 아테네를 떠나 아카데미아파나 키니코스파에서 철학을 배운 후 스토아포이키레라는 공공 건물에서 많은 청중을 대상으로 철학 강의를 시작한 데서 왔다(사진 참조).

[2] Ariston ho Chios. 기원전 250년경에 활동한 인물로 제논의 제자. 그는 스토아학파의 다른 제자들과는 달리 논리학을 무익하다고 보고, 그 대신 인간에게는 덕만이 중요할 뿐 개개의 실천적 규정도 배울 필요가 없다고 주장했다. 또한 그는 덕의 종류가 여러가지라는 주장에 대해서도 반대했다.

제논이 강의했던 건물의 회랑

이한 소크라테스의 가르침과 삶에 영향을 받았다. 스토아학파는 생존의 위협, 즉 죽음의 위협을 앞에 두고 감정을 억제하는 놀라운 이러한 모범을 그들의 삶을 영위하는 귀감으로 삼았다. 수세기 후에 스토아 학자인 에픽테토스는 〈나는 죽음을 피할 수가 없다. 그러나 나는 죽음의 두려움을 피할 수는 있지 않을까?〉라고 말하였다. 더욱 일반적으로 이와 같은 주제를 다루면서 그는 다음과 같이 쓰고 있다. 〈사건들이 당신의 의도대로 일어나기를 바라지 말라. 오히려 그것들이 일어나는 대로 진행되기를 원하라. 그러면 당신은 모든 일이 잘될 것이다.〉 말하자면 우리는 모든 사건을 통제할 수 없으며 단지 일어나는 일에 대한 우리의 자세만을 조정할 수 있다. 미래에 일어날 사건들을 두려워하는 것은 부질없는 것이다. 왜냐하면 어쨌든 그 사건들은 일어날 것이기 때문이다. 그러나 의지의 행위에 의해서 우리의 공포를 조절하는 것은 가능하다. 그러므로 우리는 사건을 두려워할 필요는 없다. 실제로 〈두려움 외에 우리가 두려워할 일은 없다〉.

이러한 도덕 철학에는 우아한 단순성은 있으나 그것은 지적 엘리트에게나 맞는 철학이었다. 이 철학의 결론은 개인의 태도를 충분히 조정할 수 있다는 것뿐이었다. 매우 간단하지만, 스토아 학자들은 어떻게 이러한 결론에 도달했을까? 그들은 세계가 어떻게 되어야만 하며 인간이 어떻게 이 세계에 적응해야 하는지에 대해 고찰함으로써 그러한 결론에 도달했다. 그들에 의하면 세계는 인간과 물질적인 사물이 〈목적〉의 원리에 따라 행동하는 질서 정연한 배열 장소다. 그들은 자연 전체에 걸쳐 〈이성〉과 〈법칙〉이 작용함을 깨달았다. 스토아학파는 세계에 대한 이러한 견해를 설명하기 위해 특별한 신의 관념을 도입했다. 왜냐하면 그들은 신을 자연 전체, 즉 모든 사물 안에 존재하는 이성적인 실체라고 생각했다. 자연의 전 구조를 통제하고 배열하며 사건들의 경과를 결정하는 것이 다름 아닌 전체에 퍼져 있는 실제적인 형태의 이성, 즉 신이다. 여기에 도덕 철학의 근거가 놓여 있다. 그러나 이러한 문제에 대해 스토아 철학이 취한 방향은 그들의 인식론에 의해 결정되었다.

에픽테토스

2.2. 스토아학파의 인식론

스토아학파는 인간이 어떻게 지식에 도달할 수 있는지를 설명하기 위해 세밀하게 탐구했다. 이러한 탐구가 전적으로 성공한 것은 아니지만 적어도 다음의 두 가지 이유로 그들의 인식론은 중요하다. 첫째, 그것은 자연에 대한 유물론적 이론의 기반을 마련해 주었다. 둘째, 진리나 명증성에 대한 발판을 마련했다는 점이다.

스토아학파의 인식론의 이 두 가지 결과는 관념의 기원을 설명하고자 하는 그들의 노력에서 비롯되었다. 그들에 의하면 단어들은 사유를 표출해 주며 사유는 외부 대상이 정신에 미치는 충격에 기인한다. 정신은 태어날 때에는 비어 있으며, 그것이 대상들을 접하면서 관념들이 채워진다. 이들 대상은 감관을 통해 정신에 인상을 남긴다. 예를 들면 도장으로 밀초 위에 압인을 남기듯이 나무는 시각을 통해 정신 위에 상(像)을 남긴다. 사물의 세계와 계속해서 접하게 되면 많은 인상이 생기고 기억을 늘리게 되며, 또한 우리는 바로 앞에 있는 대상들을 넘어서 더욱 일반적인 개념을 형성하게 된다.

스토아학파가 직면한 실제적인 문제는 선이나 미와 같은 일반적인 관념을 어떻게 설명하느냐는 것이었다. 그들은 우리의 사유 작용이 감각과 어떻게 연관되는지를 설명해야만 했다. 우선 나무에 대한 관념은 우리가 나무를 보는 데서 비롯된다는 사실을 증명해야 한다. 그러나 우리는 어떻게 보편 관념들, 즉 우리의 감관을 넘어서는 사물들을 가리키는 관념을 설명할 수 있는가? 스토아학파는 결국 모든 사유는 — 판단과 추론을 나타내는 사유도 — 감관과 연관되어 있다고 대답했다. 어떤 사물이 선하다거나 참이라고 하는 판단이나 추론은 인상의 기계적인 과정의 결과다. 어떤 형태의 사유 작용이든 인상과 더불어 시작하며, 몇몇 사유 작용은 감정의 경우처럼 우리 내부에서 시작하는 인상에 기반을 두고 있다. 그러므로 감정은 우리에게 지식을 줄 수 있다. 그것은 확실성의 느낌을 주는 근거인 〈불가항력적인 지각들〉의 원천이다. 나중에 회의론자들이 지적한 바와 같이 이러한 설명으로는 그것에 반대하는 모든 비판적인 질문에 대처할 수가 없다. 그러나 스토아학파는 그 속에서 진실의 근본을 발견했으며 또한 인식론을 통하여 자신들의 일반적인 철학에 대해 매우 특징적인 시야를 갖게 되었다. 모든 사유가 감관에 대한 대상들의 충격에서 비롯된다고 주장하는 것은 곧 어떤 물질 형태를 소유하는 사물들을 제외한 실재하는 사물은 없다는 것이다. 스토아학파의 논리대로라면 그들의 철학은 유물론적인 유형에 속하게 된다.

2. 3. 모든 실재의 기초로서의 물질

스토아 철학은 이러한 유물론에 의해 물질적 세계와 인간 본성에 대한 기발한 생각을 갖게 되었다. 스토아학파가 물질적인 자연에 대해서 가지게 된 광범위한 시야는 실재하는 모든 것은 물질적이라는 논리에서 비롯된다. 그러므로 우주 안에 있는 만물은 어떤 물질의 형태를 띤다. 그러나 세계는 불활성적이거나 수동적인 물질의 창고가 아니라 역동적이고 계속 변화하며 구조화된 질서 정연한 배열이다. 자연에는 불활성적인 물질 이외에 능동적으로 형태를 갖추고 배열하는 요소를 나타내 주는 힘이 존재한다. 이 능동적인 힘은 물질과 다른 것이 아니라 물질의 다른 형태다. 그것은 공기나 호흡처럼 계속 움직이는 미묘한 사물이다. 스토아학파는 그것을 불이라고 말했으며 이 불은 모든 사물에 퍼져 있어서 그것들에게 생명력을 불어넣어 준다. 이성의 속성을 지닌 이 물질적인 불이 존재의 최고 형태이기 때문에 스토아학파는 이러한 이성적인 힘을 신이라고 이해하지 않으면 안 되었다.

2. 4. 만물에 내재하는 신

스토아 철학의 중추적인 관념은 신이 만물에 내재한다는 개념이다. 신은 불, 힘, 로고스, 이성이며, 신이 만물에 내재한다고 말하는 것은 곧 자연 전체가 이성의 원리로 가득 차 있다는 결론과 마찬가지다. 스토아학파는 물질의 삼투성에 대해 자세하게 이야기한다. 그것은 여러 형태의 물질이 서로 혼합되는 것을 의미한다. 그들에 의하면 신의 물질적인 실체가 정지해 있지 않다면 앞으로 정지하게 될 물질과 혼합된다. 물질은 그 자체에 이성의 원리가 존재하기 때문에 자신이 행하는 바대로 행동한다. 이 원리에 일치된 물질의 연속된 행위가 곧 자연적인 법칙, 즉 한 사물의 본질에 대한 법칙이라는 것이다. 스토아학파가 모든 사물에 대해 뜨겁게 불타는 모체인 신을 자연의 근원이라고 생각했다는 사실과 모든 사물들은 신의 구조화하는 이성의 각인을 직접적으로 받아들여 자신들이 행하도록 배열된 그대로 계속 행위를 한다는 사실을 상기해 볼 때, 우리는 스토아학파가 어떻게 이러한 관념들로부터 숙명과 섭리의 개념을 전개시켰는지를 알 수 있다.

2.5. 숙명과 섭리

스토아학파에게 〈섭리〉가 의미하는 바는 모든 사물과 사람이 로고스, 즉 신의 통제에 있기 때문에 사건은 그것들이 신 안에서 행하는 바 그대로 일어난다는 것이다. 전 세계의 질서는 모든 부분의 통일성에 기반을 두고 있으며, 물질의 전체 구조를 통합하는 것은 만물에 퍼져 있는 불의 실체다. 우주 안에는 어느 것도 묶여 있지 않은 것이 없기 때문에 〈흔들리는 소리를 내는〉 것은 없다. 스토아학파가 수립한 도덕 철학은 전체적으로 통제되는 물질적 우주에 대한 이러한 배경과 일치하지 않는다.

2.6. 인간의 본성

스토아학파는 다음의 사실을 잘 알고 있었다. 도덕 철학을 수립하고자 하면 우선 인간의 본성은 무엇인가에 대한 확실한 견해를 가져야만 한다는 사실이다. 그들은 단순히 자신들이 자연을 자세하게 기술할 때 사용한 똑같은 관념들을 인간 연구에도 똑같이 적용함으로써 인간의 본성에 대한 그들의 견해를 주장했다. 세계가 이성이나 신이라고 불리는 불의 실체가 스며든 물질적 질서인 것처럼 인간은 이와 똑같은 불의 실체가 스며든 물질적 존재다. 인간이 자신의 내부에 신성의 불꽃을 가지고 있다는 것은 실제로 인간이 신의 실체 일부분을 포함하고 있다는 의미다. 신은 세계의 영혼이며 인간의 영혼은 신의 일부분이다. 신성의 불꽃은 인간의 육체에 스며들어서 그것을 움직이게 하고 감각을 느낄 수 있게 해주는 매우 곱고 순수한 물질적인 실체다. 이 순수하게 물질적인 영혼은 물리적인 방식으로 부모에 의해 자식에게 전달된다. 스토아학파는 영혼이 심장에 중심을 두고 있으며 혈류를 통해 순환한다고 생각했다. 영혼이 육체에 첨가해 주는 것은 말하는 능력과 재생산의 능력뿐만 아니라 오관의 민감한 메커니즘이다. 신은 로고스, 즉 이성이기 때문에 인간의 영혼 또한 이성에 뿌리를 두고 있으며 결국 인간의 개성은 그 이성의 힘 속에서 독특하게 표현된다. 그러나 스토아학파에게 인간의 이성 능력은 단지 인간이 사유할 수 있다거나 사물에 대해 추론할 수 있는 능력을 의미하는 것이 아니라 모든 자연의 이성적 구조와 질서에 대한 인간 본성의 참여를 의미한다. 인간의 이성 능력은 사물들의 실제적인 질서와 그 속에서의 인간의 위치를 인간이 인식할 수 있음을 나타내 준다. 그것은 모든 사물이 법칙을 따른다는 인식이다. 이 법칙의 질서에 인간의 행동을 관계시키고자 하는 것이 스토아학파의 도덕 철학의 주된 관심사였다.

2. 7. 윤리와 인간의 연극

스토아학파의 도덕 철학은 간단한 통찰에 의존하고 있으며 그 속에서 인간은 연극 속의 배우로 간주된다. 에픽테토스의 이러한 생각이 의미하는 것은 배우가 자신의 역할을 택하는 것이 아니라 오히려 여러 가지 배역을 담당할 배우를 선택하는 것이 연극의 연출가이거나 희곡 작가라는 사실이다. 세계의 연극 속에서 각 인간의 배역과 역사 속에서 개인이 처해야 할 상황을 결정하는 것은 이성의 원리인 신이다. 스토아학파에 의하면 인간의 지혜는 이 연극에서 자신의 역할을 인지하고 맡은 부분을 잘 수행해 내는 데에서 그 진가를 발휘한다. 어떤 사람들은 단역을 맡고 어떤 사람들은 주역을 담당하게 된다. 〈당신이 가난한 자의 역을 하는 것이 신의 즐거움이라면 당신은 그 역을 잘 해내야 한다. 절름발이나 지배자 또는 소시민의 경우도 마찬가지다. 왜냐하면 주어진 역을 잘 해내는 것이 당신의 할 일이기 때문이다〉라고 에픽테토스는 말한다. 배우는 자신이 통제하지 못하는 사람들에 대해서는 전혀 관심을 갖지 않는다. 예를 들어 다른 배우들이 누가 될 것인가라는 것뿐만 아니라 배경의 모양과 형태 등에 대해서다. 특히 그는 줄거리나 주제에 대해 통제권이 없다. 그러나 배우가 통제할 수 있는 일이 한 가지 있다. 즉 그것은 그의 태도와 감정이다. 그가 단역을 맡았기 때문에 그는 샐쭉할 수도 있다. 또한 다른 사람이 영웅 역을 맡았기 때문에 그는 시샘을 할 수도 있다. 분장가가 그의 얼굴에 아주 못난 코를 붙인다면 그는 매우 화가 날 수도 있다. 그러나 샐쭉함도 시샘도 모욕감도 어쨌든 자신이 단역을 맡았다든가, 영웅이 되지 못했다든가, 추한 코를 붙여야 한다는 그 사실을 변화시키진 못한다. 이러한 감정에 의해서 단지 그의 행복이 사라질 뿐이다. 그가 이러한 감정에서 자유로워질 수 있거나 스토아학파가 말하는 소위 〈무관심 *apatheia*〉[3]에 이른다면 그는 현명한 사람의 표시인 평정과 행복을 얻을 수 있다. 현자는 그의 역할이 무엇인지를 아는 사람이다.

---

[3] 아파테이아 *apatheia*란 문자 그대로 파토스 *pathos*가 없는 것을 가리킨다. 파토스는 외부의 영향을 받아 생겨나는 감정 상태이므로 아파테이아는 그것으로부터 초연한 무감동의 경지를 말한다. 스토아학파는 이것을 삶의 이상으로 삼았다.

2. 8. 자유의 문제

그러나 스토아의 도덕 철학에 아직도 남아 있는 문제가 있다. 그것은 인간의 자유의 본질에 관한 것이다. 신의 이성에 의해 고정된 자연의 구조에 대한 스토아학파의 분석은 우리가 이 거대한 구조를 우주의 연극으로 생각하는 경우에 쉽게 이해할 수 있다. 배우 자신이 배역을 선택하지 않는다는 것이 참일 수도 있다. 그러나 연극에서 〈배역〉을 선택하는 것과 맡은 배역에 대한 자신의 〈태도〉를 선택하는 것의 차이점은 무엇인가? 당신이 선택할 자유가 없다면 당신은 어떻게 태도를 선택할 자유가 있는가? 신은 당신을 가난한 자로 선택했을 뿐만 아니라 당신이 특히 불만에 찬 가난한 자로 연기하도록 했다는 사실은 수긍이 간다. 태도들은 지나가는 인류의 행렬에 의해 선택될 수 있도록 제멋대로 떠다니며 기다리고 있는가, 아니면 그것들은 인간의 눈 색깔처럼 인간의 한 부분인가?

스토아학파는 태도가 인간이 선택할 수 있는 통제력 안에 있으며, 인간은 의지의 행위에 의해 사건들에 어떻게 대응할 것인가를 결정할 수 있다고 완고하게 고집했다. 그러나 그들은 섭리가 만물을 지배하지만 동시에 우리의 태도를 지배하지 못한다는 사실을 만족스럽게 설명할 수가 없었다. 가장 근사한 설명은 다음과 같은 것이다. 전 우주 안에 있는 만물은 법칙이나 이성에 따라 행동하지만 인간이 그 법칙에 대한 자신의 지식에 따라 행동한다는 사실은 곧 인간의 특징이라는 것이다. 예를 들어 물은 태양열을 받아 증발하며 시간이 지나면 응축되어 비의 형태로 다시 돌아온다. 그러나 어떤 빗방울이 다른 빗방울에게 마치 푸른 바다에서 증발될 때 혐오감을 나타내고 있는 것처럼 〈우리는 또 여기에서 떠나는구나〉라고 말하지는 않는다. 인간이 나이가 들어 죽음을 앞에 두고 있을 때에도 마찬가지 변화의 과정을 갖는다.

그러나 우리는 나이가 드는 기계적인 과정 이외에도 우리에게 무슨 일이 일어날 것인가를 안다. 부가적인 지식을 얻는다고 해서 사람이 죽는다는 사실이 변하지는 않을 것이다. 그럼에도 불구하고 스토아학파는 자신들의 도덕 철학 전체를 다음과 같은 신념 위에서 구축했다. 즉 우리가 엄밀한 법칙을 알고 있으며 우리의 역할이 필연적임을 이해한다면 우리는 무리하면서 필연적인 일에 반대하지 않고 역사와 보조를 맞추어 조심스럽게 나아갈 것이다. 행복은 선택의 결과가 아니라 이미 필연적으로 정해진 대로 되어야 하는 과정에 묵묵히 따르는 데서 비롯되는 존재의 성질이다. 그러므로 자유는 우리의 운명을 변경시키는 힘이 아니라 마음의 혼란이 없는 것을 말한다.

2. 9. 세계주의와 정의

스토아학파가 세계주의의 개념, 즉 만인이 같은 인간 공동체의 시민이라는 개념을 표방한 것은 무리가 아니다. 세계 과정을 연극으로 간주하는 것은 모든 사람이 그 안에서 각자의 역할을 맡고 있다는 것을 의미한다. 스토아학파에 의하면 인간은 신성한 불꽃의 운반자이기 때문에 인간관계는 매우 중요하다. 인간과 인간이 하나의 공통 요소를 공유하기 때문이다. 그것은 마치 다음 경우와 같다. 즉 로고스는 주 전화선이며 각 인간은 자신의 전화를 가지고 있다. 전체 회로가 공동선으로 연결되어 있으므로 신과 모든 인간이 연결되고 인간 상호 간에도 연결된다. 키케로는 다음과 같이 주장한다.

> 이성은 인간에게도 신에게도 존재하기 때문에 인간과 신의 첫 번째 공동 소유물은 이성이다. 또한 이성을 공동으로 소유하는 자들은 올바른 이성을 공동으로 소유해야 한다. 올바른 이성은 곧 법이므로 우리는 모든 인간이 신과 공통되는 법을 소유한다는 것을 믿어야 한다. 더욱이 법을 공유하는 자들은 정의를 공유해야 하며 이와 같은 것들을 공유하는 자들은 같은 국가의 구성원이라고 간주되어야 한다.

보편적인 형제애와 정의에 대한 보편적인 자연법 이론은 스토아학파가 서구의 정신에 크게 기여한 것 가운데 하나다. 그들은 사상의 흐름 속에 근본 주제들을 제시해 놓음으로써, 특히 다음 시대의 중세 철학의 발전에 결정적인 영향을 주었다.

스토아 철학은 에피쿠로스의 철학과 대부분 공통된 특성을 지니고 있지만 약간의 과격한 변화를 일으켰다. 에피쿠로스학파와 마찬가지로 스토아학파는 윤리학의 실천적인 관심사들을 강조했다. 그리고 그들은 절제를 윤리의 핵심으로 간주했으며, 자연의 모든 것을 유물론적인 용어로 나타냈고 행복을 목적으로 추구했다. 스토아학파에 의해 수행된 가장 특기할 만한 변화는 그들이 세계를 우연의 산물이 아니라 질서 정연한 정신, 즉 이성의 산물이라고 보았다는 사실이다. 스토아학파는 이러한 견해로 인간의 지혜의 가능성에 대해 매우 낙관적인 기대를 했다. 그러나 지혜에 대한 이러한 주장, 즉 우리가 세계의 세부적인 활동에 대해 많은 것을 알 수 있다는 주장에 반대하는 회의론자들의 비판적인 철학이 발전하였다.

3. 회의주의

오늘날 우리는 회의주의자들을 가리켜 기본적인 태도가 회의적인 사람들이라고 일컫는다. 그러나 회의주의자의 어원인 고대 그리스어 *skeptikoi*의 의미는 약간 다르다. 그것은 〈추구자들〉 또는 〈탐구자들〉이라는 의미를 지닌다. 그렇지만 회의주의자는 의심하는 자다. 그들은 플라톤이나 아리스토텔레스가 세계에 대한 진리를 발견하는 데 성공했다는 사실을 회의하며, 에피쿠로스학파나 스토아학파에 대해서도 마찬가지로 회의한다. 그러나 이 모든 회의에도 불구하고 그들은 평정한 삶에 도달하기 위한 방법을 추구했다. 이 학파의 창시자는 엘리스의 피론[4]이며, 그의 회의주의는 여러 세기에 걸쳐 철학에 커다란 영향을 주었다. 그의 독특한 철학 방법은 훗날 〈피로니즘〉이라고 알려지게 되었다. 또한 피론이 제자들을 이끌던 당시〔기원전 3세기〕에 회의주의의 경쟁 학파가 플라톤의 아카데미아에서 생겨났다. 특히 플라톤 이후 한 세대 정도 뒤에 그곳의 우두머리가 된 아르케실라오스(Arkesilaos, B. C. 316?~B. C. 241?)가 그 학파의 지도자였다. 아카데미아 학파라고 알려진 그들은 플라톤의 형이상학을 부정하고 판단 중지의 도구로서 소크라테스의 변증술을 개조하여 사용하기도 했다. 피론은 어떤 기록도 남기지 않았으며, 아카데미아 학파의 철학도 주로 간접 자료들을 통해 전해지고 있다. 고대 그리스의 회의주의 철학의 중요한 텍스트는 피론 철학의 전통을 계승한 섹스투스 엠피리쿠스Sextus Empiricus가 남긴 것이다. 그는 『피론주의 개요Outlines of Pyrrhonism』의 앞 절에서 회의주의 입장의 의미와 목적을 잘 설명해 주고 있다.

---

4 Pyrrhon(B. C. 361?~B. C. 270?). 그는 기원전 327년 인도를 정복하기 위해 원정에 나선 알렉산드로스 대왕을 동행하여 인도에 머무는 동안 극도의 고행을 통해 열반nirvāna을 깨달은 불교의 수행자들을 보았다. 그들은 금욕과 절제라는 극기를 통해 영혼의 평정에 도달하려는 피론의 회의주의에 커다란 영향을 끼쳤다.

무엇이 회의주의를 낳게 하는가? 회의주의는 마음의 평화나 평정을 얻기 위해 시작되었다고 섹스투스는 말한다. 그의 말에 의하면 인간은 여러 가지 일들의 모순으로 혼란해지고 그들이 믿어야만 하는 선택지에 대해 의심함으로써 고통받아 왔다. 따라서 회의주의자들은 자신들이 탐구에 의해 거짓에서 진리를 밝혀 낼 수 있다면 마음의 평정에 도달할 수 있다고 생각했다. 그러나 회의주의자들은 다른 철학자들이 제안한 진리에 대한 다른 개념들을 크게 반박했다. 그들은 진리를 추구하는 사람들을 다음과 같이 세 부류로 나누었다. 첫째, 그들이 독단론자라고 부르는 부류로 자신들이 진리를 발견했다고 생각하는 자들이다. 둘째, 자신들은 진리를 발견하지 못했으며 또한 그것을 발견할 수도 없다고 주장하는 자들이다. 회의론자들은 이들도 또한 독단론적 입장이라고 생각했다. 셋째, 진리를 꾸준히 탐구하는 자들이다. 섹스투스는 처음의 두 부류와 달리 〈회의주의자는 계속 탐구하는 자다〉라고 말한다. 회의주의는 진리의 발견 가능성을 부인하는 것이 아니라 인간 경험의 기본적인 사실들을 부인한다. 그것은 경험의 모든 설명이 반경험counter-experience에 의해 검사되는 계속적인 탐구 과정이다. 섹스투스에 의하면 회의주의의 근본 원리는 모든 명제에 대해 반대되는 명제가 있다는 것이다. 〈독단론에서 빠져나오면 우리도 할 일을 다한 것이다〉라는 말도 이 원리에서 비롯된다.

회의주의자들이 깊은 인상을 받은 것은 동일한 〈현상〉을 경험하는 사람들이 제각기 다른 설명을 제시한다는 사실에 의해서다. 섹스투스의 말에 의하면 그들은 또한 서로 반대되는 논거들도 마찬가지의 힘을 지니고 있다고 생각했다. 힘의 균등성이란 상반되는 설명의 개연성을 신뢰하는 정도가 같다는 의미다. 따라서 회의주의자들은 판단을 보류하며 어떤 것을 부정하지도 긍정하지도 않는다. 그들은 판단을 중지함으로써 혼란 없는 평온한 정신 상태에 도달하고자 했다.

분명히 회의주의자들은 엄격한 사유 활동과 토론을 포기하지 않았다. 또한 그들은 인간이 갈증이 나고 배고프게 된다는 사실, 그리고 낭떠러지 가까이 가면 위험하다는 그와 같은 삶에 대한 자명한 사실들을 부인하지도 않았다. 그들에게 분명한 것은 인간은 자신의 행위에 대해 매우 조심해야 한다는 사실이었다. 그들은 자신들이 〈실제〉 세계 내에서 살고 있음을 의심하지 않았다. 그들은 단지 이 세계가 정확하게 기술되었는가를 의심했을 뿐이다. 섹스투스는 말하기를 어떤 사람도 대상이 이런 모양을 가졌느니 저런 모양을 가졌느니 논의하지 못할 것이며, 문제는 〈그 대상이 겉으로 보이는 그대로 실재 속에 있는가〉 하는 것이다. 그러므로 회의주의자들이 독단적으로 살려고 하지 않는다 할지라도 그들은 경험에 대한 명백한 사실들을 부정하지 않는다. 〈우리는 현상들에 대해 정당한 경의를 표한다〉고 섹스투스는 말한다. 회의주의자들은 일상생활에서 염두에 두어야 할 다음의 네 가지 항목을 제시했다. 섹스투스의 분류에 의하면 (1) 본성의 인도 (2) 감정의 억제 (3) 법과 관습의 전통 (4) 문예 과목의 교육이 그것이다. 이들 각각은 성공적이고 평화로운 생활에 기여하며 어떠한 독단적인 해석이나 평가를 요구하는 것이 아니라 단지 수용만을 필요로 한다. 따라서 우리가 자연적으로 감각과 사유를 할 수 있는 것은 본성의 인도 때문이며 배고프면 음식을 먹게 되고 갈증이 나면 물을 마시게 되는 것은 감정의 힘 때문이다. 또한 일상생활에서 경건을 선이라고 생각하며 불경을 악이라고 생각하는 것은 법과 관습의 전통에 의한 것이다. 마지막으로 우리가 공부하고자 선택한 과목들을 배우는 것은 문예 과목의 교육 때문이다.

회의주의자들이 감각적 지각의 명백한 사실들을 전혀 부정하지 않았음은 의심할 여지가 없다. 섹스투스는 회의주의자가 현상을 부정한다고 말하는 자들에 대해서 〈그들은 우리 학파의 이론을 잘 모르는 사람인 것 같다〉고 말한다. 그들은 현상을 문제 삼는 것이 아니라 〈현상에 대한 설명〉을 문제 삼고 있다. 예를 들면 꿀은 겉으로 보기에 달콤한 것처럼 보이며 〈우리는 감관을 통해 달콤함을 지각하기 때문에 이것을 인정한다〉. 진실로 문제가 되는 것은 그것이 근본적으로, 즉 실제로 달콤한가 하는 것이다. 현상에 대한 회의주의의 논거는 현상의 실재를 부인하려는 것이 아니라 〈독단론자들〉의 〈무분별함〉을 지적하고자 의도된 것이었다. 섹스투스는 감관적 대상에 대한 이러한 의견을 제시함으로써 다음과 같은 강한 확신을 가졌다. 인간의 이성이 현상에 그렇게 쉽게 속는다면, 다시 말해 〈이성이 아주 잘 속기 때문에 우리의 바로 눈앞에 있는 현상에 쉽게 따른다면〉 우리는 명백하지 않은 일들에 대해서는 이성을 따를 때 조심해야 하며, 따라서 무분별을 피해야 하지 않겠는가?

명백하지 않은 일들은 플라톤과 아리스토텔레스, 스토아학파의 철학 체계에서 핵심적인 위치를 차지했다. 여기에서 회의주의자들은 정교한 이론, 특히 물질적 사물들의 본질에 대한 이론을 정립했다. 그러나 어떻게 명백하지 않은 일들을 다루는 물리학이 신뢰할 수 있는 진리를 줄 수 있는가? 회의주의자들은 물리학의 연구에 이중적인 태도를 취했다. 첫째, 그들은 마치 〈어떤 한 사물들에 대해서도 견실하고 믿을 만한 의견을 제시해〉 줄 수 있는 것처럼 보이는 물리학에 대해 이론화하기를 거부했다. 그럼에도 불구하고 그들은 〈모든 논거에 대해서 그와 반대되는 논거를 제시하기 위해, 그리고 마음의 평정을 위해〉 물리학에 접근했다. 윤리학과 논리학에 대해서도 유사한 접근을 했다. 각각은 마음의 평정을 추구하기 위해 사유하기를 거부하는 따위의 수동적인 접근을 한 것이 아니라 능동적인 접근을 시도했다. 〈판단 중지〉의 방법에는 〈상반되는 사물들을 대응시키는〉 활동이 포함된다. 섹스투스가 말하는 바와 같이 〈우리는 현상에는 현상을, 사유에는 사유를, 또는 현상에는 사유를 대립시킨다〉.

회의주의자들은 탐구에 있어서 두 가지를 구별한다. 즉 명백한 일을 다루는 탐구와 명백하지 않은 일을 다루는 탐구가 그것이다. 밤이냐 낮이냐와 같은 명백한 일들은 지식의 어떤 심각한 문제를 제기하지 않는다. 이 범주 속에서 사회와 개인의 평정에 필요한 조건은 명백하다. 왜냐하면 우리는 법과 관습이 사회를 결속시킨다는 사실을 알고 있기 때문이다. 그러나 본질의 재료가 원자 또는 불의 실체로 구성되어 있는가 하는 명백하지 않은 일들은 지적인 논란을 일으킨다. 우리가 경험에서의 명백한 영역을 넘어서서 나아갈 때마다 항상 우리는 창조적인 회의에 의해 지식을 탐구해야 한다. 그래서 우리가 우주가 어떻게 되어 있는지 알 수 있는가라고 묻는다면 회의주의자들이 우리는 아직 모른다고 대답할 것이다. 그들은 인간이란 진리에 도달할 수도 있으며 오류를 범할 수도 있다고 말한다. 그러나 그들이 진리를 가지고 있는지, 오류에 빠져 있는지의 여부는 결정할 수가 없다. 왜냐하면 우리는 명백하지 않은 일들에 대한 진리를 결정할 신뢰할 만한 기준을 아직 가지고 있지 않기 때문이다.

3. 1. 감관은 기만적이다

스토아학파의 주장대로 우리의 지식이 경험이나 감관 인상 sense impressions에서 비롯된다면 모든 지식의 타당성을 의심할 이유는 더욱 증가한다. 왜냐하면 우리의 감관은 동일한 대상에 대해서 다른 시간과 상황에서는 다른 정보를 주기 때문이다. 먼 거리에서 볼 때 사각 건물은 둥글게 보인다. 풍경은 낮 동안, 시간에 따라 다르게 보인다. 어떤 사람들에게는 꿀이 쓰다. 극장의 무대 배경의 평평한 판 위에 그려진 창문이나 문은 실제와 같은 인상을 준다. 우리가 물에 비친 휘어진 노를 볼 때처럼 우리가 인상을 가진다는 사실은 확실하다. 그러나 그 노가 실제로 휘어져 있는지의 여부는 확실치 않다. 물론 그 노를 물속에서 꺼내어 지각의 오류를 밝힐 수 있지만 모든 지각에 대해서 정확성과 진리를 밝힐 수 있는 쉬운 검증 방법이 존재하는 것은 아니다. 우리의 지식의 대부분은 우리가 진리의 기준을 정할 수 없는 지각에 기초하고 있다. 그러므로 우리는 사물들의 본질에 대한 우리의 지식이 참인지 아닌지를 밝힐 수 없다는 것이 회의주의의 결론이다.

3. 2. 도덕률은 회의를 일으킨다

물질적인 대상뿐만 아니라 도덕적인 개념들도 회의를 낳게 한다. 서로 다른 공동체에 사는 사람들은 선과 정의의 관념 또한 다르다. 관습과 법은 각 공동체에 따라 다르며 같은 공동체라 해도 시대가 다르면 달라진다. 스토아학파에 의하면 만인이 공유하는 보편적인 이성이 있으며, 이것에 의해 만인은 인권에 대해 일반적으로 의견의 일치를 본다. 회의주의자들은 다음과 같이 말함으로써 이론과 사실을 모두 부정했다. 즉 만인은 보편적인 도덕 원리의 진리에 대해 합의할 수 있는 능력을 갖추고 있다는 증거도 없고, 사실 인간이 이러한 보편적인 합의를 보여 주고 있다는 증거 또한 없다. 사람들은 서로 일치하지 않는다는 사실만이 존재한다. 더구나 일치하지 않는 사람들은 각각 자신들의 견해에 대한 나름대로 강한 증거를 보여 줄 수 있다. 도덕성의 문제에 대해서는 어떤 절대적인 지식도 없다. 단지 속견만이 있을 뿐이다. 스토아학파는 몇몇 문제에서 진리의 검증은 〈불가항력적인 지각〉이라고 주장한 반면, 회의주의자들은 속견이 얼마나 강력하게 주장되든지 결국 그것은 속견에 지나지 않으며 그것에 대한 반대 속견을 지지할 수 있는 증거도 그만큼 많을 수 있다는 슬픈 사실을 알림으로써 스토아학파의 주장에 대해 답하고 있다. 우리가 독단적인 입장을 취하는 경우 그 결론은 언제나 불가항력적인 것으로 보이지만 이것이 곧 우리의 생각이 참이라는 증거가 될 수는 없다.

사물의 본질과 도덕의 진리에 대한 우리의 지식에 대해 갖는 이러한 회의주의적 입장에서 우리는 그러한 지식의 타당성에 대해 회의할 권리가 있다는 결론을 이끌어 낼 수 있다. 우리는 확실한 지식을 가지고 있지 않기 때문에 모든 문제에 대해 판단을 보류해야 한다. 그러나 인간이 판단을 보류하기 힘든 문제가 있다. 그것은 윤리의 문제다. 사람이 행동의 문제에 직면했을 때 그는 어떤 일을 해야 옳은 것인지 알기를 원한다. 이것을 해결하려면 옳음에 대한 지식이 필요하다. 그래서 회의주의를 비판하는 이들은 회의주의자들이 윤리학을 불가능하게 만들었고 인간에게서 인간의 행동 기준을 제거해 버렸다고 주장할 것이다.

3. 3. 지적인 확실성 없이도 가능한 도덕률

그러나 분별 있는 행동을 하기 위해 지식을 가질 필요는 없다고 회의주의자들은 주장했다. 그들의 말에 의하면 적당한 확신 — 그들이 〈개연성〉이라 부르는 — 을 가지는 것만으로 충분하다. 결코 절대적인 확실성이란 없다. 우리가 관념에 의해 행복하고 평안한 삶을 영위할 수 있는 확실할 개연성이 있다면 우리가 이러한 관념을 따르는 데에는 충분한 이유가 있어야 한다. 일상적 경험에서 우리는 분명하지 않은 개념과 거의 분명한 개념을 구별할 수 있다. 옳음의 개념이 높은 명확성을 지님으로 인해 우리는 그것이 옳다는 강한 신념을 갖게 되며 우리가 행동하는 데 필요한 것은 이것으로 족하다. 이런 이유로 관습, 토지법, 우리의 기본적인 욕구들은 대부분 신뢰할 만할 기준이다. 그러나 여기에서마저도 회의주의자들은 어느 정도의 주의를 요구하며 그래야만 우리는 현상을 실재로 오인하지 않을 것이고, 무엇보다도 광신과 독단을 피할 수 있다고 말한다. 비록 우리가 진리의 규준 없이도 정열적으로 행동할 수 있다 하더라도 심리적으로 안정되려면 우리는 항상 탐구의 창구를 열어 놓아야 한다. 안정되게 취할 수 있는 유일한 태도는 도적적 확신을 포함하여 절대적 진리라고 하는 것에 대해 회의하는 것이다. 사람이 이러한 회의에 의해 마음의 평정을 유지할 수 있을 때가 그에게는 행복한 삶을 성취할 수 있는 가장 좋은 기회다.

회의주의자들이 〈어떤 체계〉를 가지고 있는지의 여부를 묻는다면 — 여기서 체계라 함은 〈독단 간에 의지하고 현상에 의존하는 많은 독단에 집착하는 것〉을 말하며 독단은 〈분명하지 않은 명제에 대한 동의〉를 뜻한다 — 섹스투스는 〈아니오〉라고 대답한다. 그러나 체계가 〈올바르게 사는 방법을 밝혀 주는 일련의 추론 과정〉을 의미한다면 회의주의자들은 체계를 가지고 있다고 볼 수 있다. 왜냐하면 섹스투스의 말대로 〈우리는 일련의 추론에 의해 우리 나라의 관습과 법과 제도들, 그리고 우리 자신의 본능적인 감정에 일치하는 생활을 하고 있기〉 때문이다.

4. 플로티노스

플로티노스(Plotinos, 204~270)라는 영향력 있는 인물에 이르러 고전 철학은 그 정점에 도달했다. 그는 그 시대의 특별한 관심사를 만족시켜 줄 만한 철학적 교의가 전혀 없는 시대에 살았다. 그 당시에는 수많은 다양한 교단들이 생겨났으며 이것으로 2세기와 3세기의 로마 시대에 살던 사람들은 그들의 운명을 설명하기 위해 필사적으로 시도했음을 알 수 있다. 그 시대는 여러 가지 위대한 사상들이 혼합된 다양한 철학과 종교가 생겨나던 절충주의 시대였다. 이시스Isis 교단은 그리스 신과 이집트 신의 개념을 결합했으며 로마인들은 황제단(皇帝團)을 발전시켜 살아 있든 죽었든 제왕들을 숭배했다. 미트라Mithra 교단은 태양을 숭배했으며 소아시아의 프리기아인들은 신들의 대모(代母)를 숭배했다. 이미 기독교 신앙을 체계적으로 특정화하고 지적 기반을 마련하고자 노력한 몇몇 기독교 사상가들, 즉 순교자 유스티누스(Justinus, 100?~165?), 알렉산드리아의 클레멘스(Clemens, 150?~220?), 테르툴리아누스(Tertullianus, 160?~230?), 오리게네스(Origenes, 185?~254) 등이 나타났지만 그때만 해도 기독교는 하나의 교단에 지나지 않았다. 오리게네스는 기독교에 플라톤과 스토아학파의 체계를 도입하려 했다. 그보다 앞서 알렉산드리아의 클레멘스도 역시 기독교 사상을 여러 철학 사상과 결합하려고 노력했지만 기독교 신학은 아우구스티누스가 기독교와 플라톤의 사상을 견고하게 결합시켜 놓은 후에야 비로소 그 완전한 힘을 발휘했다. 고전 철학과 아우구스티누스를 잇는 결정적인 다리 역할을 한 것이 바로 플로티노스의 저서들이다. 그러나 플로티노스는 그 어디에서도 기독교에 대해 언급하고 있지 않다. 그가 본래 기여한 것은 플라톤의 철학을 신선하게 재해석한데 있으며 이러한 이유로 그것은 신플라톤주의라고 불린다.

플로티노스는 약 204년경에 이집트에서 태어났다. 그는 알렉산드리아의 암모니오스 사카스(Ammonios Saccas, 175?~242) 밑에서 배웠다. 이 당시에 알렉산드리아는 고대 세계의 지성의 교차로였으며 여기에서 플로티노스는 피타고라스, 플라톤, 아리스토텔레스, 에피쿠로스, 스토아학파를 포함하는 고전 철학을 광범위하게 접했다. 이것들 가운데 그는 진리의 가장 확실한 원천으로서 플라톤 철학을 택했으며, 이 플라톤의 사상을 재해석함으로써 그 밖의 사상들을 비난했다. 그는 마흔 살이 되던 해에 알렉산드리아를 떠나 로마로 갔는데, 그곳은 도덕과 종교가 부패될 대로 부패하고 사회와 정국이 불안정했다. 로마에서 그는 자신의 학원을 세워 그곳에 황제 부처를 포함한 몇 명의 엘리트들을 불러 모았다. 한동안 그는 〈플라토노폴리스 Platonopolis〉라 불리는 플라톤의 이상 국가론에 기반을 둔 도시를 세우려는 계획을 세웠으나 실현하지 못했다. 그는 특별한 순서 없이 54편의 논문을 썼지만 이것들은 그의 연설보다는 덜 웅변적이었다. 이 논문들은 그가 죽은 후에 애제자인 포르피리오스 Porphyrios에 의해 편찬되었다. 그는 그것을 9편씩 묶어 여섯 부분으로 분류하고 〈엔네아데스 Enneades〉라고 불렀다. 플로티노스는 훌륭한 연설가였으며 동시에 정신적 관념론을 지닌 사람이었다. 그의 동시대인들뿐만 아니라 아우구스티누스에 영향을 미친 것은 다름 아닌 지적인 엄밀성과 결부된 그의 도덕과 정신력이었다. 아우구스티누스는 플로티노스를 〈단지 몇 마디만〉 바꾸면 기독교인이나 마찬가지라고 말했다. 어쨌든 플로티노스의 사상이 중세 철학의 주류가 된 것은 사실이다.

플로티노스 철학의 독특한 점은 그가 실재에 대한 사색적인 기술을 종교적인 구원론과 결합시켰다는 데 있다. 그는 세계를 기술하고 있을 뿐만 아니라 그것의 원천과 그 안에서 인간의 위치, 그리고 인간이 어떻게 세계 안에서 자신의 도덕적, 정신적인 어려움을 극복하는지를 설명해 주고 있다. 간단히 말해 플로티노스는 만물의 원천으로서, 그리고 인간이 회귀해야 하는 근원으로서의 신에 대한 교의를 전개시켰다. 플로티노스는 자신의 사상을 체계화할 때 계속해서 스토아학파, 에피쿠로스학파, 피타고라스학파, 아리스토텔레스학파의 사상을 분석한 후 이들 사상을 부적당하다고 거부했다. 이들 사상은 영혼의 참된 본질을 이해하지 못했다는 그의 확신이 그것들을 거부한 이유 가운데 하나였다. 스토아학파는 영혼을 물질적인 육체, 즉 물질적인 〈호흡 pneuma〉[5]이라고 묘사했다. 그러나 플로티노스에 의하면 유물론자들인 스토아학

---

5 프네우마 pneuma는 단어적 의미로는 공기를 가리키지만 이것을 호흡하면 건강을 유지할 수 있다고 생각한 프네우마 학파의 핵심 개념이다. 히포크라테스 이후 600년간 고대 그리스 의학의 교조학파, 경험학파, 방법학파 등 여러 학파 가운데 1~2세기에 활동한 프네우마 학파는 스토아학파의 프네우마

파와 에피쿠로스학파 모두 물질적인 육체로부터의 영혼의 원초적인 독립성을 이해하지 못했다. 마찬가지로 영혼을 육체의 〈조화〉라고 말한 피타고라스학파는 육체가 조화롭지 못한 경우에 그것은 영혼을 갖고 있지 않다고 인정해야 할 것이다. 마지막으로 영혼은 육체의 형상이며 육체 없이 존재할 수 없다는 아리스토텔레스의 개념은 플로티노스에 의해 거부된다. 플로티노스에게, 육체의 일부분이 그 형태를 잃는다는 것은 영혼도 그 정도로 손상받게 된다는 것을 의미한다. 이러한 견해들은 육체를 원초적인 것으로 생각하지만 플로티노스에게는 영혼이 원초적이며 또한 영혼이 육체에 생기를 불어넣어 준다. 플로티노스는 인간의 근본적인 본질에 대한 정확한 이해를 추구하는 데 전념했다.

인간의 본성을 이해하기 위해서 그는 플라톤이 그의 생생한 신화와 비유에서 보여주는 사상을 따른다. 그는 실재를 포괄적으로 다루는 플라톤의 설명, 즉 물질로 세계를 형성하는 데미우르고스, 영혼은 육체에 들어가기 전에 이미 존재를 가지며, 육체 속에 갇혀 있는 죄수이고, 포로 생활에서 탈피해서 자신의 원천으로 회귀하려고 투쟁한다는 개념, 선의 이데아는 태양에서 발산되는 빛줄기와 같다는 교의, 진정한 실재는 물질세계가 아니라 정신세계에서 발견된다는 개념 등에 의해 영향을 받았다. 플로티노스는 이러한 기본적인 사상을 취했으며 특히 영혼만이 진정한 실재라는 플라톤의 핵심 사상을 강조하고 그의 사상을 새로운 부류의 플라톤주의로 재구성했다.

4.1. 일자로서의 신

플로티누스에 의하면 복합적인 사물들로 구성된 물질세계는 항상 변하기 때문에 참된 실재일 수 없다. 불변하는 것만이 존재 가능하며, 따라서 이 불변의 실재는 물질세계와는 구별되는 것이어야 한다. 불변하는 참된 실재는 신이며, 신이란 절대로 초월한다거나 세계 안의 모든 것 너머에 있다는 사실 이외에 신에 대해서 기술할 수 있는 것이 아무것도 없다. 이런 이유로 신은 물질적이 아니고 유한하지도 않으며 불가분적이고 변화하는 물질이나 영혼 같은 특별한 형상도 지니지 않는다. 또한 그는 어

설을 생리학과 병리학에 끌어들여 여러 학파의 설을 종합한 학파로서 발전해 갔다. 이것은 기본적으로 건강을 프네우마의 정신 상태로 간주하는 반면에 프네우마의 변질 상태를 질병으로 간주하는 생리 및 병리학설이었다.

떤 관념이나 지성의 관념들에도 한정되지 않으며 — 이러한 이유로 그는 인간의 언어로는 표현 불가능하다 — 감관에도 감지되지 않고 다만 어떠한 이성적이거나 감각적 경험과도 무관한 신비적인 무아의 경지 속에서만 도달 가능하다. 이것 때문에 플로티노스는 신을 일자 *the One*라고 생각했다. 그것이 나타내려는 것은 신에게는 어떠한 복합성도 없으며 신은 절대적인 동일체라는 점이다. 또한 일자에 의해 신은 불변하고 불가분적이며, 어떠한 다양성도 없고 창조되지 않으며 모든 면에서 변형 가능하지 않음을 나타낸다.

일자는 특정한 사물들의 총체가 될 수 없다. 왜냐하면 일자는 그것들의 유한한 존재를 설명해 주는 원천이기 때문이다. 플로티노스의 주장에 의하면 〈일자는 존재하는 어떤 사물일 수 없으며 모든 존재하는 것들에 선행한다〉. 속성들의 모든 관념은 유한한 물질적 사물에서 비롯되었기 때문에 우리가 일자의 속성이라고 할 수 있는 명백한 속성은 없다. 그러므로 신에 대해서 이러니저러니 하는 것은 불가능하다. 왜냐하면 그러한 과정은 신을 어떤 한계 내에 한정시키기 때문이다. 신이 하나 *One*라고 말하는 것은 신은 존재한다, 신은 세계를 초월한다, 신은 어떠한 이중성, 가능성, 물질적 제한도 없이 단순하다, 신은 모든 구별을 초월한다는 말과도 같다. 어떤 의미에서 신은 자기 인식적인 활동에 참여할 수 없다. 왜냐하면 이러한 활동이란 전과 후의 각각의 생각을 통한 복합성을 내포하며 따라서 변화를 내포하게 될 것이기 때문이다. 신은 인간을 전혀 닮지 않았다. 그는 단지 하나며 절대적인 통일체다.

4. 2. 유출의 비유

신이 하나라면 그는 창조할 수 없다. 왜냐하면 창조는 행위이며 활동은 변화를 내포하기 때문이다. 그러면 우리는 어떻게 세계의 많은 사물들을 설명할 수 있는가? 플로티노스는 신의 유일성에 대해 일관된 견해를 유지하면서 사물들은 창조의 자유 행위가 아닌 필연에 의해 신에게서 비롯된다고 하며 사물의 기원을 설명했다. 〈필연〉이 의미하는 바를 나타내기 위해 플로티노스는 여러 가지 비유, 특히 〈유출〉의 비유를 사용했다. 빛이 태양에서 방출되듯이, 물이 그 자체 이외의 어떠한 원천도 없는 샘에서 솟아 나오듯이 사물들은 유출되며 신으로부터 흘러나온다. 태양은 결코 고갈되지 않으며 어떠한 행위도 하지 않고 그대로 있다. 그것은 본질 그 자체이기 때문에 필연적으로 빛을 방출한다. 이런 식으로 신은 만물의 원천이며 만물은 신을 구현한다. 그러나 빛줄기가 태양과 같지 않은 것처럼 어떤 것도 신과 같은 것은 없다. 요컨대 플로티노스는 범신론자가 아니다. 그의 유출론은 위계질서적인 견해의 토대를 이루었다. 태양에 가장 가까운 빛이 가장 밝은 것처럼 최상의 존재 형태는 제일 먼저 유출되는 것이다. 플로티노스는 일자로부터의 최초의 유출물을 정신 nous이라고 기술했다. 그것은 일자에 가장 가깝지만 절대적인 것이 아니므로 특정한 속성을 가진다고 할 수 있다. 이 누스는 〈사유〉이거나 〈보편적인 지성〉이며 세계의 토대를 이루는 이성 능력이다. 어떠한 공간적, 시간적인 경계를 갖지 않은 것이 바로 누스의 본질이다. 그러나 사유가 모든 개별적인 사물들에 대한 관념을 포함한다는 점에서 이성 능력은 복합성을 내포한다.

4. 2. 1. 세계의 영혼

빛이 태양에서 방출되어 나오면서 그 강도가 점차 감소되듯이 신으로부터 유출되는 존재의 등급은 완전성의 정도의 감소를 나타낸다. 더구나 연속적인 유출은 마치 모든 본질이 자기보다 바로 아래에 있는 것을 존재하게 하는 작용 원리가 있는 것처럼 다음에 나오는 더 낮은 유출의 원인이 된다. 이런 식으로 누스는 영혼의 원천이 된다. 세계의 영혼은 두 가지 양상을 지니고 있다. 위로 올려다볼 때, 즉 누스나 순수 이성 능력을 향할 때 영혼은 만물의 영원한 관념을 바라보려고 한다. 아래쪽을 내려다볼 때, 그것은 한 번에 한 사물을 추론하며, 자연의 모든 것에 삶의 원리를 부여해 주고, (누스 안에서의) 사물들의 관념과 자연적 세계의 영역과의 간격을 이어줌으로써 유출한다. 영혼의 활동은 〈시간〉 현상을 설명한다. 왜냐하면 사물들이 생겨나고 사물들 상호 간의 관계는 곧 사건으로 귀결되며, 사건은 차례로 〈이어서〉 일어나고 또한 사건들의 이러한 상호 관계가 곧 시간이 의미하는 것이기 때문이다. 분명히 일자, 누스, 세계의 영혼 모두는 영원히 공조하며 세계의 영혼 밑에는 자연, 즉 변화하면서 시간 속에서 영원한 관념들을 반영하는 개별적인 사물들의 영역이 있다.

4. 2. 2. 인간의 영혼

인간의 영혼은 세계의 영혼에서 유출된다. 세계의 영혼과 같이 그것도 두 가지 양상을 지닌다. 위를 바라볼 때, 인간의 영혼은 누스나 보편적 이성을 공유하며 아래를 내려다볼 때, 그 영혼은 육체와 연관되지만 그것과 동일하지 않다. 여기에서 플로티노스는 플라톤의 영혼의 선재론(先在論)을 재확인한다. 영혼과 육체의 결합은 〈타락〉의 산물이라고 믿기 때문이다. 더구나 사후에 인간의 영혼은 육체에서 살아남아 아마도 한 육체에서 또 다른 육체로 이동하는 일련의 윤회계에 들어간다. 그리고 정신적이고 참으로 실재하는 그 인간의 영혼은 소멸되지 않으며 다시 세계의 영혼 속에서 다른 모든 영혼과 만나게 될 것이다. 육체에 있을 동안에 인간의 영혼은 이성 능력, 감수성, 생명력을 제공해 준다.

4. 2. 3. 물질의 세계

존재의 위계질서에서 최하위의 단계, 즉 일자로부터 가장 멀리 떨어져 있는 것은 물질이다. 유출 시에 작용하는 원리가 있는데, 그 원리가 요구하는 것은 더 높은 등급의 존재란 그다음의 가능성의 영역을 따라 흘러넘쳐야 한다는 사실이다. 따라서 관념과 영혼 뒤에는 물질적 대상 세계가 존재한다. 그것은 기계론적 질서 ― 모든 대상을 인과 법칙에 귀속시키는 추론 작용 ― 속에서 이루어진 물질적 대상 세계가 나타난다는 사실을 보여 준다. 물질세계도 더 높은 양상과 더 낮은 양상을 보여 준다. 더 높은 것은 운동 법칙에 대한 감수성이며 더 낮은 것, 즉 최하위의 물질적 본질은 충돌과 소멸을 향하여 목적도 없이 움직이는, 조잡한 물질의 어두운 세계다. 플로티노스는 물질을 가장 어둡고 가장 멀리 떨어져 있는 빛, 그리고 그 자체가 어둠인 빛을 최극한에 비유한다. 분명히 어둠은 빛과 정반대며 마찬가지로 물질도 정신과 정반대이고 일자와 정반대다. 물질이 개별적인 영혼이든 세계의 영혼이든 영혼과 결합되어 존재하는 한 물질은 그만큼 완전한 어둠을 이루지 못한다. 그러나 빛이 완전한 어둠의 지점까지 가려고 하는 것처럼 물질은 그것이 비존재로 되어 사라져 버리게 되는 무의 경계선에 서 있다.

4. 2. 4. 악의 원인은 무엇인가?

플로티노스는 유출설을 통해서 신이란 자신의 완전성을 가능한 한 많이 공유하게 하기 위해 필연적으로 흘러넘친다고 주장한다. 신은 자신을 완전하게 모사할 수 없기 때문에 유일하고 가능한 방식으로, 다시 말해 유출의 수단을 통해 완전성의 모든 가능한 정도를 표출함으로써 그것을 대신한다. 그렇기 때문에 누스뿐만 아니라 최하위의 존재인 물질을 가져야만 한다. 하위의 수준에는 역시 도덕적인 악, 죄, 고통, 정욕들의 계속된 갈등, 죽음과 슬픔이 있다. 궁극적으로 모든 사물이 유출되는 원천인 완전한 일자는 어떻게 이러한 종류의 불완전성을 인간에게 부여할 수 있는가? 플로티노스는 여러 가지 방식으로 악의 문제를 설명했다. 그에 의하면 악은 나름대로 완전성의 위계질서 속에 한 위치를 점유한다. 왜냐하면 악이 없다면 사물들의 체계 속에는 무언가가 부족할 것이기 때문이다. 악은 이미지에 대한 아름다움을 더해 주는 초상화의 어두운 그림자 부분과 같다. 게다가 스토아학파가 주장한 것과 마찬가지로 모든 사건은 필연적으로 일어나며, 따라서 선한 사람은 그것들을 악이라고 생각하지 않는 반면에 죄를 지은 사람은 그것들을 벌이라고 생각하게 될 것이다. 그러나 플로티노스는 악에 대한 가장 만족할 만한 설명을 물질에 대한 그의 설명 속에서 찾고 있다.

플로티노스에게 물질은 일자로부터 유출되는 필연적이고 최종적인 종착지다. 우리가 본 바와 같이 유출의 본질은 더 높은 단계에서 항상 더 낮은 단계로 이동하며 일자는 누스를 생성하고 최종적으로 개별적인 영혼은 육체, 즉 물질을 낳는다. 그러나 물질 그 자체는 마치 그것이 일자로부터 더욱더 멀어져 가는 것처럼 유출의 과정을 계속한다. 그것은 빛이 태양에서 멀어짐에 따라 점점 희미해지는 것과 같다. 물질은 정신의 활동을 넘어서거나 그것으로부터 자신을 분리시켜 움직이려는 성향이 있으며, 또한 이성적으로 지향되지 않은 운동에 들어서려는 성향이 있다. 물질이 위로 향할 때 그것은 영혼이나 이성 능력의 원리와 마주친다. 자연에 있는 대상들의 이 같은 사실은 그것들의 운동의 질서 정연함을 설명해 준다. 반면에 개인의 경우 그 사실은 육체가 이성 능력, 감수성, 욕구, 생명력의 단계에서의 영혼의 활동에 대응한다는 뜻이다. 그러나 물질이 아래로 향할 때 — 유출의 하향 운동량 때문에 이것은 자연적인 성향이다 — 그것은 어둠 자체와 마주치게 되며 여기에서 물질은 이성 능력과 분리된다.

영혼은 물질적인 육체와 결합된다는 사실, 영혼의 이성적인 성격에도 불구하고 물질을 하향으로 움직이게 하며 이성적인 통계에서 멀어지게 하는 물질적인 본질을 지닌 육체와 영혼이 투쟁해야 한다는 사실은 도덕적인 악의 문제에 대한 실마리를 제공해 준다. 육체가 이성 능력 밑의 단계에 도달할 때, 그것은 무한히 많은 가능한 행동 방식에 종속된다. 즉 육체는 정념에 의해 모든 종류의 욕망에 대한 반응을 일으킨다.

악은 영혼의 올바른 의도와 그것의 실제적인 행동의 불일치다. 또한 그것은 영혼과 육체의 배열에서 불완전성이며 이 불완전성에 대한 대부분의 원인은 물질적인 육체가 갖는 마지막의 비이성적 운동에 기인한다.

물질이나 육체가 유출의 가장자리에 있다는 의미에서 그것은 악의 원리다. 그 가장자리는 이성 능력이 없으므로 형상의 부재이며 완전성의 정도가 최소에 이른다. 그러나 만물이 일자로부터 유출된다는 의미에서 물질은 신에게서 비롯되기 때문에 신은 악의 원천이라고 말할 수 있다. 그런데 플로티노스에게 악은 적극적인 파괴력이 아니며 선한 신과 싸우는 악마도 아니고 경쟁하는 신도 아니다. 또한 페르시아인들의 생각처럼 그것은 빛과 어둠의 동등한 힘 사이의 대립도 아니다. 악은 단순히 무언가의 부재요, 완전성의 결핍이며 그 자체로는 근본적인 악이 아닌 물질적인 육체에 있어서 형상의 결핍이다. 그러므로 인간의 도덕적인 갈등은 어떤 외적인 힘에 반대하는 갈등이 아니라 내부에서 타락하고 변형되려는, 그리고 욕망을 제어하지 못하는 성향에 대항하는 갈등이다. 악은 어떠한 사물이 아니고 질서의 부재다. 육체도 그것만으로는 악이 아니다. 어둠이 빛의 부재인 것처럼 악은 물질의 형상 부재다. 플로티노스는 영혼은 그 자신의 행위에 책임을 진다는 사실과 모든 사건은 결정되는 것이라는 사실을 동시에 주장하고자 했다. 이 두 견해가 어떻게 조화될 수 있는지는 확실치 않다. 플로티노스의 매력은 그의 철학이 제공할 수 있다고 생각한 구원의 약속에서 비롯된다.

4. 3. 구원

플로티노스는 유출론의 철학적인 분석에서 종교적이고 신비적인 구원의 계획으로 관심을 돌렸다. 신과 융합되고자 하는 인간의 욕망을 재빠르게 만족시켜 준 당대의 신비적인 교단들과 달리 플로티노스는 신과 합일을 이루려는 영혼의 상승을 어렵고 고통스러운 일이라고 묘사했다. 이러한 상승을 이룩하려면 인간은 도덕적이고 지적인 덕을 성취해야 한다. 육체와 물질세계는 본래 악이라고 생각되지 않았기 때문에 그것들을 전적으로 부정할 필요가 없다. 세계의 물질적인 사물들 때문에 영혼이 더욱 높은 목적을 향할 수 없어서는 안 된다는 사실이 그의 핵심적인 통찰이다. 그러므로 세계는 철학과 과학에서처럼 영혼을 지적인 활동으로 승화시키는 일을 촉진시키는 수단으로 여겨지게 된다. 사람들은 엄격하고 올바른 사유를 할 수 있도록 수양해야 한다. 그러한 사유 활동을 통해서 인간은 자신의 개체성에서 벗어나며 사물에 대한 광범위한 지식을 통해 자아를 세계의 전 배열에 관여시키려 한다. 그러나 지식의 사다리를 모두 밟고 올라가면 자아와 일자, 즉 신과 합일에 도달하며 그 상태는 무아의 경지다. 그 속에서는 신과 자아가 분리되어 있다는 어떠한 의식도 이미 존재하지 않는다. 이 무아의 경지가 올바른 행위와 올바른 사유, 그리고 인간적인 애착을 적절하게 처리한 최종적인 결과다.

플로티노스에 의하면 이 합일에 도달하기 위해서는 각 영혼의 많은 화신(化身)이 필요하다. 마지막으로 플라톤이 『향연』에서 밝혔듯이 영혼은 그것의 사랑 속에서 정제되고 정화되며 가장 충만한 자아 몰입에 이를 수 있다. 이때에 유출의 과정은 완전히 전도되고 자아는 다시 한 번 일자와 융합된다. 많은 경우에 플로티노스의 신플라톤주의는 종교의 모든 힘을 지니고 있었으며 기독교에 강한 근접성을 보였다. 복잡한 지적 체계 때문에 대중적으로 널리 보급되지는 않았지만 신플라톤주의는 그 시대에 서서히 모습을 드러내는 기독교 신학에 지대한 영향을 주었다. 플로티노스의 『엔네아데스』에서 악에 대한 매우 새로운 설명과 정화된 사랑을 통한 구원의 설명을 발견한 사람이 다름 아닌 아우구스티누스였다. 그를 통해 신플라톤주의는 중세를 지나는 동안 기독교 신앙의 지적인 표현에서 핵심적인 요소가 되었다.

6 아우구스티누스

1. 아우구스티누스의 생애

아우구스티누스(Augustinus, 354~430)는 자신의 개인적인 운명에 대해 광범위하게 고찰함으로써 자신의 철학 활동을 위한 추진력을 얻었다. 그는 청년기 초반부터 도덕적인 타락을 경험했으며 이것이 그에게 진정한 지혜와 정신적인 평화에 대한 지속적인 탐구를 계속하게 했다. 그는 354년 아프리카의 누미디아 지방의 타가스테에서 태어났다. 그의 아버지는 이교도였고 어머니인 모니카Monica는 독실한 기독교인이었다. 16세에 그는 타락한 항구 도시인 카르타고에서 수사학을 배우기 시작했다. 그의 어머니가 그에게 기독교의 전통적인 교리와 행실을 가르치려고 했으나 그는 신앙과 도덕을 다 던져 버리고 18세 때에 이미 어느 여인과 아들을 낳았다. 그는 그녀와 10년 동안 동거했다. 그러면서도 그는 지식욕에 불타 뛰어난 재능을 가지고 공부에 전념하였으며 수사학의 뛰어난 학생이기도 했다.

아우구스티누스는 일련의 개인적인 경험으로 인해 철학의 접근 방식도 매우 독특했다. 19세가 되었을 때 그는 철학적인 지혜를 얻을 수 있는 내용을 담은 키케로의 『호르텐시우스Hortensius』를 읽었다. 이 책의 단어 하나하나가 아우구스티누스의 학문에 대한 정열을 불러일으키기에 충분했지만 그는 어디에서 지적인 확실성을 찾아야 하는지에 대한 의문에 잠겨 있었다. 키케로의 기독교 사상은 아우구스티누스에게는 만족스럽지 않았다. 특히 그는 만연해 있는 도덕적 악의 문제에 대해 고심했다. 인간이 경험하는 악의 존재는 어떻게 설명할 것인가? 기독교도들은 신이 만물의 창조주며 선한 존재라고 말하고 있다. 그렇다면 어떻게 완전한 선을 이루고 있는 신이 창조한 이 세계로부터 악이 생겨날 수 있을까? 아우구스티누스는 어릴 때 배운 기독교에서 그 해답을 구할 수 없었으므로 마니교[1]에 의지했다. 그들은 대부분의 기독교 교리에 동조하면서도 자신들의 지적 우월성을 내세우면서 『구약 성서』의 유일신론(唯一神論) 및 창조주와 인간의 구원자이신 예수 그리스도는 하나며 동일하다는 교의를 부정했다. 마니교도들이 제시하는 그들의 교리에 따르면, 우주 안에는 두 개의 근본 원리가 있는데 그 하나는 빛이나 선의 원리며 다른 하나는 어둠이나 악의 원리이다. 이 두 원리는 모두 영원하며 영구히 서로 투쟁 관계를 이루고 있다고 한다. 이러한 투쟁은 빛으로 구성된 영혼과 어둠으로 구성된 육체 사이의 투쟁으로 인간의 삶에 반영된다. 얼핏 보기에 이 이원론은 악의 문제에 대한 해답을 제시해 주고 있는 것처럼 보였다. 그 이론은 선한 신에 의해 창조된 세계 속에도 악이 존재한다는 모순을 극복했기 때문이다. 아우구스티누스는 이제 자신이 감각적인 욕구를 어둠의 외적인 힘의 탓으로 돌릴 수 있었다.

 그러나 이러한 이원론은 신이 창조한 세계 안에 있는 악의 모순을 해결해 주는 것처럼 보일지라도 새로운 문제를 제기했다. 자연에는 왜 두 개의 투쟁하는 원리가 존재하는가? 만일 이에 대한 타당한 이유를 제시하지 못한다면 지적인 확실성은 가능한가? 더욱 심각한 문제는 자신의 도덕적인 타락을 외적인 힘에 의해 생겨났다고 말하는 것만으로는 타락의 문제를 해결할 수 없음을 그가 알고 있다는 사실이었다. 무질서한 정욕에 대한 〈책임〉이 그 자신 외부의 무엇인가에게 전가되었다 해도 무질서한 정욕의 상태가 조금도 변해지는 않는다. 원래 아우구스티누스가 마니교도에게 이

---

[1] 3세기에 이란의 마니에 의해 제창된 뒤 4세기에는 지중해 전역으로, 7세기에는 중국까지 전파되었다. 위구르 왕국에서는 한때 국교로 정할 정도로 세계 종교화한 그노시스파(초기 기독교 시대에 기독교의 신비주의를 강조한 이단 종파)의 전형적인 일례였다. 그러나 마니교의 교의는 조로아스타교의 윤리적, 절대적 이원론의 영향이 두드러지게 작용하여 천지개벽 이전의 우주를 빛(선)과 어둠(악)의 절대적 대립으로 간주했다. 따라서 마니교도들은 현실의 가시적 우주와 인간도 모두 빛과 어둠의 혼합물이므로 원초의 상태로 복귀하는 것만이 구제받는 길이라고 믿었다.

끌리게 된 것은 그들이 기독교도들처럼 〈이성에 앞선 신앙〉을 요구하지 않고도 단순하게 논의될 수 있는 진리를 보여 줄 수 있다는 그들의 허풍 때문이었다. 그래서 그는 마니교도와 결별한 후 신에 대한 약간의 믿음은 있으면서도 〈여타의 사람들보다 더 현명하고, 또한 모든 것을 의심해야 하며 어떠한 진리도 인간에 의해 파악될 수 없다〉고 주장하는 회의주의에 이끌리게 되었다. 그는 사물들에 대한 유물론적인 견해를 지지했으며 이 견해에 근거를 두고 비물질적 실체의 존재와 영혼의 불멸성을 의심했다.

아우구스티누스는 수사학의 경력을 좀 더 효과적으로 활용하고자 하는 희망에서 아프리카를 떠나 로마로 향했다. 그는 그곳에서 얼마 안 있다가 384년에는 수사학 교사로 초빙되어 밀라노로 옮겼다. 여기에서 그는 그 당시 밀라노의 주교였던 암브로시우스[2]에게 많은 영향을 받았다. 아우구스티누스는 그에게서 수사학의 기술을 그렇게 많이 배우지 않았지만 기독교에 대한 이해를 어느 정도 더 할 수 있었다. 밀라노에 머무는 동안 아우구스티누스는 아프리카에 첫 번째 부인을 남겨둔 채 다른 여자와 결혼했다. 또한 여기에서 그는 플라톤주의, 특히 플로티노스의 『엔네아데스』에서 볼 수 있는 신플라톤주의를 접하게 되었다. 그는 신플라톤주의의 많은 사상에 매료되었는데 특히 그의 관심을 이끈 것은 물질세계와 완전히 분리된 비물질세계에 대한 개념과 인간이 신과 비물질적인 세계를 인식할 수 있는 정신적인 감각을 소유하고 있다는 신플라톤주의의 견해였다. 더구나 아우구스티누스는 플로티노스에게 악은 적극적인 실재가 아니라 단지 결핍의 문제, 즉 선의 부재라는 개념을 얻어 냈다. 무엇보다도 신플라톤주의에 의해 아우구스티누스는 회의주의자와 유물론, 그리고 마니교의 이원론을 극복했다. 그는 플라톤 사상을 통해 모든 활동이 물질적인 것이 아니라는 사실과 물질적인 실재뿐만 아니라 정신적인 실재도 존재한다는 사실을 이해할 수 있게 되었다. 또한 그는 영혼과 육체의 배후에는 두 개의 원리가 있다는 가정 없이도 세계의 단일성을 볼 수 있었다. 왜냐하면 플로티노스는 실재의 모습을 물질을 최하 단계로 하는 단일한 등급 체계로 보여 주었기 때문이다.

2 Ambrosius(339?~397). 네 명의 교회 박사 가운데 한 사람. 그는 아리우스파와 항쟁하며 웅변적인 설교가인 아우구스티누스에게 원죄를 이해시켜 그를 기독교로 개종하게 했다. 그의 저서로는 『6일간의 천지 창조설』, 『성직에 대하여』 등이 있다.

지적인 면에서 신플라톤주의는 아우구스티누스가 이제까지 추구해 오던 것에 해결의 실마리를 제공해 주었지만 그의 도덕적인 문제를 여전히 해결하지 못한 채로 남겨 놓았다. 그가 이제 필요로 하는 것은 그의 지적인 통찰을 만족시켜 줄 수 있는 도덕적인 힘이었다. 그는 이것을 암브로시우스의 설교에서 발견했다. 마침내 신플라톤주의는 그에게 기독교가 합리적이라 생각하게 했으며 그도 또한 신앙생활을 할 수 있게 되었다. 거기에서 그는 자신이 어떤 미신에 빠져 들고 있다는 느낌이 아닌, 정신적인 힘을 얻어 낼 수 있었다. 그의 극적인 회심은 386년에 일어났다. 이때 그는 수사학의 직업을 버리고 신에 대한 지식을 의미하는 철학을 추구하는 데 그의 모든 생을 바치겠다는 〈진실된 동의〉를 자신에게 했다. 그는 이제 플라톤주의와 기독교를 사실상 동일시했는데, 이는 그가 신플라톤주의에서 기독교의 철학적인 교리를 발견했기 때문이다. 그는 〈플라톤주의의 가르침이 우리 종교의 교리와 상반되지 않는다는 것을 밝힐 자신이 있다〉고 하였다. 그러므로 그는 〈나는 예수보다 더 강한 사람을 찾아볼 수 없으므로 이 순간부터 나는 예수의 권위에서 벗어나지 않겠다〉고 말하고 지혜에 이르는 그의 〈전체의 계획〉을 시작했다. 또한 그는 〈나는 이성의 정교함을 최대로 이용하여 이것을 추구해야 한다〉고 강조했다.

아우구스티누스에게 진정한 철학은 신앙과 이성의 합일 없이는 생각할 수 없는 것이었다. 그에게 지혜란 기독교적인 지혜였다. 물론 계시 없는 이성이 있을 수 있지만 그것은 결코 완전하지는 않을 것이다. 특히 아우구스티누스에게 그것은 특별한 진실이었다. 왜냐하면 그는 어떤 궁극적인 정신적 운명을 지니지 않은 순전히 자연인과 같은 것은 있을 수 없다고 믿게 되었기 때문이다. 결국 인간의 구체적인 조건을 이해하기 위하여 우리는 기독교 신앙의 관점에서 스스로를 생각해야 하며, 따라서 세계 전체도 신앙의 관점에서 고찰되어야 한다. 아우구스티누스에게 철학과 신학은 전혀 구별이 있을 수 없는 것이었다. 진실로 우리의 의지를 변경시키지 않는 한, 결코 우리는 명석한 사유 작용이 단지 신의 은총에 의해서만 가능하다는 사실을 올바로 추론할 수는 없다고 그는 믿고 있었다. 이러한 식으로 아우구스티누스는 중세의 기독교적인 지혜에 대한 지배적인 분위기와 스타일을 이루어 놓았다.

그러므로 신학적인 관점을 동시에 고려하지 않고 아우구스티누스의 철학을 논한다는 것은 불가능한 일이다. 사실상 그는 그 시대에 통용되는 용어의 의미로는 어떠한 순수한 철학적인 저술도 하지 않았다. 그는 글을 매우 많이 쓰는 인물이었으며 그가 가톨릭교회 내에서 주목받는 지도자가 됨에 따라 그는 신앙의 옹호자로서, 이단에 대한 반대자로서 저술 활동에 전념할 수밖에 없었다. 396년에 그는 고향 타가스테 근처의 항구인 히포의 주교가 되었다. 그의 많은 반대자들 가운데에는 그와 유명한 논쟁을 벌인 펠라기우스[3]가 있었다. 펠라기우스는 만인은 올바른 삶을 누릴 수 있는 본래의 능력을 갖추고 있다고 하여 원죄설 — 인간 본성은 본래부터 타락했다는 견해 — 을 부인했다. 그러나 아우구스티누스에 의하면 이러한 주장은 인간의 의지가 자신의 구원 능력을 스스로 갖추고 있다고 가정함으로써 신의 은총의 기능을 감소시키고 있으며, 따라서 인간의 참된 본성을 오도시키고 있다는 것이다.

이 논쟁은 아우구스티누스의 사고방식을 그대로 드러내고 있다. 왜냐하면 그것은 어떠한 주제에 관한 어떠한 지식이라 할지라도 철학적인 통찰력을 가지고 성서에 계시된 진리를 고찰해야 한다는 그의 주장을 다시 한 번 보여 주기 때문이다. 모든 지식은 인간에게 하느님을 이해하는 데 도움을 주고자 하기 때문에 그의 사유에 있어서 이러한 종교적인 입장이 우선하는 것은 당연하다. 토마스 아퀴나스는 이후 그에 대해 언급하길 〈플라톤주의자들의 교의에 빠져 있던 아우구스티누스는 그들의 저서 속에서 신앙과 부합되는 것은 무엇이나 채택했으며 신앙에 위배되는 것이면 무엇이든 수정했다〉는 것이다. 더욱이 그가 회의주의에서 빠져나와 기독교적인 신앙의 합리성과 강력한 설득력을 이해할 수 있었고 철학과 신학에서 위대한 업적을 남긴 것도 바로 그 플라톤주의 때문이었다. 그의 격동적인 생애를 대변해 주듯이 430년 반달족[4]이 히포를 포위하고 있었을 때, 그는 시편 가운데 「속죄의 시」를 암송하면서 75세에 생애를 마쳤다.

---

3 Pelagius(360?~420?). 처음에 로마에서 활동했지만 영국에서 활동한 브리타니아의 수도사이자 신학자. 그는 원죄를 부정하며 신의 은총이나 유아 세례도 불필요하다고 하여 아우구스티누스와 논쟁을 벌였다. 그는 인간의 자유 의지에 의한 자기 구원뿐만 아니라 결국 교회 불필요설의 주장으로 이단 선고마저 받아들인 인물이었다.

4 5세기에 골, 스페인, 북부 아프리카, 로마를 침략하고 마침내 북부 아프리카에 정착한 고트족에 가까운 게르만족 중 하나. 455년에는 로마를 침략하여 그 문화를 파괴한 예술과 문화의 야만적 파괴자들이었다.

2. 인간의 지식

2. 1. 회의주의의 극복

아우구스티누스는 한동안 아카데미아파의 회의주의자들에 깊이 빠져 〈인간에 의해서 이해될 수 있는 진리란 없다〉는 그들에게 동조했다. 그러나 그가 개종한 후 그에게 문제가 되었던 것은 인간이 확실성을 얻을 수 있을까 하는 것이 아니라 어떻게 인간은 그것을 획득할 수 있을까 하는 것이었다. 따라서 아우구스티누스는 무엇보다도 먼저 인간의 이성이 여러 가지 사물에 대한 확실성을 가지고 있음을 보여 줌으로써 회의주의자들에게 응답하고자 했다. 다시 말해 인간의 이성은 모순율에 대해 절대적인 확신을 갖고 있다는 것이다. 우리는 한 사물이 존재하는 동시에 존재하지 않을 수도 있다는 말이 있을 수 없음을 잘 알고 있다. 이 원리를 사용함으로써 우리는 세계가 하나인지 아니면 그 이상인지를 분별할 수 있다. 만일 세계가 여러 개로 존재한다면 그 수는 유한하거나 무한하다. 여기에서 우리가 알 수 있는 것은 단순히 양자가 동시에 참일 수는 없다는 사실이다. 이것은 아직 어떠한 확고한 지식이 아니지만 아우구스티누스는 정신이 불확실성 속에서 허망하게 헤매지 않으리라고 생각했다. 정신은 그 양자의 선택이 동시에 참일 수 없다는 사실을 알고 있을 뿐만 아니라 이 사실이야말로 불변하는 진리라는 것도 또한 알고 있다. 더욱이 그는 회의하고 있는 사람 자신이 회의하고 있다는 사실을 확신하고 있다는 이유에서 회의주의자들의 회의하는 행위 그 자체가 확실성의 한 형태라고 주장했다. 여기에는 또 다른 확실성, 즉 나는 존재한다는 확실성이 있게 된다. 왜냐하면 내가 회의한다면 나는 존재해야 하기 때문이다. 사람이 모든 것에 대해 회의를 품는다 해도 자신이 회의한다는 사실은 회의할 수 없다. 그러나 인간이 잠들어서 꿈에서 사물들을 보거나 자신을 인식할 수도 있지 않은가라는 회의주의자들의 반박에 대해 아우구스티누스는 자고 있거나 깨어 있거나 인간은 살아 있다고 말함으로써 신통한 논거를 제시하지 못했다. 의식 있는 사람이면 누구나 그가 존재해 있고 살아 있으며 그리고 그가 사유할 수 있다는 사실을 확신할 수 있다. 왜냐하면 〈우리는 존재하고 있으며 또한 그 사실을 인식하고 있고, 우리의 존재 및 그것에 대한 지식을 사랑하고 있기 때문〉이라고 아우구스티누스는 말한다. 그는 이러한 진리를 가지고 회의주의자들에 대해 조금도 두려움 없이 맞섰던 것이다.

17세기에 〈나는 생각한다. 그러므로 나는 존재한다〉와 같은 유사한 명제를 자신의 철학 체계의 토대로 삼은 데카르트와 달리, 아우구스티누스는 단지 회의라는 사실로부터 회의주의의 기본 전제를 반박하는 데 만족했다. 데카르트가 했던 것처럼 외적 대상의 존재를 증명하는 대신에 아우구스티누스는 주로 이들 대상을 언급하여 어떻게 정신이 모든 사물과의 관계에서 지식을 이루고 있는가에 대해 좀 더 자세히 기술하고자 했다.

2. 2. 지식과 감각

어떤 사람이 대상을 감각할 때 그는 이 감각 행위로부터 지식을 이끌어 낸다. 그러나 아우구스티누스에게 그러한 감관적 지식은 인식의 최하의 단계다. 더욱이 감관이 우리에게 주는 것은 한 종류의 지식에 불과하다. 감관적 지식이 최하급의 단계인 것은 확실성의 정도가 가장 낮기 때문이다. 감관적 지식의 확실성이 낮은 데는 두 가지의 원인이 있다. 그 하나는 감각 대상이 항상 변화한다는 것이며, 다른 하나는 감각 기관이 변한다는 사실에 기인한다. 이러한 두 가지 원인에 의해 감각은 때때로 사람에 따라 변화한다. 어떤 사람에게는 달게 느껴지는 것이 다른 사람에게는 쓰게 느껴지며 차고 뜨거운 것에 대해서도 마찬가지다. 따라서 아우구스티누스는 감관의 정확도란 그 정도에 불과하다고 확신한다. 그러므로 감관이 할 수 있는 그 이상의 것을 기대한다거나 요구하는 것은 옳지 않다. 예를 들어 물에 잠겨 있는 노가 우리에게 구부러져 보이는 경우 우리의 감관에는 아무런 이상이 없는 것이다. 반면에 이러한 상황에서 구부러져 보이는 것이 당연한데도 그 노가 똑바르게 보인다면 뭔가 이상이 있는 것일 게다. 문제는 우리가 노의 실제적인 조건에 대해서 판단을 내려야만 하는 경우에 생긴다. 만일 그 노가 실제로 구부러져 있다고 동의한다면 그는 속고 있는 것이다. 이러한 오류를 피하기 위해서 아우구스티누스는 〈현상 이외에는 인정을 하지 말라. 그러면 당신은 속지 않을 것이다〉라고 충고한다. 이러한 식으로 그는 감관의 신뢰성과 그 한계를 단언하고 있다. 그는 감각의 본질이나 구조를 분석함으로써 감관에 의해 지식에 이르는 방법을 밝혀 주었다.

우리가 한 대상을 감각할 때 무슨 일이 일어나는가라는 질문에 아우구스티누스는 인간에 대한 플라톤적인 해석으로 대답하고 있다. 인간은 육체와 영혼의 결합체다.

플라톤은 육체를 영혼의 감옥이라고까지 말한다. 그러나 영혼이 어떻게 지식을 획득하는가에 대한 설명에서 그는 플라톤의 상기론(想起論)으로부터 출발한다. 지식은 기억하는 행위가 아니며 영혼 그 자체의 행위다. 우리가 대상을 볼 때 영혼(정신)은 그 자신의 실체로부터 대상의 상(像)을 형성한다. 도장이 새겨진 반지가 밀랍에 자국을 남기는 식으로 대상 스스로가 정신에 물질적인 〈인상〉을 만들지는 못한다. 왜냐하면 영혼은 정신적이지 물질적인 것이 아니기 때문이다. 따라서 상을 만드는 것은 영혼 그 자체다. 더구나 우리가 대상을 감각할 때 우리는 상을 감각할 뿐만 아니라 판단도 내린다. 우리는 어떤 여자를 보고 그녀가 아름답다고 말한다. 이러한 판단 행위에서 나는 감관을 통해 사람을 볼 뿐만 아니라 그 사람을 감각하는 영역과 다른 영역에서 나의 정신이 가지고 있는 기준과 그녀를 비교하기도 한다. 마찬가지로 내가 일곱 명의 소년과 세 명의 소년을 본다면 모두 열 명이 된다는 것을 나는 안다. 자연의 모든 사물이 변하게 마련인 것처럼 필멸의 운명을 가진 열 명의 소년 역시 결국 죽게 될 것이다. 그러나 우리는 그 숫자들을 소년과 분리시켜서 7과 3은 그 소년들이나 이외의 어떤 것에도 귀속되지 않으며, 더해서 10이 된다는 사실이 항상, 그리고 필연적으로 참임을 알 수 있다.

그러므로 감각은 우리에게 어떤 지식을 주지만 그것이 갖는 주된 특성은 반드시 대상 이외의 것을 가리키고 있다는 점이다. 우리는 노에 대한 감각에서 직선과 굴곡에 대한 사유로, 특정한 아름다운 사람에 대한 감각에서 아름다움 일반에 대한 사유로, 소년들에 대한 감각으로부터 수학의 영원한 진리로 옮겨 가고 있는 것이다. 여기에서 인간에 대한 기술이 명백해지는데 이는 감각의 구조를 설명함으로써 육체와 정신이 구별되기 때문이다. 어떤 신체 기관이 사물들을 감각할 때에만 감각은 육체를 필요로 한다. 그러나 동물과 달리 인간은 사물을 감각할 뿐만 아니라 그것들에 대한 이성적 지식을 가지며 이성적 판단도 내린다. 어떤 이성적인 인간이 그러한 판단을 내릴 때 그는 단지 감각에만 의존하는 것이 아니라 미(美)나 수학의 진리들과 같은 다른 대상들에게도 그의 정신을 지향하고 있다. 그러므로 세심하게 분석해 보면 인간의 감각 행위는 적어도 다음과 같은 네 가지의 요소를 포함하고 있음을 알 수 있다. (1) 감각 대상 (2) 감각이 의탁하는 육체적인 기관 (3) 대상의 상을 형성할 때의 정신의 활동 (4) 정신이 감각 대상에 대한 판단을 내릴 때 사용하는 비물질적 대상(예를 들면 미)

이다. 이러한 분석에서 볼 때 인간이 마주하고 있는 대상은 두 가지로 구별할 수 있다. 즉 육체적인 감각의 대상과 정신의 대상이다. 인간은 눈으로 사물을 보며 정신으로는 영원한 진리를 인식한다. 이들 대상이 다르므로 지적인 확실성의 정도도 달라진다. 어떤 사람의 정신이 감관과는 무관하게 영원한 진리를 주시하고 있을 경우와 비교할 때, 그의 가변적인 감관이 계속 변화하는 물질적 대상들을 감각함으로써 얻는 진리의 신뢰성은 그만큼 감소된다. 한편 감각은 지식의 방향을 외부의 사물이 아닌 인간 내부의 활동으로 지향시킨다. 따라서 지식은 감각 대상의 단계에서 보편적인 진리의 더 높은 단계로 이동된다. 아우구스티누스에게 최고의 지식의 단계는 신에 대한 지식이다. 감각이 이러한 지식의 획득에 일익을 담당하게 되는 것은 정신을 더 위로 향하게 한다는 점 때문이다. 그러므로 아우구스티누스는 우리가 〈외부에서 내부로, 낮은 단계에서 더 높은 단계로〉 신을 향하여 움직여 간다고 말하고 있다.

2. 3. 계시론

감각과 지식의 관계에 대한 설명에서 아우구스티누스는 정신이 어떻게 영원하고 필연적인 진리를 포함한 여러 판단을 내릴 수가 있는가 하는 문제에 직면했다. 정신이 처음에 사물과의 관계에서 마주치는 7과 3이 덧셈에 의해 항상, 그리고 필연적으로 10이 된다는 사실을 인식할 수 있는 것은 무엇 때문인가? 실제로 왜 여기에 문제가 있는가? 문제는 인간의 지식 속에 포함된 여러 요소가 가변적이고 불완전하며, 따라서 영원하지 않고 유한하다는 인간의 지식에 대한 지금까지의 그의 설명 때문에 생긴다. 감각 대상은 가변적이며 신체 기관 역시 변하게 마련이다. 정신 그 자체는 피조물이므로 유한하고 완전하지 않다. 그러면 그러한 요소들의 불완전성과 가변성을 넘어서서 정신은 어떠한 회의도 갖지 않는 영원한 진리, 즉 절대적인 확신을 지닌 진리며 인간의 정신이 내놓을 수 있는 것보다 우위에 있기 때문에 오히려 정신이 그것에 따라야만 하는 그러한 진리를 발견하기 위해서 그 요소들은 어떻게 전개될 수 있는가? 플라톤의 상기론에 의하면 영혼은 자신이 육체에 들어가기 전에 이미 알고 있던 것을 상기할 수 있도록 되어 있다는 것이다. 반면에 아리스토텔레스는 영원한 보편 관념은 지성에 의해 개체로부터 추상되었다고 주장했다. 그러나 아우구스티누스는 이러한 주장 가운데 어느 한쪽도 받아들이지 않았다. 그렇긴 하지만 그는 플라톤의

아우구스티누스

또 다른 통찰, 즉 가시계 속의 태양과 가지계 속의 선의 이데아 사이의 비유를 따르긴 했다.

아우구스티누스는 우리의 어떤 관념들의 〈확실성에 관한 인식〉에서처럼 그 〈기원〉에 대해 별로 관심이 없었다. 그는 상기(想起) 및 일종의 생득 관념을 거부하는 동시에 추상의 관념을 더욱 가까이했다. 아우구스티누스에 의하면 실제로 인간의 육체의 일부인 눈이 대상을 볼 때, 그 대상이 빛에 드러나 있는 경우에만 정신은 그것에 대한 상을 형성할 수 있다. 마찬가지로 영원한 대상 역시 그 자신의 고유한 빛에 싸여 있을 경우에만 정신은 그 대상을 〈보는 것〉이 가능하다. 그의 말대로 〈눈이 이러한 육체의 빛 속에서 주위의 모든 사물을 보는 것과 같은 이치로 창조주의 배열에 따라 본래 지성적인 실재에 속하는 정신은 독특한 종류의 어떤 비물질적인 빛 속에서 수학적 진리 같은 진리를 볼 수 있도록 지적인 정신의 본질이 구성되어 있다〉는 사실을 우리는 믿어야만 한다. 간단히 말해 인간의 정신이 영원하고 필연적인 진리를 〈보고자〉 한다면 그것은 계시를 지녀야 한다. 우리가 태양 빛 없이는 여러 사물을 볼 수 없는 것처럼 어떤 계시 없이는 지성의 지적인 대상, 즉 진리를 〈볼〉 수 없다.

아우구스티누스는 〈불변적인 진리를 볼 수 있게 하는 영원한 이성의 빛이 우리 안에 내재되어 있다〉고 간결하게 그의 계시론을 언급한다. 그가 그 이론에 의해 나타내고자 하는 바는 대체로 분명하지 않다. 단지 아우구스티누스에게 분명한 것은 태양에서 빛이 비치듯이 계시는 신에서 온다는 것이다. 이러한 비유를 좀 더 깊게 고려해 본다면 신성한 빛은 이미 거기에 존재하는 사물을 비추어야 한다. 우리는 태양 빛에 의해서 나무와 집을 볼 수 있다. 신성한 빛이 그와 같은 기능을 수행한다면 이 빛 또한 무엇인가를, 즉 우리의 관념을 비추어야 한다. 이 빛은 우리가 관념 속에서 진리와 영원의 성질을 인식하는 조건은 되지만 관념의 원천은 아니다. 간단히 말해 신의 계시는 관념의 내용이 우리의 정신 속에 주입되는 과정이 아니며 어떤 관념이 필연적이고 영원한 진리를 포함하는가를 구별할 수 있도록 하는 우리의 판단에 대한 계시다. 이 빛의 원천인 신은 완전하고 영원하며, 인간의 지성은 신의 영원한 관념의 영향으로 활동한다. 인간의 정신이 신을 인식한다고 말할 수 없지만 계시론은 물질적 대상들의 가변성과 인간 정신의 유한성에 의한 인식의 한계가 신의 계시에 의해 극복된다는 사실을 의미한다. 따라서 아우구스티누스는 이러한 이론을 가지고 어떻게 인간의 지성이 감각 대상을 초월할 수 있는가 하는 문제와 어떻게 필연적이고 영원한 진리에 대한 판단을 가능하게 해주는가 하는 문제를 만족스럽게 해결했다.

3. 신

아우구스티누스는 신의 존재에 관한 이론적 사색에만 관심을 가진 것은 아니었다. 신에 대한 그의 철학적인 고찰은 지혜와 정신적인 평화에 대한 열정적인 추구의 산물이다. 한때 그가 감각적인 쾌락 속에 깊이 빠졌던 경험에 의해 영혼은 육체적이거나 감각적인 쾌락 속에서는 평화를 찾을 수 없음을 통감했다. 마찬가지로 지식의 확실성을 추구하던 그는 사물의 세계가 변화와 무상(無常)으로 가득 차 있음을 발견했다. 또한 그의 정신은 오류를 범할 수도 있으므로 그것 역시 불완전한 것임을 깨달았다. 동시에 그는 어떤 영원한 진리를 인식하는 경험을 가지게 되었다. 그는 진리를 사유하는 경험과 쾌락 및 감각을 얻는 경험을 비교할 수 있었다. 이 두 경험 가운데 그는 정신의 활동이 더욱 지속적이고 심오한 평화를 줄 수 있다는 것을 발견했다. 그는 유한한 인간의 정신이 어떻게 그것의 능력을 넘어서서 지식을 획득할 수 있는가 하는 기술적인 문제에 심사숙고했다. 결국 그가 얻은 결론은 이러한 지식이란 그 외부에 있는 유한한 사물로부터 얻을 수 없으며, 더군다나 그 자신의 정신만으로는 충분하게 만들어질 수 없다는 것이었다. 그가 바라는 지식은 그의 정신 작용보다 우위에 있기 때문에, 다시 말해 이 지식은 영원하여 그의 제한적이거나 유한한 정신으로부터는 나올 수 없기 때문에 그는 불변의 진리란 신에게서 비롯된다고 믿기에 이르렀다. 이러한 결론에 이르게 된 것은 그의 지식이 갖고 있는 특성과 신의 속성과의 유사성, 즉 양자가 모두 영원하며 참되다는 사실 때문이었다. 아우구스티누스에게 영원한 진리들이 존재한다는 것은 〈영원한 진리 the Eternal Truth〉의 존재, 즉 신의 존재를 의미했다. 이러한 식으로 아우구스티누스는 여러 단계의 자신의 경험과 정신적인 추구를 통해 신에 대한 존재 증명에 도달하게 되었다.

신은 곧 진리이기 때문에 어떤 의미에서 신은 인간 안에 있다. 또한 신은 영원한 존재이므로 인간을 초월한다. 그러나 인간이 신을 기술함으로써 도대체 무슨 말을 할 수 있을 것인가? 플로티노스가 그랬듯이, 사실 신의 존재를 정의하는 것보다 신이 존재하지 않음을 증명하는 것이 더 쉽다는 것을 그는 깨달았다. 어쨌든 신이 유한한 사물들보다 우위에 있다고 말하는 것은 중요한 진보였다. 모세에게 주어진 신의 이름, 즉 〈나는 존재하는 그다 Ego sum quisum〉를 성서에서 발췌하면서 그는 이것을 〈신은 곧 존재 그 자체다〉라는 의미로 순서를 바꿔 놓았다. 마찬가지로 신은 플로티노스의 존재 없는 일자 the beingless One가 아닌 최고의 존재이며, 〈어느 것도 그보다 더 훌륭하고, 더 거룩할 수 없는 존재〉이다. 몇 세기 뒤 안셀무스 Anselmus는 이 구절에 영향을 받아 그의 유명한 존재론적 증명을 제시했다. 최고의 존재로서의 신을 곧 완전한 존재라고 하는 것은 신이 자존적(自存的)이며 불변적이고 영원한 존재임을 말한다. 신에게 속하는 어떠한 복합적인 속성도 모두 동일하다는 점에서 그는 완전하기도 하지만 〈단순〉하다. 그의 지식, 지혜, 선, 능력 모두가 하나며 그의 본질을 이루고 있다. 더욱이 일상 세계는 신의 존재와 활동을 반영해 준다. 우리가 보는 사물들이 점차 소멸되어 간다는 점에서는 가변적이지만 그것들이 존재하는 한 정해진 형상을 가지며 이 형상 또한 영원하며 신을 반영한다. 아우구스티누스에 의하면 사물들이 그 존재를 가지는 것은 모든 존재의 근원인 신에 의한 것이다.

 아우구스티누스의 말처럼 세계의 사물과 달리 신은 〈장소의 어떠한 간격 속에도, 연장 속에도 있지 않으며〉 마찬가지로 신은 〈시간의 어떠한 간격이나 연장 속에도 있지 않다〉. 간단히 말해 그는 신을 순수한 존재 또는 최고의 존재로 기술한다. 따라서 그는 신 안에서는 비존재에서 존재로 또는 존재에서 비존재로의 변화가 있을 수 없다고 주장한다. 신은 〈존재한다〉. 왜냐하면 〈나는 곧 존재하는 자〉이기 때문이다. 이러한 입장의 사상이 가지는 중요한 힘은 그것의 철학적인 엄밀성 — 아우구스티누스도 이러한 점을 인정했지만 — 뿐만 아니라 그의 정신적인 고민의 해결과 연관시켜서 탐구되어야 한다. 이제 그에게 존재와 진리, 유일하고 영원한 실재의 근원으로서 신은 사유와 사랑의 합법적인 대상이 되었다. 신에게서 정신의 계발과 의지의 힘이 솟아난다. 더구나 신은 진리의 표준이기 때문에 모든 다른 지식이 가능하다. 그의 본질은 존재이며, 존재는 곧 행위고, 행위는 인식하는 것이다. 그리고 영원하고 전지한 신은 항상 창조 안에서 반영될 수 있는 모든 가능한 방식을 알고 있다. 이러한 이유로 세계의 모습을 이루는 다양한 형상들은 전형으로서 신 안에 항상 존재한다. 그러므로 만물은 신의 영원한 사유의 유한한 반영물이다. 신의 사유는 〈영원〉하므로 신은 앞일을 〈내다보신다〉고 말할 때 우리는 이미 우리의 언어가 가지는 한계를 난점으로 가지고 있다. 그러나 세계와 신은 밀접하게 관련되어 있으며, 신이 세계와 동일한 것이 아니라 세계를 초월한다고 해도 세계는 신의 영원한 사유를 반영하고 있다는 사실이 아우구스티누스에게는 중요한 점이었다. 신과 세계 사이에는 이러한 관계가 있기 때문에 한쪽을 안다는 것은 곧 다른 한쪽의 그 무엇인가를 안다는 말과 같다. 신에 대하여 가장 잘 알고 있는 자가 있다면 그는 세계의 참 본질, 그리고 특히 인간의 참 본질과 운명을 가장 심오하게 이해하는 자라고 그가 확신한 이유가 바로 여기에 있다.

4. 창조된 세계

신은 사유와 사랑 모두에 대해 가장 적합한 대상이며, 물질적인 세계는 인간에게 참된 지식이나 정신적인 평화를 줄 수 없다는 결론에 이른 아우구스티누스는 그럼에도 불구하고 물질세계에 지대한 관심을 보였다. 결국 인간의 생활은 물질세계 안에서 행해져야만 하고 인간이 그 세계에 적응하기 위해서는 그것을 이해하는 방법을 알아야 한다. 그가 앞에서 지식의 본질과 신에 대하여 언급한 것으로 보건대, 그는 세계를 신의 피조물로 보고 있음에 틀림없다. 그의 『고백록』에 보면 우리가 어디를 둘러보건 만물은 〈우리가 스스로 생겨난 것이 아니라 신이 우리를 창조하시어 영원히 살게 하셨답니다〉고 말한다는 것이다. 다시 말해 유한한 사물들은 자신들이 어떻게 존재하게 되었는가를 설명하기 위해서 어떤 영구한 존재를 필연적으로 요구한다. 따라서 아우구스티누스는 그의 독특한 창조론에서 신이 세상과 어떻게 관계하는지를 설명해주고 있다.

4. 1. 무에서의 창조
하느님이 만물을 〈무에서 ex nihilo〉 창조하셨다는 것은 아우구스티누스의 독특한 교의다. 세계는 창조된 것이 아니라 데미우르고스가 항상 제각기 존재하는 형상과 용기(容器)를 결합시켰을 때 생겼다고 본 플라톤의 견해와는 대조를 이룬다. 오히려 아

아우구스티누스는 세계를 신으로부터의 유출이라고 설명한 플로티노스의 신플라톤주의에서 출발했다. 플로티노스에 의하면 신 안에는 유출되어야만 하는 〈본래적인 필연성〉이 존재한다. 왜냐하면 선은 필연적으로 그 자체를 발산해야 하기 때문이다. 더구나 이 이론에 의하면 신과 세계 사이에는 연속성이 존재하며 세계는 단지 신의 연장에 불과하다. 이러한 생각에 반대하여 아우구스티누스는 세계란 신의 자유로운 행위의 산물이며, 이러한 행위를 통해서 신은 무에서 세계를 구성하고 있는 모든 사물에게 존재를 부여했다고 강조한다. 따라서 만물은 자신의 존재를 신에게 빚지고 있다. 그러나 신과 피조물 사이에는 현저한 차이가 있다. 플로티노스는 세계를 유출된 것으로서, 따라서 신의 연장이라고 본 반면에 아우구스티누스는 신을 이전에 없었던 것을 존재하게 하는 존재라고 설명한다. 물질이란 제1형상에서조차 이미 어떤 것이었기 때문에 신이 존재하는 물질로부터 창조했을 리는 만무하다. 무형의 물질에 대해서 언급하는 것은 실제로 무를 나타내는 것이다. 아우구스티누스에 따르면 사실상 물질을 포함하여 만물은 신의 창조적인 행위의 산물이다. 형태가 갖추어질 수 있는 무형의 물질이 있다 해도 그것의 기원은 신 안에서 구해지며 신에 의해 무에서 창조되어야만 할 것이다. 아우구스티누스에게 물질이 신에 의해 창조된다는 사실은 곧 물질이 선함을 의미한다. 왜냐하면 신에 의해 창조되는 것은 모두 선하기 때문이다. 신은 어떠한 악도 창조할 수 없다. 앞으로 보게 될 것이지만 물질이 지닌 본질적인 선이 그의 도덕론에서 차지하는 역할은 매우 크다.

4. 2. 배아의 원리

아우구스티누스는 자연의 다양한 종(種)들이 결코 새로운 종을 생성할 수 없다는 사실에 크게 영향을 주었다. 말은 말을 낳고 꽃은 꽃을 낳는다. 인간의 입장에서도 부모는 자신들보다 더 많은 자식을 낳는다. 아우구스티누스가 이 모든 사실에 대해 매료된 이유는 이러한 사실과 인과율에 대한 일반적인 물음과의 관련성 때문이었다. 어떤 의미에서 볼 때 부모는 자식의 원인이고 꽃은 새로운 꽃의 원인이라 하지만 어느 것도 자연 속에 새로운 형태의 종을 발아시키지 못한다. 창조된 질서 속에서 존재하는 사물들은 이미 존재하는 형태를 진작시켜 향상된 존재로 화할 수는 있다. 아우구스티누스는 이러한 사실로부터 — 그는 그 사실에 대한 결정적인 경험적 정보를 갖지 못했다 — 모든 사물이 형성된 배후에 있는 인과율은 곧 신의 지성이라는 결론에 다다른다. 사물 내에 새로운 형태를 창출할 수 있는 원초적인 인과적 능력은 없다. 그렇다면 사물이나 동물, 그리고 인간은 어떻게 그 자손을 낳을 수 있는가? 그의 대답은 신이 창조의 과정에서 물질 속에 〈배아의 원리 rationes seminales〉를 주입시켰기 때문에 자연도 모든 종이 나타날 수 있는 가능태를 지녔다는 것이다. 이 배아의 원리가 곧 사물의 종자다. 그것은 비가시적이며 인과적인 힘을 지니고 있다. 따라서 모든 종은 현재의 상태에 이르기 위한 비가시적이고 잠재적인 힘을 소유한다. 종(種)이 존재하기 시작하면 그것의 배아의 원리, 즉 그 가능태가 실현되며 이어서 실제의 씨가 가능태에서 현실태로 정해진 종을 계속 물려주게 된다. 원래 단 한 번의 행위에 의해 완전한 창조를 이룬 신은 모든 종에게 생성하는 원리를 부여했다.

이러한 교의에 힘입어 아우구스티누스는 배아의 원리가 비롯된 신의 정신 안에 종의 원인을 위치시킴으로써 종의 기원을 설명했다. 이 배아 원리설에 의해 그는 성서에 관한 난제를 해결했다고 생각했는데, 「창세기」에 나오는 그 내용은 신이 6일 만에 세상을 창조하셨다는 구절이다. 신이 왜 점차적으로 창조해야만 했는가 하는 문제가 그에게는 자신의 신관과 모순되는 것처럼 보였다. 특히 나흘날까지도 태양은 〈창조되지〉 않았기 때문에 〈6일〉이라는 구절이 의미하는 것에 대한 의문도 있었다. 마침내 그는 배아 원리설을 가지고 다음과 같이 말할 수 있게 되었다. 신은 단번에 만물을 창조했으며, 그것은 곧 그가 모든 종에게 동시에 배아의 원리를 부여했음을 의미한다는 것이다. 그러나 이 종자들은 가능태의 원리이므로 아직 발아된 것은 아니며 곧 존재하게 될 사물들의 운반자에 불과하다. 따라서 모든 종이 한꺼번에 창조되었다고 해도 그것들 모두가 동시에 완전한 형태로 존재하지는 않았다. 그것들 각각은 시간이 점차 지나면서 그들의 가능태를 실현시켰다. 〔아우구스티누스가 그렇게 하려고 한 것은 아니었지만 그의 배아 원리설은 결국 종의 진화론으로까지 연장될 수 있었다. (제2판)〕

5. 도덕 철학

아우구스티누스에 의해 전개된 모든 철학적 관념은 이와 같은 방식으로 인간의 도덕적 조건의 문제를 시사하고 있었다. 그러므로 그에게 도덕론은 어떤 특별한, 따로 분리되는 주제가 아니다. 만물은 결국 도덕성에 귀착되며 따라서 만물은 인간 행위의 목적인 행복으로 향하는 확실한 길을 밝혀 준다는 것이다. 그는 도덕에 관한 그의 관념들을 형성하면서 인간의 지식의 본질, 신의 본질, 창조론에 대한 핵심적인 통찰을 갖게 되었다. 이러한 관념들로부터 그는 인간의 도덕적 성격의 구조에 초점을 맞추었다.

인간의 도덕적 추구 성향은 그의 특별하고 구체적인 조건에서 비롯된 필연적인 결과다. 그 조건이란 인간이 행복을 추구하는 방식으로 만들어져 있다는 것이다. 고대 그리스인들도 선한 삶의 절정이 곧 행복이라고 생각했지만 아우구스티누스가 주장한 교의는 참된 행복의 구성 요소와 그것이 획득되는 그 방법에 대한 새로운 척도를 제시하고 있다. 그가 아리스토텔레스와 구별되는 것은 다른 철학자들이 삶의 목적이 행복에 있다고 주장했듯이 아리스토텔레스도 인간은 균형을 잘 이룬 삶을 통해 자신의 자연적인 기능을 충족시킬 때 행복에 도달한다고 주장한 반면, 아우구스티누스의 참된 행복의 조건은 인간이 자연적인 것을 넘어서서 초자연적인 것으로 이행하는 것이라고 보았다. 그는 종교와 철학의 양측에서 이러한 견해를 피력한 바 있다.『고백록』에서 그는 〈오, 하느님 당신의 힘으로 저희를 만드셨나니, 저희의 마음은 당신의 품 안에서 쉬게 될 때까지 갈 곳이 없나이다〉라고 쓰고 있다. 좀 더 철학적인 언어로 표현하자면 〈인간의 본성이란 그 자체로 선일 수 없으며 스스로 행복을 얻을 수 없다〉. 간단히 말해 순수하게 〈자연적인〉 사람은 없다. 왜냐하면 자연이 사람을 낳는 것은 아니기 때문이다. 그렇게 행하는 자는 오직 신뿐이다. 결과적으로 인간 본성은 항상 신의 피조물의 흔적을 품고 있다. 그것은 신과 인간 사이에는 어떤 영구적인 관계가 존재한다는 뜻이다. 인간이 행복을 추구하는 것은 우연이 아니다. 그것은 그의 불완전성과 유한성 때문이다. 우리가 신 안에서만 행복을 구할 수 있는 것은 당연한 일이다. 우리는 신 안에서만 행복을 찾을 수 있도록 신에 의해 만들어졌기 때문이다. 아우구스티누스는 사랑론을 통하여 인간 본성의 이러한 측면을 좀 더 자세히 설명하려 했다.

5. 1. 사랑의 역할

아우구스티누스에 의하면 인간은 사랑하지 않으면 안 된다. 사랑은 곧 자기 자신을 초월하는 것이요, 사랑의 대상에게 자신의 애정을 보여 주는 것이다. 인간이 사랑을 하지 않으면 안 되는 이유는 그가 불완전하기 때문이다. 인간이 사랑할 수 있는 대상이 광범위하다는 것은 그에게 그만큼 불완전한 측면이 다양하다는 의미다. 인간은 (1) 물질적 대상 (2) 타인들 (3) 자기 자신까지도 사랑할 수 있다. 〔그는 이러한 사랑에서 자신의 욕망과 욕구에 만족을 구할 수 있다. 결과적으로 모든 사물은 무엇이나 사랑의 대상이 될 수 있다. (제2판)〕 이러한 모든 대상은 그에게 어느 정도의 만족과 행복을 줄 것이다. 게다가 어떤 의미에서 이러한 모든 사물들은 사랑에 적합한 대상들이다. 왜냐하면 그 자체로 악한 것은 없기 때문이다. 악은 실제적인 사물이 아니라 무언가가 부재하는 것이다. 우리의 도덕적 문제는 사랑이나 우리가 사랑하는 대상에 있는 것이 아니라 오히려 사랑하는 대상에 대해 애정을 가지는 〈방식〉과 사랑의 결과에 대해 가지는 〈기대감〉에 있다. 모든 인간은 사랑으로부터 행복과 만족을 성취하려는 기대를 가지지만 인간은 비참하고 불행하며 불안하다. 왜 그럴까? 아우구스티누스는 그 이유를 인간의 〈무질서한〉 사랑, 다시 말해 우리가 지나치게 특정 사물들을 사랑하는 동시에 신에 대한 궁극적인 사랑에는 빠지지 못한다는 사실에서 찾고 있다.

5. 1. 1. 악과 무질서한 사랑

아우구스티누스는 인간에게는 동일하지 않은 사랑의 행위를 유발시키는 상이한 요구가 있다고 믿었다. 실제로 다양한 인간의 요구와 그것을 만족시켜 줄 수 있는 대상들 간에는 어떤 종류의 상호 관계가 있다. 사랑은 이러한 요구와 그 대상 간에 조화를 이루게 하는 행위다. 우리는 대상이나 다른 사람, 그리고 우리 자신에 대한 사랑을 유발하는 세속적인 요구뿐만 아니라 신에 대한 사랑을 유발해야 하는 정신적인 요구도 가지고 있다. 아우구스티누스는 이 점을 어느 정도 양적인 개념들로 표현했다. 사랑의 각 대상은 얼마만큼의 만족을 줄 수 있을 뿐 그 이상을 줄 수는 없다. 마찬가지로 각 인간의 요구도 측정 가능한 양을 가진다. 분명히 만족과 행복의 조건은 사랑의 대상이 특별한 요구를 만족시키기 위해 가지고 있는 것은 무엇이나 그 양이 충분해야 한다는 것이다. 그리하여 우리는 음식을 사랑하며 굶주림을 채울 만큼 그 양을 소비한다. 그러나 원초적인 의미에서 우리의 요구가 다 물질적인 것은 아니다. 우리가 예술의 대상을 사랑하는 것은 그 대상이 주는 미적인 만족감에 의한 것이다. 더 높은 단계에서 우리는 사람들 상호 간의 사랑을 요구하게 된다. 실제로 이러한 애정의 단계는 쾌락과 행복의 방식에서 물질적인 사물보다 양적으로나 질적으로 더욱 훌륭하다. 이 점에서 보면 어떤 인간의 요구는 대상의 교체에 의해서 충족될 수 없음이 명백하다. 예를 들어 인간의 유대감을 충족시키고자 하는 심도 깊은 인간의 요구는 타인과의 관계 이외의 다른 방법에 의해서 충족될 수 없다. 사물은 그 내부에 인간의 고유한 인격의 요소를 포함하고 있지 않으므로 인간을 대신할 수 없다.

그러므로 각 사물이 인간의 사랑의 적합 대상이 될 수 있다고 해서 우리는 그것에서 그것의 고유한 본질이 줄 수 있는 것 이외의 다른 것을 기대할 수는 없다. 〔인간의 애정에 대한 근본적인 욕구는 사물에 의해서 만족될 수 없다. (제2판)〕 이것은 정신적인 요구에 있어서 더욱 그렇다. 아우구스티누스에 의하면 인간은 신을 사랑하게끔 창조되었다. 신은 무한하다. 그러므로 어떤 의미에서 인간의 본성은 무한자인 신에 의해서만 궁극적인 만족이나 행복을 얻을 수 있도록 정해져 있다. 아우구스티누스는 〈선의 중간 형태인 의지가 불변의 선에 고착되면, 인간은 그 안에서 축복받은 삶을 발견할 수 있다. 즉 잘 산다는 것은 곧 신을 사랑하는 것 이외의 아무것도 아니기 때문이다〉라고 말한다. 그러므로 신에 대한 사랑은 행복으로 가는 필수 조건이다. 왜냐하면 무한한 신만이 무한자에 대한 요구, 즉 우리에게 있는 고유한 요구를 충족시켜 줄 수 있기 때문이다. 만일 대상들의 상호 교체가 불가능하다면, 예를 들어 사물들이 인간을 대신할 수 없다면 어떤 유한한 대상이나 인간도 신을 대신할 수 없다. 그러나 모든 인간은 대상, 타인 및 자기 자신을 사랑함으로써 진정한 행복을 이룰 수 있다고 확신하며 기대한다. 이것들은 모두 사랑의 대상으로는 적합하지만, 이것들이 궁극적인 행복을 위한 사랑의 대상이 될 때 그것들에 대한 인간의 사랑은 무질서하다. 무질서한 사랑의 원인은 그 대상이 줄 수 있는 것 이상의 것을 기대하는 데 있다. 무질서한 사랑은 인간의 행위 속에서 여러 형태의 병적 증세를 야기한다. 평범한 자기애는 교만을 낳고 교만이야말로 인간 행위의 모든 면에 영향을 주는 원죄다. 교만의 본질은 자만심의 위장에 불과하다.

그러나 인간 본성에 관한 불변의 사실은 인간이 육체적으로나 정서적으로나 또는 정신적으로나 자기 충족적이 아니라는 사실이다. 인간은 교만에 의해 신에게서 멀어지며 여러 가지 형태로 방종하게 된다. 왜냐하면 인간은 유한한 실재에서 무한한 요구를 만족시키려고 하기 때문이다. 그러므로 그 대상이 줄 수 있는 것과 비교해 볼 때 그는 그 이상의 사랑을 한다. 실제로 타인에 대한 사랑은 상대방에게 해를 끼치는 결과를 초래할 수 있다. 왜냐하면 그는 그 사람이 줄 수 있는 그 이상의 것을 그 관계로부터 이끌어 내려고 하기 때문이다. 탐욕이 번성하고 욕구가 늘어 감에 따라, 그리고 모든 욕망을 만족시킴으로써 평안을 얻으려는 헛된 기도를 하게 된다. 인간은 너무나 볼꼴 사납게 되고 심각한 상처를 입게 되고 질투, 탐욕, 물욕, 사기, 공포 등에 휩싸이게 된다. 인간은 무질서한 사랑에 의해 불안정하게 되고, 또 불안정한 사람에 의해 무질서한 집단이 형성된다. 각각의 인간을 개조시키지 않고는 질서가 있거나 평화로운 사회나 가정을 재건한다는 것은 불가능하다. 매우 분명하고 변하지 않는 사실은 각 개인이 개조되어 구원을 얻으려면 사랑을 재정립함으로써, 즉 적합한 사물을 올바르게 사랑해야만 가능하다는 것이다. 아우구스티누스가 주장하는 바에 의하면 우리는 먼저 신을 사랑해야만 인간을 올바르게 사랑할 수 있다. 왜냐하면 신에 대한 사랑에서 이끌어 낼 수 있는 것은 인간의 사랑에서는 찾아볼 수 없기 때문이다. 마찬가지로 교만 그 자체를 제거하는 것 이외에 교만이 가져오는 파괴적인 결과를 극복할 수 있는 길이 없기 때문에 우리 자신을 신에게 귀속해야만 우리는 자신을 올바르게 사랑할 수 있다.

5. 2. 악의 원인으로서의 자유 의지

아우구스티누스는 악의 원인이 단순히 무지에서 기인한다고 본 플라톤에 대해 동의하지 않는다. 실제로 인간이 궁극적인 선을 인식하지 못하는, 즉 신을 인식할 수 없는 어떤 상황이 존재한다. 그러나 아우구스티누스는 〈죄 많은 사람들조차도 인간 행위의 대부분을 나무라거나 올바르게 칭찬할 수 있는 능력을 갖는다〉고 말한다. 같이 고려할 사실은, 일상의 행위 속에서 인간은 자신이 칭찬받을 만한 행위를 해야 하며 질책받을 만한 행위는 피해야 하는 의무가 있음을 이해하는 경우에만 그가 칭찬과 질책을 이해할 수 있다는 것이다. 이러한 상황에서 인간을 곤경에 빠지게 하는 것은 인간이 무지하다는 사실이 아니라 그가 양자택일이란 선택 앞에 있다는 사실이다. 그는 선을 향하거나 신에게서 멀어져야 하는 선택의 기로를 맞는다. 간단히 말해 그는 자유롭다. 인간이 어느 쪽을 택하든 그의 의도는 행복을 구할 수 있다는 희망에 있다. 그는 신에게서 멀어져서 유한한 사물이나 다른 사람들 혹은 자기 자신에게 애정을 쏟을 수 있다. 아우구스티누스는 〈이 멀어지고 가까워지는 것은 강제된 행위가 아니라 자유 의지의 행위〉라고 말한다.

아우구스티누스에 의하면 악이나 죄는 의지의 산물이다. 플라톤의 말대로 그것은 무지가 아니며, 마니교도들의 주장처럼 육체에 퍼져 있는 어둠의 원리의 작용도 아니다. 원죄에도 불구하고 만인은 의지의 자유를 소유한다. 이 의지의 자유 *liberum*는 정신의 자유 *libertas*와 동일하지 않다. 왜냐하면 진정한 정신의 자유는 현세에서는 결코 충만될 수 없기 때문이다. 인간은 자유 의지를 사용하여 잘못 선택하게 된다. 그러나 아우구스티누스에 의하면 올바르게 선택하더라도 인간은 선택한 선을 행할 정신 능력을 지니지 못한다. 인간은 신의 은총의 도움을 받아야만 한다. 악은 자유 의지의 행위에 의해 야기되는 반면, 덕은 인간의 의지가 아닌 신의 은총의 산물이다. 도덕적인 법은 인간에게 해야 할 일을 말해 주지만 결국 실제에서는 그가 혼자 힘으로 할 수 없는 일을 보여 준다. 그러므로 결론적으로 〈은총을 구해야만 법이 주어지며 법이 충족되어야 은총이 주어진다〉.

6. 정의

아우구스티누스에게 공적이거나 정치적인 생활은 인간의 사생활과 마찬가지로 동일한 도덕적 법의 규칙이 적용된다. 두 영역에 대한 진리의 원천은 하나로 그는 이 진리를 〈온전하고 신성하며 인간의 생활 속에서 가변적이 아닌 것〉으로 생각했다. 모든 사람은 행동의 목적을 위해 자연법이나 자연적인 정의로 이 진리를 인정하고 인식한다. 아우구스티누스는 자연법을 신의 진리 또는 신의 〈영원의 법〉에 대한 인간의 지적인 공유물이라고 생각했다. 〈영원의 법〉의 개념은 이미 스토아학파에 의해 사용되었는데, 그들의 주장은 온 세상에 걸쳐 이성의 원리가 확산되며 만물을 지배하는 역할과 힘이 곧 이성이라는 것이었다. 그들의 이론에 의하면 이성의 원리인 누스 *nous*는 자연법칙의 구성 요소다. 스토아학파는 자연법칙을 우주 안에 있는 합리적인 원리의 비인격적인 힘의 작용으로 본 반면, 아우구스티누스는 영원의 법을 기독교의 인격적인 신의 이성과 의지라고 봄으로써 다음과 같이 말하고 있다. 〈영원의 법은 곧 신의 이성이며 사물의 자연적인 질서를 유지시켜 주고 그것의 혼란을 막아 주는 신의 의지다.〉〈영원의 법〉은 질서를 다스리는 신의 이성이므로 영원한 원리에 대한 인간의 지적인 이해가 곧 〈자연법〉이라고 할 수 있다. 아우구스티누스는 국가가 법을 제정할 때 그러한 일시적인 법은 자연법의 원리에 따라 형성되고 그 자연법은 또다시 영원의 법으로부터 유출된다고 말한다.

법과 정의에 관한 아우구스티누스의 주요한 주장은 국가란 자율적이 아니며 법을 제정하는 데 있어서도 국가는 법률을 제정할 수 있는 권력 기관을 명시해야 할 뿐만 아니라 정의의 요구들을 반드시 지켜야 한다는 것이다. 더구나 정의는 국가에 선행하는 표준이며 영원하다. 그의 주장이 독특한 이유는 그가 정의의 의미를 새롭게 해석하고 있기 때문이다. 그는 〈정의란 모든 사람이 골고루 가지고 있는 덕이다〉라는 플라톤의 명제를 받아들였다. 그러나 그는 사람들에게 〈당연하게〉 주어지는 것이 무엇인지를 묻는다. 그는 정의가 관습의 문제라는 생각을 부정한다. 또한 사회에 따라 그것이 차이가 있다는 사실도 부인한다. 그는 정의를 신과 관계를 맺고 있는 인간 본성의 구조 속에서 발견하고자 했다. 그러므로 정의는 〈신의 고귀함을 모든 사람에게 분배하는 영혼의 습관이다. 그것의 기원은 본성에서 비롯되며, 이러한 정의의 개념도 인간의 속견의 산물이 아니라 어떤 본유적인 힘에 의해 주입된 그 무엇이다〉. 국가를 그러한 표준에 따르게 함은 분명히 정치권력에 대해 무거운 도덕적인 제한을 두는 것이다. 실제로 아우구스티누스는 국가의 법이 자연법과 정의에 부합되지 않는다면 그것은 법의 성격을 지닐 수도 없고 국가도 존재할 수 없을 것이라고 하였다. 〔만일 국가가 백성의 소유물이고 백성들 모두가 법적 동의에 의해 조화를 이루고 있으며 정의에 기초하지 않은 법이 존재하지 않는다면, 결국 정의 없는 국가는 존재할 수 없다는 결론에 이른다. (제2판)〕

아우구스티누스는 정의와 도덕법을 연관시켜서 주장하길, 정의는 단지 인간과 인간관계에만 제한되지 않는다고 주장한다. 정의에서의 그 원초적인 관계는 신과 인간 사이에서 이루어진다는 것이다. 이러한 이유로 〈인간이 신을 섬기지 않는다면 도대체 신 안에는 어떤 정의가 있다고 할 수 있는가?〉 더구나 집합적인 정의를 이러한 개별적 정의와 분리하는 것은 불가능하다. 왜냐하면 〈이 정의가 한 인간 안에서 발견되지 않는다면 그와 같은 다른 인간들의 집단 전체에서도 그것을 볼 수 없기 때문이다.

그러므로 그러한 가운데 대다수의 사람을 만족시키는 일치된 법은 있을 수 없다〉. 하느님을 섬김은 곧 그를 사랑하는 것이며 또한 같은 인간을 사랑하는 것이다. 〔더욱이 〈어떠한 정의 때문에 인간은 신을 믿게 되는가?〉 신을 섬기고 인간을 사랑하는 것은 곧 만인이 신을 섬기고 사랑할 신성한 권리와 기회를 갖게 됨을 인식하는 것이다. (제2판)〕 그러므로 모든 윤리는 인간의 신에 대한 사랑과 인간에 대한 사랑 위에 기초한다. 사랑은 정의의 근본이다.

아우구스티누스는 하느님의 법에 따라 종교가 현세의 국가 위에 군림하는 위치에 놓였다고 믿음에도 불구하고 국가가 강제력을 사용할 수 있는 권리를 인정했다. 진실로 국가는 인간이 죄로 가득 찬 상황에서 나타났으므로 필연적인 통제의 대리자로 존재한다. 그래도 아우구스티누스는 힘의 원리가 사랑의 원리보다 더 고귀하다고 인정하지는 않을 것이다. 왜냐하면 그가 다음과 같이 말하기 때문이다.

한 사회는 신앙과 강한 화합에 기반을 두고 있으며 그것에 의하지 않고는 존재할 수 없다. 왜냐하면 신앙과 강한 화합의 품 안에서 사랑의 대상은 곧 보편적인 선이며, 그것은 최고의 거룩함과 진실함을 갖춘 신, 그 자신이기 때문이다. 또한 인간은 신의 품속에서 완전한 진실함을 가지고 서로를 사랑한다. 이러한 상호 간의 사랑의 근거는 신에 대한 사랑이고 그 앞에서는 사랑의 마음을 누구도 숨길 수가 없다.

지상의 국가의 힘이 사랑의 창조력과 비견될 수 없지만 국가는 하나의 기능을 가지고 있다. 왜냐하면 국가의 행위에 의해서 적어도 악을 누그러뜨릴 수는 있기 때문이다. 〈사악한 자에게서 이 해악이 되는 힘을 빼앗는다면 그들은 스스로 좀 더 양순한 자가 될 것이다.〉

7. 두 개의 나라와 역사

아우구스티누스는 신에 대한 사랑을 도덕성의 중심 원리로 삼았다. 또한 자신의 무질서한 사랑론으로 악을 설명하기도 했다. 이로부터 인간이란 신을 사랑하는 부류와 자기 자신과 세계를 사랑하는 부류로 구분된다고 그는 결론지었다. 사랑은 근본적으로 두 가지 형태로 나누어지며 따라서 서로 상반되는 사회가 존재한다. 아우구스티누스는 신을 사랑하는 부류를 〈신의 나라civitas Dei〉라고 부르며 자신과 세계를 사랑하는 부류를 〈지상의 나라civitas terrena〉라고 칭한다.

그는 이 두 나라를 각각 교회와 국가로 동일시하지는 않았다. 그는 사회를 구성하는 요소가 그 구성원들의 지배적인 사랑이라고 강조함으로써 세계를 사랑하는 사람들을 교회와 국가 양자 모두에서 찾아볼 수 있음을 지적했다. 그러므로 교회가 신의 나라라고 불리는 사회 전체와 동일한 것은 아니며 마찬가지로 국가 안에도 신을 사랑하는 자들이 존재한다. 이 두 나라는 교회와 국가 모두를 포함하며 눈에 띄지 않게 자체적인 독립성을 유지한다. 그러므로 신을 사랑하는 사람들이 있는 곳에는 어디에나 신의 나라가 존재할 것이며, 세계를 사랑하는 사람이 있는 곳에는 지상의 나라가 존재할 것이다.

7.1. 역사

아우구스티누스는 일종의 역사 철학에 대한 실마리를 두 나라 사이의 갈등 속에서 찾았다. 역사의 〈철학〉이 나타내는 바는 역사란 하나의 의미를 지닌다는 사실이다. 그리스 초기의 역사가들은 왕국이 흥망하고 반복적으로 순환한다는 사실 이외에 인간의 사건들에서 어떠한 유형도 밝혀 내지 못했다. 아리스토텔레스는 연극이 보편적인 조건과 문제를 다루고 있는 반면에 역사가 개인, 국가 또는 사건들을 취급한다는 이유로 인간성에 대한 어떠한 중요한 지식도 역사에 의해서는 얻을 수 없는 것으로 보았다. 그러나 아우구스티누스는 인간의 역사야말로 가장 위대한 연극이라고 생각했다. 더구나 연극의 각색자가 신이라는 것이다. 역사는 창조와 더불어 시작하며 인간의 타락과 그리스도를 통한 신의 체현과 같은 결정적인 사건에 의해 극적으로 표현된다. 현재 역사의 순간은 신의 나라와 지상의 나라 간의 긴장 속에 있다. 신의 궁극적인 섭리에 의하지 않고는 어떠한 일도 일어나지 않는다. 아우구스티누스는 당시의 정치적 사건들이 바로 그러한 것이라고 생각했다.

야만인인 고트족이 410년에 로마를 점령했을 때 이교도들은 기독교도들을 원망하며 기독교도들이 신을 섬기고 사랑하는 일에만 열중한 나머지 애국심이 감소되어 국방력이 침체되었다고 말했다. 이러한 비난과 많은 다른 비난들에 대해 변호하기 위해 아우구스티누스는 413년에 『신국론 *De Civitate Dei*』을 저술했다. 거기에서 그는 로마의 멸망이 기독교도들의 파괴적인 활동 때문이 아니라 오히려 기독교도의 신에 대한 신앙과 사랑으로 막아낼 수 있었던, 로마 제국 전체에 만연된 악덕 때문이라고 주장했다. 그에게 로마 제국의 멸망은 신의 섭리가 역사 속에 계시되는 또 다른 증거를 보여 주는 것이었다. 따라서 신은 지상의 나라를 없애고 그곳에 신의 나라를 세우고자 했다. 아우구스티누스는 인간은 누구나 역사의 드라마 속에서 그 관련성을 발견할 수 있다고 믿었다. 왜냐하면 인간의 운명은 두 나라뿐만 아니라 신의 활동과도 불가피하게 연계되어 있기 때문이다. 인간과 세계에는 모두를 포괄하는 운명이 있으며 그것은 신이 마음먹은 시기에, 그리고 신의 사랑이 군림하는 시기에 이룩될 것이다. 이러한 생각을 가지고 아우구스티누스는 그렇지 않았더라면 그가 임의적으로 생각했을지도 모를 인물이나 사건들에게 〈역사 철학〉이라는 포괄적인 의미를 부여했다.

7 중세 초기의 철학

476년 로마 제국의 멸망과 더불어 지적인 암흑시대가 왔다. 그 야만인들은 로마 제국의 정치력은 물론 서구 유럽의 문화유산을 산산이 파괴시켰다. 학문은 거의 동면에 들어갔다. 실제로 고대의 문헌도 거의 소실되었다. 5세기나 6세기 중에 철학은 기독교 학자들에 의해 명맥을 유지했으며 그들을 통해 고대 그리스의 서적들이 서구로 유입되었다. 중세 초기의 영향력 있는 세 사람의 사상가들을 꼽는다면 보에티우스와 사이비 디오니시우스, 요한네스 스코투스 에리우게나다.

9세기에 신성 로마 제국의 샤를마뉴대제[1]는 그리스 고전 학문의 재생을 적극적으로 시도했다. [당시는] 에리우게나가 체계적으로 쓴 대작인 『자연 구분론 *Periphyseon: De divisione naturae*』과 더불어 이처럼 지적으로 억압받던 상황에 철학이 생겨나 다시 한 번 서유럽 전체에 꽃피울지도 모른다는 기대를 갖게 할 만한 시기였다. 그러나 철학의 소생에 대해 계속되어 온 초기의 기대는 여러 차례의 역사적 사건으로 인해 지연되어야 했다. 샤를마뉴대제가 죽은 뒤 서로마 제국은 봉건 사회로 분할되면서 탈중

---

1 Charlemagne(742~814). 프랑크의 국왕으로서 800년부터 15년 동안 서로마 제국의 황제를 지냈다. 그는 작센 지방과 바이에른을 정복한 뒤 교황의 요구에 따라 롬바르디아를 정복하고 800년 크리스마스에 교황 레오 3세로부터 서로마 제국의 황제 직위를 수여받았다. 그는 이렇게 하여 서로마를 기독교 세계로 통일함으로써 유럽 세계를 형성하는 계기를 만들었다.

심화되었다. 로마 교황의 지위는 도덕적, 정신적 나약함을 드러내게 되었고 수도원들도 그들의 교육과 학문의 특수 분야에서마저 효과적인 지도력을 더 이상 유지할 수 없게 되었다. 몽골족, 사라센, 고대 북구인들[2]의 침략은 문화적 암흑화를 더욱 부추겼다. 900년대의 거의 1백 년간은 철학 활동이 별로 이뤄지지 않았다. 그러나 그다음 세기에 철학은 소생했고, 1000년경부터 1200년까지는 보편자, 신의 존재 증명, 그리고 신앙과 이성 간의 관계 문제에 철학의 초점이 맞춰졌다. 이런 문제에 대한 논의에서 고대 그리스, 기독교, 유대교, 이슬람 등의 사상이 결합되면서 여러 가지의 철학적 전거들이 동원되었다.

1. 보에티우스

중세 초기의 철학에서 가장 탁월한 인물 가운데 하나가 이탈리아의 로마와 파비아의 보에티우스(Anicius Manlius Severinus Boethius, 480?~524?)였다. 그는 기독교도로서 테오도리쿠스 황제[3]의 궁전에서 성장했다. 어렸을 때 그는 아테네로 보내져 그곳에서 그리스어를 완전히 익혔고, 아리스토텔레스의 철학, 신플라톤주의 및 스토아 철학과도 접하게 되었다. 510년에 그는 황제 휘하의 집정관으로 등용되어 명예를 누리게 되었다. 그러나 그 뒤 그의 명성과 정치적인 지위에도 불구하고 그는 중대한 반역죄로 기소되어 관직을 박탈당했으며 오랫동안 수감되었다가 마침내 524년에 처형되었다. 보에티우스는 그리스 사상, 특히 아리스토텔레스의 저서들이 중세 초기 서구로 들어가는 가장 중요한 통로가 되었다. 보에티우스는 그리스어에 능숙한 학생이었기 때문에 본래 플라톤과 아리스토텔레스의 저작을 라틴어로 번역할 생각이었고

---

2 8세기에서 11세기에 걸쳐 영국이나 프랑스의 북부를 침략했던 북구의 해적 집단. 흔히 바이킹이라고도 부른다.
3 Theodoricus(454~526). 474년에서 526년 사이에 재위했던 동고트의 왕. 그는 일찍이 인질로 잡혀가 콘스탄티노플에서 자랐지만 성인이 되어 귀국한 뒤 국왕이 되었다. 그는 동로마 제국의 위임을 받아 493년 이탈리아를 침략하여 황제의 대리자로서 로마의 제도를 보존하고 원로원과 교회의 협력을 요구했다. 종교적으로 아리우스파인 그는 가톨릭교회의 관용을 강요하는가 하면 일찍이 등용했던 보에티우스를 반역자로 처형하기도 했다.

그것들의 뚜렷한 차이가 어떻게 조화를 이룰 수 있는지를 보여 주려 했다. 그는 이러한 야심에 찬 계획을 완성하지는 못했지만, 그럼에도 불구하고 아리스토텔레스의 몇 가지 저작들의 번역과 주석, 그리고 포르피리오스[4]와 키케로 저작들의 번역을 비롯한 상당히 많은 철학 저술들을 유산으로 남겼다. 뿐만 아니라 그는 신학 저서들과 이른바 대수, 기하, 천문, 음악이라는 네 가지 교양 과목에 관한 논문들도 썼다. 그는 문법, 논리학, 수사학으로 구성된 세 가지 교양 과목을 삼학(三學, *trivium*)[5]이라고 부르는 것과 구별하기 위해 이러한 네 가지 과목에 사학예(四學藝, *quadrivium*)라는 이름을 붙였다. 그는 아리스토텔레스의 지배적인 영향에서 쓴 것이 분명하지만 독창적인 논문들을 통해 플라톤, 아리스토텔레스, 스토아학파, 플로티노스, 아우구스티누스, 그 밖에 다른 사람들에 대한 자신의 정통한 지식을 과시하면서 다양한 인물들을 폭넓게 그려 냈다. 그의 저작들은 고전의 지위에 들게 됨으로써 훗날 토마스 아퀴나스를 비롯한 주요한 철학자들에게 고대의 철학자들과 철학의 기본 문제들을 해석해 주는 권위 있는 지침서로 애용되었다.

1. 1. 철학의 위안

파비아에 수감되어 있는 동안 그는 유명한 저서인 『철학의 위안*De consolatione philosophiae*』을 저술했다. 이 책은 중세 시대에 널리 읽혀지면서 지속적인 영향을 주었다. 초서Chaucer의 『캔터베리 이야기』의 몇몇 부분은 그 책의 내용을 기반으로 하고 있다. 그 책은 신, 행운, 자유, 악이라는 주제에 관해 자신과 의인화된 철학과의 대화집이었다. 보에티우스는 그 책의 앞의 몇 페이지에서 철학을 비유적으로 기술했으며, 유럽의 대부분의 성당의 정면 위에는 아직까지도 이 내용들이 조각되어 있는 것을 볼 수 있다. 그가 철학을 이러한 비유적인 수법으로 기술하게 된 것은 감옥에서 시를 씀으로써 자신의 슬픔을 극복하고자 했기 때문이다. 여기에서 그는 철학에 대한 새로운 시야를 갖게 되었는데, 그것은 그가 풍부한 상상력을 가지고 철학을 탐구했기 때문

---

[4] Porphyrios(232?~305?). 페니키아의 티로스에서 태어났지만 262년부터 플로티노스의 제자가 되어 스승의 입장에서 기독교를 비판했다. 그는 독창성을 지닌 철학자는 아니었지만 철학, 종교, 문헌학 등의 분야에서 방대한 저작을 남겼다.

[5] 트리비움*trivium*은 본래 라틴어로 삼차로(三叉路)의 의미이지만 여기서는 중세의 대학에서 가르친 일곱 가지 교양 과목 가운데 처음으로 부과된 세 학과목을 가리킨다.

보에티우스의 감방을 방문한 〈철학〉

이다. 그는 철학을 매우 섬세한 눈을 가진 고상한 여인에 비유하여, 철학이 인간의 본성보다 더 강한 힘을 지니고 있음을 암시하고자 했다. 그녀는 전혀 나이가 들어 보이지 않는 인상을 준다. 즉 철학은 내내 생기에 차 있다. 그녀의 헐겁고 긴 옷 위에는 실천적인 철학을 상징하는 그리스 문자 파이 Φ 와 이론적인 철학을 상징하는 세타 θ 가 새겨져 있으며, 그것들 사이에 있는 사다리는 계단을 밟고 올라가서 지혜에 이르는 것을 나타낸다. 보에티우스는 철학에서 다음의 사실을 발견하고는 위안을 받는다. 속세의 재산이나 쾌락은 참된 행복을 가져오지 못하며, 인간은 철학이 인도하는 최고선으로 되돌아가야 한다는 사실이다. 그러나 이러한 비유적인 설명 이외에도 보에티우스는 철학에 대해 좀 더 기술적인 정의를 내리고 그것을 〈지혜의 사랑〉이라고 불렀다.

〈지혜〉라는 단어는 그의 정의의 중심을 이룬다. 그에게 지혜란 실재, 즉 자체로 존재하는 그 무엇을 의미했다. 지혜는 모든 사물을 야기한 살아 있는 사유다. 지혜를 사랑하면서, 우리는 모든 사물의 사유와 원인을 사랑한다. 결국 지혜에 대한 사랑은 신에 대한 사랑이다. 『철학의 위안』에서 그는 기독교에 대해 한마디도 하지 않았지만 오히려 인간 이성이 독자적으로 제공할 수 있는 것을 토대로 하여 자연 신학을 구성했다.

1.2. 보편자의 문제

결코 새로운 것은 아니지만 보편자의 문제는 중세 사상가들에게 근본적인 문제로 대두되었으며, 그들이 판단하건대 사상 체계의 구성은 대부분 그 문제 해결에 달려 있다고 보았다. 이 문제의 초점이 되고 있는 것은 인간 사유의 대상과 정신 외부에 존재하는 대상을 어떻게 연관시킬 것인가 하는 것이다. 정신 외부에 존재하는 대상은 개별적이고 무수한 반면, 정신 내에 있는 대상은 단일하고 보편적이다. 예를 들어 대화를 나눌 때 우리는 〈나무〉나 〈인간〉과 같은 단어를 사용하지만 그와 같은 단어들은 우리가 감관에 의해 관찰하는 현실적이고 개별적인 나무나 인간을 가리킨다. 나무를 〈본다〉는 것과 나무를 〈생각한다〉라는 것은 별개의 문제다. 우리가 개별적인 사물을 보고 있지만 보편자를 생각하는 것이다. 우리가 어떤 개체를 볼 때 우리의 정신은 그것을 어떤 종이나 유로 생각한다. 우리는 결코 나무나 인간을 보는 것이 아니라 〈참나무〉 또는 〈존John〉을 보고 있는 것이다. 〈나무〉는 모든 현실적인 나무들, 즉 참나무, 느릅나무 등 모든 나무를 나타내는 우리의 언어며 〈인간〉도 마찬가지로 존이나 제인 등 모든 개별적인 사람을 포함한다. 그러면 이들 일반적인 단어와 특정한 나무나 사람과는 어떤 관계를 가지는가? 나무라는 단어는 단지 한 단어에 불과한가 아니면 그것은 어딘가에 존재하는 대상을 가리키는가? 나무라는 단어가 참나무의 그 무엇을 가리키는데 그 무엇이 모든 나무에 공통된 것이라면 그 단어는 보편적인 그 무엇을 나타낸다. 그런데 그 보편자는 일반적인 용어이지만 우리의 정신 외부에 존재하는 대상은 단일하거나 개별적이며 특정한 것이다. 보편자가 우리 정신 속에 존재하는 하나의 관념에 불과하다면 우리가 사유하는 방식과 정신 외부에 있는 현실의 개별 대상들 간에는 무슨 연관이 존재하는가? 정신은 보편 개념을 형성하기 위하여 어떻게 활동하는가? 정신 〈내부에〉 존재하는 보편 개념에 대응하여 정신 〈외부에는〉 어떤 사물이 존재하는가?

보에티우스는 포르피리오스의 『아리스토텔레스의 범주론 입문 Eisagoge』을 주석할 때 포르피리오스에 의해 제기된 몇몇 문제들을 다룸으로써 보편자의 문제를 다시 거론했다. 이 문제들은 주로 유적(類的) 개념과 특정한 개념 간의 관계에 집중되었다. 다시 말해 유 또는 종과 특정한 대상 사이의 관계는 무엇인가에 관한 것이다. 그는 다음과 같은 세 가지의 의문을 제기했다. (1) 유와 종은 실제로 자연에 존재하는가 아니면 단지 정신의 구상물에 불과한가? (2) 그것들이 실재라면 물질적인가 비물질적인가? (3) 그것들은 감각적인 사물과는 별개로 존재하는가? 또는 그것 내에 존재하는가? 포르피리오스는 이러한 문제들에 대한 해답을 제시하지 않았던 반면에 보에티우스는 주로 아리스토텔레스의 방식을 빌어 대답했다.

보에티우스는 그 문제가 대단한 난제임을 알고 있었다. 인간의 사유가 정신 외부의 실재에 대응하는가를 발견하는 것이 논점의 전부라면 외부에 대응하는 대상이 존재하지 않는 관념을 우리의 정신 속에서 재빨리 찾아내는 것으로 족하다. 우리가 켄타우로스[6]를 생각해 낼 수는 있지만 그러한 반인반마의 괴물은 존재하지 않는다. 또는 기하학자가 하듯이, 우리도 선분에 대해 생각할 수 있으나 그러한 종류의 선분은 존재하지 않는다. 켄타우로스의 관념과 선분(線分)의 관념 사이의 차이는 무엇인가? 켄타우로스의 개념에 대해서는 그것이 〈거짓〉이라고 말할 수 있는 반면, 선분의 개념은 〈참〉이라고 말할 수 있다. 보에티우스가 여기에서 보여 주고자 하는 것은 정신이 개념을 형성하는 방식에는 두 가지가 있다는 사실이다. 즉 〈합성(말과 인간을 함께 혼합시키는)〉에 의한 것과 (개체의 대상에서 술어를 부분적으로 이끌어 내는) 〈추상〉에 의한 방식이다. 그가 의도한 바는 유와 종과 같은 보편 관념들은 정신에 의해 현실의 개별 사물들로부터 추상되기 때문에 그것들은 〈참〉 관념이라는 것이었다.

보편자는 개별자로부터 추상된다고 말한 보에티우스는 유나 종이 개별 사물 〈속에〉 존재하며 그것들이 정신에 의해 〈사유〉될 때 곧 보편자가 된다고 결론을 내린다. 이런 식으로 보편자는 대상과 정신 속에 동시에 존재한다. 즉 그것은 사물 안에 〈내

---

[6] 고대 그리스 신화에 나오는 반인반마(半人半馬)의 괴물. 그리스의 전설에 따르면 그것은 본래 테살리아의 야만족을 가리키는 이름이었지만 나중에 상체는 인간이지만 하체는 현명한 말인 반인반마의 괴물로 의미가 바뀌었다.

재하고〉 정신에 의해 〈사유〉된다. 이러한 보편자들은 보에티우스가 그의 분석에서 한정했던 유뿐만 아니라 〈올바름〉, 〈선〉, 〈아름다움〉과 같은 성질들도 포함한다. 두 그루의 다른 나무가 둘 다 나무라고 불리는 것은 그것들이 존재에 대한 보편적인 근거를 포함하기 때문에 서로 닮아 있다는 사실에 연유한다. 또한 정신은 두 나무에서 동일한 보편적인 요소를 발견하기 때문에 양자가 모두 나무라고 〈사유〉될 수 있다. 그것은 보편자가 자연에 존재하는가 아니면 단지 정신 안에 존재하는가 하는 첫 번째 문제에 대한 보에티우스의 대답이다. 그에게 있어서 보편자는 사물과 정신, 양자 속에 존재한다. 보편자가 물질적인가 비물질적인가 하는 두 번째 문제에 대한 보에티우스의 대답은 그것이 사물 속에서 구체적으로 존재하며 정신 속에서는 비물질적으로 또는 추상적으로 존재한다는 것이다. 마찬가지로 보편자가 개별적 대상과 동떨어져 존재하는가 아니면 그것들 속에 내재하는가 하는 세 번째 문제에 대해서 그는 그것이 사물 안에 존재하며 정신 안에서는 사물과 분리되어 존재한다고 대답한다.

2. 사이비 디오니시우스

500년 무렵 서구 유럽에는 저자가 알려져 있지 않은 방대하고 영향력이 큰 일련의 신플라톤주의적인 저서가 통용되고 있었다. 한동안 이 저서들은 사도 바울로의 제자인 디오니시우스 아레오파기타가 저술한 것으로 생각되었다. 그러나 그 내용이 담고 있는 사상이 그보다 훨씬 뒤의 사상가인 프로클로스[7]에 의해 전개된 사실로 미루어 보아 그것들은 아마도 500년쯤에 시리아에서 저술되었고 저자는 가명을 사용했으리라는 생각이 오늘날 지배적이다. 따라서 이 저작들은 오늘날 〈사이비 디오니시우스〉라는 이름과 관계가 있다. 사이비(似而非) 디오니시우스의 논문들은 기독교 사상을 신플라톤주의 철학과 체계적으로 연계시키려 했다. 그의 저술들은 『신명론 *De divinis nominibus*』, 『천계 위계론 *De codesti hierarchia*』, 『교회 위계론 *De ecclesiatica*

---

[7] Proklos(410?~485). 콘스탄티노플에 태어나 아테네에서 철학을 가르친 신플라톤주의의 대표적인 철학자. 그는 열렬한 이교도로서 그리스 철학을 옹호하며 플라톤 철학을 비잔틴, 특히 중세 라틴 세계에 보급하는 데 크게 기여했다.

hierarchia』,『신비 신학론 *De mistica theologica*』과 열 개의 서신들이 있다. 그것들은 종종 라틴어로 번역되었고 여러 주석도 첨가되었다. 그의 저서들은 중세 시대 전반에 걸쳐 지대한 영향을 미쳤으며 매우 다른 관심사를 논하는 철학자와 신학자도 그 저서들을 자주 이용했다. 신비주의자들은 그의 정교한 존재의 위계질서론에 지대한 관심을 가졌는데, 그것은 그 이론이 영혼의 신에게로의 상승을 기술하는 풍부한 근거를 제시해 주기 때문이다. 토마스 아퀴나스는 존재의 거대한 연결 관계 및 인간과 신 사이의 유사 관계를 설명하기 위해 그의 이론들을 사용했다. 무엇보다도 사이비 디오니시우스는 세계의 기원과 신에 대한 지식, 그리고 악의 본질에 관한 철학 사상에 영향을 준 신플라톤주의의 가장 권위 있는 사람들 가운데 하나였다.

사이비 디오니시우스는 세계와 신의 관계를 설명하고 있으며 신플라톤주의의 〈유출설〉과 기독교의 〈창조론〉을 결합시켰다. 그는 모든 사물이 신으로부터 유출된 것이라는 그 이론 속에 내재된 범신론을 피하고자 했다. 동시에 그가 자유 의지의 행위로서 신의 창조 행위에 대한 확실한 개념을 가지고 있지는 않았지만 그는 존재하는 것은 모두 신에게서 비롯된다는 이론을 정립하려고 했다. 그럼에도 불구하고 그의 주장에 따르면 세계는 신의 섭리의 대상이며, 신은 인간과 그 자신 사이에 천상의 영혼이라 불리는 존재들의 사다리나 위계질서를 놓았다. 최하위의 존재로부터 최상의 존재인 신의 단계에 이르기까지 존재의 다양한 등급이 있다. 그가 한 줄기의 빛이라고 부르는 이 연속적 존재의 위계질서 때문에 그는 범신론과 일원론에 접근했지만 사물에 대해서 다원론적인 견해를 유지했다. 신은 창조된 만물의 목적이다. 신은 자신의 선과 자신이 뿜어내는 사랑에 의해 만물을 그에게 끌어당기고 있다.

그의 말에 의하면 신에 대한 지식은 두 가지 방법, 즉 〈긍정적〉인 방법과 〈부정적〉인 방법으로 접근이 가능하다. 정신이 긍정적인 방법을 취할 때 그것은 피조물의 연구에 의해 발견되는 모든 완전한 속성들을 신에 의한 것으로 생각한다. 이런 식으로 〈신성〉에는 선, 빛, 존재, 합일, 지혜, 생명과 같은 〈명칭〉이 주어질 수 있다. 디오니시우스에 의하면 이 명칭들은 그 완전성에 있어서 신에게 귀속되며, 파생되었다는 의미로 본다면 피조물이 그 완전성에 관여한 정도에 따라 인간에 속하기도 한다. 그는 분명히 신은 선, 생명, 지혜 등등이기 때문에 이 속성들이 현실적으로 신 안에 존재한다는 것을 발견할 수 있다고 가정하는 것은 정당하다고 생각했다. 이와는 달리 인간은 더 낮은 정도에서 이것들을 가지게 된다. 그러나 신과 인간의 사이는 신과 돌[石] 사이보다는 더 가깝다. 왜냐하면 돌을 가리켜 선하고 현명하며 살아 있다고 말할 수는 없기 때문이다.

그러나 더욱 중요한 것은 사이비 디오니시우스가 프로클로스의 영향을 받아 전개한 〈부정적〉인 방법이다. 그 자신은 그것이 긍정적인 방법보다도 더 중요하다고 생각했다. 그는 인간이 필연적으로 신에 대한 신인동형 동성론적(神人同形同性論的) 개념을 전개시킨다는 사실을 알고 있었으며, 이러한 이유로 그는 신에게서 피조물들의 모든 속성을 제거하고자 했다. 신을 특징짓는 것은 신이 유한한 피조물의 여러 속성을 가지고 있지 않다는 사실이었다. 그는 신의 개념으로부터 차례로 우리가 피조물에 대해 언급하는 모든 속성을 제거했다. 부정적인 방법에 의해서 정신은 신과 부합되지 않는 요소, 즉 〈술취함, 광폭함〉과 같은 요소들을 부정함으로써 신의 본질을 고찰한다. 다음에는 제거의 과정 via remotionis에 의해 여러 속성의 여러 범주가 신에 대한 우리의 개념에서 〈제거〉된다. 우리가 아는 것이라고는 피조물의 세계이기 때문에 부정적인 제거의 과정에 의해 인간의 정신은 신에 대한 명확한 개념에 도달하는 것이 아니라, 〈불가해의 암흑 tenebrae incognoscibitatis〉에 도달하게 된다. 이러한 접근 방법이 지닌 단 하나의 긍정적인 측면은 신이 〈어떠하지 않다〉는 것을 확신할 수 있다는 것이다. 신은 어떠한 대상도 아니기 때문에 인식 가능한 존재가 아니다. 이러한 견해는 인간이 신에게로 더욱 가까이 올라감으로써 일상적인 형태의 인간의 지식이 과도한 신의 빛에 의해 생성된 맹목에 의해 소멸된다고 믿는 후기 신비론자들에게 가장 널리 퍼지게 되었다.

사이비 디오니시우스는 신플라톤주의적 입장에서 긍정적인 〈악〉의 존재를 부인했다. 악이 긍정적인 어떤 것이고 실질적인 존재를 소유한다면 모든 존재는 신에게서 비롯되었으므로 그것 또한 그것의 원인으로서 신까지 거슬러 올라가야만 한다. 사이비 디오니시우스에게 존재와 선은 동일한 용어였다. 왜냐하면 존재하는 것은 모두 선하며 선한 것은 확실히 존재하기 때문이다. 신 안에서 선과 존재는 하나다. 따라서 신에게서 비롯되는 것은 모두 선하다. 악은 비존재와 동의적이라는 추론이 필연적으로 참은 아닐 것이다. 존재의 부재는 곧 선의 부재를 의미하기 때문에 그것은 곧 악이다. 악한 사람은 그가 긍정적인 존재를 소유하는 모든 경우에 선하다. 그러나 그가 악한 것은 특히 자신의 의지를 행할 때 특정한 존재의 형상을 결여하고 있기 때문이다. 물질적인 본성에 있어서 추악함이나 질병은 도덕의 영역 안에 있는 행위들과 같은 이유로, 즉 그것들은 형태가 결핍되거나 어떤 존재의 부재에 기인하므로 악이라 불린다. 소경은 어떤 악한 힘이 있어서 그런 게 아니라 시력의 부재인 것이다.

〔신플라톤주의와 기독교를 결합시키기 위해 사이비 디오니시우스에 의해 정교해진 이들 세 가지의 교의는 여타의 중세 철학에서 중심적인 역할을 담당했다. 왜냐하면 세계의 기원과 신의 본질에 대해 인식 가능한 것과 악의 존재에 대한 설명 방식은 이후에도 계속 사색의 대상이 되었기 때문이다. (제2판)〕

3. 요한네스 스코투스 에리우게나

보에티우스와 사이비 디오니시우스의 시대 이후로 서구에 또 다른 뛰어난 철학자가 출현하기까지는 3세기가 지나야 했다. 그는 탁월한 아일랜드 수도사인 요한네스 스코투스 에리우게나Johannes Scotus Eriugena로 처음으로 중세의 철학 체계를 전면적으로 정립시킨 인물이었다. 810년에 아일랜드에서 태어난 그는 수도원에서 수학했다. 또한 9세기의 그리스 문헌의 연구는 실질적으로 아일랜드 수도원에서만 하고 있었으므로 그는 그 시대에 그리스어를 완전히 익힌 몇 사람 가운데 한 명이었다. 〔영국 해협을 건너가 찰스 1세 집권 때 왕립 학교의 교장이 되었던 요크 출신의 위대한 교육자인 알퀸Alquin마저도 야만인들에 의해 황폐화된 서구 유럽의 학제를 부흥시키는 데 힘을 썼지만 그리스어는 거의 알지 못했다. (제2판)〕 어떤 면을 보아도 에리우게나는 그리스어에 정통한 비범한 학자였다. 수중에 철학적 자료가 주어지면 그것을 체계적으로 처리하여 저술하는 그의 재능은 단연코 그를 당대에 가장 뛰어난 사상가로 만들었다.

에리우게나는 아일랜드를 떠나 851년경에 샤를 2세의 궁정에 들어갔다. 이 시기에 그는 주로 라틴어 저서들, 특히 아우구스티누스와 보에티우스에 대하여 연구하였으며 보에티우스의 『철학의 위안』에 대한 주석을 달았다. 샤를 2세의 요청으로 그는 858년에 그리스어로 된 사이비 디오니시우스의 저서들을 라틴어로 번역했으며 부가적으로 그것들에 대한 주석을 달았다. 또한 그는 고해 신부 막시무스Maximus와 니사의 그레고리우스Gregorius Nyssenus의 저서들을 번역했다. 이러한 번역 사업을 마친 후에 그는 864년경에 대화 형식으로 씌어진『자연 구분론De divisione naturae』이라는 대작을 내놓았다. 이 저서에서 에리우게나는 사이비 디오니시우스의 신플라톤주의를 통해 기독교의 사상과 아우구스티누스의 철학적인 견해를 표현하려는 복잡한 작업에 몰두했다. 그것은 중세 사상의 지표가 되는 것이었음에도 불구하고 그 당시 사람들의 관심을 끌지 못했다. 나중에 여러 학자들은 정통설에 반대되는 범신론 같은 교의를 증명한다며 이 책을 고발했으며, 교황 호노리우스Honorius 3세는 1225년 1월 25일 에리우게나의『자연 구분론』을 기소해서 소각하라고 명령했다. 그러나 몇 권의 필사본이 보존되어 현재까지 이르고 있다.

3. 1. 자연 구분론

에리우게나의『자연 구분론』의 복잡한 논거는 그의 저서의 제목에 나오는 두 핵심 단어에 대한 특별한 이해에 중점을 두고 있다. 무엇보다도 먼저 그에게 〈자연〉은 〈존재하는 모든 사물〉을 의미했다. 이런 의미에서 자연은 신과 피조물 모두를 포함한다. 두 번째로 그가 자연의 〈구분〉에 대해 이야기할 때 그것은 신과 피조물, 즉 실재 전체가 구분되는 방식을 말하는 것으로 구분이라는 단어는 특별한 의미를 지니고 있다. 그에 의하면 실재의 구조를 이해하는 데는 두 가지 방식이 있다. 하나는 〈구분〉에 의한 것이요, 다른 하나는 〈분석〉에 의한 것이다. 구분은 우리가 〈실체〉를 〈유형적인 것〉과 〈무형적인 것〉으로 구분할 때처럼 더욱 보편적인 것에서 덜 보편적인 것으로 이행하는 것을 의미한다. 또 무형적인 것은 〈생명이 있는 것〉과 〈생명이 없는 것〉 등등으로 구분될 수 있다. 반면에 〈분석〉에 의해서는 구분의 과정이 역전된다. 실체로부터 구분된 각 요소들은 합쳐져서 단일의 실체를 이룬다. 이러한 에리우게나의 구분과 분석 방법의 근거를 이루고 있는 것은 그의 다음과 같은 신념으로서 그것은 인간의 정신이 형이상학적 실재들과 일치되어 활동한다는 점이다. 정신이 〈구분〉하고 〈분석〉할 때, 그것은 단지 〈개념들〉만을 다루는 것이 아니라 사물들이 어떻게 존재하고 행동하는가를 기술한다. 신이 궁극적인 통일체라면 사물과 세계는 이 근본적인 통일체의 구분된 요소들이며 분석은 사물들이 신에게 회귀하는 과정이다. 에리우게나에 따르면 사유의 법칙은 실재의 법칙과 평행을 이룬다.

 이러한 차이점을 염두에 두고 에리우게나는 다음과 같이 주장했다. 여타의 모든 사물이 그것에 의지하며 그것으로 회귀하는 유일한 참된 실재가 존재하는데 이 실재가 곧 신이다. 자연의 전 실재 내에는 다음과 같은 네 가지 구분이 가능하다. (1) 창조하지만 창조되지 않는 자연 (2) 창조되며 창조하는 자연 (3) 창조되지만 창조하지 않는 자연 (4) 창조하지도 창조되지도 않는 자연이 그것이다. 에리우게나는 이 구분들에 대한 그의 철학을 체계적으로 기술하기 위해 기독교적이고 아우구스티누스적인, 그리고 특히 신플라톤주의적 개념들을 사용하여 그 각 구분을 구체화하기 위한 세밀한 고찰을 진행했다.

3. 1. 1. 창조하지만 창조되지 않는 자연

 에리우게나는 만물의 원인이지만 자신은 원인을 필요로 하지 않는 신의 의미를 이것으로 나타내려 했다. 신은 무로부터 모든 피조물을 존재하게 한다. 사이비 디오니시우스가 했던 구별에 의하면 신에 대한 지식은 〈부정적〉이다. 왜냐하면 우리가 자신들의 경험을 통해 대상으로부터 이끌어 내는 속성들은 자신의 무한성 안에 모든 완전성을 소유하고 있는 신에 대해서만은 어떤 의미에서든 적용 불가능하기 때문이다. 지혜나 진리와 같이 있을 법한 속성들도 무조건 신의 속성으로 돌릴 수 없음을 강조하기 위해 에리우게나는 그러한 속성에 〈초월적〉이라는 단어를 첨가한다. 그래서 우리는 신에 대해서 초월적 지혜와 초월적 진리라는 말을 사용한다. 아리스토텔레스의 술어나 범주도 신에게는 적용할 수 없다. 왜냐하면 이들 범주는 어떤 형태의 실체를 가정하고 있지만 — 예를 들면 〈양〉은 크기를 내포하고 있다 — 신은 정의 가능한 영역에 존재하지 않기 때문이다. 에리우게나가 신의 본성과 〈무로부터의 창조〉에 대해 언급하고 있는 내용의 대부분이 아우구스티누스의 사상을 따르고 있다. 그러나 그가 신과 피조물의 관계를 다루는 경우에는 신플라톤주의가 지배적이어서 그는 신과 피조물 사이에는 현저한 구별이 없다는 결론을 피하기 어려웠다. 〈신이 만물을 만드셨다는 말을 듣는 경우, 우리는 신이 만물 속에 내재한다는 의미 이외에 어떠한 것으로도 이해해서는 안 된다〉고 에리우게나는 말하고 있다. 이러한 결론에 이르는 것은 신만이 〈진실로 존재하기〉 때문이며, 결국 모든 사물 속에 내재하는 것은 신이기 때문이다.

3. 1. 2. 창조되며 창조하는 자연

이 구분은 모든 피조물의 각 원형인 신의 형상을 가리킨다. 그것들은 모든 창조된 종들의 〈원초적인 원인들〉이다. 에리우게나에 의하면 그것들이 〈창조된다〉고 하는 것은 그것들이 시간의 어떤 시점에서 존재하게 된다는 의미가 아니다. 그는 통시적 계열이 아닌 논리적인 계열을 염두에 두고 있다. 신 안에는 만물의 창조적 원인들을 포함하여 만물에 대한 모든 지식이 포함되어 있다. 이들 창조적 원인은 신의 형상이자 사물의 원형이다. 그것들은 모든 피조물이 그것들에 참여한다는 의미에서 〈창조한다〉. 예를 들어 인간의 지혜는 초지혜*super-wisdom*에 참여한다. 그가 여기에서 〈창조〉라는 단어를 사용했지만 거기에는 그의 신플라톤주의가 지배한다. 에리우게나에게 창조란 시간 안에서 일어나는 것이 아니라 신의 형상과 피조물 간의 영원한 관계이기 때문이다.

3. 1. 3. 창조되지만 창조하지 않는 자연

이것은 우리가 경험하는 사물의 세계다. 자세히 보면 그것은 창조적 원인의 집합적인 외적 결과를 가리킨다. 무형적이든(예를 들면 천사나 지성) 유형적이든(인간과 사물들), 이들 결과는 신의 형상의 〈참여〉다. 특별한 사물들이 개별적인 존재의 인상을 가지고 있다 해도 이들 존재의 전체적인 위계질서의 근본은 신이라고 에리우게나는 강조한다. 그는 사물들의 이러한 명백한 다수성을 공작의 깃털 위에서 반사되는 다양한 색깔에 비유한다. 각각의 색은 실재적인 것이지만 그것은 깃털에 따라 다르다. 그러므로 결국 색은 독립적인 실재가 아니다. 창조된 세계에서 각 개체는 신의 정신 속에 내재하는 자신의 창조적 원인에 의해 실재한다. 그러나 신은 통일체이므로 그의 정신 안에 있는 이데아나 원형에 대해 말하는 것은 비유적인 이야기에 불과하다. 왜냐하면 그것들 모두가 하나의 통일체를 구성하기 때문이다. 이러한 이유에서 세계도 또한 공작의 깃털처럼 하나의 통일체며, 신은 만물 속에 내재하기 때문에 신과 세계 사이에는 마침내 포괄적인 통일체가 존재하게 된다. 에리우게나에게 있어서 신의 형상은 신과 피조물의 중간에 서서 마치 신의 형상이 신을 향해 〈올려 보기〉도 하고 외적으로 표출된 형상들을 〈내려 보기〉도 한다는 것이다. 그러나 결국 그는 신플라톤주의에 의해 형상과 신과 피조물 간의 〈간격〉을 없애고, 그것들 모두를 하나의 통일체로 흡수시켜 범신론에 이르게 된다.

3. 1. 4. 창조하지도 창조되지도 않는 자연

이 마지막의 구분은 창조된 질서의 목적으로서의 신을 가리킨다. 만물은 신으로부터 나와서 다시 신에게 회귀한다. 그는 아리스토텔레스의 비유를 사용하여 신을 움직이지도 않은 채 사랑에 빠진 자를 견인하는 연인에 비유한다. 한 원리에서 출발하는 것은 무엇이든지 다시 그 원리로 회귀한다는 것이다. 이런 식으로 보편적인 원인은 자신에게서 생겨난 많은 사물들을 다시 자신에게로 끌어들인다. 이러한 회귀와 더불어 모든 악에 대해서도 하나의 목적이 존재하면 인간은 신과의 결속을 발견한다.

〔에리우게나는 그의 『자연 구분론』에서 신플라톤주의에 대한 광범위한 지식뿐만 아니라 필연적인 범신론을 보여 주었다. 그의 책은 즉각적인 반응을 얻지 못했지만 중세 철학의 발전에 결정적인 공헌 가운데 하나가 되었다. 사이비 디오니시우스, 막시무스, 니사의 그레고리의 저서들에 대한 번역본과 더불어 이 책은 철학과 신학의 전통에 실질적인 기여를 했다. (제2판)〕

4. 보편자 문제의 새로운 해결

이미 보았듯이 중세의 보편자에 대한 문제는 포르피리오스에 의해 제기되었고 보에티우스에 의해 답변이 이루어졌다. 거의 500년 뒤 이 문제는 토론의 대상이 된 이후, 수세기 동안 격렬한 논쟁을 일으켰다. 비록 그 논점들이 비교적 제한되고 별로 중요하지 않은 용어들로 구성되었을지라도 논쟁의 결과에 따라 철학적으로나 신학적으로나 심각한 결과를 초래한다는 사실을 논쟁자들은 알고 있었다. 보편 논쟁에 관한 세 가지의 중요한 견해가 있다. 과장된 실재론, 유명론, 개념주의가 그것이다.

4. 1. 오도와 기욤의 과장된 실재론

보편자의 문제는 결국 보편자란 실재하는 〈사물〉인가 아닌가 하는 단순한 질문으로 귀결되었다. 보편자가 실제로 실재하는 사물이라고 주장한 사람들이 〈과장된 실재론자〉로 불린 것이다. 그들은 유나 종이 실재 안에 존재하며 개체들은 이 보편자를 공유한다고 말한다. 보편자는 형상이나 이데아이며 개체와 분리되어 존재한다고 말한 플라톤에까지는 이르지 않았다. 예를 들어 그는 인간성은 존재하지만 이것들은 다수의 인간 안에 존재한다는 것이다.

왜 이러한 형태의 실재론이 그렇게 중요한 문제로 보이는가? 그 대답은 토르나스의 오도(Odo Tornacensia, 878~942)의 저서 속에서 찾아볼 수 있다. 그는 토르나스의 가톨릭 학교에서 가르쳤으며, 성 마르틴 수도원을 건립했고 캉브레의 주교가 된 후, 1113년 안킨에 있는 수도원에서 삶을 마쳤다. 그에게 실재론은 어떤 정통적인 신학 교리의 근거를 이루는 것이었다. 예를 들어 원죄설을 설명하려면 인간의 본성에 대해 실재론적으로 기술해야 한다. 실재론에 의하면 한 종의 모든 구성원 속에 포함된 보편 실체가 존재한다. 우리가 인간 본성의 조건을 정확하게 이해하고자 한다면 아담과 이브가 죄를 범했을 때 이미 인간성의 보편적 실체가 영향을 받고 오염되었으며, 그 이후의 모든 세대는 그들의 행위의 결과를 물려받게 되었음을 우리는 이해해야 한다. 실재론이 부정된다면 아담과 이브의 행위는 그들 자신에게서 끝나게 되며 원죄설의 설득력을 상실하게 된다. 〔마찬가지로 안셀무스(Anselmus, 1033~1109)는 삼위일체론을 설명하려면 실재론의 입장에 서야 한다고 생각했다. 만일 동일한 하나의 실체가 여러 구성원들 속에서 존재한다는 사실이 부인된다면, 삼위일체론은 삼신론(三神論)화할 것이며 각 구성원은 전체적으로 독립적이며 다른 존재로 군림한다. 로스켈리누스에 의해 전개된 이 추론 방식에 대답을 한 안셀무스는 과장된 실재론의 창시자며, 그는 〈모든 사람이 단지 하나의 보편자인 인간이라는 사실을 이해하지 못하는 사람은 각각의 위격persona은 신이지만 전체적으로는 유일한 신을 이룬다는 사실을 이해하지 못하는 자〉라고 말했다. (제2판)〕

또 다른 과장된 실재론자인 샹포의 기욤(Guillaume de Champeaux, 1070~1121)은 두 가지의 다른 견해를 피력했다. 그 하나는 〈동일성〉 이론인데 인간성과 같은 보편자는 모든 구성원 — 이 경우엔 모든 사람 — 속에서 동일하다. 보편자의 〈총체적인〉 실재는 각각의 사람 안에 포함되어 있다. 제인과 존이 차이가 나는 것은 단지 그들의 본질이나 실체가 우연하게 변형된 성질에 기인한다. 페트루스 아벨라르두스(Petrus Abaelardus, 1079~1142)는 다음과 같이 이러한 추론을 반박하고 있다. 즉 각 개인이 총체적인 인간의 종이라면 인간성은 로마에 있는 소크라테스나 아테네에 있는 플라톤 내부에 존재한다. 인간의 본질이 발견되는 곳, 어디에나 소크라테스가 현존한다면 인간의 본질은 로마에도 아테네에도 존재하기 때문에 소크라테스는 로마와 아테네에 동시에 존재해야 한다. 아벨라르두스는 이것을 터무니없는 것이라고 일축했으며, 그러한 주장은 곧 범신론으로 귀착된다고 말했다. 기욤은 이 같은 여러 가지의 반박 때문에 두 번째 이론을 채택하지 않으면 안 되었는데 그것은 〈무차별론〉으로 반(反)실재론적인 견해다. 그는 그러한 견해를 가지고 주장하길, 하나의 종에 대한 개체들이 동일한 것은 어떤 공통된 본질에 기인하는 것이 아니라 단지 부분적인 측면에서만 그것들은 구별되지 않는다는, 즉 그것들은 〈무차별적〉이라는 사실에 기인하기 때문이다.

4. 2. 로스켈리누스의 유명론

과장된 실재론의 가장 강력한 비판자 가운데 한 사람인 로스켈리누스(Rosecellinus, 1050~1125)는 콩피에뉴 태생이며, 영국, 로마, 투르 등지를 여행하고, 콩피에뉴, 브장송에서 교편을 잡은 후 결국 아벨라르두스의 스승이 되었다. 그의 핵심적인 주장은 개체만이 자연 내에 존재한다는 것이다. 종과 유는 실제의 사물이 아니다. 〈인간〉과 같은 일반적인 용어는 어떤 사물을 지적하는 것이 아니라 단지 문자들로 구성되어 있으며 말의 발성 *flatus vocis*에 의해 표현되는 한 단어 *voces*이거나 명사 *nomen*에 지나지 않으므로 그것은 단지 뜬 구름에 불과하다. 이러한 이유로 보편자에 대한 논의는 단어에 관한 것이지 실제의 사물에 관한 것은 아니다. 그는 이러한 논거로부터 분명한 결론에 도달하려고 했는데 그것은 삼위일체의 세 위격들이란 제각기 독립적인 존재며 그들에게 공통된 것이라고는 한 단어에 불과하며 실제로 근본적인 것은 아무것도 없다는 것이다. 따라서 그들은 세 개의 개별적인 신이라고 간주될 수 있다는 것이다. 이러한 견해에 대해 수아송 공의회(1092)는 삼신론의 죄목으로 그를 기소했으며, 그는 추방의 위협을 받자 그 이론을 번복했다. 그럼에도 불구하고 로스켈리누스는 어떤 유, 즉 보편자는 하나의 사물과 대응되어서는 안 된다고 주장함으로써 과장된 실재론을 반박했다는 점에서 보편 논쟁사에 결정적인 일익을 담당했다. 특히 그는 과장된 실재론과 보편자를 사물화하려는 시도를 거부했다.

4. 3. 아벨라르두스의 개념주의 또는 온건 실재론

다른 사람들이 실재론에 대해서 극단적이었던 것처럼 로스켈리누스 자신도 유명론에 대해서도 극단적이라고 생각할 수 있다. 양쪽의 견해가 모두 극단적이었다. 이 양극단의 견해를 지양하고 있는 사람이 페트루스 아벨라르두스이다. 그는 1079년 르 팔레의 무인(武人) 가문에서 출생했다. 그는 격동적인 삶을 살면서 그의 스승들과 격론을 벌이기도 했다. 또한 그는 엘로이즈Heloïse와의 로맨스로도 유명하며 브르타뉴에 있는 대수도원의 원장을 역임하기도 했고 파리에서는 강사로도 명성을 떨쳤다. 그는 이단적인 가르침 때문에 이노켄티우스 2세로부터 유죄 선고를 받고 클뤼니로 물러나 있던 중 1142년에 세상을 떠났다.

아벨라르두스는 보편성이란 원칙적으로 단어에서 연유해야 한다고 말했다. 한 단어가 다수의 개별자에게 적용되는 경우에 그것은 보편적이다. 〈소크라테스〉라는 단어는 보편적이 아니다. 왜냐하면 그것은 단지 한 사람에게만 적용되기 때문이다. 반면에 〈인간〉이라는 단어는 모든 사람에게 적용될 수 있기 때문에 보편적이다. 그에 의하면 보편적인 용어의 기능은 개체들을 특별한 방식으로 나타내는 데 있다는 것이다. 그러면 우리는 어떻게 이 보편적인 용어들을 만들어 낼 수 있는가? 이러한 의문에 대해서 아벨라르두스는 다음과 같이 대답한다. 사람은 몇몇 개체들의 존재 방식에 의해 그 사물 모두에게서 어떤 유사성을 발견할 수 있다는 것이다. 소위 이 유사성이란 실재론자들의 본질essentia 혹은 실체substantia를 의미하지 않는다. 우리가 개체individuum를 경험할 때 우리는 그것을 〈볼〉 뿐 아니라 그것을 〈사유〉하거나 〈이해〉하기도 한다. 대상이 있어야만 하는 눈과는 달리 정신은 〈개념〉을 생성할 수 있기 때문에 물질적 대상을 필요로 하지 않는다. 그러므로 정신은 두 가지의 일을 수행할 수 있는데, 첫째는 소크라테스나 플라톤 같은 개체의 개념을 형성할 수 있고, 둘째는 인간과 같은 보편자의 개념을 형성할 수 있다. 개체의 개념은 분명하지만 보편자의 개념은 확연하지 않다. 우리는 보편자가 의미하는 바를 사실상 인식할 수는 있을 지라도 그것의 정확한 의미를 확실하게 파악할 수 없다. 정신의 개념으로서 보편자는 개별적인 감각적 대상과 분리되어 존재한다. 그러나 이들 개체에 적용된 단어들로서 보편자는 이들 대상 안에만 존재한다. 여러 개체에게 같은 단어가 공통적으로 적용될 수 있는 것은 각각 개체가 이미 다른 개체와 같은 방식으로 인식될 수 있도록 존재하기 때문이다. 그러므로 보편자는 개체로부터 추상된다. 추상의 과정에 의해 우리는 보편자의 존재 방식이 아닌 보편자에 대한 이해 방식을 알 수 있다. 우리는 사물들로부터 그것들이 진정으로 소유하고 있는 속성들을 추상해야만 사물들을 올바르게 이해할 수 있다. 그러므로 아벨라르두스는 보편자란 이 개념에 대한 근거를 제공하는 어떤 실재를 나타내고 있는 하나의 단어이자 개념이라고 결론짓는다. 이 근거란 곧 유사한 사물들이 존재하는 방식이며 우리의 정신에 스며드는 방식이기도 하다. 보편자에 대한 객관적인 근거는 이 정도이지만 그렇다고 이 근거가 실재론자의 주장대로 사물의 의미에 있어서 실재하는 어떤 것은 아니다. 또한 아벨라르두스는 보편자는 단지 주관적인 관념이거나 어떠한 객관적인 근거도 존재하지 않는 단어에 불과하다는 엄격한 유명론자는 아니다. 그의 보편자에 대한 이론은 실재론과 유명론의 양극단을 지양하면서 그 시대를 풍미했다.

〔토마스 아퀴나스는 아벨라르두스의 온건 실재론 *realismus moderatus*을 대부분 받아들였으며, 그의 뒤를 이어 토마스 아퀴나스는 보편자의 지위에 대한 아비센나의 공식을 사용하여 보편자를 설명한다. 그에 의하면 보편자는 사물의 외부에 *ante rem* 존재하지만 신의 정신 안에서 신성한 이데아로서 존재하며, 종의 모든 구성 요소들 속에서는 구체적이고 개별적인 본질로서 사물 내에 *in re* 존재하고, 개체로부터 보편 개념을 추상한 후에 정신 내에 *post rem* 존재하기도 한다. 중세 시대에 보편자의 문제를 다룬 더욱 중요한 인물은 윌리엄 오컴이며 그는 또 다른 해답을 제시했다. (제2판)〕

5. 안셀무스의 존재론적 증명

안셀무스는 주로 그의 신의 존재 증명으로 사상사에 알려졌다. 그런데 그것은 최근 몇 세기 동안 〈존재론적 증명〉이라는 제목이 부쳐지기도 했다. 그는 1033년 이탈리

안셀무스

아의 피에드몬트에서 태어나 베네딕트 교단에 입문하여 결국 캔터베리의 대주교가 되었으며 1109년 그곳에서 삶을 마쳤다. 안셀무스에게는 철학과 신학이 구분되지 않는다. 아우구스티누스처럼 그는 이미 신앙의 문제로 생각하고 있는 기독교의 교리에 대한 이성적인 근거를 제시하고자 했다. 그는 신앙과 이성은 결국 같은 결론에 이르리라고 확신했다. 더구나 안셀무스는 인간이 이성에 의해 합리적으로 일관된, 그리고 합리성 이외의 어떠한 권위에도 의지하지 않는 자연 신학이나 형이상학을 창출할 수 있다고 믿었다. 그렇다고 안셀무스가 자연 신학과 신앙 간의 어떠한 연관 관계를 부정했다는 뜻은 아니다. 그와 반대로 그의 의도는 자연 신학에 의해 신앙의 대상에 대한 이성적인 설명을 마련하고자 하는 데 있다. 이러한 점에서 그는 완전히 아우구스티누스의 추종자다. 그리고 그는 자신이 신에 대한 진리를 단지 이성에 의해 발견하고자 하는 것이 아니라 그가 믿고 있는 대상을 이해하기 위해 이성을 도입하고 있다고 말한다. 그러므로 그의 방법은 〈이해를 추구하는 신앙〉인 셈이다. 〈나는 믿기 위해 이해하려는 것이 아니라 이해하기 위하여 믿는다.〉 그는 자신이 이미 신의 존재를 믿

제7장 중세 초기의 철학 **247**

지 않는다면 신의 존재 증명을 위한 자신의 계획이 출발도 못할 것이라고 명백히 밝혔다. 그는 인간의 정신이 신의 심오함을 꿰뚫어 볼 수 없다는 사실을 인정했다. 그럼에도 불구하고 신의 존재에 대한 이성적인 증명으로부터 안셀무스는 단지 약간의 기대만을 했을 뿐이며 다음의 언급에서 그러한 면을 엿볼 수 있다. 〈내가 바라는 것은 내가 진정으로 믿고 사랑하는 진리를 조금만이라도 이해하고자 하는 것이다.〉

5. 1. 안셀무스의 실재론

그의 『대어록*Proslogium*』이라는 저서에 나오는 존재론적 증명을 제기하기 전에 그는 먼저 출간된 『독어록*Monologium*』에서 세 개의 다른 증명을 제시했다. 이 세 논증은 그의 철학적인 방향을 보여 주는데, 즉 유명론을 부정하고 실재론을 수용하고 있음을 보여 준다. 그의 실재론은 단어란 단지 소리나 문법적인 약속에 불과한 것이 아니라 정신 외부에 존재하는 실제 사물을 지칭한다는 그의 신념에서 나온 것이다. 그의 세 증명을 간단히 요약하면 다음과 같다.

첫째, 인간은 이른바 그들이 〈선〉하다고 생각하는 것을 향유하려고 한다. 우리는 사물들을 서로 비교해야 선의 정도를 평가할 수 있기 때문에 이 사물들은 유일하고 동일한 선의 성질을 공유해야 한다. 이러한 선성(善性)이야말로 선 자체이며 최고선과 같은 것이다. 〈위대함〉에 대해서도 우리는 마찬가지의 논증을 할 수 있다. 그러므로 모든 것 가운데 가장 선하고 가장 위대한 것이 존재해야 한다.

둘째, 존재하는 만물은 유(有)를 통해서든 무(無)를 통해서든 존재해야 한다. 분명히 그것은 무에서 존재할 수 없다. 그러면 남은 선택은 하나의 사물이 여타의 사물에 의해서나 그 스스로 존재해야 한다는 사실이다. 사물이 존재하기 전에 그것은 무이므로 그 자체적으로는 생겨날 수 없다. 사물이 여타의 사물에 의해 생겨난다고 말한다면, 그것은 사물들 서로가 상대방을 생성한다는 의미이므로 이것 또한 불합리하다. 그러므로 그 자체로 홀로 존재하는, 또한 모든 다른 사물의 존재 원인인 하나의 사물이 필요하다. 이것이 곧 신이다.

셋째, 존재에는 여러 가지의 〈정도〉나 〈단계〉가 있다. 동물은 식물보다는 더 우위의 존재를 소유하며 인간은 동물보다는 더 우위의 존재를 가진다. 그는 자신의 첫 번째 추론 형식과 유사한 논거를 사용하여 인간이 무한히 많은 단계를 계속 반복해서 올라가지 않으려면 그는 최상의, 그리고 가장 완전한 — 더 이상 완전한 어떠한 것도 없는 — 한 존재에 도달해야만 한다고 결론을 내렸다.

이 세 논증 모두가 존재하는 유한한 사물에서 시작하여 존재의 전체 단계 중에서 정상에 도달할 때까지 연이어진 단계의 계단을 밟아 올라간다. 유한한 사물이 우리의 언어로 선, 위대함, 원인, 존재라고 불리는 것을 공유할 때, 이들 단어는 어떤 존재하는 실재를 지칭한다고 그는 생각했다. 따라서 유한한 사물은 한 단어뿐만 아니라 어딘가에 최대의 완전성을 지니고 존재하는 존재를 공유한다. 오도와 기욤 같은 과장된 실재론자들과 달리 안셀무스는 실재론의 문제는 중요한 함의 — 특히 삼위일체론과 같은 — 를 지니고 있다고 믿었다. 만일 우리가 동일한 실체가 여러 무리 속에 존재한다는 것을 부정한다면, 삼위는 각 무리가 전적으로 분리된 서로 다른 존재인 삼신론에 대한 설명이 될 것이다. 안셀무스에 의하면 〈얼마나 많은 사람이 특별하게 유일한 일자인지를 이해하지 않는 사람은 여러 사람 — 그들 각각이 신인 — 이 곧 유일한 신이라는 사실을 이해할 수 없다〉.

5. 2. 존재론적 증명

안셀무스는 이러한 논증들이 수학적인 증명과 같은 명증성이나 논증력을 갖고 있지 못하다는 사실을 알고 있었다. 게다가 그의 동료 수도사들은 그가 이 논증들을 간단히 해낼 수 있을까 하는 의문을 지니고 있었다. 따라서 안셀무스는 그 문제에 대해 더욱 생각한 후에 단순하고 명확한, 그리고 아무런 결점이 없는 논증을 제시했는데 이것이 『대어록: 이해를 추구하는 신앙』이라는 저서에 실려 있다. 이 증명에 대해 우선 우리가 주목해야 할 사실이 있다. 안셀무스의 사유는 각각의 증명들이 어떤 경험적인 증거에서 시작해서 신으로 옮겨가는 논리적인 가정에서 출발한다기보다 그의 정신 내부에서 진행된다는 사실이다. 안셀무스는 자신에게 직접적으로 확실한 진리를 가져다 준 아우구스티누스의 신적 계시론을 따르고 있다. 안셀무스는 존재론적 증명을 시작하기에 앞서 독자들에게 다음과 같이 요구한다. 〈당신의 정신 내부의 방으로 들어가서 신을 제외한 모든 사물과 신을 추구하는 데 도움이 되는 사물 이외의 모든 것을 차단시켜라.〉 또한 그는 〈내가 믿지 않는다면 이해하지 못할 것이다〉라고 말함으로써 시작도 하기 전에 신의 존재를 확신하고 들어선다.

논증 자체는 빠르게 진행된다. 안셀무스에 의하면 신은 〈우리가 그보다 더 위대한 것을 사유할 수 없는〉 존재다. 더 단순히 말해, 신은 우리가 더 이상 생각할 수 없는 가장 위대한 존재다. 그러면 과연 그 더 이상 생각할 수 없는 가장 위대한 존재는 실재하는가? 신의 존재를 부정하는 사람도 있을 것이다. 안셀무스는 「시편」 14편 1절의 〈우둔한 자는 다음과 같이 진심으로 말했으니, 신이 없다〉를 인용하고 있다. 이 구절에서 〈우둔함〉이라는 단어가 의미하는 바는 무엇인가? 그것은 신의 존재를 부정하는 자는 곧 모순에 빠지게 된다는 뜻이다. 왜냐하면 우둔한 자가 〈우리가 그보다 더 위대한 것을 사유할 수 없는 존재〉라는 말을 들었을 때 그가 그 말을 이해하게 되면, 그가 이해한 것이 그의 지성 안에 존재한다고 말할 수 있기 때문이다. 그러나 어떤 것이 지성 안에 존재한다는 것과 실제로 어떤 것이 존재한다는 사실을 이해한다는 것에는 차이가 있다. 예를 들어 미술가는 자신이 그리고자 하는 것을 미리 생각한다. 이때 그의 지성 안에는 그가 하고자 하는 것에 대한 이해가 존재한다. 물론 아직 그려지지도 않은 초상화가 현실적으로 존재한다는 것은 아니다. 그러나 마침내 그가 그것을 그렸을 때, 그는 자신의 지성 안에 그 둘 다를 가지고 있으며 그는 자신이 완성시킨 초상화가 존재하는 것으로 이해한다. 안셀무스에 의하면 이것이 증명하고 있는 점은 우리가 그것이 존재한다는 것을 인식하기도 전에 그것이 지성 안에 존재할 수 있다는 사실이다. 그러면 우둔한 자가 어떤 사물이 실제로 존재한다는 사실을 항상 이해하지 못한다 해도 〈우리가 그보다 더 위대한 것을 생각할 수 없는 존재〉라는 구절의 의미에 대한 이해가 그의 정신 내에 존재한다. 우둔한 자가 그 구절을 들었을 때 그는 그것을 이해하기 때문에 그것은 그의 정신 속에 존재한다. 또한 이해되는 것은 무엇이든 지성 안에 있다. 그러므로 우둔한 자일지라도 우리가 그보다 더 위대하게 생각할 수 없는 존재가 적어도 그의 지성 안에 존재한다.

　결국 안셀무스는 그의 논증의 핵심으로 들어선다. 우리는 다음의 두 개념들 가운데 어떤 것이 더욱 위대한지를 자문해 봐야 한다. 즉 (a) 실제로 존재하는 가장 위대하게 생각할 수 있는 존재나 (b) 우리의 정신 속에만 존재하는 가장 위대하게 생각할 수 있는 존재가 그것이다. 안셀무스에 의하면, 그 대답은 (a)이어야 한다. 왜냐하면 어떤 일정한 존재, 즉 실제적 존재는 상상의 존재보다 더 위대하기 때문이다. 이제 신은 〈생각할 수 있는 가장 위대한 존재〉다. 만일 신이 정신 안에 존재한다면 그는 더욱 위대할 수 있다. 다시 말해 신은 〈더욱 위대할 수 있는, 가장 위대한 가능 존재〉일 것이다. 그러나 이것은 논리적인 모순이 아닐 수 없다. 따라서 모순을 피하기 위해서는 〈생각할 수 있는 가장 위대한 존재〉가 실제로 존재해야 한다. 마지막 기도를 하면서 그는 하느님에게 다음과 같이 감사드린다. 〈당신이 온유하신 은혜로 제가 이전에 믿었던 것을 저는 이제 당신의 신성한 계시를 통하여 이해하였나이다.〉

5. 3. 고닐로의 반박

투르 근처의 마르무티에 수도원의 또 다른 베네딕트회 수도사인 고닐로Gaunilo는 그 〈우둔한 자〉를 변호하고 나섰다. 그는 신의 존재를 부정하려고 한 것이 아니라 단지 안셀무스가 한 증명의 부당함을 주장하고자 했다. 우선 그는 그 〈증명〉의 첫 부분이 이루어질 수 없다고 주장했다. 즉 그것에 의하면 지성 내에는 신의 관념이 존재해야 하며, 우둔한 자가 이 말을 듣자마자 그는 좀 더 위대한 것을 인식할 수 없는 존재의 개념을 가지게 되어야 한다. 그러나 우둔한 자는 그러한 존재의 개념을 형성할 수 없다. 왜냐하면 그가 경험하는 여타의 실재들 중에서 이러한 개념이 형성될 수 있는 것은 존재하지 않기 때문이며, 더구나 안셀무스가 신과 똑같은 실재란 존재하지 않는다고 주장했기 때문이다. 현실적으로 인간의 정신이 그러한 개념을 형성할 수 있다면 〈증명〉은 필요치 않게 된다. 왜냐하면 우리는 이미 존재를 완전한 존재의 한 측면으로 연결시킬 것이기 때문이다. 고닐로의 또 다른 중요한 주장에 의하면 우리는 종종 실제로 존재하지 않는 사물들을 생각한다는 것이다. 예를 들어 우리는 더 이상 생각할 수 없는 가장 위대한 섬[즉, 그보다 더 이상 위대한 것은 존재하지 않는 섬]을 상상할 수 있지만 그런 섬이 존재한다는 사실을 증명할 길이 없다는 것이다.

5. 4. 고닐로에 대한 안셀무스의 답변

안셀무스는 두 가지의 대답을 제시하고 있다. 첫째, 우둔한 자와 더불어 우리는 더 이상 생각할 수 없는 가장 위대한 존재에 대한 개념을 형성할 수 있다. 우리가 사물들 속에서 완전성의 정도를 비교한 후 더 이상 완전한 것이 없는 최대의 완전성을 향해 움직인다면 이것은 항상 가능하다. 둘째, 고닐로가 완전한 섬을 비유한 것은 논점에서 벗어난 것이다.

〈더 이상 위대한 것이 존재하지 않는 섬〉에 대한 개념은 개념적으로 무효가 되었다. 이것은 〈섬〉이란 그것이 지닌 바로 그 본성에 의해 한정되거나 제한받기 때문이다. 따라서 그것은 무한한(또는 생각할 수 있는 가장 위대한) 방식으로 존재할 수 없다. 〈존재〉의 개념만이 실제로 한정의 제한을 초월할 수 있고 그렇게 함으로써 〈더 이상 위대한 것이 있을 수 없는〉 방식으로 존재할 수 있다.

〔우리는 단지 한 가지 경우에 있어서만 어떤 관념으로부터 필연적인 그것의 존재로 나아갈 수 있다. 그런데 그런 경우란 비존재가 생각될 수 없는 신(神)의 경우다. 섬이란 반드시 존재해야 하는 것이 아니라 존재할 수 있거나 또는 우연적인 존재인 것이다. 마찬가지로 이것은 모든 유한한 사물에 대해서도 적용 가능하다. 여타의 사물을 존재하게 하는 유일한 존재가 있으며, 그 존재 자체는 다른 사물로부터 유출되지 않고 그 자체로부터 필연적인 존재를 얻는다. 이것이 곧 신이다. (제2판)〕

이 점에서 안셀무스는 성공적이었다고 말해도 무방하다. 본래 유한할 수밖에 없는 〈섬〉과 잠정적으로 무한한 〈존재〉 사이에는 어떤 유사성도 없기 때문이다. 이렇게 하여 존재론적 증명은 고닐로의 비판에 견뎌 냈으며, 더욱 설득력 있는 비판을 제기하는 과제는 수백 년 뒤의 철학자들에게 남겨졌다.

6. 이슬람 철학과 유대 철학에서의 신앙과 이성

대부분의 중세 사상은 철학과 신학, 즉 이성과 신앙을 조화하려는 시도였다. 이것을 주도한 인물들은 주로 철학을 신학의 한 구성 요소로 본 기독교도들이었다. 그들의 종교적인 태도는 기독교의 주류적인 전통에서 비롯되었으며 따라서 대부분의 경우에 거의 동일한 입장이었다. 그러나 철학적인 태도는 매우 다양했다. 왜냐하면 시대와 장소가 다르며 영향받은 철학자 또한 다르기 때문이다. 그들은 같은 철학자 — 예를 들어 아리스토텔레스 — 에게 의존하고 있다 하더라도 그 저서들의 여러 가지 다른 주석을 접하게 된다. 중세에서 이슬람 철학자들이 매우 중요한 것은, 대부분의 기독교 학자들이 아리스토텔레스를 이해하려고 참고한 권위 있는 주석들을 바로 그들이 해냈기 때문이다. 이미 밝혀진 바와 같이 아리스토텔레스에 대한 이들의 주석은 아리스토텔레스에 관한 지식의 원천이었지만 신앙과 이성을 조화시키는 데 심각한 어려움을 야기한 원인이기도 했다.

　무함마드(Muhammad, 570?~632)의 영도하에 9세기에서 12세기에 걸쳐 철학적 활동이 활발하게 일어난 페르시아와 스페인에 문명의 중심을 둔 거대한 이슬람 제국이 성립되었다. 이 기간 동안 이슬람 세계에는 기독교 세계보다도 그리스의 철학, 과학 및 수학에 관한 지식이 더욱 진보되었다. 더구나 이슬람 세계는 서구 유럽이 아리스토텔레스의 주요 저서들을 입수하기 수세기 전에 이미 그것들을 접하고 있었다. 그리고 그리스 철학자들의 많은 저서가 아랍어로 번역된 이후에야 서구에서는 라틴어로 번역하게 되었다. 철학은 833년에 이미 바그다드에서 제도적으로 잘 정립되었으며 그곳에는 철학과 과학에 관한 그리스어 원본들을 번역하고 창조적인 학자를 양성하기 위한 학교가 설립되었다. 뛰어난 사상가들, 특히 아비센나(Avicenna, 980?~1037)가 여기에서 연구했다. 이슬람의 다른 중심지인 스페인의 코르도바에서는 또 다른 대표적인 철학자인 아베로에스(Averroës, 1126~1198)가 그의 저서의 대부분을 저술했다.

　아비센나와 아베로에스는 아랍어로 저술하는 이슬람교도이긴 하지만 아랍인은 아니었다. 아비센나는 페르시아인이었고, 아베로에스는 스페인 출신이었다. 그들은 아리스토텔레스 철학에 대한 주석을 내놓았는데, 이것들이 몇몇 기독교학자들에게는 아리스토텔레스에 대한 권위 있는 주석으로 받아들여졌다. 이들의 주석을 통해서 볼 때, 아리스토텔레스의 철학이란 기독교의 교의와 일치되지 않으므로 보나벤투라 같은 몇몇 중세의 저술가들은 오류를 범하지 않기 위해서라도 아리스토텔레스를 거부해야 한다고 생각했다. 예를 들어 토마스 아퀴나스는 아베로에스의 견해를 지닌 파리 대학교의 대표적인 철학자 브라반트의 시게루스 Sigerus de Brabantia와 논쟁을 벌였다. 그러나 토마스 아퀴나스는 아리스토텔레스의 다른 주석서들도 가까이 했다. 이런 이유에서 시게루스과 벌인 토마스 아퀴나스의 논쟁은 아리스토텔레스의 이론을 부정하려는 것이 아니라 아리스토텔레스를 기독교의 교리에 부합되게끔 해석하려는 목적을 지녔다. 그러므로 이슬람 철학자들의 중요성은 다음의 두 가지 측면에서 평가될 수 있다. 첫째, 그들은 아리스토텔레스와 그 밖의 그리스 사상가들을 서구로 유입시킨 전달자였으며, 둘째, 그들은 중세 철학에서 논쟁의 근거가 된 아리스토텔레스 주석서의 저자들이기도 하다.

6. 1. 아비센나

980년에 페르시아에서 태어난 아비센나(아랍어로는 이븐시나Ibn Sīnā)는 뛰어난 학자였다. 그는 기하학, 논리학, 법률학, 코란, 물리학, 신학 및 의학을 공부했으며 16세에 견습 의사가 되었다. 그는 많은 저서를 통해 주로 아리스토텔레스에 관한 자신의 사상을 소개했지만 그의 사상 가운데는 신플라톤주의의 영향도 감출 수 없다.

특히 중요한 것은 아비센나의 창조론에 대한 견해였다. 여기에서 그는 아리스토텔레스와 신플라톤주의의 견해를 결합하여 13세기에 격론의 대상이 된 이론을 정립했다. 그는 다음의 가정, 즉 존재하게 되는 것 — 우리가 경험하는 만물의 경우다 — 은 무엇이든지 원인이 있어야 한다는 가정에서 시작한다. 원인을 가져야만 하는 사물을 〈가능한〉 존재라 부른다. 가능한 존재의 원인은 선행하는 존재에 의해 야기되어야 하는데 이것 역시 원인을 가져야 하지만 그러한 원인의 서열이 무한히 계속될 수는 없다. 그러므로 제1원인이 존재해야만 하며 그 존재는 단순히 가능한 것이 아니라 〈필연적〉이며 어떠한 원인에서 비롯되지 않고 자체적으로 존재를 소유한다. 이것이 곧 신이다. 나중에 토마스 아퀴나스는 이러한 추론 형식을 자주 도입하고 있다.

신은 존재의 최고봉을 이루며 시초를 가지지 않고 항상 행위하고 있다(즉 항상 그의 충만한 존재*Being*를 표현한다). 그러므로 그는 항상 창조 활동을 하고 있다. 아비센나에 따르면 창조는 필연적이고 영원하다. 그러나 13세기의 보나벤투라는 이러한 결론을 심각한 오류라고 생각했으며 또한 성서의 창조 개념과도 어긋난다고 생각했다. 성서에서는 창조를 필연이 아닌 신의 자유 의지의 소산으로 보고 있으며, 영원에서가 아닌 시간 속의 어떤 한 시점에서 창조가 일어났다고 본다. 그러나 토마스 아퀴나스는 철학적으로 창조가 시간 안에서 일어났는지 영원에서 일어났는지의 문제는 가릴 수가 없으며 그것은 궁극적으로는 신앙의 문제여야 한다는 데 동의했다.

기독교 철학자들이 아비센나의 형이상학에서 그의 창조론 때문에 어려움을 겪고 있다면 그의 심리학은 더욱 심각한 어려움을 주고 있다. 심리학에서 그는 특히 인간의 지적인 활동을 설명하고자 했다. 그의 이론에서 중심 문제는 〈가능한〉 지성과 〈매개적〉 지성의 구별에 관한 것이다. 이 차이점을 설명하기 위해 아비센나는 존재의 등급에 관한 신플라톤주의 견해를 도입했다. 그 등급에서 인간은 천사의 존재나 지성의 단계 가운데 최하위에 위치한다. 말하자면 신은 단일한 결과를 창조하는데 그 결과는

〈지성〉이라 불리는 최상의 천사이고, 이어서 이 〈지성〉은 하급의 지성을 창조한다. 순서를 따라 내려가면 아홉 개의 그러한 지성이 존재한다. 각각의 지성은 순서대로 위의 것이 그 아래의 것과 연속적인 구(球)의 영혼을 창조한다. 아홉 번째의 지성은 열 번째이자 마지막 지성을 창조하며 이것이 바로 매개적 지성Intellectus Agens이다. 세계 내의 4원소 및 인간의 각 영혼을 창조하는 것이 이 매개적 지성이다. 매개적 지성은 인간의 영혼이나 정신뿐만 아니라 이들 창조된 정신에게 〈형상들을 부여하는 자dator formarum〉이다.

아비센나가 말하고자 하는 것은 한 사람의 정신은 시작을 가지기 때문에 그것은 〈가능한〉 존재라는 것이다. 그러므로 인간은 〈가능한 지성〉을 소유한다. 여기에서 아비센나는 존재와 본질을 현저하게 구별하고 있다. 또한 그는 피조물 내에 두 가지의 다른 사물이 있다고도 말한다. 말하자면 피조물의 본질은 그의 존재와 구별되기 때문에 그의 본질이 저절로 충만되지 않으며, 또 자체적으로 존재가 주어지지도 않는다. 정신의 본질은 인식하는 데 있지만 그것이 항상 인식하는 것은 아니다. 지성은 인식할 수 있고 그것의 본질도 인식하는 것이지만 그것의 인식 행위는 저절로 되는 것이 아니라 〈가능할〉 뿐이다. 지성은 현실적으로 어떠한 지식도 아닌 지식의 본질이나 그 가능성을 가지고 창조되었다. 인간의 지성에 내재하는 지식의 〈존재〉는 다음의 두 가지 요소를 소유해야 한다. 즉, (1) 외부적으로 우리가 감각 가능한 대상을 지각하게 하는 육체적 감관과 내부적으로는 기억이나 상상 안에 있는 대상들의 상을 보유하는 힘 (2) 추상의 힘을 통해 개별 사물에 내재하는 본질이나 보편자를 발견하는 힘을 말한다. 그러나 여기에 아비센나의 독특한 점이 있다. 즉 이 추상은 인간의 지성이 아니라 매개적 지성에 의해 수행되며 그 지성은 인간의 정신이 인식할 수 있도록 조명해 주고, 따라서 정신의 본질에 존재를 부여해 준다. 매개적 지성은 모든 인간의 정신의 창조자며 인간의 지식 속의 능동적인 힘이기 때문에 모든 인간 안에는 그들이 분유하고 있는 유일한 능동적 지성intellectus activus이 있다.

브라반트의 시게루스가 파리 대학교에서 가르쳤던 아비센나의 심리학에 대해 보나벤투라가 지대한 관심을 보인 것은 그것이 각 사람의 불연속적인 개별성의 개념을 위기에 몰아넣었기 때문이다. 그러나 아비센나는 그 개념에는 관심이 없었다. 왜냐하면 그는 실제로 각 영혼이 그것의 원천인 매개적 지성으로 되돌아가야 한다는 영혼 불멸설을 지지하고 있었기 때문이었다. 기독교의 학자들은 매개적 지성론 속에서 인간과 신 사이의 심각한 분리뿐만 아니라 개별적인 영혼의 소멸을 찾아보려고 했다. 왜냐하면 신이 아닌 매개적 지성은 인간의 지성 위에 조명을 비추어 주기 때문이다. 물질이 그의 육체로 화할 때만 개별적인 인간이 존재하며 인간의 정신은 그의 육체의 형상이다. 그러나 지성의 능동적인 역할은 그의 것이 아니다. 이러한 식으로 아비센나는 중세 철학에 다음과 같은 자극적인 주제들을 던져 주었다. (1) 창조의 필연성과 영원성 (2) 존재의 등급(10등급)의 순서와 유출 (3) 인간의 영혼을 창조하고 〈가능한 지성〉을 조명해 주는 매개적 지성론 (4) 가능한 존재와 필연적인 존재가 연관된 본질과 존재 간의 구별이다.

6. 2. 아베로에스

아비센나와 같이 아베로에스(아랍어로는 이븐루시드 Ibn Rushd)는 탁월한 학자였다. 그는 1126년 스페인의 코르도바에서 태어나 그곳에서 철학, 수학, 법률학, 의학 및 신학을 공부했다. 그의 아버지와 마찬가지로 판사로 복직한 후에 그는 의사가 되었으나 대부분의 시간을 그의 유명한 주석서를 저술하는 일에 바쳤다. 그 때문에 그는 중세에는 〈유일무이한 주석가〉라고 불리기도 했다. 그는 마지막 생애를 모로코에서 보내다가 1198년 그곳에서 72세의 나이로 생애를 마쳤다.

아베로에스는 아리스토텔레스를 모든 철학자 가운데 가장 위대한 인물로 평가했으며, 그를 자연이 낳을 수 있는 가장 완전한 인물의 표본이라고 극찬했다. 이러한 이유로 그의 모든 저서는 아리스토텔레스의 저서와 사상으로 짜여 있다. 그는 몇 가지 점에서 아비센나와 일치하지 않는다. 우선 아비센나는 창조가 영원하고 필연적이라고 주장한 반면, 아베로에스는 어떠한 철학도 그러한 교의를 알지 못하며 그것은 종교 교리에 불과하다고 하여 창조론을 부정한다. 또한 아베로에스는 본질과 존재 간의 구별을 다음과 같이 부인하고 있다. 그것들 간에는 어떠한 〈실제적〉인 차이점도 없으며 — 아비센나는 그것에 의해 〈가능한〉 지성과 〈능동적 지성〉을 구별하게 된다 — 단지 분석의 목적상 〈논리적인〉 차이만이 있을 뿐이다. 더구나 아베로에스는 인간의 형상은 영혼이지만 영혼은 물질적이며 정신적이 아닌 형상이라고 주장했다. 물질적인 영혼은 육체와 똑같은 소멸성을 소유하고 있으므로 어느 것도 죽음 위에서는 살아

남지 못한다. 동물들 중에서 인간이 특별한 위치를 차지하는 것은 하급 동물과 달리 지식을 통하여 매개적 지성과 결합하기 때문이다. 인간은 각자 독특하고 가능한 지성, 즉 정신적인 힘을 소유하고 있으며 모든 인간에게 동일한 매개적 지성이 존재한다고 주장한 아비센나와 달리 아베로에스는 인간이 분리된 〈가능한〉 지성을 소유한다는 사실을 부정한다. 그러므로 그는 보편적인 매개적 지성 안에 인간의 지식을 위치시킴으로써 영혼 불멸설을 부정한다. 기독교 사상가들이 그의 주장을 불경한 것으로 생각한 것도 무리는 아니다. 그러나 그의 영향력은 지대했으며 토마스 아퀴나스조차 그의 저서를 자주 인용했다. 더구나 아베로에스는 신학을 거의 존중하지 않았으며 철학의 영역과 신학의 영역, 즉 이성과 신앙의 영역을 아주 세세하게 구별했다.

아베로에스에 의하면 철학과 신학은 각자의 기능을 가지고 있다. 왜냐하면 그것들 각각을 다루는 사람들이 다르기 때문이다. 그는 인간을 다음의 세 부류로 나누었다. (1) 대부분의 사람은 이성이 아닌 상상에 의해서 살고 있다. 그들은 화술이 능한 설교자들에 의해 전달된 두려움에 의해서 선하게 된다. 이에 비해 철학자는 위협이 필요 없으며 그의 지식에 의해 행동한다. 종교와 철학이 일반적으로 같은 목적을 추구할지라도 그것들은 다른 내용을 포함하고 있으며 따라서 다른 진리를 가지게 된다. 이 진리들은 항상 서로 모순되는 것이 아니며 단지 종류가 다를 뿐이다. 그러므로 첫 번째 부류는 이성에 의해서보다는 공상적인 사유에 의해서 지배받는다. (2) 두 번째 부류는 신학자로 구성되어 있다. 그들이 첫 번째 부류와 다른 것은, 단지 그들이 같은 종교적 신앙을 가지고 있으면서도 그것을 정당화시키기 위해 지적인 근거를 만들려고 한다는 것뿐이다. 그러나 그들은 고정적인 가정 위에 자신들의 사상을 기초함으로써 스스로 그 사상을 해치고 있기에 약간의 이성의 힘은 가지고 있다 해도 그들은 진리에 도달할 수 없다. (3) 세 번째이자 가장 고귀한 부류는 철학자로 이루어진 소수 집단이다. 그들은 종교적인 인간과 이성적인 신학자가 추구하는 진리를 인지할 수 있다. 그러나 그들은 종교에 대한 불가피한 간접적인 조망을 〈통하여〉 이 진리를 찾아야 할 어떠한 이유도 발견하지 못한다. 철학자들은 직접적으로 진리를 인식한다. 실제로 아베로에스는 종교적인 신앙이 사회적 기능을 가진다고 생각했다. 왜냐하면 그것들은 철학적인 사유를 할 수 없는 정신들에게 철학적인 진리에 접근할 수 있게 해주기 때문이다. 그러나 그는 신학자란 대중에 비해서 종교에 대해, 즉 반드시 이성과 반대되는 것은 아니지만 본질적으로 이성으로부터 벗어난 주제에 대해, 복잡한 추론의 힘을 빌리지 않고도 더욱 잘 알고 있어야 한다고 생각했다.

6. 3. 모세스 마이모니데스

유대와 이슬람 철학은 모두가 12세기에 기독교 사상보다 더욱 진보해 있었다. 왜냐하면 이 시기에 기독교 철학자들은 그리스 철학의 여러 개념에 대한 무장이 덜 되어 있었기 때문이다. 우리가 본 바와 같이 이슬람 철학자들은 9세기 이래로 아리스토텔레스의 저서를 연구해 왔다. 위대한 유대 철학자인 모세스 마이모니데스(Moses Maimonides, 1135~1204)는 이슬람 철학자들에 의해 아리스토텔레스를 접하게 되었다. 이슬람과 유대 철학자들은 주요한 철학의 문제들에 대한 해답의 실마리를 마련해 주었으며, 13세기로 거대한 학문을 전달해 주었기 때문에 그들은 13세기의 학구적인 철학 발달에 지대한 영향을 끼쳤다. 마이모니데스는 특히 다음 세대의 기독교 사상가들에게 영향을 주었다. 왜냐하면 그는 『구약 성서』에 대해서 그들과 공통된 신앙을 가지고 있었기 때문이다. 『구약 성서』의 사상과 그리스 철학 및 과학을 조화시키려는 마이모니데스의 시도는 신학과 세속 학문을 융합시키려 했던 토마스 아퀴나스의 귀감이 되었다.

마이모니데스는 1135년 코르도바에서 태어났으며 그곳에서 태어난 아베로에스와 동시대인이었다. 그는 스페인을 떠나지 않을 수 없게 되자 처음에는 모로코로 갔다가 이집트로 건너가 그곳에서 의사로 지내며 연명했다. 그는 1204년 69세의 나이로 카이로에서 죽었다. 그의 주저는 〔원래 아랍어로 쓰였다가 라틴어로 번역된〕 『방황하는 자들의 인도자 Dux Perplexorum』이다. 그 속에서 그는 유대교의 교리가 철학적 사상과 조화를 이루고 있을 뿐만 아니라 성서적 사상이 이성으로 발견할 수 없는 확실한 통찰을 보여 주고 있다는 사실을 증명하고자 했다. 그는 이러한 목적을 이루기 위해 주로 아리스토텔레스의 저서를 포함한 방대한 양의 책을 참고했다.

다른 사람들이 흔히 다루고 있는 아리스토텔레스에 대한 견해를 나타내는 대신에 마이모니데스는 매우 독특한 개념들을 제시했다. 첫째, 그는 신학과 철학과 과학 사이에는, 즉 신앙과 이성 사이에는 근본적으로 어떠한 의견 충돌도 있을 수 없다고 믿었다. 그의 『방황하는 자들의 인도자』는 주로 철학자들의 여러 이론들을 공부하고 율법 Torah의 문자 그대로의 의미로 방황하고 있는 유대인들을 위해 쓴 것이다. 그의 주장에 따르면 율법학과 철학은 각기 독특한 형태의 지식이다. 그것들이 상반되지 않더라도 그것들의 내용과 범위는 같지 않다. 이러한 이유로 모든 종교적인 교리가 항상 합리적이거나 철학적인 설명의 근거를 가지는 것은 아니다.

둘째, 창조설은 종교적인 신앙의 문제다. 아리스토텔레스의 철학에서 세계는 영원에서 창조되었으며, 시간 안에서 창조란 있을 수 없다고 주장하지만 마이모니데스에 의하면 이 문제에 철학적인 증명은 결정적일 수 없다. 말하자면 창조설을 찬성하거나 반대하는 논거는 철학적으로 볼 때 똑같은 비중을 갖게 된다는 것이다. 나중에 토마스 아퀴나스도 이와 똑같은 입장을 취했으며, 그는 마이모니데스처럼 종교적인 견해가 이성적인 사상과 모순을 일으키지 않으므로 보편화되어야 한다고 주장한다.

셋째, 마이모니데스에 의하면 신앙과 이성 사이의 갈등은 두 가지 원인에 의한다. 즉, 종교의 신인 동형 동성론(神人同形同性論)적인 언어와 신앙의 문제에서 어찌할 바를 모르는 자들이 접근하는 무질서한 방식이 그것이다. 우리는 수학과 자연 과학으로부터 시작하여 율법의 연구, 그다음엔 형이상학이나 전문적인 철학적 신학으로 점차 나아가야 한다. 이러한 종류의 방법론적인 훈련을 통해 성서적인 언어의 비유적 성격에 대한 이해가 더욱 쉽게 이루어진다. 그러나 종교적인 언어에서 신인 동형 동성론적인 요소들을 감소시키기 위해서는 과학적이고 철학적인 개념들의 범주 속에서 훈련이 강화되어야 한다.

넷째, 마이모니데스는 인간 본성의 구조에 관해서는 아비센나와 의견을 같이했다. 아비센나와 같이 그는 인간의 본질적인 지식의 원천으로서 매개적 지성론을 수용했다. 각 사람은 그에게 독특하게 속해 있는 〈가능한〉 또는 〈수동적〉인 지성만을 소유할 뿐이다. 따라서 각자는 능동적인 지성을 획득해야 한다. 능동적 지성이란 곧 매개적 지성이거나 아니면 각 인간의 장점의 정도에 따라 정도를 달리 하면서 매개적 지성에서 비롯된 것이다. 죽은 뒤에 육체의 형상인 영혼은 사라지며, 살아남는 유일한 요소는 매개적 지성에서 나와 다시 그것으로 되돌아가는 능동적이고 지적인 성분이다. 이것이 영혼 불멸설이라면 그것에서는 각 개인의 독특한 특성이 매우 감소된다.

다섯째, 마이모니데스는 토마스 아퀴나스의 신의 존재에 대한 세 가지 증명의 선구였다. 아리스토텔레스의 『형이상학』과 『자연학』의 부분을 사용하여 그는 제1동인의 존재와 필연적인 존재의 증명 — 이것은 아비센나에 의지한다 — 과 제1원인의 존재를 증명했다. 세계가 무에서 창조되었는지 아니면 영원에서 존재하게 되었는지의 여부는 자연 신학을 확립하는 데 별다른 장애가 되지 않는다고 그는 생각했다. 그러나 신의 존재를 증명한 후 토마스 아퀴나스와는 달리 그는 신의 본질에 대한 언급 가능성을 배제시켰다. 신에 대해서는 어떠한 긍정적인 속성도 언급될 수 없고, 신은 그럴 수 있는 존재가 아니라고 말함으로써 부정적인 속성만을 주장했다.

여섯째, 인간의 삶의 목적은 인간에게 적합한 완전성에 도달하는 것이다. 마이모니데스에 의하면 철학자들은 인간이 도달할 수 있는 완전성의 종류를 상향의 순서에 따라 네 가지로 구분했다. (1) 소유의 완전성 (2) 육체의 구성과 모양의 완전성 (3) 도덕적인 덕의 완전성 (4) 최상의 단계인 이성적인 덕의 획득이다. 그에 의하면 이성적인 덕에 의해 〈나는 신성한 사물들에 대한 참된 의견을 가르쳐 주는 예지적 지성의 개념을 알게 된다. 그것은 참된 실재에 내재하는 궁극적인 목적이다. 따라서 그것은 개인에게 참된 완전성을 부여해 주는 것이다〉. 인간의 완전성에 대한 이러한 합리적인 설명은 또한 신앙에서도 가능하다. 왜냐하면 마이모니데스는 다음과 같은 말로 결론을 맺고 있기 때문이다. 〈예언자들도 역시 철학자들이 해석한 것과 동일한 개념들을 설명하고 있다.〉 그리하여 신앙과 이성은 조화를 이룬다.

8 토마스 아퀴나스와 그의 후계자들

　토마스 아퀴나스(Thomas Aquinas, 1225?~1274)의 위대한 업적은 그가 고대 철학과 기독교 신학의 사상을 방대한 체계로 결합했다는 데 있다. 그는 플라톤과 스토아 철학에서 고전 철학의 주제들을 끌어왔지만 그의 철학은 주로 아리스토텔레스에게 의존하고 있다. 또한 그는 이슬람과 유대철학자들의 업적뿐만 아니라 기독교 사상가들이 이룩한 광범위한 사상도 파악하고 있었다. 그가 저술 활동을 시작할 무렵에 이르러서야 플라톤과 아리스토텔레스 저서의 대부분이 서유럽에 입수되었다. 아우구스티누스는 신플라톤주의자인 플로티노스의 저서에서 발견한 플라톤 사상을 기독교의 신앙과 결합시킴으로써 철학과 신학의 초기 융합을 공식화한 바 있다. 그의 뒤를 바로 이어 나온 보에티우스는 6세기에 처음으로 아리스토텔레스의 저서 가운데 일부를 라틴어로 번역하여 이용할 수 있게 해줌으로써 철학적인 사색은 다시 활기를 띠게 되었다. 7세기경부터 13세기에 이르기까지 몇몇 계통의 사조가 발전했으며 이로 인해 플라톤주의자들과 아리스토텔레스주의자들 간의 갈등이 심화되어 논쟁이 벌어지게 되었다.

　이러한 충돌은 13세기 이후에도 아우구스티누스주의자들과 토마스주의자들 간의 논쟁으로 이어졌지만 이들 신학자들은 모두가 플라톤과 아리스토텔레스의 사상에 기반을 두고 있었다. 이러한 사상의 전개 과정 가운데 중세 사상가들은 철학과 신학을 연관시키는 문제, 즉 이성과 신앙의 관계에 대한 문제로 고심했다. 또한 〈보편자〉의 문제에 대해서 플라톤과 아리스토텔레스의 관점은 서로 달랐으며, 그것에 의해 기독교 신앙은 중요한 분기점을 이루었다. 이들 문제에 대해 토마스 아퀴나스는 관련된 문제들을 정확하게 파악하고, 또 여러 학자들에 의해 제시된 대안적 해답을 알고 있었으며 그의 아리스토텔레스적이자 기독교적인 해답에 대한 주요한 반론에 답함으로써 결정적인 영향을 끼쳤다. 이와 같이 하여 그는 〈스콜라적인 방법〉을 완성시켰다.

이와 관련하여 〈스콜라주의〉라는 용어는 중세 교회의 〈학교schola〉에서 이루어지는 지적인 활동에서 유래되며 그 대표자들은 〈doctores Scholastici〉라고 불린다. 결국 스콜라주의는 학교에 있는 학자들에 의해 발전된 지배적인 사상 체계와 그들의 철학을 가르치는 특별한 방법을 지칭하게 되었다. 스콜라 철학은 전혀 새로운 형태의 통찰을 추구하기보다는 〈전통적인〉 사상에 대한 일관된 체계를 이룩하고자 했다. 이 체계의 내용은 대개의 경우 기독교 신학과 플라톤 철학, 특히 아리스토텔레스의 철학을 융합시켰다. 스콜라 철학에서 가장 특징적인 점은 〈방법〉 면에서 엄격한 논리적인 연역에 의존하였고 복잡한 〈체계〉를 이루면서 신학이 철학을 지배하는 〈변증법적인〉 형식으로 표현되었다는 점이다. 또한 토마스 아퀴나스는 보에티우스 — 최초의 스콜라 철학자 — 가 신학적 주제들에 관하여 스콜라적 관점에서 세운 것을 완성했다. 보에티우스는 〈가능한 한 신앙과 이성을 결합하라〉고 주장한다. 그런가 하면 토마스 아퀴나스는 최고의 형태로 신앙과 이성의 결합을 제안했다. 그는 계시에 의한 전통적인 신학적 진리를 수용하는 동시에 이러한 계시된 진리를 이해할 수 있게 하기 위하여 이성적 논증도 시도했다.

1. 토마스 아퀴나스의 생애

토마스 아퀴나스는 1225년 나폴리에서 태어났다. 그의 아버지는 아퀴노의 영주였으며 그의 아들이 언젠가는 고위 성직자에 이르기를 기대했다. 이런 이유로 토마스는 다섯 살 때 몬테카시노 대수도원에 들어가 9년 동안 이 베네딕트 수도원에서 학업에 정진했다. 열네 살이 되자 그는 나폴리 대학교에 입학했다. 그 도시에 머물면서 그는 근처의 수도원에 있는 몇몇 도미니크 교단의 탁발 수도승의 생활에 매료되어 그 교단에 입문하기로 결심했다. 도미니크 교단의 사람들은 특히 가르침에 헌신적이었기 때

토마스 아퀴나스

문에 그는 그 교단에 입문하자마자 종교적인 일과 가르치는 일에 전념하기로 마음먹었다. 4년 후인 1245년에 그는 파리 대학교에 입학하여 그곳에서 〈현자(賢者) 알베르투스Albertus〉, 〈만인의 스승〉이라는 이름으로 불리는 그의 스승이자 탁월한 학자였던 알베르투스의 영향을 받게 되었다. 파리와 콜로뉴에서 알베르투스와 오랜 교분을 맺고 있는 동안 토마스는 자신의 사상 형성에 결정적인 계기가 되었다.

알베르투스는 기독교의 신앙을 뒷받침하기 위해서, 그리고 인간의 정신 능력을 개발시키기 위해서 철학과 과학의 중요성을 깨닫고 있었다. 다른 신학자들이 비종교적인 학문을 거의 거들떠보지 않은 반면에 알베르투스는 기독교 사상가는 철학이나 과학의 모든 방면을 완전히 익혀야 한다고 생각했다. 그는 모든 지적인 활동을 중시했다. 그의 저서들을 보더라도 그가 얼마나 다양하고 방대한 학문의 영역을 섭렵했는지 알 수 있다. 사실상 그는 고대 학자들은 물론이고 기독교, 유대, 이슬람의 철학자들을 전부 알고 있었다. 그러나 그의 정신은 창조적이라기보다는 백과사전적이었다. 알베르투스는 선대의 철학자들이 해놓은 것보다도 더 날카롭게 철학과 신학의 근본적인 차이점을 파악했다. 그의 생각에 의하면 예를 들어 안셀무스나 아벨라르두스와 같은 학자들은 지나치게 이성에 치중했으나, 엄격하게 본다면 그것은 사실상 신앙의 문제였다. 알베르투스가 특별히 의도했던 목적은 아리스토텔레스의 모든 저서를 라틴어로 번역하여 전 유럽에 아리스토텔레스를 분명하게 이해시키는 것이었다. 그는 아리스토텔레스를 철학자들 중에서 가장 위대하다고 생각하였다. 그러므로 13세기에 아리스토텔레스의 사상이 지배적이었던 것도 그의 영향으로 보아야 한다. 이러한 상황에서 그의 제자인 토마스 아퀴나스도 아리스토텔레스 안에서 기독교 신학의 가장 중요한 철학적 기반을 마련하고자 한 것은 당연한 결과다.

자신이 저서에서 인용한 철학자들의 사상을 전혀 변화시키지 않은 알베르투스와 달리 토마스 아퀴나스는 더욱 창조적이고 체계적으로, 그리고 아리스토텔레스의 사상과 기독교의 신앙 간의 조화를 더욱 중시하여 아리스토텔레스의 사상을 잘 이용했다. 그는 1259년에서 1268년까지 로마 교황청에서 교육에 힘쓰다가 다시 파리로 돌아와서 아베로에스주의자들과 유명한 논쟁을 하게 된다. 1274년에 교황 그레고리우스 10세의 요청으로 리옹에서의 공의회에 참석하러 가던 중 그는 나폴리와 로마의 중간에 있는 한 수도원에서 49세의 나이로 세상을 떠났다.

토마스 아퀴나스는 많은 저서를 남겼다. 이 방대한 양의 저서를 20년 동안 모두 저술했다는 것은 실로 놀라운 일이 아닐 수 없다. 그의 저서들을 보면 아리스토텔레스의 대부분의 저서에 대한 주석들, 그리스인들과 아베로에스주의자들의 오류를 지적하는 세심한 논증, 본질과 존재를 논하는 초기의 훌륭한 저서, 통치자에 대한 정치적인 논문 등 그 이외에도 수많은 것들이 있다. 가장 손꼽을 수 있는 업적은 『반(反)이교도 대전 Summa Contra Gentiles』과 『신학 대전 Summa Theologiae』이다.

1.1 보나벤투라와 파리 대학교

토마스 아퀴나스의 철학이 다루는 문제를 이해하기 위해서는 그가 속해 있었던 중세 대학의 맥락을 이해하는 것이 중요하다. 대학의 초기 형태는 〈수도원 학교〉라고 불리는 것에서 비롯되었다. 파리 대학교는 노트르담 대사원의 학교에서 발전된 것이며, 그 기구와 이수 과정의 규칙들도 1215년 교황 대사에 의해 공식적으로 승인되었다. 초기의 모든 대학과 마찬가지로 파리 대학교는 특별한 건물들을 가지고 있지 않았으며 오늘날의 대학을 연상케 하는 도서관이나 기념관 같은 특징도 없었고 단지 선생과 학생으로만 이루어져 있었다. 이러한 것들은 대개 14, 15세기에 가서야 생겨났지만 가장 중요한 요소인 선생과 학생들의 학문에 대한 정열은 대단했다. 원래 교회의 부속 기구인 대학들은 공통적인 신학 교리를 가지고 있었다. 이것은 곧 신학, 법학, 의학, 예술 중에서 신학이 최고의 위치를 차지했음을 의미한다.

파리 대학교는 신학적인 경향 이외에 일반적인 지식도 받아들였다. 이것은 파리에서 아리스토텔레스의 철학이 점차 수용되고 그 전성기를 이루게 되는 과정을 설명해 준다. 그러나 아리스토텔레스주의의 유입이 정통성의 문제를 야기했음은 쉽게 알 수 있다. 아리스토텔레스의 철학이 기독교의 사상에 미치는 충격에 대한 것뿐만 아니라 아리스토텔레스가 아랍인들에 의해 과연 믿을 수 있고 정확하게 해석되었는가에 대한 의문이 심각하게 제기되었다. 아우구스티누스와 플라톤주의는 옥스퍼드에서 승리를 거두었던 반면에 파리에서는 빛을 보지 못했지만, 그럼에도 불구하고 토마스 아퀴나스와 동시대 인물인 보나벤투라(Bonaventura, 1217?~1274)에 의해 강하게 표현되었다. 아리스토텔레스에 대해 비판적이었던 보나벤투라의 주장에 의하면 아리스토텔레스의 사상이 플라톤의 이데아론을 부정함으로써 신학에 결부된다면 그것은 심각한 오류를 낳게 될 것이다. 예를 들어 플라톤의 이데아를 부정하면 신은 그 자신 속에 모든 사물의 이데아들을 소유하지 않게 되고 구체적이고 특별한 세계에 대해 아무것도 모르게 될 것이다. 또한 이것은 신의 섭리나 우주에 대한 신의 통제를 부정하는 것이 된다. 이것은 사건들이란 우연에 의해서뿐만 아니라 기계적인 필연에 의해서도 발생한다는 사실을 의미하게 된다.

신이 세계의 이데아들을 생각하지 않았다면 그는 세계를 창조할 수도 없었을 것이라는 보나벤투라의 공격은 더욱 심각한 문제였다. 이 때문에 토마스 아퀴나스는 후에 교회 당국과의 심각한 난관에 봉착하게 되었다. 왜냐하면 그가 아리스토텔레스를 따른다면, 세계가 시간 속의 어느 한 시점에서 창조되는 대신에 세계는 항상 존재해 있다는 주장을 부정할 명확한 이유가 없기 때문이었다. 그러나 보나벤투라에 의하면 세계가 항상 존재해 있다면 무한히 많은 인간이 존재했음에 틀림없고 그러한 경우에 무한히 많은 영혼이 존재하거나 아베로에스주의자들 주장대로 모든 인간이 공유하는 단 하나의 영혼이나 지성만이 있어야 한다. 만일 아베로에스주의자들의 주장이 받아들여진다면 인간의 불멸론은 폐기되어야 한다. 이러한 주장은 13세기의 대표적인 아베로에스주의자인 브라반트의 시게루스에 의해 강력하게 제기되었다. 그에 의하면 단지 유일하고 영원한 지성만이 존재할 뿐 개개의 인간은 태어나고 죽는다. 그러나 이러한 지성, 즉 영혼은 살아남아 또 다른 인간 안에서 육체를 이루고 인식 행위를 하는 기능을 수행한다. 간단히 말해 모든 인간이 공유하는 유일한 지성만이 있다.

보나벤투라는 아리스토텔레스의 철학이 범하고 있는 오류 때문에 그것이 기독교의 신앙에 위험한 것이라고 생각하고 아우구스티누스의 사상과 플라톤주의를 제시했다. 그러나 아리스토텔레스의 사상은 — 특히 자연과 과학의 문제에 관해서는 — 매우 지배적이고 체계적이기 때문에 순조롭게 수용되었고 그것의 승리도 필연적이었다. 파리 대학교의 대부분이 아리스토텔레스의 사상을 지향하고 있었다면 신학자들은 이 불후의 사상가에 친숙하지 않을 수 없었을 것이다. 아리스토텔레스가 수용된다면 신학자들이 특별히 해야 할 일은 그의 철학을 기독교와 조화시키는 일, 즉 아리스토텔레스를 〈기독교화〉하는 일이었을 것이다. 이것이 토마스 아퀴나스가 하고자 했던 일이다. 그는 이 일을 하면서 보나벤투라의 아우구스티누스주의와 브라반트의 시게루스의 아리스토텔레스 해석을 동시에 반대했다.

2. 철학과 신학

토마스 아퀴나스는 기독교 신자로서 사유하며 글을 썼다. 무엇보다도 그는 신학자였다. 동시에 그는 신학적인 저서를 저술하면서 아리스토텔레스의 철학에 깊이 의존했다. 그가 철학과 신학을 함께 취했다고 해서 두 원리를 혼동하고 있었다는 뜻은 아니다. 오히려 인간의 진리 추구에서 철학과 신학은 상보적인 역할을 한다는 것이 그의 입장이었다. 그는 스승인 알베르투스와 마찬가지로 철학과 신학이 각각 인간에게 줄 수 있는 것과 없는 것을 나타내면서 신앙과 이성 간의 경계를 구분지기 위하여 심한 고뇌를 해야 했다. 그가 이 두 입장을 결합시키려고 했다는 사실은 13세기 사상에서 종교적 성향이 지배적이었음을 반영하는 것으로 이 시기에는 신에 대한 지식의 중요성이 결정적인 것으로 여겨졌다. 신에 대한 올바른 지식이 절실하게 요구되었던 것은 이러한 지식에 대한 약간의 오류로 인해 인간의 삶의 방향이 인간의 궁극적인 목적인 신에게서 멀어질 수도 있고 그에게로 향할 수도 있기 때문이었다. 철학은 인간의 이성에 의해 발견된 원리에서 출발하는 반면, 신학은 무조건의 계시로부터 받아 신앙의 문제로 돌리는 원리들을 이성적으로 정리한 것이다. 따라서 토마스 아퀴나스의 철학은 대부분이 〈자연 신학〉 — 그 이후 몇 세기간의 철학자들이 이 용어를 사용했듯이 — 의 영역에 속하며 그도 자신의 신학을 이성적으로 논증 가능한 것으로 여겼다.

2. 1. 신앙과 이성

토마스 아퀴나스는 철학과 신학, 즉 이성과 신앙 간에 특별한 차이점이 있음을 알았다. 철학은 감각적 경험의 직접적인 대상에서 시작하여 더 일반적인 개념으로 추론해 나가며 결국 아리스토텔레스의 경우처럼 존재의 최고원리나 제일원인을 주목하면서 신의 개념에 이른다. 반면에 신학은 신에 대한 신앙에서 시작하여 모든 사물을 신의 피조물이라고 생각한다. 여기에 방법상의 차이가 있다. 철학자는 사물들의 본질에 대한 합리적인 설명에서 결론을 이끌어 내는 반면, 신학자들은 계시적인 지식의 권위에 기반을 두고 자신들의 결론을 논증한다. 철학과 신학은 상호 모순되지 않지만 철학의 논의 대상이 모두 인간의 종교적인 목적에 중요한 것은 아니다. 신학이 다루고 있는 것은 인간이 구원을 받기 위해 알아야만 하는 것과 이 지식을 확신시켜 주는 내용이며, 그러한 지식은 계시를 통해 획득된 것이다. 계시적인 진리 가운데 어떤 것은 자연적 이성에 의해 발견될 수 없는 반면, 계시적인 진리의 어떤 요소들은 이성에 의해서만 알려질 수 있다. 그것들은 이미 계시된 것이며 우리는 그러한 진리들에 실제로 정통해진다는 사실을 확신할 뿐이다.

이 때문에도 철학과 신학 사이에는 어떤 중복되는 부분이 있다. 그러나 철학과 신학은 대부분 서로 분리된 독립적인 두 개의 학문들이다. 엄격히 말해서 이성이 어떤 사물을 인식할 수 있는 곳에서 신앙은 불필요하며 신앙만이 특별하게 계시를 통해 알고 있는 것은 자연적인 이성만으로는 인식될 수 없다. 철학과 신학 모두가 신을 다룬다. 그러나 철학자는 신이 존재한다는 사실을 추론할 수 있을 뿐이며 감각 대상에 대한 고찰에 의해 신의 근원적인 본질을 이해하지는 못한다. 그럼에도 불구하고 철학과 신학은 진리에 관계하므로 양자의 목적들간에는 하나의 연관관계가 있다. 아리스토텔레스는 철학의 대상을 제1원리와 제1원인에 대한 연구, 즉 존재와 그 원인에 대한 연구라고 생각했으며 이러한 생각에 의해서 우주 안에 있는 진리의 근거로 제1동자(第一動者)를 제시했다. 이것은 신학자들이 자신의 지식의 대상으로 간주한 신의 존재 및 창조된 세계를 나타내 주는 진리에 대한 철학적인 표현 방식이다. 토마스 아퀴나스 철학의 중요한 측면들을 발견하려면 그가 전적으로 이성적인 방법에 의해 진리를 논증하려는 부분들을 그의 신학적인 저서에서 발췌해 보아야 한다. 그의 철학적인 접근이 특히 분명하게 나타나는 곳은 신의 존재 증명에 대한 부분에서 찾을 수 있다.

3. 신의 존재 증명

토마스 아퀴나스는 신의 존재를 논증하기 위해 다섯 가지의 증명을 제시했다. 그 증명은 매우 짧다. 각각이 단지 한 단락의 길이에 불과하다. 몇몇의 중요한 가정들이 그 간결함에 가려질 정도다. 더욱 중요한 것은 그의 증명 방식이 안셀무스의 존재론적 증명과 대조된다는 점이다. 안셀무스는 자신의 증명을 〈그보다 더 위대한 것은 생각할 수 없는〉 완전한 존재의 〈관념〉에서 시작한다. 그는 현실적인 존재란 완전한 존재에 대한 단순한 관념보다는 더 위대하기 때문에 존재한다는 추론을 이끌어 냈다. 이에 비해 토마스 아퀴나스는 모든 지식이 감각 대상에 대한 우리의 경험에서 시작해야 한다고 말했다. 그는 완전성에 대한 생득 관념에서 시작하지 않고 우리의 감관을 통해 경험하는 일상적인 대상들로부터 도출된 관념에 근거하여 다섯 가지의 증명을 하고 있다.

3. 1. 운동, 작용인, 필연적 존재를 통한 증명

토마스 아퀴나스의 증명 가운데 처음의 세 가지는 유사한 전략을 분유하고 있다. 우리는 운동으로 시작되는 그의 첫 번째 논증에서 그것을 볼 수 있기 때문이다.

3. 1. 1. 운동을 통한 증명

우리는 시선이 닿는 어디에서나 운동하고 있는 사물을 발견한다. 그리고 우리는 사물이 스스로 운동을 시작하지 않는다는 사실도 알게 된다. 예를 들면 야구공은 누군가가 그것을 던져야만 이동한다. 물리적 운동을 하는 온 세상은 사물들 서로 운동을 전달하는 인과적 연관 관계 속에 놓여 있다. 따라서 대상 A는 대상 B로부터 그 운동이 일어나게 되고, 이어서 대상 B는 대상 C로부터 운동의 원인을 구한다. 토마스 아퀴나스는 이때 우리가 얼마나 멀리 이러한 운동을 소급하여 추적할 수 있는지를 묻는다. 일찍이 아비센나의 주장에 의하면 그와 같은 인과적 연관을 시간을 따라 거슬러 추적하는 것은 불가능하다. 또한 궁극적으로 우리는 제1원인, 즉 신에 도달하지 않을 수 없다. 이에 비해 토마스 아퀴나스는 그 상황을 달리 이해한다. 적어도 이론상 이러한 인과적 연관은 왜 시간을 통해 과거로 무한히 되돌아 갈 수 없을까, 그리고 그것은 왜 출발조차 할 수 없는 것일까? 이것이 이상한 쟁점이긴 하지만 그렇더라도 거기에는 어떤 논리적 모순도 없다.

토마스 아퀴나스는 우리가 인과적 연관에 대한 이해를 좀 더 달리할 것을 제안한다. 어떤 인과적 연관은 아비센나가 지적했듯이 아브라함이 이삭을 낳았고 이삭이 야곱을 낳았을 때와 같이 실제로 시간을 따라 발생한다. 그러나 이처럼 시간에 의거한 연관 이외에 시간을 통해 소급하지 않는 〈동시적인〉 인과적 연관도 있다. 예를 들면 내가 손에 지팡이를 들고 그것을 이용하여 돌을 움직였다고 가정해 보자. 토마스 아퀴나스에 의하면 나의 손과 지팡이, 돌은 모두 동시에 움직인다. 그런데 그의 인과적 증명도 바로 이와 같이 진행되었다. 우리는 바람의 움직임과 같이 우리 주변의 모든 움직임을 보고 있다. 바람이 움직이는 바로 그 순간에는 이러한 운동을 일으키는 더욱 큰 물리적 힘이 작용한다. 중세의 과학은 달의 운동이 바람의 운동을 일으킨다고 보았다. 그러나 달 자체는 행성과 태양, 그리고 별들처럼 다른 천체 운동이 동시에 일어나고 있기 때문에 움직이는 것이다. 그에 의하면 운동의 동시적인 인과적 연관이 영원히 진행될 수는 없다. 그래서 우리는 결국 〈모든 사람이 신이라고 간주하는〉 이러한 운동의 제1원인을 찾지 않으면 안 된다.

〔세계 안에 있는 사물들이 운동을 하고 있다는 사실은 감관에 의해 분명하기 때문에 우리는 그것을 확신한다. 또한 운동을 하고 있는 모든 사물은 여타의 사물에 의해

움직여져야 한다. 어떤 사물이 정지해 있다면 다른 사물이 그것을 움직이게 하지 않는 한 결코 움직이지 않을 것이다. 어떤 사물이 정지해 있을 경우 그것은 잠재적인 운동 상태에 있는 것이다. 잠재적인 운동 상태에 있는 사물이 움직여지고 현실적으로 운동을 하게 될 때 비로소 운동이 발생한다. 운동은 가능태에서 현실태로의 변화다. 서로서로 맞대어 늘어서 있는 일련의 도미노 패를 상상해 보자. 그것들이 일렬로 정렬되어 있을 때 그것들은 현실적으로는 정지해 있지만 잠재적인 운동 상태에 있는 것이다. 어떤 특정한 도미노 패를 생각해 보자. 그것의 가능태는 그것이 그 옆에 있는 패에 의해 충돌되기 전에는 결코 움직이지 않는다. 그것이 현실적으로 운동하고 있는 사물에 의해서만 그것은 움직일 것이다. 이 사실로부터 토마스 아퀴나스는 다음의 일반적인 결론을 이끌어 낸다. 즉 단지 가능태의 상태에 있는 사물에 의해서는 또 다른 가능태의 상태에 있는 사물을 그 상태에서 변환시킬 수는 없다는 것이다. 어떤 도미노 패는 그대로 정지해 있는 또 다른 도미노 패에 의해 충돌되지 않는다. 가능태는 무언가의 부재를 의미하며 따라서 무다. 이러한 이유로 이웃하는 도미노 패의 잠재적인 운동은 옆의 도미노 패를 움직이게 할 수 없다. 왜냐하면 그것은 무이기 때문이다. 그리고 우리는 비운동에서 운동을 이끌어 낼 수 없다. 토마스 아퀴나스의 말대로 〈현실태에 있는 사물에 의하지 않고는 어떠한 사물도 가능태에서 현실태로 환원될 수 없다〉. 또한 하나의 동일한 사물이 운동에 관해 동시에 현실태와 가능태에 있을 수 없다. 현실적으로 정지해 있는 사물은 운동 중에 있을 수 없다. 이것이 의미하는 바는, 특정한 도미노 패가 움직여지는 동시에 움직이게 하는, 즉 동인으로서 사물이 될 수 없다는 것이다. 잠재적인 운동 상태에 있는 사물은 스스로 움직일 수 없다. 움직여지는 것은 무엇이든 여타의 것에 의해 움직여져야 한다. 제일 마지막의 도미노 패는 잠재적인 운동 상태에 있으며 그 옆의 패는 잠재적인 운동 상태에 있었다. 한 패가 자신보다 선행하는 패에 의해 움직여진 경우에만 움직이게 하는 자가 될 수 있다. 우리는 이 점에 이르러 토마스 아퀴나스의 핵심에 도달한 것이다. 우리가 운동을 설명하고자 할 때 무한히 뒤로 거슬러 올라가서 그렇게 하는 것은 불가능하다. 각 동자는 선행하는 동자에 의해 움직여졌다고 우리가 말한다면, 각 동자는 모두 잠재적인 운동 상태에 있었으므로 우리는 결코 운동의 원천을 발견할 수 없다. 그러나 연속적인 계열이 무한히 뒤로 계속된다고 해도 각각의 동자는 여전히 잠재적이었으며, 그것으로부터 어떠한 현실적인 운동도 나타나지 않을 것이다. 그러면 잠재적인 운동 상태에 있던 일련의 사물들이 어떻게 운동하게 되었는가? 그 운동을 설명하기 위해서는 동자가 있어야만 한다. 그것은 여타의 것에 의해 움직여지지 않고 사물들을 움직일 수 있다. 토마스 아퀴나스에 의하면 이것을 곧 〈모든 사람들은 신이라고 이해한다〉.

이 증명에는 특이한 두 가지 사실이 있다. 첫째, 토마스 아퀴나스는 운동의 개념을 도미노와 같은 사물, 즉 국소적인 이동에만 제한하지 않았다. 그는 운동의 개념을 최대로 광범위하게 적용시켜 생성과 창조의 관념을 포함시켰다. 둘째, 그에게 원동자(原動者)는 단순히 일련의 원인들의 긴 계열 속의 첫 번째 것이 아니다. 동자는 다른 동자와 비슷하며 단지 차이점은 그것이 제일 처음이라는 것뿐이다. 그러면 이 동자 역시 잠재적인 운동 상태에 있었을 것이다. 그러므로 원동자는 가능태가 없는 순수한 현실태여야 한다. 따라서 그것은 계열 속에서가 아닌 현실태 속에서의 첫 번째다. (제2판)〕

3. 1. 2. 작용인을 통한 증명

작용인에서 비롯되는 두 번째 논증도 마찬가지로 동시적 사건들의 연관에 초점이 맞춰져 있다. 우리는 여러 가지 종류의 결과들을 경험하며, 모든 경우에 우리는 각 결과에 대해 작용인을 부여한다. 동상의 작용인은 조각가의 작업이다. 우리가 조각가의 활동을 금지한다면 우리는 작업의 결과인 동상을 가질 수 없다. 그러나 작용인들에도 순서가 있다. 망치는 돌끌을 때리고 차례로 그것은 대리석을 쪼갠다. 이처럼 우리는 자연계에서 작용인의 동시적인 연관을 발견하게 된다.

〔요컨대 연속적 계열 속에서 추적될 수 있는 작용인들 속에는 복잡한 순서가 있다. 그러나 일련의 원인들이 요구되는 이유는 어떤 사건에서도 그 자신이 원인이 될 수 없기 때문이다. 원인은 결과에 선행한다. 그러므로 어떤 사물도 그 자체에 선행하지 않는다. 조각가는 그 자신의 원인이 되지 않는다. 동상도 스스로 생겨나지 못한다. 사건들은 선행하는 원인이 있어야 한다. 부모는 그들 자신의 부모가 있어야 하듯이 각각의 선행 원인은 그 자신의 원인을 가져야 한다. (제2판)〕

그러나 동시적인 작용인의 계열을 무한히 거슬러 올라갈 순 없다. 그래서 우리는 결국 제일 작용인에 도달하게 된다.

3. 1. 3. 필연적 존재를 통한 증명

필연적 존재에서 비롯되는 세 번째 논증은 우리 주변의 모든 사물이란 〈가능성〉의 문제로만 존재한다는 사실에 대한 고찰이다. 예를 들어 이 나무는 존재하지 않았던 때가 있었다. 그러나 현재 그것은 존재하지만 마침내 사라지게 될 것이다. 토마스 아퀴나스에 의하면 〔존재〕 가능한 대상들은 그 자신 안에 존재에 대한 설명을 지니고 있지 않는 대신 이 나무처럼 존재한다. 왜냐하면 나무 자체와는 무관한 다른 어떤 사물 때문이다. 따라서 가능한 대상 A는 가능한 대상 B에게 자신의 존재를 의존하며, B 또한 차례로 가능한 대상 C에게 의존한다. 여기서 우리는 다시 한 번 가능한 대상들의 동시적으로 지속되는 계열을 가질 수 없다. 그러므로 거기에는 가능한 존재들을 설명해 주는 어떤 필연적 존재 — 스스로 자신의 존재를 설명하는 — 가 있지 않으면 안 된다. 〔우리들은 자연 안에서 사물들이 존재할 가능성도 있고 존재하지 않을 가능성도 있다는 것을 알 수 있다. 그러한 사물들은 가능적이거나 우연적이다. 왜냐하면 그것들은 생성되기도 하고 소멸되기도 하기 때문이다. 어떤 나무가 존재하지 않았던 때가 있었고, 현재 그것은 존재하며 마침내 그것은 사라지게 된다. 나무가 존재하는 것이 가능하다라는 말은 곧 그것이 존재하지 않을 가능성이 있다는 의미이기도 하다. 나무가 존재하지 않을 가능성은 두 가지 측면으로 나누어 생각할 수 있다. 나무가 전혀 존재하지 않을 가능성과 나무가 일단 존재한 후에 그것이 사라질 가능성이다. 무언가가 가능하다는 말은 그것이 존재의 양극단에서, 즉 그것이 존재하기 전과 그것이 사라진 후에 그것은 존재하지 않는다는 의미다. 가능한 존재는 존재하지 않을 수 있다는 이러한 기본적인 특성을 소유한다. 그것은 존재한 후뿐만 아니라 생겨나기 전에도 존재하지 않을 수 있다. 이런 이유로 가능한, 즉 존재하지 않을 수도 있는 사물은 사실상 〈미래의 어떤 시각에서 존재하지 않게 된다〉.

그러므로 모든 가능한 존재들은 과거의 어느 시각에 존재하지 않았으며 미래의 어느 시각엔가 존재하더라도 결국 사라지게 될 것이다. 가능한 사물들이 일단 존재하게 되면 부모가 자식을 낳는 것처럼 그것들은 다른 유사한 가능한 존재들을 생성시킬 수 있다. 토마스 아퀴나스는 다음과 같은 주장을 한다. 즉 가능한 존재는 자신 안에 또는 자신의 본질로부터 자신의 존재를 가질 수 없으며 실제로 모든 사물들이 단지 가능하다면, 다시 말해서 모든 사물에 대해 그것들이 존재하기 전이나 후에 마찬가지로 존재 가능하지 않다면 과거 어떤 시각에 어떤 사물도 존재하지 않았다. 그러나 아무것도 존재하지 않았던 때가 있었다면 어떤 것도 존재할 수 없었을 것이다. 지금도 어떤 것도 존재하지 않아야 할 것이다. 〈왜냐하면 존재하지 않은 경우 이미 존재하는 사물을 통해서만 존재하기 때문이다.〉 그러나 우리의 경험으로 미루어 볼 때 분명히 사물들은 존재하고 있기 때문에 곧 모든 존재가 단지 가능한 것은 아니라는 것을 확인시켜 준다. 이로부터 그의 말대로 우리는 〈자신의 필연성을 여타의 사물에서 받아들이지 않고 오히려 다른 사물들 안에 이 필연성을 야기한, 즉 스스로 자신의 필연성을 소유하는 어떤 존재자의 존재〉를 인정해야만 한다. 〈만인들은 이것을 신이라고 부른다.〉 (제2판)]

3. 2. 완전성과 질서를 통한 증명

마지막 두 개의 증명은 이전과 다른 전략에 의한다.

3. 2. 1. 완전성을 통한 증명

토마스 아퀴나스의 네 번째 증명은 우리가 사물 속에서 볼 수 있는 완전성의 정도에서 비롯된다. 우리는 경험 속에서 어떤 사물들이 선하고, 참되고 고귀한 점이 다소가 있음을 알 수 있다. 사물들을 여러 가지 방식으로 비교할 수 있는 이유는 그 사물들이 자신들의 방식으로 극치인 어떤 것을 닮고 있기 때문이다. 그러므로 가장 참되고, 가장 고귀하고, 가장 선한 사물이 존재해야 한다. 마찬가지로 더 낮거나 더 높은 형태의 존재를 가지는 사물들에 대해서도 같은 논리를 적용할 수 있기 때문에, 예를 들어 돌과 이성적인 피조물을 비교할 때처럼 〈최상의 존재인 그 어떤 것〉이 존재해야 한다. 토마스 아퀴나스에 의하면 어떤 유(類) 속에서 극치인 것은 그 유에 속하는 모든 사물의 원인이다. 예를 들어 열의 극치인 불이 모든 뜨거운 사물들의 원인인 것과 같다. 그는 이것에서부터 〈모든 존재들에 대해 그것들의 존재와 선성(善性)과 이외의 모든 완전성의 원인인 그 어떤 것이 존재해야 한다. 이것이 곧 신이다〉라고 결론을 내린다.

3. 2. 2. 우주의 질서를 통한 증명

마지막으로 토마스 아퀴나스는 세계의 질서에 근거한 신의 존재 증명을 마련했다. 지성을 소유하지 않는 자연 세계의 부분들이나 인간의 육체의 부분들도 질서 정연하게 행동한다는 사실을 우리는 알고 있다. 그것들은 어떤 목적이나 기능을 수행하기 위해 특별하고 예측 가능한 방식으로 행동한다. 〔이러한 사물들이 항상 또는 거의 언제나 똑같은 방식으로 목적을 이루기 위해, 최선의 결과를 이루기 위해 행동하기 때문에 〈그것들은 우연에 의해서가 아니라 목적된 대로 그들의 목적을 성취하는 것은 분명한 사실이다〉. (제2판)〕 그러나 귀나 폐와 같이 지성을 소유하지 않은 사물들은 궁수에 의해 활의 방향이 결정되듯이 지성을 소유하고 있는 무언가에 의해 방향이 정해지지 않는다면 각자의 기능을 수행할 수 없다. 그러므로 그의 결론은 다음과 같다. 〈자연의 모든 사물에게 자신들의 목적으로 향하게 해주는 어떤 지성적인 존재가 존재한다. 우리는 이 존재를 신이라고 부른다.〉

3. 3. 증명에 대한 평가

토마스 아퀴나스의 다섯 가지의 증명은 지성의 실질적인 성과이자 서양 철학에서 가장 유명한 논증에 해당한다. 그럼에도 불구하고 그의 논증은 오직 그것의 근거가 되는 가정들만큼만 탄탄하다. 처음의 세 증명은 그렇기 때문에 특히 공격받기 쉽다. 오늘날 우리는 〈동시적인 인과적 연관〉의 관념 — A가 B의 원인이라는 것이 시간적으로 A가 B보다 먼저 일어난다는 사실을 가정한다 — 을 부정하려 한다. 또한 과학도 중세 이래 오랜 길을 걸어왔지만 중세의 천문학 체계 속에는 오늘날 우리와 연관 지을 수 있는 것이 아무것도 없다. 따라서 우리는 하늘로 소급해 올라가는 토마스 아퀴나스의 동시적인 원인의 개념도 거부할 수밖에 없다. 처음의 세 가지 증명에 대한 또 다른 문제는 그것이 성공적이라고 할지라도 의식적이고 인격적인 신의 관념에는 이르지 못한다는 사실이다. 그러나 토마스 아퀴나스는 이것들에 의해 신에 대한 종교적인 개념을 철학적으로 확정시켰다고 생각한다. 또한 그것들은 그의 신학적인 작업의 맥락 속에서 구성되었음을 잊어서는 안 된다. 처음의 세 가지 증명이 여러 문제를 지녔음에도 불구하고 그의 논증은 아비센나의 논증을 능가하는 것이었다. 또한 그 이후 여러 세기의 철학자들이 신에 대한 인과적 논증을 세련시킨 데서도 알 수 있듯이 그들은 인과적 연관들 간의 구별에 대한 토마스 아퀴나스의 정련한 견해에 의존해 왔다.

네 번째 증명도 역시 의문이다. 토마스 아퀴나스의 가정, 예를 들면 불은 열의 극치다 — 본래 아리스토텔레스에 의해 전개된 관점 — 는 것은 오늘날의 과학에 의해서도 거부되고 있다. 자연의 목적에 근거한 마지막 증명의 경우는 사정이 다르다. 토마스 아퀴나스 이후 수세기 동안 철학자들은 자연적 질서의 현상에 기초하여 신의 존재를 분명하게 증명할 수 있다고 믿어 왔다. 사실상 그들은 세계란 디자인이며, 이것에 대한 가장 이성적인 설명은 다름 아닌 우주의 설계자가 우리 주위의 천연적 디자인을 만들어 냈다는 것이다. 이러한 논증에 대한 가장 위대한 도전은 19세기를 풍미한 진화론이었다. 다윈을 비롯한 다른 진화론자들은 우리가 자연계에서 본 명백한 디자인에 대해 대안이 될 만한 철저한 설명을 제시했다. 최소한 신학자들은 우주의 설계자만이 디자인에 대해 유일하게 설명할 수 있을 뿐이라는 주장을 더 이상 할 수 없게 되었다.

4. 신의 본성에 대한 지식

신이 존재한다는 것을 증명한다고 해서 신의 본질을 확실하게 아는 것은 아니다. 전통적인 신학자들은 흔히들 인간의 지식의 힘과 신의 본질의 무한성 사이에는 거대한 해협이 놓여 있다고 주장한다. 토마스 아퀴나스는 사실상 다리가 없는 이 해협을 항상 인식하고 있었으며 그러한 점을 다음과 같이 말했다. 〈신의 실재는 그것에 대한 인간의 개념으로는 표현 불가능하다.〉 그러나 다섯 가지의 증명은 신의 개념에 어떤 것을 추가시킨다. 원동자로서 신은 불변적이며 영원한 것으로 묘사된다. 제1원인으로서 신은 창조력을 가지고 있다. 신이 가능적인 존재가 아니라 필연적인 존재라고 하는 것은 신이 곧 순수한 현실태라는 의미다. 궁극적인 진리와 선으로서의 신은 완전성 그 자체다. 우주의 조정자나 설계자로서의 신은 사물들에게 방향을 정해 주는 최고의 지성이다.

4. 1. 부정적인 방법

다섯 가지의 증명에서 도출된 신에 대한 지식은 신의 본질에 대해서는 명확하게 밝혀 주지 못한다. 우리는 신의 본질이 아닌 것을 인식함으로써, 즉 부정적인 방법에 의해서만 그에 대해서 알 수 있다. 그러한 방법에 의한 증명은 신이 움직이지 〈않으며〉

따라서 불변적이어야 한다는 사실만을 밝혀 준다. 이것은 곧 신이 시간 안에 있지 〈않으며〉 따라서 영원하다는 것을 의미한다. 마찬가지로 운동을 설명하기 위해서 가능태를 가지지 〈않은〉 존재가 필요하며 — 특히 물질이 가능태를 소유한다 — 따라서 신 안에 물질적인 것은 없다. 신은 순수한 행위며 비물질적이다. 신 안에는 물질도 가능태도 없기 때문에 그는 〈단순하고〉 어떠한 복합 성분도 〈없다〉. 신의 단순성에 대한 이 관념은 우리의 직접적인 파악에 의해서가 아니라 부정적인 방법에 의해 획득한다. 그 부정적인 방법에 의해 우리는 복합성과 물체성 개념들을 신의 관념에서 〈제거한다〉. 철학적인 관점에서 볼 때 신의 단순성은 가능태와 현실태를 모두 소유하는 피조물들과 달리 신이 단순히 순수 행위라는 의미다. 피조물에게 존재와 본질은 별개의 것이지만 신의 본질은 곧 신의 존재다. 피조물은 그것의 존재를 소유하지만 신은 곧 존재다. 긍정적으로 들리는 이러한 신의 속성들마저도 결국 신은 그렇지 않다고 말하는, 즉 신은 피조물과 다르다는 이야기에 지나지 않는다.

4.2. 유비에 의한 지식

인간의 모든 언어는 필연적으로 감각 세계 속에 있는 사물들과의 경험에서 비롯된다. 이러한 이유로 인간이 신을 표현하는 명사들은 사람과 사물을 기술할 때 인간이 사용하는 것과 똑같다. 〈현명한〉이나 〈사랑하는〉과 같은 단어들은 유한한 인간에게 적용될 때와 무한한 신에게 적용될 때 똑같은 것을 의미하지 않는다. 이들 명사와 단어가 피조물을 기술할 때와 신을 기술할 때 각각 다르게 의미한다면 우리는 피조물에 대한 지식에서 신에 대해 무언가를 알 수 있는가 하는 비판적인 문제가 제기된다.

토마스 아퀴나스는 신과 인간의 어휘와 관계한다는 사실을 가능한 세 가지 방식으로 구별한다. 첫 번째 관계는 〈동의적〉이라고 할 수 있을 것이다. 이 경우에 신과 인간에 대해 사용된 〈현명한〉과 같은 단어들은 정확히 같은 것을 의미할 것이며 신과 인간은 본질에 있어서 똑같다는 사실을 내포할 것이다. 그러나 신과 인간은 똑같지 않기 때문에 이것은 분명히 사실이 아니다. 신은 무한하며 인간은 유한하다. 두 번째 관계는 토마스 아퀴나스가 이의적(二意的)이라고 부르는 것이다. 이 경우에서 신과 인간에게 적용된 용어들은 각각에 대해 전혀 다른 것을 의미할 것이며 인간과 신은 전혀 똑같지 않다는 사실을 내포할 것이다. 이 경우에 인간에 대한 지식은 신에 대한 어떠한 지식도 주지 못할 것이다. 그러나 그의 주장에 의하면 인간은 신의 피조물이기 때문에 어느 정도 불완전할지라도 인간은 신의 본질을 반영한다는 것이다. 세 번째이자 마지막 가능성은 신과 인간이 완전히 똑같지도 다르지도 않다는 것이며 그 관계는 〈유비적〉이다. 어떤 의미에서 그것은 동의적과 이의적 사이의 중간적 의미다. 〈현명한〉이라는 단어가 신에게도 인간에게도 사용될 때 신과 인간은 정확히 똑같은 의미에서 현명하다는 말도 아니고 그들이 완전히 다른 방식으로 현명하다는 의미도 아니다.

토마스 아퀴나스에게 〈유비 analogy〉는 존재론적인 용어다. 즉, 존재나 사물의 본질에 관한 용어다. 〈유비〉의 개념은 신 안에 있는 것이란 인간 안에도 있다는 의미다. 이것은 단지 은유나 직유 그 이상이다. 신과 인간 간에 유사한 관계가 있다고 말하는 것은 곧 인간이 신을 닮는다는 것을 나타낸다. 여기에서 〈닮는다〉라는 단어는 인간이 신의 독특한 본질을 어느 정도 소유한다는 것을 의미한다. 예를 들어 그는 인간이란 존재의 어떤 등급을 소유한다고 말한다. 반면에 신은 곧 존재다. 그러므로 신과 인간이 유사한 관계를 갖는 것은 신과 인간이 공통의 속성에 의해 서로 연결되어 있다는 사실 때문이다. 인간 본성은 신에서 자신의 존재를 도출한다. 그리고 이러한 사실에 의해 신과 인간 양자 속에 공통된 요소가 있음을 설명할 수 있다. 우리가 〈현명한〉이란 단어를 사용할 때 우리가 나타내는 것은 — 그러나 완전히 파악하지는 못한다 — 신 안에서는 완전하게 실현된 속성이며 인간 안에서는 단지 부분적으로 실현된 속성이다. 지혜는 신과 인간 속에 존재하는 그 무엇이다. 인간의 지혜가 다른 이유는 인간의 정신이 물질적인 육체 속에 위치해 있고 감관에 의존하기 때문이다. 인간이 사유하고 이야기할 때 그는 한 번에 한 마디를 말하거나 하나의 관념을 생각하면서 산만한 행동을 한다. 어떠한 물질적 실체도 갖지 않은 순수 행위인 신은 모든 일을 동시에 인식한다. 유비는 신이 아는 것을 인간이 안다는 것을 의미한다. 그러나 신이 아는 모든 것과 신이 아는 방식을 인간도 안다는 뜻은 아니다. 이 유비적인 관계가 가능한 이유는 신의 피조물들이 신을 닮기 때문이다. 그래서 유비란 인간이 신과 비슷한 동시에 신과 다르기도 하다는 뜻이다. 인간이 무엇과 같은지를 알려면 신에 대한 지식을 어느 정도는 가져야 한다. 이러한 이유로 각 경우의 의미들이 신과 인간의 존재에 대한 여러 가지 정도와 양태를 반영하도록 만들어진다면 사람들이 인간 존재를 규정하는 용어들은 그것들이 신에게 적용될 때 비로소 어떤 의미를 가지게 된다.

5. 창조론

신의 존재 증명과 신의 본질에 관한 논의를 통해서 토마스 아퀴나스는 창조론의 관념을 가정한다. 그 다섯 가지 증명들에 따르면 감각 경험의 대상들은 그들 자신들로부터 존재를 도출할 수 없으며 원동자, 제1원인, 필연적인 존재, 완전한 존재, 우주의 총괄자로부터 그것을 소유하게 된다. 그러나 그는 창조론에 관한 특별한 철학적 문제들을 알고 있었다.

5. 1. 창조된 질서는 영원한가?

성서의 계시에 의하면 창조는 시간 안의 어느 한 시점에서 일어났다. 이러한 신앙의 교의가 철학적인 추론을 통해 어떻게 입증될 수 있는가? 토마스 아퀴나스의 생각에 의하면 철학적인 관점에서 세계가 영원에서 창조되었는지 아니면 시간 안에서 창조되었는지의 여부를 결정한다는 것은 불가능하다. 그것이 창조되었다고 하는 사실은 신의 계시적인 본질에서 도출되어야 한다. 순수 행위며 자유로운 신은 창조 행위를 원했다. 토마스 아퀴나스는 자유 행위로서 창조를 플로티노스에 의해 제시된 필연적인 유출과 구별했다. 그러나 신은 순수 행위이기 때문에 영원에서 세계를 창조했을 수도 있다. 간단히 말해 신이 창조했다고 말하는 것과 그는 끊임없이 창조했다는 말 사이에는 어떤 모순도 없다. 누군가가 신이 시간 안에서 창조 행위를 했다고 주장한다면 그것은 더욱 심각한 모순을 불러일으킨다. 왜냐하면 신이 사물들을 창조하기 전에 그는 잠재적인 창조자였다는 점을 감안할 때 신은 가능태를 내포하고 있다고 할 수 있기 때문이다. 그가 이 점에 대해 확신을 하지 못했다는 사실로 말미암아 그의 정통성에 대한 이견이 일어났다. 그러나 보나벤투라의 아리스토텔레스에 대한 비난에도 불구하고 토마스 아퀴나스는 신이 영원에서 창조했다고 주장한 아리스토텔레스를 끝까지 변호했다. 결국 토마스 아퀴나스는 계시의 권위를 인정함으로써 문제를 해결했으며 철학적으로는 어느 쪽의 해결도 가능하다고 결론을 내렸다.

5. 2. 무에서의 창조

신이 〈무에서 ex nihilo〉 창조한다는 말은 무엇을 의미하는가? 토마스 아퀴나스가 생각하기에 신이 모든 존재의 근원이라면 어떠한 다른 근원도 있을 수 없다. 그러므로 이런 점에서 신과 예술가를 비교하는 것은 무의미한 것이다. 조각가가 동상을 주조하는 것처럼 예술가는 이미 존재하는 재료를 재배열할 뿐이다. 창조에 선행해서 신만이 있을 뿐이다. 신은 존재하는 어떠한 재료에 대해서도 행위를 하지 않는다. 왜냐하면 그러한 원초적 물질은 존재하지 않기 때문이다. 원초적으로 신만이 존재하며, 존재하게 되는 것은 모두 신으로부터 그 존재를 부여받는다. 신 이외에 어떤 독자적인 존재 근원도 없으므로 궁극적으로 만물은 신에게서 비롯되었으며 따라서 그것은 신의 피조물이다.

5.3. 이 세계가 가능한 최선의 세계인가?

철학자들은 종종 현재의 세계가 과연 신이 창조할 수 있었던 가능한 한 최선의 세계인지에 대해 사색했다. 토마스 아퀴나스는 이와 같은 질문에 답하기 위해서는 다음의 두 가지 사실을 염두에 두어야 한다고 주장했다. 첫째, 무한한 신과는 달리 인간은 유한하며 따라서 인간의 완전성은 신의 그것보다 못할 것이다. 둘째, 우주는 피조물들이 자신들의 본질에 의해 행할 수 있는 능력, 그 이상의 것도 그 이하의 것도 될 수 없다. 그는 이 문제를 다루는 가운데 다음과 같은 점을 강조한다. 어떤 종류의 존재들이 창조된다면 다른 종류의 존재들은 제한받게 된다는 이유만으로 우주에는 어떤 한계가 주어져야 한다는 점이다. 세계는 창조된 여러 종류의 사물들이 형성 가능한 배열 가운데 최선의 것을 포함한다는 점에서 세계는 가장 잘 배열된 구조다.

5.4. 결핍으로서의 악

만일 신이 전능하고 선하다면 왜 고통을 일으킬까? 이 문제는 존재하고 있는 만물이 신에게서 비롯되었다는 사실을 고려할 때 더욱 심각한 어려움에 부딪친다. 세계에는 악이 있기 때문에 악도 신에게서 비롯되는 것이 아닌가 하는 생각이 들 것이다. 그러나 토마스 아퀴나스는 악은 명확하게 정해진 사물이 아니라는 악의 문제에 대한 아우구스티누스의 해법을 받아들였다. 악은 사물이 아니기 때문에 신이 악의 원인이 될 수 없다. 자연적인 악, 즉 자연의 힘이 일으키는 고통은 그 자체로 선하지 않은 다른 어떤 것에 내재하는 부재(또는 결핍)를 나타낸다. 예를 들어 소경은 시력의 부재에서 생긴다. 마찬가지로 도덕적인 악, 즉 인간의 의지적 선택에서 비롯되는 고통도 어떤 부재를 나타내므로 그것 또한 적극적인 것이 아니다. 이런 의미에서 부재는 어떤 부적당한 형태의 행위로 나타나며 그와 같은 행위가 악은 아니다. 토마스 아퀴나스에 의하면 간부(姦夫)의 행위는 육체적인 측면에서 악한 것이 아니라, 그 행위로 말미암아 간통을 범하게 된다는 측면, 즉 올바른 도리가 부재하다는 면에서 악한 것이다. 도덕적인 영역에서 볼 때 사람들은 분명히 부도덕한 방식인 줄 알면서도 자신들의 의사에 의해 그 방식에 빠져 드는 것처럼 보인다. 플라톤과 마찬가지로 토마스 아퀴나스는 이렇게 주장한다. 자신들의 행위가 얼마나 악하게 보이든 사람들은 자신들의 행위에서 어떤 선이 나오리라는 희망을 갖고 자신들의 의지대로 행동한다. 간부는 행위를 악이라고 생각하며 행동하는 것이 아니라 그의 행위로 말미암아 선과 쾌락을 얻을 수 있다는 희망을 가지고 행동한다.

그래도 문제가 아직 완전히 해결된 것은 아니다. 신은 왜 인간의 육체적인 본성과 도덕적인 행위에서 결점을 그대로 방치해 두었는가? 토마스 아퀴나스의 대답은 다음과 같다. 우주가 완전하려면 그것은 소멸되는 존재뿐만 아니라 불후의 존재를 포함하는 여러 가지의 다양한 존재로 구성되어야 하며, 따라서 결점과 고통의 가능성이 생겨난다는 것이다. 그런데 소멸되는 존재가 창조되었기 때문에 소멸, 즉 사물들의 변화가 생길 것이다. 도덕의 질서 안에서 우선하는 사실은 인간이 자유를 가지고 있다는 점이다. 자유가 없다면 인간은 신을 사랑할 수 없을 것이다. 자유를 가진 인간은 신, 정의, 공정, 선 등을 택하기도 하고 거부하기도 하는 능력을 소유하게 된다. 악이란 그와 같은 인간의 자유를 수반하는 나쁜 쪽을 선택할 가능성을 말한다. 신은 비록 인간에게 자유를 허용했지만 그런 선택이 현실적으로 발생하는 것조차 신이 뜻한 바는 아니다. 인간은 신을 섬기고 사랑하는 쪽으로 자신의 자유를 설정함으로써 더 큰 선을 갈구한다는 점에서 악의 가능성은 불가피하게 수반된다. 그러므로 토마스 아퀴나스는 비록 신이 인간에게 자유를 허용함으로써 악의 가능성을 유발시켰다 해도 신은 악의 원인이 아니라고 결론짓는다. 이런 상황에서 도덕적인 악은 의지의 결과며, 의지된 행위 속에 내재하는 원래의 선한 요소는 자신의 참된 목적을 상실하게 된다.

5. 5. 창조된 존재의 범위: 존재의 질서

토마스 아퀴나스가 기술하고 있는 우주는 마치 〈존재의 거대한 질서〉가 존재하기라도 하는 것처럼 여러 가지 사물들의 위계질서로 구성되어 있다. 이들 존재는 종(種)이 다르며 존재의 정도도 다르다. 그러한 존재의 위계질서가 존재하기 위해서는 창조된 전체적인 질서 안에 신의 완전성이 매우 적합하게 표현되어야 한다. 신의 완전성이 단 하나의 피조물 속에서 완벽하게 반영될 수 없기 때문에 신은 여러 단계의 존재를 창조했으며, 그 여러 단계들은 서로 중복되어 존재의 구조 속에 어떠한 간격도 남기지 않는다. 따라서 신 밑에는 천사들의 위계질서가 있으며 토마스 아퀴나스는 이것을 비물질적인 〈지성들〉이라고 부른다. 이것들은 계시 — 성서에서는 그것들이 원리, 권능, 치품천사(熾品天使) 등과 같은 다양한 용어로 불린다 — 와 이성에 의해 그 존재가 인식될 수 있다. 이성에 의해 그것들의 존재가 요구되는 것은 최하의 단계에서 최고의 단계에 이르기까지 서로 간에 설명 불가능한 간격을 남기지 않는 존재들의 완전한 연속성을 설명하기 위해서다. 이러한 천사들 밑에는 인간의 존재가 있으며, 그것의 본질은 물질적인 측면과 정신적인 측면을 모두 포함한다. 그다음에는 동물, 식물, 마지막 단계인 공기, 흙, 불, 물의 네 가지 원소의 순으로 위치한다.

 토마스 아퀴나스는 여러 단계의 존재들 간에는 아무런 간격이 없다고 한다. 그것들은 고리의 연결 부분처럼 상호 간에 맞물려 있다. 예를 들면 동물 중에 최하위의 종은 식물의 최고의 형태와 포개져 있으며, 동물의 최고의 형태들은 인간의 본질의 최하위의 형태에 대응하고 인간 내의 최고의 요소(지성)는 천사들의 구성 요소에 대응한다. 이 모든 단계들에서 존재들을 구별할 수 있는 것은 그것들의 독특한 복합적인 본질 또는 그것들의 형상과 물질이 상호 연관되는 방식 때문이다. 인간에게 영혼은 형상이고 육체는 물질적인 실체다. 천사들은 어떠한 물질적인 실체도 소유하고 있지 않다. 그것들은 특별한 개체의 특성을 보여 주는 어떤 물질류도 소유하고 있지 않기 때문에 각 천사 자신이 종을 이룬다. 그리고 각 천사는 위계질서 속에서 존재의 정도에 따라 개별적인 등급을 가진다. 최상의 천사는 신과 가장 가까이 있으며 최하의 천사는 인간과 가장 가깝고, 그리고 인간 아래에는 동물, 식물, 단일 원소들 등 창조된 존재의 모든 위계질서가 이루어진다.

6. 도덕과 자연법

토마스 아퀴나스는 아리스토텔레스의 윤리론을 따르고 있다. 아리스토텔레스와 같이 토마스 아퀴나스는 윤리를 행복 추구에 있다고 보았다. 더욱이 그는 아리스토텔레스의 주장대로 행복은 인간의 목적과 긴밀한 관계를 맺고 있다고 생각했다. 인간은 행복을 이루기 위해 자신의 목적을 충족시켜야 한다. 아리스토텔레스는 인간이 덕과 행복을 성취하기 위해서는 자신이 가지고 있는 본래의 능력이나 목적을 충족시켜야 한다는 〈자연주의적〉인 도덕을 그리고 있는 반면, 토마스 아퀴나스는 이것 이외에 인간의 〈초자연적〉인 목적을 첨가했다. 기독교인의 입장에서 토마스 아퀴나스는 인간의 본질의 근원과 궁극적인 목적을 신 안에서 찾고자 했다. 이 때문에 인간의 본질은 자신의 충족의 척도를 보유하지 못한다. 인간이 단지 한 인간에 그치고, 또 완전한 행복을 이루기 위해 자신의 본래적인 기능과 능력을 수행하는 것만으로는 충분하지 못하다. 아리스토텔레스는 그러한 자연주의적인 윤리학이 가능하다고 생각했다. 그러므로 토마스 아퀴나스는 이러한 주장의 대부분에 동의했으나 그것만으로는 완전하지 못하다고 생각했다. 그에 의하면 도덕은 이중적인 단계로 구성되며 그것은 각각 인간의 자연적인 목적과 초자연적인 목적에 대응하는 것이다.

인간의 도덕적인 경험을 이루는 성분들은 인간의 본성에 의해 주어진다. 인간은 자신이 육체를 소유하고 있다는 사실 때문에 특정한 종류의 행위를 선호하게 된다. 그의 감관이 욕구와 정념의 매개 역할을 한다. 또한 인간은 감관을 통해 감각 가능한 대상들에 대한 일정한 지식에 이르게 된다. 그래서 그는 자신이 쾌락적이고 선한 것(색욕적인 욕구)으로 지각하는 대상들에게 이끌리며, 해롭고 고통스러운 것(화내고 싶은 욕구)으로 지각되는 대상들은 배척하게 된다. 이러한 견인과 배척의 기본 원리에 의해 인간은 사랑과 쾌락, 증오와 공포를 수용하게 된다.

동물들의 행동은 이러한 성마르고 색욕적인 욕구에 의해 직접적으로 지배되며 방향이 정해진다. 그러나 인간에게는 이성의 힘과 더불어 의지가 그의 행위를 조정한다. 의지는 인간에게 선을 이루게 하는 매개이다. 다시 말해 인간은 욕구 전체를 만족시키려고 애쓰며, 그리고 인간이 만족을 얻으려면 선택적인 대상들 사이에서 선택을 해야 하는 과정을 거쳐야 한다. 이러한 선택은 이성의 지도로 의지에 의해 이루어져야 한다. 우리가 올바르게 선택하면 우리는 행복을 얻는다. 그러나 선택이 모두 올바른 것은 아니다. 이 때문에 의지 자체만으로는 항상 옳은 선택이 불가능하고 지성의 인도를 받아야 한다. 그렇지만 지성 또한 지식의 최종적인 원천은 아니다. 왜냐하면 인간은 자신의 초자연적인 목적인 신의 은총과 계시적인 진리를 요구하기 때문이다. 의지는 인간의 선과 정의에 대한 욕구를 표출하는 반면, 지성은 일반적이거나 보편적인 선의 의미를 파악하는 기능 및 능력을 가지고 있다. 지성은 인간이 보유하는 최상의 능력이다. 인간의 자연적인 목적에 의해 그 이외의 모든 능력과 마찬가지로 지성은 자신에게 적합한 대상을 찾고자 한다. 지성의 적합한 대상은 진리며, 최상의 진리는 곧 신이다. 의지는 지성에 의해 방향이 정해짐으로써 선을 선택할 수 있다. 그런데 지성은 다음의 사실을 인식하고 있다. 선은 위계질서를 갖추고 있으며 어떤 선들은 제한되어 있고, 그것들이 인간에게 가장 적합하고 궁극적인 선이라고 오인해서는 안 된다는 것이다. 부, 쾌락, 권력, 지식 등은 모두 선이며 욕구의 적합한 대상들이다. 그러나 그것들은 인간의 영혼이 추구하는 보편적인 선의 성격을 소유하고 있지 않기 때문에 인간의 가장 심오한 행복을 낳을 수 없다. 완전한 행복이란 피조물들 안에서가 아니라 최고선인 신 안에서 발견된다.

　인간의 도덕적인 구성 요소는 감각, 욕구, 의지, 이성이다. 인간이 도덕의 속성들을 가질 수 있는 것은 이들 요소가 자유 행위의 여러 성분이라는 사실에 기인한다. 만일 한 인간이 기계적이거나 정확히 정해진 방식으로 자신의 욕구에 의해 행위를 하도록 되어 있다면, 그의 행위는 자유롭지 않을 것이며 도덕적인 관점에서 취급될 수도 없을 것이다. 한 행위가 〈도덕적〉이라고 간주될 수 있는 선행 조건은 자유다. 또한 토마스 아퀴나스에 의하면 그 행위가 자유로워야만 〈인간적〉이다. 왜냐하면 선택 대상에 대한 지식과 선택할 의지의 힘이 있는 곳에서만 자유가 가능하기 때문이다. 덕이나 선은 양극단의 중간인 올바른 선택에 달려 있다. 그는 아리스토텔레스와 마찬가지로 자연적인 인간의 덕이 성취되려면 욕구가 의지와 이성에 의해 적절하게 조정되어야 한다는 사실에 동의한다. 기본적이자 자연적인 덕은 용기, 절제, 정의, 신중 등이다. 이 특정한 덕들 이외에 인간의 자연적인 목적은 자연법, 즉 도덕법에 대한 인간의 지식을 통해서 실현될 수 있다.

6.1. 자연법

토마스 아퀴나스가 피력한 바와 같이, 도덕은 행위에 대한 규율을 임의적으로 모아 놓은 집합이 아니다. 그가 생각하기에 도덕적 의무의 근거는 첫째, 인간의 본질 그 자체 안에서 발견될 수 있다. 생명의 보존이나 종의 번식 등과 같은 여러 가지의 성향은 인간의 본질 속에 구축된다. 그리고 인간은 이성적이기 때문에 진리를 추구하려는 성향 역시 인간의 본질 속에 들어온다. 도덕의 기본적인 진리는 단순히 〈선을 행하고 악은 피하라〉는 것이다. 이성적인 존재로서 인간은 자신의 생명과 건강을 보호할 도덕적인 의무를 소유한다. 이런 경우에 자살이나 부주의는 잘못을 저지르는 것과 같다. 둘째로, 종을 번식시키려는 자연적인 성향은 부부의 결합에 대한 근거를 마련해 주며 이 관계에 대한 이외의 근거는 잘못된 것일 수 있다. 셋째로, 인간은 진리를 추구하기 때문에 사회 안에서 동일한 추구를 하는 동료들과 평화롭게 살 수 있다면, 그는 최선을 다해서 진리를 추구할 수 있다. 인간법〔성문법〕은 사회의 질서를 유지할 수 있도록 집단 전체의 행위를 염두에 두고 제정된다. 생명의 보존, 종의 번식, 인간의 법 밑에서 질서화된 사회를 형성하는 것, 그리고 진리 탐구를 추구하는 것 등의 제반 활동은 인간의 자연적인 단계에 속한다. 도덕법은 인간의 본성과 특정한 행위에 대한 자연적인 성향, 그리고 올바른 행동의 양식을 분별할 수 있는 이성의 능력 위에 기초한다. 인간의 본성은 어떤 고정적인 특징들을 소유하고 있기 때문에 이 특징들에 대응하는 행동의 규칙들을 〈자연법〉이라고 부른다.

이 자연법에 대한 이론의 대부분은 이미 아리스토텔레스에 의해 전개되었다. 아리스토텔레스는 『니코마코스 윤리학』에서 자연적인 정의와 약정적인 정의를 구별한다. 그에 의하면 어떤 유형의 행동들에 대응하는 법이 제정되었기 때문에 또한 그렇게 된 후에야 비로소 그러한 행동들의 적법 여부를 가릴 수 있다. 예를 들면 제한 속도가 규정되었기 때문에 그 속도 이상으로 운전을 하는 것이 위법이 되는 것이지, 자연에는 꼭 그 특정한 속도로 운전하라는 규정은 없다. 그러므로 그 법은 자연적이 아니고 약정적이다. 왜냐하면 그 법이 통과되기 전에는 어떤 속도로 운행한다고 해도 위법이라고 할 근거가 없었기 때문이다. 다른 한편 그 원칙이 자연에서 도출되는 법이 있으며 그러한 법에 어긋나는, 즉 살인과 같은 행동은 항상 범죄라고 여겨져 왔다. 그러나 토마스 아퀴나스는 자연법을 다루는 데 있어서 인간이 이성에 의해 자신의 행위의 자연적인 근거를 발견할 수 있다는 단순한 개념에 국한되지 않는다. 그의 추론에 의하면 인간의 존재와 본성이 신과 연관되었을 때만 완전히 이해 가능하다면 스토아학파나 아우구스티누스의 주장대로 자연법은 형이상학적이고 신학적인 용어로 기술되어야 한다는 것이다.

토마스 아퀴나스의 말대로 법은 우선 이성과 관계해야 한다. 목적을 지향하는 인간의 전체 활동이 이성에 속하기 때문에 제반 행위에 대한 척도 또한 이성이다. 법은 인간의 행위에 대한 이 규율과 척도로 구성되어 있으며 따라서 이성 위에 기초하게 된다. 그러나 그에 의하면 신이 모든 사물을 창조했기 때문에 신의 지혜나 이성의 산물이 곧 인간의 본성과 자연법이라고 생각할 수 있다. 이러한 관점에서 토마스 아퀴나스는 법을 네 가지로 분류하고 있다.

6.1.1. 영원한 법

이 법이 나타내고 있는 사실은 다음과 같다. 〈우주의 체계는 신의 이성에 의해 지배받고 있다. 그러므로 우주의 지배자인 신 안에 내재하는 사물들의 지배에 대한 관념 그 자체는 법의 본질을 소유하고 있다. 그리고 신의 이성이 소유하는 사물들에 대한 개념은 시간에 속하지 않으며 영원하기 때문에 이러한 종류의 법은 영원하다고 해야 한다.〉

6.1.2. 자연법

토마스 아퀴나스에게 자연법이란 특히 인간에게 해당되는 영원한 법의 일부분을 의미한다. 그의 추론에 의하면 〈영원한 법이 모든 사물들에게 각인되어 있다는 점에서 그것들은 어느 정도 영원한 법을 공유하며, 이러한 사실에서 모든 사물들은 자신들의 적합한 행위와 목적을 향한 저마다의 성향을 보여 주고 있다〉. 이것은 특히 인간에 대해 틀림없는 사실이다. 왜냐하면 인간의 이성 능력은 〈영원한 이성을 공유하고 있기 때문에, 또한 그것으로 인해 고유한 행위와 목적을 향한 성향을 지니기 때문이다〉. 그에 의하면 〈이성적인 피조물 내에 영원한 법이 관계하는 것을 자연법이라고 부르며, 자연법 또한 이성적인 피조물이 영원한 법에 관계하는 그 이상의 것도 아니다〉. 우리는 이미 생명의 보존, 자손의 번식과 교육, 진리와 평화로운 사회의 추구와 같은 자연법의 기본 개념들을 살펴본 바 있다. 따라서 자연법은 창조 가운데서 신이 인간에게 의도한 바를 반영해 주고 있는 일반적이고 광범위한 원리들로 구성되어 있다.

6.1.3. 인간법

이것은 정부의 특정한 성문법을 가리킨다. 이 성문법이나 인간법은 자연법의 일반적인 기초 원리에서 나온다. 〈우리가 자연적으로 주어진 논증 불가능한 원리들로부터 여러 과학적 결론을 이끌어 내는 것처럼 인간의 이성은 자연법의 기초 원리로부터 특정한 문제들에 대해 세부적인 결정을 내려야 한다. 인간의 이성에 의해 고안된 이 세부적인 결정 사항들을 인간법이라고 부른다.〉 이러한 인간법의 개념으로 말미암아 어떤 법이 군주가 제정했다는 이유만으로 법이 된다는 관념이 부정되었다. 토마스 아퀴나스에 의하면 어떤 규칙이 법의 성격을 가질 수 있는 것은 규칙의 도덕적인 차원과 자연법의 기본 원리, 자연법과 도덕법의 일치에 기인한다. 〈공정하지 않은 것은 결코 법이라고 할 수 없다〉는 아우구스티누스의 정의를 인정하면서 토마스 아퀴나스는 〈인간의 모든 법은 자연법에서 도출되었기 때문에 그것은 거의 법의 면모를 갖추고 있다〉고 주장한다. 그러나 그는 〈어떤 면에서든지 그것이 자연법을 벗어난다면 그것은 이미 법이 아니고 법의 왜곡이다〉라고 부언한다. 그러한 법은 이미 구속력을 갖지 못하지만 때로는 더 큰 악을 방지하기 위해 적용되기도 한다. 그는 도덕법을 따르지 않는 정부의 제어력에 법의 성격을 부여하지 않았을 뿐만 아니라 더 나아가 그러한 법에 복종해서는 안 된다고 주장한다. 그에 의하면 어떤 법들은 〈신의 선에 어긋나기 때문에 부당하다고 할 수 있으며, 그와 같은 법은 우상 숭배를 강요하거나 신법(神法)에 위반되는 어떤 일로 유도하는 독재자의 법〉이다. 그의 결론에 의하면 〈결코 이와 같은 종류의 법들을 따라서는 안 된다. 왜냐하면 우리는 인간이 아닌 신에게 복종해야 하기 때문이다〉.

6.1.4. 신법

토마스 아퀴나스에 의하면 법은 인간에게 올바른 목적으로 향하게 하는 데 그 기능이 있다. 인간은 운명적으로 그의 일시적인 행복 이외에도 영원한 행복의 목적을 향하도록 되어 있기 때문에 그를 그 초자연적인 목적으로 향하게 해줄 수 있는 어떤 법이 있어야 한다. 그는 특히 이 점에 있어서 아리스토텔레스와 의견을 달리한다. 왜냐하면 아리스토텔레스는 단지 인간의 자연적인 목적만을 인식하고 있었으며, 이 목적을 이루기 위해서는 인간의 이성에 의해 알려진 자연법만으로도 충분한 지침이 된다고 생각했기 때문이다. 그러나 인간이 추구해야만 하는 영원한 행복은 〈인간의 본래적인 능력에 비례한다〉고 토마스 아퀴나스는 말하고 있다. 그러므로 〈결국 자연법과 인간법 이외에도 인간은 그의 목적으로 향하기 위해서는 신에 의해 주어진 법이 필요하다〉. 〈신법(神法)〉은 계시를 통해 인간에게 주어지기도 하고 성서에서 찾아볼 수 있다. 인간이 자신의 자연적인 목적과 특히 초자연적인 목적을 성취시키기 위해 자신들이 해야 할 일을 인식할 수 있는 것은 인간의 이성에 의한 것이 아니라 신의 은총에 의한 것이다. 자연법과 신법의 차이는 이렇다. 자연법은 선에 대한 인간의 이성적인 지식을 나타내며, 지성은 그 지식에 의해 의지에게 인간의 욕구와 정념을 조정하게 한다. 그러면 인간은 정의, 절제, 용기, 분별이라는 기본적인 덕들을 이룸으로써 자신의 자연적인 목적을 만족시키게 된다. 반면에 신법은 계시를 통해 신에게서 직접 비롯되며 신의 은총에 의한 선물이기도 하다. 이를 통해 인간은 자신의 본래적인 힘에 의해서가 아니라 신의 은총에 의해 더 고귀하거나 신학적인 덕, 즉 믿음, 소망, 사랑을 얻게 됨으로써 자신의 초자연적인 목적으로 향하게 된다. 이 덕들은 신의 은총에 의해 인간의 본성화된 것이지 인간의 자연적 능력들의 결과는 아니다. 이와 같이 토마스 아퀴나스는 아리스토텔레스의 윤리학을 완성시키는 동시에 그것을 넘어섰으며, 신을 인식하고자 하는 인간의 자연적인 욕망이 어떻게 이루어지고, 또 어떻게 계시가 이성의 지침이 되는가를 보여 주었다. 또한 그는 인간의 최고의 본질이 신의 은총을 통해 이룩될 수 있는 방법에 대해서도 자세하게 고찰했다.

7. 국가

토마스 아퀴나스에 의하면 국가란 자연적인 제도이다. 그것은 인간의 본성으로부터 도출된다. 그는 아리스토텔레스의 〈인간은 본래 사회적인 동물이다〉라는 구절을 인용하면서 그의 정치론을 따르고 있다. 그러나 토마스 아퀴나스는 인간의 본성에 대해서 다른 의견을 갖고 있었기 때문에 정치 철학 역시 어느 정도 다르리라는 것은 분명하다. 국가의 역할이나 임무에 대한 두 가지의 개념에서 차이가 난다. 아리스토텔레스는 국가가 인간의 모든 욕구를 충족시킬 수 있어야 한다고 가정했다. 왜냐하면 그는 인간의 자연적인 요구에 대해서만 인식하고 있었기 때문이다. 반면에 토마스 아퀴나스는 물질적 또는 자연적인 요구 이외에도 인간은 초자연적인 목적을 소유한다고 보았다. 국가는 인간의 이러한 궁극적인 목적을 다룰 수 있을 만한 능력을 갖추고 있지 않다. 인간을 이러한 목적으로 인도하는 것은 교회다. 그러나 토마스 아퀴나스는 인간의 관심 영역을 단순히 국가에 대한 관심과 교회에 대한 관심으로 나누지 않는다. 그는 국가와 그것의 기원을 신의 창조의 입장에서 설명했다.

국가는 신에 의해 의지되고 신이 부여한 기능을 소유하고 있다. 이것이 요구되는 것은 인간의 사회적인 본질 때문이다. 아우구스티누스와는 달리 토마스 아퀴나스는 국가를 인간의 죄악의 산물이라고 보지 않았다. 오히려 그는 〈아무런 죄악도 없는 상태에서도 인간은 사회 안에서 살았을 것이다〉라고 말하였다. 그러한 상태에서도 〈통제하는 누군가가 있어야만 공통선 추구를 위한 공동생활이 존재할 수 있다〉. 국가는 평화를 유지하고 시민들의 활동이 서로 조화롭게 이루어지도록 하며 생활에 필요한 자원을 공급해 주기도 하고 선한 생활에 방해되는 요소를 가능한 한 방지해 줌으로써 공통선을 추구할 수 있게 한다. 선한 생활을 위협하는 요소들로 국가는 인간의 궁극적인 목적과 결부된 기능을 가질 뿐만 아니라 교회와 관련된 국가의 위치까지도 설명 가능해진다.

국가는 교회에 종속된다. 그렇다고 토마스 아퀴나스가 교회를 초국가super-state라고 생각했다는 뜻은 아니다. 그가 국가는 합법적인 기능을 가지는 동시에 그것 자체는 교회에 종속되어야 하는 영역을 소유하고 있다고 했을 때, 아무런 모순도 발견할 수 없었다. 국가는 자신의 영역 내에서 자치적인 권한을 가진다. 그러나 생활권 내에서 인간의 초자연적인 목적에 관계되는 여러 측면에 관한 한 국가는 인간의 정신적인 삶을 방해하는 어떠한 제재도 가해서는 안 된다. 교회는 국가의 자치권에 관여하지 않는다. 단지 국가는 절대적인 자치권을 가질 수 없다고 말할 뿐이다. 국가는 자신의 영역 내에서 국가 자체의 목적과 그것을 이루기 위한 수단을 가지며 토마스 아퀴나스는 이것을 〈완전한 사회〉라고 부른다. 그러나 국가는 인간과 마찬가지다. 국가도 인간처럼 자연적인 목적만을 소유하지 않는다. 그에 의하면 인간의 정신적인 목적은 〈인간의 힘이 아닌 신의 힘에 의해서〉 성취될 수 있다. 인간의 운명은 정신적 행복과 연관되어 있기 때문에 국가는 인간의 이러한 측면을 고려해야만 한다. 군주가 시민들의 공통된 선을 정할 때도 인간의 정신적인 목적을 염두에 두고 자신의 공동체의 목적을 추구해야 한다. 이런 상황에서 국가는 곧 교회가 되는 것은 아니지만 그 말의 의미는 〈군주는 천상의 행복에 이르게 하는 일들을 지시해야 하며 가능한 한 그것에 거역하는 일들을 피해야 한다〉는 것이기도 하다. 이런 식으로 토마스 아퀴나스는 자체의 영역 내에서 국가의 합법성과 자치권을 인정했으며, 인간의 궁극적인 정신적 목적이 고려되어야 한다는 사실을 확고히 하기 위하여 국가를 교회에 종속시키고자 했을 뿐이다.

국가가 법이라는 매개를 통하여 시민들의 행동을 규제하고 있기 때문에 국가 역시 공정한 법의 요구 조건을 만족시켜야 한다. 토마스 아퀴나스가 인간의 성문법을 제정하는 기준에 대해 기술할 때만큼 국가의 절대 자치권을 노골적으로 부정하는 경우를 찾아볼 수 없다. 우리는 이미 영원법, 자연법, 인간법, 신법 등 여러 종류의 법을 분석했다. 국가는 특히 인간법의 원천이다. 각 정부는 자신의 주어진 시대와 장소라는 특별한 상황에서 시민들의 행동을 규제하기 위한 각자의 특정한 성문법을 제정하는 문제에 부딪히게 된다. 그러나 입법은 임의적인 행위가 아니며, 신의 영원법과 관계하는 자연법의 영향에서 이루어져야 한다. 인간이 만든 법(성문법)은 자연법의 일반 원리들로부터 도출된 특별한 규율들로 구성되어야 한다. 자연법에 어긋나는 명문화된 인간법은 법으로써의 성격을 상실하며, 그것은 곧 〈법의 왜곡〉으로서 인간의 양심과도 합치되지 않는다. 입법자는 신에게서 입법의 권한을 부여받으며 신에 대해서 책임을 져야 한다. 만일 군주가 신법에 어긋나는 불공정한 법을 제정한다면 결코 그러한 법을 〈준수해서는 안 된다〉.

군주는 신에게서 그의 권한을 부여받으며, 그 권한의 목적은 공통선을 위해 제공된 것이다. 목적 자체로서, 또는 이기적인 목적을 위해 권한을 이용해서는 안 된다. 또한 집단 전체 안에서의 개인의 위치를 무시하는 공통선은 있을 수 없다. 공통선은 개개인의 선이어야 한다. 따라서 토마스 아퀴나스는 〈법이 지니고 있는 본연의 효과는 그 법의 지배를 받은 사람들을 선한 본성으로 이끄는 덕들을 갖추게 하는 데 있다〉라고 말한다. 입법자는 〈신적인 정의에 따라 규정된 공통선〉을 안전하게 유지하려는 데 유일하고 〈참된 근거〉를 가진다. 따라서 〈법이 주는 효과는 인간을 선하게 하는 데 있다〉고 말할 수 있다. 토마스 아퀴나스에게 〈공통선〉은 개인의 선으로 귀착되는 그 이상의 의미를 갖지 못한다. 동시에 그는 다음과 같이 말하고 있다. 〈부분적인 선은 전체에 비추어 고려된다. 각 개인은 국가의 일부분이기 때문에 그가 공통선과 잘 조화되지 않으면 그가 선해진다는 것은 불가능하다.〉 사회의 전체적인 구조와 법은 〈사회가 소유하고 있는 이성적인 요소에 의해 특징지어진다. 법 그 자체는 공동체를 염려하는 사람에 의해 이루어지고 선포된 공통선에 대한 이성의 법령이다〉. 그러므로 비록 군주가 권위와 권력을 가지고 있다고 해도, 법은 문자 그대로의 권력이 아니라 이성에 의해 길들여지고 공통선을 지향하는 힘으로 여겨져야 한다.

8. 인간의 본성과 지식

8. 1. 인간의 본성

토마스 아퀴나스는 인간의 본성에 대한 개념을 독특하게 기술하고 있다. 그에 의하면 인간의 본성은 육체적인 실체다. 이 개념이 독특한 것은 그가 인간의 본성을 〈통일체〉로 보고 있기 때문이다. 플라톤은 영혼을 육체 내에 갇혀 있는 것으로 생각했다. 마찬가지로 아우구스티누스도 영혼을 정신적인 실체라고 보았다. 플라톤과 아리스토텔레스는 영혼이 육체의 형상이라는 데에는 같은 의견이었으나, 토마스 아퀴나스가 그랬듯이 육체가 영혼에 의존하는 것과 마찬가지로 영혼도 육체에 의존한다고는 보지 않았다. 인간이 육체적인 실체라고 말하는 것은 인간의 본성이 실재적인 통일체라는 점을 강조하는 것이다. 인간은 영혼과 육체의 통일체다. 영혼이 없다면 육체는 어떠한 형상도 갖지 못한다. 육체가 없다면 영혼은 자신이 지식을 얻는 데 필요한 매개자인 감각 기관을 갖지 못하게 될 것이다. 육체적인 실체로서 인간은 영혼과 육체의 복합체다. 천사들은 육체가 없는 순수 지성이다. 그러나 인간이 비록 이성적인 피조물이긴 하지만 그의 특별한 속성은 육체와 영혼이 통합된 때야 비로소 인간으로서 존재하고 기능을 다할 수 있다. 영혼은 인간에게 육체적 형상을 부여해 주기 때문에 인간에게 생명과 오성과 특별한 육체적인 기능들을 부여해 주는 것 역시 영혼이다. 또한 영혼은 인간이 갖는 감각 능력과 지력, 의지력의 요인이기도 하다. 인간이 이성적인 동물이 될 수 있는 것은 지성 때문이며, 그 지성은 인간에게 신을 관조할 수 있는 수단을 제공하기도 한다. 인간이 가질 수 있는 최고의 능력은 이 지성 속에 내재한다.

8.2. 지식

토마스 아퀴나스는 아리스토텔레스의 인식론을 따르고 있다. 그가 특히 깊은 인상을 받았던 것은 인간의 정신이 어떤 주제에 대해 확실성을 가질 수 있는지를 의심하는 사람들에게 아리스토텔레스가 제시한 대답이었다. 몇몇 고대 철학자들은 다음과 같이 주장했다. 인간의 지식은 감각적 지각에 국한되어 있고 감각 대상들도 항상 유전하기 때문에 어떠한 확실성도 있을 수 없다. 플라톤도 역시 감각적 지식은 어떠한 확실성도 갖고 있지 않다고 말함으로써 그러한 견해에 동조하고 있다. 그러나 플라톤은 다음과 같은 생각을 통해 지적인 비관론을 피하고 있다. 그는 하나의 분리된 세계, 즉 가지계를 가정하고 그것과 가시계를 비교한 후 영원한 존재를 소유하고 지식의 근거를 제공해 주는 이데아나 형상이 그 안에 존재한다고 말한다. 아우구스티누스는 이러한 플라톤의 이데아론을 기독교 사상에 적용하여 다음과 같이 말했다. 신은 자신의 정신 내에 이러한 이데아들을 가지고 있으며, 이 이데아들이 신의 빛을 통해 인간의 정신 위에 비추게 될 때 비로소 인간은 진리를 인식할 수 있다. 그러나 토마스 아퀴나스는 아리스토텔레스의 견해를 받아들였다. 그에 의하면 인간의 정신은 현실적인 개개의 대상들과 마주침으로써 자신이 행하는 바를 인식한다. 인간의 정신은 감각 가능한 사물 안에 내재하는 불변적이고 안정된 것을 파악할 수 있다. 우리가 사물이나 사람을 감각할 때 그것들이 비록 변화하고 있다고 해도 우리는 그것들의 본질, 즉 나무와 인간의 본질을 〈인식한다〉. 실제로 이 사물들은 유전하고 있으며, 인간은 그것들의 본질에 대해서 의심하지 않는다. 다시 말해 지성은 개체적인 사물 안에서 보편자를 〈본다〉. 그것은 개별자로부터 보편자를 〈추상한다〉. 아리스토텔레스는 이런 정신 능력을 〈능동적 지성active intellect〉이라고 부른다. 〔정신은 어떠한 생득 관념도 소유하지 않으며 오히려 그것은 지식에 대한 가능태로 있게 된다. 천사의 지성과 달리 영혼과 신체의 복합체 속에 있는 인간의 정신은 자신의 지식의 본래적인 대상으로 물질적 대상들의 근본적인 성질을 소유한다. 토마스 아퀴나스에 의하면 인간의 능동적인 지성은 감각 대상의 지성적인 면을 인식할 수 있으며 개체 안에 있는 보편적인 본질을 발견할 수 있다. (제2판)〕

토마스 아퀴나스는 보편자가 특정한 구체적 대상들로부터 분리되어 존재한다는 사실을 부정한다. 예를 들어 개별적인 사람들과 분리된 어떤 〈인간성〉도 존재하지 않는다. 그에게는 어떤 독립적으로 존재하는 이데아가 있는 것이 아니라 현실적인 지성이 파악하는 추상화된 개념만이 있어서 이 개념이 지식을 가능하게 해주는 것이다. 그의 견해를 따르면, 〈원래 감관 안에 없던 것은 지성에 있을 수 없기 때문에*nihil in intellectu quod prius non fuerit in sensu*〉 감각 경험이 없는 지식은 가능하지 않다.

대체로 토마스 아퀴나스는 보편자 문제에 대해서는 온건한 실재론자였다. 아비센나와 아벨라르두스를 따라서 그는 보편자가 (1) 〈사물의 외부에*ante rem*〉 존재하지만 신의 정신 안에서 신성한 개념으로만 존재하며 (2) 종의 모든 구성 요소들 속에서는 구체적이고 개별적인 본질로서 〈사물 내에*in re*〉 존재하고 (3) 개체로부터 보편 개념을 추상한 후에 〈정신 내에*post rem*〉 존재하기도 한다고 했다. 중세 시대에 보편자의 문제를 다룬 더욱 중요한 인물은 윌리엄 오컴이며 그는 또 다른 해답을 제시했다.

9. 스코투스, 오컴, 에크하르트

토마스 아퀴나스의 가장 중요한 업적이 철학과 신학의 종합화였다면 그다음 세기에 걸쳐 그의 활동에 대한 가장 중요한 반응은 이러한 종합을 또다시 해체하려는 시도들이었다. 13세기의 이러한 종합을 점차 해체시켜 간 사람들 중에는 요한네스 둔스 스코투스(Johannes Duns Scotus, 1265?~1308), 윌리엄 오컴(William Ockham, 1280?~1349?), 요한네스 에크하르트(Johannes Eckhart, 1260?~1327?) 등이 있다. 이들은 토마스 아퀴나스의 사상 전체를 부정하지는 않았다. 사실상 그들은 많은 문제들에서 그의 사상과 의견을 같이했다. 그러나 그들은 각기 근본적인 비판을 시작했으며 이것은 철학과 신학, 즉 이성과 신앙 사이를 갈라놓는 효과를 가져왔다. 토마스 아퀴나스의 이성의 우위에 반기를 든 스코투스는 신의 이성보다도 신에 내재하는 의지가 더없이 높다고 주장했는데, 이것이 주의주의*voluntarism*이다. 보편자가 어떤 형태의 존재를 소유한다는 토마스 아퀴나스에 반대하여 오컴은 보편자가 단지 단어들에 불과하다고 주장했는데 이것은 유명론*nominalism* 또는 명목론으로 알려지게 되었다. 또한 에크하르트는 종교적 개념들에 대한 토마스 아퀴나스의 매우 이성적이고 정교한 구성에 반대하여, 종교란 〈신비주의〉의 영적 수련을 통해 신과 보다 직접 해후하는 것이라고 생각했다.

9.1. 주의주의

왜 이들의 세 사상이 신학과 철학을 분리시키는 데 큰 역할을 담당했을까? 주의주의의 내용을 살펴보면 그 이유가 더욱 분명해진다. 토마스 아퀴나스의 주장에 의하면 신과 인간의 의지는 지성에 종속되며 지성은 의지를 인도하거나 결정한다. 그러나 스코투스는 이러한 견해를 거부했다. 만일 신의 의지가 그의 이성에 종속되거나 영원한 진리에 의해 제한받는다면 신 자신도 제한받는 것으로 보일 것이다. 그런 상황에서 신은 자신보다 위에 있는 어떤 이성적 규준에 의해 제한되거나 결정되기 때문에 자신이 원하는 일은 어떤 것도 할 수 없게 된다. 만일 신이 어떤 의미 있는 방식으로든 자유롭다면 그는 절대적인 자유 의지를 가지고 있다고 생각해야 하며, 따라서 그의 이성이 아닌 의지가 곧 그의 지배적인 능력이 된다. 19세기에 이러한 입장은 라틴어의 *voluntas*나 의지라는 단어에 기초하여 〈주의주의〉라고 불리게 되었다.

신의 지성이 아닌 신의 의지가 원초적이라고 말하는 것은 도덕적으로 중요한 결과를 가져왔다. 곧 신의 행위와 도덕 명령은 의지의 행위인 동시에 비이성적이기도 하다는 말이다. 신의 도덕률은 이성의 기준들에 집착하기보다 오히려 자신의 자발성을 나타낸다. 따라서 신의 의지는 그가 선택한 어떤 종류의 도덕률에 대해서도 적용되고 있다. 엄밀히 말해서 만일 신이 그렇게 하도록 의지한다면 살인이나 불륜도 선한 행동이 될 수 있다. 도덕이란, 그것을 대충 다루더라도 신의 입장에서 임의적으로 선택한 결과처럼 보인다. 만일 도덕적 기준들이 신으로부터의 임의적 명령이라면 신이 자신의 명령에 대한 거역 때문에 인간을 벌하거나 지옥에 보내는 것도 마찬가지로 임의적인 일이 될 것이다. 만일 신의 자유가 절대적이라면 그는 자신이 선택한 행동에 대해서도 보상하거나 징벌할 수 있을 것이다. 그러나 스코투스는 도덕이란 이성이 아닌 의지에 기초하고 있다고 주장했다. 따라서 도덕은 이성적인 탐구, 즉 철학의 주제가 될 수 없으며 단지 신앙과 수용의 문제에 불과하다는 것이다.

주의주의의 좀 더 확대된 결론은 다음과 같다. 인간의 이성은 원인과 결과가 상호 연결되어 있는 이성적인 질서를 발견할 수 있기 때문에 이성에 의해 결과로부터 원인으로의 확실한 추론이 가능하다는 〈자연 신학〉은 성립될 수 없다. 즉 이런 견해를 가지고 우리가 경험 세계와 신 사이에서 어떤 이성적 연관 관계를 발견한다는 것은 불가능하다. 신의 존재 증명은 기껏해야 〈개연적〉 논증들에 지나지 않으며, 따라서 신의 존재도 철학적 발견이 아니라 신앙의 문제가 되는 것이다. 이성적 지식은 경험 세계에 국한되어 있다. 종교적 지식은 신의 조명이나 계시의 산물이 된다. 이와 같은 방식으로 철학의 주제와 관심사가 신학과 구분되는 것이다.

주의주의의 대안은 주지주의 *intellectualism*다. 신의 이성이 그의 의지에 우선하며 신의 선택도 이성적 기준에 따른다. 토마스 아퀴나스는 우리가 이른바 〈자연의 빛 *natural light*〉을 통해 도덕 원리들을 알게 된다고 말함으로써 이러한 견해를 주장했다. 왜냐하면 우리는 자연의 빛을 양심 속에 습관적으로 지니고 있기 때문이다. 이런 관점에서 보면 도덕은 선의 원리들이 이성적으로 발견될 수 있는 한 지성적인 학문이 될 수 있다. 시야를 좀더 넓혀 보면 신이 창조한 전 우주는 실제로 신의 이성적 정신과 선택을 반영하고 있다. 철학자들처럼 우리는 창조에서 이성적 질서를 간파할 수 있으며, 신의 존재와 본성에 관해 논리적으로 타당한 추론을 할 수 있다. 스코투스 이후 수세기 동안 대부분의 훌륭한 신학자와 철학자들은 주의주의와 주지주의 논쟁에서 각자 입장을 가지고 있었다.

9.2. 유명론

스코투스와 마찬가지로 오컴도 주의주의자였다. 그 주제에 대한 오컴의 급진적인 주장들은 가톨릭 교단의 위계질서에 많은 문제를 일으켰다. 그럼에도 불구하고 오컴은 〈유명론〉에 의해 가장 잘 기억되고 있다. 이것은 〈인간성 *humanity*〉과 같은 보편적 용어들은 특정한 사물을 볼 때 우리가 형성하는 정신적 개념들을 지시하는 〈기호 *sign*〉거나 〈이름 *name*〉에 지나지 않는다는 생각이다. 보편자에 대한 핵심 문제는 〈인간성〉 같은 용어들이 제임스와 존 같은 특정한 인간들과는 다른 실재를 지시하는지에 관한 것이다. 〈인간성〉 같은 보편자가 지시하는 이러한 특정인들 이외에 어떤 〈실체〉가 있을까? 오컴에게는 오직 구체적인 개별 사물들만이 존재한다. 우리가 보편적인 용어를 사용할 때 우리는 특정 사물에 대하여 단지 정연한 방식으로 생각하고 있을 뿐이다. 〈인간성〉 같은 보편적인 용어는 제임스와 존에 대하여 동등하게 지시한다. 그러나 여기에는 제임스와 존이 〈분유〉하거나 〈관여〉하는 인간적 본질을 지닌 어떤 실제적 실체가 있기 때문이 아니다. 오히려 그것은 제임스와 존이라는 본질이 같기 때문이다.

따라서 인간의 이성은 개체의 세계에 국한된다. 오컴의 입장은 순수하게 경험적이다. 그에 의하면 정신은 보편 개념을 사용할 수는 있지만 그것이 인식하는 것은 개체나 개체의 성질뿐이다. 그러한 용어들은 개체의 집합을 나타내는 용어이거나 명사에 불과하다. 보편 개념은 구체적인 개체들의 세계를 넘어선 실재의 영역을 논하지 않는다. 유명론에 대한 오컴의 논증 가운데 하나는 〈오컴의 면도날 Ockham's razor〉이라고 알려진 단순성의 원리에 기초한다. 그것은 다음과 같다. 〈적은 수의 원리에 의해 설명될 수 있는 것이 불필요하게 많은 원리에 의해 설명되고 있다.〉 이 경우에 우리는 하나의 영역으로도 할 수 있을 때 존재의 두 영역을 요구하지 말아야 한다. 현실적으로 실재론자는 다음과 같이 존재의 세 영역을 가정한다. (1) 개별적 대상들 (2) 그것들이 흔하게 지니고 있는 독립적으로 현존하는 속성들 (3) 이것들에 대한 우리의 정신적 개념들이다. 그것에 관한 오컴의 설명은 단지 두 가지뿐이다. 즉 개별 대상과 그 대상들에 관해 언어화된 정신적 개념들뿐이다.

  이러한 견해는 토마스 아퀴나스가 다루었던 보편자의 문제와 어떻게 다른가? 대개의 경우 오컴의 견해는 토마스 아퀴나스의 견해와 일치한다. 왜냐하면 토마스 아퀴나스는 보편자가 개체들 〈내에서 in re〉 발견되고, 우리가 개체들을 경험한 후에 〈그것들로부터 post rem〉 보편자를 추상할 수 있다고 주장했기 때문이다. 그러나 그는 보편자는 〈신의 정신 속에 ante rem〉 존재함으로써 개체들에 우선하는 형이상학적인 위치를 지닌다고 믿었다. 만일 보편자가 신의 정신 안에 존재한다면 두 사람은 신의 정신 안에 있는 이 형이상학적인 실재를 공유하기 때문에 유사할 것이다. 또한 인간의 정신이 보편자를 사유할 때 어떤 방식으로든 신의 사유를 분유한다. 이것이 오컴이 토마스 아퀴나스에 반대하고자 하는 점이다. 그는 스코투스와 마찬가지의 이유로 신의 이데아론을 거부했으며, 신의 이성보다도 신에게 내재하는 의지가 최고라고 주장했다. 인간이 신의 정신 안에 이데아로서 존재하는 영원한 원형을 반영하기 때문이 아니라 신이 그런 식으로 인간을 만들고자 의지했기 때문에 인간은 인간으로 존재하는 것이다. 〔그러므로 〈보편자는 인간의 정신 외부에 존재하는 그 무엇도 아니다〉라고 오컴은 말한다. (제2판)〕

  만일 인간의 사유가 경험 속에 있는 개체들에 국한되어 있다면 인간은 그것들에 대한 지식에 의해 경험을 초월한 어떤 실재에 논리적으로 이를 수 없다. 실재론자들은 보편 개념이 개체를 초월하여 존재하는 어떤 실재를 나타낸다고 믿는다. 따라서 그들은 자신들이 이것을 사용해서 경험의 영역을 초월한 실재에 대해 신뢰할 만한 지식을 얻을 수 있다고 확신한다. 더욱이 우리는 보편자가 신의 정신 내에 있는 이데아라고 가정한다면 개체들에 관한 철학적 추론은 다양한 신학적 진리에 이를 수 있다고 결론지을 수 있다. 말하자면 자연 신학의 성립이 가능할 수 있다. 그러나 보편자에 대한 오컴의 엄격한 해석에 의해 형이상학은 철학에서 분리되었고, 오히려 철학은 과학과 좀 더 비슷한 것이 되었다. 신학과 종교적인 진리는 철학이나 과학에 의해 이루어질 수 없었다. 실제로 그의 입장에서는 〈이중적인 진리〉가 존재한다. 하나는 과학이나 철학을 통해 획득 가능한 것이고, 다른 하나는 계시를 통해 이루어지는 것이다. 전자는 인간의 이성의 산물이며 후자는 신앙의 문제다. 더구나 그 진리들 상호 간에는 서로 영향을 미칠 수가 없다. 〈이중 진리론〉이 궁극적으로 뜻하는 바는 신학적인 진리와 철학적인 진리란 서로 독립적이고 서로 추론 불가능할 뿐만 아니라 서로 다른 진리로서, 상호 모순을 일으킬 수도 있다는 것이다. 이것은 아베로에스주의자들의 명백한 교의였다. 예를 들어 그들은 인간에게 불멸성이 없다는 것이 철학에서는 참이지만 신학에서는 거짓이라고 주장했다. 오컴은 그 정도까지 신앙과 이성을 분리시키지는 않았다. 그럼에도 불구하고 그는 경험적 사실들에 대한 과학적, 경험적 사유 방식의 발판을 이루어 놓았다. 그의 유명론은 과학을 형이상학에서 분리하는 결과를 낳았다. 자연적인 사물에 대한 연구는 형이상학적이고 신학적인 모든 설명에서 독립하게 되었다.

9. 3. 신비주의

신플라톤주의의 강한 영향을 받은 에크하르트의 신비주의는 이성에서 감성으로 그 강조점을 이동시켰다. 〔실제로 그는 알베르투스나 토마스 아퀴나스가 해놓은 것을 극단으로 몰고 갔다. (제2판)〕 토마스 아퀴나스가 유한한 사물들을 설명함으로써 신의 존재를 논증하는 반면 에크하르트는 물질적인 대상에 국한되는 감각 지식을 초월해야 한다고 주장했다. 비록 그가 신의 본질과 창조, 그리고 인간의 본성에 대한 체계적인 문제들을 세부적으로 고찰했다고 하더라도 그는 본래 신과 합일의 상태에 이르는 자신의 체험을 타인과도 공유하려는 신비주의자였다. 그가 믿기에 이러한 합일은 자기 자신이 세계의 모든 대상들로부터 자유로워져야만 가능하다. 그러나 그는 신과의 합일이 인간의 노력으로 이뤄지지는 않는다고 믿었다. 그 대신 합일은 단지 신의 은총과 계시를 통해서만 도달되며 영혼이 닿을 수 있는 최고의 심연 속에서만 신을 완전히 파악할 수 있다. 에크하르트에 의하면 이렇게 되어야만 인간은 신과 하나가 될 수 있다. 왜냐하면 〈성찬식에서 빵은 곧 예수의 육신인 것과 같이 우리는 신으로 변환되고, 신으로 변하기 때문이다〉. 인간과 신의 신비적 합일은 이성의 힘을 초월한 경험이며, 에크하르트는 이러한 신비적인 합일을 표현하기 위해 〈대담함〉이나 〈암흑〉과 같은 용어를 사용했다. 그가 생각하기에 신은 현존하는 존재와 지식을 모두 초월해 있다. 일반적인 사람들이 지닌 개념과 범주는 신에게 적용되지 않는다. 그렇기 때문에 우리는 신에 대한 비유적 표현과 우리의 체험에 의존하지 않으면 안 된다.

에크하르트의 신비주의는 토마스 아퀴나스가 신봉한 신학보다 더 이성적인 접근 방식을 제시하지 못했다. 그러나 그는 사이비 디오니시우스와 다른 철학자들이 지닌 낡은 신플라톤주의에 새로운 목소리를 들려주었고 그 이후의 신비주의 전통에도 큰 영향을 주었다.

〔에크하르트는 세심한 체계적인 철학자는 아니었다. 그는 자신의 경건함을 신학적인 언어로 나타내면서 〈신은 존재 위에 있다〉라든가 〈신과 독립적으로 무가 존재한다〉라는 말을 대담하게 했다. 더욱 중요한 것은 그가 존재와 지식을 하나로 보고 있다는 점이다. 그러므로 신이 존재 위에 있다면, 신은 또한 지식 위에 군림한다. 특히 신은 인간의 개념과 범주를 초월한다.

에크하르트의 교의는 많은 모순을 안고 있다. 그는 엄밀한 철학자도 아니고 체계적인 신학자도 아니다. 알베르투스나 토마스 아퀴나스의 사상을 사용하고 있는 것으로 보아 그는 자신의 사상의 대부분을 이루고 있는 플라톤주의의 영향이 컸음을 알 수 있다. 그의 저서들이 신앙과 경건이 지배적인 신비주의의 내부 세계를 그리고 있기 때문이다. 에크하르트의 뒤를 이어 많은 신비주의자들이 배출되었다. 그중에서 요한네스 타울러(Johannes Tauler, 1300~1361)와 하인리히 조이제(Heinrich Seuse, 1300?~1366) 그리고 얀 반 라우스브룩(Jan van Ruusbroec, 1293~1381) 등이 유명하다. 중세에 이어 르네상스 시대에는 신비주의가 강조하고 있는 감정의 요소나 오컴의 경험론이 요구하는 과학적인 분위기는 새로운 주목을 받게 되었다. (제2판)〕

제3부
근대 초기의 철학
| Early Modern Philosophy

갈릴레오 갈릴레이

9 르네상스 시대의 철학

1. 중세의 마감

　중세 시대의 대부분의 철학자에게 하늘은 가까웠고 천상과 지상, 철학과 신학은 밀접한 관계를 맺고 있었다. 진실로 중세 철학은 신학의 시녀나 다름이 없었으며, 여러 종교 사상들의 합리적인 근거를 마련해 주었다. 플라톤과 아리스토텔레스는 일찍이 일상적인 인간사가 실재의 지속적인 구조 및 신과 어떻게 관계 맺을 수 있고, 맺어야 하는지에 대해 관심을 보였다. 그러나 중세에 이루어진 철학과 신학의 통합은 불안정하였다. 아리스토텔레스의 비유신론(非有神論)적인 철학과 기독교의 인격신(人格神)에 대한 신앙과의 양립 가능성에 심각한 의문이 제기되었다. 더구나 이 시기에 기독교도들에게는 수용될 수 없는 방식으로 아리스토텔레스를 재해석한 이슬람권의 사상가들에 의해 아리스토텔레스 사상의 대부분이 소개되었다. 토마스 아퀴나스는 이러한 모순을 극복하기 위해 아리스토텔레스를 재해석하고 기독교화하기에 이르렀다. 그러나 철학은 이제 계시 종교를 위한 지적이고 형이상학적인 토대를 구축함으로써 본래 의도 하지 않았던 과제를 상당한 정도로 수행하게 되었다. 철학은 이제 교회의 예속을 받았던 중세와 달랐다. 가장 초기의 철학자들조차 그들의 가르침이 현실적인 사회의 상황을 위협하게 되면 그들은 치명적인 위험에 빠지곤 했던 게 사실이다. 소크라테스는 바로 이러한 이유로 마침내 사형당했다고 볼 수 있다. 또한 아리스토텔레스도 아테네인들이 두 번째로 철학을 거부하는 죄를 저지르는 것을 막기 위해 아테네를 떠났다. 그럼에도 불구하고 고대 철학은 진리에 이르는 길이라면 얼마간 자유롭게 그 길을 따랐다. 철학은 단지 인간의 사유에 의해서 인간의 본성, 윤리, 우주, 신, 정치권력 등의 주제에 관해 고찰하였다. 중세 철학의 정신은 그 출발점이 기독교 신학의 교리들에 고정되어 있었다는 점에서 뚜렷이 달랐다. 따라서 전반적인 문화적 분위기도 교회의 지배를 받았다.

중세가 마감하면서 중세 종교와 철학의 결혼은 뒤틀리기 시작했고, 르네상스 기간 동안 이 둘 사이는 결정적으로 파탄에 이르게 되었다. 르네상스 — 문자 그대로 〈재생rebirth〉이란 뜻이다 — 는 15, 16세기 동안 일어난 고대 그리스 학문의 부활이었다. 고대의 많은 철학자와 위대한 작가들의 저작물들이 다시 한 번 빛을 볼 수 있게 되었다. 중세의 학자들은 플로티노스와 아우구스티누스의 저작물에서 보았던 플라톤과 같은 고대 그리스의 사상가들에 대하여 오직 간접적으로만 알고 있었다. 그러나 르네상스 기간 동안 그리스의 필사본들이 아테네에서 로마로 유입되었고 이제 이 원전들에 직접 접근할 수 있게 되었다. 예를 들어 코시모 데 메디치Cosimo de' Medici는 피렌체에 학원을 설립하였다. 그곳에서는 플라톤 철학이 주요 과목을 이루었다. 나폴리와 로마에도 학원들이 들어섰고, 이와 같은 학문적인 영향으로 아리스토텔레스 사상 및 스콜라적인 방법론들은 점차 세력을 잃어 갔다. 원전을 직접 접함으로써 언어에 대한 열정 또한 증가하게 되었다.

고대 그리스와 로마의 작품들이 발견되자 새로운 문체가 등장하게 되었다. 그 문체는 중세 사상가들의 원전보다도 덜 형식적이었고 점차 모국어로 표현하는 일이 늘어났다. 모국어를 사용하게 되자 문학은 더욱더 대중적이 되었다. 위클리프[1]가 성서를 모국어로 번역하여 대중은 성서의 내용을 직접 접할 수 있었고 점차 종교적인 사상도 널리 보급되어 다양한 반응을 일으켰다. 문화의 폭넓은 보급은 15세기 중반 구텐베르

---

1 John Wycliffe(1330?~1384). 영국의 신학자이자 종교 개혁가. 옥스퍼드 대학교 출신으로 세속 권력과 종교적 권력의 관계에 대한 사상으로 랭커스터 공을 비롯한 제후들의 신임을 크게 받았다. 그는 영국 교회에 대한 로마의 간섭을 배제하기 위해 영국의 종교적, 정치적 독립을 주장하면서 성서만이 신앙과 구제의 최고 근거라고 하여 1378년 라틴어 성서를 처음으로 영어로 번역하기도 했다.

크의 활판 인쇄술의 발명으로 인해 가장 효과적으로 촉진되었다. 책은 만들기 더욱 쉬워졌고 더욱 싸지고 휴대하기도 편리해졌으며 구입도 용이해졌다. 또한 그로 인해 문화의 확산은 더욱 빨라졌다. 인쇄기는 곧 파리, 런던, 마드리드, 이탈리아의 수비아코 수도원에 등장했다. 책을 쉽게 만들 수 있고 모국어를 사용할 수 있게 됨에 따라 철학서를 저술하는 유형도 불가피하게 변하게 되었다. 이러한 자유로운 활동과 더불어 철학자들은 권위 있는 사상가들의 주석을 달기보다는 독창적인 저술에 정진하게 되었다. 때를 맞춰 근대 철학자들이 논문을 모국어로 쓰게 된 것도 그 때문이었다. 따라서 로크와 흄은 영어로, 볼테르와 루소는 프랑스어로, 칸트는 독일어로 각각 저술하게 되었다.

플라톤에 대한 관심이 되살아나자 에피쿠로스 철학, 스토아 철학, 심지어 회의주의에 대한 관심도 다시 불붙게 되었다. 인문주의humanism라는 철학의 새로운 혈통도 생겨났다. 다시 말해 고전적인 저자들에 대한 연구를 강조하면서 진리의 발견과 공동체의 구성에서 이성의 역할을 중심에 두는 새로운 종류의 철학이 등장하였다. 인문주의 철학자들은 종교를 거부하지는 않았지만, 인간의 본성에 관한 문제들이 종교에서 직접 비롯되지 않은 방법과 가정에 의해 효과적으로 연구될 수 있다는 사실을 긍정했을 뿐이다. 르네상스 기간에는 철학에 충격을 준 다른 지적 변화들도 일어났다. 유럽의 여러 나라에서는 로마 가톨릭교회의 지배에 저항하는 종교 개혁이 시작되었다. 과학자들은 비종교적 관점에서 물질세계의 구조를 연구했다. 이 장에서는 인문주의, 종교 개혁, 회의주의, 그리고 과학 혁명 등에 대하여 탐구하게 될 것이다.

2. 인문주의와 이탈리아의 르네상스

르네상스는 이탈리아에서 처음에 예술 운동의 일환으로 시작되었다. 중세의 예술은 줄곧 종교적 상징으로 충만했고 무지한 교구민들을 위해 성서 이야기와 원리를 가르치기 위한 중요한 도구로 간주되었다. 미술과 조각품들도 주제에 대한 사실적 이미지와는 동떨어졌다. 중세 초기의 예술은 현실감을 거의 표현하지 않는 대신 피안의 세계의 영적 성질을 표현하려 했다. 중세 후기의 미술은 3차원의 예술적 기교와 인간에 대한 해부학적 연구를 통합하면서 세계에 대한 정확한 묘사로 서서히 좀 더 나아갔다. 이것은 르네상스 미술 활동으로 전환을 조장하는 것이었다. 그런 활동이 풍경과 인간 형상에 대한 정확한 묘사를 통해 자연을 찬양했기 때문이다. 우리는 이것을 당시의 가장 유명한 두 명의 이탈리아 미술가들의 작품에서 확인할 수 있다. 미술에 아주 뛰어난 재능으로 교회에 봉사했던 미켈란젤로(Michelangelo, 1475~1564)는 살아 있는 것 같은 형상들을 강렬하게 표현하고자 했다. 시스티나 성당에 있는 아담을 그린 그림은 육체의 미와 힘을 강렬하게 표현하고 있다. 레오나르도 다빈치 (Leonardo da Vinci, 1452~1519)는 그의 작품인 모나리자에서도 보여 주듯이 인간 해부학적 구조의 더욱 세세한 성분에 이르기까지 미의 배후를 세심하게 관찰했다.

미술 작품처럼 이탈리아 르네상스 문학도 인간의 본성에 특별한 관심을 보였다. 주도적인 인물은 시인이자 역사가인 페트라르카(Petrarca, 1304~1374)였다. 그는 인문주의 운동의 전개로 신뢰받는 인물이었다. 그의 시적 저작들은 인간으로서 우리가 매일 경험하는 기쁨과 슬픔을 강조한다. 고전학의 진수로서 간주할 만한 그의 역사학적 저작들은 고대 로마의 사건들 속에 생기를 불어넣으려는 것들이었다. 다른 저작들을 통해 그는 중세의 아리스토텔레스적 전통을 비판하기도 하고 삶에 대한 스토아학파적 관점을 제시하기도 했다. 그의 저작인 『행운과 불운의 치료에 관하여 De remediis utriusque fortunae』는 중용의 중요성과 더불어 레슬링 경기의 관람처럼 무의미한 레크리에이션 활동의 회피를 강조한다.

2. 1. 피코 델라 미란돌라

아마도 르네상스 인문주의를 가장 실감나게 표현한 인물은 피코 델라 미란돌라 (Pico della Mirandola, 1463~1494)일 것이다. 피코는 일찍이 상상할 수 있는 모든 영역의 고전 — 고대 그리스, 이슬람, 기독교 전통, 심지어 유대교의 신비주의까지도 — 을 교육받았으며, 따라서 그의 철학 저서들 속에는 이들 요소들이 모두 결합되어 있다. 가장 유명한 그의 저작인 『인간의 존엄성에 관한 연설 De hominis dignitate oratio』은 1486년에 작성된 짤막한 연설문이었다. 이 토론의 철학적 내용은 〈존재의 거대한 연쇄 고리〉에 대한 고전적 이론이었다. 아리스토텔레스로부터 중세에 이르기까지 철학자들은 세상에는 사물의 자연적 위계가 있다고 믿어 왔다. 그 고리의 밑바

닥에서 우리가 발견하는 것은 바위와 기타의 무생물이다. 그 위에는 식물이 있고 그 위에는 벌레와 곤충 같은 단순한 동물이 있다. 생쥐와 같은 작은 동물 다음에는 말과 같은 커다란 동물이 있다. 그 고리의 위로 올라가면 인간이 있고, 그다음에는 천사, 이어서 신이 존재한다. 이러한 위계를 배경으로 한 중세의 가정은 모든 사물이 그들의 정해진 자리를 메우고 있으므로 아리스토텔레스가 주장하듯이 자연적인 사물의 목적도 이러한 구조에서 자리가 어디냐에 따라 규정된다는 것이다.

피코는 그의 『인간의 존엄성에 관한 연설』에서 무엇이 인간성을 그렇게 특별하게 만드는가 하는 질문에서 시작한다. 이 질문에 대한 전형적인 대답은 신이 우리를 존재의 연쇄 고리 속의 특정 지점, 즉 동물의 바로 위와 천사의 바로 밑에 위치시켰다는 것이다. 이러한 입장에서 우리는 주변의 물질세계 속에 있는 사물들을 경험할 수 있다. 하지만 그와 동시에 우리는 영원한 천상계의 영적 진리도 간파할 수 있다. 이 대답이 고결하게 들리는 것만큼 피코는 그것을 못마땅해 했다. 그는 나름대로의 대안을 제시하면서 세상을 창조할 때 신의 의도에 대하여 다음과 같이 사색했다. 〈신은 천구(天球)에 생명의 혼을 불어넣었다. 그는 다양한 동물들로 하등 동물의 세계를 가득 메웠다.〉 실제로 신은 몇몇 종류의 피조물로 존재의 연쇄 고리 속에 있는 상상 가능한 모든 공간을 가득 채웠다. 따라서 인간이 창조되었을 때 신은 모든 구멍이 이미 어떤 사물로 채워졌다는 사실을 알고 있었다.[2] 그때 신이 해결한 것은 인간들에게 거대한 연쇄 고리 안에서 그들의 자리를 선택하게 한 것이다. 신은 아담에게 말했다. 〈너희는 하등 동물의 형상들로 퇴화할 수 있으며, 또한 너희의 영적 이성에 의해 좀 더 높은 신적 본성에 이르기까지 높이 오를 수도 있다.〉 그러면 인간성을 그토록 특수하게 만드는 것이 무엇일까? 그 대답은 다음과 같다. 즉 우리는 자신의 운명을 선택할 수 있는 독특한 능력을 지니고 있다. 또한 우리는 동물과 심지어는 천사와 달리 어떤 한계 내에도 갇히지 않는다. 피코의 관찰력은 통찰력이 있을 뿐만 아니라 참되기도 하다. 실제로 사람들은 자신의 이성과 고귀함을 무시할 수 있으며, 불행하게도 종종

---

[2] 그는 신이 인간에게 인간의 창조에 대해 다음과 같이 말하고 있는 것으로 묘사했다. 〈……우리는 그대를 세계의 중심에 고정시켰으며, 그곳에서 그대는 세상의 만물을 매우 쉽게 관찰할 수 있을지니 선택의 자유와 명예를 가지고 그대 자신의 창조자인 양 그대가 좋아하는 어떤 모양으로도 그대 자신의 형상을 주조할 수 있을 것이다.〉

범죄 행위에서도 보듯이 최하 수준의 동물적 존재로까지 떨어진다. 그러면서도 사람들은 자주 간디의 행위처럼 최고 수준의 도덕적 이타심을 배양할 수도 있거나 최상의 단계까지 과학적 지식을 끌어올릴 수 있다. 따라서 피코에 의하면 그 이전의 중세 사상가들이 가정했던 것과는 달리 우리는 인간 존재에 대하여 사전에 정의된 개념들 속에 엄격하게 갇히지는 않는다. 피코의 주장에 따르면 우리는 자신의 운명을 선택할 수 있는 능력에 대하여 자긍심을 가져야 하며, 또한 그 능력을 최고로 만들어야 한다.

2.2. 마키아벨리

니콜로 마키아벨리(Niccoló Machiavelli, 1469~1527)는 엄밀히 말하자면 인문주의자가 아니다. 그럼에도 불구하고 그는 이탈리아 르네상스가 낳은 인물이다. 이탈리아 법률가의 아들로 태어난 그가 20대의 청년이 되었을 때 피렌체에는 위대한 설교가 사보나롤라[3]의 영향이 절정을 이루고 있었다. 사보나롤라는 그 도시에서 괄목할 만큼 성공적인 민주 정부를 수립했다. 그러나 그의 고결한 노력에도 불구하고 그는 종교적, 정치적 관료들과 마찰을 빚었으며 결국 처형되고 말았다. 그러한 영향력 있는 사람이 비참한 종말을 마치게 되자 마키아벨리는 한 사회 안에 선악의 상대적인 힘에 대한 교훈을 일찍부터 알게 되었다. 그가 정부와 외교 관계의 일에 종사할 동안 그는 효과적인 정치적 활동의 규칙이나 원리들에 대해 깊이 연구하여, 사후에 출판되었지만 1513년에 쓴 『로마사론』과 『군주론』이라는 두 권의 책에 그의 사상을 담았다. 그는 『로마사론』에서 로마 공화정을 찬성하면서 자치 정부와 자유에 대한 열망을 표현했다. 그러나 『군주론』에서 그는 절대 군주에 대한 필요성을 강조했다.

마키아벨리의 사상을 이해하는 실마리는 그의 두 권의 저서에서 보여 주는 명백한 모순을 찾는 데 있다. 『군주론』에서 그가 절대 군주의 필요성을 강조하고 있다고 해서 그에게 『로마사론』에서 찬성하고 있는 자치 정부에 대한 열망을 거부하고자 하는 의도가 있었던 것은 아니다. 오히려 그가 주장하는 것은, 그가 『군주론』을 저술하고

---

3 Girolamo Savonarola(1452~1498). 이탈리아의 종교 개혁가. 그는 1491년 피렌체의 산마르코 수도원에 들어가 정치적 자유를 부르짖으며 로렌초 데 메디치와 맞서 싸웠다. 그를 추방한 후 사보나롤라는 엄격한 신정 통치를 실시했지만 교황 알렉산데르 6세에 의해 파문되었다. 그러나 그는 이탈리아 르네상스의 미술, 문학, 정치 사상 등에 커다란 영향을 미쳤다.

있던 당시 이탈리아에서와 같이 도덕적인 타락이 판을 치는 조건에서는 로마 공화정과 같은 모범적인 정부가 성공적으로 들어설 수 없다는 것이었다. 인간이 악하다고 하는 것은 마키아벨리에게는 너무도 명백한 사실이었다. 그는 모든 단계의 정치와 종교 기관에서 부패를 발견했다. 심지어 교황들마저도 평판이 매우 나빴기 때문에 마키아벨리는 다음과 같이 썼다. 〈우리 이탈리아 인들이 종교심을 잃고 악하게 된 것은 전적으로 로마 교회와 성직자들의 책임이다.〉 근본적으로 부패한 사회는 강력한 정권을 필요로 한다. 그가 보기에 군주 정치 — 또는 한 사람에 의한 통치 — 는 가장 선호할 만한 정부 형태였다. 공화정이 질서 있게 유지되는 경우는 매우 드물기 때문이다.

『군주론』이 그 명성을 유지하고 있는 것은 마키아벨리가 통치자는 속임수의 기술을 계발해야 하고 정치적 생존을 위해서 필요한 일은 무엇이든 — 전통적 도덕에 반하는 일이라도 — 해야 한다고 권고하고 있기 때문이다. 그는 가장 영민하고 능숙한 자만이 극히 불확실한 기술인 통치술을 자기 것으로 만들 수 있다고 확신했다. 마키아벨리는 자신과 동시대인들의 현실을 자세하게 관찰함으로써 자신의 사상을 정립한 후 다음과 같이 결론을 내린다. 즉 정치 행위를 도덕적인 차원에서 생각하는 것은 교활한 정적들이 만들어 놓은 함정 속에 스스로 몸을 내맡기는 것과 마찬가지라는 것이다. 이러한 이유로 그는 도덕에는 관심을 보이지 않았다. 그의 주장에 의하면 기독교의 도덕은 겸손과 비하를 강조하나, 고대 그리스의 도덕 및 로마의 종교는 〈영혼의 숭고함〉과 〈신체의 힘〉을 강조한다. 그가 기독교의 윤리에 대해 주로 비난하는 점은 그것이 〈사람들을 나약하게 하고, 악한 마음을 가진 자들에게 쉽게 기만당하게 만들기 때문〉이다. 마키아벨리는 행위에 대한 이중적인 기준, 즉 군주에 대한 기준과 대중들에 대한 기준을 구별하여 상정하였다. 그에 의하면 기독교 도덕은 사회의 평화를 유지하는 데 필요한 수단이므로, 대중은 이에 따를 필요가 있다. 종교의 진리 자체보다는 그것의 사회적 유용성에만 관심을 보이는 마키아벨리의 실용적 종교관은 이후 수세기에 걸쳐 많은 정치 철학자들에게 받아들여졌다.

대중의 도덕과는 대조적으로, 지배자는 어떤 객관적인 도덕률에도 개의치 않고 상황에 따라 자신의 행위를 조정할 수 있는 자유를 소유해야만 한다고 그는 믿었다. 마키아벨리는 대중의 변덕스러운 분위기를 잘 알고 있었으며 이런 비일관성은 지배자의 명석함과 기민함에 의해 보정되어야 하는 것이었다. 그는 〈백성은 배은망덕하고, 변덕스럽고, 거짓되고, 겁쟁이며, 탐욕스러운 자들이며, 공(公)께서 성공하실 때만 그들은 전적으로 공의 백성이 될 것입니다〉라고 썼다. 그러나 통치자가 진실로 도움이 필요할 때 〈그들은 공을 배반한다〉. 그러므로 마키아벨리는 지배자를 도덕에 의해 교화시키려는 어떠한 생각도 거부한다. 그는 토마스 아퀴나스가 제시한 것과 같은 어떠한 상위(上位)의 법도 인정하지 않았으며 정치에 대해 철저하게 세속적으로 접근했다. 그는 도덕적인 신념보다는 교활한 기술을 더 높게 평가했다. 지배자는 목적의 달성을 틀림없이 보장하는 수단만을 선택해야 한다. 비양심적이고 이기적인 사람들 사이에서 지배자가 성공을 거두고자 한다면 오직 힘 그 자체가 우선이며 도덕은 그다음의 일이다. 통치자는 자신의 최선의 이익이 보장될 때에 한해서 신의를 지켜야 한다. 그러나 그가 생존을 위해 전통적인 도덕을 포기할 때조차도 그는 〈이 능력을 교묘하게 다른 모습으로 가장할 수 있어야 하며 능숙한 기만자나 위선자도 될 수 있어야 한다〉. 이처럼 지배자는 모든 덕을 다 갖출 필요는 없지만 〈그것들을 모두 갖추고 있는 체할 수 있어야 한다〉. 무자비함도 갖추어야 한다. 마키아벨리는 체자레 보르자의 예를 들고 있다. 북부 이탈리아 로마냐 지방의 군주인 보르자는 부하인 라미로 도르코가 인민들을 혹독하게 다루자 자신의 평판도 나빠지게 되었다. 보르자는 잃어버린 신망을 회복하기 위해 도르코를 교수형에 처한 후 광장에 버려진 〈그의 시체 옆에 돌과 피 묻은 칼을 놓아두었다〉. 마키아벨리에 따르면 〈이러한 광경의 야만성을 본 백성들은 곧 만족해했고 불만도 가라앉았다〉.

과연 『군주론』이 어떤 의미에서건 정치 철학을 정립할 의도로 구성된 것인가 하는 의문이 생길 수도 있다. 그것은 마키아벨리 시대의 특정한 상황에서 만들어진 것이므로 주로 현존하는 통치자들을 위한 실천적인 행동 지침일 뿐이라고 주장할 수도 있다. 하지만 이 저작 속에는 좀 더 보편적인 메시지가 담겨 있다. 즉 어떤 행동 과정은 그것이 가장 유용한 것인 한, 정당하다는 것이다. 그의 견해는 매우 영향력 있는 것이었으므로 〈마키아벨리즘〉은 하나의 정치 용어로 신속하게 자리 잡게 되었다. 이 말의 의미는 지도자들이 정치권력을 획득하기 위해서라면 어떤 수단 — 아무리 무도한 것이라 할지라도 — 을 사용하든 정당할 수 있다는 것이다.

3. 종교 개혁

1517년 10월 31일, 독일의 사제인 마르틴 루터는 비텐베르크 성문에 항의 문서를 못질하면서 종교 개혁을 감행하기 시작했다. 루터는 중세에 생겨나 르네상스 기간까지 주류를 이루었던 로마 가톨릭교회의 정책들을 공격했다. 그가 보기에 로마 교황의 권위는 이미 지나가 버렸다. 교황은 돈을 모으기 위해 죄의 사면을 약속하는 면죄부에 매일 서명했다. 사람들은 사후에 연옥으로 간 사랑하는 사람을 대신하여 자신이 면죄부를 살 수 있었다. 루터는 이러한 면죄부의 남용을 점잖게 반대하는 데 여러 해를 허비했다. 이러한 노력이 헛수고로 끝나자 그는 독일 교회 내에서 로마 가톨릭 교단과 관계를 완전히 끊는 운동을 전개하기에 이르렀다. 그 운동은 유럽의 여러 나라로 퍼져 나갔고, 그로 인해 프로테스탄트 교회가 생기게 되었다. 종교 개혁은 철학, 특히 이들 프로테스탄트 국가에 심각한 영향을 주었다. 수많은 프로테스탄트 철학자들은 가톨릭 교회를 포기할 뿐만 아니라 중세 사상의 모든 전통도 포기했다. 그 대신 그들은 고대 그리스의 이론들을 부활시키는가 하면 그들 자신이 고안해 낸 새로운 철학으로 대체하였다.

3. 1. 루터

마르틴 루터(Martin Luther, 1483~1546)는 두 사람의 위대한 중세 철학자들에게 커다란 영향을 받았다. 아우구스티누스와 오컴이 바로 그들이다. 오컴은 토마스 아퀴나스의 자연 신학이 주변 세계 속에서의 인과적 관계를 제1원인에 소급하려 한다는 이유로 그 대단한 자연 신학의 체계를 거부한 바 있다. 그 대신 오컴은 지식에 관하여 엄격하게 경험적이고 어떤 의미에서는 회의적이기도 한 견해를 개진했다.

오컴은 〈어떤 사물이 존재한다고 하는 기지(旣知)의 사실로부터 다른 사물이 존재한다는 사실을 추론할 수 없다〉고 주장하였다. 어떤 사물들이 다른 사물들의 원인이 된다고 말한다고 해서 신이 곧 자연의 질서의 원인이라는 주장의 근거가 되는 것은 아니다. 오컴이 이로부터 도달한 결론은 〔우리가 신에 대한 지식을 가질 수 없다는 것이 아니라〕 신의 도움을 받지 못한 이성은 신을 발견할 수 없다는 것이었다. 그 대신 신에 대한 지식은 은총의 선물이며 이는 신앙의 행위로 확증된다. 루터는 이런 입장을 성심성의껏

마르틴 루터

받아들였다. 그는 토마스 아퀴나스의 자연 신학을 거부했을 뿐만 아니라 아리스토텔레스의 형이상학 체계도 모조리 부인했다. 그에 의하면 〈신은 우리의 죄에 대한 저주로서 그를 보내셨다〉는 것이다.

또한 루터는 아우구스티누스의 죄의 개념에 영향을 받았다. 그 개념에 의하면 인간은 무지나 미숙한 이성 때문에 곤경에 빠지는 것이 아니라 의지의 굴레 때문에 곤경에 처하게 된다. 그러므로 이성이 아닌 신앙에 의해 인간의 곤경은 극복될 수 있다. 실제로 〈신앙이 이성의 목을 조르는 것은 곧 신앙의 본질이다〉라고 루터는 말한다. 따라서 이성에게는 불가능하게 보이는 것도 신앙에게는 가능하다. 루터에 의하면 이성이 안고 있는 어려움은 그것이 인간의 유한한 능력이기 때문에 만물을 그것의 제한된 시야로밖에 볼 수가 없다는 점이다. 이 점은 특히 이성이 신의 본질과 능력에 대해 명상할 때 확실해진다. 인간의 이성은 신의 본질과 능력에 대한 자신의 평가에 국한하여 신을 생각하고자 한다. 루터는 특히 신이 아브라함에게 아기를 못 낳는 그의 아내, 사라가 아기를 낳을 수 있게 해주겠다고 약속했을 때 아브라함이 직면한 지적인 난점에서 강한 감동을 받았다. 루터에 의하면 〈이 문제에 대해 아브라함의 가슴속에서는 이성과 신앙이 대등하게 심한 갈등을 일으켰음이 틀림없다.

그러나 결국 신앙이 우세하게 되어 신의 가장 잔인하고 치명적인 적, 이성을 물리치게 되었다〉.

기독교적인 생활에 대한 루터의 해석으로 말미암아 중세의 스콜라적인 신학 체계뿐만 아니라 인간의 선행에 의거하여 개인과 사회의 완성을 꾀할 수 있다는 낙관적인 견해는 위협받게 되었다. 루터에 의하면 〈모든 양생의 행위, 심지어 명상, 묵상, 그리고 영혼이 할 수 있는 모든 것이 소용없다〉. 공정과 자유, 그리고 기독교적인 생활에 필요한 것은 오직 하나뿐이다. 〈그것은 곧 하느님의 거룩하신 말씀밖에 없다.〉 누군가가 〈신의 말씀은 무척 많은데 이 신의 말씀은 무엇이며 어떻게 사용될 것인가〉라고 질문을 한다면, 루터는 〈「로마인들에게 보낸 편지」 1장 17절 《믿음을 통해서 하느님과 올바른 관계를 가지게 된 사람은 살 것이다》라고 한 사도 바울로의 설명〉으로 대답한다. 〈기독교인들은 그의 믿음 안에서 자신이 필요로 하는 모든 것을 얻을 것이고 그를 의롭게 할 다른 어떤 일도 필요치 않다〉는 것이 루터의 대답이다.

종교적인 문제에서 루터의 신앙에 대한 강조는 그의 정치사상에서도 나타난다. 루터에 의하면 정부는 신에 의해 정해진다. 이 때문에 그는 정부의 기본적인 기능을 〈평화의 유지〉에 두고 있다. 죄악으로 가득 찬 인간의 본질에 의해 야기된 반항 때문에 강력한 지배자가 있어야 한다. 그래서 〈신은 그들을 무력 앞에 굴복시켜 그들이 반항한다고 해도 결코 그들의 사악함을 이룰 수가 없게 한다〉. 루터에게 있어서 정치 영역에서 복종은 종교 영역에서 신앙의 기능과 많은 방식에서 유사하다. 지배자의 명령은 평화와 질서 유지를 위한 것이므로 각 개인은 지배자가 명령하는 것이 무엇이든 따라야만 한다. 지배자가 힘이 없다면 자기중심적인 인간들은 무정부 상태를 연출시킬 것이며 〈곧이어 세계는 무질서에 빠지고 말 것이다〉. 만일 우리가 타락하고 야만적인 폭군의 지배를 받는다면, 그럴지라도 우리가 무엇을 할 수 있을까? 우리에게 반역할 권리가 주어질 것인가? 루터의 대답은 부정적이다. 지상에서의 삶은 그렇게 중요하지 않다. 가장 중요한 것은 영혼의 구원이다. 지배자나 군주가 행하는 일은 모두 〈영혼에게는 해를 끼치지 않으며 육체와 재산에 해를 끼칠 뿐이다〉. 그렇지만 〈현세의 권력은 신의 입장에서 볼 때 매우 작은 것이므로 그것이 옳게 행하든 나쁘게 행하든 우리가 대항하고 불복종하고 싸울 필요는 전혀 없다〉. 루터에 의하면 〈재난을 당하는 것은 영혼에 해를 입히는 것이 아니고, 오히려 영혼을 향상시키며 단지 육체와 재산에 손실을 입힐 뿐이다〉. 국가의 성문법이 자연법에 어긋난다면 그 법을 따르면 안 된다는 토마스 아퀴나스의 중세적 견해와 루터의 견해는 현저히 다르다.

3. 2. 에라스무스

에라스무스(Desiderius Erasmus, 1466~1536)는 인문주의자로서 종교 개혁에 있어서 중요한 인물이었다. 그는 1466년 로테르담에서 성직자의 사생아로 태어났다. 그는 기독교의 신앙을 거부할 의사는 없었지만 중세의 스콜라적인 신학을 매우 싫어했다. 그는 특히 그리스어에 대한 자신의 인문주의적인 학식으로 스콜라적인 교의에서 과도한 이성론에 의해 가려져 있는 기독교의 순수하고 단순한 요소를 찾아내고자 했다. 그의 최초의 교육은 〈형제단〉[4]에서 시작되었으며, 후에 스테인의 아우구스티누스 수도원에 들어갔다. 그 수도원에서는 육체적인 위안도 지적인 자유도 허용되지 않았다. 그는 육체적으로나 정신적으로나 그리고 기질적으로나 그 제도에 맞지 않았기 때문에 그에게 수도원 생활은 너무 비참한 것이었다. 그러던 중 에라스무스는 캉브레의 주교로부터 그의 라틴어 비서가 되어 달라는 초청을 받는 행운을 얻었다. 그 주교는 그를 잠시 동안 파리의 몽테뉴 대학교로 보내 그가 공부할 수 있게 해주었다. 그러나 그곳에서 그는 단지 스콜라적인 교육 방법에 대한 모멸감만을 느낄 뿐이었다. 그럼에도 불구하고 그곳에서 그는 고전 문학에 대한 정열을 가지게 되었고, 그의 첫 저서인 『아다기아 Adagiorum chiliades』라는 격언집을 시작한 것도 그곳이었다. 1499년에 에라스무스는 영국을 방문하고, 그곳에서 성서학자인 존 콜렛[5]과 토머스 모어[6]의 영향을 받게 된다. 에라스무스는 콜렛이 그리스어에 대한 지식도 없이 성서를 강의한다는 것이 이상하게만 생각되었다. 이 때문에 그는 그리스어에 능통해지기로 결심했

---

4 형제단 Brethren은 주로 독일의 루터교 일파인 경건파에서 유래한 교파다. 특히 〈던커파 Dunkers〉라고도 부른다.

5 John Colet(1467~1519). 영국의 고전 학자이자 신학자. 그는 이탈리아에서 그리스어를 배우면서 고전 학자 에라스무스 등과 친분을 나누었을 뿐만 아니라 사보나롤라의 신학에 영향받았다. 그는 영국 르네상스의 최고 지도자였다.

6 Thomas More(1478~1535). 영국의 사상가이자 정치가. 그는 변호사로도 명성을 얻었지만 헨리 8세의 신임을 얻어 대륙으로 건너가 외교 사절로 활동했다. 그가 대륙 여행 중에 쓴 『유토피아』는 농민의 생활과 지배 계급의 타락한 생활을 묘사하면서 자본 축적기의 영국 사회를 맹렬히 비판한 이상적인 공산 사회론이었다. 그는 국왕의 국교 수장권(首長權)에 반대하다 처형당했다.

고, 결국 새로운 라틴어 번역을 덧붙인 널리 인정받는 그리스어 성서를 발간했다. 1511년 두 번째의 영국 방문 동안에 에라스무스는 케임브리지 아카데미의 회원이 되었으며 그곳에서 마거릿 여사 교수직Lady Margaret Professor으로 임명되었다. 그는 동료들을 별로 좋아하지 않았으며 그들을 〈키프로스 황소들이자 똥을 먹고 사는 친구들〉이라 불렀다. 또한 그는 영국의 맥주나 기후에 대해 한마디의 찬사도 하지 않았다. 몇 년 후 그는 바젤로 돌아와서 1536년 70세의 나이로 죽을 때까지 그곳에서 가정을 이루고 살았다.

에라스무스는 르네상스 정신의 형성에 몇 가지 기여를 했다. 고전학에 대한 그의 정열은 그 시대에 결정적인 영향을 미쳤다. 그는 인쇄술의 발명으로 많은 지적인 독자들에게 고대의 고전들을 값싸게 공급함으로써 그것들을 대중화시킬 수 있다는 것을 깨달았다. 이러한 책들로 말미암아 중세에는 이용될 수 없었던 고전학의 새로운 세계가 전개되었다. 그러나 비록 고전의 그리스어 판과 라틴어 판을 보급시킨 공적으로 사상사에서 명성과 중요성을 평가받고 있다고 해서 그를 단순히 한 사람의 편집자라고만 할 수는 없다. 문학적 표현 양식에서 새로운 문체의 발달에 기여한 그의 공로가 더욱 중요하다. 에라스무스는 말〔단어〕들을 사랑했다. 그리고 그는 자신의 통찰을 표현하기 위하여 적당한 말이나 문구를 고르는 데 많은 시간을 소비했다. 미술가들이 색깔을 사용할 때 그 천재성을 발휘하는 것처럼 스콜라 교의의 무기력함을 증오해 온 에라스무스는 각각의 구절을 우아하게 표현함으로써 새롭고 순수한 문학적 문체를 구성하는 기쁨과 자유를 느꼈다.

에라스무스가 스콜라적인 교의를 비난한 이유는 그것이 글로써 우아함을 갖추지 못했기 때문만은 아니다. 그것이 복음서의 참된 가르침을 방해하고 있었기 때문이다. 에라스무스에게 고대의 위대한 작가들의 사상은 근본적으로 복음서와 조화를 이루고 있는 것으로 보였다. 특히 그는 플라톤의 철학과 예수의 가르침 사이에는 긴밀한 유사성이 있음을 알았다. 그는 예수의 소박한 가르침과 교황청의 부유함 및 오만함은 서로 모순된다고 생각했다. 그래서 그는 교황 율리우스 2세가 성 베드로에 의해 천국에 못 들어 간다는 풍자적인 내용의 『추방된 율리우스 Julius Exclusus』를 저술하기에 이르렀다. 그는 초기의 수도원 생활을 근거로 『우신 예찬 Moriae encomium』이라는 저서에서 성직자들을 신랄하게 비판했다. 이 책은 루터가 교회와 격론을 벌일 때 결정적으로 많이 사용했던 책이기도 하다. 그러나 에라스무스는 종교에 대한 회의주의자도 루터도 추종하지 않았다. 그의 투쟁은 교회를 사랑하는 자와 교회 간의 다툼이었다. 그는 교회의 가르침을 새로운 인문주의적인 학문과 조화시키고자 했다. 〔그는 또한 종교적인 진리가 이성적인 능력의 혹독한 수련에 의해서만 수용될 수 있다는 가정에 도전하고 나섰다. (제2판)〕

에라스무스의 『우신 예찬』은 두 종류의 어리석음을 아이러니하고 심각하게 다루고 있다. 에라스무스가 속죄와 면죄부의 대가로 금전 계산을 하고 영혼을 연옥 속에 계속 가두는 성직자들을 신랄하게 비난할 때, 그의 아이러니와 신랄한 조소가 집중된 곳은 성직자의 어리석음이었다. 에라스무스는 예수의 성육신론(聖肉身論), 삼위일체론, 성변화론(聖變化論)에 대해 서로 격론을 벌이는 신학자들을 비꼬았다. 종교가 그 구심점을 잃고 사소하고 관계없는 일에 관심을 쏟는 것과, 특히 수도원에서 의복과 수행의 세목에 대한 문제로 기독교의 중심적인 목표에서 벗어나는 일을 벌이는 것이 그에게는 매우 불만스러웠다. 에라스무스는 성직자들이 재판석 앞에 서서 자신들의 선한 행적을 환기시킴으로써 천국에 들어가려고 애쓰는 모습을 상상하면서 다음과 같이 한 성직자를 예로 들어 비난하였다. 그는 신자들이 바치는 그 많은 돈을 가리키면서, 〈적어도 장갑을 끼지 않고는 한 푼도 만지지 않았다〉고 허풍을 떨고 있다. 이 모든 진술에 대해 예수는 다음과 같이 대답한다. 〈나는 너희에게 서로 사랑하라는 계율밖에 남긴 것이 없거늘 어떤 사람도 자신이 그것을 진심으로 이행했다고 말하는 자는 한 명도 볼 수가 없구나.〉 수도원의 생활에 대한 이러한 비난은 스콜라적인 교의의 사소한 일을 따지는 논리에 대한 에라스무스의 혐오감과 긴밀한 관계가 있다. 그는 성직자의 어리석음을 비꼬아 칭송하는 반면에, 소박한 신앙과도 통하는 또 다른 어리석음을 칭송하였다. 그의 생각으로는 참된 종교는 가슴에 있는 것이지 머리에 있는 것이 아니다. 이러한 견해는 나중에 종교 개혁자들의 사상의 핵심적인 근간을 이루었으며, 파스칼은 이를 〈가슴은 이성이 알지도 못하는 이성을 가지고 있다〉고 더욱 강하게 표현했다.

루터는 정열적인 종교 개혁가였던 반면 에라스무스는 단지 비판자에 머물렀다. 에라스무스는 그의 『자유 의지론 De libero arbitrio』에서 인간은 도덕을 개선할 수 있는 역량을 가지고 있다는 인문주의적인 견해를 피력했다. 루터는 이 책에 대해 〔그의 격렬한 「노예 의지론De servo arbitrio」[7]에서 바울로의 인간 본성의 타락설을 지지하면서 (제2판)], 에라스무스를 〈수다쟁이〉, 〈회의주의자〉 또는 〈에피쿠로스 돼지우리 안에 있는 돼지〉라고 비난했다. 이러한 논쟁 속에서 에라스무스는 르네상스의 정신을 잘 설명해 주고 있다. 그는 교육만이 무지와 어리석음을 퇴치할 수 있다는 확고한 신념을 변함없이 갖고 있었다. 고전 문학과 철학에 대한 그의 관심은 신스콜라 철학을 공식화하거나 플라톤 철학에 기독교의 신앙을 예속시키는 데까지는 진전되지 않았다. 오히려 그는 고대 언어에 대한 자신의 지식을 이용하여 복음서의 실제적인 언어를 찾고자 했다. 다음의 말에서 그 일면을 엿볼 수 있다. 〈어떤 그리스 원전이 있다면, 특히 그리스어로 된 시편이나 복음서가 있다면 나는 옷을 저당 잡혀서라도 그것을 입수할 것이다.〉

만일 에라스무스가 고전이라는 보물들을 얻기 위해 고대로 관심을 돌렸다고 한다면 종교 개혁가들 특히 루터는 기독교의 원초적인 정신을 찾기 위해 기독교인들의 초기 공동체로 시선을 돌렸다. 이와 같이 르네상스 시대와 종교 개혁은 과거의 부흥을 목표로 삼았다. 에라스무스와 루터는 16세기의 기독교 국가에 대한 비난에서 여러 의견을 같이했다. 그러나 에라스무스가 고전적인 인문주의적 학문을 단순화된 기독교 신앙과 균형을 이루게 한 반면 루터는 신앙을 강조하고 나섬으로써 인간의 이성으로는 속죄받을 수 없다는 심각한 회의를 초래했다.

4. 회의주의와 신앙

르네상스 기간 동안 가장 중요한 철학 발전 가운데 하나는 고대 그리스의 회의주의, 특히 섹스투스 엠피리쿠스(기원전 200년경 활동)에 의해 다듬어지고 체계화된 피론의 회의주의 전통의 부활이었다. 섹스투스의 저작물은 르네상스 기간 동안 광범위하게 이용되었으며 많은 독자들도 그가 주장한 회의적 평정에 대하여 매력을 느꼈다. 다른 사람들은 인간 이성에 대한 섹스투스의 맹렬한 비난을 두려워하여 그의 견

---

[7] 이것은 1524년 9월 1일, 바젤에서 나온 에라스무스의 『자유 의지론』에 대한 반박으로 루터가 그해 12월에 발표한 논문이다.

해를 공격하지 않을 수 없는 충동을 느끼게 했다. 따라서 그 이후 몇 세기에 걸쳐 많은 철학은 회의주의자와 비회의주의자 사이의 지적 줄다리기에 빠져 있었다.

4. 1. 몽테뉴

몽테뉴(Michel de Montaigne, 1533~1592)는 유명한 그의 『수상록 Essais』에서 고전적인 회의주의를 매혹적으로 재현시켰다. 몽테뉴는 고대 회의주의자들의 저서에서 일상생활을 새롭게 보는 방법을 발견했다. 회의주의라는 단어는 수세기를 거치면서 주로 회의의 태도를 의미하게 되었다. 즉 또한 그것은 종종 사건들의 진행에 무관심을 수반하기도 했다. 그러나 이것들은 고대의 회의주의나 몽테뉴 사상의 주된 특징이 아니다. 〔피론은 인간이 인식할 수 있는 것과 할 수 없는 것, 존재하는 것과 존재하지 않는 것에 대한 엄격한 교의를 전혀 체계화시키지 않았다. (제2판)〕 고대의 회의주의의 핵심을 이룬 것은 완전히 모범적인 인간의 삶을 영위하고자 하는 열망과 결부된 탐구의 분위기였다. 이것 역시 몽테뉴의 주된 관심사였다. 그는 특히 늘 자신에게 새로운 통찰을 제시해 주고, 인간으로서 자신이 소유하고 있는 모든 힘을 사용할 수 있게 해주는 삶의 방식에 매혹되었다. 몽테뉴는 다음과 같이 썼다. 〈피론은 자신이 돌로 태어나기를 원하지 않았으며, 담화도 하고 추론도 하고 모든 쾌락과 자연의 산물을 향유하며 또한 그의 육체적이고 정신적인 모든 부분을 적당하고 규칙적으로 사용할 수 있는 살아 있는 인간이 되기를 원했다.〉

몽테뉴는 자신을 〈편견이 없는 철학자〉라고 생각했다. 그것은 자신의 사상과 삶을 표현하는 일련의 고정된 관념들에 지적으로 제한되지 않은 철학자를 의미한다. 그가 완전히 합리적으로 반론의 제기가 가능한 교의에 빠졌다면 행복한 삶을 영위하고자 하는 그의 소망은 충족되지 않았을 것이다. 그는 대부분의 문제가 명석한 해답을 얻을 수 없다고 생각했다. 소크라테스 이전 철학자들이 매우 몰두했던 사물의 진정한 본질에 대한 문제들과 같은 경우였다. 몽테뉴는 〈저것이 참일 가능성이 없는 것처럼 이것이 참일 가능성도 없다〉라고 주장한 회의주의자들의 판단을 받아들였다. 그러나 회의주의의 이러한 입장은 상식이 우리에게 보여 주는 바가 그 경우에 해당한다는 사실을 부인하려는 의도는 아니다. 몽테뉴에게 회의주의는 해방시켜 주는 힘이었다. 그것은 다른 철학 체계의 고정된 이론으로부터 벗어나고, 매우 역설적으로 말해 회의주의 이론 자체로부터도 벗어나는 힘이었다. 진정으로 회의적이기 위해서 우리는 몰두하고 있는 바로 그 회의 과정을 의심해야 한다. 또한 그렇게 하여 그 자체의 이론적 힘에 동요되지 않아야 한다. 우리는 어떤 교의에도 영구적으로 빠지지 않는 대신 끊임없이 탐구의 태도를 취해야 한다. 몽테뉴에 의하면 만족은 정신의 평정이 있을 때만 가능하다. 우리가 일상 경험을 초월하여 사물의 내적 본질을 파악하려고 할 때 평정의 상태는 혼란에 빠진다. 가장 슬픈 모습은 인간이 난해하고 가변적인 문제들에 대해 완전한 답을 만들고자 하는 것이다. 완전하고 영구적인 진리를 포착하기 위해 애쓰는 이러한 바보스러운 부류가 광신론과 독단론의 입장이다.

몽테뉴는 광신론의 끔찍한 결과를 잘 알고 있었다. 그는 평생 동안 여러 전쟁과 극악무도한 종교적인 처형을 보았다. 그는 〈혼란 속에서 살아온 그의 이웃〉에 대해 글을 썼고 과연 그의 사회가 결속될 수 있을지 의문을 갖게 되었다. 〈나는 비인간성과 불신 속에서 일어나는 공통적이고 일반적인 행위가 매우 잔인함을 보았기 때문에 공포 속에서 전율하지 않고는 그러한 일은 상상조차 할 수 없다〉고 그는 썼다. 그는 이것의 책임을 광신론의 광란으로 돌리고 있다. 정신 내부의 평정을 잃게 되는 것은 사회의 혼란 때문일 수도 있다. 그는 건설적인 회의주의의 마음가짐에 의해 그러한 잔인성의 폭발은 일어나지 않을 것이라고 확신했다. 진정한 회의주의의 마음가짐 안에서는 인간의 잠재력이 통제될 수 있는 주제와 목적으로 지향될 수 있을 것이다. 몽테뉴는 우주와 그것의 운명에 대한 수수께끼와 씨름하기보다는 일상적인 문제들에 대해 고찰함으로써 사람들의 상담을 해주어 그들에게 생활 철학을 시작할 수 있게 해주려고 했다.

몽테뉴는 먼저 자신의 개인적인 경험에서 시작하는 것이 좋다고 한다. 〈사람들 각자는 자신의 내부에 인간성의 전체적인 조건을 지니고 있다.〉 이 때문에 몽테뉴는 자신에게 유용한 것으로 판명되는 모든 것은 그 밖의 누군가에게도 유용할 것이라고 확신했다. 몽테뉴는 르네상스의 참된 정신 속에서 가장 자연스럽고 정상적인 인간 행위의 개방적이고 분명한 표현 양식을 추구했으며 기교적인 장황한 글귀들은 염두에도 두지 않았다. 그는 〈나의 하인은 사랑을 하고 있으며, 그는 현재 자신이 하고 있는 행위를 알고 있다. 그러나 그에게 사랑의 행위와 사상에 대한 내용을 담고 있는 피치노[8]나 레오 헤브라에우스 Leo Hebraeus의 작품을 읽게 해보라. 그러면 그는 사랑을 할

몽테뉴

수 없게 될 것이다〉라고 쓰고 있다. 몽테뉴는 다음과 같이 불평한다. 〈아리스토텔레스식으로라면 나의 일상적인 행위의 대부분은 도무지 인정할 수 없게 된다. 그러한 행위들은 신학 교사들을 위해 덮개 속에 감추어져 있다.〉 요컨대 〈그들은 자연을 인위적으로 만들려고 하는 것만큼 기술을 자연스럽게 해야 한다〉. 그에 의하면 생활의 기술은 곧 인간적임을 의미한다. 왜냐하면 〈그것만큼 인간을 합당하고 훌륭하게 처신하게 해주는 것은 없기 때문이다. 또한 모든 병 중에서 가장 나쁜 것은 자신의 존재를 경멸하는 것이다〉. 한편 자신을 자신이 할 수 있는 것보다 더 높게 평가하려는 생각보다 인간의 본성을 해치는 생각은 없다. 이런 일이 일어날 때마다 몽테뉴는 〈나는 항상 천상적인 관념과 지하의 행동 사이에 단 한 가지의 조화만을 관찰했다〉고 말한

8 Marsilio Ficino(1433~1499). 이탈리아의 플라톤 철학자이자 인문주의자. 그는 피렌체의 플라톤 아카데미아의 중심 인물로서 플라톤과 플로티노스를 처음으로 라틴어로 번역했다. 특히 그는 플라톤 철학과 기독교의 조화를 시도하여 이른바 플라톤 신학을 르네상스 사상의 중심 테마로 삼으려 했다.

다. 즉 인간은 〈자신에게서 탈피하려고 하고 인간이기를 피하고자 할 때는 항상 어리석음에 빠진다. 그들은 천사로 변하는 대신에 야수로 변해 버린다〉.

몽테뉴에게 회의주의는 행동 규칙으로서의 방편도 아니며 비관적인 어떤 마음가짐도 아니다. 반대로 그는 회의주의를 인간 생활의 모든 측면에 대한 긍정적인 확언을 가능하게 해주는 원천이라고 생각했다. 비록 그가 이성의 기교적인 능력에 심각한 한계를 느꼈다 할지라도 그는 인간의 비판적인 판단 능력을 찬미했다. 심오한 의미에서 인간이 되고자 한다면 완전히 의식적인 경험 ― 즉 어떤 사람이 의식적으로 대안을 신중히 고려하고 판단 행위에 의해 자신의 행동을 규제하는 경험 ― 을 하지 않으면 안 된다고 그는 생각했다.

〔이성과 대조적으로 판단은 애정과 감정을 포함한 여러 능력을 완전히 표현할 수 있으며 〈격정이 영혼의 생명이자 은총〉인 한 영혼은 판단에 의해 낯설게 다가와 있는 뜻밖의 상황을 맞이하여 경각심을 느끼게 될 수도 있다. 몽테뉴가 〈나에게 우연은 교리의 구속보다 더 큰 힘을 지닌다〉고 말하였으나, 자신이 발견했던 삶의 기본 조건들을 수용하는 것은 건전한 판단의 문제라고 생각했다. 〈인간에게 최고의 지혜란 사물을 있는 그대로 보는 것이며 나머지 것들을 자신 있게 바라보는 것이다.〉 (제2판)〕

그는 다음과 같은 정책을 빌어 고대 회의주의의 통찰력을 표현한다. 즉, 〈나는 멈춰서 고찰해 본다. 그리고 세상의 여러 방식 및 감각적 경험들을 나의 길잡이로 택하노라〉. 인간은 감관에 의해 자신과 물질세계에 대한 충분히 믿을 만한 정보를 얻으며 그것에 의해 육체적인 생존과 진정한 쾌락을 확보하게 된다. 세계의 여러 방식 또한 그것의 객관적인 정당성이나 진리에 관계없이 가치를 지닌다. 종교와 법은 곧 세계에 대한 확실한 사실이며 그것을 부인하거나 거부한다는 것은 곧 어떤 사람이 절벽 끝에 서 있으면서도 전혀 위험하지 않다고 말하는 것과 다를 바 없다. 정치에 대해 훌륭한 판단을 할 수 있으려면 자신이 속해 있는 국가의 조건들과 제도를 인정해야 한다. 또한 주위를 잘 살핌으로써 우리는 자신의 삶에 적합한 것과 부적합한 것을 구별할 수 있다. 회의주의는 무정부주의적이거나 혁명적인 행동으로 나아가지 않는다. 몽테뉴는 그 자신이 순수한 정치적 보수주의자였으며 다음과 같은 사실을 믿고 있었다. 즉 사회적 변화는 급격하게 진행되어서는 안 되며, 절대적인 진리란 없으므로 사회를 어느 특정한 방향으로 몰고 가지 않으면 안되는 어떤 특정한 목표도 있을 수 없다. 그러므로 관습은 인간들의 정치적 충성을 더 한층 요구한다. 종교의 문제에 있어서도 건전한 판단을 가진 사람은 전통의 권위를 존중할 것이며, 조직화된 종교 집단의 안정 속에서 무정부 상태를 불가능하게 하는 지속적인 탐구 조건을 추구하게 된다.

몽테뉴의 의도는 당대의 사람들에게 다음의 사상을 일깨워 주는 데 있었다. 즉 지혜는 삶을 있는 그대로 받아들이는 것이며, 무언가를 확실하게 안다는 것이 얼마나 어려운가를 깨닫는 데 있다. 특히 그는 사람들의 관심을, 인간의 능력을 정중하게 인정하면 더욱 풍요로운 인간의 삶이 영위될 수 있다는 사실로 돌리게 하려고 애썼다. 이상에서 본 것처럼 그는 르네상스의 주류의 진정한 대표자라고 할 수 있다. 〔그러나 얼마 후 데카르트는 철학의 임무를 확실성의 추구로 보았으며, 몽테뉴의 의도와는 전혀 다른 목적을 위해 인간의 회의를 도입하였다. 더구나 우주 질서에 대한 문제보다 인간의 문제에 몰두했던 몽테뉴는 르네상스 시대의 다른 사상가들에게 물질세계에 대한 의문 추구로부터 다른 방향으로 관심을 돌리게 하지는 못했다. 정말이지 르네상스 시대의 여러 중요한 측면들 중 하나는 이 시기에 근대 과학의 방법이 점차 그 모습을 드러내게 되었다는 점이다. (제2판)〕

4. 2. 파스칼

파스칼(Blaise Pascal, 1623~1662)은 당시에 회의주의의 부활로 인해 큰 영향을 받은 또 다른 사상가였다. 공식적으로 그는 회의주의 학파와 거리를 두고 있었지만 인간의 이성이 가장 중요한 삶의 진리를 획득할 수 없다는 사실을 믿었다. 파스칼은 저명한 수학자이자 과학자였다. 그는 미적분학의 기초를 확립한 인물이었다. 16세 때인 1639년에 그는 원뿔 곡선에 관한 논문을 쓰기도 했다. 그러고 난 뒤 그는 곧 바로 일종의 기계식 컴퓨터인 계산기를 발명했다. 또한 그는 진공 상태에 관한 토리첼리의 실험적 발견의 진리를 입증하려고 애썼다.

파스칼은 서른한 살이 되었을 때 사상가로서 그의 남은 생애에 영향을 주었던 심오한 종교적 체험을 했다. 비록 그가 신에 대한 신앙에 깊게 몰두했다 할지라도 그것이 이러한 새로운 차원으로 인해 자신의 사고 작용에 있어서 과학적 관심을 포기했다는 것을 의미하지는 않는다. 오히려 그는 과학 활동을 지나치게 세속적인 것으로, 그래서 종교보다 중요하지 않은 것으로 생각하기보다는 이 두 활동이 언제나 동일한 수준에 있는 것은 아니지만 함께 작용하는 것으로 간주했다. 새로운 사유 방식을 위한 그의 신조는 다음과 같은 유명한 말에서 나타난다. 〈마음은 이성이 이해하지 못하는 이유들을 알고 있다.〉 파스칼은 이성이나 엄격한 사유 작용을 느낌이나 감정의 요소로 대체하려 했던 것 같다. 이처럼 파스칼에게 진리의 안내자는 마음이었다. 그는 〈마음 heart〉에 대하여 정확하게 정의하지는 않았지만 그의 다양한 방식에서 그 용어가 직관력을 의미하는 것으로 사용한 사실이 분명해졌다. 그는 우리의 사유 작용 속에서는 어떤 기본적인 명제도 논증될 수 없지만 그 대신에 우리는 특별한 통찰력을 통해 이러한 원리들에 도달할 수 있다고 믿었다. 사물은 우리의 지각에서 비롯되는 상황 인식이나 관점에 따라 참도 되고 거짓도 된다. 이처럼 〈우리는 진리를 이성뿐만 아니라 마음에 의해서도 인식한다〉. 우리는 마음에 의해서 꿈과 현실 생활의 차이를 인식한다. 이때 마음이라는 용어는 〈진리에 대한 본능적이고 직접적이며 비이성적인 파악〉을 의미한다. 기하학에서 보면 우리는 원리들을 직접적으로 인지한다. 윤리학에서는 우리가 옳고 그름을 자동적으로, 그리고 직접적으로 파악한다. 또한 종교에서도 신앙인은 신을 사랑으로 파악한다. 그렇다고 하여 그것이 곧 자연 신학의 합리적 증명에 의존하는 것은 아니다.

다른 철학자들이 이성적 논증을 통해 신의 존재 증명에 착수하는 것과 달리 파스칼은 우리에게 도박꾼의 관점을 가정하도록 함으로써 신의 존재에 접근했다. 그에 의하면 모든 도박꾼은 불확실한 소득을 위해 어떤 확실한 모험을 감행한다. 만일 이쪽도 상대편과 다를 바 없이 많은 기회를 가지고 있다면 당신은 동일한 승산을 위해 도박을 하고 있는 것이다. 그 경우에 당신이 모험할 확실성은 승리할지도 모를 불확실성과 동일하다. 인생에서 도박이나 모험은 당신의 유한한 삶과 불행에 비하면 영원한 삶이자 행복이다. 거기에 영생이 있다고 말하는 것은 신의 존재를 확언하는 하나의 방식이다. 그러나 우리는 신의 존재를 어떻게 알 수 있을까? 우리는 결코 알지 못한다. 그러므로 그것은 도박 같은 문제다. 그 도박에는 근본적으로 다른 결과를 가진 네 가지의 가능한 결과가 있을 수 있다. (1) 만일 신이 존재하고 우리가 그를 믿는다면 우리는 무한히 커다란 보상을 받게 될 것이다. (2) 만일 신이 존재하고 우리가 그를 믿지 않는다면 우리는 이러한 보상을 잃어버리게 될 것이다. (3) 만일 신이 존재하지 않는데도 우리가 그를 믿는다면 우리는 얻을 것도 잃을 것도 없다. (4) 만일 신이 존재하지 않아 우리도 그를 믿지 않는다면 우리는 얻을 것도 잃을 것도 없다. 파스칼은 이런 결과를 따지면서 우리가 심리적으로 더 큰 보상의 가능성을 약속하는 신을 믿지 않으면 안 된다고 생각했다. 파스칼은 우리가 종교적 신념에 대한 확신에 이르는 방식을 수학적으로 계산할 수 있다고 생각하지는 않았다. 그 대신 그는 우리의 계산이 적어도 신앙의 길로 들어서게 재촉할 것이라고 생각했다. 우리는 우리의 정념을 기계적으로 억누르고 종교적 덕을 채택하면서, 그리고 종교적 관습을 따르며 출발할지도 모른다. 그의 주장에 의하면 진정한 신앙은 우리 자신을 종교적 전통에 빠지게 한 후에 자연스럽게 깊어지는 것이다.

5. 과학 혁명

과학 혁명은 지식의 모든 분야에 실제로 광범위하고 영구적인 충격을 준 르네상스 시대에 시작되었다. 전통적인 서적들을 읽는 것으로 일관해 온 중세 사상가들과는 달리 초기 과학자들은 관찰과 임시적인 가설 설정에 큰 역점을 두었다. 관찰의 방법은 다음의 두 가지 점을 내포하고 있다. 그 하나는 자연 작용에 대한 전통적인 설명 방식들은 경험적으로 논증되어야 한다는 것이다. 왜냐하면 이러한 설명들은 충분히 잘못될 수 있기 때문이다. 다른 하나는 과학자들이 사물의 피상적인 현상 너머를 간파할 수 있다면 새로운 정보를 얻을 수 있다는 가정이었다. 이제 사람들은 천체를 새로운 각도에서 보기 시작했으며, 신의 창조에 대한 성서 구절들의 증거를 발견할 수 있을 뿐만 아니라 물체들의 운동을 기술할 수 있는 원리 및 법칙을 발견할 수 있을 것이라는 기대를 가졌다. 관찰의 방향은 별에 대한 것뿐만 아니라 반대로 물리적 실체의 가장 미세한 구성 요소까지 미쳤다.

5. 1. 새로운 발견과 방법
과학 혁명에는 두 개의 뚜렷한 구성 요소가 있다. 새로운 과학적 발견과 과학적 탐구를 하기 위한 새로운 방법이 그것이다. 새로운 발견에 대하여 과학자들은 관찰의 정확도를 증가시키기 위해 여러 가지의 과학 도구들을 발명했다. 1590년에는 처음으로 복합 현미경이 발명되었다. 〔갈릴레이는 망원경을 사용하여 위대한 공을 세운 첫 인물이긴 하지만, 네덜란드인 티퍼세이Tippershey는 1608년에 망원경을 발명했다. (제2판)〕 갈릴레이의 제자인 토리첼리(Evangelista Torricelli, 1608~1647)는 기압계의 원리를 발견하였다. 공기 펌프가 귀리케(Otto von Guericke, 1602~1686)에 의해 발명되어 진공을 만들어 낼 수 있었으며, 공기 저항이 없을 때 모든 물체는 그것의 질량이나 크기에 관계없이 동일한 비율로 낙하한다는 사실이 증명되었다. 도구와 임시적인 가설로 새로운 지식들이 쌓이기 시작했다. 갈릴레이는 목성 주위의 위성들을 발견했으며, 레이우엔혹(Leeuwenhoek, 1632~1723)는 정자*spermatozoa*, 원생동물문*Protozoa* 및 박테리아를 발견했고, 하비(Harvey, 1578~1657)는 혈액순환을 발견했다. 윌리엄 길버트[9]는 자석에 대한 중요한 저서를 남겼으며 화학의 아버지인 로버트 보일[10]은 기체의 온도, 부피, 압력의 관계에 대한 중요한 법칙을 체계화했다.

당시의 발견들 가운데 더욱 극적인 것은 천문학의 새로운 개념들이었다. 중세의 천문학자들은 인간이 곧 신의 창조 활동의 중심이며, 따라서 신은 인간을 문자 그대로 우주 중심에 위치시켰다고 믿었다. 그러나 르네상스의 천문학자들은 이러한 생각을 산산이 조각내 버렸다.

〔이러한 과학적인 유형의 사상은 두 가지 면에서 철학에 영향을 끼쳤다. 첫째, 자연의 기본적인 과정은 관찰과 수학적인 계산과 기술이 가능하다는 가정은 또 다른 가정, 즉 만물은 운동 중인 물체로 구성되어 있으며 기계적 모형에 적용될 수 있다는 가정을 낳았다. 위로는 천체, 아래로는 최소의 입자에 이르기까지 동일한 운동 법칙이 적용되었다. 이전의 도덕가들이 〈자유 의지〉의 산물이라고 기술했던 인간 행위의 영역은 물론 인간의 사유마저도 기계론적인 용어로 설명되었다.

---

9 William Gilbert(1540~1603). 영국의 의사이자 물리학자. 1601년부터 엘리자베스 1세의 주치의였던 그는 실험적 방법의 중요성을 주장하면서 자기(磁氣) 및 지자기(地磁氣)에 대하여 실험적, 체계적으로 연구하여 지구 자체가 커다란 자석이라는 사실을 밝혀냈다. 그는 갈릴레이와 데카르트에게 커다란 영향을 미쳐 근대 과학의 발전에 기여했다.

10 Robert Boyle(1627~1691). 베이컨의 영향을 받은 영국의 화학자이자 물리학자. 그는 이튼 스쿨을 졸업한 뒤 이탈리아를 여행하면서 새로운 과학을 공부하며 공기의 탄성을 대기의 입자론에 의해 설명하는 〈보일의 법칙〉을 발견했다. 또한 그는 철학적으로도 입자론의 입장에서 갈레노스의 의학이나 연금술을 비판했다.

과학 사상의 두 번째 결과는 우주 속에서의 인간의 위치를 드러낸 점이다. 중세 사상은 인간을 창조의 첨단에 위치시키고, 우주의 중심인 지구 위에 그를 세워 둔다. 그러나 지구 중심설을 제시한 고대 프톨레마이오스[11]의 천문학은 르네상스 시대에 이르러 완전히 해체되었다. (제2판)]

폴란드 천문학자인 코페르니쿠스(Nicolaus Copernicus, 1473~1543)는 『천구의 회전에 관하여 De revolutionibus orbium coelestium』(1543)에서 태양이 우주의 중심이고, 지구는 자전하는 동시에 태양 주위를 공전한다는 새로운 가설을 수립했다. 코페르니쿠스는 독실한 기독교인이었으며, 따라서 정통적인 성서의 교리에 거역하는 사상을 제시할 생각은 없었다. 그는 자신의 저서에서 명백한 자료들과 일치하는 천체의 이론을 밝혀 보고자 하는 자신의 억누를 수 없는 열망을 나타냈다. 튀코 브라헤(Tycho Brahe, 1546~1601)는 더욱 집약적이고 올바른 관찰의 결과를 남겼고, 그의 젊은 수제자인 케플러(Johannes Kepler, 1571~1630)는 세 개의 중요한 행성 운동의 법칙을 체계화시켰으며, 거기에서 단순한 관찰을 확증할 수 있는 수학적인 관계식을 이루어 놓았다. 이 새로운 천문학에 이론적으로 가장 정확한 근거를 마련해 준 것은 다름 아닌 갈릴레이였으며, 그는 이러한 탐구 과정 중에 가속도 및 역학 법칙을 체계화시켰다.

과학 혁명의 두 번째 기여는 새로운 과학적 방법에 몰두한 점이다. 과학으로의 중세적 접근 방법은 아리스토텔레스의 연역 논리학의 체계에 근거한 것이었다. 르네상스와 근대 초기의 수많은 과학자들은 흔히 각자가 아주 다른 대안적 체계를 제시하기도 했다. 오늘날 우리의 과학적 방법은 여러 면에서 이러한 초기 이론들, 특히 관찰의 중요성과 귀납추리를 강조하는 베이컨의 과학적 방법의 직접적인 유산이다. 수학의 새로운 분야가 열림으로써 과학적 방법론도 더욱 진보하게 되었다. 코페르니쿠스는 이중의 방법을 채택했다. 첫째는 움직이는 물체에 대한 관찰이었고, 둘째는 공간상에서 물체 운동에 대한 수학적 계산이었다.

---

[11] Claudios Ptolemaios. 2세기 중엽에 이집트의 알렉산드리아에서 활약한 고대 그리스의 천문학자. 그는 정밀한 관측과 삼각법을 이용하여 천동설을 주장하는 수리 천문서를 저술했다. 그는 태양, 달, 행성의 위치 계산을 하는가 하면 원 궤도와 함께 주전원, 이심원을 도입하여 관측지에 가까운 우주도(宇宙圖)를 고안해 냈다. 지동설과 대립되는 이러한 그의 천동설은 로마 교황청이 공인한 천문학이 되기도 했다.

그러나 코페르니쿠스가 시작했던 것은 케플러에 의해, 특히 갈릴레이에 의해 상당히 다듬어졌다. 갈릴레이는 직접적인 관찰의 중요성을 강조했다. 또한 그는 오직 전통에만 의존하는 간접 정보뿐만 아니라 책에 담겨 있는 대립적인 추측들도 피하려 했다. 이러한 사실은 그에게 목성 주변의 위성을 발견하는 결과를 낳게 하기도 했다. 그는 〈나의 반대자들에게 내 결론의 진실을 논증하기 위하여 나는 그것들을 다양한 실험을 통해 증명하지 않으면 안 되었다〉고 기록하였다. 그는 케플러에게 보낸 편지에서 당시의 전통 천문학자들의 완고한 태도를 다음과 같이 비난하였다. 〈친애하는 케플러 씨, 당신은 여기에서 그 학자들에 대하여 무엇을 이야기하시렵니까? 독사뱀의 외고집으로 충만한 그들은 망원경을 통한 관찰을 확고부동하게 거부해 왔습니다. 우리는 이 모두에 대하여 어떻게 생각할 수 있습니까? 우리는 웃게 될까요, 아니면 울게 될까요?〉 갈릴레이는 관찰에 대한 이러한 강조뿐만 아니라 천문학에 기하학의 정확성을 적용해 보려고 노력했다. 그는 천문학에 관한 추론을 위해 기하학의 모델을 이용함으로써, 우리가 결론을 연역할 수 있는 기본적인 공리를 기하학에서 만들어 내듯이 가능한 한 자신의 결론의 정확성도 논증할 수 있다고 가정하였다. 더욱이 그는 경험적 사실들이 기하학적 공리와 일치한다거나 정신이 만들어 내는 공리들도 관찰 가능한 움직이는 물체들의 실제적인 특성과 일치한다고 생각했다. 기하학의 입장에서 생각하는 것은 사물들이 실제로 어떻게 움직이는지를 파악하는 방법이기도 하다. 특히 갈릴레이는 처음으로 물체의 운동과 그 가속도를 기하학적 개념으로 공식화한 인물이었다.

과학적 탐구의 수학적 구성 요소는 뉴턴(Isaac Newton, 1642~1727)과 라이프니츠(Gottfried Wilhelm Leibniz, 1646~1716)에 의해 더욱 발전되었다. 그들은 미적분학을 각각 독자적으로 발명했다. 때마침 관찰 방법과 수학적 계산은 근대 과학의 보증서가 되었다. 이 사상가들이 공통으로 지닌 것은 사물 본성에 관한 인간의 지식이란 그것에 대한 탐구에서 적절한 방법을 사용하는 누구에게도 이용 가능하다는 신념이다. 전통을 회고하거나 고대의 권위에 대하여 증언하는 대신에 개인은 자연에 관한 진리에 직접 다가갈 수 있었다. 또한 우리가 관찰을 통해서 정보를 얻고 그것을 하나의 공리 체계 속에서 조직한다면 이러한 진리는 가장 쉽게 발견될 수 있을 것이다.

5.2. 근대의 원자론

당시의 과학자와 철학자들 사이에서 가장 주목받던 가정들 가운데 하나는 우주와 그 안에 있는 모든 것이 물질적 실체로 구성되었다는 견해였다. 이러한 주장에 따르면 만물은 질서 정연하게 예측할 수 있는 방식으로 움직인다. 위에 있는 천체와 아래에 있는 미립자들은 모두가 동일한 운동 법칙을 나타낸다. 따라서 그것들은 만물이 기계적 모델에 따른다는 사실을 함의하고 있는 것이다. 철학자들은 이 문제를 더욱 밀고 나가 기계적인 용어로 인간의 사고와 행동을 설명하려고 시도했다. 왜냐하면 초기의 도덕론자들은 그것들을 자유 의지의 산물로 표현했기 때문이다.

일찍이 기원전 5세기경의 데모크리토스는 우주 안에 있는 만물을 운동 속에 있는 원자, 즉 물질로 환원시켰다. 그 뒤의 루크레티우스(B.C. 98?~B.C. 55?)는 기만적인 현상들이 어떻게 일어날 수 있는지를 보여 주려고 했다. 그는 계곡의 한쪽에 서 있는 사람이 다른 쪽에 있는 하얀 구름처럼 보이는 어떤 것을 보았지만, 거기에 지나가고 있는 그 구름은 한 무리의 양 떼였을 뿐이라고 기술한 바 있다. 이와 마찬가지로 갈릴레이도 현상과 실재 사이의 구분을 강조했다. 실재가 제1성질로 구성되는 데 반해 현상은 제2성질로 구성된다는 것이다. 그는 현상을 진리에 이르는 믿을 만한 길로 볼 수 없다고 주장한다. 예를 들어 현상에 근거한 관념은 우리를 태양이 지구의 주위를 돈다는 잘못된 결론으로 인도한다. 마찬가지로 나무나 바위는 하나의 견고한 물체로 보이지만 실제로는 수많은 원자로 구성된 것이다. 우리에게 쓸 만한 가장 정확한 지식은 천문학에서뿐만 아니라 물리학에서처럼 운동하는 물체에 대한 수학적 분석에 의해 손쉽게 만들어진다.

갈릴레이는 제1성질과 제2성질의 구분을 염두에 두고 신체나 사물에 속하는 그런 성질들만이 진정한 실재를 지닌다는 인상을 분명하게 해주었다. 크기, 위치, 운동성, 농도 같은 제1성질들만이 참으로 실재적이다. 왜냐하면 그것들은 수학적으로 취급될 수 있기 때문이다. 이와는 대조적으로 색깔, 맛, 감정, 소리 같은 제2성질은 〈단지 의식 안에만 있을 뿐이다. 만일 생명체가 제거된다면 모든 이러한 성질들도 일소되어 소멸될 것이다〉. 인간 존재는 물질적 기관을 지닌 하나의 신체로 정의될 수 있다. 그러나 우리가 하나의 인간으로 정의된다면 그것은 대부분의 인간적 특성이 제2성질로 대표된다는 사실을 의미한다. 이것은 이러한 제2성질이 수학적으로 — 사물이 지닌

제1성질의 경우처럼 — 설명되어야 한다거나 제2성질이 실재의 영역에는 전혀 참여하지 않는다는 사실을 의미한다. 둘 중의 어느 경우에도 사물의 본성상 인간 존재의 독특한 존엄, 가치, 또는 특별한 지위는 지극히 감소될 것이다.

뉴턴은 자연이란 입자와 물체로 구성된다는 견해를 인정하면서 모든 자연현상이 기계적 원리에서 유래된 동일한 종류의 추론으로 설명될 수 있을 것이라는 소망을 표현한 바 있다. 〈왜냐하면 나는 기계적 원리들이 모두 어떤 힘에 의존하는 것이 아닐까 하고 의심할 수 있는 많은 추론에 빠져 들었기 때문이다. 입자나 물체는 그 어떤 힘에 의해서 서로 상대를 향해 나아가 질서 정연하게 결합하지 않으면 안 되거나 서로 상대를 물리치고 떨어져 나가게 된다〉는 것이다. 따라서 뉴턴은 그의 탁월한 저서인 『프린키피아 Principia Mathematica』(1687) — 이 책은 후세에게 엄청난 영향을 주었다 — 에서 운동 법칙에 대한 초기 공식을 다시 손질했다. 뉴턴이 자연이라는 기계를 만든 일자로서의 신에 대하여 여전히 이야기하고 있더라도 자연현상을 설명할 때 신에 대하여 말하는 것은 점차 불필요한 일이 되었다. 새로운 과학적 방법의 모든 경향은 인간, 자연, 그리고 인간 지식의 모든 메커니즘에 대한 새로운 개념으로 나아가는 것이었다.

오늘날 우주가 운동 중인 물체들의 체계로 이야기되는 것처럼 자연의 여타의 여러 측면도 운동 중인 물체들로 기술되었다. 인간 본성과 인간의 사유 역시 기계론적 용어로 묘사되었다. 모든 사물이 운동 중인 물체들로 구성되어 있다면 이러한 기계적인 활동은 수학적인 기술(記述)이 가능해야 한다고 생각되었다. 따라서 르네상스 시대에 관찰과 수학의 사용은 또 다시 과학적 사유에 대한 새로운 방법의 주된 요소로 대두되었다. 이 방법과 더불어 새로운 지식의 발견이 가능하다고 생각되었다. 중세 사상가들은 인간이 이미 알고 있는 사실에 대한 설명 체계를 세웠을 뿐, 새로운 정보의 발견에 필요한 어떠한 방법도 제공해 주지 못했다는 것이 르네상스 시대의 과학자들의 견해였다. 그러나 콜럼버스의 신대륙 발견과 예술, 문학, 그리고 인간의 숨겨져 있던 기능과 능력들의 발견에서 그 절정을 이룬 발견의 정신은 과학자들에게 자연의 구조에서 새로운 세계를 열게 하였다. 그리고 과학에 대한 이러한 새로운 자세는 곧 우리가 살펴볼 베이컨이나 홉스와 같은 근대 철학자들에게 직접적인 영향을 끼쳤다.

6. 프랜시스 베이컨

프랜시스 베이컨(Francis Bacon, 1561~1626)은 당시의 철학과 과학을 개혁하고자 했다. 그의 비판의 핵심은 정체되어 온 학문이었다. 과학은 곧 학문과 동일시되었고 학문도 고대 텍스트의 독해를 의미했다. 예를 들어 의학의 연구는 주로 문학적이었으며, 시인, 수사학자, 그리고 성직자들에 의해 시술되었다. 그들의 시술 자격은 히포크라테스와 갈레노스를 인용할 수 있는 것이었다. 철학은 여전히 플라톤과 아리스토텔레스의 독무대였다. 따라서 베이컨도 이들의 가르침을 〈환영〉 또는 〈유령〉이라고 불렀다. 비록 그가 〈아는 것이 힘이다 Scientia est potentia〉라고 말하긴 했지만, 그는 특히 재래 학문의 〈무용성〉에 의해 흔들렸다. 이 학문을 부적절하게 만든 것은 과학이 미신과 비조직적인 사변 및 신학과 뒤섞이게 되었다는 사실이었다. 베이컨은 이러한 종류의 과학을 가지고는 자연 활동에 대한 근본 원리를 발견할 수 있는 적절한 방법을 찾아낼 수 없다고 주장했다. 그가 존경한 유일한 고대 철학자는 데모크리토스였으며, 그의 유물론을 따랐다. 그러나 그는 중세의 신학자들의 가르침을 아리스토텔레스의 변질된 번안일 뿐이라고 생각했다. 그들은 사물의 실제적인 본성에서 실질적인 증거를 찾아내는 대신 자신들의 상상력에 기대어 작업했다. 그들은 거미처럼 경탄할 만한 세밀한 작업과 가는 실로 학문의 거미집을 만들어 놓았지만 아무런 실질적인 성과나 이득을 가져다주지 못했다.

베이컨은 인간의 지식에 대한 가설물을 모두 청산하고 사실들을 수집하여 설명하기 위한 새로운 방법을 사용함으로써 또다시 시작할 것을 주장했다. 그는 자신이 자연의 모든 비밀을 밝혀 낼 수 있는 방법을 발견했다고 확신했다. 그는 전통적인 학문의 부적합성을 수정하고자 했던 다른 시도들, 특히 아리스토텔레스의 물리학을 수정하고자 했던 윌리엄 길버트나 코페르니쿠스, 갈릴레이 등이 수행한 시도에 대해서 알고 있었다. 그러나 그에게 가장 인상 깊었던 것은 갈릴레이에 의한 망원경 제작과 사용에 관한 것이었다. 그는 그 사건을 천문학의 역사에서 가장 중요한 일 가운데 하나라고 생각했다. 왜냐하면 그것에 의해 학문의 진정한 진보가 가능해졌기 때문이었다. 예를 들어 고대인들은 은하수의 구성 성분을 알지 못했던 반면, 이제 망원경을 사용하여 은하수가 멀리 떨어진 별들의 집합체임을 알게 되었다. 베이컨은 정신을 마치 유리나 거울로 생각했다. 정념 *pathos*의 자연적인 성향이나 전통적인 학문의 오류에 의해 그 표면이 거칠어지고 평평하지도 않게 된 정신의 거울로는 진리를 올바르게 반영할 수 없다고 하였다. 베이컨의 희망은 그 방법으로 정신의 표면을 깨끗하고 매끈하게 하고, 새롭고 적합한 도구를 마련해 줌으로써 우주를 정확하게 관찰하고 이해하는 데 있었다. 그는 이러한 목적을 성취하기 위해 과학을 고루한 재래 학문의 굴레에서 자유롭게 하고 과학적 진리를 신학의 계시적 진리와 분리시키며, 관찰의 새로운 방법과 자연에 대한 새로운 해석 위에 기반을 둔 새로운 철학을 체계화해야 할 필요가 있었다.

베이컨은 태어나서 양육될 때까지 고위층의 격식대로 살고 활동하며 생각해야만 했다. 그는 1561년 당시 궁내성 장관이었던 아버지 니콜라스 베이컨 경의 아들로 태어났다. 그는 열두 살 때 케임브리지에 입학한 뒤, 열여섯 살 때에는 그레이스 인[12]이라는 법학 협회에 들어가 검찰관이 되었다. 해가 거듭함에 따라 그는 의회의 상원 의원으로서 엘리자베스 여왕과 제임스 1세의 총애를 받아 법무차관, 내무장관을 거쳐 대법관으로 봉직하였다. 베이컨이 법조계와 정계에서 종사하면서 매우 중요한 철학적인 저서들 — 『학문의 진보 *Advancement of Learning*』와 『신(新)오르가논 *Novum Organon*』이 주저다 — 을 저술한 것으로 보아 그의 찬란한 철학적 업적을 높이 평가할 수 있다. 그의 철학 저서들은 기념비적일 뿐만 아니라 의미심장한 것들이다. 그러나 그는 정치 생활로 인해 본래 자신이 의도했던 사상가로서의 활동이 저해된다는 것을 잘 알고 있었으며, 다음의 글에서도 그러한 점을 잘 나타내고 있다. 〈내가 인간에게 이로운 일들을 소홀히 할 경우, 나는 나의 의무를 수행하지 못한 것이라고 생각한다.〉 그의 말년은 매우 불행했다. 그가 대법관에 봉직된 후 반역을 음모했다는 죄목으로 잠시 동안 수감되었고 그 후로 영원히 관직에서 물러나야만 했다. 그는 냉동한 고기가 부패되지 않는지를 실험을 통해 증명하기 위해 눈 속에 닭고기를 넣어 두고 관찰하던 중 심한 독감에 걸려 며칠 동안을 고생하다가 1626년 65세의 나이로 세상을 떠났다.

베이컨의 주요한 목표는, 그가 말했듯이 〈과학, 예술 등 모든 인간의 지식을 전체적

---

12 Gray's Inn. 변호사 면허 권한을 가진 영국의 네 개의 법률 협회 가운데 하나. 이 네 개는 디 이너 템플 The Inner Temple, 미들 템플 Middle Temple, 링컨스 인 Lincoln's Inn, 그레이스 인 Gray's Inn이다.

으로 재구성〉하는 것이었다. 그는 이것을 〈위대한 구상〉이라고 불렀다. 그러나 그가 이러한 창조적인 과제를 시작하기도 전에 그는 옥스퍼드, 케임브리지, 여타의 대학교들, 그리고 지배적인 철학 집단들에 대해 노예처럼 과거에 집착한다는 이유로 혹독한 비난을 퍼부었다. 중세 철학에 대한 고조되는 불만을 대변해 주고 잔재하는 아리스토텔레스 철학과 절교를 선언한 것도 베이컨이었다.

6.1. 〈학문의 병〉

프랜시스 베이컨은 과거의 사유 방식을 공격하며, 그것들을 〈학문의 병〉이라고 부르고, 그것에 대한 치료법을 제공했다. 그는 학문의 병을 세 가지로 분류했다. 공상적 학문, 논쟁적인 학문, 정교한 학문이 그것이다. 〈공상적인 학문에 빠져 있는 사람들은 구절이나 언어 및 문체 등을 강조하면서 단어에 관심을 쏟으며 내용보다는 단어를, 내용의 질보다는 문구 선택을 더 중요시한다.〉 논쟁적인 학문은 더 나쁘다. 왜냐하면 그들은 선대 사상가들의 견해를 가지고, 그것을 논쟁의 출발점으로 삼고 있기 때문이다. 마지막으로 정교한 학문이 있다. 거기에서 선대의 사상가들은 증명할 수 있는 것보다 더 많은 지식을 주장하며 마치 그들이 주장하는 모든 지식을 자신들이 소유하고 있는 양 독자들을 현혹시킨다. 예를 들어 그들은 아리스토텔레스가 과학의 집권자인 양 알고 있는 것이다. 그래서 베이컨은 이 세 가지 병을 치유하기 위해서 그것들이 만들어 놓은 오류 속에서 정신을 구해 내는 길밖에 없다고 하였다.

6.2. 정신의 우상

마찬가지로 인간의 정신은 우상 idola에 의해 타락한다. 프랜시스 베이컨은 네 가지 우상을 지적한다. 그는 그것을 각각 비유적으로 종족 우상, 동굴 우상, 시장 우상, 극장 우상이라고 불렀다. 이들 우상 또는 〈거짓된 환영〉은 마치 울퉁불퉁한 거울에서 난반사되는 빛과 같이 영혼을 왜곡시킨다. 〈깨끗하고 고른 유리의 본질에 의하면 사물들의 빛은 그것들의 입사각에 따라 올바르게 반사되어야 한다. 그것은 마치 미신과 속임수로 가득 찬 마술의 거울과도 같아서……〉 이러한 편향된 사고를 교정하기 위한 유일한 방법은 관찰과 실험, 즉 귀납적인 방법이다. 이들 우상 또는 〈속견〉, 〈독단〉, 〈미신〉, 〈오류〉는 여러 방면에서 지식을 왜곡시킨다.

종족 우상 *idola tribus*은 〈인간의 감관이 사물의 척도라고 하는 거짓된 주장〉을 따르는 데서 생기는 속견에 사로잡히는 것이다. 여기에서 베이컨은 다음과 같은 점을 지적하고자 했다. 우리가 사물들을 볼 때 사물들에 대해 품게 되는 희망, 공포, 편견, 초조 등에 의해 그것들을 이해하는 데 영향을 받게 되므로 단순히 본다고 해서 우리가 사물의 본질을 이해했다고는 확신할 수 없다.

동굴 우상 *idola specus*는 플라톤의 비유를 본뜬 것이다. 그것은 교육받지 못한 정신의 한계를 지적한다. 정신은 사람들이 읽은 여러 가지 종류의 책에서 얻어지는 관습과 속견 및 그들이 중요하다고 생각하는 관념들, 그리고 그들이 따르고 있는 지적인 권위의 동굴 속에 갇혀 있다.

세 번째 종류는 시장 우상 *idola fori*이라고 명명될 수 있다. 왜냐하면 그것은 사람들이 일상생활의 상거래에서 사용되는 단어들 즉, 일상 대화에서의 공통 주화와 같은 단어들을 나타내기 때문이다. 단어는 정확하고 세심하게 만들어지는 것이 아니라 보통 사람들이 사용하여 이해할 수 있을 정도로 만들어지기 때문에 유용하긴 하지만 지식을 약화시킨다. 철학자들마저도 때로는 자신들의 상상 속에서만 존재하는 것에 대해 명사를 부여하고 불의 〈요소〉나 무거움, 희박함, 농후함의 〈성질들〉처럼 단지 추상된 것들에 대해 명사를 붙이는 가운데 이러한 우상을 저지르고 있다.

마지막으로 극장 우상 *idola theatri*은 〈비실재적이고 극적인 형식을 빌려 자신들이 만들어 낸 세계를 묘사하는〉 장문의 철학적인 논문들의 거대한 체계적 독단이다. 여기에서 베이컨은 전 체계들뿐만 아니라 〈전통과 그럴싸함과 태만함 덕택에 받아들여 온〉 과학의 모든 원리와 공리를 포함시키고 있다.

6.3. 귀납적인 방법

프랜시스 베이컨은 그의 동시대인들에게 이 우상들에 의해 인간의 오성이 왜곡된다고 충분히 경고한 후 지식을 얻을 수 있는 새로운 방법을 제시했다. 그에 의하면 〈자연의 내밀한 곳에 침투하기 위해서는 더욱 확실하고 신중한 방법으로 사물들에서 개념을 도출해야만 한다〉. 이 방법을 실행하려면 먼저 편견에서 벗어나 사물의 본질을 보아야 한다. 〈우리는 먼저 각각의 개체에서 시작하여 순서대로 계열을 따라 나아간다.〉 관찰을 올바르게 유도하기 위하여 〈교육에 의해서보다 실험에 의해서 그것의 오류를 수정해야 한다. 왜냐하면 실험의 정교함은 감각 그 자체의 정교함보다 더 세밀하기 때문이다〉. 실험에 대한 베이컨의 개념과 관찰에 대한 그의 방법은 귀납법, 즉 특정한 사물에 대한 관찰과 그것들의 계열 및 순서로부터 얻어낸 〈법칙〉에 의존한다. 그가 거칠게 비판한 것은 아리스토텔레스의 연역법이었다. 아리스토텔레스의 고전적인 연역 논증의 예는 다음과 같다.

(1) 모든 사람은 죽는다.
(2) 소크라테스는 사람이다.
(3) 그러므로 소크라테스는 죽는다.

베이컨은 이러한 전개 방식은 전제에 이미 포함된 오류들을 영속화시키는 것일 뿐이라고 하였다. 그러므로 우리에게 필요한 것은 우리가 〈새로운〉 결론을 이끌어 낼 수 있는 〈새로운〉 정보를 제공하려는 논증적 전략이다. 이것이 바로 귀납법이다.

그러나 베이컨은 예컨대 열여덟 마리의 말이 모두 검다고 해서 모든 말이 검다고 결론짓게 되는 것 같은 〈단순한 나열에 의한 귀납〉의 한계를 알고 있었다. 그는 그것의 해결 방법은 그 근저를 이루는 본질이나 형식을 찾아내는 것이라고 믿었다. 그것은 우리가 관찰하는 특정한 것 속에 나타나 있기 때문이다. 〔그는 아이러니칼하게도 이러한 종류의 귀납법을 넘어서서 아리스토텔레스에게 어울리는 과정, 즉 〈실체〉의 탐구로 다시 되돌아간다. (제2판)〕 그는 귀납적인 방법의 예로서 열의 원인에 대한 탐구를 들고 있다. 첫 단계는 태양 광선처럼 우리가 마주치는 모든 형태의 열에 대한 목록을 작성하여 열거표 *tabula praesentia*(또는 현존표 *Table of Essence & Presence*)를 만든다. 다음엔 만져도 뜨겁지 않은 달과 별들의 광선처럼 첫 목록에 있는 것과 유사하지만 열을 가지지 않는 것들을 수집한다. 그는 이 두 번째 것을 부재표 *tabula absentiae*(또는 *table of Deviation*)라 부른다. 세 번째의 목록인 정도표 *tabula gradum*(또는 비교표 *Table of Comparison*라고도 부른다)는 여러 사물 속에서 발견되는 열의 서로 다른 정도들을 분석함으로써 열의 본질을 발견하고자 하는 단계다. 〈예컨대 불붙은 철은 술기운이 지닌 불꽃보다 더 뜨겁고 더 잘 연소한다.〉 네 번째 단계는 배제의 과정 *Process of Exclusion*으로 〈귀납을 활용하는〉 단계다. 우리는 열이 있을 때면 항상 존재하고 열이 없을 때는 부재하는 그 〈본질〉을 발견하려 한다. 빛은 열의 원인인가? 아니다. 왜냐하면 달은 빛을 내지만 열은 없기 때문이다. 이 배제의 과정은 베이컨의 과학의 방법에서 핵심이며 그는 이것을 〈참된 귀납의 토대〉라고 불렀다. 그는 〈한 사물의 형상은 그 사물 자체가 발견되는 모든 예에서 발견될 수 있어야 한다〉고 가정했다. 이 가정을 열의 문제에 적용하면서 베이컨은 다음과 같이 결론을 내린다. 〈열 그 자체, 즉 그것의 본질과 실체는 운동 이외의 아무것도 아니다.〉〈본질〉에 대한 강조는 다분히 아리스토텔레스적이다. 그러나 베이컨은 아리스토텔레스와 완전히 결별한 것은 아니다. 그럼에도 불구하고 베이컨은 그의 목록에 포함된 모든 세목들을 대비시켜 배제함으로써 그의 결론들을 검증하고자 했기 때문에 마지막 과정은 근대적인 요소를 지니고 있다고 할 수 있다.

베이컨의 방법론의 최대의 약점은 그가 근대의 과학자들이 가설이라고 부르는 것에 대해서 인지하지 못했다는 사실이다. 베이컨은 우리가 충분한 수의 사실들을 살펴본다면 그 자체가 하나의 가설을 내포하는 것이라고 가정하고 있는 반면에 근대 과학자들은 우리가 사실들을 살펴보기 전에 실험에 관련된 사실들을 선택하는 데 지침이 될 수 있는 가설을 설정해야 한다는 것을 알고 있다. 베이컨은 과학에서 수학의 중요성을 간과했다. 그러나 그는 스콜라 철학의 지배에서 벗어났으며 철학을 과학적으로 형성하면서 촉매 역할을 해주었다. 〔과학 철학에 수학적이고 연역적인 추론을 첨가시킨 것은 베이컨의 친구이자 동향인인 토머스 홉스에 의해 이루어졌다. (제2판)〕

7. 토머스 홉스

토머스 홉스Thomas Hobbes의 생애는 1588년에서 1679년에 이르는 91년 동안 다사다난하였다. 그는 영국의 맘즈버리 근처의 웨스트포트에서 목사의 아들로 태어났다. 그는 옥스퍼드에서 공부하는 동안 고전 문학에 매료되었으나 아리스토텔레스의 논리학에는 싫증을 느꼈다. 1608년 그는 옥스퍼드를 떠나 윌리엄 캐번디시 데번셔 백작의 가정교사가 되는 행운을 갖게 되었다. 캐번디시 가와의 이러한 친분은 그의 사상 발전에 큰 영향을 주었다. 왜냐하면 그가 캐번디시가(家)에 들어감으로써 대륙을 여행할 기회도 많았고 당대의 대표적인 사상가와 귀족들을 만날 수 있었기 때문이다. 그는 이탈리아에서 갈릴레이를 만났고, 파리에서는 데카르트 지지자인 메르센[13]

과 적대자인 가상디[14]와도 오랜 교분을 맺게 되었다. 그가 개인적으로 데카르트와 만났는지는 의문이다. 그러나 데카르트의 『성찰 Meditationes de prima philosophia』을 조심스럽게 반박하고 있는 것을 보면 그가 데카르트의 철학을 가까이 했음을 알 수 있다. 홉스는 베이컨이 대법관이었을 때 그와의 대화를 즐기기도 하고 고람베리에서의 즐거운 산책을 하는 동안에는 자주 그의 사상을 받아쓰기도 했다. 홉스는 초기에 고전에 대한 관심으로 말미암아 투키디데스의 저서를 번역하기에 이르렀고, 40대 초에는 유클리드의 『기하학 원본 Elements』 — 그에게 기하학을 사랑하게 해준 책 — 을 접한 뒤 그의 관심은 수학과 분석으로 옮겨 간다. 그의 사상의 다음 단계는 남은 생의 거의 전부를 바쳐 훌륭한 철학 논문들 — 『리바이어던 Leviathan』이 가장 유명하다 — 을 출판하는 일이었다.

7. 1. 기하학이 홉스의 사상에 끼친 영향

『리바이어던』은 원래 사회 및 정치 철학에 대한 저서이지만 홉스가 관심을 그 주제에만 국한시키려고 한 것은 아니다. 그는 과학적인 발견의 조류 속에서 과학의 정확성과 무엇보다도 과학적 지식의 명증성에 의해 깊은 감명을 받았다. 16세기와 17세기의 지적인 분위기는 탐구의 한 영역으로서 과학의 탐구 방법에 의해 급격한 변화를 겪었다.

홉스는 시대의 흐름을 파악하고 있었다. 그가 처음에 수학에 매료된 것은 유클리드 기하학을 우연히 접한 뒤였다. 홉스는 소규모이긴 하지만 기하학 속에서 자연에 대한 연구에의 열쇠를 찾고자 한 능변의 사상가 집단에 참여했다. 홉스는 면도날 같은 지성과 그 방법의 가능성을 확신하는 열정을 가지고 이 단일한 접근 방식과 일치하는 전반적인 지식 체계를 개조하고자 했다. 홉스는 연구 대상의 종류와 관계없이 관찰의 방법

---

13 Marin Mersenne(1588~1648). 프랑스 사제이면서도 물리학자이며 수학자. 그는 갈릴레이, 데카르트와 친한 사이로서 음(音)의 속도, 음악 이론, 악기 등을 연구했다. 특히 그는 소수(素數) 가운데 메르센의 수로 유명해졌다. 그의 지하실은 과학자들의 집회 장소로도 알려졌다.
14 Pierre Gassendi(1592~1655). 프랑스의 철학자이자 과학자. 그는 홉스, 데카르트, 파스칼 등과 교류하면서 에피쿠로스 원자론의 입장에서 우주가 원자와 공허한 공간에서 비롯되었다고 주장한다. 그는 갈릴레이와 코페르니쿠스에게 동조하면서 1641에서 1646년 사이에 데카르트와 벌인 논쟁으로 더욱 유명해졌다.

과 그 관찰로 형성된 공리로부터의 연역적인 추론에 의해 정확한 지식을 얻을 수 있다고 생각했다. 그래서 그는 물리적 자연, 인간 본성, 그리고 사회에 대한 연구를 시종일관 똑같은 방법을 이용하여 재구성하려는 야심찬 계획에 착수했다. 그는 1642년에 『시민론 De Cive』을, 1655년에 『물체론 De Corpore』을, 1658년에는 『인간론 De Homine』을 출판했다. 결국 그는 자신의 정치 철학으로 명성을 얻었다. 왜냐하면 그는 자신의 정치 철학에 엄밀한 논리와 과학적인 방법을 적용하여 놀랍고 새로운 결과들을 제시했기 때문이다.

정확한 것은 아니지만 정치 철학자로서 홉스는 종종 근대 전체주의의 아버지라고 불린다. 『시민론』과 『리바이어던』은 폭정을 정당화하는 이론의 대명사처럼 읽혀진다. 그가 많은 비난을 받는 것도 군주와 시민 간의 관계를 매우 차별적으로 기술했기 때문이다. 홉스는 두 가지 사실로 그의 독특한 정치 의무론을 체계화시켰다. 하나는 그 당대의 정치적인 대혼란이었다. 그 당시 크롬웰 Cromwell은 국민들을 야만적인 내전에 몰아넣을 준비를 하고 있었다. 정치적인 문제에 대한 사람들 간의 심각한 불일치에서 불거진 이러한 혼란을 경험한 홉스에게 수학적이고 과학적인 문제에 있어서는 사람들이 비교적 빠른 일치를 보인다는 사실은 아주 대조적인 것이었다. 두 번째로 홉스는 정치 철학을 물리학의 변형으로 보고 있다는 점이다. 그는 인간의 행위는 단순히 운동 중인 물체들에 의해서 설명될 수 있다는 인간 본성에 대한 철저하게 유물론적인 견해로 정확한 정치 철학의 체계화가 가능하다고 생각했다. 정치 이론이 논리적인 정확성을 가지고 체계화될 수 있다면 사람들은 서로 의견 일치에 좀 더 쉽게 도달하고, 홉스가 가장 바랐던 질서와 평화가 이루어질 것이라고 생각하였다. 홉스가 그의 체계적인 정치 철학에서 논리적인 일관성을 보여 주었는지는 의문이며, 더욱 의문이 가는 것은 사람들에게 조화로운 행위를 위한 일관된 계획이 주어진다면 그들은 서로 질서 있는 관계를 가지게 될 것이라는 그의 가정이다. 어쨌든 인간과 사회에 대한 그의 이론은 새로운 전환점을 이루었다. 왜냐하면 그는 그의 이론을 물체와 운동이 주된 요소인 기계적인 모형에 따라 구성했기 때문이다. 이처럼 홉스의 정치 이론은 대부분 그의 인식론과 실재에 대한 수학적인 모형에 기반을 두고 있기 때문에 그의 철학의 이러한 측면들은 정체(政体)에 관한 그의 견해의 배경으로서 좀 더 자세하게 고찰될 필요가 있다.

7.2. 운동 중의 물체: 사유의 대상

홉스에 의하면 철학의 주된 관심사는 물체들의 원인과 특성에 있다. 물체에는 중요한 세 가지 종류가 있는데, 그것은 각각 돌과 같은 물질적인 물체, 인간의 신체, 정치적 집단이다. 철학은 세 가지 모두에게 관심을 가지며 개개의 원인과 특성을 탐구한다. 모든 물체는 공유하는 하나의 주요한 특성이 있다. 그 특성에 의해 물체들이 어떻게 존재하게 되었고, 무슨 행동을 하는지 이해할 수 있다. 그 특성이 곧 운동이다. 운동은 홉스 사상의 중심 개념이다. 뿐만 아니라 단지 물체들만이 존재하고, 물체들로만 구성되어 있는 실재만 가지적(可知的)이라는 가정 또한 중요하다. 만일 영혼이나 신 같은 용어가 물체를 가지지 않거나 형체가 없는 존재를 지칭한다면, 그와 같은 것들은 존재하지 않을 것이라고 홉스는 말할 것이다. 홉스는 신의 존재에 대해 다음과 같이 썼다. 〈이 세계에 있는 가시적인 사물들과 그것들의 놀라운 질서로 인간은 그것들의 원인이 있다고 상상할 것이며, 그것을 신이라고 부른다. 그러나 누구도 자신의 정신 속에 신에 대한 관념이나 이미지를 가지고 있지 않다.〉 홉스는 신이 존재한다는 데에는 기꺼이 동의했지만 인간은 신의 본질을 모른다고 주장했다. 신학자들이 신으로 특징화시키고 있는 무형적인 실체를 가진 사물이 존재한다고 말하는 것은 홉스에게는 무의미하다. 실체는 형체를 갖지 않을 수 없으므로 신은 어떤 형태의 물체를 포함할 것이라고 홉스는 주장했다. 그러나 홉스는 신학적인 불가사의를 추구하려 하지 않았으며, 그는 단지 존재하는 것은 모두 유형적이고 철학의 영역은 운동 중인 물체에 대한 연구에 국한된다는 맥락에서 신의 본질을 언급하고 있는 듯하다.

홉스는 물질적인 사건과 정신적인 사건들을 모두 운동 중인 물체에 의해 설명하고자 했다. 그에 의하면 〈운동은 어떤 한 장소를 떠나 또 다른 장소를 얻는 계속적인 과정〉이다. 움직이는 사물은 자신의 위치를 변화시키며, 마찬가지로 움직임을 당하는 모든 사물은 자신의 위치를 변화시킨다. 사물이 정지해 있다면 다른 사물에 의해 움직여지지 않는 한 그것은 계속 정지해 있을 것이다. 어떤 움직이는 물체만이 정지해 있는 물체를 움직이게 할 수 있다. 왜냐하면 〈정지해 있는 물체는 다른 움직이는 물체의 운동에 의해 움직여 다른 위치로 가려 함으로써 그것은 더 이상 정지해 있지 않게 된다〉. 마찬가지로 운동 중인 물체는 자신의 운동이 어떤 다른 물체에 의해 정지되지 않는 한 계속 그 운동 상태를 유지하려 한다. 운동에 대한 이 설명은 위치 이동에 국한되는 것처럼 보인다. 왜냐하면 홉스가 운동을 기술하기 위해 사용하는 관성, 힘, 저항, 노력 등 모든 용어는 위치를 점유하거나 변화하는 공간상의 사물에만 적용되는 것같이 보이기 때문이다. 그러나 홉스는 물체만이 존재한다는 전제에서 출발했기 때문에 불가피하게 그는 모든 실재와 과정을 움직이는 물체에 의해서 설명해야 했다. 그러므로 운동은 단순한 의미에서는 위치 이동일 뿐 아니라 우리가 변화의 과정으로 알고 있는 것이기도 하다. 어떤 사물이 여타의 다른 것에 의해 움직여지므로 사물들은 달라진다. 이것은 물질적인 것뿐만 아니라 정신적인 변화도 지칭한다.

홉스는 동물이나 사람에게 고유한 두 가지의 운동, 즉 생명적 운동과 의지에 의한 운동이 있다고 생각했다. 생명적 운동은 태어남과 동시에 시작하며 그 생애를 통해 끊임없이 계속된다. 그것은 맥박, 영양, 배설, 혈액 순환, 호흡 등과 같은 것으로 〈이런 운동에는 상상력의 도움이 필요하지 않다〉. 반면에 의지적인 운동은 걷고 말하며 사지를 의식적으로 움직이는 따위의 일을 말하며 정신 안의 모든 운동 중에서 가장 먼저 일어난다. 그리고 〈걷고, 말하는 따위의 의식적인 운동은 이에 선행하는 어디에, 어떻게, 또는 무엇이라는 사고에 항상 의존하기 때문에 상상이 모든 의지적인 운동의 최초의 내적 동기가 된다는 사실은 명백하다〉. 상상은 곧 의지적인 행위의 원인이긴 하지만 상상 그 자체와 사고라고 불리는 인간의 활동 또한 선행 운동의 결과처럼 선행 원인의 결과로 설명된다.

7. 3. 인간의 사유에 대한 기계론적인 견해

인간의 정신은 지각, 상상, 기억에서 사유 작용에 이르는 여러 가지의 방식으로 활동한다. 이들 정신적인 활동의 여러 유형은 우리의 신체 안의 운동이기 때문에 그것들은 근본적으로 동일하다. 지각, 상상, 기억이 모두 동일하다는 사실은 특히 홉스에게는 명백한 것이었다. 사물들을 감각하는 능력을 의미하는 지각은 우리의 근본적인 정신적 행위며 이외의 것들은 〈그 원천에서 도출된 것〉이다. 인간 사유의 전 구조와 과정은 운동 중인 물체들로 설명되며, 정신 활동에 있어서 변형된 활동들은 기술 가능한 인과적 계열을 따라 각 종류의 정신적 행위의 위치를 설정해 줌으로써 설명 가능하다. 따라서 우리가 나무를 볼 때처럼 사유 과정이 시작되는 때는 외부의 한 물체가 움직여서 우리 내부에 운동을 일으킬 경우다. 그러므로 나무를 본다는 것은 곧 지각이나 감각이다. 우리가 어떤 대상을 바라볼 때 우리가 보는 것은 홉스가 말하는 환영이다. 환영은 곧 우리 외부의 대상에 의해 야기된 내부의 상이다. 지각이란 운동에 대한 감각도 아니고 한 대상이 실제로 소유하고 있는 정확한 성질들에 대한 감각도 아니다. 우리가 푸른 나무를 보고 있지만 녹색과 나무는 각각 성질과 대상인 두 가지의 환영이다. 또한 이것들은 우리가 외부 대상에 의해 야기된 운동을 경험하는 방식을 나타낸다. 외부 대상에 의해서 우리에게 야기된 처음의 자극은 직접적인 감각뿐만 아니라 바람이 멈출지라도 바다에서는 오랫동안 물결이 일렁이고 있는 것처럼 지속적인 효과를 산출한다. 그리고 〈그러한 상태는 인체 내부의 각 부분에서 일어나는 운동에서도 볼 수 있다. ……왜냐하면 대상이 시야에서 사라지거나 또는 눈을 감은 뒤에도 비록 우리가 그것을 직접 볼 때보다는 희미하겠지만 이미 한 번 본 사물의 이미지는 계속되기 때문이다〉. 대상이 사라진 후에도 우리 내부에 이미지가 계속 남아 있는 상태가 홉스가 말하는 상상력이다. 그리하여 상상력은 단지 사라져 가는 감각 — 홉스는 이것을 쇠퇴하는 감각이라고 부른다 — 에 불과하다. 좀 더 시간이 지난 후 이러한 쇠퇴를 표현하고 감각이 거의 시들었음을 나타내기 위해 우리는 기억이라는 말을 사용하며 〈따라서 상상력과 기억은 사실상 한 가지이지만 그 동일한 것에 대해 고찰을 달리하면 그 명칭이 달라진다〉.

우리가 서로 대화를 할 때처럼, 사유한다는 것은 감각 및 기억과는 전혀 다른 것처럼 보일 것이다. 감각의 과정 중에 우리의 정신 속에 있는 상들의 계열은 우리 외부에서 일어나고 움직이는 것에 의해 결정된다. 반면에 사유의 과정 중에 우리는 자신들이 원하는 방식대로 관념들을 연합시키는 것처럼 보인다. 그러나 홉스는 기계론적인 모형을 사용하여 그가 감각에서 사용했던 동일한 용어들에 의해 사유를 설명했다. 그러므로 그에게 사유 작용은 감각의 변형에 불과하다. 그에 의하면 관념들은 감각의 과정 속에서 연이어 들어오게 되므로 그것들은 사유 속에서도 연속적으로 들어오게 된다. 왜냐하면 〈감각 속에서 순서대로 직접 연결된 이러한 운동은 감각한 후에도 그대로 함께 연결되기〉 때문이다. 어떤 형태의 연속적인 운동 — 사유도 마찬가지의 운동이다 — 속에서 〈뒤의 것은 운동의 응집력에 의해 따라오기〉 때문에 관념들은 견고한 관계를 가지게 된다. 그러나 사유의 메커니즘은 완전하지 않다. 사람들은 항상 사유하지만 정확히 동일한 과거의 감각들을 이끌어 내지는 못한다. 홉스는 이러한 점을 알고 있었다. 그렇지만 그는 깨어진 계열마저도 상상력과 기억의 조류 속으로 더욱 지배적인 감각들이 침입한 것으로 설명하고자 했다. 예를 들어 누군가가 내전에 대해 생각할 때 그는 개인적인 경험을 떠올리며 그의 기억 속에 있던 내전의 여러 사건들에 대한 연쇄 계열이 깨지게 된다. 그는 감각과 기억에 의해 설명되지 않는 것은 사유 작용 속에서도 일어나지 않는다는 견해를 피력하고자 했다.

동물과 인간 모두는 감각과 기억을 소유하지만 동물의 정신과 인간의 정신에는 차이점이 있다. 인간은 자신의 감각들을 구별하기 위해 부호나 명칭을 형성할 수 있으며 이들 명사를 가지고 자신의 감각을 회상할 수 있다. 더구나 과학과 철학이 가능한 것은 인간이 단어나 문장을 조직화할 수 있는 능력을 가지고 있기 때문이다. 지식은 두 가지의 형태로 구분되는데, 그 하나는 사실에 대한 지식이며 다른 하나는 하나의 귀결에서 다른 귀결로 이르는 지식이다. 사실에 관한 지식은 단순히 과거 사건에 대한 기억에 불과하다. 후자의 지식은 가설적이거나 조건적이지만 그것 역시 경험에 기반을 두고 있다. 왜냐하면 A가 참이라면 B 또한 참일 것이라고 확증되기 때문이다. 홉스의 예를 빌린다면 〈그려진 도형이 원이라면 그것의 중심을 통과하는 직선은 어느 것이나 원을 이등분할 것이다〉. 과학적 지식이나 넓은 의미에서 철학이 가능한 이유는 인간이 말과 언어를 사용할 수 있는 능력을 지녔기 때문이다. 홉스가 부호나 명칭을 〈표시하기 위해 임의적으로 취한 단어〉라고 말했으나 이들 단어는 우리의 경험을 나타낸다. 단어나 문장은 사물들이 행위를 하는 실제 방식을 나타낸다. 그러므로 단어들을 가지고 추론하는 것은 보통 그것들을 가지고 사용하는 것과 같지 않다. 왜냐하면 단어의 의미가 일단 주어지면 그것을 사용함으로써 몇몇 귀결이 나오게 되며, 그 귀결은 우리의 상상력이 회상해 내는 실재를 반영한다.

따라서 인간은 살아 있는 피조물이라고 말하는 것은 다음의 두 가지 이유에 의해 참인 명제다. 하나는 인간이라는 단어가 이미 살아 있다는 관념을 포함하기 때문이며 다른 하나는 인간이라는 단어는 우리가 실제의 인간을 볼 때 가지게 되는 감각에 대한 표현이기 때문이다. 단어들의 관계는 그것들이 표상으로 가지는 사건들의 관계 위에 기초한다. 그러므로 추론은 〈여러 일반 명사들의 연속적인 귀결들을 계산(가감)하는 것에 지나지 않는다〉. 인간이라는 단어가 어떤 일반적이거나 보편적인 실재가 아닌 특정한 인간만을 지칭한다 할지라도 홉스는 우리가 다음과 같이 신뢰할 만한 지식을 얻는다고 강조한다. 즉 〈경험은 보편적인 어떤 결론도 내려 주지 못하지만 경험 위에 기반을 둔 과학은 보편적인 결론을 내려 준다〉는 것이다. 이것이 홉스의 유명론이다. 그는 인간과 같은 보편 개념은 단지 단어일 뿐이며 어떠한 일반적인 실재도 나타내지 않는다고 말한다. 그것은 또한 그의 경험론이기도 하며, 그는 다음과 같이 주장하기에 이르렀다. 즉 우리가 몇몇 사람에 대한 경험에서 얻은 지식을 토대로 모든 사람에 대한 지식을 얻을 수 있다는 것이다.

7. 4. 정치 철학과 도덕

우리가 홉스의 정치 철학으로 직접 눈을 돌린다면 그는 이 주제가 허용하는 한 기하학의 방법뿐만 아니라 운동의 이론과 논리를 도입하고 있음을 알 수 있다. 그는 인간의 본성, 특히 인간의 지식을 기술하기 위해 운동과 물체의 개념에 의존하고 있으며, 또한 움직이는 물체의 측면에서 국가의 구조와 본질을 분석하고 있다. 더구나 국가에 대한 그의 논의는 그의 철학 개념의 가장 인상적인 실례를 제공한다. 철학이 〈어떤 일반 명사들의 여러 귀결을 계산(가감)하는 학문〉이라고 가정한다면, 단어의 의미를 다룰 때 그가 보여 주는 능숙함과 엄밀함은 단연 그의 정치 철학에서 빛을 발하고 있다.

홉스의 국가론에서 특별한 점은 그가 역사적인 관점이 아닌 논리와 분석의 관점에서 그 주제를 다루고 있다는 점이다. 그는 〈언제 시민 사회가 출현했는가〉보다는 〈당신은 어떻게 사회의 출현을 설명하겠는가〉라고 묻는다. 그는 시민 사회의 원인을 발견하는 데 주력하며 그의 일반적 방법과의 조화 속에서 물체들의 운동을 기술함으로써 국가의 원인을 설명하고자 한다. 그가 공리적인 전제들 — 이 전제들의 대부분이 인간의 본성에 대한 개념을 내용으로 담고 있다 — 로부터 그의 모든 정치 이론의 결론들을 이끌어 내고 있다는 점에서 정치 철학에 대한 그의 사상은 기하학의 방법과 유사하다.

7. 5. 자연 상태

홉스는 우선 인간을 다음과 같이 묘사한다. 즉 인간은 어떤 국가나 시민 사회가 존재하기도 전에 인간의 조건인 이른바 〈자연의 상태〉 속에서 출현한다. 이러한 자연의 상태 안에서는 모든 인간이 평등하며, 그들은 자신들이 생존에 필요하다고 생각되는 모든 것에 대한 권리를 동등하게 소유한다. 여기에서 평등이 의미하는 바는 어느 누구도 자신의 보호에 필요하다고 판단하는 것을 취할 수 있고 자신의 이웃을 해칠 수도 있다는 뜻이다. 때로는 힘의 차이가 역전되어 약자가 강자를 패망시킬 수도 있다. 자연 상태 내에 퍼져 있는 〈만인에 대한 만인의 권리〉가 누구는 권리를 가지고 누구는 대응하는 의무를 가진다는 것을 의미하지 않는다. 원초적인 자연의 상태 안에서 권리라는 단어는 〈그가 하고자 하는 일을 하고, 그가 부적당하다고 생각한 사람에 대해 반대도 할 수 있고, 얻을 수 있는 모든 것을 소유하고 사용하며, 즐길 수 있는 인간의 자유〉다. 인간의 추진력은 생존하려는 의지력이며 모든 사람에게 팽배해 있는 심리적인 태도는 두려움, 즉 죽음에 대한 두려움, 특히 잔인한 죽음에 대한 두려움이다. 자연의 상태 내에서 만인은 자신의 안전을 도모하기 위해서라면 어떤 행동이라도 잔인하게 수행한다. 이러한 자연 상태에서 기대할 수 있는 상황은 서로 서로 — 움직이는 신체들 — 대립적으로 활동하는 사람들의 모습이거나, 또는 홉스가 〈만인 대 만인의 투쟁〉이라 부르는 무정부 상태이다.

　인간은 왜 이런 식으로 행동하는가? 홉스는 만인은 이중적인 충동, 즉 욕구와 혐오를 소유한다고 인간의 동기를 분석한다. 이 두 충동으로 인간이 타인들이나 대상들에게 가까이 가거나 멀어지는 운동을 설명할 수 있으며 사랑과 증오는 그것과 동의적인 의미를 갖는다. 인간은 자신의 생존에 도움이 되는 쪽으로 이끌리며 자신에게 위협이 된다고 판단되는 것을 무엇이든 혐오한다. 선과 악이라는 단어는 각 개인이 부여하는 모든 의미를 갖게 된다. 사람은 자신이 사랑하는 것을 모두 선이라고 부르며 자신이 싫어하는 것은 악이라고 부른다. 그러므로 〈단순히 그리고 절대적으로 선하거나 악한 것은 아무것도 없다〉. 인간은 주로 자신의 생존에 대해 관심을 가지며 자신의 욕구를 선과 동일시한다는 점에서 근본적으로 이기적이다. 그러므로 자연의 상태 안에서는 인간이 다른 사람들을 존경할 의무도 없고 선과 정의와 같은 전통적인 의미에서의 도덕은 존재하지 않는 것처럼 보인다. 인간의 본성을 이처럼 이기적인 것으로 본다면 인간은 질서 있고 평화로운 사회를 창출할 능력을 가지지 못한 것처럼 보일 것이다.

　그러나 홉스의 주장에 따르면 자신의 생존에 대한 인간의 관심에서 도출될 수 있는 몇몇 논리적인 결론이나 귀결들이 있으며, 홉스는 이것을 자연법이라고 했다. 인간은 자연의 상태 안에서조차 자신의 안전에 대한 지대한 관심과 논리적으로 일관되는 이 자연법을 인식한다. 홉스에 의하면 자연법은 〈무슨 일을 해야 될 것인지 아닌지를 분별해 주는, 이성에 의해 발견된 원칙이나 규율〉이다. 주요 전제가 내가 생존하기를 원하는 것이라면 나는 자연의 상태 안에서도 생존에 도움이 될 행위의 규율들을 논리적으로 도출할 수 있다. 그러므로 제1의 자연법은 모든 인간이 〈평화를 추구하고 그것을 따라야〉만 한다는 것이다. 나에게 평화를 추구하는 이 법은 자연적이다. 왜냐하면 그것은 생존에 대한 나의 관심의 논리적인 귀결이기 때문이다. 평화의 조건들을 만드는 데 내가 도와준다면 그만큼 내가 생존할 수 있는 더 좋은 기회를 맞이할 수 있다. 그러므로 나는 생존을 위한 나의 욕망에 의해 평화를 추구하게 된다. 이 처음이자 근본적인 자연법으로부터 다음과 같은 제2의 법이 도출된다. 〈사람이 평화와 자기 방어를 위해 필요하다고 생각한다면, 그리고 타인 역시 그렇게 생각하는 한 자진해서 모든 일에 대한 자신의 권리를 포기해야 하며, 자신과 다른 사람들 서로에게 제약되는 만큼의 자유를 가지는 데 만족해야 한다.〉 더 간단히 말하자면 우리는 타인이 우리에게 적대적 권리를 포기하려 한다면 우리도 기꺼이 타인에 대한 적대적 권리를 포기해야만 한다.

7. 6. 자연 상태에서의 의무

인간이 자연 상태에서도 이런저런 자연법들을 알고 있다면 그는 그 법들을 준수할 의무가 있는가? 홉스는 이 법들이 시민 사회에서뿐만 아니라 자연의 상태에서도 항상 구속력이 있다고 대답한다. 그러나 그는 이 자연법들이 자연의 상태에 적용될 수 있는 두 가지의 방식을 구별한다. 〈자연법은 내면의 법정에서만 *in foro interno* 의무를 준다. 다시 말해 그것들은 그것이 이루어져야 한다는 의욕을 갖도록 구속한다. 그러나 반드시 항상 외부의 법정에서 *in foro externo*, 즉 자연법이 행위로 옮겨 가도록 구속하는 것은 아니다.〉 따라서 자연의 상태에서는 의무가 없는 것이 아니다. 자연의 상태에서 이 법들에 따라 살 수 있는 상황이 항상 존재하지 않을 뿐이다. 인간은 자연의 상태에서 모든 일에 대한 권리를 갖는다. 그것은 아무런 의무가 없기 때문이 아니라 어떤 사람이 겸허하고 유순하며 그의 약속을 이행한다면 〈그 누구도 그렇게 하지 않는 시대나 장소에서는 그러한 성품이나 행위로 인해 그는 타인의 먹이가 되며, 결국 파멸에 이를 것이 틀림없으므로 그것은 자연의 유지를 의도하는 모든 자연법의 기초에 어긋나기 때문이다〉. 그리고 사람들이 자신들을 보호하기 위해 행동을 취할 때조차도 그들은 합리적인 자연법에서 자유로워지지 못한다. 왜냐하면 자연의 상태에서조차도 그들은 굳은 신념으로 행동하기 때문이다. 〈만일 어떤 사람이 자신이 확신 있게 그렇다고 믿지 않으면서 어느 정도 그의 보호에 대한 의도가 필연적인 것처럼 가장한다면 그는 자연법을 위반하는 것이다.〉

홉스는 다음의 사실을 인식하고 있었다. 즉 이기적인 개인들 각자가 생존하기에 가장 좋은 방법을 알아서 선택하는 상황의 논리적인 결과는 무정부 상태일 것이라고. 그 상태에서는 〈어떠한 예술도 문학도 사회도 없으며, 더욱 나쁜 것은 계속적인 공포와 잔인한 죽음에 대한 위험이 도사리고 있고, 또한 인간의 삶은 고독하고 가난하며 소름 끼치고 잔혹하며 단명한다〉. 권리에 대한 개인적이고 이기적인 판단들 간의 갈등에서 비롯되는 이러한 무정부 상태를 피하기 위해 자연법의 계율을 따르고 평화를 추구하는 인간들은 자신의 권리나 자유의 일부를 포기하고 사회 계약을 하여 인위적인 인간, 즉 공화국commonwealth이나 국가state라 불리는 거대한 〈리바이어던〉을 창출하기에 이른다.

7. 7. 사회 계약

인간이 자연의 상태를 피하여 시민 사회의 일원이 되고자 하는 계약은 개인들 간의 합의이며, 〈그것은 마치 만인이 만인에게 다음과 같이 고하는 것과 같다. 나는 그대들이 자신의 지배권을 이 인간이나 이 집단의 인간에게 양도하고 그의 모든 행동을 승인한다는 조건에서 나 역시 자신의 지배권을 이 사람에게 양도하고 위탁하는 바이다〉. 이 계약에서 분명하게 눈에 띄는 두 가지의 사실이 있다. 첫째, 계약의 당사자들은 개인이며 그들은 자신을 다스릴 자신들의 권리를 주권자에게 이양하기로 서로 합의한다. 그것은 주권자와 시민들 간의 계약이 아니다. 주권자는 통치하기 위한 절대 권력을 가지므로 시민들에게는 결코 지배받지 않는다. 둘째, 홉스는 주권자가 〈이 인간〉 또는 〈이 인간 집단〉일 수 있음을 분명히 언명하고 있다. 이것은 적어도 이론적으로는 통치권에 대한 그의 견해가 어떠한 특별한 정부 형태와도 동일시되지 않았음을 암시하고 있다. 그는 아마도 절대 권력을 가진 유일한 지배자를 택한 듯하지만 그의 주권자론이 〈민주제〉와 양립할 수 있는 가능성을 인식하고 있었다. 그러나 주권자가 어느 형태를 취하건 홉스는 지배권을 국민으로부터 절대적이고 불가항력적인 주권자에게 양도할 것을 분명히 생각하고 있었다.

홉스는 특히 통치권이 불가분적이라는 사실을 논리적으로 엄밀하게 논증하려고 애썼다. 그는 자연의 상태에서 무정부 상태는 개인들의 독자적인 판단의 논리적인 귀결이라는 사실을 보인 후 다음과 같이 결론지었다. 즉 그러한 무정부 상태를 극복할 수 있는 유일한 방법은 여러 시민 집단을 하나로 통합하는 것이다. 다수의 다양한 의지를 단일한 의지로 변환시킬 수 있는 유일한 방법은 주권자의 단일 의지와 판단이 모든 시민들의 의지이자 판단을 대표한다는 사실에 합의하는 것이다. 결과적으로 이것은 시민들이 자신들을 지배할 자신들의 권리를 양도하기로 합의할 때의 계약을 의미한다. 주권자는 시민을 위해서뿐만 아니라 스스로 시민의 의지의 구현자로서 행동한다. 따라서 홉스는 주권자와 시민의 의지가 동일하다는 확언을 하기에 이른다. 그러므로 시민이 주권자에게 저항하는 것은 두 가지 이유에서 불합리하다. 첫째 그것은 그 자신에 대한 저항이기도 하고, 둘째 저항한다는 것은 곧 자연의 상태나 무정부 상태로 되돌아가는 것과 마찬가지인 독자적인 판단으로 되돌아감을 의미하는 것이기 때문이다. 그러므로 질서, 평화, 법의 조건들을 수호하기 위해서 군주의 힘은 절대적이어야 한다.

7. 8. 시민법 대(對) 자연법

법이란 주권자가 있어야 비로소 시작된다. 이것은 논리적으로 자명한 이치다. 왜냐하면 사법적, 또는 법률적 의미에서 법이란 곧 주권자의 명령으로 정의되기 때문이다. 주권자가 없는 곳에 법이 존재하지 않는 것은 당연하다. 분명히 홉스는 다음의 사실을 확신했다. 즉 자연의 상태에서조차 인간은 자연법에 대한 지식을 갖추고 있으며, 특정한 의미에서, 자연법은 자연 상태에서조차 구속력을 지니고 있다는 것이다. 그러나 단지 주권자가 있은 후에야 진정한 법의 질서가 존재할 수 있다. 왜냐하면 주권자가 있어야만 강제력의 핵심을 이루는 법의 장치가 존재하기 때문이다. 홉스는 강제력 없이는 계약도 〈말〉에 지나지 않는다고 하였다. 그는 법과 주권자의 명령을 동일시했으며 〈불공정한 법은 있을 수 없다〉고 부연하였다.

불공정한 법은 존재하지 않는다는 홉스의 주장만큼 그의 냉혹한 권위주의를 강하게 표현하는 구절은 없다. 그러므로 정의와 도덕은 주권자와 더불어 시작되며 주권자를 앞지르거나 제한하는 정의와 도덕의 원리도 있을 수가 없다. 홉스는 이 점을 다음의 구절에서 분명하게 나타내고 있다. 〈선한 법을 제정하는 것은 주권자의 권한에 속한다. 그러나 선한 법이란 무엇인가? 선한 법이 공정한 법을 의미하지는 않는다. 왜냐하면 불공정한 법이란 있을 수가 없기 때문이다.〉 홉스는 불공정한 법이 있을 수 없는 두 가지 이유를 제시한다. 첫째, 정의는 곧 법을 준수함을 의미하기 때문이다. 그리고 이것은 곧 법이 제정된 후에야 비로소 정의가 존재하게 되며 정의 그 자체가 법의 기준이 될 수 없는 이유이기도 한다. 둘째, 주권자가 법을 제정하는 것은 시민들이 법을 제정하는 것과 같은 것이다. 따라서 그들이 합의하고 있는 것은 불공정할 수 없다. 홉스가 말하는 제3의 자연법은 〈사람들은 맺어진 계약을 이행해야 한다〉는 것이며, 이것이 곧 〈정의의 원천〉이라고 홉스는 밝히고 있다. 그러므로 당신이 주권자에게 복종하겠다고 합의한 계약을 준수하는 것이 곧 홉스가 말하는 정의의 본질이다.

홉스는 분명히 독자에게 각 단어를 진지하게 살펴보고 그것으로부터 추출될 수 있는 모든 〈귀결〉에 대해 생각해 보기를 요구한다. 법이 주권자의 명령을 뜻하고 정의가 법의 준수를 의미한다면 불공정한 법은 있을 수 없다. 그러나 악한 법은 있을 수 있다. 왜냐하면 주권자는 〈자신이 통치력, 즉 시민들의 안전을 위한 위임권으로 위탁된, 또한 그가 자연법에 의해 부과된, 그리고 신에 대해 책임을 져야 할〉 분명한 목적을 가지고 있음을 인정할 만큼 홉스는 다분히 아리스토텔레스 주의자였기 때문이다. 그러나 주권자가 〈악법〉을 제정한 경우조차 시민들은 그것에 대해 어떠한 판단을 내릴 수도 없고 그것이 악법이라는 이유로 순종하지 않아서도 안 된다. 주권자만이 시민의 안전을 위해 해야 할 일을 판단하는 유일한 힘을 소유하고 있다. 만일 시민들이 그에게 복종하지 않는다면 그들은 무정부 상태로 돌아가게 될 것이다. 주권자가 부정한 행위를 하게 된다면 이것은 주권자와 신 사이의 문제이지 주권자와 시민 사이의 문제가 아니다. 그리고 홉스는 무정부 상태와 무질서를 매우 두려워했기 때문에 그의 복종의 논리는 교회와 종교를 국가에 귀속시키는 데까지 나아갔다. 주권자의 명령이 신의 법률에 위배된다고 생각하는 기독교인에게 홉스는 위로의 말은커녕 다음과 같

이 주장했다. 〈그런 사람이 주권자에게 복종할 수 없다면 그는 순교한 예수에게로 돌아가야만 한다.〉

홉스는 이 같은 대담한 솜씨로 철학의 경로를 변경시켰다. 그는 과학의 방법을 인간 본성에 대한 연구에 적용한 사람들 가운데 하나다. 그는 인간의 지식과 도덕적 행위에 대한 새로운 설명을 제시하고 중세의 자연법에 대한 개념에서 탈피했으며 결국 통치권에 대한 강력한 권위주의적 개념에 도달하게 되었다. 홉스는 비록 당대에는 폭넓게 인정받지 못했고 그의 철학에는 의문점과 비판할 점도 많지만 철학의 문제들을 체계화할 때 보여 준 엄밀함 때문에 지속적인 영향을 주었다.

10 대륙 이성론

철학이 급격하게 그 방향을 변화시키는 일은 거의 없더라도 새로운 관심사와 강조점에 의해 바로 전 시대의 철학과 구분이 되는 시대들이 있다. 17세기의 대륙 이성론이 바로 그 경우다. 창시자는 데카르트였으며 그의 새로운 철학이 이른바 〈근대 철학〉의 출발을 이루었다. 어떤 의미에서 대륙 이성론자들이 하고자 했던 일의 대부분은 이미 중세 철학자들과 베이컨 및 홉스에 의해 시도되었던 것들이다. 그러나 과학과 수학의 진보와 성공에 영향을 받은 데카르트, 스피노자, 라이프니츠 등의 새로운 계획은 철학에 수학의 정확성을 도입하는 것이었다. 그들은 세계에 대한 정확한 지식이 연역 가능한 진리 체계를 가질 수 있는 분명한 이성적 원리들을 구성하고자 했다. 그들이 강조하는 주요 논점은 인간 본성과 세계에 관한 진리의 원천이라고 생각되는 인간 정신의 이성적인 능력에 관한 것이었다. 그들이 종교의 주장을 거부한 것은 아니지만 그들은 철학적인 추론을 초자연적인 계시와는 무관한 것이라고 생각했다. 그들은 진리를 발견하는 수단으로 주관적인 감정과 열정을 가치 없는 것이라고 여겼다. 그 대신 그들은 적절한 방법에 따라 우리는 우주의 본질을 발견할 수 있다는 사실을 믿었다. 이것이 바로 고대의 회의주의를 부활시키려는 최근의 시도, 특히 몽테뉴에 의한 시도를 묵살시킨 인간 이성에 대한 낙관주의적 견해였다. 이성론자들은 그들의 정신으로 분명하게 생각할 수 있는 것이 실제로 정신의 외부 세계에 존재한다고 가정했다. 데카르트와 라이프니츠조차도 관념들이 인간의 정신 속에 생득적으로 존재한다는 사실과 적절한 기회가 주어진다면 이 생득적인 진리들도 경험으로 자명하게 된다는 주장을 서슴지 않고 했다. 이성론의 매우 낙관적인 계획은 주도적인 제안자들의 견해 차이에서 보여 주듯이 모두 다 성공적이지는 않았다. 확실히 모든 이성론자들은 물질세계를 물리학의 기계론적 모형을 따라 해석함으로써 모든 물리적인 사건들을 결정론으로 귀착시켰다. 그러나 데카르트는 실재를 두 가지의 근본 실체, 즉 사유(思惟)와 연장(延長)으로 구성된 이원론으로 기술했다. 반면에 스피노자는 자연이라는 단일한 실체만이 존재한다고 주장함으로써 일원론을 제시했다. 라이프니츠는 세계를 구성하는 여러 종류의 기본적인 실체들이 있다고 주장하는 다원론자였다.

1. 데카르트

1. 1. 생애

흔히 근대 철학의 아버지라고 불리는 르네 데카르트René Descartes는 1596년 투렌에서 태어났다. 그의 아버지 조아생 데카르트는 브르타뉴 의회의 고문이었다. 1604년에서 1612년까지 어린 데카르트는 라 플레슈의 예수회 신학교에서 공부했으며 그곳에서 수학과 논리학, 철학을 배웠다. 이 시기 동안 그는 계속해서 의문과 논란을 야기한 전통적인 철학에 비해 확실성과 정확성을 지닌 수학에 깊이 감명받았다. 한동안 그는 바이에른의 막시밀리안의 군대에서 생활했다. 유럽 전역을 여행한 후 그는 1628년에 네덜란드에 정착했으며 여기에서 그의 주저인 『방법 서설Discours de la Méthode』(1637), 『제1철학을 위한 성찰Méditations sur la philosophie premiére』(1641), 『철학의 원리Principia philosophiae』(1644), 『정념론Les Passions de l'âme』(1649)을 저술했다. 데카르트의 철학을 배우고자 했던 크리스티나 여왕[1]의 초청으로

---

[1] Queen Christina(1628~1689). 아돌프 구스타프 2세의 딸로서 6세에 즉위하여 18세까지 섭정단의 도움을 받았다. 그녀는 일찍부터 학예의 재능을 인정받아 라틴어, 프랑스어, 스페인어에 능통했으며 문학과 철학에 대한 관심도 지대했다. 그녀는 프랑스를 중심으로 한 국내외의 학자, 예술가를 초청하여 궁정을 학예의 살롱으로 만들었다. 그녀는 특히 군함을 특파하여 데카르트를 초청할 정도였다. 데카르트도 그녀를 가톨릭으로 개종시켰을 정도로 신임을 받았으며 그녀를 위해 『정념론』을 쓰기도 했다.

그는 1649년 스웨덴에 건너갔다. 여왕은 아침 5시 이외에는 그를 볼 시간이 없었으므로 그 시각의 혹독한 추위뿐만 아니라 익숙하지 않은 생활로 그는 병에 걸렸다. 몇 달 후 그는 심한 열로 고생하다가 마침내 1650년 2월 54세의 나이로 세상을 떠났다.

데카르트의 주된 관심은 지적인 확실성에 대한 문제였다. 그의 말을 빌리면 그는 〈유럽에서 가장 명망 있는 학교들 가운데 하나〉에서 교육을 받았다. 그러나 그는 자신이 〈많은 의심과 오류〉에 빠져 당황하고 있음을 알게 되었다. 자신의 연구들을 뒤돌아보면서 그는 고대의 문학 서적들 속에 그의 정신을 일깨워 줄 매력적인 우화들이 있긴 하지만 이들 우화는 인간의 힘을 초월하여 수행하기 어려운 행동을 그리고 있으므로 그의 행동의 지침이 될 수 없다는 사실을 깨달았다. 그는 시인이 그의 〈상상력〉을 통해 우리에게 지식을 줄 뿐만 아니라 철학자보다도 진리가 〈더욱 환하게 빛을 발하도록〉 한다며 시가(詩歌)에 대해 호의적으로 이야기했다. 그러나 시가는 정신의 선물이지 연구의 결과가 아니기 때문에 그것은 우리에게 진리를 의식적으로 발견하는 방법을 제시해 주지 못한다. 그는 또한 신학을 경원했지만 그것의 〈계시적인 진리〉가 인간의 지성 위에 있으며 누군가가 그것에 대해 생각할 수 있다면 〈그는 위로부터의 예외적인 도움을 받아야만 하며 보통 사람과는 달라야 한다〉고 결론을 내린다. 그는 독실한 가톨릭교도로 끝까지 남아 있었기 때문에 이러한 진리들을 부인하려고 하지 않았다. 그럼에도 불구하고 그는 단지 인간의 이성 능력들만으로 이러한 진리에 도달할 수 있는 방법을 신학에서는 발견하지 못했다. 그가 대학에서 배운 철학도 이런 면에서 더 이상 쓸모가 없었다. 왜냐하면 〈논쟁의 주제가 아닌, 따라서 의심쩍지도 않은 결론 속에서는 단 하나의 사실도 발견할 수 없기〉 때문이었다.

확실성에 대한 탐구 때문에 데카르트는 그의 책들을 버리고 〈세계라는 위대한 책〉으로 전환하여 여행을 통해 〈다양한 기질과 조건을 갖춘 사람들〉을 만나게 되고, 〈가지각색의 경험〉을 얻게 되었다. 그의 생각으로는 학구적인 활동과 비교할 때 실제 생활에서는 추론상의 실수로 해로운 결과가 발생하기 때문에 그는 세상 사람들 속에서 더욱 정확한 추론을 발견하려 했다. 그러나 철학자들과 마찬가지로 실제 생활인들도 견해의 차이가 심하다는 것을 알았다. 세계라는 책에서 얻은 이러한 경험으로 데카르트는 〈(내가) 단지 범례와 관습에 의해 확신을 갖고 있던 것이 아무리 확실하다 해도 전혀 믿지 않기〉로 했다. 그는 확실성에 대한 탐구를 계속하기로 결심했다. 1619년

11월 10일, 잊지 못할 밤에 그는 단지 인간의 이성의 힘만으로 참된 지식의 체계를 세워야 한다는 확신을 갖게 한 세 가지의 꿈을 꾸었다.

데카르트는 과거를 청산하고 철학을 새롭게 시작했다. 특히 그는 자신의 진리 체계를 그 자신의 이성 능력에서 도출하려 했기 때문에 더 이상 이전의 철학자들에게 의존하지 않았을 뿐만 아니라, 단지 어떤 사상이 권위를 가진 사람에 의해 표현되었다는 이유만으로 그 사상을 참된 것으로 받아들이려고 하지도 않았다. 아리스토텔레스의 위대한 명성의 권위와 교회의 권위도 그가 추구한 종류의 확실성을 산출하기에 충분할 수 없었다. 데카르트는 그 자신의 이성 속에서 지적 확실성의 기초를 발견하기로 결심했다. 그러므로 그는 다른 모든 지식의 토대로 그 자신의 힘을 통해 인식할 수 있었던 진리만을 사용함으로써 철학의 새로운 출발을 시작했다. 그는 철학사에서 자신의 독특한 위치를 잘 알고 있었다. 왜냐하면 그는 〈내가 나의 원리로 채택한 모든 진리를 모든 시대와 모든 사람이 알고 있었다 해도 내가 아는 한 오늘날까지 그것을 철학의 원리, 즉 세상에 있는 다른 모든 사물에 대한 지식을 이끌어 낼 수 있는 원천으로 채택한 사람은 일찍이 없었다〉고 썼기 때문이다.

그의 이상은 여러 가지 원리들이 참일 뿐만 아니라 하나의 참된 원리에서 또 다른 참된 원리로 쉽게 옮겨 갈 수 있는 그런 명확한 방법으로 연결되어 있는 하나의 사상 체계에 도달하는 것이었다. 그러나 그렇게 유기적으로 연결된 진리의 집합에 도달하기 위해서 데카르트는 이 진리들을 〈이성적인 틀에 맞도록〉 해야 한다고 생각했다. 그러한 틀을 가지고 그는 현재의 지식을 조직화시킬 수 있을 뿐만 아니라 〈우리가 모르는 진리를 발견하기 위해 우리의 이성을 지도〉할 수도 있었다. 그러므로 그의 첫 작업은 그의 〈이성적인 틀〉, 즉 그의 〈방법〉을 세우는 일이었다.

1. 2. 데카르트의 방법

데카르트의 방법은 규칙의 특별한 집합으로 정신 능력들을 이용하는 데 있다. 데카르트는 방법의 〈필요성〉, 즉 체계적이고 질서 있는 사유를 주장했다. 그는 맹목적으로 진리를 추구하는 학자들을 증오하면서 다음과 같이 비유했다. 〈그들은 보물을 찾으려는 비지성적인 욕망에 불타서 행인이 우연히 떨어뜨려 줄지도 모를 무언가를 찾기 위해 계속 길가를 배회하는 자들이다. 다듬어지지도 않은 탐구와 이러한 종류의

파리 대학교의 강의실(17세기)

무질서한 사유는 자연의 빛을 혼란하게 하고 우리의 정신의 힘을 눈멀게 만들 것이 아주 분명하다.〉 그러나 우리의 정신 능력들이 세심하게 다듬어지지 않는다면 스스로 이탈할 수가 있다. 그러므로 방법은 직관과 연역의 힘들이 올바르게 인도되게 하는 규칙들 가운데 있다.

1. 2. 1. 수학의 예

데카르트는 분명하고 정확한 사유의 가장 좋은 예로 수학을 들고 있다. 〈나의 방법은 산술의 규칙에 확실성을 주는 모든 것을 포함한다〉고 그는 썼다. 사실상 데카르트는 지식의 전부가 일종의 〈보편 수학〉이 되기를 원했다. 그는 수학적인 확실성이 특별한 사유 방식의 결과라고 확신했다. 만약 그가 이 방식을 발견할 수 있다면 〈나의 힘의 영역 내에 있는 것은 무엇이든 그것에 대한〉 참된 지식의 발견을 위한 방법을 가질 수 있을 것이라고 확신했기 때문이다. 수학 그 자체가 방법은 아니며 그것은 단지 데카르트가 찾고 있는 방법을 보여 줄 뿐이다. 기하학이나 산술은 그의 새로운 방법의 구성 요소가 아니라 본보기이거나 그것을 둘러싸고 있는 덮개에 불과하다. 그러면 수학에서 데카르트가 그의 방법에 대한 기초를 발견하게 하는 것은 무엇일까?

수학 속에서 데카르트는 인간의 정신 활동에 관한 근본적인 그 무엇을 발견했다. 특히 그는 어떤 근본 진리를 직접적이고 명백하게 파악할 수 있는 정신의 능력에 몰두했다. 그는 우리의 정신이 어떤 관념을 절대적으로 명석판명하게 알 수 있다는 사실을 확신했기 때문에 관념이 경험으로부터 형성되는 메커니즘을 설명하는 데는 관심을 갖지 않았다. 더구나 그는 수학적인 추론에 의해 우리가 알고 있는 것에서 질서 정연하게 나아감으로써 우리가 모르는 것을 발견할 수 있다는 사실을 알았다. 예를 들어 기하학에서 우리는 선과 각이라는 개념에서 출발하여, 여기서 각도와 같은 더 복잡한 개념들을 발견한다. 그렇다면 왜 우리는 이와 똑같은 추론의 방법을 다른 분야에서도 사용할 수 없는가? 데카르트는 우리가 그것을 할 수 있다고 확신했다. 왜냐하면 그의 방법은 〈인간 이성의 원초적인 기초〉를 이루고 있으며 그것으로 그는 〈어떤 분야에서든지 진리〉를 이끌어 낼 수 있다고 믿었기 때문이다. 이런 관점에서 보면 그에게 모든 여러 가지 과학들은 단지 동일한 추론 능력과 동일한 방법이 사용되는 방식의 차이에 불과한 것이다. 각각의 경우에 그 동일한 방법이란 곧 직관과 연역의 질서 정연한 사용인 것이다.

1.2.2. 직관과 연역

데카르트는 직관과 연역의 기초 위에 지식의 거대한 체계를 세웠다. 그에 의하면 〈이들 두 방법은 지식에 이르는 가장 확실한 길〉이다. 따라서 어떤 다른 접근 방법도 〈오류를 범하기 쉽고 위험한 것으로서 거부되어야 한다〉는 것이다. 간단히 말해 직관은 우리에게 근본적인 개념들을 제공하고, 연역은 우리의 직관으로부터 보다 많은 정보를 끌어낸다. 데카르트는 직관을 우리의 정신 속에 어떤 의심도 남기지 않을 정도로 명료성을 지닌 지적 활동이나 통찰력으로 간주한다. 감관의 불분명한 자료와 상상의 불완전한 산물들은 우리를 혼란하게 하는 반면 직관은 〈맑고 빈틈없는 정신이 우리가 이해하고 있는 것에 대해 아무런 의심도 갖지 않도록 매우 쉽고 판명하게 해주는 개념〉을 제공해 준다. 직관은 우리에게 명석한 개념뿐만 아니라 실재에 관한 진리

르네 데카르트

도 준다. 예를 들면 〈나는 생각한다〉, 〈나는 존재한다〉, 〈구(球)는 하나의 단일 면을 가진다〉처럼 근본적이고 단순하며 다른 형태로 환원 불가능한 진리들을 제공해 준다. 더구나 우리가 어떤 진리와 또 다른 진리와의 관계 ― 〈A=B 이고 C=B이면, A=C이다〉와 같은 공식처럼 ― 를 파악할 수 있는 것은 직관의 덕분이다.

데카르트는 연역을 〈확실하게 알려진 사실에서 나오는 필연적인 모든 추론들〉이라고 말한다. 직관과 연역의 유사한 점은 양자가 모두 진리를 포함하고 있다는 사실이다. 즉 직관에 의해 우리는 완전하고 직접적으로 단순한 진리를 파악하며 연역에 의해서 우리는 하나의 과정을 통해, 즉 〈정신의 연속적이고 방해받지 않는 행위〉를 통해 진리에 도달한다. 연역을 직관과 매우 긴밀하게 연결시켜 놓음으로써 데카르트는 그 이전까지만 해도 삼단 논법이라고 불리는 추론 방식과 동일시되어 왔던 연역법에 새로운 해석을 제공했다. 데카르트가 기술하듯이 연역법은 삼단 논법과 다르다. 즉 삼단 논법은 〈개념들〉 서로의 관계를 나타내고 있는 반면에, 데카르트에게 연역법은 〈진리들〉의 상호 관계를 나타낸다. 그것은 확실하게 알려진 하나의 사실에서 그것이 내포하고 있는 결론으로 진행하는 것이라고 데카르트는 말한다. 그러나 그것은 삼단 논법에서 하듯이 하나의 전제에서 결론에 이르는 것과 다르다. 데카르트는 하나의 〈사실〉에서 시작한 추론과 하나의 〈전제〉에서 시작한 추론의 이러한 차이점을 강조했으며 그것은 그의 방법의 중심이 여기에 놓여 있기 때문이라고 말했다. [우리가 하나의 전제에서 〈일관성 있게〉 추론할 수는 있지만 그 결론의 가치는 전제가 참이냐 아니냐에 달려 있다. (제2판)] 데카르트가 이전의 철학 및 신학과 논쟁을 벌인 이유는 참이 아니거나, 단지 권위 위에 기반을 둔 전제들로부터 삼단 논법의 방법으로 결론을 이끌어 냈다는 점 때문이다. 만일 우리가 사실에서 출발하더라도, 우리는 적절한 연역을 통해서만이 우리의 결론을 진리로 보장받을 수 있다. 데카르트는 지식이 개인 자신의 정신 속에 절대적인 확실성을 가진 출발점 위에서 이루어지기를 원했다. 그러므로 지식은 직관과 연역의 사용을 필요로 하는데 〈제1원리들이 직관에 의해서만 주어진다면 직접 얻어지지 않는 결론들은 단지 연역에 의해서 얻어진다〉. 그런데 이것이 바로 데카르트의 방법이 지닌 핵심적인 구성 요소다. 또 다른 그의 방법의 구성 요소는 직관과 연역의 안내를 위해 만들어 놓은 규칙들에도 있다.

1. 2. 3. 방법의 규칙들

데카르트가 규칙을 정해 놓은 주된 이유는 정신 활동에 분명하고 질서 있는 절차를 제공하기 위해서다. 〈우리가 어떤 진리를 발견해 내고자 한다면, 그 방법은 정신적인 통찰력이 지향해야 하는 대상들의 순서와 배열 속에 전적으로 놓여 있다〉는 것이 그의 확신이었다. 정신은 단순하고 매우 명석한 진리와 더불어 시작해야 하며 단계를 밟아서 명석함과 확실성을 잃지 않고 차례로 움직여야 한다. 데카르트는 구체적인 규칙들을 체계화하는 데 수년을 보냈다. 『정신 지도를 위한 규칙들Regulae ad directionem ingenii』에서 볼 수 있는 21가지의 규칙 중에서 다음의 것들이 가장 중요하다.

규칙 3: 우리가 하나의 주제를 탐구하고자 할 때 〈우리의 탐구의 방향은 다른 사람들이 생각해 놓은 것이나 우리 스스로가 억측하는 것으로가 아니라 우리가 명석하고 판명하게 알 수 있고 확실히 연역할 수 있는 것으로 향해야 한다〉.

규칙4: 이것은 다른 규칙들이 엄격하게 지켜지기를 요구하는 규칙이다. 왜냐하면 〈우리가 그것들을 정확히 관찰한다면 우리는 거짓인 것을 참이라고 결코 생각하지 않을 것이며 헛되이 정신의 노력을 허비하지 않을 것이기 때문이다〉.

규칙5: 〈우리가 복잡하고 애매한 명제들을 점차 더욱 단순한 것들로 줄여 나간 다음, 가장 단순한 것들에 대한 직관적인 이해로부터 시작하여 이와 똑같은 단계에 의해 다른 모든 명제들의 지식을 얻으려고〉 한다면 우리는 정확히 그 방법에 따르게 된다.

규칙8: 〈탐구해야 할 문제들 속에서 우리의 오성이 충분히 직관적인 인식을 할 수 없는 단계에 이르면 우리는 거기에서 잠시 멈추어야 한다.〉

마찬가지 방식으로 데카르트는 『방법 서설』에서도 네 가지 규칙을 정했는데, 그것들을 관찰하는 데 있어서 단 한 번도 실패하지 않는 확고부동한 해결책을 갖는다면 그것들은 완전무결한 것이라고 믿었다.

첫째, 내가 참인 줄 분명하게 알지 못했던 어떠한 것도 결코 참이라고 받아들이지 말라. ……추호의 의심도 없이 명석판명하게 나의 정신에 제시되는 것 외에 나의 판단 속에 어떤 다른 것도 포함시키지 말라.

둘째, 검토 중인 어려운 문제들을 각각 가능한 한, 그리고 타당한 해답을 얻는 데 필요한 만큼 작은 부분으로 나누어라.

셋째, 가장 단순하고 쉬운 대상들에서 시작해서 마치 계단을 올라가듯 조금씩 올라가 점차 더욱 복잡한 대상으로 나의 사유를 진행하라…….

넷째, 모든 경우에 빠진 것이 아무것도 없음을 확신할 수 있도록 완벽하게 열거하고 전체적으로 재검토하라.

프랜시스 베이컨과 홉스에 비교해 볼 때 데카르트의 방법은 지식을 이루는 데 있어서 감각 경험과 실험에 대해 별로 강조하지 않았다. 데카르트는 예를 들어 한 조각의 양초의 본질적인 성질들을 우리는 어떻게 해서 인식하는지 묻는다. 양초는 보통 때는 단단하고 어떤 모양과 색, 크기, 그리고 향기를 가지고 있다. 그러나 우리가 그것을 불에 가까이 가져가면 향기는 사라지고 모양과 색을 잃어버리며 그 크기는 증가한다. 우리가 여전히 그것이 양초라고 알게 해주는, 그 속에 남아 있는 것은 무엇일까? 데카르트에 의하면 〈그것은 내가 감관에 의해 관찰할 수 있는 것이 아니다. 왜냐하면 오관의 범위에서 모든 것이 변했어도 남아 있는 것은 여전히 동일한 양초이기 때문이다〉. 〈나에게 양초의 참된 성질이라고 알게 해주는 것은 정신에 의한 검사에 불과하다. 다시 말해 그것을 양초라고 여기게 해주는 것은 나의 오성에 불과하다.〉 그리고 〈내가 여기에서 양초에 대해 말한 것은 나의 외부에 있는 모든 사물들에도 적용될 수 있다〉고 그는 말한다. 그는 대체로 정신 속에 포함된 진리에 의지한다. 그 진리는 〈본래부터 우리의 영혼 속에 존재하는 진리들의 싹 이외의 어떤 다른 원천에서도 유출될 수 없다〉. 데카르트는 우리가 〈생득 관념과 관계하려는 어떤 기질이나 성향을 가지고 태어난다〉는 의미에서 우리가 생득 관념을 소유하고 있다고 가정했다. 우리는 이러한 진리들을 인식할 수 있기 때문에 연역을 위해 신뢰할 만한 기반을 확신할 수 있다. 데카르트는 단지 그의 이성적인 힘만으로도 모든 철학을 처음부터 시작해서 재고하고 재건할 수 있으며 그의 규칙에 따라 그것들을 지도할 수 있다고 확신했다. 따라서 그는 우리가 수학적인 개념들뿐만 아니라 실재의 본질에 관한 지식에서 확실성을 가질 수 있다는 사실을 보여 주기 시작했다.

1. 3. 방법적 회의

데카르트는 우리의 지식을 이루기 위한 절대적으로 확실한 출발점을 찾기 위해 회의의 방법을 사용했다. 앞서 인용한 『정신 지도를 위한 규칙들』에서 데카르트는 우리가 약간의 의심이라도 가는 어떠한 것도 결코 받아들여서는 안 된다고 하면서 이제 〈나는 전적으로 진리를 탐구하려고 하기 때문에 나에게 조금이라도 의심이 가는 모든 것을 절대적으로 거짓이라고 거부해야만 한다〉며 모든 것에 회의를 품었다. 그의 의도는 분명하다. 그는 이전의 모든 억측들을 청산해서 〈그것을 이성적인 틀의 통일성에 부합되도록 만든 다음, 더 나은 의견에 의해서건 아니면 같은 것에 의해서건 그것들이 이후에도 대치〉되기를 바란다.

이 회의의 방법에 의해 데카르트는 우리의 지식이 얼마나 불확실한지, 심지어는 우리에게 가장 확실하게 보이는 것마저도 얼마나 불확실한지를 보여 준다. 〈손에 이 종이를 들고 내가 여기 불 가에 앉아 있다〉는 것보다 더 확실한 것이 무엇이겠는가? 그러나 내가 잠잘 때 나는 불 가에 앉아 있는 꿈을 꾼다. 그리고 이것에 의해 나는 〈깨어 있는 생활이 잠과 구별될 수 있는 결정적인 어떠한 지표도 없음〉을 깨닫는다. 〈나는 나의 감관들이 때때로 나를 오도할 수 있다는 사실을 알았기〉 때문에 내가 상상하고 있는지 아니면 실제로 인식하고 있는지의 여부를 분간할 수가 없고, 따라서 사물들이 존재한다고 확신할 수도 없다. 그러나 분명히 산수나 기하학 또는 사물을 다루는 과학는 어떤 확실성을 지니고 있어야 한다. 왜냐하면 〈내가 깨어 있거나 잠을 자고 있거나 2 더하기 3은 항상 5〉가 되기 때문이다. 여기서 데카르트는 어떤 일도 할 수 있는 신이 존재한다는 그의 오랜 신념에 대해 언급한다. 〈땅도 하늘도 연장된 물체도 없으면서 내가 이것들의 인상을 가지고 있다는 사실을 신이 알게 해주었다는 사실을 내가 어떻게 확신할 수가 있는가?〉 주변 세계에 대해 가지는 그의 인상들이 분명함에도 불구하고 전적으로 신성하게 주입된 환상인 하나의 가능성 — 가망이 없을지도 모를 — 이 존재한다. 아마도 신은 그가 경험하고 있는 모든 것을 동원하여 그를 기만하고 있는지도 모른다. 〔〈신은 기만에 능숙할 뿐만 아니라 강력한 힘을 가진 악의 화신일 수도 있기〉 때문에 그가 최고선이라고 나는 확신할 수 없으므로 내가 경험하는 모든 사물은 〈환상이나 꿈〉 이외의 어떠한 것도 아니다. 그러므로 데카르트는 〈내가 전에 참이라고 믿었던 것들 중에서 의심의 여지가 없는 것은 아무것도 없다고 고백하지 않을 수〉 없게 된다. (제2판)〕

이 점에 이르러 데카르트는 〈다행히 착실하고 추호의 의심도 없는 단 하나의 진리를 발견할 수 있다면〉 그 사실만으로도 회의를 반전시켜서 하나의 철학을 성립시키기 위해 충분할 것이라고 말한다. 지구를 궤도에서 이탈시키기 위해 단지 부동의 지레 받침만 있으면 된다고 한 아르키메데스처럼 데카르트도 하나의 진리를 탐구했다. 그리고 그는 바로 회의한다는 행위 속에서 그것을 발견했다. 내가 나의 육체가 존재한다는 사실이나 내가 깨어 있다는 사실, 그리고 내가 기만당하고 있다는 사실, 간단히 말해 모두가 환상이거나 거짓이라는 사실을 회의한다 해도 내가 전혀 회의를 가질 수 없는 한 가지 사실이 남게 된다. 즉 〈나는 존재한다 sum〉는 사실이다. 데카르트는 여기에서 〔아래와 같은〕 철학사에서 가장 유명한 문장 가운데 하나를 들어 자신의 주장을 전개한다.

그러나 나는 이 세상에는 아무것도 없다고, 하늘도 땅도 정신도, 어떤 물체도 없다고 스스로 확신했다. 그렇다면 나도 존재하지 않는다고 확신했는가? 그것은 분명히 아니다. 내가 확신할 때, 또는 내가 어떤 것을 생각했을 때 나는 틀림없이 있었다. 그러나 나도 모를 어떤 위력을 가진 매우 간교한 기만자가 있어서 그는 나를 속이는 데 항상 그의 계교를 부린다. 그가 나를 속인다 하더라도 내가 존재한다는 것은 조금도 의심할 수 없다. 내가 어떤 것이라고 생각하는 한, 그가 원하는 대로 나를 속인다 해도 그는 내가 아무것도 아니게 할 수는 결코 없다.[2]

데카르트에 의하면 설사 신이 가능한 모든 방법으로 나를 속이더라도 나는 존재한다는 사실을 알고 있다. 의심하는 바로 그 정신적 행위로 나는 나 자신의 존재를 확인하기 때문이다. 데카르트는 이 사실을 〈나는 생각한다. 그러므로 나는 존재한다 *cogito ergo sum*〉는 문구로 표현한다. 〔회의한다는 것은 사유하는 것이며 〈사유하는 나는 필연적으로 어떤 무엇일 수밖에 없다. 또한 《나는 생각한다. 그러므로 나는 존재한다》라는 이 진리는 너무나 확고부동하고 확실해서 회의주의자의 어떠한 과장된 억측도 그것을 붕괴시킬 수가 없다고 말하는 동안, 나는 그것을 내가 추구했던 철학의 제1원리로 주저 없이 받아들일 수 있다고 판단했다〉. 데카르트는 〈그 자신의 존재에 대한 진리가 매우 명석하므로 《나는 생각한다. 그러므로 나는 존재한다》는 이 결론은 질서 정연하게 사색하는 사람에게 일어나는 모든 것 중에서 제1이고 가장 확실한 것이다〉라고 말한다. 따라서 데카르트는 이것을 자아와 사물들, 참된 관념들, 그리고 신에 대한 회의를 발전시키는 근본 진리로 삼았다. (제2판)〕

처음에는 〈나는 생각한다. 그러므로 나는 존재한다〉의 진리에 의해 증명되는 것은 사유하고 있는 나의 존재밖에 없다. 나의 회의는 여전히 나의 육체의 존재와 나의 사유 작용 이외의 모든 것에 대해 남아 있다. 〈나는 생각한다. 그러므로 나는 존재한다〉라고 말하는 것은 나의 존재를 확신시켜 준다. 〈그러면 나는 무엇인가? 사유하는 사물이다. 사유하는 사물은 무엇인가? 그것은 회의하고 이해하며 긍정하고 부인하고 의지하며 거절하는 사물일 뿐만 아니라 상상하고 느끼는 사물이다.〉 사유 작용은 하나의 사실이기 때문에 사유하는 사물인 사유자가 있어야 한다고 데카르트는 가정한

---

[2] 데카르트, 『성찰』, 제2성찰, 인간 정신의 본성에 관하여

다. 이 〈사물〉이 육체는 아니다. 왜냐하면 〈나는 내가 사유하는 것이 그 본질인 하나의 실체라는 사실을 알고 있고, 그것의 존재를 위해서 어떤 장소도 필요 없으며 그것이 어떠한 물질적 사물에 근거하지 않아도 된다는 것을 알고 있기〉 때문이다. 이 사실에 의해 나, 즉 자아 ego가 존재한다는 것은 매우 확실해 보인다. 왜냐하면 〈어떠한 사유도 사유하는 사물을 떠나서는 존재할 수 없다는 것이 확실하기〉 때문이다. 그러나 지금까지 사유자는 홀로였다. 자신의 관념 속에 갇혀 있는 로빈슨 크루소였다.

1. 4. 신의 존재와 영원한 사물

사유하는 존재로서 그 자신의 존재에 대한 확실성을 넘어서기 위해 데카르트는 우리가 어떤 것이 참이라고 어떻게 인식하는가를 묻는다. 〈한 명제가 참이고 확실하기 위해서는 무엇이 필요한가?〉 〈나는 생각한다. 그러므로 나는 존재한다〉라는 명제를 확실하게 해주는 것은 무엇인가? 〈나는 우리가 매우 명석판명하게 생각하는 사물들은 모두 참이라고 하는 것을 일반적인 규칙으로 가정하는 결론에 도달했다.〉 이러한 맥락에서 〈명석한 clear〉이 뜻하는 바는 대상들이 우리의 눈앞에서 확연하게 보이는 것처럼 〈세심한 정신에 현존하며 분명한 것〉을 의미하며, 〈판명한 distinct〉이란 〈이외의 모든 대상과 구별되고 매우 정확한 것 이외의 어떤 것도 그 자신 안에 포함하고 있지 않은 것〉을 나타낸다. 따라서 〈나는 생각한다. 그러므로 나는 존재한다〉의 명제가 참인 이유는 단순히 그것이 나의 정신에 대해 명석하고 판명하기 때문이다. 이것은 또한 수학적인 명제들이 참인 이유이기도 하다. 왜냐하면 그것들은 매우 명석판명해서 참이라고 받아들이지 않을 수 없기 때문이다. 그러나 우리의 명석판명한 관념들의 참됨을 보장하기 위해 데카르트는 신이 존재한다는 사실과 우리를 거짓 사물이 참이라고 생각하도록 기만하지 않는다는 것을 증명해야만 했다.

토마스 아퀴나스의 신의 존재 증명이 여전히 데카르트의 회의에 속하는 사실들, 즉 물질적 대상들 가운데 있는 〈운동〉과 〈원인〉 같은 외부 세계에 대한 사실들 위에 기초하고 있기 때문에 데카르트는 그 증명을 위해 토마스 아퀴나스의 증명을 사용할 수 없었다. 대신에 그는 그 자신의 존재와 내면적 사유에 대한 합리적인 인식에 의해서만 신의 존재를 증명해야 했다. 그래서 그는 자신의 정신을 스쳐 가는 여러 관념을 검토함으로써 그의 증명을 시작했다.

이들 관념에 대해 금방 생각나는 두 가지의 사실이 있다. 즉 이 관념들이 생겨났다는 점과 그것들이 갖고 있는 내용에 따라 현저하게 구별된다는 점이다. 관념들은 결과며 그 원인이 밝혀져야 한다. 우리의 어떤 관념들은 〈나와 함께 태어나기도〉 하고 나에 의해 〈창출되기도〉 하며 어떤 것은 〈외부에서 들어오는〉 경우도 있다. 이성에 의하면 〈무에서 도출될 수 있는 것은 아무것도 없으며〉 또한 〈좀 더 완전한 것은 좀 덜 완전한 것의 결과일 수 없다〉. 우리의 관념은 실재의 정도가 각각 다르지만 적어도 결과에서 만큼의 실재가 작용인과 총체인에도 존재해야 함은 자연의 빛에 의해 명백해진다. 실재의 정도에 따라 판단할 경우 관념들 가운데 어떤 것은 나 자신 속에 그 기원을 가질 수 있었다. 그러나 신의 관념은 매우 〈객관적인 실재〉를 함유하고 있으므로 내가 스스로 그 관념을 창출할 수 있을지 의문이 생긴다. 왜냐하면 〈신이라는 명사에 의해 나는 무한하고 독립적이며 전지전능한 실체를 이해하고 그 실체에 의해 나 자신과 그 밖에 모든 것 — 그것들이 만약 존재한다면 — 이 창조되었다는 것을 이해〉하기 때문이다. 유한한 실체인 내가 어떻게 무한한 실체의 관념을 낳을 수 있을까? 진실로 나 자신을 완전한 존재의 관념과 비교할 수 없다면 내가 어떻게 나의 유한함을 인식할 수 있겠는가? 완전의 관념은 매우 명석판명하기 때문에 그것은 나의 불완전한 본성에서 생겨날 수 없다고 나는 확신한다. 내가 〈잠재적으로〉 완전하다 해도 완전의 관념이 그 잠재성에서 나오는 것은 아니다. 왜냐하면 실제적인 결과는 〈실제로〉 존재하는 존재로부터 생겨야 하기 때문이다. 따라서 데카르트는 다음과 같이 주장한다. (1) 관념은 원인을 가지고 (2) 원인은 적어도 결과와 마찬가지의 실재를 가지며 (3) 인간은 유한하고 불완전하다. 이러한 세 가지 요점으로부터, 그는 완전하고 무한한 존재에 대한 그의 관념이 그 자신의 외부로부터, 즉 현존하는 완전한 존재인 신으로부터 왔다고 결론짓는다. 더구나 거짓과 기만은 필연적으로 어떤 결점에서 비롯된다고 하는 자연의 가르침 때문에 신은 기만자가 될 수 없다고 데카르트는 결론짓는다.

   데카르트는 인과 관계의 논거에서 이와 같이 신의 존재를 증명하는 이외에 아우구스티누스와 안셀무스처럼 존재론적 증명을 제시했다. 이러한 [존재론적] 증명에서 그는 신의 관념 자체가 내포하는 것을 탐구함으로써 신의 존재를 증명하려고 했다. 〈내가 명석판명하게 이 대상에 속하는 것이라고 인식하는 모든 것이 진정으로 그것에 속해 있다면 이로부터 신의 존재를 증명하는 논거가 나오지 않겠는가〉라고 그는 말한다. 하나의 관념 분석으로 신이 존재한다는 확실성으로 가는 것이 어떻게 가능한가?

어떤 관념들은 매우 명석판명하기 때문에 우리는 즉시 그것들이 내포하고 있는 것을 지각한다. 예를 들어 우리가 삼각형의 변이나 각을 생각하지 않고 단번에 삼각형을 생각할 수는 없다. 우리가 선분이나 각의 속성에 대해 생각하지 않고 삼각형을 생각할 수 없지만 삼각형에 대해서 생각한다는 것이 곧 그것이 존재한다는 의미는 아니다. 그러나 삼각형의 관념이 어떤 속성들을 함유하고 있는 것처럼 신의 관념도 속성들을 내포하며 특히 존재의 속성을 내포한다. 신의 관념은 완전한 존재를 의미한다. 그러나 어떤 완전성의 관념도 존재를 내포한다. 따라서 비존재의 완전성에 대해 언급하는 것은 모순에 빠지게 된다. 우리는 모든 면에서 절대적으로 완전하면서도 동시에 존재하지 않는 존재에 대해 조리 있는 생각을 가질 수 없다. 데카르트는 우리가 삼각형의 속성들을 인지하지 않고 삼각형의 관념을 생각할 수 없는 것과 같이 신의 관념이 명석하게 존재의 속성을 내포하고 있다는 사실을 인식하지 않고는 신의 관념을 생각할 수가 없다고 말한다. 우리가 어떤 사물의 참되고 불변적인 본성, 즉 그것의 본질이나 형상에 속하는 것을 명석판명하게 이해하는 것은 그 사물을 진실로 확인하는 것이 될 수 있다. 그러나 우리는 신의 본성을 매우 정확하게 탐구한 후에야 신의 참된 본성에 속하는 것이 존재한다는 사실을 명석판명하게 이해하며 우리는 신을, 즉 신이 존재한다는 것을 확인할 수 있게 된다. 이러한 추론에 반대하는 데카르트의 비판가인 가상디는 존재란 완전성의 필연적인 속성이 아니기 때문에 완전성이 존재를 내포하지 않는다고 말했다. 그에 의하면 존재를 결여하는 것이 완전성을 손상시키는 것은 아니며 다만 실재가 없을 뿐이다. 나중에 보게 되겠지만 칸트는 이러한 식의 신의 존재 증명에 대해서 더욱 세밀한 비판을 가했다.

그 자신의 존재로부터 데카르트는 신의 존재를 증명했다. 그 방식에 따라 그는 진리의 기준을 확립했으며 그것에 의해 수학적인 사유와 이성적인 활동에 대한 기반을 구축했다. 데카르트는 여기에서 물질세계와 자신의 육체와 다른 사물들을 다른 기준에서 관찰하며 그가 그것들이 존재함을 확신할 수 있는가를 반문한다. 사유하는 사물이 존재한다는 사실 그 자체만으로 나의 육체가 존재한다는 것을 증명하진 못한다. 왜냐하면 사유하고 있는 나의 자아는 〈나의 육체와는 전적으로, 그리고 절대적으로 구별되며 그것 없이도 존재할 수가 있기〉 때문이다. 그러면 어떻게 내가 나의 육체와 그 밖에 물질적 사물들이 존재하는가를 인식할 수 있을까?

우리 모두는 우리의 위치 변화나 이리저리로 움직이는 것에 대한, 다시 말해 이른바 〈연장된 실체〉라고 부르는 육체의 활동에 대한 명석판명한 경험을 가지고 있다고 데카르트는 대답한다. 또는 우리는 시각, 청각, 촉각, 우리 의지에 자주 반하는 감각적 인상들을 받게 되며 이들에 의해 우리는 그것들이 우리 자신 이외의 다른 물체로부터 오는 것이라고 믿게 된다. 이들 인상이 〈물질적 대상들에 의해 나에게로 전달〉된다고 믿는 선입관은 신에게서 유래되었음이 틀림없다. 그렇지 않고 〈이 관념들이 물질적 대상 이외의 원인들에 의해 생긴다면 신은 기만적이라는 비난에서 벗어날 수가 없으며 따라서 우리는 물질적 대상의 존재를 인정해야 한다〉. 그렇게 되면 데카르트에게 자아에 대한 지식은 신에 대한 지식을 앞서며 자아와 신 양자는 외부 세계에 대한 우리의 지식에 선행한다.

1.5. 정신과 육체

이제 데카르트는 그의 모든 회의를 반전시켜 자아와 사물, 그리고 신이 존재함을 절대적으로 확신하게 되었다. 그는 사유하는 사물들과 연장된, 즉 차원을 가지는 사물들이 존재한다고 결론지었다. 사람은 정신과 육체를 가지기 때문에 데카르트에게는 이 양자가 어떻게 연관되는지를 설명해야 하는 문제가 남게 된다. 데카르트 사상의 전반적인 흐름은 〈이원론〉의 방향을 취하고 있으며, 그 개념은 자연에 두 가지 다른 종류의 실체가 있다는 것을 말해 준다. 우리는 실체를 그 속성에 의해 인식하며 우리가 두 가지의 다른 속성, 즉 〈사유 thought〉와 〈연장성 extension〉을 명석판명하게 인식하기 때문에 두 가지의 다른 실체(정신적인 것과 물질적인 것), 즉 정신과 육체가 존재해야 한다. 데카르트는 실체를 〈오직 스스로 존재해야 하는 실존하는 사물〉이라고 정의하기 때문에 각각의 실체는 서로 완전하게 독립적인 것으로 간주한다. 그러므로 정신에 대한 어떤 것을 인식하기 위해 우리는 육체와는 어떤 연관도 지을 필요가 없다. 마찬가지로 육체도 정신과의 관련 없이 완전하게 이해할 수 있다. 이러한 이원론의 결과들 가운데 하나는 데카르트가 신학과 과학을 분리시켰으며 그 양자는 어떠한 갈등도 있을 수 없다고 생각한 점이다. 물질적인 실체는 그 자신의 활동 영역을 가지며 그 자신의 법칙에 의해 이해될 수 있기 때문에 과학은 모든 다른 학문과 관계없이 이 물리적인 본성을 연구할 것이다.

사유와 연장성이 매우 분명하게 분리되어 있다면 우리는 어떻게 생물을 설명할 것인가? 데카르트는 살아 있는 물체는 연장성을 소유하기 때문에 물질계의 부분을 이룬다고 추론했다. 결과적으로 살아 있는 물체는 물질의 질서에 의해 다른 사물을 지배하는 동일한 역학적, 수학적인 법칙에 따라 작용한다. 동물을 예로 들어 보면 데카르트는 〈우리가 어릴 때부터 가지고 있는 편견들 가운데 가장 큰 것은 야수들이 사유한다는 믿음이다〉라고 말하면서 그것들을 자동 장치 autamata라고 생각했다. 개가 줄타기 곡예를 할 때처럼 가끔 동물이 인간의 행위와 같은 짓을 하는 것을 우리가 보는 것만으로 우리는 동물이 사유한다고 생각한다. 인간은 두 가지의 운동 원리, 즉 육체적인 것과 정신적인 것을 가지고 있기 때문에 동물이 인간과 유사한 행위를 하게 될 때도 그들의 육체적인 동작이 정신적인 힘에 의한 것이라고 생각한다. 그러나 데카르트는 동물에게 정신의 힘을 부여할 어떤 이유도 찾지 못했다. 그것은 동물들의 모든 행위나 동작이 단지 기계적인 고찰에 의해서만 설명 가능하기 때문이다. 즉 〈바퀴와 추만으로 구성된 시계처럼 동물들은 그들의 기관 배열에 따라 행동하는 본성〉이기 때문이다. 이와 같이 동물들은 기계나 자동 장치들이다. 그러면 인간은 어떠한가?

데카르트에 의하면 인체의 대부분 활동이 동물처럼 기계적이며 그와 같은 호흡, 혈액 순환, 소화 등과 같은 육체의 행위는 자동적이다. 인간의 육체의 작용들은 물리학으로 환원될 수 있다고 그는 생각했다. 모든 물리적인 사건은 기계적인 또는 작용인의 고찰에 의해서 적절하게 설명 가능하다. 육체의 물리적 과정을 기술할 때 목적인(目的因)은 고려할 필요가 없다. 더구나 데카르트가 우주의 총 운동량은 일정하다고 믿었기 때문에 인간의 육체의 운동은 인간의 정신이나 영혼 속에서 시작될 수 없다고 결론짓는다. 그에 의하면 영혼은 단지 육체의 특정한 요소나 부분의 운동 방향에 영향을 주거나 변경시킬 수 있을 뿐이다. 또한 정신이 어떻게 그렇게 할 수 있는지를 정확하게 설명하기도 어렵다. 왜냐하면 사유와 연장성, 즉 정신과 육체는 데카르트에게 서로 다른 동떨어진 실체이기 때문이다. 그의 주장에 따르면 영혼이 직접 육체의 여러 부분들을 움직이는 것이 아니라 송과선(松果腺, pinus) — 즉 뇌 속에서 주요 부분을 차지하고 있는 — 이 무엇보다도 먼저 〈생기〉와 접촉하며 이를 통해 영혼은 육체와 상호 작용한다. 분명히 데카르트는 인간의 육체를 기계적으로 설명하려고 했으며 동시에 영혼이 의지의 활동을 통해 인간의 행위에 영향을 주리라는 가능성을 지녀 보려고 했다. 그러므로 동물과 달리 인간은 여러 종류의 활동을 할 수 있다. 즉 그는 순수 사유에 빠질 수도 있고, 그의 정신은 물질적인 감각이나 지각에 의해 영향받기도 하며, 그의 육체는 그의 정신에 의해 지도될 수도 있다. 또한 그의 육체는 순수한 기계적인 힘을 받아 움직일 수도 있다.

그러나 데카르트는 그의 엄격한 이원론에서 정신과 육체의 상호 작용에 관해 기술하기 어려움을 알았다. 각 실체가 완전히 독립적이라면 정신은 조개 속의 진주처럼, 데카르트의 표현대로 배 안의 키잡이처럼 육체 안에 있어야 한다. 스콜라 철학은 인간을 하나의 통일체, 즉 정신은 형상이고 육체는 질료이며 한쪽이 결여된 상대방의 존재는 생각할 수 없다고 주장했다. 홉스는 정신을 운동하는 육체로 환원시키고 그런 식으로 인간의 통일성을 유지했다. 그러나 데카르트는 〈사유 작용〉에 대한 새로운 정의에 의해 정신과 육체의 분리를 더욱 심화시켰다. 왜냐하면 그는 전통적으로 육체와 연관되어 있는 것으로 생각되는 경험, 즉 〈느낌〉과 같은 감각적 지각의 전 범위를 사유의 행위 안에 포함시켰기 때문이다. 데카르트가 〈내가 무엇인가〉를 〈사유하는 사물〉이라고 정의함으로써 육체에 대해 전혀 언급하지 않은 것은 내게 본질적인 모든 것을 〈사유자〉 속에 포함시켰기 때문이다. 사유하는 사물은 〈회의하고 이해하며, 긍정도 부정도 하고, 의지를 작용하며 거절도 하는 사물인 동시에 상상하고 느끼는 사물이기도 한다〉. 생각하건대 자아는 육체 없이 열을 느낄 수 있을 것이다. 그런데 이 점에 이르러 데카르트는 분명히 그 자신의 이원론을 받아들일 수 없다. 왜냐하면 〈고통, 배고픔, 갈증 등과 같은 감각들에 의해 본성이 우리에게 가르치고 있는 것은 내가 배 안의 키잡이처럼 육체 속에 갇혀 있는 것이 아니라 그것과 긴밀하게 연관되어 있는, 말하자면 그것과 혼합되어 있어 하나의 전체를 이루고 있다는 것〉을 그가 인정하기 때문이다. 정신과 송과선의 상호 작용이 있으려면 우선 접촉이 있어야 하고 그렇게 되면 정신이 연장되어야 한다는 어려운 문제가 생기는데도 불구하고 데카르트는 정신의 위치를 송과선 안에 두려고 했다. 이 문제에 대해 그는 그의 방법의 규칙들에 의해서도 어떠한 명석판명한 결론에 이르지는 못했다.

〔데카르트의 추종자들은 이러한 정신, 육체의 문제로 격론을 벌였으며 어떤 교묘한

해결책들을 제시하기도 했다. 그들 중에서 아르놀트 휠링크스(Arnold Geulincx, 1624~1669)는 그의 〈기회원인론*occasionalism*〉 또는 〈병행설*parallelism*〉로 매우 유명하다. 그는 데카르트의 엄격한 이원론을 주장했으며 정신과 육체는 두 가지의 분리된 실체라는 이유로 그 양자 사이의 상호 작용을 인정하지 않았다. 그런데 내가 나의 팔을 움직이고자〈의지한다면〉실제로 팔을 움직인다. 이것에 대한 그의 대답은 나의 의지가 팔을 움직이게 하는 것이 아니라는 점이다. 오히려 동시에 일어나는 일련의 두 병행한 행위, 즉 육체적인 것과 정신적인 것이 있어서 내가 팔을 움직이고자 하는 경우 신이 그것을 움직이며 나의 사유에 병행한 한 행위를 유발시킨다는 것이다. 신은 이러한 병행설을 태초부터 부여했다고 그는 말한다. 그러나 이러한 설명이 번거로울지라도 데카르트의 사유에는 아무런 방해도 주지 않는다. 왜냐하면 데카르트는 물질의 본성과 동물의 본성에 대한 결정론적인 설명을 기꺼이 인정하려 했으며, 여기에 인간 본성을 포함시키는 것이 전혀 무리가 없다는 것으로 생각했기 때문이다. (제2판)]

2. 스피노자

스피노자(Baruch de Spinoza, 1632~1677)는 유대인 철학자 가운데 가장 위대한 인물이었다. 그의 정신적인 독창성은 그가 비정통적인 사상을 이유로 암스테르담의 유대 교회로부터 제명되었다는 사실에서 미루어 알 수 있다. 그가 하이델베르크 대학교의 철학 교수직을 거절한 것은 진리 탐구를 위해 그의 사상을 추구하려는 자유의 열망을 보여 주는 또 다른 면이다. 그가 비록 렌즈 깎는 일로 생계를 유지하며 가난하게 살았을지라도 사상가로서의 명성은 해외까지 널리 퍼졌으며 존경과 비난을 함께 받았다. 스피노자는 1632년 암스테르담에서 태어났다. 그의 가문은 스페인에서 종교 박해를 피해 나온 포르투갈계 유대인이었다. 그는 『구약 성서』와 탈무드의 가르침으로 교육을 받았고 유대 철학자인 모세스 마이모니데스의 저서들을 가까이 했다. 암스테르담을 떠나지 않으면 안 되었던 그는 결국 1663년에 헤이그로 갔으며 그곳에서 저술 활동에 몰두했는데, 이때 나온 책 가운데 『윤리학*Ethica*』은 불후의 명작이 되었다. 1677년 그는 45세의 나이에 폐병으로 죽었다.

스피노자는 데카르트의 이성론과 그의 방법 및 철학에서의 주요한 문제들에 대한 연구에 큰 영향을 받았다. 그러나 관심사나 용어가 유사하다고 해서 스피노자가 데카르트의 추종자라는 의미는 아니다. 오히려 여러 가지 점에서 스피노자는 데카르트로부터 시작된 대륙 이성론에 새로운 것들을 가져다주었다.

2. 1. 방법

데카르트와 마찬가지로 스피노자는 우리가 기하학의 방법을 따른다면 실재에 대한 정확한 지식에 이를 수 있다고 생각했다. 데카르트는 명석판명한 제1원리들을 가지고 출발해서 이것들로부터 지식의 전 내용을 연역하려는 철학 방법의 기본 형태를 만들려고 했다. 스피노자가 이러한 데카르트의 방법에 첨가하려고 했던 점은 원리와 공리에 대한 한층 더 체계적인 정리였다. 데카르트의 방법은 단순했던 반면 스피노자는 거의 문자 그대로 철학의 기하학을 제시했다. 그는 기하학에서 사물의 관계와 운동을 설명하는 방식대로 실재의 전 체계를 설명해 주는 — 거의 250개 정도 — 완전한 공리나 정리의 집합을 이루고자 했다. 스피노자는 결론이 증명되는 기하학에서처럼 실재의 본질에 관한 이론도 역시 증명될 수 있다고 보았다. 홉스는 그 많은 공리와 정리를 지식의 체계에 도입함으로써 스피노자가 이루어 놓은 것이 무엇인가를 묻고 있다. 홉스가 주장하는 바로는 공리에서 일관된 결론을 이끌어 내는 것이 가능하지만 이 공리들을 이루고 있는 것은 단순히 임의적인 정의에 불과한 것으로 그것들이 우리에게 실재에 대해서는 아무것도 말해 주지 않는다는 것이다. 스피노자는 그의 정의들이 임의적이라는 주장에 대해 수긍하지 않았을 것이다. 그는 데카르트와 마찬가지로 우리의 이성 능력이 사물들의 참된 본질을 반영하는 관념들을 형성할 수 있다고 믿었기 때문이다. 〈모든 정의나 명석판명한 관념들은 참이다〉라고 스피노자는 말한다. 그러므로 참된 관념들의 완전하고 체계적인 정리는 우리에게 실재에 관한 참된 실상을 보여 줄 것이다. 왜냐하면 〈관념들의 질서나 관계는 사물들의 질서나 관계와 똑같기〉 때문이다.

사물의 질서는 철학자가 그의 주제를 정리하는 순서에 대한 패턴을 제시해 준다. 우리가 본질의 여러 측면을 정확하게 이해하고자 한다면 이러한 질서를 유심히 관찰하는 것이 가장 중요하다. 예를 들어 우리가 사물의 본성은 신에 귀속된다고 말한다면 우리는 사물을 이해하기 전에 우선 신에 대해 최대한으로 알 수 있어야 한다. 이러한 이유로 스피노자는 가시적인 사건들에 대한 관찰을 열거한 후 그 관찰로부터 귀납법에 의해 결론을 이끌어 내는 프랜시스 베이컨의 방법을 거의 무시했다. 또한 우선 사물과 인간에 대한 우리의 일상적인 경험의 본질을 분석함으로써 신의 존재를 증명하려는 토마스 아퀴나스의 방법을 그가 사용할 리도 없었다. 이 점에 이르러 그는 데카르트의 접근 방식도 거부한다. 왜냐하면 데카르트는 그 자신의 존재에 대한 명석판명한 관념에서 출발하여 〈나는 생각한다, 그러므로 존재한다〉는 명제에서 그의 철학의 다른 부분들을 연역해 나가고 있기 때문이다. 스피노자는 사물들의 참된 본질 속에서 신은 이외의 모든 것에 선행하기 때문에 우선 철학은 신에 대한 관념을 정식화해야 한다고 믿었다. 신에 대한 관념은 우리가 인간의 본성이나 행동 방식 또는 정신과 육체의 관계와 같은 문제들에 대해서 이끌어 내는 결론에 적합하게 영향을 미칠 수 있을 것이다. 그리고 그는 신에 대한 새로운 말들을 했기 때문에 인간의 본성에 대해서도 어쩔 수 없이 새로운 말을 하게 되었다. 따라서 스피노자는 신의 본성과 존재에 대한 문제와 함께 그의 철학을 출발한다.

2. 2. 신: 실체와 속성

스피노자는 신을 전 우주와 동일시하는 매우 독특한 개념 — 소위 〈범신론〉이라고 부르는 — 을 제시했다. 그의 유명한 정식은 〈신, 즉 자연 Deus sive Natura〉이며 이것은 마치 이 두 단어가 교체 가능한 것처럼 보인다. 이러한 범신론은 신을 〈그 안에서 우리가 살고 움직이며 우리의 존재를 가지게 되는 자〉로 기술하고 있는 성서에서도 찾을 수가 있지만 스피노자는 신과 인간 사이의 관계가 아닌 그 양자 간의 근본적인 통일을 강조함으로써 신의 관념에 대한 초기의 의미들을 제거했다. 그에 의하면 〈존재하는 것은 무엇이나 신 안에 있으며 신 없는 사물은 존재도 상상도 불가능하다〉. 스피노자의 신에 대한 독특한 관념을 알 수 있는 실마리는 다음과 같은 그의 정의 속에서 찾을 수 있다. 〈나는 신을 절대적으로 무한한 존재, 즉 영원하고 무한한 본질을 나타내고 있는 무한한 속성들을 가진 실체라고 이해한다.〉 스피노자의 특별한 사상은 실체와 그 속성들에 대한 관념의 주위를 맴돌고 있다.

스피노자는 복잡한 논증의 과정을 통하여 실재의 궁극적인 본질이 단일 실체라는

스피노자

결론에 도달했다. 〔이 실체는 무한하다. 그러한 실체가 존재한다는 것과 그것이 무한하다는 사실은 어떤 관념들을 명석판명하게 사유할 수 있는 우리의 능력에서 비롯된다. (제2판)〕 스피노자는 실체를 〈스스로 존재하며 그 자신을 통하여 인식되는 것〉으로 정의한다. 〈내가 의미하려는 것은 그 개념이 형성되는 데 필요한 또 다른 개념에 귀속되지 않음이다.〉 따라서 실체는 영원한 원인을 가지지 않으며 그 자체 내에 자기 원인을 가지고 있다. 지금 이것은 하나의 〈개념〉에 지나지 않았다. 즉 자기 원인적인 무한한 실체의 관념에 불과했다. 그러나 이 관념은 이 실체가 무엇이며 또한 그것이 존재한다는 사실도 포함하고 있다. 실체의 관념 그 자체가 존재를 포함하고 있다. 왜냐하면 〈존재는 실체에 속하므로 단순히 실체의 정의로부터 그 존재를 단정할 수 있기〉 때문이다. 이것은 안셀무스의 〈존재론적〉 논증과 유사하며 같은 문제에 접하게 된다. 더구나 스피노자는 〈자신이 실체에 대해 명석판명한 참된 관념을 가지고 있으면서도 그러한 실체가 존재하는가에 대해 회의하는 자가 있다면 그는 자신이 참된 관념을 가지고 있으면서도 그것이 거짓일지도 모른다고 말하는 자와 마찬가지다〉라고 말함으로써 우리는 이 완전한 실체의 관념으로부터 그 존재로 확실하게 이행 가능하다고 믿고 있다. 이러한 실체가 유일하며 무한하다는 사실은 스피노자가 앞서 실체에 대해서 제시했던 그 정의에서 비롯된다. 결과적으로 무한한 속성들을 가진 유일한 실체가 존재한다.

스피노자는 속성이란 〈지성이 실체의 본질을 구성하는 요소로 지각하는 것〉이라고 말한다. 신이 〈무한한 속성들로 구성된 실체〉로 정의된다면 실체의 수가 대단히 많아지게 되거나 신이 무한한 본질을 소유하는 것처럼 보일 것이다. 그러나 스피노자가 여기에서 의미하고자 하는 것은 속성이란 〈지성이 지각하는 것〉이므로 지성이 무수한 방식으로 유일한 실체를 지각한다는 뜻이다. 스피노자는 우리가 실제로 인식할 수 있는 속성은 사유와 연장성, 두 가지뿐이라고 말한다. 데카르트는 이 두 속성은 두 실체의 존재를 나타내는데 그것이 정신과 육체의 이원론을 확신시켜 준다고 생각했다. 스피노자는 이 두 속성을 유일한 실체의 활동을 나타내는 두 가지의 다른 방식이라고 보았다. 그러므로 신은 무한한 사유와 무한한 연장성으로서 지각되는 실체다. 무한한 존재인 신은 만물을 포함한다.

2. 3. 신의 속성의 양태로서의 세계

스피노자는 신과 자연을 마치 원인과 결과처럼 다르고 구별되는 것으로 보지 않았다. 비록 신은 비물질적 원인이고 자연은 물질적인 결과에 해당하지만, 유일한 실체만이 존재하며 신이라는 단어는 자연이라는 단어와 교체 가능하다고 이미 말한 바 있다. 그러나 스피노자는 〈능산적 자연 natura naturans〉과 〈소산적 자연 natura naturata〉[3]이라는 두 가지 표현을 사용해서 자연의 두 가지 측면을 구별하고 있다. 능산적 자연은 신의 실체와 그 속성을 의미한다. 신이 그의 본성에 따르는 활동이라고 생각되는 한 그렇다. 반면에 소산적 자연은 신의 본성이나 신의 속성 가운데 어느 하나의 필연성에서 비롯되는 일체를 의미한다. 더욱이 〈소산적 자연에 의해 내가 이해하는 것은 사물들이 신 안에 있다고 간주되고 신 없이는 존재할 수도, 상상될 수도 없다고 생각되는 한 신의 속성에 대한 양태들이다〉. 이전에 세계라고 불렸던 것이 지금은 신의 속성의 양태들이라 불린다. 세계는 신과 구별되는 것이 아니라 사유와 연장성, 즉 사유와 물질성의 다양한 양태로 표현된 신이다.

    세계는 신의 속성들의 양태로 구성되기 때문에 세계 안에 있는 만물은 필연성에 따라 행동한다. 즉 만물은 이미 결정지어져 있다. 왜냐하면 사유와 연장성이 세계 안에서 형성하는 양태들은 신의 실체에 의해 결정되어 있거나 아니면 스피노자의 말처럼 〈신의 본성의 필연성에서 비롯되는 만물〉을 나타내기 때문이다. 스피노자는 우리에게 모든 사건이 유일한 방식에 의해 일어나고 전개되는 꽉 짜인 우주의 상을 보여 주고 있다. 왜냐하면 〈사물들의 본성 속에서 우연적인 것이란 허용될 수 없으며 사물들은 어떤 특정한 방식으로 존재하고 활동하기 위해 신적 본성의 필연성에 의해 결정되기〉 때문이다. 어떤 특별한 방식으로 신은 자유롭다. 그것은 신이 다른 종류의 세계를 창조할 수도 있었다는 것이 아니라 그가 이것을 창조하는 데 외부적인 원인에 강요받지 않고 자기 자신의 본성에 의해서만 행했다는 의미다. 반면에 인간은 별로 자유롭지 못하다. 왜냐하면 신의 속성들 가운데 하나의 양태인 인간은 신의 실체에 따라 존재하고 행동하도록 결정지어졌기 때문이다. 신의 속성들의 여러 양태들은 영원으로부터 고정되어 있다. 왜냐하면 〈사물들은 그것들이 만들어진 방식이나 순서 이외의 어떤 방식으로도 창조될 수 없었기〉 때문이다. 우리가 경험하는 만물은 〈신(자연)의 속성들의 변용이거나 속성이 어떤 특정하고 결정된 방식으로 나타내는 양태들에 불과하다〉. 따라서 만물은 밀접하게 상호 연결되어 있다. 왜냐하면 무한 실체는 만물을 통해서 연속성을 제공해 주고 특정한 사물들은 자연 혹은 신, 즉 실체의 속성

  3 *natura naturans*와 *natura natura*라는 용어는 본래 조르다노 브루노Giordano Bruno가 자신의 범신론적 일원론을 설명하기 위해 고안해 낸 핵심 개념이다. 브루노는 『원인, 원리, 그리고 일자에 대하여 *Della causa, principio, e uno*』(1584)에서 신과 우주를 서로 다른 두 가지 측면에서 보면 별개로 보이지만 결국 동일한 일자이므로 이러한 관점의 차이를 표현하기 위하여 각각 능산적 자연*creative nature*과 소산적 자연*created nature*이라는 용어를 사용했다.

들의 양태이거나 변용에 지나지 않기 때문이다.

만물은 그것이 존재해야 하는 대로 영원히 있게 된다. 또한 특별한 사건들은 단지 실체의 유한한 변용이기 때문에 어떠한 궁극의 〈최후〉도 어떠한 〈목적〉도, 그리고 아무런 목적인도 없을 뿐만 아니라 사물들이 움직이는 방향도 없다. 인간에게 유리한 측면에서 볼 때 사람들은 여러 사건을 역사의 어떤 목적을 충족시키거나 좌절시키는 것으로 설명하고자 한다. 스피노자에 의하면 목적의 관념은 시야에 보이는 목적을 가지고 행동하려는 우리의 성향 때문에 비롯된 것이다. 이 습관으로 우리는 우주도 마치 어떤 목적을 가지고 있는 것처럼 생각하게 된다. 그러나 이것은 우주에 대한 잘못된 견해며 동시에 우리의 행위에 대해서도 잘못 보고 있는 것이다. 우주도 인간도 목적을 추구하지 않는다. 대신에 그것들은 단지 해야 할 일을 하고 있는 것뿐이다. 〈만일 목적인이 아닌 사물들의 본질을 다루고 인간에게 또 다른 진리의 표준을 제시해 준 수학이 아니었더라면 위의 진리는 영영 인간에게 숨겨져 있을 것이다.〉 따라서 일체의 사건은 단순히 존재하는 영원한 실체의 지속적이고 필연적인 변용들의 집합이라는 것도 사실이다. 이와 같이 스피노자는 생물학적인 것도 수학적인 것으로 환원시켰다.

2. 4. 지식, 정신, 신체

그러나 스피노자는 어떻게 실재에 대한 궁극적인 본질을 인식한다고 주장할 수 있을까? 그는 지식을 세 단계로 구분한 다음 우리가 어떻게 최하급의 지식에서 최상급의 지식으로 옮겨 가는지를 기술한다. 우리에게 가장 친숙한 것부터 시작하자. 스피노자는 〈우리가 개체에 대한 이해를 증진할수록 우리는 신에 대해 더 많이 이해하게 된다〉고 말한다. 우리는 사물들에 대한 지식을 세련되게 함으로써 (1)〈상상〉에서 (2)〈이성〉으로 (3) 다음엔 〈직관〉으로 옮겨 갈 수 있다.

〈상상imagination〉의 단계에서 우리의 관념은 우리가 다른 사람을 볼 때처럼 감각에서 비롯된다. 여기에서 우리의 관념은 매우 구체적이고 특수하며 정신은 수동적이다. 그러나 이 단계에서의 관념이 특수할지라도 그것들은 모호하고 부적합한 것이다. 왜냐하면 사물들이 우리의 감관에 영향을 미칠 때에만 우리는 그것들을 인식하기 때문이다. 예를 들어 나는 어떤 사람을 〈본다〉는 사실을 인식하지만 내가 그를 단지 본다고 해서 그의 본질적인 본성을 인식한다고 말할 수는 없다. 여러 사람을 봄으로써 나는 〈사람〉이라는 보편 관념을 형성할 수 있다. 그러나 내가 경험을 통해서 형성하는 관념들은 일상생활에서 유용할 뿐, 나에게 참된 지식을 주지는 않는다.

지식의 둘째 단계는 상상을 넘어서서 〈이성reason〉으로 이동된다. 이것은 과학적인 지식으로서 모든 사람이 이러한 지식을 소유할 수 있다. 왜냐하면 이러한 지식은 인간이 실체의 속성을 공유하고 신의 사유와 연장을 공유함으로써 이루어질 수 있기 때문이다. 모든 사물 속에 있는 것은 인간 안에 있으며 이들 공통된 성질 가운데 하나가 정신이기 때문에 인간의 정신은 사물들을 배열하는 정신을 공유한다. 이 단계에서 인간의 정신은 수학이나 물리학에서 행하는 것처럼 직접적이고 특정한 사물들을 뛰어넘어 추상적인 개념을 다룰 수 있다. 여기에서 비로소 지식은 〈적합하게〉, 〈참되게〉 된다. 우리가 어떻게 이성과 과학에 대한 관념을 참이라고 인식하는지 스피노자에게 묻는다면, 그는 실제로 진리란 스스로 타당성을 확인한다고 대답할 것이다. 왜냐하면 〈참된 관념을 가지고 있는 사람은 동시에 자신이 참된 관념을 가지고 있다는 사실을 인식하며 사물의 진리에 관해서도 회의를 품지 않기〉 때문이다.

세 번째이자 최상의 단계는 〈직관intuition〉이다. 직관을 통하여 우리는 자연의 전 체계를 파악할 수 있다. 이 단계에서 우리는 첫 번째 단계에서 마주친 특정한 사물들을 새로운 방식으로 이해할 수 있다. 왜냐하면 첫 단계에서 우리는 여러 물체들을 연결되지 않은 채로 보았으며, 지금은 그것들을 전 체계의 부분으로 보고 있기 때문이다. 이러한 종류의 인식은 〈신의 속성들이 가지고 있는 형식적인 본질에 적합한 관념으로부터 사물들의 본질에 적합한 지식으로 나아간다〉. 우리가 이 단계에 이르게 될 때 우리는 신을 더욱 잘 의식하게 되며 따라서 더욱 〈완전에 가까워지고 축복받게〉 된다. 왜냐하면 이러한 시야를 통해 우리는 자연의 전 체계를 파악하게 되고 그 속에서의 우리의 위치를 알게 되며, 그것은 우리에게 자연이나 신의 완전한 질서에 대한 지적인 환희를 주기 때문이다.

데카르트는 정신과 육체가 어떻게 상호 작용하는지를 설명하는 어려운 문제에 직면했다. 그는 정신과 육체가 별개의 두 실체를 나타낸다고 보았기 때문에 그 문제에 대한 즉각적인 해답을 얻을 수가 없었다. 그러나 스피노자에게 정신과 육체는 유일한 실체의 속성들이기 때문에 이것은 전혀 문제가 되지 않았다. 육체와 정신이 속하는 자연에는 유일한 질서만이 존재할 뿐이다. 인간은 유일한 양태만을 구성한다. 우리가 인간의 육체에 대해 이야기하는 것은 단지 우리가 인간을 연장성의 한 양태로 보기 때문이며, 인간의 정신에 대해 이야기하는 것은 인간을 사유의 한 양태로 보기 때문이다. 정신과 육체는 동일한 사물의 각 측면이므로 그 양자 사이에는 분리가 있을 수 없다. 모든 육체에는 대응하는 관념이 존재한다. 그리고 스피노자에 의하면 정신은 육체의 관념인데 이 관념은 육체와 정신의 관계를 기술하는 그의 방식이기도 하다. 정신과 육체는 동일한 구조 속에서 작용한다. 따라서 인간은 신의 속성인 사유와 연장성의 한 양태이므로 신의 유한한 분신이다. 신과 인간 양자에 대한 이러한 해석은 스피노자의 독특한 윤리 이론의 근거를 이룬다.

2. 5. 윤리학

인간의 행위에 대한 스피노자의 설명에서 주된 특징은 그가 인간을 자연의 총체적인 부분이라고 보는 점이다. 〈나는 인간의 행위와 욕망을 마치 내가 선분과 평면 그리고 물체들을 다루고 있을 때와 똑같이 생각한다〉고 그가 말할 때, 그것이 의미하는 바는 인간의 행위란 어떤 다른 자연 현상과 마찬가지로 원인과 결과, 그리고 수학에 의해 정확하게 설명 가능하다는 것이다. 인간은 그들이 자유롭다거나 선택할 수 있다고 생각할지라도 환상의 피해자들이다. 왜냐하면 우리가 의지의 자유를 소유하고 있다고 생각하는 것은 단지 무지에 불과하기 때문이다. 인간은 그들이 어떤 특별한 방식으로 원인과 결과의 완강한 힘 바깥에 존재하고, 그들의 의지가 작용을 일으킬 수 있지만 의지 자체는 이전의 원인에 의해 영향받지 않는다고 생각하기를 원한다. 그러나 스피노자는 자연의 통일성을 주장했으며, 인간은 자연의 내재적인 일부분이라고 보았다. 그러므로 스피노자는 정신적이고 육체적인 모든 인간의 행위가 이전의 원인에 의해 결정된다는 자연주의적 윤리학을 전개시킨다.

모든 인간은 본성의 한 부분으로 그들 자신의 존재를 계속 지속시키려는 충동을 소유하고 있으며 스피노자는 그것을 〈코나투스 *conatus*〉라고 불렀다. 이 〈코나투스〉가 육체와 정신에 적용되면 〈욕구〉라고 불리며, 욕구가 의식이 된다면 그것은 〈갈망〉이라 불린다. 우리가 더 높은 정도의 자기 보존과 완성을 의식하게 되면 우리는 쾌락을 경험하게 되며, 이러한 완전성이 감소할수록 고통을 맛보게 된다. 선과 악에 대한 관념은 쾌락과 고통의 개념과 연관되어 있다. 왜냐하면 스피노자는 〈나는 온갖 종류의 쾌락과 그것을 가져다주는 것이 무엇이든지, 그리고 특히 우리의 강렬한 욕망을 충족시켜 주는 것이 무엇이든지 선으로 이해한다. 악에 의해서는 온갖 종류의 고통, 특히 우리의 욕망을 좌절시키는 것으로 이해한다〉고 말하기 때문이다. 우리가 무언가를 갈망할 때는 그것을 선이라고 부르며 그것을 싫어할 때는 악이라고 부르기 때문에 그에게 본래적인 〈선〉이나 〈악〉은 있을 수 없다. 선과 악은 주관적인 평가를 반영한다. 그러나 우리의 갈망은 이미 결정되었기 때문에 우리의 판단도 결정된다.

우리의 갈망과 행위가 외부의 힘에 의해 결정된다면 어떻게 도덕이 존재할 여지가 있을 수 있을까? 여기에서 스피노자는 모든 사건이 미리 결정된다고 주장한 스토아학파와 비슷한 점을 보인다. 스토아학파는 우리가 사건들을 조정할 수는 없지만 우리의 태도를 조정할 수 있다고 하여 사건의 흐름에 대해 복종과 순종을 요구한다. 이와 유사한 방식으로 스피노자는 신에 대한 지식을 통하여 우리는 〈최상의 가능한 정신적 순종〉에 도달할 수 있다고 말한다. 그러므로 도덕은 혼동되고 부적합한 관념의 단계에서 세 번째 단계인 직관 — 거기에서 우리는 신 안에 있는 모든 사물들의 완전하고 영원한 배열에 대해 명석판명한 관념을 가진다 — 으로 이동함으로써 지식을 개선시키는 것을 골자로 한다. 지식만이 우리를 행복으로 이끌어 준다. 왜냐하면 단지 지식을 통하여 우리는 정념의 굴레에서 벗어날 수가 있기 때문이다. 우리의 갈망이 소멸하는 사물에 있을 때, 그리고 우리의 감정을 완전히 이해하지 못할 때 우리는 정념에 사로잡히게 된다. 우리가 우리의 감정을 이해하면 할수록 욕구와 갈망은 넘치지 않게 된다. 그리고 〈정신이 일체의 사물을 필연적인 것으로 이해하는 한 정신의 감정에 대한 제어력은 더욱 증가되며 사물의 지배를 덜 받게 된다〉.

우리는 감정뿐만 아니라 자연의 전체 질서도 탐구해야 한다. 왜냐하면 우리는 단지 영원에 대한 인식을 통해서만이 우리 자신의 특정한 삶을 이해할 수 있으며 원인으로서의 신에 대한 관념을 통해 모든 사건을 알 수 있기 때문이다. 정신의 불건전성을 추적해 보면 그것은 항상 우리가 〈변형이 잦으며 소유할 수도 없는 것에 대한 과도한 사랑〉을 가지기 때문임을 알 수 있다. 그러나 우리는 본성적으로 더 높은 완전성의 단계에 대한 갈망과 수용 능력을 지니고 있으며 우리의 지적인 힘을 통해서 완전성의 단계에 이르게 된다. 따라서 우리의 지식이 부족할 때만 정념에 사로잡힌다. 그러나 〈이러한 지식은 필연적으로 신에 대한 지적인 사랑을 생겨나게 한다. 즉 이러한 지식에서 원인으로 신의 관념에 수반되는 쾌락, 즉 신에 대한 사랑이 일어난다. 우리가 그를 현존하는 것으로 상상하는 것이 아니라 그가 영원하다고 우리가 이해하는 한 이것이 진정 내가 신에 대한 지적인 사랑이라고 부르는 것이다〉. 물론 신에 대한 사랑은 인격적인 존재로서의 신에 대한 사랑이 아니라 우리가 수학의 공식이나 과학적인 조작을 이해할 때 가지는 정신적인 쾌락과 더 유사하다. 여기서 〈도덕의 길은 너무 험하다〉는 사실을 스피노자는 기꺼이 인정하였으며 다음과 같이 부언하고 있다. 〈모든 뛰어난 일들은 매우 드문 것 못지않게 어려운 것이다.〉

3. 라이프니츠

라이프니츠(1646~1716)는 어릴 때부터 뛰어난 정신의 소유자임을 보여 주었다. 열세 살 때 그는 다른 사람들이 소설을 읽을 때처럼 편안하게 어려운 학구적인 논문들을 읽었다. 그는 미적분학을 발견했으며, 자신이 처음으로 그것을 발견했다고 주장하는 뉴턴이 인쇄소에 원본을 맡기기 3년 전에 그 결과들을 출판했다. 그는 협력을 구하기도 하고 저명인사들의 지원을 받기도 하는 사교적인 인물이었다. 그가 스피노자의 사상에서 단호하게 탈피하긴 했지만 그의 철학에 영향을 준 스피노자와는 개인적으로 친분 관계를 맺고 있었다. 라이프니츠는 철학자들, 신학자들 및 그 당시 문인들과 광범위한 서신을 교류했다. 그의 웅대한 계획 가운데에는 신교와 구교의 화해 및 유럽의 연방 국가라고 볼 수 있는 기독교 국가들 간의 동맹을 이룩하려는 시도가 포함되어 있었다. 그는 프로이센 아카데미의 전신인 베를린 학사원의 초대 의장이 되었다.

라이프니츠는 1646년에 라이프치히에서 태어나 15세에 라이프치히 대학교에 입학했다. 라이프치히에서 그는 철학을 배웠으며 예나로 가서 수학을, 그다음엔 알트도르프에서 법률학 과정을 이수하고 21세에 법학 박사 학위를 받았다. 그는 놀라운 정력을 가지고 행동과 사유의 두 가지 삶을 만끽했다. 그는 여러 권의 주요한 책을 저술했다. 그 가운데에는 로크의 『인간 오성론』을 체계적으로 고찰하고 있는 『신(新)인간 오성론 Nouveaux essais sur l'entendement humaine』, 악의 문제를 다루고 있는 『변신론

Théodicée』, 좀 더 짧은 철학 저작으로는 『형이상학 서설 *Discours de métaphysique*』, 『자연의 신체계 *Neues System der Natur*』와 『단자론 *Monadologie*』 등이 있다. 그는 하노버 궁에서 고문 역할도 했으나 조지 1세가 영국의 왕이 되었을 때, 아마 뉴턴과의 언쟁 때문인지는 몰라도 부름을 받지 못했다. 그의 공식적인 영향력은 감소되었고, 1716년에는 마침내 그가 설립한 학사원에서마저도 무시당하고 따돌림받던 중 70세의 나이로 세상을 떠났다.

3. 1. 실체

라이프니츠는 실체의 본질에 대한 데카르트나 스피노자의 설명 방식을 못마땅하게 생각했다. 왜냐하면 그들이 인간의 본성과 자유, 그리고 신의 본성에 대한 우리의 이해를 왜곡시켰다고 생각하기 때문이다. 데카르트의 말처럼 사유와 연장성이라는 두 가지 독립된 실체가 존재한다면, 그 두 실체는 인간에게서나 신에게서나 육체와 정신으로서 어떻게 상호 작용하는지에 대한 진퇴양난의 난점에 빠지게 된다. 스피노자는 단일의 실체가 두 가지의 인식할 수 있는 속성인 사유와 연장성을 소유한다고 말함으로써 이 난제를 해결하려고 했다. 그러나 모든 실재를 단일의 실체로 환원시킨다면 자연의 여러 가지 원소들을 구별할 수가 없게 된다. 분명히 스피노자는 세계가 사유와 연장성의 속성이 표출되는 여러 가지 양태로 구성되어 있다고 말했다. 스피노자의 일원론은 범신론으로서, 신은 곧 만물이므로 그는 만물이 만물의 부분이라고 주장했다. 그러나 라이프니츠는 이러한 실체의 개념이 부적당하다고 생각했다. 왜냐하면 그 자신은 신과 인간 그리고 자연 각각이 분리되어 있기를 바라는 반면 스피노자에게는 그러한 세 가지 구별이 거의 사라지기 때문이었다. 역설적으로 라이프니츠는 스피노자의 유일 실체론과 우주의 기계론적 모델을 받아들였다. 그러나 그는 독특한 유일 실체론을 제시함으로써 인간들의 개별성, 신의 초월성, 그리고 우주의 목적과 자유의 실재를 주장할 수 있었다.

3. 1. 1. 연장 대(對) 힘

라이프니츠는 데카르트와 스피노자가 실체론을 기초한 근본 가정, 즉 〈연장〉이 3차원의 크기와 모양을 내포하고 있다는 가정을 정면으로 반대했다. 데카르트는 〈연장성〉이란 더욱 근본적인 것으로 분할되지 않고 공간에서 연장되는 물질적인 실체를 말한다고 가정했다. 스피노자도 역시 연장성을 신, 즉 자연의 환원 불가능한 물질적인 속성이라고 생각했다. 그러나 라이프니츠의 생각은 달랐다. 라이프니츠는 우리가 감관을 통해 보는 물체나 사물들이 소부분들로 분할되는 것을 관찰한 후, 우리는 왜 사물이 복합물이거나 집합체라고 생각할 수가 없는가?를 묻는다. 그에 의하면 〈복합 실체가 있으므로 단순 실체가 존재해야 함은 당연하다. 왜냐하면 복합물은 단지 단순 실체들의 복합물이거나 《집합체aggregatum》에 불과하기 때문이다〉.

사물들이 단순 실체로 구성되어 있다고 하는 것은 새로운 주장이 아니다. 왜냐하면 데모크리토스와 에피쿠로스가 이미 수세기 전에 만물은 원자들로 구성되어 있다고 주장한 바가 있기 때문이다. 그러나 라이프니츠는 데모크리토스가 원자를 더 이상 쪼갤 수 없는 물질의 조각인 연장된 물체라고 본다 하여 그의 원자 개념을 무시했다. 그러한 물질의 입자는 생명도 없고 비활성적이며 또한 외부의 힘 없이는 운동도 할 수 없을 것이다. 물질의 관념을 원초적인 것으로 보기를 거부하는 라이프니츠는 참된 단순 실체란 〈단자monad〉[4]이며, 이것들은 자연의 진정한 원자이자 사물들의 원소라고 주장했다. 단자는 원자가 연장된 물체라고 여겨진다는 점에서 원자와 다르다. 반면에, 라이프니츠는 단자를 〈힘Kraft〉 또는 〈에너지Energie〉로 기술했다. 그러므로 라이프니츠에 의하면 물질은 사물의 제1구성 요소가 아니다. 그 대신 힘의 요소를 갖춘 단자가 사물들의 근본 실체를 구성하고 있다.

3.1.2. 단자

라이프니츠는 실체가 생명이나 역동적인 힘을 소유해야 한다는 점을 강조하고자 했다. 데모크리토스의 물질적인 원자는 움직이거나 커다란 무리의 부분을 이루기 위해서 외부에서 작용을 받아야 하는 반면, 단순 실체인 단자는 [스스로] 〈행동할 수 있다〉고 라이프니츠는 말한다. 또한 그는 〈복합 실체는 단자들의 집합이며, 모나스monas는 단일체 또는 하나를 의미하는 그리스어다. ……단순 실체인 생명, 영혼, 정

---

[4] 모나드monad는 본래 브루노가 능산적 자연으로서의 역할을 지닌 우주의 불가분적이고 일자적인 특징을 강조하기 위하여 사용한 용어이다. 그에 의하면 신은 단자들 중의 단자로서 통일성의 원리이기도 하다.

신 등은 각각 단일체이며, 따라서 전 자연은 생명으로 가득 차 있다〉고 말한다.

단자들은 연장되지 않으며 모양도 크기도 없다. 단자는 수학적이거나 물질적인 점이 아니라 형이상학적으로 현존하는 점이다. 각각의 단자는 서로 독립적이며 상호 간에 어떠한 인과 관계도 가지지 않는다. 모양도 크기도 없는 〈점〉이란 상상하기 어렵지만 라이프니츠가 의도하고자 했던 바는 단자를 물질적인 원자와 구별하고 싶었던 것이다. 실제로 이러한 점에서 그의 사상은 20세기의 물질 개념, 즉 물질적 입자들이 에너지로 환원 가능하며 입자는 곧 에너지의 특별한 형태에 지나지 않는다는 개념과 유사하다. 본래 라이프니츠는 단자들이 논리적으로 어떠한 물질적 형태에 대해서도 선행한다고 말하고 있다. 따라서 참된 실체는 단자며 라이프니츠는 이것을 〈정신〉이라고 칭하여 그것의 비물질적인 본질을 강조하고자 했다. 각각의 단자는 서로 구별되며, 그 자신의 행동 원리와 힘을 갖추고 있으므로 〈단자들이 내부 행위의 원천, 즉 비물질적인 자동 장치를 갖추기 위한 어떤 충분한 능력이 있다〉고 라이프니츠는 말한다. 단자는 독립적이고 구별될 뿐만 아니라 자체 내에 활동의 원천을 포함하고 있다. 더욱이 그는 단자가 〈창(窓)이 없다〉고 말함으로써 다른 우주의 사물들이 그것의 행위에 영향을 주지 않음을 강조한다. 그러나 우주를 구성하고 있는 모든 단자들 사이에는 어떤 관계, 즉 그것들의 질서 정연한 행위를 설명하는 관계가 존재해야만 한다. 그는 이러한 설명의 근거를 〈예정 조화 preestablished harmony〉의 관념에서 찾는다.

3. 1. 3. 예정 조화

단자는 각각 그 자신의 창조된 목적에 따라 행동한다. 이 〈창 없는〉 단자들은 자신의 목적을 따라 질서 정연한 우주의 통일체를 형성한다. 각 단자가 서로 분리되어 있다고 할지라도 그들 각자의 목적은 대규모의 조화를 이룬다. 그것은 마치 여러 개의 시계가 정확하게 맞는다면 같은 시간이 되었을 때 동시에 종을 울리는 것과 같다. 라이프니츠는 이들 단자를 〈음악가들의 여러 악기와 합창단〉에 비유하는데, 〈그들은 제각기 연주하며 또 제각기 자리를 잡고 있기 때문에 서로 듣지도 볼 수도 없음에 불구하고 그들은 자신들의 악보에 따라 완전한 화음을 이룸으로써 듣는 이에게 그들 사이에 무슨 연관 관계가 있는 것이 아닌가 할 정도로 놀라운 조화를 볼 수 있게 한다〉. 그러므로 각 단자는 하나의 분리된 세계지만 각 단자의 모든 활동은 다른 단자의 활동과 조화를 이루며 생성된다. 이와 같이 〈무언가가 사라지거나 다른 것이라고 가정된다면 세계 속의 사물은 지금의 상태와는 달랐을 것이라는 의미〉에서 각 단자는 전 우주를 반영해 주고 있다고 말할 수 있다. 이와 같은 조화는 단자들의 우연한 배열의 산물이 아니라 신의 활동의 결과임에 틀림없으며 따라서 예정되어 있다.

3. 2. 신의 존재

라이프니츠에게 모든 사물들의 보편적 조화라는 사실은 〈신의 존재에 대한 새로운 증거〉였다. 그는 신의 존재 증명에 대한 그 이전의 시도들을 대부분 인정하며 〈신의 존재를 증명하기 위해 이용된 거의 모든 수단은 우리가 보완하기만 하면 훌륭하고 큰 도움이 될 것이다〉라고 말한다. 그러나 특히 그는 〈서로 어떠한 교류도 갖지 않은 그 많은 실체들의 완전한 조화〉에 깊은 감명을 받았다. 그는 많은 창 없는 실체들의 조화는 단지 하나의 공통된 원인에서 비롯될 수 있기 때문에 이 조화는 바로 〈매우 명확하게〉 신의 존재를 보여 준다고 믿었다. 비록 라이프니츠가 〈충족 이유 sufficient reason〉의 원리에서의 원인에서 비롯된 [신 존재에 대한] 논증을 변경했지만, 이것은 [신적] 디자인에서 비롯된, 그리고 제1원인에서 비롯된 논증과 유사하다.

3. 2. 1. 충족 이유의 원리

라이프니츠는 어떠한 사건도 앞선 선행 원인에 돌림으로써 설명이 가능하다고 주장했다. 그러나 그 선행 원인 자체는 더 앞의 선행 원인에 의해 설명되어야 한다. 따라서 이론상으로 우리는 무한히 소급하면서 한정된 원인들의 연쇄 고리를 발견하게 될 것이다. 이렇게 어떤 사건의 궁극적인 원인을 찾아내고자 할 때 이러한 무한한 연쇄 고리 속에서 어떤 개별적인 원인을 골라내는 것은 도움이 되지 않을 것이다. 왜냐하면 거기에는 언제나 그것에 선행하는 또 다른 것이 있을 것이기 때문이다. 라이프니츠에 의하면 그 해결 방법은 원인의 계열 밖에 어떤 원인이 존재한다는 사실을 인정하는 것이다. 다시 말해 그것은 우주 자체의 복잡한 조직 밖에 있는 것이 틀림없다. 이 원인은 자신의 존재가 필연적인 실체여야 한다. 그것의 존재는 어떤 원인도 필요하지 않으며 더 이상의 설명도 요구되지 않는다. 즉 그것은 본질이 존재를 내포하는 〈존재 Being〉다. 왜냐하면 이것은 어떤 필연적 〈존재〉에 의해 의미되는 것이기 때문이다. 그러므로 사실의 세계 속에서 우리가 경험하는 일상적인 사물에 대한 충족 이유는 일련의 분명한 원인들 외부에 있는 〈존재〉, 즉 그 본성이나 본질이 선행하는 어떠한 원인도 필요로 하지 않고 그 자신의 존재에 대한 충족한 이유가 되는 존재 속에 놓여 있다. 이 〈존재〉가 곧 신이다.

3. 2. 2. 악과 최선의 세계

이러한 세계의 조화로움으로 라이프니츠는 신이 조화를 예정했다는 사실뿐만 아니라 신은 조화를 행하면서 모든 가능한 세계 가운데에서 최선의 것을 창조했다고 주장했다. 이것이 최선의 세계인가 아니면 보통의 선한 세계인가 하는 점은 그 세계 속에 무질서와 악이 있기 때문에 의문의 여지가 생긴다. 실제로 쇼펜하우어의 입장에서 이러한 세계가 만일 있을 수 있다면 그것은 모든 가능한 세계 중에서 최악의 것이며, 따라서 신이 존재한다는 결론이나 모든 악을 다 갖춘 세계가 선한 신의 창조물이라고 하는 결론도 정당화될 수 없다. 라이프니츠는 악과 무질서의 존재를 간파하고 있었지만 그것을 자비로운 창조주의 개념과 양립시킬 수 있다고 생각했다. 신은 자신의 완전한 지식에 의해 창조할 수 있는 가능한 모든 종류의 세계를 고려할 수 있었다. 그러나 신의 선택만은 세계가 가능한 최대한의 선을 포함해야 한다는 도덕적인 요구 조건에 따라 이루어져야 했다. 그러한 세계는 완전함 없이는 존재하지 않을 것이다. 반대로 창조된 세계는 제약을 받고 불완전한 사물들로 구성되어 있다. 〈왜냐하면 신이 피조물에게 모든 것을 완전하게 부여한다면 그것은 신이 될 수밖에 없기 때문이다. 그러므로 모든 것들에게 제한이 주어져야만 한다.〉 악의 원천은 신이 아니라 신이 창조한 사물들의 본성 자체다. 왜냐하면 이 사물들은 유한하거나 제한되어 있으며 그것들은 불완전하기 때문이다. 따라서 악은 본질적인 것이 아니라 단지 완전성의 결여인 것이다. 라이프니츠에게 악이란 결핍이다. 자신의 선한 본성에도 불구하고 신이 할 수 있는 최선의 일은 가장 가능한 세계를 창조하는 것이기 때문에 〈신은 앞서서 선을 원하시고 《결국에는》 최선을 바라신다〉라고 말하는 라이프니츠의 근거 또한 여기에 있었다. 생각컨대 결국 라이프니츠는 우리가 단지 특별히 악한 사물이나 사건만을 고려한다면 악을 올바르게 평가할 수 없다는 데 동의한다. 〈우리가 다른 것은 먹지 않고 달콤한 것만 먹는다면 나중엔 별다른 맛을 느끼지 못하게 되며 그 맛을 느끼기 위해서는 맵고 시고 쓴 것들을 섞어 먹어야 하는 것〉처럼 자체적으로 악인 것처럼 보이는 몇몇 사물들은 선을 위한 필요조건임이 밝혀진다. 우리 생활 속에서의 사건들 자체만으로 볼 때 그 진정한 배경을 볼 수가 없다. 〈당신이 매우 작은 부분만을 남겨 두고 전체를 덮어 둔 매우 아름다운 그림을 본다고 하자. 당신이 그것을 아무리 자세하게 살펴본다 해도 선택도 기법도 없이 위에 놓여 있는 여러 색의 혼란한 집합 외에 당신의 시야에 무엇이 들어오겠는가? 그러나 당신이 덮개를 치우고 정면에서 전체의 그림을 감상한다면, 캔버스에 볼품없이 칠해져 보였던 부분들이 매우 뛰어난 예술을 지닌 미술가에 의해 실제로 그려졌다는 사실을 깨닫게 될 것이다〉라고 라이프니츠는 말한다.

3. 2. 3. 자유

신이 각각의 단자 속에 특별한 목적을 부여함으로써 질서 정연한 배열을 예정 조화한다고 라이프니츠가 묘사한 결정된 세계 속에 어떻게 자유가 있을 수 있는가? 각각의 단자는 내정된 목적을 전개시키고 〈단순 실체의 현 상태는 본래 그것의 선행 상태의 결과며, 그런 식으로 그것의 현재는 미래를 크게 품고 있다〉. 자신의 동일성이 지배적인 단자인 정신에 모아지는 사람은 태초에 주어진 삶을 이러한 기계론적인 견지에서 개화시켜 나가야 한다. 그러나 사람들의 이러한 근본적인 본성은 사유이기 때문에 삶을 통한 그의 발전은 혼동된 사유를 극복함으로써 참된 관념에 이르는 데 있다. 그 관념들은 현실화를 추구하는 가능태의 불확실한 형식으로 우리 모두에게 놓여 있기 때문이다. 우리의 가능태가 실현될 때 우리는 사물의 본질을 보게 되고, 라이프니츠에 의하면 이것은 곧 자유로워짐을 의미한다. 그에게 자유란 의지력도 선택의 능력도 아니고 자기 전개다. 그러므로 비록 사람이 특정한 방식으로 행위를 하도록 결정되어 있더라도 행위를 결정하는 것은 그 자신의 내적 본성이지 외부의 힘은 아니다. 이러한 의미에서 자유는 인간이 방해받지 않고 예정되어 있는 존재가 되려는 능력을 말하며 또한 인간의 지식이 혼동에서 명확함으로 진행할 수 있는 존재의 성질을 나타낸다. 자유인은 그가 행하는 이유를 인식하는 자다. 이러한 논거에 의해 그는 자신이 본성에 대한 결정론적인 견해와 자유를 융화시키는 데 성공했다고 자부했다.

라이프니츠가 단자의 세계와 자유의 개념을 화합시키는 데 성공했는지의 여부는 아직도 의문이다. 그가 어떤 점에서는 자유를 〈자신의 의지에 의한 선택〉이라고 하기도 하고 〈자유로움과 자유의사는 마찬가지의 의미를 지닌다〉라고 말하기도 하지만 그가 강조하고자 하는 점은 기계와 같은 우주의 개념, 즉 정신적인 기계의 결정론이다. 실제로 라이프니츠는 우주를 기술하기 위해 기계론적 모형을 도입하지는 않는다. 왜냐하면 그가 그렇게 한다면 시계의 각 부분이 상호 간의 운동에 영향을 주듯이 우주의 각 부분들도 상호 작용한다고 말해야 할 것이기 때문이다. 어떤 의미에서 라이프니츠의 설명은 기계론적인 모형보다도 더 결정론적이다. 그의 단자들은 서로 독립적이며 영향을 미치지 않지만 신의 창조를 통해 태초에 부여받은 원초적인 목적에 따라 행동하기 때문이다. 이러한 종류의 결정론은 더욱더 강력하다. 왜냐하면 그것은 예측 불허의 외부 원인이 아닌 각 단자의 이미 주어지고 영구히 고정된 내적 본질에 의지하기 때문이다.

3. 3. 지식과 본질

본질에 대한 이러한 결정론적 견해는 라이프니츠의 인식론에 의해 더욱더 지지를 받는다. 예를 들어 라이프니츠에게 한 개인은 문법적인 의미에서 〈주어〉와 유사하다. 어떠한 올바른 문장이나 명제에 대해서도 술어는 이미 주어 속에 포함되어 있다. 따라서 주어를 안다는 것은 이미 어떤 술어를 안다는 것이다. 〈사람은 누구나 죽게 마련이다〉는 참 명제다. 왜냐하면 술어인 〈죽을 운명이다〉는 〈인간〉이라는 개념 속에 이미 내포되어 있기 때문이다. 그러므로 라이프니츠는 어떤 참 명제 안에서도 〈필연적인, 또는 우연적인 과거, 현재, 미래 등과 같은 모든 술어는 주어의 개념 속에 내포되어 있음을 나는 알고 있다〉고 말한다. 사물의 본질 속에서도 마찬가지로 모든 실체는 주어에 해당하고 그것이 행하는 일들은 술어인 것이다. 문법상 주어가 술어를 포함하는 것과 같이 존재하는 실체 역시 이미 그것들의 장래 행위를 포함하고 있다. 따라서 라이프니츠는 〈아담이라는 개별적인 개념이 앞으로 그에게 일어날 모든 일을 포함한다고 말하는 것은 모든 철학자들이 술어가 참 명제의 주어 속에 내포되어 있다고 말하는 것과 다름없는 의미다〉라고 결론짓는다. 라이프니츠는 그의 인식론이나 논리학을 본떠서 실체론, 즉 형이상학을 모형화했다. 그는 특히 진리의 개념을 여기에서 중점적으로 다루고 있다.

라이프니츠는 이성적 진리와 사실적 진리를 구별하고 있다. 우리는 이성적 진리를 순수하게 논리에 의해 인식하는 반면 사실적 진리는 경험에 의해 인식한다. 이성적 진리에 대한 검증은 모순율에 의해서 행해지며 사실적 진리에 대해서는 충족 이유율에 의해 검증된다. 이성적 진리는 필연적인 진리이므로 그것을 부정하면 모순에 빠지게 된다. 반면에 사실적 진리는 우연적이며 그것에 대한 반대가 가능하다. 이성적 진리가 필연적인 이유는 사용된 용어의 의미 자체와 인간의 오성의 양상이 어떤 사물들이 참임을 요구하기 때문이다. 예를 들어 삼각형이 세 변을 가진다는 것은 세 변을 가진다는 것이 삼각형을 의미하므로 참이다. 삼각형이 네 개의 변을 가진다고 말한다면 분명히 모순에 빠지게 된다. 2더하기 2는 4다, A는 A다, A는 A가 아닌 것이 아니다, 열은 냉기가 아니다와 같은 모든 명제는 참이다. 왜냐하면 그것을 부정하면 모순이 되기 때문이다. 이성적 진리는 동어 반복이다. 왜냐하면 그러한 명제 속에 주어가 이미 포함하고 있는 내용을 술어는 단지 반복하는 것에 지나지 않기 때문이다. 일단 주어가 명료하게 이해되면 술어의 참에 대한 증명은 더 이상 필요 없다. 이성적 진리는 명제의 주어가 존재해야 한다고 요구하지도 확증하지도 않는다. 예를 들어 꼭 어떤 특별히 현존하는 삼각형을 지칭하지 않는다고 해서 삼각형이 세 변을 갖는다는 명제가 참이 아닌 것은 아니다. 이성적 진리에 의해서 우리는 삼각형의 경우처럼 주어가 포함되어 있는 어떠한 경우에서도 어느 것이 참인지를 알 수 있다. 이성적 진리는 가능한 영역을 모두 다룬다. 삼각형이 네 변을 가져야 한다고 하는 사실은 가능하지도 않을뿐더러 모순을 일으키기에 참이 될 수 없다.

수학은 명제가 모순율의 검증을 받아 통과가 되면 그것은 참이기 때문에 이성적 진리의 훌륭한 표본이다. 따라서 라이프니츠에 의하면 〈수학을 이루고 있는 훌륭한 기초는 모순율이다. 그것은 한 명제가 동시에 참이면서 거짓일 수는 없다고 말한다. ……이 단일 원리에 의해서 산술과 기하학의 모든 부분을 논증하기에 충분하다〉. 간단히 말해 이성적 진리는 자명한 진리다. 그것들은 〈분석적〉인 명제이므로 그 명제의 술어가 이미 주어 속에 포함되어 있다. 또한 술어를 부정하는 것도 모순에 빠지는 결과를 초래한다.

사실적 진리를 살펴보자. 이 진리는 경험을 통해 인식되며 필연적인 명제 또한 아니다. 그 반대가 아무런 모순 없이도 가능하리라고 볼 수도 있다. 이러한 이유에서 그 진리는 우연적이다. 〈메리는 존재한다〉라는 진술은 이성적 진리가 아니며 〈선천적 *a priori*〉이지 않다. 〈메리〉라는 주어 속에 〈존재한다〉라는 술어가 포함되거나 그것을 연역 가능하게 해주는 아무런 내용도 포함되어 있지 않다. 우리는 단지 〈후천적 *a posteriori*〉으로만 그녀가 존재한다는 사실을 인식한다. 다른 사실적 진리들과 마찬가지로 이 사실적 진리도 충족 이유율에 기초하므로 그것은 〈반드시 지금의 이 상태가 되어야 할 어떤 이유도 없기에 아무 일도 생기지 않는다〉고 말한다. 의미하는 그대로 〈메리는 존재한다〉라는 명제는 어떤 충족 이유에 대해 우연적이다. 충족 이유가 없었다면 〈메리는 존재하지 않는다〉고 해도 거짓이 안 될 것이다. 충족 이유가 있을 때에 다른 명제들이 진리의 기반을 가지기 때문에 우리는 〈A면 B다〉라고 말한다. 비록 A와 B 사이에 필연적인 관계가 존재한다고 해도, 꼭 A가 존재해야 된다는 것이 아니라는 것은 A의 이러한 가설적인 성격에서 찾아볼 수 있다. A의 존재는 우연이다. 즉 그것은 〈가능적〉이다. 실제로 그것이 존재할 것인지의 여부는 그것이 존재할 충족 조건이 존재하는가에 달려 있다. 여기에서 우리는 사실적 진리들에 대해 아무런 모순 없이 그 반대가 가능하다는 것을 알 수 있다.

우리가 사실들에 대한 명제가 내포하고 있는 모든 가능성을 고려해 볼 때 제한의 원리가 생긴다. 단순히 반대적인 입장에서 어떤 사건들이 가능하리라고 생각될 수 있는 반면, 일단 그 이외의 가능성이 실현되면 그것들은 가능하지 않다. 다시 말해 어떤 가능성들은 몇몇 특정 사건들과 〈공존할 수〉 있지만 다른 사건들과는 그렇지 않다. 따라서 라이프니츠에 의하면 〈우주가 아무리 거대하다고 해도 모든 종이 다 우주에 공존할 수 있는 것은 아니므로 이것은 같은 시기에 존재하는 사물뿐만 아니라 사물의 계열 전체에 대해서도 적용된다〉.

우리가 알고 있는 것처럼 사실들의 세계는 단지 몇 종류 안 되는 공존 가능자들, 말하자면 모든 〈현존〉 가능자들의 집합이다. 현실적 세계가 포함하고 있는 것들 이외에 다른 집단의 가능자들이 있을 수 있다. 여러 가지 가능자들의 상호 관계에 의해 우리는 각 사건들이 연관되는 충족 이유를 이해할 수 있다. 그러나 수학과 달리 물리학은 연역적인 학문이 될 수 없다. 수학의 진리는 분석적이다. 그러나 사실들에 관한 명제에서는 주어가 술어를 내포하지 않는다. 사실들의 진실을 지배하는 충족 이유율은 이들 사실이 검증될 것을 요구한다. 그러나 사건들의 인과적인 연결 속에서 각각의 선행하는 사건이 검증되어야 하기 때문에 이 검증은 부분적일 수밖에 없다. 그러나 원인들의 무한한 연쇄 고리를 설명할 수 있는 인간은 아무도 없다. A의 원인이 B라면, B의 원인을 설명해야 하며 이어서 최초의 원인까지 거슬러 올라가야 한다. 우주에 대한 첫 번째의 사실은 이외의 다른 사실과 마찬가지다. 인간의 분석 능력이 미치는 한 그것은 어떠한 명백한 필연적인 술어도 포함하고 있지 않다. 그것의 진리를 알고자 한다면 그것의 본질에 대한 충족 이유를 발견해야 한다.

　라이프니츠의 말대로 〈하필이면 다른 사물이 안 되고 지금의 사물로 되어 존재하는가에 대한 참된 원인은 신의 의지의 자유로운 규율로부터 비롯되어야 한다〉는 것이 세계에 대한 최종적인 설명이다. 사물들은 신이 그렇게 있기를 바라기 때문에 그 상태대로 존재한다. 신은 사물들이 현상태로 있게 의지한 결과 다른 가능성들의 수를 제한하고 동시에 일어날 수 있는 사건들을 결정했다. 신은 다른 우주도 다른 가능성의 집단도 바랄 수 있지만 이 우주를 원한 까닭에 특정한 사건들 간에 어떤 필연적인 연관 관계가 존재한다. 인간의 이성의 관점에서도 사실들의 세계에 관한 명제는 〈종합적〉이다. 또한 우리가 그 세계에 대한 진리를 알고자 한다면 경험과 검증이 필요하다. 그러나 신의 입장에서 본다면 이 명제들은 〈분석적〉이다. 신만이 실체의 모든 술어를 연역할 수 있다. 그리고 단지 우리는 무지하기 때문에 어떤 특정한 사람에게 있어서 그와 관련된 모든 술어를 알 수 없는 것이다. 라이프니츠에 따르면 결국 사실적 진리 또한 분석적이다. 한 사람은 이미 그의 술어를 포괄하고 있기 때문에 우리가 실제로 어떤 사람에 대한 완전한 개념을 파악한다면, 우리는 예를 들어 〈알렉산드로스 대왕에 속하는 왕의 성질〉과 같은 술어를 추론할 수 있다. 〔알렉산드로스라는 개별적인 개념을 갖고 있는 신은 그 속에서 진정 그에게 속하는 모든 술어들 ─ 예를 들어 그가 다리우스와 포르스를 정복할 것인가 ─ 의 기반과 이유를 동시에 알 수 있으며 우리가 제한된 지성을 가지고 역사에 의해 알고 있는 사실인, 그가 자연사했는지 독살당했는지에 대해서도 알 수 있다. (제2판)〕

　라이프니츠에게 논리학은 형이상학으로 가는 열쇠다. 명제의 문법적인 고찰로 그는 실제 세계에 대한 결론을 추론했다. 결국 그는 모든 참 명제는 분석적이라고 주장했다. 이러한 이유로 라이프니츠에게 실체와 사람은 분석적인 명제의 주어와 대등한 위치에 놓이게 된다. 그것들은 진실로 그것들의 모든 술어를 포함한다. 그는 또한 실체의 개념에 〈연속의 법칙 *law of continuity*〉을 적용하여 각 실체가 자신의 술어들을 질서 정연하고 (신의 입장에서) 예언 가능한 방식으로 전개한다는 그의 이론을 뒷받침해 준다. 연속의 법칙은 〈자연이란 도약하지 않는다〉는 것이다. 창조된 사물들은 가능한 위치를 모두 점한다. 따라서 모든 변화는 연속적이다. 연속의 법칙에 의하면 정지와 운동은 양자의 서로 다른 측면이며 〈정지의 규칙이 운동의 규칙의 특별한 경우라고 간주해야 할 정도로 무한소의 변화를 통해〉 그 양자를 서로 융합시킨다. 그러므로 창 없는 단자들은 그들 자신 속에 모든 미래의 행위를 담고 있다. 각 단자에 대해서도 마찬가지이지만, 이미 세계 안에 포함된 사건들의 모든 결합과 가능성은 또한 세계에 대한 모든 미래를 포괄하고 있으며, 이 질서에 대한 충족 이유는 〈만물을 가장 완벽하게 행위하게 하는 최고의 이유〉다. 비록 인간의 정신이 신과 같이 모든 실재를 인식할 수는 없다고 하더라도 라이프니츠에 의하면 인간은 어떤 생득 관념, 즉 자명한 진리를 인식하고 있다. 어린아이는 이러한 진리를 당장은 알 수가 없으며 이 관념들이 형성될 수 있는 특별한 상황을 경험할 수 있는 성인의 시기가 될 때까지 기다려야만 한다. 논리와 실재의 일반적인 관계를 다루고 있는 것과 병행하여 라이프니츠의 이 생득 관념론은 이성주의 전통의 분명한 흔적을 남겼다. 그는 실재를 알고자 하는 이성 능력을 낙관적으로 평가한다. 또한 그는 생득적인 자명한 진리로부터 〔실재 세계에 대한〕 중요한 지식을 연역해 낼 수 있다고도 생각했다.

11 영국 경험론

경험론의 등장은 겸허했지만 그것은 곧 근대 철학의 진로와 관심사들을 변경시켜 놓을 만한 것이었다. 베이컨이 〈인간의 모든 지식을 전체적으로 재구성〉하려고 한 반면, 영국 경험론의 창시자인 로크는 〈땅을 좀 더 깨끗이 쓸어서 지식으로 가는 길에 널려 있는 쓰레기를 제거〉하려는 좀 더 소박한 목적을 이루고자 했다. 그러나 〈청소〉하고 〈제거〉하는 과정 중에서 로크는 인간 정신이 어떻게 활동하고 있는가에 대한 대담하고 독창적인 해석을 가했으며 또한 이로부터 우리가 인간의 정신에서 기대할 수 있는 지식의 종류와 범위를 기술하고 있다.

지식의 영역은 경험에 기인하며 또한 경험에 의해 제약을 받고 있다고 로크는 말한다. 이러한 생각은 그전에 이미 다른 철학자들이 그와 똑같은 생각을 가지고 있었기 때문에 새로운 것은 아니다. 베이컨과 홉스의 주장에 의하면 지식은 관찰 위에서 이루어져야 하며 이런 점에서 그들은 경험론자라고 불릴 수가 있다. 하지만 베이컨과 홉스는 인간의 지적인 능력들에 대해서 어떠한 비판적인 문제도 제기하지 않았다. 그들이 유명무실하고 오류투성이라고 생각했던 사유 양식들을 들추어내고 거부했지만 그럼에도 불구하고 그들은 우리가 적절한 방법을 사용하는 한 확실한 지식을 얻을 수 있다는 일반적인 견해를 무리 없이 받아들이고 있다. 마찬가지로 데카르트도 올바른 방법의 도입에 의해 인간의 이성이 해결할 수 없는 문제는 존재하지 않는다고 생각했다. 그러나 로크가 비판적인 의문을 제기했던 점은 바로 그러한 가정이었다. 즉 과연 인간의 정신이 우주의 참다운 본질을 발견할 수 있는 능력을 갖추고 있는가 하는 점이다. 흄은 이러한 비판적인 주장을 더욱 밀고 나가, 확실한 지식이 조금이라도 가능할 수 있는지 의문을 제기했다. 영국 경험론자들인 로크와 버클리, 그리고 흄은 제각기 이전의 영국 철학자들은 물론 그들이 인정하지 않았던, 인간의 이성 능력에 낙관적인 기대를 걸고 근대 철학을 이끌어 갔던 대륙 이성론자들마저 공격하고 나섰다.

1. 로크

존 로크John Locke는 1632년에 링턴에서 태어나 1704년 말 72세의 나이로 세상을 떠났다. 그는 청교도 가정에서 자랐으며 고행의 엄한 계율 속에서 교육을 받고 평범을 사랑하도록 배웠다. 웨스트민스터 학교에서 고전을 완전히 익힌 후에 로크는 옥스퍼드 대학교에 입학했다. 거기에서 그는 학사와 석사 학위를 받고 학생 평의회 위원에 선출되었으며 나중에는 도덕 철학 분과 회장이 되기도 했다. 그는 인생의 30년을 옥스퍼드 시에서 보냈다. 그는 아리스토텔레스의 논리학과 형이상학을 계속 연구했지만 새롭게 발전하는 실험 과학들 — 그것들은 특히 로버트 보일에 의해 영향을 받았다 — 에 점차 관심을 갖게 되었다. 이러한 그의 과학적인 관심 때문에 그는 의학을 공부하게 되었으며 마침내 1674년에는 의학 학위를 받고 개업의 면허도 취득했다. 그가 직업에 대해 고심하고 있던 차에, 의사와 옥스퍼드 대학교의 조교 중에 선택을 앞에 두고 외교관이라는 새로운 기회가 생겼다. 실제로 그는 여러 분야에 종사했으며 결국 런던의 주요 정치가들 가운데 한 사람인 섀프츠베리[1] 백작의 주치의 겸 고문이 되었다. 그러나 그는 옥스퍼드에 머무는 동안 읽은 데카르트의 저서의 영향으로 그의 세대를 당혹스럽게 했던 특정한 문제들을 철학적으로 해명하는 데 창조력을 쏟았다. 그는 그러한 여러 가지 주제에 관해 다음과 같은 책을 남겼다. 『기독교의 합

---

[1] Anthony Ashley Cooper Shaftsbury(1621~1683). 1640년 하원에 진출한 뒤 크롬웰에 반대하여 왕정 복고의 실현을 위해 진력했다. 왕정 복고 이후에는 찰스 2세의 측근으로서 대법관을 지냈다.

존 로크

리성*The Reasonableness of Christianity*』, 『관용론*An Essay Concerning Toleration*』, 그리고 『이윤 저하와 화폐 가치 증대의 효과*Consequences of the Lowering of Interest and Raising the Value of Money*』 등인데 이것들은 그의 시대의 공적인 문제에 관한 그의 적극적인 참여를 보여 주고 있다.

57세가 되던 해인 1690년에 그는 두 권의 책을 출간했는데 그것으로 그는 일약 철학자이자 정치 이론가로서의 명성을 얻었다. 그 두 편은 『인간 오성론*An Essay Concerning Human Understanding*』과 『두 편의 시민 정부론*Two Treatises on Civil Government*』이다. 그에 앞서서 여러 철학자들이 인간의 지식에 관해 쓴 바 있지만 로크는 인간 정신의 영역과 한계를 세밀하게 탐구한 최초의 철학자라 할 수 있다. 또한 다른 사람들이 정치 이론에 대한 중요한 저술을 했지만 로크의 『시민 정부론』의 제2론은 한 시대의 사상을 형성하고 이후 역사적 사건들의 진행에 영향을 줄 수 있었던 저서였다. 『시민 정부론』과 『인간 오성론』에서 로크는 실천적이고 이론적인 관심과 능력을 결합하는 방법을 보여 주었다. 『시민 정부론』의 저술은 1688년의 혁명을 정당화하기 위해 의도적으로 시도된 것이었다.

그의 몇몇 사상은 다음 세대에 큰 영향을 주었으며 그 책 속에 있는 문구들 — 예를 들어 인간은 〈모두 평등하고 자유로우며〉, 〈생명과 건강, 자유 그리고 소유〉에 대한 자연권을 가지고 있다 — 은 미국 독립 선언문의 기초를 마련해 주었고 미국의 헌법을 구체화하는 데 영향을 끼쳤다. 『인간 오성론』에 관하여 로크는 이 책이 출간되기 약 20년 전에 얻은 경험으로 저술한 것이라고 우리에게 말한다. 한때 대여섯 명의 친구들이 모여 철학에 관한 문제에 대해 토의를 했으나 오래지 않아 그들은 우리를 당혹하게 한 문제들을 전혀 해결하지 못한 채로 허망하게 흩어지고 말았다. 그 토의의 순서가 잘못되었다고 확신한 로크는 〈도덕과 계시 종교의 원리들〉이라는 주제를 직접 다루기 이전에 〈우리 자신의 능력을 시험해 보고 우리의 오성이 다룰 수 있는 적합한 대상이 무엇인가를〉 먼저 파악해야 한다고 생각했다. 이러한 고찰에서 시작하여 로크는 결국 영국 경험론의 초석이 된 『인간 오성론』을 저술하기에 이르렀다.

1. 1. 로크의 인식론

로크는 〈인간의 지식의 기원과 확실성, 그리고 범위에 관한 탐구〉에 착수했다. 만일 지식이 무엇으로 구성되어 있으며 또 어떻게 그것이 획득되는가를 알 수 있다면 그는 지식의 한계를 결정할 수도 있고 지적인 확실성을 구성하고 있는 요소도 알 수 있으리라고 생각했다. 그가 도달한 결론은 지식이란 관념들*ideas*, 즉 이성론자들의 생득관념이 아닌 우리가 경험하는 대상들에 의해 생성되는 관념들에 국한되어 있다는 것이다. 〔관념의 기원은 〈경험〉이며, 또한 경험은 두 가지의 형태를 띠는데 그것은 〈감각*sensation*〉과 〈반성*reflection*〉이다. (제2판)〕 로크에 의하면 예외 없이 우리의 모든 관념은 어떤 종류의 경험을 통해 우리에게 들어온다. 이것은 곧 각 개인의 정신이 처음에는 빈 종이*a blank sheet of paper*와 같아서 경험만이 그

위에 지식을 써넣을 수 있다는 것을 말한다. 로크는 이러한 결론들을 다듬기 이전에 계속되어 오던 생득 관념론을, 즉 어떤 식으로든 이미 정신 속에 만들어진 표준적인 관념들의 다발을 가지고 세상에 나오게 된다는 생각을 멈추게 해야겠다고 마음먹었다.

1.1.1. 생득 관념의 부인

로크가 모든 관념들이 경험에서 비롯된다고 말하기 위해서는 그는 분명히 생득 이론을 거부해야만 했다. 로크는 〈정신이 애초부터 받아서 그것을 가지고 세상에 등장한다는, 따라서 인간의 정신 위에 이미 각인된 어떤 생득적인 원리들이 오성 속에 존재한다는 것이 몇몇 사람들 사이에 통용되고 있는 견해〉라고 지적한다. 그러나 그는 이것을 잘못된 것이라 하여 거부할 뿐만 아니라 이러한 이론이 그것을 오용할 수 있는 사람들의 손 안에 있는 매우 위험한 도구라고 생각했다. 만일 능숙한 지배자가 어떤 원리들이 생득적이라고 사람들에게 확신시켜 준다면, 그들은 〈자신들의 이성과 판단의 사용을 상실하게 되며 더 이상 검토해 보지도 않고 그것들을 믿고 참된 것으로 받아들이게 된다〉. 또한 〈이러한 맹목적인 신뢰의 상태로 그들이 더욱 쉽게 지배당하게 된다〉는 것이다.

그러나 생득 관념론에 관심을 둔 사람 중에서 케임브리지의 플라톤주의자인 커드워스[2] — 이성이 지식의 궁극적 기준이라고 주장한 플라톤을 따라 — 와 같은 그다지 악의가 없는 사람도 있었다. 로크가 이러한 문제들에 대해 그의 사상을 정리하려고 했던 1678년에 커드워스는 『우주의 진정한 지성적 체계 *True Intellctual System of the Universe*』라는 책을 출간했다. 그는 신의 존재에 대한 증명이란 어떤 원리들이 인간의 정신 속에서 생득적이라는 전제를 필요로 한다는 입장을 취했다. 유명한 경험론적 명제인 〈처음에 감관 속에 없었던 것은 지성 속에도 존재했을 리 없다〉는 진술은 무신론까지 이르게 된다는 것이 그의 주장이었다. 커트워스에 의하면 만일 지식이 정신의 외부에 있는 대상들에 의해 정신에 공급되는 정보만으로 구성되어 있다면 외부 세계는 지식이 있기 전에 존재했다는 것이다. 그러한 경우 지식

---

2 Ralph Cudworth(1617~1688). 영국의 철학자. 그는 케임브리지 플라톤파의 대표적인 인물로서 플라톤주의의 입장에서 홉스의 유물론을 무신론이라며 비판했다.

은 세계의 원인이 될 수가 없었을 것이다. 로크는 이러한 견해에 반대하면서 생득적인 원리들의 개념에 의존하지 않고서도 신의 존재를 증명할 수 있다고 말했다. 그는 특히 한편으로는 편견, 정열, 속견과 다른 한편으로는 타자에 관한 지식 사이의 구별을 분명히 하기 위해 생득 관념에 대한 근거 없는 주장들을 폭로하는 데 주로 관심을 기울였다. 그래서 그는 생득 관념에 대한 이러한 주장에 반대하는 일련의 논증들을 제시했다.

생득 관념론을 주장한 사람들은 인간이 보편적으로 여러 가지 합리적인 원리들을 참되고 확실한 것으로 받아들인다고 주장했다. 이러한 원리들 가운데는 동일률인 〈존재하는 것은 존재한다〉라든가 비모순율인 〈동일한 사물이 동시에 존재하기도 하고 존재하지 않기도 하는 것은 불가능하다〉라는 것들이 있다. 그러나 이것들이 과연 생득적인가? 로크는 비록 그 원리의 확실성에는 의심을 품지 않더라도 그것들이 생득적이라고는 생각하지 않는다. 이러한 원리가 확실한 것은 그것들이 생득적이기 때문이 아니라 정신이 사물 자체의 본질에 대해 반성하면서 우리에게 확실하다고 생각되기 때문이다. 또한 이 원리들이 모든 사람들에 의해 참이라고 인정된다고 하더라도 이 보편적인 인정을 위해 어떤 대안적인 설명이 주어질 수 있다면 그것들이 생득적이라는 것이 증명되지는 않을 것이다. 더구나 그의 주장에 따르면 이들 원리에 대한 보편적 지식이 존재하는가라는 문제도 있다. 이 보편적인 원리들이 〈인디언들의 오두막에서 나온다는 것은 거의 불가능하며 더군다나 어린아이들의 사유 속에서는 더욱 불가능하다〉고 로크는 말한다. 그러한 원리들은 단지 정신이 성숙된 후에야 파악될 수 있다고 주장한다면 왜 그것들을 〈생득적〉이라고 부르는가? 만일 그것들이 진정 생득적이라면 그것들은 항상 미리 알려져야만 한다. 왜냐하면 〈정신이 아무것도 모르고 아직 의식하지도 못하는 그러한 명제가 정신 속에 있다고 말할 수는 없기 때문이다〉. 로크는 그 문제에서 보듯이 생득 관념론이란 허황된 것이라고 생각했다. 왜냐하면 그가 관념의 기원에 대한 경험적인 설명에 의해 해명할 수 없었던 점을 해명하는 바가 그 이론 속에는 아무것도 없었기 때문이다.

1.1.2. 단순 관념과 복합 관념

로크는 지식을 만드는 원료를 발견함으로써 지식에 대한 설명이 가능하다고 생각했다. 이러한 요소들에 대해 그는 다음과 같이 말했다. 〈정신이 아무런 문자도 없고 어떠한 관념도 없는 소위 백지라고 생각해 보자. 어떻게 그것이 채워지는가? ……언제 정신이 이성과 지식의 모든 《재료materials》를 갖게 되는가? 이 물음에 대해 나는 《경험experience》이라는 한 단어로 대답한다.〉 경험은 우리에게 관념에 관한 두 가지 출처, 즉 감각과 반성을 제공해 준다. 감관으로부터 우리는 정신 속에 몇 개의 분명한 지각을 수용하게 되며 그렇게 함으로써 우리는 외부 대상들에 관하여 친숙하게 된다. 이것이 바로 우리가 노란색과 흰색, 열과 추위, 딱딱함과 부드러움, 쓰고 달콤함, 그리고 그 밖의 모든 감각 가능한 성질들의 관념들에 도달하는 방법이다. 감각은 〈우리가 가지는 관념들의 대부분을 이루는 중요한 출처다〉. 경험의 또 다른 측면은 반성이며 그것은 감관들에 의해 먼저 구비된 관념들을 파악함으로써 관념들을 생산하는 정신 활동이다. 반성은 지각과 사유 작용, 회의, 믿음, 추론, 인식, 의지 및 외부 물체에 대한 우리의 감관에서 비롯되는 관념에 못지않게 분명한 관념을 낳는 정신의 여러 활동을 포함한다. 인간이 가지는 관념들은 그 출처가 감각이거나 반성이며 이들 관념은 단순하거나 복합적이다.

〈단순 관념simple idea〉은 우리의 지식이 만들어지는 원료의 주요 출처다. 이 관념들은 감관을 통한 정신에 의해 수동적으로 받아들여진다. 우리가 어떤 대상을 바라볼 때 관념들은 일렬로 우리의 정신 속에 들어온다. 이것은 한 대상이 혼합된 여러 성질들을 가지고 있을 때조차도 그렇다. 예를 들어 흰 백합은 어떤 분리도 없이 흰색의 성질과 향기로운 성질을 가지고 있다. 그러나 정신은 〈흰색〉과 〈향기로움〉이라는 관념들을 각기 분리해서 받아들인다. 왜냐하면 각각의 관념은 다른 감관을 통해, 즉 시각과 후각이라는 감관을 통해 들어오기 때문이다. 한편 얼음의 딱딱함과 냉기가 촉각의 감관을 통해서 느껴질 때처럼 서로 다른 성질들이 동일한 감관에 의해 수용된다고 해도 그 감각에는 사실상 두 가지의 성질이 포함되어 있으므로 정신은 그 둘의 차이를 구별해 낸다. 무엇보다도 먼저 단순 관념은 감각에서 비롯된다. 그러나 그것들은 또한 반성에서도 얻어진다. 감관들이 대상들에 의해 영향받는 것처럼 정신도 그것이 받아들인 관념들을 알 수 있다. 감관을 통해 수용된 관념들과 관련지어 정신은 추론이나 판단 작용에 의해 다른 단순 관념들을 전개시킨다. 따라서 반성이라는 단순 관념은 기쁨이나 고통 또는 자연적 물체들이 서로 미치는 영향을 관찰함으로써 얻어지는 인과적 힘의 관념일 수도 있다.

반면에 〈복합 관념complex ideas〉은 수동적으로 이루어지지 않는다. 오히려 그것은 정신에 의해 단순 관념들의 복합체로서 결합된다. 여기서 강조할 점은 세 가지 형태를 가지는 정신 활동인데, 그것은 (1) 관념들을 〈결합하는〉 일이며 (2) 다시 그것들을 분리해서 (3) 〈추상하는〉 작용이다. 따라서 정신은 흰색과 딱딱함 그리고 달콤함의 관념들을 연결시켜서 설탕 덩어리라는 복합 관념을 이룬다. 또한 정신은 관념들을 결합하기도 하지만 우리가 풀이 나무보다 더 초록색을 띤다고 말할 때처럼 관계에 대한 사유 작용을 위해서 분리시키기도 한다. 마지막으로 우리가 인간의 관념을 존과 피터로부터 구분하는 것처럼 정신은 관념들을 현실적 존재를 가지는 다른 모든 관념에서 분리시키는 작용을 한다. 이러한 추상의 방법으로 모든 일반 법칙들이 만들어지는 것이다.

1. 1. 3. 제1성질과 제2성질

우리가 관념을 얻는 방법을 더욱 자세히 기술하기 위해 로크는 관념을 낳게 해주는 대상과 관념의 관계에 대한 문제로 관심을 돌렸다. 우리의 관념이 우리가 감각하는 대상들을 똑같이 빼어 닮는가? 예를 들어 눈 덩이를 생각해 보자. 눈 덩이가 우리의 정신 속에 들어오는 관념과 눈 덩이의 실제 본성 사이의 관계는 무엇인가? 우리는 둥글고 굴러가고 단단하며 희고 차가운 관념들을 가진다. 이러한 관념들을 설명하기 위해서 로크는 대상이 〈성질들〉을 가지고 있다고 말한다. 또한 그는 어떤 성질을 가리켜 〈우리의 정신 속에서 어떠한 관념을 생성시키는 한 대상 속에 있는 힘〉이라고 정의한다. 그러므로 눈 덩이는 우리의 정신 속에서 관념을 만들어 내는 힘을 가진 성질들을 소유하고 있다.

로크는 여기에서 관념이 대상과 어떻게 연관되어 있는가라는 문제에 답하기 위해 두 가지의 다른 부류의 성질들을 구분하는 중요한 시도를 한다. 그는 이 성질들을 〈제1성질〉과 〈제2성질〉이라고 부른다.[3] 제1성질은 실제로 물체 그 자체 속에 존재하

---

3 제1성질과 제2성질이라는 용어는 본래 로크보다 두 세기 전에 갈릴레이가 『시험자Il saggiatore』 (1623)라는 글에서 자연에 대한 성질적 특징들을 둘로 구분하기 위하여 사용한 개념이다. 순전히 측정 가능한 양적인 자연의 실재만을 강조하는 그는 맛, 소리, 색깔 등과 같은 성질적 특징들, 즉 제2성질들이

는 성질이다. 그래서 제1성질에 의해 생성된 관념들은 대상 속에 밀접하게 부속되어 있는 그 성질들을 정확하게 닮는다. 눈 덩이는 둥글게 보이며 실제로도 둥글다. 눈 덩이는 굴러가는 것처럼 보이며 실제로도 구른다. 반면에 제2성질은 우리의 정신 속에서 대상과 전혀 일치하지 않는 관념들을 만들어 낸다. 우리가 눈 덩이를 만지면 냉기의 관념을 가지게 되고 그것을 볼 때는 흰색의 관념을 갖는다. 그러나 눈 덩이 속에는 흰색이나 냉기가 있는 것이 아니라 냉기나 흰색의 관념을 창출시켜 주는 힘, 즉 성질이 있을 뿐이다. 이렇게 하여 제1성질은 고체성과 연장성, 모양, 운동과 정지, 수, 즉 대상에 속하는 성질들을 지칭한다. 색이나 소리, 맛이나 향기와 같은 제2성질은 우리에게 이러한 관념들을 만들어 주는 힘 이외에는 물체에 속하지도 않으며 그것을 구성하지도 않다.

로크의 제1성질과 제2성질의 구분이 지니는 중요성은 그가 그것을 통해서 현상과 실재를 구별하고자 했다는 것이다. 로크가 이러한 구별을 처음 한 것은 아니었다. 데모크리토스는 오래전에 무색의 원자들이 근본 실재며 색이나 맛, 그리고 향기는 이들 원자들의 특별한 조직의 결과라고 말하고 있는 점으로 보아 유사한 구별을 제시했다고 볼 수 있다. 데카르트는 제2성질을 그가 〈연장성 *extension*〉이라고 부르는 근본 실체와 구별했다. 로크의 구별은 새로운 물리학에 대한 그의 관심과 〈슬기로운 뉴턴의 비길 데 없는 책〉이 그의 사상에 미친 영향을 반영해 준다. 뉴턴은 흰색이라는 현상을, 보이지 않는 미세한 입자의 운동으로 설명했다. 실재는 단지 하나의 결과에 불과한 흰색 성질에서 발견되는 것이 아니라 원인이 되는 그 무엇의 운동 속에서 발견된다. 로크는 제1성질과 제2성질을 논의하는 가운데 이 성질들을 소유할 수 있는 그 무엇의 존재를 가정했으며 이것을 〈실체〉라고 불렀다.

1.1.4. 실체

로크는 이른바 상식적인 관점에서 실체의 문제에 접근했다. 성질들이 의탁할 그 무엇이 없이, 즉 어떤 실체가 존재한다는 가정도 없이 우리는 어떻게 이 성질들의 관념을 가질 수 있을까? 무엇이 색이나 모양을 가질까라는 질문에 우리는 그것을 단단하고 연

란 우리의 감각 기관의 작용에 의해 우리 안에서 만들어진 것일 뿐 자연에는 그 소재(所在)가 어디에도 없다고 주장한 바 있다. 제2성질들은 단지 현상에 불과할 뿐 객관적 존재를 결여하고 있다는 것이다.

장된 그 무엇이라고 대답한다. 〈단단하다 solid〉나 〈연장되다 extended〉 같은 것은 제1성질이며, 그것들이 무엇 속에서 의탁하고 있는가 물으면 로크는 실체라고 대답한다. 실체의 관념이 상식적으로는 매우 필연적인 것이지만 로크는 그것을 정확하게 기술할 수가 없었으므로 다음과 같이 고백하고 있다. 〈누군가가 자기 자신을 일반적인 순수한 실체 개념의 대상으로 삼는다면 그는 그것에 대한 어떠한 관념도 가질 수 없으며 단지 우리 내부에서 단순 관념을 낳을 수 있는 성질들의 근거에 대한 추측만이 있음을 알게 될 것이다.〉 더욱이 로크는 감각이 실체에 의해 비롯된다고 말함으로써 실체의 개념 속에서 감각을 설명하고 있다. 마찬가지로 우리의 관념에 규칙성과 일관성을 부여하는 힘을 가지고 있는 것도 실체다. 로크의 주장에 따르면 마지막으로 감각적인 지식의 대상이 되는 것도 실체다.

로크는 물질에 대한 단순 논리를 추구하여 운동이 존재하려면 운동하는 그 무언가가 존재해야 하며 성질들을 결합시키는 그 무엇 없이는 그것들이 떠돌아다닐 수 없다고 주장한다. 우리는 〈물질〉과 〈사유 작용〉에 대한 관념을 가지고 있지만 〈어떤 보잘것없는 물질적 존재가 사유하는가의 여부는 결코 알 수 없을 것이다〉. 그러나 사유 작용이 존재한다면 사유하는 어떤 것이 존재해야 한다. 일반적인 실체의 관념에서처럼 우리는 신의 관념에 대해서도 그다지 명석판명하게 알고 있지 못한다. 그러나 〈우리가 인식 불가능한 초월적인 존재에 관한 관념을 고찰한다면 우리는 똑같은 방식으로 그것을 얻게 되고, 신과 분리된 정신 양자에 대한 복합 관념은 우리의 반성으로부터 받아들이는 단순 관념들로 구성되어 있음을 알게 될 것이다〉. 실체의 관념과 마찬가지로 신의 관념은 다른 단순 관념들로부터 추론되며 직접적인 관찰이 아닌 논증의 산물이다. 그러나 〈그것이 무엇인지 모르는〉 실체의 관념에 의해 로크는 우리의 지식이 얼마나 더 연장되며 또한 얼마나 타당성을 가지는가에 대한 의문을 제기했다.

1. 1. 5. 지식의 정도

로크에 의하면 우리의 지식이 얼마나 더 연장되며 그것이 가지는 타당성은 어느 정도인가 하는 것은 우리의 관념들 간의 관계에 달려 있다. 실제로 로크는 지식을 〈단지 우리의 관념들의 일치, 불일치의 관계에 대한 지각〉에 불과하다고 정의한다. 우리의 관념은 일렬로 우리의 정신 속에 들어오지만 일단 들어오기만 하면 그것들은 여러 가지 방식에 의해 연결될 수 있다. 그 관념들 간의 관계는 우리가 경험하는 대상에 따라 다르다. 어떤 때에 우리의 상상력은 공상을 충족시키기 위해 단순 관념과 복합 관념을 재배열시킬 수 있다. 우리의 지식이 공상적인가 또는 타당한가의 여부는 우리의 관념들 간의 관계에 대한 지각에 달려 있다. 지각에는 세 가지의 양상이 있다. 〈직관적인 것 intuitive〉, 〈논증적인 것 demonstvative〉, 〈감각적인 것 sensitive〉이다. 그리고 각각은 실재에 관한 지식의 정도가 다르다.

〈직관적인 지식 intuitive knowledge〉은 직접적이며 아무런 의심도 남겨 놓지 않고 〈불완전한 인간이 할 수 있는 한 가장 분명하고 확실한 것〉이다. 〈햇빛과 같은 지식은 정신이 그 시야를 그 방향으로 돌리자마자 직접 그 지식 자체가 지각된다.〉 원은 사각형이 아니며 6은 8이 아니라는 것을 우리는 곧 인식한다. 왜냐하면 우리는 이 관념들 간의 불일치를 지각할 수 있기 때문이다. 이러한 형식적이고 수학적인 진리 이외에도 직관은 무엇이 존재하는가에 대한 지식을 제공하기도 한다. 우리는 직관으로부터 우리가 존재한다는 것을 안다. 〈우리가 자신의 존재에 대한 직관적인 지식과 우리가 존재한다는 내부적으로 확실한 지각을 가진다는 사실에 대해 확신할 수 있는 것은 경험 때문이다.〉

〈논증적인 지식 demonstrative knowledge〉은 우리의 정신이 전혀 다른 관념들에 관심을 가짐으로써 관념들의 일치와 불일치를 발견하려고 노력할 때 생긴다. 또한 논증의 각 단계는 직관적인 확실성을 가지고 있어야 이상적이다. 이것은 특히 수학에 있어서 그렇다. 그러나 로크는 논증이란 정신을 존재하는 실재의 형태에 대한 지식으로 이끌어 주는 지각의 한 방식이라고 생각했다. 그래서 〈인간은 삼각형의 내각의 합이 2개의 직각과 같다와 같은 진술보다 더 실재적인 것은 없다는 사실을 직관적인 확실성에 의해 인식한다〉는 것이다. 이러한 출발점에서 로크가 주장하는 것은 사실상 적절한 시기에 시작해서 끝나는 사물이 있다는 사실, 그리고 〈비실재는 어떠한 실재적인 존재도 낳을 수 없기 때문에 영원으로부터 무엇인가 계속 존재해 왔다는 것은 명백한 논증이라는 사실이다〉. 유사한 방법의 추론에 의해서 그는 이 영원한 존재가 〈가장 잘 인식하며〉, 〈가장 강력한 힘을 가지고〉 있다고 결론짓는다. 또한 그에 의하면 〈우리의 감관에 의해 직접 발견되는 그 무엇보다도 신의 존재에 대한 좀 더 확실한 지식을 우리가 가질 수 있다는 것은 평범한 사실이다〉.

〈감각적인 지식sensitive knowledge〉은 그 용어의 엄격한 의미를 따지자면 지식이 아니다. 그것은 단지 〈지식이라는 명칭으로 통용될〉 뿐이다. 로크는 우리 외부의 사물들이 존재한다는 사실을 의심하지 않았다. 왜냐하면 만일 그렇지 않다면 우리는 어디에서 단순 관념을 획득했을까 하는 의문이 생기기 때문이다. 그러나 감각적인 지식은 우리에게 확실성을 주지 못하며 더 이상 연장되지도 않는다. 우리는 다른 사람을 보고 감각하고 그의 존재에 대해 전혀 회의하지도 않는다. 그러나 일단 그가 우리를 떠난 후에 우리는 그의 존재를 더 이상 확신할 수 없다. 〈늘《사람》이라고 불려 온 그러한 단순 관념의 집합이 1분 동안은 함께 존재하고 현재 나 혼자 존재하는 것을 내가 보게 된다면, 그 동일한 사람이 지금도 존재하는지 확신할 수 없다. 왜냐하면 1분 전의 존재와 현재의 존재 사이에는《필연적인 연관》이 없기 때문이다. 그러므로 내가 이 글을 쓰고자 혼자 있는 동안 수백만의 사람들이 존재할 가능성이 높다 할지라도, 또한 그러한 높은 가능성에 의해 내가 회의를 품지 않는다 하더라도 나는 엄격한 의미로써 지식을 가지지는 못한다.〉 경험은 우리에게 성질들을 인식하게 하는 데 불과하기 때문에 우리는 그 성질들 사이의 관계에 대해서는 확신할 수 없다. 특히 감각적인 지식으로는 우리의 감관과 관련된 것처럼 보이는 성질들이 〈필연적으로〉 연관되어 있는지 여부를 확신할 수 없다. 우리는 단순히 있는 그대로의 사물을 감각하는 것이지 〈실체〉를 감각하는 것은 아니므로 우리는 결코 감각에 의해서 사물들의 〈실제적인〉 연관 관계를 인식하지 못한다. 비록 감각적인 지식은 우리에게 어느 정도의 지식을 제공하지만 확실성을 주지는 못한다. 직관적인 지식만이 우리가 존재한다는 사실에 대한 확실성을 주며, 논증적인 지식은 신이 존재한다는 사실을 설명한다면 감각적인 지식은 우리가 다른 사람이나 사물을 경험할 때 우리에게 있는 그대로의 존재를 확신할 수 있게 해줄 뿐이다.

1. 2. 로크의 도덕 및 정치 이론

로크는 도덕에 대한 우리의 사유를 논증적인 지식의 범주에 포함시켰다. 그에게 도덕은 수학적 정확성을 가질 수 있었다. 그에 의하면 〈나는 감히 도덕이란 수학과 마찬가지로 논증 가능하다고 생각한다. 왜냐하면 도덕적인 단어들이 나타내는 사물들의 정확한 실제적인 본질은 완전하게 보여질 수 있어 사물들 간의 일치와 불일치가 완전히 규명 가능하기 때문이다〉. 윤리학에서의 중심 단어인 〈선〉은 완전히 이해 가능하다. 왜냐하면 모든 사람은 〈선〉이라는 단어가 의미하는 것을 인식하기 때문이다. 〈사물들이 선하다거나 악하다고 하는 것은 단지 쾌락이나 고통에 비견될 때 가능하다. 우리가 선이라고 부르는 것은 쾌락을 일으키거나 증진시켜 주며 고통을 감소시켜 준다.〉 어떤 종류의 행위는 우리에게 쾌락을 가져다주는 반면에 다른 종류의 것은 고통을 가져다준다. 따라서 도덕은 선한 행위를 선택하거나 의지하는 일과 관계가 있다.

윤리학에 관한 또 다른 정의로 로크는 〈도덕적인 선과 악이란 우리의 자의적인 행위와 어떤 법칙 사이의 일치 및 불일치에 불과하다〉며 세 가지 종류의 법을 구분하고 있다. 즉 사법, 시민법, 신성법이 그것이다. 여기에서 문제의 핵심은 로크가 어떻게 이 세 법의 존재를 인식하고 있으며, 또 세 법의 상호 관계를 어떻게 이해하고 있는가에 대한 것이다. 로크 자신은 신의 존재를 논증하는 데 더 이상의 어려움이 없다고 생각했기 때문에 이제 그는 그 논증적인 지식으로부터 더욱 많은 것을 연역하려고 하면서 다음과 같이 말했다.

……권능, 선, 지혜의 무한성을 지닌 최고의 존재자에 대한 관념 — 우리는 그의 멋들어진 솜씨로 빚어진 피조물이며 우리는 그에게 의존한다 — 과 우리 스스로를 명확한 존재, 즉 이성적인 존재로 이해할 때의 우리 자신에 대한 관념이 올바르게 사려되고 추구된다면 도덕을 논증 가능한 과학들 사이에 포함시킬 수 있을 만큼 행위에 대한 의무와 규율의 기반이 마련될 수 있을 것이라고 생각한다. 그러므로 우리가 다른 과학과 마찬가지로 동일한 관심을 가진다면 자명한 원리들로부터 수학의 원리들처럼 명백한 필연적인 결과에 의해 옳고 그름의 척도를 규정할 수 있음은 의문의 여지가 없는 명백한 사실이다.

여기에서 로크가 제시하고 있는 것은 우리가 자연의 빛, 즉 이성에 의해서 신성법에 부합되는 도덕의 규율들을 발견할 수 있다는 사실이다. 그는 이러한 계획을 윤리학의 체계로 발전시키지 않았지만 모든 법률 상호 간에 가져야 할 관계에 대해서 언급했다. 사법은 행복의 길로 인도하는 행위의 종류에 대한 공동체의 판단을 나타낸다. 공동체에 따라 덕의 구성 요소에 대한 관념이 다르지만 이 법에 부합되는 것만이 〈덕〉이라고 불린다. 시민법은 국가에 의해 제정되며 법원에 의해 시행된다. 대부분의 법원에서 시행하고 있는 법은 곧 국민의 여론을 구체화시킨 것이므로 이 법이 최우선의 권한을 갖는다. 인간이 자신의 이성이나 계시에 의해 알 수 있는 신성법은 인간의 행위에 대한 참된 규율이다. 〈내가 생각하기에 신이 인간에게 스스로를 다스릴 수 있는 규율을 부여했다는 사실을 부인하는 짐승만도 못한 자는 없다.〉 그리고 〈이것만이 도덕적인 공정성에 대한 참된 표준일 뿐이다〉. 그러므로 결국 사법과 시민법은 〈도덕적인 공정성의 표준〉인 신성법에 부합하도록 제정되어야 한다. 이 세 법률들 간에 차이가 생기는 이유는 좀 더 영구적인 가치를 지닌 것보다 직접적인 쾌락을 선택하려는 모든 인간의 경향 때문이다. 그러나 이러한 도덕론이 우리에게는 모호하게 들릴지 몰라도 로크는 이 도덕률이야말로 영원히 참이라고 믿었다. 또한 그는 신성법에서 얻어진 통찰로 자연권의 이론을 정립했다.

1. 2. 1. 자연 상태

『시민 정부론』 제2권에서 로크는 홉스와 마찬가지로 정치론을 전개하면서 〈자연 상태〉를 다루고 있다. 그러나 그는 매우 다른 방식으로 이러한 상태를 기술하고 있으며 홉스를 공격의 대상으로 삼기도 한다. 로크에게 자연 상태란 홉스가 말하는 것처럼 〈만인 대 만인의 투쟁〉이 아니다. 오히려 그와 반대로 로크는 〈이성에 따라 함께 살고 있는 사람들에게 지상에서는 자신들을 심판할 어떠한 공통적인 권위를 지닌 자 없는 인간 사회가 올바른 자연의 상태다〉라고 말한다. 로크의 인식론에 의하면 인간은 자연의 상태 속에서도 도덕법을 인식할 수 있다. 그에 의하면 〈다만 이성에 의지한 모든 인류는 법이나 마찬가지인 그 이성에 의해서 만인은 모두 평등하고 자유롭기 때문에 자신의 생명, 건강, 자유, 또는 사유물을 침해할 그 누구도 없다.〉 이 자연 도덕법은 단지 자기 보존만을 위한 이기주의적인 법이 아니다. 그것은 신의 피조물의 상태에 있는 한 인간으로서 각 개인의 가치에 대한 긍정적 인식이다. 이 자연법은 의무가 수반된 자연권을 포괄하고 있다. 특히 로크가 강조한 권리는 사유 재산권이다.

1.2.2. 사유 재산

홉스에게는 법적인 절차가 마련된 뒤에야 재산에 대한 권리가 인정된다. 로크에 의하면 사유재산권은 자연 도덕법에 근거하므로 시민법에 선행한다. 사적 소유권을 정당화해 주는 것은 노동이다. 인간의 노동은 그의 소유이므로 그가 자신의 노동으로 주어진 조건을 변형시켜 이룬 것은 무엇이든 그의 소유다. 왜냐하면 그의 노동은 그 이루어 놓은 것들과 혼합되어 있기 때문이다. 어떤 사람이 공동 소유였던 것을 가져다가 자신의 사유 재산으로 만드는 것은 그의 노동과 그 무엇이 혼합된 관계에 의해서 가능하다. 따라서 축적 가능한 재산의 양에는 한계가 있다. 즉 그는 〈못쓰게 되기 전에 삶의 편익을 위해 사용할 수 있을 만큼의 양, 말하자면 그의 노동에 의해 마련된 만큼의 재산〉을 축적할 수 있다. 로크가 생각하기에 재산을 물려주는 것도 자연권에 관한 사항으로 가능하다. 왜냐하면 〈만인은 어떤 다른 사람보다 우선하여 그의 형제와 더불어 아버지의 재산을 상속받을 권리가 있기〉 때문이다.

1.2.3. 시민 정부

인간이 자연권을 소유하며 도덕법 또한 알고 있다면 왜 그는 자연의 상태를 이탈하려고 하는가? 이 질문에 대해 로크는 〈인간이 국가로 결속되고 정부의 지배하에 있고자 하는 궁극적인 목적은 그의 재산을 보호하려는 데 있다〉고 대답했다. 로크에게 재산이 의미하는 것은 〈인간의 생명, 자유, 그리고 사유물을 통칭한다〉. 인간이 자연의 상태 속에서 도덕법을 안다는 것은 사실이며, 그가 정신을 자연의 상태로 향하게 할 때 도덕법을 알 수 있다. 그러나 무관심과 소홀로 인하여 항상 도덕법을 알 수 있는 것은 아니다. 더구나 다툼이 일어날 때면 인간은 자신의 판단으로 자기에게 이로운 방향으로 결정하려는 경향을 가진다. 그러므로 성문법뿐만 아니라 이견을 조정하는 독립적인 재판관도 있는 것이 바람직하다. 이러한 목적을 성취하기 위해서 인간은 정치적 사회를 구성한다.

로크는 인간의 권리가 가지는 절대적인 성격에 대해 강조했다. 그래서 그는 다음과 같은 주장을 했다. 〈본래 인간은 자유롭고 평등하며 독립적이므로 어떤 사람도 자신의 승낙 없이는 재산을 강탈당할 수도 없고 또한 어떠한 정치권력에 예속될 수도 없다. 그래서 정치적인 사회는 만인의 동의에 기초해야 한다.〉 그러나 만인은 무엇에 동의하는가? 그들은 사회에 의해 제정되고 시행되는 법을 소유하는 데 동의한다. 그렇지만 〈어떠한 이성적인 인간도 악한 의도를 가지고 그의 주어진 조건을 변형시키지 않는다〉고 생각되기 때문에 이러한 법들은 인간이 본래 가지고 있는 권리에 부합하도록 제정되어야 한다. 그들은 또한 다수에 의해 결정하는 데 동의한다. 왜냐하면 〈물체를 움직일 때 더 큰 힘이 그것을 이끌 듯이 다수의 동의가 필수적이기〉 때문이다. 이러한 이유로 로크는 절대 군주제를 〈시민 정부와 전혀 다른 것〉으로 생각했다. 과거에 실제로 만인들 간에 계약이 이루어졌던 시대가 있었는지에 대해서 로크는 별로 중요하게 생각하지 않았다. 왜냐하면 정작 중요한 것은 논리적으로 볼 때 우리가 이미 동의했다는 사실을 우리의 행동으로 — 로크는 이것을 〈무언의 동의〉라 부른다 — 알 수 있기 때문이다. 우리가 시민의 권리를 누리고 있고 재산을 소유하고 교환하며 경찰과 법원을 신뢰한다면, 결과적으로 우리는 이미 시민으로서의 책임을 떠맡는 것이고 다수의 원칙에 동의한다는 것이다. 그가 자신의 나라를 떠나 다른 나라로 갈 수도 있지만 자신의 나라에 머물고 있다는 사실은 동의의 행위를 확실히 하는 것이다.

1. 2. 4. 통치권

로크는 홉스에게서 볼 수 있는 것과는 다른 사회의 통치권에 대한 견해를 보이고 있다. 홉스에게서 통치권은 절대적이다. 로크 또한 〈어떤 절대적인 힘〉이 있어야 한다는 데 동의하지만 그는 세심하게 모든 점에서 다수의 국민을 위해 그것을 입법부의 관할로 옮겨 놓는다. 그는 주로 법을 시행하거나 관리하는 사람들이 법을 만들지 않는다는 사실을 보장하기 위해 삼권분립에 대한 중요성을 강조했다. 왜냐하면 그들은 자신들을 그들이 만든 법에 대한 복종에서 제외시키려 하고, 사적 권익을 도모하기 위해 법을 제정하거나 개정하는 일이 있을 수 있기 때문이다. 그러므로 행정부는 〈법 아래〉에 있어야 한다. 입법부가 〈최고의 부서〉라고 해도 그것이 절대적이 아닌 것은 입법부의 권력은 〈위탁〉되었고 단지 맡겨진 권력에 불과하기 때문이다. 요컨대 〈입법부가 자신에게 부과된 신뢰에 어긋나는 행위를 할 경우 그 입법부조차도 제거하고 교체할 수 있는 최고의 권력은 국민들에게 있어야 한다〉. 아마도 로크는 만인이 어쩔 수 없이 자신들의 권리를 주권자에게 이양해야 한다는 데 결코 동의하지 않을 것이다. 정부가 와해될 경우에만 반란이 정당화된다 해도 반란을 일으킬 권리는 여전히 남아 있게 된다. 로크에 따르면 외부의 적에 의한 전복뿐만 아니라 내부적으로 입법부의 변화가 있을 경우에도 정부는 와해된다. 예를 들면 입법관이 입법부의 법을 자신의 법으로 대치시킨다거나 제정된 법의 시행을 무시하는 경우에 입법부서가 변경될 수도 있으며 또한 이러한 경우에 그에 대한 반란은 정당화된다. 홉스가 주권자를 신의 심판에 맡긴 것과는 달리 로크는 〈국민들이 심판할 것이다〉라고 말했다.

2. 버클리

버클리(George Berkeley, 1685~1753)는 1685년에 아일랜드에서 태어나 15세에 더블린에 있는 트리니티 칼리지에 입학했다. 그곳에서 그는 수학과 논리학, 그리고 여러 언어와 철학을 배웠다. 문학사 학위를 받은 지 몇 년 후, 그는 그 대학교의 교수가 되었으며 또한 영국 교회의 성직자의 서품을 받았고 이어 1734년에 주교가 되었다. 그는 이미 20대 초반에 저술 활동으로 유명해졌다. 그의 가장 중요한 철학서들로는 『신(新)시각론 Essay towards a New Theory of Vision』(1709) 과 『인간 지식의 원리론 A Treatise Concerning the Principles of Human Knowledge』(1710) 및 『힐라스와 필로누스의 세 편의 대화 Three Dialogues between Hylas and Philonous』(1713) 등이 있다. 그는 프랑스와 이탈리아를 여행했고 런던에서는 스틸과 애디슨 및 스위프트와 교분을 갖게 되었다. 런던에 머무는 동안 그는 의회에 〈우리 식민지에 있는 영국인들의 예절을 개혁시키고 미국의 야만인들에게 복음을 전파할 목적〉으로 버뮤다에 대학교를 설립하려는 그의 계획안에 관심을 갖도록 촉구했다. 1728년 그는 아내와 함께 미국으로 건너가 로다 섬의 뉴포트 항에 3년 동안 머물면서 대학 설립 계획을 수립했다. 그 계획에 대한 자금이 조달되지 않자 버클리는 런던으로 돌아왔으며 조너선 에드워즈[4]와 빈번한 서신 왕래를 통해 미국의 철학에 영향을 주었다. 그가

---

[4] Jonathan Edwards(1703~1758). 미국의 신학자. 그는 종교적, 도덕적으로 침체해 있던 식민지인에게 칼빈주의를 내세우며 신앙 부흥 운동을 일으켜 미국의 독립을 위한 정신적, 종교적 계기를 마련했다.

아일랜드에 돌아온 직후부터 18년 동안 클로인의 주교를 지냈다. 67세에 그는 아내 및 가족과 더불어 옥스퍼드에 안주했으나 1년 후인 1753년 세상을 떠나 옥스퍼드의 그리스도 교회 성당에 안장되었다.

로크의 철학이 지닌 상식적인 접근 방식에 영향받았음에도 버클리가 상식과 매우 상반되는 철학적 입장을 이루었다는 것은 아이러니하다. 그는 모든 사람에게 매우 자명한 듯이 보이는 일을 부정함으로써 신랄한 비난과 조소의 대상이 되었다. 버클리는 시작부터 물질의 존재를 부인한다. 새뮤얼 존슨[5]이 큰 돌을 발로 차면서 〈버클리의 주장을 반박하려면 이렇게 하면 된다네〉라고 말했을 때, 그는 많은 사람들의 반발을 대변해 주고 있었음에 틀림없다.

버클리의 놀랍고도 도발적인 명제는 〈존재하는 것은 지각되는 것이다 esse est percipi〉이다. 이 명제는 어떤 사물이 지각되지 않으면 그것은 존재하지 않음을 뜻한다. 그러나 〈내가 존재를 제거한다고 말하는 것이 아니라 나는 단지 내가 이해하는 한에서 그 단어의 의미를 주장하고 있을 뿐이다〉라는 말 속에서 버클리는 이미 있을 수 있는 오해에 대해서도 파악하고 있음을 알 수 있다. 더구나 어떤 사물의 존재가 그것의 피지각 여부에 달려 있다고 말한다면 사물이 지각되지 않을 때 과연 그것이 존재하는가 하는 의문이 제기된다. 버클리에게 모든 문제는 〈존재한다〉라는 단어를 우리가 어떻게 이해하고 해석하느냐에 달려 있다. 〈밑에 대고 쓰는 책상이 존재한다고 나는 말한다. 말하자면 나는 그것을 보고 느낀다. 그리고 내가 나의 서재에서 나온다면 나는 그것이 존재했었다고 말해야 한다. 그 말이 의미하는 것은 내가 서재 안에 있다면 그것은 지각하는 것이고, 내가 서재 안에 없다면 그 누군가 다른 사람에 의해 실제로 지각되고 있다는 것이다.〉 여기서 버클리는 〈존재한다〉라는 단어는 그의 명제 속에 포함된 의미 이외에 다른 의미를 가지고 있지 않다고 말한다. 왜냐하면 우리가 어떤 사람이 사물을 지각하고 있다는 사실을 동시에 가정하지 않고서는 〈존재한다〉라는 용어가 사용되는 경우를 볼 수 없기 때문이다. 물질로 이루어진 사물들이 피지각에 관계없이 절대적인 존재를 가지고 있다고 주장하는 사람들에게 버클리는 〈그

---

5 Samuel Johnson(1709~1784). 영국의 평론가이자 시인. 특히 그는 『영어 사전』(1747~1755)을 독자적으로 완성함으로써 후세에 이름을 남긴 인물이다. 셰익스피어 전집을 출판한 셰익스피어 전문가였던 그는 미국의 독립을 반대한 인물이기도 하다.

조지 버클리와 그의 가족

말을 나는 전혀 이해할 수 없다〉라고 대답한다. 분명히 그는 다음과 같이 말했다. 〈내가 그곳에 없다 할지라도 말은 마구간에 있으며 책들은 이전처럼 서재 안에 그대로 있다. 그러나 우리는 지각되지 않고서 어떤 사물이 존재한다는 예를 볼 수가 없기 때문에 책상이나 말, 그리고 책들은 내가 지각하지 않더라도 《존재한다》. 왜냐하면 누군가가 그것들을 지각하기 때문이다.〉

버클리는 어떻게 이러한 기발한 생각을 했을까? 『신(新)시각론』에서 그는 우리의 모든 지식은 실제로 느끼는 시각과 그 밖의 감각 경험에 의존한다고 주장한다. 그의 주장에 따르면 특히 우리는 공간이나 크기와 같은 것을 감각하지 못한다. 우리가 사물들을 여러 시야에서 바라볼 때 단지 그 사물들에 대한 여러 가지 시각이나 지각만을 얻을 뿐이라는 것이다. 또한 우리는 거리 자체도 보지 못한다. 대상들의 거리는 경험에 의해서만 추측될 뿐이다. 우리가 볼 수 있는 것이라고는 우리의 시각 능력이 감각할 수 있는 어떤 대상이 지닌 여러 성질들뿐이다. 우리는 한 대상의 근접성 *closeness*도 볼 수 없다. 우리는 그 대상에서 멀어지거나 가까이 갈 때 그것에 대한 여러 가지 시각만을 가질 뿐이다. 버클리는 자기 정신의 여러 가지 활동을 생각하고 그의 관념들이 그의 정신 외부의 대상과 어떻게 연관되는가를 고심할수록 그는 그의 관념들과 동떨어진 어떠한 대상도 결코 발견할 수 없다는 것을 확신했다. 그에 의하면 〈우리가 최선을 다해 외부 물체들의 존재를 상상하고 있을 때 우리는 내내 우리 자신의 관념을 바라보고 있는 것이다〉. 공원에 있는 나무나 아무도 볼 수 없는 벽장 안의 책들을 상상하는 것보다 쉬운 일은 없다. 그러나 이것 모두는 〈당신이 《책》이나 《나무》라고 부르는 그러한 관념들을 당신의 정신 속에 형성하는 것 이외에 아무것도 아니다. 그러나 《당신》 스스로가 내내 그것들에 대해서 지각하거나 생각하고 있지 않은가?〉 그는 결국 정신과 관련되지 않은 어떠한 것도 생각할 수 없다고 결론짓는다. 〈가깝다〉와 〈멀다〉라는 관념들이 제시하는 것처럼 우리는 결코 우리 외부에, 우리에게서 떨어져 존재하는 어떠한 사물도 경험하지 못한다. 우리가 지각을 가지지 않는 영역 바깥에는 아무것도 존재하지 않는다.

버클리가 사물들의 독립된 존재, 즉 물질의 실재에 대해 의문을 품게 된 것은 로크의 철학 때문이었다. 로크가 그의 인식론에서 구하지 못했던 결론들은 버클리에게도 그럴 수밖에 없는 것으로 생각되었다. 로크가 실체는 〈우리가 알지 못하는 그 무엇〉이라고 했을 때 그것은 실체가 아무것도 아니다라는 말에서 별로 진전된 것이 아니었다. 바로 그것이 버클리가 하고자 한 말이었다. 관념과 사물의 관계를 다룰 때 로크는 제1성질에 속하는 한 대상의 모양이나 크기와 제2성질에 속하는 그것의 색, 맛, 그리고 냄새 사이에는 실질적인 차이가 있다고 가정했다. 그의 가정에 의하면 색은 정신 속의 한 관념에 불과한 반면 크기는 어떤 대상의 실체에 관계되어 있다. 그리고 로크에게 실체는 색과 같은 제2성질의 〈뒤〉나 〈밑〉에 존재하는 실재였다. 따라서 그것은 정신에 의존하지 않는 독립적인 것이었다.

그러나 버클리의 주장에 따르면 〈모든 다른 성질로부터 떼어 낸〉 크기나 모양, 그리고 운동은 〈생각조차 할 수 없다〉. 예를 들어 버찌는 무엇인가? 그것은 부드럽고 붉은 색을 띠며 둥글고 맛있으며 향기도 좋다. 이 모든 성질들은 정신 속에 있는 여러 관념들인데 버찌에는 감관들을 통해 이러한 관념들이 느껴지게 할 수 있는 힘이 있다. 그래서 우리는 부드러움을 느낄 수 있고 색깔을 볼 수가 있으며 둥근 모양을 느끼거나 볼 수가 있다. 또한 달콤한 맛을 느낄 수가 있고 향기로운 냄새도 맡을 수 있는 것이다. 다시 말해 이들 성질의 존재는 지각된다는 사실에서 비롯된다. 이들 성질 이외에 감각되는 실재는 존재하지 않는다. 간단히 말해 그 밖에 아무것도 없다. 따라서 버찌는 우리가 지각하는 성질들로 구성되어 있으며 버찌 — 그리고 모든 사물들도 — 는 감각들의 복합체다. 감관에 의해 지각되는 성질들 이외에 모양이나 크기 같은 제1성질들이 더 있다고 말하는 것은 제1성질과 제2성질이 분리될 수 있다고 가정하는 것과 같다. 그는 지각되지 않는, 따라서 제2성질에 속하지 않는 모양이나 크기를 상상하는 것은 불가능하다고 주장한다. 그는 이렇게 말하였다. 제1성질과 제2성질을 〈생각 속에서라도〉 분리시키는 것이 가능한가? 그에 의하면 〈사물을 그 자체로부터 분리시키는 일이 차라리 쉬울 듯하다. ……사실상 대상과 감각은 동일한 것이며 따라서 서로에게서 떼어 낼 수 있는 것이 아니다.〉 그러므로 한 사물은 그것의 지각된 성질들의 총체다. 이러한 이유로 버클리는 존재하는 것은 지각되는 것이라고 주장했다. 실체나 물질은 결코 지각되거나 감각되지 않기 때문에 그것은 존재한다고 말할 수 없다. 실체는 존재하지 않으며 단지 감각된 성질들만이 실재한다면 버클리의 말처럼 사유하는 〈정신적〉 존재들만이 존재할 뿐이다.

로크의 경험론을 그가 생각하는 분명한 결론으로 이끄는 일 이외에도 버클리는 많은 문제들을 논박했다. 그는 『인간 지식의 원리론』에서 이것들이 〈……회의주의와 무신론, 그리고 무종교주의를 근거로 하는 여러 학문의 오류와 난점의 주요 원인〉이라고 주장하고 있다. 모든 난점의 근본 원인은 〈물질〉의 개념이었다. 왜냐하면 만일 고유한 물질적 실체가 실제로 존재한다고 인정한다면 도대체 그러한 세계 안에 정신적인 또는 비물질적인 실체가 있을 자리는 어디인가? 또한 사물의 활동에서 추론되는 보편 관념에 기반을 둔 과학적인 지식은 〈무신론자들의 괴이한 체계〉, 즉 신의 관념을 필요로 하지 않는 하나의 완전한 철학을 우리에게 주지 않겠는가? 이것은 버클리가 임의적으로 이러한 신학적인 결론들 때문에 물질의 관념을 비난한다는 말이 아니라 그가 확신하는 바대로 본질적으로 옳은 그의 견해를 밀고 나가기 위한 부차적인 이유들이 있다는 것을 의미한다.

2. 1. 물질은 무의미한 용어

로크는 실체나 물질이 우리가 감각하는 성질들의 토대를 지지하거나 그 토대로서 작용한다고 주장했다. 그러나 버클리의 『힐라스와 필로누스의 세 편의 대화』의 제1

편에서 힐라스는 다음과 같이 로크의 견해를 대변한다. 〈나는 물질적인 토대를 가정해야만 한다고 생각한다. 그것이 없이 성질들은 존재한다고 생각될 수 없기 때문이다.〉 필로누스는 〈토대 substratum〉[6]라는 단어가 자신에겐 명료한 의미를 가지지 못하며 또한 그는 〈문자 그대로이든 아니든 당신이 그 단어 속에서 이해하고 있는 어떠한 의미라도 알고 싶다〉고 대답한다. 그러나 힐라스는 〈나는 할 말이 없다〉고 말하면서 자신의 토대라는 용어에 어떠한 확실한 의미도 부과할 수 없음을 인정한다. 이것으로부터 〈사유하지 않는 사물(물질)들의 절대적인 존재는 의미 없는 단어들이다〉라는 결론에 도달되는 것이다. 이것은 감각 가능한 사물들이 실재를 소유하지 않는다는 의미가 아니다. 감각 가능한 사물들은 단지 그것들이 지각되는 한에서만 존재한다는 말이다. 또한 이것은 관념들만이 존재함을 내포하고 있으나 버클리는 〈내가 어떤 사물을 《관념 idea》이라고 부르는 것은 사물이 이미 실재하고 있음을 뜻한다〉고 말한다.

그의 관념론이 비난받을 것을 안 버클리는 다음과 같은 말을 준비하고 있었다. 〈도대체 태양과 달과 별들은 어떻게 될까? 우리는 집들과 강과 산, 그리고 나무와 돌들에 대해 어떻게 생각해야 하는가? 아니 우리 자신의 육체에 대해서마저도 말이다. 이 모든 것이 키마이라[7]의 그 많은 환영이란 말인가?〉 그에 의하면 그의 원리에 따른다 해도 〈우리는 자연에 있는 어떠한 사물도 빼앗기지 않는다. 우리가 보고 느끼고 듣고 어떻게 해서든지 상상하거나 이해하는 것은 모두 이전처럼 그대로 있으며 또한 이전처럼 실재한다. 《자연의 한 영역》이 존재하며 실재와 키마이라 간의 구별이 분명하게 유지된다〉. 이러한 상황이라면 왜 사물들 대신에 관념들만이 존재한다고 말하는가? 무용한 물질의 개념을 제거하기 위해 버클리는 다음과 같이 말한다. 〈나는 우리가 감각이나 반성에 의해 파악할 수 있는 어떤 한 사물의 존재를 반대하는 것이 아니다. ……우리가 부정하는 존재를 가진 유일한 사물은 바로 철학자들이 물질이나 물질

---

6 토대 또는 기체 substratum에 관해 가장 먼저 설명한 이는 아리스토텔레스다. 아리스토텔레스는 『형이상학』 제3권에서 실체 ousia를 본질 essence, 보편자 universal, 종 genus, 기체의 네 가지 개념으로 구분한다. 여기에서 〈기체〉란 판단의 주어는 되지만 술어는 되지 않는 것을 말한다. 즉 〈이 꽃은 빨갛다〉라는 판단에서 실체는 〈이 꽃〉으로 주어의 위치에 있고, 〈빨갛다〉라는 술어는 단지 속성일 뿐 실체는 아니다. 성질이나 작용은 어디까지나 실체의 성질이나 작용일 뿐 실체 자체가 아니라는 것이다.
7 그리스 신화에 나오는 괴물로 머리는 사자, 몸은 염소, 꼬리는 뱀과 비슷하며 불을 내뿜는다.

적인 실체라 부르는 것이다. 그리고 이렇게 함으로써 그러한 물질이 없다고 결코 서운해 하지 않을 나머지 인류에게 어떠한 손해도 미치지 않으리라고 나는 감히 말할 수 있다.〉

2. 2. 과학과 추상 관념

그 시대의 과학, 특히 물리학은 물질의 개념에 크게 의존했기 때문에 버클리는 그 과학의 가정과 방법에 관계해야만 했다. 과학은 현상과 실재를 구분할 수 있으며 또 그렇게 해야만 한다고 가정했다. 바다는 푸르게 보이지만 실제로는 그렇지 않다. 버클리는 과학자에게 감각 가능한 세계 이외에 다른 실재가 존재하는지 제시해 보라고 요구했다. 이러한 분석으로 버클리는 경험론의 원리를 추구하고 세련되게 하기 위해 노력하고 있었다. 그의 말로는 물리학자들은 자신들의 이론 속에 형이상학을 포함시킴으로써 과학을 저해하고 있다는 것이다. 즉 그들은 〈힘〉, 〈인력〉, 그리고 〈중력〉과 같은 단어들을 사용하면서 그 단어들이 어떤 실제적인 물리적 실재를 가리킨다고 생각했다. 미세한 입자들의 운동에 의해 색깔의 성질이 나타난다는 주장마저도 이성적인 분석을 하고 있는 것이지 경험적인 분석을 하고 있는 것은 아니다. 버클리를 가장 혼란스럽게 한 것은 과학자들이 보편적이거나 추상적인 용어들을 마치 실제적인 실재들, 특히 자연에 있는 근본적인 물질적 실체를 나타내고 있는 것처럼 사용한다는 점이었다. 그러나 실체는 추상 관념이기 때문에 우리는 어디에서든 그러한 실체를 마주칠 수가 없다. 단지 감각된 성질들만이 실제로 존재한다. 그래서 실체의 개념은 관찰된 성질들로부터 잘못 추론된 것이다. 〈이들 성질들 가운데 어떤 것은 동시에 관찰되기 때문에 그것들에게는 하나의 명사가 주어지며 하나의 사물이라고 생각하게 된다. 따라서 예를 들면 함께 관찰된 어떤 색깔이나 맛, 냄새, 모양, 그리고 견고성은 하나의 뚜렷한 사물로 간주되어 사과라는 명사가 주어진다. 또 다른 관념들의 집합은 돌이나 나무, 책, 그리고 유사한 감각 가능한 사물들을 구성한다.〉 마찬가지로 과학자들이 사물의 작용을 관찰하는 경우 그들은 〈힘〉이나 〈중력〉이라는 추상 용어를 사용하며 마치 그것들이 사물인 양, 아니면 사물들 속에 어떤 실제적인 존재를 가지는 것처럼 생각하고 있다. 그러나 〈힘〉은 단순히 사물들의 행동에 대한 우리의 감각을 기술하는 데 불과하며 우리의 감각과 반성이 우리에게 주는 것 이상의 지식을 주지는 못한다.

　버클리가 뜻한 바는 과학을 사멸시키려는 것이 아니고 〈사물의 본질〉이라는 존재를 부인하고자 하는 것이다. 그가 행하고자 했던 것은 과학적 언어가 도대체 무엇에 관한 것인가를 분명히 하려 했던 점이다. 〈힘〉이나 〈중력〉 그리고 〈인과율〉과 같은 용어들은 우리의 정신이 감각에서 얻어낸 관념들의 모음 이상의 것을 나타내지 않는다. 우리는 열이 초를 녹인다는 사실을 경험하지만 이러한 경험에서 우리가 아는 것이라고는 우리가 〈녹는 초〉라고 부르는 것이 항상 〈열〉이라고 불리는 것에 수반된다는 점뿐이다. 우리는 〈원인〉이라는 단어가 나타내는 어떠한 단일 사물에 대해서 아는 바가 전혀 없다. 실제로 우리가 가지는 유일한 지식은 특별한 경험들 가운데에 있게 된다. 그러나 우리가 모든 사물의 원인에 대해 직접적으로 지식을 얻지는 않지만 우리는 사물의 질서를 알고 있다. 비록 우리는 왜 이것이 생기는지에 대한 어떤 경험도 없을지라도 A 뒤에 B가 일어난다와 같은 질서를 경험한다. 과학은 우리에게 물질적인 행동에 대해 기술해 주며 많은 역학의 원리들도 예측의 목적에 유용한 관찰 사실들로부터 정확히 정식화될 수 있다. 따라서 버클리는 과학을 그대로 내버려 둘 수도 있었지만 과학이 줄 수 있는 지식이란 우리가 감각 가능한 세계로부터 도출할 수 있는 것 보다 많은 지식을 우리에게 제공할 수 있는 것은 아무것도 없다고 누구나 생각할 수 있도록 과학적인 언어들을 명확하게 하려 했다. 결국 감각 가능한 세계는 우리에게 실체도 인과율도 보여 주지 않는다.

2. 3. 신과 사물의 존재

　버클리는 자연에 있는 사물의 존재나 그것의 질서도 부인하지 않았기 때문에 우리가 지각하지 않는 경우 우리의 정신 외부에 있는 사물이 어떻게 존재하며 그것들이 어떻게 질서를 이룰 수 있는가에 대한 설명이 요구되었다. 그래서 그는 존재하는 것은 지각되는 것이라는 그의 보편 명제를 더욱 분명하게 하면서 〈감각 가능한 사물들이 정신을 벗어나 하나의 존재를 가지지 못한다고 할 때, 그 의미는 특별히 나의 정신만을 말하는 것이 아니라 모든 정신에 대해 말하고 있는 것〉이라고 주장한다. 〈그 사물들은 단순히 정신의 외부에 한 존재를 가진다. 왜냐하면 나는 경험에 의해 그것들이 나의 정신에서 독립해 있다는 것을 알고 있기 때문이다. 그러므로 내가 그것들을 지각하는 시간의 간격이 있을 때에도 그것들이 존재하기 위해서는 나 이외의 다른 정신이 있어야 한다〉라고 버클리는 말한다. 그리고 인간의 모든 정신이 때때로 사물들로부터 눈을 떼게 되는 경우가 있으므로 〈모든 사물을 알고 있고 인지하고 있으며 그 자신이 정한 대로, 그리고 정한 규율에 — 우리가 《자연의 법칙》이라고 명명한 — 따라서 그 사물들을 우리의 시야에 들어오게 하는 《전지전능한 영원한 정신》이 존재한다〉. 그러므로 사물들의 존재는 신의 존재에 의존하며 신은 곧 자연에 있는 사물의 질서의 원인이 된다.

또 버클리는 예를 들어 내가 방을 떠난다 해도 촛불은 여전히 그 안에 있을 것이며 얼마 후에 내가 돌아왔을 때 초가 다 타서 없어질 수도 있으리라는 점을 부인하려고 하지 않았다. 이것에 의해 버클리가 말하려는 것은 단지 우리의 미래 경험이 어떻게 되리라는 것을 예견할 수 있게 해주는 어떤 확실한 규칙성이 경험에는 있다는 것뿐이다. 내가 방 안에 없을 때라도 촛불이 계속 탄다는 사실은 정신과 상관없이 독립적으로 물질적인 실체가 존재한다는 것을 증명해 주지는 못한다. 우리는 실제로 촛불에 대한 지각을 경험하기 때문에 우리가 촛불에 대해서 알 수 있다고 말하는 것이 버클리에게는 상식적인 일로 보였다. 마찬가지 방법으로 우리는 자신의 정신 활동에 대해 알고 있기 때문에 우리가 존재한다는 것도 안다.

만일 내가 나의 경험에 의해 실재를 기술하거나 해석하고자 한다면 나는 나와 같이 정신을 소유하고 있는 다른 사람들이 존재한다는 결론에 다다른다. 이러한 사실로부터 내가 관념을 가지고 있듯이 다른 사람들도 마찬가지로 관념을 가지고 있다고 추측할 수 있다. 나의 유한한 정신과 다른 사람의 유한한 정신 이외에도 나의 것과 유사한 더 위대한 정신이 존재한다. 이것이 곧 신의 정신이다. 신의 관념들은 자연의 규칙적인 질서를 이루고 있다. 인간의 정신 속에 존재하는 관념은 신의 관념이며 신은 그것들을 인간에게 전달해 준다. 따라서 우리가 일상 경험에서 지각하는 대상이나 사물은 〈물질〉이나 〈실체〉에 의해서 생기는 것이 아니라 신에 의해 생기는 것이다. 우리가 자연의 법칙에 의해서 사유할 수 있게 해주는 경험 속에는 규칙성과 의존 가능성이 있음이 확실하므로 유한한 정신들의 모든 경험을 조정하는 이도 신이다. 그러므로 신의 정신 속에 있는 관념들의 질서정연한 배열이 신의 정신과 유한한 정신의 차이를 감안하여 인간의 유한한 정신 속에 전달된다. 따라서 궁극적인 실재는 물질적인 것이 아니라 정신적인 것이며, 그것이 곧 신이다. 또한 우리가 대상들을 지각하고 있지 않을 때 대상들이 계속 존재할 수 있는 것은 신의 계속적인 지각 때문이다.

버클리의 말처럼 인간의 관념들이 신에서 온다고 하는 것은 인과율에 대한 특별한 해석을 의미한다. 버클리는 우리가 인과율에 대하여 통찰할 수 있음을 부인하지 않았다. 그가 주장한 것은 단지 우리의 감각 자료가 우리에게 독특한 인과율의 힘을 보여 주는 것은 아니라는 점이다. 예를 들어 물이 어떻게 얼고 왜 어는지에 대해 심사숙고해 본다고 해서 우리는 추위 속에서 물을 고체로 되게 하는 어떤 힘을 발견해 내지는 못한다. 그러나 우리는 정신 활동을 통해서 인과적인 연관 관계를 이해한다. 예를 들어 우리는 우리의 의지에 대해 알고 있다. 우리는 팔을 움직이도록 의지할 수 있고 여기에서 더욱 중요한 것은 우리가 우리의 정신 속에서 가상적인 관념들을 만들어 낼 수 있다는 점이다. 그러한 관념들을 생각해 낼 수 있는 힘으로 보아 지각된 관념들도 역시 정신의 힘에 의해 생겨날 수 있다는 것을 알 수 있다. 그러나 가상적인 관념들은 유한한 정신에 의해 생겨날 수 있지만 지각된 관념들은 무한한 정신에 의해 창출되어 우리들 속에 있게 된다.

버클리는 그의 명제 〈존재하는 것은 지각되는 것이다〉를 통해서 철학적인 유물론과 종교적인 회의주의를 효과적으로 붕괴시켰다고 확신하였다. 로크는 지식이 감각적 경험 위에서 이루어지며, 실체나 현상 배후에 있는 실재를 아는 것이 결코 불가능하다고 주장하여 그의 경험론은 회의주의에 빠지게 되었다. 신의 실재와 정신적인 존재에 대한 버클리의 주장이 유물론과 회의주의를 성공적으로 제거했는지는 의문의 여지가 있다. 왜냐하면 그의 주장은 그가 유물론자들에 반대하여 주장했던 논거들 중에도 어떤 결점들을 포함하고 있기 때문이다. 그럼에도 불구하고 그는 지속적인 영향을 미쳤다. 그의 관념론보다 경험론이 더욱 그러했다. 로크의 경험론을 발판으로 일어선 버클리는 인간의 정신이 언제나 특별한 감각적 경험들을 추론해 내며, 추상 관념들은 그에 대응하는 어떤 실재를 지칭하지는 않는다는 대담한 견해를 내놓았다. 경험론을 완전하게 집대성하려고 한 흄은 버클리를 두고 평하길 〈기존의 견해를 논박하고 모든 보편 관념이 단지 특수 관념에 불과함을 주장한 위대한 철학자이며 나는 이 점이 최근 학계에서 행해진 가장 위대하고 가장 가치 있는 발견 가운데 하나라고 생각한다〉고 말했다.

3. 흄

흄(David Hume, 1711~1776)은 로크와 버클리의 철학에서 순수한 경험적 요소를 취했으며, 또한 그들의 철학이 약간의 미련은 가지고 있었던 형이상학을 배제하고 가장 확실하고 엄밀한 논리 체계를 갖춘 경험론을 이룩해 놓았다. 스코틀랜드 출신의 부모 밑에서 1711년 에든버러에서 출생한 그는 어릴 때부터 문학에 관심을 가졌으며 그의 가족들은 그를 법률가로 만들 수 없다는 것을 곧 알아 차렸다. 그는 에든버러 대학교에 들어갔지만 졸업하지는 않았다. 그는 온순한 사람이었지만 〈철학과 보편적 학문을 추구하는 것 외에는 모든 것에 극렬한 혐오감〉을 가지고 있었다. 그는 〈나의 문학적인 재질을 향상시키는 것 이외에는 모든 목적은 보잘것없는 것〉이라고 생각할 만큼 고집이 센 사람이었다. 그는 1734년에서 1737년 동안 프랑스에서 철저한 검약 생활을 하면서 『인성론 A Treatise of Human Nature』을 저술했다. 1739년 이 책이 출간되었을 때 그는 이 책에 대한 반응에 매우 실망했다. 훗날 그는 〈책을 쓰는 것보다 더 불행한 것은 없다. 왜냐하면 책이란 출판사에서 이미 죽어서 태어나기 때문이다〉라고 술회할 정도였다. 그의 다음 책은 1741년에서 1742년에 출간된 『도덕과 정치론 Essays, Moral and Political』이었는데 이 책은 보다 큰 성공을 거두었다. 흄은 그때 그의 『인성론』에서 핵심 주제들을 개정하여 결국 오늘날 잘 알려져 있는 〈인간 오성에 관한 탐구 An Enquiry Concerning Human Understanding〉라는 제목으로 출판했다. 영국사에 관한 광범위한 책들 외에도 흄은 그의 명성을 더해 준 세 권의 다른 책을 썼는데 그것은 『도덕의 원리에 관한 탐구 An Enquiry Concerning the Principles of Morals』(1751), 『정치 강론 Political Discourses』(1752)과 사후에 출판된 책인 『자연 종교에 대한 대화 Dialogues Concerning Natural Religion』(1779)이다.

흄은 공직 생활도 한 적이 있는데 1763년 영국 대사의 비서로 프랑스에 갔다. 그의 책들은 이미 대륙에서 큰 명성을 얻었으며, 이때 그의 유럽 친구들 가운데는 루소가 있었다. 1767년에서 1769년까지 2년 동안 그는 외무부 차관을 지냈으며 1769년에

데이비드 흄

에든버러에 돌아온 후 그의 집은 당시 사회의 저명인사들의 중심지가 되었다. 매우 부유했던 그는 친구들과 그의 지지자들 — 그중 아담 스미스도 있었다 — 과 어울려 조용하고 안락한 생활을 하다가 1776년 그곳에서 세상을 떠났다.

흄은 물리학의 방법을 사용해서 인간의 본성을 연구하는 〈인간학〉을 만들어 보려고 했다. 그는 문학과의 광범위한 교류를 통해 독자들에게 모든 주제에 대해 의견 대립이 얼마나 자주 주어지는지를 알게 되었다. 그러나 그는 이러한 의견 대립을 심각한 철학 문제의 징후라고 생각했다. 즉 우리는 어떻게 사물의 진정한 본질을 알 수 있을까? 능란한 작가가 도덕과 종교와 물질적 실재의 참 본질에 대한 대립되는 관념들을 수용하도록 독자들을 유도한다면 과연 이 관념들이 모두 참인가? 또한 관념의 이러한 대립에 대한 이유를 발견할 수 있는 방법이 있는가? 흄은 과학적인 방법으로 우주의 모든 문제를 해결하는 방법을 보여 주는 그 시대의 낙천주의를 공유하고 있었다. 그는 그러한 방법으로 인간의 본성, 특히 인간 정신의 여러 작용들에 대한 확실한 이해에 도달할 수 있다고 믿었다.

이미 밝혀진 바와 같이 그는 인간 사유의 기계적 구조를 기술하기 위한 과학적 방법의 사용 가능성에 대해 그가 가졌던 낙천주의가 정당화될 수 없음을 알게 되었다. 그가 초기에 가졌던 이성에 대한 믿음은 결국 회의주의에 빠지고 말았다. 관념이 인간의 정신 속에 형성되는 과정을 밝히는 동안 그는 인간의 사유 범위가 얼마나 제한되어 있는지를 발견하고 아연실색했다. 로크와 버클리도 이와 같은 점에 봉착했지만 그들은 자신의 인식론이 관념의 기원에 대한 설명에 기반을 둘 만큼 심각하게 그 설명을 다루지는 않았다. 그들은 여전히 사람들이 지닌 〈상식〉에 대한 신념에 의지했다. 그들은 그것을 완전히 포기하려고 하지 않았기 때문이다. 그들이 비록 우리의 모든 관념이 경험에서 비롯되었다고 주장했을지라도 그들은 경험이 대부분의 주제들에 대한 지식의 확실성을 줄 수 있다고 확신했다. 반면에 흄은 우리가 관념들이 경험에서 비롯된다는 전제를 심각하게 받아들인다면, 우리의 습관적인 신념이 무엇을 말하든지 관념에 대한 이 설명이 우리에게 가하는 지식의 한계를 우리는 곧 용인해야 한다고 결론지었다.

3. 1. 흄의 인식론

〈난해한 의문들〉에 관한 사색과 불일치의 문제를 해결하기 위한 유일한 방법은 〈인간 오성의 본질에 관해 심각하게 탐구하는 것이고, 오성의 힘과 능력에 대한 정확한 분석에 의해서 오성은 그러한 난해한 주제들에 대해 결코 적합하지 않다는 사실을 보여 주는 것〉이라고 흄은 말한다. 따라서 흄은 정신의 내용에 대한 설명에서 시작해서 회의주의적인 결론에 이르는 일련의 문제들을 세심하게 분석했다.

3. 1. 1. 정신의 내용

인간의 사유보다 더 제한되지 않은 것은 없는 것처럼 보인다고 흄은 말한다. 비록 우리의 육체가 하나의 행성에 갇혀 있다고 할지라도 우리의 정신은 바로 우주의 가장 먼 곳까지도 여행할 수 있다. 또한 정신도 자연이나 실재의 한계에 의해 제한되지 않는 듯이 보인다. 왜냐하면 상상의 나래를 펴서 비마(飛馬)나 금산(金山)과 같은 가장 비자연적이고 허무맹랑한 현상들을 어렵지 않게 생각해 낼 수 있기 때문이다. 그러나 정신이 이 넓은 자유를 소유하는 듯이 보여도 사실상 그것은 〈매우 좁은 한계 내에 제한〉되어 있다. 마지막 분석에서 정신의 내용은 감관이나 경험에 의해 우리에게 주어진 물질들로 환원될 수 있으며 그러한 물질을 흄은 〈지각perceptions〉이라고 불렀다. 정신의 지각은 — 흄이 구분한 바와 같이 — 〈인상impression〉과 〈관념ideas〉의 두 가지 형태를 가진다.

인상과 관념은 정신의 모든 내용을 구성한다. 사유의 원초적인 재료는 인상이라면 관념은 인상의 모사에 불과하다. 인상과 관념의 차이는 단지 그것들의 생생함 vividness의 정도에 있다. 우리가 듣고 보고 느끼고 사랑하고 미워하며 욕망을 가지거나 의지를 가질 때처럼 원래의 지각은 인상이다. 우리가 이들 인상을 가질 때 그것들은 〈생생하며〉 선명하다. 우리가 이러한 인상들에 대해 반성할 때 우리는 그것들에 대한 관념을 가지게 되며 그 관념들은 원래의 인상보다 덜 생동적인 영상에 불과하다. 고통을 느끼는 것은 하나의 인상이며 이 감각에 대한 기억은 하나의 관념이다. 모든 면에서 인상과 그것에 대응하는 관념들은 엇비슷하며 단지 생생함의 정도 차이뿐이다.

인상과 관념의 차이를 보여 주는 것 이외에 흄은 인상 없는 관념이 있을 수 없다고 주장한다. 하나의 관념이 단순히 인상의 모사에 불과하다면 당연히 모든 관념에 대해 선행하는 인상이 있어야 한다. 그렇다고 모든 관념이 다 대응하는 인상을 가지는 것은 아니다. 왜냐하면 우리는 날아가는 말이나 금 덩어리 산이라는 관념을 가질 수 있지만 결코 그것들을 볼 수는 없기 때문이다. 그러나 흄은 그러한 관념들을 〈감관과 경험에 의해 우리에게 제공되는 물질들을 혼합하고 전치(轉置)시키고 감소시키는 정신의 능력〉에 기인하는 산물이라고 설명한다. 우리가 날아가는 말을 생각할 때 우리의 상상은 두 가지의 관념들, 즉 원래 우리가 감관을 통해 획득한 인상인 날개와 말을 연결시킨다. 우리가 하나의 철학적 용어가 어떠한 의미나 관념 없이 도입된다는 의심을 갖게 될 때 우리는 〈그 가상된 관념이 어떤 인상에서 도출되는가〉를 탐구해야 한다고 흄은 말한다. 〈만약 그것이 어떠한 인상이라고 단정하는 것이 불가능하다면 이것은 우리의 의심을 확언해 주는 것이 된다.〉 흄은 신의 관념마저도 이러한 시험 방법을 적용하고 그 관념이 생겨나는 것은 인간들 사이에서 우리가 경험하는 선과 지혜의 성질들을 〈무한대로 증진시키는〉 우리의 정신의 작용 때문이라고 결론짓는다. 그러나 우리의 모든 관념이 인상에서 도출된다면 우리는 어떻게 우리가 〈사유 작용〉이라고 부르는 것을 설명하겠는가? 또한 관념들이 우리의 정신 속에서 그것들 스스로가 군(群)을 이루는 양상들을 어떻게 설명할 수 있는가?

3. 1. 2. 관념의 연합

우리의 관념이 서로 관련되어 있는 것은 단지 우연에 의해 이루어진 것이 아니다. 흄의 말을 빌리면 〈하나의 관념은 본래 또 다른 관념을 도입하려는 어떤 연합시키는 성질, 즉 어떤 결합의 끈〉이 있어야만 한다. 흄은 그것을 〈보통 보편화되어 있어서 최적의 상태로 결합되어 복합 관념을 이루도록 단순 관념들을 지적해 주는 친절한 힘 *gentle force*〉이라고 불렀다. 하나의 관념을 다른 관념과 연합시키는 것은 정신의 특별한 능력이 아니다. 왜냐하면 흄은 정신의 구조적인 장치에 대한 인상을 가지고 있지 않기 때문이다. 그러나 우리의 사유 작용의 실제적인 패턴을 관찰하고 우리 관념들의 군집화를 분석함으로써 흄은 관념의 연합에 대한 설명을 발견했다고 생각했다.

관념들 속에 어떤 성질이 존재할 때마다 이 관념들은 항상 서로 연합된다고 흄은 설명한다. 이 성질들은 세 가지로 유사성*resemblance*, 시·공간적인 근접성*contiguity*, 그리고 인과성*cause and effect*이다. 흄은 모든 관념들 상호 간의 연관은 이들 성질에 의해 설명 가능하다고 믿었으며 어떻게 그것들이 작용하는지에 대한 다음의 예를 제시했다. 〈하나의 그림은 자연적으로 우리의 사유를 원래의 것으로 이끌며(유사성) 건물 속의 한 아파트에 대한 언급은 자연히 다른 것들에 관한 문의를 낳게 한다(근접성). 우리가 어떤 부상에 대해 생각하면 그 부상에 수반되는 고통에 대한 반성을 앞질러 할 수가 없다(인과성).〉 관념의 연합에 대한 이 세 가지 예 가운데서 하나를 원리적으로 구별하는 정신의 어떠한 작용도 있을 수 없지만 이들 가운데 인과의 개념은 지식에 있어서 중심 요소가 된다고 흄은 생각했다. 그는 인과율이 모든 지식의 타당성을 좌우하는 기반이라는 입장을 취했다. 인과율 속에 어떠한 결점이라도 있다면 우리는 지식에 대해 확실성을 가질 수 없다는 것이다.

3.1.3. 인과율

흄의 가장 독창적이고 영향력 있는 사상은 인과성의 문제다. 로크나 버클리도 인과성에 대한 기본 원리에는 접근하지 못했다. 버클리는 우리가 사물 속에서 작용인을 발견할 수 없다고 말했지만, 그의 의도는 신 안에서 현상phenomena의 원인을 찾음으로써 신의 활동 안에서 자연의 예측 가능한 질서를 찾고자 하는 것이었다.

흄에게 인과율의 관념은 그 자체가 의심스러운 것이었다. 흄은 〈인과율이라는 관념의 기원은 무엇인가〉라는 질문으로 그 문제에 접근하고 있다. 관념들은 인상의 모사이기 때문에 흄은 어느 인상이 우리에게 인과율의 관념을 주는지를 묻는다. 그의 대답은 물론 이 관념에 대응하는 인상이란 없다는 것이다. 그러면 어떻게 정신 속에 인과율의 관념이 생기는가? 흄에 의하면 우리가 대상들 간의 어떤 관계를 경험할 때 인과율의 관념이 생기는 것이 틀림없다. 우리가 원인과 결과에 대해서 이야기할 때 〈A가 B의 원인이다〉라고 말한다. 그러나 이것은 A와 B 사이에 어떤 종류의 관계를 나타내는가? 경험은 우리에게 두 가지의 관계를 마련해 준다. 첫째, 〈근접의 관계〉다. 왜냐하면 A와 B는 항상 가까이 있기 때문이다. 둘째, A인 원인은 항상 B인 결과를 선행하기 때문에 〈시간의 선행성〉이 있다. 그러나 인과율의 관념이 상식적으로 제시하는 또 다른 관계가 있다. 그것은 A와 B 사이의 〈필연적 관계〉다. 그러나 〈근접〉도 〈선행성〉도 대상들 간의 〈필연적〉 관계를 내포하고 있지 않다. 흄의 말로는 우리가 각각의 대상을 생각할 때 또 다른 물체의 존재를 내포하고 있는 대상은 없다. 산소를 아무리 많이 관찰해도 수소와 혼합될 때 그것이 물을 생성하리라고는 아무도 말하지 못한다. 우리는 이 둘을 함께 본 후에야 이 사실을 알게 된다. 〈그러므로 우리가 한 대상의 존재를 다른 사물로부터 추론할 수 있는 것은 경험에 의해서다.〉 우리는 근접과 선행성, 그리고 일정한 결합의 인상을 가지는 반면에 〈필연적 관계〉의 인상을 갖지 못한다. 그래서 인과율은 우리가 관찰하는 대상 속의 성질이 아니라 오히려 A와 B의 예들의 반복에 의해서 생겨난 정신의 〈연상의 습관habit of association〉이다.

흄은 인과율이 모든 종류의 지식의 중심을 이룬다고 가정했기 때문에 그가 이 원리에 대해 공격한다는 것은 모든 지식의 타당성을 말살하는 것이었다. 그는 〈존재하게 되는 것은 무엇이나 그 존재의 원인을 가져야 한다〉는 원리를 직관적으로나 논증적으로나 받아들일 이유가 없었다. 마침내 흄은 사유 작용이나 추론을 〈일종의 감각〉이라고 생각했으며 마찬가지로 우리의 사유 작용도 직접 경험을 넘어서서 연장될 수 없는 것으로 보았다.

3. 2. 우리의 외부에는 무엇이 존재하는가?

흄의 극단적인 경험론은 물체나 사물이 우리의 외부에 지속적이고 독립적인 존재를 가지고 있다고 말할 아무런 합리적 정당성이 없다고 주장하기에 이르렀다. 우리의 일상 경험을 보면 우리 외부에는 사물들이 존재한다. 그러나 우리의 관념들이 인상의 모사라는 개념을 심각하게 받아들인다면 우리는 우리가 알고 있는 것이 모두 인상이라는 철학적 결론에 도달한다. 인상은 내부의 주관적 상태며 외부 실재에 대한 분명한 증명이 되지 못한다. 확실히 우리는 항상 실재적인 사물의 외적 세계가 존재하는 것처럼 행동하며, 흄도 실재적인 사물들이 존재한다는 〈우리의 모든 추론을 기꺼이 당연한 것으로 여기고자〉 했다. 그러나 그가 밝혀내고자 했던 것은 우리에게 외부 세계가 존재한다고 생각하게 하는 바로 그 이유였다.

우리의 감관은 사물들이 우리와 독립적으로 존재한다고 말해 주지 못한다. 우리가 사물들에 대한 감각을 방해받을 때마저도 그것들이 계속 존재한다는 사실을 우리는 어떻게 알 수 있을까? 그리고 우리가 무언가를 감각할 때마저도 우리는 단지 인상만을 얻기 때문에 우리에게 사물과 그 인상을 구별할 수 있게 해주는 이중적인 관점이 우리에게 주어지지 않는다. 우리는 오직 인상만을 갖고 있다. 정신에게는 인상이나 관념을 넘어서서 도달할 수 있는 방법이 없다. 〈우리의 상상으로 천상까지 또는 우주의 최상의 경계까지 쫓아가 보자. 우리는 결코 우리의 자아를 넘어서서는 한 발자국도 나아가지 못하며 어떠한 종류의 존재도 생각할 수 없다. 우리는 그 좁은 범위 안에 나타나는 지각들만을 생각할 수 있다. 이것이 상상의 우주며 우리는 그 상상 속에서 이루어진 것 이외에 어떠한 관념도 가질 수 없다.〉

3. 2. 1. 불변성과 정합성

흄의 주장에 따르면 사물들이 우리의 외부에 존재한다는 신념은 우리의 상상이 인상의 두 가지 특성을 다룰 때 생기는 산물이다. 인상으로부터 우리의 상상은 〈불변성

constancy〉과 〈정합성*coherence*〉을 알 수 있게 된다. 예를 들면 내가 창문 밖을 내다볼 때 사물들의 배열에는 불변성이 있다. 즉 산과 집과 나무들이 있다. 내가 눈을 감거나 돌아섰다가 잠시 후에 다시 그 장면을 보면 여전히 그 배열은 변함이 없다. 그래서 나는 산과 집과 나무들을 생각하든 하지 않든 이것들이 존재한다는 결론에 이르게 되는데, 이것이 바로 나의 인상들의 내용들 안에 있는 불변성이다. 마찬가지로 내가 방을 떠나기 전에 불 위에 통나무를 올려놓고 다시 돌아왔을 때 그것은 거의 재가 되어 있다. 물론 불 속에서 큰 변화가 일어났지만 이와 비슷한 상황에서는 이러한 변화를 늘 발견하게 된다. 〈그것들의 변화 속에 있는 이 정합성은 외부 대상들의 특성들 가운데 하나다.〉 산의 경우에는 우리의 인상들의 불변성이 있는 반면에 불에 관한 우리의 인상은 변화의 과정에 대해 정합적인 관계를 갖는다. 이러한 이유로 상상에 의해 우리는 어떤 사물들이 우리 외부에 독립적인 존재를 가지고 있다고 믿게 된다. 그러나 이것은 신념*belief*이지 합리적인 증명은 아니다. 왜냐하면 우리의 인상이 사물과 연관되어 있다는 가정은 〈추론상의 어떠한 근거도 없기〉 때문이다. 흄은 대상이나 사물들을 넘어선 이러한 회의주의적인 추론의 방향을 자아와 실체, 그리고 신의 존재까지도 연장시킨다.

3.2.2. 자아

흄은 우리가 자아에 대한 어떠한 관념도 가지고 있지 않다고 믿는다. 이것은 역설적으로 들릴지 모른다. 왜냐하면 나는 나 자신의 관념을 갖고 있지 않다고 말해야 하기 때문이다. 그러나 여기서 흄은 다시 〈이 관념은 무슨 인상에서 도출되는가〉라는 질문으로 자아가 의미하는 바를 밝히려 한다. 자아의 관념들을 형성하는 연속적이고 동일한 어떤 실재가 있는가? 우리는 자아의 관념과 변함없이 연관되는 어떤 인상을 가지고 있는가? 〈내가 《나 자신》이라 부르는 것으로 몰입할 때면 나는 항상 어떤 특별한 지각이나 다른 지각, 즉 열이나 냉기, 사랑이나 미움, 고통이나 기쁨 같은 지각을 마주치게 된다. 나는 어느 때라도 지각 없이는 《나 자신》을 잡을 수가 없으며 지각 외에는 어떤 것도 관찰할 수 없다〉라고 흄은 말한다. 흄은 지속적인 자기 동일성*self-identity*의 존재를 부인하며 잔여 인성에 대하여 〈그것들은 단지 상이한 지각들의 묶음이거나 집합에 불과하다〉고 말한다. 그러면 우리의 생각에 있는 자아라는 것을 어떻게 설명할 것인가? 우리의 지속적인 동일성에 대한 인상을 주는 것은 기억의 힘이다. 흄은 정신을 〈여러 지각들이 계속적으로 그들의 현상을 만들어 내는 일종의 극장〉에 비유한다. 그러나 그는 〈우리가 이러한 장면들이 나타나는 장소에 대한 가장 동떨어진 개념도 갖고 있지 않다〉고 말한다.

3.2.3. 실체

시간 속에서 어떤 식으로든 동일성을 계속 유지하는 연속적인 자아의 존재를 흄이 부정하게 된 것은 어떠한 형태로든지 실체의 존재를 철저하게 부정했기 때문이다. 로크의 경우 실체의 관념은 우리가 알 수 없는 것이라고 했지만 색이나 모양, 그리고 그 밖의 성질을 가지는 〈어떤 것〉으로서 실체의 관념을 존속시킨다. 버클리는 성질의 기저를 이루는 실체의 존재를 부정했으나 정신적인 실체의 관념은 가지고 있었다. 흄은 어떠한 형태로든 실체의 존재나 실체가 어떤 일관된 의미를 가진다는 것을 부정했다. 자아가 의미하는 바가 만일 실체의 어떤 형태라면 어떠한 그런 실체도 감각의 인상으로부터 도출될 수 없다는 것이 흄의 주장이다. 실체의 관념이 우리의 감관에 의해 우리에게 전달된다면 〈그것들 가운데 어느 것이 또 어떤 방식으로 될까? 그것이 눈에 의해 지각된다면 그것은 색이어야 한다. 귀에 의한 것이라면 그것은 소리고 입에 의해서라면 맛이어야 한다……. 그러므로 우리는 특별한 성질들의 집합의 관념과 구별되는 실체의 관념은 가지지 않는다〉.

3.2.4. 신

〈우리의 관념들은 경험을 넘어서지 못한다〉라는 흄의 엄격한 전제는 그에게 신의 존재에 대한 회의적인 물음을 제기하게 했다. 신의 존재를 증명하려는 대부분의 시도가 인과율을 약간씩 바꿔서 한 것이다. 이들 가운데 목적론적 증명은 종교적 신자들에게 언제나 강력한 충격을 주었다. 흄은 이 증명의 힘을 알고 있었지만 그는 재빨리 문제의 요소들을 파악해 내어 이 증명이 갖는 힘을 약화시켜 놓았다.

목적론적 증명은 자연의 아름다운 질서에 대한 경배와 더불어 시작한다. 이 질서는 인간의 정신이 사유하지 않는 물질들에 부여할 수 있는 그러한 질서와 비슷하다. 이 예비적인 관찰에서 우리는 사유될 수 없는 물질들이 그 자신들 안에 질서에 대한 원리를 포함하지 않다고 결론을 내린다. 〈모양도 형태도 없는 여러 개의 쇠 조각을 함께 던져 보아라. 그것들은 결코 그 스스로 정돈되어 하나의 시계로 짜 맞춰지지 못할 것이다.〉 질서는 정신, 즉 질서를 부여하는 자의 활동을 필요로 한다고 말할 수 있다. 우리의 경험에 의하면 시계나 집은 시계 제조공이나 건축가 없이는 생겨나지 못한다. 이런 점에서 볼 때 자연의 질서는 인간의 노력에 의해 구성된 질서와 유사하며 시계가 제조공을 필요로 하듯이 우주의 자연적 질서는 조정자를 필요로 한다는 사실이 추론될 수 있다. 그러나 그러한 추론은 〈불확실하다〉고 흄은 말한다. 왜냐하면 그러한 문제는 전적으로 인간의 경험의 범위를 벗어나기 때문이다.

목적론적 증명이 〈우주의 질서의 원인이나 원인들은 거의 틀림없이 인간의 지성과 어느 정도 유사성을 갖는다〉는 전제를 그 논거로 삼는다면 그 논거의 주장을 증명할 길은 없다고 흄은 지적한다. 인과성의 관념에 대한 흄의 비판은 여기에서 특별한 힘을 지닌다. 우리는 두 사물〔근접과 선행성, 그리고 일정한 결합〕에 대한 반복적인 관찰로부터 원인의 관념을 이끌어 내므로, 우리가 우주를 원인이라고 간주한 그 무엇과 연관시켜 전혀 경험한 바 없다면 어떻게 우주에 원인을 부여할 수 있겠는가? 유비 추리의 사용만으로는 그 문제의 해답을 얻기 힘들다. 왜냐하면 시계와 우주의 유사성은 정확하게 일치하지 않기 때문이다. 왜 우주를 이성적인 설계자의 산물이라고 하는 대신에 식물 생장 과정의 결과라고 생각하지 않는가? 설사 우주의 원인이 지성과 유사한 그 무엇이라 해도 도덕적인 특성이 어떻게 그러한 존재에서 연유될 수 있는가? 더구나 유비추리가 사용될 경우에 어떤 예를 택할 것인가? 집이나 배는 보통 설계자들에 의해 설계된다. 그러면 우리는 신이 많다고 말해야 되지 않겠는가? 때로는 마지막 형태가 어떻게 될 것인지도 모르는 상태에서 실험적인 모델이 설정된다. 그렇다면 우주는 시험 모델인가 아니면 최종적인 설계인가? 이러한 일련의 탐구에 의해 흄은 우주의 질서가 단순히 경험적인 사실이며 그것으로부터 신의 존재를 증명할 수 없다고 강조하고자 했다. 이것은 그를 필연적으로 무신론에 이르게 하지는 않는다. 설사 그 자신이 무신론자였다고 할지라도 말이다. 그는 단순히 그의 경험론의 엄격한 원리에 의해 자아와 실체의 관념들을 고찰해 온 방식대로 신의 관념을 고찰해 보고자 했을 뿐이다. 그는 확실히 회의적으로 끝을 맺지만, 마침내 그는 〈어떤 사람이든 자신의 회의주의의 사변적인 원리들을 얼마나 오랫동안 밀고 나가든 그는 다른 사람들처럼 행동하고, 살아가며, 대화해야만 한다. ……완전한 회의주의에 빠진다든가 생활 속에서 몇 시간 동안이라도 회의주의자로 살아 보이는 것은 불가능한 일이다〉라고 끝맺는다.

3. 3. 윤리학

흄은 회의주의 때문에 윤리학을 소홀하게 취급하지는 않았다. 반대로『인성론』제3권의 첫 장에서 흄은 〈도덕은 그 무엇보다도 우리의 관심을 끄는 주제다〉라고 쓰고 있다. 그가 윤리학에 쏟는 관심은 매우 강해서 갈릴레이나 뉴턴이 자연 과학에서 한 만큼 그도 그 주제에 대해 많은 것을 하고자 했다.『도덕의 원리에 관한 탐구』의 첫 절에서 그는 〈도덕 철학은 코페르니쿠스 시대 이전의 천문학과 똑같은 상황에 처해 있다〉고 토로하고 있다. 추상적이고 보편적인 가정들을 가지고 있는 낡은 과학이 더욱 실험적인 방법에서 밀려난 것처럼 이제 철학자들은 〈모든 도덕적인 탐구에 있어서 유사한 개혁을 시도해야 하고, 아무리 정교하고 교묘한 것이라 할지라도 사실과 관찰에 기반을 두지 않은 윤리학의 모든 체계를 거부해야 할 시기가 도래했다〉고 흄은 쓰고 있다.

흄에게 윤리학에 대한 핵심적인 사실은 도덕적 판단이 이성에 의해서만 아니라 감정에 의해 형성된다는 점이다. 윤리적인 결정을 내리는 논의에서 이성의 역할이 크다는 것은 의심할 바 없다. 그러나 이성만으로는 〈어떠한 도덕적인 비난이나 승인을 행하고자 할 때는 충분하지 못하다〉. 윤리학에서 이성의 역할을 제한하는 점은 이성이 경험적 사실과 관념들의 분석적 관계들에 관해 판단한다는 사실이다. 도덕적 평가는 어떤것의 참과 거짓에 관한 판단이 아니다. 그보다도 도덕적 평가는 정서적 반응이다.

예를 들어 우리는 왜 살인을 범죄라고 판단하는가? 아니 흄의 말을 빌자면 여기에서 우리가 범죄라고 말하는 사실의 근거는 어디에 있는가? 당신이 행위와 범행이 일어난 정확한 시간, 사용된 무기를 기술한다 해도, 다시 말해 그 사건에 대한 모든 자세한 일들을 수집한다 해도 이성은 여전히 범죄라는 딱지가 붙은 그 사실을 따로 분리시키지 않을 것이다. 결국 이러한 행위가 항상 그리고 모든 상황에서 범죄라고 생각될 수는 없다. 똑같은 행위가 자기 방어나 공무 집행이라고 불릴 수도 있다. 선악의 판단은 모든 사실이 규명된 뒤에 내려진다. 한 행위의 선이나 악은 이성에 의해 발견되거나 추론되는 새로운 사실이 아니다. 도덕적인 평가는 수학적인 판단과 유사하지 않다. 삼각형이나 원에 대한 몇 개의 사실에서 부가적인 사실과 관계가 추론될 수 있다. 그러나 미와 마찬가지로 선은 이성에 의해 추론되거나 연역되는 부가적인 사실이 아니다. 흄에 의하면 〈유클리드는 원의 모든 성질을 자세하게 설명해 놓았지만 어떠한 명제 속에서도 원의 아름다움에 대해서 한 마디도 언급하지 않았다. 이성은 분명하다. 아름다움은 원의 성질이 아니다. 아름다움은 원의 중심에서 같은 거리에 있는 선에도 있지 않다. 그것은 단지 도형이 정신에 낳은 효과일 뿐이다. 정신의 특정한 짜임새 구조가 그것을 그런 감정에 이르도록 민감하게 만든 것이다〉.

흄은 우리에게 〈당신이 악이라고 부르는 실재적 존재나 사실의 근거를 발견할 수 있느냐〉라고 질문하면서 그러한 문제를 더욱 강조한다. 또한 그는 〈당신이 그 대답을 취하는 방식이 무엇이든 어떤 열정이나 동기, 의지와 사고만을 발견할 뿐이며 그 경우에 다른 사실의 문제란 없다. ……당신이 자신의 가슴 속으로 반성하고 이 행위에 대해 당신 속에서 일어나는 거부의 감정을 발견할 때까지 당신은 그것을 발견할 수가 없다. 여기에 사실의 문제가 있다. 그러나 그것은 이성의 문제가 아니라 감정의 문제다. 오히려 그 문제는 대상 속에 있는 것이 아니라 당신 자신 속에 있는 것이다〉라고 주장한다. 흄에게 도덕적 평가는 어떤 사람의 행동 결과를 관찰할 때 우리가 겪게 되는 기쁨과 고통의 공감을 수반한다. 예를 들어 만일 이웃 사람이 약탈을 당한다면 나는 그녀에게 동정 어린 고통을 느낄 것이다. 또한 이러한 고통이 나에게 약탈자의 행위에 대한 도덕적 비난도 야기시킬 것이다. 만일 어떤 이가 길을 건너는 노파를 돕는 것을 본다면 나는 그녀에게 공감하는 기쁨을 맛볼 것이다. 또한 이 기쁨은 그녀를 도와 준 사람에 대한 나의 도덕적 찬사도 만들어 낼 것이다.

흄은 윤리학의 체계를 감정의 작용 위에서 세운다는 일이 자칫하면 도덕적 판단들을 주관적이고 상대적인 취향의 문제로 전락시킬 위험이 있다는 것을 깨달았다. 더구나 칭찬이나 견책의 원천으로 감정이나 공감을 지적하는 것은 우리의 도덕적 판단이 개인의 자기애나 이기적인 계산에서 비롯된다는 사실을 의미한다. 흄은 도덕적인 감정이 모든 사람들 속에서 발견된다는 사실, 사람들은 똑같은 행위를 칭찬하거나 나무라기도 한다는 사실, 그리고 칭찬이나 꾸지람은 소견 좁은 이기심에서 도출되지 않는다는 사실을 주장함으로써 이러한 가정들을 거부한다. 〈그 결과로 인해 우리의 특별한 이익에 손해가 된다고 생각될지라도 적이 행한 공손하고 용감하며 고귀한 행동은 우리의 칭찬을 불러일으킨다〉라고 그는 주장한다. 더구나 우리가 경험하는 공감은 목전에서 일어나는 사건들에 제한받지 않는다. 그보다는 〈우리는 자주, 매우 먼 시대나 먼 나라에서 행해진 선한 행위들을 칭찬해 줄 수 있는 본능적 능력을 가지고 있다. 그런 곳에서는 아무리 상상을 해도 자기 이익의 내세움을 전혀 볼 수가 없을 것이며, 또는 현재 우리의 행복과 안녕이 우리에게서 매우 멀리 떨어진 사건들과 어떤 관련이 있을 수도 없을 것이다〉.

더구나 도덕적 승인에 대한 우리의 공감을 야기하는 성질들은 정확하게 무엇인가? 흄에 의하면 〈정신적 행위나 성질이 제삼자에게 기쁜 공감을 주는 것은 무엇이든 이런 성질들, 또는 덕에 해당되며, 그 반대는 악이다〉. 이런 성질들 중에는 〈분별력, 조심, 적극성, 근면, 검약, 양식(良識), 신중함, 통찰력〉 등이 포함된다. 또한 그의 주장에 따르면 세상에서 가장 냉소적인 사람들일지라도 〈극기의 장점, 절제, 인내, 지조, 사려, 정신의 현존, 개념의 신속성, 그리고 표현의 적절함〉 등에 관해 실제로 의견의 일치를 보여 준다. 무엇 때문에 이러한 성질들이 우리에게 칭찬받을까? 흄은 그것이 〈유용하고〉, 〈마음에 들기〉 때문이라고 말한다. 그러나 그것은 무엇에 대해 유용한가? 흄의 대답에 따르면 〈틀림없이 누군가의 관심에 대해서 유용하다. 그러면 누구의 관심이란 말인가? 우리 자신만의 관심은 아니다. 우리의 동의는 번번이 더 연장되기 때문이다. 그러므로 그것은 인정받는 성격이나 행위에 의해 도움받는 사람들의 관심이 되어야 한다.〉

〔유용성이란 〈하나의 자연적인 목적에의 경향〉이라고 흄은 정의한다. 그는 또한 유용한 것과 해로운 것의 구별이 근본적인 도덕의 구별이라고 주장한다. 그러므로 유용성이…… 도덕적 감정의 원천이라면, 그리고 이 유용성이 항상 자아에 비추어 고려되는 것이 아니라면 사회의 행복에 기여하는 모든 것은 그 자체를 직접 우리의 승인과 선의지에 맡긴다. 이것이 도덕의 기원을 대부분 설명해 주는 하나의 원리다. (제2판)〕 여기에서 흄의 접근 방법은 철저하게 경험적이다. 첫째, 경험은 도덕적 평가란 느낌을 수반하므로 이성의 판단이 아니라는 사실을 말해 준다. 둘째, 경험은 인간이 소유하는 고결한 성질들에 부응하여 기쁨과 고통의 공감을 지닌다는 사실을

말해 준다. 셋째, 경험은 이러한 모든 고결한 성질들이 다음의 두 가지를 공유한다는 사실을 말해 준다. 그것들은 우리의 행동이 일으키는 〈유용하거나〉, 〈마음에 드는〉 것들이다. 도덕적 평가에 대한 이러한 경험적 분석 가운데는 흄이 말하는 도덕적 판단의 분명한 기준이 있다. 이런 행동에 크게 영향받는 사람들에게 유용하거나 마음에 드는 것이 곧 고결한 행동이라는 점이다. 흄의 표현을 빌리면 〈개인의 장점은 그 자신이나 다른 사람에게 유용하거나 마음에 드는 정신적 성질들을 전적으로 소유하는 데 있다〉. 〔흄은 정의를 분석하여 거기에 이기주의와 동정이 뒤섞여 있음을 알게 된다. 그의 주장은 그가 〈보편적인 금욕〉으로 기술하는 정의가 자신들의 생명과 재산을 안전하게 지키려는 이기주의의 단면을 보여 준다는 것이다. 이러한 안전과 행복은 정의가 잘 마련된 사회 속에서만 가능하다. 이 정도로 정의는 이기주의의 반영이라고 할 수 있다. 정의의 유용성은 그것이 이기주의를 만족시켜 준다는 데 있다. 이러한 이유로 흄은 〈공리가 정의의 유일한 기원이며, 이 덕의 이로운 결과에 대한 반성이 그것의 장점을 이루는 유일한 기반이다〉라고 말할 수 있었다. 그러나 사회의 공리나 이기주의에 의해 인간이 사회나 또는 정의의 틀로 들어온다 해도 이기주의 이외에 정의에 대한 도덕적 근간을 마련해 주는 그 무엇이 있다. 정의가 도덕적인 덕의 성질을 갖게 되고 불의가 악의 성질을 갖게 되는 것은 이기주의 때문이 아니라 공감 때문이다. 우리 자신의 이익이 관련되어 있을 때뿐만 아니라 우리가 공감을 통해 함께 나눌 수 있는 다른 사람들의 고통이나 불유쾌함과 관련되었을 때에도 우리는 불의를 비난한다. 〈그리하여 이기주의는 정의의 확립에 대한 원초적인 동기이고 공익과 연관된 공감은 그 덕(정의)에 수반되는 도덕적 승인의 원천이다〉라고 흄은 말한다. (제2판)〕

도덕에 대한 흄의 경험적 접근 방법은 비판의 목소리를 불러왔다. 많은 사람들의 주장에 따르면 도덕이란 불변적이고 영구적이며 절대적인데 흄은 도덕의 모든 계획을 인간의 불안정한 기능과 정서에 근거를 둔다. 더구나 비판자들은 흄의 설명에는 신의 역할이 완전히 빠져 있다고 주장한다. 따라서 그의 모든 접근 방법은 근거가 빈약하고 무신론적이다. 그러나 비판자들을 그토록 괴롭혔던 흄의 이론적 특징들이 다른 사람들에게는 유혹적인 특징들 바로 그것이었다. 제르미 벤담 Jeremy Bentham은 흄의 도덕론을 읽고 〈나는 마치 잘못을 깨달았던 것처럼 느꼈다〉(「사도행전」 9장

18절)고 쓰고 있다. 벤담 자신도 신비스런 이성적 직관이 아닌 경험적 사실에 기초한 도덕에 이르는 비종교적 접근 방법을 탐구하고 있었다. 벤담은 유용성 — 또는 흄이 〈공리utility〉라고 표현하듯이 — 에 기초한 행동으로 평가하는 흄의 논점으로 돌아갔다. 이것이 19세기를 거쳐 오늘날에 이르기까지 벤담과 많은 다른 사람들에 의해 옹호되어 온 공리주의 윤리설의 기초가 되었다.

제 **4** 부

근대 후기와 19세기의 철학
| Late Modern and 19th Century Philosophy

찰스 다윈

12 칸트

    임마누엘 칸트(Immanuel Kant, 1724~1804)는 여든 평생을 동부 프로이센의 쾨니히스베르크라는 작은 지방 도시에서 살았다. 그의 부모는 경건한 청교도였으며 경건주의에 의해 수양된 부모의 종교 정신은 칸트의 사상과 사생활에 지속적인 영향을 미쳤다. 칸트의 교육은 그 고장에 있는 프레데리키아눔Fredericianum에서 시작되었는데, 그 학교의 교장도 역시 경건주의자였다. 1740년에 칸트는 쾨니히스베르크 대학교에 입학했다. 대학에서 그는 고전 문학, 물리학, 철학을 배웠다. 당시 독일의 대학들은 철학자 크리스티안 폰 볼프(Christian von Wolff, 1679~1754)의 영향 아래에 있었다. 그는 라이프니츠의 이성론과 형이상학의 입장에서 포괄적인 철학 체계를 발전시킴으로써 철학적 활동을 자극시킨 업적을 이루었다. 쾨니히스베르크 대학교 시절 칸트의 교수였던 마르틴 크누첸Martin Knutzen도 이 볼프와 라이프니츠적인 철학의 접근 방식에 영향을 받았다. 그러므로 칸트의 대학 교육도 불가피하게 형이상학의 영역에서 확실성 있게 작용하는 인간 이성의 힘을 강조하게 되었다. 이렇듯 마르틴 크누첸은 칸트의 초기 사상을 대륙 이성론의 전통으로 기울게 하였지만, 한편 뉴턴 물리학에 대한 칸트의 관심 — 이 관심은 칸트의 독창적인 비판 철학 발전에 매우 중요한 역할을 하였다 — 을 자극시킨 사람도 역시 크누첸이었다. 칸트는 대학교 과정을 이수하고 8년 동안 가정교사를 한 뒤 1755년에 대학 강사가 되었다. 1770년에 그는 크누첸이 지켜 왔던 철학 교수직에 임명되었다.

칸트의 일생에는 주목할 만한 사건들의 기복이 없었다. 그것은 그가 전혀 여행도 하지 않고 뚜렷한 정치적, 사회적 활동도 전개하지 않았기 때문이었다. 그렇지만 그는 매우 성공적인 강사였고 상대방의 흥미를 돋우는 담소가였으며 손님 접대에 있어서 매력적인 주인이었다. 그는 조그마한 산책로를 여덟 번 오르내리기 위해 매일 4시 반에 집을 나설 때 이웃 사람들이 시계를 맞출 정도로 엄격하게 매사를 계획하였던 연로한 독신자로도 묘사되곤 한다. 그렇지만 이러한 규율이 없었다면 그는 다음과 같은 유명한 책들을 계속해서 저술할 수 없었을 것이다. 그의 기념비적인『순수 이성 비판 Kritik der reinen Vernunft』(1781),『모든 미래의 형이상학을 위한 서언 Prolegomena zu einer jeden künftigen Metaphysik』(1783),『도덕 형이상학의 정초 Grundlegung zur Metaphysik der Sitten』(1785),『자연 과학의 형이상학적 원리 Metaphysische Aufangsgründe der Naturwissenschaft』(1786),『순수 이성 비판』(1787),『실천 이성 비판 Kritik der praktischen Vernunft』(1788),『판단력 비판 Kritik der Urteilskraft』(1790),『이성의 한계 내에서의 종교 Die Religion innerhalb der Grenzen der blossen Vernunft』(1793), 소책자로 된『영구 평화론 Vom ewigen Frieden』(1795) 등이 그것이다.

1. 칸트의 문제 형성

칸트는 근대 철학의 혁명을 이룩했다. 칸트의 마음속에서 이 혁명을 촉진시킨 요인은 그 시대의 철학이 성공적으로 취급할 수 없었던 한 문제에 대한 그의 심오한 관심이었다. 그의 문제는 다음과 같은 그의 유명한 문구에 의해 암시된다. 〈두 가지 사실이 날로 새롭게 증가하는 흠모와 경외로 정신을 채운다. ……위에는 별이 반짝이는 창공, 내면에는 도덕 법칙.〉그에게 별이 빛나는 창공은 일찍이 홉스와 뉴턴이 묘사했듯이 세계는 운동 중인 물체들의 체계며, 거기에서의 모든 사건은 특수하고 결정적인 원인을 갖는다는 사실을 환기시켜 주는 것이었다. 동시에 모든 인간들은 도덕적 의무감을 경험한다. 그런데 그 경험은 인간이 자연의 다른 요소들과 달리 자신들의 행동의 자유를 소유하고 있다는 사실을 함축하는 것이다. 그러므로 사건들에 대하여 모순되는 듯한 두 가지 해석 — 모든 사건은 〈필연〉의 산물이라는 하나의 주장과 인간 행동의 어떤 측면에는 〈자유〉가 있다는 다른 하나의 주장 — 을 어떻게 조화시키느냐 하는 것이 문제였다.

칸트는 과학적 사고 경향을 고찰하여 거기에는 인간성을 포함한 모든 실재를 기계론적 모형 속에 포함시키려는 시도가 있음을 간파했다. 그러한 시도에 의하면 모든 사건은 단일한 기계 구조의 부분들이기 때문에 원인과 결과의 관점에서 설명될 수 있었다. 더욱이 지식을 실제적 감각 경험의 영역과 그 같은 경험에서 귀납적으로 추론될 수 있는 일반화에만 제한할 것을 극단적으로 강조하는 이러한 과학적 방법은 그 방법에 적용 불가능한 모든 요소를 고려 대상에서 제외시키려 했다. 과학은 이 방법을 추구하기 때문에 자유나 신과 같은 개념의 필요성을 느끼지도 못할 뿐만 아니라 그 개념들을 설명할 수도 없었다.

칸트는 과학적 지식의 명백한 성공과 끊임없는 진보에 감명을 받았다. 뉴턴 물리학의 성공은 칸트에게 당시 철학의 적합성에 대한 심각한 의문을 제기했다. 당시의 주요한 두 전통은 대륙 이성론과 영국 경험론이었는데, 뉴턴의 물리학은 이들 두 철학적 체계로부터 독립된 지위를 누리고 있었다. 대륙 이성론은 수학적 모형에 근거하여 구축되었기 때문에 이 철학적 사고방식은 〈관념들〉의 상호 관련성을 강조하여 실제로 존재하는 사물들과 관련성을 전혀 갖지 않았다. 이성론은 뉴턴 물리학이 설명하는 종류의 지식을 전혀 제시할 수 없었다. 이런 이유 때문에 칸트는 경험을 초월한 실재에 대한 형이상학적 사변을 독단적인 것으로 간주하였다. 칸트는 볼프의 라이프니츠적 형이상학이 자신의 〔혁명적 전회 전의〕 초기 사상에 영향을 준 것이 사실이므로 그를 가리켜 〈모든 독단론적 철학자들 가운데 가장 위대한 인물〉이라고 말했다. 이성론과 과학 사이의 이러한 대립은 칸트에게 과연 형이상학이란 과학이 할 수 있는 만큼 우리의 지식을 뚜렷하게 증가시켜 줄 수 있는가 하는 의문을 갖게 했다. 데카르트, 스피노자, 라이프니츠의 차이가 말해 주듯이 형이상학자들이 그들의 사상 체계 내에서 도달했던 결론들의 다양성으로 인해 형이상학의 독단론적 성격은 더욱 명백하게 되었다. 그러나 문제의 핵심은 과학자들이 실재의 본성을 계속해서 성공적으로 해명하게 되자 자유, 신, 도덕적인 진리의 가능성과 같은 형이상학적 개념들에 점점 더 관심이 소홀해졌다는 점이다.

　동시에 과학은 칸트 당시의 또 하나의 주요한 철학 전통, 즉 영국 경험론과도 상관없이 나아갔다. 흄의 가장 두드러진 철학적 논점은 전통적인 인과성 개념에 대한 공격이었다. 우리의 모든 지식은 경험을 통해서 얻어지며 우리는 인과 관계를 경험할 수 없기 때문에 현재 우리의 경험에서 어떠한 미래의 사건을 추론하거나 예측할 수도 없다. 흄에 의하면 이른바 인과 관계라고 하는 것은 단지 두 사건을 관련짓는 습관에 불과하다. 왜냐하면 우리가 두 개의 사건을 동시에 경험하지만 이것은 이 사건들이 어떤 필연적 관계를 갖는다는 결론을 정당화시켜 주지는 않기 때문이다. 따라서 흄은 귀납적 추리를 부정했지만 과학이 인과성과 귀납추리의 개념에 기초하고 있음은 엄연한 사실이다. 왜냐하면 과학은 현재의 특수한 사건들에 관한 우리의 지식이 미래의 무수히 많은 유사한 사건들에 대해 믿을 만한 지식을 제공해 준다고 가정하기 때문이다. 그러나 흄의 경험론의 논리적 귀결은 어떠한 과학적 지식도 있을 수 없다는 것이기에 이것은 결국 철학적 회의주의로 나아갔다. 그러므로 칸트는 과학에 대해서는 크나큰 경탄을 금치 않는 반면에, 철학에 대해서는 이성론의 독단주의와 경험론의 회의주의 때문에 심각한 의문을 갖게 되었다.

　뉴턴의 물리학이 칸트에게 영향을 주었다 하더라도 과학 그 자체는 칸트에게 두 가지의 주요한 의문을 제기했다. 그 첫 번째 의문은 이미 언급한 것처럼 과학적 방법이 모든 실재의 연구에 적용됨에 따라 도덕과 자유와 신의 관념들이 기계론적 우주에 흡수될 위험에 놓여 있다는 것이다. 두 번째 문제는 과학적 인식을 어떻게 설명하거나 정당화하느냐는 것이었다. 즉 과학자는 무엇이 자연에 관한 인식을 가능하게 해주는지에 대해 적절한 설명을 하였는가이다. 이 두 문제는 밀접히 연관되어 있음이 밝혀졌다. 왜냐하면 칸트는 과학적 지식이란 원리상 형이상학적 지식과 유사하며, 따라서 과학적 사유에 대한 정당화나 설명은 자유와 도덕에 관한 형이상학적 사유에 대한 정당화나 설명과 동일하다는 사실을 발견했기 때문이다. 그러므로 칸트는 과학을 공격하지 않고도 형이상학을 구제했다. 과학과 형이상학 모두 정신은 어떤 주어진 자료에서 출발하는데, 그 자료는 인간의 이성 안에서 하나의 판단을 일으킨다. 이런 이유 때문에 칸트는 〈형이상학의 진정한 방법이란 뉴턴이 자연 과학에 도입했고 자연 과학에서 매우 유효하였던 방법과 본질적으로 동일한 것이다〉라고 말한다. 칸트는 과학

임마누엘 칸트

적 사유와 도덕적 사유를 이렇게 해석함으로써 철학에 하나의 새로운 기능과 생명을 공급해 주었다. 이 기능은 칸트의 주요한 저작, 즉 〈순수 이성 비판〉이라는 제목에 의해서 암시된다. 왜냐하면 이제 철학의 임무는 인간의 이성 능력에 대한 비판적 평가이기 때문이다. 칸트는 이러한 새로운 비판적 기능을 추구함으로써 이른바 철학의 코페르니쿠스적 혁명을 이룩했다.

2. 칸트의 비판 철학과 코페르니쿠스적 혁명

칸트의 사상 발전에 있어서 전환점은 흄의 경험론과의 만남이었다. 그는 우리에게 〈솔직히 고백하건대, 흄의 주장은 여러 해 전에 나를 독단의 잠*dogmatic slumber*에서 처음 깨웠고 사변 철학 분야에서 나의 탐구를 새로운 양상으로 이끌어 주었다〉라고 말한다. 흄의 주장에 따르면 모든 지식은 경험에서 유래하므로 우리는 경험을 초월한 어떤 실재에 대한 지식을 가질 수 없다. 이러한 논거는 바로 이성론의 기초에 일격을 가한 것이었다. 왜냐하면 이성론자들은 인간의 이성이 수학에서처럼 한 관념에서 다른 관념으로 이동하기만 하면 경험을 초월한 실재들에 관한 지식은 추출해 낼 수 있다고 자신 있게 주장해 왔기 때문이다. 이성론자의 신 존재 증명은 적절한 한 가지 예였으며, 실재의 구조에 대한 스피노자와 라이프니츠의 설명 역시 그런 또 하나의 것이었다. 칸트는 결국 이성론적 형이상학을 〈썩어 빠진 독단론〉이라며 반대했다. 그렇다고 해서 그가 흄의 주장을 전적으로 인정한 것도 아니다. 칸트는 〈흄이 도달한 결론에 대해서 그를 결코 추종하지 않았다〉고 말했다.

칸트는 흄을 더 이상 추종하기를 거부했는데 이는 흄의 회의주의 때문만은 아니었다. 칸트가 생각하기에 흄은 올바른 길을 걷고 있었지만 지식이 어떻게 획득되는가를 설명하는 과업을 완수하지 않았기 때문이었다. 칸트는 자유와 신과 같이 이성론적 형이상학자들의 관심을 끈 몇몇 주제들을 포기하지 않았다. 비록 칸트는 우리의 경험을 초월한 대상들에 대한 논증적 지식을 가질 수 없다고 말할 준비는 되어 있었지만 자유나 신과 같은 문제에 〈무관심〉할 수는 없었다. 그러므로 칸트는 이성론과 경험론 모두에게 중요하다고 생각되는 것을 확립하고 이 체계들 내에서 옹호될 수 없는 것들을 제거하고자 노력했다. 그는 이전 철학자들이 행한 통찰의 결과들을 단순하게 종합하지는 않았다. 오히려 그는 진정으로 새로운 접근 방식인 이른바 〈비판 철학 kritische Philosophie〉에 착수했다.

2. 1. 비판 철학의 방법

칸트의 비판 철학은 인간 이성의 구성 요소들에 대한 분석으로 이뤄졌다. 즉 그것은 〈이성이 모든 경험과 독립하여 얻고자 하는 모든 지식과의 관련 속에서 이성의 기능에 대한 하나의 비판적 탐구〉를 의미했다. 그러므로 비판 철학의 방법은 〈오성과 이성이 모든 경험과 별도로 무엇을 얼마나 알 수 있는가〉를 질문하는 것이다. 그러므로 이전의 형이상학자들이 직접 경험의 영역을 초월하게 했던 최고 존재의 본성과 다른 주제들에 대한 논쟁에 종사했던 데 반해, 칸트는 인간의 이성이 그와 같은 탐구를 착수할 만한 능력을 갖고 있는지의 여부에 대한 주요한 질문을 제기했다. 칸트의 이러한 관점에 의하면 과연 경험적으로 주어지지 않는 것을 오직 순수 이성만으로 파악할 수 있는가에 대해 면밀히 검토하지도 않고 지식 체계를 구성하려는 형이상학자들의 노력은 분명히 어리석은 것이었다. 그러므로 칸트에게 비판 철학은 형이상학의 부정이 아니라 오히려 형이상학을 위한 하나의 준비였다. 만일 형이상학이 이성에 의해서만 발전된 지식, 즉 경험 이전의, 또는 선천적 *a priori* 지식과 관계를 갖는다면 그 같은 선천적 지식이 어떻게 가능한가 하는 비판적 질문이 제기될 수 있을 것이다.

2. 2. 선천적 지식의 본성

칸트에 의하면 우리는 경험에 호소하지 않고도 지식을 획득할 수 있는 능력을 소유하고 있다. 그는 우리의 지식이 경험과 함께 출발한다는 데에는 경험론자들과 의견을 같이했다. 그러나 그는 〈우리의 지식은 경험과 함께 출발하지만, 그렇다고 해서 지식 모두가 경험에서 나온다는 것은 아니다〉라고 부언했다. 이것은 흄이 미처 지적하지 못했던 문제였다. 왜냐하면 그는 우리의 모든 지식이 감관들에게 비롯되는 일련의 인상들로 구성된다고 말했기 때문이었다. 그러나 우리는 비록 지식이 경험과 〈함께〉 시작되더라도 경험에서 〈나오지〉 않는 종류의 지식을 분명히 소유한다. 우리가 인과성을 경험하거나 감각할 수 없다는 흄의 주장은 옳았다. 그러나 칸트는 인과성이란 원인과 결과라고 부르는 두 개의 사건을 관련시키는 우리의 심리적 습관에 불과하다는 흄의 설명에 반대했다. 칸트는 우리가 인과성에 관한 지식을 갖고 있으며 이 지식을 감각적 경험으로부터가 아니라 이성적 판단 능력으로부터 직접적으로 획득한다고, 따라서 그것은 선천적이라고 믿었다.

더욱 구체적으로 말하자면 〈선천적〉 지식이란 무엇인가? 칸트는 다음과 같이 대답한다. 〈만일 과학에서 한 예를 찾고자 한다면 우리는 수학에서 어떤 한 명제를 볼 필요가 있다. 오성의 가장 평범한 작용에서 본다면 모든 변화는 원인을 가져야 한다는 명제가 이것을 충족시킬 수 있다.〉 무엇이 수학의 한 명제들, 또는 모든 변화란 원인을 가져야 한다는 명제를 하나의 선천적인 지식으로 만드는가? 칸트에 의하면 이러한 종류의 지식은 경험에서 도출될 수 없다. 우리는 아직 모든 변화를 경험하지 않았으므로 경험이 우리에게 〈모든〉 변화에는 틀림없이 원인이 있다는 사실을 알려 줄 수 없다. 또한 경험은 우리에게 사건들 간의 연관 관계가 필연적임을 알려 줄 수도 없다. 왜냐하면 대부분의 경험이 알려 줄 수 있는 것은 〈한 사물이 그러그러하다는 점이지 그것이 달리 될 수 없다는 점은 아니기〉 때문이다. 그러므로 경험은 우리에게 〈필연적〉 연관 관계 또는 명제의 〈보편성〉에 관한 지식을 제공해 줄 수 없다. 그러나 우리는 사실상 인과성과 보편성에 관해 이러한 종류의 지식을 소유한다. 왜냐하면 이러한 개념들은 수학과 과학적 지식을 특징짓는 개념들이기 때문이다. 모든 무거운 물체는 낙하한다라든가 7에 5를 더하면 항상 12가 된다고 우리는 자신 있게 말한다. 그 같은 선천적 지식이 존재한다는 사실은 명백하다. 그러나 칸트의 관심사는 그 같은 지식이 어떻게 설명될 수 있느냐 하는 것이다. 간단히 말해 흄의 회의주의에 어떻게 답변할 수 있는가? 이 문제는 단순히 선천적 지식이 어떻게 가능한가의 문제가 아니라 〈선천적 종합 판단〉이 어떻게 가능한가의 문제였다. 이 질문에 대답하기 위해 칸트는 우선 무엇이 선천적 종합 판단을 구성하는가를 발견해야만 했다.

2. 3. 선천적 종합

칸트는 두 종류의 판단, 즉 〈분석〉 판단과 〈종합〉 판단을 구별한다. 그에 의하면 하나의 판단은 사고의 한 작용이며 우리는 그 작용에 의해 주어와 술어를 연결하는데, 여기서 술어는 주어를 몇 가지 방식으로 제한한다. 우리가 〈그 건물은 높다〉고 말할 때 정신은 주어와 술어의 관계를 이해할 수 있으므로 우리는 하나의 판단을 행한 것이다. 주어와 술어는 서로 다른 두 개의 방식으로 상호 연관되며, 따라서 정신은 두 가지 종류의 판단을 하게 된다.

〈분석 판단analytische Urteile〉에서 술어는 이미 주어의 개념 속에 내포되어 있다. 예를 들어 〈모든 삼각형은 세 각을 갖는다〉는 판단은 분석 판단이다. 이 판단의 술어는 이미 주어 속에 함축되어 있기 때문에 술어는 주어에 관해 어떠한 새로운 지식도 제공해 줄 수 없다. 또 〈모든 물체는 연장된다〉라는 판단도 분석 판단이다. 왜냐하면 연장성의 관념은 물체의 관념 속에 이미 내포되어 있기 때문이다. 이처럼 분석 판단은 주어와 술어의 논리적 관계로 참이 된다. 따라서 분석 판단을 부정한다면 논리적 모순에 빠지게 된다.

〈종합 판단synthetische Urteile〉은 술어가 주어 속에 포함되어 있지 않다는 점에서 분석 판단과 다르다. 그러므로 종합 판단에서 술어는 우리의 주어 개념에 새로운 것을 더해 준다. 〈그 사과는 붉다〉라고 말하는 것은 두 개의 독립된 개념들이 결합된 것이다. 왜냐하면 사과라는 개념은 붉음의 관념을 내포하지 않기 때문이다. 칸트에게 〈모든 물체는 무게를 가진다〉도 종합 판단의 한 예가 된다. 왜냐하면 무게의 관념은 물체의 개념에 내포되어 있지 않기 때문에, 즉 술어는 주어 속에 포함되어 있지 않기 때문이다.

이 문제에서 더 나아가 칸트는 선천적*a priori* 판단과 후천적*a posteriori* 판단을 구별한다. 모든 분석 판단은 선천적이다. 분석 판단의 의미는 수학의 경우처럼 어떠한 관찰과도 무관하므로 어떤 특별한 경우 또는 사건들에 대한 경험에 의존하지 않는다. 〈필연성과 엄격한 보편성은 선천적 지식의 확실한 표시〉이므로 칸트는 분석 판단이 선천적 지식을 대표한다고 표명하는 데 아무런 곤란도 겪지 않는다. 반면에 종합 판단은 대부분 후천적이다. 즉 그것들은 관찰 경험 이후에 일어난다. 예를 들면 X학교에 있는 모든 소년들은 키가 183센티미터라는 말은 후천적 종합 판단이다. 왜냐하면 그들의 키에 관한 이 명제는 그 학교의 현재 또는 미래의 모든 성원들에 있어 우연적으로 참이지 필연적으로 참은 아니기 때문이다. 그 판단은 이 학교의 특별한 세부 사항에 관한 경험 없이는 이루어질 수 없다. 그러므로 모든 분석 판단은 선천적인 반면, 대부분의 종합 판단은 후천적이다.

그러나 선천적 분석 판단과 후천적 종합 판단 이외의 또 다른 종류의 판단이 있다. 이것이 〈선천적 종합 판단synthetische Urteile a priori〉이다. 이것은 칸트가 가장 많은 관심을 가졌던 종류의 판단이다. 왜냐하면 그는 우리가 이 판단을 행하고 있다는 사실은 확신했으나 그 같은 판단이 어떻게 가능한가 하는 의문을 떨쳐 버릴 수 없었기 때문이었다. 종합 판단은 분명히 경험에 기초하기 때문에 그러한 의문이 제기된다. 만일 그것이 사실이라면 그것은 어떻게 경험과 독립되어 있는 선천적 판단이라고 불릴 수 있는 것일까? 그러나 칸트는 수학, 물리학, 윤리학, 형이상학에서 우리가 선천적인 동시에 종합적인 판단을 행하고 있음을 보여 주었다. 예를 들면 $7+5=12$라는 판단은 그것이 필연성과 보편성을 지니고 있기 때문에 틀림없이 선천적이다. 왜냐하면 7 더하기 5는 12와 동일해야 하며 또한 그것은 항상 그래야 하기 때문이다. 동시에 이 판단은 분석적이 아니라 종합적이다. 왜냐하면 12는 7과 5라는 수의 단순한 분석에 의해 추출될 수 없기 때문이다. 7, 5, +라는 개념들의 종합을 이룩하기 위해서는 직관의 행위가 필요하다.

칸트는 기하학의 명제들에서도 주어와 술어의 필연적이며 보편적인 관계가 있지만 술어가 주어 속에 포함되어 있지 않다는 점을 밝혀낸다. 그러므로 기하학의 명제들은 선천적이며 동시에 종합적이다. 예를 들어 칸트는 다음과 같이 말한다. 《두 점 사이의 직선은 두 점의 최단 거리다》는 종합 명제다. 왜냐하면 직선이라는 개념은 양의 관념을 내포하지 않고 오직 질의 관념만을 내포하고 있기 때문이다. 그러므로 최단 거리라는 개념은 전적으로 부가적이며, 따라서 직선의 개념 분석에서 추출될 수 없다. 그러므로 직관은 여기에 도움을 주어야 하며 바로 이러한 방법에 의해서만 이러한 종합은 가능한 것이다.》 물리학에서도 역시 우리는 선천적 종합 판단을 발견한다. 칸트는 〈자연 과학은 그 자체 내에 원리들 같은 선천적 종합 판단을 포함하고 있다〉고 말한다. 〈물질계의 온갖 변화 속에서도 질량은 불변이다〉라는 명제는 선천적이다. 왜냐하면 우리는 모든 변화를 경험해 보기 전에 이런 판단을 했기 때문이다. 또한 그 명제는 종합적이다. 왜냐하면 영원성의 관념은 물질의 개념에서 발견될 수 없기 때문이다. 형이상학에서도 우리는 지식을 확대하거나 증가시키고 있다고 가정한다. 만일 그러하다면 〈인간은 자유롭게 선택한다〉라는 판단과 같은 형이상학적 명제들은 틀림없이 종합적이다. 왜냐하면 여기서 술어는 주어의 개념에 새로운 지식을 부가시켜 주기 때문이다. 동시에 이러한 형이상학적 판단은 선천적이기도 하다. 왜냐하면 자유롭게 선택한다라는 술어는 우리가 모든 인간에 대한 경험을 갖기 이전에도 모든 인간에 관한 우리의 관념과 결합되어 있었기 때문이다.

이러한 예증을 통해 칸트가 보여 주고자 하는 것은 우리가 선천적 종합 판단을 형이상학에서뿐만 아니라 수학, 물리학에서도 마찬가지로 행하고 있다는 사실이다. 만일 이 판단들이 형이상학에서 곤란을 일으킨다면 수학과 물리학에서도 동일한 곤란을 일으킬 것이다. 그러므로 칸트는 만일 선천적 종합 판단이 수학과 물리학에서 설명되거나 정당화될 수 있다면 그것에 의해 역시 형이상학에서도 정당화될 수 있을 것이라고 믿었다.

2. 4. 칸트의 코페르니쿠스적 혁명

칸트는 선천적 종합 판단의 난점을 정신과 대상들 간의 관계에 대한 새로운 가정을 사용해서 해결했다. 칸트가 생각하기에 만일 우리가 흄처럼 정신은 개념 형성에 있어서 그 대상에 순응해야 한다고 가정한다면, 그 난점에 대한 아무런 해결책도 결코 존재할 수 없음이 분명했다. 흄의 이론은 우리들이 실제로 경험한 사물들에 관한 우리의 관념에는 유효할 것이다. 그러나 이것들은 후천적 판단들이다. 만일 내가 〈그 의자가 갈색이라는 것을 어떻게 아느냐〉고 묻는다면, 나는 그것을 볼 수 있기 때문이라고 대답한다. 또한 만일 나의 주장이 도전받는다면 나는 경험에 맡길 것이다. 이리하여 내가 나의 경험에 대해 언급할 때 문제는 해결되는데, 우리 모두는 그 경험이 사물의 본성에 순응하는 하나의 지식을 제공해 준다고 동의하기 때문이다. 그러나 선천적 종합 판단은 경험에 의하여 정당화될 수 없다. 예를 들면 만일 내가 모든 직선은 두 점간의 최단 거리라고 말하더라도 나는 모든 가능한 직선을 경험했다고 확실하게 말할 수는 없다. 과연 사건들이 발생하기 이전에 그것들에 관한 나의 판단들, 즉 보편적으로 참이며 항상 입증될 수 있는 판단들을 가능하게 해주는 것은 무엇인가? 만일 흄이 믿었듯이 정신은 수동적이고 단지 대상들로부터의 정보만을 수용한다면, 정신은 그 특별한 대상들에 관한 정보만을 갖게 될 것이다. 그러나 정신은 모든 대상들, 심지어는 아직 경험하지 못한 대상들에조차도 판단을 행한다. 더욱이 대상들은 우리가 그것에 대해 행한 이러한 판단과 일치되게 미래에도 실제로 행동한다. 이러한 과학적 지식은 사물의 본성에 관해 믿을 만한 정보를 제공해 준다. 그러나 이 지식은 종합적인 동시에 선천적이므로 정신이 그 대상들에 순응한다는 가정에 의해 설명될 수 없을 것이다. 그러므로 칸트는 정신과 그 대상 사이의 관계에 관한 새로운 가정을 시도해야만 했다.

칸트의 새로운 가정은 정신이 대상에 순응하는 것이 아니라 대상이 바로 정신의 작용에 순응한다는 것이었다. 그는 의식적으로 코페르니쿠스의 예를 따라 일종의 실험 정신으로 이 가정에 도달했다. 코페르니쿠스는 〈천체들이 모두 관찰자 주위를 순환하고 있다는 가정으로 천체 운동을 만족스럽게 설명하지 못하자, 만일 관찰자를 순환하게 하고 별들을 정지해 둔다면 좀 더 성공적인 설명을 할 수 있지 않을까 하고 시험해 보았던〉 인물이었다. 칸트는 여기서 자신의 문제와 유사성을 발견하고 다음과 같이 말한다.

> 지금까지 우리의 지식은 대상에 순응해야 한다고 가정하였다. 그러나 개념에 의해 선천적으로 대상에 관한 어떤 것들을 확립함으로써 대상에 관한 우리의 지식을 확장하고자 하는 우리의 모든 노력은 이 가정에서 결국 실패로 귀결되었다. 그러므로 우리는 만일 대상이 우리의 지식에 순응해야 한다고 가정한다면 우리가 형이상학의 임무를 좀 더 성공적으로 수행할 수 있지 않을까 하고 시험해야 한다. ……만일 직관이 대상의 구조에 순응해야 한다면, 나는 어떻게 우리가 대상의 어떤 것을 선천적으로 알 수 있는지를 알지 못한다. 그러나 만일 대상 — 감관의 대상과 같은 — 이 우리의 직관 능력의 구조에 순응해야 한다면, 나는 아무런 곤란도 없이 그와 같은 가능성을 생각할 것이다.

칸트는 정신이 대상을 창조한다거나 정신이 생득 관념을 소유한다는 의미로 말하지 않았다. 그의 코페르니쿠스적 혁명은 오히려 정신이 경험하는 대상에 무엇인가를 부여해 준다고 한 그의 말에 있는 것이다. 칸트는 우리의 지식이 경험과 함께 출발한다는 데에 흄과 의견을 같이했다. 그러나 칸트는 흄과는 달리 능동적 동인으로서 정신이란 그것이 경험하는 대상과 무엇인가를 행하고 있음을 보여 주었다. 칸트는 정신이 그것의 인식 방법을 그 대상에 부과하는 방식으로 구조화되어 있다고 말한다. 정신은 바로 그러한 본성에 의해 우리의 경험을 능동적으로 조직한다. 즉 사유 작용은 우리의 감각을 통한 인상의 수용 행위는 물론 우리가 경험한 것에 관한 판단 행위도 포함한다. 색안경을 낀 사람이 모든 것을 그 색깔 속에서 보는 것과 똑같이 모든 인간은 사유의 능력을 갖고 있으므로 불가피하게 정신의 생득적인 구조에 따라 사물에 관해 사유한다.

3. 이성적 사유의 구조

칸트에 의하면 〈아마도 평범한, 그러나 우리에게 알려지지 않은 근원에서 유래하는 인간의 인식의 두 원천, 즉 감성과 오성이 있다. 전자를 통하여 대상은 우리에게《주어지고》후자를 통하여 대상은《사유된다》〉. 그러므로 지식은 인식하는 자와 인식되어지는 사물의 협동적 작업이다. 그러나 나는 인식하는 자로서 나와 내가 인식하는 사물 간의 차이를 구별할 수 있다고 할지라도 결코 물 자체 Ding an sich를 알 수는 없다. 왜냐하면 내가 그것을 인식하는 순간, 나의 구조화된 정신이 그것을 알 수 있도록 나에게 허용하는 대로 인식하기 때문이다. 만일 색안경이 나의 눈 위에 영원히 고정되어 있다면, 나는 항상 그 색 속에서 사물을 보아야 하며 그 안경에 의해 나의 시각에 부과된 한계를 결코 피할 수 없을 것이다. 그와 유사하게 나의 정신은 항상 어떤 사고방식을 사물에 부과하며, 이것은 사물에 대한 나의 이해에 항상 영향을 준다. 정신은 주어진 우리 경험의 재료들에 무엇을 부과하는가?

3. 1. 사유의 범주와 직관 형식

정신의 독특한 활동은 우리의 경험을 종합하고 통일하는 것이다. 정신은 이 종합을 우선 〈감각 가능한 잡다〉 속에 있는 여러 경험에 직관의 형식 Anschauungsformen, 즉 공간과 시간을 부과함으로써 이뤄진다. 우리는 불가피하게 사물을 〈공간〉과 〈시간〉 속의 존재로 지각한다. 그러나 공간과 시간은 우리들이 경험하는 사물들로부터 도출된 관념들도 개념들도 아니다. 공간과 시간은 직관 속에서 즉각적으로 만나며 동시에 선천적이다. 비유적으로 말한다면 그것들은 우리가 항상 경험적 대상을 볼 때

눈에 쓰는 렌즈들이다.

우리가 사물을 감각하는 방식을 취급하는 공간과 시간 이외에도 어떤 사유의 범주 *Kategorie*들이 있는데, 이것들은 정신이 우리의 경험을 통일하거나 종합하는 방식을 더욱 구체적으로 다루고 있다. 정신은 우리가 감각 세계를 해석하는 행위에 종사할 때 여러 종류의 판단을 행함으로써 이 통일 행위를 이룩한다. 경험의 잡다는 〈분량 *Quantität*〉, 〈성질 *Qualität*〉, 〈관계 *Relation*〉, 〈양상 *Modalität*〉과 같은 어떤 고정된 형식이나 개념을 통해 우리에 의해 판단된다. 우리가 분량을 측정할 때 우리는 하나 또는 다수를 생각한다. 우리가 성질을 판단할 때 우리는 긍정적이거나 부정적인 진술을 한다. 우리가 관계를 판단할 때 우리는 한편으로 원인과 결과를 생각하며, 또 다른 한편으로는 주어와 술어의 관계를 생각한다. 그리고 우리가 양상에 대해 판단할 때 우리는 어떤 것이 가능한지 또는 불가능한지를 생각한다. 이러한 모든 사유 양식들은 종합의 행위를 구성하는 것들인데, 이러한 행위를 통해 정신은 감각 인상들의 잡다로부터 하나의 일관성 있는 단일 세계를 만들기 위해 노력한다.

3. 2. 자아와 경험의 통일

무엇이 우리에게 주위의 세계에 대한 하나의 통일된 파악을 가능하게 해주는가? 우리의 정신이 활동하는 방식에 대한 분석에서 볼 때, 칸트의 대답은 바로 정신이 우리의 감관에 주어진 원래의 자료들을 하나의 일관되고 상호 관련된 요소들의 체계로 변형시킨다는 것이다. 그러나 이 말은 칸트에게 경험의 통일이 자아의 통일을 함축해야 한다고 말하게 한다. 왜냐하면 만일 정신의 여러 작용들의 통일이 없다면 경험에 관한 지식이 있을 수 없을 것이기 때문이다. 그와 같은 지식을 얻는 데는 연속적으로 감각, 상상, 기억 및 직관적 종합 능력을 수반한다. 따라서 동시에 한 대상을 감각하고 그 특징 등을 기억하고 그것에 공간과 시간 형식 및 원인과 결과의 범주를 부과하는 것은 동일한 자아임에 틀림없다. 이 모든 활동들은 하나의 주체 내에서 발생해야 한다. 그렇지 않으면 지식이란 있을 수 없을 것이다. 왜냐하면 만일 한 주체는 감각만을, 또 다른 주체는 기억만을 소유한다면 다양한 감각은 결코 통일될 수 없을 것이기 때문이다.

이러한 통일 행위를 완수하는 단일한 주체는 어디에 있으며 또 무엇일까? 칸트는 그것을 〈통각의 선험적 통일die Einheit der transzendentalen Apperzeption〉이라고 부르는데, 우리는 이를 자아라고 불러도 좋을 것이다. 그는 〈선험적transzendental〉이라는 말을, 비록 그러한 통일이나 자아가 우리의 실제적 경험에 내포되어 있다 할지라도 우리가 자아를 직접적으로 경험하지는 않는다는 것을 보여 주기 위해 사용한다. 그러므로 자아의 관념은 통일된 자연계에 관한 지식을 갖는 경험의 필연적 조건으로서 〈선천적〉이다. 모든 경험적 요소들을 통일함으로써 우리는 자신의 통일성을 의식한다. 그리하여 하나의 통일된 경험 세계에 대한 우리의 의식과 자신의 자의식은 동시에 발생한다. 그렇지만 자의식은 외부 대상들에 대한 지각에 영향을 주는 것과 동일한 기능들의 영향을 받는다. 나는 자신에 대한 인식에도 동일한 장치를 부여함으로써 모든 사물을 보는 것과 동일한 〈렌즈〉를 인식 대상으로서의 나 자신에게도 부과하게 된다. 나는 통일된 경험 분야에 대하여 갖고 있는 지식을 인지하고 있을 뿐, 내가 바라보는 시점과 유리된 사물을 알지 못하듯이 이러한 〈통각의 선험적 통일〉의 본성을 알지 못한다. 내가 확신하고 있는 것은 통일된 자아란 경험에 대한 어떤 지식을 의미한다는 사실이다.

3. 3. 현상적 실재와 본체적 실재

칸트의 비판 철학에서 가장 충격적인 것은 인간의 지식이 그 자신의 영역 안에 영원히 제한되어 있다는 주장이다. 이 한계는 두 형식을 취한다. 첫째, 인식은 경험 세계에 국한되어 있다. 둘째, 인식은 우리의 지각과 사유 능력이 경험의 원래 자료들을 조직하는 방식에 의해 제한된다. 칸트는 우리에게 나타난 대로의 세계가 궁극적 실재가 아니라는 사실을 의심하지 않는다. 그는 〈현상적phaenomenon〉 실재, 즉 우리가 경험하는 것으로써의 세계와 〈본체적noumenon〉 실재, 즉 순수 지성적 또는 비감각적인 실재를 구별했다. 우리가 하나의 사물을 경험할 때, 우리는 불가피하게 그것을 사유의 선천적 범주라는 〈렌즈〉를 통하여 지각한다. 그러나 지각되지 않을 때의 한 사물은 어떤 모습일까? 〈물 자체Ding an sich〉는 무엇일까? 우리는 분명히 비감각적 지각에 대해 결코 경험할 수 없다. 우리가 인식하는 대상은 감각된 대상들이다. 그러나 우리는 경험 세계의 존재가 정신에 의해 만들어지지 않는다는 것을 알고 있다. 오히려 정신은 물 자체의 세계로부터 유래된 경험의 잡다에 관념을 부과한다. 이것은 다음과 같은 의미다. 즉 우리와 독립하여 존재하는 실재가 우리 외부에 있지만 우리는 그것이 우리에게 표상되고 우리에 의해 조직된 것으로만 그것에 대해 알 수 있다는 것이다. 그리하여 물 자체의 개념은 우리의 지식을 증가시켜 주지 않고 우리에게 인식의 한계를 상기시켜 줄 뿐이다.

3. 4. 규제적 개념으로서의 순수 이성의 선험적 관념들

본체적 영역에 대한 일반 개념 이외에 우리가 고려하고 싶은 세 가지 규제적 관념 *reglative Idee*들이 있다. 이것은 우리에게 감각 경험을 초월하게 하지만, 우리의 모든 경험을 통일하려는 불가피한 성향 때문에 우리는 이 관념들에 대해 무관심할 수 없다. 자아, 우주, 신의 관념들이 바로 그것이다. 그것들은 자신에게 대응하는 대상이 우리의 경험에 없기 때문에 〈선험적〉이다. 그것들은 직관이 아니라 순수 이성에 의해서만 만들어진다. 그렇지만 그것들은 우리가 모든 경험에 대한 하나의 일관된 종합을 성취하려고 할 때 그러한 관념들에 대해 생각한다는 의미에서 경험에 의해 자극된다. 칸트는 다음과 같이 말한다. 〈첫 번째의 규제적 관념은 《나*Ich*》 자체이므로 나는 사유하는 본성이나 영혼으로 간주되며…… 단일한 주체 내에 존재하는 것으로서의 모든 결정들, 가능한 한 하나의 단일한 근본적 힘에서 유래하는 모든 힘, 하나의 동일한 존재 상태에 속하는 것으로서의 모든 변화, 그리고 사유 행위와 완전히 다른 것으로서 공간 속의 모든 《현상》을 표현하고자 노력한다.〉 이 방법으로 순수 이성은 우리가 인지하는 여러 심리적 활동들을 하나의 통일체로 종합하고자 한다. 그리고 그것은 〈자아〉의 개념을 정형화함으로써 이러한 종합을 행한다.

이와 유사하게 순수 이성은 〈세계〉의 개념을 형성함으로써 경험하는 여러 사건에 대한 하나의 종합을 창조하고자 한다. 그래서 〈순수한 사변적 이성의 두 번째 규제적 관념은 세계 일반의 개념이다. ……즉 일련의 조건의 절대적 총체이며, ……이성의 경험으로는 결코 완전히 실감할 수는 없으나 우리가 어떻게 그와 같은 일련의 조건을 취급해야 하는가를 처방해 주는 하나의 규칙으로 역할을 하는 하나의 관념이다. ……그 우주론적 관념은 단지 규제적 원리들에 불과하며 그 같은 일련의 조건의 현실적 총체로 결코 단정할 수 없는 것이다〉.

칸트는 계속해서 이렇게 말하였다. 〈모든 우주적 계열의 유일하고 충분한 원인인

한 존재자의 단순한 상대적 가정을 내포하는 순수 이성의 세 번째 관념은 《신》이다. 우리는 이 관념의 대상을 절대적으로 가정할 수 있는 아주 미약한 근거도 갖고 있지 않다. ……그 같은 존재에 대한 관념은 모든 사변적 관념처럼 단지 이성 명령을 형식화하는 듯하다. 즉 세계 내의 모든 관계가 하나의 체계적 통일의 원리에 따라 조망된다 — 마치 그와 같은 모든 관계가 궁극적이며 충분한 원인으로써 하나의 유일한, 모든 것을 포괄하는 존재 안에 그 근원을 지니고 있는 것처럼 — 는 사실은 명백해진다.〉

칸트가 이러한 규제적 관념을 사용하는 것은 독단적 이성론과 회의주의적 경험론을 조정하는 그의 방법을 예시하는 것이다. 칸트는 우리가 경험을 초월해서는 실재에 관해 아무런 지식도 가질 수 없다는 데에 경험론자들과 의견을 같이했다. 자아, 우주, 신의 관념은 이들 관념에 상응하는 실재들에 관한 어떠한 이론적 지식도 우리에게 제공해 줄 수 없다. 이들 관념의 기능은 오직 하나, 즉 규제적일 뿐이다. 그것들은 규제적 관념들처럼 우리에게 형이상학에서 제기되어 계속적으로 반복되는 의문을 취급하는 하나의 합리적인 방법을 제공해 준다. 이 정도에서 칸트는 이성론의 주제의 타당성을 인정했다. 그렇지만 그는 인간 이성의 영역에 대해 비판적 분석을 함으로써 이전의 이성론자들이 선험적 관념을 마치 실질적 존재들에 관한 관념처럼 취급하는 오류를 범했다는 사실을 발견했다. 칸트는 다음과 같이 강조한다.《절대적 대상》으로서, 아니면 단순히《관념적인 대상》으로서 나의 이성에 주어진 것들 사이에는 중대한 차이가 있다. 전자의 경우에서 우리의 개념은 초험적 transcendent 대상을 결정하기 위하여 채용된다. 그러나 후자의 경우에서는 사실상 아무 대상이나 가정적 대상조차도 직접적으로 주어질 수 없는 하나의 도식 schema 밖에 없다. 그런데 그 도식은 오직 우리가 다른 대상을 간접적인 방법, 즉 그것들의 조직적인 통일체 내에서 이 관념과 관계를 우리에게 제시해 줄 수 있게 할 뿐이다. 그러므로 나는 최고의 지성이라는 개념은 하나의 단순한《선험적 transcendental》관념일 뿐이라고 생각한다.〉

3.5. 이율배반과 이성의 한계

규제적 관념은 우리가 지식을 가질 수 있는 어떠한 객관적 실재에도 의지하지 않기 때문에 우리는 존재로서 이러한 관념들을 순수 이성의 산물로 간주해야 한다. 그 자체만으로 우리는 이들 관념에 시간과 공간의 선천적 형식이나 원인과 결과의 범주를 부과할 수 없다. 왜냐하면 이것들은 오직 감각적 다양성에만 부과되기 때문이다. 과학은 다음과 같은 이유로 가능하다. 모든 인간이 동일한 정신 구조를 갖고 있으므로 언제 어디서든 감각적 경험의 사건을 동일한 방식으로 배열하기 때문이다. 즉 우리 모두가 주어진 감각적 경험에 동일한 오성의 조직 능력을 부여하기 때문이다. 그러나 우리가 자아, 우주, 신의 관념들을 고려할 때 주어진 것과 우리가 〈두 점 사이의 최단거리〉를 고려할 때 주어진 것은 동일하지 않기 때문에 형이상학의 과학은 있을 수 없다. 경험을 통해 이전보다 더 높은 차원에서 사건의 폭넓은 다양성의 종합을 이룩하고 현상의 영역에 대한 이전보다 더 광범한 설명을 발견해야 할 필요성이 형이상학에 주어지게 되었다.

칸트에게 선천적이거나 이론적인 과학적 지식과 사변적 형이상학 사이에는 차이가 있다. 그 차이란 현상에 대한 과학적 지식은 가질 수 있으나 본체적 영역이나 경험을 초월한 영역에 대한 과학적 지식은 가질 수 없다는 것이다. 형이상학의 〈과학〉을 이루려는 우리의 시도는 운명적으로 실패한다고 칸트는 말한다. 자아, 우주, 신에 대해 마치 그것들이 경험 대상인 것처럼 논의하고자 할 때마다 정신이 그것을 성공적으로 수행할 수 없다는 사실은 칸트가 말하듯이 우리가 빠지는 〈이율배반〉에 의해 밝혀진다. 이들 네 가지 이율배반은 우리가 경험을 초월한 세계의 본성에 대해 논의할 때, 여러 명제들의 반대 측면에 대해서도 동일한 강도로 주장할 수 있다는 사실을 우리에게 보여 준다. 즉 (1) 세계는 시간과 공간 속에 제한되어 있다. 또는 그것은 제한되어 있지 않다. (2) 세계 내의 모든 혼합물은 단순 부분들로 구성되어 있다. 또는 세계 어느 곳에서도 단순한 것이란 존재하지 않으므로 세계 내의 어떠한 혼합물도 단순한 부분들로 구성되어 있지 않다. (3) 자연 법칙에 따르는 인과성 이외에 또 다른 인과성, 즉 자유의 인과성도 역시 있다. 또는 세계 내의 모든 것은 오직 자연의 법칙에 따라 발생하므로 자유란 없다. (4) 세계의 한 부분이나 그 원인으로서 절대적으로 필요한 존재자가 존재한다. 또는 절대적으로 필요한 존재자는 아무 곳에도 존재하지 않는다.

이러한 이율배반들은 독단적 형이상학에 의해 야기된 불일치이므로 그것들은 〈무의미 nonsense〉, 즉 우리들이 어떠한 감각적 경험도 갖고 있지 않으며 가질 수도 없는 실재를 묘사하려는 시도에 기초하기 때문에 발생한 불일치다. 그러나 칸트는 이러한 이율배반이 적극적 가치를 갖는다고 믿었다. 즉 그것은 공간과 시간의 세계는 오직 현상적이며 그 같은 세계 속에서 자유는 하나의 일관된 관념이라고 말하기 위한 추가적 논의를 제공한다고 믿는다. 이것은 당연하다. 왜냐하면 만일 세계가 물 자체라면, 그것은 범위와 분할성에서 무한하거나 유한해야만 할 것이기 때문이다. 그러나 그 이율배반들은 양자 가운데 어느 하나가 참이라는 어떠한 논증적 증거도 있을 수 없다는 사실을 알려 준다. 그래서 세계가 오직 현상적인 한 우리가 도덕적 자유와 인간의 책임을 긍정하는 것은 정당화된다.

규제적 관념으로서의 자아, 세계, 신의 개념은 정당한 기능을 갖는다. 그것들은 우리가 경험을 종합하도록 돕기 때문이다. 또한 본체적 영역이나 물 자체의 영역에 대해 말하는 것은 어떤 주어진 경험과 우리의 사유 성향에 대응시키는 것이다. 이러한 이유로 인해 우리는 사람을 두 가지 다른 방식, 즉 현상Phenomenon과 본체로 생각할 수 있다. 현상으로서의 사람은 시간과 공간, 그리고 원인과 결과의 연관 속에 있는 존재로 과학적으로 연구될 수 있다. 동시에 우리의 도덕적 의무에 대한 경험은 사람의 본체적 본성 — 그에 대한 우리의 감각적 지각을 초월한 그의 모습 — 이 자유로 특징지어진다는 사실을 제시해 준다. 이런 점에서 자아나 신의 관념처럼 자유의 개념은 하나의 규제적 관념이다. 인간은 자유롭다든지 신은 존재한다는 논증적 증거는 결코 있을 수 없다. 왜냐하면 이들 개념은 감각적 경험 너머에로 우리의 주의를 기울이게 하지만, 그곳에는 정신의 범주들이 활동할 아무런 자료도 없기 때문이다.

3. 6. 신의 존재 증명

인간의 이성 능력과 범위에 대한 이러한 비판적 평가의 결과, 칸트가 전통적인 신 존재 증명들, 즉 〈존재론적〉, 〈우주론적〉, 〈목적론적〉 증명을 거부하게 되는 것은 불가피하였다. 〈존재론적 증명ontologischer Beweis〉을 논박하는 그의 주장은 그것이 언어의 조작에 불과하다는 것이다. 왜냐하면 이 증명의 요체는 〈우리가 가장 완전한 존재의 관념을 갖고 있으므로 그 같은 존재가 존재하지 않는다고 말한다면 모순일 것이다〉라는 명제이기 때문이다. 물론 완전한 존재의 개념은 존재의 술어를 반드시 포함하기 때문에 그와 같은 부정은 모순일 수밖에 없다. 즉 존재하지 않는 어떤 존재도 하나의 완전한 존재로 간주될 수 없다. 그러나 칸트는 이러한 추론은 〈사물과 그것들의 존재로부터가 아니라 판단들로부터〉 도출되는, 즉 존재가 하나의 완전한 존재자의 관념에 포함되도록 만들어지는 것 같은 방식으로 개념을 형성함으로써 신의 관념이 존재의 술어를 갖게 만들어졌다는 것이다. 이 논증은 왜 주어인 신을 가질 필요가 있는지에 대해 어떤 곳에서도 지적하지 않았다는 것이다. 만일 하나의 완전한 존재가 존재하는데 우리가 그와 같은 존재가 전지전능하다는 것을 부정한다면 모순될 것이다. 그러나 우리가 하나의 최고의 존재가 전지전능하다고 인정함으로써 모순을 피할 수 있다고 해서 그것만으로 그와 같은 존재가 존재함이 증명되지는 않는다. 더구나 신이 존재함을 부정하는 것은 술어를 부정하는 것일 뿐만 아니라 주어도 버리는 것이고, 그렇게 함으로써 주어에 딸린 모든 술어도 버리게 되는 것이다. 그리고 〈만일 우리가 주어와 술어 모두를 거부한다면 모순이란 없게 된다. 왜냐하면 모순될 만한 것이 아무것도 남지 않기 때문이다〉. 그래서 칸트는 다음과 같은 결론을 내렸다. 〈신의 존재에 대한 개념에서 존재론적 증명이나 데카르트적 증명에 들인 온갖 수고와 노력은 낭비다. 단지 관념만의 도움으로 지식이 좀 더 풍부해지고자 기대하는 사람은 0을 현금 계정에 추가시킴으로써 부를 축적하려는 상인과 같다.〉

존재론적 증명이 하나의 관념 — 하나의 완전한 존재에 관한 — 에서 출발하는 데 비해 〈우주론적 증명 *kosmologischer Beweis*〉은 〈경험에 입각한다〉. 왜냐하면 그것은 〈만일 어떤 것이 존재하면 절대적으로 필요한 존재도 또한 존재해야 한다 *Wenn etwas existiert, so muß auch ein schlechterdings notwendiges Wesen existieren*〉는 가정하에서 〈나는 존재한다. 그러므로 하나의 절대적으로 필요한 존재는 존재한다 *nun existiere zum mindesten Ich selbst; also existiert ein notwendiges Wesen*〉라고 말하기 때문이다. 칸트에 의하면 이 논증의 오류는 그것이 경험에서 출발하지만 이내 경험을 넘어서게 된다는 점이다. 감각적 경험의 영역 내에서 각 사건의 원인을 추론하는 것은 정당하다. 그러나 〈인과성의 원리 *der Kausalsatz*〉는 감각적 세계 이외의 곳에 적용할 수 있는 어떠한 의미도 규준도 없다. 여기에 칸트의 비판적 방법의 직접적 적용이 있다. 그는 우리가 감각적 경험을 넘어선 실재들을 묘사하려는 노력에 정신의 선천적 범주들을 적용할 수 없다고 주장하기 때문이다. 그러므로 우주론적 논증은 만물의 제1원인에로 우리를 안전하게 인도할 수 없다. 왜냐하면 우리가 사물에 관한 우리의 경험으로부터 추론할 수 있는 대부분은 신의 규제적 관념이기 때문이다. 그 같은 존재, 즉 모든 우연적인 것들의 근거가 실제로 존재하는가의 여부는 존재론적 증명에 제기된 것과 동일한 의문, 즉 우리가 완전한 존재에 관한 우리의 관념과 그것의 존재함의 논증적 증명과의 괴리를 성공적으로 극복할 수 있는가 하는 의문을 제기하게 한다.

이와 유사하게 〈목적론적 증명teleologischer Beweis〉은 상당히 설득력 있게 출발한다. 이 증명은 다음과 같이 진행된다. 〈우리는 세계 내 모든 곳에서 하나의 일정한 목적에 따르는 하나의 질서의 명백한 징표들을 발견한다. ……만일 다양한 사물이 근저를 이루는 관념들을 따르는 하나의 질서 있는 이성적 원리에 의해 궁극적 목적을 위해 선택되고 디자인되지 아니하였다면, 그것들이 그들 스스로 그렇게 거대한 다양한 수단의 조화에 의해 일정한 궁극적 목적의 완수를 위해 협동할 수는 없을 것이다.〉 칸트는 이 증명에 대해 우주 내의 질서에 대한 우리의 경험이 하나의 조정자를 상정케 하는 것은 당연할 것이지만 세계 내의 질서가 있다고 해서 곧 세계의 물질적 자료들도 그 조정자 없이는 존재할 수 없다는 주장이 증명되지 않는다고 대답한다. 칸트는 〈[세계에 대한] 설계design로부터 이 증명이 논증할 수 있는 것은 기껏해야 자신이 작업하는 자료의 융통성에 항상 많은 방해를 받는 세계의 《설계자architect》지, 모든 것을 자신의 관념 속에 종속시킨 세계의 《창조자》는 아니다〉라고 하였다. 한 창조자의 존재를 증명하고자 할 때 우리는 인과성의 관념을 갖고 진행하는 우주론적 논의로 회귀하게 된다. 그러나 우리는 경험적인 사물을 초월하여 인과성의 범주를 사용할 수 없으므로 우리에게는 단지 제1원인이나 창조자의 관념만이 남게 된다. 그렇게 해서 우리는 존재론적 논의로 회귀하게 되고 그 논의의 결점도 계속된다. 그러므로 칸트의 결론은 우리가 신의 존재를 증명하기 위하여 감각적 경험의 분야를 넘어서는 초월적 관념이나 이론적 원리들을 사용할 수 없다는 것이다.

그렇지만 〈증명들〉에 대한 칸트의 비판적 언급을 살펴볼 때 우리가 신의 존재를 논증할 수 없듯이 신이 존재하지 않는다고 논증할 수도 없다는 말이 된다. 우리는 순수이성만으로는 신의 존재를 증명할 수도 반증할 수도 없다. 그러므로 만일 신의 존재가 이론 이성에 의해서 효과적으로 취급될 수 없다면 이성의 다른 측면이 신의 관념의 원천으로 고려되어야만 했다. 이와 같이 신의 관념은 다른 규제적 관념들과 마찬가지로 칸트 철학에서 중요성을 갖게 된다.

4. 실천 이성

칸트를 경외로움에 빠지게 한 것은 〈드높이 반짝이는 하늘〉 이외에도 〈내면의 도덕 법칙〉이었다. 그는 인간이 사물의 세계를 응시할 뿐만 아니라 행위를 하는 세계의 참여자가 된다는 것을 인지하고 있었다. 그러므로 이성은 사물에 대한 이론과 실제적 행동에 차례차례 관심을 갖는다. 그러나 칸트는 다음과 같이 말한다. 〈궁극적으로 동일하고 유일한 이성이 있지만 그것을 실제로 적용할 때 그 이성은 구별되어야만 한다.〉 그리고 이성의 목적에서도 구별되어야만 하는데, 〈그 첫 번째 것이 이론 이성적 지식이라면 두 번째 것은 실천 이성적 지식〉이다. 이것이 바로 실천 이성에 대한 설명을 가능하게 했던 순수 이론 이성의 영역과 능력에 대한 칸트의 설명 방식이었다.

칸트 당시의 과학적 사고는 우리가 감각적 경험, 즉 현상으로부터 인식할 수 있는 것과 실재를 동일시하는 경향이었다. 만일 이것이 실재에 대한 올바른 설명이라면 지식은 인과성에 의해 엄격히 관련된 사물들로 이해된 감각의 잡다(雜多)로만 구성될 것이다. 그리하여 실재는 하나의 거대한 기계론적 구조 — 여기서는 모든 행위가 선행하는 원인들의 산물이다 — 로 간주될 것이며, 인간도 역시 이러한 기계론적 체계의 한 부분으로 간주될 것이다. 만일 그게 사실이라면 〈나는 예를 들어 인간 영혼에 대해서 그것의 의지는 자유롭다고, 그리고 또 그것은 자연적 필연성에 종속되어 있다고, 즉 자유롭지 않다고 동일한 것에 대해 명백하게 모순되게…… 말할 수밖에 없다〉고 칸트는 말한다. 칸트는 물 자체로서의 인간의 본체적 자아는 자유를 소유하는 데 비해, 인간의 현상적 자아나 우리가 관찰할 수 있는 자아는 자연적 필연성이나 인과성에 종속되어 있다고 말함으로써 이 모순을 피했다. 칸트가 실천 이성의 적극적 사용으로 나아간 것은 이론 이성의 영역을 감각의 잡다에만 제한하는 소극적 방법에 의해서였다. 즉 〈우리의 비판을 사변적 이성에만 제한하는 한 그것은 진실로 소극적이다. 그러나 그렇게 함으로써 그것은 실천 이성의 도입을 방해하는 장애물을 제거, 아니 오히려 그 장애물을 파괴하고자 한다. 그러므로 그것은 실제로 적극적이며 매우 중요한 용도를 갖는다〉.

도덕은 다음의 이유로 가능하게 된다. 우리가 물 자체나 본체적 영역의 대상을 인식할 수는 없지만 〈우리는 적어도 그것들을 물 자체로서 생각할 수 있는 위치에 틀림없이 있기 때문이다. 만일 그렇지 않다면 우리는 현상적인 어떤 것 없이도 현상이 있을 수 있다는 터무니없는 결론에 도달하게 될 것이다〉. 그러나 〈만일 인간과 같은 대상이 이중적 의미, 즉 현상으로서 의미와 물 자체로서 의미를 지닌다고 주장할 경우 우리의 비판 능력에는 아무런 모순이 없다. 즉 동일한 의지가 현상, 다시 말해 가시적 행위에서는 필연적으로 자연의 법칙에 종속되어 결코 자유가 아니지만 물 자체에 속하는 것으로서 그 법칙에 종속되지 않아 자유라고 주장할 경우에는 어떤 모순도 없게 된다〉. 물론 영혼은 사변적 이성에 의해 자유로운 것으로 인식될 수 없다. 그러나 〈나는 자유를 인식할 수는 없지만 그래도 그것을 생각할 수는 있다〉. 칸트는 실재를 두 종류, 즉 현상적인 것과 본체적인 것으로 구분하고 과학의 영역을 현상계에만 제한하면서 본체계와 관련하여 실천 이성의 사용을 정당화했다. 이렇게 해서 칸트는 도덕 및 종교적 논의의 기초를 마련해 주었다.

4. 1. 도덕적 지식의 기초

칸트에 의하면 도덕 철학의 임무는 모든 인간들을 결속시키는 행동 원리에 우리가 어떻게 도달할 수 있는가를 발견하는 일이다. 그는 우리가 단순히 사람들의 실제 행동을 연구함으로써 이들 원리를 발견할 수는 없다고 확신했다. 왜냐하면 그와 같은 연구는 어떻게 사람들이 행동하고 〈있는가〉에 관한 흥미 있는 인간학적 정보를 우리에게 제공해 줄 수는 있지만, 그들이 어떻게 행동〈해야 하는가〉에 대해서는 말해 주지 않을 것이기 때문이다. 게다가 우리는 예를 들어 진실을 말해야 한다고 할 때 도덕적 판단을 행한다. 그러므로 어떻게 우리가 그와 같은 행동 규칙에 도달했는지가 문제다. 칸트에게 〈우리가 진실을 말해야 한다〉라는 도덕적 판단은 〈모든 변화란 원인을 갖고 있어야 한다〉는 과학적 판단과 동일한 원리에 기초한다. 양자를 유사하게 만드는 것은 이들 두 판단이 우리가 경험하는 대상들로부터가 아니라 우리의 이성으로부터 유래한다는 점이다. 우리의 이론 이성이 가시적 대상들에 인과성의 범주를 부여함으로써 변화의 과정을 설명하는 것처럼 실천 이성도 역시 어떤 주어진 도덕적 상황에 의무 *Pflicht*나 당위*Sollen*의 개념을 부여한다. 과학과 도덕 철학 모두에서 우리는 어느 한 순간에 경험하는 어떤 특수한 사실을 초월하는 개념들을 사용한다. 위의 두 경우 모두에서 경험은 정신에게 보편적 관점에서 사유하게 하는 유인이다. 우리가 하나의 주어진 변화의 예를 경험할 때 우리의 정신은 이 사건에 인과성의 범주를 부여한다. 그런데 인과성의 범주는 이 경우뿐만 아니라 모든 변화의 경우에서 원인과 결과의 관계에 대한 설명을 가능하게 해주는 것이다. 인간관계에서도 이와 마찬가지다. 실천 이성은 이 순간에 우리가 어떻게 행동해야 하는지 뿐만 아니라 무엇이 항상 우리 행동의 원리이어야 하는지에 대해서도 결정할 수 있다. 과학적 지식과 마찬가지로 도덕적 지식도 선천적 *a priori* 판단에 기초하고 있다. 정신이 경험에 부여하는 선천적 범주 때문에 과학적 지식이 가능하다는 사실을 칸트는 발견하였다. 이것과 똑같이 그는 다음과 같이 말한다. 〈의무의 기초는 인간의 본성 또는 인간이 위치한 세계라는 환경 속에서 모색되어서는 안 된다. 그것은 오직 이성의 개념들 속에서만 선천적으로 모색되어야 한다.〉

그러므로 칸트에게 도덕은 이성의 한 측면이며 우리가 보편적인 동시에 필연적이라고 생각하는 행동의 규칙이나 〈법칙〉에 대한 우리의 의식과 관련된다. 보편성 *Universalität*과 필연성 *Notwendigkeit*의 특성은 선천적 판단의 표시이므로 이러한 사실은 더 나아가 행동의 원리가 실천 이성에서 선천적으로 도출되었다는 칸트의 견해를 확인해 준다. 칸트는 우리의 행위의 결과에서 〈선〉의 특성을 모색하는 대신에 우리 행동의 이성적 측면에 초점을 두었다.

4. 2. 도덕과 합리성

이성적 존재로서 나는 〈무엇을 할까〉라는 질문을 할 뿐만 아니라 특정한 방식으로 행동해야 하는, 즉 나는 어떤 무엇을 〈해야 한다〉라는 의무가 있음을 또한 의식하고 있다. 이러한 이성적 행위들은 실천 이성의 힘을 반영한다. 그리고 나는 모든 이성적 존재들이 이와 동일한 문제들을 인지하고 있다고 가정할 수 있다. 그러므로 내가 무엇을 해야 하는지를 숙고할 때 나 또는 모든 이성적 존재들이 무엇을 해야 하는지를 숙고하고 있는 것이다. 왜냐하면 만일 어떤 도덕 법칙이나 도덕적 규칙이 이성적 존재로서의 나에게 유효하다면 그것은 모든 이성적 존재에게도 틀림없이 유효하기 때문이다. 그러므로 하나의 도덕적 선행의 주요한 시금석은 그것의 원리가 모든 이성적 존재에 적용될 수 있으며 또한 일관성 있게 적용될 수 있는지의 여부다. 모든 이성적 존재에 적용되고 이른바 〈선(善)〉이라는 행동으로 인도하는 이러한 원리들에 대한 탐구가 곧 도덕 철학이다.

4. 3. 선의지로 정의되는 〈선〉

〈선의지 이외에 아무런 제한 없이 선이라고 불릴 수 있다고 간주할 만한 것은 지구 상에나 지구 밖에나 아무것도 없다〉고 칸트는 말한다. 물론 그는 감정의 중용과 같은 것들이 선으로 간주될 수 있다는 사실을 부인하지는 않는다. 〈그러나 우리는 그것들을 제한 없이 선이라고 할 수는 거의 없다. ……왜냐하면 선의지의 원리가 없다면 그것들은 사실상 악이 될 것이기 때문이다. 악한의 냉혈성은 그를 훨씬 더 위험스럽게 만들 뿐만 아니라 그것이 없을 경우보다도 그를 더 야비하게 보이도록 만들어 버린다.〉 도덕적 선행의 본질이란 한 인간이 어떤 행위를 하려는 의지를 가질 때 그가 확언하는 원리라는 것이 칸트의 중심적인 주장이다. 〈선의지는 어떤 목적을 야기하고 그것을 성취하는 유용성 때문이 아니라 오직 의지하고 있다는 이유만으로 선이다. 다시 말해 선의지는 그 자체로 선이다.〉

이성적 존재는 그가 마땅히 해야 할 바를 하려고 노력한다. 칸트는 이것과 인간이 〈기호inclination〉나 〈이기주의self-interest〉로 행하는 행동과 구별한다. 우리는 이것들을 동기상의 차이로 비교할 수 있다. 왜냐하면 기호나 이기주의로 행동하는 것은 도덕 법칙에 대한 의무감에서 나온 행위와는 도덕적으로 상이한 차원에 있는 것으로 나타나기 때문이다. 〈선의지는 그것이 성취하는 것 때문에 선은 아니다〉라는 다소 놀라운 진술을 칸트가 한 이유는 그가 도덕에서 의지의 지배적 역할을 강조하고자 한 데 있다. 진정한 도덕적 행위는 〈도덕 법칙을 위해〉 행해지는데, 행동의 결과나 영향이 도덕 법칙에 일치하기에는 충분하지 못하다. 왜냐하면 〈이 모든 결과 — 타인의 행복의 증대조차도 — 는 다른 원인들에 의해서도 초래될 수 있으며, 따라서 이성적 존재의 의지의 필요성이 전혀 없었을 수도 있기 때문이다〉. 도덕적 가치는 의지 안에 위치하며 선의지도 의무감에서 행동하는 것이다. 그리고 〈의무로 한 행위는 기호의 영향과 그것의 영향을 받은 의지의 모든 대상을 전적으로 배제해야만 한다. 그리하여 의지를 결정할 수 있는 것은 객관적으로는 법칙, 주관적으로는 이 실천적 법칙에 대한 《순수한 존경》이외에 아무것도 남겨지지 않도록 해야 한다〉.

의무란 우리가 어떤 종류의 책임이나 도덕 법칙 아래에 있음을 뜻한다. 칸트는 이성적 존재로서 우리가 이러한 의무를 하나의 〈명령Imperativ〉 형식으로 다가오는 것으로 인지한다고 한다. 모든 명령이나 지령이 도덕과 관련을 갖지는 않는다. 왜냐하면 그것들은 모든 경우에 모든 인간에게 향하는 것이 아니며, 그러므로 하나의 도덕적 규칙이 요구하는 보편성의 특질도 결여하기 때문이다. 예를 들어 〈기술적technical〉 명령이나 기술에 대한 규칙들이 있는 바, 이것들은 만일 우리가 어떤 목적을 달성하고자 한다면 어떤 것을 행하라고 우리에게 명령한다. 즉 우리가 강 위에 교량을 세우고자 한다면 우리는 일정한 강도를 갖는 재료들을 사용해야만 한다. 그러나 우리는 절대적으로 교량을 만들 필요는 없다. 우리는 강을 건너기 위해 터널을 만들 수도 있고 수상 선박을 이용할 수도 있다. 이와 유사한 것으로 어떤 〈사려 깊은〉 명령들도 있다. 예를 들어 내가 어떤 사람에게 인기를 끌기 원한다면, 나는 어떤 것들을 말하거나 해야 한다. 그러나 내가 이러한 인기를 얻는 것이 절대적으로 필요한 것은 아니다. 그러므로 기술적 명령과 사려 깊은 명령은 〈가언 명령hypothetischer Imperativ〉이다. 왜냐하면 가언 명령은 우리가 그것의 작용 범위에 들어설 때에만 우리에게 명령하기 때문이다.

4. 4. 정언 명령

기술적이고 사려 깊은 명령들은 본질상 가언적이었으나, 이와는 달리 진정으로 도덕적인 명령은 〈정언 명령kategorischer Imperativ〉이다. 이 정언 명령은 모든 인간에게 적용된다. 그리고 그것은 〈다른 목적과 관련 없이 그 자체로 필연적인, 즉 객관적으로 필연적인 행위〉를 명령한다. 그것은 어떤 행위를 어떤 다른 목적을 조건으로 하지 않고 즉각적으로 명령한다. 실제로 정언 명령은 특정한 행위들의 기초를 형성하는 하나의 법칙을 명령한다. 그것은 모든 이성적 존재에 즉각적으로 적용되기 때문에 〈정언적〉이며, 우리가 그것에 입각하여 행위를 해야만 하는 원리이므로 〈명령〉이다. 정언 명령은 기본적으로 다음과 같이 정식화된다. 즉 그대가 정언 명령에 의해 이것이 하나의 보편적 법칙이 되어야 한다는 것을 동시에 의도할 수 있는 그러한 격률(格律)에 입각해서만 행동하라. 계속해서 〈모든 것은 본래 법칙에 따라 움직인다. 이성적 존재만이 법칙의 개념에 따라 행동하는 능력을 소유하고 있다〉. 이제 그는 정언 명령이 인간 행위에 관계되는 자연 법칙에 대한 우리의 개념이라는 점을 지적하기를 원한다. 따라서 그는 의무의 명령을 상호적인 방식으로 표현한다. 즉 〈마치 그대의 행위의 격률이 보편적 자연 법칙이 되는 것처럼 행동하라〉.

정언 명령이 우리에게 구체적인 행동 규칙을 제공해 주지 않는다는 점은 명백하다. 왜냐하면 그것은 단순히 추상적 형식으로만 나타나기 때문이다. 더구나 이것은 도덕철학이 — 칸트의 생각으로는 — 우리의 도덕적 행동을 인도하기 위하여 우리에게 제공해 주어야만 하는 것이다. 왜냐하면 우리가 이 도덕 법칙의 기본적 원리를 이해하기만 하면 우리는 그것을 구체적인 경우에 적용할 수 있기 때문이다. 어떻게 정언 명령이 우리에게 도덕적 의무들을 발견할 수 있게 해주는지를 예증하기 위해서 칸트는 다음의 예를 들었다.

한 인간이 필연적으로 돈을 빌릴 수밖에 없는 상황이다. 그는 그것을 갚을 수 없다는 것을 알고 있다. 그러나 만일 그가 그것을 일정 기간 내에 갚을 것을 굳게 약속하지 않으면 돈을 빌릴 수 없다는 사실도 그는 알고 있다. 물론 그러한 약속을 원하지만 한편으로 그는 이런 식으로 곤란에서 벗어나는 것은 불법이며 의무에 상반되는 짓이 아닌가 하고 자문할 만큼의 양심은 갖고 있다. 그렇지만 그가 그렇게 하겠다고 결정했다고 하자. 그러면 그의 행위의 격률은 다음과 같이 표현될 것이다. 즉 내가 돈이 필요한 나 자신에 대해 생각할 때, 비록 내가 결코 갚을 수는 없지만 나는 갚겠다고 약속하고 돈을 빌릴 것이다. 이 같은 이기심 또는 자기 자신만의 이익의 원리는 나의 미래의 전체 복지와 아마도 일치할 것이다. 그러나 그것이 옳은 가라는 의문이 생기게 된다. 그래서 나는 이기심의 주장을 보편적 법칙으로 바꾼다. 그리고 나는 만일 나의 격률이 보편적 법칙이라면 그것은 어떻게 될까라는 질문을 던진다. 그리하여 나는 즉시 다음과 같은 사실을 알게 된다. 그것은 결코 보편적 자연 법칙임을 주장할 수 없을 것이며 필연적으로 그 자체로 모순될 것이다. 왜냐하면 모든 사람이 곤궁한 자신에 대해 생각할 때 약속을 이행하지 않을 목적으로 남의 호감을 살 수 있는 것은 무엇이든지 약속할 수 있다는 것이 보편적 법칙이라고 한다면, 아무도 어떤 것이 약속되었다고 생각하지 않을 것이며 오히려 그 같은 모든 진술들을 헛된 핑계라고 조소할 것이므로 한 인간이 의도했던 목적뿐만 아니라 약속 그 자체도 불가능하게 될 것이기 때문이다.

만일 그가 왜 진실을 말해야 하며, 왜 그릇된 약속에 내포된 모순을 피해야만 하는

가를 묻는다면 칸트는 다음과 같이 대답할 것이다. 그가 하나의 사람으로서가 아니라 하나의 사물로 대접받는 것에 화를 내고 저항하게 하는 그 무엇이 인간에게 있다는 것이다. 우리들을 사람이게 하는 것은 우리의 이성이다. 그러므로 하나의 사람이나 이성적 존재임은 그 자체가 하나의 목적이다. 우리는 누군가가 우리에게 거짓말을 할 때처럼 어떤 다른 목적을 위한 수단으로 우리들을 이용할 때 하나의 사물이 된다. 그렇지만 우리를 그처럼 이용하는 것이 때로는 필요하다. 그럼에도 불구하고 우리는 우리들을 절대적으로 고유한 가치를 갖는 인간 존재로서 간주한다. 절대적 가치를 소유하는 개별적 인간은 궁극적 도덕 원리의 기초가 된다.

〈이성적 본성은 그 자체 내에 하나의 목적으로 존재한다〉는 것이 이 원리의 기초다. 모든 사람은 나와 동일한 이유로 어디에서든지 사물이 아닌 사람으로 간주되기를 원한다. 개인의 절대적 가치를 이처럼 인정하게 될 때 다음과 같은 두 번째의 정언 명령이 정식화된다. 〈너 자신의 경우나 또는 다른 사람의 경우나 모든 경우에 있어서 인간을 결코 한낱 수단으로만 대하지 말고 목적으로 대하도록 행동하라.〉

세 번째로 정식화된 정언 명령이 있다. 이것은 앞서의 두 명령 안에 이미 내포되어 있지만 칸트는 그것을 다음과 같이 분명하게 밝히고자 했다. 즉 우리는 〈의지가 그것의 고유한 격률을 통해 동시에 보편적 법칙을 만들어 가는 것으로 자처할 수 있도록 항상 행동〉해야 한다. 여기서 칸트는 의지의 〈자율성 Autonomie〉에 대해 언급한다. 즉 각 개인은 그 자신의 고유한 의지의 행위를 통해 도덕 법칙을 합법화한다는 것이다. 그는 자율성과 타율성을 구별한다. 〈타율성 Heteronomie〉이란 자아 이외의 누구 또는 무엇인가에 의한 (법칙이나 행위의) 결정을 의미한다. 이리하여 타율적 의지는 욕망이나 기호에 영향을 받거나 그것들에 의해 결정되기조차 한다. 그와 달리 자율적 의지는 자유롭고 독립적이다. 그리고 그것은 그 자체로서 〈궁극적 도덕 원리〉다. 엄격한 규제적 관념인 자유의 관념은 의지의 자율적 개념의 중심이다. 그런데 칸트가 자유의 개념을 도입한 것은 과학의 세계와 도덕의 세계, 현상계와 본체계를 구분하기 위해서였다. 즉 그는 다음과 같이 말한다. 〈물리적 필연성은 모든 비이성적 존재의 인과성이 외부 원인들의 영향에 의해 활동을 결정하는 속성을 말한다. 이와 마찬가지로 의지는 살아 있는 존재들이 이성적인 한, 그 존재에 속하는 일종의 인과성이다. 그리하여 자유란 인과성을 결정하는 외부 원인들과 독립적으로 작용할 수 있는 그와 같은 인과성의 속성이 되는 것이다.〉 또한 〈……우리는 자유의 관념을 갖고 있으며 이 관념에 전적으로 입각하여 행동하는 의지를 소유한 이성적 존재여야 한다고 나는 단언한다. 왜냐하면 우리는 그와 같은 존재로서 실천적인 이성, 즉 대상과 관련된 인과성을 갖는 하나의 이성을 생각해 내기 때문이다〉. 그러므로 정언 명령은 도덕 법칙의 보편성에 대해서 언급하며 각각의 이성적 인간의 궁극적 가치를 확인해 주고 의지에 자유나 자율성을 부여한다. 도덕 법칙에 관한 우리의 경험은 자유, 불멸성, 그리고 신의 요청들에 관한 좀 더 깊은 통찰력을 칸트에게 제공해 주었다.

4. 5. 도덕적 요청

칸트는 신이 존재한다거나 인간의 의지가 자유롭다는 점을 증명하거나 논증하는 것이 가능하다고 생각하지 않았다. 자유는 우리의 도덕적인 의무 — 다시 말해 〈해야 하기 때문에 할 수 있다 *Du kannst, denn du sollst*〉 — 에 대한 경험 때문에 가정할 필요가 있는 하나의 관념이다. 우리는 의지가 자유롭다는 사실을 논증할 수는 없지만 그 같은 자유를 지성적으로 상정해야 한다. 왜냐하면 〈자유와 도덕은 불가분으로 통합되어 있어서 실천적 자유가 결코 도덕 법칙만은 아닌 의지의 독립으로 규정될 수 있을 것〉이기 때문이다. 만일 사람이 자신의 의무를 완수할 수 없거나 도덕적 명령을 수행할 수 없다고 한다면, 어떻게 사람이 책임을 지거나 의무를 가질 수 있을 것인가? 자유는 상정되어야만 한다. 그리고 그렇기 때문에 자유는 도덕의 첫 번째 요청인 것이다.

칸트에게 두 번째의 도덕적 요청은 불멸성 *Unsterblichkeit*이다. 칸트가 불멸성을 가정하게 된 추리 과정은 〈최고선 *höchstes Gut*, 또는 *Summum bonum*〉의 개념에서 시작된다. 덕이 최고선일지라도 이성적 존재로서의 우리는 덕과 행복의 통일이 이루어질 때에만 완전히 만족한다. 물론 항상 그렇게 되지는 않는다 해도 우리는 모두 덕이 행복을 제공해 주어야 한다고 생각한다. 도덕 법칙은 우리가 행복하기 위해서가 아니라 우리의 행위들이 옳게 되도록 행동하라고 우리에게 명령한다고 칸트는 강력히 주장했다. 여전히 이성적 존재의 완전한 실현은 우리가 덕과 행복 모두를 포함한 것을 최고선으로 간주할 것을 요구한다. 그러나 우리의 경험에 의하면 덕과 행복 사이에는 어떠한 필연적 관련성도 없다. 만일 우리가 인간의 경험을 이 세계에만 제한한다면 완전한 형태의 최고선을 성취하기란 불가능할 것이다. 그럼에도 도덕 법칙은 여전히 완전한 선을 추구하라고 우리에게 명령한다. 그런데 이것은 이러한 이상을 향한 무한한 진보를 의미한다. 〈그러나 이러한 끊임없는 진보는 오직 동일한 이성적 존재가 지닌 존재와 인격의 끊임없는 지속 — 영혼 불멸이라고 불린다 — 의 가정에서만 가능하다.〉

도덕적 우주는 또한 우리에게 덕과 행복 사이의 필연적인 연관 관계의 근거로서 신의 존재를 상정하게 한다. 만일 행복이 그의 모든 경험 내에서 〈그의 소망과 의지에 따라 진행되는〉 세계의 이성적 존재의 상태를 의미한다면, 행복은 인간의 의지와 물질적 자연의 조화를 뜻하는 것이다. 그러나 인간은 세계의 창조자가 아니기에 덕과 행복 사이의 필연적 연관 관계를 맺도록 자연을 배열할 수도 없다. 더욱이 우리는 최고선의 개념에서 덕과 행복이 동시에 이루어져야 한다고 결론을 내린다. 그러므로 우리는 〈자연과 다르며 이러한 연관 관계, 즉 행복과 도덕의 완전한 조화의 근거를 내포하는 자연 전체의 한 원인의 존재를 상정해야만 한다〉. 그리하여 〈신의 존재를 상정하는 것이 도덕적으로 필요하다〉. 이것은 종교 없는 도덕이란 있을 수 없다는 말이 아니다. 칸트는 이미 다음과 같이 지적하고 있다. 사람은 신의 관념 없이도 그의 도덕적 의무를 이해할 수 있으며, 그는 법칙에 대한 존경심에서 〈의무를 위해〉 법칙을 준수해야 한다. 그러나 칸트는 〈순수한 실천 이성의 대상이며 궁극적 목적으로서 최고선의 관념을 통해 도덕 법칙은 종교에 이르게 되고, 즉 신적 명령으로서 모든 의무에 대한 인식에 이르게 된다. 그런데 그 신적 명령이란 제재, 즉 하나의 외적 의지의 자의적 명령이 아니라…… 모든 자유 의지 자체의 본질적 법칙이다. 그렇지만 그것은 궁극적 존재의 명령으로 간주되어야만 한다. 왜냐하면 우리는 최고선 — 도덕 법칙은 이것을 우리의 노력 대상으로 간주할 것을 우리에게 의무로 삼게 한다 — 을 오직 도덕적으로 완전하면서 동시에 전능한 의지에서만 획득하기를 희망할 수 있기 때문이다〉.

칸트가 그의 새로운 비판 철학을 위해 설정한 목적에 도달했든 하지 않았든 그의 업적은 기념비적인 것이었다. 그가 범한 실수가 대부분의 사람들의 성공보다도 더 중요하다고 말하는 것도 당연하다. 비록 칸트가 말한 모든 것을 인정할 필요는 없다 하더라도 그럼에도 불구하고 오늘날 그의 견해를 고려하지 않고서 철학을 한다는 것이 실질적으로 불가능하다는 사실은 의심할 여지가 없다.

5. 미학

앞서 보았듯이 칸트는 어떤 행위가 정당하게 〈선하다〉고 불릴 수 있는지를 결정할 수 있는 일단의 특정한 도덕 규칙들을 개발했다. 이들 규칙은 모든 사람에게 적용되며, 그렇기 때문에 도덕적으로 선하다는 행위에 대한 검증은 보편적인 또는 객관적인 표준이다. 마찬가지로 칸트의 주장에 따르면 인간의 정신은 믿을 만한 과학적 지식을 개발할 수 있고, 자연도 시종일관 동일한 것으로 간주되어야 한다. 또한 자연 과학적 법칙도 모든 사람에게 타당하거나 〈참된〉 것이어야 한다. 그러나 칸트는 미학의 문제로 관심을 돌리면서 〈누구라도 어떤 사물을 《아름답다》고 인정하지 않을 수 없게 하는 규칙이란 있을 수 없다〉고 말하였다. 칸트에 의하면 옷, 집 또는 꽃이 아름답다는 것을 의미하는 어떠한 이유나 원리도 있지 않다. 그럼에도 불구하고 우리는 사물들에 대하여 아름답다고 말한다. 또한 우리가 아름답다고 부르는 것이 다른 사람들에게도 그렇게 불려야 한다고 생각한다. 결국 칸트는 아름다운 것에 대한 우리의 판단이 주관적인 느낌에 기초한 것일지라도 아름다운 것은 〈보편적으로 기분 좋게 하는 것〉으로 정의된다는 사실을 보여 주려 했다. 아름다운 것에 대한 주관적 느낌에서 아름다운 것은 보편적으로 기분 좋게 하는 것이라는 결론으로 바뀌는 그 방법이 우리에게 미적 경험의 본질에 대한 칸트의 핵심적인 통찰력을 제공해 준다.

5. 1. 독자적인 유쾌한 만족으로서의 아름다움

미학적 판단의 본질을 발견하는 첫 번째 단계는 그것을 주관적 취미의 문제로 간주하는 것이다. 우리가 어떤 대상을 아름답다고 판단할 경우 그 판단은 주관적이다. 왜냐하면 대상을 경험하면서 얻은 우리의 상상력은 대상에 대한 우리의 감각을 주관으로 돌리기 때문이다. 즉 쾌와 불쾌에 대한 느낌에 의지하기 때문이다. 쾌와 불쾌에 대한 이러한 느낌은 대상 속에서 아무것도 나타내지 않으며 단지 대상이 우리에게 영향을 주는 방식에 지나지 않을 뿐이다. 여기에서 칸트가 말하려는 주요 논점은 취미 판단이란 개념에 대한 인식과 연관된 논리적 문제가 아니라는 사실이다. 만일 내가 어떤 대상에 관해 그것이 〈좋다good〉고 말한다면, 나는 그 대상이 어떤 종류의 사물로 존재하기를 의도하는지를 알아야 한다. 다시 말해 나는 그것에 대한 개념을 가져야 한다. 그러나 나에게 그 안에서 아름다움을 볼 수 있게 해주는 대상에 대한 개념을 가질 필요는 없다. 예를 들어 〈꽃, 자유로운 양식들, 한없이 뒤얽힌 선분들 ― 전문 용어로는 군엽(群葉) ― 은 아무런 의미도 가지 있지 않으며 어떤 분명한 개념에 의존하지도 않지만, 그러면서도 즐겁게 해줄 뿐이다〉. 미에 대한 나의 판단, 즉 나의 취미는 단지 〈관조적contemplative〉일 뿐이다. 그것은 대상이 지닌 특징이 어떻게 쾌와 불쾌에 대한 나의 느낌에 영향을 주는지에 대해서보다도 그 대상에 관해 더 많은 다른 어떤 것을 내가 알아야 할 필요가 없다는 사실을 의미하기 때문이다. 미학적 판단이란 인식적 판단이 아니다. 즉 그것은 이론적 인식이나 실천적 인식 어디에도 의존하지 않는다.

칸트의 주장에 따르면 〈순수하다pure〉를 미학적으로 판단할 경우, 그것은 어떤 특별한 관심과 무관해야 한다. 그것은 〈무관심disinterested〉하지 않으면 안 된다. 무관심하다는 것이 물론 흥미가 없는uninteresting 것과 다르다. 어떤 대상이 아름답다는 판단은 대상을 찬성하거나 반대하는 편견에 치우치지 않은 것을 의미한다. 그것은 어떤 집이 아름답다는 판단이기도 하고 그 집이 크거나 작은 집에 대한 나의 편견과 틀림없이 연관되어 있다는 판단이기도 하며 그런 집을 소유하려는 나의 욕망이 지닌 편견과 무관하지 않음에 틀림없다는 판단이기도 하다. 순수한 미학적 판단은 대상의 형식이 (내가 지니고 있을지도 모르는) 어떤 특별한 관심과 아무런 관련도 없이 남을 유쾌하게 해주고 있다는 사실을 증언해 준다. 물론 내가 어떤 대상에 관심이나 욕망을 가질 수 있다는 것은 있을 수 있는 일이다. 그러나 그것이 아름답다는 나의 판단은 관심이나 욕망과 무관하다. 이런 이유에서 보면 칸트는 아름다운 것을 다음과 같이 정의한다. 〈취미taste〉는 대상을 평가하는 기능이거나 〈어떤 관심과 무관하게〉 기쁨이나 혐오를 수단으로 하는 재현의 한 가지 유형이다. 그러한 기쁨의 대상을 우리는 〈아름답다〉고 부른다.

5.2. 보편적 기쁨의 대상으로서의 아름다움

어떤 대상이 아름답다는 나의 판단이 어떤 사적 관심이나 나의 편견과 무관한 것이라면, 나의 판단은 어떤 다른 관심에 의존하지도 않으며 영향받지도 않는다. 나의 판단은 대상이 아름답다는 생각을 표현할 때와 어떤 다른 관심 ― 욕구, 욕망 또는 편견 — 에 의존하지도 않으며 영향받지도 않는다고 의식할 때 〈자유롭다〉. 나는 사적 관심에 대하여 나와 마찬가지로 자유로운 다른 사람들도 아름다움에 대해 나와 동일한 판단에 이를 것이라는 사실을 믿을 만한 모든 이유를 가지고 있다. 왜냐하면 특이하고 사적인 어떤 관심도 나의 판단에 영향을 주지 않기 때문이다. 이처럼 미학적 판단은 보편적이다.

칸트는 〈취미 Geschmack〉라는 어휘에 대한 용법이 모두 보편적인 미학적 판단과 관련되어 있지 않다는 사실을 알고 있다. 다른 사람들이 동의하지 않는 사물에 관해 좋은 취미를 갖는 것은 불가능한 일이 아니다. 어떤 사람이 〈카나리아산(産) 포도주가 마음에 든다〉고 말할 경우 그의 친구는 그에게 《나에게는》 마음에 든다〉고 말하도록 권할 것이다. 보라색은 어떤 사람에게 부드럽고 사랑스런 인상을 줄지도 모른다. 그러나 다른 사람에게는 흐릿하고 희미하게 보일 수 있다. 어떤 사람은 관악기의 소리를 좋아하는 반면 다른 사람은 현악기의 소리를 좋아한다. 어떤 것은 우리의 마음에 들고 어떤 것은 들지 않는 문제에 관해서 〈모든 사람이 각자의 취미를 가지고 있다〉는 것은 사실이다. 그러나 〈마음에 든다 agreeable〉는 것과 〈아름다운〉 것은 혼동되지 않아야 한다. 어떤 것이 누군가에게 마음에 들거나 그를 기쁘게 해주더라도 그는 그것을 아름답다고 하지 말아야 하기 때문이다. 칸트가 말했듯이 우리가 보기에 많은 사물은 매력적이고 마음에 든다. 그러나 우리가 어떤 것을 받침대 위에 올려놓고 아름답다고 부른다면, 그것은 모든 사람이 동일한 판단을 해야 한다든지 그 대상에 대하여 동일한 기쁨을 누려야 한다는 사실을 함의한다. 다르게 판단하는 사람이 있다면 그는 비난받을 수 있으며 그의 취미도 부정당할 수 있다. 칸트에 의하면 〈모든 사람에게 말할 수 있는 기회가 열려 있지는 않다. 모든 사람은 각자의 취미를 가지고 있다. 이것은 심미안 같은 것이란 전혀 존재하지 않는다고 말하는 것과 마찬가지일 것이다. 즉 모든 사람의 동의하에서 정당하게 주장할 수 있는 미학적 판단이란 있을 수 없다고 말하는 것과 다를 바 없다〉.

〈취미〉라는 어휘의 모호한 사용은 감관이 지닌 취미와 반성이나 관조가 지닌 취미의 차이를 구별함으로써 분명해진다. 감관이 지닌 취미 — 예를 들어 음식에 대한 취미 — 는 종종 개인적인 것에 지나지 않는다. 그러나 아름다움에 대한 판단과 관련된 취미는 보편적 동의를 함의한다. 이러한 미학적 판단은 논리에 근거하지 않는다. 왜냐하면 그것은 우리의 인식 기능들에 연관되어 있지 않기 때문이다. 그것은 오히려 모든 사람에게 쾌와 불쾌의 느낌과 연관되어 있을 뿐이다. 아름다움에 대한 판단은 어떤 개념에 의존한다기보다 오히려 느낌에 달려 있다. 그러므로 칸트는 또 다른 방식으로 아름다움을 정의한다. 〈즉 《아름다움 Das Schöne》이란 개념이라기보다 누구에게나 기쁨을 주는 그런 것이다.〉

5. 3. 미의 대상에서의 궁극성과 목적

미(美)에는 두 가지 종류가 있다. 하나는 〈자주적인 미〉이고 다른 하나는 〈의존적인 미〉이다. 자주적인 미는 대상의 본질에 대해 어떠한 개념도 전제하지 않는다. 이와는 반대로 의존적인 미는 대상의 본질에 대한 개념을 전제한다. 게다가 그 개념은 우리에게 그 대상이 완전한지의 여부를 결정할 수 있게 해준다.

꽃은 물질이 지닌 자주적 미다. 우리는 그것을 단지 바라봄으로써 그것이 아름다운지 그렇지 않은지를 말할 수 있다. 우리는 그것에 관해 그 이상의 어떤 지식도 필요로 하지 않는다. 거기에는 꽃의 목적과 같이 꽃과 연관된 어떠한 다른 개념, 즉 그것이 아름다운지를 결정하는 데 우리에게 도움될 만한 어떤 것도 있지 않다. 꽃이 자신을 우리에게 제시하는 방식은 확정적이다. 우리의 눈앞에 있는 꽃의 형식은 그것의 궁극성을 재현한 것이다. 그래서 이러한 궁극성은 그것의 아름다움을 판단하기 위한 근거를 제공해 준다. 이러한 판단을 할 경우 어떤 것은 틀림없이 우리의 의식과 오성 속에서 계속 작용한다. 그러나 추리력이 아닌 우리의 느낌은 여기에서 통제되어 있다. 그러므로 칸트에 의하면 〈판단은 이른바 미학적이다. 왜냐하면 그것을 결정하는 근거는 개념이 아니라 그것이 느낌 속에서 경험할 수 있는 한, 정신력의 활동 속에 있는 조화의 느낌 때문이다. 확실히 식물학자들은 꽃에 관해 많은 것을 알 수 있지만 그들의 개념이 꽃이 아름다운지를 판단하는 데는 아무런 영향도 주지 않는다. 마찬가지로 회화, 조각, 원예, 심지어 음악에서조차 디자인은 필수적이며, 따라서 그 형식이 주는 기쁨도 심미안에는 없어서는 안 될 것이다〉.

그러나 남자, 여자, 그리고 어린아이가 지닌 아름다움과 교회, 여름 별장 같은 건물의 아름다움, 이것 모두는 무엇으로 여겨져야 하는지를 정의하는 〈목적〉이나 〈목표〉의 개념을 전제한다. 우리는 사람이나 교회마다 각각 그것이 아름답다고 말할 수 있다. 그러나 그때 아름다움에 대한 우리의 판단은 목적이나 목표의 개념을 참작한다. 더욱이 미의 판단은 문제가 되는 대상의 적절한 목적이나 목표의 충족이나 결핍에 의존하게 된다. 이때 우리는 오직 느낌에만 근거하는 순수한 미적 판단을 하지는 않는다. 그 대신 거기에는 한 개인의 본성과 목표 또는 건물의 목적과 기능에 관한 개념적 인식이 뒤섞여 있다. 예를 들어 어떤 사람은 어떤 건물이 불쾌감을 자아낸다고 판단할지도 모른다. 왜냐하면 그것의 형식이 (우아할지라도) 교회로는 부적절하기 때문이다. 어떤 사람은 아름답게 여겨질 수도 있다. 왜냐하면 그 또는 그녀는 도덕적인 매너로 행동하기 때문이다. 그 경우에 아름다운 것에 대한 판단은 혼동되거나 적어도 선한 것에 대한 판단(인식적 판단)과 결합되어 있다. 사람이나 건물이 아름답다는 판단이 인간의 본성이나 건물의 목적에 의존한다면, 우리의 판단은 제한적이며 더 이상 자유롭고 순수한 심미적 판단이 될 수 없다. 따라서 칸트는 아름다움을 세 번째로 다음과 같이 정의한다. 〈미란 목적(또는 목표)의 재현이 아니라 그것이 대상 속에서 지각되는 어떤 대상이 지닌 궁극성의 형식이다.〉

5. 4. 필연성, 상식, 아름다운 것

〈기쁨(쾌락)에 대해 반드시 언급하게〉 하는 아름다운 것에 대한 어떤 것이 있다. 칸트에 의하면 〈이것은 모든 사람이 내가 아름답다고 부르는 대상 속에서 이러한 기쁨을 《실제로 느낄 것》〉이라고 미리 인식할 수 있다는 사실을 의미하지는 않는다. 아름다운 것에 대한 판단을 기쁨과 결합할 《필연성 Notwendigkeit》은 이론적인 필연성도 실천적인 필연성도 아니다. 설사 나의 미학적 판단이 보편적이라고 주장할지라도 나는 모든 사람이 실제로 그 판단에 동의하리라고 가정할 수 없다. 나의 기쁨이나 쾌락도 포함하고 있는 미에 대한 느낌을 갖게 된 것은, 사실상 내가 개념의 입장에서 아름다운 것을 정의하는 규칙을 분명하게 만들 수 없기 때문이다. 나의 기쁨이 미에 대한 판단과 연관되어 있다는 사실은 기쁨의 요소가 미의 개념에서 논리적으로 연역된다는 사실을 의미하지는 않는다. 칸트에 의하면 기쁨이 아름다운 것에 대한 경험과 연관될 〈필연성〉은 〈특별한 종류의 필연성〉이다. 미학적 판단으로 여겨지는 필연성은 〈모범적〉이라고 불릴 수밖에 없다. 그것은 〈공식화할 수 없는 보편 규칙을 본보기화하는 것으로 간주되는, 판단에 대한 《전적인》 동의의 필연성인 것이다〉. 간단히 말해서 나의 판단은 미에 관한 보편 규칙의 한 가지 예인 것이다.

만일 내가 이성적인 또는 인식적인 형식으로 미의 원리를 형식화할 수 없다면, 내가 다른 사람에게 아름다운 것에 대한 판단의 필수적인 구성 요소를 어떻게 이야기할 수 있을까? 2 곱하기 2는 모든 사람에게 반드시 4이다. 아름다운 것에 대한 판단도 필연성의 요소를 내포하고 있다는 사실이 어떻게 가능할 수 있을까? 칸트에 의하면 나는 〈주관적 원리와 느낌만으로 유쾌한 것이나 불쾌한 것을 결정하는, 그리고 개념을 통해서가 아니라 보편적 타당성을 가지고 그것을 결정하는 원리〉를 소유하지 않으면 안 된다. 이러한 이유에서 보면 심미적 판단은 상식의 존재를 전제하는 데 달려 있다. 그와 같은 상식의 전제하에서만 나는 심미적 판단을 내릴 수 있다. 이것은 모든 사람이 나의 판단에 〈동의할 것〉이라는 사실을 의미한다기보다 오히려 모두가 그것에 〈동의해야 한다〉는 사실을 의미한다. 우리가 2 곱하기 2는 4라는 사실을 이야기할 경우 우리는 다른 사람들이 이러한 판단이 지닌 보편적 진리 — 설사 이 경우에 우리가 객관적 원리를 취급할지라도 — 를 이해할 수 있거나 이해하지 않으면 안 된다고 가정할 수 있다. 이처럼 우리는 모든 사람에게는 아름다운 것에 대한 주관적 판단을 이야기할 수 있는 상식이 존재한다고 추측할 수 있다. 이러한 이유에서 생각해 보면 칸트는 아름다움에 대한 네 번째 정의로 다음을 제시한다. 〈아름다운 것은 개념과 무관하게 《필연적인》 기쁨의 대상으로 인식되는 것이다.〉

칸트는 『판단력 비판』의 서문에서 주장했듯이 〈자연이 그토록 착잡하게 만들어 놓은 문제를 해결하기란 대단히 곤란한 일이며 그것은 그 문제를 해결하는 데 거의 피할 수 없는 약간의 불명료성에 대한 변명이 될 수 있을 것이다〉라는 사실을 잘 알고 있었다. 이러한 고백에도 불구하고 헤겔은 칸트의 미학 이론에서 〈미에 관한 최초의 이성적 어휘〉를 발견한 바 있다.

13 독일 관념론

1. 독일 사상에 미친 칸트의 영향

칸트의 비판 철학에 바로 뒤이어 나타난 것은 19세기 독일 관념론 운동이었다. 일종의 형이상학으로서 관념론은 일반적으로 우주란 오직 정신적인(또는 영적인) 사물로만 구성되었으며, 실제로 거기에는 어떠한 물질적 재료도 존재하지 않는다는 주장이다. 예를 들어 18세기 영국 경험론자인 조지 버클리는 영적 정신만이 존재한다고 주장한다. 또한 이른바 물질세계의 지각은 단지 신이 나의 영적 정신에 제공하는 정신적 지각의 흐름에 불과하다는 것이다. 관념론에 대한 독일인의 접근 방법은 칸트의 철학이 그 출발점이었다. 칸트는 물질세계의 존재를 구체적으로 부정하지는 않았다. 그러나 그의 주장에 따르면 물 자체의 참된 본성은 우리에게 영원히 감춰져 있다. 우리의 정신은 그렇게 구성되어 있기 때문에 우리가 감각적 경험의 영역, 즉 현상적 영역 너머로 갈 수 없도록 영원히 차단되었다. 더욱이 경험 세계에 대한 해석은 우리의 정신이 경험에 부과하는 범주들에 의해 영원히 고정된다. 칸트는 이러한 범주들 — 인과, 존재와 부정 등등과 같은 — 이란 정신이 경험에 앞서 소유하고 있는 개념이며 대상과의 관계 속에서 사용하는 것이다. 그리고 그것은 지식을 가능하도록 만드는 것이기도 하다.

비록 우리가 감각적 경험과 정신적 구성물로 제한된 세계관에 갇혀 있다고 할지라도 칸트는 여전히 거기에는 우리가 접근할 수는 없지만 물 자체의 본체적 영역이 존재한다고 믿는다. 예를 들어 우리는 빨간 사과 — 정신적인 지각 능력에 의해 정돈된 감각적 정보인 — 에 대한 현상*appearance*만을 경험할 뿐이다. 그러나 사과의 붉음 *redness* 배후에는 붉은색과 관련된, 또는 붉은색을 지닐 수 있는, 즉 사과 그 자체에 대한 어떤 것이 있지 않으면 안 된다. 칸트에게 그러한 물 자체에 관한 어떤 것도 알 수 없다는 사실은 변함이 없다. 왜냐하면 정신적 범주들은 현상적 세계에만 적용하기 때문이다.

피히테(Johann Gottlieb Fichte, 1762~1814)는 칸트의 논증 속에서 드러나 있는 명백한 모순을 인정한 최초의 독일 관념론자 가운데 한 사람이었다. 어떤 것이 존재하지만 우리는 그것에 대하여 아무것도 알 수 없다고 말할 수 있는 것이 어떻게 가능할까? 그것이 존재한다고 말할 때는 이미 그것에 관하여 〈어떤 것〉을 알고 있는 것이 아닐까? 더욱이 칸트는 실제로 물 자체란 주어진 어떤 감각의 〈원인〉이라고 주장하면서 우리의 감각적 경험에 대하여 설명하기 위해 물 자체의 존재를 주장한 바 있다. 그러나 그는 원인과 결과와 같은 정신의 범주란 우리에게 본체계에 관한 지식을 제공하기 위하여 이용될 수는 없다고 분명하게 주장한다. 칸트가 물 자체를 감각의 원인이라고 말한다면 그것은 감각적 경험 대상에 관한 판단으로 범주의 이용을 제한하기 위한 자신의 규칙과 분명히 모순된다.

물 자체가 〈존재한다〉고 말하는 것조차도 칸트가 지식을 위해 마련한 한계들을 초월하는 것이다. 〈존재*existence*〉는 일관된 방식으로 우리의 감각적 경험을 조직하도록 도와주는 정신의 범주에 지나지 않을 뿐이기 때문이다. 실제로 이전의 형이상학자들에 대한 칸트의 가장 강한 반론은 그들이 〈존재〉를, 감각적 경험 너머의 이른바 존재와 실재들에서 기인한 것으로 잘못 간주한 점이다. 이제 물 자체에 대한 그의 이론으로 인해 칸트는 그의 비판 철학이 없애기로 되어 있던 것, 바로 그것을 보유하게 되었다. 칸트의 관점에서 존재의 범주를 물 자체에 부여하는 것이 불가능할 뿐만 아니라 알 수 없는 어떤 것이 존재할 수 있다고 말하는 것도 명백한 모순이다. 물론 우리는 인식되지 않은 — 그러나 잠재적으로 인식 가능한 — 경우에 존재하는 것과 영원히 인식 불가능한 것을 구분할 수 있다. 그러나 어떤 것이 영원히 인식 불가능하다고 말하는 것은 모순적이다. 왜냐하면 그와 같은 진술은 우리가 이미 어떤 것이 〈있다〉는 것을 알고 있으며, 그 정도로 그것이 인식 가능하다는 점을 함축하고 있기 때문이다. 따라서 물 자체에 대한 칸트의 개념은 와해되어야 한다.

피히테는 그와 반대되는 명제, 즉 존재하는 것은 무엇이든 인식 가능하다는 명제를 제시한 바 있다. 그렇다고 하여 피히테가 칸트가 거부했던 그런 종류의 형이상학으로 복귀하려는 의도를 가진 것은 아니다. 그는 칸트가 철학에서 진정한 진보를 이룩했다고 믿기 때문에 칸트가 시작했던 것을 더욱 발전시키려고 했다. 그러므로 피히테가 시도한 것은 칸트의 방법 — 인식 불가능한 물 자체의 개념은 제거한 채로 — 을 이용하고 칸트의 비판적 관념론을 형이상학적 관념론으로 변형시키려는 것이었다. 다시 말해 피히테는 정신이 그 범주를 경험에 부과한다는 칸트의 이론을 모든 대상, 즉 우주가 정신의 산물이라는 이론으로 변형시킨 것이다.

다른 독일 철학자들도 칸트의 비판 철학을 형이상학적 관념론으로 변형시키려는 작업에 동참하기도 했다. 특히 헤겔, 셸링, 그리고 쇼펜하우어가 두드러진 인물들이었다. 그러나 이들 철학자는 각자 자기 나름대로 또는 다소 다른 방식으로 이 작업에 접근했다. 그렇지만 그들이 동의한 것은 칸트가 상정했던 어떠한 인식 불가능한 물 자체도 있을 수 없다는 사실이었다. 더구나 칸트는 물 자체란 감각적 경험의 궁극적 근원이라는 사실을 믿었다. 그 대신에 관념론자들의 주장에 따르면 경험적 지식은 정신의 산물이다. 이 장에서 우리는 두 사람의 관념론자인 헤겔과 쇼펜하우어에 대한 견해들을 살펴볼 것이다.

2. 헤겔

2.1. 생애

헤겔의 역사적 중요성은 칸트가 얼마 전에 이루어질 수 없으리라고 말했던 것을 놀라울 정도의 체계적 철저성을 보여 주면서 완수했다는 사실에 있다. 칸트는 형이상학이 불가능하다고, 즉 인간 정신이 실재의 모두에 관한 이론적 지식을 성취하기는 불가능하다고 주장했다. 반면에 헤겔은 〈이성적인 것은 현실적이요, 현실적인 것은 이성적이다〉라는 일반 명제를 제기하면서 이것에서 존재하는 모든 것은 인식 가능하다는 결론을 내렸다. 여기에 하나의 세련된 형이상학이 있고, 그 형이상학은 실재의 구조와 도덕, 법, 종교, 예술, 역사 속에서 실재의 표현들, 그리고 무엇보다도 모든 사유 그 자체에 관한 사유 작용을 위한 새로운 기초를 제공해 주었다. 헤겔 철학의 궁극적 쇠퇴는 연구상의 논박에 의해서라기보다는 일종의 포기며, 한 요새의 쟁취라기보다는 대저택의 방기와 같다고 주장할 수 있을 것이다. 그러나 헤겔의 계승자들이 그의 세련된 형이상학적 체계를 무시하기로 단순하게 결정했다는 사실이 의미하는 바는 그의 사상이 그에 뒤이은 세대들에게 미친 영향과 지배력을 그들이 오판했다는 것이다. 헤겔 사상의 위력은 대부분의 20세기 철학이 그의 절대적 관념론을 수정 또는 반박하는 방법들을 제기하고 있다는 사실에 의해 측정될 수 있다.

헤겔(Georg Wilhelm Friedrich Hegel, 1770~1831)은 1770년 슈투트가르트에서 태어나 독일의 가장 찬란한 지적 시기를 살았다. 이 해는 베토벤이 태어난 해이며, 시인이자 학자였던,〈그 자체로 완벽한 문명이었던〉괴테가 20세 되던 해다. 46세였던 칸트는 이때에는 아직 고전적 철학 저서들을 쓰지 않았다. 영국인 워즈워스[1]도 바로 이 해에 출생하였으며, 그의 시는 때맞춰 독일 관념론의 몇몇 입장을 공유하는 낭만주의의 한 부분을 형성했다. 어린 시절의 헤겔은 그리스의 저술가들에게 깊은 감명을 받아 결국 플라톤과 아리스토텔레스야말로 철학의 원천일 뿐만 아니라 오늘날조차도 생명을 주는 뿌리들이라고 믿게 되었다. 헤겔은 슈투트가르트의 학교에서 평범한 학생 시절을 보낸 후 18세 때에 튀빙겐 대학교의 신학교에 입학했다. 여기서 그는 횔덜린,[2] 셸링Schelling과 친구가 되어 프랑스 혁명 문제에 관한 열정적 토론에 사로잡히게 되었다. 튀빙겐에서 5년 동안 그는 점차 철학과 신학의 관계로 관심을 기울였다.

1 William Wordsworth(1770~1850). 스코틀랜드에서 태어났고 1791년 프랑스로 건너가 혁명을 직접 목격한 뒤 공화제 신봉자가 되었다. 그는 낭만주의의 부흥을 알리는 획기적인 시집『서정 민요집』을 발표하여 주목받았다. 이 책은 특히 제2판의 서문에 있는 그의 시론으로 더욱 유명해졌다. 사상적으로 그는 보수적인 애국주의로 전향하여〈은둔자 — 자연, 인간, 사회〉에 관한 장대한 철학시를 계획했지만 미완으로 끝났다. 그러나 그는 자연 속에서 신을 발견하는 예리한 통찰력과 감수성으로 자연과 인간을 노래한 낭만주의 최대의 시인이 되었다.
2 Johann Christian Friedrich Hölderin(1770~1843). 튀빙겐 대학교에서 신학을 공부한 시인. 주로 이상주의적 혁명 정신으로 무장한 그는 고대 그리스를 조국 독일의 평화롭고 자유로운 이상 국가로 그려 낸 서정시인이었다.

헤겔

 철학에 대한 그의 관심이 드디어 개화한 때는 바로 그 대학을 떠난 후였다. 그는 베른과 프랑크푸르트에서 6년 동안 조교 생활을 하였으며, 이 기간 동안 몇몇 작은 저서들을 저술했다. 그렇지만 이 저서들은 그가 후에 그의 철학 저서들의 중심으로 삼았던 주요한 문제들의 싹을 지닌 것들이었다.
 당시 독일에는 독일 관념론을 대표할 만한 영향력 있는 두 학자인 피히테와 셸링이 있었다. 헤겔이 예나 대학교 교수로 임명되었던 1801년 그는 『피히테와 셸링의 철학 체계의 차이*Differenz des Fichteschen und Schellingschen Systems der Philosophie*』 (1801)라는 그의 첫 번째 저서를 발간했다. 이 책에서 그는 피히테가 [절대자에 있어서 자아와 비아를 동일시하는 데] 대해 반감을 표시했다. 그는 처음에는 [피히테보다] 셸링에게 더욱 공감했지만 오래가지 않았다. 철학에 대하여 독자적이며 독창적인 그의 접근 방식은 첫 번째 주요 저작인 『정신 현상학*Phänomenologie des Geistes*』(1807)에서 드러나게 되는데, 그에 의하면 이 책은 1807년 예나 전투 직전의 한밤중에 집필을 완료했다. 이 전투로 대학이 폐쇄되자 헤겔은 뉘른베르크에 있는 한 고등학교 교장이 되어 1811년에 결혼한 아내를 부양했다. 그는 그 고등학교에서 1816년까지 머물렀다. 그를 여러 대학들로부터 초빙받게 해준 영향력 있는 그의 두 번째 저서 『논리학*Wissenschaft der Logik*』을 저술한 곳이 바로 여기였다. 1816년 그는 하이델베르크 대학교의 교수가 되었으며, 그곳에서 그 이듬해에 『철학 백과사전*Encyklopädie der philosophischen Wissenschaften*』(1817)을 발간했다. 이 책에서 헤겔은 그의 방대한 철학 구조를 논리학, 자연 철학, 정신 철학의 세 가지 측면에서 제시했다. 2년 후 헤겔은 베를린 대학교의 철학 교수직을 얻었으며 그곳에서 1831년 콜레라 때문에 61세를 일기로 세상을 떠날 때까지 계속 일했다. 베를린에서 헤겔의 저술은 비록 그 대부분이 그의 사후에 출판되었지만 매우 방대했다. 이 기간 동안의 저서들은 『법철학 강요 또는 자연법 및 국가학 강요*Grundlinien der Philosophie des Rechts oder Naturrecht und Staatswissenschaft im Grundriß*』를 비롯하여 사후에 출판된 강의들인 『역사 철학*Philosophie der Geschichte*』, 『미학*Ästhetik*』, 『종교 철학*Philosophie der Religion*』, 『철학사*Geschichte der Philo-sophie*』 등이었다.

2. 2. 절대정신

앞에서 지적했듯이 독일 관념론의 요체는 정신이 궁극적으로 지식의 근원이자 내용 — 물질적 대상이나 신비스런 물 자체가 아니라 — 이라는 사실이다. 헤겔이 주장했듯이 모든 현실적인 것은 이성적이요, 이성적인 것은 현실적이라는 의미도 될 것이다. 그러나 어떤 종류의 〈정신〉이 지식을 만들어 내는가? 우리는 외적 사물의 세계를 경험한다. 우리는 그 세계를 창조하지 않았으므로 우리와는 독립적으로 존재하는 것으로 인정한다. 만일 지식의 모든 대상이 정신의 산물이라면 — 〈우리의〉 정신은 아니지만 — 그것은 유한한 개인의 산물과 다른 어떤 지성의 산물이라고 여겨야 한다. 헤겔과 다른 관념론자들은 모든 인식 대상, 따라서 모든 대상들, 실제로 우주 전체가 하나의 절대적 주체인 절대정신의 산물이라고 결론을 내렸다.

칸트에게 정신의 범주들은 단순히 인식만을 가능하게 해주었는데 반해, 헤겔에게 범주는 어떤 개인의 정신과도 독립된 하나의 존재 양식을 갖는다. 또한 칸트에게 범주는 한 개인의 정신 작용을 의미했고 인식의 양식들과 한계에 대한 설명을 제공해 주었다. 그에 의하면 범주는 인간 정신 안에 있는 개념들이므로 정신은 그 개념들을 경험에 부과하고 그 개념들에 의해 정신은 경험 세계를 이해할 수 있다. 그와 달리 헤겔은 범주를 정신 작용으로뿐만 아니라 사유하는 개체와 독립된 존재를 소유하는 객관적 실재들로 간주했다. 더욱이 헤겔은 범주가 절대정신 안에서 그들의 존재를 갖는다고 주장한다. 그러나 앞으로 보게 되듯이 헤겔은 한편으로 범주들이 있고 또 한편으로는 의자와 사과 같은 사물들이 있다는 의미로 말하지는 않았다. 그같이 구별한다면 플라톤이 형상과 사물을 구별했던 것처럼 관념과 사물은 각각의 존재를 가진다는 주장이 될 것이다. 플라톤과 달리 헤겔은 어떤 독립적 존재를 범주에 귀속시키지 않았다. 그 대신 그가 말한 내용은 그것들이 〈존재〉를 가지며 한 인간의 정신이나 사유와 독립된 그들의 존재를 가진다는 것이다. 헤겔은 실재 세계가 사람들의 정신이 지닌 주관적 개념들 이상의 것이라고 말하기를 원했다. 동시에 그는 실재는 이성 또는 사유라고도 말한다.

의자를 예로 들어 보자. 의자란 무엇인가, 또는 그것은 무엇으로 구성되어 있는가? 헤겔에 의하면 우리가 인식 불가능한 물 자체란 있을 수 없다는 결론을 중시한다면 의자는 우리들이 그것에 관해 가질 수 있는 관념들의 총체로 구성되어야만 한다. 이러한 기초 위에서 의자는 우리가 그것을 경험할 때 그것에서 발견하는 모든 보편자들로 구성되어야 한다. 우리는 그 의자가 견고하고 갈색이며 둥글고 작다고 말한다. 이것들은 모두 보편적 관념들이며, 그것들이 이런 식으로 서로 관련될 때 그것들은 하나의 의자가 된다. 이 보편자들은 의자 내에 그들의 존재를 가진다. 즉 보편자들이나 범주들은 결코 단독으로 또는 독립적으로 존재하지 않는다. 의자에서 인식 불가능한 측면은 없다. 즉 우리가 경험하는 특질들 이외에는 아무것도 없으므로 다음과 같은 의미가 된다. 의자는 우리가 그것에 관해 인식한 무엇이며, 우리가 그것에 관해 인식한 무엇이란 그것이 보편자들이나 관념들의 조합으로 구성된다는 말이다. 그리하여 범주들과 보편자들이 객관적 상태를 갖는다는 말은 그것들이 인식 주체와 독립된 그들의 존재를 갖는다는 의미다. 동시에 의자의 예에서 보여 주듯이 헤겔은 사유의 대상이 결국 사유 그 자체 내에 존재한다고 봄으로써 인식 작용과 존재 사이의 동일성을 주장했다. 인식과 존재는 동일한 동전의 두 면에 불과하다. 확실히 헤겔은 주체와 객체,

즉 인간과 세계가 있음을 인정했다. 그러나 그의 관념론의 본질은 우리 의식의 대상, 즉 우리가 경험하고 사유하는 〈사물〉 그 자체가 사유된다는 그의 생각에 있다. 결국 헤겔은 실재성이란 절대 관념에서 발견될 수 있다는 생각에 도달했다.

지금까지 헤겔의 논의의 두 요점, 즉 (1) 우리는 인식 불가능한 물 자체의 관념을 거부해야 한다는 것과 (2) 실재의 본성은 사유와 이성이고 궁극적 실재는 절대 관념이라는 것이 설명되었다. 헤겔이 실재는 사유라는 이 결론에 도달하게 된 몇몇 단계들을 지적하기 위해서 다음으로 우리는 그의 복잡한 철학 체계에서 기본적인 몇몇 요소들을 검토해 보자.

2. 3. 실재의 본성

헤겔은 세계를 하나의 유기체적 과정으로 간주했다. 우리는 이미 헤겔에게서 참 실재는 이른바 절대자라는 사실을 알았다. 이 절대자는 신학적 관점에서 신으로 불리지만 헤겔은 그가 여기서 자연의 세계나 개별적 인간들과 유리된 하나의 절대자에 대해 언급하고 있지 않다는 점을 특히 지적하기를 원했다. 플라톤이 현상과 실재를 엄격하게 구분한 데 비해, 헤겔은 사실상 현상이 곧 실재며 무관한 것은 아무것도 없다고 말했다. 그러한 이유로 우리가 유리된 사물들로 경험하는 것을 무엇이든지 주의 깊게 반성해 보면 우리는 그것들이 관련된 다른 사물들로 인도되어, 마침내 변증법적 사유 과정이 절대자에 대한 인식으로 끝맺을 때까지 계속된다. 그러나 절대자는 유리된 사물들의 통일체가 아니다. 유리되고 유한하며 딱딱한 물질의 미립자들 — 이들은 각기 다른 구조들 속에 배열될 때 사물의 전체 성격을 형성한다 — 이 존재한다는 유물론을 헤겔은 거부했다. 또한 헤겔은 고대의 파르메니데스와 최근의 스피노자에 의해 제안된 극단적 대안 — 모든 것은 일자*the One*다 — 인, 즉 여러 양태와 속성들을 지닌 하나의 단일한 실체도 인정하지 않았다. 헤겔은 절대자를 하나의 역동적 과정, 즉 부분들을 갖고 있으나 하나의 복잡한 체계로 통합된 하나의 유기체로 묘사했다. 그러므로 절대자는 세계와 유리된 어떤 실체가 아니라 특수한 방식으로 관조되었을 때의 세계다.

헤겔은 절대자가 인간 정신의 작용에는 물론 자연에도 실현되었기 때문에 인간의 이성이 절대자의 내적 본질에 도달할 수 있을 것이라고 믿었다. 이 세 가지, 즉 절대자, 자연, 인간의 정신을 관련짓는 것은 사유 그 자체다. 말하자면 한 인간의 사고방식은 자연의 구조에 의해, 즉 사물들이 실제로 움직이는 방식에 의해 고정되어 있다. 그렇지만 절대자는 자연의 구조를 통하여 그 스스로를 표현하기 때문에 사물들은 그것들이 하는 대로 움직인다. 따라서 인간은 절대자가 그 스스로를 자연 속에 표현하는 방식으로 자연에 대해서 사고한다. 절대자와 자연이 역동적 과정인 것처럼 인간의 사유도 역시 하나의 과정, 변증법적 과정이다.

2.3.1. 논리학과 변증법적 과정

헤겔은 논리학을 지극히 강조했다. 확실히 그는 논리학을 형이상학과 실질적으로 동일한 것이라는 의미로 이해했다. 그가 인식과 존재는 일치한다고 믿기 때문에 이것은 그에게 불가피한 것이었다. 그러나 우리가 차례차례 논리적으로 진행해 나가고 그 방식대로 자기모순을 피해 간다면 실재의 본질을 알 수 있다는 것이 헤겔의 견해였다. 데카르트도 하나의 명백한 관념에서 다음 관념으로 이동함으로써 지식의 확실성이 완수된다는 그와 유사한 방법을 옹호한 바 있다. 그렇지만 데카르트와 달리 관념들 간의 상호 관계에 중점을 둔 헤겔은 사유가 실재 그 자체의 내적 논리를 따라야 한다고 주장했다. 즉 헤겔은 이성적인 것과 현실적인 것을 동일시했으므로 논리와 논리적 관계가 어떤 〈공허한 추론〉에서가 아니라 현실적인 것 안에서 발견되어야 한다고 결론을 내렸다. 그의 주장에 따르면 〈철학이란 이성적인 것의 탐구이므로, 바로 그 이성에 있어서 현재적이며 현실적인 것에 대한 이해이지, 존재하리라고 상상되는 또는 신만이 아는 초월적인 것의 구축이 아니다〉. 그러므로 논리학은 우리가 그것에 의해 우리의 현실적인 것에 대한 경험으로부터 절대자를 묘사하는 범주들을 추론하는 과정이며, 이러한 추론 과정이 헤겔의 변증법적 철학의 핵심이었다.

헤겔의 변증법적 과정은 3단계 운동을 보여 준다. 일반적으로 이러한 변증법적 과정의 세 단계 구조는 〈정립These〉에서 〈반정립Antithese〉으로, 마지막으로 〈종합Synthese〉의 운동으로 묘사된다. 그리고 그 후 종합은 또다시 새로운 정립이 되어 이 과정은 그것이 절대 관념으로 종결될 때까지 계속된다. 헤겔이 그의 변증법적 논리학에서 강조한 것은 사유란 〈운동한다〉는 사실이다. 〔그러므로〕 〈모순〉은 인식을 정지시키기보다는 오히려 인간의 추론 작용에서 적극적인 동력으로 작용한다.

헤겔의 변증법적 방법을 설명하기 위해 우리는 그의 논리학의 가장 기본적인 세 가지 요소인 〈존재Sein〉, 〈무Nichts〉, 〈생성Werden〉에 대하여 생각해 볼 수 있다. 헤겔은 정신이 더욱 일반적이고 추상적인 것으로부터 특수하고 구체적인 것으로 항상 운동해야 한다고 주장한다. 사물에 관해 우리가 형성할 수 있는 가장 일반적인 개념은 그것들이 존재한다는 사실이다. 여러 사물은 특수하고 상이한 특성들을 지니고 있다 할지라도 그것들 모두가 공통적인 것 하나, 즉 그들의 존재를 갖고 있다. 그러므로 존재는 정신이 형식화할 수 있는 가장 일반적인 개념이다. 또한 존재는 어떤 특수한 사물보다 논리적으로 틀림없이 우선한다. 왜냐하면 사물이란 원래 특징이 없는 것의 결정들이나 형태화를 뜻하기 때문이다. 이리하여 논리학(그리고 실재)은 불확정적인 것, 즉 〈모든 명확한 특성에 선행하고 모든 것의 첫 번째인 원래적 무특성〉으로부터 시작된다. 〈우리는 그것을 존재Being라고 부른다.〉 그러므로 헤겔의 체계는 존재의 개념에서 시작되며, 이것이 곧 정립이다. 지금 문제는 어떻게 사유가 그와 같은 추상적 개념으로부터 다른 개념으로 운동할 수 있는가의 문제다. 그러나 더욱 중요한 문제는 어떻게 존재와 같은 보편 관념으로부터 다른 개념을 추론해 낼 수 있는가이다.

바로 여기서 헤겔은 그가 사유의 본성에 관한 새로운 중요한 것을 발견했다고 믿었다. 아리스토텔레스 시대 이래로 논리학자들은 한 범주로부터 그 범주에 내포되어 있지 않은 것이란 아무것도 추론해 낼 수 없다고 생각했다. A로부터 B를 추론해 내려면 어떤 방식으로든 B가 이미 A에 내포되어 있어야만 했다. 헤겔은 이 점을 인정한다. 그러나 그가 아리스토텔레스의 논리학에서 거부한 것은 하나의 보편적 명사로부터 아무것도 추론될 수 없으리라는 가정이었다. 예를 들어 아리스토텔레스는 모든 것이 별개의 것이며, 따라서 논리학은 어떤 다른 보편적 명사들을 그것들로부터 추론해 낼 수 없는 특수한 보편적 명사만을 우리에게 제공해 준다는 것이다. 예를 들어 청색이나 비청색이 있다고 할 때, 청색으로부터 어떤 다른 색을 추론해 낼 수 있는 방도가 전혀 없다. 만일 청색이 청색이면, 그것이 다른 어떤 것, 즉 비청색이라고 동시에 말할 수는 없는 것이다. 이러한 비모순율은 어떤 형식 논리학에서도 매우 중요하다. 그러나 헤겔은 하나의 보편이 또 다른 개념을 포함하지 않는다는 것이 진실이 아니라고 믿었다. 그래서 헤겔은 존재의 개념으로 돌아가서 우리가 여기서 존재를 갖는 많은 사물의 특질이나 특징들을 전혀 내포하지 않는 하나의 관념을 갖는다고 주장한다. 존재의 관념에는 아무 내용도 없다. 왜냐하면 그것에 어떤 내용을 부여하는 순간 그 개념은 더 이상 순수 존재의 개념이 아니라 어떤 것에 대한 개념이기 때문이다. 그렇지만 아리스토텔레스와는 달리 헤겔은 이러한 존재 개념으로부터 다른 개념을 추론해 내는 것이 가능하다고 믿었다. 순수 존재는 단순한 추상 개념이므로, 그것은 절대적으로 부정적이다. 즉 존재의 개념은 전적으로 무규정적이므로 그것은 비존재의 개념으로 변한다. 우리가 어떤 특성 없는 존재에 대해 생각하고자 할 때마다 정신은 존재로부터 비존재로 운동한다. 이것은 물론 어떤 의미에서는 존재와 비존재가 동일하다는 뜻이기도 하다. 헤겔은 자신이 말했듯이 〈존재와 무가 동일하다는 명제는 상상력과 오성에게는 아주 역설적이다. 그는 그것이 아마도 농담으로 간주될 것이다〉라는 사실을 인지하고 있었다. 헤겔에 의하면 참으로 〈존재와 무를 동일한 것으로 이해한다는 것은 사유가 스스로 행하고자 하는 어려운 것들 가운데 하나다〉. 그러나 헤겔이 주장하는 요지는 무가 존재로부터 추론된다는 점이다. 동시에 무의 개념은 정신을 존재의 개념으로 쉽게 회귀시킨다. 물론 여기서 우리가 특정한 사물에 대해도 그것들이 동시에 무와 동일하다고 말할 수 있다는 것은 아니었다. 그의 논의는 순수 존재의 개념에 국한되어 있으므로 그 개념도 무의 관념을 내포하고 있다는 것이다. 이렇게 그는 존재의 개념으로부터 무의 개념을 추론해 냈다. 반정립인 무는 정립인 존재에 내포되어 있다. 헤겔의 논리학에서 반정립은 항상 정립으로부터 추론된다. 그것은 이미 정립에 내포되어 있기 때문이다.

존재로부터 무로의 정신 운동은 세 번째 범주인 〈생성〉을 생산한다. 이미 언급한 그러한 이유들 때문에 존재가 무와 동일한 것임을 정신이 이해할 때, 생성의 개념은 정신에 의해 형성된다. 그에 의하면 생성은 〈존재와 무의 통일〉이다. 그것은 〈하나의〉 관념이다. 그러므로 생성은 존재와 무의 종합이다. 만일 우리가 어떤 것이 어떻게 존재할 수도 존재하지 않을 수도 있느냐고 질문을 제기한다면, 헤겔은 그것이 생성할 때 존재할 수도 존재하지 않을 수도 있다고 대답할 것이다.

헤겔은 그의 방대하고 복잡한 체계 전반에 걸쳐 이와 같은 논리학의 변증법적 방법을 채용했다. 각 단계마다 그는 하나의 정립을 상정하고 거기서 반정립을 추론하며 이어서 이 정립과 반정립을 고차적 종합에서 통일한다. 이 과정의 끝에서, 헤겔은 절대 관념의 개념에 도달한다. 그런데 그는 그 개념을 그의 변증법적 방법에 따라 생성,

즉 자기 전개 과정으로 표현한다. 헤겔은 이처럼 특정한 사물의 특질과 특성에 대한 감각 작용에 의한 최저 수준의 지식에서 출발하여 끝없이 확장하는 만물의 상호 관계를 발견함으로써, 지식의 영역을 확장하고자 했다. 이런 식으로 정신은 현실 속에서 범주들로 발견한, 한 개념에서 다른 개념을 연역하는 방식으로 엄격하게 운동한다. 헤겔에게 단일한 사실은 비이성적이다. 그 같은 단일한 사실이 전체의 측면들로 간주될 때에만 그것들은 이성적이 된다. 사유 작용은 사실들이 발생시키는 각 개념의 본성에 의해 한 사실에서 다른 사실로 운동하도록 되어 있다. 엔진의 부품들을 예로 들어 보자. 〔그 예는 헤겔의 요점을 정확하게 설명하지는 않지만 단일한 사실이 어떻게 이성적인 성질을 획득하게 되는지를 암시해 준다. (제2판)〕 하나의 점화 플러그만으로는 어떤 이성적 성격을 갖지 않는다. 그것에 이성을 부여해 주는 것은 그것과 엔진의 다른 부품들의 관계이다. 그러므로 점화 플러그의 본질을 발견하는 것은 다른 부품들에 관한 진리, 결국 전체 엔진에 관한 진리를 발견하는 것이다. 그리하여 인간 정신은 변증법적으로 운동을 시작하게 되고, 그것은 계속 증가하는 실재 영역을 끊임없이 포섭하여 전체와의 관계, 즉 〈관념〉에 대한 관계를 발견한 직후에 어떤 것의 진리를 발견하게 된다.

헤겔이 말하는 〈관념〉은 존재로부터 생성을 산출해 낸 것과 동일한 방법에 의해 그의 논리학에서 추론된다. 한 인간은 하나의 사물에 대해 하나의 관념을 형성하고 그것에 관해 판단을 행하며 논리적 관계를 생각해 낼 수 있다는 사실로부터 〈주관성〉의 범주를 추론한다. 그러나 주관성으로부터 그 대립자인 객관성이 추론될 수 있다. 즉 주관성의 개념은 이미 객관성의 관념을 내포하고 있다. 내가 하나의 자아(주관성)라는 말은 비아(객관성)가 있다는 의미가 된다. 주관성은 형식적 의미의 사유로 구성된다. 반면에 객관성은 말하자면 그 자체의 외부에 있고 사물들의 내부에 있는 사유다. 헤겔은 한 인간의 관념의 객관적 특성을 서술하면서, 그것은 기계론, 화학적 속성, 목적론으로 구성된다고 말한다. 예를 들어 대상은 한 주체가 기계론적 법칙들로서 자연에 관해 인식하는 것을 그것들의 움직임 속에서 표현한다. 주체와 객체의 종합은 관념 속에서의 통일이라고 헤겔은 말한다. 즉 관념 속에서 주체(형상)와 객체(질료)는 함께 통일된다. 그렇지만 관념은 자기 자신의 고유한 변증법, 즉 삶, 인식, 절대 관념을 내포하고 있다. 이처럼 관념은 자의식의 범주이므로 그 대상들 속에서 그 자신을 인식한다. 그러므로 헤겔 논리학의 전 흐름은 최초의 존재 개념으로부터 최종적인 관념의 개념으로 이동되어 왔다. 그러나 이 관념도 또한 역동적 과정상의 존재로서 이해되어야만 한다. 그러므로 관념은 자기완성을 향한 자기 발전의 끊임없는 과정 속에 있는 그 자체다.

2.3.2. 자연 철학

관념으로부터 자연의 영역이 도출된다. 헤겔이 표현한 대로 자연은 〈그 자체의 외부에 있는〉 관념을 의미한다. 이 표현은 다소 오해를 불러일으키기 쉽다. 왜냐하면 그것은 관념이 세계와 독립하여 존재한다는 의미를 함축하기 때문이다. 게다가 헤겔은 〈절대적 자유〉를 〈자연으로서 그 자신에서 벗어나 자유롭게 나아가는 것〉이므로 관념에 기인하는 것으로 본다. 그렇지만 현실적인 것은 이성적이라는 헤겔의 전제를 상기하면 그것은 여기서 다음과 같은 의미이어야 한다. 즉 자연은 시계 제조공의 관념이 어느 정도 그 자신의 외부인 시계 내에서 발견되는 것처럼 외적 형식으로서의 이성 또는 관념에 불과하다는 의미다. 그러나 헤겔이 서로 떨어져서 존재하는 두 사상(事象)인 관념과 자연에 대하여 확실하게 언급하지 않기 때문에 헤겔의 견해는 시계 제조공과 시계의 관계가 암시하는 것 이상으로 모호하다. 궁극적 실재는 하나의 단일한 유기체이자 역동적 전체다. 헤겔이 모든 사물들 〈배후〉의 논리적 관념과 자연을 구분하는 것은 자기 동일적 실재의 〈내적〉, 〈외적〉 측면을 구분하려는 시도에 불과하다. 간단히 말해 자연은 이성적 관념(정립)의 대립자(반정립)이다. 우리의 사유는 이성적인 것(관념)에서 비이성적인 것(자연)으로 변증법적으로 운동한다. 자연의 개념은 우리의 사유를 정신Geist이라는 새로운 개념에서의 관념과 자연의 통일로 표현되는 종합으로 최종적으로 인도한다. 우리의 사유를 자연으로부터 정신으로 회귀시키는 것은 자연의 개념 안에서의 변증법적 운동이다. 논리학이 가장 추상적인 개념, 즉 존재Sein에서 출발하는 것처럼 자연 철학도 역시 가장 추상적인 사물인 공간Raum에서 출발한다. (존재가 무규정적인 것처럼) 공간은 공허하다. 따라서 자연은 한 끝에서는 빈 공간에 닿아 있고 다른 한 끝에서는 정신을 관류한다. 공간과 정신 사이에는 다양한 개개의 사물들 — 이것이 자연이다 — 이 존재한다. 자연은 역학, 물리학, 유기체학의 법칙들을 보여 준다. 자연의 이러한 측면들은 차례차례로 헤겔에 의해 변증법적 관점에서 분석된다.

헤겔의 자연에 관한 언급의 많은 부분은 현대 과학의 발전으로 인해 어느 정도 시대에 뒤떨어진 감이 있다. 그러나 그의 의도는 과학자들의 작업을 대신하려는 것은 아니었다. 오히려 그는 자연 철학을 통하여 모든 실재에 있는 이성적 구조와 양식을 발견하는 데 관심을 가졌다. 동시에 그는 〈자유〉와 〈필연성〉의 차이가 무엇인지를 보여 주고자 노력했다. 그래서 그는 자연은 필연의 영역인 반면 정신은 자유의 영역이라고 말했던 것이다. 헤겔에 의하면 〈자연은 한 단계에서 반드시 다른 단계로 나아가는 일종의 단계들의 체계로 간주될 수 있다〉. 반면에 자유는 정신의 행위다. 그리하여 정신과 자연, 즉 자유와 필연 사이에는 하나의 변증법적 대립이 있게 된다. 참으로 실재의 〈진전〉, 즉 역사의 목적론적 운동은 정신, 즉 자유의 관념의 점진적이며 계속적인 전개 과정을 의미한다.

2.3.3. 정신 철학

헤겔의 철학 체계에서 논리적 관념과 자연 철학에 뒤이은 세 번째 부분은 〈정신 철학Philosophie des Geistes〉이다. 여기서도 헤겔은 자신의 변증법적 요소를 내세워 주관적 정신을 정립으로 객관적 정신을 반정립으로, 절대정신을 종합으로 이해한다. 절대적인 것은 정신이고 이 정신은 그 자신의 표현을 개인들의 정신 속에서, 가족, 문명사회, 국가의 사회적 제도들 속에서, 예술, 종교, 철학 속에서 발견한다는 사실을 설명하기 위해 헤겔은 매우 자세하게 변증법적 3단계를 중첩하여 진행한다. 〈주관적 정신subjektiver Geist〉은 인간 정신의 내적 작용을 말하며, 〈객관적 정신objekiver Geist〉은 사회 정치적 제도 속에서 외적으로 구현된 정신을 말한다. 인식의 정점에는 절대정신의 성취인 예술, 종교, 철학이 있다.

헤겔 철학을 유명하게 한 것의 대부분은 그가 객관적 정신에 대한 개념을 둘러싸고 전개했던 그의 사상의 바로 그 부분이었다. 그가 이제 자신의 도덕적, 사회적, 정치적 사상을 그의 체계의 나머지 부분과 연결시키고자 시도하므로, 여기서 우리는 헤겔 사상의 통일성에 접하게 된다. 그는 개인적이며 집단적인 인간 행동의 전 영역을 현실적인 것의 부분이라고 하였으며, 그렇기 때문에 본질적으로 이성적이라고 표현하였다. 더구나 현실적인 것의 부분으로서 정신이 지닌 이러한 객관적 측면은 변증법적 과정 안에 포함되어 있는 것으로 간주된다. 자연이 절대 관념의 객관적 구현인 것과 똑같이 인간의 행동과 사회 정치적 유기체들도 정신을 내포하거나 구현한다. 이런 이유로 헤겔은 제도들을 인간의 창조물로서가 아니라 역사의 변증법적 운동의 산물, 즉 이성적 실재의 객관적 표현의 산물로 간주했다. 예를 들어 헤겔은 자신의 『법철학 *Philosophie des Rechts*』에 대해 다음과 같이 기술한다. 〈이것은 사실상 국가에 관한 학문을 포함하고 있으므로 국가를 본질적으로 이성적인 어떤 것으로 파악하고 묘사하려는 노력 이외의 아무것도 아닐 것이다. 이것은 하나의 철학적 작업이므로, 마땅히 그러해야만 할 것으로서 한 국가를 구성하려는 시도와 정반대임에 틀림없다.〉 현실적인 국가와 실재의 근거를 이렇게 동일시함에 따라 헤겔의 정치 이론은 국가를 전체주의적이거나 적어도 비민주주의적인 관점에서 생각하려는 사람들에게 매혹적인 영향을 주게 되었다. 그래서 우리는 헤겔이 개인적 권리의 개념에서 사회에 대한 국가의 권위로 나아가는 자연적 운동을 설명하기 위해 사용한 방법인 변증법적 과정상의 몇몇 〈계기들〉에 대한 연구에 착수하게 된다. 여기서의 기본적인 3단계 운동은 정의(정립)에서 도덕(반정립)으로, 사회 윤리(종합)로의 운동이다.

2. 4. 윤리학과 정치학

2. 4. 1. 정의의 개념

인간의 행동은 우선 개인의 행위들로서 이해되어야 한다. 헤겔에 의하면 개인은 자유를 인지하고 있다. 개인은 의지의 행위를 통해서 가장 구체적으로 자신의 자유를 표현한다. 헤겔은 의지와 이성을 실질적으로 같은 의미로 간주했다. 그러므로 그는 〈의지는 사유하는 지성일 때만 자유 의지다〉라고 말했다. 한 인간은 주로 물질적 사물과의 관계하에서, 즉 그것들을 사유화하고, 사용하고, 교환함으로써 그의 자유를 표현한다. 〈사유화하는 것은 본질적으로 사물들에 대한 나의 의지의 위엄을 표명하는 것일 뿐이므로 그것들의 자아가 완전하지 않으면 그것들의 고유한 목적도 전혀 없음을 증명함으로써 그 위엄은 표명된다〉고 헤겔은 말한다. 헤겔에게 소유권의 기초는 사유(私有) 행위에서 개인의 자유 의지다. 그렇지만 자유로운 인간들은 그들 스스로를 소유로부터 〈소외〉시킬 수 있다. 그리고 그들은 〈계약〉을 통해 이것을 수행한다.

하나의 계약은 재산 교환을 동의하는 두 자유 의지들의 산물이다. 그것은 또한 하나의 의무의 발전을 의미한다. 그리하여 이제 계약 조항들은 실현된다. 여기서 헤겔의 중심 문제는 개별적 인간들이 이성적으로 행동하는 한, 그들의 자유로운 행위는 우주의 이성에 합치된다는 점이다. 그들의 개별적 의지들은 보편적 의지와 조화된다. 그러나 자유로운 사람들 사이에 의지의 조화는 불안정하다. 따라서 항상 정의의 대립자의 가능성이 존재한다. 그런데 정의의 부정은 폭력과 사기로 예시된다. 〈불의〉는 개체적 의지와 보편적 의지의 조화의 파괴에 있다. 〈정의〉와 〈불의〉 간의 변증법적 관계는 〈불의〉의 의지가 행하는 방식과 의지가 보편적, 즉 이성적이고자 행하는 방식 간의 긴장을 조성한다. 이 정의와 불의 사이의 긴장이나 갈등이 도덕을 야기하는 것이다.

　헤겔에 의하면 도덕은 근본적으로 인간의 윤리적 생활상의 목적과 의도의 문제다. 다시 말해 거기에는 단지 법률을 준수하고 계약을 이행하는 것 이상인 〈선〉이 있다. 도덕은 인간이 스스로 책임을 질 수 있는 행동들에 관계한다. 한 인간이 의도하고 그의 행동의 목적을 구성하는 그러한 결과들만이 그의 행동의 선악에 영향을 줄 수 있다. 그래서 헤겔에게 도덕의 본질은 한 개인의 의도나 목적에서 내면적으로 발견되는 것처럼 보인다. 그러나 헤겔의 주장에 따르면 도덕적 책임은 자유 의지, 즉 행위를 의도한 의지를 원인으로 할 수 있는 행위에서 출발하지만 도덕의 모든 영역이 이러한 행위의 주관적 측면으로 남김없이 설명될 수는 없다. 결국 인간의 행동은 언제나 하나의 관계 속에서, 특히 다른 사람들, 즉 다른 의지들과의 관계 속에서 발생하는 것이다. 그러므로 도덕적 의무나 책임은 개인의 관심이나 의도보다 더 광범위하다. 도덕적 의무는 한 개인의 의지를 보편적 의지와 동일시하려는 요구에서 비롯된다. 개인에게 그 자신의 행복과 복지에 관심을 갖는 일이 완전히 정당한 것일지라도, 이성의 원리는 우리도 역시 자유롭게 행동하는 다른 사람들의 의지가 그들의 복지를 달성할 수 있는 방법으로 그 자신의 의지를 실행해야 한다고 요구한다. 그러므로 도덕은 변증법적 과정에 있는 한 요소다. 즉 정립은 각 개인의 추상적 정의이며, 반정립은 도덕이다. 도덕은 보편적 의지가 개인적 의지에 제한을 가하는 의무를 표현하기 때문이다. 이들 두 의지 사이의 관계는 자유와 의무, 주관성과 객관성의 관계다. 이러한 윤리적 영역에서의 변증법적 과정은 주관과 객관 사이의 보다 위대한 조화를 향해 끊임없이 움직이고 있다. 이 점에 관해서 헤겔은 선을 〈자유의 실현, 즉 세계의 절대적 최종 목적〉으로 간주했다. 그러나 헤겔에게 자유의 실현은 의무의 한계 내에서만 일어나야 했다. 이런 의미에서 가장 자유로운 사람은 그의 의무를 가장 완전하게 수행하는 사람이다. 그래서 불가피하게 헤겔은 한편으로 개인의 자유 및 정의와, 또 한편으로는 인류의 구체적 제도들, 특히 국가 내의 보편적 의지와의 종합을 발견해야 했다.

2.4.2. 국가

헤겔에 의하면 개인과 국가 사이에는 두 가지 변증법적 단계인 〈가족〉과 〈사회〉가 있다. 가족은 말하자면 객관적 의지의 첫 단계다. 결혼함으로써 두 사람은 한 사람이 되기 위하여 어느 정도 그들의 개별적 의지를 포기한다. 가족이 하나의 단일한 단위이기 때문에 법적인 근거로 남편이 가족의 재산을 소유한다고 할지라도 가족 재산은 공동 소유가 된다. 또한 감정이나 사랑의 유대감에 의해 통합된 가족은 논리적으로 보편적 의지를 구현하는 최초의 계기를 구성한다. 동시에 가족은 그것의 고유한 반정립으로, 즉 결국은 성장하여 가족을 떠나 〈시민 사회〉라고 불리는, 비슷한 개인들의 더욱 큰 관계로 나아가는 개인들을 포함하고 있다. 이들 개인은 이제 자신의 삶을 계획하고 자신의 목적을 갖게 된다. 우리는 여기서 다음과 같은 사실을 상기할 필요가 있다. 헤겔이 여기서 국가의 변증법적 발전을 분석하고 있지만 국가의 출현에 대한 역사적 설명을 제시하지는 않다는 사실이다. 국가는 가족과 시민 사회의 종합이다. 이러한 분석에서 가족은 구현된 보편성을 의미하지만 시민 사회는 개인이, 가족 구성원으로서가 아니라 개인으로서 자신의 목적을 세울 때 특수성을 나타낸다. 이들 두 요소, 즉 보편성과 특수성은 독립적으로 존재할 수 없다. 왜냐하면 그것들은 각각 서로를 내포하고 있기 때문이다. 그러므로 그것들의 통일은 국가에서 발견된다. 즉 국가는 보편성과 특수성의 종합이요, 차이 속의 통일이다. 이것은 진지한 추론이 아닌 듯하다. 그러나 헤겔은 보편적인 것과 특수적인 것의 종합이 개별적인 것에도 존재한다고 결론짓는다. 이 문맥에서 국가는 한 개인, 진정한 개인, 부분적 개인들의 유기체적 통일체로서 간주되고 있다.

헤겔은 국가를 외부로부터 개인에게 부여된 하나의 권위로 여기지는 않았다. 또한 그는 국가를 일반 의지나 절대 다수의 의지의 산물로 보지도 않았다. 헤겔에 의하면 국가는 〈절대적으로 이성적(실체적) 의지며, 또한 국가는 윤리적 이념의 현실태〉다.

헤겔은 국가가 보편적 자아의식을 대표한다고 말함으로써 국가에 하나의 인간의 특성을 부여했다. 하나의 특수한 개인은 그가 이 거대한 자아의 한 부분인 한에서 그 자신을 의식한다는 것이다. 그에 의하면 〈국가는 객관화된 정신이므로 개인은 국가의 일원으로서만 스스로 객관성, 진정한 개별성, 윤리적 삶을 갖는다〉. 또한 한 인간의 정신적 실재는 국가 속에서도 발견된다. 왜냐하면 헤겔이 말하듯이 한 인간의 〈정신적 실재는 이것에 내재하고, 그의 고유한 본질(이성)은 그에게 객관적으로 현시되며, 그 이성은 그에게 있어서 객관적인 직접적 존재성을 갖고 있기〉 때문이다. 헤겔이 이상 국가의 이론을 정형화하는 데 관심을 가지지 않았다는 사실을 상기하면 현실적 국가에 대한 그의 서술들은 훨씬 더 부각된다. 그가 〈국가는 이성적 자유의 구현체다〉, 무엇보다도 두드러지게 〈국가는 지구상에 존재하는 신적 관념이다〉라고 말했을 때의 국가는 현실적으로 존재하는 국가였다.

헤겔은 국가에 대해 이같이 격찬하였기 때문에 전체주의 국가를 옹호했던 것처럼 보이지만 국가가 개인이 시민 사회의 일원으로 소유한 자유를 유지시켜 준다고 주장했다. 가족도 시민 사회도 국가에 의해 파괴되지 않는다. 그것들은 국가 내에 계속 존재한다. 국가의 법률과 일반적인 국가의 입법 및 행정권은 임의적으로 명령하지 않는다. 법률이란 보편적인 규칙들이다. 그리하여 그것들은 개별적 인간들을 포함한 개별적 경우에 적용된다. 더구나 법률은 이성적이며 이성적 인간들에 의해 틀림없이 통제된다. 법률이 필요한 이유는 인간이 자유로운 선택의 능력을 갖고 있으므로 다른 사람들에게 해가 되는 결정을 선택할 수 있다는 데 있다. 그들의 행위가 타인에게 해가 되는 한 그들의 행동은 비이성적이다. 그러므로 법률의 기능은 행위를 이성적으로 하게 하는 것이다. 어떤 행위를 이성적이게 하는 것은 그것이 한 개인의 사적 선뿐만 아니라 공적 선도 성취한다는 데 있다. 이성적으로 행위를 하는 사람만이 자유로울 수 있다. 왜냐하면 오직 이성적 행위만이 사회에서 허용되며 사회적 해악을 피할 수 있기 때문이다. 그러므로 국가의 기능은 임의적이며 비합리적인 명령을 공포함으로써 개인의 피해나 불행을 조성하는 것이 아니라 법률을 통해 이성적 행동의 총계를 증가시키는 것이다. 이와 같이 국가는 자유의 이념을 최대한으로 발전시키고, 오직 각 구성원들이 그 자유를 성취함에 따라서 객관적 자유를 성취하고자 추구하는 하나의 유기체다. 이런 점에서 국가의 법률은 임의적인 것이 아니라 개인들이 이성적으로 행위를 한다면 스스로가 선택하게 되는 행동의 이성적 규칙들이다. 이성이 허용하는 범위 내에서 개인적 의지에 가해진 유일한 제한은 다른 의지들의 존재에 의해 요청된다. 주권자는 임의적으로가 아니라 보편적 의지와 이성의 이름으로 행동한다. 그리하여 국가는 〈인간의 의지와 그것의 자유의 외적 표현으로서의 정신의 관념〉이다.

국가들 간의 관계에 대해서 헤겔은 각 국가의 자치권과 절대적 주권을 강조한다. 헤겔에게 한 국가와 또 다른 국가의 관계는 시민 사회 내에서의 개인 간의 관계와 다르다. 사회 내에서 의견의 불일치를 보이는 두 사람 위에는 그 논쟁을 해결할 수 있는 고등 권력으로서의 국가가 있다. 헤겔에 의하면 각각의 국가는 〈본질적 이성과 직접적 현실성을 가진 정신이며, 그렇기 때문에 지구상의 절대 권력이다〉. 이러한 이유로 〈모든 국가는 그 인접 국가에 대해 주권적이며 독립적이다. 국가들 간의 의무가 지켜져야만 한다는 것은 국제법의 기본적 명제다〉. 그러나 헤겔이 말하기를 〈국가들은 상호 관계에서······ 자연 상태다〉. 그리고 이러한 이유로 그것들을 결속하는 보편적 의지가 전혀 없다. 〈국가들의 정의〉는 그것들을 통제하는 헌법적 권력이 전혀 없는 한 〈오직 그것들의 특수한 의지 안에서만 실현된다〉. 국가들을 심판해 줄 사람은 아무도 없다.

왜 헤겔이 그의 변증법적 운동을 개별적 국가들이 하나의 국제 공동 사회로 통일되는 그다음 단계까지 계속해서 적용하지 않았는지는 명백하지 않다. 물론 헤겔도 칸트가 모든 전쟁을 조정하는 국제 연맹에 의해 〈영구 평화〉를 확보하려는 생각을 가지고 있었다는 사실을 잘 알고 있었다. 그러나 그는 그와 같은 조정이 효과가 없을 것이라고 생각했다. 왜냐하면 각 국가마다 국제 재판소에 복종하겠다는 의지가 필요하지만 어떤 국가는 항상 그 자신의 복지를 의지로 삼을 것이기 때문이다. 사실상 헤겔에 의하면 〈복지는 국가 간의 관계를 지배하는 최고 법이다〉. 국가는 〈윤리적 실체〉이기 때문에 국가에는 어떠한 도덕적 제한도 있을 수 없다. 그리하여 〈만일 국가들이 의견의 불일치를 보이고 그들의 특수한 의지가 조화될 수 없다면 그 문제는 전쟁에 의해서 해결될 수밖에 없게 된다〉.

2. 4. 3. 세계사

헤겔의 관점에서 세계사는 민족 국가들의 역사다. 역사의 역동적 전개는 〈자유에 대한 의식에서의 진보〉를 나타낸다. 이 진보는 단순한 우연의 문제가 아니라 하나의 이성적 과정이다. 헤겔은 〈이성이 세계를 지배하며…… 따라서 세계사는 하나의 이성적 과정이다〉라고 말한다. 특수한 의미에서 볼 때 국가는 이성의 운반자다. 바로 이런 이유 때문에 헤겔은 국가란 외적 형식으로서의 〈정신의 관념〉이며, 〈지구상에 현존하는 신적 관념〉이라고 말했던 것이다. 그러나 역사적 과정의 변증법은 국가들 간의 대립에 있다. 각 국가는 하나의 민족정신과 세계정신을 국가 고유의 집단의식 속에서 표현한다. 확실히 개별적 정신들만이 의식을 가질 수 있다. 그러나 한 특정한 사람들의 정신들은 통일된 정신으로 발전하며, 이러한 이유에서 우리는 〈민족정신〉에 대하여 말할 수 있다. 각각의 민족정신은 세계정신의 발전에서 하나의 계기를 나타내며 민족정신들 간의 상호 작용은 역사에서 변증법을 나타낸다.

역사적 과정이 바로 실재의 내용이고, 〈자유의 관념〉의 점진적 성취 과정인 한 민족 국가들 간의 갈등은 불가피하다. 민족 국가들은 역사의 파도에 실려 간다. 그래서 각 시대에는 하나의 특별한 민족 국가가 〈그 시대의 세계사에서 지배적인 민족이 된다〉. 한 민족 국가는 그것이 언제 위대해질 것인지를 선택할 수 없다. 왜냐하면 〈그 국가가 그 시대의 종을 칠 수 있는 기회는 오직 한 번뿐이기 때문이다〉. 역사상 결정적인 순간에 특별한 세계사적 개인들이 시대정신의 대행자들로서 출현한다고 헤겔은 말한다. 이들 개인은 민족 국가들을 새로운 차원의 발전과 완전의 단계에 올려놓는다. 헤겔은 다음과 같이 생각했다. 그와 같은 개인들은 한 민족 국가가 탈피해 가는 그 시대에 속한 도덕의 관점에서는 거의 판단될 수 없을 것이다. 그 대신 그와 같은 개인들의 가치는 자유 관념의 전개에 대한 그들의 창조적 대응에 있다.

헤겔에게 역사의 진행은 변증법의 논리적 과정이다. 역사는 하나의 중대한 목적, 즉 자유를 향해 움직이고 있다. 헤겔은 역사의 변증법을 설명하기 위하여 여러 민족들을 예로 들었다. 그는 그 민족들이 자유의 발전에서 세 가지 계기들을 의미한다고 생각했기 때문이다. 동양인은 오직 군주만이 그가 원하는 바를 행할 수 있다는 것 이외에 자유에 대해서 아무것도 알지 못했다고 그는 생각했다. 그리스인과 로마인은 시민의 개념을 알았지만 이러한 지위를 오직 소수에게만 제한시켰기 때문에 다른 사람들을 자연히 노예로 간주했다. 기독교의 영향을 받아 인간 그 자체가 자유롭다는 통찰을 발전시킨 민족은 바로 게르만 민족이었다. 따라서 헤겔은 다음과 같이 말한다.

〈동양은 한 사람만이 자유롭다는 사실만 알았고 현재도 그렇게 알고 있다. 그리스와 로마는 소수의 사람만이 자유롭다는 사실을 알았다. 그러나 게르만 세계는 만인이 자유롭다는 사실을 알고 있다.〉 우리가 살펴보았듯이 헤겔에 의하면 최고의 자유는 개인이 전체 사회의 보편적, 이성적 의지에 따라 행동할 때 발생한다.

2. 5. 절대자에 대한 인식

헤겔 철학의 정점은 절대자에 대한 인간의 인식에 있다. 변증법적 과정에 있어서 절대자의 인식은 주관적 정신과 객관적 정신의 종합이다. 실재는 이성(사유, 관념)이기 때문에 헤겔에게 절대자에 대한 인식은 실제로 유한한 인간 정신을 통한 절대적 인식 자체가 된다. 절대자에 대한 이러한 자기 의식의 순간이 인간의 정신 내에서 어떻게 일어나는가는 최종적 변증법에서 설명되었다.

헤겔에 의하면 절대자에 대한 우리의 의식은 정신이 예술에서 종교로, 그리고 마지막으로 철학으로 3단계를 거쳐 운동함에 따라 점차로 성취된다. 예술은 정신에게 감각의 대상을 제공해 줌으로써 절대정신의 감각적 외관을 제공한다. 정신은 예술의 대상 속에서 절대자를 미로 파악한다. 더구나 예술의 대상은 정신의 창조물이며, 따라서 절대정신의 몇몇 측면들을 내포한다. 헤겔은 아시아의 상징적 예술로부터 고전적 그리스의 예술로, 그리고 최종적으로 낭만적 기독교 예술로의 운동에서 절대자에 대해 더욱 심화되는 통찰력을 보았다.

예술은 그 자체를 넘어서 종교로 나아간다. 종교가 예술과 다른 점은 미적 경험이 주로 감정의 행위인 데 반해 종교는 일종의 사유 행위라는 데 있다. 예술은 의식을 절대자로 향하도록 인도한다. 그러나 절대자는 사유이므로 예술보다 종교가 그것에 더욱 근접해 간다. 헤겔에 의하면 종교적 사유는 동시에 회화적 사유다. 초기 종교에서 이러한 회화적 요소가 크게 확대되었다. 예를 들어 〈그리스의 신은 소박한 직관과 감각적 상상의 대상이었다. 그러므로 신의 형상은 인간의 육체적 형상이었다〉. 기독교는 종교의 정점에 위치한다. 그것은 정신의 종교이기 때문이다.

헤겔은 기독교를 철학의 회화적 표현으로 간주했다. 그는 종교와 철학은 기본적으로 동일한 주제를 갖고 있다고 믿었다. 즉 양자는 모두 〈영원한 것이란 무엇인가, 신은 무엇인가, 그리고 신의 본성에서 무엇이 도출되는가 등에 대한 지식〉을 의미하며,

따라서 〈종교와 철학이 동일해진다〉는 것이다. 철학은 종교의 회화적 형식을 지나서 순수 사유의 수준으로 상승한다. 그러나 철학은 인간에게 절대자에 대한 지식을 어떤 특정한 순간에 제공해 주지 않는다. 왜냐하면 그와 같은 지식은 변증법적 과정의 산물이기 때문이다. 철학 그 자체가 하나의 역사, 즉 하나의 변증법적 운동을 가지므로 거기에서는 철학의 주요 시기와 체계도 단순한 우연적 발전이 될 수 없다. 철학사에서 이들 체계는 절대정신의 점진적 전개로 요청된 관념들의 필연적 연속을 의미한다. 그러므로 헤겔에게 철학사는 인간의 정신 속에서 절대자의 자기 의식의 전개 과정이다.

3. 쇼펜하우어

헤겔과 동시대인인 쇼펜하우어는 헤겔이 칸트에게 잘 어울리는 적절한 후계자였다는 사실을 인정하지 않으려 했다. 쇼펜하우어의 헤겔에 대한 불신은 그만큼 대단하였기 때문에 그가 〈칸트에서부터 나에 이르기까지 그 기간 동안에는 어떤 다른 철학도 있을 수 없다. 대학에서 자리 잡은 협잡만이 있을 뿐이다〉라고 주장할 정도였다. 헤겔을 향한 쇼펜하우어의 이러한 비판은 〈헤겔의 모든 철학 저서에서 배울 수 있는 것보다도 흄의 한 페이지에서 배울 수 있는 것이 훨씬 더 많다〉고 말하는 그의 논평과 맥을 같이하는 것이었다. 그러나 헤겔이 쇼펜하우어가 명성을 빛바래게 하려는 비판의 유일한 표적은 아니었다. 그는 〈나보다 어리석은 동시대인들에게 더 많이 둘러싸인 사람이 있다면 한번 만나 보고 싶다〉는 주장을 통해 자신이 경멸하는 대상을 더욱 넓힌 바 있다. 다른 사람들에게는 자기 본위로 비쳐지는 것이 쇼펜하우어에게는 단지 자신이 타고난 특이한 재능들에 대한 자기 인정으로 보였다. 그에 의하면 그것은 마치 어떤 사람이 평균인보다 키가 크거나 작거나 한 사실을 아는 것과 똑같은 것이다. 그러므로 그는 〈나 이전의 어떤 인간보다도 나는 진리의 베일을 더 높이 걷어 올렸다〉고 말하는 데 전혀 주저하지 않았다.

3. 1. 쇼펜하우어의 생애

쇼펜하우어(Arthur Schopenhauer, 1788~1860)는 1788년 폴란드의 단치히[3]에서 태어났다. 그의 가문은 네덜란드 출신이지만 오랫동안 이 도시에서 옛 전통과 더불어 상업적인 한자 동맹과 연관을 지닌 채 정착하여 살아왔다. 그의 조상들은 상당한 명성과 부를 누렸다. 러시아의 표트르 대제의 부부가 이 도시를 방문했을 때 쇼펜하우어의 증조할아버지가 살던 집은 이 저명한 방문자들이 머무는 처소로 사용되기도 했다. 그의 아버지는 부유한 상인으로서 쇼펜하우어도 자신의 뒤를 이어 사업가가 되기를 바랐다. 어린 시절 쇼펜하우어는 부모와 함께 많은 지역을 여행하였고 그것이 쇼펜하우어에게 넓은 지역의 다양한 문화와 풍습을 알 수 있게 했으며 그에게 세계 시민의 관점을 분명하게 가질 수 있는 기회가 되기도 했다. 그가 비록 프랑스를 비롯하여 이탈리아, 영국, 벨기에, 그리고 독일 등지의 여행에서 많은 것을 얻었을지라도 어린 시절 그의 교육은 체계적으로 이뤄지지 못했다. 그러나 그의 학습 능력이 탁월하였기 때문에 그는 자신의 일상적 지식의 부족을 재빨리 메울 수 있었다.

그의 초기 교육은 아홉 살 때 프랑스에서 시작되었다. 2년 뒤 그는 독일로 돌아왔지만, 그곳에서 그의 교육은 고전의 중요성을 별로 강조하지 않은 채 상인으로서 경력에만 필요한 과목들에 집중되었다. 그러나 쇼펜하우어는 곧 철학에 강한 호기심을 나타내 보여 그의 아버지를 전혀 기쁘게 하지 못했다. 그의 아버지는 그런 경력으로는 오직 가난만이 이를 뿐이라고 걱정했기 때문이다. 쇼펜하우어는 더 많은 여행과 더불어 영국과 스위스에서 공부한 뒤 단치히로 돌아와 어느 상점에 점원으로 들어갔다. 그 뒤 얼마 지나지 않아 그의 아버지가 죽자 17세였던 쇼펜하우어는 어머니에게서조차 어떤 도움도 받지 못하고 자립해야 했다. 그와 그의 어머니의 기질은 정반대였다. 그의 어머니가 낙천적이고 쾌락에 탐닉하는 자였다면 그는 어려서부터 염세에 빠져 드는 경향이었다. 두 사람 사이의 이러한 기질적인 차이는 그들이 한 집안에 살 수 없는 이유가 되었다. 나중에 그의 어머니는 바이마르로 이사하면서 쇼펜하우어에게 예나 전투와 바이마르 점령에 대하여 〈나는 너에게 등골이 오싹해질 일들을 말할 수 있지만 그만두겠다. 나는 네가 인간의 불행에 대하여 어떤 경우에도 깊은 생각에

---

[3] Danzig. 폴란드의 북부 도시. 폴란드의 지명으로는 그다인스크Gdańsk. 이 도시는 발트 해의 중요한 항만 도시이자 한자 동맹(옛 독일의 북부 도시들에서 결성된 정치 및 상업 동맹)의 발상지였다.

쇼펜하우어

빠지기를 얼마나 좋아하는지를 알기 때문이다〉라고 편지를 쓴 바 있다.

21세 때 쇼펜하우어는 일찍이 자신이 받았던 전문적이지 못한 교육을 고전에 대한 깊이 있는 연구로 대폭 보충했다. 한편 그가 지닌 언어에 대한 상당한 소질은 그리스어와 라틴어, 그리고 역사를 연구하는 데 불편함이 없게 해주었고, 수학도 그 과정에서 소홀히 여기지 않았다. 그는 당시에 한 직업인으로서 출발할 준비가 되어 있었다. 그래서 1809년 그는 괴팅겐 대학교 의학부에 입학했다. 그러나 이듬해 그는 〈대단한 존재〉인 플라톤과 〈경이로운 존재인 칸트〉에 사로잡혀 의학에서 철학으로 전공을 바꾸었다. 철학 과정에서 공부를 마치고 그는 예나 대학교에 제출할 박사 학위 논문을 위하여 『충족 이유율의 네 가지 근거에 관하여 Über die vierfache Wurzel des Satzes vom zureichenden Grunde』라는 책을 써서 1813년 출판하였다. 괴테가 이 책을 칭찬했음에도 불구하고 실제로 이 책은 독자들에게 관심을 끌지 못했고 팔리지도 않았다.

쇼펜하우어는 괴테에게 빛에 대한 문제를 연구하도록 제안받고 고무되어 있었다. 당시에 괴테는 그 문제에 대하여 뉴턴과는 다른 관점에서 접근하고 있었기 때문이다. 쇼펜하우어는 이 연구를 통해 괴테의 관점을 지지하려는 간단한 저작인 『시각과 색채에 관하여 Über das Sehn und die Farben』(1816)를 쓰기도 했다.[4]

쇼펜하우어의 걸작은 『의지와 표상으로서의 세계 Die Welt als Wille und Vorstellung』(1819)였다. 그는 이 책을 1814년에서 1818년까지 드레스덴에서 저술하여 1819년에 출판했다. 그의 이 책은 또 다시 불과 몇 권만 팔리는 데 그칠 정도로 별로 주목받지 못했다. 그러나 이 책은 쇼펜하우어의 철학 체계를 온전히 담고 있는 것이었다. 그는 이 책이 가장 뚜렷한 철학적 기여를 한 책이자 나아가 오랫동안 끌어온 많

---

[4] 뉴턴의 색채론은 햇빛의 모든 광선은 일곱 가지 색의 광선들로 이뤄지며 따라서 모든 색채는 햇빛의 부분이라는 것이다. 그러나 괴테는 이에 반대하여 주장하길 〈색깔은 빛과 어둠의 공동 작용으로 비로소 이루어진다. ……우리는 한편으로 빛, 곧 밝음을 그리고 또 한편으로 어둠, 곧 암흑을 본다. 우리는 양자 사이에 명암을 구분한다. 그리고 색깔은 사유된 매개의 도움으로 대립 속에서와 마찬가지로 이러한 대립으로부터 발생한다〉고 했다. 그러나 쇼펜하우어는 괴테에게도 시각과 색채에 관한 반(反)뉴턴적 이론이 결여되어 있다는 것을 알았다. 그가 생리학적 색채 현상으로부터 출발하여 〈지금까지 다루어지지 않았던 모든 색채의 (객관적) 본질과 (주관적) 지각과의 느낌의 관계〉에 대한 연구에서 이 사실을 발견했기 때문이다. 따라서 그는 뉴턴의 잘못된 이론이 괴테의 색채론에 의해 논박되고 자신의 색채 현상에 대한 올바른 기술을 통해 완전히 반박됨으로써 뉴턴에 대한 승리, 즉 새로운 색채 이론으로 옛 이론을 완전히 대치하게 되었다고 믿었다.

은 철학 문제들에 대한 해결책이라고 확신했다. 〈인간의 지식의 한계를 감안하면 나의 철학은 세계의 수수께끼에 대한 실제적인 해결책이다〉라는 그의 주장이 그러하다. 마치 자신의 주저에 대한 가벼운 비판이나 심지어는 야만적인 무시에 대비라도 하듯이 그는 〈불후의 저작을 완성한 사람이라면 누구든지 정신 병원에서 정상적인 사람이 제정신이 아닌 사람의 비난으로 영향받는 것처럼, 대중이나 비평가의 견해에 의해 거의 상처받지 않을 것이다〉라고 적고 있다.

쇼펜하우어는 드레스덴에서 베를린으로 이사하고는 자신의 체계적인 철학이 대단한 환영을 받거나 적어도 인정만은 받을 것이라는 희망으로 베를린 대학교에서 강의를 시작했다. 그러나 그의 시도는 실패하고 말았다. 한편으로는 학계에서 그의 견해에 대해 계속 무관심해 온 탓도 있지만, 다른 한편으로는 그가 자신의 강의 시간을 자신만만하게 거장 헤겔과 정확하게 같은 시간에 지정한 탓도 있다. 1831년 그는 헤겔을 포함하여 많은 희생자를 낸 콜레라의 유행으로 베를린을 떠났다. 그가 정착한 곳은 프랑크푸르트였고, 그는 그곳에서 『의지와 표상으로서의 세계』 속에 있는 근본적인 관념들을 더 탐구하고 확인하는 다른 저서들을 저술했다. 그것들 가운데는 자신의 형이상학 이론을 지지하기 위하여 과학적 지식을 제공하려고 쓴 『자연에서의 의지에 관하여 Über den Wille in der Natur』(1836)가 있다. 1838년 그는 「자유 의지란 의식의 증거로부터 입증될 수 있을까」라는 논문으로 노르웨이의 한 과학 학회에서 주는 상을 받았다. 도덕의 원천 또는 근원에 관해 쓴 두 번째 논문은 덴마크 왕립 아카데미의 현상 응모에 제출하기 위한 것이었다. 그러나 쇼펜하우어가 논문을 제출한 유일한 인물이었음에도 불구하고 그는 이 상을 받지 못했다. 이 두 편의 논문은 1841년 『윤리학의 두 가지 근본 문제 Die beiden Grundprobleme der Ethik』으로 출판되었다. 1851년 그는 다양한 주제들에 관한 논문을 모은 『부록과 보유: 철학 소품집 Parerga und Paralipomena: kleine philosophische Schriften』이라는 또 다른 주요 저서를 출판했다. 거기에는 「여성론」, 「종교론」, 「윤리학에 관하여」, 「미학에 관하여」, 「자살론」, 「세계의 고통에 관하여」, 그리고 「존재의 허망함에 관하여」가 포함되어 있다. 이것은 처음으로 그에게 광범위한 인기를 안겨 준 책이다.

쇼펜하우어 철학의 근원은 그의 집중적인 학습과 그에 못지않은 염세적인 개인적 기질에 있다. 그가 철학 공부를 시작한 초기에 여러 스승들 가운데 한 사람은 플라톤과 칸트의 철학 연구에 전념하라고 권유했다. 그런 이유에서 우리는 그의 주저들을 통해서 이 두 근원적인 철학자의 영향을 발견할 수 있다. 뿐만 아니라 쇼펜하우어는 형이상학에 대한 자신의 이론을 위해 통찰력의 또 다른 원천 — 강력하지만 정말 같지 않은 — 을 인도의 고전인 『우파니샤드Upanishads』에서 발견했다. 그는 아시아에 관한 연구자이자 『브라만, 또는 힌두인의 종교Brahma, or the Religion of the Hindus』의 저자인 프리드리히 마이어Friedrick Mayer에 의해 이 책에 대해 관심을 갖게 되었다.[5] 이런 종류의 아시아 철학은 현상보다 더 많이 경험할 수 있는 것은 없다는 쇼펜하우어의 지적인 결론과 감정적인 결론의 조화를 뒷받침하는 것이다. 〈이것이 전부입니까?〉 그리고 〈이것이 인생입니까?〉와 같은 질문에 대한 대답은 염세적으로 〈예〉다. 쇼펜하우어의 염세주의는 기질의 문제임에 틀림없다. 그러나 그는 한편으로는 〈어리석음의 객관적인 인정〉에 기초한 성숙한 판단의 결과라고 생각하는 자신의 염세주의와 다른 한편으로는 〈사악한 자의 악의〉에 기초한 염세주의를 구분하려 했다. 그는 자신의 염세주의를 〈예기치 못한 사악함에 대해 반감을 일으키는 비교적 양호한 기질에서만 생기는 고상한 불만〉이라고 불렀다. 그는 자신의 것 같은 그러한 염세주의야말로 특정한 개인을 향한 것이 아니라 오직 〈전체에만 관한 것이므로 각 개인은 단지 하나의 본보기에 지나지 않는다〉는 말을 덧붙인다. 아마도 우리는 쇼펜하우어의 형이상학 체계가 형이상학의 문제를 다루는 또 다른 방법일 뿐만 아니라 심지어 인생과 현실을 보는 염세적 사고방식을 위한 세련된 형이상학적 정당화라고까지 말할 수 있을지도 모른다.

3.2. 충족 이유율

독창적인 사상가의 경우에 흔한 일이듯이 쇼펜하우어도 어린 나이에 자신의 주요한 철학적 통찰력을 갖게 되었다. 그의 사상 체계의 토대는 25세에 제출한 박사 학위 논문, 『충족 이유율의 네 가지 근거에 관하여』에서 만들어졌다. 이 저서에서 그는 〈내

---

[5] 쇼펜하우어가 『우파니샤드』와 힌두교에 관심 갖게 된 것은 1814년 마이어를 만나 뒤페롱(Abraham Hyacinthe Anquetil-Duperron, 1731~1805)이 번역한 『우파니샤드』를 소개받으면서부터였다. 이 책을 읽은 쇼펜하우어는 『부록과 보유』에서 〈세상에서 할 수 있는 가장 유익하고 고상한 독서이다. 그것은 내 삶의 위안이고, 내 죽음의 위안이 될 것이다〉라고 극찬하면서 자신의 철학과 힌두교 사이의 많은 유사성을 밝혀내려 했다.

가 무엇을 알 수 있을까〉 그리고 〈사물의 본질은 무엇일까〉와 같은 질문에 대한 대답에 착수했다. 만일 이러한 이야기가 과장된 것으로 들린다면 그는 현실의 모든 분야에 대한 철저한 설명만을 제공하려 했다. 또한 그는 이를 달성하기 위해 충족 이유율에 의존하려 했다.

충족 이유율은 〈이유 reason(cause 또는 because)가 없는 것은 아무것도 없다〉라는 가장 간단한 형식으로 진술된다. 이러한 원리의 가장 분명한 적용은 과학 분야에서 발견된다. 과학 분야에서는 하나의 방식으로 물리적 대상의 행위와 관계가 이유나 합리성의 요구를 만족시키기에 충분하다는 사실이 설명되기 때문이다. 그러나 쇼펜하우어는 충족 이유율이라는 과학적 형식 이외에 다른 변형들도 있다는 사실을 알게 되었다. 왜냐하면 거기에는 과학자들이 다루는 대상과 다른 대상들이 있고, 또한 이 다른 대상들도 이런 충족 이유율의 독특한 형식을 요구하기 때문이다.

요컨대 쇼펜하우어는 인간의 사유의 전 범위를 포괄하는 서로 다른 네 가지 종류의 관념에 부합하는 충족 이유율의 네 가지 기본 형식을 밝혔다. 거기에는 서로 다른 종류의 관념을 일으키는 네 가지 유형의 대상이 있다.

(1) 물질적 대상: 이것들은 존재하며 시간, 공간과 인과적으로 연관되어 있다. 우리는 사물에 대한 일상적 경험을 통해 그것을 인식한다. 또한 이것은 예컨대 물리학과 같은 물질과학의 주제를 제공하기도 한다. 이점에서 쇼펜하우어는 인식이란 경험 — 그러나 흄이 생각한 것처럼 우리에게 경험적으로 주어지거나 제시된 것으로 제한되지 않는 — 과 더불어 시작된다는 칸트의 기본 이론을 거의 그대로 답습했다. 그 대신 우리의 경험적 요소들은 우리의 정신에 의해 조직된다는 것이다. 우리의 정신은 경험에 공간, 시간, 인과성과 같은 선천적인 범주들 — 마치 이 범주들은 우리가 대상을 바라보는 데 사용하는 렌즈 같은 것들이다 — 을 가져다주기 때문이다. 이러한 현상의 영역에서 충족 이유율은 〈생성〉이나 〈변화〉를 설명한다.

(2) 추상적 개념: 이들 대상은 우리가 추론이나 내포의 규칙을 적용할 때처럼 다른 개념들로부터 이끌어 낸 결론의 형식을 취한다. 추론하거나 내포하는 개념과 결론 사이의 관계는 충족 이유율의 지배를 받는다. 이것은 논리학의 영역이며, 여기에서 충족 이유율은 〈인식하기〉의 방식에 적용된다.

(3) 수학적 대상: 여기에서 우리는 예를 들어 대수학이나 기하학 같은 것과 접한

다. 그것들은 시간, 공간과 연관되어 있기 때문이다. 기하학은 공간의 일부인 다양한 위치를 다루는 원리에 근거한다. 이와는 달리 대수학은 시간의 일부와 연관되어 있다. 쇼펜하우어의 말처럼 시간의 일부와의 관련은 모든 계산을 근거 지운다. 그는 〈시간, 공간의 일부가 그것에 따라 서로를 결정하는 그 법칙을《존재》의 충족 이유율이라고 부른다〉고 결론 내렸다.

 (4) 자아: 〈자아가 어떻게 대상이 될 수 있을까?〉 쇼펜하우어에 의하면 자아는 의지하는 주체며, 이러한 의지하는 주체는 〈인식하는 주체를 위한 객체〉다. 우리는 이것을 가리켜 〈자의식 self-consciousness〉이라고 부를 수 있다. 자아와 의지 행위 사이의 관계에 대한 인식을 지배하는 원리는 행위의 충족 이유율, 좀 더 정확히 말하면 〈동기 부여의 법칙 law of motivation〉이다.

 그는 충족 이유율의 네 가지 형식으로부터 〈필연성〉이나 〈결정론〉은 어디에나 현존한다는 놀라운 결론을 이끌어 낸다. 그는 모든 범위의 객체들 — 그것들이 물리적 대상이든 논리학의 추상적 개념이든 수학적 대상이든 또는 인식하는 주체의 대상으로서의 자아이든 — 을 통해 필연성의 사실을 강조한다. 이와 같이 우리는 물리적 필연성, 논리적 필연성, 수학적 필연성, 그리고 도덕적 필연성과 만난다. 사물의 바로 그 본성 속에 있는 이러한 필연성의 요소로 쇼펜하우어는 사람들이 일상생활 속에서 필연성에 의해 행동한다고 주장하였다. 우리는 단지 우리의 성격에 의해 마련된 계기에 대하여 반응할 뿐이다. 우리가 그러한 성격을 변경할 수 있는지에 대한 의문은 제쳐 둔 채로 말이다. 쇼펜하우어가 만들어 낸 필연성의 편재성은 심각한 염세주의를 자아내며, 인간 존재에 관한 그의 모든 글쓰기에 고루 스며든다. 그의 염세주의는 그의 주저의 핵심적인 관심사이기도 한 우주 속에 있는 인간 존재의 처소(處所)에 대한 그의 설명을 고려한다면 분명하게 이해할 수 있게 된다.

3. 3. 의지와 표상으로서의 세계

 쇼펜하우어의 유명한 저서인 『의지와 표상으로서의 세계』는 〈세계는 나의 표상이다〉라는 놀라운 문장으로 시작한다. 이 문장을 놀라운 것으로 만드는 것은 그 책 제목에 쓰인 각 어휘의 경우에도 마찬가지이듯이, 만일 그 어휘들이 일상적인 의미에서 제공된 것이라면 낯선 인상을 전달할 수 있다는 사실이다. 쇼펜하우어가 우리의 〈표상〉에 대하여 제공한 설명과 마찬가지로 〈세계〉라는 어휘로 의미하는 것, 그리고 그가 〈의지〉에 속하는 것으로 여긴 〔그것의〕 정의와 역할은 이 어휘들에 독특한 의미를 부여하는 것이고 형이상학에 대한 자신의 이론이 지닌 주요한 통찰력을 구축하는 것이다.

3. 3. 1. 세계

쇼펜하우어에게 〈세계〉는 가능한 한 가장 광범위한 의미를 지닌 용어다. 그것은 인간, 동물, 나무, 별, 달, 지구, 행성들, 그리고 실제로 우주 전체를 포함한다. 그러나 그것을 왜 〈나의〉 표상이라고 부르는가? 세계는 〈그 밖에〉 있다고 왜 말하지 않는가? 일찍이 영국의 철학자 조지 버클리는 존재하는 것은 지각되는 것이라는 명제를 공식화한 바 있다. 만일 어떤 것이 지각되기 때문에 존재한다면 당신이 그것을 지각하고 있지 않을 때 그 사물에는 어떤 일이 일어나는가? 만일 당신이 도서관에서 나온다면 책들이 여전히 거기에 있을까? 그러나 쇼펜하우어가 주장하길, 세계에 대한 자신의 경험에 관하여 주의 깊게 반성하는 사람은 〈그가 알고 있는 것이 태양과 대지가 아니라 태양을 보고 있는 눈, 대지를 느끼는 손에 불과하다는 사실을 발견한다. 그리고 그를 에워싸고 있는 세계도 단지 하나의 표상에 지나지 않는다는 사실을 발견한다〉. 그에 의하면 이것은 〈만물이 인식을 위해 존재하므로 전 세계도 주관, 지각하는 사람의 지각, 한마디로 말해 표상과 관계된 객관일 뿐이라는 사실〉을 의미한다.

3. 3. 2. 표상으로서의 세계

영어 단어로 〈관념idea〉은 쇼펜하우어가 사용하는 독일어 단어인 〈표상Vorstellung〉이라는 의미를 전달하지는 않는다. 또한 두 의미 사이의 차이는 〈세계가 나의 표상이다〉라는 문장이 왜 갑자기 낯설게 떠오르는지를 설명하는 데 도움이 된다. 쇼펜하우어가 사용한 바와 같이 〈표상〉이라는 단어는 문자 그대로 〈앞에 놓여진set in front of〉 또는 〈앞에 위치한placed before〉 것, 또는 〈제시presentation〉인 것을 의미한다. 이것은 우리의 의식이나 오성 앞에 위치한 모든 것, 또는 제시된 모든 것을 지시하므로 〈표상으로서 세계〉 또는 〈나의 표상〉은 우리가 〈생각하는〉 것 — 즉 좁은 의미의 관념 — 을 지시할 뿐만 아니라 우리가 듣고 느끼는 것, 또는 여러 다른 방식으로 지각하는 것을 지시한다. 거기에는 우리가 지각하는 것 이외에는 어떤 다른 객체도 존재하지 않는다. 또한 쇼펜하우어가 말했듯이 〈현실적, 즉 활동적인 모든 세계가 오성을 통해서 그와 같이 결정되므로, 그것과 분리되어서는 아무것도 존재하지 않는다〉. 세계는 주체에 대한 객체처럼 한 개인에게 스스로를 제시한다. 또한 주체들로서 우리는 단지 우리가 지각하는 세계만을 인식할 뿐이므로 〈객체의 모든 세계는 표상 그대로 남아 존재한다. 또한 그럼으로써 그것은 주체에 의해 온전하게, 그리고 영원히 결정되어 있다〉.

아마도 세계에 대한 어떤 개인의 표상도 완전하지는 않을 것이다. 그러므로 〈나의 표상〉도 〈당신의 표상〉과 똑같지 않을 것이다. 그러나 각 개인은 내가 지각하는 것, 또는 나의 오성 앞에 위치해 있는 것과 다른 세계에 관해서는 내가 어떤 것도 인식하지 못한다는 단순한 이유에서 〈세계란 나의 표상이다〉라고 말할 수 있다. 더욱이 그 〈세계〉는 내가 더 이상 존재하지 않을지라도 계속 존재함에 틀림없다. 그럼에도 불구하고 나는 지각하는 세계보다도 더 실재적인 세계를 인식하지는 못한다. 지각은 인식의 기초다. 뿐만 아니라 우리는 지각에 대하여 추상적 개념을 형식화할 수 있다. 예를 들어 〈나무〉와 〈집〉 같은 이러한 추상적 개념들은 매우 실제적인 기능을 가지고 있다. 쇼펜하우어가 주장하듯이 〈그 개념들에 의해서 인식의 본래적인 재료는 더욱 쉽게 다뤄지고 개관되며 정돈된다〉. 그러므로 이들 추상적 개념은 단지 공상의 비행만을 하는 것은 아니다. 쇼펜하우어에 의하면 실제로 추상적 개념의 가치는 그것들이 본래적인 지각, 즉 현실적인 경험에 의존하거나 여기에서 추상화되는지 여부에 달려 있다. 〈궁극적으로 지각을 지시하지 않는 개념과 추상화는 인도되지 않고도 끝나는 숲속의 오솔길 같은 것이기 때문이다.〉 그러므로 〈세계가 나의 표상이다〉라고 말하는 것은, 만일 추상적 개념이 쇼펜하우어의 경우처럼 지각에 확고하게 기초하지 않는다면 세계에 대한 나의 표상이 추상적 개념이라는 사실을 제안하지 않는다. 결국 세계는 하나의 오성적 주체인 나에게 객관적 또는 경험적으로 제시된 것이기 때문에 나의 표상인 것이다.

3.3.3. 의지로서의 세계

쇼펜하우어의 언어 사용에서 〈의지〉라는 용어를 분명히 하는 것보다도 더 중요한 것은 어디에도 없다. 일상적으로 우리는 어떤 방식으로 행동해야 할지에 대한 의식적이고 신중한 선택을 위하여 〈의지〉라는 단어를 사용한다. 우리는 의지를 이성적인 개인이 소유한 속성이나 기능으로 간주한다. 의지는 이성의 영향을 받는다는 사실에는 의문의 여지가 있을 수 없다. 그러나 이러한 설명은 우리에게 〈의지〉라는 용어에 대한 쇼펜하우어의 용법 — 그의 철학 체계의 핵심 주제나 본질을 구성할 만큼 새롭고 의미심장한 — 을 준비시키지는 않는다.

의지에 대한 쇼펜하우어의 개념은 칸트의 물 자체 이론에 대한 그의 주된 견해 차이를 보여 준다. 칸트는 우리가 사물을 있는 그 자체로는 결코 인식할 수 없다고 말한 바 있다. 우리는 언제나 사물들 외부에 있으므로 그것의 내적 본질을 절대로 관통할 수 없다는 것이다. 그러나 쇼펜하우어는 그가 〈진리로 통하는 유일한 좁은 문〉을 발견했다고 생각한다. 그에 의하면 우리가 영원히 사물의 외부에 있다는 관념에도 중요한 예외가 있다. 그것은 바로 우리들 각자가 그 자신의 《의지 작용·*willing*》을 가지고 있다〉는 우리의 경험이나 인식이다. 우리의 육체적 행동은 보통 의지 작용의 산물로 간주된다. 그러나 쇼펜하우어에게 의지 작용과 행동은 서로 다른 별개의 것이 아니라 오히려 동일한 것이다. 그에 의하면 〈육체의 행동〉은 〈객관화된 의지의 행위에 불과하다. ……의지하는 것과 행위를 하는 것이 별개라는 사실은 일종의 반성에 불과하다〉. 우리의 의식 내에서 스스로를 인식한다는 것은 〈우리가 《인식하는 주체》일 뿐만 아니라 달리 보면, 우리 자신도 인식되어야 할 내적 본성에 속한다는 것이다〉. 그의 결론에 따르면 〈우리들 자신이 물 자체다〉. 그리고 그 물 자체는 〈의지적이다〉. 또한 쇼펜하우어의 말대로 〈의지의 행위는 물 자체와 가장 근접하고 가장 분명한 《명시·*manifestation*》다〉. 그러므로 이것이야말로 진리로 통하는 유일한 좁은 문, 즉 의지가 각 개인의 본질이라는 사실을 발견한 셈이다. 우리가 영원히 모든 사물의 외부에 존재하는 동안 우리 자신은 인식될 수 있는 내적 본질에 속해 있다. 이러한 사실로 쇼펜하우어는 다음과 같은 결론에 이르렀다. 즉 〈우리의 내부에서 비롯된 이러한 길은 물 자체에 속해 있는 내적 본질에 대하여 우리를 개방시키며, 그런 의미에서 나는 《의지》가 만물의 내적 본질이라는 사실을 가르친다〉. 〈만물〉이 곧 세계를 구성하는 것이므로 쇼펜하우어가 생각하기에 그것은 우리가 세계를 의지로서 간주해야 한다는 사실이다.

쇼펜하우어에게 의지는 이성적인 사람에게만 속하는 것은 아니다. 의지는 모든 것, 즉 동물과 심지어 무생물에게서도 발견될 수 있다. 사실상 의지는 오직 하나일 뿐이다. 그래서 각각의 사물은 그 의지의 특정한 발현이다. 쇼펜하우어는 의지의 활동을 모든 실재에게 돌리면서 다음과 같이 주장한다. 〈의지는 모든 내적, 무의식적인 물질적 기능 속에 있는 대행자, 즉 오직 의지뿐인 유기체 자체다. 모든 자연의 힘들 속에 있는 활동적인 충동은 의지와 동일시된다. 우리가 어떤 자발적인 운동이나 근원적인 힘들을 발견하는 모든 경우에 우리는 가장 내적인 본질을 의지로 간주하지 않으면 안 된다. 의지는 무수히 많은 것에서 그랬듯이 유일한 참나무에서도 스스로를 완전하게 나타낸다.〉 그러므로 전 자연계에는 편재적인 힘과 에너지, 또는 쇼펜하우어가 말하는 〈맹목적인 끊임없는 충동〉이 존재한다. 더욱이 그는 〈부단한 노력〉으로서 의지에 대해 말한다. 그리고 전 자연계를 통해 〈인식함이 없이〉 작용하는 이러한 충동이야말로 결국 〈살기 위한 의지〉인 것이다.

3. 4. 염세주의의 근거

여기에서 우리는 쇼펜하우어가 왜 염세주의자인지 그 이유와 만나게 된다. 의지에 대한 그의 개념은 자연의 전 체계를 모든 사물 속에서 작용하는 힘에 대응하여 움직이는 것으로 생생하게 묘사한다. 모든 사물은 〈내부의 시계 장치로 동작하는〉 인형과 같다. 예를 들어 가장 하등한 존재로서 아메바나 가장 고등한 존재로서 인간은 동일한 힘인 의지에 의해 추동된다. 인간의 행위를 낳는 맹목 의지는 〈식물을 성장시키는 것과 동일하다〉. 모든 개체는 〈강제된 조건〉이라는 특징을 지니고 있다. 따라서 쇼펜하우어는 동물이 본능에 의해서만 통제되는 데 반해 인간은 이성적 존재라는 이유로 인간이 동물보다 뛰어나다고 하는 가정을 거부한다. 그에 의하면 지능은 그 자체가 보편적 의지에 의해 형성되었다. 그러므로 인간의 지능은 동물의 본능과 같은 수준에 있다. 더욱이 인간에게 지능과 의지는 두 개의 분리된 기능으로 여겨지지 않아야 한다. 그 대신 쇼펜하우어가 보기에 지능은 의지가 지닌 한 가지 속성이다. 지능은 제2차적이거나 또는 철학적 의미에서 우연적이다. 인간은 짧은 기간 동안만 지적 노력을 지탱할 수 있다. 지적 노력은 강도가 약해지고 휴식을 요구하는 것으로 결국은 육체의 한 기능이다. 이와 반대로 의지는 어떤 방해도 받지 않고 계속해서 삶을 지탱하고 지원한다. 꿈꾸지 않고 잠자는 동안 지능은 멈춰 있는 반면 육체의 모든 유기적 기능은 계속 작용한다. 이들 유기적 기능은 의지의 발현인 것이다. 여타의 사상가들이 의지의 자유를 말하는 동안 쇼펜하우어는 〈나는 그것의 무한한 힘을 입증했다〉고 주장한다.

　모든 자연 속에 있는 의지의 무한한 힘이 인간에게는 비관적 의미를 지닌다. 쇼펜하우어에 의하면 〈인간은 오직 겉보기에만 앞으로부터 이끌린다. 그들은 실제로 뒤로부터 떠밀린다. 그들을 유혹하는 것은 삶이 아니라 그들을 앞으로 몰아내는 필연성이다〉. 모든 자연 안에 있는 근원적인 충동은 생명을 만들어 낸다. 삶의 의지는 생명의 주기를 지속하는 것 이외에 다른 목적이 없다. 쇼펜하우어는 자연계를 삶의 의지가 끊임없는 갈등과 파괴를 불가피하게 만들어 내는 사나운 투쟁의 장으로 묘사한다. 자연이 지닌 하나의 요소로서 이러한 삶의 의지는 다른 요소나 부분들의 파괴를 요구한다. 이러한 갈등을 겪는 동안은 어떠한 목적이나 목표도 위배되지 않는다. 의지의 기초가 되는 충동은 어떤 선택적 결과도 남기지 않는다. 쇼펜하우어는 전장(戰場)의 인상마저 주는, 거북의 해골들로 뒤덮인 자바의 한 장소에 대해 이야기한다. 이것은 길이가 5피트고, 넓이는 3피트며, 높이도 3피트나 되는 큰 거북의 해골들이다. 그들은 바다에서 알을 낳기 위해 나왔지만 들개들의 공격을 받았다. 들개들은 거북의 등을 눕히고 갑옷을 벗겨 낸 뒤 그들을 먹어 치웠다. 쇼펜하우어는 〈이러한 모든 불행은 해마다 수없이 되풀이된다. 이것을 위해 거북들은 태어났다. ······이처럼 삶의 의지는 스스로를 객관화시킨다〉라고 하였다.

　만일 우리가 동물 세계에서 인간 세계로 옮겨온다면, 쇼펜하우어는 문제가 더욱 복잡해지지만 근본적인 특징은 변하지 않고 그대로 남아 있다는 사실을 인정한다. 개인은 자연에 대하여 아무런 가치도 가지고 있지 않다. 왜냐하면 〈자연이 돌보는 것은 개체가 아니라 오직 종들일 뿐이기 때문이다〉. 인간의 삶은 결코 즐기기 위한 선물이 아니라 〈일종의 임무, 즉 수행해야 하는 단조롭고 고된 일이다〉. 수백만의 사람들이 공통의 선을 위해 노력하는 국민들 속에 통합되어 있다. 그러나 수천 명은 그것을 위한 희생물로써 쓰러진다. 〈이제 무의미한 기만들, 즉 흥미를 더 이상 자아내지 못하는 정치는 그들 각자가 서로 싸우도록 부추긴다. ······평화 속에서 산업과 무역이 활발히 이뤄지고 발명도 기적을 낳는다. 배들은 바다를 항해하며 세계의 끝자락에는 온갖 진미들이 모여든다.〉 그러나 쇼펜하우어는 이러한 모든 노력의 목표가 무엇인가를 묻는다. 그리고 그의 대답은 이러하다. 〈짧은 시간 동안 덧없고 고통스런 개체를 지탱하기 위해서다.〉

쇼펜하우어는 삶이란 불리한 흥정이라고 말한다. 한편으로는 인간적인 고뇌, 다른 한편으로는 보상, 이것들 사이의 불균형은 삶이 〈아무런 가치도 없는 어떤 것을 위해〉 우리가 지닌 강점을 온통 다 발휘한다는 것을 의미한다. 거기에는 〈굶주림과 성적 본능의 만족 또한 어떤 경우에는 약간의 일시적인 위안〉 등 외에는 기대할 것이 아무것도 없다. 결국 그의 결론은 이러하다. 〈인생은 사업business이다. 그 사업의 결과는 인생에 들인 비용을 전혀 보충할 수 없다.〉 거기에는 어떤 진정한 행복도 있을 수 없다. 왜냐하면 행복이란 단지 인간이 겪는 고통의 일시적인 중지에 불과하기 때문이다. 고통의 원인은 욕망이다. 또한 욕구의 표현이나 원망(願望), 그것들 대부분은 결코 실현될 수 없다. 마지막으로 인간의 삶은 〈어떤 목적도 목표도 없는 일종의 분투다〉. 그리고 〈모든 개인의 삶은…… 실제로 언제나 하나의 비극일 뿐이다. 그러나 그 내용을 샅샅이 뒤져보면 그 특징은 코미디와 다를 바 없다〉.

3. 5. 〈의지〉로부터의 도피

개인은 자연의 만물에 퍼져 있는 〈의지〉의 압도적인 힘으로부터 어떻게 도피할 수 있을까? 쇼펜하우어는 도피를 위한 적어도 두 개의 큰 길, 즉 윤리학과 미학이라는 통로를 제시한다. 도덕적 관점에서 보면 우리는 정념과 욕망을 부정할 수 있다. 또한 미학적 관점에서 보면 우리는 예술적 아름다움을 관조할 수 있다. 물론 거기에도 보편적 의지의 힘이 매우 강력하기 때문에 그것으로부터 어떤 도피도 일시적일 뿐일지도 모른다는 문제가 있다.

개인의 삶을 복잡하게 하고 고통을 일으키는 것은 지속적인 삶의 의지다. 그 의지는 무한한 욕망의 형식으로 스스로를 표현하기 때문이다. 욕망은 공격성, 분투, 파괴, 그리고 자기 중심화를 낳는다. 만일 인간의 욕망의 강도를 둔화시킬 수 있는 어떤 방법이 있을 수 있다면 개인은 적어도 행복의 주기적인 계기들을 잡을 수 있을 것이다. 쇼펜하우어는 언제나 우리에게 〈인간은 본질적으로는 호랑이나 하이에나보다 결코 못하지 않은 무서운 야생 동물이다〉라는 사실을 확실하게 상기시킨다. 물론, 우리는 때때로 물질계 이상의 사유와 의식의 수준까지 오를 수 있다. 여러 가지 문제가 생기는 것은 인간이 사물과 다른 사람을 욕망할 때다. 이러한 욕망의 대상들은 굶주림과 생식의 수준에서 삶의 내적 의지를 자극하기 때문이다. 그러나 이들 생물학적 기능이 충족된다 하더라도 폭력과 정복에 대항하는 물리적 생존 목표는 그대로 남게 된다. 쇼펜하우어는 이러한 수준조차 초월하여 개인은 자신의 욕망의 특정한 개별적 대상과 어떤 일반적이거나 보편적인 대상 사이의 차이를 이해할 수 있다고 하였다. 다시 말해 우리는 존과 메리라는 개인뿐만 아니라 보편적 인간도 인식할 수 있다. 이것은 개인에 대한 강도 높은 욕망으로부터 전 인류에 대한 공감으로 우리를 이동할 수 있게 한다. 욕망은 이 정도로 더욱 사심 없는 사랑의 윤리에 양보할 수 있다. 이 점에서 우리는 모두가 동일한 본성을 공유하고 있다는 사실을 인정한다. 또한 이러한 자각은 온화함의 윤리를 만들 수 있다. 쇼펜하우어에 의하면 〈나의 진정한 내적 존재는 나 자신의 의식에서처럼 직접적으로 모든 생물 속에도 존재한다. 이러한 고백은 동정심으로서 갑자기 발동하는 것이다. 그리고 모든 사심 없는 덕은 그러한 동정심에 의존한다. 모든 선행은 사심 없는 덕의 실천적 표현인 것이다. 온화함, 사랑, 자비에 대한 모든 호소가 지향하는 것은 이러한 신념이다. 이것들은 우리 모두가 그 안에서 동일한 존재가 되는 존경심을 우리에게 상기시키기 때문이다〉.

마찬가지 방식으로 미학적 즐거움은 공격적인 삶의 의지에서 우리의 주의를 돌리게 할 수 있고 그 대신 정념과 욕망과는 아무 연관도 없는 관조의 대상들로 우리의 관심을 옮길 수 있다. 우리가 어떤 예술 작품을 관조할 때 우리는 순수한 인식 주체 — 의지하는 주체와 대립되는 — 가 된다. 회화이든 음악이든 우리가 예술에서 주목하는 것은 일반적인 또는 보편적인 요소다. 우리는 어떤 개인의 회화에서 어떤 특정한 사람을 보는 것이 아니라 우리 모두가 공유한 인간성의 어떤 측면에 대한 재현을 발견하는 것이다. 여기에서 쇼펜하우어는 플라톤의 형상(이데아)의 개념과 아주 유사한 견해를 나타낸다. 또한 그는 인도 철학의 영향도 강하게 드러낸다. 또한 여기에서 그의 윤리학과 미학은 유사한 기능을 소유하는데, 그것들은 모두 의지의 활동을 넘어선 수준 — 그곳에서는 고요한 관조가 최고의 행위다 — 까지 도달하려고 애쓰면서 세속적인 정념을 넘어서는 지점까지 우리의 의식을 끌어 올리려고 시도하기 때문이다.

윤리학과 미학을 통해 보편적 의지가 지닌 제한적이고 직접적인 힘으로부터 도피하려는 이러한 시도에도 불구하고, 쇼펜하우어는 인간에게서 참으로 자유로운 개인의 의지를 발견하는 데 성공하지 못했다. 인간 행위의 주체에 관한 그의 마지막 말은 〈우리의 개인적 행위들은…… 결코 자유롭지 않으므로…… 모든 개인은 특정한 순간에 그가 행하는 것과 다른 어떤 것도 절대로 행할 수 없다〉는 것이다.

14 공리주의와 실증주의

칸트, 헤겔, 쇼펜하우어의 사상은 19세기의 철학이 이성론과 경험론 사이에서 전개한 초기 논쟁에 맞춰서 취했던 방향, 즉 관념론의 방향을 나타낸 바 있다. 칸트와 그의 독일인 경쟁자들에 의하면 전통적인 이성론은 감각적 인상이 관념의 내용을 형성한다는 명백한 사실을 무시했다. 그러나 전통적인 경험론자들은 경험을 구체화하는 내재적 정신 구조를 무시했다. 따라서 칸트와 독일 관념론자들은 정신이 경험을 구성할 때 발휘하는 주요한 역할을 강조한 바 있다. 실제로 이 역할이 주요하기 때문에 관념론자들은 정신이 감각적 경험의 〈형성자 *shaper*〉일 뿐만 아니라 그것의 〈근원 *source*〉이기도 하다고 주장한다. 그러나 19세기 동안 이러한 관념론적 경로를 밟지 않는 또 다른 철학적 접근 방법이 있었다. 몇몇 철학자들은 경험론자들의 주장이 대체로 옳았으므로 경험론적 방법론을 더욱 다듬는 것이 철학의 임무라고 생각했다. 그러한 생각을 주도한 영국의 두 인물이 바로 제레미 벤담(Jeremy Bentham, 1748~1832)과 존 스튜어트 밀(John Stuart Mill, 1806~1873)이다. 벤담과 밀은 지식의 탐구에서 이성적 직관의 역할을 거부했다. 그 대신 그들은 감각적 경험을 분류하고 평가하기 위한 기술들을 다듬었다. 이런 점에서 가장 기억할 만한 그들의 공헌은 윤리학 분야, 특히 공리주의 이론에 있다. 이 이론에 따르면 도덕적 행위는 최대 다수의 최대 행복을 가져오는 것이다. 프랑스에서 오귀스트 콩트(Auguste Comte, 1798~1857)는 경험론을 좀 더 세련되게 하기 위해 유사한 노력을 기울였으며 이른바 실증주의라는 철학적 방법을 확립했다. 실증주의에 의하면 우리는 직접적인 관찰에 의존하지 않는 어떠한 탐구도 거부해야 한다.

1. 벤담

제레미 벤담과 존 스튜어트 밀의 도덕 및 정치 철학은 서양 철학의 방향에 극적으로 영향을 주었다. 공리주의*utilitarianism*라는 이 철학만큼 여러 세대의 상상력을 완벽하게 사로잡은 사고방식도 거의 없었다. 이 철학이 사람들을 매혹시킨 이유는 그것이 단순성과 대부분의 인간들이 이미 믿었던 바를 확인하는 방식을 가졌다는 점에 있다. 그것은 모든 사람이 쾌락과 행복을 욕망한다는 사실이다. 이러한 단순한 사실로부터 벤담과 밀은 도덕적 선이란 최대 다수를 위해 최대의 쾌락을 달성하는 — 최대 다수를 위해 고통을 최소화하는 — 것을 수반한다고 주장했다.

무엇이 선인가에 대한 그와 같은 즉각적 설명은 단순성이라는 장점뿐만 아니라 과학적 정확성이라는 부가적 장점 — 벤담과 밀에 의하면 — 도 갖는 것이었다. 종전의 윤리학 이론들은 선을 신의 계명, 이성의 명령, 인간 본성의 목적 완수, 정언 명령에 대한 복종의 의무 등으로 규정했기 때문에, 이 모든 이론들이 바로 이들 신의 계명, 이성의 명령, 인간성의 목적, 정언 명령들이 무엇으로 구성되어 있는가 하는 괴로운 질문들을 제기했다. 그렇지만 공리성의 원리는 모든 행위를 만인이 알고 있는 하나의 기준, 즉 쾌락으로 측정한다. 벤담과 밀은 칸트의 윤리학뿐만 아니라 신학의 도덕적 가르침과 플라톤과 아리스토텔레스의 고전적 이론들을 회피하기 위하여 영국 경험론자들의 철학적 발자취를 따랐다.

홉스는 이미 인간의 본성에 대한 과학을 구성하고자 노력하였다. 그는 전통적인 도덕 사상을 외면하면서 자신의 쾌락을 추구하는 모든 사람들의 이기적 관심을 강조했다. 또한 흄도 전통적인 철학과 신학의 복잡성을 거부하면서 그 대신 개인을 중심으로 한 그의 사상 체계를 구축하였다. 그는 인간이 물리학의 보편적 법칙을 인식할 수 있는 이상으로 보편적인 도덕 법칙들을 알 수 있다는 주장을 부정하였다. 흄에게 윤리학의 모든 기획은 우리의 〈쾌락을 공감하는〉 능력 — 모든 인간들이 공유하며 그것에 의해 〈우리가 모든 인류들이 일치하는 하나의 현을 튕기는〉 능력 — 과 관련되어야 했다. 〔공감 sympathy은 우리가 타인들의 즐거움을 생각할 때 느끼는 쾌락이다. 그리고 이런 이유로 인하여 우리의 도덕적 감정은 우리에게 행위가 쾌락을 주고 고통을 극소화할 때 그 행위를 용인할 만한 것으로 판단하도록 한다. 존 로크도 이와 비슷한 말로 다음과 같이 주장했다. 〈우리에게 쾌락을 제공해 주는 경향이 이른바 선이며 우리에게 고통을 주는 경향을 우리는 악이라고 부른다.〉 (제2판)〕

그러므로 벤담과 밀은 도덕 철학에서 혁신가들은 아니었다. 왜냐하면 공리주의 원리는 이미 그들 이전의 학자들에 의해 도덕 철학의 일반적 형식으로 언급되어 왔기 때문이다. 벤담과 밀이 가장 유명한 공리주의자들로 부각된 이유는 그들이 공리성의 원리를 자기 시대의 많은 문제와 연결시키는 데 다른 사람들보다 성공적이었기 때문이다. 이를 위해 그들은 19세기 영국의 도덕 사상뿐만 아니라 실제적 개혁을 위해서도 하나의 철학적 기초를 제공해 주었다.

1. 1. 벤담의 생애

1748년 런던의 하운즈디치 레드 라이언 가에서 태어난 벤담은 어렸을 때부터 비상한 지적 능력을 보여 주었다. 불과 네 살 때에 그는 이미 라틴어 문법을 공부하였으며 여덟 살 때에는 웨스트민스터 학교에 다녔다. 그런데 그는 그곳에서의 교육을 〈형편없었다〉고 술회한 바 있다. 열두 살이 되던 해에 그는 옥스퍼드 대학교의 퀸스 칼리지에 입학했다. 그곳에서 그는 동료 학생들의 악습과 나태를 못마땅하게 여겼기 때문에 특별히 행복한 시절을 보내지는 못했다. 3년 후인 1763년 그는 학사 학위를 획득하였고, 부친의 뜻에 따라 법조계 진출을 준비하기 위해 링컨스 인[1]에 들어갔다. 같은 해 그는 그의 지적 생활의 결정적인 경험을 하기 위해 옥스퍼드로 돌아왔다. 윌리엄 블랙스톤 경[2]의 법률 강의를 수강하기 위해서였다. 이것이 중요한 사건이 된 것은

---

1 영국에서 변호사 면허 권한을 가지고 있는 네 개의 법학 협회 가운데 하나.
2 Sir William Blackstone(1723~1780). 영국에서 민사 고등법원의 판사를 지낸 법률가이자 옥스퍼드 대학교 교수. 그는 하원의장과 검찰총장을 지낸 에드워드 코크 경(Sir Edward Coke, 1552~1634)의 사법권 우위설에 반대하고 자연권의 행사를 의회에 위임해야 한다고 주장했다. 그의 이러한 사상은 오늘날에 이르기까지 영국의 법 사상에 커다란 영향을 주었다.

제레미 벤담

그가 그 강의를 몰두하여 듣다가 〈자연권을 존경하는 블랙스톤의 오류를 발견했다〉는 사실이었다. 그리고 이러한 경험은 그의 고유한 법 이론을 정립하는 계기가 되었다. 그 이론에서 그는 〈자연권〉의 이론을 〈수사학적 난센스 — 터무니없이 과장된 말〉이라고 반박했다. 1766년에 그는 석사 학위를 받고 또다시 런던으로 돌아왔다. 그러나 그는 더 이상 법률직에 대한 어떠한 애착도 없었기에 법률가가 되지 않기로 결심했다. 대신에 그는 정열적으로 문필 활동에 몰두하였다. 여기서 그는 자신이 생각하기에 개탄할 만한 상태였던 법률과 그것이 자아낸 사회적 현실에 질서와 도덕적 방어 능력을 부여해 주고자 노력했다.

그러므로 벤담은 주로 개혁가였다. 대체로 그의 철학이 설정한 방향은 영국 경험론에 근거하고 한 것이었다. 로크의 계몽주의적이고 자유로운 사상은 벤담에게 편견에 기초한 사상들을 공격할 강력한 무기를 제공해 주었다. 또한 벤담은 흄의 『인성론』을 읽고 도덕 철학에 관한 그의 눈을 흐리게 했던 〈마치 비닐 막들이 떨어져 나가는 것 같았다〉[잘못을 깨달았다 ―「사도행전」 9장 18절의 비유]고 말할 정도로 도움을 받았다. 1776년에 출판된 그의 첫 번째 저서 『정부론 단편 A Fragment on Government』은 블랙스톤에 대한 일종의 공격이었다. 또한 이 저서는 그해에 출현한 또 하나의 문서, 즉 「독립 선언문」과도 뚜렷하게 대조되었다. 벤담이 생각하기에 그것은 혼란되고 우스꽝스러운 단어들의 뒤범벅이었다. 「독립 선언문」의 저자들은 근거도 없이 자연권의 개념을 전제하고 있었다. 그 밖에 벤담의 후기 저서들로는 『고리대금업 옹호론 A Defense of Usury』(1787), 유명한 『도덕 및 입법 원리 입문 Introduction to the Principles of Morals and Legislation』(1789), 『헌법을 위한 변명 A Plea for the Constitution』(1803), 『의회 개혁 문답집 Catechism of Parliamentary Reform』(1809) 등이 있다. 이러한 저작과 당시의 사회, 정치적 문제들에 대한 개인적 관련 등으로 말미암아 벤담은 1832년 84세에 세상을 떠날 때까지 긴 생애의 대부분을 영향력 있는 공인(公人)으로 보냈다.

1. 2. 공리성의 원리

벤담은 그의 저서 『도덕 및 입법 원리 입문』을 다음과 같은 고전적 문장으로 시작한다. 〈자연은 인류를 두 개의 주권적 주인, 즉 고통과 쾌락의 지배하에 위치시켜 두었다. 그것들만이 우리가 무엇을 할 것인지를 결정해 주는 동시에 우리가 마땅히 행하여야 할 바를 지적해 준다.〉 쾌락과 고통의 지배를 받는다는 것은 우리 모두가 인정하고 있는 사실이며 우리가 쾌락을 원하고 고통을 피하고자 한다는 것도 또한 사실이다. 〔그러나 벤담은 몇몇 문장들에서 우리가 쾌락을 원한다는 사실로부터 쾌락을 추구해야 한다는 판단으로, 또는 하나의 심리학적 사실로부터 공리성의 도덕적 원리로 ― 그가 어떻게 그렇게 하는지를 지적하지 않은 채 ― 나아갔다. (제2판)〕 그래서 그는 공리성의 원리 principle of utility, 즉 〈무슨 행위이든 행복을 증가시키는 경향을 가졌느냐 아니면…… 감소시키는 경향을 가졌느냐에 따라 용인하거나 부인하는 원리〉를 제안한다. 〔벤담의 용어인 용인 approve이나 부인 disapprove이란 말은 하나의 행위가 선이냐 악이냐 또는 옳으냐 그르냐는 말과 동일한 것이다. 인간이 쾌락을 원한다는 말과 그들이 그래야만 한다는 말의 사이, 또는 그것이 옳다와 그들이 그렇게 해야 한다는 말 사이에는 하나의 괴리가 존재하는데 벤담은 그 괴리를 해결하려는 어떠한 신중한 논의도 전개하지 않았다. 그러나 그에 의하면 오직 〈공리성의 원리에 맞는 행위〉에 대해서만 〈마땅히 행해졌어야 할 행위〉 또는 〈옳은 행위〉라고 말할 수 있다는 것이다. 쾌락에 당위를 연결시키는 것은 〈해야 한다, 옳다, 그르다는 언어들과 그와 같은 의미의 다른 표현들이 하나의 의미를 갖는 것이다. 만일 그렇지 않으면 이것들은 아무것도 아니다〉라고 벤담은 말한다. (제2판)] 벤담은 행복이 선과 정의의 기초라고 증명하지는 않았지만 그것이 오류가 아니라는 점을 알고 있었다. 우리가 그 원리의 타당성을 증명할 수 없는 것은 오히려 공리성의 원리 그 자체의 본질이라고 그는 말한다. 즉 〈그것이 도대체 증명 가능한가? 그것은 증명할 수 없는 것 같다. 왜냐하면 그 밖의 모든 것을 증명하기 위해 사용된 원리는 그 자체로 증명될 수 없기 때문이다. 증명의 연쇄 고리는 어느 다른 곳에서 시작해야 하는 것이다. 그와 같은 증거를 제시한다는 것은 그것이 필요 없는 일인 것만큼이나 불가능한 일이다〉.

그러나 벤담이 공리성의 원리에 대한 타당성을 증명할 수는 없었다고 할지라도 그는 적어도 소위 〈고상한〉 도덕 이론들을 거부할 수 있었다. 벤담에게 그것들이 명백한 의미를 가졌거나 일관성 있는 것으로 이해될 수 없기 때문에 그것들은 공리성의 원리로 환원될 수 있거나 아니면 이 원리보다 열등하다. 벤담은 하나의 예로서 사회 계약론을 들어 법률에 대한 복종의 의무를 설명했다. 첫째, 그와 같은 계약이나 동의가 존재하는지를 결정하는 어려운 문제가 있다. 둘째, 사회 계약론 자체에서도 복종의 의무가 공리성의 원리에 의거하고 있다고 주장한다. 왜냐하면 그것은 최대 다수의 최대 행복이 오직 우리가 법률에 복종할 때에만 성취될 수 있다고 말해 주기 때문이라는 것이다. 〔불복종이 득보다는 해가 많기 때문에 복종이 더 좋다고 말함으로써 모든 문제가 해결될 수 있는데 왜 하나의 복잡하고 과학적으로 모호한 이론이 전개되는 것일까? (제2판)] 그 경우는 선이란 우리의 도덕적 감각이나 오성 또는 올바른 이성이나 신의 의지라는 신학적 원리에 의해 결정된다고 말할 때와 동일하다. 이 모든 것은 상호 유사하며 공리성의 원리로 환원될 수 있다고 벤담은 말한다. 예를 들어 〈신학의 원리는 모든 것을 신의 기쁨과 관련시킨다. 그러나 무엇이 신의 기쁨인가? 신은 우리에게 말하거나 기술하지 않는다. 명백히 이제는 그렇게 하지 않는다. 그러면 도대체 우리는 그의 기쁨이 무엇인지를 어떻게 알 수 있는가? 결국 우리 자신의 쾌락을 관찰하고 그것을 언급함으로써 그의 기쁨이 무엇인지를 알 것이다〉. 그러므로 오직 쾌락과 고통만이 우리들에게 행위의 진정한 가치를 제공해 준다. 그리고 결국 우리 모두는 사적, 공적 생활에서 행복을 극대화하는 데 관심을 갖는다.

1. 2. 1. 제재

쾌락과 고통이 행위들에 진정한 가치를 제공해 주듯이 그것들은 또한 우리 행동의 원인을 구성한다. 벤담은 고통과 쾌락이 유래하는 네 가지 원천을 구별하면서 이것들을 행동의 원인으로서 동일시하여 이를 〈제재sanction〉라고 불렀다. 하나의 제재는 행위의 규칙이나 법에 결속력을 제공해 주는 것이다. 그리고 이들 제재는 〈물리적〉, 〈정치적〉, 〈도덕적〉, 〈종교적〉 제재로 명명된다. 벤담은 이러한 것을 예를 들어 설명한다.

> 한 사람의 재산이나 그의 인격이 화재로 소실된다. 만일 그것이 이른바 우연적 사고로 발생했다면 그것은 하나의 재난이다. 만일 그 자신의 부주의 — 예를 들면 그가 촛불을 끄지 않았을 때 — 로 인한 경우라면 〈물리적〉 제재의 응징이라 칭할 수 있을 것이다. 만일 그것이 정치적 치안 판사의 선고에 의한 것이라면 그것은 〈정치적〉 제재에 속하는 응징일 것이다. 만일 그의 〈이웃〉이 그의 도덕적 성격에 대한 혐오감에서 그를 돕기를 거절하였기 때문이라면 그것은 〈도덕적〉 제재의 응징일 것이다. 다시 말해 그것은 일반적으로 응징이라고 불리는 것이다. 만일 그것이 그가 범한 어떤 죄로 인하여 나타난 신의 불쾌감의 즉각적 행위에 의한 것이라면…… 그것은 〈종교적〉 제재의 응징일 것이다.

그러므로 이 모든 영역에 있어서 행동의 원인은 고통의 협박이다. 공공 생활에서 입법자는 인간이 오직 어떤 특정 행위들이 그것들과 관련된 어떤 명백한 제재를 갖고 있을 때에만 그 같은 행위들을 반드시 해야 한다고 느낀다는 사실을 알고 있다. 만일 입법자에 의해 규정된 행동 양식을 시민이 거역한다면 이 제재는 어떤 고통의 형식으로 구성된다. 그러므로 입법자의 주요 관심은 어떤 행동 형식들이 사회의 행복을 증가시켜 줄 것인가와 무슨 제재들이 이같이 증대된 행복을 가져오게 할 수 있을 것인가를 결정하는 일이다. 복종이라는 말은 벤담의 제재라는 개념에 의해 구체적 의미를 갖게 되었다. 복종이라는 말은 이제 어떤 무규정적인 의무가 아니라 누군가가 도덕적 법률적 규칙에 복종하지 않을 때의 고통에 대한 예상이다. 어떤 행위의 도덕은 그 행위의 결과가 아니라 올바른 동기에 의존한다고 주장한 칸트와 달리 벤담은 그 반대의 입장을 취하여 도덕은 결과에 직접적으로 의존한다고 말했다. 벤담은 몇몇 동기들이 다른 동기보다도 더욱더 행복을 증대시켜 주리라는 사실을 인정했다. 그러나 도덕의 특징을 행위에 부여해 주는 것은 동기보다도 오히려 쾌락이라고 한다. 더욱이 벤담은 다음과 같은 입장을 취했다. 일반적으로 말해서 법률은 동기가 무엇이든 실질적으로 고통을 가한 사람들만을 — 약간의 예외가 용인되지만 — 처벌한다는 것이다. 벤담은 도덕적 의무와 법률적 의무, 이 모두의 경우에서 행위의 외적 결과들이 그것들 배후의 동기보다도 더 중시된다는 점으로 양자를 유사한 것이라고 믿었다.

1. 2. 2. 쾌락과 고통의 계산

개인과 입법자는 고통을 피하고 쾌락을 성취하는 데 관심을 갖는다. 그러나 쾌락과 고통은 상호 구별되므로 서로 다른 값을 갖는다. 벤담은 수학적 엄밀성을 기하려는 하나의 시도로 쾌락과 고통의 단위, 그가 말하는 총량에 대하여 언급하면서 우리가 행동하기 전에 이 총량의 값을 계산해야 하며 실제로 하고 있다고 주장한다. 그것들의 값은 그것들 자체만을 고려한다면 쾌락의 〈강도 *intensity*〉, 〈지속성 *duration*〉, 〈확실성 *certainty*〉, 〈근접성 *propinquity*〉, 또는 가까움에 따라 커지거나 작아질 것이라고 벤담은 말한다. 우리가 쾌락 자체뿐만 아니라 그것이 이끌어 낼 수 있는 결과들도 함께 고려할 때 쾌락의 〈다산성 *fecundity*〉이나 더 많은 쾌락이 수반될 기회와 그것의 〈순도 *purity*〉나 어떤 고통이 쾌락에 수반될 기회와 같은 상황들이 계산되어야만 한다. 일곱 번째 상황은 쾌락의 〈범위 *extent*〉, 즉 그것이 퍼져 간 사람들의 수나 그것의 영향을 받는 사람들의 수다.

벤담에 의하면 우리는 〈한쪽에 모든 쾌락들의 모든 값을, 또 다른 한쪽에는 고통의 모든 값을 합산한다. 만일 균형이 쾌락의 쪽에 있다면 그 행위에 선의 경향이 있는 것이고…… 만일 고통 쪽이라면…… 악의 경향이 있는 것이다〉. 이 계산이 암시하듯이 벤담은 쾌락의 양적 측면에 주로 관심을 가졌다. 그래서 만일 모든 행위들이 동일한 쾌락의 양을 산출한다면 그것들은 동등한 선이다. 우리들이 실제로 이런 종류의 계산을 하는가에 의문이 제기되리라고 벤담은 예상했다. 그리하여 그는 다음과 같이 대답한다.

> 아마 이 같은 규칙들의 계산에서 그 정확성을 노력의 낭비로 여길…… 사람들이 몇몇 있다. 엄청난 무지는 결코 법률들을 개의치 않으며, 정념은 그렇게 계산하지 않는다고 그들은 말할 것이다. 그러나 무지의 해악은 구제할 여지가 있다. 그리고…… 고통과 쾌락같이 중요한 일들이 문제되었을 때, 이런 것들을 고도로…… 계산하지 않는 사람이 있을까? 어떤 사람들은 덜 정확하게 또 어떤 사람들이 좀 더 정확하게 하는 정도의 차이가 있지만 인간들은 예외 없이 이러한 계산을 하는 것이다.

1. 3. 법률과 처벌

벤담은 특히 법률과 처벌의 관련에서 공리성의 원리를 인상적으로 사용했다. 어떤 행위를 억제하고 그와 다른 행위를 고무하는 것이 입법자의 기능이라면 그는 어떻게 고무되어야 할 것과 억제되어야 할 것들을 분류해 낼 것인가?

1. 3. 1. 법률의 대상

벤담의 입법 방식은 우선 〈한 행위의 악영향〉을 측정하는 것이다. 그리고 이러한 악영향은 그 결과, 즉 한 행위에 의해 야기된 고통과 해악에 있다. 그래서 해악을 야기하는 행위들은 억제되어야만 한다는 것이다. 벤담은 입법자가 관심을 갖는 해악에는 제1차적 해악과 제2차적 해악, 두 가지가 있다고 한다. 어떤 강도가 그의 피해자에게 어떤 해악을 가한다. 그래서 그 피해자는 돈을 잃게 되는데 이것이 바로 제1차적 해악의 경우다. 그러나 강도 행위는 제2차적 해악을 일으킨다. 왜냐하면 성공적인 강도 행위는 절도가 쉽다는 점을 암시해 주기 때문이다. 이 암시는 재산에 대한 존중심을 약화시켜 재산을 불안전하게 하기 때문에 해악이다. 입법자의 관점에서는 제2차적 해악이 제1차적 해악보다 자주 더 중요시된다. 왜냐하면 강도 행위를 예로 고려해 볼 때 피해자의 실질적 손실은 전체로서 공동 사회의 안정과 안전의 손실보다 상당히 적을 것이 당연하기 때문이다.

법률은 공동 사회 전체의 행복을 증대시키는 데 관심을 갖고 있으므로 해악한 결과를 초래하는 행위들을 억제함으로써 그 이상을 수행해야 한다. 범죄 행위는 분명히 공동 사회의 행복에 유해한 것이다. 대부분의 정부는 공리성의 원리가 명백하게 해악으로 규정한 범법 행위들을 저지르는 사람들을 응징함으로써 사회의 행복을 증진하는 사업을 수행한다. 만일 정부가 어떤 행위들이 〈범법 행위〉로 간주되어야 하는가를 결정하는 데에 오직 공리성의 원리만 사용한다면, 그 당시의 법률이 통제하는 많은 행위들은 개인적인 도덕의 문제로 간주되어야 할 것이라고 벤담은 확고하게 믿었다. 그리하여 공리주의는 정부가 통제하는 데 적당한 것과 그렇지 않은 것을 결정하기 위해 행동의 재분류를 요청하는 결과를 낳았다. 또한 공리성의 원리는 벤담에게 새롭고 간단한 처벌 이론, 즉 그가 생각하기에 낡은 이론들보다도 훨씬 용이하게 정당화될 뿐만 아니라 처벌의 목적을 훨씬 더 효과적으로 달성할 수 있다고 생각한 이론을 제공해 주었다.

1.3.2. 처벌

벤담은 다음과 같이 말한다. 〈모든 처벌은 본래 악이다.〉 왜냐하면 그것은 괴로움과 고통을 가하기 때문이다. 동시에 〈모든 법률이 공통적으로 갖고 있는 목적은 공동 사회 전체에 행복을 증대하는 것이다〉. 만일 우리가 처벌을 공리주의적 관점에서 정당화시킬 수 있다면 처벌에 의해 가해진 고통이 어떠한 방식으로든 더욱 큰 고통을 억제한다는 것을 보여 주어야 한다. 그러므로 처벌은 쾌락의 더 큰 총합을 이루는 데 〈유용〉한 것이 틀림없으며, 만일 처벌 결과가 공동 사회에 고통의 단위나 총량을 더 증가시킬 뿐이라면 결코 정당화되지 않는다. 공리성의 원리는 순수한 〈보복〉의 제거를 분명하게 요구한다. 왜냐하면 보복은 전체 사회가 괴로워하는 총합에 더 많은 고통을 첨가함으로써 어떤 유용한 목적에도 봉사할 수 없기 때문이다. 이것은 공리주의가 처벌을 거부한다는 말이 아니다. 그것은 오직 공리성의 원리를 의미한다. 특히 벤담에게 공리성의 원리는 왜 사회가 범법자들을 처벌해야 하는가 하는 의문을 제기할 것을 요구했다.

벤담에 의하면 다음과 같은 경우에 처벌이 가해져서는 안 된다. (1) 처벌이 〈근거 없을〉 경우, 예를 들어 보상의 여지가 있는 범법 행위가 있을 때 그 보상이 곧 이루어지리라는 실질적 확실성이 있는 경우. (2) 처벌이 〈효력이 없을〉 경우, 즉 한 법률이 이미 제정되었으나 아직 공표되지 않았을 경우처럼 그 처벌이 유해한 행위를 방지할 수 없는 경우. 미성년, 비정상인 또는 알코올 중독자가 연루되었을 경우에 처벌은 효력이 없을 것이다. (3) 처벌이 〈무익하거나〉 지나치게 〈값비싼〉 경우, 즉 〈처벌이 초래할 해악이 억제하는 것보다 클 경우〉. (4) 처벌이 〈불필요한〉 경우, 즉 〈그것이 없더라도 해악이 저절로 억제되거나 소멸될 경우〉. 이때에는 〈처벌을 가하지 않는 것이 훨씬 나은 것이다〉. 그것은 〈의무의 문제에서 유해한 원리들을 선전하는〉 경우가 특히 그러한데, 이것은 설득이 강제보다도 효과적이기 때문이다.

하나의 주어진 행동이 법률의 대상이 되는 대신에 〈개인적인 윤리〉에 맡겨져야 하는지의 문제에 대해 벤담은 간단하게 공리성의 원리를 적용함으로써 대답했다. 만일 그것을 전체의 법률적 절차와 처벌 기구에 맡기는 것이 득보다는 해가 많다면 그 일은 개인적 윤리에 맡겨져야 한다. 그는 다음과 같이 확신했다. 성적 부도덕성을 통제하려는 시도는 특히 무익하다. 왜냐하면 이것은 〈배은망덕이나 무례함과 같은 범법 행위들 — 이 경우에는 그 정의가 모호하기 때문에 재판관이 처벌할 권한을 쉽게 맡을 수가 없다〉 — 처럼 복잡한 감독을 필요로 할 것이기 때문이다. 우리가 자진해서 맡은 의무들은 거의 법과 처벌의 관심거리가 될 수 없다. 또한 우리가 비록 어떤 경우에는 남을 돕지 못한 데 대해 책임을 질 수 있지만 우리가 〈자비심 많은〉 사람이 되도록 〈강요〉되어서도 안 된다. 그러나 법률의 주요 관심사는 공동 사회의 행복을 최대한으로 인도하는 행위들을 고무하는 게 틀림없다. 그래서 처벌을 통하여 최대 다수의 최대 행복이 효과적으로 보장되는 그러한 종류의 처벌이 정당화되는 것이다.

공리성의 원리는 처벌의 근본적 이유를 제공해 주는 이외에 처벌의 구성 내용에 대한 약간의 실마리도 우리에게 제공해 준다. 벤담은 〈처벌과 범법 행위 간의 비율을 고려함으로써〉 처벌의 각 단위나 양의 바람직스런 속성을 기술한다. 그리고 그는 다음과 같은 규칙들을 제시한다. (1) 처벌은 범법자가 범법 행위로부터 획득하는 이익을 능가할 만큼 충분히 커야 한다. (2) 범법 행위가 크면 클수록 처벌도 더욱 커져야 한다. 두 범법 행위가 경합 중에 있을 경우에는 더 큰 범법 행위에 대한 처벌이 좀 더 작은 범법 행위로 사람을 유도할 만큼 충분해야 한다. (3) 각각의 범법자들은 동일한 범법 행위에 대해 동일한 처벌을 받아야 하지만 처벌은 특수한 상황들에 적합하게 변용 가능하고 융통성이 있어야 한다. (4) 처벌의 양은 그것을 효과적으로 하는 데 필요한 최소치보다 결코 커서는 안 된다. (5) 법법자의 체포가 불확실할수록 처벌은 점점 더 커져야 한다. (6) 만일 한 범법 행위가 습관적이라면, 처벌은 직접적 범법 행위의 이득뿐만 아니라 발견되지 않은 범법 행위의 이익도 능가해야만 한다. 이 규칙들은 벤담에게 다음과 같이 결론을 맺게 했다. 처벌은 특수한 경우에 적합하게 〈변용 가능〉해야 하며 유사한 범법 행위들에 대해 동등한 고통을 가하기 위해서 〈균등해야〉 한다. 그리고 그것은 서로 다른 부류의 범죄에 대한 처벌을 균형 있게 하기 위하여 계량 가능해야 하며, 잠재적 범법자의 상상력에 깊은 인상을 줄 수 있도록 〈특징적〉이어야 한다. 그것은 과도하지 않기 위해 〈절제〉되어야 하며, 잘못된 행동을 교정하기 위해 〈교도적〉이어야 한다. 그것은 미래의 범법자들을 〈무력하게〉 하는 것이어야 하며, 피해자에게 〈보상적〉이어야 한다. 그리고 처벌은 새로운 문제를 야기하지 않기 위해 〈대중적〉 인정을 얻어야 하고 충분한 이유가 있을 경우 〈사면될〉 수 있는 것이어야 한다.

1. 4. 벤담의 급진주의

벤담은 영국의 법률과 일반 사회 구조 내에서 공리성의 원리에 의해 제시된 필요조건들에 적합하지 않은 요소들을 신속하게 발견했다. 그는 입법 절차가 별들이 인력의 법칙에 따르는 것과 실제적으로 똑같이 엄격하게 공리성의 원리에 입각하여 운용되기를 원했다. 다시 말해 그는 체계적인 행동 개념을 체계적인 사유에 부가하기를 원했다. 그리하여 그는 현실의 법률적, 사회적 질서와 공리성의 원리 사이의 괴리를 발견하는 곳곳에서 개혁을 주장하고자 했다. 그는 법률 체계의 대부분의 해악들이 〈관습법common law〉을 만든 재판관들에 있다는 사실을 밝혀냈다. 그리하여 그는 다음과 같이 비난한다. 〈그들이 어떻게 그 관습법(불문법)을 만드는지 당신은 아십니까? 그것은 한 인간이 자신의 개〔犬〕를 위한 법률을 만드는 것과 똑같습니다. 당신의 개가 당신이 뭔가 혼 좀 내주어야겠다고 느끼는 어떤 것을 행하고 있을 때 당신은 개가 그것을 행할 때까지 기다린 다음 그에게 매질을 합니다. ……이것이 재판관들이 당신과 나를 위해 법률을 제정하는 방식입니다.〉 벤담은 거대한 해악을 차례차례 폭로함으로써 이러한 해악들을 개혁하려는 열망에 사로잡혀 그 때문에 그는 〈철학적 급진주의자〉로 알려진 같은 생각을 가진 공리주의자들과 연합하게 되었다.

벤담은 공리성의 원리가 무너지는 원인을 바로 그 당시의 귀족주의적 사회 구조에서 보았다. 어떤 새로운 행동 양식이 〈최대 다수의 최대 행복〉을 마련해 준다고 그가 논증한 뒤조차 왜 사회적 해악과 법률 체계의 해악들이 계속되어야만 하는가? 그 답은 권력자들이 〈최대 다수의 최대 행복〉을 원하지 않는다는 데 있다고 그는 생각했다. 지배자들은 그들 자신의 이익에 좀 더 많은 관심을 가진다. 〔벤담은 인간이 자신의 행복을 추구하고 있음을 예리하게 인지하고 있었다. 그렇지만 정부의 목적은 최대 다수의 최대 행복의 성취를 돕는 것이다. (제2판)〕 그러나 공리주의 관점에서 보면 권력자들이 오직 한 계급이나 소규모 집단만을 대표할 때마다 그들의 이기주의는 정부의 진정한 목표와 대립될 것이다. 이러한 대립을 극복하는 방법은 국민이 정부를 손에 넣는 것이다. 만일 지배자와 피지배자의 일체화가 이루어지면 그들의 이해관계는 동일하게 될 것이며, 최대 다수의 최대 행복은 보장될 것이다. 이러한 이해의 일치가 군주제에서 이루어질 수 없음은 당연하다. 왜냐하면 군주는 그 자신의 이해관계 속에서 행동하거나 기껏해야 그의 주변에 집단을 이루는 하나의 특수한 계급의 행복만을 목적으로 하기 때문이다. 최대 다수의 최대 행복의 실현성이 가장 높은 곳은 바로 민주주의다. 왜냐하면 여기에서는 지배자가 국민이며 국민의 대표자가 그들의 최대 행복을 위한 봉사를 약속하고 이를 위해 정확하게 선출되기 때문이다. 벤담이 보았듯이 공리성의 원리의 적용은 분명하게 군주제와 그 결과들에 대한 거부를 요구했다. 그리하여 그는 왕, 귀족원, 기존 교회를 제거하려고 하였고 미국의 모델에 따라 민주제적 질서를 건설하려 했다. 〈모든 정부는 그 자체가 하나의 거대한 해악〉이므로 좀 더 큰 해악을 방지하거나 배제하기 위해 해악을 채용한다는 명분으로만 정당화될 수 있을 뿐이다.

2. 밀

존 스튜어트 밀은 1806년에 태어났다. 세 살 때부터 열네 살까지 그는 부친인 제임스 밀[3]이 강요한 엄격한 〈교육 실험〉의 대상이었다. 고전 문학, 언어학, 역사를 가르쳤던 이 개인 수업이 얼마나 심했던지 그는 후에 다음과 같이 말할 정도였다. 〈나의 부친께서 내게 베푼 훈련을 통하여 나는 동시대인들보다도 사반세기나 유리한 위치에서 출발했다.〉 그러나 암기는 물론 비판적, 분석적 사고도 강조한 이러한 심한 교육은 젊은 밀에게 그 대가를 치르게 했다. 20세에 그는 신경 쇠약 상태에 빠지게 되었다. 그는 신경 쇠약의 원인을 감정의 병행적 발전 없이 분석을 지나치게 강조한 데서 찾았다. 그 당시의 사회적 분위기는 감정의 표현을 경시하는 경향이 있었다. 그리하여 밀은 다음과 같이 지적한다. 〈벤담 자신은《모든 시는 허언(虛言)》이라고 말하곤 했다. 그러나 분석의 습관은 감정을 메마르게 하는 경향을 갖고 있다. ……그리고 이렇게 해서 나는, 내 스스로 말했듯이, 배와 키는 훌륭하게 갖춰졌으나 돛을 얻지 못한 채 항해 출발부터 좌초해 버리게 되었다〉. 그러므로 그는 뒤늦게나마 콜리지,[4] 칼라일 Carlyle, 워즈워스 같은 작가들에게 심취했다. 그런데 그들은 후에 〈정서 교육은 나의 윤리적, 철학적 신조의 기본적 요점 중의 하나가 되었다〉고 말할 수 있을 정도로 그의 사상에 깊은 영향을 주었다. 그는 타고난 철학자로 인정받은 해리엇 테일러(Harriet Taylor, 1807~1858)와의 오랜 로맨스를 즐겼다. 그는 그 로맨스를 25세때 시작하여 그 이후 결혼에 이르렀다. 그런데 이 로맨스는 인간의 능력 가운데서 감정의 역할을 높게 평가하고 있다는 사실을 좀 더 확인해 주는 것이다. 그의 저술상의 업적은 그가 인간 능력의 광범위한 영역의 균형을 유지하고 있다는 점을 반영해 준다. 그의 저작에는 엄격한『논리학 체계 System of Logic』(1843)를 필두로,『경제학 원리 Principles of Political Economy』(1848),『자유론 On Liberty』(1859),『대의 정부에

---

[3] James Mill(1773~1836). 영국의 철학자이자 경제학자. 벤담과 친밀한 관계인 그는 공리주의의 선전을 위해 노력하면서 이를 토대로 한 사회 개혁의 실천 운동을 전개했다. 철학적으로 그는 관념 연합의 원리를 도입하여 벤담의 윤리설에 심리학적 근거를 부여하려고 애썼다. 그러나『영국령 인도사 History of British India』(1817)에서 그는 인도인들은 〈법률 없이는 존재 가치가 없는 낮은 품종〉이라고 비하하는가 하면, 고대 산스크리트 문헌들을 가리켜 〈영국의 예비 학교에서 사용하는 가장 형편없는 축약판보다도 가치가 없다〉고 하며 인도의 종교와 문화에 대해 지나칠 정도로 비난함으로써 자신의 공리주의가 지배자들만의 것이었음을 드러내기도 했다.

[4] Samuel Taylor Coleridge(1772~1834). 영국의 시인이자 철학자. 그는 미국에 이상적 평등 사회이자 만민 동권 정치 체제인 〈pantisocracy〉라는 공산주의 사회 건설을 시도하다 실패했다. 1809년 그는 문학, 정치, 도덕의 문제를 다루는 종합 주간지를 발간하면서 영국의 낭만파의 대표적인 시인으로 활동했다. 1817년에는『문학적 전기』에서 독일 철학을 소개하면서 칸트의 정신주의, 인격주의를 지지하는 반면 흄을 비롯한 당시 영국의 사조를 비판했다.

존 스튜어트 밀

관한 고찰Considerations on Representative Government』(1861), 『공리주의 Utilitarianism』(1861) 그리고 사후 출판된 그의 『자서전Autobiography』(1873)과 『종교에 관한 세 논문Three Essays on Religion』(1874) 등이 있다. 그는 1873년 67세를 일기로 세상을 떠났다.

존 스튜어트 밀은 공리주의 원리를 옹호한 가장 유능한 사람들 가운데 한 사람이었다. 그의 부친은 벤담의 철학 이론과 밀접하게 연관되어 있었다. 훗날 청년 밀은 그의 『자서전』에서 〈벤담의 철학이나 공리주의의 전파에 뚜렷한 특성을 부여해 준 것은 바로 아버지의 견해였다〉고 술회하고 있다. 그리고 그의 부친의 사상은 여러 통로를 통해 19세기 초 영국의 사상에 유입되었다. 그 통로의 〈하나는 그의 가르침에 의해 직접적으로 형성된 정신이자 또 여러 젊은 층들에 막대한 영향력을 주었던 사람인 바로 나였다〉고 밀은 말한다. 밀은 그의 부친의 사상을 공유했을 뿐만 아니라 그를 통해서 당시의 몇몇 지도적 인물들의 사상을 수용하였다. 부친은 경제학자인 리카도[5]를 알고 있었고 그를 방문하기도 하였다. 그러나 밀은 벤담과 자기 부친 사이에 존재했던 친밀성 때문에 벤담을 훨씬 더 많이 알고 있었다. 〈나의 부친은 벤담의 윤리학, 정부, 법률에 관한 일반적 견해들을 충분히 이해하고 채용함으로써 어떤 위대한 업적을 이룬 최초의 영국인이셨다〉라고 기록했다. 그리고 청년 밀이 법률과 행정에 관한 벤담의 주요한 저작인 『도덕 및 입법 원리 입문』을 읽었을 때 〈그것은 나의 정신사에서 하나의 전환점이었다〉라고 하였다. 그에게 가장 인상 깊었던 것은 벤담의 〈최대 행복의 원리〉가 자연법, 올바른 이성, 도덕 의식, 선천적 정직 등과 같은 개념들로부터 도덕과 법률을 추론해 내려는 시도들을 불필요한 것으로 만들어 버렸다는 점이었다. 밀은 벤담의 저서를 읽으면서 〈종전의 모든 도덕론자들이 교체되었으며, 여기에서 실로 새로운 사상의 시대가 시작되었다는 느낌이 나를 엄습해 왔다〉고 말한 바 있다. 벤담의 저서를 다 읽고 나자 그는 다른 사람이 되었다. 〈벤담이 이해한 대로의 《공리성의 원리》가 ……사물에 대한 나의 개념 작용의 통일성을 부여해 주었기 때문이다. 이제 나는 가장 훌륭한 의미로 하나의 견해, 하나의 신조, 하나의 원칙, 하나의 철학, 하나의 종교를 갖게 되었다. 또한 그것의 가르침을 깨우치고 전파하는 것을 인생의 주요한 외적 목적으로 삼을 수 있게 되었다.〉 벤담이 사망했을 때 밀의 나이는 26세였다. 그러나 그는 이미 공리주의에 관해 고유한 신념들을 발전시키고 있었다. 그 신념들은 벤담의 접근 방법과 중요한 면에서 구별될 수 있는 것이었다.

2.1. 밀의 공리주의 해석

밀이 그의 유명한 『공리주의』를 서술한 목적은 그가 부친과 벤담으로부터 배운 〈공리성의 원리〉를 그 비판에서 옹호하기 위한 것이었다. 그렇지만 옹호하는 과정에서 그는 자신의 공리주의 해석이 여러 면에서 벤담의 공리주의와 다를 정도로 그 이론을 크게 수정하였다. 그의 공리주의에 대한 정의는 벤담이 가르친 것과 완전히 일치했

---

[5] David Ricardo(1772~1823). 아담 스미스와 함께 영국의 고전 경제학을 대표하는 경제학자. 그는 스미스의 노동 가치설을 더욱 철저히 하기 위해 상품 가치가 노동량에 의해 결정된다고 주장하였다. 또한 그는 차액 지대론을 도입하여 지주 계급, 자본가 계급, 노동자 계급 상호 간의 이해 대립을 해명함으로써 마르크스에게도 영향을 주었다.

다. 밀은 이렇게 썼다.

〔공리주의는〕 도덕의 기초가 공리성이나 최대 행복의 원리임을 인정하고 행위들이 행복을 증진시키는 것을 산출하는 경향이면 올바른 것이고, 행위들이 행복에 반대되는 것을 산출하는 경향이면 잘못된 것이라고 주장하는 신조이다. 〈행복〉은 쾌락 또는 고통의 부재를 의미하고 〈불행〉은 고통 또는 쾌락의 결여를 의미한다.

밀은 특히 〈행복〉과 〈쾌락〉을 관련시킴으로써 벤담이 출발한 것과 동일한 일반적 관념들로부터 출발했다. 그렇지만 그는 이내 다른 접근 방법을 택하게 되었다.

2.1.1. 양적 접근 대(對) 질적 접근

벤담은 쾌락이란 오직 그 양에서 차이가 난다고 말했다. 즉 서로 다른 행동 방식들은 서로 다른 쾌락의 〈양〉을 산출한다는 것이다. 또한 그는 한 개의 압정(押釘)이 시(詩)만큼 선하다고 말한 바 있다. 그것은 선의 유일한 기준은 하나의 행위가 산출해낼 수 있는 쾌락의 양이라는 의미였다. 여기에서 동일한 쾌락의 양을 산출하는 모든 행동 양식들은 그 같은 행동이 〈압정〉 게임이든 시 감상이든 동등하게 선하다는 계산이 뒤따르게 된다. 벤담은 한 행위의 도덕성의 주요한 시금석으로 쾌락의 단순한 양적 측정을 제시했기 때문에 〈하나의 도덕적 온도계가 있어야 한다〉고 주장하기조차 했다. 온도계가 열이나 기온의 상이한 정도를 측정하듯이 〈도덕적 온도계〉도 행복과 불행의 정도를 측정한다. 이러한 유비는 벤담이 선과 쾌락을 취급할 때 양을 우선적으로 강조한다는 사실을 드러낸 것이다. 왜냐하면 사람이 석탄, 나무, 석유 등 어느 것을 태우든 동일한 열량을 얻을 수 있는 것과 같이 게임, 시 또는 다른 행동 양식들을 통해 동등한 쾌락의 양을 획득하는 것이 가능하다는 의미이기 때문이다. 벤담에게 〈선〉은 특별한 종류의 행동에 관계되는 것이 아니라 그의 〈계산〉에 의해 측정되는 쾌락의 양에 관계되어 있다. 그러므로 공리주의자들은 불가피하게 무엇이 선인가에 관한 각 개인의 주관적 견해를 옹호하면서 도덕적으로 절대적인 모든 것들을 거부하는 도덕적 상대주의자들이라는 비난을 받았다. 밀은 이러한 비난으로부터 공리주의를 옹호하려고 노력하였다. 그러나 그는 옹호 과정에서 벤담의 쾌락의 양적 접근 방식을 변경하여 질적 접근 방식으로 대치하려는 입장을 취하게 되었다.

벤담은 〈압정이 시만큼 선하다〉라고 말했지만, 밀은 〈만족한 바보가 되느니 차라리 불만족한 소크라테스가 되겠다〉 또는 〈만족한 돼지보다는 오히려 불만족한 인간이 되는 게 더 낫다〉라고 말했다. 밀에 의하면 쾌락이란 양에서뿐만 아니라 종류와 질에 있어서도 각각 다르다. 그는 고대 에피쿠로스학파의 입장을 취했다. 에피쿠로스학파도 역시 모든 행동의 목표로서 쾌락에 대해 〈타락적〉인 강조를 했다고 해서 이미 공격을 받았었다. 에피쿠로스학파는 그들의 비난자들에 대해 다음과 같이 대답한다. 〈타락적 인간성의 개념을 갖고 있는 자는 바로 그들, 즉 그 비난자들이다.〉 왜냐하면 그들은 인간에게 가능한 유일한 쾌락이 돼지에게만 가능한 쾌락이라고 가정하였기 때문이라는 것이다. 그러나 밀 역시 이러한 가정은 명백한 오류라고 보았다. 왜냐하면 〈인간은 동물적 욕구보다 고양된 능력들을 갖고 있으므로 일단 이 능력들을 의식하기만 하면 그것들의 만족을 포함하지 않는 어떤 것도 행복으로 간주하지 않기 때문〉이다.

지성과 상상력의 쾌락은 단순한 감각적 쾌락보다 높은 가치를 갖는다. 밀은 공리주의의 비판에 답변하기 위하여 원래는 이들 고차적 쾌락의 개념을 전개했지만 그것에 대한 그의 관심은 벤담의 공리성의 원리의 기초에 대한 비판으로 나아가게 되었다. 그에 의하면 〈쾌락에 대한 평가가 양에만 의존하게 되어 있다면…… 그것은 불합리할 것이다〉. 밀에게 단순한 쾌락의 양은 쾌락들 간에 하나의 선택이 행해져야 할 때 부차적 중요성을 갖는 것이었다. 예를 들어 어떤 사람이 특정한 지적 쾌락과 감각적 쾌락을 잘 안다고 상상해 보자. 만일 그녀가 이들 중 지적인 쾌락을 선호한다면 그것은 그것의 우월성을 보여 주는 것이다. 또한 〈그것이 더 많은 양의 불만족을 수반한다는 사실을 알고 있다 하더라도 인간이 얻을 수 있는 또 다른 쾌락의 양을 위해 그것을 포기하지 않는다면, 질은 양에 중요성을 덜 부여할 정도로 양을 훨씬 능가하는 것이며 우리가 질에 더욱 우월성을 부여하는 것은 정당화될 것이다〉.

쾌락의 질적 측면은 벤담이 철저하게 강조했던 양적 요소만큼이나 경험적인 사실이라고 밀은 생각했다. 밀은 벤담에서 훨씬 더 이탈하였다. 그 이탈은 쾌락들 간의 질적 차이를 인간성의 구조 속에 기초시키고, 쾌락 대신에 어떤 인간의 능력을 완전히 사용하는 것이 진정한 행복, 곧 선의 규준이 될 수 있다는 사실에 초점을 둠으로써 이루어졌다. 밀은 이런 이유로 다음과 같이 썼다.

> 동물적 쾌락을 완전히 보장해 준다 하더라도 하등 동물로 변하게 되는 데 동의할 인간은 거의 없을 것이다. 즉 비록 바보, 무식한 사람, 불량배들이 지성적인 인간, 교육받은 사람, 정서적이고 양심적인 사람들보다도 자신들의 운명에 훨씬 더 만족하고 있다고 설득당한다 할지라도 후자의 인간들은 바보가 된다거나 무식한 사람이 된다거나 이기적이고 비천한 사람이 되는 데 결코 동의하지 않을 것이다.

밀에 따르면 쾌락은 그 양으로서가 아니라 그 질로 등급을 매겨야 한다. 그러나 질적 쾌락에 대한 밀의 견해는 쾌락 원리라는 개념 전체에 중요한 문제를 제기했다. 만일 쾌락이 그 질로 등급이 매겨진다면, 쾌락 그 자체는 이제 더 이상 도덕성의 기준이 아니다. 즉 우리의 고차적 능력의 완전한 사용만이 우리를 진정한 행복으로 인도할 수 있다면 행동에서 선의 기준은 쾌락과 직접 관계가 없고 우리 인간 능력의 완수와 관계가 있는 것이다. 밀이 이 문제가 지닌 상당한 영향력을 헤아리고 있었는지는 분명하지 않다. 그럼에도 불구하고 밀은 단순한 양적 쾌락주의를 넘어서 질적 쾌락주의로 나아갔다. 그 질적 쾌락주의에서는 인생의 도덕적 가치가 인간의 고차적 능력에 대한 고차적 쾌락에서 발견되기 때문이다. 그러나 만일 만족한 돼지보다 불만족한 소크라테스가 낫다면, 도덕성은 우리가 경험하는 쾌락의 양에서가 아니라 진정으로 인간됨 속에서 우리가 발견하는 행복에 비례하는 것이다. 그래서 고차적 행복, 즉 〈가능한 한 고통을 면해 주고 행복의 향유를 가능한 한 풍부하게 하는……〉것이 모든 인간의 삶의 목적이다.

2.1.2. 벤담으로부터 밀의 출발

공리주의에 대한 밀의 해석은 세 가지 핵심적인 방식에서 벤담의 해석과 다르다. 첫째, 밀은 단순한 쾌락의 양보다도 행복의 고차적 질을 선호함으로써 벤담의 중심적인 가정, 즉 쾌락과 고통은 계산될 수 있고 측정 가능하다는 것을 거부하였다. 벤담은 그의 쾌락-고통에 대한 계산의 기초를 단순히 양적 고려에 둠으로써 쾌락이 그것의 지속성, 강도 또는 범위에 따라 측정될 수 있다고 주장한다. 그렇지만 밀의 주장에 따르면 쾌락의 질이나 양은 측정할 방도가 전혀 없다. 우리가 두 쾌락 가운데 하나를 선택해야 할 때마다 우리는 만일 양자의 가능성을 경험해 보았다면 현명하게 하나에 대한 선호를 표현할 수 있다. 밀의 물음에 따르면 두 고통 중에서 가장 아픈 것 또는 두 쾌락적 감각 중에서 가장 강렬한 것이 어느 것인지를 결정하는 수단으로서 양자 모두를 잘 알고 있는 사람들의 일반적 느낌 이외에 그 무엇이 있겠는가? 경험된 것에 대한 느낌과 판단 이외에 이 하나의 특수한 쾌락이 하나의 특수한 고통을 대가로 해서라도 얻을 만한 가치가 있다고 그 무엇이 결정하게 하는가? 〔벤담이 주장한 방식대로 쾌락과 고통이 계산될 수 없는 주요 이유는 〈고통이나 쾌락이 동질적이 아니며 고통은 항상 쾌락과 이질적이기〉 때문이라고 밀은 말한다. (제2판)〕 인간은 계산하는 대신에 단지 어떤 것에 대한 선호 *preference*만을 나타낼 뿐이며, 인간에게는 이런 선호 행위와는 별개의 〈어떤 다른 재판소〔판별 방법〕도 없다〉.

밀의 이론에서 두 번째 차이는 우리가 실제로 공리주의적 지침을 참고로 할 때 드러난다. 벤담은 각각의 수행 행위가 행복 대 불행의 더 큰 균형을 낳는지의 여부를 고려해야 한다는 점을 논의하려 한 것 같다. 그럼에도 불구하고 이것은 우리가 다양한 행위의 결과에 대한 계산을 멈출 때 꽤 지루해질 수 있고, 우리의 삶도 차츰 멈추게 될 것이다. 밀의 주장에 따르면, 그렇다 하더라도 우리는 특정한 행위들의 결과에 대해 거의 고려할 필요가 없다. 그 대신 우리는 살인, 절도, 거짓말에 반대하는 규칙들처럼 일반적인 도덕 규칙들을 따라서 삶을 살아가야 한다. 우리는 이러한 규칙들을 신뢰할 수 있다. 왜냐하면 우리는 이러한 규칙들을 지킬 때 일반적인 행복을 촉진시킬 수 있는지를 결정하려고 이 규칙들을 지속적으로 시험해 왔기 때문이다. 우리는 때때로 오직 이러한 믿을 만한, 그리고 참된 도덕 규칙들을 따라 문제를 해결하려 한다. 예를 들어 내가 가난하여 나의 가족이 굶주리고 있다면 나는 근처의 가게에서 빵한 덩어리를 훔치려 할지도 모른다. 이때 나는 다음과 같은 두 가지 도덕 규칙 사이에서 괴로워할지도 모른다. (1) 너의 가족을 부양하라. (2) 도둑질하지 마라. 이 경우에 우리는 최대 행복을 가져다줄 행동 과정을 결정함으로써 그 갈등을 해결한다.

벤담과 밀의 세 번째 차이는 인간의 이기심을 다루는 그들의 상대적인 방식과 연관된다. 벤담은 우리에게 쾌락의 최대량을 제공하는 행위들을 선택해야 한다는 사실을 가정했다. 또한 그의 가정에 따르면 우리는 다른 사람들이 행복을 이룰 수 있도록 당연히 도와야 한다. 왜냐하면 우리는 그런 식으로 자신의 안전을 지켜야 하기 때문이다. 밀은 이러한 지적을 받아들였지만, 우리가 다른 사람에 대한 관심을 넓히는데 도움이 될만한 다양한 사회 제도들에 의존해야 할지도 모른다는 사실을 덧붙였다. 〔그러나 밀은 〈자기 자신의 행복과 타인의 행복 사이에서 공리주의는 우리에게 사심 없고 호의적인 방관자로서의 엄격한 불편부당의 위치에 있을 것을 요구한다〉고 지적함으로써 벤담의 이기주의적 쾌락 추구를 수정했다. 즉 밀은 진정한 공리주의자라면 최대 행복의 원리를 나의 최대 행복이 아니라 최대 다수의 최대 행복을 의미하는 것으로 해석한다는 인상을 준다. 그러므로 그가 다음과 같이 말할 수 있었던 것도 놀랄 일이 아니다. 〈우리는 나자렛 예수의 황금률 속에서 공리주의적 윤리학의 완전한 정신을 읽게 된다. 《대접받고 싶은 대로 행하라》와 《너 자신을 사랑하듯이 너의 이웃을 사랑하라》는 것은 공리주의의 완전한 이상을 구성한다.〉 그는 여기서 공리주의 윤리학을 이기주의라는 비난으로부터 옹호하고자 노력한다. 그리고 그는 공리주의의 〈황금률〉적인 특성을 좀 더 강조하기 위하여 이렇게 말하였다. (제2판)〕

공리성의 명령은 이러하다. 첫째, 법률과 사회 제도들은 모든 개인의 행복⋯⋯ 또는 이해를 가능한 한 전체의 이해와 조화되게 위치시켜야 한다. 둘째, 인간성의 형성에 광대한 힘을 갖고 있는 교육과 여론은 그 힘을 그 자신의 행복과 전체 선의 불가분적 연관성을 모든 개인의 마음속에 확립시키는 데 사용해야 하며⋯⋯ 그리하여 전체 선을 증진하려는 직접적 충동이 모든 개인 속에서 행위의 습관적 동기의 하나로 될 수 있도록 해야 한다.

〔밀은 그의 논의를 추구해 가면 갈수록 점점 덜 공리주의적이 된다. 그가 강조한 대로 중요한 것은 단순히 쾌락의 양이 아니라 그 질이다. 그리고 더구나 우리가 추구해야 할 것은 나의 쾌락이 아니라 〈전체 선〉이라고 강조하는 것, 이 모든 것은 의무의 근거가 단순히 우리의 쾌락이 아닌 다른 어느 곳에 있다는 사실을 암시해 준다. 게다가 그는 행복이 도덕적 삶의 중심이라고, 즉 행복이 인간 행위의 가장 바람직한 목표라고 말하기를 원한다. 밀에게 바람직하다는 단어는 우리가 선택해야 하는 어떤 것을 의미한다. 그러므로 행복이 바람직한 것이라는 말은 행복을 추구하는 것이 우리의 도

덕적 의무라는 말이 된다. 옳다와 선하다는 말들도 여기에 포함된다. 공리주의 원리에 따르면 행위가 행복을 산출하는 한 그것은 선하거나 옳은 것이다. 밀이 왜 우리가 쾌락을 〈추구해야만ought 하는가〉라는 질문을 받았을 때 그는 우리가 이미 그것을 〈추구하고do 있기〉 때문이라고 대답했다. 이것은 〔그에 대한〕 비판의 초점이 된다, 아니 그의 논의 전체에 있어서 오류이기조차 한 점이다. 왜냐하면 그는 도덕, 즉 인간들이 행하여야 할 것의 체계를 사실상 인간들이 이미 행하는 것 위에 구축하려고 노력했기 때문이다. (제2판)〕

2. 1. 3. 공리주의에 대한 증명과 강화

밀이 공리주의를 증명하는 문제를 취급할 때보다도 도덕적 의무와 선택에 관한 그의 난점이 더 명백해지는 경우는 없었다. 〔그는 이 문제에 공리주의의 기본적 원리가 걸려 있다고 생각했다. 왜냐하면 그것에 대답하려면 이 원리가 옳다거나 행복이 참으로 인간 행동의 궁극적 목표라는 증거가 요구되기 때문이다. (제2판)〕 그러나 어떻게 우리는 행복이 인간의 생활과 행동의 진정하고 바람직스러운 목표임을 증명할 수 있는가? 밀은 다음과 같이 대답한다. 〈하나의 대상이 분명히 보인다는 점을 증명하기 위해 주어질 수 있는 유일한 증거는 사람들이 실제로 그것을 본다는 사실뿐이다. 어떤 소리가 들린다는 것의 유일한 증거는 사람이 그것을 듣는다는 사실뿐이다. 그리고 우리 경험의 다른 원천에 대해서도 마찬가지다. 그 같은 방식으로 어떤 것이 바람직하다desirable라고 내세울 수 있는 유일한 증거는 사람이 실제로 그것을 원한다desire는 사실뿐이라고 나는 이해한다.〉 따라서 전체의 행복이 왜 바람직한가 하는 이유에는 〈개인이 획득 가능하다고 믿는 한 그 자신의 행복을 원한다〉는 사실 이외에 아무것도 주어질 수 없다.

밀은 공리주의를 증명하는 문제 이외에도 이러한 도덕적 신념을 어떻게 강화할 수 있는지에 대해 논의한다. 그의 지적에 따르면, 거기에는 외적 혹은 내적 〈제재〉나 계기들이 있다. 외적 제재는 원칙적으로 우리가 전체의 행복을 추구할 때 다른 사람들도 우리에게 동의하지만, 그렇지 않고 불행을 초래할 때는 우리에게 동의하지 않는다는 것을 함의한다. 그러나 밀에 의하면 가장 중요한 계기는 내적인 것이다. 또한 그것은 우리가 전체 사회를 지향하는 의무감에 대해 반대로 나아가려 할 때의 죄의식들을 포함하기도 한다. 우리는 어떻게 이러한 의무감[죄의식]을 개발하는가? 밀의 주장에 따르면 그것은 부모, 교사, 교회, 동료 집단의 가르침 같은 교육을 통해서 초기에 형성된다. 밀의 용어를 빌리자면 그것은 〈동정과 사랑에서, 심지어 두려움에서 더 많이 비롯된다. 그리고 그것은 모든 형식의 종교적 감정, 유년기와 지나간 삶에 대한 모든 회상들에서, 또한 타인의 존경을 받으려는 열망, 때로는 자기 비하에서조차 생겨나는 것이다.〉 그래서 만일 우리가 적절하게 교화된다면 우리는 타인을 향한 강력한 의무감을 지니게 될 것이다. 우리는 그것에 저항하기 매우 어렵게 될 것이기 때문이다.

〔그렇지만 밀이 여기에 제공한 예들 사이에는 유사성이 전혀 없음이 명백하다. 바람직하다는 것이 가시적이다 visible와 보인다 seen의 경우와 동일한 방식으로 원해진다는 것에 관계되지 않기 때문이다. 이들 두 용어들의 차이는 하나의 중요한 도덕적 차이를 밝혀 준다. 왜냐하면 가시적이라는 말은 어떤 것이 보일 수 있다는 단순한 의미에 비해 바람직하다는 말은 어떤 것이 원할 가치가 있다는, 더 나아가서 그것은 원해져야만 한다는 의미이기 때문이다. 이런 이유로 해서 다음과 같은 사실이 밝혀진다. 즉 한 사물이 보인다는 점은 그것이 보인다는 사실의 증명이 되지만, 그렇다고 해서 하나의 사물이 원해지기 때문에 그것이 바람직하다는 것은 성립하지 않는다. 논리적 난점이 여기서 해소될 수는 없는 것 같다. 그리고 밀은 선의 규준으로서 단순한 쾌락을 넘어서 도덕적 제재의 작인으로서 〈양심〉이라는 내적 영역까지 나아갔으므로 더욱더 그러하다. 행복만이 아니라 의무감이 우리의 도덕적 사고를 지도한다. 그리하여 밀은 〈우리의 마음속에 있는 하나의 감정인…… 의무의 내적 제재, 즉 의무를 위반했을 때 부수되는 다소 강렬한 고통의 감정〉에 대해 말한다. ……이처럼 밀은 벤담의 선의 외적 기준에서 이탈하여 내면으로 향했다. 그리고 그는 도덕성의 기초란 〈하나의 강력한 자연적 감정〉이고 〈우리의 마음속에 있는 하나의 주관적 느낌〉이며 〈인류의 양심적 감정〉이라고 결론을 내린다. (제2판)〕

2.2. 자유

밀은 벤담만큼이나 사회 문제에 관심을 가졌다. 최대 행복의 원리는 불가피하게 공리주의자들에게 개인과 정부가 어떻게 관계되어야 하는가를 고려하게 했다. 벤담은 사회악에 대한 효과적인 치유책으로써 민주주의를 신봉했는데, 이는 민주주의에서는 피지배자가 동시에 지배자가 되기 때문이었다. 그러나 밀은 벤담과 마찬가지로 민주주의를 분명하게 신뢰하지는 않았다. 밀은 민주주의가 정부의 가장 훌륭한 형식이라는 데는 동의했다. 그러나 그는 『자유론』에서 민주주의적 정부 형식에 내재하는 어떤 위험들을 제시했다. 그는 국민의 의지는 대부분 다수의 의지이므로 다수가 소수를 억압하는 것이 충분히 가능하다는 점을 주로 경고했다. 게다가 민주주의에는 일종의 여론의 전제 정치가 있는데 그것은 억압만큼이나 큰 위험이다. 그러므로 민주주의에서조차 개인의 자유를 부정하는 힘들의 위협을 막는 자구책을 강구하는 것이 필요하다. 이 점에서 밀은 명백한 사회악을 제거하려는 벤담의 개혁 열망을 반영하고 있다. 그러나 밀은 정부의 행위에 제한을 가함으로써 자유를 보존하려는 데 주로 관심을 갖는다.

밀에 의하면 〈인류가 어느 개인 행위의 자유를 개인적으로나 집단적으로 방해하는 것이 정당화되는 유일한 근거는 그것이 자기 방어를 목적으로 할 때뿐이다. 권력이 문명화된 공동 사회의 어떤 일원에 대해 그의 의지에 반하여 행사되는 것이 정당한 것으로 되기 위한 유일한 근거는 그 목적이 다른 일원들에게 해를 끼치게 하지 않는 것이었을 때뿐이다〉. 밀은 물론 정부에는 합법적 역할이 있지만 다음 세 가지 조건하에서는 어떠한 정부도 그들의 국민을 방해해서는 안 된다고 주장한다. 첫째, 그 행위가 개인들에 의해 더욱 잘 행해질 수 있을 때. 둘째, 비록 정부가 개인들보다도 그 행위를 좀 더 잘 행할 수 있다 하더라도 개인들이 그것을 하는 것이 그들의 발전과 교육을 위해 바람직할 경우. 셋째, 지나치게 비대한 권력이 불필요하게 정부에 생길 위험이 있을 때 정부가 그들의 국민들을 방해해서는 안 된다. 그러므로 밀의 자유 옹호론은 개인주의 옹호론이다. 각 개인들이 자신의 행복을 고유한 방법으로 추구하도록 내버려 두라. 사유의 영역에서조차 인간은 자유롭게 자신들의 신념과 사상을 표현할 수 있어야 한다. 왜냐하면 진리는 오류를 반박할 가능성이 주어질 때 가장 신속하게 발견되기 때문이다. 밀은 〈견해에 대해 논쟁의 기회가 주어졌는데 그것이 반박되지 않았기 때문에 진리라고 여겨지는 것과 그것에 대한 반론을 허용하지 않을 목적으로 그것이 진리임을 주장하는 것에는 매우 중대한 차이가 있다〉고 하였다. 그렇지만 그는 진리가 알려져야 한다는 점은 중요하다고 생각했다. 밀은 인간의 이상적 목표를 고려할 때 다음과 같이 묻는다. 〈인간이 스스로를 가능한 한 최선에 좀 더 가까워지게 한다는 말보다 더 훌륭한 말을 인간사의 어떤 상황에서 말할 수 있을까?〉 그러나 인간을 가능한 한 최선의 상태에 이르게 만드는 것이 정부의 기능인가? 밀은 비록 전체주의가 출현하기 이전의 시대에 살았기 때문에 20세기에서 그것의 추한 모습들을 보지는 못했지만 전체주의에 대해 뿌리 깊은 혐오감을 갖고 있었다.

밀의 사상에서 가장 기억할 만한 부분은 우리가 지금 밀의 〈자유의 원리〉라고 부르는 것이다.

> 문명사회의 구성원에게 그의 의사에 반하여 집행되는 권력이 정당함을 가질 수 있는 것은 오직 다른 구성원에게 해를 끼치지 않게 하기 위함이라는 목적을 지닐 때만이다. 육체적이든 도덕적이든 그 자신의 선함은 충분한 보증도 되지 못한다……. 그의 행동 중에서 다른 사람과 관계된 것에 대해서는 사회에 복종해야 한다. 다른 사람과 상관없는 행동이라면 그는 절대적으로 누구의 간섭도 받을 필요가 없다. 그 자신에 대해서, 자신의 몸과 마음에 대해서 그는 누구의 지배도 받을 필요가 없다.

밀은 여기에서 정부는 우리의 행동이 다른 사람을 해칠 때 우리를 바로 구속할지 모르지만 우리의 행동이 우리 자신만을 해칠 때는 그러지 않을 것이라고 하였다. 자신의 생명이 위태로울 정도까지 마음대로 위험한 활동에 빠져 드는 것은 우리 자유다.

3. 콩트

3. 1. 콩트의 생애와 시대

비록 오귀스트 콩트는 실증주의 철학의 창시자로 불리지만 그가 이러한 사고방식을 창안한 것은 아니다. 밀이 주장한 것처럼 실증주의는 〈전 시대의 보편적 속성〉이기 때문이다. 콩트는 지적 혼란과 사회적 불안정으로 특징지어지는 한 시대와 한 지역에서 연구하였다. 1798년에 몽펠리에서 태어난 그는 에콜 폴리테크니크에서 수학했고, 저명한 사회주의자 생시몽의 비서로 몇 년간 근무했다. 그는 20대 초반에 일련의 저서들을 출판했는데, 그중에서 그의 『실증 정치 체계 *Système de politique positive*』(1824)가 가장 유명하며, 이것은 1830년으로부터 1842년에 걸쳐 여러 권으로 저술된 그의 주저『실증 철학 강의*Cours de philosophie positive*』의 개요이기도 하다. 콩트 자신도 초기 사상과 후기 사상에 그러한 차이가 존재한다는 사실을 인정하면서 초기의 자신을 아리스토텔레스에 — 즉, 더욱 이성적인 — 후기의 자신을 사도 바울로 — 즉, 더욱 감정적인 — 에 비유했다.

콩트는 자신에게 여러 과학의 역사를 교수할 기회를 주지 않았던 지나치게 전문화된 대학교의 학문 풍토를 비난했다. 실증주의의 동료들의 자발적인 도움을 거부한 채 그는 소르본에서 얼마 떨어지지 않은 곳의 조그만 집에서 계속 연구에 몰두했다. 오늘날 그의 동상이 서 있는 그 초라한 오두막집에서 콩트는 또 다른 주요 저작들을 썼다.『실증 정치 체계』의 제2권(1851~1854)과『실증주의 교리 문답*Catéchime positiviste*』(1852)과『주관적 종합*Synthèse subjective*』(1856)이 그 당시 저술되었던 것이다. 그는 윤리학과 실증적 산업 조직 체계와 그 밖의 철학 저작들에 관한 일련의 계획을 완성하지 못한 채, 1857년 59세를 일기로 세상을 떠났다.

콩트의 최대 목표는 사회 체계의 총체적인 재조직이었다. 그렇지만 그는 이 목표의 실현을 위해서 우선 그의 시대의 지적 방향을 재구성하거나 최소한 개혁하는 일이 필요하다고 생각했다. 그는 자신의 시대를 진단하기를 갈릴레이와 뉴턴의 여러 발견들 이후로 전개되어 온 과학 혁명이 아직도 다른 분야들, 특히 사회, 정치, 도덕, 종교 사상과 충분히 동화되지 못한 상황이라고 보았다. 프랑스는 여러 과학 분야에서 괄목할 만한 성과를 거두어 왔다. 물리학의 앙페르Ampère와 프레넬Fresnel, 화학의 슈브뢸Chevreul과 뒤마Dumas, 생리학의 마장디Magendie, 생물학 및 동물학의 라마르크Lamarck와 생틸레르Saint-Hilaire와 퀴비에Cuvier 등의 업적은 특히 뛰어났다. 이 학자들의 연구 성과가 그처럼 존경을 받은 이유는 그들의 업적이 우선 일상생활의 문제들을 해결하는 데 사용될 수 있었으며 의학과 의술상의 새로운 방법들을 고무했고 새로운 산업 기술과 수송 수단을 가능하게 해주었다는 데 있다. 과학은 자신의 찬란한 성과들을 등에 업고 계속해서 다른 사유 양식들에 도전했지만 아직 그 분야에서는 승리를 거둘 수 없었다. 이제 과학과 종교의 관계, 자유 의지, 형이상학의 가치, 객관적인 도덕 기준의 발견 가능성에 대해 이전부터 제기되어 왔던 문제들은 좀 더 강하게 반추되어야 했다.

또한 프랑스의 철학계는 이 시기에 내부의 정치적 사건들과 외부의 사상 체계들에

오귀스트 콩트

의해 깊이 영향받고 있었다. 생시몽뿐만 아니라 콩트에게도 주요한 내적 사건인 프랑스 혁명은 사회적 무정부 상태의 극적인 실례였다. 혁명의 여파로 프랑스의 사상가들은 사회에 대한 서로 다른 이론들에 빠져 들었다. 〔일종의 반혁명적인 철학들이 특히 메스트르[6]와 보날[7]의 저술에서 발견되었다. (제2판)〕 어떤 학자들은 지극히 반혁명적이었다. 그들은 프랑스 혁명에서 권력 상쟁을 발견했고, 그 상쟁의 결과가 정부와 교회의 권력과 권위를 모두 파괴했으며, 나아가 가족 제도와 사유 재산 제도마저도 파괴할

---

[6] Joseph de Maistre(1753~1821). 계몽 사상에 반대한 프랑스의 전통주의 철학자. 그는 프랑스 혁명에 반대하고 왕정의 유지와 교황의 절대권도 주장했다. 특히 전쟁을 허용하고 민주주의를 부정한 그는 1792년에 스위스로 망명하였다.

[7] Louis Gabriel Ambroise, Vicomte de Bonald(1754~1840). 프랑스의 정치가이자 사상가. 그는 프랑스 혁명기에 하이델베르크로 망명하여 반혁명 사상을 주장했다. 왕정 복고 후 그는 교권과 왕권의 유지를 위해 노력했다.

것이라는 주장을 했다. 다른 이론가들은 사회가 사회계약으로 표현되는 피지배자의 동의에 의존한다고 주장했다. 이러한 국내 사상계의 분분한 의견들 속으로 외국의 철학들이 점차로 유입되었다. 이 철학들은 사회 철학뿐만 아니라 인식론과 형이상학도 취급하고 있었으며, 활발한 토론의 분위기를 만들어 주었다. 프랑스인들은 칸트, 헤겔, 피히테, 셸링, 슈트라우스, 포이어바흐, 괴테 등의 다양한 저서들을 읽기 시작했다. 이 저서의 목록에는 유물론과 관념론, 그리고 새로운 형이상학 체계를 대변하는 이들의 저서들이 포함되며, 인간의 본성, 절대자, 그리고 진보에 관한 당당한 이론들도 제시되었다.

정치적 무질서와 사상의 혼란을 극복하기 위해 콩트는 사회의 과학, 즉 실증주의를 발전시킴으로써 사회와 철학 양자에 대한 개혁에 착수했다. 콩트에게 있어서 논점은 신학적인 믿음이 더 이상 정치적 권위의 보조 역할을 해줄 수 없었던 시기에 어떻게 사회의 유대와 질서를 유지할 수 있는가에 맞추어져 있었다. 콩트는 신앙이 일치점을 찾지 못하고 사상의 무질서가 사회의 혼란을 야기할 때 야만적인 폭력의 독재 정권을 낳을 것이라고 믿었다. 콩트에게는 독재에 반대한 당시의 어떤 주장도 만족스러운 것이 못되었다. 혁명 이전대로 세속적 권력과 종교적 권력 간의 균형을 되찾으려는 사람들에게 콩트는 역사의 진행 과정을 역전시킨다는 것은 불가능하다고 대답했다. 한편 민주주의를 채택하자고 주장하는 사람들에 대해 그는 그들의 〈평등〉이나 〈자연권〉, 특히 〈시민 주권〉 같은 개념이란 형이상학적인 추상이며 도그마일 뿐이라고 반박했다. 그의 주장에 의하면 실증주의 방법만이 사회적 유대를 보증해 줄 수 있는 유일한 방법이었다. 그러므로 그는 사회를 재조직하기 위해서 우선 지적 개혁을 시도해야 했다. 바로 여기서 그의 고전적인 실증주의 이론이 탄생한 것이다.

3. 2. 실증주의의 정의

〈실증주의〉는 부정적인 요소와 긍정적인 요소를 모두 포함하고 있다. 부정적인 측면에서 보면 실증주의는 자연이 궁극적인 목적을 갖는다는 가정을 거부한다. 또한 그것은 사물의 〈본질〉이나 숨겨진 원인들을 발견하려는 어떠한 시도도 하지 않는다. 긍정적인 측면에서 보면 그것은 사물들 간의 불변적인 관계를 관찰하고 다양한 현상들 간의 불변적인 관계의 법칙으로 과학적 법칙들을 형성함으로써 사실들에 대한 탐구를 시도한다. 뉴턴은 이러한 정신으로 사물의 본성에 관해 의문을 제기하면서도 그 한계를 넘지 않음으로써 물리 현상을 설명하였다. 뉴턴 이전에 갈릴레이도 별들의 물질 구성에 대해 탐구하지 않은 채 별들의 운동과 관계를 이해하기 위한 위대한 업적을 이룩했다. 푸리에[8]는 열의 본성에 관해 어떠한 이론적 가설도 내세우지 않은 채 열의 확산에 관한 수학적 법칙들을 발견했다. 식물학자 퀴비에도 생명의 본성에 관한 가설 없이 생물체의 구조에 관한 몇 가지 법칙을 발견했다. 이러한 연구 및 탐구 정신의 결과로 과학에서 비롯된 지식은 사회적 영역에 사용될 수 있었으며, 바로 이러한 점이 실증주의의 커다란 장점이었다. 실증주의는 물질적 실재 — 예를 들면 의학의 경우 육체의 무질서 — 를 다루기 위한 유용한 수단을 약속하였을 뿐만 아니라 사회학자와 관련된 사회의 과학과도 관련되어 있었다.

초기 실증주의의 엄격성은 다음과 같은 콩트의 명제에 의해 명료하게 제시된다. 〈특수한 사실이든 일반적인 사실이든 어떤 사실에 대한 단순 명제로 환원될 수 없는 주장은 실재적 의미와 가지적 *intelligible* 의미 모두를 가질 수 없다.〉 실증주의자로 자처하면서 콩트 자신의 표현을 자주 빌려 사용했던 밀은 다음과 같이 실증주의를 개관하고 있다.

우리는 현상 이외의 어떠한 지식도 소유할 수 없으며 현상에 대한 우리의 지식은 절대적이 아니라 상대적이다. 우리는 어떤 사실의 본질을 알 수 없으며 그 사실을 산출하는 실재적 양상도 알 수 없다. 우리는 단지 계기나 유사의 현상을 통해 사실들 간의 관계를 알 수 있을 뿐이다. 이 관계들은 항구적이며 따라서 동일한 상황에서는 항상 동일하다. 현상들을 연결시켜 주는 불변적인 유사성과 현상들을 선행자와 후행자로 묶어 주는 불변적인 연속적 계기야말로 그 현상들의 법칙이다. 현상들의 법칙은 우리가 그것들에 대해서 알고 있는 모든 것이다. 그것들의 본성과 궁극적 원인들 — 작용인이든 목적인이든 — 은 우리에게 미지의 것이며 불가해적인 것이다.

---

8 Jean Baptiste Joseph Fourier(1768~1830). 수리 물리학을 수립한 프랑스의 수학자. 그는 『열 분석 이론』(1822)에서 고체의 열전도를 수학의 무한급수로 분석하는 방법인 편미분방정식의 경계치 문제로 다룸으로써 이른바 〈푸리에 급수〉 또는 〈푸리에 적분〉을 고안해 냈다.

이것은 콩트와 그의 추종자들이 사회와 종교의 탐구에 몰두했던 지적 태도였다. 그들의 주장에 의하면 결국 모든 주제는 진리에 이르는 동일한 접근법을 이용해야 한다. 왜냐하면 그러한 방식을 통해서만이 사회생활뿐만 아니라 사상에서도 일체감이 형성될 수 있기 때문이다. 확실히 이러한 방법은 사물의 본성에는 하나의 질서가 존재하며 인간이 그 질서의 법칙을 발견할 수 있다는 가정을 전제로 하고 있다. 콩트 역시 우리가 주관성의 함정에 빠지지 않기 위해서는 〈인간의 두뇌를 외계 질서에 대한 완전한 거울로 변형시켜야 한다〉고 생각했다. 자신의 목적 달성을 위한 콩트의 낙관론은 사상사에 대한 그의 해석과 다양한 과학의 발전에 대한 그의 탐구에서 비롯된다. 그가 생각하기에 그것들은 실증주의의 불가피성과 타당성을 분명히 지향하고 있었다.

3. 3. 세 단계의 법칙

사상사를 잘 검토해 보면 세 단계를 통한 사상의 흐름이 명료하게 나타나며, 그 각각의 단계는 진리를 발견하는 서로 다른 방식들을 보여 주고 있다는 것이 콩트의 생각이었다. 첫 번째 단계는 〈신학적인〉 단계로 모든 현상은 신성한 힘에 의해 실현된 것으로 설명된다. 두 번째인 〈형이상학적〉 단계에서는 인간 중심적인 신성한 힘의 개념이 비인격적이며 추상적인 힘들로 대치된다. 세 번째 단계는 〈실증주의적〉 또는 과학적인 단계로 여기서는 현상들 간의 불변적인 관계들만이 고려되며 우리의 경험을 초월한 존재에 의해 사물을 설명하려는 모든 시도가 사라진다. 그는 한 단계에서 다른 단계로의 이러한 진전을 〈세 단계의 법칙 *loi des trois états*〉이라고 불렀다. 그는 이 법칙이 사상사, 과학, 정치의 영역에서 작용하고 있다고 믿었다. 실제로 그에 의하면 사회의 구조는 시대의 철학적 정향을 반영하며 따라서 철학 사상의 주요한 변화는 정치 질서상의 변화를 야기할 수도 있는 것이었다. 예를 들어 그리스 신화와 정통 기독교 모두에서 우리는 신들의 섭리나 하나님의 섭리를 자주 발견한다. 이것은 정치 이론에서 그와 부합되는 왕권신수설을 형성한다. 그러나 이러한 신학적 접근 방식은 형이상학에 의해 대치된다. 형이상학은 유한한 사물들의 존재를 위한 설명으로 필연적 존재에 관해 언급한다. 콩트에 의하면 이 필연적 존재의 개념은 추상적이며 비인격적이다. 그것은 물질세계에 작용하는 어떤 신적 존재의 개념을 넘어섰지만 그것은 독단론의 무용함을 극복하지 못한다. 그와 부합되는 정치사상은 자연권이나 시민 주권 같은 추상적인 원리들을 형성하려는 시도다. 콩트는 이 두 단계의 정치 구조를 거칠게 거부했다. 그의 주장에 따르면 노예 국가나 무사 국가는 신학적 단계와 일치하며 그가 만민 평등 같은 사실무근의 도그마로 간주했던 자유 민주제에 대한 가정들은 형이상학적 단계의 것이다. 그러므로 콩트는 만인의 평등과 같은 명백한 도그마는 인간이 불평등하며 또한 서로 다른 능력을 소유하기 때문에 서로 다른 사회적 기능을 가져야 한다는 분명한 과학적 사실로 대치되어야 한다고 믿었다. 이와 같은 정치 질서의 문제들을 효과적으로 해결하려면 세심하게 만들어 낸 사회 과학이 필요했다. 콩트는 기존에 사용되고 있는 것에서는 찾을 수 없었기 때문에 〈사회학*sociologie*〉이라고 부르는 그것의 창안에 착수했다.

　콩트의 사회학 개념은 지식의 발전에 대한 그의 이론을 예증해 준다. 왜냐하면 그의 이론에 의하면 사상의 흐름은 일반성의 감소로부터 복합성의 증가로 나아가며, 추상적인 것에서 구체적인 것으로 나아가고 있기 때문이다. 즉 그는 다음과 같은 사실에 주목했다. 다섯 가지의 주요 과학들 중에서 최초로 나타난 것이 수학이며 그다음에 천문학, 물리학, 화학, 생물학이 차례로 나타난다는 것이다. 이 과정에서 그는 일반성과 단순성에서 복합성과 구체성으로 나아가는 흐름을 발견했다. 특히 수학은 보편량들을 취급하며 천문학은 질량과 힘과 인력의 어떤 원리들을 양에 첨가한다. 또한 물리학은 중력과 빛과 열을 취급할 때 여러 형태의 힘들을 구분해 주고, 화학은 물질들에 대해 양적인 분석과 질적인 분석을 동시에 하며, 생물학은 그 물질적인 질서에 유기체와 동물의 삶의 구조를 첨가한다. 콩트에 의하면 여섯 번째 과학인 사회학은 인간 상호의 사회적 관계를 취급하는데, 이는 이전의 여러 과학의 발전 단계의 필연적인 결론이라는 것이다. 콩트는 이러한 발전을 극적으로 묘사한다. 수학과 천문학은 일찍이 고대에서 출현했고, 물리학이 참되게 발전하기 위해서는 17세기의 뉴턴을 기다려야 했으며, 화학은 라부아지에Lavoisier에서 시작했고, 생물학은 비샤[9]에서 출발했으니 이제 사회학의 도래를 알린 사람은 바로 콩트 자신이라는 것이다. 그에게

---

9 Marie François Xavier Bichat(1771~1802). 본래 생물학자라기보다는 해부 및 생리학자. 여러 권에 이르는 광범위한 그의 해부학은 죽음으로 인해 완성되지 못했지만, 특히 『해부학 총론*Anatomie générale*』(1801)은 근대 조직학과 조직 병리학의 기초를 확립한 것이었다.

사회학은 과학의 여왕이며 지식의 정점이었다. 왜냐하면 그것은 이전의 모든 지식을 활용하며 그 모두를 평화롭고 질서 있는 사회를 건설하기 위해 통합하기 때문이다.

3. 4. 콩트의 사회학과 〈인간성의 종교〉

사회의 급격한 개조를 요구했던 혁명 사상가들이나 유토피아를 꿈꾸던 이상주의자들과는 달리 콩트의 노선은 항상 과학적인 정신을 투영하며 역사의 현실적 조건과 관계하는 것이었다. 특히 두 가지 측면이 그의 이론에서 강조되고 있는데, 하나는 사회의 〈정태적static〉 성분이며 다른 하나는 〈동태적dynamic〉 성분이다. 정태적 구성 요소는 가족, 사유 재산, 언어, 종교와 같은 사회의 안정된 요소들이다. 이 요소들은 실제적으로 지속적이기 때문에 콩트는 그것들의 혁명적인 변화를 획책하지 않는다. 한편 그는 동태적인 구성 요소를 인정하면서 그것을 진보의 동력으로 이해했다. 그의 〈세 단계의 법칙〉에 관한 이론은 이 동태적 힘을 기술적으로 정교화한 것이다. 그러므로 진보는 근본적인 사회적 요소들의 개조와 관계하는 것이 아니라 어떻게 우리가 최적의 방식으로 이 안정된 구조들을 유용하게 할 수 있는가를 이해하는 것과 관련된다. 별들과 별자리들의 운동에 대한 우리의 설명이 신학적인 차원에서 형이상학적인 차원으로, 결국은 과학적인 차원으로 변화해 왔지만, 그것들 자체는 변화하지 않는 것처럼 사회의 여러 구조의 기본 요소들은 결코 변화하지 않는다. 예를 들어 가족은 지속적임에 틀림없으며 콩트는 이 제도를 사회의 근본적인 벽돌들이라고 생각했다. 그러나 가족의 어떤 측면은 여성의 개선된 지위처럼 변화할 것이다. 이와 유사하게 재산도 더 이상 과욕과 선망의 대상이 아니라 이타주의적인 최고의 본능을 환기시키는 방식으로 사용되어야 한다. 콩트는 종교를 전 체계의 핵심이라고 믿었다. 그러나 이제 종교는 초자연적인 존재에 대한 숭배가 아니라 인간성의 예찬으로 구성될 것이다. 또한 실증주의는 세속적 제도와 종교적 제도들 모두를 활용하는 정치 조직을 요청할 것이다. 이제 이 양자는 경쟁하지 않고 오히려 서로의 결점을 조화롭게 보충해 줄 것이다.

콩트는 중세를 자주 언급하는데, 그가 생각하기에 그 시대는 사회의 정태적 구성 요소와 동태적 구성 요소의 관계가 가장 적합하게 상호 조화를 이루고 있었다. 실제로 그는 중세의 공동 사회를 새로운 사회의 모델로 이용한다. 물론 그는 이 시대의 신학적인 측면들을 거부한다. 그러나 그를 매혹시켰던 것은 이 시대 속에서 종교와 사회의 친밀한 관계, 다시 말해 사상 체계와 사회 구조들의 조직 간에 이루어진 친밀한 관계였다. 가족, 재산, 정부, 이 모든 요소들은 공통의 신앙 체계 속에서 정당화의 근거를 찾았으며 또한 그 체제로부터 동기화의 근거를 구했던 것이다. 그러므로 19세기 사회의 재조직을 위한 열쇠는 옛 구조들을 파괴하고 새로운 구조들을 창조하는 데 있는 것이 아니라 사회의 장기 지속적인 요소들을 현재까지 연장시키는 데 있으며, 종교와 사회 제도의 관계를 재정립함으로써 현재의 무질서를 극복하는 데 있다. 지적이며 기술적인 진보를 통해서 종교와 사회의 이러한 유대가 재정립될 수 있다. 콩트에 의하면 그 시대의 지적, 정치적 무질서의 대부분은 과학의 성장에 의해 야기된 신학적 권위의 붕괴에서 비롯된 것이었다. 그렇지만 그는 신학이 이전처럼 당대인의 정신에 대해 우위를 재정립한다는 것은 불가능하다고 믿었다. 나아가 개인의 사상과 의견을 예찬하는 계몽주의의 유산도 사회의 유대에 기여할 수 없는 것이었다.

오직 새로운 종교만이 모든 사람 사이 그리고 그들의 사유 작용과 생활 방식 간의 일체감을 창조해 낼 수 있었다. 콩트에 의하면 중세는 사회 조직화에는 성공했지만 그 시대의 지적 방향 설정은 잘못된 것이었다. 반면에 현재의 유럽은 과학적 실증주의라는 올바른 철학적 방향을 갖고 있지만 적합한 조직화에는 실패했다. 비록 과학은 신학의 권위를 흔들어 놓았다 하더라도 그것을 완전히 제거하지는 못했다. 또한 과학과 종교의 관계에 관한 논쟁은 지성과 감성의 상대적인 역할에 대한 특수한 문제를 야기했다. 그러므로 콩트의 중대한 사명은 과학의 입장에서 종교의 본성을 재인식하는 것이고 새로운 종교와 사회의 구조들을 결속시키는 것과 사람들의 지성과 감성을 통일시킴으로써 인간의 모든 행위에 목적감이나 지향감을 고취시키는 것이었다. 이러한 과업을 진행하면서 콩트는 이렇게 말했다. 〈이제 사랑은 우리의 원리고, 질서는 우리의 토대며, 진보는 우리의 목적이다.〉

그가 원하는 새로운 사회상은 무엇보다도 그가 원하지 않는 사회상에 의해 제시된다. 비록 신학의 단계는 지나갔지만 형이상학에 의해 창조된 새로운 도그마들은 아직 배회하고 있었다. 따라서 이 도그마들도 바로 척결되어야 한다. 새로운 사회의 건설을 위해서 구시대의 모든 허구들은 사라져야 한다. 그 허구가 유신론자의 신이든 아니면 평등이나 시민 주권 같은 형이상학적 도그마이든 말이다. 이제 정신의 기능은 사물의 참된 실제 상태를 비추어 주는 거울이 되어야 하며, 따라서 새로운 종교의 내용도 객관적으로 실재하는 근거로부터 도출되어야 한다. 콩트에 의하면 그 근거는 인간성 그 자체다. 결국 우리 모두는 인간성으로부터 물질적, 지적, 영적, 도덕적인 자원을 이끌어 내야 한다. 그러나 과거의 도그마들을 보유하길 바라지는 않았을지라도 그는 새로운 인간성의 종교 — 이것은 가톨릭교회의 세속화된 변형이다 — 를 창시했다. 콩트는 하느님 대신에 인간성으로 대치시켰으며, 그는 이를 〈위대한 존재 Grand-Être〉, 즉 최고 존재 Supreme Being라고 불렀다. 그는 그 자신이 대주교가 되었고 대부분 유명한 과학자들로 구성된 성자력(聖者歷)을 작성했으며 교리 문답서를 창안했다. 그 교리 문답서 말미에서 그는 이렇게 말한다. 〈인간성은 명백히 하느님을 대신한다. 그러나 그것은 하느님이라는 관념이 잠정적으로 행했던 봉사들을 결코 잊지 않는다.〉 또한 성례(聖禮)는 〈사회적〉으로 하며 세례 présentation를 포함한다. 입교 자격은 14세며, 21세가 되면 인류에 봉사할 자격이 주어진다. 인생의 목표 설정이나 직업의 선택은 28세에 하며, 결혼은 남자는 28세, 여자는 21세에 하고 퇴직은 63세에 한다. 밀은 모든 초자연적 요소들이 제거된 로마 가톨릭교회의 세속화된 변형을 세우려 했던 콩트의 시도를 아쉬워했다. 자신을 대주교의 역할에 스스로 임명했던 콩트의 시도에 대해 밀은 〈비웃지 않을 수 없는 분위기가 콩트의 종교를 감싸고 있다. 다른 사람들이 웃고 있는 동안에 우리는 한 위대한 지성의 이 서글픈 타락에 차라리 울고 싶다〉고 말했다.

  콩트는 그의 체계적인 사상의 출발점에서는 실증 과학의 목적을 〈건전한 철학, 참된 종교의 토대를 제공할 수 있는 철학〉의 창조에 두었다는 사실은 의심의 여지가 없다. 그러나 한편 그의 후기 저작들은 누구와도 비교할 수 없는 천사였던 클로틸드 드 보 Clotilde de Vaux와 1844년에서 1846년까지 2년간 지속되었던 열정적인 로맨스가 그녀의 비극적 죽음으로 끝남으로써 비롯된 정서적 위기에 의해 영향을 받았다. 초기 저작에서 지성의 역할을 강조했던 그는 이제 사랑의 지상권을 주장하기에 이르렀던 것이다. 〈사랑의 요소가 우리의 본성을 지배한다는 진리는 무엇보다도 분명한 것이다.〉 이러한 이유에서 그는 이렇게 서술하고 있다.

  참된 종교의 도덕적 탁월성이 실증되는 곳에서 감정은 최고의 위치를 차지한다.

그러나 감정에 대한 이성의 반란은 새로운 서구의 사제들이 현대의 지식인들의 요구들을 충분히 충족시켜 줄 수 있을 때까지는 결코 종식되지 않을 것이다. 일단 반란이 종식되면 도덕적인 요구들은 즉시 자신들의 이전 위치를 되찾을 것이며, 따라서 실제로 완전한 종합이 이루어질 때 사랑은 자연히 유일한 보편적 원리가 될 것이다.

감정의 지상권에 비추어 볼 때 실증 철학의 기능은 〈감정을 통해 이성과 행위를 영원한 조화로 인도함으로써 우리의 사적 실존과 공적 실존의 전 과정을 규칙화하는 체계〉를 이루는 것이다. 사랑은 최고의 도덕률이기 때문에 지성의 모든 사유와 행위들은 사랑에 종속되어야 한다. 따라서 과학자는 철학자가 되고 철학자는 사제가 되며 그 속에서 모든 삶은 〈연속적이며 열렬한 숭배의 행위〉로 변하며 〈타인을 위한 삶〉이 인간의 참된 도덕규범으로 규정된다. 과학자들은 사회를 조직하고 통제하며 철학자와 사제들은 공적 숭배를 조직화하고 교육을 통제함으로써 사회에 대한 그들의 영향력을 행사한다. 이러한 방식으로 콩트는 중세의 종교적 권위와 정치적 권위의 분리를 닮은 현대적 변형을 수립하려고 노력했다. 또한 이러한 방식으로 도덕은 정치에서 독립하여 정치, 경제적 질서에 일종의 구성적 영향을 행사하게 된다.

문명의 질서도 역동적 진보의 힘을 반영한다. 특히 이 과정은 군사적 토대에서 산업적 토대로의 추이를 보여 준다. 콩트에 의하면 역사의 군사적 단계는 고립된 물적 자원과 생존을 위한 인간의 노동력을 결합시킴으로써 근대 국가의 산업을 조직화하고 노동력을 신장하는 데 크게 기여했다. 그러나 이제 산업과 규율의 습관은 평화와 내부의 질서와 문명을 위해 사용되어야 한다. 콩트에 의하면 인간의 모든 노력은 본성의 질서에 대한 개선에 그 중심 목적을 두고 있다. 과학은 인간이 본성을 이해하는 데 도움을 주며 따라서 우리는 본성을 개선해 나갈 수 있다. 새로운 신인 인간성은 이전의 종교처럼 엄숙한 정적 상태에서 숭배되지 않는다. 왜냐하면 〈실증 종교positive religion〉에서의 〈숭배의 대상은 인간성이므로 그의 본성은 상대적이고 개선 가능하며 완전 지향적〉이기 때문이다. 그러한 숭배를 통해 진보가 이루어진다. 진보는 〈사랑의 영향하에서의 질서의 발전〉이다. 콩트가 인간의 노력에 그토록 중점을 둔 이유는 신학상의 섭리론 — 또는 신적 인도 — 을 대치하기 위해서다. 그는 이렇게 말한다. 〈우리는 우리 자신의 끊임없는 행위가 우리의 운명의 엄격성을 완화시켜 줄 수 있는

유일한 섭리임을 알아야 한다.〉

콩트는 인간의 섭리를 주로 네 가지로 나눌 수 있다고 주장했다. 여성은 도덕적 섭리며, 사제는 지적 섭리고, 자본가들은 물질적 섭리며, 노동자들은 일반적 섭리이다. 콩트에 의하면 〈모든 국민은 최고 존재의 활동을 나타낸다. 여성은 최고 존재의 동정을, 철학자는 최고 존재의 지성을 나타낸다〉. 자본가들은 〈양분의 저장고들이므로 최고 존재의 사회적 능률도 주로 소수에 집중된 자본가들의 존재에 의존한다〉. 또한 도덕적인 감화만이 〈그들의 어리석고 비도덕적인 자만〉을 교화할 수 있다. 콩트가 구사하는 사회에서의 각 개인들은 자신의 능력에 적합한 장소에 고정된 채 각자의 특수한 기능을 수행하지 않으면 안 된다. 특히 지적 엘리트들에게는 지상권(至上權)이 부과된다. 왜냐하면 복합적인 사회를 통치하는 기술적인 문제들은 오직 전문가들에 의해서만 이해될 수 있기 때문이다. 이러한 이유에서 콩트는 대중들에게 정치 행정상의 문제들을 자유롭게 토의하고 탐구할 수 있도록 허용하는 것은 전혀 의미가 없다고 생각했다. 이는 마치 화학 분야의 특수한 기술적인 문제를 놓고 그들의 의견을 경청하는 것이나 다를 바 없다. 대중들은 그 두 분야에 대한 적절한 정보를 결여하고 있다. 그러므로 그는 〈개인의 정신이 지닌 정처 없는〉 자유를 폐지해야 한다고 주장했다.

다시 말해 인간성의 종교가 성공하기 위해서는 가족의 안정과 이타주의 정신 그리고 사랑을 통한 가족의 교화가 요구된다. 콩트는 인간의 본성적인 약탈성을 주장하는 과거의 신학적 태도나 이타주의가 인간 본성에 적합하지 않다는 주장을 거부했다. 콩트는 골상학의 창시자인 갈(Franz Joseph Gall, 1758~1828)이 두뇌에 자비심이라는 〈기관〉이 존재한다고 주장했던 점을 인용하면서 이타적인 본능을 과학적 사실로 간주했다. 계속해서 콩트는 여성의 역할을 강조한다. 즉 중세적인 균형이 균열되기 시작한 이후, 또는 남성들이 현실적이며 물질적인 목적에 사로잡혀 있었을 때 도덕성을 보존해 온 자들이 여성이었던 것처럼 오늘날에도 여성은 가족 내에서 창조적인 기능을 계속 발휘해야 하며, 그들의 〈이성적인 능력과 풍부한 상상력을 감성적인 봉사 정신으로〉 자발적으로 정화시켜 나가야 한다. 콩트의 〈실증주의의 깃발〉에 그려진 인간성의 심벌은 어린 아들을 품에 안고 있는 젊은 어머니였고 그 어머니의 모습이야말로 기독교와 인간성의 종교 사이의 궁극적인 유사점을 제공해 주는 것이다.

콩트가 새로운 종교의 창설에 점점 더 심혈을 쏟게 되자 그가 그토록 옹호했던 실증주의 원리들은 점차 퇴색해 갔다. 결국 콩트는 역사의 실제적인 경로를 추적하는 대신에 사회가 나아가야 할 목적을 제시하려 했던 것 같다. 비록 콩트의 영향은 정치적으로 좀 더 매력적인 마르크스의 이론에 의해 곧 사라지게 되었지만 그는 오늘날까지도 베이컨과 홉스에서 시작해서 그 이전에 출현한 경험론자들인 로크, 버클리, 흄 등 인상적인 사상가들의 계열에 속하는 주도적 인물로 남아 있다. 〔결국은 마흐[10]와 푸앵카레[11]와 같은 과학적 방법론자들뿐만 아니라 러셀과 현대의 논리 실증주의자들을 포함한 사상의 계보에서도 콩트보다 중요한 역할을 한 사람은 그리 많지 않다. (제2판)〕

---

[10] Ernst Mach(1838~1916). 초음속과 충격파를 연구하여 마흐 수(數)의 개념을 만들어 낸 오스트리아의 물리학자이자 철학자. 그는 이 개념을 통해 뉴턴 역학의 기초 개념을 검토하여 아인슈타인에게도 커다란 영향을 끼쳤다. 한편 그는 물질이나 정신도 우리가 경험하는 다양한 종류의 잡다한 감각적 요소의 복합으로 이뤄진다는 실증주의적 경험 비판들을 제기했다.

[11] Jules Henri Poincaré(1854~1912). 보형관수론(保形關數論)과 그것의 응용 방법을 제시한 프랑스의 수학자. 그는 수리 물리학과 천체 역학에도 크게 공헌한 바 있다.

15 키르케고르, 마르크스, 니체

19세기를 통해 칸트, 헤겔, 다른 독일 관념론자들의 사상은 철학뿐만 아니라 종교, 미학, 그리고 심리학의 새로운 분야에도 커다란 영향을 끼쳤다. 이 철학자들은 정교한 사상 체계를 고안해 냈으며 복잡한 철학 용어들을 창출하기도 했다. 많은 철학자들이 그들의 사상을 받아들이는 동안 다음의 세 철학자들은 이러한 경향에 대하여 매우 비판적으로 반응하였다. 쇠렌 오뷔에 키르케고르(Søren Aabye Kierkegaard, 1813~1855)와 카를 하인리히 마르크스(Karl Heinrich Marx, 1818~1883), 프리드리히 니체(Friedrich Nietzsche, 1844~1900)가 그들이다. 그들은 당시에는 그다지 드러난 인물이 아니었더라도 다음 세기의 지적 사유에 지대한 충격을 주기에 충분했다. 키르케고르는 헤겔의 체계 구축적 접근 방식을 거절했다. 그 대신 그는 진리 탐구란 종교적 신앙에 기초한 개인적 선택의 문제라고 주장했다. 마르크스는 독일 철학의 관념론적 경향과 당시의 모든 자본주의적 경제 구조를 거부했다. 그 대신 그는 물질 세계를 지배하는 법칙이 결국 자본주의를 공산주의 사회 체제로 대치시킬 것이라고 주장했다. 니체는 종교적이고 이성적인 가치 체계를 모두 거부하고 그 대신에 개인적 선택에 기초한 도덕성을 제안한 바 있다. 이 세 철학자들은 신의 존재와 같은 첨예한 문제에 관해서는 서로 다른 입장들이었다. 그럼에도 불구하고 그들은 19세기의 유럽 문화가 사회 통합에는 역기능적이라는 신념을 공유하고 있었다. 더구나 그들 모두는 우리가 만연하고 있는 문화적 태도와 근본적으로 절연할 때라야 비로소 인간 존재와 사회에 대한 적절한 이해에 이르게 될 것이라고 주장한다.

1. 키르케고르

1813년에 코펜하겐에서 태어난 그는 짧은 생애 동안 여러 권의 빛나는 작품들을 남겨 놓은 채 1855년에 42세를 일기로 세상을 떠났다. 비록 그의 저서들은 그의 사후에 곧 잊혔지만, 20세기 초 몇 명의 독일학자들에 의해 재발견되면서 커다란 파문을 던져 주었다. 키르케고르는 코펜하겐 대학교에서 헤겔 철학을 배웠으나 별로 깊은 인상을 받지 못했다. 그는 베를린 대학교에서 헤겔에 대해 비판적이었던 셸링의 강의를 듣고 독일의 가장 위대한 사변적 사상가에 대한 그의 비판에 동의했다. 〈만일 헤겔이 그의 논리학을 모두 완성한 뒤에…… 그것이 단지 하나의 사상적 실험에 불과하다고 말했었다면, 그는 확실히 가장 위대한 사상가일 수도 있었을 것이다〔그런데 그는 그렇게 말하지 않았다〕. 그러니 그는 희극 배우일 수밖에…….〉 키르케고르가 생각하기에 헤겔은 희극 배우였다. 왜냐하면 이 위대한 철학자는 자신의 사상 체계로 모든 실재를 포용하려 했지만 그 과정에서 가장 중요한 요소인 〈실존〉을 간과했기 때문이다. 키르케고르에게 실존이라는 단어는 개체적인 인간 존재를 표현하기 위한 것이었다. 그에 의하면 실존한다는 것은 어떤 종류의 개체가 되는 것을 의미한다. 즉 노력하는 개체, 양자택일에 직면한 개체, 선택하는 개체, 결정하는 개체, 특히 자신을 위탁할〔기투할〕 수 있는 개체를 의미했다. 사실상 헤겔의 철학에는 이러한 행위들이 전혀 내포되어 있지 않았다. 키르케고르의 생애는 추상적 사유에 대한 자아 의식적 반동이며 포이어바흐의 다음과 같은 격률에 따라 살아가려는 시도라고 생각될 수도 있을 것이다. 〈인간이 되는 것의 반대편에 서서 철학자가 되기를 원하지 말라. ……철학자로서 사유하지 말라. ……하나의 살아 있는, 실재하는 존재로서 사유하라. ……실존 속에서 사유하라.〉

쇠렌 오뷔에 키르케고르

1. 1. 인간의 실존

키르케고르에게 〈실존 속에서 사유한다〉는 것은 인간이 개인적 선택에 직면해 있는 존재라는 사실을 인정하는 것을 의미했다. 〔인간은 항상 하나의 〈실존적 상황〉 속에 있는 자신을 발견한다. (제2판)〕 이러한 이유에서 인간의 사유 작용은 자신의 개인적 상황과 우리가 반드시 내려야 하는 중대한 결정들을 다루어야 한다. 헤겔의 철학은 실재에 대한 인간의 이해를 망쳐 놓았다. 왜냐하면 그것은 인간의 관심을 구체적인 개체들로부터 보편자들의 개념으로 옮겨 놓았기 때문이다. 그것은 인간에게 존재하기보다 사유할 것을 요구한다. 〔실존적〕 결정과 기투에 둘러싸여 존재하기보다는 절대 이성을 사유하라고 요구한다. 키르케고르는 관객과 배우를 구분하면서 배우만이 〈실존〉 속에 포함된다고 주장했다. 확실히 관객도 존재한다고는 말할 수 있다. 그러나 실존이라는 단어는 불활성이나 무위(無爲)의 사물들에 적용될 수 없다. 관객이든 돌멩이든 마찬가지다. 키르케고르는 한 마차에 타고 있는 두 종류의 인간들을 비교함으로써 이러한 구분의 실례를 보여 준다. 한 사람은 그의 두 손에 고삐를 쥐고 있으나 잠들어 있다. 다른 한 사람은 완전히 깨어 있는 상태다. 이 경우에 말은 자고 있는 사람의 제재를 받지 않고도 익숙한 길을 따라 간다. 그러므로 진정한 마부는 오히려 깨어 있는 사람이다. 확실히 어떤 의미에서는 두 사람 모두 존재한다고 말할 수 있을 것이다. 그러나 키르케고르에 의하면 실존은 개인이 소유한 하나의 특성과 관련되어야 한다. 즉 한 행위로의 개인의 의식적인 참여를 의미한다. 의식적인 마부만이 실존하는 것처럼, 의지와 선택의 의식적 행위에 참여한 사람만이 실존한다고 말할 수 있다. 그러므로 관객과 배우 모두가 존재하지만 배우만이 실존에 관계하는 것이다.

이성적 지식에 대한 키르케고르의 비판은 엄격했다. 그가 생각하기에 합리성을 강조한 그리스적 지혜는 이후의 철학과 기독교 신학에 깊이 침투해 있었다. 특히 그는 그리스 철학이 수학에 대한 높은 관심에 의해 지나치게 영향을 받았다고 주장했다. 물론 그는 적절히 사용되는 수학이나 과학을 거부할 의사가 결코 없었다. 그러나 그는 과학적 사고방식을 사용하여 인간 본성을 성공적으로 이해할 수 있다는 가정을 거부했다. 수학과 과학에는 인간 개체가 들어설 장소가 없다. 그것들은 오직 일반적인 것과 보편적인 것에만 장소를 제공할 뿐이다. 이와 유사하게 플라톤의 철학은 형상, 보편 진리, 보편 선과 같은 보편자들만을 강조한다. 플라톤의 생각은 만일 인간이 보편 선을 인식한다면 그는 그것을 행할 것이라는 가정이 전부였다. 키르케고르에 의하면 윤리학에 대한 그러한 접근 방식은 인간의 실제 상황을 곡해한 것이다. 그 대신 그는 다음과 같은 사실을 중시했다. 즉 어떤 인간이 지식을 소유한다 해도 그에게는 아직 결정을 해야 할 상황이 남아 있다는 것이다. 방대한 철학 체계의 형성을 위한 노력은 결국 기나긴 우회로를 따라 돌아가는 행위일 뿐이다. 따라서 그 노력은 개인에 대한 관심으로 환원되지 못할 때 수포로 돌아가고 만다. 확실히 어떤 문제들은 수학과 과학에 의해 해결될 수도 있고, 형이상학과 윤리학에 의해 해결될 수도 있다. 그러나 이러한 보편적이거나 일반적 문제들 너머에는 삶이, 개별적인 문제들에 직면한 개인들의 삶이 존재한다. 이 위기의 순간에 추상적인 사유는 결코 도움을 줄 수 없다.

키르케고르는 성서 속의 아브라함의 이야기를 전형적인 인간의 조건으로 생각했다. 〈하느님께서 아브라함을 시험해 보시려고 《아브라함아!》 하고 부르셨다. 《어서 말씀하십시오》 하고 아브라함이 대답하자 하느님께서는 이렇게 분부하셨다.《사랑하는 네 외아들 이사악을 데리고 모리야 땅으로 가거라. 거기에서 내가 일러주는 산에 올라가 그를 번제물로 나에게 바쳐라.》(「창세기」 22장 1~2절)〉 하느님에 거역하느냐 아들을 희생시키느냐를 결정해야 할 순간에, 과연 어떤 지식이 아브라함을 도울 수 있을까? 삶에서 가장 날카로운 순간은 개인적이며, 개인은 이때 한 주체로서 자기 자신을 깨닫게 된다. 이성적 사유는 이러한 주관적 요소를 모호하게 하고 심지어 부정하기조차 한다. 왜냐하면 이성적 사유는 오직 인간의 객관적 특성 ─ 〈모든〉 인간이 공유하는 특성만을 고려하기 때문이다. 그러나 주체성은 각 개인들에 고유한 실존을 구성해 준다. 이런 이유로 객관성은 개인의 자아에 대한 진리 전체를 제공해 줄 수 없다. 이성적, 수학적, 과학적 사유가 인간을 순수한 실존으로 인도할 수 없는 이유도 바로 여기에 있다.

1. 2. 주체성으로서의 진리

키르케고르에 의하면 진리는 주체성이다. 이 생소한 주장을 통해 그가 강조했던 바는 선택하는 사람들을 위해 〈바깥 거기〉에 미리 준비된 진리란 없다는 사실이었다. 미국의 철학자 윌리엄 제임스도 〈진리는 (의지의 행위에 의해) 만들어진다〉고 유사하게 주장한 바 있다. 키르케고르에 있어서 〈바깥 거기, 즉 외계〉에 존재하는 것은 〈일종의 객관적인 불확실성〉뿐이다. 비록 그는 플라톤에 대해서는 비판을 가했지만, 소크라테스의 무지에 대한 요구에서 이러한 진리의 개념의 훌륭한 예를 발견했다. 〈소크라테스가 그의 인격적 경험에서 나온 모든 격정을 가지고 고수했던 소크라테스적 무지는 영원한 진리란 실존하는 개인과 관련된다는 원리를 표현해 주고 있다.〉 이는 정신의 계발만이 삶에서 중요하고 결정적인 것은 아니라는 사실을 암시해 준다. 좀 더 중요한 것은 인격의 발전과 성숙인 것이다.

인간의 상황을 묘사하면서 키르케고르는 인간이 지금 있는 그대로의 상황과 당위로서의 상황을 구분했다. 즉 [인간의 삶에는 본질적인 조건에서 실존적인 조건으로] 본질에서 실존으로의 운동이 존재한다. 전통적인 신학은 이러한 운동을 원죄론의 견지에서 설명한다. 인간의 본질적 속성은 신과의 관계를 내포한다. 따라서 인간의 실존적 조건은 신으로부터 소외의 결과다. 만일 어떤 인간의 행위들이 신으로부터 점점 멀어져 가면 그의 소외와 절망감도 심화된다. 인간은 자신의 유한성과 불안정성을 감지할 때 이를 극복하기 위해 〈어떤 것을 행하려〉 한다. 그러나 그가 행하는 것들은 그의 불안에 죄의식과 절망감을 더해 줌으로써 문제를 더욱 악화시킬 뿐이다. 예를 들어 군중 속에서의 자기 해소도 이 소외감에는 결코 도움이 되지 못한다. 키르케고르에 의하면 군중이나 집단이 부유하든 가난하든, 정치적이든 아니면 교회의 집회이든 이 모든 경우에 〈군중은 바로 그 본성에 있어서 비진리적이다. 왜냐하면 군중은 개인을 철저히 냉혹하고 무책임하게 만들거나 적어도 인간의 책임감을 약화시키기 때문이다〉. 간단히 말해 군중 속에 존재한다는 것은 자아를 희석시킴으로써 한 개체로서 인간의 본성을 파괴한다. 키르케고르에게 있어서 실질적인 해결책은 사람들의 집단보다 우리 자신을 신과 관계하는 것이다. 이렇게 하지 않을 때 우리의 삶은 불안으로 가득 찰 것이다. 우리의 관심을 신에게로 옮기는 것이 종종 까다로운 과정일지라도 키르케고르는 그것을 〈삶의 방식에 관한 단계들〉로 묘사한다. 〔키르케고르에 의하면 인간이 신 속에서 그의 본질적 자아를 현실화할 때까지 그의 삶은 불안으로 가득 차 있다. 비록 불투명한 것이기는 하지만 인간의 불안*Angst*은 실존적 자아가 본질적 자아로부터 깊이 소외되어 있다는 사실을 그가 인식할 때 야기된다. 이 소외감은 본질적 자아를 회복하려는 역동적인 충동을 인간의 내부에 생겨나게 한다. 이 역동적 운동을 묘사하면서 키르케고르는 〈삶의 방식의 3단계〉를 주장한다. (제2판)〕

1. 3. 미적 단계

〈3단계〉에 대한 키르케고르의 분석은 인간의 자아의식의 점진적인 발전을 주장했던 헤겔의 이론과 날카롭게 대조된다. 헤겔은 정신의 변증법적 운동을 사유과정을 통해 지적 자각의 단계에서 다음 단계로 이동하는 것으로 설명한다. 그러나 키르케고르는 자아의 운동을 선택 행위를 통한 실존의 한 단계에서 다음 단계로의 운동으로 묘사한다. 헤겔의 변증법이 보편적인 것에 대한 인식을 점진적으로 지향한다면, 키르케고르의 변증법은 개체적인 것의 점차적인 현실화 과정을 내포한다. 헤겔이 개념적인 행위에 의해 반정립을 극복한다면, 키르케고르는 인격적인 실천의 행위에 의해 그것을 극복한다.

키르케고르에 의하면 이 변증법적 과정의 제1단계는 〈미적 단계〉다. 이 수준에서

키르케고르의 집(오른쪽에서 두 번째)

인간은 충동과 감정에 따라 행동한다. 비록 이 단계에서의 인간이 단순히 감각적이기만 한 것은 아닐지라도 그는 거의 감관들에 의해 지배된다. 이러한 이유에서 미적인 인간은 결코 보편적인 도덕 기준을 인식하지 못한다. 그는 특수한 종교적 믿음도 갖지 않는다. 그의 주요한 동기 유발은 가장 다양한 감각적 쾌락들을 향유하기 위한 갈망이다. 그의 삶에는 자기 자신의 취향을 제외하면 어떠한 제한의 원리도 없다. 즉 그는 자신의 다양한 선택의 자유를 제한하는 어떤 것도 거부하는 것이다. 이 단계에서 개인은 고의적으로 미적인 인간이 되기를 선택한 경우에 한해서 실존할 수 있다. 그러나 이 단계에서 어떤 실존이 이루어질 수 있다고 해도 그것은 실존의 다소 빈곤한 성질일 것이다. 비록 그는 미적 삶의 방식이 충분히 이뤄진다 해도 삶은 그 이상의 것으로 이뤄져야 한다는 사실을 깨닫고 있다. 〔즉 미적 수준의 인간은 결국 자신의 다양한 감각 경험들에도 불구하고 자신의 삶이 감정적이며 감각적인 경험들 이상의 어떤 것으로 이루어지며 또한 〈이루어져야 한다〉는 사실을 자각하게 된다. (제2판)〕

키르케고르에 의하면 우리는 인간의 능력을 〈영적인 것〉과 〈미적인 것〉으로 구분해야 한다. 그는 인간의 영적 능력이 심미적인 것을 토대로 한다고 믿었다. 누군가 딴사람에 대해 이런 구별을 하게 하는 한 가지가 존재한다. 그러나 각 개인들은 자기 자신의 내부에 이러한 두 가지 가능성에 대한 자각을 동시에 소유하며, 따라서 개인의 내부에는 변증법적 운동이 야기된다. 감각적 충동의 반정립은 영혼의 인력이다. 경험적으로 우리가 실제로 심미적인 것의 〈지하실〉에 살고 있다는 것을 발견할 때, 이러한 갈등은 불안과 절망을 낳는다. 그러나 이 단계에서의 삶은 아무리해도 참된 실존으로 귀결될 수 없다. 이제 개인은 〈이것이냐 저것이냐〉의 결정에 직면한다. 한계를 인식하면서도 매력에 끌려 미적 수준에 남아 있을 것인가 아니면 다음 단계로 나아갈 것인가? 키르케고르에 의하면 이러한 전환은 사유에 의해서만 이루어질 수 없다. 그것은 오히려 의지적 행위인 기투(企投)에 의해서 이루어진다.

1. 4. 윤리적 단계

두 번째 수준은 〈윤리적 단계〉다. 그 자신의 취향 이외에는 어떤 보편적 기준도 갖지 않는 미적 인간과 달리, 윤리적 인간은 이성이 공식화해 주는 행위의 규율들을 인식하고 수용한다. 도덕률들은 윤리적 인간의 삶에 형식과 일관성을 제공한다. 더욱이 윤리적 인간은 도덕적 책임감이 자신의 삶에 부과한 제한 요소들을 받아들인다. 키르케고르는 윤리적 인간과 미적 인간의 차이를 성행위에 대한 양자의 태도를 통해 예시한다. 즉 후자는 매력적인 대상이 존재하면 언제든지 충동에 굴복하지만, 전자는 이성의 표현으로 결혼의 의무를 준수한다. 돈 후안Don Juan이 미적 인간을 대표한다면, 윤리적 인간 혹은 보편적 도덕 법칙의 영역을 대표하는 인물은 소크라테스다.

윤리적 인간은 도덕적인 자기 충족감을 갖는다. 그는 도덕적 문제들에 대해 확고한 기준을 갖는다. 예를 들면 소크라테스는 선을 아는 것은 선을 행하는 것이라고 주장했다. 대부분의 경우에 도덕적 인간은 도덕적 죄를 무지의 산물이거나 약한 의지의 산물이라고 생각한다. 그러나 바로 그때, 윤리적 인간의 의식 속에는 변증법적인 과정이 작용하기 시작한다. 그는 도덕 법칙에 대한 불충분한 지식이나 약한 의지보다 더 심각한 어떤 것에 자신이 연루되어 있음을 깨닫기 시작한다. 즉 윤리적 인간은 결국 자신이 도덕적 법칙을 수행할 수 없다는 사실과 오히려 고의적으로 그 법칙을 위반하고 만다는 것을 인식하게 된다. 그리하여 죄와 죄책감을 의식하게 된다. 키르케고르에 의하면 죄책감은 반정립으로서 변증법적 요소가 되며 여기서 인간은 또다시 새로운 〈선택〉에 직면하게 된다. 윤리적 수준에 남아 도덕 법칙을 수행하기 위해 계속 노력해야 하는가, 아니면 새로운 깨달음에 응답해야 하는가. 이것은 특히 자신의 유한성과 신으로부터의 소외를 자각함으로써 신에 귀의하고 신으로부터 자신의 힘을 이끌어 내야 한다. 그러므로 윤리적 단계에서 다음 단계로의 이행 역시 사유 작용에 의해서가 아니라 기투에 의해서, 즉 신앙의 도약에 의해서 이루어질 수 있다.

1. 5. 종교적 단계

인간이 세 번째 단계인 〈종교적 단체〉에 도달할 때 신앙과 이성의 차이는 확실해진다. 미적 단계로부터 윤리적 단계로의 전환은 선택과 기투의 행위를 요구하며, 도덕 법칙이 보편적 이성의 표현인 한 그것은 인간을 이성의 참여로 이끌고 간다. 왜냐하면 도덕 법칙이란 인간의 보편적 이성의 표현이기 때문이다. 그러나 윤리적 단계에서 종교적 단계로의 이행은 전혀 다르다. 신앙의 도약은 이성적으로나 객관적으로나 절대자와 궁극적 진리라고 묘사될 수 있는 종류의 신의 참여를 의미하지 않는다. 그것은 하나의 절대 주체의 참여를 의미한다. 따라서 개인은 신을 〈객관적인 방식〉으로 추구할 수 없으며, 또한 신을 〈객관적으로 규명〉할 수 없다. 키르케고르에 의하면 〈이는 영원히 불가능하다. 왜냐하면 신은 주체적이며 따라서 단지 내향적인 주체성으로서만 실존하기 때문이다〉. 윤리적인 수준에서는 실존하는 개인이 자신의 삶에게 자신이 이성적으로 이해하는 도덕률을 부과할 수 있다. 마치 소크라테스가 그랬던 것처럼 말이다. 그러나 인간과 신의 관계에서는 이성적이거나 객관적인 어떠한 지식도 적용될 수 없다.

신과 개인의 관계는 특수하고 주관적인 경험일 뿐이다. 현실적인 관계에 선행하는 지식을 소유할 수 있는 방식은 전혀 존재하지 않는다. 그 관계에 대해 객관적인 지식을 획득하려는 시도는 일종의 사이비 과정일 뿐이다. 단지 신앙의 행위만이 개인에게 신과의 인격적 관계를 보증해 줄 수 있다. 인간이 심미적이며 윤리적인 수준에서 자신의 실존적 부조리성을 발견할 때, 그에게 분명해지는 사실은 신의 품 안에서 자기실현을 찾을 수밖에 없다는 것이다. 절망감과 죄책감으로 인해 인간이 어떤 극한점에 도달했을 때 그는 결국 신앙을 선택하게 된다. 인간이 자기소외를 경험하게 될 때, 그것에 의해서 신의 실존을 깨닫게 된다. 하느님이 독생자 예수로 체현되었다는 주장은 문제를 더욱 복잡하게 한다. 어쩌면 그것은 〈패러독스〉일 수도 있다. 무한자인 하느님이 유한자인 예수로 체현된다는 기독교의 신앙은 인간의 이성에 대한 심각한 모욕이기 때문이다. 키르케고르에 의하면 이러한 역설은 〈유대인들을 신앙상의 장애물로, 그리스인들을 바보들로 모욕하는 행위〉인 것이다. 그럼에도 불구하고 키르케고르에게는 인간과 신 사이의 간격을 이어 주는 유일한 길, 〈시간과 영원 사이의 무한한 질적 차이들을 연결해 주는 유일한 길〉이 있다. 그것은 사변적 이성이 아니라, 신앙을 통한 것이다. 그것은 주관적인 문제이며 기투의 결과다. 이것은 언제나 위험을 수반할 것이다.

키르케고르의 철학은 다음과 같은 문구로 요약될 수 있다. 〈모든 인간은 인간이기 위해 그가 소유하는 것을 본질적으로 소유하고 있다고 가정되어야 한다.〉 그러므로 〈주관적인 사유자의 임무는 본질적으로 인간적인 것은 무엇이든지 명석판명하게 실존 속에 표현해 주는 하나의 수단으로 자기 자신을 변화시키는 것이다〉. 간단히 말해 각각의 개인은 하나의 본질적인 자아를 소유하며 따라서 그것을 현실화해야 한다. 이 본질적 자아는 인간이 불가피하게 신과 관련될 수밖에 없다는 사실에 의해 고정된다. 확실히 인간은 세 단계 중 어느 단계에서도 실존할 수 있다. 그러나 인간은 절망감과 죄책감을 경험함으로써 다양한 실존 양태들의 질적인 차이점들을 자각하며 어떤 양태가 다른 양태의 실존보다 더 확실한가를 자각하게 된다. 그러나 확실한 실존에 도달하는 것은 지성의 문제가 아니다. 그것은 신앙과 기투의 문제이며, 〈이것이냐 저것이냐〉의 다양성에 직면한 끊임없는 선택의 과정이다.

2. 마르크스

마르크스주의는 20세기 후반의 세계 인구 중 적어도 3분의 1의 인구에게 공식적인 철학의 관점을 제공해 주었다. 더욱 놀라운 일은 마르크스 자신의 활동이 당대에는 그다지 빛을 보지 못했음에도 불구하고 그의 관점이 여러 세대들에게 그토록 거대한 영향력을 행사했다는 사실이다. 그는 대중 앞에서 연설한 적이 거의 없으며 연설했을

카를 마르크스

때에도 그다지 매력적인 웅변술을 발휘하지는 못했다. 적어도 20대까지 일개의 청년으로서 그는 오로지 그가 구상했던 광범위한 체계의 이론을 세밀하게 다듬는 데 깊이 몰두했으며, 따라서 그는 일차적으로는 한 사람의 사상가였다. 대중들의 지위가 그의 이론적 관심의 중심을 차지하고 있지만 그는 거의 대중들과 접촉하지 않았다. 또한 그의 많은 저서들도 그가 살던 시대에는 폭넓게 읽혀지지 않았다. 예를 들면 당대의 저명한 학자였던 밀의 사회와 정치 문제를 다룬 저작들 속에 마르크스에 관한 언급은 하나도 없다. 더욱이 마르크스 자신이 전적으로 독창적이라고 할 수 있는 근거도 없다. 그의 경제 사상의 대부분은 리카도에 연원하며 그의 몇 가지 철학적인 가정들과 방법들도 헤겔과 포이어바흐에게서 발견된다. 또한 그의 계급투쟁의 역사관은 생시몽에게서, 노동 가치설은 로크에게서 빌려 온 것들이다. 그러나 마르크스의 독창적인 면모는 그가 이러한 여러 가지 이론들로부터 하나의 통합된 사상 체계를 증류해 냈고 그 사상 체계를 사회 분석과 사회 혁명의 강력한 도구로 삼았다는 사실이다.

2. 1. 마르크스의 생애와 영향

카를 하인리히 마르크스는 1818년에 독일의 트리어에서 한 유대인 변호사의 장남이면서 라비 혈통의 후예로 태어났다. 비록 그의 혈통은 유대인이었지만 그는 프로테스탄트로 성장했다. 왜냐하면 그의 부친이 종교적인 신념이라기보다 명백히 계산적인 이유로 루터교로 개종했기 때문이다. 그의 부친의 합리적이며 박애적인 기질은 청년 마르크스의 지적 발전에 깊은 영향을 주었다. 또한 청년 마르크스는 루트비히 폰 베스트팔렌Ludwig von Westphalen에게 강한 영향을 받았다. 그의 이웃이면서 프로이센 정부의 유명한 관리였고 훗날 그의 장인이 된 베스트팔렌은 마르크스가 문학에 대한 관심을 가지게 했고 고대 그리스 시인들과 단테, 셰익스피어 등에 대한 존경심을 그가 죽을 때까지 간직할 수 있도록 해주었다. 트리어에서 고등학교를 졸업한 후 마르크스는 1835년에 본 대학교에 입학하여 17세의 나이로 법률학을 연구하기 시작했다. 1836년에 베를린 대학교로 옮겨간 그는 법률학을 포기하고 철학에 대한 연구를 시작했다. 그는 1841년 23살의 나이에 예나 대학교에서 철학 박사 학위를 받았다. 논문 제목은 「데모크리토스와 에피쿠로스의 자연 철학의 차이Differenz der demokritischen und epikureischen Naturphilosophie」였다.

베를린 대학교 시절에 마르크스는 헤겔의 철학에 깊은 영향을 받아 그때 헤겔의 관념론과 변증법적 역사관에 심취했고 급진적인 소장 헤겔 학자들의 모임[1]에 가입했다.

---

[1] 이른바 〈베를린 박사 클럽Berliner Doktorklub〉이라고 부른 이 모임은 베를린 근교 슈트랄라우의 프랑스 가(街) 주점에서 매주 정기적으로 모인 베를린 대학교 졸업생들의 모임이며 헤겔 좌파와 우파가 분열되는 진원지이기도 하다. 1831년 헤겔이 죽자 종교 문제를 쟁점으로 하여 그의 제자들은 보수파와

그 모임은 헤겔의 철학에서 인간 본성과 세계와 역사에 대한 새로운 이해의 열쇠를 발견하려는 모임이었다. 헤겔의 사상은 〈영혼〉이나 〈정신〉의 개념에 집중해 있었다. 그의 절대 이성이나 절대정신은 신이었다. 신은 전 실재를 의미하며 자연의 모든 것과 일치한다. 따라서 신은 문화와 문명의 양상에서도 발견된다. 역사는 시간의 연속성 속에서의 신의 점진적 자기실현이다. 자연을 인식 가능하게 해주는 것은 자연의 본질이 정신이라는 점이다. 또한 역사는 정신이 자기 자신을 완전한 형태로 실현하려는 연속적인 투쟁을 보여 준다. 그러므로 신과 세계는 하나며 근본 실재는 영혼이나 정신이다. 〔이러한 이유에서 헤겔은 이성적인 것은 현실적인 것이요, 현실적인 것은 이성적인 것이라고 결론을 내렸다. (제2판)〕 더욱이 실재의 이성적 토대인 정신은 더 낮은 정도의 완전성에서 더 높은 정도의 완전성으로 진행되는 연속적인 과정이며 우리는 이 과정을 역사로 인식한다. 따라서 역사는 정립*These*에서 반정립*Antithese*으로, 결국은 종합*Synthese*에 이르는 세 가지 형식에 따라 진행되는 변증법적인 과정이다.

과연 마르크스가 헤겔의 관념론을 충분히 수용했는지는 확실하지 않다. 그러나 신과 자연, 또는 세계를 일체화한 헤겔의 방법론은 그에게 깊은 충격을 주었음에 틀림없다. 헤겔에 의하면 〈영혼(신)만이 실재다. 그것은 세계의 내적 존재다. 따라서 그것은 본질적으로 존재하면서 또한 그 자체로서 존재하는 어떤 것이다〉. 존재하는 모든 것과 인식 가능한 모든 것은 자연의 세계로서 존재한다. 세계와 그것의 역사를 제외하면 아무것도 존재하지 않는다. 신과 세계를 분리했던 종래의 신학에 대한 헤겔의 이러한 반박은 마르크스에게 새롭고 의미 있는 것으로 받아들여졌다. 비록 헤겔 자신은 종교의 토대를 파괴하려는 의도를 가지지 않았지만, 베를린 대학교의 급진적인 소장 헤겔 학자들은 복음서에 대해 〈좀 더 강한 비판〉을 가했다. 슈트라우스(David Friedrich

급진파로 양분되었다. 미슐레Michelet, 괴셸Göschel, 에르트만Erdmann, 가블러Gabler, 로젠크란츠 Rosenkranz 등의 정통적인 헤겔 우파*Rechtshegelianer*(또는 구파*Althegelianer*)는 헤겔의 철학 체계, 특히 논리학, 형이상학, 법철학, 종교 철학에서 보수적인 경향을 나타냈고 교회의 교리에 대해서도 마찬가지였다. 그러나 슈트라우스Strauss, 에드가 바우어Edgar Bauer, 브루노 바우어Bruno Bauer, 포이어바흐Feuerbach, 슈티르너Stirner 등 청년 헤겔파*Junghegelianer*(또는 헤겔 좌파*Linkhegelianer*)는 프로이센 절대주의에 반대하는 자유주의자들로서 절대주의를 논박하기 위해 헤겔 철학을 역이용했다. 마르크스도 1836년 베를린 대학교에 입학한 이듬해부터 포이어바흐가 주도하는 이 모임에 참가하면서 헤겔 좌파의 열렬한 사도가 되었다.

Strauss, 1808~1874)는 『예수의 생애*Das Leben Jesu, kritisch bearbeitet*』(1835~1836)라는 작품을 통해 예수의 가르침 중 대부분이 신비적인 허구에 불과하며 특히 하늘나라에 관한 언급은 완전히 조작된 허구라고 주장했다. 브루노 바우어Bruno Bauer는 예수의 역사적 실존을 부정하는 데까지 나아갔다. 신과 세계를 일체화하는 헤겔의 방법론에 따라서 급진적인 헤겔주의 저자들은 복음서에 대한 종래의 자구(字句) 해석을 산산이 분쇄했고, 복음서의 유일한 가치는 그것이 진리라는 데 있는 것이 아니라 회화적인 감화력에 있을 뿐이라고 생각했다. 헤겔 철학의 흐름은 불가피하게 신과 인간을 일체화하는 방향으로 나아갔다. 왜냐하면 자연 내의 만물 중에서도 특히 인간은 고유한 방식으로 영혼이나 정신을 체현하고 있기 때문이다. 이는 결코 헤겔이 생각했던 방향이 아니었다. 그러나 마르크스를 포함하는 급진주의자들은 철학적 무신론의 입장을 취하게 되었다.

헤겔 철학의 세 가지 구성 요소가 마르크스에게 직접적인 영향을 미쳤다. (1) 하나의 유일한 실재가 존재하며 이 실재는 세계 내 이성의 체현으로 생각될 수 있다는 사고방식 (2) 역사는 물질적 자연과 사회, 정치 활동과 인간의 사유를 포함하는 모든 실재에 있어서 보다 낮은 단계에서 좀 더 완전한 형태에 이르기까지 발전과 변화의 과정이라는 인식 (3) 어떤 일정한 시대와 장소에서 인간의 사상과 행동은 일체화된 영혼이나 마음, 즉 특정한 시간이나 시대의 영혼이 작용함으로써 생겨난다는 가정이었다. 헤겔주의가 마르크스 사상을 자극한 일반적인 주제들일지라도 다른 영향력들이 마르크스에게 헤겔 철학의 일정 부분을 거부하거나 재해석하게 했다. 예를 들어 마르크스가 박사 논문을 끝낸 직후, 포이어바흐의 저술이 급진적인 청년 헤겔주의자들, 특히 마르크스에게 결정적인 영향을 미쳤다.

포이어바흐는 헤겔적 견해를 또 다른 극단적인 결론으로 이끌어 갔고 그 과정에서 헤겔주의 자체의 기초를 비판했다. 그는 헤겔의 관념론을 거부하고 그것을 정반대의 견해로 역전시켰다. 즉 그에 의하면 근본 실재는 물질적이라는 것이다. 간단히 말해 포이어바흐는 철학적 유물론을 재생시켰으며, 마르크스는 즉시 이 견해가 인간의 사유와 행동을 설명하는 데 헤겔의 관념론보다 훨씬 유용하다고 생각했다. 헤겔은 특수한 시대에서의 사유와 행동을 모든 사람들의 일체된 영혼의 작용으로 간주했던 반면에, 포이어바흐에게 인간의 사유에 영향을 주는 것은 어떠한 시대를 막론하고 그 시대의 물질적 환경의 총체였다.

이와 같이 포이어바흐는 영혼의 우위성에 관한 헤겔적인 가정을 물리치고 물질적인 질서의 우위성으로 그것을 대체시켰다. 그는 이 작업을 『그리스도교의 본질 Das Wesen des Christentums』(1841)에서 특별한 힘으로 전개한다. 그 저서에서 그는 근본 실재는 신이 아니라 인간이라고 주장했다. 포이어바흐에 의하면 인간의 신에 대한 관념을 분석해 보면, 결국 인간의 감정과 요구를 떠나서는 어떠한 신의 관념도 발견할 수 없다는 것이다. 이른바 신에 관한 모든 지식은 인간에 관한 지식이다. 따라서 신이 곧 인간성이다. 신에 대한 인간의 다양한 관념은 인간의 실존의 양태들을 반영해 줄 뿐이다. 이와 같이 신은 인간 사유의 산물일 뿐 다른 방식의 것도 아니다. 포이어바흐는 이러한 방식으로 헤겔의 관념론을 전도시켰고, 그 결과 그의 유물론은 마르크스 철학에 가장 결정적이며 특징적인 요소를 제공해 주었다.

마르크스는 이제 포이어바흐를 철학의 중추적 인물이라고 인정하게 되었다. 가장 중요한 포이어바흐의 공헌은 역사 발전의 중심을 신에서 인간으로 옮겨 놓았다는 점이다. 즉 절대정신이 자신을 역사 속에서 진보적으로 실현해 나간다고 주장했던 헤겔에 반대하면서 포이어바흐는 인간이야말로 실제로 그 자신을 실현하기 위해 투쟁하고 있다고 주장했던 것이다. 신이 아닌 인간은 그 자신과 어떤 방식으로 소외됨으로써 자기소외를 극복하기 위해 노력한다. 그러므로 역사도 자기 소외를 극복하려는 투쟁과 관계되어 있다. 분명히 말해 만일 이것이 실제적으로 인간의 조건이라면 세계는 인간의 자기실현을 촉진시키기 위해 변화되어야 한다는 것이 마르크스의 생각이었다. 이러한 생각에서 마르크스는 다음과 같이 선언하기에 이르렀다. 〈지금까지의 모든 철학자들은 단지 세계를 서로 다르게 《해석》해 왔을 뿐이다. 그렇지만 중요한 것은 세계를 《변화》시키는 것이다.〉 마르크스는 두 가지의 중요한 통찰력, 즉 헤겔의 변증법적 역사관과 포이어바흐의 유물론을 기초로 자신의 사상을 전개했다. 이제 그는 그들의 이념을 사회 분석의 도구로 개조하는 계획에 착수했다. 무엇보다도 중요한 것은 그가 엄격하고 실천적인 행동 계획을 수립했다는 점에 있다.

25세가 되던 해에 마르크스는 베를린을 떠나 파리로 건너갔다. 그곳에서 그는 몇몇 동료들과 함께 『독일-프랑스 연보 Deutsch-französische Jahrbücher』라는 급진적인 시사 연보를 발간했다. 한편 그는 파리에서 급진적 혁명론자들과 공상적 사회주의 사상가들의 사상에 접할 수 있었다. 푸리에, 프루동, 생시몽, 바쿠닌 등이 여기에 포함된다. 그러나 가장 의미 있는 사건은 그가 엥겔스와 만난 것이다. 독일인 방직 공장주의 아들인 엥겔스와의 친교는 오래도록 지속되었다. 파리에서 마르크스는 잡지 발행을 통해 점차 실천적인 사회 운동과 더 깊이 관계했으며 왜 프랑스 혁명이 실패했는가에 대한 문제에 몰두했다. 그는 혁명적 행동이 미래에도 실패하지 않으려면 확고한 역사의 법칙을 발견해야 하는데, 과연 이 법칙들의 발견이 가능한지 탐구하기 시작했다. 그는 이 주제에 대한 많은 책을 읽었고 몇 가지 가능한 대답들을 발견했다. 특히 생시몽의 계급투쟁론에 영향을 받았다. 그러나 생시몽의 계급투쟁론은 정파에 관련된 계급들뿐만 아니라 그들의 삶이 처한 물질적, 경제적 현실의 담지자들로서의 계급들에게 관심의 초점을 맞추도록 마르크스를 인도했다. 혁명은 물질적 질서의 실재들을 간과한 채 낭만적인 이념들만으로 구성될 때 반드시 실패하기 마련이라는 사실을 마르크스는 깨닫기 시작했다. 그러나 마르크스는 파리에 도착한 지 1년 만에 그곳에서 추방되었고 그 후 3년간(1845~1848) 가족과 함께 브뤼셀에 정착했다. 그는 이곳에서 독일 노동조합을 조직하는 데 도움을 주었다. 1847년 런던 회의에서 이 그룹은 유럽 내의 유사한 몇 조직들을 결집시켜 국제 공산주의자 연맹을 결성했다. 이 연맹의 최초 서기장은 엥겔스였고 마르크스는 이 연맹의 강령을 초안했다. 1848년에 발표된 이 강령이 「공산당 선언Manifest der kommunistischen Partei」이다.

그는 브뤼셀에서 다시 파리로 돌아와 얼마 동안 몇 가지 혁명적 사건들에 가담했다. 그러나 다시 추방된 그는 1849년 가을에 런던으로 건너가 그곳에서 여생을 보냈다. 그 당시의 영국에는 거의 혁명의 기운이 없었다. 왜냐하면 영국은 노동자 집단의 조직화가 확산되지 않은 상태였기 때문이다. 고립된 존재가 된 마르크스는 오로지 연구와 저술에만 몰두했다. 그는 매일 대영 박물관의 도서실에 나가서 아침 9시부터 저녁 7시까지 공부했고 런던의 소호 가에 있는 그의 황량한 두 칸짜리 싸구려 아파트에 돌아와서도 계속 연구에 몰두했다. 빈곤이 가족에게는 면목 없는 것이었지만 마르크스는 자신의 저술 계획을 실현하는 데만 전력을 기울였다. 그는 가족들을 좀 더 안락하게 해주기 위해 자신의 목적을 포기할 수는 없었던 것이다. 설상가상으로 그는 간장병과 부스럼으로 괴로워했다. 이러한 환경에서 그의 여섯 살 난 아들이 죽고, 아름다운 부인의 건강마저 악화되었다. 그에게는 엥겔스로부터 어느 정도의 재정적 도움과「뉴욕 데일리 트리뷴New York Daily Tribune」에 유럽 문제에 관한 정기 기고를 통한 원고료 이외에는 전혀 수입이 없었다.

이렇게 비참한 상황에서도 마르크스는 위대한 저작들을 계속 발간했다. 경제학에 관한 그의 최초의 체계적 저서인『정치경제학 비판Zur Kritik der politischen Ökonomie』(1859)과 대작『자본론Das Kapital』이 이 시기에 출판되었다.『자본론』의 제1권은 1867년에 발간되었고, 엥겔스가 그의 사후에 수고들을 모아서 만든 제2권과 제3권은 각각 1885년과 1894년에 발행되었다. 비록 마르크스는 공산주의 운동에 이론적 기초를 제공했지만 그가 주장했던 실천적인 활동에 직접 가담한 경우는 극히 드물었다. 그러면서도 그는 위대한 혁명이 발생하여 자본주의가 몰락하리라는 자신의 예언이 실현될 것이라는 희망에 차 있었다. 그러나 이미 전 세계적으로 그의 이름이 유명해져 있었던 그의 생애의 마지막 10년 동안 그는 거의 아무것도 할 수 없었다. 그는 부인과 사별하고 2년 뒤에, 그리고 그의 장녀가 죽은 지 꼭 두 달 만에 런던에서 늑막염으로 사망했다. 1883년 3월 14일. 이때 그의 나이는 65세였다.

마르크스는 종종 자신이 〈마르크스주의자〉가 아니라고 항변했다. 또한 전 세계의 공산주의가 사용하는 이념이나 전략이 모두 마르크스에 연원하는 것도 아니다. 그럼에도 불구하고 마르크스주의 철학의 본질을 이루고 있는 핵심 사상은 분명히 그의 것이며, 그것은 자신을 구성원으로 포함하는 19세기 중반의 지적 분위기를 잘 반영해 주고 있다. 마르크스주의의 핵심 사상은 네 가지의 기본 요소들에 대한 분석으로 구성된다. 즉 (1) 역사의 주요한 시대들 (2) 물질적 질서의 동인 (3) 노동의 소외 (4) 이념의 근거와 역할로 구성된다.

2. 2. 역사의 여러 시대: 마르크스의 변증법

마르크스는「공산당 선언」에서 이미 그의 기초 이론을 제시해 주었다. 그는 자신의 이론을 여러 가지 면에서 독창적이라고 생각했다. 그는 〈내가 하고 있는 일은 새로운 시도며 다음과 같은 사실들을 증명하려는 것이다. 첫째, 계급들의 존재는 단지 생산의 발전에 따르는 역사의 여러 단계와 깊이 관련된다. 둘째, 계급투쟁은 필연적으로 프롤레타리아의 독재를 초래한다. 셋째, 이 독재는 모든 계급의 폐지와 계급 없는 사회로의 전환을 구성할 뿐이다〉라고 하였다. 그 후 런던에서 그는「공산당 선언」에 나타난 그의 강령을 좀 더 과학적으로 세련시키는 데 심혈을 기울였다. 그 결과 그는 『자본론』의 서문에서 〈현대 사회의 경제적 운동의 법칙을 폭로하는 것이 이 책의 궁극적인 목적이다〉라고 주장했다. 이러한 운동 법칙이 바로 마르크스의 변증법적 유물론이 되었다.

2. 2. 1. 다섯 단계의 시대 구분

마르크스는 계급투쟁이 역사의 여러 단계와 깊이 연결되어 있다고 주장했다. 따라서 그는 역사를 다섯 시대로 구분하는 다섯 단계의 발전 과정을 제시했다. (1) 원시 공동 사회 (2) 고대 노예 사회 (3) 중세 봉건 사회 (4) 근대 자본주의 사회 (5) 미래에 다가올 사회주의적, 공산주의적 사회가 그것이다. 이러한 구분은 전통적인 서구 사회사의 시대 구분과 거의 일치한다. 그러나 마르크스가 원하는 것은 〈운동의 법칙〉을 발견하는 것이었다. 그 운동 법칙은 역사가 이 다섯 단계의 시대를 거쳐 왔다는 사실을 설명해 줄 수 있을 뿐만 아니라 각각의 시대가 그러한 양상으로 전개된 이유도 설명해 줄 수 있다. 그러므로 만일 그가 역사의 운동 법칙을 발견할 수만 있다면 그는 과거를 설명할 수 있을 뿐만 아니라 미래를 예측할 수도 있다. 그는 개인의 행위와 사회의 행동 양식이 물리학이나 생물학의 대상과 같은 종류의 분석에 귀속된다고 가정했다. 그는 경제학의 상품 생산과 가치 생산이 〈미시적 해부학에서 다루어지는 것들 — 미시적 요소 — 과 동일한 질서〉를 갖는 것으로 생각했다. 그는 각 시대의 구조를 분석할 때 이것들을 사회 계급 간의 갈등의 결과로 간주했다. 그다음 단계로 그는 이 갈등 자체를 좀 더 미시적으로 분석했다. 그는 역사를 갈등의 산물로 간주하며 그것을 설명하기 위해 헤겔의 〈변증법〉 개념에 크게 신세진 바 있다.

물론 그는 헤겔의 관념론을 거부했지만 헤겔이 제기한 역사의 변증법적 운동에 대한 일반 이론을 수용했다. 헤겔의 주장에 따르면 관념은 변증법적인 방식으로 발전하며 정립과 반정립, 그리고 종합이 계속되는 흐름으로서 변증법적인 과정 속에 있다. 더 나아가 헤겔은 사회, 정치, 경제적인 세계가 단순히 인간의(또는 신의) 관념의 체현일 뿐이라고 주장했다. 외적 세계의 운동이나 발전은 관념들의 선험적인 발전의 결과라는 것이다. 마르크스는 헤겔의 변증법적 사고방식을 역사의 이해를 위한 유용한 도구로 간주했다. 그러나 마르크스는 포이어바흐의 강력한 영향력을 통하여 변증법을 위한 유물론적 토대로 보완했다. 따라서 마르크스는 이렇게 말했다. 〈나의 변증법적 방법은 헤겔의 그것과 전혀 다르다. 아니 정반대다. 헤겔에 있어서는 사유의 과정이…… 실재 세계(의 창조자)이다. ……반대로 나에게 관념이란 인간 정신에 의해 반영되고 사유의 형식으로 번역된 물질세계에 지나지 않는다.〉 그러므로 마르크스에 의하면 역사란 물질적 질서 내부의 투쟁에 의해 야기된 운동으로 간주되어야 하며, 이러한 이유에서 그의 역사관은 〈변증법적 유물론 dialectical materialism〉이라고 할 수 있을 것이다.

2.2.2. 양적 변화와 질적 변화

역사는 사회 경제적 질서들이 변화의 과정 속에 있음을 보여 준다. 마르크스의 변증법적 유물론도 물질이 참으로 실재적인 것의 토대이므로 물질적 질서가 일차적이라는 사실을 더욱 강조한다. 이러한 견지에서 마르크스는 어디엔가 실재의 영속적인 구조가 존재한다는 주장이나 〈영원한 진실들〉이 존재한다는 주장을 거부했다. 그 대신 만물은 변화의 변증법적 과정 속에 있다. 〔마르크스의 유물론에 따르면 우리가 지각하는 세계가 존재하는 모든 것이며, 따라서 유물론적 세계관은 〈존재하는 그대로의 자연에 대한 개념이며 여기에는 어떠한 유보도 없다〉. (제2판)〕 그는 자연 내의 만물이 〈가장 작은 것에서 가장 큰 것에 이르기까지, 한 알의 모래에서 태양…… 인간에 이르기까지 끊임없는 운동과 변화의 상태 속에 있다〉고 주장했다. 역사란 엄격하고 냉혹한 역사의 운동 법칙에 따라 한 시대에서 다른 시대로 변화하는 과정이다.

마르크스에게 변화는 성장과 다른 뜻을 지닌다. 사회는 어린이가 성인으로 되는 것처럼 단순히 성숙하는 것이 아니다. 또한 자연은 영원히 반복되는 순환 과정에 있는 것도 아니다. 자연은 실재적인 역사를 경험할 뿐이다. 변화는 새로운 구조와 형식의 출현을 의미한다. 변화란 단순히 사물의 양적인 변화를 의미할 뿐이다. 그러나 그 변화는 질적으로 새로운 어떤 것을 야기한다. 예를 들어 물의 온도를 높일 경우, 물은 더워질 뿐만 아니라 마침내 이러한 양적 변화가 액체를 기체로 변하게 하는 온도에 이르게 될 것이다. 그 과정을 반대로 하여 물의 온도를 서서히 낮춤으로써 결국 액체는 고체인 얼음으로 변하게 된다. 이와 유사하게 커다란 판유리에 가하는 힘의 양을 증가시키는 것만큼 증가하는 진동 폭으로 그것을 진동시킬 수 있다. 그러나 마침내 힘의 추가가 더 이상 진동의 양을 추가시킬 수 없을 경우 그 힘은 그 대신 유리판을 깨는 질적 변화를 일으킬 것이다. 마르크스에 의하면 경제 질서에서 어떤 양적인 요소는 결국 사회 전체의 질서에서 질적인 변화를 야기하며 역사는 이러한 종류의 변화를 실증해 주고 있다. 이러한 과정은 원시 공산 시대에서 노예제 시대, 봉건제 시대, 자본제 시대까지 차례로 변화해 왔다.

실제로 자본주의적 질서가 붕괴할 것이라는 마르크스의 예언은 결국 자본주의 내의 양적인 요인들의 변화가 불가피하게 자본주의 자체를 파괴할 것이라는 생각에 기초한 것이다. 그는 이러한 시대들의 발전을 어떻게 물이 열이 증가됨으로써 수증기로 변하는지를 담담하게 표현하는 사람처럼 기술한다. 마르크스는 『자본론』에서 이렇게 주장했다. 〈자본가 부호들의 수효가 점차 감소해 가는 반면, 상대적으로 대중에게는 빈곤화, 노예화, 퇴화, 착취가 점차 증가하게 된다. 그러나 동시에 노동 계급의 역할은 점차 강화된다. 그렇게 되면 생산 수단의 집중화와 노동력의 사회화는 극점에 도달해서 결국 그것들의 자본주의적 외피와 양립할 수 없게 된다. 외피는 산산 조각난다. 사유 재산의 종말을 알리는 종소리가 들려온다. 재산을 몰수해 갔던 자들은 이제 그들의 재산이 몰수당한다.〉 마르크스는 사회적인 수준에서 이러한 현상을 가리켜 〈양적인 도약quantitative leap〉이라고 묘사한다. 그 도약은 〈하나의 새로운 집산 국가로의 도약이며…… 그곳에서 결국 양적인 것은 질적인 것으로 변환된다〉.

2.2.3. 결정론

실험실에서 물을 수증기로 변형시키는 것과 자본주의로부터 사회주의로 나아가는 사회 운동 사이에는 근본적인 차이가 있다. 그 차이는 전자의 경우에는 물의 온도를 상승시킬 것인지 아니면 상승시키지 않을 것인지를 인간이 선택할 수 있으나 후자의 경우에는 역사를 둘러싼 그러한 가설적인 선택이 불가능하다는 점에 있다. 〈만일 온도가 상승된다면〉이라는 가설은 가능하지만 〈만일 사회 질서가 이러저러 하다면〉이라는 가설은 불가능하다. 마르크스주의는 〈사물의 본질 내에는 근본적인 모순이 존재하며〉 이 모순이 변증법적인 운동을 야기한다고 주장한다. 비록 사물의 본성 내의 이러한 내적인 운동은 지연되거나 가속화될 수도 있지만 그 운동의 궁극적인 전개를 막을 수 있는 방도는 없다. 만물은 〈인과적으로〉 상호 관련되어 있으며 자유롭게 부동(浮動)하는 일이 결코 없다. 이런 이유에서 물질적 자연이나 인간의 행동에 고립된 사건은 존재하지 않으므로 역사상에 고립된 사건이 발생할 수는 없는 것이다. 마르크스에게 있어서 〈역사〉를 낳는 운동과 변화의 뚜렷하고 냉혹한 진행 과정은 자연이 존재한다는 평범한 사실만큼이나 확실하다.

마르크스의 주장처럼 만물이 규칙성과 예측 가능성의 원리에 따라 운동한다고 주장할 경우 거기에는 구별해야 할 중요한 문제가 있다. 즉 물리학의 법칙은 〈기계적인 결정론〉인 데 반해 역사에서 결정론적 법칙은 엄격한 기계적 방식으로 표현되지 않는다. 다른 당구공에 의한 하나의 당구공 운동은 기계적인 결정론의 전형적인 실례다. 이와 유사하게 누군가가 공간상에 한 물체를 위치시키고 속도가 측정될 수 있는 다른 물체와 그 물체 간의 거리를 측정할 수 있다면, 충격 시간과 충격 이후의 운동 궤도 및 운동 변화율은 당연히 예측 가능하다. 그러나 이러한 기계적 결정론은 사회 질서와 같은 복합 현상에는 거의 적용될 수 없다. 왜냐하면 사회 질서는 시간과 공간상에 위와 동일한 종류의 위치를 가질 수 없기 때문이다. 그렇다고 해도 사회는 필연적인 인과성과 결정론의 산물이며, 따라서 사회의 새로운 형태는 예측 가능하다. 이와 유사한 예를 양자 역학에서 측정되는 소립자들에서 찾을 수 있다. 즉 특정 소립자들에 대해서는 단지 〈개연적인〉 예측만이 가능하지만 소립자들은 양자 역학 안에서 결정되어 있다. 개인의 특수한 역사가 고도의 정확성을 가지고 예측될 수는 없지만 사회 질서의 미래상의 윤곽은 파악될 수 있다. 그러므로 마르크스는 역사상의 여러 시대에 대한 자신의 분석을 토대로 사실상 변화에 대한 고유한 법칙을 발견했다. 이 법칙은 사건들 내부에 존재하는 일종의 불변하는 논리며, 냉엄한 결정론과 더불어 역사를 한 시대로부터 다른 시대로 이행할 수 있도록 해주는 것이다. 이러한 근거에서 그는 자본주의의 필연적인 몰락을 예견했다. 자본주의는 미래의 물결에 의해 사회주의와 공산주의라는 질적으로 다른 사회 질서로 대치된다는 것이 그의 확신이었다.

2. 2. 4. 역사의 종말

마르크스에게 역사는 사회주의의 출현과 더 나아가 공산주의의 성립으로 종말을 실현하게 된다. 여기서 다시 그는 변조된 방식으로 헤겔의 이론을 따른다. 헤겔에 있어서 변증법적 발전 과정은 자유의 이상이 완전히 실현될 때 종식된다. 본질적으로 이것은 모든 투쟁과 갈등의 종식을 의미하기 때문이다. 반면에 마르크스는 대립자들 간의 투쟁이 물질적 질서 내에 존재하며, 특히 계급들 간의 투쟁 속에 존재한다고 생각했기 때문에 만일 계급들 간의 내적 모순이 해소된다면 운동과 변화의 주요한 원리도 사라질 것이며 계급 없는 사회가 출현할 것이라고 예견했다. 그가 예견한 계급 없는 사회는 모든 세력과 이익이 완전한 균형을 이루며, 이 균형이 영속되는 곳에서만 출현할 수 있는 사회다. 이런 이유에서 만일 역사를 다른 어떤 미래의 시대로 나아가게 하는 어떠한 갈등도 존재하지 않게 되면 역사상의 발전도 더 이상 진행되지 않을 것이다.

역사의 다섯 시기에 대한 마르크스의 변증법적 발전 이론은 물질적 실재의 질서와 인간 사유의 질서 간의 밀접한 관계에 의존한다. 그에 의하면 역사를 실재적으로 이해하는 동시에 혁명적 활동에 대한 실천적 계획에서 오류를 범하지 않을 수 있는 유일한 길은 물질적 질서의 역할과 인간 사유의 질서의 역할을 적절하게 평가하는 데 있다. 따라서 마르크스는 사회의 하부 구조와 상부 구조를 확연히 구분했다. 〈하부 구조〉는 물질적 질서이며 역사를 움직이는 동력을 내포하는 반면에, 〈상부 구조〉는 인간의 이념들로 구성되며 단지 물질적 질서의 윤곽을 반영할 뿐이다.

2. 3. 하부 구조: 물질적 질서

마르크스에 의하면 물질세계는 자연적 환경의 총체로 이루어진다. 따라서 그에게 있어서 이것은 비유기적 자연, 유기적 세계, 사회 활동, 인간의 의식 모두를 포함한다. 물질을 환원 불가능한 원자들의 견지에서 정의했던 데모크리토스와 달리 마르크스는 물질을 〈인간 정신의 외부에 존재하는 객관적 실재〉라고 정의한다. 또한 데모크리토스는 원자들을 〈우주를 구성하는 벽돌들〉이라고 생각했던 반면에, 마르크스의 유물론은 만물 속에 존재하는 단일한 형태의 물질을 발견하려는 이러한 접근 방식을 취하지 않았다. 마르크스의 유물론의 주요한 특징은 물질세계를 단일한 형태의 물질로 환원시키지 않은 채 물질세계의 다양성을 그대로 인정한다는 점에 있다. 물질적 질서는 우리 정신의 외부에 존재하는 자연 세계 내의 만물을 내포한다. 어떤 영적 실재가, 예를 들면 신과 같은 우리의 정신 외부에 자연 이상의 어떤 것으로서 존재한다는 사고방식은 단호히 부정된다. 인간 존재가 정신을 소유한다는 사실은 단순히 두뇌

피질이라는 유기 물질이 인간의 사유라고 불리는 반성적 행동의 복잡한 과정을 가능하게 하는 기관으로 발전했다는 사실을 의미할 뿐이다. 더욱이 인간 정신의 조건은 사회적 존재로서 인간의 노동 활동에 의해 결정된다. 이러한 이유에서 마르크스주의는 다윈의 인간 진화론의 개념을 빌어 물질적 질서의 우위성을 인정하면서 정신의 활동을 물질의 부산물이라고 주장한다. 생명의 최초 형태에는 정신적 활동이 없었다. 그러나 인간의 선조는 점차 앞발의 사용을 발전시켜 나갔고 직립 보행을 배웠으며 자연에 있는 사물들을 식량 생산을 위해서나 재해로부터 자신을 보호하기 위한 도구로 사용하기 시작했다. 동물에서 인간으로의 진화는 연장을 제조하여 사용하고 불과 같은 에너지를 통제하는 능력과 더불어 급격히 이루어졌다. 이러한 능력들은 좀 더 다양한 식량 생산을 가능하게 했으며 두뇌의 발달을 촉진했다. 현대에서도 근본 실재는 복합적인 물질적 질서다. 정신의 영역이란 물질적 질서에서 파생된 것에 불과하다. 특히 물질적 질서는 (1) 생산 요인들과 (2) 생산 관계들로 구성된다.

2.3.1. 생산 요인

인간 생활의 근저에는 다음과 같은 사실이 존재한다. 즉 인간은 생존하기 위해 식량, 의복, 거주지를 확보해야 하는 동시에 이러한 물질적 사물들을 소유하기 위해 생산해야 한다. 우리가 볼 수 있는 모든 사회에는 천연자원, 도구들, 숙련된 노동 기술과 같은 생산 요인들이 존재하며 그것들에 의해 삶을 유지할 수 있는 사물들이 생산된다. 그러나 이 생산 요인이나 생산력은 단지 인간이 이러한 물질적 사물들과 관련되는 양상을 반영할 뿐이다. 무엇보다도 중요한 것은 생산 과정 속에서 인간이 상호 관련되는 양상이다. 마르크스가 강조하려 했던 것은 생산이란 항상 하나의 사회적 행위로서 발생하며, 따라서 인간은 개인으로서가 아닌 집단이나 사회로서 자연에 대해 투쟁하기도 하고 자연을 이용하기도 한다는 사실이었다. 그러므로 마르크스에게는 생산 수단에 대한 정태적 분석보다 하나의 생산 사회로서의 인간들 상호 간에 이루어지는 동태적 관계가 더욱 중요했다. 마르크스에게 생산 요인은, 예를 들어 천연 자원의 결핍이 생산 과정에서 이루어지는 인간의 상호 관계에 지대한 영향을 줄 수 있다는 점에서 생산 관계의 변수로 간주되었다. 그러므로 항상 마르크스의 물질적 질서에 대한 분석은 인간이 생산 활동에 참여하는 방식, 즉 〈생산 관계〉에 집중했다.

2.3.2. 생산 관계

마르크스는 생산 관계에 대한 그의 분석이 사회 분석의 핵심이라고 믿었다. 그에 의하면 변증법적 과정의 원동력은 바로 이 생산 관계 속에 존재한다. 한편 생산 관계의 핵심은 재산의 상태나 재산의 소유였다. 즉 생산 과정에서 이루어지는 인간의 상호 관계를 결정해 주는 것은 그들의 재산에 대한 관계다. 예를 들면 노예제에서 노예의 소유주는 사고팔 수 있는 노예들을 포함한 생산 수단을 독점했다. 물론 노예 제도도 변증법적 과정의 필연적인 산물이었다. 그 제도가 발생했던 시기는 진보된 형태의 농기구들이 좀 더 안정된 농경 생활을 지속적으로 가능하게 했고 노동의 분화를 가능하게 했던 시기였기 때문이다. 그러나 노예 시대의 노예들은 다음 시대들의 농노나 노동자들과 마찬가지로 〈착취〉된다. 노예들은 소유권을 갖지 못할 뿐만 아니라 생산의 결과를 배당받지도 못한다. 계급 간의 기본적인 투쟁은 이미 노예 제도에서도 발견된다. 재산의 소유권이 사회를 가진 자와 가지지 못한 자로 구분하기 때문이다. 봉건 제도에서는 봉건 영주가 생산 수단을 소유한다. 그러나 농노들은 이전의 노예들보다 약간 향상된 수준의 대우를 받는다. 그들은 연장에 대한 소유권도 약간 배당받는다. 그러나 그들은 여전히 봉건 영주를 위해 노동해야 한다. 마르크스에 의하면 착취되고 있다는 사실을 느낀 그들은 착취자에 대해 투쟁한다. 자본주의에서 노동자는 노예나 농노와 비교할 때 자유롭다. 그러나 그들은 생산 수단을 소유하지 못하며 단지 생존을 위해 자신들의 노동력을 자본가들에게 팔아야 한다.

노예제에서 봉건제를 거쳐 자본주의적 생산 관계로의 변화는 이성적 계획의 산물이 아니라 물질적 질서의 내적 운동과 논리의 산물이다. 특히 생존을 위한 추진력은 도구들의 창조를 초래하며 창조된 도구들은 인간이 상호 관계를 이루는 방식에 영향을 준다. 그러므로 활, 화살, 쟁기와 같은 도구들은 독립적인 생존을 가능하게 해주는 반면 필연적으로 노동의 분화를 요구하게 된다. 이와 유사하게 물레바퀴는 가정이나 소규모 상점에서 사용될 수 있는 반면에, 더 거대해진 기계는 커다란 공장들과 주어진 장소 안에서의 노동자들의 새로운 집결을 요구한다. 이러한 결정론적 방식으로 움직이는 과정은 기술상의 요구들이 결정해 주는 경제적 대세의 방향에 의해 추진된다. 모든 인간의 사유와 행동은 그들 간의 상호 관계 및 그들과 생산 수단의 관계에 의해 결정된다. 비록 모든 시대마다 계급 간의 투쟁이 존재해 왔지만, 특히 자본주의의 계급투쟁은 가장 격렬하다.

자본주의에서 계급투쟁은 최소한 세 가지 특징을 갖는다. 첫째, 여러 계급은 소유 계급, 즉 부르주아지와, 노동자 계급, 즉 프롤레타리아트 proletariat로 양분된다. 둘째, 두 계급의 관계는 근본적인 모순으로 이루어진다. 즉 두 계급은 생산 행위에 공동으로 참여하지만 생산 결과들의 분배 양상은 각 계급의 기여도에 상응하지 않는다. 이러한 모순의 이유는 자본주의 체제에서 노동의 가격이 수요와 공급에 의해 결정되는데, 노동자들의 과잉 공급이 그들의 임금을 최저 생계 수준으로 하락시킨다는 사실에 있다. 그러나 노동에 의해 창조된 상품은 노동력에 대해 지불된 임금보다 비싸게 판매된다. 마르크스의 분석은 상품의 가치란 상품에 투입된 노동의 양에 의해 결정된다는 노동 가치설을 전제하고 있다. 이러한 관점에서 볼 때 노동 상품은 노동 비용보다 비싸게 판매되기 때문에 자본가들은 그 차액을 착취할 수 있을 것이다. 마르크스는 이 차액을 〈잉여 가치 surplus value〉라고 명명했다. 이러한 잉여 가치의 존재야말로 자본주의 체제의 내적 모순을 구성한다. 이러한 이유에서 마르크스에 의하면 자본주의 체제에서 착취란 단순히 일시적이며 국부적인 현상이 아니라 냉혹한 임금의 법칙이 작용하는 모든 지역과 모든 시간에 발생하는 현상이다. 그렇지만 마르크스는 이러한 상황에 대해 어떤 도덕적인 판단도 하지 않았다. 그에 의하면 노동자들은 사실상 노동의 수요, 공급에 의한 임금의 결정이 적정 수준에서 이루어진다면 그것을 가치 있는 것으로 받아들인다. 마르크스는 이렇게 말했다. 〈노동자의 노동력이 전체 노동 시간의 절반에 대한 비용만으로도 유지될 수 있지만 사실상 그 노동력은 노동 시간 전체에 작용할 수 있는 것이다. 그러므로 노동력의 사용으로 하루 노동 시간에서 창출된 가치는 하루 노동력의 가치의 두 배다. 따라서 그만큼 구매자들에게 유리하다. 그러나 그것이 판매자(노동자)에게 불공평한 것은 아니다.〉

어떤 의미에서 마르크스는 이러한 상황에 대해 자본가들을 비난하지는 않았다. 〔그에게 자본가란 노동자들을 자의식이 강한 하나의 집단으로 조직화해 주는 역할을 수행할 뿐이라고도 할 수 있을 것이다. (제2판)〕 오히려 이러한 상황은 역사가 지닌 물질적 작용력의 결과다. 역사는 이런 상황들의 존재를 결정하기 때문이다. 노동자들이 하나의 결집된 계급을 구성하게 되는 이유는 단지 거대한 기계들이 대규모의 공장들을 요구하게 되며 그 기계들의 사용을 위해 고용된 다수의 노동자들이 서로 밀집되어 생활하게 되었다는 사실에 기인할 뿐이다. 역사는 자본주의 체제를 산출한 반면에 자본주의는 내적 모순을 가지고 있었다. 그러한 연유로 자본가를 〈면책〉해 준 마르크스는 〈과학적인 이유〉에서 잉여 가치라는 모순에 의해 야기된 계급투쟁이 역사의 다음 단계, 즉 사회주의와 마침내 공산주의로의 변증법적인 운동을 가능하게 하는 것이라고 주장했다.

계급투쟁의 세 번째 특징은 다음과 같은 예언이다. 즉 자본주의에서 노동자 계급의 생활 조건이 점차 악화됨으로써 가난한 자가 점점 더 가난해지고 그 숫자도 점점 증대하는 반면에 부자는 점점 더 부유해지고 그 숫자가 점차 감소한다는 것이다. 그 결과 대중들은 모든 생산 수단을 양도하게 된다. 역사적 사실이 증명하건대 마르크스의 전 체계에 있어서 가장 잘못된 주장이 바로 그것이다. 왜냐하면 선진 자본주의 경제에서 노동자의 생활 조건은 매우 극적으로 향상되어 왔기 때문이다. 어쨌든 마르크스에 의하면 생산 수단이 소수의 수중에 집중해 있는 한 계급투쟁은 그 모순이 해결될 때까지 무자비하게 계속된다. 또한 그 사이에 노동자들의 삶은 마르크스가 말하는 〈노동 소외〉로 인해 지독하게 비인간화될 것이다.

2. 4. 노동의 소외

마르크스는 20대에 『1844년의 경제 철학 초고 *Ökonomisch-philosophisches Manuskript aus dem Jahre 1844*』— 이것이 처음 출판된 것은 1932년이다 — 라고 하는 간단한 일련의 원고를 작성한 바 있다. 이 원고의 핵심 개념은 마르크스 사상의 전 체계를 관통하고 있는 〈소외*alienation*〉이다. 마르크스가 소외론을 전개한 최초의 인물은 아니지만 이 주제에 관한 그의 견해는 독특한 것이었다. 왜냐하면 그의 견해는 자본주의에 대한 비판을 형성하는 그의 특이한 경제, 철학적 가정에 기초하고 있기 때문이다.

만일 우리가 소외된다면 — 즉 소원해지거나 떨어진다면 — 우리는 어떤 것으로부터 소외되는 것이다. 기독교 신학에서 보면 사람들은 죄와 아담의 타락을 통하여 신으로부터 소외된다. 법률적 의미에서 보면 소외는 어떤 것을 팔거나 양도하는 것을 의미한다. 또한 칸트의 말처럼 〈어떤 사람의 재산을 다른 누군가에게 양도하는 것〉이다. 당시에는 거의 모든 사물이 판매 가능한 대상이 되었다. 발자크는 아이러니컬하게 이렇게 말하였다. 〈성령조차 증권 거래소에서는 시세표를 소유했다〉. 마르크스가 생각하기에 인간 본성 내에는 소외될 수 있는 중대한 것이 있다. 다시 말해 거기에는 우리가 그것으로부터 소외될 수 있는 것, 즉 우리의 노동이 있다.

마르크스는 소외를 네 가지 측면으로 기술한다. 우리는 (1) 자연으로부터 (2) 우리 자신으로부터 (3) 유적(類的) 존재로부터 (4) 다른 사람들로부터 소외된다. 그는 노동자와 노동 산물의 근본적인 관계에서 시작한다. 본래 우리의 노동의 생산물과의 관계는 아주 긴밀하다. 우리는 물질세계에서 사물을 취하여 그것들을 형체화하고 손수 그것들을 우리 자신의 것으로 만든다. 그러나 자본주의는 노동자에게 그들의 노동의 산물을 화폐로 교환할 때 강제로 상실케 함으로써 이러한 관계를 끊어 버린다. 생산 과정에서 한 개인의 노동은 노동이 부과된 수많은 물질적 재료와 다를 바 없는 대상이 된다. 노동이란 현재도 사고파는 것이기 때문이다. 내가 만드는 대상이 많을수록 내가 개인적으로 소유할 수 있는 것은 더욱 적어지고 그 결과 내가 상실하는 것도 더욱 많아진다. 나 자신이 나의 노동과 일체화되는 만큼 나는 내가 노동한 자연 세계로부터 소외된다. 마르크스에 의하면 〈노동자는 자신의 삶을 대상 속에 투입시키므로 자신의 삶이 더 이상 자신에게 속하는 것이 아니라 대상에 속하게 한다〉. 대상은 누군가에 의해 사유화되고 소유된다. 이런 식으로 사람과 자연 간의 본래적 관계가 파괴되는 것이다.

다음으로 우리는 자본주의적 노동에 참여함으로써 우리 자신으로부터 소외된다. 이것은 노동이 노동자들의 외부적인 것이므로, 그리고 인간의 본성의 일부가 되지 않기 때문에 발생한 것이다. 노동은 자발적이 아니라 우리에게 강제된 것이다. 우리는 행복 Well-being 대신에 불행을 느낀다. 우리는 자아실현보다는 우리 자신을 부정해야 한다. 우리는 육체적, 정신적 능력을 자유롭게 개발할 수 없다. 그 대신 우리는 육체적으로 지쳐 버리고 정신적으로 의기소침해 버린다. 따라서 우리는 오로지 여가 시간 동안만 인간처럼 느낀다. 가장 중요한 것은 우리가 자신의 노동으로부터 소외된다는 사실이다. 왜냐하면 그것은 우리 자신의 노동이 아니라 누군가 다른 사람을 위한 노동이기 때문이다. 이런 의미에서 노동자는 그 자신에게 속한 것이 아니라 그 밖의 누군가에게 속하며, 따라서 우리는 다소 매춘부가 되기도 한다. 그 결과 노동자는 〈동물적 기능 — 먹고, 마시고, 종족을 번식하고 — 을 하거나 고작해야 집에 머물러서 몸치장을 할 경우에만 — 인간적 기능을 하는 동안 그는 동물로 환원된다 — 자신이 자유롭게 활동할 수 있는 존재임을 느낀다〉. 먹고, 마시고, 종족을 번식하는 것이 인간의 진정한 기능이라고 할지라도 이것들이 인간의 다른 기능과 분리되게 되면 역시 동물적 기능이 된다.

더욱이 다른 수준에서 보면 인간은 자신의 유적 존재로부터, 즉 진정한 인간 본성으로부터 소외된다. 어떤 유(類)의 특징도 그것이 표현하는 활동 유형 속에 있게 마련이다. 인간이라는 존재의 유적 특징은 〈자유로운 의식 활동〉이다. 이와는 대조적으로 동물은 자신과 자신의 활동을 구별할 수 없다. 동물이 바로 그 활동인 것이다. 그러나 마르크스에 의하면 사람은 〈자신의 삶을 의지와 의식의 대상인 활동 자체로 만든다〉. 동물이 꿀벌, 개미, 비버의 경우처럼 거처를 만들 수 있다는 것은 사실이다. 그러나 이런 것들을 위한 그들의 생산은 그들 자신이나 새끼에게 필요한 것으로 엄격하게 제한된다. 한편 인간은 보편적으로, 다시 말해 모든 인간에게 적용 가능하고 이해할 수 있는 방식으로 생산한다. 동물이 특별한 물질적 요구의 강제에서만 생산하는 데 반해 인간은 물질적 요구로부터 자유로울 때만 가장 특징적인 생산물을 만들어 낸다. 동물은 스스로를 재생산하는 데 반해 인간은 예술, 과학, 문학 등 전 분야에 걸쳐 생산할 수 있다. 동물은 그들이 속한 유적 표준에 따라 그들의 활동이 제한된다. 이와는 달리 인간은 모든 유적 표준에 따라 생산하는 방식을 알고 있다. 이런 이유에서 노동의 모든 대상은 자연계에 인간의 특정한 삶 — 자유롭고 자발이며 창조적인 활동 — 을 부과한다. 인간은 이런 식으로 인간이 창조해 온 물질세계 속에서 스스로 반성하면서 관념의 영역에서 지적으로뿐만 아니라 활동적으로 스스로를 재생산한다. 인간의 유적 삶의 이러한 독특한 특징은 인간의 노동이 소외된다면 사라진다. 내가 나의 노동 대상으로부터 제거되듯이 나는 자유롭고 자발적인 나의 활동과 창조로부터도 제거된다. 나의 의식은 지금 창조성에서 비껴 나 개인적 존재로 나아가는 수단 속으로만 옮겨 가고 있을 뿐이다.

이것은 나를 다른 사람으로부터의 소외에 이르게 한다. 타인과의 관계 상실은 나의 노동 대상으로부터 내가 소외되는 것과 마찬가지다. 소외된 노동 환경 속에 있는 인간은 노동자의 관점에서 다른 사람을 바라본다. 인간은 다른 노동자들을 인간이라는 모든 유적 존재의 구성원으로가 아니라 자신의 노동을 사고파는 대상으로서 간주한다. 따라서 유적 본성이 소외되거나 소원해진다고 말하는 것은 내가 타인으로부터 멀어진다는 것을 의미한다.

〈만일 노동의 산물이 나에게서 소외된다면······ 그것은 누구에게 속하는 것일까〉라고 마르크스는 묻는다. 옛날에 이집트와 인도에 사원이 세워졌을 때 고대인들은 이것이 신에게 속한다고 생각했다. 그러나 마르크스에 의하면 노동의 소외된 산물은 오직 어떤 인간에게만 소속될 뿐이다. 만일 그것이 노동자에게 속하지 않는다면 그것은 다른 어떤 사람에게 속할 것임에 틀림없다. 이처럼 소외된 노동의 결과로서 노동자는 그들 자신과 다른 사람과의 새로운 관계를 형성하는데, 새로운 사람이 곧 자본가다. 소외된 노동의 마지막 산물은 사유 재산이다. 자본주의의 사업 형태에서 보면 사유 재산은 소외된 노동의 산물이자 노동을 소외시키는 수단이기도 하다. 사유 재산에 따른 임금 체계에서 노동자는 목적이 아니라 임금의 하수인임을 스스로 깨닫게 된다. 억지로 임금을 올려 보았자 노동자에게도 그들의 노동에도 어떠한 인간적인 중요성이나 가치도 회복되지 못한다. 마르크스는 자유에 대한 종국적인 진술로서 다음과 같이 결론짓는다. 사유 재산으로부터 자유로운 사회는 노동자들의 해방을 수반한다. 그리고 이어서 그것은 전체적으로 인간성의 해방으로 나아간다.

마르크스는 변증법적 과정이 불가피하게 비극적 갈등, 전쟁, 혁명을 수반한다고 믿었다. 그는 역사 속에서 결코 양립할 수 없는 세력들 간의 심각한 갈등을 발견했다. 그 각각의 힘들은 서로를 지배하기 위해 지속적으로 투쟁한다. 따라서 혁명적인 힘의 발동은 거의 피할 수 없다. 그러나 그 힘은 홀로 유토피아적인 체제를 발생시키지는 않는다. 물질적 질서의 내적 논리가 결정적인 방식으로 지향하는 생산 관계만이 혁명의 목적이 될 수 있는 것이다. 비록 어떤 사회가 소위 〈그 사회가 나아가야 할 궁극적인 방향〉을 인식하고 있다 해도 이 사회는 〈과감한 도약에 의해서든지 아니면 입법 조치에 의해서든지 장애물을 뛰어넘거나 제거할 수 없다〉. 왜냐하면 그 장애물들은 〈사회의 정상적인 발전의 연속적인 국면들에 의해 형성된 것〉이기 때문이다. 그렇다면 노동 계급의 혁명적 행위의 기능은 무엇인가? 마르크스에 의하면 그것은 〈출산의 고통을 단축시키고 경감해 주는 것〉이다.

마르크스의 엄격한 계급투쟁관에서 역사의 변증법적 발전을 위해 최고의 의미를 부여받는 것은 물질적 하부 구조이다. 그렇다면 인간의 사유는 어떤 위치와 역할을 갖는 것일까? 관념들도 힘을 가지며 결실을 맺을 수 있는 것일까? 마르크스에 의하면 관념들은 단지 물질적 실재의 반영에 불과하며, 따라서 그는 인간의 사유의 진취적 정신을 〈상부 구조〉라고 표현했다.

2. 5. 상부 구조: 관념의 기원과 역할

마르크스에 의하면 모든 시대는 나름대로의 지배적인 관념들을 갖는다. 인간은 종교, 도덕, 법률 등의 영역에서 관념들을 형성한다. 헤겔은 일찍이 종교, 도덕, 법, 사상에는 절대관념 the Idea이라는 보편 정신이 작용하고 있기 때문에 대부분의 사람들은 그것들에 동의한다고 주장했다. 그러나 마르크스에게 모든 시대의 관념들이란 각각의 역사적 시기의 현실적인 물질적 조건들을 반영하는 것이었다. 그렇기 때문에 사유 작용은 물질적 질서가 인간의 정신에 영향을 미친 후에야 발생한다. 마르크스는 인간의 의식 활동과 물질적 환경과의 관계를 이렇게 묘사한다. 〈인간의 의식은 인간의 존재를 결정할 수 없다. 오히려 인간의 사회적 존재가 인간의 의식을 결정한다.〉

관념의 근원은 물질적 질서에 뿌리박고 있다. 정의와 선의 관념, 심지어는 종교적인 구원의 관념까지도 기존의 질서를 합리화하는 다양한 양태들에 불과하다. 정의는 대부분의 경우에 경제상의 지배 계급의 의지와 생산 관계를 현상태로 〈동결〉하려는 그 계급의 욕구를 반영한다. 마르크스는 법률학도 시절에 법학자 사비니[2]의 가르침에서 강한 인상을 받았다. 사비니에 의하면 법률은 각 시대의 〈영혼〉이며 언어와 유사하므로 각 사회마다 다른 것이었다. 마르크스는 사비니와 마찬가지로, 정의의 보편적이며 영원한 개념을 부정했다. 사실상 그는 만일 관념이 생산 관계의 내적 질서를 반영할 뿐이라면, 연속적인 각각의 시대는 나름대로의 관념 체계와 지배적인 철학을 가지게 될 것이라고 주장했다.

주어진 시대의 사회에서 발생하는 관념 간의 투쟁은 경제적 질서의 동태적 본성에 기인한다. 대립자들 간의 투쟁인 변증법의 과정은 물질적 측면뿐만 아니라 이데올로

---

[2] Friedrich Karl von Savigny(1779~1861). 독일의 법학자이자 정치가. 그는 나폴레옹 군대가 독일에서 철수한 뒤 독일의 실증주의적인 역사 법학자 티보(Anton Friedrich Justus Thibaut, 1772~1840)에 의해 독일에 민법전의 제정이 제기되자 민족 정신의 소산으로서 법을 강조하면서 초월적, 보편적인 자연법을 기초로 한 법전 제정을 비판했다.

기적 측면도 갖는다. 사회의 구성원들은 서로 다른 계급에 소속됨으로써 변증법적인 과정에 관계하기 때문에 그들의 이익도 서로 다르며 따라서 그들의 관념도 대립적이다. 마르크스에 의하면 실재의 하부 구조가 변화했음에도 불구하고 이전 시기의 물질적 질서를 정확하게 반영하는 관념들이 현재의 실재를 반영한다고 착각하는 것이야말로 가장 큰 오류다. 옛 관념들을 고수하는 사람들은 그 관념에 상응하는 실재가 여전히 존재한다고 믿는다. 따라서 자신들의 관념에 맞춰 물질적 질서를 전도시키려는 그들의 욕망은 그들을 〈반동분자들〉로 만든다. 반면에 눈치 빠른 관찰자는 역사가 움직이고 있는 방향을 파악할 수 있으며 그들의 사유 작용과 행동을 그 방향에 맞추려고 노력한다. 마르크스에 의하면 변증법적 과정이란 어떤 사물의 소멸과 새로운 사물의 탄생을 동시에 포함한다. 그렇기 때문에 한 시대가 사멸하고 다른 시대가 태어나는 과정은 지속될 수 있는 것이다. 정의, 선, 정당성과 같은 〈영원한 원리들〉이 객관적으로 실재한다고 가정하는 사람들은 이러한 개념들이 실재를 나타낼 수 없다는 것을 깨닫지 못한다. 왜냐하면 유일한 실재인 물질적 질서는 끊임없이 변화하기 때문이다. 마르크스는 이렇게 말한다. 〈생산 관계의 총체가 사회의 경제 구조를 구성한다. 이 실재적 토대로부터 법률과 정치의 상부 구조가 발생한다. (따라서 그것은) 삶의 사회적, 정치적, 정신적인 과정들의 일반적인 성격을 결정해 준다.〉

마르크스는 관념을 주로 물질적 질서의 반영에 불과하다고 믿었기 때문에 관념들에 단지 제한적인 역할이나 기능만을 부과했다. 관념들은 경제적 실재와 관계를 갖지 않을 때 특히 쓸모없는 것이 된다. 마르크스는 개혁가들, 자선가들, 공상주의자들의 태도를 매우 못마땅하게 생각했다. 그의 주장에 따르면 관념들이란 결코 역사의 방향을 결정할 수 없으며 단지 필연적인 흐름을 가속화하거나 지연시킬 수 있을 뿐이다. 이러한 이유에서 마르크스는 자신의 자본주의에 대한 관념도 결코 도덕적 비난이 아니라고 생각했다. 또한 그는 자본주의가 사악한 것이거나 인간의 어리석음에 기인하는 것이라고 말하지도 않았다. 자본주의는 〈사회의 운동 법칙〉에 의해 발생되었을 뿐이다. 결국 마르크스는 자신이 과학자로서의 분석을 행하고 있다고 생각했다. 즉 그는 자신의 사유를 객관적 실재로 제한하면서 실재로부터 운동의 법칙을 추론했던 것이다.

마르크스 사상의 거의 모든 측면에 대해서 심각한 비판적 물음들이 제기되었다. 한 예로서 그가 『자본론』을 저술하고 있던 시기에 영국의 자본주의가 겪고 있었던 변화들을 그는 명백히 인식하지 못했다. 그의 과학적 태도 역시 경험적 관찰을 통해 충분히 지지받지 못했다. 마르크스가 전통적인 형이상학을 거부했다 하더라도 그는 모든 역사의 예정된 목적의 존재에 대한 형이상학적인 믿음을 너무도 분명하게 표현했던 것이다. 그럼에도 불구하고 철학에 대한 그의 공헌은 그칠 줄 모른다. 특히 소외의 개념에서 더욱 그러하다.

〔그의 인식론은 몇 가지 난점을 해결했으나 새로운 난점을 야기했다. 특히 관념의 다양성과 허구적인 관념들의 다양성을 설명하지 못하는 난점을 지닌다. 만일 관념이 실재를 반영한다면 실재와 사유는 상응해야 한다. 그러나 그렇다면 유토피아적인 사유의 출현을 어떻게 설명할 수 있을 것인가? 더욱이 마르크스는 혁명의 필연적인 요소로 폭력을 강조했는데, 이러한 주장도 어떻게 사회가 자기비판을 통해 발전하며 변화하는지를 이해하지 못했을 뿐만 아니라 물리적 폭력이 없는 혁명도 존재할 수 있다는 사실을 이해하지 못한 데 연유한다. 순수한 마르크스의 업적이라고 생각되는 것은 그의 이데올로기에 대한 통찰력이다. 즉 경제적 질서는 하나의 이데올로기를 창출할 수 있으며, 그 이데올로기로 인해 어떤 사람들은 현실이 영원하며 불변적인 원리에 근거한다고 생각하게 한다는 사실을 마르크스는 간파한 것이다. 또한 자기 이익의 교묘한 가면을 발견하기 위한 자기반성을 강조한 것도 그의 사회 분석의 중요한 측면이었다. 그렇지만 매우 흥미 있는 사실은 철학자로서의 마르크스는 가장 큰 적절성을 갖는다고 가정된 선진 자본주의 국가에서보다는 미개발 국가의 국민들 사이에서 더욱 널리 확산되어 왔다는 점이다. (제2판)〕

3. 니체

프리드리히 니체는 1900년 8월 25일에 55세를 일기로 세상을 떠났다. 그가 남긴 천재적인 유작들의 충격과 영향은 20세기까지도 계속되었다. 그의 생애는 너무도 분명한 모순으로 가득 차 있다. 루터파 목사의 아들이며 손자인 그는 오히려 〈신은 죽었다〉는 판결의 전도사였으며 〈도덕에 대한 투쟁〉을 감행했다. 그는 철저하게 여자들에 둘러싸여 성장했지만 그의 초인의 철학은 결코 여성들에 의해 양육된 것은 아니다. 그는 〈힘에의 의지Wille zur Macht〉라는 이름으로 인간 생명력의 가장 충실한 발현을 요구했으면서도 한편 순화와 통제가 인간의 참된 특성이라고 믿었다. 그의 삶은 절망적인 정신 착란증 속에서 마감되었지만 그의 저서들은 지금까지 저술된 가장 빛나는 작품들 속에 끼여 있다.

3. 1. 니체의 생애

프로이센 제국의 프리드리히 대왕의 이름을 본떠서 지은 프리드리히 니체는 작센 지방의 뢰켄에서 1844년 10월 15일에 태어났다. 그가 네 살 때 아버지가 사망하여 그는 어머니, 누이동생, 할머니, 두 명의 미혼 숙모들로 구성된 집안에서 성장했다. 그는 열네 살이 되었을 때 포르타의 유명한 기숙사 학교에 입학하여 그곳에서 6년 동안 특히 고전학, 종교, 독일 문학을 중점적으로 엄격한 교육을 받았다. 그가 고대 그리스의 사유에 매혹된 것도 이곳에서였다. 그는 특히 아이스킬로스와 플라톤에게서 그 천재성을 발견했다. 그는 1864년 10월에 본 대학교에 입학했으나 그곳에서는 겨우 1년 동안만 머물렀다. 왜냐하면 그는 동료 학생들의 자질에 그다지 깊은 인상을 받지 못했기 때문이었다. 그래서 그는 고전학과 문헌학의 뛰어난 스승인 프리드리히 리츨Friedrich Ritschl을 따르기로 결심했다. 그 당시 리츨 교수는 라이프치히 대학교에 정교수로 초빙되어 있었다. 라이프치히에서 니체는 쇼펜하우어의 주요 저작을 접했으며 그의 무신론과 반이성주의에 얼마 동안 깊은 영향을 받았다. 그로 인해 당대의 유럽 문화에 대한 니체의 경멸적인 반감은 더욱 확고해졌다. 또한 니체는 그곳에서 바그너의 음악에 심취하게 되었다. 훗날 그는 이렇게 말했다. 〈만일 바그너의 음악이 없었더라면 나는 젊은 시절을 버텨 나갈 수 없었을 것이다. 견딜 수 없는 압박감을 제거하려 할 때 마약을 필요로 하듯이 나는 바그너를 탐닉했다.〉

바젤 대학교가 철학 교수직을 충원하기 위해 누군가를 찾고 있을 때 마침 니체의 명성은 두드러지게 부각되었다. 그는 아직 박사 학위를 취득하지는 못했지만 이미 발표된 몇몇 뛰어난 논문의 학문적 업적으로 주목을 받고 있었다. 거기에 그의 스승인 리츨 교수의 강력한 추천이 힘을 보태 니체는 24세에 대학 교수에 임명되었다. 바젤 대학교가 그의 임명을 확정한 이후에 라이프치히 대학교도 니체에게 시험을 치르지 않

프리드리히 니체

은 채 박사 학위를 수여했다. 1869년 5월에 그는 호메로스와 고전 문헌학에 관해 교수 취임 강연을 했다. 바젤 시절에 니체는 바그너를 뤼체른 호수에 있는 그의 별장에 가서 자주 만났다. 이들의 우정이 영원히 계속되지는 못했지만 바그너는 니체의 최초의 저서인 『음악 정신으로부터의 비극의 탄생 *Die Geburt der Tragödie aus dem Geiste der Musik*』(1872)에서의 니체의 사상에 깊은 영향을 주었다. 한편 니체와 그의 연상의 친구인 저명한 역사가 부르크하르트[3]와의 우정도 오래 지속되었다. 양자는 모두 고대 그리스와 이탈리아 르네상스에 매혹되어 있었다. 그러나 니체의 악화된 건

---

3 Jacob Burckhardt(1818~1897). 스위스의 미술사가이며 문화사가. 그는 고대 그리스와 르네상스의 미술에 대한 깊은 조예와 예리한 감상력을 기초로 자기 나름의 장대한 미술사와 문화사를 수립했다. 그는 구체적 사실을 존중하면서도 단순한 전기적 기술에 그치지 않고 직관과 상상력을 중시하여 예술을 지배하는 충동력의 해명에 노력했다.

강과 대학 내의 자신의 임무에 대한 염증은 결국 그를 1879년 34세의 나이로 교수직을 사퇴하도록 만들었다. 그 후 10년간 그는 이탈리아와 스위스, 독일 각지를 방랑하면서 자신의 건강이 회복될 수 있는 장소를 찾아다녔다. 좋지 못한 건강 상태에도 불구하고 그는 6년간(1881~1887) 여러 책을 저술했다. 여기에는 『아침놀 *Morgenröte*』(1881), 『즐거운 학문 *Die fröhliche Wissenschaft*』(1882), 그 유명한 『차라투스트라는 이렇게 말했다 *Also sprach Zarathustra*』(1883~1885), 『선악의 저편 *Jenseits von Gut und Böse*』(1886), 『도덕의 계보 *Zur Genealogie der Moral*』(1887)가 포함된다.

1888년에 44세가 된 니체는 질병과 회복을 반복하는 그의 오랜 투병 생활에서 잠시 벗어날 수 있었다. 이때 6개월 동안 그는 믿을 수 없는 속도로 다섯 권의 책을 출간했는데, 『바그너의 경우 *Der Fall Wagner*』, 『우상의 황혼 *Die Götzen-Dämmerung*』, 『안티그리스도 *Der Antichrist*』, 『이 사람을 보라 *Ecce Homo*』, 『니체 대 바그너 *Nietzsche contra Wagner*』가 그 다섯 권이다. 얼마 뒤인 1889년 1월에 니체는 이탈리아 토리노의 거리에서 발작을 일으켰다. 그는 바젤의 정신 병원으로 송환되어 예나의 수용소로 보내졌다가 나중에 그의 모친과 누이동생의 간호를 받았다. 니체는 그의 마지막 11년 동안을 지병으로 인한 뇌의 손상으로 회복 불능의 정신 착란 속에서 살았다. 그러므로 그는 계획했던 그의 주요 저작인 『모든 가치의 전도』를 완성시킬 수 없었다. 니체의 저작들은 매우 생기 있는 문체와 강한 격정으로 쓰였으며, 비록 그의 후기 저작 중 몇 권은 매우 난해한 면을 보여 주고 있지만 대체로 이러한 저작들을 그의 정신착란으로 설명해 버릴 수는 없다는 데 대해서는 일반적인 동의가 이루어지고 있다.

3. 2. 〈신은 죽었다〉

니체는 물음에 대해 형식적인 대답을 하기보다는 심각한 사유를 자극하는 방식으로 철학을 서술했다. 이러한 점에서 그는 스피노자나 칸트, 헤겔보다는 소크라테스와 플라톤을 더 닮았다. 그는 어떠한 형식적인 체계도 이룩하지 않았다. 왜냐하면 그가 생각하기에 체계의 정립이란 우리가 체계의 기초가 되는 자명한 진리를 소유하고 있다는 사실을 전제로 하기 때문이다. 체계의 정립은 성실성을 결여하고 있다는 것이 그의 신념이었다. 정직한 학자라면 대부분의 체계가 기초하고 있는 이 자명한 진리들에 대해 즉각적으로 도전해야 하기 때문이다. 우리는 변증법을 사용하여 매 순간에 자신의 이전의 의견들에 대해 기꺼이 선전포고해야 한다. 더욱이 그가 생각하기에 대부분의 철학 체계의 정립자들은 〈우주의 수수께끼의 해결사〉로 자처하면서 모든 문제를 즉시 해결하려 한다. 니체는 철학자들이 덜 자만해야 하고 추상적인 체계에 대해서 보다 인간의 가치 문제에 더욱 관심을 기울여야 한다고 생각했다. 철학자는 자신의 문화가 지닌 지배적인 가치들로부터 자유와 신선한 실험의 태도로써 더욱 직접적인 인간의 문제에 집중해야 한다. 그는 중요한 문제들에 대해 다양한 입장을 취했기 때문에 그의 사상이 모순적인 방식으로 해석되는 것도 피할 수 없었다. 더욱이 그는 세밀한 분석보다는 간단한 경구로 문제에 접근함으로써 불명료성과 이중적 가치의 인상을 남겨 놓았다. 그렇지만 니체의 많은 견해들은 명료했으며 그는 그것들을 놀라우리만큼 명석한 저술들로 표현했다.

거의 모든 사람들이 19세기의 유럽이라는 상황을 힘과 안전의 상징으로 간주하고 있었을 때 니체는 예언자적인 통찰력으로 근대의 인간들이 이룩한 가치의 전통 유지의 급박한 몰락 양상을 간파했다. 당시 프로이센 군대는 독일이 대륙에 강한 영향력을 행사할 수 있게 해주었고, 그 낙관론의 분위기는 과학의 급진적인 진보에 의해 점차 고조되고 있었다. 그럼에도 불구하고 니체는 과감하게도 권력 정치와 사악한 전쟁이 미래를 예고하고 있다고 예언했다. 그가 느꼈던 것은 〈허무주의 Nihilismus〉의 시대가 다가오고 있으며 그 씨앗은 이미 뿌려졌다는 사실이었다. 독일의 군사력이나 과학의 진보는 결코 위대한 사실이 아니었다. 그 대신 그는 기독교의 신에 대한 믿음이 극적으로 붕괴되어 그가 〈신은 죽었다 Gott starb〉고 말할 수 있는 지경에 도달했다는 명백한 사실에 영향받았다.

비록 니체가 무신론자였을지라도 신의 〈죽음〉에 대한 그의 견해에는 복잡한 반응이 혼합되어 있었다. 그는 모든 사람이 신의 죽음이 내포하는 의미를 충분히 이해하게 될 때 뒤따를 결과들에 대해서 두려워했다. 종교적인 믿음의 붕괴와 종(種)들의 끊임없는 진화를 주장한 다윈주의에 대한 믿음의 확산을 동시적으로 고찰하면서 그는 이러한 결합 속에서 인간과 동물의 근본적인 차이점이 파괴되고 있음을 발견할 수 있었다. 만일 이것이 인류가 믿기 원하는 것이라면 미래의 어떤 시점에서 전대미문의 거대한 전쟁이 반발한다고 해도 아무도 놀라지 않게 될 것이다. 동시에 니체에게 신의 죽음은 새로운 시대의 개막을 의미했다. 그 새로운 시대에는 기독교의 본질적으로 삶에 대한 부정적인 윤리학이 삶에 대한 긍정적인 철학으로 대치될 수 있다는 것이다. 그에 의하면 〈마침내 바다, 우리의 바다가 우리 앞에 열린다. 바다가 그토록 열려 있던 적은 한 번도 없었다〉. 신의 죽음의 허무주의적 결과들에 대한 이중적인 반동은 니체의 정신을 인간의 가치에 대한 중심 문제로 돌아서게 했다. 신이 더 이상 인간 행위의 목적이자 제약일 수 없게 된 시대의 새로운 가치 체계를 추구하면서 니체는 미학이 종교에 대한 가장 훌륭한 대안이라고 생각했다. 그에 의하면 존재와 세계는 단지 미학적 현상으로서만이 영원히 정당화될 수 있다. 그가 생각하기에 인간 노력의 참된 의미를 근본적으로 발견했던 것은 그리스인들이었다. 그러므로 그는 아폴론과 디오니소스의 그리스적 개념으로부터 인간에 관한 궁극적인 통찰력을 이끌어 냈다.

3. 3. 아폴론적인 것 대(對) 디오니소스적인 것

〔니체는 처음에 다음과 같은 문제에 관심을 가졌다. 즉 쇼펜하우어의 허무주의의 관점에서처럼 과연 인간은 삶에 대해 비관론자가 될 수밖에 없으며 따라서 삶을 포기해야 하는가 아니면 니체의 우상들 가운데 한 사람이었던 괴테가 보여 주었던 것처럼 삶을 긍정할 수 있는 근거가 존재하는가 하는 문제였다. 니체는 호메로스의 아폴론과 디오니소스의 신화에서 비극의 탄생, 다시 말해 예술의 출현과 인간의 심미적 요소의 가장 완전한 발현은 신들이 상대적으로 구현했고 구체화했던 두 원리들 간의 결합의 결과라는 사실을 발견했다. (제2판)〕

니체가 믿기에 미적 가치는 아폴론과 디오니소스라는 그리스의 두 신들에 제각기 표현되는 두 개의 원리 사이의 혼합에서 비롯된 것이다. 니체에게 디오니소스는 삶의 역동적인 흐름의 상징이었기에 어떠한 구속 요소나 장벽들을 고려하지 않은 채 모든 한계들을 거부한다. 디오니소스의 숭배자들은 명정(酩酊)의 흥분 상태로 빠져 들어가 이를 통해 더욱 거대한 삶의 바다 속에서 주체성을 해소한다. 반면에 아폴론은 질서와 구속과 형식의 상징이다. 디오니소스적인 태도가 가장 훌륭하게 표현된 것이 몇 가지 형태의 음악에서의 체념의 감각이라면 아폴론적인 형식 부과의 힘은 그리스의 조각에서 가장 훌륭하게 표현되고 있다. 이처럼 인간의 개체성이 좀 더 넓은 생명력의 실재 속에 동화되는 삶과 인간의 합일을 상징하는 것이 디오니소스라면, 아폴론은 〈개체화의 원리〉의 상징이며, 그 개별화의 힘은 정형화된 예술이나 세련된 인간성을 창조하기 위해 삶의 역동적 과정을 통제하며 구속한다. 다른 관점에서 보면 디오니소스적인 것은 부정적이며 파괴적인 영혼의 어두운 힘들을 보여 준다. 그 힘은 통제되지 않을 때 〈자연의 대부분의 야수들〉에게 전형적인 〈저 혐오스러운 욕정과 잔인함의 혼합〉 속에서 정점을 이룬다. 그러나 이와 대조적으로 아폴론적인 것은 생명력의 강력한 쇄도를 조절하는 힘이기에 파괴적인 힘들을 동력으로 삼아 창조적인 행위로 인도하는 힘을 나타낸다.

니체에 따르면 그리스 비극은 위대한 예술 작품이다. 그것은 아폴론에 의한 디오니소스의 정복을 나타낸다. 그러나 이러한 설명에서 니체가 내린 결론에 의하면 인간은 디오니소스적인 것과 아폴론적인 것 사이의 선택에 직면하지 않는다. 그러한 선택을 해야 한다고 가정하는 것조차도 인간 조건의 참된 본성을 오해하는 것이다. 즉 인간의 삶은 불가피하게 암흑 속에 밀려드는 격정의 힘들을 내포한다. 니체에 의하면 그리스의 비극이 제시해 주는 것은 충동과 본능과 격정의 홍수 속에 자신을 포기하는 모습이 아니라 이러한 충동적인 힘들이 예술 작품의 창조를 위한 기회가 된다는 사실에 대한 인식이었다. 이것은 절제를 통한 인간 자신의 품성 속에서든 반항적인 질료에 형상을 부과하는 문학이나 조형예술 속에서든 그렇게 될 것이다. 니체에게 비극의 탄생, 즉 예술의 창조란 병든 디오니소스적 광포의 도전에 대한 인간의 건강한 요소, 즉 아폴론적인 것의 응전이었다. 이러한 관점에서 예술은 디오니소스적인 것의 자극 없이는 발생할 수 없다. 동시에 만일 디오니소스적인 것이 인간 본성에 유일한 요소이거나 지배적인 요소라면 인간은 당연히 절망하게 될 것이며 결국 삶에 대한 부정적인 태도로 전락하게 될 것이다. 그러나 니체는 인간 본성의 최상의 업적이 그리스 문화에서 발생했다고 생각했다. 왜냐하면 그 문화 속에서는 디오니소스적인 것과 아폴론적인 것이 결합되었기 때문이다. 19세기 문화가 그러했던 것처럼 디오니소스적인 요소가 삶에 정당한 위치를 차지했다는 사실을 부정하는 행위는 생명력의 불가피한 폭발을 얼마 동안 지연시켰을 뿐이다. 그 폭발은 결코 영원히 발현되지 않을 수는 없었던 것이다. 즉 삶이 지식을 지배해야 하는가 아니면 지식이 삶을 지배해야 하는가의 문제는 결국 이 양자 중 어느 것이 더 높고 결정적인 힘인가에 대한 의문을 야기하며, 당연히 삶이 더 높고 지배적인 힘이라는 결론이 나오지만 가공되지 못한 생명력은 삶을 좌절시키는 방향으로 나아가게 될 뿐이다. 이러한 이유에서 그의 생각은 그

디오니소스(역동적 열정을 지닌 힘의 상징)

아폴론과 그의 이륜 전차(강력한 열정의 억제, 질서, 그리고 이성적 통제의 상징)

리스적 공식, 즉 디오니소스적인 요소와 아폴론적인 요소의 결합으로 기울어졌다. 왜냐하면 인간의 삶은 그 결합을 통해서만 심미적 현상으로 변형될 수 있기 때문이다. 그의 생각에 의하면 그러한 공식은 종교적인 믿음이 더 이상 인간의 운명에 대한 비전을 제공해 줄 수 없게 된 시점에서 인간 행동의 적절한 규범을 당대의 문화에 제공해 줄 수 있는 것이었다. 니체가 특히 종교적인 믿음을 거부했던 이유는 기독교 윤리학이 지닌 본질적으로 삶에 대한 부정적인 태도 때문이었다.

3. 4. 주인의 도덕 대(對) 노예의 도덕

니체는 모든 사람이 다 같이 복종해야 하는 보편적이고 절대적인 도덕 체계가 존재한다는 주장을 거부했다. 인간은 서로 다르기 때문에 도덕성을 보편적인 입장에서 생각하는 것은 개인 간의 근본적인 차이들을 무시하는 것이다. 즉 한 가지 경향의 규칙들에 의해 그 방향이 결정될 수 있는 유일한 인간성이 존재한다는 가정은 비현실적이라는 것이다. 〔그렇지만 모든 인간 존재들의 성격을 규정해 주는 한 가지 사실이 존재한다. 환경을 지배하려는 충동이 바로 그것이다. 인간 본성의 중핵인 이 충동은 힘에의 의지다. 힘에의 의지는 단순히 살아남으려는 의지 이상의 것이다. 오히려 그것은 인간의 모든 권력들에 대한 강한 긍정을 의미한다. 니체는 이렇게 말한다. 〈가장 강하고 지고한 삶에의 의지는 실존을 위한 비참한 투쟁 속에서는 그 표현을 찾을 수 없다. 그것은 투쟁에의 의지, 힘에의 의지, 절대 권력에의 의지에서 발견된다!〉 (제2판)〕

만일 누군가가 하나의 보편적인 도덕률을 내세운다면, 그는 인간의 근본적인 생명력의 가장 완전한 발현을 실제로 부정하고 있는 것이다. 이러한 점에서 유대교와 기독교는 극악한 범죄자다. 왜냐하면 유대적-기독교적 윤리는 인간의 기본적인 본성과 상치됨으로써 그것의 반본성적 도덕성은 인간성을 쇠약하게 하며 단지 〈서투르고 초라한〉 삶을 가능하게 할 뿐이기 때문이다.

어떻게 인간 존재는 그토록 비본성적인 도덕 체계를 이룩했을까? 니체에게는 〈애초부터 선의 역사와 악의 역사라는 양면적 역사〉가 존재하며 이는 두 가지 근원적인 형태의 도덕의 발전을 보여 준다. 하나는 〈주인의 도덕 *master morality*〉이요, 다른 하나는 〈노예의 도덕 *slave morality*〉이다. 주인의 도덕에서 보면 〈선〉은 항상 〈넓은 도량의 영혼을 소유〉한다는 의미에서 〈고매함〉을 의미했으며 〈악〉은 〈비열함과 저속

함〉을 의미했다. 고매한 인간은 가치의 창조자며 가치의 결정자라고 자처한다. 또한 그들은 그들 자신의 외부에서 자신의 행위들에 대한 지지를 구하지 않는다. 그들은 자기 자신에게 판결을 내릴 뿐이다. 그들의 도덕은 일종의 스스로를 영광스럽게 하는 행위다. 이 고매한 개인들은 넘쳐흐르는 힘으로 행위를 한다. 그들은 불행을 도울 수 있지만, 이는 연민에서가 아니라 풍요로운 힘에 의해 발생한 충동에서 나온 것이다. 그들은 힘의 모든 형식을 명예롭게 여기고 그들 자신을 활기차고 강인하게 함으로써 기쁨을 얻으며 엄격하고 힘든 모든 것을 존경한다. 그러나 이와는 대조적으로 노예의 도덕은 사회의 최하 성원들, 즉 피고용자, 피압박자, 노예, 자신들을 확신하지 못하는 자들에게서 유래한다. 노예에게 〈선〉은 고통받는 사람들의 존재를 경감해 줄 수 있는 모든 특징들의 상징이다. 〈동정, 자비의 손길, 온정, 인내, 근면, 박애, 친절……〉과 같은 행위들이 노예의 도덕을 구성하는데, 니체는 이것을 본질적으로 실리의 도덕이라고 주장한다. 왜냐하면 여기서의 선은 약자와 힘없는 자들에게 이익이 되는 것만을 의미하기 때문이다. 노예의 도덕에서는 공포를 조장하는 자가 〈악한〉 사람인 데 반해 주인의 도덕에서는 공포를 조장할 수 있는 자가 〈선한〉 사람이다.

〔주인의 도덕에 대한 도전은 〈노예들〉에게 깊숙이 자리 잡고 있던 양심에서 나타난다. 니체에게 이러한 양심은 〈행동에 적합한 출구를 박탈당함으로써 일종의 상상적인 보복을 통해 자신들을 보상하지 않을 수 없는 부류들에 의해 발생한다〉. (제2판)〕 이러한 보복은 고매한 귀족주의자들의 미덕을 죄악으로 뒤바꾸는 형태를 취했다. 니체가 서구를 지배하는 도덕에 대해 강하게 반대했던 이유는 그 도덕은 〈우매한 대중〉의 평범한 가치들을 추어올렸다는 점에 있었다. 사실 〈우매한 대중은 강한 힘의 축적에 대한 충동이 만물의 규범으로 지고하거나 가능한 어떤 것이라는 사실을 알지 못한다〉. 믿을 수 없을 만치 〈우매한 대중의 정신 상태〉는 모든 귀족적 품성들을 악덕으로 간주되게 하고, 모든 약한 품성들을 미덕처럼 보이게 하는 데 성공함으로써 결국 주인의 도덕을 압도하게 되었다. 주인의 도덕이 갖고 있는 삶에 대한 적극적인 긍정은 〈악한〉 것으로 간주되며, 〈죄책감〉을 가져야 하는 어떤 행위로 간주된다. 니체는 다음과 같이 말했다.

아직 자연적인 본성을 지니고 있었던 사람들, 너무도 두려운 야만족들, 약탈자들은 아직 파괴되지 않은 힘에의 의지와 갈망을 소유한 채, 좀 더 약하며, 좀 더 도덕적이며, 좀 더 평화로운 인종들에게 의존하게 되었다. 귀족 계급은 항상 이민족 계급으로부터 시작되었다. 그들의 우위성은 그들의 육체적인 힘에 있지 않고, 무엇보다도 그들의 영혼의 힘에 있었다. 그들은 〈완성된〉 인간이었다.

그러나 주인 종족의 힘은 그들의 강인한 영혼이 침식됨으로써 파괴되었다. 공격적인 힘을 발휘하려는 자연적인 충동에 반대하여 약한 종족들은 정교한 심리적 방어를 구축했다. 평화와 평등 같은 새로운 가치와 새로운 이상들이 〈사회의 근본 원리〉라는 미명하에 제시되었다. 니체에게 이는 강자의 힘을 파괴하려는 약자의 당연한 갈망이었다. 약자들은 인간의 가장 본래적인 충동에 대해 부정적인 심리적 태도를 창조했다. 니체에 의하면 〈이러한 노예의 도덕은 삶의 부정에 대한 의지이며 분해와 쇠망의 원리〉다. 그러나 우매한 대중의 원한과 강자에 대한 복수심을 심리적으로 잘 분석해 보면 인간이 마땅히 해야 할 것들이 나타날 것이다. 즉 인간은 〈모든 감상적인 유약함에 저항해야 한다. 삶은 본질적으로 자기 것이며 무례이며 낯설고 약한 것에 대한 정복, 압박이며, 엄격성이며 특수한 형식에 대한 무리한 강요며······ 최소한······ 착취다〉.

3. 5. 힘에의 의지

니체에 의하면 〈착취〉는 본래 타락한 인간 행위가 아니다. 그 대신 그것은 〈살아 있는 존재의 원초적 기능으로서 본성〉에 속한다. 착취는 〈힘을 향한 본능적인 의지의 결과로서 생겨났으며 이는 곧 삶에의 의지 — 모든 역사의 《근본적인 사실》》이다). 힘에의 의지는 인간이 자신의 주변을 지배하려는 인간 본성 내에 있는 핵심적인 충동이다. 이것은 단지 생존하려는 의지 이상의 것이다. 그것은 오히려 모든 개인적 힘을 정력적으로 확인하려는 내적 충동이다. 니체가 말했듯이 〈최강의 그리고 최고의 삶에의 의지는 비참한 생존 경쟁 속에서 표현되는 것이 아니라 투쟁 의지 Will to War 속에서 표현된다. 힘에의 의지는 압도적인 힘에의 의지 Will to Overpower다〉.

유럽의 도덕은 힘에의 의지의 우월성을 부정함으로써 근본적으로 부정직해졌다. 니체는 이 부정직에 대한 책임을 기독교의 노예적인 도덕에 돌렸다. 그는 직선적으로 이렇게 말한다. 〈나는 기독교를 지금까지 존재했던 어떤 거짓말보다도 가장 치명적이며 유혹적인 거짓말이라고 생각한다. 그것은 가장 위대하며 가장 불경스러운 거짓말이다.〉 그는 유럽 전체가 예수 주위에 운집했던 불쌍한 소규모 유랑 집단의 도덕에 종속하게 된 사실을 기이하게 여겼다. 〈상상해 보라!《보잘것없는 사람들의 도덕》이 만물의 척도가 되지 않았는가?〉 그가 생각하기에 이러한 사실은 〈문명이 발생하게 된 이래 가장 불유쾌한 종류의 퇴보〉였다. 〔그러나 더욱 잘못된 것은 아직까지도『신약 성서』의 윤리가 〈신〉의 이름을 빌어 인간의 머리 위에 돌출해 있다는 사실이다. (제2판)〕 니체는 〈가장 자격이 없는 사람들이『신약 성서』의 각 페이지마다 가장 위대한 존재의 문제들에 관해 기록했다〉는 사실에 어이없어 했다. 〔뻔뻔스럽고 경박하게 〈가장 다루기 힘든 문제들 — 삶, 세계, 신, 생의 목적 — 이 여기서는 마치 그것들은 전혀 문제도 아니며, 이 보잘것없는 고집쟁이들이 훤하게 알고 있는 가장 단순한 사실들인 것처럼 언급된다〉. (제2판)〕 기독교는 우리에게 우리의 적들을 사랑할 것을 요구하는데 이는 자연과 모순된다. 왜냐하면 우리가 적을 〈증오〉해야 한다는 것은 자연의 명령이기 때문이다. 더 나아가 기독교는 인간이 다른 어떤 것을 사랑하기 전에 제일 먼저 신을 사랑해야 한다고 요구함으로써 도덕의 자연스러운 기원을 부정한다. 인간의 사랑 앞에 신을 끼워 넣음으로써, 우리는 인생을 긍정하는 직접적이고 자연스러운 도덕적 기준을 전복시켜 버린다. 우리의 가장 강렬하고 약동하는 에너지는 인간이 신을 향해 사유하게 됨으로써 약화된다. 〔이는 약자의 원한이 야기한 보복이다. 인간 세상에는 항상 〈낙심하고, 병들고, 쇠약하고, 연약하고, 필연적으로 고통을 겪는 개인들〉이 존재하기 마련이다. 유대적-기독교적 종교가 보호하려 한 이러한 개인들은 바로 〈실패작들〉이었다. (제2판)〕 물론 니체는 기독교의 영적 인간들이 고통받는 자들에게 위안과 용기를 제공함으로써 유럽에 값으로 헤아릴 수 없는 기여를 했다는 사실을 기꺼이 인정한다. 그렇지만 기독교의 자비가 어떤 대가를 치렀는가? 니체는 그 대가가 〈유럽 인종의 퇴보〉였다고 주장했다.[4] 그들은 필연적으로 〈모든 가

---

[4] 니체는 기독교의 가치를 폄하하기 위해, 즉 〈기독교 전통의 파산을 폭로하기 위해〉 불교를 그 도구로 사용했다. 실제로 그는『안티그리스도』에서 〈불교는 기독교보다 백배나 더 진실되고 객관적이다. 불교는 괴로움을 죄라고 해석함으로써 그 괴로움을, 그리고 그 고통을 느낄 수 있는 능력을 굳이 고상한 것으로 만들려 하지 않는다.〉 불교는 《죄에 대한 싸움》을 가르치는 것이 아니라 철저한 현실성에 따라 《괴로움에 대한 싸움》을 가르친다. 불교는 이미 도덕적 개념에 대한 자기기만을 뒤로 한다〉고 하여 불교만이 유일하고 진정한 실증주의적 종교라고 두둔한 바 있다. 심지어 그는 〈유럽적 불교가 반드시 필

치 평가들을 전도시켰다. 이것이 바로 그들이 행해야 했던 것이다! 또한 그들은 강자를 약화시키고 위대한 희망을 훼방했으며 미에 대한 기쁨을 의심하게 했고, 자주적, 남성적, 정복적, 그리고 전제적인 모든 것을 파괴했다〉. 〔더욱이 충실한 〈인간들〉에게 자연스럽게 내재하는 모든 본능들은 〈불확실한 것, 양심의 고통, 자기 파괴〉로 변질되어야 했다. (제2판)〕 이처럼 기독교는 〈지상의 것에 대한, 그리고 지상의 우위성에 대한 모든 사랑을 지상과 지상적인 것들에 대한 증오〉로 전도시키는 데 성공했다.

약자와 우매한 대중이 그들 자신의 도덕을 가지는 데 대해 니체는 반대할 뜻이 없었다. 그들의 도덕을 더 높은 품성의 인간들에게 부과하지 않는 한 말이다. 왜 위대한 창조적인 능력들을 가진 인간들이 우매한 대중이 지닌 평범한 수준의 특성으로 전락해야 하는가? 니체가 〈선악의 저편〉에 관해 언급했을 때 그는 그 시대의 지배적인 우매한 대중의 도덕에 대한 문제 이상의 것을 염두에 두고 있었다. 그는 하나의 새로운 시대를 전망했는데 그 시대에는 완성된 인간이 다시 새로운 수준의 창조적인 활동을 재개할 것이며, 그럼으로써 좀 더 특출한 유형의 인간, 즉 초인 $Übermensch$이 될 것이다. 이 새로운 인간은 도덕 그 자체를 거부하지는 않는다. 그/그녀는 단지 우매한 대중의 부정적인 도덕을 거부할 것이다. 니체는 재차 이렇게 주장했다. 즉 힘에의 의지에 근거한 도덕이야말로 노예의 도덕이 조심스럽게 위장해 온 것들에 대한 진정한 변형이라는 것이다. 만일 그 초인이 〈잔인〉하다면 현실적으로 우리가 〈고급 문화〉라고 부르는 모든 것은 잔인성이 좀 더 영적으로 강화된 것일 뿐이라는 사실을 인정해야 한다. 니체는 이렇게 주장하였다. 〈야수는 결코 살해되지 않았다. 그것은 살아서 활동하며 번성하고 있다. 그러나 그것은 단지 가축으로 길들여졌을 뿐이다.〉 예를 들어 로마인이 원형 경기장에서 느꼈던 기쁨, 기독교의 십자군에 대한 열광, 스페인 사람들이 투우 경기를 통해 얻는 환희, 파리 노동자들의 유혈 혁명에 대한 향수, 이 모든 것이 그러한 잔인성의 표현이다.

주인의 도덕의 견지에서 볼 때 잔인성이라는 단어는 단지 힘에의 의지를 의미할 뿐이며 이는 강인함의 본능적인 표현에 지나지 않는다. 그러므로 인간은 여러 등급으로 나뉠 수 있으며 〈등급을 결정하고 구분해 주는 것은 힘의 양일 뿐 다른 것은 아니다〉.

요하다는 사실이 증명될 것〉이라고 예언하는가 하면, 자신이 〈유럽의 부처가 될 것〉이라고도 주장했다.

이러한 이유에서 인간의 평등과 같은 이상은 사리에 맞지 않는다. 현실적으로 힘의 양이 다르기 때문에 평등이란 존재할 수 없다. 평등이 의미하는 것은 단지 만인의 낮은 수준으로의 평준화일 뿐이다. 니체는 인간을 적어도 두 등급으로 구분하려 했다. 즉 〈삶을 고양시키려 하는 부류와 퇴보, 부패, 허약을 대변하는 부류〉가 그것이다. 확실히 고급 문화는 언제나 (그것의 토대로서 강하게 결속된) 중간 계층을 필요로 하기 마련이다. 그러나 좀 더 높은 부류의 인간을 계발하고 출현시키기 위해서는 초인이 요구된다. 만일 초인이 출현한다면 그/그녀는 좀 더 낮은 등급의 인간들에 의해 이룩된 선과 악을 초월해야 할 것이다.

3. 6. 모든 도덕의 재평가

자신이 생각하기에 분명히 죽어 가고 있었던 전통적 도덕의 위치에 니체가 대치시키려 한 것은 무엇일까? 그의 긍정적인 처방은 비판적인 분석만큼 명석하지 않다. 그렇지만 그의 새로운 가치들은 노예의 도덕에 대한 반론으로부터 어느 정도 추론될 수 있다. 노예의 도덕이 원한과 복수에 연유한다면 모든 가치에 대한 재평가가 다시 발생해야 하는 것은 당연하다. 니체는 결코 재평가를 통해 새로운 가치의 목록을 다시 작성하지는 않았다. 그는 소크라테스와 마찬가지로 기존의 가치들에 대한 도전을 선언했으며 〈그 시대의 미덕을 생체 해부식으로 수술〉하려 했다. 전통적인 도덕은 근원적이며 자연적인 도덕의 왜곡이기 때문에 재평가는 정직과 정확의 이름으로 전통적인 도덕을 부정하는 것이어야 했다. 니체에게 재평가는 다음과 같은 사실을 전제한다. 즉 〈더 강한 동기들이 아직 현존한다. 그러나 이제 그것들은 거짓된 명목이며 거짓된 가치 기준임이 판명될 것이다. 그것들은 아직 자신의 정체를 인식하지 못하고 있을 뿐이다〉. 새로운 가치들을 정립하는 것도 필요하지만 기존의 가치들을 다시 한 번 전도시킬 필요가 있다. 즉 〈기독교가 고대의 모든 가치를 재평가한 것처럼〉 오늘날에도 인간의 근원적이며 심층적인 본성의 입장에서 지배적인 도덕을 재평가할 필요가 있다. 그러므로 니체의 재평가의 프로그램은 본질적으로 현대인의 이상에 대한 비판적 분석이었다. 그가 보여 주려 했던 것은 이른바 현대인의 〈선〉은 전혀 미덕이 아니라는 사실과 현대인이 말하는 진리란 이기심과 허약함이 가장된 모습에 불과하다는 사실, 현대인의 종교는 교활한 심리적 무기며 도덕적인 난쟁이가 그 무기로 자연적인 거인을 교화해 왔다는 사실이었다. 그는 일단 그 가식이 현대의 도덕에서 제거되면 참된 가치가 나타날 것이라고 생각했다.

결국 도덕적 가치들은 인간의 참된 본성과 환경 위에 정립되어야 한다. 종들의 진화를 주장하면서 외적 환경을 크게 강조했던 다윈과 달리 니체는 인간의 내적인 〈힘에 집중했다. 그 힘이야말로 사건을 구체화하며 창조할 수 있다. 힘은 환경을 사용하며 개발한다〉. 니체의 당당한 가설에 의하면 힘에의 의지는 모든 곳에 또한 만물 속에 그 자신을 표현하려 하고 있다. 〈이 세계는 힘에의 의지일 뿐 다른 어떤 것도 아니다.〉 삶 자체는 다수의 힘들이며 〈힘의 전개 과정의 영속적인 형식〉이다. 인간의 심리 구조에서 볼 때 인간의 쾌락과 고통에 대한 몰두는 힘의 증대를 위한 노력을 반영한다. 고통은 장애를 극복하려는 힘을 고무해 줄 수 있으며, 한편 쾌락은 증대된 힘의 감정을 수반할 수 있다.

3. 7. 초인

니체의 힘에의 의지라는 개념은 초인의 태도와 행위에서 가장 분명하게 제시된다. 우리가 이미 살펴본 것처럼 니체는 평등의 개념을 부정했다. 그의 주장에 의하면 도덕은 각 등급의 인간에게 각각 적합한 것이어야 한다. 모든 가치에 대한 재평가가 이루어진 후에도 〈보통 사람들〉은 지적으로 〈자유로운 영혼들〉의 최고 정점에 도달할 수 없다. 간단히 말해 〈공통의 선〉은 존재할 수 없다. 니체에 의하면 위대한 것은 위대한 것으로 남아 있으며 〈희귀한 모든 것은 희귀한 것으로 남아 있다〉. 초인은 드물게 나타난다. 그러나 그는 인간의 진화의 다음 단계다. 역사는 추상적인 〈인간성〉의 발현으로 나아가는 것이 아니라 몇몇 예외적인 인간들의 출현을 향해 나아간다. 그러므로 니체에게 〈초인은 목적이다〉. 그러나 초인은 기계적인 진화 과정의 산물이 될 수 없을 것이다. 초인적인 개인들이 모든 가치를 재평가하려는 용기를 가지고 내면의 힘에의 의지에 자유롭게 응답할 때에만 다음 단계는 도달될 수 있다. 〈인간은 초월되어야 할 어떤 것이다.〉 따라서 초인은 육체적, 지적, 감정적인 힘에 있어서 최고 수준의 발전과 표현을 보여 준다. 또한 초인은 힘에의 의지를 방해하는 어떤 것을 제외하고는 아무것도 거칠 것이 없는, 진정으로 자유로운 인간이다. 초인은 바로 삶에 대한 자발적인 긍정의 체현이 될 것이다.

니체는 초인을 폭군이라고는 생각하지 않았다. 확실히 초인에게는 디오니소스적인 요소가 많이 포함되어 있을 것이다. 그러나 이러한 격정은 조절될 것이며 동물적인 야성도 사람의 행동에 틀을 부과하는 지성과 조화를 이룰 것이다. 그러나 초인이 전체주의적 폭군과 혼동되어서는 안 된다. 니체는 그의 영웅 괴테를 모델로 염두에 두고 있었으며 그를 〈예수의 영혼을 가진 카이사르〉라고 표현하기도 했다. 니체의 사상이 성숙했을 때 그의 이상적인 인간은 디오니소스적 요소와 아폴론적인 요소가 조화롭게 균형을 이룬 자였다. 한편 그의 사상이 바그너와 쇼펜하우어에 영향받던 시절에 니체는 소크라테스를 비판했다. 왜냐하면 소크라테스가 서구의 인간을 잘못된 방향으로, 즉 합리성의 방향으로 나아가게 했기 때문이다. 몇해 지나서 그는 합리성에 대해 훨씬 호의적으로 평가했다. 그러나 마지막까지도 니체는 지식과 합리성이 삶의 봉사를 위해 사용되어야 하며 삶이 지식에 희생당해서는 안 된다고 믿었다. 그렇지만 소크라테스는 역사적으로 중요하다. 왜냐하면 그는 인간을 자기 파괴에서 구제해 주었기 때문이다. 〔니체에 의하면 〈만일 이 무한한 노력이 모두 《인간의 노력 속에서》 지식에 봉사하는 데 사용되지 않았더라면……〉 그러한 자기 파괴가 일어날 수도 있었다. (제2판)〕 니체에 의하면 삶에 대한 욕구는 파멸의 전쟁을 초래할 수도 있었다. 디오니소스적인 요소는 본질적으로 염세주의와 파괴를 초래한다. 그래서 인간의 에너지를 동력으로 이용하는 것이 필요하다. 그것들은 소크라테스가 제공한 그런 종류의 영향력을 요구하기 때문이다. 비록 합리성에 대한 아폴론적 요소가 삶의 활기찬 흐름을 뒤엎을 위험이 있다 하더라도, 그럼에도 불구하고 니체는 어떤 합리적인 형식의 안내가 없다면 삶을 영위할 수 없는 것이라고 믿었다. 니체에게 소크라테스는 중요한 인물이었다. 왜냐하면 이 고대의 철학자는 지식과 삶의 적절한 관계를 파악한 최초의 인물이었기 때문이다. 니체에 의하면 소크라테스 이전의 철학자들이 삶을 지식에 봉사하는 것이라고 생각했던 반면에 소크라테스는 지식이 삶에 봉사한다는 사실을 인정했다. 그러므로 여기에 니체의 이상이 있다. 즉 자신의 격정들을 조절할 줄 아는 격정적인 인간이 그것이다.

제5부

20세기와 현대 철학

| 20th Century and Contemporary Philosophy

르네 마그리트(1898~1967)의 「변증법에 대한 찬양」

16 프래그머티즘과 과정의 철학

19세기 사상의 주된 테마는 세계가 지속적으로 변화하고 있다는 사실이었다. 헤겔은 인간의 역사와 우리 주변의 만물도 영원히 전개하는 절대정신의 일부라고 믿었다. 다윈의 주장에 따르면 모든 생명체 — 심지어는 인간의 사회 제도까지도 — 는 단순한 형상에서 복잡한 형상으로 진화한다. 철학에서도 19세기에서 20세기를 넘어서면서 변화의 개념은 지적 사상의 중요한 일부로 그대로 남아 있게 되었다. 특히 두 개의 철학 운동이 변화의 개념에 초점을 맞추었다. 프래그머티즘과 과정의 철학이 그것이다. 양자의 철학적 접근 방식은 고정불변의 진리가 있다는 사실을 부인하는 것이었다. 그 대신 그것들은 변화하는 경험과 형이상학적 과정의 입장에서 사물을 이해해야 했다.

19세기 말에 나타난 프래그머티즘은 미국 사상계에 철학의 기조를 마련하는 데 가장 주도적인 공헌을 했다. 이 운동이 첫 이론적 체계를 가지게 된 것은 찰스 퍼스에 의해서였으며, 윌리엄 제임스의 탁월하고 명쾌한 논문들을 통해 더욱 널리 대중적으로 퍼져 나가게 되었다. 또한 존 듀이는 이 운동을 통해 방법론적인 측면에 있어서 미국의 일상적인 제도상의 여러 문제의 개선에 기여했다. 이들 세 철학자의 핵심적인 주장은 일상생활을 어떤 식으로든 변화시키지 않는 철학 이론은 별다른 가치를 지니고 있지 않다는 것이었다. 프래그머티즘은 세계에 대한 형이상학적 체계라기보다 문제 해결의 방법을 더 많이 가지고 있었다.

그렇다 하더라도 과정의 철학은 사물의 본성에 관해 어떤 특수한 견해를 제시했다. 후기 프래그머티스트를 포함한 많은 저자들도 과정의 철학과 연관되어 있었다. 그러나 과정의 철학을 주도한 두 사람의 제창자는 프랑스의 철학자 앙리 베르그송과 영국의 철학자 화이트헤드였다.

1. 프래그머티즘

철학의 한 운동으로서의 프래그머티즘*Pragmatism*은 19세기 사상에 있어서 두 부류의 차별적인 경향을 중재할 목적으로 생겨났다. 한편으로는 경험론과 공리주의, 그리고 과학의 누적된 충격이다. 과학은 다윈의 진화론에 의해 인간의 본성에 대한 권위 있는 사유를 위협하는 가장 최근의 두드러진 권리를 갖게 되었다. 이 전통에서 인간의 본성과 세계는 단지 기계적인 또는 생물학적인 과정의 일부분일 뿐이다. 다른 한편으로는 데카르트의 이성론에서 시작되어 칸트와 헤겔, 그리고 다른 독일 관념론자들에 이르는 인간 중심적 전통이다. 이 두 전통 사이에는 영원히 넓어지는 바다가 펼쳐져 있었다. 경험 철학자들과 과학자들은 이성주의적이고 관념론적인 철학을 거부한다. 그것은 객관적 증거를 결여하기 때문이다. 이성적이고 관념론적 관점에서 보면 과학은 도덕적이고 종교적 신념, 그리고 일반적인 목적의식에 대해 위협적이었다.

프래그머티즘은 이 두 전통 사이를 중재하고 이들 각각에서 매우 중요한 요소들을 선택하여 결합시키고자 노력했다. 경험론적인 전통과 더불어 프래그머티스트들은 다음과 같은 사실에 동의했다. 즉 우리는 전 실재에 대한 개념을 갖고 있지 않으며, 우리는 여러 각도에서 사물들을 인식하고, 또한 우리는 지식에의 다원론적인 접근을 위해 정주해야 한다는 것이다. 이성론자와 관념론자와 함께 프래그머티스트들은 도덕과 종교와 인간의 목적의 전 영역이 인간 경험의 중요한 측면을 이루고 있다는 사실에 동의하였다. 퍼스, 제임스, 듀이는 각자 다른 측면에서 프래그머티즘을 주장했다. 퍼스는 처음부터 논리학과 과학에 관심을 가졌으며 제임스는 심리학과 종교에 관한 글을 썼고 듀이는 윤리학과 사회사상에 몰두했다. 그들은 모두 동시대 사람이었고, 뉴잉글

랜드 출신이며, 고도로 숙련된 학자들이었다.

〔그러나 프래그머티스트들은 다음과 같이 결론을 내렸다. 즉 신, 선, 자유 의지 및 유사한 주제들에 대한 논의는 주로 언어의 일관성에 관심을 갖는 〈주지주의적〉 입장에서 접근되어야 하며, 프래그머티즘의 격률이 한 이론을 다른 이론보다 선호하여 그것을 받아들인다는 것은 어떤 의미가 있는지, 다시 말해서 인간이 자유 의지를 소유하는지 아니면 소유하지 않는다고 말하는 것이 무슨 의미가 있는지 질문을 던지는 일인 것이다.

프래그머티즘은 곧 이론적 사유의 근거를 정당화시켜 주거나 그 근거를 마련해 주려는 시도로, 다시 말해 사고는 어떤 종류이든 행위로 귀착되어야 한다는 논거로 표현될 수 있다. 이와 같이 경험적인 증거와 사실들의 관찰에 관한 과학의 정당한 주장은 인간의 의지 및 신념과 결부되었다. 이제 우리는 과학의 입장에서 모든 도덕과 종교 사상을 순수 주관적인 것으로 배척할 것인가? 아니면 과학과 종교, 그리고 도덕적 주장을 수용하여 양자 간의 어떠한 모순도 고려하지 않은 채 설사 그러한 모순이 존재한다 해도 모두 무시해야 한다고 가정할 것인가 하는 냉혹한 선택을 하지 않아도 된다. 다시 말해 프래그머티즘은 인간을 위해 사실과 가치의 영역을 통합했으며 인간이 일관되고 창조적인 방법에 의해 과학과 철학을 이용할 수 있게 하였다. (제2판)〕

2. 퍼스

찰스 퍼스(Charles Sanders Peirce, 1839~1914)는 1839년에 케임브리지에서 태어났으며 그의 아버지는 하버드 대학교의 저명한 수학 교수였다. 그는 하버드 대학교와 아버지 밑에서 수학과 과학, 철학을 공부했으며 16세에서 20세까지 하버드 대학교를 다녔다. 후에 수학과 화학의 학사 학위를 받은 후 그는 하버드 대학교 천문대에서 3년간 근무했으며 1878년에 광도(光度)에 관한 연구서를 출간했다. 1861년에서 1891년에 이르는 30년 동안 그는 미합중국 연안 측량국에서 근무했다. 또한 그는 짧은 기간 동안 존스 홉킨스 대학교에서 논리학 강사 생활도 했다. 그러나 퍼스는 결코 대학의 정식 교수 생활을 하지는 못했다. 추측컨대 그의 명석함이 개인적인 기행들에 의해 빛을 보지 못한 것 같다. 그는 철학자로서의 확고한 위치를 점하고 있지 못했기 때문에 출판사들로부터 저항과 냉대를 받았다. 이런 이유로 그의 생전에 출판된 저서는 거의 없었으며 그의 능력에 따르는 명성도 거의 얻지 못했다. 그가 죽은 지 수십 년 후 그의 저술들이 수집되어 몇 권의 책으로 편집되었고, 그것들은 현재 창조적 사상의 경이적인 업적으로 평가되고 있다. 그는 점차 몰락해 가면서 재정적인 어려움에 빠졌으며 건강을 해치고 마침내는 실제로 사회에서 소외당하기까지 했다. 이러한 어려움 중에서도 그의 진실한 친구인 윌리엄 제임스는 그를 도와주었을 뿐만 아니라 프래그머티즘에 대한 퍼스의 독창적인 사상을 전 세계에 걸쳐 모든 사람에게 소개하는 데 큰 역할을 하였다.

2.1. 의미론

퍼스의 프래그머티즘의 핵심은 단어가 어떻게 의미를 가지게 되는가에 대한 새로운 설명이었다. 그는 단어의 의미가 여러 가지 행동으로부터 도출된다는 사실을 강조하기 위하여 그리스어의 *pragma*(행위나 행동)로부터 프래그머티즘이라는 단어를 만들었다. 우리의 관념은 우리가 그것들을 어떤 조작의 양식으로 번역할 수 있을 때 비로소 명석판명하다. 예를 들어 〈단단한〉과 〈무거운〉이라는 형용사가 의미를 가지는 것은 단지 우리가 이 용어들과 관련된 어떤 특정의 결과를 생각할 수 있기 때문이다. 따라서 〈단단한〉이라는 형용사는 곧 여타의 많은 물질에 의해 긁히지 않는 결과를 의미하며, 〈무거운〉이라는 형용사는 우리가 어떤 것을 손에서 놓아 버린다면 아래로 떨어질 결과를 의미한다. 퍼스는 단어의 의미 안에서 〈결과〉의 결정적인 역할을 강조하기 위하여 다음과 같이 주장했다. 즉 단단한 사물과 연한 사물이 다르게 검사되지 않는 한 그것들 간의 차이는 절대적으로 말할 수 없다는 것이다. 그러한 단순한 여러 예로부터 퍼스는 의미와 지식의 본질에 대한 일반화를 추구했다. 그의 기본적인 입장은 〈어떤 사물에 대한 우리의 관념은 곧 그 사물의 감각 가능한 결과에 대한 관념이다〉. 다시 말해 만일 단어가 어떤 의미를 가질 수 있으려면 우리는 〈A면 B다〉와 같은 조작적 정식 *operational formula*을 사용할 수 있어야 한다. 그 정식이 의미하는 것은 특정한 대상이 현존할 때 그에 따르는 특정한 결과가 예상될 수 있다는 것이다. 한 단어가 어떠한 실제적인 결과도 생각할 수 없는 대상을 지칭한다면 그러한 단어는 어떤 의미도 갖지 않는다.

물론 퍼스는 과학 언어에 의해 많은 영향을 받았다. 왜냐하면 특히 과학 언어가 의미에 대한 이러한 실용적 실험을 만족하기 때문이다. 그는 외부의 사물들을 참조하지 않고 단지 관념들 자체의 정합성에만 근거하여 타당성을 주장하는 이성론자의 이론들에 반대한다. 초기의 경험론자들이 이성론의 결점을 찾아내려고 한 반면, 퍼스는 이성론의 가정이 여전히 유효함을 발견했다. 데카르트는 모든 사유를 각 개인의 정신 안에 국한시켰다. 예를 들어 그에게 지적인 확실성은 정신이 직관에 의해 파악하는 〈명석판명한〉 관념에 있다. 그 자체로서 정신은 주위의 환경과 분리되어 완전하게 작용할 수 있는 순수 이론적 도구였다. 이 모든 가정에 반대하여 퍼스는 이렇게 주장했다. 즉 사유 작용은 상황과 분리되어서는 일어나지 않으며 항상 어떤 맥락 안에서 일어난다. 의미는 직관에 의해서가 아니라 경험이나 실험에 의해 도출된다. 이러한 이유로 의미는 개별적이며 개인적인 것이 아니라 사회적이고 공적인 것이다. 어떤 관념을 결과나 공적 결론에 의해 테스트할 방법이 없다면 그 관념은 무의미하다. 한 사람에게 여러 가지의 대립되는 사유 체계들이 주어질 때 유의미하고 무의미한 논점들 간의 차이를 구별할 수 있는 것이 특히 중요하다고 퍼스는 믿었다.

2.2. 신념의 역할

퍼스는 신념*belief*이 사유와 행동 간에 매우 중요한 중간 위치를 차지하고 있는 것으로 생각했다. 신념은 우리의 욕망을 인도하며 우리의 행동을 형성한다. 그러나 신념은 회의 때문에 〈고정되어 있지 않다〉. 〈회의의 선동*irritation of doubt*〉에 의해 미궁을 헤매다가 결국 신념에 도달할 때 비로소 사유의 활동이 시작된다. 우리는 사유를 통해 신념을 고정시키며 행위에 대한 지침을 가지게 된다. 퍼스는 우리에게 신념을 고정시키는 몇 가지의 방법을 제시하였다. 그 하나는 〈고집*tenacity*〉의 방법이다. 사람들은 자신의 신념에 집착하며 그것에 대해 회의를 품지 않고 남의 의견이나 주장을 전혀 고려하지도 않는다. 두 번째 방법은 〈권위*authority*〉의 힘을 빌리는 것이다. 권위를 가진 사람들은 처벌의 위협을 내세워 특정한 관념을 참인 것으로 받아들이게 한다. 세 번째 방법은 플라톤이나 데카르트 또는 헤겔과 같은 형이상학자나 철학자들의 방법을 말한다. 퍼스에 의하면 그들은 관념이 〈이성*reason*에 부합되는가〉 하는 의문을 제기함으로써 신념의 문제를 해결한다. 퍼스는 다음과 같은 이유로 이러한 모든 방법들이 불만족스러운 것임을 알았다. 즉 그것들은 자신들의 의도, 즉 신념을 고정시키거나 정립시키는 것을 달성할 수 없기 때문이다. 그 방법들이 공통적으로 결여하고 있는 점은 경험과 행동의 어떤 연관 관계다.

그러므로 퍼스는 네 번째 방법인 〈과학science〉의 방법을 제시한다. 그것의 주요 장점은 그것이 경험 위에 실재론적인 기반을 두고 있다는 사실이다. 위에서 언급한 〈고집〉, 〈권위〉, 〈이성〉의 방법 모두는 사람이 단지 사유 작용의 결과로서 자신의 정신 내에 소유하는 것에 의존하고 있는 반면 과학적 방법은 우리의 사견으로부터 독립성을 그 특징으로 하는 다음의 가정에서 성립된다. 즉 실재적인 사물이 존재한다는 가정이다. 더구나 실재적인 사물은 일정한 법칙에 따라 우리의 감관에 작용을 미치기 때문에 관찰자 각각에게 미치는 작용 역시 같을 것이라고 생각할 수 있다. 따라서 그러한 실재적인 사물에 기초하고 있는 신념은 검증될 수 있으며, 그것의 〈고정 fixation〉은 사적 행위가 아니라 공적 행위다. 처음의 세 방법은 실제적인 존재나 결과가 테스트될 수 있는 어떠한 것도 나타내지 않기 때문에 사실상 그 방법들에 의해서 도달된 결론의 확증 여부를 가릴 수 있는 방법이 없다. 고집의 방법은 명백하게 비합리적이며, 권위의 방법은 모든 논거를 배격한다. 선천적인 추론의 방법은 사실로부터 고립되어 행해지기 때문에 그 방법에 의해서는 사물들에 대한 여러 가지의 다른 설명이 있을 수 있다. 그 경우는 대륙 이성론자들에 의해 수립된 여러 가지의 형이상학 체계에서 볼 수 있다.

2. 3. 방법의 구성 요소

퍼스가 선택적인 신념들 사이의 갈등을 해결하기 위한 수단으로서 과학적 방법을 도입한 것은 그 방법이 개인적인 편견과 싸운다고 생각하기 때문이다. 과학적 방법의 필수 조건은 다음과 같다. 즉 우리는 우리가 믿고 있는 진리가 무엇이며 또한 그것에 도달하게 된 방법을 진술해야 한다는 것이다. 어느 누구라도 그 과정의 동일한 단계를 거쳐 동일한 결과를 얻을 수 있어야 한다. 퍼스는 과학적 방법의 이러한 공적인 또는 공유의 특성을 지속적으로 강조했다. 두 번째로 과학적 방법은 매우 자기 비판적이다. 그것은 결론을 얻기 위해 엄격한 검사를 거친다. 그리고 새로운 증거나 통찰이 제시되면 한 이론의 결론들은 그것에 맞도록 수정된다. 퍼스에 의하면 우리의 모든 신념과 결부된 정신의 태도 역시 이래야 한다. 세 번째로 과학은 과학자 집단의 모든 구성원들 간의 높은 정도의 협조가 이루어져야 할 필요가 있다. 이 협조를 통해 어떤 개인이나 집단이 자신의 관심에 집착한 진리의 형성을 지양하게 된다. 과학의 결론들은 모든 과학자가 이끌어 낼 수 있는 것과 마찬가지로 신념과 진리의 문제에서도 모든 사람이 같은 결론을 이끌어 낼 수 있어야 한다. 이러한 경험적 탐구 방법은 어떤 적합한 관념을 가진 실제적 결과가 있어야 한다는 사실을 의미한다.

3. 제임스

윌리엄 제임스(William James, 1842~1910)의 저서들의 진한 향기는 마찬가지로 그의 삶의 풍부한 폭과 깊이를 반영해 주고 있다. 1842년 뉴욕에서 태어난 그는 교양 있는 집안에서 성장했다. 그가 가장 뛰어난 미국의 철학자가 되었듯이 그의 동생인 헨리 제임스 또한 타고난 소설가로서의 재능을 발휘했다. 윌리엄은 하버드에서 공부하면서도 유럽 각지의 대학들을 방문하여 문화적으로나 지적으로 넓은 안목을 갖게 되었다. 그는 1869년에 하버드 대학교 의학부에서 박사 학위를 받은 뒤 1872년에 생리학과 교수로 임명되었다. 윌리엄 제임스는 의학에서 심리학과 철학으로 옮겼으며 1890년에는 유명한 『심리학 원리 Principles of Psychology』를 출간하였다. 그는 조지 산타야나[1] 및 조사이어 로이스[2]와 더불어 하버드의 철학부 교수가 되었다. 비록 그가 철학 분야에서는 심리학에서처럼 유명한 논문을 쓰지 못했지만 대단히 많은 논문을 저술했다. 그것들은 단행본이나 책의 형태로 편집되었고 전 세계에서 읽히게 되

---

[1] George Santayana(1863~1952). 미국의 철학자, 시인, 평론가. 그는 스페인의 마드리드에서 태어났지만 1872년 미국으로 건너와 하버드 대학교를 졸업한 뒤 미국으로 귀화했다. 그는 독일 관념론과 대립되는 자연주의 입장의 비판적 실재론자였다. 그는 칼뱅주의와 에피쿠로스주의를 대조시킨 소설 『최후의 청교도』를 비롯하여 형이상학적 시들을 쓰기도 했다.

[2] Josiah Royce(1855~1916). 미국의 철학자. 헤겔의 관념론과 제임스의 프래그머티즘의 영향을 받아 절대적 프래그머티즘이라는 독특한 철학을 전개했다. 또한 그의 철학은 수학적 논리학, 사회 윤리학, 역사 철학, 형이상학에 이르기까지 폭넓은 시야를 드러내기도 했다.

윌리엄 제임스

었다. 1910년 68세의 나이로 세상을 떠나기까지 윌리엄 제임스는 철학에 새로운 접근 방식을 수립했으며 자신의 프래그머티즘 원리들을 여러 분야의 비범한 독자들에게 전달하려고 노력했다. 그는 이미 퍼스가 이루어 놓은 업적에 기반을 두고 프래그머티즘을 새로운 시각에 비추어 자신의 독특한 방향으로 발전시켰다. 제임스가 관심을 두었던 주제들 가운데 우리는 다음의 네 가지를 검토하려 한다. 이것들은 (1) 프래그머티즘의 방법 (2) 프래그머티즘의 진리론 (3) 자유 의지의 문제 (4) 믿음의 과정에 있어서 인간 의지의 기능이다.

3. 1. 방법으로서의 프래그머티즘

윌리엄 제임스는 만일 이러한 세계 해석도 옳고 저러한 세계 해석도 옳다면 〈우리의 한정된 삶 가운데 여러분이나 나에게 어떤 뚜렷한 차이를 가져올 수 있을지 찾아내야 하는 것이 철학의 모든 기능이다〉라고 생각했다. 그는 삶의 구체적인 관심사, 특히 그것들이 현재와 미래의 우리의 삶에 영향을 미칠 때의 사실들과 행동들을 강조했다. 그러나 그와 같은 프래그머티즘은 인간의 목적이나 운명에 대한 특별한 정보와 내용을 전혀 포함하지 않았다. 철학으로서의 프래그머티즘은 자기 나름의 교의도 갖고 있지 않으며, 또한 그 자체로서 널리 통용되는 공식도 제시하지 않았다.

제임스에 의하면 〈프래그머티즘은 단지 방법일 뿐이다〉. 그럼에도 불구하고 방법으로서의 프래그머티즘은 인간의 삶이란 목적을 가지고 있으며, 인간과 세계에 대해 대립하는 이론들도 이 목적에 비추어 검사되어야 한다고 가정하고 있다. 제임스에 의하면 사실상 인간의 목적에 대한 단일한 정의는 없다. 그 대신 인간의 목적을 이해하는 것도 사유 활동의 일부분을 이룬다. 인간이 사물과 자신이 살고 있는 주위 환경을 이해하고자 할 때 비로소 철학적 사유가 시작된다. 목적은 그것이 우주 안에 놓여 있다는 생각에서 그 의미를 지닐 수 있다. 제임스는 주로 이성론을 거부한다. 왜냐하면 그것이 독단적이며 삶의 근본적인 문제들을 다루지 않은 채 세계에 대해 최종적인 해답을 주는 것처럼 이야기하기 때문이다. 이에 비해 프래그머티즘은 〈독단을 가지고 있지 않으며 어떠한 교의도 그 방법에는 도움이 되지 못한다〉. 방법으로서의 프래그머티즘은 삶의 새로 발견된 사실들에서 그 실마리를 찾는다. 〔그것은 성급하게 사유의 과정을 그만두지도 않고, 삶에서 이미 증명된 사실에서 출발하며, 인간 감정의 더욱 깊은 면과 장래의 가능성이 발견되면 기꺼이 새로운 관념의 목적을 추구한다. 또한 프래그머티즘이 사유의 방향을 결과와 결실에 맞추고 있다 해도 어떤 특정한 결과를 지정하지 않는다. (제2판)〕 우리는 과학과 신학 또는 철학에서 어떤 이론 체계도 최종적인 것으로 여겨서는 안 된다. 이론의 모든 체계화는 단지 근사치에 불과하다. 어떤 이론의 가치는 그것들의 언어의 내부적인 일관성에 있는 것이 아니라 그것들이 문제를 해결할 수 있는 능력 여부에 있는 것이다. 제임스에 의하면 단순한 일관성 대신에 〈여러분은 각 단어에서 그것의 실용적인 현금 가치 cash value를 이끌어 내야 한다〉 — 즉 우리는 〈결과들〉에 주목해야 한다. 〔비록 프래그머티즘이 어떤 특징의 결과들을 나타내고 있지는 않지만 실용적 방법으로서 그것의 본질은 결과들 results을 주목해야 한다. (제2판)〕 만일 그것이 실제 생활의 여러 방면에서 중요하지 않은 이론을 발견하게 되면 그 이론은 무의미하므로 우리는 그 이론을 폐기해야 할 것이다. 〔예를 들어 신이 존재하는가에 대한 논쟁이 있다면 프래그머티즘은 어떠한 교의도 제시하지 못한다. 대신에 신의 존재를 믿는 것이 의미가 있는지에 대해 의문을 제기한다. 동일한 사람이 신의 존재에 대한 〈합리적인 증명〉을 거부했다고 해도 그는 그러한 의문을 제기함으로써 신의 존재에 대한 주장 속에서 〈진리〉를 발견할 수 있다. 제임스는 항상 어떤 관념이 무슨 의미를 지니고 있는가에 대한 의문을 제기함으로써 실용적인 방법을 〈그것이 작용하고 있는가 Does it work〉라는 식으로 환원시켰다. 그러나 그 식을 뒷받침해 주는 것은 일련의 방법론적인 장치며 〈항상 개체들에게 적용될 때에는 유명론의 장치고, 실제적인 면을 강조할 때에는 공리주의의 장치며, 말뿐인 해결책이나 무익한 문제들, 형이상학적인 추상을 배격할 때에는 프래그머티즘의 장치가 된다〉. 따라서 그 방법이 다음과 같은 의문을 제기하는 것은 당연하다. 〈그것이 작용한다〉는 말은 〈그것이 참이다〉라고 말하는 것과 동일한가에 대한 진위 여부다. (제2판)〕

3. 2. 프래그머티즘의 진리관

한 개념의 의미를 확립하는 것과 그 개념의 진리를 밝히는 것은 별개의 문제다. 예를 들어 CIA가 내가 행하는 모든 동작을 감시하고 있다고 생각하는 것이 나에게는 의미 있을지도 모른다. 실용적인 관점에서 보면 이러한 주장이 어떤 종류의 결과 — CIA 첩보원들의 다양한 활동이나, 심지어 나의 사생활의 행동 방식에 미치는 어떤 영향처럼 — 를 만들어 낸다면 그것은 의미 있는 일이다. 그러나 이것이 CIA가 나를 진짜로 감시하고 있다는 사실을 의미하지는 않는다. 진리에 대한 검사는 단지 의미에 대한 검사보다 훨씬 까다롭다. 하지만 이때조차도 프래그머티즘은 하나의 방법을 제시한다. 제임스가 처음에 부인한 진리의 표준 이론은 오늘날 〈대응설 corres-pondence theory〉이라고 부르는 진리설이다. 만일 어떤 관념이 실재에 대응한다면 그것은 참이라는 것이다. 이러한 이론은 관념이 실재를 〈모사한다〉는, 즉 관념이 〈바깥〉에 존재하는 것을 정확하게 모사한다면 그것이 참이라는 것이다. 진리는 관념이 정확하게 모사할 때 소유하게 되는 성질이다. 제임스는 이 이론을 다음과 같이 말한다. 〈진리는 원래 불활성적인 정적(靜的) 관계를 의미한다. 여기서 만일 여러분이 무엇인가에 관해 참된 관념을 얻었다면 그것으로 끝이다. 여러분은 진리를 소유하고 있는 것이고 인식하고 있는 것이다.〉 그러나 제임스에 의하면 진리는 이것보다는 고정되어 있지 않다. 〔제임스는 그의 프래그머티즘의 모든 사상을 동원하여 그 이론에 반대하고 나섰다. 진리는 관념의 현금 가치여야 한다. 실제의 행동에 대한 원활한 지침을 제공해 주는 것 외에 무엇인가가 참이다 또는 거짓이라고 말할 수 있는 다른 동기가 있을 수 있는가? (제2판)〕 의미의 이론과 유사하게 진리는 〈그것이 참이라는 사실이 어떤 사람의 실제 생활에서 어떤 구체적인 차이를 갖는가?〉라는 질문을 수반한다.

〔진리를 삶이나 행동과 연관시킴으로써 진리는 관념 내에 〈정체하는stagnant〉 성질이라는 견해를 그는 부정하고 있다. 관념은 참이 〈된다〉. 즉 관념은 사건에 의해 참인 것으로 〈만들어진다〉. 이와 같은 이유로 그는 진리가 관념에서 〈생긴다〉고 말하려 했다. 다시 말해 진리가 관념에서 생긴다고 말하는 것은 곧 진리가 경험의 일부분을 이루고 있음을 나타내는 것이다. 진리의 모사론은 관념이 거기 바깥에 존재하는 것을 실제로 모사한다고 가정하는 반면, 프래그머티즘은 정확한 모사란 거의 있을 수 없다고 말하고 있다. (제2판)〕

프래그머티즘의 진리설의 한 예로 제임스는 벽에 걸려 있는 시계를 생각해 보라고 한다. 우리가 그것을 시계라고 생각하는 것은 우리가 그것에 대한 모사론copy-view을 소유하고 있기 때문이 아니다. 이른바 시계의 〈실재〉는 그것의 내부 구조로 이루어진다. 하지만 우리는 그것을 볼 수는 없다. 시계에 대한 우리의 관념은 주로 시계의 판과 바늘로 이루어진다. 그러나 그것이 결코 〈실재〉에 어울리지는 않는다. 더욱이 시계에 대한 우리의 제한된 관념은 참으로서 간주된다. 왜냐하면 우리가 이 개념을 〈작동〉하는 시계로서 〈사용〉하기 때문이다. 우리가 〈시간대로〉 강의할 수 있고 〔제시간에〕 기차를 탈 수 있다는 사실이 이러한 관념에 대한 실제적인 결과들이다. 우리는 시계의 내적 구성 요소들을 검사하듯이 우리의 관념이 지닌 측면들도 과학적으로 검증할 수 있다. 그렇다 하더라도 실제로 우리는 이런 일을 거의 하지 않는다. 우리가 이미 우리의 행동에 대해 성공적으로 규제해 온 것보다 내 앞에 있는 물체가 시계라는 관념의 진리에 대해 무엇을 더 부과할 수 있을까? 제임스의 주장에 따르면 〈하나의 진리 — 과정이 완성되기 위해서는 이러한 발생 초기의 상태에서 기능하는 헤아릴 수 없이 많은 삶들이 존재한다〉. 그러므로 진리는 〈신용 체계 위에〉 존재한다.

우리의 경험을 이루고 있는 각 부분들 간의 연관에 도움이 될 수 있는 관념들은 참이 된다. 그러므로 진리는 삶의 과정의 일부분을 이룬다. 과정의 일부분으로서 진리는 성공적인 경험에 의해 만들어진다. 여기에서 성공적인 경험이란 곧 검증 과정이다. 대응설 주창자들의 믿음에 따르면 진리란 벽에 걸려 있는 시계가 그것을 보는 사람이 있든 없든 시계라는 의미에서 절대적이다. 그러나 제임스가 보여 주고자 하는 사실은 다음과 같다. 즉 시계의 〈진리〉에 대한 문제는 벽에 걸려 있는 물건이 시계라고 우리가 추정하며 살고 있는 현실 생활에서만 야기되며 그것이 곧 시계라는 진리는 우리의 성공적인 행동에 의해 〈만들어진다〉는 사실이다. 따라서 어떤 유일한 절대적 진리도 없다. 그러나 그 대신 구체적인 성공적 행동만큼 많은 진리들이 존재한다. 제임스는 진리에 이르는 이른바 〈강인한 마음tough-minded〉과 〈유연한 마음tender minded〉의 접근 방법을 구별한다. 강인한 마음의 프래그마티스트는 진리의 과정에서 보다 과학적인 종류들의 성공적인 행동만을 바라볼 것이다. 예를 들어 시계에 대한 나의 개념은 참이다. 왜냐하면 나는 적절한 시간에 맞춰 행사들에 얼굴을 내밀었고, 다른 시계들이 가리키는 시간과 대조하여 시계에 대한 나의 관념을 점검할 수 있기 때문이다. 그렇지만 유연한 마음의 프래그마티스트는 진리의 과정에서 〔전자보다는〕 과학적 행동을 덜 고려할 것이다. 예를 들어 과학적으로 사물을 분석하지 않고도 만일 시계에 대한 나의 개념이 일상생활을 영위하는 데 주요한 기능을 수행하고 있다면 그것은 참일 것이다. 제임스는 진리에 이르는 이 두 가지 접근 방법들이 저마다의 방법에 있어서 타당하다고 믿었다. 우리는 모두가 과학자일 수는 없다. 그러나 이것이 진리란 변덕스러운 것이라는 사실을 의미하지는 않는다. 심지어 유연한 마음의 접근 방법에서도, 진실이 아닌 허위의 신념이 파괴적으로 작용하는 것과 똑같이 참된 신념은 유익하게 작용해야 한다. 예컨대 상상적인 시계는 나의 하루 일과를 꾸미는 데 좋은 역할을 하지 않을 것이다. 그러나 반대로 그것은 나의 일상생활에 실제로 영향을 미칠 것이다. 〔이 이론에 기반을 둘 때 다원적인 진리가 존재하며 우리의 성공적인 행동에 대응하는 만큼의 진리가 존재한다. 더구나 제임스는 진리가 구체적인 개인들의 관심과 밀접한 관계를 맺고 있다고 말할 것이다. (제2판)]

프래그머티스트에게 진리 추구의 이유를 묻는다면 제임스는 이렇게 대답한다. 우리가 건강을 추구해야 하는 것은 건강함으로써 그만큼 돌아오는 게 있기 때문인 것처럼 〈진리를 추구해야 할 우리의 의무는 대가를 지불해 주는 일을 해야 하는 우리의 일반 의무의 부분에 지나지 않는다〉. 무엇보다도 제임스가 바랐던 것은 프래그머티즘의 진리론에 의해 철학상의 여러 논쟁의 이견을 좁혀 주는 수단을 제공해 줌으로써 철학에 헌신적인 봉사를 할 수 있으리라는 것이었다. 집단들이 제각기 자신의 견해가 옳다고만 주장한다면 논쟁들은 해결이 나지 않을 것이다. 제임스는 어느 이론이 실제 생활의 사실에 합당한가 하고 물어볼 것이다. 여러 시대를 거쳐 오면서 철학자들에게 문제가 되어 온 논쟁은 자유 대 결정론의 문제다.

3. 3. 자유 의지

윌리엄 제임스는 다음과 같이 확신했다. 즉 인간의 의지가 자유롭다거나 결정되어 있다는 사실은 합리적으로 증명이 불가능하다는 것이다. 우리는 논쟁의 각각의 경우에 대해서 마찬가지의 훌륭한 주장들만 발견할 것이다. 그럼에도 불구하고 그는 그 문제의 한 논거를 받아들이는 것과 상대방의 논거를 받아들이는 것이 실제 생활에서 어떤 차이가 생기는지 의문을 제기함으로써, 즉 실용적 방법을 적용함으로써 그 문제에 대해 새로운 해결의 빛을 던져 줄 수 있다고 확신했다. 그 문제를 논의할 가치가 있는 것은 그것이 삶에 중요한 의미를 지니기 때문이다. 즉 인간은 물리적인 힘에 의해서 기계적으로 조종되는가? 아니면 적어도 자신의 삶의 몇몇 사건들을 적합하다고 여기는 대로 형성시켜 갈 힘을 소유하고 있는가? 제임스에게 이것은 단순히 흥미로운 수수께끼가 아니었다. 그의 전반적인 철학적 관심의 방향은 의지의 역할과 지위에 관한 이 문제에 쏠려 있었다. 그는 기본적으로는 행위와 최상의 현금 가치를 지닌 관념 및 행동의 유형에 대해 관심을 가짐으로써 철학을 인간의 노력이라는 관점에서 보았다. 또한 그는 이것이 곧 일정한 유형의 우주를 포함하는 것이라고 확신했다.

제임스에 의하면 자유 의지의 문제는 꼭 있어야 할 필요는 없지만 〈단지 가능성들의 존재에 관련되어 있다〉. 그러나 결정론자는 어떤 애매모호하거나 불확실한 가능성도 없다고 말한다. 일어날 일은 일어날 것이다. 〈이미 존재하고 있는 우주의 여러 부분들을 보아 다른 부분도 그렇게 될 것임을 알 수 있다. 미래는 태내에 어떠한 모호한 가능성도 품고 있지 않다.〉 반면에 비결정론자〔자유 의지론자〕는 이같이 말한다. 우주 안에는 어떤 일정한 〈자유 활동 범위〉가 존재하며, 따라서 사물들에 대한 배열의 현 상태가 미래에 어떻게 될 것인지가 필연적으로 결정되지는 않는다. 이와 같이 여기에는 두 가지의 모순되는 입장이 존재한다. 그러면 무엇에 의해 〈가능성possibility〉 논자와 〈반가능성anti-possibility〉 논자를 구별하는가? 그것은 합리성에 대한 상이한 주장들이다. 어떤 사람들에게는 모든 사건은 영원에서부터 결정되어 있다는 것이 더욱 합리적이라고 생각되며, 다른 사람들에게는 인간이 전적으로 선택의 자유가 있다고 가정하는 것이 더욱 합리적이라고 생각된다. 만일 이 두 가지 관점이 모두 그 제안자들마다 마찬가지로 합리적이라고 생각된다면 그러한 논쟁은 어떻게 해결될 수 있는가?

  제임스에 의하면 그 문제에 대한 그의 해답은 단순히 실용적인 질문, 즉 결정론적인 세계는 무엇을 함의하고 있는가?라는 질문을 제기하는 데 있다. 말하자면 모든 사건이 예외 없이 태초부터 엄격하게 결정되어 있으며 그것들이 여타의 다른 방식으로 발생하지 않는다고 누군가가 말한다면 이러한 종류의 우주는 어떻게 되어야 하는가? 그는 단지 다음과 같이 말할 수 있을 뿐이다. 즉 그러한 우주는 각 부분이 꼭 맞도록 되어 있고 모든 톱니바퀴들이 서로 맞물려 있는 기계와 같으며, 그래서 한 부분을 약간만 움직이게 하면 여타의 모든 부분이 운동하게 된다. 기계에는 자유 활동이 존재하지 않는다. 그러나 제임스는 인간이 하나의 거대한 기계 속에 있는 기계적 부품과는 같지 않다고 생각한다. 인간이 그것과 다른 것은 인간의 의식이 존재하기 때문이다. 우선 한 가지 예를 든다면 인간은 〈후회의 판단judgment of regret〉을 할 수 있다. 예를 들어 어떤 사람은 고등학교 시절 동료의 압력에 빠져든 것, 대학 시절 공부하지 않은 것, 또는 좋지 않은 직업에 종사하는 것을 후회할지도 모른다. 그러나 만일 사건들이 엄격하게 정해져 있어서 우리가 그 밖에 달리 할 수 없다면 우리는 무언가를 어떻게 후회할 수 있을까?

  우리는 후회의 판단뿐만 아니라 승인과 비승인의 도덕적 판단도 내린다. 게다가 우리는 다른 사람을 설득시켜 어떤 행위를 하게 하기도 하고 금지하기도 한다. 사람들은 어떤 행위에 대해 처벌을 받기도 하며 상을 받기도 한다. 이와 같은 판단의 여러 형태로 보아 인간은 항상 순수 선택에 직면해 있음을 알 수 있다. 〈강제된〉 또는 〈결정된〉 행위는 선택이 아니다.

〔선택의 능력은 자신에게 주는 선택상의 영향을 파악하여 여러 선택을 잠시 동안 생각한 후 이것 또는 저것을 택하는 능력이다. 그러한 선택 능력이 부정된다면 남은 선택은 기계론적인 설명뿐이다. 그러나 어느 누구도 우주가 기계적으로 결정되어 있는 것처럼 의식적으로 행동하지 않는다. 우리의 언어와 사유 과정의 대부분이 그와는 정반대의 양상을 띤다. 그러므로 각각의 개인은 사실상 여러 가지 순수한 가능성들과 선택권, 그리고 실재적인 선택을 마주 대하게 된다. 제임스는 인과적인 관계의 실재를 부인하지 않았다. 그의 프래그머티즘은 〈우리가 행위 A를 한다면 사건 B가 일어날 것이다〉라는 조작적 정식 위에 기초하고 있다. 여기에서 〈~한다면〉이란 단어가 실마리다. 우리가 행위 A를 하도록 강제되어서는 안 된다. 그러므로 우리가 A를 선택하기로 결정해야 비로소 사건 B가 일어날 것이다. 제임스는 다음의 사실을 깨닫고 있었다. 만일 결정론자가 주장하기를 자유 의지의 관념마저도 결정되어 있으며 순수 가능성에 대한 가정은 이미 틀에 짜인 우주의 부분을 이루고 있다면, 합리적인 논술은 종지부를 찍게 되며 그 문제는 이미 논의의 여지가 없다는 것이다. 그러므로 희망과 공포, 그리고 후회를 하는 인간이 있을 것이며 일상생활의 영역에서는 기계론적인 결정론의 가정들은 폐기될 것이고, 또한 다음과 같은 실용적 질문이 중심 역할을 해낼 것이다. 즉 〈내가 무엇을 해야 하는가〉 또는 〈나에게 더 유익하고 현명한 선택은 어느 것인가〉다. (제2판)〕

현실적인 실생활에서 우리는 우리 자신을 포함한 다른 사람들도 유혹에 빠지기 쉽다는 것을 알고 있다. 인간은 거짓말도 하고 절도도 행하며 살인도 할 수 있다. 우리가 이 행위들을 나쁘다고 판단하는 데는 두 가지 이유가 있다. 그 하나는 과거에도 늘 그렇게 해왔기 때문이다. 또 하나는 그 행위들을 행할 때 그것들이 불가피한 것은 아니었다는 점이다. 즉 이러한 행위를 행하는 사람들은 그렇게 행동하지 〈않을 수도〉 있었다. 결정론자는 이런 모든 판단들에 대해 교묘하게 변명하여 모면하지 않으면 안 된다. 그 대신 그는 세계를 〈있어야 할〉 것이 있을 수 없는 장소로서 정의해야 한다. 제임스는 다음과 같이 결론을 내린다. 이 문제는 결국 〈개인적인〉 판단의 문제며 우주를 단순히 살인이 일어나야만 하는 곳이 아니라 살인이 〈일어날 수도 있고〉, 또 〈일어나서는 안 되는〉 곳이라고 생각할 수 있다는 것이다. 그러므로 제임스에게 거기는 자유 의지 문제에 대한 매우 실용적인 함의들이 있다. 또한 그에게 자유 의지의 선택권은 실용적으로 더욱 참이 된다. 왜냐하면 그것은 원한과 도덕의 판단에 편의를 도모하기 때문이다. 제임스에 의하면 만일 이것이 우주에 관한 그의 〈천성〉만을 반영하고 있다면 〈일개인으로서 내가 참견하지 않으려는 어떤 천성적인 반작용도 있다〉. 〔인간으로서의 우리가 그 문제에 대해 어느 의견을 제시해도 동등한 호소력을 가진다. 그러나 제임스는 인간이 서로 돕고, 남을 방해하고, 다치고, 희망을 가지며, 판단을 하거나, 후회할 때의 인간의 실제적인 행위를 일관적으로 나타낼 수 있는 유일한 방법이 우주를 실재적인 가능성들을 포함하고 있는 곳으로 보는 것인데, 그곳에서는 개별적인 노력에 의해 삶과 역사에 있어서 차이를 가질 수 있다고 한다. 이것이 그의 「믿음에의 의지The Will to Believe」(1897)라는 논문의 근본적인 주제다. (제2판)〕

3. 4. 믿음에의 의지

강인한 마음의 과학자는 개인의 희망들이 우리가 조사하고 있는 진실에 어떤 영향도 미치지 않아야 한다고 생각할지도 모른다. 실제로 과학자는 분명한 증거도 없는 상황에 대한 믿음을 사실상 멀리해야 한다고 주장한다. 예를 들어 종교적인 문제는 증거 없이도 해결해 가는 방도가 있다. 신의 존재에 대한 증거가 결여되어 있다 해도 과학자는 불가지론 ― 신의 존재를 믿지도 않고 불신하지도 않는 ― 을 권할지도 모른다. 제임스는 「믿음에의 의지」라는 논문에서 이런 과학적 견해와 논쟁하며, 이성이 어떤 긴박한 문제에 관해 진정으로 중립적일 경우 우리는 감정에만 의존하여 올바르게 믿으려 한다고 주장한다. 그러나 우리는 모든 상황하에서 어떤 것도 믿으려 할 수 없다. 우리가 느낀 대로 믿을 수 있는 권리는 오로지 특정 상황에만 적용된다. 제임스에 의하면 솔직히 이성은 그 문제에 관해 완전히 중립적임에 틀림없다. 예를 들어 에이브러햄 링컨이 아직도 살아 있다는 믿음은 정당화되지 않는다. 아주 수많은 어쩔 수 없는 이유들이 그가 죽었다는 사실을 믿지 않을 수 없게 하기 때문이다. 그러나 다른 문제들에 있어서 이성은 신의 존재 문제처럼, 진정으로 중립적인 것 같다. 제임스에 의하면 신에 대한 검증과 반증은 마찬가지로 불확실하다. 이성의 중립성에 대한 규정을 넘어서 제임스는 정서에 기초한 믿음들이 정당화될 때를 결정하는 세 가지 다른 조건들을 다음과 같이 열거한다.

첫째, 믿음은 〈생생한 live〉 선택권 ─ 죽은 선택권과 반대되는 ─ 이어야 한다. 즉, 그것은 우리가 심리적으로 믿을 수 있는 개념이어야 한다. 예컨대 만일 전통적인 기독교인이 이슬람교인의 구세주인 마디 Mahdi를 믿으라고 요구받는다면 그/그녀는 심리적으로 그런 변화를 일으킬 수 없을 것이다. 마디에 대한 믿음은 그러한 기독교 신자들에게는 죽은 선택권이 될 것이다.

둘째, 선택은 어떤 개념을 수용하거나 거부해야 한다는, 그리고 그 사이에는 아무것도 없다는 의미에서 〈강제로 forced〉 이루어져야 한다. 예를 들어 기독교의 하나님은 존재한다는 논지를 수용하거나 거부해야 한다.

셋째, 문제는 〈중대한 momentous〉 것이어야 한다. 즉 사소한 것이 아니라 중요한 관심을 가져야 하는 것이다. 신에 대한 믿음은 어떤 절박성의 문제처럼 보인다. 이러한 세 조건이 모두 실현될 때 우리는 제임스가 말하는 〈진정한 선택권 genuine option〉을 가지게 된다. 그러므로 제임스는 이 문제에 대하여 다음과 같이 주장한다.

> 우리의 열정적인 본성이 본질적으로 지적인 토대 위에서 결정될 수 없는 순수 선택권인 경우에 항상 그것은 여러 명제 중에서 정당하게 선택할 수 있을 뿐더러 또한 그렇게 해야 한다. 왜냐하면 그러한 상황에서 〈그 문제를 결정하지 말고 그대로 보류해 두라〉고 말하는 것 자체가 감정적인 결정이며⋯⋯ 그리고 진리를 잃을 위험에 처하게 되기 때문이다.

간단히 말해서 제임스는 이성이 진정한 선택권들의 문제에 중립적일 때 우리는 희망과 느낌에 근거하여 문제를 결정할 수 있다고 주장한다. 〔믿음에의 의지가 어떻게 개입되고 그것의 기능은 실제로 무엇인가 하는 것은 제임스가 말한 마지막 문구, 즉 〈진리를 잃을 위험 risk of losing the truth〉에서 제시되고 있다. 제임스의 주장에 따르면 우리가 진리를 완전히 실현시킬 입장에 서게 될 때 비로소 몇몇 부류의 진리가 가능해진다. 우리가 자신을 〈유용하게〉 만들지 못한다면 우리는 진리를 잃을 위험에 처한다. (제2판)〕 제임스에 의하면 우리는 이성적으로 논증할 수 없는 사물들을 순리적으로 믿을 때 종종 실제적인 이득을 얻곤 한다. 이것은 약간의 지적 모험이 따르지만 그것은 해볼 만한 모험이다. 예를 들어 한 청년이 어떤 숙녀가 자기를 사랑하는지에 대해 알고 싶어 한다고 생각해 보자. 그리고 객관적으로 볼 때 그녀가 그를 사랑하지만 그는 그 사실을 모른다고 하자. 만일 그녀가 자기를 사랑하지 않는다고 그가 생각한다면, 〔즉 그는 그녀가 자기를 사랑하고 있다는 믿음에 의지하지 못한다면〕 그는 회의 때문에 그녀가 사랑을 고백할 수 있도록 하는 언행을 실행하지 못할 것이다. 이 경우에 그는 〈진리를 잃는〉 것이다. 그의 믿음에의 의지는 결코 그녀의 사랑을 창출시키지 못할 것이다. 진리는 이미 거기에 있다. 그러나 신념은 이미 거기에 있는 것을 한 바퀴 돌아서 제자리에 오게 하는 효과를 지니고 있다. 그 청년이 진리를 알게 되기 전에 증거를 얻고자 한다면 그는 결코 그것을 알 수 없을 것이다. 왜냐하면 그가 찾는 증거는 단지 그가 믿음 위에서 행동한 후에 비로소 유효하기 때문이다. 마찬가지로 종교적인 경험의 영역에서도 우리는 실제로 종교적 신자 — 우리의 믿음에 대한 증거가 부재할 때조차도 — 가 되기 이전에는 종교적 진리를 발견할 수 없을지도 모른다. 또한 우리의 순리적인 종교적 믿음이 종교적 경험을 참되게 만들지는 않지만 그것은 우리에게 진리를 발견하는 수단만은 제공할 것이다. 〔제임스는 믿음에의 의지가 단지 원망(願望)의 산물로 신의 존재를 창출시킨다고 주장할 의도는 없었다. 오히려 그의 생각은 다음과 같다. 종교의 진리와 신의 능력에 대한 경험은 사실상 이미 〈거기에〉 있는 것을 믿음에의 의지를 통해 이루는 것이다. 어떤 진리는 우리가 경험의 조류 속에 뛰어 들어서야 비로소 우리에게 발견된다. (제2판)〕

때때로 비이성적인 순리적 믿음은 사실을 〈발견한다 discover〉기보다 사실을 〈만들어 create〉 내기까지 한다. 예컨대 내가 승진할 수 있는 것은 주로 내가 그것을 성취할 수 있다고 믿고 그 신념 위에서 단호하게 행동하기 때문이다. 자신의 능력을 신뢰하는 그러한 사람은 그 신념에 의해 살아가며 그것을 위해 희생하며 모험을 무릅쓴다. 그의 신념은 신념 자체의 검증을 〈창출한다〉. 마찬가지로 정치 유세에서 후보자의 낙관적인 믿음에의 의지는 다수의 표를 얻는 데 기여하는 충분한 열의를 발생시킬 수 있다. 제임스는 기차 안에 있는 강도의 예를 들어 이 문제를 설명한다. 기차 안의 모든 사람은 개별적으로는 용감할지도 모른다. 그러나 승객 개개인은 자기가 강도들에게 저항한다면 총에 맞으리라는 두려움에 사로잡힌다. 만일 다른 사람이 대항하리라고 낙관적으로 믿는다면 저항은 시작될 수 있다. 만약 한 승객이 실제로 일어난다면 그러한 증거에 의해 다른 사람들은 영향을 받게 될 것이며, 결국 이러한 믿음에의 의지는 모든 사람이 대항하게 되는 사실을 낳게 하는 데 도움이 될 것이다.

〔결국 제임스에게 종교적 경험은 믿음에의 의지를 통해 발견되어 이루어지는 하나의 사실이다. 그는 조직화된 종교와 어떤 사람이 상황에 체험적으로 뛰어들 때 그 현금 가치를 깨달을 수 있는 직접 종교를 구별하고 있다. 종교는 삶의 단편적인 또는 깨어진 특성에 대한 개인적인 깊은 경험에서 유래한다. 그러한 인식에 의해 개인은 불완전성에 대한 두려움을 극복할 수 있는 능력을 발견한다. 제임스는 신을 인간의 삶을 재구성할 수 있는 능력으로 보고 있다. 이러한 이유로 제임스는 다음과 같이 결론을 내린다. 〈우리가 종교적이라면 우주는 더 이상 그것이 아니라 당신Thou인 것이다. 인간 사이에서 가능한 관계는 여기에서도 가능할 수 있다.〉(제2판)〕

4. 듀이

윌리엄 제임스의 살아 있는 문체에 따라올 자가 없다고 한다면, 존 듀이(John Dewey, 1859~1952)는 프래그머티스트 가운데 가장 영향력 있는 인물이었다. 92세의 나이로 일생을 마칠 때까지 듀이는 철학의 재건에 힘썼으며 미국의 많은 제도, 특히 학교 제도와 여러 정치적 절차들에 영향을 미쳤다. 그의 영향은 미국을 넘어 전 세계로 확장되었다. 특히 그의 강의로 깊은 인상을 남겼던 일본과 중국에까지 영향을 주었다.[3] 버몬트 주의 벌링턴에서 태어난 존 듀이는 버몬트 대학교와 존스 홉킨스 대학교에서 교육을 받았으며, 1884년에 존스 홉킨스 대학교에서 철학 박사 학위를 받았다. 그는 미네소타에 있었던 1년을 제외하고 이후 10년 동안 줄곧 미시간 대학교에서 가르쳤으며, 다음 10년 동안에는 시카고 대학교에서 가르치면서 교육의 프래그머

---

[3] 듀이는 1919년 일본의 도쿄 제국대학에서 〈철학의 재건Reconstruction in Philosophy〉이라는 제목으로 새로운 사회에는 새로운 질서가 필요하다는 강연을 했다. 전통적인 철학은 침묵의 도덕만을 이끌 뿐이지만 새로운 철학은 재건의 도덕을 요청한다는 것이다. 또한 그는 1920년에 중국의 베이징 대학교에서도 〈현대의 세 철학자〉라는 제목으로 강연함으로써 일본과 중국뿐만 아니라 한국의 젊은이들에게도 서양 철학에 대한 관심을 자극한 바 있다.

존 듀이

티즘적 개념으로 명성을 얻었다. 시카고 대학교에 부속된 아동을 위한 실험학교의 책임자가 된 그는 전통적이며 형식적인 교육 방법 — 즉 듣고 받아쓰는 — 을 배격하고 그 대신에 교육 과정 속에 학생들이 직접적으로 참여하도록 북돋아 줌으로써 좀 더 부드럽고 창의적인 분위기를 실험했다. 1904년에서 1929년까지 그는 콜롬비아 대학교의 교수를 지냈으며 1929년 사직한 후에도 많은 저술 활동을 했다. 그의 관심은 광범위하여 논리학, 형이상학, 인식론 등에 대한 저서를 쓰기도 했다. 그러나 듀이의 프래그머티즘의 주된 노선은 개인적인 영역이 아니라 사회적인 영역에 있었던 관계로 그의 영향력 있는 저서들은 교육, 민주주의, 윤리학, 종교 및 예술에 관한 것이 대부분이다.

4. 1. 방관자 대(對) 경험

듀이가 그 이전의 철학에 불만을 느낀 것은 그것이 지식의 참된 본질과 기능을 혼동하고 있다는 사실 때문이었다. 그에 의하면 대부분의 경험론자들은 다음과 같이 생각하고 있었다. 사유 작용은 본질 안에 고정된 사물들을 나타내며 실재 안에는 각각의 관념에 대응하는 그 무엇이 있다는 것이다. 인식 행위는 마치 우리가 어떤 사물을 바라볼 때 일어난다고 가정되는 것을 모델로 한 것과 같다. 따라서 어떤 사물을 보는 것은 곧 그것에 대한 관념을 가지는 것이다. 그는 이것을 〈방관자의 인식론 *a spectator theory of knowledge*〉이라고 불렀다. 그러나 이성론자들은 그 반대 과정이 참이라고 주장했다. 즉 우리가 명석한 관념을 가지는 것은 곧 사유의 대상이 실재 속에 존재함을 보증해 주는 것이다. 어느 경우에든 경험론자와 이성론자들은 모두 인간의 정신을 본질적으로 고정되어 있고 확실한 그 무엇을 고찰하는 도구로 간주했다. 본질과 정신은 전혀 별개의 것이다. 인식 행위는 방관자가 행하는 바대로 거기에 있는 것을 바라보는 비교적 단순한 활동이다.

듀이는 지식에 대한 이러한 견해가 너무 정적이고 기계적이라고 생각했다. 다윈의 이론에 의해 영향을 받은 듀이는 인간을 생물학적 유기체로 간주했다. 본래 인간은 환경과의 관계 속에서 가장 잘 이해될 수 있다. 여타의 생물학적 유기체와 마찬가지로 인간도 생존 경쟁을 한다. 듀이가 비록 초기에 취했던 헤겔적인 태도를 포기하긴 했지만 그는 여전히 인간을 변증법적 과정 속, 특히 [헤겔의 관념들의 투쟁이 아닌] 물질적 또는 자연의 환경에서의 투쟁 속에 빠져 있는 것으로 생각했다. 그러므로 듀이의 중심 개념은 〈경험 *experience*〉이며, 그가 이 개념을 도입한 것은 역동적인 생물학적 실재로서 우리의 불확실한 환경을 연결시키고자 하는 목적이었다. 인간과 그 환경이 역동적이라면 단순한 방관자 형태의 지식은 작동하지 않을 것이 분명하다. 정신은 고정된 실체가 아니며 지식도 정태적인 개념들의 집합이 아니었다. 지성은 인간이 그의 환경에 대처하기 위해 우리 안에 있는 능력이다. 사유 작용은 실용적인 여러 문제와 동떨어져 수행되는 개별 행위가 아니다. 그 대신 사유 작용이나 능동적인 지성은 〈문제 상황〉 속에서 생겨난다. 사유 작용과 행위는 밀접하게 연관되어 있다.

듀이에 의하면 모든 사유 작용도 두 가지 면을 가지고 있다. 그 하나는 〈처음에 혼란스럽고 골치 아픈 상황〉이며 다른 하나는 〈마지막에 말끔해지고 통합되며 정립된 상황〉이다. 그는 자신의 이론을 〈도구주의 instrumentalism〉라고 명명했으며, 그것은 문제 해결할 때 사유가 항상 도구적임을 강조하고자 한 것이다. 경험론과 이성론이 사유 작용과 행위를 분리하는 반면, 도구주의는 반성적 사고란 언제나 실제 상황의 변동과 연관된다고 주장한다. 정신은 단순히 개별 사물을 인식하지 않는다. 그것은 유기체로서 인간과 그의 환경 사이의 매개자로서 행동한다. 사물들은 인간의 욕망, 회의, 위험 등과 관계가 있기 때문에 정신은 사물들의 영역 전반에 걸쳐 퍼져 있다. 인식 작용은 〈인식 행위〉, 즉 정신 내의 활동으로 구성되어 있다. 그러나 인식 작용을 자세하게 기술하려면 그 인식 행위를 야기한 문제나 상황의 환경적 요인을 고려해야 한다. 이런 식으로 도구주의는 경험론이나 이성론과 다르다. 〔후자의 두 인식론은 사유와 행위를 분리시키는 반면 도구주의는 이렇게 주장한다. 반성적 사유는 실제 상황을 변환시킬 때 항상 포함된다는 것이다. (제2판)〕

그러므로 사유 작용은 마치 진리를 사물에 내재하는 정태적이고 영원한 성질인 것처럼 여기는 그러한 진리의 탐구가 아니다. 사유 작용은 인간과 그의 환경 간의 조정을 이루고자 하는 행위다. 듀이의 말을 빌리면 철학의 가치를 검증하는 최선의 방법은 다음과 같이 묻는 것이다. 〈일상생활의 경험과 그것의 상황에 비추어 볼 때 그것이 가지게 되는 결론에 의해 경험과 상황이 우리에게 좀 더 유효하고 분명하게 될 수 있으며, 또한 우리가 그것들을 다룰 때 더 이로운 결과를 가질 수 있는가?〉 이런 식으로 그의 도구주의는 일종의 문제 해결식 인식론이다.

4. 2. 습관, 지성, 학습

듀이는 그의 도구주의 이론을 인간 본성에 대한 독특한 견해를 중심으로 구축했다. 비록 듀이가 인간의 교육과 사회적 환경에 의한 영향을 강조하긴 했지만 그럼에도 불구하고 그는 인간은 확실한 본능을 지니고 있다고 주장한다. 그의 주장에 따르면 이들 본능은 고정된 유전성이 아니라 〈매우 융통성 있는 것〉이다. 그리고 그것들은 상이한 사회적 조건들하에서 서로 다르게 작용한다. 듀이는 〈어떠한 충동도 그것이 주위 환경과 상호 작용하는 방식에 따라 어떤 배열 안에 들어와 체계화된다〉고 말한다. 예를 들어 〈공포〉는 겁이나 우월자에 대한 숭배, 또는 미신을 받아들이는 원인 등등으로 변화한다. 충동의 결과는 다른 충동과 혼합되는 방식에 의존하며 또한 환경에 의해 제공된 배출구들에 의존한다. 이처럼 그는 행위에 대한 단순한 기계적 자극-반응설을 거부한다. 설사 어떤 충동이 몇번이고 동일한 방식으로 반영될지라도 이것은 기계론적 필연성이 아니라 단지 〈습관〉의 결과다. 〔그러나 습관과 충동은 명백하게 구별되어야 한다. 〈습관〉이란 어떤 사람이 여러 특정한 군의 〈자극, 고정된 편애 및 혐오〉를 다루는 방식에 불과하다. (제2판)〕 이처럼 습관은 충동에 대한 자극에 반응하는 〈하나의 방식〉에 불과하기 때문에 어떤 사람의 자연적 충동과 특정한 반응 사이에는 〈필연적인〉 연관성이 없다. 그의 주장에 따르면 모든 반응은 인간의 본성과 문화 사이의 상호 작용을 통해 획득되거나 습득하게 된다. 이러한 경우 습관은 인간 행위의 고정불변의 양상을 나타내지 않는다. 습관은 그 유용성에 대해 테스트될 수 있다. 그 유용성의 기준은 습관이 삶을 뒷받침해 주며 인간의 환경에 대한 적응을 성공적으로 촉진시켜 주는지의 여부에 달려 있다.

무엇보다 중요한 것은 듀이가 이 분석에 의해 사회적 그리고 인간적인 〈악〉에 대한 새로운 관심을 가질 수 있었다는 점이다. 악은 변경될 수 없는 인간 본성의 어떤 영구적인 본능이나 충동의 산물이 아니다. 오히려 악은 인간의 충동을 형성하고 조건 지어 온 문화의 특별한 방식의 산물이다. 이 견해에 의하면 악은 〈고착된 습관의 불활성〉에 의한 결과다. 〈지성〉, 그 자체는 하나의 습관이며 그 습관에 의해 인간의 유기체는 환경과의 관계를 조정하게 된다. 그러므로 습관은 어떤 자극에 반응하는 방식뿐만 아니라 환경에 대해 사유하는 방식을 포함한다. 모든 습관은 〈필연적〉이 아닌 〈고착된〉 행동의 유형에 불과하기 때문에 개인적, 사회적 악을 극복하는 길은 사회의 습관들 — 그것에 대한 반응의 습관들, 그리고 사유의 습관들을 변경시키는 것이다.

한 사회를 개조할 때 가장 중요한 것은 〈교육〉이다. 인간이 습관의 피조물이라면 교육은 가장 유용하고 창조적인 습관을 발달시키는 데 필요한 제반 조건을 제공해 준다. 듀이는 다음과 같은 점을 애석해 했다. 즉 과거에 진보가 이루어진 것은 단지 어떤 격변이나 사회적인 변혁에 의해 오래 지속되어 온 습관의 파괴가 이루어지는 경우

뿐이었다. 그는 그보다도 변화를 조정하여 유도하는 접근 방식을 좋아했다. 그리고 그는 인간에게 제어력을 제공할 수 있는 것은 지식뿐이라고 생각했다. 그러므로 변혁에 의해서보다는 교육에 의한 습관의 점진적인 개선을 통해 변화가 이루어져야 한다. 그는 〈지속적이며, 단계적인, 그리고 경제적인 개선과 사회의 개조를 이루는 주요한 수단은 젊은이들의 유행적인 사고방식과 욕망을 개조하기 위한 교육의 기회를 선용하는 것이다〉라고 확신하였다. 교육의 정신은 〈실험적〉이어야 한다. 왜냐하면 정신은 근본적으로 문제 해결의 도구며, 따라서 정연한 이론적인 체계를 추구하기보다는 문제를 성공적으로 해결하기 위한 대안적 수단을 활용해 보는 것이 더 중요하기 때문이다.

듀이의 도구주의는 과학의 제반 전제 조건을 기본으로 하고 있다. 과학처럼 교육도 행동과 사유, 실험과 반성 사이의 긴밀한 연관 관계를 파악해야 한다. 지식을 성취하는 것은 연속적인 과정이자 실험과 사유의 상황 안에서 이론을 형성하려는 투쟁이다. 그러나 교육이 사회 개선의 열쇠라면, 그리고 실험이 문제 해결의 도구적 수단을 발견하는 최선의 방법이라면 문제의 초점은 제반 목적의 문제에 모아진다. 개선은 가치의 척도를 내포하고 있으며, 수단은 목적의 성취를 위해 이용된다. 사회는 어떻게 사회의 목적이나 가치들의 토대를 마련할 것인가? 듀이는 특히 사실과 가치를, 그리고 과학과 도덕을 연관시키려는 어려운 작업에 착수했으며 그 과정 속에서 새로운 가치론을 정립시켰다.

4. 3. 사실의 세계에서의 가치

그의 일반 지식론의 뒤를 이어 가치론이 정립되었다. 정신은 그것이 사실을 발견하는, 즉 경험을 통해 사실을 발견하는 것과 같은 방식으로 가치를 발견한다. 가치는 이론적인 정신에 의해 발견되는 어떤 곳에 영원한 실재로서 존재하지 않는다. 모든 사람은 둘이나 그 이상의 가능성 중에서 선택해야 하는 경우를 경험한다. 가치에 대한 문제는 선택해야 하는 경험을 할 때 생긴다. 때때로 목적을 이루기 위한 수단에 대한 선택을 해야 하는 경우도 있다. 이미 목적이 분명한 경우, 과학적으로 엄밀하게 수단을 추구할 수 있다. 〔과학, 달리 말하자면 지적인 반성은 항상 주어진 행위가 어떻게 종결되는가를 묻는다. (제2판)〕 듀이에게 있어서 매우 성공적으로 종결되는 행위는 본래 가장 〈가치 있는valuable〉 행위다. 예를 들어 물이 새는 집의 지붕을 가정해 보

자. 물이 새는 지붕의 문제는 즉시 목적과 수단의 문제 — 누수를 막을 목적과 이것을 완성하는 방식 — 를 동시에 제기한다. 어떤 사람은 지붕이 새기 때문에 어떤 행동을 필요로 한다는 사실을 재빨리 간파한다. 행동이 시작되기 전에 지성은 과거의 경험이나 실험에 의존하여 물이 새는 구멍을 막을 여러 가지의 가능성을 분류한다. 〔지성의 기능은 여러 가지 선택에 대한 결과를 평가하는 데 있다. 지성은 평가할 때 과거의 경험이나 실험에서 얻은 지식을 사용한다. (제2판)〕 듀이에 의하면 그 문제를 다루기 위해 정교한 가치 이론들을 필요로 하지 않는다. 따라서 그는 이른바 사물의 본질이나 선험적인 영원한 진리에 근거한 어떠한 가치 이론들도 거부한다. 듀이에 의하면 절대적이 아닌 상대적인 구조의 불침투성과 불변성만이 있을 뿐이다. 가치에 대한 탐구는 과학적 방법론에 의존하기 때문에 우리가 해야 할 것은 목적 달성을 위한 최선의 수단을 지성적으로 분류해 내는 것이다.

〔듀이의 관심은 가치의 문제를 일상생활의 구체적인 사건들 속에 정치시키는 것이었으므로 그는 궁극적인 목적이나 소위 가치 체계의 문제를 고찰하기를 거부했다. 그는 분명히 인간의 존재에 대한 목적은 물이 새는 지붕을 막아야 하는 경우처럼 쉽게 발견할 수 있다고 생각했다. (제2판)〕 지성은 어떤 문제와 그 해답 사이의 간격을 연결해 주는 매개자이므로 그는 이 같은 실험적이자 도구적인 접근 방식에 의해 개인과 사회의 운명에 관한 문제를 성공적으로 해결할 수 있다고 생각했다. 이러한 접근 방법은 도덕, 사회 정책, 정치학, 경제학에 관한 이제까지의 가치 이론들이다. 이와 같은 그의 낙관론은 여러 과학의 눈부실 만한 성공들에 의존해 있다. 만일 인간이 전통적인 도덕과 종교의 규범을 포기한다면 어디에서 가치들〔삶을 통제하는 규범들〕을 찾을 수 있는가라는 물음에 대하여 듀이는 대부분〈자연 과학의 발견들로부터〉그것이 가능하다고 대답한다. 〔원리적으로 가치는 인간의 욕망과 그것의 만족에서 구해져야 한다. 과학에 의하면 인간은 욕망을 가지고 있을 뿐만 아니라 이 욕망들이 여러 가지 방식에 의해 만족될 수 있다. 듀이는 가치 문제에 과학적 방법을 도입함으로써 공리주의의 이론을 극복하려고 했다. (제2판)〕 듀이의 이론과 공리주의 — 올바른 행위들은 사회를 위한 최상의 결과를 낳는다는 견해 — 사이에는 약간의 유사성이 있다. 그러나 듀이는 공리주의 이론을 극복하려 했다. 인간의 도덕적 선택은 고정된 지붕이나 학교 제도의 개혁처럼 실제로 인간이 욕망하는 것을 지적함으로써 시작된

다. 그래서 인간은 이런 욕망들을 지성의 검사에 따르게 한다. 지성은 차례로 문제에 대한 만족스런 해결책을 제공하기 때문이다. 〔대부분의 공리주의자들은 사실상 어떤 일이 욕구되기 때문에 그것이 욕구 가능한 것이며, 인간은 쾌락을 욕구하기 때문에 그 쾌락을 극대화하려고 한다고 결론짓는다. 얼핏 보기에 이것은 듀이의 접근 방식인 것처럼 보인다. 왜냐하면 그는 사실상 인간이 욕망하는 것을 테스트하거나 평가하는 고전적인 〈진리론〉과 궁극 목적론을 포기했기 때문이다. 그러나 듀이는 평가의 과정에 엄격한 요소를 첨가했다. 그에게 욕망은 출발점에 지나지 않는다. 인간은 선택하기 전에 반드시 비판적인 탐구를 거쳐야 한다. 분명히 도덕적 선택은 어떤 사람이나 사회의 욕망과 더불어 시작되며, 욕망은 지성의 비판적인 능력을 거쳐야 한다. 그러한 상황에서 지성이 할 일은 욕망을 만족시킬 수 있는 여러 형태들의 결과를 고찰하는 것이다. 그러므로 가치는 단순히 욕망의 만족이 아니라 오히려 욕망에 의해 생겨나는 문제에 대한 만족스러운 해결이다. (제2판)〕

불행하게도 우리는 어떤 일정한 행위가 어떻게 종결되는지, 그리고 무엇이 목적 달성을 위한 최선의 수단이 될 수 있는지를 결정하기 위한 깔끔한 공식을 고안해 낼 수 없다. 어떤 종류의 규칙표 작성을 허락하기에 삶은 너무나 역동적이고 행동 환경들도 지나치게 다양하다. 최선의 가치는 성취하기 바라는 목적과 관련된 만족스런 결과들을 낳는 그런 것들이다. 우리가 삶과 행동이 지향해야 할 목적을 발견하는 것은 경험을 통해서다. 〔듀이는 비판적 지성의 이러한 활동으로 다음의 두 가지 목적을 이루고자 했다. 첫째, 가치는 구체적인 경험 안에서 해결되어야 하는 그 무엇이다. 둘째, 가치는 전적으로 상대적이거나 주관적이 아니며 면밀한 정사(精査)를 받아야 한다는 것이다. 끝으로 듀이의 이론은 다음의 가정에 근거하는 것으로 보인다. 즉 인간이나 사회는 경험에 의해 삶과 행동을 움직여 나갈 목적을 갖게 된다는 것이다. (제2판)〕 듀이에 의하면 각 세대는 민주주의의 상황 안에서 자신의 목적을 설정해야 한다. 민주주의 그 자체는 인간 지성의 여러 능력 속에서의 듀이의 〈신념 faith〉을 대변하고 있다. 그는 〈공감된 경험 pooled and cooperative experience〉을 제외하고는 지식, 지혜 또는 집단행동의 지침에 대한 신뢰할 만한 원천은 없다고 믿고 있었다.

5. 과정의 철학

근대 과학이 가장 인상적인 최고의 정점에 도달했을 바로 그때 두 사람의 대담한 사변 철학자는 과학 사상의 기본 가정들에 대하여 이의를 제기했다. 베르그송이나 화이트헤드 가운데 누구도 과학적 방법은 눈부실 정도로 성공적인 기획이었을 뿐만 아니라 그에 못지않게 사람들이 자연에 대하여 상당한 통제를 가할 수 있게 했다는 사실을 부인하지 않았다. 그들의 우선적인 관심사는 철학적 문제였다. 즉 실재란 과학이 가정했던 것인지 아닌지에 대한 의문이다. 19세기 후반과 20세기 초에 이르러서야 과학은 자연이 공간 안에 자리 잡고 있는 물질적 대상으로 구성되었다는 가정을 중시하게 되었다. 이러한 견해에 따르면 물질은 모든 사물을 형성하는 환원 불가능한 궁극적인 재료다. 자연의 내용과 활동에 관한 사유 모델은 기계다. 자연 안에 있는 모든 특정한 사물은 하나의 거대한 기계 조직의 일부다. 이것은 각 부분의 활동이 시간상 수학적 정확성으로 표현될 수 있음을 의미한다. 물질적 대상은 공간상 정확한 규칙이나 법칙에 따라 운동하기 때문이다. 더욱이 사물은 기계 조직의 일부로서 꼭 짜인 인과적 연쇄 관계 속에서 다른 것과 각각 연관되어 있다. 인간의 본성도 이러한 물질적, 기계적 용어로 설명될 수 있다. 빈틈없이 조직된 우주적 기계의 일부로서 인간은 더 이상 의지의 자유를 소유하고 있는 〈자유로운*free*〉 존재로서 간주되지 않았다.

이들 가정은 저마다 베르그송과 화이트헤드에게 진지한 철학적 문제들을 제기했다. 그들은 자연이 실제로 공간 안에 자리 잡고 있는 불활성적인 물질적 대상으로 구성되었는지 의문을 가졌다. 또한 그들은 과학의 논리적, 수학적 추리가 묘사하는 것만큼 사물에 대하여 질서 정연하고 기계적인 배열을 인간의 지성이 〈그 외부에서〉 발견할 수 있을지에 대해서도 의문을 가졌다. 더욱이 만일 기본적 실재가 물질적이고 그것의 다양한 부분이 꼭 짜인 기계 조직으로 이뤄졌다면 자연에는 어떻게 진정한 새로움이 있을 수 있을까? 물질적 사물로 만들어진 세계는 때때로 재배열될 뿐인데 이와 동일한 대상들 이상의 어떤 것이 될 수 있을까? 간단히 말해 불활성적 물질은 어떻게 정태적 상태를 극복하고 진화할 수 있을까? 우리는 생명이 없는 자연이라는 입장에서 생명에 대한 구체적 경험을 어떻게 설명할 수 있을까? 또한 인간의 자유는 철저하게 기계적인 우주 안에서 어떻게 설명될 수 있을까? 최근에 과학 그 자체는 새로운 개념들을 개발해 냈다. 예를 들어 자연의 기계적 모델을 점점 더 그럴듯하지 않게 만드는 진화론이 바로 그것이다.

화이트헤드의 주장에 따르면 19세기 말 과학자들은 〈그들이 하나 둘씩 소개해 온 관념들이 마침내 그들의 사고를 지배하고 표현 양식을 형성해 온 뉴턴적 관념과 어울리지 않는 사고 체계 속에 축적되어 왔다〉는 사실을 전혀 깨닫지 못했다. 말하자면 화이트헤드는 새롭게 생겨나는 물리학의 수많은 의미들을 들추어내면서 과학 안에서 자신의 형이상학으로 이동해 갔다. 이와 마찬가지로 베르그송도 과학을 거부할 의사는 전혀 없었지만 그 대신 형이상학과 과학이 서로를 풍요롭게 해줄 수 있다고 생각했다. 그러나 베르그송과 화이트헤드가 과학에서 도전한 것은 과학적 사유 양식이 지식의 유일한 포괄적 근원이 될 수 있다는 가정이었다. 따라서 그들은 과학의 한계가 무엇인지, 그리고 실재를 형성하는 형이상학적 과정들을 발견함으로써 제공받을 수 있는 독특한 통찰력이 무엇인지를 내보이려 했다.

6. 베르그송

앙리 베르그송(Henri Bergson, 1859~1941)은 1859년 파리에서 태어났다. 그는 폴란드인 아버지와 영국인 어머니 사이에서 태어난 재기 넘치는 아이였다. 1859년은 다윈의 『종의 기원On the Origin of Species by Means of Natural Selection』이 출판되고 존 듀이가 탄생한 해이기도 하다. 학계에서 베르그송의 성장은 매우 빨랐다. 그는 22세에 앙제 리세의 철학 교사가 되었으며, 1900년에는 콜레주 드 프랑스의 근대 철학 분야의 정교수로 임명되었다. 베르그송은 비상한 명석함과 매혹적인 문체로 일련의 작품들을 저술했으며 그 저작들은 널리 주목받았고 다양한 토론을 불러왔다. 여기에는 『의식에 직접 주어진 것들에 관한 시론Essai sur les données immédiates de la conscience』(1889), 『물질과 기억Matière et mémoire』(1897), 『사유와 운동La pensée et le mouvant』(1903), 『창조적 진화L'Évolution créatrice』(1907), 『도덕과 종교의 두 원천Les Deux sources de la morale et la religion』(1932)이 포함된다. 이 중 마지막 세 권은 특히 명성을 얻었으며 그의 가장 명석한 사상들을 담고 있다.

이 저서들로 인해 그는 전 세계적인 호평을 받았으며 각국의 학자들이 그의 강의를 청강하기 위해 파리로 몰려들었다. 그는 파리에서 1941년에 82세를 일기로 죽을 때까지 생활했다.

6.1. 분석 대(對) 직관

베르그송 철학의 중심부에는 〈어떤 사물을 인식하는 데는 근본적으로 다른 두 가지 방식〉이 존재한다는 신념이 있다. 그에 의하면 첫 번째 방식은 〈우리가 대상의 주변에서 움직인다〉는 사실을 암시하며, 두 번째 방식은 〈우리가 대상 속으로 들어간다〉는 사실을 암시한다. 첫 번째 방식에서 비롯되는 지식은 우리가 대상을 관찰할 수 있는 장점에 의존하므로 지식의 양태도 관찰자마다 다르다. 따라서 이러한 점에서 〈상대적〉이다. 더욱이 관찰에 의해 획득된 지식은 기호 symbole로 표현되며, 여기서 사용되는 기호는 특수한 대상뿐만 아니라 그와 유사한 모든 대상들도 언급할 수 있다. 그렇지만 두 번째 종류의 지식은 〈절대적〉이다. 베르그송에 의하면 이 경우에 우리는 대상 속으로 〈들어감〉으로써 특수한 관점의 한계 요소들을 극복하며 그것이 실제로 존재하는 대로 대상을 파악한다.

베르그송은 여러 실례를 들어 인식의 두 가지 양태를 설명한다. 첫 번째는 공간상의 물체의 운동이다. 그에 의하면 이 대상의 관찰 결과는 움직이든 고정되어 있든 관찰자가 그것을 관찰하는 시점 point du vue에 따라 다르다. 그는 이렇게 말한다. 〈내가 이 운동을 묘사하려 할 때 그것에 대한 나의 표현은 내가 그것과 관계하고 있는 관계 양상에 따라 달라질 것이다. 움직이는 대상을 묘사하고 관찰하는 모든 경우에 나는 그것의 외부에 위치해 있다. 대상의 운동을 묘사하면서 나는 단일 구간들로 분할된 선을 생각하며 축을 가진 그래프상의 일련의 점들, 다시 말해 물체가 운동하고 있다고 생각되는 일련의 점들을 통해 이 선을 표현한다.〉 베르그송에 의하면 공간의 불연속적 구간 단위들의 관점에서 운동을 도모하려는 이러한 시도와 대조적으로 참된 운동, 즉 하나의 연속적인 흐름이 존재하며 그 속에서는 어떠한 점들도 교차하지 않는다. 베르그송은 이렇게 말했다. 당신들 자신이 운동하는 대상 내부에 들어가 있다고 생각해 보라. 그러면 당신은 단지 점과 거리의 단위 구간으로서 구성된 기호적 언어로 번역된 대상이 아닌 실재 있는 그대로의 움직이는 대상을 인식할 것이다. 〈왜냐하

앙리 베르그송

면 나는 대상 그 자체의 내부에 있기 때문에 내가 경험하는 것은 대상을 보는 나의 관점에 의존하지 않는다. 또한 나는 원초적인 것을 얻기 위하여 모든 다른 번역을 거부했기 때문에 운동의 묘사에 사용되는 기호에도 의존하지 않기 때문이다〉. 내가 서 있는 곳, 즉 나의 정지된 위치로부터 운동을 파악하는 대신에 나는 대상이 있는 곳, 즉 내부로부터 그 대상의 운동을 파악해야 한다. 왜냐하면 운동은 대상 그 자체 안에 있기 때문이다. 어떤 사람이 자신의 팔을 올릴 때 그는 자신이 창출해 낸 운동에 대한 단순하고 단일한 지각을 가지게 되며, 그는 이 운동에 대한 〈절대적인〉 지식을 소유하게 된다. 그러나 베르그송은 이렇게 말한다. 나의 입장에서 그것을 외부에서 관찰한다면 당신의 팔은 한 점을 통과하고 이어 또 다른 점을 통과하며, 이들 두 점 사이에는 여전해 무수한 다른 점들이 있을 것이다……. 내부에서 볼 때 절대란 단순한 것이지만 외부에서 바라보면, 즉 다른 사물들과의 관계에서 본다면 절대는 그것을 표현하는 기호에 비하여 언제까지 가도 잔돈으로 다 바꾸어 주지 못할 금덩이와 같다.

이것은 우리가 소설에서 한 인물을 택할 때와 같은 경우다. 저자는 그의 특징을 묘사하고 그가 행동과 대화에 참여하도록 노력한다. 그러나 베르그송은 이렇게 말한다. 〈아무리 그렇게 한다 해도 내가 일순간 나 자신을 그 주인공 자신과 동일시할 때 내가 경험하게 될 단순하고 불가분적인 감정과 결코 같아질 수 없다.〉 이렇게 묘사된 특징이 내가 이 특별한 주인공을 아는 데 도움이 되지 않는 이유는 그러한 특징들이 〈내가 이미 알고 있는 인물이나 사물들과 여러 면에서 비교가 될 때만 그 인물을 나에게 이해시켜 줄 수 있는〉 기호에 불과하기 때문이다. 그러한 기호들은 나를 그 인물의 외부에 위치시키며 〈그것들이 나에게 가르쳐 주는 것은 그가 다른 인물과 공동으로 가지고 있으며 그 인물에게 고유하게 속한 것이 아닌 점뿐이다〉. 베르그송에 의하면 외부에서 한 사람의 〈본질〉을 구성하는 것을 지각하기란 가능하지 않다. 왜냐하면 근본적으로 그의 본질은 내부적이며, 따라서 기호들에 의해 표현될 수 없기 때문이다. 기술과 분석에는 기호들의 사용이 불가피하지만 이들 기호는 〈일정한 시야에서 바라본, 또는 기호들이 표현하고자 하는 그 대상에 견주어 볼 때 항상 불완전〉하다. 상상할 수 있는 모든 시야에서 파리의 사진을 찍든가 또는 파리를 영화 필름에 담는다 할지라도 그것은 우리가 살고 있고 걸어 다니는 파리 전체와 같아질 수 없다. 어떤 시를 어떻게 번역한다 해도 원시(原詩)의 내적 의미를 모두 표현할 수는 없다. 이 모든 예에서 볼 수 있듯이 우리가 단지 우리의 관점이나 표현하기 위해 사용하는 기호들에 의존하여 상대적으로 알 수 있는 〈다른 표현〉이나 모사물과 달리 우리가 오로지 그 속에 들어감으로써만 절대적으로 알 수 있는 근원성이 있다.

더욱 엄밀하게 말해 어떤 한 대상의 〈주위를 맴도는 것〉과 〈그 안에 들어간다〉는 것은 무엇을 의미하는가? 한 대상의 주위를 맴돈다는 것은 베르그송이 〈분석〉이라 부르는 지성의 특별한 활동을 의미한다. 이와 대조적으로 대상 속으로 들어간다는 것은 베르그송의 〈직관〉이라는 용어가 의미하는 것이다. 직관에 의해 베르그송이 의미하고자 하는 것은 대상의 내부로 파고 들어가 대상이 가지고 있는 독특한 것, 즉 표현할 수 없는 것과 합일하는 〈지적 공감intellectual sympathy〉이다. 과학과 형이상학의 근본적인 차이가 바로 〈분석〉과 〈직관〉의 차이에 있다.

6. 2. 분석이라는 과학적 방법

베르그송의 주장에 의하면 결국 과학적 추론이 분석에 기초하는 한 그것은 분석하고자 하는 모든 대상의 본질을 왜곡시킨다. 왜냐하면 〈분석은 대상을 이미 알고 있는 요소로 환원하는 작업이기 때문이다. 다시 말해 이 대상과 다른 대상에 공통적인 요소로 환원하는 작업이기〉 때문이다. 그러므로 〈분석한다는 것은 사물을 그것 자체와는 다른 어떤 것의 함수로 나타내는 것이다〉. 장미를 분석한다는 것은 그것을 따로 취하여 그것의 구성 성분들을 발견하는 것이다. 사실 우리는 그러한 분석에서 장미에 대한 지식을 이끌어 낸다. 그러나 그러한 분석의 상태에서 장미는 이미 정원에 있는 실물과 같은 것이 아니다. 마찬가지로 의학은 인체를 여러 부분으로 해부함으로써 인체 해부학에 대한 많은 지식을 발견한다.

베르그송에 의하면 모든 경우에 분석적인 지성은 아이러니하게도 대상의 본질을 파괴함으로써 배운다. 그것의 본질은 역동적이고 번성하며 생동적이고 연속적인 존재, 즉 지속durée이다. 그러나 분석은 이러한 본질적인 지속을 방해하며 삶과 운동을 정지시킨다. 또한 참된 삶 안에서 통합되고 유기적이며 역동적인 실재인 것을 여러 개의 독립적이고 정태적인 부분으로 분리시킨다.

분석적 과학의 언어는 기호를 사용하여 이 정태적이고 연결되지 않은 사물들의 개념을 더욱더 과장하려고 한다. 각각의 새로운 대상은 한 사물을 보는 여러 방식에 필요한 많은 기호들을 사용하는 과학에 의해 기술된다. 베르그송에 의하면 각각의 그러한 지각 내용은 추상된다. 즉 그 대상에서 추출되는 것이다. 따라서 지성은 한 대상에 대한 일련의 개념들을 형성하며 〈편리하게 작용할 수 있는 방향을 따라 실재를 분할함으로써 이루어진다〉. 우리는 언어에 의해, 다시 말해 단일 개념들에 의해 사유하기 때문에 사물을 한 대상의 주위를 맴돌며 바라보는 여러 방식에 따르는 여러 개념에 의해 분석하려고 한다. 이것은 기호를 가지고 활동하는 과학적 분석의 일상적인 기능이다. 생명을 다루는 여러 과학조차 〈생물과 생물의 기관, 생물의 해부학적 요소라고 하는 가시적인 형태를 고집한다. 즉 생명의 과학은 여러 형태를 서로 비교하고 가장 복잡한 형태를 가장 단순한 형태로 환원한다. 결국 그것은 생명의 기능을, 이를테면 생명의 시각적 기호라고 할 수 있는 것에서 연구한다〉. 베르그송은 다음과 같이 말한다. 마치 우리의 지성이 물질을 분석하고 이용할 수 있도록 구성되어 있는 것처럼 우리의 지성과 물질 사이에는 〈대칭, 조화, 일치〉가 있는 것처럼 보인다. 〈우리의 지성은 감관의 연장이다.〉 철학이나 과학이 있기 전에조차 〈지성은 도구를 만들어 내고 주위의 물체들에 대해 우리의 육체가 올바르게 작용하도록 하는 역할을 한다〉.

만일 지성이 물질을 이용할 수 있도록 구성되었다고 한다면 〈그것의 구조 역시 물질의 구조를 본떠 형성되었을 것이다〉. 그러나 정확하게 말해 이러한 이유로 지성은 제한된 기능을 가진다. 또한 그것의 구조와 기능은 분석, 즉 통일적인 것을 여러 부분으로 분리할 수 있도록 짜여 있다. 그것이 가장 구체적인 실재 — 즉 자아self — 에 대한 연구에 이르게 될 때조차 분석적으로 진행하는 지성은 결코 참된 자아를 발견할 수 없다. 여타의 과학과 마찬가지로 심리학은 자아를 감각, 감정, 관념 등과 같은 분리된 〈상태들〉로 분석하여 각각에 대해 연구한다. 베르그송에 의하면 여러 심리 상태를 각각 분리해서 연구함으로써 자아를 연구하는 것은 〈파리〉라고 명명된 여러 가지의 스케치를 연구함으로써 파리를 알고자 하는 것과 마찬가지다. 심리학자들은 여러 가지의 심리 상태 속에서 〈자아〉를 발견할 수 있다고 주장하지만 그들은 〈이러한 심리 상태états psychogiques〉의 다양성은 자기 자신을 전적으로 자기 외부로 이동시켜야만 얻을 수 있다는 사실을 깨닫지 못하고 있다. 그리고 〈그들이 여러 상태를 나란히 배치시키고 다양한 접촉 지점과 그것들의 간격을 탐구한다고 해도 자아ego는 항상 그 상태에서 비껴 있게 된다〉.

6. 3. 직관이라는 형이상학적 방법

그러나 베르그송은 자아를 인식할 수 있는 다른 방법, 즉 〈직관〉이 있다고 말한다. 〈우리들이 누구나 내부로부터, 즉 단순한 분석에 의해서가 아니라 직관에 의해서 파악하는 실재가 적어도 하나는 있다. 그것은 시간을 통해 흘러가고 있는 우리 자신의 인격personnalité이다. 그것은 지속하는 우리의 자아다.〉 데카르트와 마찬가지로 베르그송은 자신의 철학을 자아에 대한 직접적인 지식에서 확립했다. 그러나 데카르트가 자아의식 위에서 이성론의 체계를 완성시킨 반면, 베르그송은 이성론과 현저하게 대립되는 직관의 방법을 제시했다. 베르그송에 의하면 직관은 일종의 지적인 공감이다. 직관에 의해 자신의 의식은 대상과 하나가 될 수 있다. 〈직관은 직접 의식, 즉 관찰되는 대상과 거의 구별되지 않는 통찰력, 접촉적인 또는 일치하기까지 하는 인식〉을 나타낸다.

베르그송은 무엇보다도 중요한 것은 〈직관적으로 사유하는 것이란 《지속》 안에서 사유하는 것〉이라고 말한다. 이것이 분석적인 사유와 직관적인 사유의 차이점이다. 분석은 정태적인 것에서 시작하여 기껏해야 병치되어 있는 부동적인 것 l'*immobilité* 들을 가지고 운동을 재구성한다. 이와 달리 〈직관은 운동으로부터 출발하여 그것을 실재 자체로서 단정하거나 지각하며, 정지 속에서는 우리 정신에 의해 찍힌 스냅 사진처럼 단지 추상적인 순간을 본다〉. 보통 분석적인 사유는 새로운 것을 이미 존재하는 것에 대한 새로운 배열로써 묘사한다. 아무것도 잃은 것은 없지만 아무것도 새로 만들어진 것도 없다. 그러나 〈성장인 지속과 밀접하게 관련된 직관은 지속 안에서 전혀 예측 불가능한 새로움의 중단 없는 연속성을 지각한다. 또한 직관은 다음과 같은 사실을 인식하고 있다. 즉 정기로 가득 찬 실재는 곧 창조며, 정신은 자신이 가지고 있는 것 이상을 그 자체로부터 추출한다〉. 그러므로 직관은 자아가 지속, 다시 말해 연속적인 흐름임을 발견한다.

자아의 내적 삶은 지속적인 팽창에 비유될 수 있다. 〈공 위에 실을 감는 것처럼 우리의 과거는 우리의 뒤를 계속 따라오기 때문에 가는 도중에 만나는 현재와 더불어 끊임없이 부풀어 간다. 그리고 의식은 기억을 의미한다.〉 자아에 대해 더욱 잘 생각해 보려면 원래의 길이에서 점차 늘어나는 고무줄과 같은 무한소(無限小)의 탄성체를 상상해 보면 된다. 이러한 이미지에 만족은 못했지만 그 안에서 베르그송은 탄성체가 늘어나는 것은 곧 자아의 지속, 즉 자아의 동적인 것을 나타내는 연속적인 행위라는 점에서 인간의 인격과 유사성을 발견한다. 그것을 기술하는 데 어떤 이미지가 사용되건 〈내적 삶은 곧 다음과 같은 것이다. 즉 특성들의 다양성, 진행의 연속성, 방향의 통일성이다. 그것은 이미지에 의해 표출될 수 없다. 어떠한 이미지도 지속의 직관을 대신할 수 없다〉.

6. 4. 지속의 과정

베르그송은 그의 모든 관심을 모든 사물 내에 있는 〈지속〉이라 불리는 과정, 즉 생성에 쏟고 있다. 그의 주장에 따르면, 지속은 우리가 살아가는 경험의 끊임없는 흐름을 구성한다. 고대의 여러 철학 체계들에 대해 그가 비판하는 점은 그들이 지속을 심각하게 다루지 못했다는 사실이다. 플라톤, 데카르트, 칸트와 같은 철학자들 대부분이 세계를 고정된 사유의 구조를 통해 해석하려고 시도했다. 특히 플라톤의 경우가 그렇다. 그의 〈형상〉의 개념은 우리에게 실재의 정태적인 구조를 보여 준다. 경험론자들은 자신이 경험에 집착했음에도 불구하고 경험을 정태적인 요소들로 분석했다. 흄의 경우 지식을 개인적인 〈인상〉에 의해 기술했다. 이성론자도 경험론자도 아닌 베르그송은 운동, 전개, 생성, 지속의 문제를 심각하게 다루었다. 베르그송은 이 형이상학적인 지속의 개념이 어떻게 과학적 지식에 도입되는가 하는 문제를 명백하게 밝히지 못했지만 그는 〈지속 안에서 사유한다는 것〉은 곧 실재를 참되게 파악하는 것이라고 확신했다. 또한 그러한 사유에 의해서 우리는 지성에 의해 창출된 〈공간화된 *spatialized*〉 시간과 달리 더욱 정확한 시간의 개념, 즉 실재적이고 지속적인 시간의 개념을 얻게 된다는 것이다.

우리가 〈공간화된〉 용어로 시간과 운동을 사유하게 되면 우리는 제논이 제기한 패러독스에 봉착하게 된다. 제논은 날아가는 화살이 사실상 움직이지 않는 것이라고 말했다. 왜냐하면 매순간 화살은 공간상의 한 점을 점유하기 때문이다. 그것은 화살이 매순간마다 정지해 있음을 의미한다. 베르그송은 공간과 시간에 대한 제논의 가정이 옳다면 제논의 논거는 반박의 여지가 없지만, 공간 속에 실재하는 위치가 있으며 시간의 [불연속적인] 단위 구간이 있다고 가정함으로써 그가 오류를 범하고 있다고 주장한다. 베르그송은 이른바 위치라고 하는 것은 단지 지성의 억측에 불과한 것이며 시간의 단위 구간 역시 실제로는 지속적인 흐름인 것을 분석적인 지성이 분할한 인위적인 단편들에 불과하다고 믿는다. 제논의 패러독스에서 우리가 알 수 있는 것은 정태적인 위치에서 운동을 구성한다는 것은 불가능하며 순간들로부터 참된 시간을 구성한다는 것 역시 불가능하다는 사실이다. 비록 지성이 정태적인 부분들을 파악할 수 있을지라도 그것은 운동이나 지속을 파악하지 못한다. 오직 직관만이 지속을 파악할 수 있다. 실재는 곧 지속이다. 베르그송에 의하면 실재는 사물들로 구성되어 있는 것이 아니라 〈오직 형성되고 있는 사물들로 구성되어 있고, 스스로 유지하고 있는 상태가 아니라 오직 변화하는 상태들〉로 구성되어 있다. 정지는 오직 외관일 뿐이다. 왜냐하면 〈우리가 발생기의 상태에서 방향의 변화를 경향성이라고 부른다면 모든 실재는 곧 경향성이기〉 때문이다.

6. 5. 진화와 생의 약동

진화론은 과학이 어떻게 지속과 생성을 성공적으로 이해할 수 있는가에 대한 예증이 아닌가? 진화론의 주요 개념들을 검토한 후에 베르그송은 이 과학 이론들 가운데 어느 것도 적합하지 않다고 결론을 내리고 자신의 이론을 제시한다. 이들 이론에서 그가 발견한 특이한 부적합성은 다음과 같다. 그 이론들은 어떤 한 단계와 더 높은 단계 사이의 간격을 통과하여 어떻게 전이가 이루어지는지에 대한 설명을 확실하게 제시하지 못한다는 것이다. 다윈은 한 종의 부류 가운데 변종들이 있음을 지적했으며, 더프리스[4]는 돌연변이를 어떤 구성 요소가 생존에 유리한 변종을 소유하게 되는 조건으로 보았다. 그러나 다윈이나 더프리스도 한 종 안에서 어떻게 그러한 변이가 생길 수 있는지에 대해서는 설명하지 못했다. 그들 모두는 유기체의 어느 부분이 느리거나 빠르게 변화를 일으킬 것이라고 추측했다. 이러한 설명은 유기체의 기능적인 통일성, 즉 한 부분에 변화가 생기면 유기체 전체에 변화가 일어나야 한다는 점을 간과하고 있다. 다윈과 더프리스는 이것이 어떻게 일어날 수 있는지를 설명하지 못했으며 여전히 형태의 연속적인 변화에도 불구하고 기능은 어떻게 계속 유지될 수 있는가 하는 문제 역시 미해결인 채로 남겨 두었다. 신(新)라마르크 이론은 진화의 원인을 특정한 유기체들에 의해 도입된 특별한 〈노력〉으로 보았으며, 이 노력에 의해 유기체들은 생존에 유리한 능력을 특정하게 발달시킨다고 설명했다. 그러나 그러한 획득 형질이 한 세대에서 다음 세대로 유전될 수 있는가? 베르그송은 다음과 같이 주장했다. 비록 〈노력〉이 장래의 어떤 잠재성을 가졌다고 해도 그것은 너무 우연적인 개념이므로 발달의 전 과정을 설명하지는 못한다. 스펜서의 획득 형질의 유전설 역시 만족할 만한 것이 못되었다. 왜냐하면 베르그송에게는 이것 역시 불변하는 부분들에서 운동

---

[4] Hugo de Vries(1848~1935). 네덜란드의 식물학자. 1900년 그는 멘델의 법칙을 재발견한 뒤 1903년 돌연변이설을 발표하여 주목받았다. 그는 원형질 분리 등 유전학, 식물 생리학에 크게 공헌했다.

이나 진화를 이룬다는 성공할 수 없는 시도라고 생각되었기 때문이다.

베르그송은 진화란 생동적인 힘, 즉 모든 유기체를 계속해서 더욱 복잡하고 더욱 고등적인 형태의 유기적 구조로 향하게 하는 〈생의 약동 *élan vital*〉에 의해 가장 잘 설명된다고 결론짓는다. 생의 약동은 모든 생물의 근본적인 내적 요소며 모든 사물을 통하여 깨어지지 않은 연속성 속에서 운동하는 창조력이다. 지성은 단지 정태적인 사물들만을 파악할 수 있기 때문에 지속과 운동의 본질인 생의 약동을 파악할 수 없으며 〈모든 변화, 모든 운동은…… 절대로 불가분적이다〉. 베르그송의 주장에 따르면 인식 행위는 이차적인 활동이며 더욱 근본적인 일차적인 활동은 사는 것이다. 분석적 지성이 아닌 직관과 의식은 이 일차적인 삶을 파악할 수 있으며, 또한 그 삶은 모든 사물들이 부분이 아닌 표현으로 나타나는, 지속적이고 분리되지 않은 과정이라는 사실을 발견한다. 생의 약동은 모든 사물의 동기가 되며 이것은 곧 근본적인 실재다. 우리는 그것을 처음에 우리 자신의 지속적인 자아에 대한 직접적 인식을 통해 발견한다. 즉 우리들이 지속한다는 사실을 발견한다.

이 점에 이르러 마침내 직관은 지성에게 이의를 제기해야 한다. 왜냐하면 지성은 이미 본 바와 같이 운동을 정태적인 상태들로 보기 때문이다. 직관은 운동이 연속적이며 부분들로 환원될 수 없고 생의 약동에 의해 생성된 창조적 과정은 불가역적이라는 것을 발견한다. 베르그송에 의하면 〈이러한 비환원성과 불가역성에 대한 개념을 얻기 위해 우리는 정신에 폭행을 가해서 지성의 자연적 성향에 반(反)하도록 해야 한다. 그것이 곧 철학의 기능이다〉.

지성은 진화를 측정 가능한 단계들을 거쳐 상향하는 단일하고 점진적인 경향이라고 기술하는 반면, 직관은 작용 중에 있는 차별화 경향들을 제시하고 있다. 베르그송에 의하면 생의 약동은 세 가지의 구별 가능한 방향으로 운동한다. (1) 식물적 존재 (2) 유인원 (3) 척추동물(최종적으로는 인간을 포함한)을 산출하는 것이다. 지성과 직관을 구별한 후 베르그송은 다음과 같이 말한다. 지성과 물질의 출현은 동시에 이루어졌으며 이것들은 함께 작용하도록 의도된 것이다. 〈좁은 의미에서 우리의 지성은 육체를 주위 환경에 완전하게 적응할 수 있도록 의도된 것이고 외부 사물들 자체 간의 관계를 나타내도록, 즉 물질을 사유하도록 의도된 것이다.〉 더욱이 〈물질에는 기하학적인 형태가 부가된다〉. 그러나 물질도 기하학적 도형도 궁극적인 실재를 나타내지는 못한다. 생의 약동 그 자체는 의식을 닮아야 하며, 의식으로부터 생과 생의 모든 창조적 가능성이 생겨난다. 미래가 열려 있기 때문에 진화는 창조적이다. 예정된 최종의 목적은 없다. 영구적으로 흘러가며 자신의 작품을 창조하기 전에는 자기가 무엇을 창조할 것이라는 사실을 미리 알지 못하는 예술가처럼 지속은 항상 진정으로 새로운 사건들을 생성한다. 마침내 베르그송은 생의 약동이란 신 자신이 아닐지라도 생의 약동에서 창조적 노력은 신의 그것이라고 말한다.

6. 6. 도덕과 종교

베르그송은 도덕에 두 원천이 있다고 주장한다. 그 하나는 결속의 필요성에 대한 순수한 감정이며 그러한 사회적 결속을 이루기 위해 사회는 의무에 대한 여러 가지 규율을 정한다. 두 번째 원천은 더욱 깊은 곳에 위치하는 감정인데 그것은 위대한 도덕적 인물들의 모범에 의해 느껴질 수 있다. 그들의 감정적 호소는 특별한 문화 집단을 능가한다. 이들 두 원천, 즉 사회적 필요성의 압력과 더 고상한 삶의 양식을 향한 열망은 지성과 직관의 여러 차이점을 반영해 준다. 지성은 특별한 용어로 사유하며 특별한 목적을 이루기 위해 특정한 사람들에게 특별한 규율을 부과한다. 이와 같이 지성은 도덕을 폐쇄 사회에 국한시키려고 한다. 베르그송은 스토아학파가 이성 안에서 보편 도덕의 원천을 보았음을 알고 있었다. 그러나 심지어 지성이 만인을 위한 법을 체계화시킨다 해도 직관은 감정의 더욱 풍부한 원천들을 개방시키며 그 원천들은 새로운 삶의 양식들을 받아들이기 위한 열망을 유발시켜 주고 그러한 창조력을 제공해 준다. 그러한 도덕적 진보는 무명의 도덕적 영웅이 나타날 때만 발생한다. 이러한 신비론자와 성인들은 인간성을 새로운 운명으로 고양시키며 〈그들의 마음의 눈으로 새로운 사회의 분위기를 보고 그 분위기 안에서 삶에 더욱 그 가치를 더해 준다〉. 이런 식으로 도덕은 계속적으로 자아와 자신의 사회에 대한 고찰에서 인간성의 더욱 큰 장(場)으로 나아간다.

지성과 직관의 차이는 베르그송이 정적과 동적이라고 부르는 종교의 두 양식에도 반영되었다. 만인은 이런저런 식으로 종교적이기 때문에 종교는 인간 구조의 어떤 천성적인 면에 기인한다. 더욱이 지성은 인간의 생존 유지에 도움이 되도록 형성되었기 때문에 지성은 종교의 원천이 되어야 한다. 종교는 삶의 특정한 근본적 요구를 해결해 줄 거라고 기대되기 때문이다. 종교적 개념들은 안전과 확신, 그리고 공포에 대한 위안을 제공해 주고자 한다. 그러나 이들 개념은 곧 제도화되며 그것들은 비판적인 이성으로부터 보호되기 위해 믿음으로 전환되고, 의식과 계율에 의해 보호되어 사회의 구조 속에 끼어들려고 한다. 이것이 정적 종교, 즉 사회적 복종의 종교다. 반면에 동적 종교는 신비주의의 본질 속에 있다. 베르그송의 신비주의에 대한 정의는 직관의 개념과 밀접하다. 그는 이같이 말한다. 〈신비주의의 궁극적 목적은 삶 자체가 표출하는 창조력과 더불어 접촉의 확립, 결국 부분적 일치의 확립에 있다.〉 직관이 지성보다도 더욱 완전하게 실재를 파악하는 것처럼 동적 종교도 더욱 생생하게 신을 발견한다. 베르그송에 의하면 우리는 정적 종교를 〈신비주의가 인간의 영혼 속에 퍼부은 매우 뜨거운 것을 식히는 과학적 과정에 의해 생기는 결정화(結晶化)〉로 생각할 수밖에 없다.

7. 화이트헤드

화이트헤드(Alfred North Whitehead, 1861~1947)는 베르그송과 마찬가지로 사실과 사실 간의 고립을 주장하는 분석적 사유 양식에 반대했다. 그의 주제는 〈연결성 *connectedness*이 모든 사물의 본질〉이라는 것이었다. 철학은 과학이 분리하려고 한 것들을 하나의 유기적 통일체로 보기 위해 노력해야 한다. 그러므로 〈석양의 노을빛도 과학적 인간의 현상을 설명하는 도구인 분자들이나 전기파와 마찬가지로 자연의 일부여야 한다〉. 그가 생각하기에 〈자연 철학의 기능은 다양한 자연의 요소들이 어떻게 연결되어 있는가를 분석하는 것이다〉. 화이트헤드는 과학적 정신 상태에 대한 워즈워스의 낭만적인 반동을 묘사하면서 이렇게 말한다. 〈워즈워스는 결코 지적인 반항심으로 괴로워하지 않았다. 그를 움직였던 것은 도덕적 반박이었다.〉 워즈워스는 과학적 분석이 무엇인가를 무시해 왔다는 사실에 자극되었다. 〈과학에 의해 무시되어 온 것들은 모두 가장 중요한 것들이다.〉 즉 도덕적 직관과 삶 자체 같은 것들이다. 화이트헤드는 워즈워스에 동의하면서 계속해서 이렇게 말했다. 〈만일 우리가 실재하는 사물들의 구성 속에서의 본질적 요소들로 그것을 융합시키지 않는다면 물리적 자연이나 삶도 결코 이해될 수 없다. 실재하는 사물들의 상호 관련과 개체적 특성이야말로 우주를 구성하는 것들이다. 그러므로 과학의 표현을 받아들일 수 없었던 워즈워스가 자연에서 과연 무엇을 발견했는지를 묻는 것은 중요하다. 나는 이 질문을 과학 자체를 위하여 제기할 것이다.〉 화이트헤드가 확신한 바로는 〈자연에서의 삶의 위치는…… 철학과 과학의 현대적 난제다〉. 비록 그는 이러한 문제들을 베르그송과 공유하고 있었다고 하더라도 그 해결 방식에서 베르그송과는 다른 지적 배경을 가지고 있었으며, 따라서 색다른 사변적 형이상학을 형성했다.

화이트헤드는 일생을 통해 세 번의 변화를 겪었다. 두 번은 영국에서, 한 번은 미국에서였다. 1861년 켄트 주의 한 마을에서 태어난 그는 셔본 스쿨에서 교육을 받았고, 케임브리지 대학교의 트리니티 칼리지를 졸업한 후 25년 동안 트리니티에서 수학을 가르쳤다. 화이트헤드가 러셀과 함께 그 유명한 『수학 원리 Principia Mathematica』 (1910)를 저술한 곳도 바로 여기였다. 트리니티에서 런던 대학교로 옮긴 그는 이학부의 교수에 이어서 칼리지 학장과 교수 평의회 의장을 역임했다. 런던에서의 13년 동안 그는 고등교육의 문제에 대한 깊은 관심을 개진했으며, 특히 현대 산업 문명이 교육 사업에 미치는 영향에 관심을 보였다. 그러나 런던 시절 그의 주요 저서들은 뉴턴의 자연 개념을 자신의 경험 지향적인 이론으로 대치하려는 시도를 보여 준다. 과학 철학에 관한 저서들은 『자연 과학의 원리에 관한 연구 Enquiry Concerning the Principles of Natural Science』(1919), 『자연의 개념 The Concept of Nature』(1920), 『상대성 원리 The Principle of Relativity』(1922)를 포함한다.

화이트헤드는 정년이 임박한 63세가 되었을 때 하버드 대학교의 철학 교수로 임명되었다. 이때부터 이른바 그의 제3기가 시작되었는데, 이 시기는 여러 면에서 대단히 중요하다. 논리학자, 수학자, 과학 철학자로서 그의 업적에 이제 형이상학자로서의 그의 저서들이 첨가되었다. 이 시기에 그는 『과학과 근대 세계 Science and the Modern World』(1925), 『과정과 실재 Process and Reality』(1929), 『관념의 모험 Adventures of Ideas』(1933) 등을 저술했다. 화이트헤드에게 이 저서들을 저술하게 동기를 부여한 것은 그의 다음과 같은 확신이었다. 즉 과학적 지식은 그 자신의 역사에서 전환점에 도달했으며 이 시점에서 과학에 새로운 발전들을 좀 더 적절하게 반영할 수 있는 새로운 사상 체계가 요구된다는 것이다. 과학적 사유는 항상 어떤 관념들의 체계에 의존하기 때문에 철학의 중요성은 그러한 체계들을 명료하게 함으로써 그것이 비판되고 개선될 수 있도록 하는 데 있다. 그의 주저인 『과정과 실재』는 방대하고 복잡한 저서이기는 하지만, 그는 서문에서 다음과 같은 사실을 인정했다. 〈아직도 최후의 반성은 남아 있다. 사물들의 본성 속의 심연을 측정하려는 노력은 얼마나 빈약하고 불완전한가? 철학의 논의에서 명제의 결정성에 관한 도그마적 확신은 단지 어리석음을 보여 주는 암시일 뿐이다.〉 그러므로 그의 형이상학 저서들은 일종의 과민한 겸손과 과감하고 창조적인 정신이 결합된 것이다. 1937년에 화이트헤드는 퇴직했으나 1947년에 87세를 일기로 세상을 떠날 때까지 하버드 교정 근처에 살았다.

7. 1. 단순 정위의 오류

화이트헤드는 뉴턴 물리학이 하나의 오류에 근거하고 있다고 생각했다. 그 오류는 〈단순 정위simple location〉의 이론 속에 존재하는데, 그는 그 오류를 〈전도된 구체성의 오류the fallacy of misplaced concreteness〉라고 불렀다. 뉴턴은 사물의 본성이 공간상에 존재하는 개별 조각들의 물체로 구성된다고 주장함으로써 데모크리토스를 추종했다. 그 주장은 무엇이 잘못되었을까? 화이트헤드는 다음과 같이 말하였다.

한 조각의 물체가 〈단순 정위〉를 갖는다는 주장은 그것의 시·공간적 관계를 표현할 때 그 물체가 한정된 공간의 영역 속에, 또한 한정된 지속의 시간을 통해 존재한다고 말하는 것이 적합하다는 주장을 의미한다. 그러나 이 주장은 한 조각의 물체가 다른 공간의 영역이나 다른 시간의 지속에 대해 갖는 관계의 본질적인 관련성을 간과하고 있다.

이런 견해에 반대하여 화이트헤드는 〈우리의 직접 경험 속에서 인식되는 자연의 기본 요소들 가운데는 결코 이 단순 정위의 성격을 가진 요소가 없다〉고 주장한다. 그에 의하면 하나의 고립된 원자라는 개념은 지적인 추상의 산물이다. 추상화의 과정을 통해 우리는 〈단순 정위된 물질의 조각들…… 이라는 추상 개념에 도달한다〉. 그러나 이 추상을 통해 사물은 본질상 그것의 구체적인 환경으로부터 고립된다. 추상을 구체로 착각하는 것은 화이트헤드가 〈전도된 구체성의 오류〉라고 불렀던 잘못이다. 시간상의 순간들, 공간상의 점들, 물질의 개별 입자들, 이러한 사물들은 과학적 사유에는 도움을 주는 개념들이다. 그러나 그것들이 궁극적인 실재의 기술로 간주된다면 이는 구체적인 실재의 왜곡이다.

화이트헤드는 구체적 실재에 대해 나름대로의 설명을 가하면서 특이한 형태의 원자론을 발전시켰다. 그는 양자 물리학, 상대성 이론, 진화론 같은 최근의 과학 이론으로부터 많은 영향을 받았지만 실재에 대한 그의 구성단위들은 데모크리토스나 뉴턴이 말하는 원자와 두 가지 방식에서, 즉 그 단위의 내용물 및 단위들 간의 관계와는 다르다. 우선 화이트헤드는 〈원자 $atom$〉라는 단어의 사용을 거부했다. 왜냐하면 이 단어는 역사적으로 원자의 내용물이 단단하고 불활성적인 물질이라는 점을 전제해 왔고 원자들은 단단하므로 결코 서로 침투할 수 없기 때문이다. 따라서 그것들 상호 간의 관계는 항상 외재적이다. 그러므로 화이트헤드는 원자라는 단어 대신에 〈현실적 실체 $actual\ entity$〉나 그 대용어인 〈현실적 사건 $actual\ occasion$〉이라는 말을 사용했다. 불활성적인 원자와 달리 화이트헤드의 현실적 실체들은 〈자연의 삶 속에 있는 조각들〉이다. 또한 그것들은 그 자체로서 결코 고립되어 존재하는 것이 아니라 그것들 주위에서 요동하고 있는 생의 전 영역과 밀접하게 연관되어 있다. 원자론적 유물론은 우리에게 기계론적 자연관을 보여 주고 있는 반면, 화이트헤드의 〈현실적 사건〉이라는 개념은 자연을 살아 있는 〈유기체〉로서 간주하게 한다. 그러므로 우리가 신에 대해서 이야기하든 〈가장 보잘것없는 존재〉에 대해 이야기하든 모든 사물 속에는 동일한 삶의 원리가 있다. 왜냐하면 〈현실적 실체〔현실적 사건이기도 한〕는 세계를 구성하고 있는 최종적인 실재적 구성 요소이기〉 때문이다.

7. 2. 자아의식

화이트헤드는 우리 자신의 자아의식 속에서 현실적 사건에 대한 훌륭한 실례를 발견했다. 그의 생각에 의하면 〈(나의) 막 지나간 과거의 사건들과 (나의) 방금 다가온 현재의 사건 간의 연결성에 대한 직접 증거는 자연의 모든 사건들의 연결성을 보여 주는 타당한 근거가 될 수 있다〉. 왜냐하면 현실적 사건은 물질적인 것이 아니며 그것은 하나의 경험으로서 가장 잘 이해되기 때문이다. 이러한 사건들은 존재하는 것이 아니라 발생하는 것이다. 그 차이점이란 존재한다는 것이 변화를 내포하지 않는 반면에 발생한다는 것은 역동적인 변화를 내포하고 있다는 점이다. 화이트헤드의 현실적 사건은 계속적으로 변화하는 실재를 나타내며, 변화는 실재들 상호 간의 침투를 통해 일어난다. 그렇다면 어떤 사람이 경험하게 될 때 그에게는 무슨 일이 일어날까? 우리는 보통 이 경우에 우선 불변하는 주체가 존재하고 다음으로 주체가 경험하는 〈그 외부*out there*〉의 어떤 것이 존재한다고 생각한다. 그러나 화이트헤드는 주체와 객체 양자가 모두 지속적인 변화의 과정 안에 있으며 주체가 경험하는 모든 경험은 주체에게 작용한다고 주장한다. 헤라클레이토스의 말대로 사람이 같은 강을 두 번 건널 수 없다는 것이 사실이라면 일단 한 번 경험한 사람은 다른 사람이 될 것이기 때문에 어떤 사람도 똑같은 식으로 두 번 생각할 수 없다. 또한 이것이 전 자연에 대해서도 진실인 이유는 자연이 현실적 사건들이나 그것들의 집합체로 이루어져 있기 때문이다. 따라서 전 실재가 현실적 사건들, 즉 경험의 물방울들로 구성되어 있다면 자연은 전체에 걸쳐 계속적인 변화를 받으면서 요동하는 유기체다. 〈이처럼 우주는 새로움으로의 창조적인 전진이다. 이것에 대응하는 다른 것이라고는 정태적인 구조를 가진 우주뿐이다.〉

화이트헤드는 이 현실적 사건의 이론에 의해 육체와 정신의 관계뿐만 아니라 우주 내의 정감과 목적을 설명할 수 있었다. 데모크리토스는 불활성적인 물질적 원자들로만 구성된 우주 내에서 감각, 정감, 사유, 목적, 삶을 가진다는 것이 어떻게 가능한가를 설명하지 못했다. 데카르트 역시 그의 두 실체, 즉 사유와 연장을 결합시키지 못했다. 라이프니츠는 생명 없는 물질로부터 삶을 이끌어 내는 것이 불가능하다는 것을 알았기에 그는 자연을 단자들로 구성되어 있다고 기술했다. 단자들은 여러 가지 점에서 데모크리토스의 원자와 유사하지만 라이프니츠는 그것들을 개별적인 영혼이나 에너지의 중심으로 생각했다. 비록 라이프니츠의 단자가 데모크리토스의 원자보다는 어느 정도 만족스런 개념일지라도 화이트헤드는 그것 역시 부적당하다고 여겼다. 〔라이프니츠는 단자를 〈창이 없는 것〉으로 기술했으며, 그것은 곧 단자는 완전히 닫혀 있거나 자신 내부에 갇혀 있음을 의미했다. 또한 다른 단자들과의 상호 관계는 순수하게 외부적이며, 그것의 행동은 예정 조화에 의해 결정된다. (제2판)〕 특히 라이프니츠는 단자가 변화를 받는다고 생각되더라도 이 변화는 어떠한 진정한 새로운 과정이나 진화 또는 창조성을 나타내는 것이 아니라 단지 미리 결정된 경로를 따라 나아가는 것일 뿐이라고 믿었다. 이와 대조적으로 화이트헤드의 현실적 실체는 어떠한 영구적인 동일성이나 역사를 가지지 않는다. 그것들은 항상 생성의 과정 안에 있다. 그것들은 다른 현실적 사건들의 충격을 감지하며 그것들을 내부로 흡수한다. 이 과정 속에서 현실적 사건들은 생성되고 일정한 형태나 특성을 가지다가 현실적 사건이 된 후에 소멸한다. 〈소멸된다〉고 하는 것은 우주의 창조성이 다음의 생성으로 옮겨가며 이 과정 속에서 현실적 사건은 그것의 독특한 특성을 잃게 되지만 과정의 흐름 속에 남아 있게 된다는 것을 나타낸다. 화이트헤드에 의하면 소멸한다는 것은 우리가 기억이나 인과성에 의해 의미하는 바와 같이 시간의 경과와 더불어 과거의 어떤 것이 현재 속에 계속 남아 있는 것을 뜻한다.

7. 3. 파악의 이론

우리는 단일의 고립된 현실적 실체를 경험하는 것이 아니라 단지 이 실체들의 집합체를 경험하는 것이다. 화이트헤드는 현실적 실체들의 집합체를 〈사회〉나 〈상호 관계 *nexus*〉라고 불렀으며, 그 안에서 실체들은 그것들의 〈파악*prehension*〉에 의해 결합된다. 이것들은 화이트헤드가 자신의 새로운 관념들을 설명하기 위해 만들어 낸 새로운 말들 가운데 일부다. 그에 의하면 〈철학적 사유를 우리의 경험 속에 있는 가장 구체적인 요소들 위에 기초하려는 시도는 세 개념, 즉 현실적 실체, 파악, 상호 관계 안에서 이루어지고 있다. ……최종적인 사실들은 모두 엇비슷한 현실적 실체들이며 이들 현실적인 실체는 복합적이고 상호 의존적인 경험의 물방울들이다.〉 화이트헤드는 실재를 현실적 실체들이 계속 생성하고 있는 연속적인 과정으로 보고 있으며, 그 과정 안에서 하나의 현실적 실체가 〈무엇이〉 되는가 하는 것은 그것이 〈어떻게〉 되는가에 달려 있다. 그는 자연의 과정의 근본적인 특성으로서 〈창조성〉의 개념을 강조한다. 창조성은 다자*the many*가 복합적인 통일체로 구성되는 궁극적인 원리다. 우리가 각각의 현실적 실체를 분리한다면 우리는 분리된 우주를 가져야 한다. 그러나 다자의 창조적인 통일체는 상호 연관된 우주를 형성한다. 〔그리고 화이트헤드의 말에 의하면 〈새로운 총체성의 생성〉인 합생[5]이라는 용어의 의미는 화이트헤드가 파악이라고

---

5 합생*concrescene*은 con과 *crescere*의 합성어로서 영어로는 점차 증대하다*crescent* 앞에 결합의 뜻을 지닌 접두어 con이 합해진 것이다. 본래 이것은 배(胚)분자의 접합이나 합착 또는 유착을 나타내는 생물학의 용어였다. 화이트헤드는 이 개념을 17, 18세기의 철학자들이 아리스토텔레스의 〈발생*generation*〉에 대신하여 유동하는 세계를 기술하기 위해 〈유동성〉이라는 새로운 철학적 〈발견〉에서 사용한 것에 주목했다. 로크에 의하면 발견이란 두 종류의 유동성이 있다. 하나는 〈개별적 존재자〉의 실

부르는 활동과 긴밀한 관계가 있다. (제2판)]

화이트헤드는 현실적 실체들의 요소들이 어떻게 상호 관계를 맺는지, 그리고 더 나아가 이 실체들이 어떻게 다른 실체들과 상호 관계를 맺는지를 기술하기 위해 〈파악〉이라는 용어를 사용한다. 세계 내에 연관되지 않은 것은 아무것도 없다. 어떤 의미에서 모든 현실적 사건은 전 우주를 흡수하고 있으며, 전 우주와 상호 관계를 맺고 있다. 현실적 실체들은 창조적 과정에 의해 집합이나 사회 아니면 상호 관계들 nexus로 결합된다. 이러한 생성 과정 속에서 현실적 실체들은 파악을 통해 형성된다. 화이트헤드는 모든 파악이 다음의 세 요소로 구성되어 있다고 말한다. 첫째, 파악하는 〈주체〉와 둘째, 〈파악되는 자료〉, 그리고 셋째, 주체가 자료를 어떻게 파악하는가 하는 〈주관적 형식〉이 그것이다. 또한 파악에도 여러 종류가 있는데 〈정감〉이라 불리는 〈긍정적 파악 positive prehension〉과 〈정감으로부터 제거〉된다고 하는 〈부정적 파악 negative prehension〉이 있다. 자료가 파악되는 방식인 주관적 형식은 정서, 평가, 목적, 의식과 같은 여러 종류로 되어 있다. 따라서 화이트헤드에게 정서적 정감은 구체적 경험의 근본 특성이다. 물리학의 언어에서조차 정감에 대해 이야기하는 것이 옳은데 물리적 정감은 에너지가 전달되는 물리학자의 관념이기 때문이다. 물리적 정감과 개념적 정감 양자가 모두 긍정적 파악, 또는 현실적 실체들의 요소들 간의 내부 관계들이다.

물리적 정감과 개념적 정감 간의 구별이 정신과 육체의 이원론을 내포하는 것은 아니다. 물론 육체와 정신이라는 용어의 사용은 여전히 유의미하지만 화이트헤드의 주장에 의하면 이 용어들이 데카르트가 사유와 연장 간에 차이를 두었던 것과 같이 근본적인 형이상학적 차이점을 내포하고 있다고 가정하는 것은 또다시 전도된 구체성의 오류를 범하는 것이다. 앞에서 말했듯이 이러한 오류는 추상적인 것을 구체적인 것으로 오인할 때 생기는 오류다. 육체와 정신 모두가 화이트헤드에게는 사회나 상호

재적인 내적 구조인 〈합생〉이고, 다른 하나는 개별적 존재자로부터 개별적 존재자로 〈이행 transition〉이다. 이때 이행이란 시간 관념의 한 측면으로 개별적 존재자의 완결에 따르는 과정의 소멸이라는 유동성, 즉 〈끊임없는 소멸〉을 의미한다. 이에 비해 〈합생〉은 〈한 종류의 concrescence라는 용어 속에서 구체화된 궁극적인 개념〉이다. 그러나 합생 개별적 존재자의 구조에 내재하는 유동성이다. 그것도 그것의 주체적 지향인 어떤 목적인을 향해서 나아가는 유동성이다. 화이트헤드는 〈합생이란 다수의 사물들로 구성된 우주가 그 다자 the many의 각 항을 일자 the One의 구조 속에 결정적으로 종속시킴으로써 개체적 통일성을 획득하게 되는 과정을 일컫는 말이다〉라고 규정한다(화이트헤드, 『과정과 실재』, 오영환 옮김, 민음사, 1991, pp. 385~387 참조).

관계다 — 그것들은 각각 현실적 실체들의 집합이다. 유일한 구체적 실재는 현실적 실체다. 그러나 현실적 실체들은 육체나 정신 같은 서로 다른 종류의 사회로 형성될 수 있다. 그런데 각 경우에서 현실적 실체들은 동일한 특성, 말하자면 파악에 대한, 정감에 대한, 내부 관계들에 대한 능력을 소유한다. 육체와 정신이 추상적인 이유는 그것들의 존재 양식, 즉 그것들의 실재가 현실적 실체들의 특별한 조직 형성에 의존한다는 의미에서 그렇다. 그러므로 육체와 정신은 영구적으로 또는 궁극적으로 다른 것이 아니다. 육체를 추상적인 것이라고 말할 수 있는 이유는 개별적인 국민들을 구체적인 실재로서 포함하는 국가를 일종의 추상적인 것이라고 말할 수 있는 이유와 유사하다. 화이트헤드의 주장에 따르면 〈최종적인 사실들은 모두 마찬가지로 현실적 실체들이며〉, 이들 모두는 경험의 흐름 속에서 상호 연결될 수 있다.

7. 4. 영원한 대상

그렇다면 이때 우리는 실재 과정의 기저를 이루는 것에 대해 화이트헤드가 어떻게 설명하는지를 물을 수 있다. 다시 말해 현실적 실체들을 생성하고 그것들로 사회를 형성하는 창조성의 과정이란 무엇인가? 그리고 사물들의 지속으로서 우리의 경험에 현시되는 것을 보존하는 것은 무엇인가? 여기서 화이트헤드의 사상은 플라톤의 강한 영향을 보여 준다. 한 현실적 실체가 현재 있는 그대로 있게 된 것은 그 실체가 어떤 〈영원한 대상들*eternal objects*〉에 의해 한정된 특성으로 각인되었기 때문이다. 플라톤의 형상과 유사한 이 영원한 대상들은 창조되지 않으며 영구적이다. 그것들은 원이나 네모, 녹색이나 푸른색, 용기나 비겁 등과 같은 유형들과 성질들이다. 현실적 사건은 〔다른 가능한 성향들이 아닌〕 특정한 성향을 얻게 된다. 왜냐하면 그것은 이 영원한 대상들을 선택하며 다른 것들을 배척하기 때문이다. 그러므로 현실적 사건은 여러 영구한 대상들의 총체성에 의해 어떤 특별한 유형으로 구성된다.

화이트헤드는 이렇게 말한다. 즉 영원한 대상들은 가능태들이다. 그것은 플라톤의 형상처럼 사물들의 유전(流轉)에 관계없이 자기 동일성을 보유하기 때문이다. 영원한 대상과 현실적 실체 간의 관계는 내적 침투로서 기술된다. 〈내적 침투*ingression*〉란 일단 현실적 실체가 영원한 대상을 선택하게 되면 후자가 침투하게 된다는, 즉 현실적 실체 위에 후자의 성향이 각인된다는 뜻이다. 그러므로 〈현실적 실체의 자기 창조 안에서 영원한 대상의 기능은 현실적 실체 속에 영원한 대상의 《내적 침투》다. 단순한 영원한 대상은 현실적 실체 위에 자신들의 성향을 각인하는 반면 복합적인 영원한 대상들은 사회나 상호 관계에 한정성이나 사실의 지위를 제공해 준다.

영구적인 대상들을 〈가능태〉로 이야기하려면 이 가능태들이 어떻게, 어디에, 존재하며, 그것들이 어떻게 현실적 사건과 연관되는지를 기술해야만 한다. 단지 현실적 사건들만이 존재한다면 영구적 대상들의 지위는 어떻게 되는가? 화이트헤드는 한 현실적 실체를 영원하다고 규정짓고 이 실체를 신이라고 불렀다. 그에게 신은 창조자가 아니다. 신은 〈모든 창조 이전에 있는 것이 아니라 모든 창조와 더불어 있다〉. 신의 본성은 영구적 대상들의 영역을 구성하고 있는 모든 가능태를 개념적으로 파악하는 것이다. 영구적 대상의 이 영역이 플라톤의 형상의 체계와 다른 점은 플라톤은 모든 사물에 대한 하나의 완전한 질서를 보여 주었던 반면, 화이트헤드의 신은 거의 무한정한 가능태, 즉 〈상상을 초월하여 무한정으로 많고 비길 데 없는 가능태인 질서의 가능태들〉을 파악한다는 것이다. 세계의 창조적 과정이 질서 정연하고 합목적적인 것은 영구적 대상들, 즉 가능태들의 이용 가능성 때문이다. 이 가능태들은 신 안에서 근원적 본성으로 내재한다. 더구나 신은 영구적 대상과 현실적 사건 간의 능동적인 매개자다. 영구적 대상들의 영역으로부터 관련된 가능태를 선택하는 것은 신이다.

신은 영원한 대상을 현실적 실체에 부여하지 않는다. 오히려 신은 이 가능태를 있을 법한 〈유혹물 *lure*〉로서 제시한다. 강제가 아닌 설득이 신의 창조적 활동의 특성을 이룬다. 신이 항상 연관된 가능태들을 제시한다는 사실은 반드시 현실적 실체들이 그것들을 선택하리라는 말이 아니다. 신의 설득적인 유혹이 수용될 때 그 결과가 질서며 조화고, 또한 새로운 진보인 것이다. 그것이 거부된다면 그 결과는 불일치며 악이 된다. 신은 모든 관련된 가능태를 현실태로 향하게 하는 궁극적 원리다. 우리가 세계 속에서, 그리고 사물들의 영구한 정의에 대한 우리의 직관 속에서 안정된 질서로서 경험하는 것은 곧 신의 〈당연한 결과로서의 본성〉이다. 화이트헤드에 의하면 〈신의 역할은 그의 개념적인 화합의 압도적인 합리성을 끈기 있게 작용하는 데 있다. 그는 세계를 창조하지 않으며 그것을 구제한다. 더욱 정확하게 말하자면 그는 진리와 미와 선에 대한 그의 통찰에 의해 세계를 이끄는 유연한 인내를 가진 세계의 시인이다〉.

17 분석 철학

20세기의 대부분 영어 사용권 세계에서 철학의 주류를 이루고 있는 운동은 〈분석 철학analytic philosophy〉이다. 분석 철학자들은 전통적인 철학 문제들에 관한 그들의 입장을 광범위하게 달리했고 이 문제들을 다루는 방법도 달랐다. 그들을 묶어 주는 것은 철학의 중심 과제에 관한 동의, 즉 언어 분석을 통해 개념들을 분명히 하는 것이다. 〔그것을 〈학파〉라기보다 〈운동〉이라고 부르는 것은 다음의 사실을 강조하기 위해서다. 즉 분석 철학이 어떤 명확한 특징을 지니고 있다고 해도 그것이 생겨난 원천과 그것이 겪은 변화, 그리고 그것을 추구하는 여러 가지 방식이 다양하다는 사실이다. 모든 분석 철학자들은 철학의 과제에 대해서 의견을 같이하고 있다. 그들에 의하면 철학의 과제는 언어의 의미를 명확하게 하는 데 있다. (제2판)〕 예를 들어 비트겐슈타인(Ludwig Wittgenstein, 1889~1951)은 〔그의 초기 저서 『논리 철학 논고Tractatus Logico-Philosophicus』(1922)에서〕 이렇게 말했다. 〈철학의 목적은 사상의 논리적 명료화에 있다. 따라서 철학의 성과는 철학적 명제의 수가 아니라 명제의 명료화다.〉 거기에는 철학에 이르는 이러한 새로운 접근 방식에 대한 부정적인 면과 긍정적인 면 모두가 있다.

부정적인 측면을 살펴보자. 초기 분석 철학자들에게 철학자가 〈철학적 명제〉를 구성하지 못한다는 말은 곧 철학적 활동의 영역을 자기 스스로 제한해야 한다는 의미였다. 19세기 관념론의 실천자들, 특히 헤겔주의 — 헤겔주의자들은 전 우주에 관한 완전한 사상 체계를 구성하려고 했다 — 와는 대조적으로 분석 철학자들은 개별적인 문제들을 다루려는 좀 더 소박한 과제에 착수하려고 했다. 이 문제들은 복잡하지 않으며 다루기 쉬울 뿐만 아니라 단일군을 이루고 있다. 또한 그것들은 모두 언어의 의미와 용법에 관계되는 문제들이다. 이 때문에 철학의 과제는 이미 실재의 본질을 탐구하는 것도, 우주를 설명할 수 있는 완전한 체계를 수립하는 것도, 행위에 대한 도덕적, 정치적, 종교적인 철학을 형성하는 것도 아니다. 비트겐슈타인에 의하면 철학은 〈이론이 아니라 활동〉이다. 또한 그것은 〈어떠한 윤리적 명제〉도 낳을 수 없다. 철학자는 이미 그 자신이 세계와 인간에 대한 독특한 유형의 정보를 발견할 수 있다고 생각해서는 안 된다. 사실들의 발견은 과학자의 과제다. 모든 과학이 그것들의 과제를 완료한 후에 철학자에게 남아 있을 사실은 아무것도 없다.

긍정적인 면에서 살펴보자. 새로이 제시된 가정은 다음과 같다. 즉 철학자는 언어의 부정확한 사용에 의해 야기된 복잡한 문제들을 조심스럽게 풀어헤침으로써 자신의 작업을 수행할 수 있다는 것이다. 과학자들 자신은 언어에 있어서 오도되거나 모호한 것들을 발견하여 토론을 벌여 왔다. 다시 말해 과학적 언어는 논리상의 모호성을 안고 있으며, 이 모호성의 명료화가 요구되었다. 또한 분석 철학자들은 엄밀한 언어학적 분석에 의해 우리는 에어(Alfred Jules Ayer, 1910~1989)의 말대로 〈그릇된 추론을 이끌어 내고 쓸데없는 의문을 갖게 되며 무의미한 가정을 하게 되는 식〉으로 언어의 이용이나 오용을 막을 수 있다고 생각했다. 에어는 다음의 사실에 주목했다. 우리는 마치 국가가 사람인 양 국가에 대한 명제를 사용한다. 또한 우리는 마치 가시적인 현상 〈밑〉이나 〈배후〉에 물질적인 세계가 있는 것처럼 물체들에 대해 이야기하기도 하고, 우리는 〈is〉란 단어를 사물들과 관련시켜 사용하지만 우리는 그것들의 존재를 추론할 수 없다. 그래서 우리는 언어를 사용할 때 이러한 위험 요소들을 제거하기 위해 철학을 요구한다. 〔길버트 라일은 약간 유사한 기분으로 〈체계적으로 오도로 이끄는 표현들〉에 대해 쓰면서 이처럼 말한다. 비록 철학에 〈연쇄적인 오해와 터무니없는 이론이 개입된 언어적 어법 속에서 그 원천을 탐구하는 그 이상의 고고한 과제〉를 부과했지만 여전히 철학적 분석은 〈이러저러하게 말하는 것은 실제로 무엇을 의미하는가〉에 대하여 탐구하는 데 있다고 말한다. (제2판)〕 에어에 의하면 이와 같이 분석 철학은 과학의 기획과 밀접한 관계를 맺게 되었다. 그런데 분석 철학은 실재가 어떤 것인가 하는 명제를 제공하는 경쟁적인 학문으로서가 아니라 과학의 언어에 대해 명료성과 논리적 유의미성을 점검해 주는, 즉 과학자들의 표현에 대한 교정원으로서 기능한다. 따라서 플라톤이나 아리스토텔레스 또는 헤겔의 방식을 본떠 방대한 사상 체계를 제시하거나 사람들이 어떻게 행동해야 한다고 말해 주는 것은 이미 철학자의 기능이 될 수 없을 것이다. 오히려 그의 기능은 언어 안에서 모호성의 원인과 의미의 기초를 발견하기 위해 언명이나 명제를 분석하는 데 있다.

1. 버트런드 러셀

철학의 방향이 이와 같이 극적으로 전환한 이유는 무엇인가? 케임브리지 대학교의 러셀(Bertrand Russell, 1872~1970)과 무어(George Edward Moore, 1873~1958)는 20세기 초 수십 년에 걸쳐 야심만만한 형이상학적 사색에 빠져 있던 브래들리(Francis Herbert Bradley, 1846~1924)와 보즌켓(Bernard Bosanquet, 1848~1923) 및 맥태거트(John Ellis McTaggart, 1866~1925)와 같은 헤겔학파 철학자들의 체계 구축에 반대했다. 그들은 헤겔주의자들이 사용한 형이상학적 언어의 무절제함에 반발을 일으켰고, 또한 이들이 해놓은 전 우주에 대한 해석이 의미하는 바에 대해 회의를 품었다. 무어는 반드시 형이상학을 포기해야 한다고는 생각지 않았지만 특히 형이상학적 언어와 이른바 〈상식〉 간의 차이에 의해 당혹감을 느꼈다. 예컨대 맥태거트의 유명한 언명인 〈시간은 실재하지 않는다〉와 같은 몇몇 진술은 그에게 〈전혀 얼토당토않은 듯〉이 보였다. 이것은 언어를 분석하도록 무어를 고무시켰고, 특히 그는 상식의 관점에서 일상 언어를 명료하게 하고자 노력했다. 반면에 러셀은 정확한 사고 속에서 훈련된 뛰어난 수학자였다. 그에게 수학적 언어와 비교해 볼 때 형이상학적 언어는 불명료하고 조리가 없는 것으로 보였다. 그 역시 무어처럼 형이상학을 거부할 의도는 없었으며 형이상학의 언어를 단단히 죄이게 하고 싶었다. 무어는 상식의 언어를 분석하고자 한 반면, 러셀은 새로운 언어, 즉 〈논리적 원자론 logical atomism〉을 창출할 목적으로 〈사실 facts〉을 분석했다. 논리적 원자론은 〈사실〉과 정확히 대응할 수 있도록 만들어질 것

버트런드 러셀

이므로 그 새로운 언어는 수학의 정확성과 엄밀성을 갖추게 될 것이다. 무어나 러셀은 누구도 실재를 이해하려는 시도를 포기하지 않았다. 그럼에도 불구하고 그들은 철학의 관심이란 단지 발견이 아닌 명료화에 있는 것이므로 철학도 어떤 의미에서 진리가 아닌 의미에 초점을 맞추어야 한다는 사실을 강조하고자 했다.

1. 1. 논리적 원자론

버트런드 러셀이 처음 철학을 하게 된 것은 수학의 정확성에 대한 경탄 때문이었다. 따라서 그가 공언한 바에 따르면 〈내가 창시하고자 하는 종류의 철학은 수리 철학에 대해 사유하는 도중에 부각된 것이며 나는 이것을 논리적 원자론이라고 부른다〉. 그는 〈특정의 논리적 이론과 그것에 기반을 둔 특정 종류의 형이상학〉을 수립하고자 원했다. 러셀의 생각은 수학 전체가 소수의 논리적 공리에 의해 도출 가능한 논리학의 구성이 가능하다면 — 그는 화이트헤드와 공동 저술한 『수학 원리』에서 이 작업을 끝냈다 — 이 논리학이 왜 명백하게 진술될 수 있는 모든 것을 정확하게 표현하는 언어의 토대를 형성할 수 없는가 하는 것이었다. 그의 〈논리적 원자론〉을 통해 세계는 그가 독특하게 구성한 논리적 언어에 부합할 것이다. 새로운 논리학의 어휘는 대부분 세계 안의 특정 대상에 부합한다. 러셀은 새로운 어휘를 만들어 내는 과제를 달성하기 위해 우선 〈사물〉과 구별되는 〈사실들〉의 분석에 착수했다.

러셀에 의하면 〈세계 내의 사물들은 여러 가지 성질들을 지니고 있으며 상호 간에 여러 관계를 맺고 있다. 그것들이 이러한 성질들과 관계들을 가진다는 것이 《사실들》이다〉. 사실들은 사물 상호 간의 관계의 복합성을 구성 요소로 한다. 따라서 〈복합성의 문제를 고찰하려면 사실에 대한 분석부터 시작해야 한다〉. 러셀의 근본 가정은 다음과 같다. 즉 〈사실은 구성 요소를 가지고 있기 때문에 어떤 의미에서 그것들은 복합적이어야 한다. 그러므로 그것들은 분석될 수 있어야 한다〉. 사실의 복합성은 언어의 복합성과 어울린다. 이런 이유에서 분석의 목적은 모든 진술이 그것에 상응하는 실재에 대한 적합한 묘사를 나타내고 있다는 것을 확실하게 하는 것이다.

러셀에 의하면 언어는 단어들의 독특한 배열로 구성되는 것이며 언어의 유의미성은 이들 단어가 사실들을 나타낼 때의 정확성에 의해 결정된다. 따라서 단어들이 모여 명제를 구성한다. 러셀은 〈논리적으로 완벽한 언어에서 한 명제를 구성하고 있는 단어들은 각각 대응하는 사실의 구성 요소와 일치할 것이다〉라고 말하였다. 어떤 〈단순한〉 단어들이 분석에 의해 발견되는데 이것들은 더 이상 단순 요소로 분석되지 않고, 따라서 그것들이 나타내고 있는 대상을 인식해야만 이해가 가능하다. 예를 들어 〈빨갛다 red〉는 단어는 더 이상 분석이 불가능하기에 단순 술어로 이해된다. 마찬가지의 다른 단순 단어들은 특정한 사물을 지칭하며, 그것들이 이러한 사물들의 기호로서 〈적합한 명칭〉일 것이다. 그러므로 언어는 특정한 사물과 그것의 술어(예를 들어 빨간 장미)를 나타내는 가장 단순한 형태, 즉 단어들의 부분으로 구성된다. 한 명제는 하나의 사실을 나타낸다. 하나의 사실이 가장 단순한 종류의 것이라면 그것을 〈원자적 사실 atomic fact〉이라고 부른다. 원자적 사실을 나타내는 명제를 가리켜 〈원자 명제 atomic propositions〉라고 부른다. 우리의 언어가 단지 그러한 원자 명제들로만 구성되어 있다면 그것은 원자적 사실들에 관한 일련의 보고서와 같다. [이것은 비트겐슈타인이 『논리 철학 논고』에서 밝히고 있는 바다. 즉 〈세계는 성립되어 있는 것이 전부다. ······성립되어 있는 것, 즉 사실은 원자적 사실들의 존재다〉. (제2판)]

언어의 기초가 되는 논리 구조는 원자 명제들에 기호가 주어질 때 더욱 명백해진다. 예를 들어 〈나는 피곤하다〉는 원자 명제를 문자 p로 나타내고 〈나는 배고프다〉는 원자 명제를 문자 q로 나타내서 사용할 수 있다. 그때 이들 두 원자 명제를 〈그리고 and〉와 〈또는 or〉과 같은 논리적 연결 기호로 결합할 수 있다. 그 결과는 〈나는 피곤하다 그리고 나는 배고프다〉같은 분자 명제가 될 것이다. 그것을 〈p 그리고 q〉라는 표현으로 기호화할 수 있다. 러셀에 의하면 〈나는 피곤하다 그리고 나는 배고프다〉라는 전체 명제에 대응하는 어떤 단 하나의 원자적 사실도 없다. 우리는 어떻게 이와 같은 분자 명제의 진위를 테스트할 수 있을까? 이러한 언명의 진위는 그것을 구성하는 원자 명제의 진위에 달려 있다. 예를 들어 만일 내가 피곤하다는 것이 참이고 내가 배고프다는 것도 참이라면 〈나는 피곤하고 배고프다〉는 분자 명제도 참이다. 간단히 말해 우리는 원자적 사실에 대응하는 원자 명제들로 구성된 분자 명제로 세계에 대해 진술한다. 이러한 이상 언어는 세상에 대해 말할 수 있는 모든 것을 표현한다.

1. 2. 논리적 원자론이 지닌 문제들

러셀의 이론은 〈모든 말[馬]이 위 확장증에 걸려 있다〉와 같은 보편적 진술을 설명하려 할 경우 여러 가지 문제에 봉착한다. 그 한 가지는 〈이 말이 위 확장증에 걸려 있다〉고 말하는 경우다. 여기서 우리는 〈말〉과 〈위 확장증〉이라는 〈단어들〉을 이 특정한 말과 이런 위 확장증이라는 원자적 〈사실들〉을 연결시킴으로써 진위를 검사할 수 있다. 또 한 가지는 〈모든 말이 위 확장증에 걸려 있다〉고 말하는 경우다. 우리는 어떻게 그러한 명제의 진위를 가릴 수 있는가? 논리적 원자론에 따르면 우리는 이 진술을 그것의 원자 명제로 분석하고 각각의 원자 명제에 대한 진위를 확인해야 한다. 그러나 〈모든 말은……〉에 대응하는 원자적 사실은 없다. 왜냐하면 이것은 이 말이나 저 말 그 이상인, 즉 모든 말을 의미하기 때문이다. 이것은 〈일반적〉 사실이다.

논리적 원자론의 또 다른 문제는 그 이론을 적절하게 설명할 수 없다는 사실이다. 명제들은 그것들이 궁극적으로 어떤 원자적 사실에 근거할 때만 유의미한 진술이 가능하다. 그러나 러셀은 단지 원자적 사실들만 진술하지 않았다. 그는 여러 사실들에 〈관한〉 것들을 말하려 했다. 다시 말해 그는 단어와 사실들에 대한 기술이 마치 논리적 원자론 자체로부터 어느 정도 면제된 것처럼 그것들 간의 관계를 기술하려 했다. 만일 사실을 진술하는 명제들만 유의미하다면 사실에 〈관한〉 언어는 무의미하다. 〔논리적 원자론자들이 점차 흄의 경험론에 대해 관심의 폭을 늘려 나감에 따라 그들의 이론은 형이상학적 성격을 지니기가 힘들어졌다. 또한 비트겐슈타인은 그의 『논리철학 논고』에서 다음과 같이 지적했다. 즉 논리적 원자론의 관점에서 볼 때 명제들이 하나의 원자적 사실에 대응하거나 그것들이 원자적 사실에 대응하는 명제들의 진리 함수인 경우에 있어서만 그 명제들은 유효하게 진술될 수 있다는 것이다. 그러므로 원자 명제나 분자 명제들만이 유효하게 진술될 수 있다. 논리적 원자론의 명제들 대부분은 사실들을 진술하기보다는 사실들에 대한 사물들을 지칭하고 있다는 점이 특징적이다. 사실을 진술하는 명제만이 유효하거나 이해 가능하다면 우리가 단어와 사실 간의 관계를 설명하려고 할 때처럼 사실들에 대한 언어는 의미도 없으며 유효하지도 않다는 결론이 나와야 한다. 물론 이러한 결론에 의하면 대부분의 철학이 쓸모가 없게 된다. (제2판)〕 비트겐슈타인은 자신의 논리적 원자론의 이러한 문제를 인정하고 있었다. 그래서 그는 〈나의 명제들은 다음과 같은 것을 밝혀 준다. 나를 이해하는 사람은 나의 명제들을 통해 그것을 딛고 가서 넘어 올라가 버리면 마침내 그 명제들이 무의미함을 깨닫는다(말하자면 올라가 버린 다음에는 사다리를 버려야 한다)〉고 결론지었다. 우리가 던져 버려야 할 것은 원자적 사실들이 실제로 존재한다는, 더구나 이 사실들이 어떤 형이상학적 방식으로 존재한다는 논리적 원자론이 지닌 핵심적 가정이다. 앞으로 분석 철학 — 논리 실증주의 — 에서 전개해야 할 운동은 형이상학적 실체에 대한 철학을 단호하게 제거해야 하는 일이다.

2. 논리 실증주의

영국에서는 러셀이 분석 철학의 진원지가 되고 있는 동안 영국 해협 건너에서는 수학자와 과학자 및 철학자들이 1920년대에 빈에서 집단을 형성했으며 그들은 〈빈학파〉로 알려지게 되었다. 이 집단에는 루돌프 카르납Rudolph Carnap, 헤르베르트 파이글Herbert Feigl, 쿠르트 괴델Kurt Gödel, 오토 노이라트Otto Neurath, 모리츠 슐리크Moritz Schlick, 프리드리히 바이스만Friedrich Waismann이 포함된다. 빈학파는 스스로를 흄의 경험론적 전통을 이어받은 20세기의 상속자들이라고 생각했다. 그들은 흄의 『인간 오성에 관한 탐구』(1748)의 마지막 문장에 있는 의미에 대한 흄의 엄격한 기준으로부터 영감을 받았다.

이러한 원리를 납득하고 도서관들을 쭉 훑어본다면 우리는 무엇을 때려 부숴야 할까? 만일 우리의 손에 어떤 책, 예컨대 신에 관한 것이나 학교에서 배우는 형이상학에 관한 것이 주어져 있다면 이렇게 물어보라. 그 책이 양이나 수에 관한 어떤 추상적인 추론을 담고 있는가? 아니오. 그 책이 사실과 존재에 관한 어떤 경험적 추론을 담고 있는가? 아니오. 그러면 그 책을 불 속에 던져 버리시오. 왜냐하면 그 책은 오로지 궤변과 환상만을 담고 있을 수 있기 때문이다.

그들의 성향은 철저하게 경험적이었으며 형이상학의 전 체계를 부인하고 나섰다. 철학에 대한 이상은 모든 과학의 통일에 있었고, 그렇게 함으로써 유의미하고 타당한 지식의 종합 체계를 이룩하고자 했다.

[빈학파를 구성한 사람들은 기질상 과학과 수학의 방법에 매력을 느꼈다. 그들은 초

기 실증주의자들 특히 콩트처럼 형이상학을 과학보다 뒤떨어진 것으로 생각하며 인정하려 들지 않았다. 논리학에서 러셀의 업적과 『논리 철학 논고』에서 비트겐슈타인이 이루어 놓은 논리학과 언어의 관계에 대한 체계에 힘입어 그들은 언어의 논리적이며 본질적인 성격에 의해 증명된 것처럼 형이상학은 불가능하다고 주장했다. (제2판)〕

또한 콩트와 19세기 실증주의자들에게 영감을 받은 그들은 형이상학을 과학에 의해 시대에 뒤떨어진 것이라 하여 거부하는 경향을 지니고 있었다. 흄 및 콩트와 달리 빈학파는 형이상학에 반하는 새로운 무기를 가졌다. 언어의 〈논리적〉 특징이 그것이다. 빈학파의 멤버들은 초기 콩트적 실증주의자들과 흄적 경험론을 자신들과 구별하기 위해 〈논리 실증주의자들〉—— 때로는 〈논리적 경험론자들〉이라고 불렀다. 빈학파는 1930년대에 그 멤버들이 영국과 미국의 대학들에서 교편을 잡기 위해 떠남으로써 해산되었다. 영어권 세계에서 A. J. 에어의 『언어, 진리, 그리고 논리 Language, Truth, and Logic』(1936)는 〈빈학파의 고전적 입장이라고 부를 수 있는 것을 대중화시킨 것〉이었다고 에어는 훗날 신중하게 말한 바 있다.

2. 1. 검증 원리

논리 실증주의자들은 형이상학의 언명들이 무의미하다[1]는 이유로 배격했다. 그러나 이러한 배격에는 어느 문장이 진정한 사실적 명제를 언급했고 또 어느 문장이 언급하지 않았는지를 가릴 수 있는 기준이 필요하다. 따라서 논리 실증주의자들은 검증 원리를 정식화했다. 만일 한 명제가 검증 원리의 엄격한 요구 조건들을 통과한다면 그것은 유의미하다고 간주되며, 그렇지 않다면 그것은 무의미하다고 간주된다. 에어는 검증 원리에 대해 다음과 같이 기술한다.

검증 원리는 생각컨대 어떤 문장이 문자 그대로 유의미한지 여부가 결정될 수 있는 기준을 제공하는 것이다. 검증 원리를 정식화할 수 있는 간단한 방법은 그것을 표현하는 명제가 분석적이거나 경험적으로 검증 가능할 때만이 어떤 문장이 문자 그대로의 의미를 가진다고 말하는 것이다.

---

1 meaningless. 비트겐슈타인은 『논리 철학 논고』에서 이것을 〈senseless〉로 표현했다.

검증 원리는 두 개의 연장된 테스트를 제공한다. 언명이란 그것이 (1) 분석적, 즉 본질상 참이거나 (2) 경험적으로 검증 가능할 때만 유의미하다. 이 문제는 둘 다 약간의 설명을 필요로 한다. 18~19세기의 많은 철학자들을 분석적 언명과 경험적 언명의 차이를 엄격히 구별했다. 분석적 언명들은 그것의 유의미성을 그것의 단어나 기호들에 대한 정의에서 이끌어 낸다. 〈모든 총각이란 미혼 남자들이다〉라고 말하는 것은 문자 그대로의 의미를 지닌다. 왜냐하면 〈총각bachelor〉이라는 단어가 〈미혼 남자들unmarried men〉이라는 관념을 포함하는 방식으로 정의되기 때문이다. 칸트의 주장처럼 분석적 언명들 속에서 주어는 이미 술어를 포함하고 있다. 만일 우리가 술어를 부정한다면 우리는 〈총각들은 결혼한 남자들이다〉와 같은 모순에 빠질 것이다. 분석적 언명의 의미는 경험에 의존하지 않는다. 그것은 오직 분명하게 정의된 용어의 일관된 사용에 달렸을 뿐이다. 따라서 분석적 언명들은 반드시 그 언명들 속에 있는 단어들의 순전한 정의에 의해서 참이 된다. 이와 같이 검증 원리의 첫 번째 갈래는 분석적으로 참인 언명들이 유의미하다는 사실이다. 분석적 언명들은 〈형식적formal〉 의미를 지닌다. 그것들의 의미는 경험적 사실에 기초한다기보다 특히 수학과 논리학에서처럼 단어와 관념이 지닌 논리적 함의들에 기초하기 때문이다.

검증 원리의 두 번째 갈래는 경험적으로 검증 가능한 언명들이 역시 유의미하다는 사실을 지시한다. 경험적인 언명은 그것의 진리가 〈태양은 내일 떠오를 것이다〉와 같이 어떤 종류의 경험적 관찰에 의존하는 언명이다. 이러한 예에서 〈내일 떠오르는〉 관념은 〈태양〉의 관념 속에 미리 포함되어 있지 않다. 나아가 우리는 이 언명의 술어를 실제로 부정할 수 있고 〈태양은 내일 떠오르지 않을 것이다〉에서처럼 어떤 모순에 빠지지 않는다. 내일 태양이 떠오를 것이라는 기대는 의심할 수 없지만 그 기대는 〈태양〉이라는 단어에 대한 정의에 기초하지는 않는다. 시종일관 우리의 삶을 통해 우리는 아침에 떠오르고 저녁에 지는 태양을 본다. 또한 이런 경험은 〈태양이 내일 떠오를 것이다〉라는 언명을 확인하거나 〈검증한다〉. 논리 실증주의자들은 경험적 언명들이 유의미하기 전에 현실적으로 그것들을 검증해야 한다는 사실을 믿지 않는다. 그 대신 우리는 일정한 언명의 진위를 경험적으로 가릴 수 있는 가능한 절차를 가져야 할 뿐이다. 예를 들어 〈명왕성에는 꽃들이 자라고 있다〉는 언명은 경험적으로 검증 가능하다. 이론적으로 우리는 명왕성 가는 우주선을 만들 수 있고 꽃을 찾으러 그 행성을 탐험할 수 있기 때문이다. 이 경우에 우리는 대개 어떤 꽃도 발견하지 못할 것이며, 따라서 그 언명도 확인하지 못할 것이다. 현실적으로 그 언명의 진위에도 불구하고 그것은 여전히 유의미하다. 왜냐하면 그것은 어떤 있을 수 있는 경험적 검사를 허용하기 때문이다. 따라서 형이상학적 언명과 더불어 문제는 그것들이 본질적으로 참도 아니며 어떤 가능한 경험적 검사도 허용하지 않는다는 데 있다.

〔흄과 칸트의 전통을 이어받은 실증주의자들은 명제를 두 가지의 종류, 즉 〈분석〉명제와 〈종합〉명제로 구분한다. 이들 각각은 유의미성의 근거가 다르다. 분석 명제는 그것의 유의미성을 그것을 이루는 단어나 기호의 의미로부터 이끌어 낸다. 〈모든 사람은 반드시 죽는다〉는 말은 문자 그대로의 의미를 지닌다. 왜냐하면 〈사람〉이라는 단어는 〈반드시 죽는다〉는 관념을 함축해서 정의되기 때문이다. 일반적으로 분석 명제에서 주어는 술어를 포함하거나 함의한다. 대부분의 경우 분석 명제는 우리의 지식을 증가시키지 못한다. 따라서 분석 명제는 동어 반복*tautologies*이다. 더구나 그것의 의미는 경험에 의존하지 않으며 단지 명백하게 정의된 용어들의 일관된 사용에 의존한다. 명백하게 정의된 용어들을 가진 말들이 논리 정연하게 사용되지 않는다면 그 결과는 모순이 된다. 각 용어들의 의미가 참이기 때문에 필연적으로 참이 되는 명제는 동어 반복이며 필연적으로 거짓인 명제는 모순 명제다. 동어 반복인 분석 명제는 항상, 그리고 어느 경우에나 필연적으로 참이다. 왜냐하면 그 명제의 유일한 검사는 용어들의 의미에 달려 있기 때문이다. 마찬가지로 모순 명제는 항상, 그리고 필연적으로 거짓 명제다. 왜냐하면 그것의 허위성은 용어들의 비논리적인 사용에 의해 결정되기 때문이다. 따라서 분석 명제의 진위는 의미의 논리적 분석에 의해 결정된다. 반면에 종합 명제는 각 경우에 있어서 참이거나 거짓이다. 그리고 그것의 진위는 단지 어떤 비논리적이거나 비언어적인 자료, 즉 사실에 근거하여 발견될 수 있다. 필연적으로 동어 반복 아니면 모순인 분석 명제와 달리 종합 명제는 참일 수도 있고 거짓일 수도 있다. 종합 명제는 그것의 개연성에서 현실적 진리로 진행하기 위해 그 명제가 지칭하는 대상에 대한 감각적 경험을 필요로 한다.

분석 명제와 종합 명제를 이와 같이 구별하는 실증주의자들은 인식적 의미*cognitive meaning*나 문자 그대로의 의미*literal significance*의 개념을 체계화시켰다. 그들에 의하면 분석 명제의 의미는 사실로부터가 아니라 수학이나 논리학이나 형식 과학에서처럼 단어와 관념의 논리적인 함의로부터 이끌어 낸다. 반면에 종합 명제는 사실적 의미를 지니고 있다. 왜냐하면 그 명제의 의미는 그것 안에서 지칭되는 대상들에 대한 경험적 관찰 위에 기초하기 때문이다. 종합 명제는 사실 과학들, 즉 물리학, 생물학, 심리학 등의 언어다. 이 점에 이르러 검증의 원리가 결정적으로 적용된다. 실증주의자들은 다음과 같이 결론을 내린다. 즉 의미를 가질 수 있는 명제는 단지 두 가지의 종류가 있다. 그 하나가 분석 명제로 단어를 일관성 있게 사용하기만 하면 결코 다른 결과가 나올 수 없기 때문에 그것은 보편적으로 그리고 필연적으로 참이다. 다른 하나는 종합 명제인데 이것은 검증 원리에 의해 참과 거짓이 판정된다. 분석적이지도 종합적이지도 않은 명제는 어떠한 인식적 의미나 문자 그대로의 의미도 가지지 못한다. 그것들은 단순히 정의적(情意的, emotive)이다. 단지 간단한 고찰에 의해 이러한 정의적이거나 비인식적 언어의 범주에는 형이상학뿐만 아니라 윤리학, 미학, 종교도 속한다는 사실을 쉽게 알 수 있다. (제2판)]

2.2. 루돌프 카르납

빈학파의 주요한 구성원 중에서 가장 유명한 실증주의자는 루돌프 카르납(Rudolph Carnap, 1891~1970)이다. 1891년 독일에서 태어난 그는 1926년에서 1935년까지 빈과 프라하에서 교편을 잡았다. 1936년 미국으로 건너간 후 그는 시카고 대학교에서 수년간 가르쳤으며, 1954년 이래 1970년에 세상을 떠날 때까지 로스앤젤레스의 캘리포니아 대학교 교수로 재직했다. 카르납은 그의 『철학과 논리적 구문론 Philosophy and Logical Syntax』(1937)에서 〈철학의 유일한 과업은 논리적 분석이다〉라고 밝히고 있다. 그에 의하면 논리적 분석의 기능은 모든 지식, 과학 및 일상생활의 모든 주장을 분석하여 그런 주장의 의미와 그것들 간의 관계를 명백히 하는 데 있다. 논리적 분석의 목적은 주어진 명제의 진위를 명백히 할 수 있는 방법을 발견하는 것이다. 그러므로 주어진 명제에 대한 논리적 분석의 주요 과제 가운데 하나는 그 명제의 검증 방법을 찾아내는 일이다.

카르납에게 한 명제에 대한 검증 방법은 직접적인 방법과 간접적인 방법이 있다. 예를 들어 만일 〈나는 집을 본다〉란 명제에서처럼 내가 현재 가지게 되는 지각과 관련이 있는 어떤 것을 주장한다면 이 명제는 나의 현재의 지각에 의해 효과적으로 테스트될 수 있다. 그러나 이와 달리 직접적으로 테스트받을 수 없는 명제들이 있다. 예를 들어 〈이 열쇠는 쇠로 만들어져 있다〉와 같은 명제는 간접적인 검증 방법이 필요하다. 열쇠가 쇠로 만들어져 있다는 주장을 검증하는 방법 중 하나는 그 열쇠를 자석 가까이에 놓아 그것이 달라붙는지를 관찰하는 것이다. 이제 매우 논리적인 순서에 의해 일련의 명제들을 배열시켜 다음과 같이 검증할 수 있다. 검증된 물리 법칙에 의하면 〈철로 된 물건을 자석 근처에 놓으면 그것은 자석으로 끌려간다〉. 또한 〈이 금속 막대는 자석이다〉라는 명제가 검증되었다고 하자. 〈열쇠가 막대 근처에 있다〉는 사실은 직접적인 관찰을 통해 검증이 가능하다. 즉 그 열쇠가 마침내 자석으로 끌려오게 될 때 검증은 완료된다. 이와 같이 우리가 명제를 직접적으로 검증할 수 없을 경우 우리는 본래의 것에서 연역된 명제들을 검증함으로써, 그리고 이 명제들을 이미 경험적으로 검증된 더욱 일반적인 명제들과 연결시킴으로써 간접적으로 검증해야 한다. 〈이 열쇠는 자석에 달라붙을 것이다〉와 같이 한 명제가 예측의 형태로 표현된다면 그 명제에 대한 검증은 그것이 달라붙는지 아니면 달라붙지 않는지 하는 관찰을 요구한다. 그 열쇠가 자석에 붙는다면 열쇠의 기술에 대한 진리를 믿을 수 있는 충분한 정도의 확실성에 도달한다. 그러나 예측에 대한 진술은 단지 〈가설〉에 불과할 뿐이다. 거기에는 미래에 부정적인 사례를 발견할 가능성이 상존하기 때문이다. 이러한 이유로 우리가 대부분의 실제적인 목적에는 충분한 정도의 확실성에 도달할 수 있다 해도 원래의 명제에 대한 〈절대적〉 확실성을 획득하기 위해 완전한 검증을 한다는 것은 불가능하다.

 이 두 가지 — 직접적과 간접적인 — 형태의 검증은 과학적 방법에서는 필수적인 것인데, 카르납의 주장에 따르면 과학의 분야에서 모든 명제는 현재의 지각이나 미래의 지각에 대한 것을 주장하고 있기 때문이다. 두 경우 모두에서 검증은 직접적인 지각을 통해서 또는 이미 검증된 명제들의 논리적인 연관에 의해서 이루어진다. 따라서 어느 과학자가 지각에 의해 검증되지 않은 명제는 결코 도출될 수 없다고 주장하고자 한다면 그것은 전혀 아무 주장도 아니다. 예컨대 중력뿐만 아니라 영적인 부력 *levitational force*도 있다는 것은 검증 불가능하다. 중력에 관한 명제는 물체들에 대해 작용하는 효과를 관찰함으로써 검증 가능하지만 영적인 부력에 관한 법칙은 없을 뿐더러 관찰 가능한 결과도 없다. 카르납에 의하면 영적인 부력에 관한 모든 주장은 아무것도 말하는 바가 없기 때문에 그것들은 아무 주장도 아니라는 것이다. 그것들은 단지 일련의 공허한 낱말들 — 전혀 아무 의미도 없는 표현에 불과하다.

논리적 분석을 형이상학에도 적용할 때 카르납은 이같이 결론을 내린다. 즉 형이상학적 명제는 검증 불가능하며, 또는 검증해 본다고 해도 항상 부정적인 결과만을 얻을 것이다. 예를 들어 누군가가 탈레스의 〈세계의 원리는 물이다〉와 같은 명제를 택한다면 우리는 미래에 기대될 수 있는 어떠한 지각을 주장하는 어떠한 명제도 도출할 수 없다. 그러므로 그러한 명제는 전혀 아무것도 주장하는 바가 없다. 형이상학자들이 제시하는 모든 명제는 검증 가능하지 않다는 것이다. 왜냐하면 만일 그들에게 그것을 검증 가능하게 한다면 그들은 자신의 명제에 대한 진위 결정을 경험에 의존하게 될 것이며, 따라서 그렇게 되면 형이상학은 경험 과학의 영역에 속하게 될 것이기 때문이다. 그러므로 카르납은 그의 『철학과 논리적 구문론』의 제1장에서 다음과 같이 형이상학을 부정하고 있다.

형이상학적 명제는 참도 거짓도 아니다. 왜냐하면 그런 명제는 아무것도 주장하는 바가 없으며 지식도 오류도 포함하지 않고, 전적으로 지식이나 이론의 범위 밖에 있는 것이며 그 진리성이나 허위성을 따질 수 없기 때문이다. 그러나 그 명제는 웃음이나 서정시 및 음악처럼 표현적인 것이다. 그것은 일시적인 감정이라기보다는 오히려 영구적인 서정적 또는 의지적인 성향을 나타낸다. ……위험은 형이상학의 〈현혹적인〉 성격에 있다. 왜냐하면 형이상학은 실제로는 아무런 지식도 주지 못하면서 단지 지식의 환상만을 주기 때문이다. 이것이 우리가 형이상학을 거부하는 이유다.

카르납에 따르면 일반적으로 윤리학과 가치 판단은 형이상학의 영역에 속한다. 그가 윤리학의 모든 명제에 그의 논리적 분석 방법을 적용할 때 그에게 이 명제들은 무의미한 것으로 생각될 것이다. 그의 주장에 따르면 인간의 행위와 그것이 타인에게 미치는 영향에 대한 심리학적, 사회학적 또는 기타의 경험적인 탐구 형태를 띤 윤리학이 있을 수 있다. 그러나 도덕적 가치의 철학은 어떠한 사실에도 의존하지 않는다. 왜냐하면 그것의 목적은 인간의 행위나 도덕적 가치에 대한 판단을 내리는 데 필요한 규범을 언급하는 데 있기 때문이다. 〈살인은 악이다〉와 같은 가치 언명은 단정적 명제의 규격화된 형태를 지닌다. 그러나 카르납은 〈가치 언명은 단지 판단을 그르치는 규격화된 형태의 명령에 불과하다. 그것은 인간의 행위에 영향을 미칠 수도 있으며, 이 영향은 우리의 희망과 일치하기도 하고 그 반대일 수도 있다. 그러나 가치 언명은 참도 거짓도 아니다. 그것은 전혀 아무 주장도 하지 않으며 증명될 수도 없고 반증될 수도 없다〉고 말한다.

카르납은 심리학의 모든 명제가 생물이나 화학의 명제의 경우와 마찬가지로 경험 과학의 영역에 속한다고 주장했다. 그는 〈여태까지는 정신적인 사건들에 대한 이론으로 군림하고 있던〉 심리학을 자연 과학의 영역에 포함시킨다면 대부분의 사람들은 그것을 터무니없는 억측이라고 생각할 것임을 알고 있었다. 그러나 그것이 그가 하고자 했던 바이며, 그의 논문인 「심리학과 물리 언어Psychology and Physical Language」에서 그는 〈심리학의 모든 문장은 물리 언어로 구성될 수 있다〉고 주장한다. 이것은 곧 〈심리학의 모든 문장이 물리적인 사건 발생, 즉 인간과 다른 동물들의 물리적 행위를 기술하고 있다〉는 의미이다. 이것은 카르납이 주장하고 있는 물리주의 *physicalism*의 일반론의 일부이다. 그는 물리주의에 대한 견해를 다음과 같이 기술한다. 〈물리 언어는 보편적 언어다. 모든 문장은 물리 언어로 환원 가능하다.〉 요컨대 카르납은 심리학을 물리학의 한 분과로 만들려고 했다. 왜냐하면 모든 과학은 궁극적으로 물리학으로 환원되며 과학의 여러 분야는 통일 과학*unified science*의 일부분을 이루게 될 것이기 때문이다. 이와 같은 방식으로 심리학의 명제는 물리 언어로 환원됨으로써 검증 가능성의 기준에 의해 검사되어야 한다. 따라서 〈존은 아프다〉라는 언명은 존의 신체의 관찰 가능한 상태 S를 기술하는 언명으로 전환된다. 이러한 환원 과정은 다음의 사실만을 필요로 한다. 즉 어떤 사람의 신체 조건이 어떤 특별한 상태 S에 있다면, 그런 경우에만 그가 아프다고 말해 줄 수 있는 과학적 법칙이 있어야 한다는 것이다. 그러면 〈존은 아프다〉와 〈존의 신체는 S상태에 있다〉고 말하는 것은 의미가 있다. 왜냐하면 이 두 명제는 동치는 아니지만 상호 교환 가능한 번역 명제이기 때문이다. 결국 검증 가능한 언명으로 환원 가능하거나 직접적으로 검증 가능한 언명들만이 유의미하다. 따라서 심리학의 어떤 측면이나 〈실재〉에 관한 이론들 또는 형이상학이나 규범적 가치의 철학은 검증 가능성의 기준을 만족시키지 않으므로 카르납은 그것들을 무의미한 것으로 거부했다.

이제까지 카르납이 초기에 이루어 놓은 검증 가능성의 기준에 대한 반박이 종종 있어 왔다. 그러나 카르납은 그의 토대를 검증에서 〈확인confirmation〉으로 옮겨 간다. 카르납은 다음의 사실, 즉 만일 검증의 의미가 진리를 완전하며 최종적으로 정립시키고자 함에 있다고 생각한다면, 과학의 법칙들은 결코 검증될 수 없다는 사실에 동의했다. 물리학이나 생물학의 법칙들이 적용되는 사례의 수는 무한하며 엄격한 검증이 이들 모든 사례에 대한 개별적인 관찰을 의미한다면 그와 같이 정의된 검증은 있을 수 없음이 분명하다. 보편적인 과학의 법칙은 모든 사례에 대해서 검증받을 수 없으며, 단지 법칙들이나 이미 검증된 사례들부터 도출되는 단일한 사례들만이 검증 가능하다. 이와 같이 엄격한 의미에서의 〈검증〉은 점차 과학 법칙의 〈확인〉의 개념에 의해 교체된다.

카르납은 논리적 명료성을 강화하기 위해 『언어의 논리적 구문론』에서 언어의 〈자료적〉 양식과 〈형식적〉 양식을 구별했다. 그의 주장에 의하면 흔히 철학에서 사용되는 자료적 양식에 의해 형이상학자들은 종종 모호함과 오류 속에 빠지며 일반적으로 그 양식은 무의미한 철학적 논쟁의 원천이 되기도 한다. 이러한 위험을 극복하기 위해 그는 문장들을 자료적 어법에서 더욱 정확한 형식적 어법으로 번역해야 한다고 생각했다. 그는 다음과 같은 예를 보여 준다. 〈달은 하나의 사물이다〉라는 문장은 자료적 양식에 속한다. 그것은 〈달이라는 단어가 사물 지시어다〉라는 형식적 양식으로 번역될 수 있다. 〈그러그러한 것은 어떤 사물이다〉라고 언명되는 모든 문장은 자료적 양식에 속한다. 〈성질〉, 〈관계〉, 〈수〉, 〈사건〉 등과 같은 많은 단어들이 〈사물〉과 마찬가지의 기능을 지니고 있다고 카르납은 주장한다. 또 다른 예를 보자. 〈7은 하나의 사물이 아니라 하나의 수다〉라는 자료적 양식은 〈7이라는 기호는 사물 기호가 아니라 수(數) 기호다〉라는 형식적 양식으로 번역된다. 카르납의 말에 의하면 〈위험한 자료적 양식〉을 피하는 길은 〈사물〉이라는 단어를 피하고 대신에 〈사물 지시어〉라는 통어적syntactical 용어를 사용하는 것이다. 마찬가지로 〈수〉라는 단어를 사용하는 대신에 우리는 〈수 지시어〉라는 용어를 사용해야 하며 〈성질〉 대신에 〈성질 지시어〉를, 〈사건〉 대신에 〈사건 지시어〉 등으로 나타내야 한다. 다른 한 예로 [비트겐슈타인의 문장인 〈또한 표현 불가능한 것이 있다〉라는 자료적 양식은 〈또한 단어들이 아닌 단어들이 있다〉라는 형식적 양식으로 번역된다. (제2판)] 〈그는 바빌론에 대한 강의를 했다〉는 〈바빌론이라는 단어가 그의 강의에서 나왔다〉로 된다.

카르납은 문장들을 형식적 양식으로 번역하는 방법에 의해 원했던 것은 다음과 같다. 〈우리는 논리적 분석에서 비언어적 *extra-linguistic* 대상들과의 모든 관련에서 탈피하고 단지 언어적 표현들 ― 《구문론》에만 관심을 갖자〉는 것이다. 구분론적 형식에 대한 이러한 강조에도 불구하고 카르납은 단어가 지시하는 대상들 자체를 잊지 않아야 한다고 믿었다. 그에 의하면 〈……대상을 다루는 과학들이 대상 그 자체의 의존성에서 탈피하는 데는 아무런 문제도 없다. 하지만 이와 반대로 이 과학들이 실제적으로 관심을 가지는 것은 사물 지시어가 아니라 대상 그 자체, 즉 사물들이다〉.

2. 3. 논리 실증주의의 문제들

논리 실증주의의 이론은 많은 철학자들에게 호의적으로 받아들여지지 않았다. 어떤 이들은 도덕적 언어의 의미를 그처럼 놀라운 방식으로 부인하는 데 대해 섬뜩해했다. 또 다른 이들은 검증 원리가 지닌 내재적 결함을 지적했으며 논리 실증주의자들도 그것들을 즉시 시인했다. 〔분석 및 종합 명제의 구분에 반대하는 콰인의 정교한 논거 이외에도 논리 실증주의의 이와 같은 명백한 우상 파괴적인 운동에 반대하는 다양한 반박이 제시되었다. (제2판)〕

논리 실증주의가 부딪히는 난점들 가운데 무엇보다도 우선적인 것은 검증 원리 자체가 검증 불가능하다는 사실이다. 〈유의미한 언명이 분석적이거나 경험적으로 검증 가능하다〉는 이 문장을 생각해 보자. 그러나 자기 기준에 기초해 있는 이 언명 자체가 과연 유의미한 것일까? 이 문장은 논리적으로 참도 아니며 경험을 통해 검증될 수도 없다. 그러므로 검증 원리라는 이 언명은 자기 검사에 실패한다. 따라서 그것은 무의미하다. 〔다시 말해 어떤 언명이 감각 경험에 의해 검증 불가능하다는 사실에서 비롯되는 유일한 결과는 그 언명이 참으로 명제라고 불릴 수 없다. 그러나 이것은 별로 의미가 없다. 왜냐하면 그것이 의미하는 바는 기껏해야 명제라는 지시어가 단지 특정한 군의 언명에만 적용되기 때문이다. 더욱이 그러한 결론에 만족할 수 없는 것은 논리 실증주의자들이 다음과 같은 두 가지의 사실을 명백하게 규정하고 있기 때문이다. 첫째, 명제라고 규정될 수 있는 언명의 선택은 결코 임의적이 아니며 그것은 경험적으로 검증 가능한 언명이어야 한다는 점이다. 둘째, 명제만이 인식적인 의미를 가진다는 점이다. 동시에 검증 원리에 대한 이 엄격한 해석은 외부의 비판자들에 의해서가 아니라 논리 실증주의자들 자신이 인식하고 있던 내부적인 결함에 의해 심각한 난점에 부딪치게 되었다. (제2판)] 논리 실증주의자들은 이러한 문제를 인정하면서도 자신들의 원리가 유의미한 과학적인 주장이라기보다는 하나의 권고에 가까운 것이라고 주장한다. 그러나 만일 그 원리가 형이상학자의 주장을 모두 무의미한 것으로 만들 경우 형이상학자가 이와 같은 권고를 채택하려는 이유가 무엇일지, 그 의문은 여전히 남게 된다.

두 번째 문제는 이 원리가 가장 잘 적용된다고 생각되는 바로 그 영역, 즉 과학 안에서 발생한다. 과학적 지식은 보편 법칙의 형태로 자주 표현된다. 이 〈법칙들〉은 과학적 〈예측〉의 근간을 이룬다. 그러나 논리 실증주의자들이 직면한 문제는 과연 과학적 명제가 유의미한가 하는 점이었다. 예측하는 언명이 어떻게 검증될 수 있는가? 현재의 경험이나 실험에 의해 미래에 대한 것을 말할 수 있는가? 우리가 〈스미스의 외양간에는 한 마리의 검은 소가 있다〉라는 언명을 검증할 때와 과학자가 〈움직이는 물체가 외부의 힘의 영향을 받지 않는 한 그것이 움직이는 방향은 일정하다〉고 말할 때의 경우는 전혀 다르다. 전자의 경우는 특정적이며 검증 가능하다. 두 번째의 경우는 사례의 수가 무한히 많으며 미래에 그 언명을 반증하는 사례가 나올 수도 있다. 그와 같은 일반적 과학적 언명에 대한 미래의 진리성을 검증할 수 있는 사례가 현재에는 하나도 없으므로 검증 원리를 엄격하게 적용한다면 그와 같은 언명은 무의미하게 될 것이다. 〔슐리크는 〈원리적으로 엄격하게 검증 불가능하다면 이미 명제가 될 수 없다〉고 확고하게 주장한 바 있다. 이것은 다른 종류의 언어와 마찬가지로 과학 언어에도 적용되어야 한다. 이 때문에 원리의 엄격한 적용에 있어서 절충안이 제시되어 검증 원리의 두 형태, 즉 강한 형식과 약한 형식의 구별이 설정되었다. (제2판)] 논리 실증주의자들은 검증 원리의 보다 약한 형식을 제공함으로써 이 문제를 해결하려 했다. 다시 말해 〔약한 형식에 의하면〕 어떤 언명은 적어도 〈원리적으로는 검증할 수 있거나〉 검증 〈가능〉해야 하는, 즉 물리적 대상이 관찰에 의해 어느 정도까지는 확증될 수 있어야 한다.

세 번째 문제점은 〈검증〉을 구성하는 것이 무엇인지에 대한 결정적인 질문에 관한 것이었다. 그것에 대해 대답을 〈감각 경험〉이라고 하며, 〈누구의 경험인가〉라는 또 다른 문제가 제기된다. 이 문제는 검증 원리의 배후에 있는 핵심적인 가정에서 시작된다. 즉 우리의 경험적 발언들은 더욱 토대적 언명들로 번역될 필요가 있다는 것이다. 과학적 언어는 궁극적으로 〈관찰 명제 observational statements〉로 환원될 것이지만, 관찰 명제가 지시하는 그 사실은 무엇인가? 그것은 물리적 대상에 대한 주관적인 경험인가 아니면 대상의 실상인가? 구체적인 문제로 들어가자면 그것은 사람의 내부 경험을 물리적 대상에 대한 언명으로 번역하는 것이 가능한가 또는 그 역이 가능한가 하는 문제다. 이것은 곧 〈유아론 solipsism〉의 문제다. 그 견해에 의하면 자아는 실재적 지식의 유일한 대상이다. 그러므로 어떤 사람의 경험은 다른 사람의 경험과 동일하지 않다. 각 개인의 경험은 다르며, 그들의 경험은 객관적으로 실재하는 세계와 다르다. 이와 같은 경우에 검증 원리는 무엇을 말하는가? 검증 언명들은 사람마다 다른 것을 의미하게 된다.

    네 번째며 더욱 일반적인 문제는 검증 원리가 감각 경험을 왜 그렇게 높이 장려했는지 하는 것이다. 다시 말해 우리의 직관, 희망, 또는 용기에 기초한 언명들은 무엇 때문에 유의미성을 배제시키는가? 〔검증 원리 그 자체는 검증 가능하지 않음이 밝혀졌다. 비판자들은 의미의 기준이 반드시 감각 경험이 되어야 할 이유가 무엇인가를 물었지만(제2판)〕 논리 실증주의자들은 이 질문에 대답하지 못했다. 그들에게는 경험적 검증이 과학적인 과정과 형이상학적인 사변 간의 차이에서 가장 중요했을 것이다. 주로 과학에 관심을 쏟은 논리 실증주의자들은 물리적 대상과 그것들의 상호 관계에 관련된 언어만이 인식적 cognitive 의미를 가질 수 있다고 생각했다. 〔더구나 그들이 이해하고 있는 논리의 기교는 단어와 사실, 그리고 언어의 논리적 구조와 사실의 논리적 관계 간의 대응 관계를 포함했다. (제2판)〕 그들은 다음과 같은 사실을 가정했다. 즉 모든 언명에는 물리적 사실이 대응해야 한다는 그들의 물리주의를 통해 〈과학의 통일 unity of science〉을 이룰 수 있다. 그리고 그러한 통일된 지식에 의해 과학은 하나의 공통 언어를 갖게 되며, 따라서 우리는 모든 것을 말할 수 있다는 것이었다.

    이상의 이러한 문제들 때문에 논리 실증주의자들은 초기의 강한 기세를 점차 누그러뜨렸다. 이제 형이상학과 도덕에 대한 전적인 거부는 역전되었다. 오히려 분석 철학자들은 철학의 이들 전통적인 영역에 관심을 갖기 시작했다. A. J. 에어는 다음의 진술에서 이와 같은 새로운 경향을 나타내었다. 〈이제 형이상학자는 범죄자로서가 아니라 환자로서 취급된다. 아마도 이상한 말을 하는 그에게도 어떤 합당한 이유가 있을 것이다.〉 예컨대 윤리학은 더 이상 무의미한 것이 아니라 그 언어와 사실 간의 관계, 어떤 문제를 나타내는 언어의 가치를 분석하는 학문으로서 부각된다. 〔헤어(Richard Mervyn Hare, 1919~2002)가 주장한 바와 같이 윤리적 언어는 기술적 *descriptive*이 아니라 명령적*imperative*인 성격을 가진다. 스티븐슨(Charles Leslie Stevenson, 1908~1979)은 정의적인 윤리론을 좀 더 정교하게 다듬었으며, 윤리적 명제는 승인과 부인을 나타내며, 특히 권유의 목적으로 사용된다고 말했다. 결국 논리 실증주의가 윤리학에 대해 언급하기에 이르게 된 것은 실재하는 사실들의 기술로부터 무엇을 해야 한다는 당위의 규범적 명제를 이끌어 낼 수 없기 때문이었다. 분석 철학자는 어떤 특별한 형태의 행위를 규정하거나 권유하는 것이 철학자 본연의 임무라고 생각하지 않았지만, 그는 명료성을 위한 도덕 언어의 분석은 필요하다고 인정했다. 한 사람이 인간으로서 가치 판단을 할 수 있는 권리를 가지고 있다는 사실은 의미를 가지는 물리적 대상과 그것들의 상호 관계의 관찰 이외에도 다른 유형의 경험이 있음을 말해 준다. (제2판)〕 초기 형태의 논리 실증주의가 내부적인 난제들의 중량감에 못 이겨 와해되긴 했지만, 그것이 안겨 준 충격에 의해 언어의 용법과 분석에 지대한 관심을 쏟는 분석적 운동은 지속되었다.

2. 4. 콰인의 경험론 비판

20세기 중반에 이르러 일종의 철학 운동으로서 논리 실증주의는 거의 사라지게 되었다. 그럼에도 불구하고 검증 원리를 위반하는 데 대한 두려움은 형이상학자와 도덕론자들의 마음속에서 좀처럼 사라지지 않았다. 그들 가운데 많은 이들은 경험적 사실로부터 너무나 멀리 떨어지기를 꺼려했다. 그러나 논리 실증주의는 경험론적 의제를 추진하려고 한 최근의 노력일 뿐이었다. 철학에서 경험론적 경향은 베이컨에게로 소급할 만큼 비교적 오래된 편이다. 또한 그 뒤 수세기 동안 그 경향은 철학적 논의에 있어서 어떤 추진력을 발휘해 왔다. 1951년 콰인(Willard Van Orman Quine, 1908~2000)은 논리 실증주의뿐만 아니라 경험론의 모든 전통적인 설명에도 적용된 더욱 근본적인 문제를 경험론에도 부과하려 했다. 그는 1951년의 논문 「경험론의 두 가지 독단Two Dogmas of Empiricism」에서 이 문제를 언급한 바 있다. 경험론의 첫 번째 독단은 분석적 언명과 종합적(경험적) 언명들을 구분하는 오래된 가정이다. 그에 의하면 〈분석 명제와 종합 명제 사이의 경계는 단순하게 그어져 있지 않다. 그러한 구별이 있어야만 한다는 것은 경험론자들의 비경험적 독단이며 형이상학적인 신념의 논거에 불과하다〉. 또 다른 독단은 〈환원주의reductionism〉인데 그것에 의하면 모든 유의미한 명제는 직접 경험에 대한 명제로 번역되어야 한다는 것이다.

 콰인은 이들 독단을 부정한다는 것이란 곧 〈사변적인 형이상학과 자연 과학 사이의 가정적인 경계를 폐기하거나 적어도 흐릿하게 하는 것〉을 의미한다는 사실을 잘 알고 있었다. 그럼에도 불구하고, 그가 하려고 하는 일이 바로 그것이다. 첫 번째 독단과 관련하여 그는 어떤 제한된 논리적 언명 없이 분석 명제라는 말에서 의미된 〈분석〉의 개념을 명료하게 밝힌다는 것은 어려운 일이라고 주장한다. 아마도 〈어느 경우에나〉 참이라고 생각되는 논리적 언명들조차 새로운 물리학 개념의 관점에서 수정될 수 있다. 콰인은 〈논리학에서 그와 같은 변화와 아인슈타인이 뉴턴의 권위를 무너뜨린, 또는 다윈이 아리스토텔레스를, 그리고 케플러의 이론이 프톨레마이오스의 이론을 대신하는 경우와 원리적으로 어떤 차이가 있는가?〉라고 묻는다. 그의 주장에 따르면 종합 명제마저도 그것이 가정하고 있는 것만큼이나 명백하게 경험적인 검증 가능성을 따르지 않는다. 분석 및 종합 명제의 진리를 구성하려고 한 여러 사람들의 방식에 대해 엄밀하고 확실한 분석을 시도한 콰인은 〈어떠한 명제도 수정될 가능성이 있다〉고 결론짓는다. 이것은 곧 분석 및 종합 명제가 단지 우연적 진리만을 포함하기 때문에 그 한도 내에서 양자는 구별되지 않음을 말한다.

 경험론의 독단이 없다면 과학은 어떻게 될까? 그 자신이 경험론자인 콰인은 과학과 논리학은 중요한 개념적 도식이며 유용한 도구이기도 하다고 믿었다. 그에 의하면 우리의 지식의 전 영역은 〈가장자리만을 따라서 경험에 부딪히는 인위적 구조물이다〉. 우리가 참이라고 주장하는 명제와 그 명제와 일치하지 않는 새로운 경험 간의 불일치를 해결하기 위해서는 처음의 명제뿐만 아니라 궁극적으로 상호 연관된 개념들을 조정해야 한다. 콰인의 주장에 따르면 최대의 확실성을 가지고 있는 물리적 영역에서도 물리적 대상들 자체는 단지 편리한 개념적 도구에 불과하다는 사실을 인지해야 한다. 콰인은 물리적 대상들을 호메로스의 여러 신에 비유하면서 그것들은 단순히 〈환원 불가능한 가정들irreducible posits〉에 불과하다고 말한다. 경험론자로서의 콰인은 물리적 대상들보다 호메로스의 신들을 신뢰하는 것은 오류라고 생각한다. 〈그러나 인식론적인 입장에서 볼 때 물리적 대상과 그 신들은 종류의 차이가 아니라 정도의 차이만이 있을 뿐이다.〉 이와 같은 단호한 주장에 의해 분석 명제와 종합 명제의 구별, 그리고 형이상학과 과학 간의 차이점은 배격된다. 결국 콰인은 매우 실용적인 진리의 개념에 정주하게 되며 다음의 진술에서 그와 같은 일면을 보여 준다. 〈각각의 인간은 빗발치듯 쏟아지는 감각의 자극을 받을 뿐만 아니라 과학적인 천성도 소유하고 있다. 그의 그러한 과학적인 천성을 계속되는 감각의 자극들에 적응할 수 있도록 하는 모든 고찰은 그 성격이 합리적일 뿐만 아니라 실용적이다.〉

3. 루트비히 비트겐슈타인

3. 1. 비트겐슈타인의 철학에 이르는 길

루트비히 비트겐슈타인(Ludwig Wittgenstein, 1889~1951)은 1889년 4월 26일 오스트리아-헝가리 제국에서 가장 부유하고 가장 높은 관직을 차지한 가문에서 여덟 번째 아이로 태어났다. 그의 부친인 카를 비트겐슈타인은 1890년대에 중금속 산업 분야를 주도한 인물로서 막대한 부를 축적했다. 그는 은퇴하면서 자식들이 방대한 회사에서 각자의 자리를 차지하기를 바랐다. 그러나 자식들은 대부분 각자의 관심 분야로 나아갔다. 루트비히는 누이인 그레틀의 영향으로 철학서들을 읽었지만 동시에 가계의 사업을 물려받기 위해 공학 분야를 공부하기 바라는 부친의 소원을 전혀 외면할 수도 없었다.

비트겐슈타인은 유럽을 떠나 항공학을 공부하기 위하여 맨체스터로 갔다. 그러나 공학을 공부하려는 그의 결정은 일시적일 뿐이었다. 그는 철학에 대한 관심을 추구하려는 자신의 강력한 내적 충동을 부인할 수 없었기 때문이다. 심지어 그가 공학의 문제에 관심을 기울일 때조차 그의 더 큰 관심은 수리 철학에 머물러 있었다. 이것은 그가 철학과 공학이라는 두 가지 학업 사이에서 택일하는 어려움을 겪게 하는 원인이었다. 그러나 그는 전문가가 될 수 있을 만큼 철학에 충분한 재능을 지녔는지를 확인할 필요를 느꼈다. 그는 예나 대학교의 저명한 철학자이자 『산수의 기초 *Die Grundlagen*

루트비히 비트겐슈타인

der Arithmetik』의 저자인 프레게²의 저서를 견본으로 택했다. 비트겐슈타인은 프레게와의 대담이 아주 잘 진행되었음을 느꼈고 프레게는 비트겐슈타인이 러셀의 지도로 공부하도록 케임브리지로 여행할 것을 권했다.

러셀은 비트겐슈타인과 만난 뒤 이렇게 말하였다. 〈이 독일 친구는 일격을 가할 만큼 위협적인 존재다. 그는 내 강의가 끝난 뒤 함께 집으로 돌아와 저녁 식사 때까지 자기주장을 계속했다. 그는 아주 고집이 세고 외골수였지만 어리석지는 않았다. 또한 이 독일 공학도는 매우 논쟁적이고 성가신 존재였다. 그는 방 안에는 코뿔소가 없는 게 확실하다는 사실을 인정하려 하지 않았다. ……그는 다시 돌아와서 내가 옷을 입는 동안 계속 자기주장을 했다. 마침내 나는 이 독일 공학도가 바보라고 생각했다. 그는 경험적인 어떤 것도 인식 가능하지 않다고 생각했다 ― 나는 그에게 방 안에는 코뿔소가 없다는 사실을 인정하도록 요구했지만 그는 그렇게 하려 하지 않았다.〉 얼마 후 이러한 대화는 점차 편안해졌고, 따라서 러셀도 앞의 예에서 보았듯이 〈철학의 여러 문제에 대한 비트겐슈타인의 엄청난 관심 이상으로 그에 관하여 더 많이 알게 되었다. 그는 독일 사람이 아니라 오스트리아 사람이며, 매우 문학적이고 음악적이며 호감이 가는 매너에…… 아무튼 그를 정말로 지적인 사람이라고 생각하게 되었다〉. 비트겐슈타인은 1912년 1월 케임브리지로 돌아오자 러셀에게 방학 동안에 쓴 원고를 보여 주었다. 이것은 비트겐슈타인의 능력에 대한 러셀의 생각을 매우 긍정적으로 생각하도록 바꿔 놓았다. 러셀은 그 원고를 가리켜 〈매우 훌륭하고 나의 영국 제자들의 것보다 우수하다〉고 평할 뿐만 아니라 〈나는 틀림없이 그를 격려할 것이다. 아마도 그는 대단한 일을 해낼 것이다〉라는 말도 덧붙였다. 다음 학기 동안 비트겐슈타인은 수리 논리학을 매우 열심히 공부했고 러셀도 비트겐슈타인은 자신이 가르친 것을 빠짐없이 배웠을 뿐만 아니라 그 이상이었다고 말하면서 그가 자신을 능가할 것이라고 믿었다. 〈참으로 비트겐슈타인은 나의 인생에서 커다란 사건 ― 그 사건이 어찌되든 ― 이 되었다.〉 실제로 러셀은 비트겐슈타인을 자신의 저서에서 제기된 문제들을 해결할 수 있는 유일한 사람으로 간주했다. 러셀은 이렇게 말하였다. 〈나는 나의 저

---

2 Gottlob Frege(1848~1925). 독일의 수학자이자 논리학자. 그는 개념을 분석, 기호화한 형식 논리학에 수의 이론을 기초로 삼았다. 특히 그는 러셀과 함께 수학이야말로 논리학의 한 장(章)에 지나지 않는다고 주장한 바 있다.

서에서 제기된 모든 문제를 해결하기에는 너무 노쇠했다. 그러므로 나는 참신하고 정력적인 젊은이를 원한다. 비트겐슈타인이야말로 바로 내가 바라는 그 젊은이다.〉 러셀은 사실상 비트겐슈타인의 능력에 깊은 인상을 받았기 때문에 그를 자신의 〈애제자 Protégé〉라고 생각했다.

비트겐슈타인은 버트런드 러셀로부터 호의적인 칭찬을 받았을 뿐만 아니라 조지 에드워드 무어의 강의에 참석하기 시작하면서 그와도 유대 관계를 맺게 되었다. 그러나 이처럼 철학적 지도자들의 칭찬에도 불구하고 비트겐슈타인은 자신의 철학을 일사불란하게 전개하지는 않았다. 그의 성격에는 때때로 그를 학문 행로에서 벗어나게 하는 어떤 특이성이 있었다. 고독에 대한 강렬한 열망으로 그는 도시를 떠나 노르웨이에 오두막을 짓고 그곳에서 전원생활을 하였다. 그는 그곳에서 자신의 철학이 독특한 기여를 하리라고 생각했던 논리 문제에 대한 분석에만 몰두할 수 있었다. 그러나 그는 심신의 고립을 견디기 힘들어했다. 비트겐슈타인은 상당한 재산을 상속받게 되자 별다른 자금을 남겨 두지 않은 채 아무런 이유도 없이 그것을 포기하였다. 한편 유럽에 전운이 감돌자 그는 쓰고 있던 원고를 가지고 오스트리아 군대에 입대하였다. 그는 병역 의무를 마친 뒤 케임브리지로 돌아와 원고를 마치고 대학에서 강의를 하였다. 그러나 그는 가르치는 입장에 만족하지 않았다. 그는 자신의 강의에 영향받고 있던 젊은 학자들에게 대학 교수가 되려고 하지 말라고 권고했다. 그 대신 그가 그들에게 촉구하는 것은 여러 가지 육체노동이었다. 그의 천재성이 동업자들에게 인정받았을지라도 비트겐슈타인은 결코 행복한 학자가 아니었다. 그는 자신의 일과 친구들 모두에게 명백하게 책임을 다할 수 없는 여러 가지 선택을 함으로써 자신의 인생도 스스로 어렵게 이끌어 간 것처럼 보인다. 결국 그는 친구도 잃어버렸을 뿐만 아니라 학문 역정의 시작부터 그를 적극적으로 지원해 온 러셀의 지지도 잃어버리고 말았다.

『논리 철학 논고』(1919)는 그의 생전에 출판된 유일한 책이다. 이 책은 러셀의 논리적 원자론과 유사하게 그것을 발전시킨 것이다. 비트겐슈타인이 빈학파의 일원은 아닐지라도 그들과 교류했으며 그 학파도 『논리 철학 논고』가 자신들의 철학적 입장을 매우 정확하게 나타내고 있다고 생각했다. 비트겐슈타인은 〈말할 수 있는 것은 무엇이든 분명하게 말할 수 있다〉고 주장할 뿐만 아니라 〈말할 수 없는 것에 대해서는 침묵해야 한다〉고 자신의 저서 마지막에 썼다. 1951년 그가 죽고 난 뒤 그가 쓴 수많은 책들은 그의 원고와 제자들의 강의 노트에 기초하여 선보이게 되었다. 이것들 가운데 중요한 것은 『철학적 탐구 Philosophische Untersuchungen』(1953)였다. 사후에 출판된 책들은 『논리 철학 논고』와는 전적으로 다른 것으로, 그의 사상적 전환을 반영하고 있다. 즉 그가 철학계에서 명성을 얻게 된 것은 그의 후기 사상 때문이다.

3. 2. 신(新)비트겐슈타인

『논리 철학 논고』가 출판되자 이로 인한 비트겐슈타인의 평판은 대단하였다. 그러나 거기에 쓴 이전의 생각들은 〈언어가 사실을 진술하는 한 가지 기능만을 가지고 있다〉는 잘못된 가정에 기초한 것이라고 그는 믿었다. 더구나 『논리 철학 논고』는 대개의 경우 문장들도 사실에 대한 진술에서 그 의미가 생겨난다고 가정한 바 있다.

그러나 마침내 카르납과 마찬가지로 비트겐슈타인도 모든 언어의 골격은 논리적이라고 생각했다. 비트겐슈타인을 관통하는 생각은 언어란 단지 대상을 〈묘사하는〉 기능 외에도 여러 가지의 기능이 있다는 것이다. 언어는 항상 문맥 속에서 기능을 발휘하며, 따라서 문맥에 따른 여러 가지의 목적을 가진다. 그에 의하면 〈단어는 도구 상자 속의 도구와 같다. 말하자면 망치, 집게, 톱, 드라이버, 아교 통, 못, 나사 등과 같다. 단어의 기능은 이러한 물건들의 기능처럼 다양하다〉고 하였다.

그러면 그가 초기에 언어는 단 한 가지의 기능만을 가지고 있다고 생각한 이유는 무엇일까? 그는 마치 성서 속의 아담이 동물들에 이름을 붙인 것처럼 모든 사물들에 대해 이름을 부여하는 것과 같은 견해에 사로잡혀 있었다. 그의 말에 의하면 우리 모두는 〈언어의 의미에 의한 우리 지성의 마술에 걸린〉 희생물들이다. 언어의 부정확한 그림은 〈문법적 착오에서 생겨난다〉. 우리는 문법의 분석을 통해 언어의 논리적 구조를 어느 정도 발견하게 된다. 그러나 그것이 모든 언어가 본질적으로 동일한 규칙과 기능 및 의미를 가지고 있다는 사실을 정당화시킬 수 있는가? 비트겐슈타인의 생각으로는 모든 언어가 사실을 진술하며 논리적 골격을 갖추고 있다는 가정은 관찰이 아닌 〈사유〉에서 비롯된다는 것이다. 따라서 우리는 단순히 모든 언어가 각각의 피상적인 차이에도 불구하고 서로 비슷하며 그것들의 게임 방식 또한 유사하다고 가정한다. 비트겐슈타인은 이 비유의 결점을 다음과 같이 극복하고 있다. 그는 게임들의 사례를 들어 다음과 같이 묻는다.

모든 게임에는 무엇이 공통적인가? 거기에는 어떤 공통적인 것이 있어야 하며, 그렇지 않으면 〈게임〉이라고 부를 수 없다고 말하지 말라. 그러나 그것 모두에 공통적인 것이 있는지의 여부를 〈찾아보라 look and see〉. 만일 당신이 찾게 된다면 그 모두에 공통적인 어떤 것을 보게 되는 것이 아니라 유사성들, 연고성들, 그리고 그것들 전체의 연결들을 보게 될 것이다. 반복해서 말하자면 생각하지 말고 찾아라.

그러므로 비트겐슈타인은 논리와 〈완전한〉 언어의 구축이라는 선입관에서 언어의 일상 용법에 대한 연구로 분석의 계획을 전환하고 있다. 그는 러셀과 카르납의 입장에서 탈피하여 일상 언어의 분석을 강조한 무어의 방향을 지지했으며 일상 언어를 〈상식〉의 기준으로 검사했다.

비트겐슈타인은 이제 언어가 단일 모형만을 가지는 것이 아니라 그것은 삶과 같이 가변적이라고 느꼈다. 그에 의하면 〈언어를 생각함은 곧 어떤 삶의 양상을 생각하는 것과 같다〉. 이 때문에 분석은 언어의 정의나 의미에 있는 것이 아니라 언어의 사용에 대한 세심한 기술에 있는 것이다. 우리는 모든 설명을 배격해야 하며 그 자리를 〈단지 기술만으로〉 대치해야 한다. 비트겐슈타인에 의하면 우리는 〈일상적 사유 작용의 주제에 충실하고, 다른 길로 나아가지 아니하며, 최선의 세밀한 기술을 해야 한다고 생각하지 않으면 안 된다〉. 혼동이 생기는 경우는 우리의 언어가 〈작용하고 있을 때〉가 아니라 그것이 〈공전(空轉)하는 엔진〉과 같을 때다.

3. 3. 언어 게임과 후속 규칙들

비트겐슈타인의 철학에서 중심 개념은 규칙 준수의 관념이다. 매일같이 반복되는 생활을 통해 우리는 어떤 종류의 규칙들과 연관된 다양한 일에 종사한다. 우리는 예컨대 춤을 배우려고 할 때 다른 사람의 행동을 따라 한다. 우리는 자주 졸업식과 같은 의식에 참가한다. 그때 우리는 특별한 옷을 입고 동료 졸업생들과 함께 긴 줄을 따라 걸으며 손으로 졸업장을 받는다. 유사한 후속 규칙이 모든 언어의 기초를 이룬다. 우리는 어떤 문맥 속에 있는 어떤 사물들에 대해 발언한다. 또한 우리는 단어들을 조합할 때 특정한 문법 규칙에 따른다. 말로 하는 단어뿐만 아니라 우리의 모든 사고 활동도 후속 규칙과 연관된다. 비트겐슈타인은 언어 규칙이란 상이한 문맥 속에서 의미를 달리하는 상이한 게임 — 언어 게임 — 의 규칙들과 같다고 주장한다. 어떤 여학생이 생물 수업에서 질문할 경우 그녀는 다양한 언어 게임의 규칙을 따른다. 딱딱한 수업에서 질문하기를 좋아하는 어떤 학생의 언어 게임과 생물학의 언어 게임 같은 것들이 그것이다. 비트겐슈타인에 의하면

그러나 거기에는 얼마나 많은 종류의 문장들이 있는가? 주장과 질문, 그리고 명령들이 있지 않은가? 거기에는 셀 수 없이 많은 종류들이 있다. 이른바 〈기호들〉, 〈단어들〉, 그리고 〈문장들〉의 수없이 많은 다른 종류의 용도가 있다. 그리고 이러한 복잡 다양성은 고정되었거나 일단 정해진 어떤 것이 아니다. 그것은 한편으로는 생성하고 다른 한편으로는 폐기되며 잊히듯이 언어의 새로운 형식이자 새로운 언어 게임이다. 이때 언어 게임이라는 용어는 언어의 〈발화 *speaking*〉가 삶의 어떤 활동이나 형식의 일부라는 사실을 드러낸다는 뜻이다.

철학의 문제는 언어에서 비롯되기 때문에 각 문제가 발생하는 원천인 언어의 용법에 근본적으로 친숙해져야 한다. 게임에는 여러 가지 종류가 있기 때문에 게임마다의 규칙들 또한 여러 가지다. 마찬가지로 많은 종류의 언어 — 일, 놀이, 숭배, 과학 등 여러 형식의 일상 언어 — 들이 있기 때문에 〈용법 *usages*〉 또한 많다. 이러한 상황에서 〈철학자가 해야 할 일은 어떤 특별한 목적을 위해 여러 가지의 주의점을 수집하는 것이다〉.

3. 4. 형이상학적 언어의 명료화

비트겐슈타인은 형이상학적 언어를 어떻게 취급했을까? 논리 실증주의자들과는 달리 그는 형이상학의 명제를 무조건 배격하지 않았다. 그 대신 그는 형이상학자를 범죄자보다는 환자로 생각하려 했고, 따라서 철학의 기능도 다분히 〈치료적 *therapeutic*〉이라고 여겼다. 형이상학적 언어는 혼란을 일으킬 수 있으며, 철학의 주요 관심사는 명료성의 결여 때문에 혼란이나 혼동을 일으키는 문제를 다루는 것이다. 철학은 〈우리의 지성이 언어에 의해 마술을 거는 것에 대항하는 싸움〉이다. 마술은 혼동을 일으키며, 따라서 철학의 문제는 〈나는 나아가야 할 나의 길을 알지 못한다〉

라는 형태를 띠게 된다. 철학은 우리의 길을 찾도록 도와주며 상황을 관찰할 수 있게 도와준다. 〈철학이 해야 할 일은 단어들을 그것들의 형이상학적인 용법에서 일상적인 용법으로 환원시켜 놓는 것이다.〉〔그의 철학의 목적은 〈파리통 속의 파리에게 갈 길을 알려 주는 데〉 있다. 파리가 통에서 탈출할 때, 그리고 단어들을 형이상학에서 일상 용법으로 환원시킬 때, 그리고 그의 갈 길을 몰랐던 사람이 그 길을 발견할 때 무슨 일이 일어날까? 비트겐슈타인은 철학은 〈모든 것을 있는 그대로 놓아둔다〉고 말한다. (제2판)〕

철학은 인간에게 새롭거나 좀 더 많은 정보를 제공해 주지 않으며, 오히려 언어의 세심한 기술을 통해 명료성을 더해 줄 뿐이다. 그것은 마치 사람이 조각 그림 끼워 맞추기 놀이의 그림 조각 각각을 모두 보고 있으면서 그것을 어떻게 짜 맞출 것인지 고민하는 것과 같다. 그는 실제로 문제를 푸는 데 필요한 모든 것을 보고 있는 것이다. 철학적인 당혹감도 이와 유사하며 그것은 우리가 보통 사용하는 언어의 세심한 기술에 의해 제거될 수 있다. 우리를 혼란스럽게 하는 것은 언어가 새롭거나 비일상적으로 사용될 때이다. 그러므로 〈철학의 결과들은 어떤 혹은 또 다른 종류의 분명한 난센스의 노출이다〉. 형이상학이 단어의 일상 용법에 대한 저항이나 편견을 보인다 해도 그는 그것이 〈어리석은 편견〉은 아니라는 사실에 동의했다. 형이상학의 혼동은 인간의 조건의 일부라고 보고 그는 이같이 말하고 있다.

우리 언어의 여러 형식에 대한 오역으로 인해 생기는 문제는 〈깊이*depth*〉의 특성을 가진다. 그것들은 깊은 불안의 상태다. 우리의 언어의 여러 형식과 마찬가지로 그것들의 뿌리 또한 우리 안에 깊이 뿌리박고 있으며, 그것들의 의미는 우리의 언어의 중요성과 마찬가지로 매우 크다.

진정한 철학은 여러 질문에 대한 지나치게 추상적인 대답들 속에 있지 않다. 〔파리가 파리통에서 어떻게 탈출하는가? 그러나 우리는 비트겐슈타인에게서 이 질문에 대해 어떤 단일한 체계적인 대답을 들을 생각은 말아야 한다. 그는 삶과 언어의 조그만 변화에도 매우 민감하므로 그것들에게 단일한 방법이라는 구속을 입힐 생각은 없었다. 그는 〈치료법도 여러 가지인 것처럼 — 사실 여러 방법이 있다 — 철학적 방법도 하나만 있는 것이 아니다〉고 말한다. 그의 『철학적 탐구』에서 비트겐슈타인은 많은 문제들을 취하고 이 문제들을 명료하게 하기 위해 사용되는 언어의 방식에 대한 여러 주의점을 수집함으로써 〈철학을 행한다〉. 그러나 철학자는 이러한 언어의 용법을 수집하는 외에 풍경의 그림을 얻기 위해 그것들을 선택하고 배열한다. 다시 말해 철학은 질문들에 대해 명쾌한 추상적 해답을 주지 않는다. (제2판)] 길을 잃은 사람은 오히려 그 지역의 지도를 원할 것이며 이것은 일상 경험 속에서 실제적으로 언어를 사용하는 구체적인 사례들을 선택하고 배열함으로써 가능하다.

그러나 단순히 조각 그림 맞추기 놀이의 조각 그림들을 보는 것만으로는 충분치 않은 것과 마찬가지로 이러한 용법의 사례들을 보는 것만으로는 부족하다. 비트겐슈타인에 의하면 우리는 종종 〈가장 눈에 잘 띄고, 가장 강력한 것으로도 실마리를 찾지 못한다〉. 가장 중요한 것들이 가려져 있는 것은 그것들이 너무 단순하고 또한 우리가 그것들에 너무 친숙해 있기 때문이다. 그러나 〈실마리를 찾지 못한다〉는 것은 무엇을 의미하는가? 비트겐슈타인에 따르면 사람이 실마리를 찾아서 그의 길을 찾을 것이라는 사실을 보증할 어떠한 방법도 없다. 어쨌든 비트겐슈타인이 추구했던 바는 철학의 관심을 의미로부터, 즉 단어들이 세계 내에 있는 대상들의 〈그림들〉을 운송물로 운반한다는 가정으로부터 전환시키고자 하는 것이었다. 그는 연관된 사례들의 수집, 선택, 배열을 통해 단어의 실제적인 용법에 관심을 가졌다. 대부분의 〈철학적〉 문제는 단어들의 혼란에서 야기된다고 가정되었기 때문에 그는 그것들의 일상적 용법에 대한 세심한 기술에 의해 이러한 혼란을 제거할 수 있을 것이라고 생각했다.

4. 존 오스틴

언어의 일상적 용법에 관심을 가진 또 다른 철학자는 영국의 존 오스틴(John Austin, 1911~1960)이다. [화려했지만 짧았던 생애 동안에 오스틴은 철학을 행하면서 새로운 방식을 이루어 놓았다. 1911년에 태어나 옥스퍼드 대학교에서 교육을 받은 그는 후에 냉철한 지성을 통해 옥스퍼드에서 학자로서의 역량을 발휘했다. 1960년 49세의 나이로 예기치 않던 죽음을 맞이할 때까지 비록 기념비적인 업적이라고 할 만한 것을 남기지는 않았지만 그는 독창적인 사상가로서의 명성을 얻었다. 그가 광범위한 저술 활동을 못한 것은 단지 그의 생애가 짧았기 때문이다. (제2판)〕 그는 49세에 예기치 않은 죽음 때문에 많은 저서를 남기지 않았다. 그는 언젠가 자신이 저서를 쓸 것인가 아니면 자신의 생활과 연구 속에서 유용함과 만족을 깨닫는 방식으로 철학하게 사람들을 가르칠 것인가의 여부를 먼저 결정해야 한다고 말한 적이 있다. 철학에 이르는 오스틴의 접근 방식은 독특했다. 〔철학을 행하는 그의 스타일이 다른 친숙한 사람들처럼 널리 알려지지 못한 것은 그의 독특한 능력, 관심사, 엄격한 고전적 교육 방법, 인내하는 기질 등을 다른 사람에게 옮겨 주는 데 더 큰 어려움이 있었기 때문이다. 그럼에도 불구하고 그의 언어 분석의 형식은 매우 영향력이 있었으며, 그것에 따르기는 쉽지 않지만 이해하고 인지하는 데에는 그리 어렵지 않았다. 오스틴의 방식으로 철학을 할 때 사람들은 매혹감과 매우 안락한 분위기를 감지한다. (제2판)〕 「변명을 위한 탄원 A Plea for Excuses」이라는 그의 중요한 논문에서 그는 독자에게 이렇게 말한다. 철학은 철학이 갖지 못한 것, 즉 〈발견의 즐거움, 협동의 기쁨, 또는 일치에 도달하는 만족감〉들을 그에게 제공했다는 것이다. 그는 느긋하게 유머를 섞어 가면서 그의 연구가 그에게 어떻게 칸트가 말한 바를 구태여 염두에 두지 않고도 여러 가지의 말과 어법을 고찰할 수 있게 하는지, 그리고 나아가 아리스토텔레스를 기억하지 않고도 〈신중〉의 덕을 논하고 플라톤 없이도 〈절제〉의 덕을 논의할 수 있게 하는지를 보여 주고 있다. 따분하고 엄격한 철학적 체계화와 대조적으로 오스틴은 다음과 같이 현혹적인 단순성을 보여 주고 있다. 하버드 대학교에서 행한 〈말의 사용법 How to Do Things with Words〉에 대한 강연의 첫 문장에서 그는 〈내가 여기에서 말해야 하는 내용은 어렵지도 않고 그렇다고 논쟁적인 것도 아닙니다. 내가 이것에 대해 주장하고 싶은 유일한 장점은 이것이 적어도 부분적으로는 진실한 것이라는 점입니다〉라고 시작한다.

오스틴은 다음의 사실을 알고 있었다. 〈언어 분석〉이나 〈분석 철학〉, 또는 〈일상 언어〉 같은 구절을 사용한다면 그러한 철학적 분석은 오로지 말에만 관심을 가진다는 오해를 불러일으키기 쉽다는 것이다. 그러나 오스틴은 그것이 말뿐만 아니라 〈우리가 그 말을 사용할 때 대응하는 실재에도 관심을 갖는다〉. 〈현상의 최종적인 처리자는 아니지만 그 현상에 대한 우리의 지각을 예민하게 하기 위해 우리는 예리하게 인식된 말을 사용해야 한다.〉 그는 자신의 철학에 대한 접근 방식이 〈언어의 현상학 linguistic phenomenology〉이라고 불리는 것이 더 유용하지 않는가 하는 질문을 받고 크게 놀란 나머지 그 개념을 〈말장난〉이라고 하며 거부했다. 오스틴은 다른 철학자들의 방법을 비판하거나 자신의 방식에 대해 지나치게 강조하는 것조차 별로 관심을 두지 않았다. 그는 언어의 본질을 연구하기 위한 기법을 발견했으며, 〔그것에 의해〕 여러 가지의 철학적 문제를 성공적으로 다룰 수 있음을 알았다.

4. 1. 〈변명〉의 관념

그러면 우리는 그의 논문 「변명을 위한 탄원」으로 돌아가 일상 언어에 대한 그의 활발한 분석을 살펴보기로 한다. 그는 〔〈변명〉이라는 단어의 여러 가지 용법을 분석하기에 앞서〕 말의 철학적 체계화에 대한 방법과 이유를 좀 더 자세하게 설명한다. 한 가지 예를 든다면 그는 철학을 할 수 있는 방식이 매우 다양하다고 생각했다. 주제와 방법이 매우 조밀하게 구성되어 있는 여러 과학의 방식과 달리 철학은 어떤 특별한 문제의 해결을 위한 최선의 방법에 대해 어느 누구도 확신하지 못하는 그러한 영역에서 기능을 발휘하고 있다. 이와 같이 오스틴은 철학자들에게 관심이 있는 담화의 소재를 고르는 기술을 발전시켰다. 그에게 〈변명〉이라는 단어는 인간의 행동뿐만 아니라 언어의 연구에도 풍부한 소재를 제공했다. 이 단어의 분석을 통해 오스틴은 〈변명〉과 밀접하게 연관된 단어들 간에 여러 가지의 정도의 차이 — 때로는 미세한 차이 — 가 있음을 발견했다. 더구나 그의 분석은 거미줄처럼 상호 연관된 단어들 간의 차이에 의해 제시되는 인간의 행위에 대해서도 흥미 있는 통찰을 밝혀낸다.

최초에 〈변명〉이라는 단어는 〈방어, 정당성, 또는 탄원〉과 같은 중요한 단어들을 포괄하는 용어로 사용되었다. 오스틴에 의하면 선택된 단어의 용법에 대한 최대한의 사례를 고찰하고 또한 완전하고 명료한 설명을 할 수 있어야 한다는 것이다. 변명은 일반적으로 어떤 사람이 〈잘못된〉 또는 〈나쁜〉 아니면 〈어리석은〉 짓을 한 것에 대해 비난을 받고 자신의 행위를 변호한다거나 자신의 결백을 나타내려고 하는 상황을 포함한다. 그는 자신이 비난받을 행동을 했다고 인정할 수 있지만 그다음에 전체적인 상황으로 보아 그 행동은 정당한, 아니면 받아들일 수 있는, 적어도 이해해 줄 수 있는 일이었다고 주장할 수 있다. 이것은 그 행동을 〈정당화〉하려는 것일 수 있다. 전혀 다르게 생각할 수 있는 경우는 그가 그런 행위를 나쁜 것이라고 인정하지만 자신이 그것을 저질렀다는 증거도 없이 자신을 비난하는 것이야말로 부당하다고 이야기하는 경우다. 그의 행위는 고의적이 아닌 우연일 수도 있으며 또는 어떤 다른 사건에 의해 갑자기 일어날 수도 있다. 〈책임〉이라는 단어는 〈그가 그것을 했다〉는 것과 〈변명〉에 긴밀하게 연관되어 있다. 여기에서 한 행동에 대한 〈변명〉과 그것의 〈정당성〉의 차이가 중요하다는 사실이 드러난다. 더구나 우연히 죄목이 〈살인〉이라면 피소자에 대한 탄원은 정당방위의 정당성에 의존하거나 우발적인 일이라고 변호될 수 있다. 더욱 세밀한 차이점을 갖는 단어들, 예컨대 〈경감 mitigation〉과 〈정상 참작 extenuation〉의 예도 있다. 또한 〈내가 그것을 한 것이 아니라 내 안에 있는 무언가가 나에게 그것을 하게 했다〉고 말하고 있는 피고의 언어는 어떤가? 어떤 행위는 〈홧김에〉 일어날 수도 있다. 그것은 〈고의적인 행위〉와 구별된다.

왜 〈변명〉이나 여타의 담화에서 튀어 나오는 용어에 대해 이러한 분석을 하는가? 변명을 하는 것이 인간의 생활 속에서 매우 중요한 역할을 차지하며, 따라서 세심한 연구를 할 가치가 있다는 사실을 제쳐 두고라도 오스틴은 두 가지 이유에서 이러한 분석이 도덕 철학에 유익하다고 생각했다. 첫째, 그러한 분석으로 인간 행위에 대해 좀 더 정확하며 시대에 맞는 설명을 할 수 있다. 둘째, 당연한 결과이긴 하지만 그것에 의해 구식의, 그리고 이미 정착된 이론들을 수정하는 데 기여할 수 있다. 도덕 철학은 행위나 행동하는 과정의 옳음과 그름을 연구하는 학문이기 때문에 우리가 어떤 행위에 대해 옳은가 그른가를 말하기에 앞서 〈어떤 것을 행한다〉는 것이 무엇을 의미하는지를 이해하는 것이 매우 중요하다.

오스틴은 〈어떤 행동을 한다〉는 것은 매우 추상적인 표현이라고 말한다. 우리는 그것에 의해 〈무엇을 생각한다〉 또는 〈무슨 말을 한다〉 아니면 〈무엇을 하려고 한다〉를 뜻하는 것인가? 전쟁에 이기는 것과 재채기하는 것이 하나의 행위인 점에서 같다고 하는 것은 사물로서의 말〔馬〕은 사물로서의 침대와 같은 것이라고 하면서 모든 〈사물〉이 동일한 종류라고 생각하는 것과 마찬가지로 매우 부정확한 것인데, 하물며 우리의 모든 행위가 동일한 본질을 가진다고 하는 것은 더욱 부정확한 말이라는 것이다. 우리가 숨 쉬거나 무엇을 볼 때 우리는 행위를 하는가? 〈행위를 한다〉는 구절은 무엇에 대한 적절한 대용 어구인가? 어떤 사람이 책임을 지는 또는 변명을 해야 하는 그 행위를 나타내는 적당한 단어에 대한 어떤 규칙이 있는가? 인간의 행동을 구분하여 어떤 한 부분은 그 행위자의 탓으로 돌리고 나머지는 다른 사람이나 사물들의 탓으로 돌릴 수 있는가? 더구나 한 행위는 단순한 사건인가? 이 점에 대해 오스틴은 오히려 인간 행위의 복합적인 본질을 강조한다. 예를 들어 인간의 육체의 단순한 움직임마저도 의도, 동기, 정보에 대한 반응, 조건 반사 작용, 수족의 운동에 대한 고의적인 조정 또는 다른 사람으로부터 떠밀림 등의 복합적인 요소를 포함하고 있을 수 있다.

　오스틴은 지금 제기된 의문들과 이미 거론된 문제들이 변명이라는 단어의 분석에 의해 밝혀질 수 있다고 생각했다. 한 가지 예를 들어 변명은 어떤 양태의 행위가 어떤 식으로 잘못되었다는 사실을 암시한다. 그릇됨의 본질을 결정하기 위해서는 올바름을 명확하게 규정해야 한다. 비정상은 종종 정상을 분명하게 밝혀 준다. 변명에 대한 세심한 연구를 통해 언제 변명이 합당한가, 어떤 행동이 용서받을 수 있는가, 어떤 특정한 비정상적 행위도 진실한 〈행동〉인가 하는 문제들을 결정할 수 있는 기회를 제공한다. 또한 좀 더 세밀한 방식으로 인간의 행위의 메커니즘이나 구조 자체를 구성하고 있는 요소들을 결정할 수 있는 기회를 제공하기도 한다. 어떤 전통적인 오류나 도덕 철학상의 미해결된 논거들도 변명의 분석을 통해 해결할 수 있다. 그러한 문제들 가운데 우선적인 것은 자유의 문제다. 여기에서 오스틴은 〈자유〉와 〈진리〉라는 단어를 비교하여, 〈진리〉는 주장의 특성을 나타내는 명사가 아니며 〈자유〉도 행위의 특성을 나타내는 명사가 아니라고 지적했다. 오스틴에 의하면 자유는 〈행위에 부여되는 차원에 대한 명사〉다. 따라서 그는 〈각 행위가 자유롭지 않은 모든 경우, 즉 단순히 《X가 A를 했다》고 말하는 것이 가능하지 않은 경우들을 검토함으로써 자유의 문제를 해결〉하고자 했다.

4. 2. 일상 언어의 이득

　변명의 연구를 통해 오스틴은 도덕 철학에 빛을 던져 주었음은 물론 그의 철학적 방법을 구체적으로 적용할 수 있게 되었다. 그는 〈일상 언어〉로 출발했으며, 그것을 통해 그는 〈우리가 언제 무슨 말을 해야 하는가〉 따라서 〈우리가 그것에 의해 의미하는 바가 무엇이며 또 왜 그래야 하는가〉라는 질문의 해답을 구하고자 한다. 그가 확신하고 있는 것은 이것이 말의 올바른 용법과 그릇된 용법을 확실하게 구별할 수 있고, 그 방식에 따라 사람들이 부정확한 언어에 의해 사로잡혀 있는 함정을 피할 수 있게 한다는 사실이다. 일상 언어의 분석은 단어와 사물 간의 차이점을 강조한다. 또한 일상 언어의 분석으로 우리가 사용하는 말에 대응한다고 생각하는 실재로부터 그 말을 분리시킬 수 있으며, 그 실재들을 새로운 시야에서 볼 수도 있다. 그중에서도 오스틴은 다음의 사실을 확신했다. 〈우리가 보통 사용하고 있는 말들은 수세대를 거쳐 내려오면서 사람들이 구별할 만한 가치가 있다고 생각한 모든 차이점들, 그리고 관련시킬 만한 가치가 있다고 생각한 모든 연관 관계들을 구체화시켜 준다.〉 그가 생각하기에 일상 언어에서 통용되고 있는 말들은 시대를 거쳐 오면서, 그리고 다른 가능한 말들이 있었음에도 불구하고 현재까지 지속되어 오기 때문에 우리가 철학적으로 이론화할 목적으로 숙고할 수 있는 그 어떤 것보다도 그것들은 더욱 완전하고 세밀해야 한다. 게다가 일상 언어는 철학자에게 〈현장 연구를 위한 좋은 장소〉를 제공해 준다. 그것은 개인들을 견고하게 고정된 철학적 위치로부터 자유롭게 해줌으로써 철학적 담론의 또 다른 분위기를 조성해 준다. 이제 말의 용법 및 어떻게 일치에 도달하는가 하는 문제에 대해서도 매우 쉽게 동의할 수 있지 않은가? 오스틴은 이 방법이 언젠가는 혼란한 미학의 분야에도 적용될 수 있기를 바랐으며 다음의 말에서 이와 같은 바람을 나타내고 있다. 〈그렇게 할 수만 있다면 우리는 잠시나마 아름다운 것을 잊고서 고상한 것과 추한 것에 대해 살펴볼 수 있을 것이다.〉

오스틴은 분석의 토대로서 일상 언어에 대한 몇몇 문제가 제기될 수 있음을 알고 있었다. 한 가지 예를 들면 일상 언어에는 어떤 〈느슨함*looseness*〉이 있다. 그래서 어떤 사람의 어법은 다른 사람과 같지 않을 수가 있다. 이 문제에 대해 오스틴은 말의 사용이 생각보다 그렇게 불일치하지 않는다고 대답한다. 다른 사람이 말했던 상황은 실제로는 먼저 사람이 말한 상황과 같지 않았다는 사실이 분석을 통해 밝혀질 때 표면적인 차이는 사라질 것이다. 오스틴은 〈우리가 그 상황을 좀 더 세밀하게 생각하면 할수록 우리가 말해야 하는 것에 대한 불일치감이 더욱 감소하게 됨을 알게 된다〉고 말한다. 그러나 종종 말을 사용할 때 불일치가 생기게 되는데, 이때조차 오스틴은 〈우리가 불일치하는 이유를 알 수 있으며 명백한 설명이 거의 가능하다〉고 말한다. 일상 언어에 대한 또 다른 문제는 그것이 매사에 적용될 수 있는 최종적인 것인가 하는 점이다. 일상 언어가 최종적인 말이라고 주장하지는 못하지만 그것이 여러 세대에 걸쳐 이어져 내려오는 경험과 통찰을 구체화시키고 있음은 중요한 사실이다. 이러한 통찰들이 특히 사람들의 실용적인 측면에 대한 것들이긴 하지만 오히려 그러한 사실에 의해 정확도는 더해진다. 만일 말의 차이점들이 일상생활 안에서 잘 작용한다면 〈그 안에는 무엇인가 있는 것이다〉. 또한 학자들은 일상생활의 언어와 관계되는 것 이외의 것에 관심을 가질 수도 있다. 그리고 오류와 미신은 언어 안에서 오랫동안 지속될 수 없다는 사실을 믿을 어떤 이유도 없다. 이러한 점들로 미루어 그는 〈일상 언어는 최종적인 말이 아니며 원리적으로는 그것은 어디에서나 첨가될 수 있고, 변경될 수도 있으며 또한 사라질 수도 있다〉는 사실을 쉽게 받아들인다. 그러나 그는 일상 언어가 그의 분석의 계획에 있어서 첫 번째 단어라고 믿고 있다.

오스틴은 〈변명〉이라는 단어에 대한 전체적인 분석을 할 때 다른 단어들의 분석에 대해서도 유사한 자료와 방법의 이용이 가능한 세 가지 자료를 제시하고 있다. 첫째, 그는 사전의 사용을 권한다. 그는 간결한 사전을 통해 전부 읽어 본 다음 관련된 단어 모두를 목록에 열거시킬 것을 제안한다. 그는 그 일이 생각하는 것만큼 그리 오래 걸리지 않는다고 말한다. 또한 먼저 분명하게 관련된 단어들의 목록을 만든 다음 사전을 참조하면서 그것들의 여러 의미를 찾아볼 수도 있다. 이러한 과정에서는 밀접하게 관련된 단어를 모두 열거해야 그 목록이 완결된다. 이러한 목적을 위한 두 번째 원천은 법일 것이다. 여기에서 문제가 되고 있는 특별한 행위의 상황에 대한 여러 가지의 분석이 가해지고 변호를 위한 다양한 소송을 제기하는 수많은 사건들이 있다. 세 번째 원천은 심리학이다. 심리학에서 분류하거나 설명하고 있는 다양한 행위는 보통 비전문가들에게 쉽게 발견되지 않으며 일상 언어에 의해서는 설명이 불가능한 경우가 대부분이므로 심리학에 있어서 일상 언어가 어떻게 보충되고 삭제되는가를 알아보는 것은 매우 흥미 있는 일인 것이다. 오스틴은 다음과 같이 확신했다. 이러한 자료들 및 〈상상력의 도움〉을 통해서 무수한 표현의 의미를 밝힐 수 있으며, 또한 인간의 다양한 행동을 이해하고 분류할 수 있는데, 그렇게 함으로써 이 전 과정의 주된 목적 가운데 하나인 〈설명적 정의explanatory definition〉에 도달할 수 있다.

18 현상학과 실존주의

　버트런드 러셀에 의해 개시된 철학에 대한 분석적 접근은 미국, 영국 및 다른 영어권 국가들에서 20세기 대부분의 철학적 사유를 지배했다. 그러나 유럽 대륙, 특히 독일과 프랑스 내에서는 다른 종류의 철학이 강세를 보였으며, 그것은 현상학과 실존주의 운동으로 나타났다. 현상학은 이른바 사물의 객관적 본성에 대한 물음을 옆으로 제쳐 두는 대신 현상을 더욱더 주관적으로, 즉 우리의 인간 경험 내부로부터 탐구할 것을 권했다. 실존주의는 현상학의 주관적 접근 방법을 채택하여 선택 및 개인적 실행과 같은 인간 경험의 실천적 문제들을 더욱더 탐구했다. 현상학은 에드문트 후설에서 시작되었으며, 여기에 마르틴 하이데거가 수정을 가했다. 곧이어 카를 야스퍼스와 가브리엘 마르셀을 포함하여 종종 〈종교적 실존주의자들〉이라고 불리는 일단의 저술가들이 그 뒤를 이었다. 실존주의는 장 폴 사르트르와 모리스 메를로퐁티를 통해 그 명확한 표현을 갖추었다.

1. 에드문트 후설

1.1 후설의 생애와 영향

　에드문트 후설(Edmund Husserl, 1859~1938)은 베르그송과 듀이가 태어난 해이기도 한 1859년 모라비아 지방의 프로스니츠에서 유대인 부모로부터 태어났다. 그 지방에서 초기 교육을 받은 후에 그는 라이프치히 대학교에 입학했고 1876년에서 1878년까지 물리학, 천문학 및 수학을 공부하면서 철학자인 빌헬름 분트[1]의 강의를 수강할 수 있는 기회를 얻었다. 후설은 베를린의 프리드리히 빌헬름 대학교에서 연구를 계속했다. 1881년 그는 빈 대학교로 가서, 1883년 「변수 계산 이론에 관하여Beiträge zur Theorie der Variationsrechnung」라는 논문으로 박사 학위를 받았다. 1884년에서 1886년까지 그는 프란츠 브렌타노(Franz Brentano, 1838~1917)의 강의를 들었다. 브렌타노는 후설의 철학 발전에, 특히 흄과 밀에 관한 강의와 윤리학, 심리학 및 논리학의 문제들에 관한 접근을 통해 가장 중대한 영향을 미쳤다. 브렌타노의 충고에 따라 후설은 할레 대학교로 갔으며, 1886년 거기서 저명한 심리학자인 카를 슈툼프[2]의 보조 연구원이 되었고 그의 지도로 첫 번째 저서인 『산술의 철학Philosophie der Arithmetik』(1891)을 저술했다. 후설의 『논리 탐구Logische Untersuchungen』는 1900년에 출판되었으며 같은 해에 그는 괴팅겐 대학교 철학부에 초빙되었다. 여기서 그는 16년의 왕성한 활동 기간을 통해 현상학의 개념을 발전시키는 일련의 저작들을 저술했다. 후설은 유대인 혈통이었기에 1933년 이후로는 학술 활동을 금지당했다. 그는 남캘리포니아 대학교의 교수직을 제안받았으나 이를 거절했다. 그는 늑막염으로 수개월 동안 고통을 겪은 후 1938년 브라이스가우 지방의 프라이부르크에서 79세의 나이로 사망했다.

---

[1] Wilhelm Wundt(1832~1920). 독일의 심리학자이자 철학자. 그는 1874년 최초의 실험 심리학 저서인 『생리학적 심리학 요강』을 출판하면서 직접 경험에 기초한 심리학의 연구를 주장했다. 그는 1875년 라이프치히 대학교에 세계에서 처음으로 실험 심리학 연구실을 개설하기도 했다. 더구나 그는 경험 과학을 자연 과학과 사회 과학적 정신과학으로 분류하고 심리학을 복잡한 정신 작용을 밝히는 정신과학의 기초로 간주했다.

[2] Carl Stumpf(1848~1936). 독일의 철학자였지만 특히 음향 심리학에 관한 연구를 통해 독일의 기능 심리학을 창시한 심리학자이기도 하다.

에드문트 후설

후설의 철학은 여러 단계를 거쳐 점진적으로 발전되었다. 초기에 그의 관심은 논리학과 수학에 있었다. 다음에는 주로 인식론에 초점을 맞춘 초기 형태의 현상학을 발전시켰다. 그런 다음에 그는 철학과 과학의 보편적 토대로서의 현상학에 대한 견해에로 관심을 옮겼다. 마지막으로 그는 〈생활 세계 Lebenswelt〉라는 개념이 그의 현상학에 더욱 지배적인 주제로 자리 잡는 단계로 진입했다. 이렇게 보면 후설의 철학이 여러 시기의 학자들에게 다양한 영향을 미쳤다는 사실은 놀라운 일이 아니다. 예를 들어 1920년 프라이부르크에서 후설의 연구 보조원이었던 마르틴 하이데거는 학생 시절에 후설의 논리학 관련 저작과 현상학의 초기 저술들에 정통했다. 1920년부터

1923년까지 후설의 연구 보조원이었던 하이데거는 그와 긴밀한 관계에서 연구했기 때문이다. 당시 두 사람은 브리태니커 백과사전에 게재할 현상학 관련 항목을 함께 준비했다. 또한 하이데거는 후설의 초기 강의들 가운데 일부의 출판을 준비하기도 했다. 심지어 1923년 마르부르크 대학교의 교수직을 얻기 위해 그곳을 떠난 이후에도 하이데거는 후설과 긴밀한 유대를 지속했다. 그러나 시간이 지남에 따라 하이데거는 후설의 새로운 사상적 변화, 특히 초월적 현상학을 다루는 내용에 대해서는 의견을 같이할 수 없었다. 하이데거는 그의 주요 저작 『존재와 시간 Sein und Zeit』에서 후설의 방법과 자아 ego에 대한 독특한 견해에 대해 비판적이었다. 1928년 가을 프라이부르크에서 하이데거가 후설의 자리를 이어 받을 즈음에 그들의 관계는 악화되기 시작하여 결국 결별했다.

하이데거와 마찬가지로 사르트르도 프라이부르크에서 독일 현상학을 연구했을 때 후설의 저서들에 영향을 받았음에도 불구하고 그는 결국 후설의 견해에 대한 하이데거의 변형이 철학적으로 더 중요하다고 믿게 되었다. 그럼에도 불구하고 1934년 사르트르가 독일에서 파리로 되돌아왔을 때 그는 메를로퐁티에게 후설의 저작인 『현상학의 이념 Die Idee der Phänomenologie』(1906~1907)에 주목할 것을 요구했으며 그에게 이 책을 주의 깊게 연구할 것을 권고했다. 메를로퐁티는 후설의 현상학에 있는 여러 가지 독특한 요소들에 감명받았을 뿐만 아니라 그의 저작들 속에서 더 깊이 연구할 부분들을 발견함으로써 이에 고무되었다. 그는 특히 후설의 『유럽 학문의 위기 Die Krisis der europäischen Wissenschaften』(1936)에 영향받았다. 비록 메를로퐁티가 후설의 사상에 대한 하이데거와 사르트르의 해석에 대해 철저하게 이해하고 있었다 할지라도 그는 후설의 원전에 대한 독자적이고도 광범위한 연구를 진행시켰다. 심지어 그는 몸소 벨기에의 루뱅으로 가서 후설의 원전 자료들을 직접 참고하기도 했다. 후설의 수고(手稿)를 포함한 이 자료들은 속기로 기록되었고 4만 페이지가 넘으나 사본과 번역을 통해 점차 우리에게도 알려지고 있다. 그렇지만 이 모든 자료들의 세부사항이 분석되지 않은 상태에서도 우리가 알 수 있는 분명한 사실은 후설이 현상학과 실존주의의 지도적 대표자들인 하이데거, 메를로퐁티, 사르트르에게 강력한 영향력을 행사했다는 것이다. 비록 이들이 후설의 주요 사상들 가운데 많은 것들을 거부했다 할지라도 이들의 완성된 저작들에는 후설 현상학의 흔적이 선명하게 남아 있다.

1.2 유럽 학문의 위기

〈현상학이란 무엇인가?〉의 물음에 답하기에 앞서 〈무엇이 후설을 촉구하여 최초로 현상학을 발전시키게 했는가?〉라는 물음이 도움이 될 것이다. 그의 철학은 서양 문화가 나아갈 진정한 방향과 목적을 잃었다는 그의 깊은 확신에서 생겨났다. 그의 태도는 그의 마지막 주요 철학 저작인 『유럽 학문의 위기』의 제목에 반영되어 있다. 여기서 〈위기〉의 본질은 그 진정한 목적에서 철학이 이탈한 것이다. 철학의 진정한 목적은 인간 관심사들에 대한 최선의 가능한 대답들을 제공해 주는 것이고, 최고의 가치들에 대한 우리의 탐구를 면밀히 검토하는 것이며, 간단히 말해 인간 이성의 고유하고 광범위한 능력들을 개발하는 것이다. 후설은 이 〈위기〉를 〈합리주의의 붕괴 현상〉으로 묘사했으며 그의 평생의 과제도 〈인간 이성을 구제하는 것〉으로 설정했다. 그러면 인간 이성을 어떤 위험에서 구제해야 하는가? 후설에 따르면 그 위험이 그의 현상학의 배경을 제공한다.

근대적 사고의 위기를 해결하는 열쇠는 〈자연 과학〉의 기획이다. 후설은 여러 과학의 찬란한 성공에 감명을 받았다. 사실 그의 궁극적 목적은 철학을 엄격한 과학으로 발전시킴으로써 인간 이성을 구해 내는 것이다. 그러므로 그의 비판은 과학 자체를 겨냥하기보다는 자연 과학의 가정과 방법을 겨냥하고 있다. 후설은 자연 과학이 해를 거듭하면서 인간 존재에 대하여, 그리고 세계란 어떠한 것이며 어떻게 해야 그것에 대해 잘 알 수 있느냐에 대하여 그릇된 태도를 발전시켰다고 믿었다. 자연 과학은 자연이 기본적으로 물리적이라고 믿는 치명적인 편견에 의존한다. 이런 관점에 따르면 정신의 영역, 즉 인간 문화는 물리적 사물들에 인과적인 토대를 두고 있으며, 이런 상황은 궁극적으로 앎, 가치, 판단에 대한 우리의 개념을 위협한다. 자연 과학자는 정신 과학의 독자적인 체계화 가능성을 거부한다. 후설의 주장에 따르면 이런 거부는 매우 순진한 것이며, 이것이 근대인의 위기를 대부분 설명해 준다. 과학적 합리주의의 이러한 미성숙은 〈자연주의〉에 대한, 즉 물리적 자연이 그 안에 있는 모든 것을 감싸고 있다는 견해에 대한 과학의 맹목적 신뢰에 기인한다. 자연주의는 또한 지식과 진리가 우리의 개인적 자아를 넘어선 실재에 토대를 두고 있다는 의미에서 〈객관적〉이라는 사실을 의미한다. 문제는 철학자들과 과학자들이 고대 그리스에서 발전된 근원적인 철학적 태도에서 이탈했을 때부터 시작되었다.

소크라테스, 플라톤, 아리스토텔레스 이전에 사람들은 매우 실천적인 삶을 영위했으며 음식과 의복, 주거에 대한 기본적인 필요성에 주목했다. 그들은 개인과 집단의 실천적 관심을 지지했던 신화와 원시 종교를 발전시켰다. 이런 상태에서 지엽적인 경험과 실천적 이해관계의 직접적 영역을 초월한 개념이라는 의미를 지닌 〈관념의 문화〉는 존재하지 않았다. 그러다가 그리스 철학자들은 새로운 종류의 전망을 가지고, 즉 모든 인생과 그 목적에 관한 보편적인 비판의 안목으로 사태를 파악하기 시작했다. 이런 비판의 긍정적인 측면은 이 비판이 추구하는 목표, 즉 보편 이성을 통해 사람들을 새로운 인간성을 향해 고양시키고 습속과 지리, 사회적 집단의 제한된 지평 너머로 그들을 올려놓으려는 목표에 있다. 이것을 가능하게 만든 것이 바로 진리에 대한 새로운 개념이었다. 이 진리는 전통에 의존하지 않으며 보편적으로 타당하고 무한히 정교해질 수 있다. 따라서 바로 이 지점이 유럽의 정신적 삶과 문화의 근원지인 셈이다. 이런 태도의 체계적인 확립이 바로 그리스인들이 〈철학〉이라고 불렀던 그 학문인 것이다. 후설에 따르면 제대로 이해된 철학이란 〈오직 보편적인 학, 전체로서의 세계에 관한 학, 모든 존재의 보편적 통일성에 관한 학〉을 말한다. 철학은 물리적 자연뿐만 아니라 문화적 자연 — 대상들뿐만 아니라 관념들을 포함하는 자연 전체 — 을 포괄적으로 파악했다. 그렇다고 하더라도 시간이 지나면서 이 하나의 학, 즉 철학은 몇 개의 분리된 과학들로 분할되기 시작했다. 이런 분할에 지배적인 영향을 미친 사건은 지각된 자연 세계를 수학의 세계로 변형시킬 수 있는 방법의 발견이었다. 이런 발견은 결국 수학적 자연 과학의 발전으로 이어졌다. 과학의 성공은 궁극적으로 정신에 대한 점차적인 과학적 거부를 초래하게 되었다.

이보다 훨씬 앞서 데모크리토스는 세계의 모든 것을 물질적 재료와 물리적 법칙들로 환원시킨 유사한 견해를 제시했다. 소크라테스는 이런 견해를 거부했으며, 이는 그가 정신적 삶이 사회의 맥락 안에 현존함을 느꼈기 때문이었다. 플라톤과 아리스토텔레스 역시 정신적 차원에 관한 소크라테스의 견해를 유지했다. 왜냐하면 인간 존재가 비록 객관적 사실들의 세계에 속하기는 하지만, 그럼에도 불구하고 우리는 어디까지나 목적과 목표를 지닌 인간이기 때문이다. 그러나 이후에 수학적 자연 과학의 성공으로 과학적 방법은 곧 정신의 지식을 봉인했다. 개인의 정신은 이제 물질적 재료에 기반을 둔 객관적 사실로 여겨지게 되었다. 그리하여 물질의 세계에 적용되는 것과 동일한 인과적 설명이 정신의 세계에도 적용되었다. 후설은 자연 과학의 태도에 기초하여 다음과 같이 주장한다.

정신을 설명하기 위한 순수한 독자적 탐구는, 즉 정신적 자기 경험 내의 자아에서 출발하여 다른 정신으로 확장해 가는, 순수하게 내면 지향적인 심리학 또는 정신학은 현재 존립할 수 없다. 우리가 따라가야 할 길은 단지 외면적인 길, 물리학과 화학의 길뿐이다.

그는 자연주의적 객관주의가 자연 과학의 방법론에 따라 정신을 연구하는 한 우리는 진정한 인간 목적에 대한 이해를 향상시킬 수 없다고 결론짓는다. 따라서 그는 정신의 본질을 파악하고 그럼으로써 자연주의적 객관주의를 극복하는 방법으로써 자신의 선험 현상학*transzendentale Phänomenologie*을 제시했다.

1. 3. 데카르트와 지향성

지금까지 현상학을 탐구하게 된 후설의 동기를 살펴보았다. 이제 그의 방법에 영감을 준 주요 사상가들 가운데 한 사람, 즉 데카르트를 둘러보는 것이 도움이 될 것이다. 후설은 〈현상학이 그 진정한 창시자로서 데카르트에게 영광을 돌려야만 한다〉고 말한다. 후설에게 영향을 준 또 다른 사상들도 있다. 로크의 경험론, 흄의 회의주의, 칸트의 코페르니쿠스적 전회, 윌리엄 제임스의 프래그머티즘이 그것이다. 그러나 후설은 자신의 사상 형성에 통찰력을 제공한 이러한 사상과 여타의 다른 사상들을 뛰어넘었다. 그럼에도 불구하고 데카르트의 영향은 결정적이었다. 후설 자신도 데카르트가 〈사유하는 자아〉라는 개념을 가지고 출발했던 바로 그 지점에서 출발할 수 있었기 때문이다. 그러나 데카르트는 체계적인 회의를 통해 지식을 위한 절대적으로 확실한 토대를 다지고자 한 반면, 후설은 데카르트의 출발점의 단지 일부만을 수용함으로써 현상학의 독특한 분위기를 만들어 냈다. 후설에 의하면 〈이와 같이 우리는 현재의 모든 지식을 무시할 것을 스스로 그리고 진심으로 결심한 모든 사람들에서 출발한다. 우리는 지식의 절대적 토대라고 하는 데카르트의 지도 이념을 포기하지 않는다. 그러나 탐구의 출발점에서 그런 목적 달성의 가능성을 전제하는 것조차 하나의 편견일 수 있다〉. 이처럼 후설은 데카르트보다 훨씬 더 근본적인 접근을 시도한다. 그는 오로지 〈현실의 경험과 직관에 주어지는 그대로의 사물과 사실들 그 자체〉만을 직시함으로써 〈어떠한〉 전제도 없는 철학을 세우려 하기 때문이다. 후설이 기본 원칙으로 삼은 것은 〈오직 명증성에 의해서만 판단하며〉 그 어떤 선입견이나 전제에 따르지 않는다는 원칙이다. 그는 〈직접적이고 매개적인 명증성들〉로 채워져 있는 인간의 과학 이전의 삶의 모습을 회복시키고자 했다. 이와 같이 데카르트가 체계적인 회의를 사용했던 반면에 후설은 단지 그의 경험에 대한 모든 판단을 유보했다. 그 대신에 그는 경험 자체의 명증성의 입장에서 가능한 한 온전하게 자신의 경험들을 기술하는 길을 모색했다.

경험이 자아 ego의 주위를 돌고 있음은 명백하다. 데카르트뿐만 아니라 후설에게도 모든 지식의 근원은 자아다. 그러나 데카르트에게 자아는 논리적 추론에서 제1공리가 된다. 이것에 기초해서 그가 수학적 연역을 하듯이 실재에 관한 일련의 결론들을 연역해 낼 수 있는 반면에 후설은 자아를 단순히 경험의 기반으로 간주한다. 그러므로 후설은 논리 대신에 경험에 일차적인 강조점을 두었다. 그의 관심은 경험에 〈주어진 것 $the\ given$〉을 그 순수한 형태 그대로, 그리고 의식의 직접적 데이터로 나타나는 그대로 발견하고 기술하는 것이다. 후설은 의식적인 자아를 넘어 연장적 실체로, 즉 주관을 객관적 실재에 연결시키고 그럼으로써 심신 이원론을 낳는 물체의 개념으로 이행한다고 하여 데카르트를 비판한다. 그 대신 후설은 〈순수 주관성〉이 인간 경험의 실제적 사실들을 더 정확히 기술한다고 믿었다. 게다가 데카르트가 그의 유명한 〈나는 생각한다 $ego\ cogito$〉는 원리에서 두 개의 용어를 강조했던 것과는 달리 후설은 〈나는 어떤 것에 대해 생각한다 $ego\ cogito\ cogitatum$〉와 같이 세 개의 용어로 표현하는 것이 경험을 더욱더 정확하게 기술한다고 믿었다. 이것이 바로 〈지향성 $Intentionalität$〉 — 즉 의식은 언제나 무엇에 〈관한〉 의식이라는 — 이라고 하는 철학적 개념이다.

의식에 관해 가장 분명한 사실은 의식의 본질이 어떤 대상을 가리킨다, 또는 지향한다는 사실이다. 사물들에 대한 우리의 지각이란 곧 지향된 대상을 향한 투사다. 따라서 후설은 의식의 본질이 지향성에 있다고 믿었다. 후설에 의하면 지향성이란 나의 의식 대상이 — 집, 쾌락, 수(數) 또는 타인이든 — 나에 의해 의도된, 구성된, 성립된, 즉 지향된 어떤 것임을 의미한다. 순수 의식은 단편들로 이루어져 있지 않다. 오히려 그것은 하나의 지속적인 흐름이다. 우리의 원초적 지각은 차별화되지 않은 세계로 이루어져 있다. 그렇다면 분리된 지각 대상들이란 결국 의식의 흐름에 속하는 특정한 부분들이다. 주체로서의 우리는 그것들을 지향함으로써 의식을 구성해 낸다. 칸트는 일찍이 시간, 공간 및 인과성과 같은 범주들을 감각 경험에 부과함으로써 어떻게 정신이 경험을 구성하는지에 대해 설명한 바 있다. 이와 마찬가지로 베르그송도 〈우리는 감각적 성질들의 지속성 속에 물체의 경계를 표시한다〉고 말했다. 후설에게도 역시 지향성이란 경험을 구성하는 자아의 적극적인 개입이다. 실제로 후설에게 지향성이란 의식 자체의 구조이며 동시에 존재의 근본 범주이다. 이것은 실재를 발견해 내는 과정에서 우리는 사물 형태의 실재를 찾아내야 한다는 사실을 의미한다. 왜냐하면 사물들이 바로 우리가 의도한 대상들이기 때문이다. 예를 들어 내가 어떤 사람을 바라볼 때 나는 가령 그의 측면만을 보는 경우처럼 제한된 시각에서 그를 지각할 뿐이다. 또한 나는 그가 가게에서 물건을 사는 상황처럼 특정한 배경 안에서 그를 본다. 이런 지각들은 단지 실재의 단편들일 뿐이며, 이런 단편들 속에서 우리의 의식은 문제의 그 사람을 〈의도(지향)한다〉. 지향성의 이런 과정은 일반적으로 의식적이지 않으며 오히려 자동적인 과정이다. 그래서 그는 이러한 세계에 대한 자아의 구성을 〈수동적 창조 passive genesis〉라고 부른다.

1. 4 현상과 현상학적 괄호 묶기

〈현상학 Phänomenologie〉이라는 용어는 의식에 이용할 수 있는 유일한 증거, 즉 현상 phenomena — 이 단어는 겉모습 appearances이라는 말에서 파생되었다 — 을 넘어서는 것에 대한 후설의 거부에 기초하고 있다. 대부분의 인식론들은 한편으로 인식하는 정신과 다른 한편으로 인식의 대상을 구별한다. 그렇더라도 후설은 의식과 현상 사이의 구별을 실제로 인정하지 않는다. 사실상 그는 궁극적으로 현상이 어떤 것을 경험하는 주관적 작용 자체에 포함되어 있다고 주장한다. 이것은 이보다 더 자연적인 태도, 즉 현상의 객관적 세계가 이에 대한 나의 의식과 상관없이 존재한다고 가정하는 태도와 뚜렷하게 대조를 이룬다. 후설에게 있어서 어떤 것을 아는 것은 사물의 사진을 찍는 카메라의 작용과 같은 것이 아니다. 우리의 의식에 이용할 수 있는 사물의 현상에 초점을 맞춤으로써 우리는 실제로 사물에 대한 더 확장된 표현을 얻는다. 왜냐하면 그 표현은 이제 실재의 대상, 이 대상에 대한 우리의 현실적 지각, 우리가 의도하는 바의 대상, 그리고 지향성의 작용을 포함하기 때문이다. 이런 표현은 사물의 현상에 대한 표면적인 측면들에 대한 표현을 넘어서서 의식의 복잡한 작용으로 옮겨간다고 후설은 믿는다. 후설에 의하면 〈의식은 《존재하는》, 그리고 《이처럼 규정되어진》 대상이 의식 안에서 의도되고 의식 안에서 그러한 감각으로 발생한다는 사실을 가능하게 하고 필연적인 것으로 만든다〉. 간단히 말해서 우리는 현상을 의도하고 창조할 때 의식의 적극적 역할을 발견함으로써 우리 경험의 여러 요소들을 가장 잘 이해할 수 있다.

우리는 경험하는 외적 사물들 자체에 대한 어떤 것을 말할 수 있는가? 후설은 우리가 외적 사물들에 대한 모든 가정들을 옆으로 치워 두어야 — 또는 괄호로 묶어야 — 한다고 대답한다. 그는 이런 과정을 〈현상학적 판단 중지 phänomenologische epochē〉 — 여기서 〈에포케〉라는 용어는 〈괄호 묶기〉를 뜻하는 그리스어이다 — 라고 부른다. 그에 의하면 이런 방법은 〈객관적 세계에 관한 모든 관점으로부터의 분리〉를 포함한다. 데카르트는 그의 생각하는 자아를 제외한 모든 현상을 포함하여 모든 것을 회의하는 것에서 출발했다. 이와 대조적으로 후설은 세계가 존재한다거나 존재하지 않는다고 주장하는 것을 거부함으로써 모든 현상 또는 경험의 모든 요소를 〈괄호로 묶는다〉. 그는 경험에 관한 모든 신념을 향유하기를 자제한다. 따라서 후설은 대상, 다른 사람들, 그리고 문화적 상황들을 포함하는 경험된 삶 전체의 흐름을 괄호로 묶는다. 이 모든 현상을 괄호로 묶는다는 것은 그것들이 실재들인지 현상들인지 판단하지 않고 그 현상들을 단지 관찰하며 세계에 대한 어떤 견해, 판단 또는 가치 평가를 금지한다는 것을 의미한다. 우리는 경험의 현상에서 뒤로 물러나 우리의 정신에서 모든 편견들, 특히 자연 과학의 전제들을 제거한다. 우리가 이렇게 할 때 세계의 존재를 부정하든 긍정하든 이것은 거의 차이를 만들지 않는다. 왜냐하면 현상학적 괄호 묶기는 〈사실의 가장 위대하고 가장 장대한 것을 드러낸다. 나와 나의 삶은 — 실재에 대한 나의 감각에서 — 세계가 존재하는지 존재하지 않는지에 관한 문제를 우리가 결정하는 어떠한 방식에 의해서도 영향받지 않는다〉.

현상학적 괄호 묶기는 궁극적으로 우리를 실재의 중심에로, 즉 의식적 자아로 되돌아가게 만든다. 우리가 발견하는 것은 우리 자신이 의식의 삶이며 이 의식의 삶을 통해 대상 세계가 비로소 온전하게 존재하게 된다는 것이다. 그에 의하면 〈나는 진정한 자아를 발견하였다. 나는 나 혼자만이 순수한 존재를 갖춘 순수한 자아*ego*라는 것을 발견했다……. 이 자아를 통해서만《세계의 존재》가, 그리고 이 문제에 관한 한 그 어떤 종류의 존재이든 나에게 의미를 지니며 있을 수 있는 타당성을 지닌다〉. 자신이 존재한다는 사실로부터 객관적 세계를 연역해 낸 데카르트와 달리 후설은 자아가 세계를 그 안에 〈담고 있다〉고 주장한다. 〈파리 강좌〉에서 후설은 다음과 같이 말한 바 있다.

나에게 세계는 내가 그것에 대해 의식하고 있다는 것, 그런 나의 사고 작용 *cogitationes* 안에서 타당한 듯이 보이는 그런 것과 다른 존재가 아니다. 세계의 전체적 의미와 실재는 오로지 이러한 사고 작용에 의존한다. 이 세상과 관련된 내 삶 전체가 이런 사고 작용들 안에서 운행된다. 어떤 의미에서 나는 내 안에 존재하지 않는, 그리고 나로부터 그 의미와 진리가 이끌리지 않은 그런 세계에서는 살아가거나 경험하고 생각하고 가치를 평가하고 행위를 할 수 없다.

따라서 사유의 구조 자체가 모든 대상의 현상을 규정한다. 그는 이러한 경험의 직접적 현상 세계를 〈선험계〉라고 명명하면서 이 세계를 뛰어넘으려는 모든 철학 이론을 거부한다. 그렇게 하여 그는 칸트의 〈현상(경험)〉과 〈본체(물 자체)〉의 구분을 거부한다.

1.5 생활 세계

우리는 앞에서 후설이 주장한 내용을 살펴보았다. 모든 전제들을 괄호로 묶고 인간 경험의 근원적 형상을 비춰 주리라고 그가 믿는 그런 과학 이전적 관점으로 본질적인 복귀를 시도하라는 것이었다. 이것이 우리의 일상적 세계, 즉 〈생활 세계*Lebenswelt*〉의 영역이다. 생활 세계는 우리가 전형적으로 개입되어 있는 온갖 경험들로 이루어져 있으며 이것들은 지각, 반응, 해석 및 일상사의 많은 단면들의 체계를 포함한다. 이런 생활 세계는 여러 과학이 그 대상을 추상해 내는 근원지다. 이런 한에서 과학은 실재를 단지 부분적으로 파악하여 우리에게 제공할 뿐이다. 과학이 자신의 관심 대상들만을 추출해 간 뒤에 경험의 풍부하고 의미 있는 요소들의 대부분은 그대로 남아 있게 된다. 사실 과학자가 된다는 것이 과연 무엇인지는 과학 자체에 의해 설명되지 못한다. 생활 세계가 과학에서뿐만 아니라 사람들의 순수한 경험 안에서 기능하는 방식에 대한 엄격한 분석만이 철학을 위한 적절한 기반을 제공해 줄 것이다. 진리의 기본적 정당성이나 확증은 생활 세계의 사건들에서 비롯되는 증거의 전형 속에서 찾을 수 있다. 생활 세계가 지닌 이들 사건의 총체성이 바로 후설이 〈세계를 경험하는 삶〉이라고 부르는 것이다.

생활 세계에 관한 이런 개념을 통하여 후설은 다양한 자연 과학에 의해 지배되는 관점에서 철학자, 즉 현상학자를 해방시키고자 한다. 훨씬 더 유용한 형태의 과학을 위해, 그렇지만 특히 정신을 해방시키기 위해 그는 과학적 견해로 해석되기 이전의 세계의 본모습을 발견하는 한 방법을 만들어 냈다. 괄호 묶기를 통하여 생활 세계는 기술(記述)이라는 과업을 위한 신선한 영역으로 떠오르고 있으며 경험, 사고 및 이론화의 새로운 길을 개척하고 있다. 후설은 자신이 〈세계〉란 주체로서의 우리가 인식하는 것이라는 사실을 발견했다고 생각했다.

2. 마르틴 하이데거

2.1 하이데거의 생애

마르틴 하이데거(Martin Heidegger, 1889~1976)가 저서를 출판하기 전 그의 명성은 비상한 사상가로서 독일 대학들의 학생들 사이에 널리 퍼져 있었다. 교사로서 하이데거가 범상치 않았던 것은 그가 〈일단의 사상〉이나 철학의 〈체계〉를 발전시키지 않았다는 점이다. 그는 학생이 신속하게 이해하고 기억할 수 있는 간략한 구조의 학술적 관념들의 방법으로는 아무것도 만들어 내지 않았다. 그는 사유의 대가들에게서 보이는 만큼의 학문적 대상들에 대한 관심이 없었다. 그는 이론과 저서들에 대한 전통적인 관심에서 주의를 돌려 사유하는 개인에 대한 관심에 초점을 맞췄다. 우리는 세계 안에서 태어나 사유 작용을 통해 우리의 경험들 전부에 대해 반응한다. 하이데거가 탐구하고자 한 것은 우리가 존재하는 인간으로서 사고할 때 사유 작용의 가장 심오한 본성이었다.

1889년 독일의 슈바르츠발트 지방에서 태어난 하이데거는 프라이부르크에서 대학 예비 교육을 받았다. 그는 자신이 다니던 교회 목사가 프란츠 브렌타노의 『아리스토 텔레스에 의한 존재의 다중적 의미에 관하여 Von der mannigfachen Bedeutung des Seienden nach Aristoteles』(1862)라는 저서를 주었을 때 17세의 나이로 철학에 입문한 셈이 되었다. 이 책은 비록 난해했지만 젊은 하이데거에게 커다란 감명을 주었고, 그는 존재의 의미 또는 〈현존하는 모든 것 안에 군림하는 의미〉에 관한 평생의 탐구에 착수했다. 그러는 동안 그는 키르케고르, 도스토예프스키 및 니체의 영향도 받았다. 또한 이들로부터 그는 철학에서의 몇몇 관심사가 구체적이고 역사와 관련된 문제들에 주의를 집중함으로써 가장 창조적인 탐구 분야가 되었다는 사실을 알게 되었다. 프라이부르크 대학교에서 그는 신학 공부를 시작했지만 4학기가 지나 후설의 영향을 받게 된 뒤에는 전공 분야도 철학으로 바꾸었다. 박사 학위 논문을 비롯하여 이미 진행된 몇 가지 연구들을 마치고 나서 하이데거는 1922년 마르부르크 대학교의 부교수로 임명될 때까지 줄곧 후설의 연구 보조원으로 일했다. 이 시기에 그는 아리스토텔레스를 연구했으며 현상학에 대해서도 새로운 해석을 시도했다. 또한 그는 장차 그의 가장 유명한 저서가 될 원고를 작성하는 일에도 심혈을 기울였다. 그의 승진을 도모하기 위해 마르부르크 대학교의 학장은 이 원고를 출판하도록 촉구했으며, 1927년 의도적으로 미완으로 남긴 채 하이데거도 〈존재와 시간〉이라는 제목으로 자신의 책을 서둘러 출판했다. 이듬해인 1928년 하이데거는 후설의 후임으로 프라이부르크 대학교 철학 교수로 선정되었다.

그는 1933년 그 대학의 총장으로 선출되었으며, 짧은 기간이지만 나치의 당원을 지낸 바 있다. 1934년 그는 총장이 된 지 1년도 안 되어 사퇴하고 그로부터 10년 동안 나치주의 철학에 비판적인 강의를 했다.[3] 그는 〈국민군 Militia〉에 차출되었는데,

---

[3] 제1차 세계 대전의 패배와 바이마르 공화국에 대한 환멸의 반작용으로서 히틀러와 나치즘에 대한 기대감 속에서 하이데거도 나치에 참여했다. 〈노동 봉사·국방 봉사·지식 봉사〉를 부르짖은 프라이부르크 대학 총장의 취임사에서 보듯이 하이데거는 나치 운동을 통해서 자신의 이념을 실현할 수 있다고 생각했다. 그러나 총장직을 사퇴한 그는 히틀러와 결별하고 1936년부터 1943년까지 니체 강의를 통해 나치즘에 대한 비판과 저항을 계속했다. 훗날 그는 프라이브르크 대학 총장에게 보낸 편지에서 〈나는 니체에 대한 일련의 강의를 통해서 나치즘과 분명히 대결했으며 정신적으로 저항했다······. 파시즘은

이 집단은 1944년에 프라이부르크 학부에서 〈소모 순위 1위〉로 분류되었다. 프랑스 점령군은 그의 정년 퇴임 1년 전인 1951년까지도 교수직 복귀를 허용하지 않았다. 퇴임 후에 그는 여러 평론과 철학사의 해석을 출간했는데, 여기에는 두 권의 니체에 관한 연구서(1961)와 그의 마지막 저작인 『철학의 종말과 사유의 과제 *Das Ende der Philosophie und die Aufgabe des Denkens*』(1969)가 포함된다. 하이데거는 1976년 프라이부르크에서 86세의 나이로 세상을 떠났다.

2. 2. 세계 내 존재로서의 현존재

이미 살펴보았듯이 후설의 주장에 따르면, 우리는 오직 의식적 자아에 드러난 대로 세계의 현상을 이해한다. 하이데거는 『존재와 시간』에서 이와 유사한 방식으로 접근하면서 일차적으로 인간 존재를 이해함으로써 존재 일반을 이해하고자 한다. 〈인간 존재〉라는 개념은 잘못 이해될 소지가 있다. 이는 특히 철학사를 통하여 〈인간 존재〉의 정의가 사물의 정의와 유사한 경향을 보였기 때문이기도 하다. 후설의 현상학에 고무된 하이데거는 사람들을 세계와 분리시키는 속성이나 특성으로 정의하기를 회피한다. 현상학은 그렇듯 분명하게 부분들로 분리하지 않은 채 오히려 온전한 전체의 경험된 현상에 초점을 맞춘다. 하이데거는 진지하게 그리스어인 〈현상〉의 의미를 〈스스로 자기를 드러내는 것〉으로 이해했다. 현상은 스스로 드러내는 우리의 인간 존재이며, 이것은 전통적인 철학에서 우리가 발견하는 것과는 아주 다른 〈인간 존재〉의 개념이다. 인간 존재에 관한 그의 견해를 전통적 이론에서 분명하게 분리시키기 위해 그는 단순히 〈거기에 있음〉을 의미하는 〈현존재 *Dasein*〉라는 독일어 용어를 만들어 냈다. 사람들(현존재)을 어떤 대상으로 정의하는 것보다는 오히려 독특한 유형의 존재로 기술하는 것이 가장 적절하다. 하이데거가 지적하듯이 〈우리는 《대상》에 속한 그런 종류의 무엇을 지적함으로써 그 존재의 본질을 정의할 수 없기 때문에…… 이 실체(인간)를 순전히 그 존재에 관한 표현인 현존재라고 명명하기로 정했다〉. 그러므로 만일 인간 본성의 본질이란 과연 무엇인가라고 묻는다면 우리는 그 대답을 몇몇 특성이나 속성들에서 찾기보다는 오히려 사람들이 존재하는 방식에서 찾아야 할 것

니힐리즘이 정치적으로 둔갑한 것이라는 사실이 갈수록 명확해지고 있다〉고 밝힌 바 있다(이광래, 『해체주의와 그 이후』, 열린책들, 2007, pp. 17~18 참조).

이다. 즉 근본적인 인간 경험들은 우리가 누구인지에 관해 우리에게 무엇을 말해 주는가?

우리가 인간 존재의 근본 상태에 있다는 말은 곧 우리가 〈세계-내-존재In-der-Welt-Sein〉라는 말이다. 먼저 하이데거가 〈평균적 일상성〉이라고 부르는 우리의 일상적 경험들을 고찰해 보자. 현존재로서 세계 안에 존재한다는 것은 마치 물이 물 컵 안에 있거나 옷이 옷장 안에 있듯이 한 사물이 다른 사물 안에 있는 것과 동일한 상황이 아니다. 현존재가 세계 안에 있다는 것은 거기서 〈생활하다〉, 세계에 〈익숙하다〉, 또는 〈내가 어떤 것을 보살핀다〉라는 뜻이다. 여기서 강조점은 다른 대상과 공간적으로 관련된 한 대상에 주어지는 것이 아니라 오히려 특정 형태의 이해에 주어진다. 예를 들어 〈그녀는 사랑《안에》있다she is in love(누군가를 사랑한다)〉라고 함은 그녀의 공간적 위치를 가리키는 것이 아니라 그녀가 처한 특정 형태의 존재를 가리킨다. 이와 유사하게 사람들이 세계 안에 있다고 말하는 것은 사람들을 공간 안에 위치시키는 것이 아니라 그들의 존재 구조 — 이 구조로 인해 사람들은 세계에 관해 의미 있는 방식으로 사고할 수 있게 된다 — 를 기술하는 것이다.

우리가 〈세계-내-존재〉라고 하는 것의 주된 특징은 우리는 사물들을 하나의 〈도구〉 및 용도로서 마주친다는 데에 있다. 즉 우리는 사물들을 용구들로 여긴다. 망치를 예로 들어 보자. 우리가 망치를 처음 봤을 때 드러나는 것은 우리가 어떻게 그것을 이용하느냐는 것이다. 우리는 일정한 목적을 성취하기 위해 그 망치를 하나의 용구로 사용한다. 내가 망치를 사용할수록 나는 대상으로서의 망치를 덜 의식하게 된다. 나와 망치 사이에는 아무런 거리도 없는 듯하다. 나는 또한 망치와 유사한 사물들을 한 기획의 일부로 여기며, 그 기획에 포함된 다양한 목적들의 맥락 안에서 그 목적을 성취한다. 만일 그 망치가 부러진다면 우리는 그것을 다른 방식으로, 즉 하나의 사물이나 대상으로 보게 된다. 하이데거에 따르면 우리는 〈용의주도함〉이라고 불리는 어떤 특별한 종류의 통찰력을 소유하고 있으며 이것이 그 대상의 목적을 드러내 준다. 우리는 먼저 그 대상의 속성들을 검사하고 그런 다음에 그 속성들로부터 그 용도를 추론함으로써 어떤 도구나 용구를 선정하지는 않는다. 오히려 우리는 그 용도를 먼저 파악한다. 이것이 의미하는 바는 한 사물이 도구인지 단지 대상인지를 규정하는 것이 그 사물의 〈속성〉들이 아니라는 것이다. 오히려 우리는 어떤 대상이 그 특유의 역할 —

이 역할이 그 대상에 대한 우리의 다양한 시각들을 설명해 준다 — 을 가정하는 맥락을 투사한다. 게다가 망치와 같은 물건은 여러 다른 용도들을 포함하는 어떤 임무와의 관계에서만 용도를 가진다. 그 어떤 기구도 그 수행을 할 때 다른 목적을 밝히는 그런 속성들을 소유하지 않는다. 예컨대 망치의 속성들은 그 어느 것도 지붕에 못을 박기 위해 사다리가 필요할 것이라는 사실을 보여 주지 못한다. 그 어떤 특정한 물건도 오직 그것이 다른 목적들과 관계될 때에만 의미를 갖는다. 우리가 도구로서의 사물들과 마주치기에 앞서 드러나는 것은, 그리고 우리에게 그 물건들을 용구로서 이해하게 해주는 것은 바로 이러한 목적들의 그물처럼 얽힌 관계다. 이런 얽혀짐이나 목적 연관을 발전시키는 것은 우리 본성의 일부다. 개인이 〈그들의〉 세계를 투사하는 여러 다른 방식들이 가능하기 때문에 동일한 사물들로 이루어졌으면서도 여러 다양한 세계들이 존재할 수 있다.

현존재는 우리가 세계를 투사하는 방식을 가능하게 하는 세 겹의 구조를 소유하고 있다. 첫째가 우리의 〈이해〉다. 이것을 통해 우리는 사물들에 맥락과 목적을 투사한다. 사물들이 의미를 얻는 것은 바로 이러한 투사된 상호 관계들을 통해서다. 둘째는 우리가 우리의 환경과 마주치는 방식에 영향을 미치는 우리의 〈기분〉이거나 〈접근〉이다. 절망적인 또는 즐거운 기분에서 우리의 과제는 절망적인 것으로서 또는 즐거운 것으로서 활짝 열릴 것이다. 이러한 것들은 단지 태도들에 불과한 것이라기보다는 우리의 존재 방식과 세계가 우리에 대해 존재하는 방식을 기술한다. 세 번째 구조는 우리의 〈언설〉이다. 발화를 통해 형성될 수 있는 어떤 것만이 이해될 수 있고 우리의 기분에 종속될 수 있다.

2. 3. 관심으로서의 현존재

하이데거에게 현존재가 〈세계-내-존재〉라는 것은 사물에 대한 우리의 가장 원초적이고 근본적인 시각이다. 그러나 이것이 이야기의 전부가 아니다. 더 중요한 것은 우리가 마주치는 사물들에 속박된다는 사실이다. 어떤 의미에서 우리는 사물, 과제, 관계들에 의해 소모되어 버린다. 우리는 환경 안에 있는 도구들과 과제들에 대한 실천적 관심을 가진다. 우리는 주변에 있는 사람들의 공동체에 대한 인격적 관심을 가진다. 이것이 우리의 정체성에 매우 중요하므로 〈관심〉은 우리의 근본적인 태도다.

그렇다면 현존재를 이해하기 위해 우리는 이러한 관심의 근본 성격을 이해해야만 한다. 하이데거의 주장에 따르면 관심에는 세 가지 구성 요소들이 존재한다. 그리고 그 각각은 우리 안에 상당량의 불안을 창출한다. 첫째, 우리 모두는 단지 세계 안에 내던져졌을 뿐이다. 나는 태어나기를 요구하지 않았음에도 불구하고 여기에 존재한다. 우리의 과거에 대한 이런 특징을 그는 사실성이라 부른다. 둘째, 우리는 선택의 자유를 갖는다. 우리는 우리의 삶을 변형시킴에 있어서 이에 책임을 지며 적절한 결정들을 내림으로써 끊임없이 우리의 진정한 자아가 되어야만 한다. 이것은 우리의 미래를 포함하며 그가 실존성이라 부르는 특성이다. 셋째, 우리는 우리의 〈진정한〉 특성을 잃는다는 의미에서 낮은 단계로 퇴락한다. 나의 진정한 존재는 나에게 특유한 자아와 나의 모든 행위에 대한 나의 책임을 인정하고 긍정할 것을 요구한다. 사실성과 실존성이 나의 과거와 미래를 포함했듯이 퇴락은 나의 현재 상황을 포함한다.

    내가 느끼지 못하는 사이에 진정하지 못한 존재로 흘러 들어가지만 모든 경우에 그것은 공적인 자아와 비인격적 정체성에서 피난처를 찾음으로써 나 자신으로부터 회피하려는 경향을 가진다. 나는 구체적인 〈나〉로서 내가 마땅히 행해야 하는 대로 행위를 하기보다는 비인격적인 〈어떤 사람〉이 되며 남들이 기대하는 대로 행위를 한다. 나는 유일하고 탁월하게 되려는 촉구를 억압하며, 그럼으로써 나를 평균인의 차원으로 끌어 내린다. 나는 뒷공론을 즐기는데 이는 타인들에 대한 나의 천박한 해석을 반영한다. 나는 기분 전환을 목적으로 새로운 것을 찾으며, 나 자신의 목적을 깨닫는데 실패한 것에 대해 전반적으로 모호한 느낌을 갖는다. 그러나 나는 진정한 자아와 직면하기를 언제까지 피할 수는 없다. 불안이 침투해 들어온다. 하이데거에게 불안은 단순한 심리학적 상태가 아니다. 오히려 인간 존재의 한 전형이다. 불안은 두려움과 흡사한 것이 아니다. 두려움은 뱀이나 적처럼 우리가 이것에 대항하여 자신을 방어할 수 있는 대상을 갖는다. 그러나 불안은 아무것도 가리키지 않는다. 더 정확히 말해서 〈아무것도 아닌 것no-thing〉을 가리킨다. 그 대신에 불안은 우리의 존재에 있어 〈무nothingnes〉의 현존을 드러내 준다. 우리 존재의 한가운데에서 무의 현존을 변경시킬 방법은 없다. 즉 우리는 죽음을 피할 수 없다. 시간 자체가 우리에게는 불안의 요인이 된다. 우리가 시간을 인식하는 일차적인 이유는 우리가 죽는다는 사실을 알고 있기 때문이다. 내 삶의 매 순간 나는 죽는다는 사실과 하나로 묶여 있으며, 나의 삶을 나의 죽음으로부터 분리시키는 것이 불가능하다. 나는 나의 한시성을 부인하고 내 제한된 존재의 회피 불가능성을 벗어나고자 시도한다. 결국 나는 나의 진정한 자아를 긍정해야만 하며, 그럼으로써 나는 무엇이며 누구인지를 투명하게 들여다봐야만 한다. 그렇게 할 때 나는 깨닫게 될 것이다. 나의 비근원적인 존재 속에서 불가능한 것을 하고자 노력해 왔다는 사실을, 즉 나의 제약과 나의 한시성에 관한 사실을 숨기고자 노력해 왔다는 사실을 말이다.

3. 종교적 실존주의

〔실존주의의 현대적인 형태는 제2차 세계 대전 이후에 파리에서 나타났다. 처음에 그것은 철학의 한 유행으로 간주되었고, 그 철학의 실천가들도 자신들의 사상을 대학 강단과는 너무 동떨어진 카페에서 토론했다. 모든 유행이 그러하듯이 이 유행도 잠깐이면 망각 속에 사라져 버릴 것이라고 생각되었다. 그러나 실존주의는 소설, 연극, 시, 회화, 신학을 포함하는 모든 사유 형식과 표현 형식에 침투해 들어감으로써 추진력을 획득했다. 비록 그 영향이 적긴 하지만 실존주의는 현대의 다른 어떤 철학보다도 폭넓은 호응을 받았으며 이러한 영향이 그렇게 쉽게 사라질 것 같지 않았다.

제2차 세계 대전 이후에 사르트르와 카뮈의 논문, 희곡, 소설에 나타난 것들은 이전의 철학자들이 이미 파악했던, 그러나 20세기라는 상황에서야 가장 폭넓은 호응을 얻을 수 있었던 사유 양식을 재치 있게 대중판으로 변형시킨 것이 대부분이었다. 실존주의는 바이마르 공화국의 독일에서 하이데거와 야스퍼스를 중심으로 진행되었던 하나의 철학 사조였다. 또한 19세기 중반에 이미 실존주의의 주요한 주제들은 키르케고르에 의해 완성되었고, 더 거슬러 올라가면 셸링과 마르크스에서 키르케고르의 연원을 찾을 수 있다. 우리가 이렇게 다양한 철학적 경향들을 실존주의라고 통칭함에 있어서 꼭 기억해 두어야 할 점이 있다. 즉 실존주의는 다양한 형식을 가지며 실존주의자들 간에는 유사점보다 차이점이 더 많다는 사실이다. 어떤 경우에는 윌리엄 제임스, 베르그송, 니체, 독일의 신비주의자 야콥 뵈메,[4] 파스칼까지도 실존주의적 주제에 기여했던 학자들로 간주되기도 한다. 그렇다면 이들의 공통점은 무엇일까? 그 공통점은 실존, 인간의 실존, 실존하는 개인의 조건과 특성에 대한 관심이라고 할 수 있다.

실존주의는 발생할 수밖에 없었다. 개인들은 수세기가 지나도록 사상 체계와 역사적인 사건들과 과학 기술상의 발전에 의해 뒷전으로 밀려나 있었다. 주요한 철학 체계들도 개인의 인간적인 관심에 거의 주의를 기울이지 않았다. 예를 들면 비록 아리스토텔레스가 윤리학에 관한 위대한 논문을 저술했지만 몽테뉴는 이렇게 말하였다. 〈만일 나의 일상 행동들이 아리스토텔레스에게 비추어진다면, 나는 그 행동들의 대부분을 인정할 수 없다.〉 또한 니체도 〈너무 이상하게도 우리 시대의 학자들에게는 가장 긴급한 문제들이 간과되고 있다. 그들의 연구가 과연 어떤 목적에 유용하단 말인가〉라고 말하였다. 확실히 소크라테스는 이러한 문제들에 집중했었다. 그에 의하면 모든 사유와 활동은 인간 실존의 의미를 고양시키는 방향으로 지향되어야 했다. 아우구스티누스도 내성적이며 심리학적인 분석을 통해 인간의 불안정성과 불안의 근원을 발견하려 했다. 그렇지만 대부분의 경우에 철학은 형이상학이나 윤리학이나 인식론 같은 전문적인 문제들을 일반적이고 객관적인 방식으로 취급하려 했을 뿐 인간의 운명에 대한 인간들의 깊은 관심들을 간과했다. 역사적 사건들, 특히 전쟁은 개인의 감정이나 열망들을 완전히 무시해 버렸다. 한편 인간을 돕기 위해 발생했던 과학 기술은 곧 나름대로의 추진력을 획득했고, 오히려 이제는 인간의 삶을 기계의 리듬에 맞추도록 강요한다. 인간은 모든 곳에서 자신의 특수한 인간적 속성들을 상실했다. 그들은 〈인격〉에서 〈대명사〉로, 〈주체〉에서 〈객체〉로, 〈나〉에서 〈그것〉으로 전환되었다.

비인간화된 서구인들은 비인간화의 모든 징후를 나타내기 시작했다. 철학과 신학까지도 추상적인 보편성에 관해 언급하거나 개인의 인격적인 파국의 문제를 회피했으며 인간 존재의 실존에는 어떠한 의미도 없다는 결론을 내리는 것도 단지 시간 문제였다. 〔전쟁과 같은〕 재난을 방지하려는 인간들의 광적인 노력에도 불구하고 전쟁이 세상을 휩쓸었을 때, 삶은 불확실하고 불안정하며 불투명한 것으로 간주되었으며 인간은 불안의 심연에 빠졌으며 스스로를 무감각하고 제멋대로인 우주에 버려진 존재라고 생각하게 되었다. 과학 기술이 실존의 인간적인 영역에 침투해서 인간을 기계

---

4 Jacob Böhme(1575~1624). 독일의 신비주의 철학자. 그는 연금술적인 자연 철학과 신비적인 범신론을 결합한 독특한 사상을 지녔다. 그는 루터파의 탄압으로 집필마저 금지당했지만 굴하지 않고 많은 저작을 남겼다. 그 결과 그는 독일의 낭만주의와 관념론 등 후세에 많은 영향을 주었다.

에 속박시키고 인간에게 〈조직화된 인간〉으로서 일할 것을 요구했을 때, 인간은 인간으로서 자신들의 실존을 표현할 수 있는 기회를 더욱더 상실하게 되었다.

한편 인간에게 가치와 의미와 도덕적 지침을 제공해 주었던 전통적인 원천이었던 종교는 합리적, 과학적 사유의 비판적인 공격을 감내하고 있었다. 도스토예프스키는 인간에 대한 비종교적인 평가가 함축하는 의미를 검토하면서 어쩌면 인간은 〈신이 존재하지 않으므로 모든 것이 허용된다〉고 주장할 수 있지 않을까 하고 생각했다. 니체에게 종교적 믿음의 붕괴는 그의 시대의 너무도 명백한 문화적 사실이었다. 그는 전혀 머뭇거림이 없이 〈신은 죽었다〉고 선언하면서 이 사실은 용기 있게 받아들여져야 하며 인간 실존에 대한 새로운 개념이 그 위에 세워져야 한다고 주장했다. 무신론은 실존주의를 발생시키는 문제들의 하나의 중요한 원인이 되었다. 왜냐하면 유럽의 종교적 전통을 공격하는 무신론은 삶을 더욱 무가치하고 무의미한 것으로 보이게 했기 때문이다. 이러한 무의미와 투쟁하는 가운데 어떤 실존주의자들은 무신론적 입장을 취했고 삶에 대한 그들의 접근 방식을 표현함에 있어서 그러한 입장에서 모든 결론들을 이끌어 냈다. 한편 어떤 실존주의자들은 종교로 다시 돌아가서 합리적이며 과학적인 사상가들에 의해 간과되어 왔다고 생각되는 것들을 재발견하려 했다.

무신론적 실존주의자든 유신론적 실존주의자든 실존주의자들은 지나치게 학구적이며 삶과 동떨어진 전통적 철학에는 적합한 의미를 부여할 수 없다고 주장했다. 구체적으로 실존하는 개인들로부터 좀 더 확실한 관심들을 유도해 내기 위해 그들은 조직적이며 체계적인 사상을 거부했고, 좀 더 임의적인 표현 방식을 사용했다. 비록 실존주의 철학에는 〈체계〉가 없지만 실존주의의 근본 주제는 몇몇 대표적인 실존주의 사상가들을 통해 추론될 수 있다. (제2판)〕

하이데거와 마찬가지로 다른 철학자들도 인간 실존을 실재에 대한 탐구의 중심에 두는 현상학적 방법에 충격받았다. 많은 철학적 신학자들은 인간의 본성에 대한 실존적 기술과 신적 실재와 우리의 관계에 대한 종교적 개념 사이에서 흥미 있는 평행선을 발견했다. 예를 들어 많은 실존주의 신학자들이 에덴동산에 있는 아담의 타락과 하이데거의 불확실한 실존의 개념 사이에서 발견하는 하나의 평행선이 그것이다. 신의 구원이 원죄에 대한 해결책이듯이 확실한 삶이 불확실성에 대한 해결책인 것이다. 이런 관념들은 서로 평행적인 것만은 아니다. 몇몇 신학자들에 의하면 원죄와 구원에 대한 성서적 주제는 단지 불확실한 삶과 확실한 삶 사이의 구분을 표현하는 신화적 방법에 지나지 않을 뿐이다. 종교적 실존주의자들 가운데 가장 두드러진 인물들은 카를 바르트(Karl Barth, 1886~1968), 에밀 브루너(Emil Brunner, 1889~1966), 마르틴 부버(Martin Buber, 1878~1965), 루돌프 불트만(Rudolf Bultmann, 1884~1976), 가브리엘 마르셀, 카를 야스퍼스, 그리고 폴 틸리히(Paul Tillich, 1886~1965)이다. 이 책에서는 이들 가운데 야스퍼스와 마르셀의 공헌을 살펴보려 한다.

3. 1. 카를 야스퍼스

카를 야스퍼스(Karl Jaspers, 1883~1969)는 하이델베르크 대학교의 교수였다가 제2차 세계 대전 이후에는 스위스의 바젤 대학교의 교수가 되었다. 그는 심리학, 신학, 정치사상 등을 포함하여 많은 분야에 걸쳐 글을 썼다. 키르케고르, 니체 그리고 후설에게서 영향받은 그는 현상학과 실존주의의 주제들을 발전시킨 저서들을 남겼다. 실존주의에 관한 그의 주저는 세 권으로 된 『철학Philosophie』(1932)이다.

〔철학이 인간 지식의 본성에 대한 흄의 탐구가 시작된 이후로 줄곧 변화해 온 것처럼, 키르케고르가 인간의 조건들에 초점을 맞추기 시작한 이후의 철학도 이전의 양태로 되돌아갈 수 없다는 것이 야스퍼스의 믿음이었다. 직업적 철학자로서 그의 저서들은 20세기 인간의 상황과 밀접히 관련된다. 그에 의하면 자신의 주요 관심사는 존재라는 낡은 문제며 이제 그것은 실존 철학의 입장에서 탐구되어야 한다. 존재 및 개인의 실존이라는 주제는 과학적 사유 양태가 현대인의 정신에 미친 압도적인 영향에 의해 퇴색해 왔다. (제2판)〕

이 저서에서 그는 과학 기술의 발전, 대중 운동의 출현, 종교적 유대감의 와해와 같은 현상들은 〈인간의 조건들〉을 타락시켰다고 주장하였다. 과학은 나름대로의 주제를 특수한 분야로 형성해 왔으며 나름대로의 방법을 개발해 왔다. 각각의 과학이 엄격한 주제의 한계 내에서만 기능을 발휘할 수 있듯이 모든 과학의 총체도 제한된 적용 범위에 의해 특징지어진다. 이와 같이 각각의 과학은 전 실재에 대한 보다 광범위한 문제를 다루기에는 충분치 않다. 만일 우리가 다양한 관점들로 모든 과학을 결합하려 한다면 전 실재를 더 잘 설명할 수 없을 것이다. 과학에의 핵심적인 접근 방법은 객관적인 데이터에 접근하는 것이지만 전 실재는 객관적인 데이터에 제한받지 않기 때문이다. 〔야스퍼스에 의하면 과학의 한계는 스스로 부과된 것이다. 각각의 과학은 객체적인 데이터를 다루며 따라서 하나의 특정한 존재 양태, 즉 하나의 특정한 개체를 취급한다. 각각의 과학들은 본성적으로 실재를 여러 객체들로 〈분할한다〉. 그러므로 과학적으로 사유한다는 것은 한 가지 종류의 데이터, 즉 객체적인 데이터에만 접근할 수 있음을 의미한다. 그러나 존재, 전 실재, 실존의 내용은 객체적인 데이터에 국한되지 않는다. (제2판)〕

야스퍼스가 탐구하려는 것은 인간의 삶의 토대를 이루고 있는 실재 — 그는 이것을 단지 〈실존Existenz〉이라고 부른다 — 에 대한 것이다. 우리는 과학을 통해서가 아니라 철학을 통해서 실존의 구성 요소를 발견한다. 실제로 심리학, 사회학, 인류학 같은 다양한 인간 과학이 있지만 이것들은 인간을 대상으로만 간주함으로써 불완전하고 피상적인 수준에서 인간의 본성을 다룬다. 그에 의하면 〈사회학이나 심리학이나 인류학은 인간을 하나의 객체로 간주하라고 가르치는데, 거기서 배울 수 있는 것은 좀 더 교묘한 조직화에 의해 이 객체를 수정할 수 있다는 것이다〉. 물론 야스퍼스는 각각의 지엽적인 목표를 지닌 상황 속에서는 이 과학들의 유용성과 가치를 인정한다. 그렇다 하더라도 철학의 임무는 과학의 임무와 같지 않다고 그는 주장한다. 실존을 탐구하면서도 철학자는 실존을 사유의 〈대상〉으로 삼는 과학들을 흉내 내지 말아야 한다는 것이다. 만일 흉내 낸다면 철학도 실존을 다른 존재들 가운데 하나로 이해하게 될 것이다. 따라서 야스퍼스가 과학의 전문 지식을 거부하지는 않는다 할지라도 그의 주장에 의하면 이 지식은 인간에게 〈삶의 실천〉을 위한 부가적 실재를 제공해 줄 뿐이다. 즉 〈만일 개인들이 과학의 모든 원리와 법칙을 효과적이며 가치 있는 실재로 사용하지 않는다면〉 그것들은 아무 쓸모가 없다. 지식의 축적 자체로는 결코 어떠한 구체적인 결과도 보증해 줄 수 없다. 그에 의하면 〈결정적인 것은 인간 내부의 태도다. 인간이 세계를 사색하고 그것을 차츰 인식해 가는 방식과 인간의 만족이라는 본질적인 가치, 이러한 것들이 바로 그가 행위를 한 것의 기원이다〉. 그러므로 철학은 〈실존 철학existence philosophy〉이 되어야 한다.

따라서 실존 철학의 주요 과제는 실존을 취급하는 것이며, 이들 실존적 사유자의 행위는 자신의 직접적이고 내적, 개인적 경험에 기초해야 한다. 이러한 가정하에서 철학적 사유는 헤겔이 범했던 오류, 즉 〈철학을 과학으로 고양시키려는 시도〉를 반복할 수는 없다. 오히려 철학은 〈진리는 주체성이다〉라는 명제를 재확인해야 한다. 철학화한다는 것은 객체들이나 객관적 지식에 관한 전달을 의미하지 않는다. 그것은 개인의 〈내적 구성inner constitution〉에 의해 생산된 개인적 자각의 내용에 관한 전달을 의미한다. 야스퍼스에 의하면 실존적 사유란 〈삶의 철학적 실천〉이다.

실존 철학은 어떤 체계적인 명제들로 환원될 수 없지만 야스퍼스가 제시한 것처럼 우리는 그것의 몇 가지 특성들을 제시할 수 있다. 첫째, 실존 철학은 개인이 그 자신으로 되기를 추구하는 사유 양식이다. 그것은 그 자체를 대상들에 대한 인식으로 제한하지 않고 오히려 〈사유자의 존재를 해명하며 현실적으로 만드는 하나의 사유 방식〉이다. 그것은 분석적인 반성 속에서 해결책들을 발견하지 않으며 순수한 전달의 형태로 한 개인에서 다른 개인으로 진행되는 대화 속에서 〈실제적으로 된다〉. 실존 철학은 〈인간의 실존〉을 한 조각의 확고한 지식이라고 생각하지 않는다. 왜냐하면 그러한 지식은 철학을 철학이 아니라 인류학이나 사회학, 심리학으로 만들기 때문이다. 물론 실존 철학에는 순수한 주체성으로, 인간 자신의 자아에 대한 제한적인 선입관으로, 파렴치함에 대한 정당화로 타락할 가능성들이 존재한다. 그러나 야스퍼스는 이러한 가능성들을 변칙 현상으로 간주했다. 그러므로 실존 철학은 그 순수성이 유지되는 한 인간을 진정한 인간으로 만드는 데 효과적인 유일한 철학이다. 각 개인은 〈절대로 대치될 수 없으며, 우리는 결코 보편적 존재의 단순한 몇 가지 사례들이 아니다〉. 실존 철학에서 존재Being의 개념은 구체적인 개인의 의식 속에서만 발생할 수 있다.

실존 철학은 어떤 〈기능〉을 갖는다고 말할 수 있을까? 실존 철학의 기능은 야스퍼스가 말한 〈초월자〉를 정신이 수용하도록 만드는 데 있다. 인간의 상황은 다음 세 단계를 수반한다. 첫째, 대상에 대한 지식의 단계이다. 둘째, 개체가 그 자신 내부에서 실존의 기초를 발견하는 두 번째 단계이다. 셋째, 인간이 자신의 순수한 자아를 향한 노력을 의식하게 되는 단계이다. 이 마지막 단계에서 인간은 자신의 유한성을 발견한다. 인간은 〈한계 상황〉에 직면하게 된다. 예를 들면 인간이 죽음의 가능성에 직면하는 경우다. 그러나 인간은 자신의 유한성을 깨닫게 될때, 동시에 그것의 대립자, 즉 초월자로서 존재를 자각하게 된다. 전통적 신학에서 신이라고 불리는 초월자에 대한 이러한 자각은 순전히 개인적인 경험이며, 따라서 구체적인 묘사나 증명이 불가능하다. 그것은 단지 자기 자신과 모든 대상들을 포함하는 모든 것이 절대자에 근거하고 있다는 사실에 대한 자각이다. 초월자에 대한 나의 자각의 중심에는 나 자신의 자유에 대한 동시 발생적 자각이 있다. 나의 순수한 자아를 실현하려는 노력에서 나는 나와 초월자의 관계를 긍정하거나 부정하는 데 자유롭다. 그렇지만 확실한 실존은 내가 그것을 긍정할 것을 요구한다. 나는 하나의 선택 — 이것이냐 저것이냐 — 앞에 직면한다. 선택의 상황에는 과학적 증명이나 지식조차 도움을 줄 수 없다. 그것은 단지 자각일 뿐이다. 결국 인간은 하나의 〈철학적 믿음philosophical faith〉을 표현해야 한다. 그 믿음은 〔키르케고르의 신앙의 도약과 다른 것이다. 그것은 초월자와의 신비적인 합일을 의미한다기보다는(제2판)〕 삶의 심연과의 합일을 의미한다.

3. 2. 가브리엘 마르셀

야스퍼스와 마찬가지로 가브리엘 마르셀(Gabriel Marcel, 1889~1973)도 자신의 실존 철학을 존재의 문제에 집중시켰다. 특히 그는 〈나는 무엇인가?〉라는 인간적 문제에 집중했다. 마르셀 사상의 중심 개념은 〈문제problème〉와 〈비의mystère〉 사이의 구별이다. 그에 의하면 〈나는 무엇인가?〉라는 질문에 대해 그것을 하나의 문제로 환원하고 그것의 요소들을 분석하고 해결책을 산출함으로써 대답하는 것은 불가능하다. 문제란 우리에게 정보나 지식이 부족하다는 사실을 뜻하며 우리가 〈탐구〉에 참여함으로써 우리의 일시적인 무지를 극복하려 한다는 사실을 암시한다. 따라서 하나의 문제는 하나의 대상이나 대상 간의 주변 관계에서 통상적으로 해결된다. 대상과 그것들의 관계에 대한 정보는 수집될 수 있고 계산될 수 있다. 그러나 〈나는 무엇인가〉라는 물음은 하나의 문제로 환원될 수 없다. 왜냐하면 〈나〉는 하나의 대상이나 하나의 〈그것〉이 아니기 때문이다. 어쩌면 육체를 가지고 있음에 틀림없는 나는 어떤 종류의 대상일 수도 있다. 그러나 나의 존재는 주체와 객체의 결합이다. 나 자신의 주체적인 부분은 결코 제거될 수 없기 때문에 나는 하나의 단순한 객체로 환원될 수 없다. 그러므로 나의 실존에 관한 의문은 단순히 하나의 문제가 아니다. 그것은 하나의 비의다. 이 문맥상에서 마르셀이 의미하는 〈비의〉라는 단어는 〈피안의 대상들〉로 결코 번역될 수 없는 어떤 종류의 경험들이다. 이러한 경험들은 〈항상〉 주체를 내포하며 따라서 신비한 것들이다. 마르셀은 인간 실존이란 〈존재와 소유Être et Avoir〉의 결합체이기 때문에 비의의 요소도 사실상 환원 불가능하다고 믿었다. 우리가 사물과 관념들을 〈소유〉한다면 우리는 이것들을 객관적인 용어로, 예를 들어 〈나는 새 자동차를 가지고 있다〉와 같이 표현할 수 있다. 그러나 〈존재〉는 언제나 주관적인 문제다.

결국 인간 실존은 성실성 *fidélité*을 통해 신적 존재의 주관적 확인으로부터 그것의 가장 심오한 의미를 이끌어 낸다. 마르셀은 〈인간의 본질은 어떤 상황 속에 존재한다는 것이다〉라고 말한다. 여기서 그가 의미하는 바는 한 인간의 존재 *Being*에 대한 관계는 하나의 돌멩이의 존재에 대한 관계와 다르다는 사실이다. 한 가지 예를 들어 니체는 〈인간이란 약속들을 할 수 있는 유일한 존재다〉라고 말했는데, 마르셀은 니체의 이 문구에 착안했던 것이다. 하나의 약속을 할 수 있는 능력은 인간을 그 자신과 타자 간에 이루어지는 하나의 관계 속에 위치시키는데, 이 관계는 결코 두 객체들 사이에는 존재할 수 없는 것이다. 이러한 실존의 도덕적 차원은 마르셀로 하여금 인간관계의 궁극적 성격에는 성실성의 요소가 포함된다고 믿게 했다. 성실성은 인간의 실존의 본성을 이해하기 위한 중요한 단서가 된다. 왜냐하면 바로 이 성실성을 통해 개인은 자신의 삶을 지속적으로 형성하기 때문이다. 그렇게 함으로써 그와 다른 모든 것에 대한 자신의 믿음을 표현한다. 그러므로 성실성의 표현 속에서 개인의 삶은 하나의 책임 있고 확실한 연속성을 이룰 수 있다. 우리는 우정과 사랑을 통해 성실성을 발견하는데, 여기서 성실성은 우리에게 타자의 〈객체성〉을 극복하는 힘을, 그리고 새로운 수준의 친교를 가능하게 하는 힘을 제공한다. 우리는 마치 배우자들에게 하듯이 우리 자신을 그들에게 맡긴다. 그렇더라도 헌신은 새로운 문제를 일으킨다. 미래는 항상 불확실하고, 우리는 다른 사람들이 무엇을 할지 확실하게 알지 못한다. 예를 들어 어느 날 배우자가 짐을 싸서 떠나 버릴지도 모른다. 그때에도 우리는 순진하게 이들 관계를 받아들여야 하는가? 이러한 문제의 해결 방법은 신과 신비로운 질서에 대한 보다 고차적이고 절대적인 믿음을 갖는 것이다. 이것은 일종의 점진적 효과를 발휘하여 사람들 사이의 헌신에 더욱 일상적인 믿음을 유지시킨다. 비록 마르셀이 어떤 의미에서 전통적인 신학자는 아니었을지라도, 그럼에도 불구하고 그는 자신의 철학의 근본 정신을 기독교의 신앙에서 발견했다. 또한 그는 39세에 로마 가톨릭교회로 개종했다.

〔키르케고르, 야스퍼스, 마르셀, 이 세 학자는 서로 다른 방식으로 실존 철학을 형성했지만 그들이 공유하고 있는 것은 종교적 토대다. 사르트르는 실존주의 철학의 출발점과 토대를 무신론에 둠으로써 앞서 논한 철학자들과의 결별을 선언했다. (제2판)〕

4. 장 폴 사르트르

4. 1. 사르트르의 생애

1905년 장 폴 사르트르(Jean-Paul Sartre, 1905~1980)는 해군 장교인 장 바티스트 사르트르와 유명한 신학자이자 아프리카에서 의사로 활동한 알베르트 슈바이처의 사촌인 안네 마리 슈바이처 사이에서 태어났다. 파리의 고등 사범학교에서 교육받은 그는 어린 시절 문장 표현에서 특출한 재능을 발휘했다. 고등 사범학교에 있는 동안 그는 베르그송에 의해 철학에 매력을 갖게 되었다. 베르그송의 『의식에 직접 주어진 것들에 관한 시론』은 그에게 충격적인 것이었으며 〈철학이야말로 더없이 훌륭한 것이므로 그대는 그것을 통해 진리를 배울 수 있다〉는 느낌을 들게 했다. 그는 1년간 (1934~1935) 베를린의 프랑스 연구소에서 보내면서 후설의 현상학을 공부했다. 사르트르는 그 연구소에 있는 동안 『자아의 초월 La transcendence de l'égo』(1936)이라는 책을 썼다. 이 책에서 그는 〈실제로 후설의 직접적인 영향으로 나는 이 책을 쓴다〉고 적었다. 또한 그가 생애를 마치면서까지 자신의 최고의 작품이라고 생각했던 소설 『구토 Nausée』를 쓴 것도 베를린에서였다. 이 소설에서 사르트르는 우리가 제도를 통해 실존의 우연적이고 불합리한 본성에 대해 경험해 온 병적인 느낌을, 즉 인간의 실존이란 〈우연적〉이고 아무런 뚜렷한 목적도 가지고 있지 않다는 느낌을 다루고 있다. 왜냐하면 그는 독자들에게 이러한 철학적 통찰력을 표현할 만한 적절한 단어를 찾을 수 없었기 때문이었다. 〈내가 더욱 낭만적인 형식으로 그것을 꾸며야 한다는 사실이 일종의 모험으로 판명된다.〉

제2차 세계 대전 동안에 사르트르는 프랑스의 레지스탕스로 활약했지만 독일의 전쟁 포로가 되었다. 포로수용소에 있는 동안 그는 하이데거를 읽으면서 〈일주일에 세 번씩 가톨릭 성직자 친구들에게 하이데거의 철학을 설명하곤 했다〉고 하였다. 어느 때보다도 당시 하이데거에 관해 적어 둔 노트들이 사르트르에게 매우 강한 영향을 주었다. 그는 〈거기에는 훗날 『존재와 무 L'Être et le néant』(1943)에 이르는 길이 발견될 만한 통찰들이 가득했다〉고 주장한다. 한때 그는 아브 리세와 앙리 4세 리세, 그리고 콩도르세 리세에서 교사 생활을 했지만 저술 활동에 몰두하기 위해 얼마 가지 않아 그만두었다. 결국 그의 저서들은 서른 권이 넘는 숫자에 달할 정도이다. 사르트르

장 폴 사르트르

는 『존재와 무』의 속편으로서 또 다른 주저인 『변증법적 이성 비판Critique de la raison dialectique』(1960)을 쓴 바 있다. 그의 마지막 저서는 세 권으로 된 플로베르에 관한 방대한 연구서 『집안의 천치L'Idiot de la famille』(1971~1972)였다. 사르트르는 마르크스주의에 영향을 받아 정치 활동을 계속했지만 결코 공산당원은 아니었다. 몇몇 주석가들이 마르크스주의를 도덕적으로 해석하려 했음에도 그들이 성공하지 못한 이유에 대하여 사르트르는 〈마르크스주의 안에서 도덕적으로 해석할 수 있는 것을 많이 발견하기란 매우 어렵기 때문〉이라고 주장한다. 마르크스주의에 대한 그의 비판에 따르면 마르크스주의는 도덕과 자유에 대하여 아무런 분명한 역할도 할 수 없었다. 사르트르에 의하면 우리는 〈도덕이 단지 상부 구조가 아니라 이른바 하부 구조라는 바로 그 수준에 도덕이 존재한다〉고 생각해야 한다. 그는 활동가로서의 약속 때문에 개인적인 갈채에 거부감을 나타냈으며, 1964년 노벨문학상 수상자로 결정되었을 때도 그는 제도 속에 편입되기를 원하지 않는다는 이유로 수상을 거부한 바 있다.

고등 사범학교의 학생 시절 그는 학우이자 평생 동안 삶의 반려자가 된 시몬 드 보부아르(Simone de Beauvoir, 1908~1986)를 만났다. 이들의 만남은 평범한 관계가 아니었다. 이 두 사람은 뛰어난 학생이었다. 보부아르는 사르트르의 왕성한 문필 활동에 상당한 도움이 되었지만 그녀 자신도 이미 작가로서 커다란 명성을 얻고 있었다. 사르트르는 보부아르가 원고를 비판적으로 읽고 인정할 기회를 갖기 전에는 어떤 것도 출판하지 않았다. 사르트르가 노벨상 위원회로부터 수상의 영예를 얻었을 때에 보부아르도 역시 여류 문인들 가운데 최고의 자리에 있었다. 사르트르가 사망했을 때 그녀는 프랑스에서 생존하는 가장 유명한 작가로 간주되었다. 그녀의 소설 『레 망다랭 Les Mandarins』은 공쿠르 상을 받았다. 자주 인용되는 〈여성은 태어나는 것이 아니라 만들어지는 것이다〉라는 말이 들어 있는 그녀의 저서 『제2의 성 Le deuxième Sexe』(1949)[5]은 그녀를 저명한 페미니스트로서 인정받게 했다. 그녀의 문학 작품들

---

[5] 보부아르를 사상가로서 자리 매김하게 한 이 책은 여성의 문제를 처음으로 철학적 관점에서 다루어 주목받게 되었다. 제1권에서는 사르트르의 『존재와 무』의 존재론을 이론적 기반으로 삼아 사회를 지배하는 남성이 스스로를 주체로서 구성함으로써 종속적 객체로서 절대적 타자화된 여성을 분석한다. 제2권에서는 구체적인 여성의 삶의 상황을 기술하면서 여성의 권리와 남성의 권리가 불가분의 관계에 있으며, 여성의 자립이 주체로서의 여성에 대한 제1의 조건이 되어야 한다고 결론짓는다. 보부아르는

은 부와 명예, 그리고 독자(獨自)의 세계를 그녀에게 가져다주었다. 사르트르와 보부아르는 51년간 함께 살면서 결코 결혼하지 않았지만 서로에 대한 절대적인 신뢰와 사랑의 관계를 지녔다. 그러나 그러한 삶을 살아가는 동안에는 복잡한 문제들도 없지 않았다. 그녀가 기억하는 것들 가운데 하나에서 보부아르는 〈나는 사르트르가 올가 Olga와 만든 상황 때문에 화가 난 적이 있었다〉고 말하기도 했다. 이 사건은 주인공과 다른 여인과의 관계에 관한 한 부부의 은밀한 비밀을 다룬 그녀의 처녀작 『초대받은 여인 L'Invitée』(1943)의 주제가 되었다. 또한 이 사건은 보부아르에게 자신의 상황에 대하여 〈이제부터 우리는 커플이 아니라 트리오가 될 것〉이라고 고백하게 했다. 일찍이 사르트르의 말에 따르면 보부아르는 그에게 특별한 여인이었지만 유일한 여성 반려자는 아니었다. 언젠가 사르트르가 〈인간은 언제나 자유일 수 있다〉고 철학적으로 피력하자 보부아르는 〈후궁에 사는 여성들의 자유는 무엇이란 말인가〉라고 반문한 바 있다. 그들은 흔하지 않은 부부였다. 보부아르가 키가 크고 빼어난 미모였다면 사르트르는 못생긴 얼굴에 숱이 많고 짧은 머리의 용모였다. 그들의 명성은 함께 전 세계에 이르렀다.

사르트르는 정치에 관여하거나 여행을 즐겼으며 파리의 서안에 위치한 작은 아파트만을 고집하면서 별다른 재산도 없이 소박하게 살았다. 그는 1980년 4월 15일 거의 실명 상태에서 건강 악화로 사망했다. 그의 나이 74세의 일이었다.

4.2. 실존은 본질에 선행한다

사르트르의 이름은 실존주의와 동일시되어 왔을 정도다. 그 이유는 그가 그 저서들의 내용을 좀 더 명료하고 대중들의 기호에 맞게 표현했기 때문이다. 하이데거와 후설의 육중한 언어로 표현되었던 것들은 이제 사르트르의 펜을 통해 장편 및 단편소설들의 개방적이고 매력적인 문체로 나타나게 되었다. 실존주의에 대한 그의 주요한 기여는 의심할 바 없이 그의 방대한 저서인 『존재와 무』이다. 그러나 한동안 그의 견해

남녀의 생물학적 차이를 남녀의 이분법으로 실체화하는 동일성 철학의 실체주의를 거부하려는 것이 아니라 여성을 근대적 주체의 개념에 의해 적극적으로 이해하지 않으려는 태도를 비판하면서 〈여성스러움〉이라는 신화에 의해 지배되어 온 피억압자로서 여성상에 반대함으로써 20세기 페미니즘 운동의 초석이 되었다.

시몬 드 보부아르

가 가장 잘 알려진 것은 짧은 강연집인 『실존주의는 휴머니즘이다 L'Existentialisme est un humanisme』이다. 1946년에 발간된 이 저서는 비록 후에 사르트르가 실존주의의 정의를 좀 다른 견해에서 표현하려 했음에도 불구하고 그의 가장 유명한 작품이 되었다. 그럼에도 불구하고 사르트르는 이 강연집에서 〈실존은 본질에 선행한다〉는 실존주의의 기본 원리에 대한 자신의 고전적 견해를 제시했다.

실존이 본질에 선행한다는 주장은 무엇을 의미하며, 또 어떻게 그 명제가 인간 본성에 대한 우리의 이해를 가능하게 하는 것일까? 사르트르에 의하면 인간의 본성은 제조된 상품을 묘사하는 것과 같은 방식으로 설명될 수 없다. 예를 들어 절지용 칼을 생각해 보자. 누군가가 그것을 만들었을 때 그의 마음속에는 그것에 대한 개념이 선재한다. 그것이 무엇을 위해 사용되며 어떻게 제작될 수 있는가와 같은 개념들 말이

제18장 현상학과 실존주의 **703**

다. 그러므로 절지용 칼은 제조되기 전에 하나의 한정적인 목적을 소유한 것으로, 또한 규정된 과정의 산물로서 인지된다. 만일 우리가 절지용 칼의 제조 절차와 목적들을 그것의 본질이라고 생각한다면 그 절지용 칼의 본질은 그것의 실존에 선행한다고 말할 수 있다. 절지용 칼을 파악한다는 것은 그것의 사용 목적이 무엇인가를 정확하게 이해하는 것이다. 우리는 인간의 본성에 관해 사유할 때에도 인간을 하나의 제조자나 창조자나 신의 산물이라고 규정하는 경향이 있다. 사르트르에 의하면 우리는 대부분의 경우 신을 〈천상의 장인〉이라고 생각하면서 신이 창조할 때 신은 자신이 창조하고 있는 것을 정확하게 인식한다는 가정을 항상 염두에 두고 있다. 즉 신의 정신 속에서 인간의 본성에 대한 개념은 장인의 정신 속에서의 절지용 칼의 개념과 비견된다고 생각하는 것이다. 이러한 견해에서 볼 때 개인은 신의 오성에 내포된 한정적인 개념의 실현이다.

비록 디드로, 볼테르, 칸트를 포함한 18세기의 계몽 철학자들은 무신론자도 아니었고 그렇다고 신의 관념에 사로잡혀 있지도 않았지만, 그럼에도 불구하고 그들은 계속해서 유신론자에게 특징적인 개념, 즉 인간은 〈인간 본성〉 — 모든 사람에게서 발견되는 어떤 성향 — 을 소유한다는 개념을 계속 간직하고 있었다. 그들에 의하면 각각의 인간은 인간에 대한 보편적 개념의 특수한 하나의 예였다. 우리가 자연 상태의 원시인들이든 아니면 매우 문명화된 사회의 일원이든 우리 모두는 동일한 근본적인 성질들을 가지며, 따라서 인간이라는 동일한 정의와 개념 속에 포함된다. 간단히 말해서 우리 모두는 동일한 본질을 소유하며 우리의 본질은 개개인의 구체적이며 역사적인 실존을 선행한다.

사르트르는 진지하게 무신론을 취함으로써 이러한 주장들을 역전시키려 했다. 그에 의하면 만일 신이 없다면 인간 본성에 대한 개념을 먼저 지니고 있는 존재도 없을 것이므로 인간 본성에 대한 주어진 개념도 존재하지 않을 것이다. 인간 본성은 미리 정의될 수 없다. 왜냐하면 그것은 미리 완전하게 안출될 수 없기 때문이다. 인간은 단지 실존하고 그 후에야 본질적인 자아가 된다. 사르트르에 의하면 실존이 본질에 선행한다고 말하는 것은 인간이란 우선 존재하며 자기 자신과 대면하고 세계 내에 출현하며 그 뒤에야 자신을 정의한다는 사실을 의미한다. 최초에는 단지 한 개인만이 존재한다. 그리고 난 뒤 스스로 만든 우리가 존재할 뿐이다.

〔단순히 신이 존재하지 않는다고 해서 — 장인이 칼에 대해 가지는 관계와 유사한 관계를 신이 인간에 대해 가지지 않는다고 해서 — 인간에게 근본적이며 주어진 본성이 존재하지 않는다고 말할 수 있을지는 매우 의심스럽다. 그러나 사르트르가 특히 주장하려 한 점은 삶이란 단순히 그가 그 자신을 만드는 과정이라는 사실이었다. (제2판)〕

사르트르의 실존주의가 형성한 이 첫 번째 원리에 대한 최초의 공격은 그것이 너무 주관적이라는 사실이다. 즉, 그것은 과연 각 개인이 그가 원하는 어떤 것으로 그 자신을 형성해 나간다고 가정할 수 있겠는가 하는 것이었다. 그렇지만 사르트르의 이러한 주장의 핵심은 인간이란 돌멩이나 책상보다 훨씬 존엄한 존재라는 사실이다. 인간에게 존엄성을 부여해 주는 것은 그가 주체적인 삶을 소유하고 있다는 점이다. 즉 인간은 그 자신을 어떤 미래로 지향시키며 자신이 그렇게 행위하고 있음을 의식하는 존재다. 실존을 인간 본성의 본질 앞에 위치시킴으로써 발생하는 가장 중요한 결과는 인간이란 스스로를 창조할 뿐만 아니라 현재의 자신에 대해 책임이 있는 존재라는 사실이다. 〔사르트르에 의하면 실존주의는 각 개인에게 그의 실존에 대한 전적인 책임감을 부과한다. (제2판)〕 돌멩이에게는 책임이 있을 수 없다. 또한 만일 인간의 본질적인 본성이 이미 주어진 것이거나 고정된 것이라면 인간은 현재의 그에 대해 책임질 수 없다.

4. 3. 자유와 책임

사르트르가 그의 도덕적 주관주의를 통해 분석하기 시작한 것은 무엇인가? 이제 그것은 개인의 책임감에 근거하는 엄격한 책임의 윤리학임이 판명되었다. 즉 인간이란 인간 자신이 만든 어떤 것이라면, 그 자신을 제외하고는 현재의 그에게 책임을 부과할 수 있는 어떤 것도 존재하지 않는다. 더욱이 인간이 자기 자신을 만들어 가는 과정에서 〈선택〉에 직면할 때, 그는 그 자신을 위해서뿐만 아니라 모든 인간을 위해서 선택한다. 그러므로 사르트르에 의하면 인간은 자기 자신의 개체성에만 책임이 있는 것이 아니라 모든 인간에 대해서도 책임이 있는 것이다. 이 주장은 사르트르가 줄곧 전개해 온 추론 과정과 모순되는 것처럼 보인다. 왜냐하면 인간이 하나의 행동 방식을 선택하기 전에 만일 모든 사람이 그렇게 행동한다면 어떤 일이 발생할 것인가를 물어야 한다는 주장은 하나의 일반적인 인간 본질 — 나의 행동 양식을 모든 인간들에게 적절한 것으로 만들어 주는 — 을 전제하기 때문이다. 실제로 사르트르에 의하면 우리는 자신의 가치들을 창조하며, 따라서 자신들을 창조하는 동시에 우리가 당연히 그래야 한다고 믿는 인간 본성의 이미지를 창조한다. 이것이냐 저것이냐를 선택할 때 우리는 우리가 선택한 것의 가치를 긍정하며 만일 그것이 모두에게 유용하지 않다면 어느 누구에게도 유용할 수 없다. 이러한 주장은 칸트의 정언 명령과 매우 유사한 것으로 들린다. 그러나 사르트르는 도덕적인 선택을 인도하는 어떠한 보편 법칙도 내세우려 하지 않았다. 그 대신 그는 인간 존재들의 가장 명석한 경험들 가운데 한 경험에 관심을 집중했다. 즉 모든 인간은 선택해야 하며 결정해야 한다는 사실, 또한 비록 인간은 명령적인 격률을 소유하지 않더라도 여전히 선택해야 하는 동시에 과연 타자들이 동일한 행위를 선택한다 해도 그것을 기꺼이 용인할 것인가를 물어야만 한다는 사실, 이러한 사실들이 사르트르에게는 가장 관심 있는 것들이었다. 물론 인간은 때때로 자신이 행한 것이 타자들에 의해서는 행해지지 않기를 원하는 모순된 생각에 빠질 수 있다. 이렇게 말하는 것은 자기기만의 경우이다. 그러므로 선택의 행위는 깊은 〈고뇌 anguish〉를 수반해야 한다. 왜냐하면 이러한 행위를 통해 인간은 자기 자신뿐만 아니라 서로에 대해서도 책임이 있기 때문이다. 사르트르의 주장에 의하면 자기기만을 통해 자신의 책임을 회피하려는 사람은 누구든지 자신의 양심 속에 편히 거주할 수 없다.

어쩌면 사르트르의 도덕적 언어가 전통적 도덕론과 매우 유사해 보일지도 모르겠다. 그러나 그의 의도는 엄격한 무신론적 태도를 견지하려는 데 있다. 사르트르는 니체의 〈신은 죽었다〉는 선언을 받아들인다. 그리고 〈만일 신이 존재하지 않는다면 모든 것이 허용될 것이다〉라는 도스토예프스키의 주장도 신중히 검토한다. 신이 없는 세계에서 인간의 심리 상태는 일종의 〈포기〉다. 하이데거로부터 빌려 온 사르트르의 포기라는 개념이 의미하는 바는 신이 추방되면 어떤 종류의 가지적 천국에서 가치들을 발견하려는 모든 가능성들 역시 사라진다는 것이다. 즉 나의 선택에 선행하는 〈선〉은 결코 존재할 수 없다. 왜냐하면 선에 관해 사유하는 무한하거나 완전한 의식이 더 이상 존재하지 않기 때문이다. 인간의 포기감은 실로 모든 것이 허용된다는 사실에서 기인한 결과다. 이제 그 결과로 인간은 버림받는다. 이제 인간은 자기 자신이 외부와 내부 어디서도 의지할 수 있는 어떤 것을 발견할 수 없기 때문이다. 인간은 기댈 곳이 없으면 살 수 없다. 인간의 실존은 본질에 선행한다. 그의 실존을 떠나서는 아무것도 존재하지 않는다. 존재하는 것은 오직 현재뿐이다. 『구토』에서 사르트르는 현재의 참된 본성을 실존하는 것으로서 나타나게 된 것이라고 쓰고 있다. 현존하지 않는 것은 실존하지 않는다. 사물들은 오직 나타난 그대로의 사물들이며 이것들을 떠나서는 아무것도 존재하지 않는다.

실존하는 개체들 이외에 아무것도 존재하지 않는다는 주장은 신도 어떠한 객관적인 가치 체계도 어떠한 고착된 본질도 결코 존재하지 않는다는 것을 의미한다. 무엇보다 중요한 것은 〈어떠한 결정론〉도 존재하지 않는다는 사실이다. 사르트르는 개인은 자유롭다고 말한다. 즉 인간은 자유다. 사르트르는 고전적 문구로 이렇게 표현한다. 인간은 자유롭도록 선고받았다. 인간이 운명적인 이유는 이미 세계 속에 던져진 자신을 발견하기 때문이다. 그러나 자유로운 이유는 인간이 곧 자기 자신을 의식하게 되며 자신의 모든 행위에 대해 책임을 지기 때문이다. 사르트르는 인간의 행동이 정념에 의해 움직인다는 사고방식을 거부한다. 그러한 정념이란 어떤 행위들에 대한 하나의 구실일 수 있을 뿐이다. 그는 인간의 행위가 무의식적이고 불합리한 욕망에 의해 기계적으로 결정되어 있다는 프로이트의 견해도 거부한다. 이런 견해는 우리에게 책임을 회피하려는 핑계를 제공할 뿐이다. 사르트르가 생각하기에 인간은 정념에 대해서조차 책임이 있다. 왜냐하면 인간의 감정마저도 행위에 의해 형성되기 때문이다. 키르케고르는 자유를 〈당혹감〉이라고 말한 바 있다. 이와 마찬가지로 사르트르에게도 자유는 전율이다. 왜냐하면 자유는 배후로부터 나를 어떤 주어진 방식으로 행동하게 해주는 힘이 존재하지 않음을 의미하며, 나를 미래로 유혹하는 어떤 형식도 존재하지 않기 때문이다. 나는 실존하는 유일한 어떤 것이다. 그러므로 사르트르는 이렇게 말한다. 〈우리 모두는 자유로우며 따라서 선택해야 한다. 즉《발명해야》한다. 왜냐하면 어떠한 보편적인 도덕률도 우리가 해야 할 것을 제시해 줄 수 없기 때문이다. 이 세계 내에는 우리에게 보증된 지침들이 결코 존재하지 않는다.〉

4. 4. 무와 불성실

인간의 실존에는 절망의 요소가 존재한다. 사르트르에 의하면 절망은 우리가 자신의 의지의 영역의 한계를 지각할 때 발생한다. 우리는 실존이 소유하는 유한한 개연성 이상의 것들을 우리의 실존으로부터 기대할 수 없다. 여기서 사르트르는 인간의 유한성과 무에 대한 관계를 강조함으로써 순수한 개인의 실존의 문제를 취급하려 했다. 그에 의하면 〈무는 마치 한 마리의 벌레처럼 존재의 심장에 달라붙어 있다〉. 하이데거는 불안의 원인을 인간의 유한성에 대한 자각 속에서 찾았다. 예를 들어 우리가 죽음에 직면할 때 — 보편적인 죽음이 아니라 우리 자신의 죽음에 직면할 때 — 느끼는 유한성 말이다. 또한 하이데거는 〔인간만이 아닌〕 모든 존재가 무와 이러한 관계에 직면한다고 주장했다. 그러므로 인간의 유한성은 단순히 일시적인 무지라든가 결점이라든가 오류의 문제가 아니다. 유한성은 인간 정신의 구조이며, 죄책감과 고독, 절망과 같은 언어들도 인간 유한성의 결과들을 표현한다. 하이데거에 의하면 존재의 궁극적인 원리는 〈의지〉다. 사르트르도 이러한 주장에 동의하면서 어떠한 실재도 행동 속에서만 존재한다고 주장했다. 인간이란 그의 행동들과 목적들의 총체일 뿐이다. 그의 현실적인 일상생활을 제외하면 그는 아무것도 아니다. 만일 어떤 사람이 겁쟁이라면 그가 자신을 겁쟁이로 〈만든〉 것이다. 그가 겁쟁이인 것은 심장이나 폐나 대뇌가 그렇게 만들었기 때문이 아니요, 그의 심리 조직 때문도 아니다. 그는 자신의 행동에 의해 자신을 겁쟁이로 만들었기 때문에 겁쟁이인 것이다.

　사르트르에 의하면 모든 인간이나 인간의 본성에는 선험적인 본질은 존재하지는 않는다 해도 하나의 보편적인 인간의 조건이 존재한다. 오히려 의식적인 사유 행위 속에서 자신을 발견함으로써 우리는 모든 인간의 〈조건〉을 발견해야 한다. 우리는 〈상호 주관성〉의 세계 내에 존재한다. 한 개체는 이러한 종류의 세계 속에서 살아야 하며 선택해야 하고 결정해야 한다. 이러한 이유에서 어떠한 개인에 의해 선택된 목적도 타자에게는 전적으로 생소하지 않다. 이는 결코 모든 목적이 인간을 정의해 준다는 주장이 아니라 모든 인간은 동일한 방식으로 동일한 한계들에 대해 투쟁할 수 있다는 주장일 뿐이다. 그렇기 때문에 사르트르는 우리가 무엇을 행하며 어떻게 선택하는가라는 문제가 매우 중요하다고 생각했다. 인간은 항상 하나의 상황 내에서, 즉 타자와의 관계 속에서 행위하지 않을 수 없다. 따라서 그의 행위는 임의적일 수도 없고 임의적이어서도 안 된다. 그는 자신의 모든 행위들에 대해 책임져야 한다. 더 나아가 인간이 자신의 본질을 만들며 자신의 가치들을 발명한다는 주장은 인간이 자신의 행동을

〈심판할〉 수 없다는 주장과 다르다. 인간의 행위는 오류나 자기기만에 근거할 수도 있다고 말하는 것은 여전히 가능하다. 왜냐하면 인간은 정념이라는 구실을 배후에 감추어 두거나 결정론적인 이론을 신봉함으로써 자기 자신을 기만할 수 있기 때문이다.

사르트르에 의하면 가치들을 발명한다는 것은 단지 의지적 행위 이전에 삶에는 아무 의미도 없다는 사실을 의미할 뿐이다. 삶은 살아 내지 않고는 어떤 것도 될 수 없다. 그러므로 각 개인은 삶에 의미를 부여해야 한다. 삶의 가치란 개인의 삶에 부여한 의미 이외의 아무것도 아니다. 우리는 결코 운명이나 우리 내부의 신비한 힘들이나 격세 유전의 희생물들이 아니다. 〔사르트르에 의하면〕이러한 주장은 〈불성실〉이나 자기기만이나 〈불확실성〉의 산물일 뿐이다. 사르트르는 한 남자와 데이트를 즐기기로 약속한 한 여자의 경우를 예로 든다. 그 여자는 남자의 사랑하는 마음을 잘 알고 있으며 조만간 그녀가 어떠한 결정을 내려야 한다는 사실도 알고 있다. 그러나 그녀가 사태의 긴급성을 인정하려 들지 않고 오히려 그 남자의 모든 행위를 예의바르고 정중한 것으로만 해석하려 할 때, 사르트르에 의하면 그녀는 자기기만에 빠져 있는 것이다. 그녀의 행동은 불확실한 것이다. 모든 인간은 원리상 유사한 불확실성의, 불성실의, 역할 수행의 죄, 그리고 겉모습 뒤에 숨어 있는 실제의 인격을 위장하려는 죄를 범할 수 있다. 그러므로 사르트르의 실존주의의 결론은 다음과 같은 것이다. 만일 인간이 모든 행위 속에서 자신의 순수한 인간성을 표현한다면 그는 결코 자신을 기만하지 않을 것이며, 따라서 정직은 그의 이상이 아니라 그의 실존이 될 것이다.

4. 5. 인간의 의식

사르트르의 실존주의가 대중적 관심을 끄는 데 토대가 되는 것은 실존에 대한 그의 전문적인 분석이다. 그는 실존하는 다양한 방식을 주장한다. 〔그는 그것들을 즉자와 대자라고 명명한다. 이러한 구분을 인간에게 적용하면 인간은 두 가지 존재의 양태를 공유한다고 할 수 있을 것이다. (제2판)〕 첫째, 〈즉자 *l'en-soi*〉의 방식이다. 그것은 돌멩이가 존재하는 방식과 같은 것이다. 그것은 단지 존재할 뿐이다. 한 가지 점에 있어서 나는 어떤 다른 종류의 존재하는 실재와 다르지 않다. 나는 어떤 사물이 존재하는 것과 아주 똑같은 방식으로 〈거기에 있는 단순한 사물처럼〉실존한다. 둘째는 〈대자 *le pour-soi*〉의 방식이다. 그것은 〈의식하는 주체〉로서 실존을 수반한다. 그것은 인간이 하는 일일 뿐 바위와 같은 사물은 할 수 없다. 의식적 주체로서 나는 다양한 방법으로 사물의 세계와 인간의 세계와 모두 관계할 수 있다. 한 가지 수준에서 나는 〈세계〉를 의식한다. 그 세계의 만물은 초월적이거나 나 자신과는 다른 어떤 것이다. 그러므로 그 세계는 나를 초월한다. 이 수준에서 나는 세계를 단지 견고하고 육중하며 비차별적이고 유일한 어떤 것, 즉 아직 개체들로 분리되지 않은 것으로 경험한다. 사르트르는 『구토』에서 공원의 벤치에 앉아 있는 로캉탱을 등장시켜 이러한 유형의 의식을 표현한다. 그는 공원에서 앞에 있는 모든 것들을 바라보다가 돌연히 모든 것들을 다르게 쳐다본다. 모두가 유일한 것으로 보이는 것이다 — 〈갑자기 실존은 스스로 베일을 벗고 정체를 드러낸 것이다〉. 어휘가 사라지고 사람들이 사물에다 의미를 부여하기 위해 사용해 온 기호도 사라진다.[6] 로캉탱이 본 것은 〈사물의 반죽 그 자체〉로서의 실존이었다. 〈나무의 뿌리, 공원의 문들, 벤치, 드문드문 나 있는 풀들, 이 모든 것들이 사라졌다. 사물의 다양성들, 즉 그것들의 개성은 단지 외관에 지나지 않을 뿐이다. 하나의 칠일 뿐이다. 그 칠이 녹은 것이다. 괴상하고 연한 것이 무질서한 덩어리 — 헐벗고, 무섭고, 추잡한 나체만이 남아 있었다.〉[7] 얼마 지나지 않아 곰곰이 생각해 보니 세계는 우리와 친숙해져 있었다. 그러나 사르트르에 의하면 〈설명과 추론의 세계는 실존의 세계가 아니다〉. 로캉탱의 경험의 수준에서 보면 세계는 모든 의식 대상의 통일체인 것이다.

사르트르는 모든 의식이란 〈어떤 무엇〉에 대한 의식이라는 후설의 주장에 동의한다. 그것은 초월적인 대상, 즉 우리의 의식을 초월한 대상에 대한 실존을 확인하지 않은 의식이란 있을 수 없다는 의미다. 앞에서 보았듯이 의식 대상은 단지 〈거기에 있

---

[6] 사르트르는 『구토』에서 〈마로니에의 뿌리는 바로 내가 앉은 걸상 밑에서 땅에 뿌리를 박고 있다. 그것이 뿌리였다는 것이 이미 기억 속에서 사라졌다. 어휘는 사라지고 그것과 함께 사물의 의미며, 그것들의 사용법이며, 또 그 사물의 표면에 사람이 그려 놓은 가냘픈 기호도 사라졌다〉라고 썼다.

[7] 『구토』에서 이 문장 앞의 구절을 보면 다음과 같다. 〈결국 존재에 손을 댈 수는 없다. 내가 존재에 대해서 생각한다고 믿었을 때, 사실은 아무 생각도 하지 않았다고 믿어야 옳다. 나의 머리는 비어 있었다. 나는 《속성》이라는 것을 생각하고 있었다. ……그러나 사물을 바라보고 있었을 때조차도 그것이 존재한다고 생각하기에는 거리가 멀었다. 나는 그것들을 손에 들고 있었다. 그러나 이 모든 것은 표면을 스쳐갔다. 만약에 존재라는 것이 무엇이냐고 누가 나에게 물었다면 나는 서슴지 않고 그것은 아무것도 아니다, 그것들은 외부로부터 와서 사물에 아무런 변화도 주지 못한 채로 부과되는 공허한 형체일 뿐이라고 대답했을 것이다. 그런 것이 이제는 달라졌다. 갑자기 그것은 거기에 있었다. 대낮처럼 분명해졌다. 존재가 갑자기 탈을 벗은 것이다. 그것은 추상적 범주에 속하는 무해한 자기의 모습을 잃었다〉.

는 존재〉로서의 〈세계〉일 수 있다. 그러나 우리는 유일하고 단단한 덩어리로서뿐만 아니라 나무, 벤치, 탁자 같은 특정한 대상에 대해서도 언급한다. 우리가 특정한 대상을 규명할 때는 언제나 그것은 그 자체가 아니다 — 이런 식으로 우리는 사물과 그것의 배후를 구별한다 — 라고 말함으로써 그것을 수행한다. 의자가 의자로서 나타날 때 우리는 그 배후를 지워 버림으로써 그것에 의미를 부여한다. 이른바 의자라는 것은 의식 활동을 통한 세계와 견고한 연관으로부터 형성되었거나 만들어진 것이다. 사물의 세계는 오직 의식과 분리 또는 상호 연관된 사물의 가지적 체계로서 나타난다. 의식이 없다면 세계는 아무 의미도 없이 그저 존재하고 있을 뿐이다. 의식이 사물의 존재를 구성하지 않을지라도 그것은 세계 내에서 사물의 의미를 구성한다.

우리가 세계를 즉자로서, 즉 단지 거기에 있는 것으로서만 간주할 경우 사르트르에 의하면 〈본질적인 문제는 우연성이다. 내 생각에 실존은 본질적으로 필연적이지 않다. 실존한다는 것은 단지 거기에 있는 것일 뿐〉이다. 우연성은 어떤 것이 실존할 때 우연히 그렇게 되었을 뿐, 그 밖의 다른 어떤 것에서 필연적으로 비롯되었기 때문이 아니라는 것을 의미한다. 〈실존은 현상이지만…… 당신은 그것들을 연역적으로 추론해 낼 수 없다.〉 우리가 경험하는 세계는 〈창조되지 않으며 존재의 이유도 없고 다른 존재와 아무런 관계도 없다. 즉자는 일체의 영원성을 필요로 하지 않는다〉. 사르트르에 의하면 어떤 것이 세계 내에서 가지려는 의미는 사람들의 선택에 달려 있다. 탁자조차 특정한 사람이 그것을 이용하기 위하여, 즉 저녁 식사를 위해서나 편지를 쓰기 위하여 선택적 의미를 가지게 될 것이다. 산속의 계곡은 농부나 캠핑하려는 이에 따라 다른 의미를 가지게 될 것이다. 이때 의식은 우리를 즉자(단지 거기에 있는 것)에서 대자로 옮겨 놓는다. 대자에서 의식은 세계의 대상들을 주체로서의 의식적 자아와 극적으로 구별하기 때문이다.

의식 활동은 이처럼 이중의 상태에 있다. 첫째, 의식은 세계 내에 있는 특정 사물을 정의하며 거기에 의미를 부여한다. 둘째, 의식은 그 자체와 대상 사이의 거리를 두며, 그런 식으로 그 대상들로부터 자유를 획득한다. 의식적 자아는 세계 내의 사물로부터 이러한 자유를 얻기 때문에 사물에 다양하거나 택일적인 의미를 부여하는 것도 의식의 능력 안에서의 일이다. 의식 활동은 이른바 〈선택 le choix〉이다. 우리는 이러저러한 계획을 수행하기 위하여 선택한다. 따라서 세계 내에 있는 사물의 의미는 상당한 정도로 우리가 선택한 계획에 의존하게 될 것이다. 만일 내가 농부가 되기를 선택한다면 산과 계곡, 거기에 몰아친 폭풍우도 나에게는 각별한 의미를 갖게 될 것이다. 만일 내가 그 계곡에서 캠핑하기를 선택한다면 그 주변과 폭풍우는 또 다른 의미를 제공할 것이다.

4. 6. 마르크스주의와 자유의 재발견

사르트르가 마르크스주의를 우리 시대의 철학이라고 믿었을지라도 그는 자신의 실존주의와 마르크스주의의 변증법적 유물론 사이의 모순을 분명하게 알고 있었다. 사르트르의 실존주의는 인간의 자유를 강력하게 지지한다. 이와 대조적으로 마르크스주의의 변증법적 유물론은 사회의 구조와 조직 및 인간의 행위와 사고 작용이 모두 이전의 사건들에 의해 결정된다는 사실을 강조했다. 이러한 견해에서 보면 선택의 자유는 일종의 환상이며 인간도 단지 역사의 원동력이 스스로를 실현시키는 운반 수단에 지나지 않는다. 사르트르는 〈역사를 만들고〉 세계에 의미를 부여하는 것이 인간의 의식이라고 주장하는가 하면, 마르크스는 역사의 사회 경제적 구조는 자기 전개를 지향한다고 주장한다. 마르크스주의자에 의하면 인간의 정신은 세계에 의미를 부여한다기보다 오히려 과학적 지식의 문제로서 역사적 상황 내에서 이러한 의미를 발견한다. 사르트르는 자신이 결코 공산당원이 될 수 없었던 이유 가운데 하나가 『존재와 무』로부터, 그리고 그 책에서 강조한 인간의 자유에 대하여 등을 돌려야 하기 때문이라고 하였다.

사르트르는 초기의 저작물들에서 주로 개인과 자유에다 초점을 맞추었다. 그러나 나중에는, 즉 『변증법적 이성 비판』[8]에서 그는 사람들이 스스로를 발견하고 자신의 행위에 영향을 미친 역사적, 사회적 상황에 특히 더 많은 관심을 기울였다. 사르트르가

---

8 『변증법적 이성 비판』(1960)은 1957년에 발표된 「방법의 문제Questions de méthode」를 서론으로 하여 실존주의와 마르크스주의를 상호 보완된 방식으로 양립시켜 보려고 한 사르트르의 대표적인 후기 저서다. 과학을 표방하는 변증법적 유물론에 대하여 주체적인 역사적 유물론을 주장하는 이 책에서 사르트르가 기본적으로 의도하는 것은 구성하는 변증법, 반변증법, 구성된 변증법이라는 세 가지 계기의 기술을 통해 마르크스주의 내부에서의 인간의 복권이다. 이를 위해 그는 이 책에서 소외론을 전면적으로 전개하고 있지만 인간을 그의 행위에 의해 정의하는가 하면, 역사도 인간이 아무리 실천적 타성에 빠져 있다고 하더라도 상황을 변혁할 수 있는 자유로운 실천을 통해 구성된다고 주장함으로써 〈주체성의 철학〉이라는 자신의 입장을 견지하고 있다.

생각하기에 마르크스는 사회 경제적 구조가 어떻게 발전하는지, 그리고 그것들이 어떻게 인간의 결정들에 관계하는지를 기술하는 데 어떤 다른 사람보다 더욱 성공적이었다. 사르트르는 인간의 선택에 관한 제한들 — 출생의 제한과 사회적 지위, 가문의 배경 — 을 점차 받아들였다. 일찍이 그는 개인이 각자의 행위에 대한 핑계를 만들면서 마치 그들이 자기기만의 형식 이외에 달리 행위를 할 수 없는 것처럼 어떻게 자신을 기만할 수 있는지를 기술하려고 애쓴 바 있다. 그는 개인의 자유에 대한 이러한 강조를 결코 소홀히 해본 적이 없다. 그러나 그는 사람들의 사회적 실존이라는 사실, 특히 단체 — 예를 들어 노동조합 같은 — 의 일원으로서 다른 사람들과 관계를 가진다는 사실에 직면함으로써 마르크스주의의 영향하에서 자신의 생각을 조정했다. 그는 특히 노동자의 소외감으로 결과되는 인간의 행위와 의식에 관한 단체 구조들의 영향을 인정하면서 인간의 자유에 대한 자신의 낙관적 견해를 어느 정도 수정한 바 있다.

1945년 사르트르가 쓴 글에 보면 〈상황이 어떠하든 인간은 언제나 자유롭다〉라는 기록이 있다. 한 가지 예로서 그는 다음과 같이 말한다. 〈노동자가 조합에 가입하거나 하지 않는 것은 언제나 자유다. 그에게는 가입을 원하건 원치 않건 투쟁의 종류를 선택할 자유가 있기 때문이다〉. 여러 해 뒤인 1972년 그는 이런 주장을 회상하면서 〈이런 생각은 오늘 나에게는 우스꽝스런 것이 되었다〉고 말한다. 이어서 그는 〈자유에 대한 나의 개념에도 틀림없이 어떤 기본적인 변화가 있다〉는 사실을 인정한다. 플로베르에 관한 대작에서 사르트르는 플로베르가 독특하게 인간 플로베르가 되는 데 자유로웠다고 할지라도 그의 가문의 배경과 사회적 지위는 〈그 밖의 다른 것이 될 수 있는 많은 가능성들을 소유하지는 않았다는 것을 의미한다〉고 결론짓는다. 〈그가 가진 가능성이란 평범한 의사가 되는 것과 플로베르가 되는 것, 이 두 가지였다.〉 사르트르에 의하면 이것은 사회적으로 만들어진 조건이란 우리의 삶의 매순간에 존재한다는 사실을 의미한다. 그럼에도 불구하고 그의 결론에 따르면 〈나는 여전히 자유의 관념에 충실하다〉. 그는 〈당신이 다른 사람들이 당신을 만든 그 상황 속에서 당신이 되었다〉는 사실이야말로 의심할 바 없다고 말한다. 그럼에도 불구하고 이러한 제한들 속에서 개인은 여전히 자유롭다. 또한 책임도 따른다. 이것이 바로 역사적 조건들이 인간의 행위에 영향을 준다는 사실과 인간도 역사를 만들 능력이 있다는 그의 직관적 확실성과의 화해를 시도하는 사르트르의 방식이다. 사르트르는 이렇게 함으로써 자신의 실존주의를 통해 마르크스주의 철학의 주요한 결함이라고 여긴 것, 즉 개인을 〈실제적인 인물〉로서 인정하는 데 실패한 것을 극복하려고 애썼다.

5. 모리스 메를로퐁티

5. 1. 메를로퐁티의 생애

1908년에 태어난 모리스 메를로퐁티(Maurice Merleau-Ponty, 1908~1961)는 1926년에서 1930년까지 파리 고등 사범학교에 다녔다. 당시의 철학 교과 과정은 이성론과 관념론에 깊이 빠져 있었다. 메를로퐁티가 이 학교의 스승인 레옹 브룅슈비크[9]에 대하여 이렇게 말하였다. 〈그는 우리에게 관념론적 유산을 물려주었다. ……이 철학은 주로 정신 활동의 결과로서 외적 지각이나 과학적 구성물들을 파악하려는 반성적 노력으로 되어 있다.〉메를로퐁티는 사르트르보다 이 학교에 1년 뒤에 입학하였다. 사르트르와 시몬 드 보부아르의 한 흥미 있는 인터뷰는 당시 두 사람 사이의 관계를 다음과 같이 기술하고 있다.

보부아르: 당신은 좋아하지 않는 사람, 예를 들어 메를로퐁티에게는 쌀쌀맞군요. 당신은 그와는 사이가 나쁘지요, 그렇지 않아요?

사르트르: 맞아요. 하지만 나는 한 번은 그를 때리려고 하는 사람들로부터 그를 구해 주기까지 했어요.

보부아르: 당신은 추잡한 노래를 부르고 있었어요. 그는 당신이 그만 부르게 하려고 했던 거잖아요?

사르트르: 그는 나가더군요. 몇몇 동료들(그들 가운데 두 사람)은 몹시 화가 나서

---

[9] Léon Brunschvicg(1869~1944). 프랑스의 대표적인 관념론자. 그는 이미 학위 논문「판단의 양태 La modalité du jugement」(1897)에서 관념론적 입장을 분명히 하고 있다. 이 책의 서두에서 보면 그는 〈철학에서 정신은 활동하고 있는 자신을 파악하려 한다. ……스스로 의식에 이르는 지적 활동은 필수적인 지식에 대한 연구로서 이것이 곧 철학이다〉라고 적고 있다. 더구나 이 책의 첫 장에서 보면 〈지식은 더 이상 무에서 유로 증가되는 우연한 사건이 아니다. 지식은 우리의 세계를 구성한다. 그것을 초월해서는 아무것도 존재하지 않는다. 인식을 초월한 사물이란 본질적으로 접근할 수 없는, 결정 불가능한 것이다. 우리가 보기에 그것은 무와 다를 바 없다〉는 것이다(이광래, 『프랑스철학사』, 문예출판사, 1990, pp. 288~294 참조).

모리스 메를로퐁티

그를 쫓아가 때려 주려고 했어요. 그래서 나도 역시 쫓아갔지. 나는 메를로퐁티에게 일종의 호감을 가지고 있었어요. 그래서 나는 그를 혼자 내버려 두라고, 그러고는 그를 가게 해주라고 말했어요. 그래서 그들은 그에게 아무 짓도 하지 않았어요. 그들은 그냥 가버렸지요.

  1929년 메를로퐁티는 그 자신이 복습 교사의 임무를 수행하고 있던 장송드사이 리세의 교장인 귀스타브 로드리게스의 영향을 받았다. 젊은 가톨릭 신자인 메를로퐁티는 〈비상한 성격〉을 소유한 무신론자인 로드리게스를 발견했다. 그는 메를로퐁티에게 〈한 사람의 무신론자가 다른 사람들을 닮게 한다〉고 말할 정도였다. 1936년 메를로퐁티는 첫 번째 저서인 『행동의 구조 La Structure du comportement』에서 현상학에 대한 자신의 견해를 밝히면서 가톨릭을 떠났다. 그는 1939년에서 1940년 제2차 세계 대전 동안 [육군 소위로서] 병역의 의무를 다했다. 그는 독일의 점령 기간 동안 파리의 카르노 리세에서 교사 생활을 했으며, 이때 그의 가장 훌륭한 철학 저서인 『지각의 현상학 La Phénoménologie de la perception』(1945)을 작성했다.

제18장 현상학과 실존주의

고등 사범학교에서 생활하기 시작할 무렵부터 사르트르와 메를로퐁티의 관계는 굴곡이 심했다. 그들은 친구와 적의 관계를 번갈아 갔다. 1941년 겨울 사르트르는 메를로퐁티의 도움으로 〈사회주의와 자유Socialisme et Liberté〉라는 이름의 레지스탕스 네트워크를 조직했다. 그들이 목표하는 바는 사회주의 경제와 개인을 위한 자유 사이의 조화를 기초로 한 정치 사회의 형식을 만드는 것이다. 1945년에서 1952년까지 지속된 협력 관계 속에서 사르트르와 메를로퐁티는 정치 평론을 목적으로 하는 잡지인 『현대 Les Temps Moderne』지를 함께 창간했다. 이 잡지의 주요 편집진은 사르트르와 보부아르, 메를로퐁티였다. 메를로퐁티는 이 잡지에 참여하는 동안 리용 대학교와 소르본 대학교에서도 강의했다. 1952년에 그는 콜레주 드 프랑스의 철학 교수직에 임명되어 죽을 때까지 그 자리를 지켰다.

메를로퐁티의 정치적 견해는 점차 소련에 대해 덜 동정적으로 되어 가고 있었다. 그가 『현대』지를 떠나기 2년 전인 1950년 메를로퐁티는 소련의 노동 수용소를 비난하는 논설을 다음과 같이 쓴 바 있다.

만일 소련의 지배 계급이 자유 진영의 노동자들보다 15배에서 20배까지 더 높은 급료와 생활수준을 누리는 동안 천만 명의 사람들이 강제 수용소에 있다면, 소련의 전체적인 체제는 궤도에서 벗어나 의미를 잃어 가는 것이다. 생산 수단의 국유화에도 불구하고, 그리고 소련에서는 인간에 의한 인간의 사적 착취와 실업이 있을 수 없는데도 우리를 놀라게 하는 것은 여전히 그런 문제와 관련지어 사회주의를 말해야 하는 이유가 무엇인지를 물어야 하는 점이다.

메를로퐁티에 의하면 이들 노동 수용소는 〈혁명을 배반하기 때문에 더욱더 범죄적이다〉. 1952년경 사르트르가 공산주의자들과 더욱 긴밀한 관계로 나아가는 동안 메를로퐁티는 『현대』지의 편집인 자리를 떠났다.

몇 년 뒤 메를로퐁티는 『변증법의 모험 Les Aventures de la dialectique』(1955)을 썼다. 이 책에서 그는 사르트르의 공산주의와 관계를 자세하게 분석하는 데 한 장(章)을 할애하고 있다. 〈사르트르와 초(超)볼셰비즘〉이라는 장은 다음과 같은 비판적 문장으로 끝맺는다. 〈우리는 자유로운 작가와 공산주의자 노릇을 동시에 할 수 없다.〉

실제로 사르트르와 메를로퐁티는 공산주의의 미몽에서 궁극적으로 깨어나게 되었다. 앞에서 언급했듯이 사르트르는 결코 공산당원이 되지 않았다. 왜냐하면 공산당은 사르트르에게 인간을 자유로운 존재로 보아 온 그의 강력한 입장을 억지로 포기하게 했기 때문이다. 메를로퐁티는 1961년 5월 4일, 그의 철학적 저작이 아직 끝나지 않은 채 그의 창의성이 절정에 이른 53세의 나이로 세상을 떠났다.

5. 2. 지각의 우선성

『지각의 현상학』에서 메를로퐁티는 이원론과 실재론에 대한 반작용으로서 지각 이론을 제기한다. 데카르트와 같은 이성론자(또는 이원론자)들의 주장에 따르면 우리의 정신은 육체와 구별될 뿐만 아니라 정신적 개념과 과정도 육체에서 얻는 감각 자료들보다 우선권을 갖는다는 것이다. 정신은 감각적 정보를 해석하며 간격을 채워 주고 그것을 의미 있게 만든다. 데카르트는 이러한 견해를 다음과 같이 생생하게 피력한다.

> 내가 창문으로 거리에 지나가는 사람들을 보고 말할 경우 나는 실제로 그들을 보는 것이 아니라 내가 본 것이 사람들이라는 사실을 추론하는 것이다. ……또한 나는 아직도 자동 기계들(인간들)을 덮고 있는 모자와 코트 이외에 창문을 통해 무엇을 보고 있는 것일까? 벌써 나는 이것들을 인간들이라고 판단한다. 또한 마찬가지로 내가 믿는 것이란 나의 눈으로 본 것이라는 사실을 나는 정신 속에 놓여 있는 판단 기능에 의해서만 이해한다.

실재론자들은 이와 반대로 생각한다. 즉 우리는 세계에 대한 지각을 있는 그대로 정확하게 수용하며, 우리의 정신도 우리의 지각을 더 이상 조직하지 않는다는 것이다. 메를로퐁티는 양자의 중간 입장을 취한다. 육체의 지각 본성은 감각 자료들을 구성하고 형성한다. 인간의 고차적인 정신적 기능은 그런 역할을 하지 않는다. 실제로 인간의 고차적인 지적 사유 과정들조차 육체의 지각 체계에 토대를 두고 있다. 그에 의하면 〈일체의 의식은 지각적이다. 우리들 자신의 의식조차도 마찬가지다〉. 그러므로 이 이론의 주요 테마는 〈지각의 우선성〉이다. 그는 이렇게 썼다.

지각의 우선성이라는 말을 통해 우리가 의미하고자 하는 것은 사물, 진리, 가치들이 우리에게 구성되는 그 순간에 지각의 경험이 우리에게 나타난다는 사실이다. ……그것[지각의 우선성]은 인간의 지식을 감각으로 환원하는 문제가 아니라 이러한 지식이 만들어질 때 감각한 만큼 감각 가능하도록, 합리성의 의식을 회복하도록 도와주는 문제다.

메를로퐁티는 특히 20세기 초, 게슈탈트 심리학[10]의 영향을 받았다. 게슈탈트 심리학은 인간의 지각 경험이란 감각, 의미, 가치를 우리의 경험에 제공하는 내재적 형식과 구조들에 의해 형성된다고 주장한다. 메를로퐁티가 생각하기에 이들 구조는 육체의 지각 속에 깊이 새겨져 있다.

메를로퐁티는 〈나는 나의 육체[몸]이다〉라는 관념으로 자신의 입장을 다짐한다. 따라서 그는 정신적 주체로서의 나 자신과 육체적 대상으로서의 나 자신을 분리할 수 있다는 주장을 부정한다. 나 자신에 대한 두 가지 구성 요소는 나의 육체[몸]를 통한 체험 속에서 통합된다. 메를로퐁티는 자아를 육체와 동일시함으로써 데모크리토스를 비롯한 원자론자들의 전통 속에 있는 유물론적 견해를 지지하지 않았다. 전통적인 유물론에 의하면 나는 본질적으로 하나의 물질적 기계이며 나의 삶의 정신적 구성 요소들은 육체라는 기계에 의해 다소간 설명된다. 그 대신 메를로퐁티에게 나라는 정신적 측면은 나의 육체 안에 깊이 깃들여 있다. 나는 사고하지 않는 기계적 육체라기보다 하나의 몸-주체다.

---

10 게슈탈트 Gestalt 심리학은 심리 현상이란 하나로 합쳐진 게슈탈트(형태)로서 출현하며, 전체적 종합이 우위에서 활동한다는 것을 강조함으로써 요소주의, 구성주의를 비판한 심리학이다. 1910년대에 베를린에서 막스 베르트하이머 Max Wertheimer를 중심으로 하여 볼프강 쾰러 Wolfgang Köhler, 쿠르트 코프카 Kurt Koffka에 의한 실험적 연구와 이론화가 이뤄진 후 쿠르트 레빈 Kurt Lewin도 여기에 가담하여 하나의 학파를 형성했다. 이들은 역학 이론이나 장(場)이론을 받아들여 지각이나 기억뿐만 아니라 사고, 정서, 동기, 정신 발달이나 사회적 행동에 이르기까지 심리학의 광범위한 영역에 그 이론을 적용했다. 특히 코프카가 주로 지각의 실험적 연구에서 크게 성과를 거둬 1935년에 출판한『게슈탈트 심리학의 원리 Principles of Gestalt Psychology』는 게슈탈트 심리학의 고전적 체계를 완성한 책으로 유명하다.

5. 3. 지식의 상대성

메를로퐁티에 의하면 〈최종 분석에서 모든 지각은 어떤 지평 내에서, 결국 《세계》 내에서 발생한다〉. 이것은 지각이란 세계 내에서 한 개인의 육체적 현전*presence*의 결과라는 사실에서 비롯된다. 육체적 현전이 이미 의미해 온 것은 주체로서의 개인이란 어떤 일정한 시간에 독특한 관점을 가지고 세상에 놓여 있다는 것이다. 결국 우리의 관념들은 이러한 부분적인 견해와 시간 속에서의 경험을 반성하기 때문에 〈우리가 상기하는 관념들은 단지 우리가 살아 있는 기간 동안만 유효한 것이다〉. 우리가 지각하는 사물은 완전한 사물도 아니고 기하학적 개념처럼 지성에 의해 파악된 이상적인 단일체도 아니다. 〈오히려 그것은 무수한 원근법적 견해의 지평을 향해 열린 총체성이다.〉 더구나 이것이 의미하는 바는 〈우리가 바라보는 사물이란 그것들이 언제나 직접적으로 주어진 측면 너머로 멀어진다는 조건하에서만 나에게 존재하는 것이다〉. 예를 들어 우리는 결코 입방체나 램프, 다른 사물의 모든 측면을 볼 수 없다. 이와 마찬가지로 다른 관찰자들은 〈각자의〉 관점에서만 사물을 바라볼 것이다. 더욱이 내가 시간의 단편들의 이러한 연속을 깨닫지 못할 때조차 실제로 시간이 흘러가는 한 나의 지각은 발생한다. 이 점에서 메를로퐁티는 다음과 같이 묻는다.

현재 내가 가지고 있는 관념들을 나는 언제나 가지려 한다고 진지하게 말할 수 있을까? 나의 생각을 표현하기 위해 거의 똑같은 공식들을 사용할지라도 그것들이 6개월이나 1년 안에 의미를 조금이라도 바꿀 것이라는 사실을 나는 모른단 말인가? 내가 경험하는 모든 것에 의미가 있듯이 관념도 생명을 가지고 있다는 사실을 나는 모르는 것일까? 더구나 내가 가장 믿을 만한 모든 사상들도 추가 사항을 필요로 하며 그것이 없어지는 것이 아니라 적어도 새로운 사상 체계에 통합될 것이라는 사실을 나는 알지 못한단 말인가?

그의 결론에 의하면 〈이것은 신화적이 아니라 과학적인 지식이 지닌 유일한 개념〉이다. 더욱이 우리가 사물의 본질에 관해 생각한다면, 직접 지향하는 관념이란 일종의 비일관적인 관념이라는 사실을 의미한다. 우리가 세계에 대한 지각에서 가장 많이 얻을 수 있는 것은 〈경험이라는 하나의 통로다. 경험은 스스로를 점차 분명히 하고 수정하며 타자들과 대화를 통해 계속해 간다〉.

〈타자들〉과의 대화는 모든 사람이 어떤 방식으로 세계에 대한 유사한 경험을 공유할 수 있다는 사실을 가정한다. 그러나 메를로퐁티의 이론 — 그것은 세계에 대한 각 주체의 내적 경험에 집중되어 있다 — 은 두 사람이 일관되게 대화할 수 있는 방법을 설명할 수 있을까? 지각이란 우리의 육체〔몸〕가……〈세계에 대한 우리의 관점〉이기 때문에 독특한 관점의 결과로서 각 개인에 대하여 상대적이다. 메를로퐁티는 〈종(種)들의 선천성 a priori〉에 대한 개념을 사용함으로써 이 문제를 해결하려고 시도했다. 단일 종의 일원들이므로 모든 인간은 같은 방식으로 어떤 형상들을 지각한다. 그에 의하면 〈게슈탈트 이론이 보여 준 바와 같이 나에게 선호되었던 형상들은 다른 모든 사람들에게도 역시 선호된다〉. 물론 나는 〈당신이 어떻게 붉은색을 인지하는지를 결코 알지 못하며 당신도 내가 그것을 인지하는 방법을 결코 알지 못할 것이다〉. 그러나 의식의 이러한 분리에 대한 우리의 최초의 반응은 〈우리들 사이에는 분리되지 않은 존재가 있다고 믿는 것이다〉. 내가 다른 사람을 지각하듯이 〈나는 원리상 내가 존재하는 것과 동일한 진리에 대하여 개방되어 있는 또 다른 나와 관계하고 있는 나 자신을 발견한다〉. 우리들 가운데 두 사람이 세계를 바라보고 있다고 할지라도, 그것은 우리가 서로 다른 관점을 가지고 있기 때문에 〈수적으로 두 개의 서로 다른 세계〉가 있다는 것과는 다르다. 메를로퐁티에 의하면 거기에는 〈내가 바라보는 것은 당신도 바라본다〉는 요구가 있다.

5. 4. 지각과 정치학

우리는 메를로퐁티의 지각적 인식의 상대성에 대한 설명이 정치적, 사회적, 경제적 질서를 다루기에는 적절치 않다고 생각할지도 모른다. 결국 이러한 주제들은 플라톤과 칸트의 이론으로 설명하기에 더 좋을 수 있는 〈정의〉와 〈자유〉라는 영구적이고 안정적인 관념들을 필요로 한다. 이것은 본질적이고 영원한 가치란 있을 수 없다는, 본질적으로 충분히 실현된 어떠한 인간의 본성도 없다는, 게다가 인간은 자신의 가치를 창조하지 않으면 안 된다는 실존주의의 관념과 모순된다. 이것에 대하여 메를로퐁티는 한 가지 대안을 제시한다. 그는 정치, 정의, 도덕에 관한 추상적인 이론들의 고상한 주장들을 즉시 거부했다. 플라톤과 다른 사람들이 그런 가치들이란 인간의 선에 대한 〈영원한〉 관념에 기초해 있다고 주장할지라도 실제로 이러한 가치들은 단지 특정 문화의 현재 상황에 대한 반영에 지나지 않을 뿐이다. 이른바 보편적인 정치적 가치는 정부의 그러한 체제를 만드는 데 자발적으로 참여해 본 적이 없는 사람들에 의해 우리에게 부과되었다. 이와 같이 그러한 가치들은 축복이 아니라 우리를 억압하는 육중한 손일 뿐이다. 소위 보편적 가치란 어김없이 특정 집단의 이익에 따라 존재하는 것으로 판명되었다. 이것이 메를로퐁티가 마르크스주의에서 유사한 사유 양식을 발견했던 한 가지 이유였다. 마르크스주의는 어느 정도까지는 추상적이지만, 그럼에도 불구하고 소련 공산주의와 같은 현실적인 체제 속에서 구현되었다.

더구나 메를로퐁티의 주장에 따르면 〈사물〉이란 반드시 우리가 지각을 통해 만나는 것만은 아니다. 가치는 세계의 다른 측면들처럼 특별하게 지각되며 그것들과 똑같은 사태를 맞이한다. 메를로퐁티에 의하면 가치는 〈현상학적 관점에서 보면 최후의 논증이라는 확실성과 더불어 이해되기 때문에〉 의미심장한 것이다. 뿐만 아니라 지각도 우리에게 〈의미〉의 중요한 요소를 제공한다. 이것은 우리의 지각이 무리들 속에서 살아가는 현실적인 방식들과 우연히 만나게 될 때 특히 각별한 의미를 가진다. 메를로퐁티에 의하면 이러한 현실적인 생활과 활동 계획에서 우리는 특정 집단들의 변화와 운동을 나타내는 어떤 배후의 의미를 발견할 수 있다. 이러한 변화들은 단순한 사실이 아니라 역사의 방향을 나타내는 것들이다. 이것이 바로 메를로퐁티가 공산주의에 이끌리게 된 또 다른 이유다. 거기에는 모든 노동 계급의 열망이 담겨 있는 의미의 담지자로서 구체적으로 간주될 수 있는 체제와 이론이 있기 때문이다. 이처럼 메를로퐁티는 어떤 추상적인 정의론도 존재하지 않는 데에서 정치적 지식의 유일하고 확실한 근원, 즉 지각의 우선성을 기대했던 것이다. 여기에서 그는 관념의 보편성이 아닌 프롤레타리아의 보편성을 발견했다고 느꼈다. 그는 프롤레타리아를 역사적 의미의 담지자로 여겼기 때문이다.

사르트르와 메를로퐁티, 두 사람은 모두 마찬가지 이유로 제2차 세계 대전 이후에 공산주의에 이끌렸다. 그것은 당시의 현상에 대한, 그리고 정치 행위를 위한 새로운 철학적 기초를 요구하는 당시의 소란스런 사건들에 대한 주요 대안의 표시인 셈이었다. 그들은 실존주의와 현상학이 바로 그 철학적 기초를 제공할 수 있다고 생각했던 것이다. 그러나 그들은 언제나 마르크스주의에 동조하지는 않았을 뿐더러 마르크스주의에 대한 상대방의 견해에도 서로 동의하지 않았다. 오랫동안 끌면서 가열되어 온 그들의 불화는 마침내 1952년에 우정의 파국으로 이어졌고 공산주의에 관한 그들의 견해까지 영향을 주었다. 1961년 사르트르는 글로써 다음과 같이 토로했다. 〈우리는 각자의 노선을 조절했지만 그것은 정반대의 방향이었다. 점점 쌓여 가는 우리들의 혐오감은 한쪽(메를로퐁티)에는 순식간에 스탈린주의에 대한 공포감을 갖게 했으며, 또 다른 쪽(사르트르)에게는 자신이 속한 부르주아지에 대한 혐오감을 갖게 했다〉.

메를로퐁티의 주장에 따르면 사회 현실에서 노동 계급의 발전적인 의식을 지각하기란 불가능한 일이 아니다. 그는 여기에서 개인, 사회 제도, 가치 척도, 그리고 현실 사이의 관계를 파악했다. 그가 가장 중요하게 생각한 것은 노동 계급의 발전적인 의식이란 다소 특정한 의미, 즉 서서히 강해지면서 역사의 방향을 형성하는 의미의 담지자라는 사실을 인식하는 것이었다. 이러한 총체적인 지각의 중심에는 노동자의 조건이 지닌 모순들을 해결하려는, 그리고 자연에 대한 자비로운 전유(專有)를 조직하려는 노동자 계급의 입장에 관한 주장이 놓여 있다. 또한 그것은 〈보편적 계급으로서……〔노동자 계급이〕 인간들 사이의 투쟁뿐만 아니라 국가적, 사회적 갈등도 초월하려 한다〉는 사실을 의미하기도 한다. 이것은 공산주의자가 하는 약속의 핵심이었다. 본래 메를로퐁티가 생각했던 그 약속은 그 자신의 지각을 통해 확실하게 되었다. 그러나 그는 만일 프롤레타리아가 자본주의의 강력한 구조를 극복할 수 없다면, 프롤레타리아가 폭력을 제거할 수 없다면, 그것이 사람들 간의 자비로운 관계를 초래할 수 없다면 마르크스주의가 논박당하게 될 것이라는 사실을 인정했다. 메를로퐁티는 이렇게 말했다. 〈만일 역사가 인류의 출현을 의미하며 인간으로서 인간들 서로 간의 인정을 뜻하는 것이라면 지금 어떠한 역사도 존재하지 않는다.〉

19 최근의 철학

철학은 20세기 중반 이래 극적인 변화를 겪어 왔다. 무엇보다도 두드러진 변화는 이 분야에 대해 글 쓰는 사람들이 부쩍 늘었다는 점이다. 부분적인 이유로는 세계 각지의 대학 캠퍼스에 철학 교수가 눈에 띄게 증가한 덕분인데, 이는 곧 세계 인구의 급속한 성장과 이에 따른 대학 입학 인구 비율의 계속적인 증가를 반영한다. 좀 더 학문적으로 훈련된 철학자들이 있기도 하고 철학자들에게 ― 〈책〔논문〕을 써라, 아니면 사라져라〉라는 유명한 모토가 떠돌듯이 ― 글을 쓸 것을 기대하는 대학 내의 요구들이 증가하였기도 하다. 1950년대와 비교해 볼 때 2000년에 등장한 철학 저서들과 잡지들은 무려 다섯 배쯤 되는 것 같다. 이러한 생산적인 글쓰기의 결과 철학은 이제 아주 전문화되었다. 그래서 한 사람의 철학자가 서로 다른 영역의 철학에서 속속 등장하는 새로운 사유들을 전부 다 파악하기가 불가능하다. 철학적인 산물이 좀 더 다루기 쉬웠던 때에는 칸트처럼 한 사람의 위대한 인물이 단독으로 형이상학, 인식론, 윤리학, 미학, 종교 철학의 방향을 바꾸는 것이 가능했다. 그러나 이제 가장 창조적인 철학자는 오직 하나 또는 두 가지 분야에만 집중한다. 철학의 한 분야에서 영향력 있는 저자가 다른 분야의 전문가에게는 생소한 인물일 수도 있다. 다른 학문들과 마찬가지로 철학은 이제 걸출한 개별 인물의 사상에 의해 끌려가는 일이 적어졌고, 대신 철학 내에서 큼직한 문제들과 운동에 의해서 더 추진되었다. 어떤 개별적인 이름들은 특수한 철학 분야에서 분명 두드러지기는 하지만 데카르트, 흄, 칸트와 같은 거장들을 낳았던 시대는 지나간 것 같다.

철학도 이제 그 이전 어느 시대보다 훨씬 다문화적*multicultural*이다. 지난 세기 동안 서구의 주도적인 철학자들은 유럽의 사유 전통을 영속시켰던 백인 남성들이었다. 그러나 이제 무엇보다 주목할 만한 것은 철학 분야에서 여성들의 약진이다. 이들은 미국에서 21세기 초 학문적인 철학자의 4분의 1을 차지하고 있다. 이들 여성 철학자들의 증가는 여성들의 문제에 직접적으로 호소하는 철학적 이슈들에 관심을 촉발시켰다. 이러한 문제들에 대한 논의들은 정치적으로 혁명적인 논조를 띠면서 여성을 억압하는 남성 중심적인 문화의 방식으로 주의를 끌었다. 다른 논의들은 여성적인 사유 방식이 얼마나 독자적으로 지식, 윤리학, 미학과 같은 전통적인 철학 문제들에 영향을 미치는가를 탐구했다. 철학은 또한 비유럽 문화들이 철학적으로 공헌한 바를 인정한다는 점에서 좀 더 다문화적이다. 특히 아시아 철학이 그러하다. 아시아 철학은 서양에서 그리스 전통이 그랬던 것만큼 오랜 철학적인 문헌의 역사를 지니고 있다. 이렇게 전문화되고 문화적으로 다양해진 오늘날의 철학임에도 불구하고 여기서는 기껏해야 겨우 몇몇 중요한 쟁점과 인물들만을 제시하게 될 것 같다.

1. 정신과 육체의 문제

정신과 육체의 문제는 철학에서 가장 오래되고 가장 많이 탐구된 영역 가운데 하나다. 우리는 데모크리토스와 다른 원자론자들처럼 인간의 모든 정신적인 과정들을 엄밀하게 물리 법칙을 따르는 물질적인 재료들의 조작으로 환원시킨 시도들을 보아 왔다. 이와 대조적으로 플라톤은 우리의 영혼 — 따라서 우리의 이성적인 정신도 — 은 육체와 구분되며 따라서 물질적인 구성 요소로 환원될 수 없다고 믿었다. 플라톤의 견해를 발전시켜 데카르트는 우리의 정신이 어떻게 물질적인 육체와 상호 작용하고 있는가를 설명하고자 했다. 그의 해결책은 우리의 두뇌 속에 있는 송과선(松果腺)에 의해 — 일종의 형이상학적 교환대 역할을 함으로써 — 메시지가 육체와 정신 사이를 오가게 한다는 것이었다. 비록 데카르트의 독특한 이론이 그것이 해결한 것보다 더 많은 문제들을 야기했지만 그럼에도 불구하고 데카르트 이후 철학적 경향들은 우리의 영혼적 정신과 물리적인 육체 사이의 근본적 틈새를 받아들이지 않을 수 없었다. 생물학자들이 19세기와 20세기에 인간 두뇌에 관해 더 많은 것을 알게 되면서 데카르트의 정신과 육체의 이원론은 적어도 과학적인 사유 방식으로는 점점 지탱하기 어려워졌다. 과학자들에게는 원자론자들이 주장했던 애초의 주장들이 더 타당해 보였다. 즉 정신적인 사건들은 단순히 물리적인 두뇌 활동의 결과일 뿐이라는 것이다. 일반적으로 유물론이라고 불리는 이러한 입장은 이제 육체와 정신 문제에 대한 표준적인 철학적 해결안이 되었다. 종교적인 전통 속에 있는 어떤 철학자들은 데카르트의 정신, 육체의 이원론을 여전히 옹호하고 있지만, 이 문제에 대한 대부분의 저자들은 비종교적인 대학 출신으로서 데카르트의 해결책을 제쳐 놓고 있다. 이제 중요한 문제는 우리의 영혼적 정신이 물리적인 두뇌와 어떻게 상호 작용하느냐가 아니다. 그 대신 우리의 정신적 경험이 어떻게 두뇌 활동에 의해 가장 잘 설명될 수 있는가가 관심사다. 내가 아무리 비물질적인 영혼을 결여할지라도 나의 정신적 경험들이 어떻게 단순히 내 두뇌 속의 생물학적 장치의 결과일 뿐인지를 이해하는 것은 어려운 일이다.

1. 1. 라일과 기계 속의 정령

현재 정신과 육체에 대한 대부분의 논의에 영향을 준 것은 1924년 옥스퍼드 대학교에서 강의를 시작한 영국의 철학자 길버트 라일(1900~1976)의 『정신의 개념 *Concept of Mind*』(1949)이다. 라일은 정신에 관한 〈공식적인 주장〉이 우리가 인간 정신에 대해 알고 있는 그 어떤 것과도 사실상 모순된다고 주장하고 있다. 가장 단순한 형태로 이 공식적 주장은 모든 인간 존재가 하나의 정신과 하나의 육체를 가지고 있으며, 이 둘은 서로 협조하지만 육체가 죽음에 이르러도 정신은 계속해서 존재하고 그 힘을 발휘할지 모른다고 말한다. 라일은 이 정신과 육체 이론의 기본 주장이 적절하지 않을 뿐 아니라 우리가 이 이론이 함축하고 있는 바를 정교화하게 되면 이내 많은 다른 오류들이 뒤따르기도 한다고 보았다. 이 이론이 결과하는 하나의 오류는 이 이론이 함축하고 있는 견해, 즉 각각의 인간은 평행적인 두 역사를 갖는데 그 하나가 일련의 육체적 사건들로 이루어진 역사이고 다른 하나는 정신 속에서 발생하고 정신으로 돌아오는 것으로 이루어진 역사라는 주장이다. 인간의 육체가 공간 속에 존재함으로써 기계적인 물리 법칙에 지배되는 반면 정신은 공간 속에 존재하는 것이 아니므로 그런 법칙에 종속되지는 않는다. 한 인간의 육체적 생명은 공개적으로 관찰이 가능하지만 정신 활동은 외부적인 관찰이 불가능하므로 사적이다. 그러므로 이러한 사실은 육체의 작용은 외적인 반면 정신의 작용은 내적이라고 주장하게 한다. 그렇게 되면 곧 정신은 육체〈속에〉존재한다고 말할 수 있게 된다. 정신이 있는 장소를 언급하는 이러한 언어는, 실제로 정신이 어떤 공간을 차지하는 것은 아니고 따라서 어떤 특정한 장소 안에 있는 것이 아니므로, 은유적일 수 있다. 그럼에도 불구하고 라일은 우리가 때로 이러한 안과 밖의 영역 사이의 대조를 문자 그대로 택하기도 한다고 주장한다. 예를 들어 심리학자들은 감각적 자극이〈외부〉, 아주 먼 곳으로부터 오며 두개골〈내부〉에서 정신적인 반응을 일으킨다고 가정한다. 이 모든 것은 정신과 육체가 어떤 식으로든 상호 작용하고 있음을 시사한다. 그렇지만 어떠한 실험적 시도로도 이러한 관계를 밝힐 수가 없다. 이것은 또한 정신 속에서 일어나는 것이 비밀스런 활동이므로 외부에 있는 다른 사람이 접근할 수 없다는 것을 시사한다. 예를 들어 나의 정신적 행위들, 인지하고 희망하고 두려워하고 혹은 의도하는 행위들은 사적인 사건들이다.

이러한 전통적인 이론이 정신을 육체와 철저하게 떼어 놓기 때문에 라일은 이러한 입장을〈기계 속의 정령 도그마 *dogma of the Ghost in the Machine*〉라고 부른다. 라일이 이 도그마에 문제가 있다고 하는 것은 여기저기 사소한 세부 사항들이 애매해서가 아니라 이 이론이 근거하는 원리 자체가 잘못이라는 것이다. 라일이 보기에 그것은 개별적인 몇몇의 실수가 아니라 아주 큰 독특한 오류, 즉 그가〈범주의 오류 *category mistake*〉라고 부르는 것이다. 이는 정신적 삶의 사실들이 사실상 서로 완전히 다르며 동떨어진 것들임에도 불구하고 마치 이들이 하나의 동일한 논리적 범주에 속하는 것처럼 취급하는 것을 말한다.

이러한 범주적 오류의 예로서 라일은 어떤 외국인이 옥스퍼드 대학교를 처음으로 방문한다고 가정한다. 방문자는 박물관과 과학 실험실들 그리고 몇몇 단과대학들을 돌아보게 될 것이다. 이렇게 여러 시설들을 돌아본 후에 방문자는〈그런데 대학교는 어디에 있습니까〉라고 묻는다. 이러한 질문은 그 대학교가 아직도 어떤 다른 기구나 단과대학들, 실험실들과 대응되는 것, 또는 다른 것들과 마찬가지로 보일 수 있는 어떤 실체로 가정하는 셈이다. 사실 그 대학교란 단순히 이러한 구성 요소들이 통합되어 있는 방식인데 말이다. 이렇게 방문자의 오류는 우리가 옥스퍼드 도서관, 박물관, 다른 여러

길버트 라일

구성 요소들을 정확하게 지적할 수 있듯이 그 대학교도 마치 도서관처럼 다른 것에 속하는 그런 부류인 것처럼 말할 수 있다고 가정하는 데서 오는 것이다. 즉 방문자는 그 대학교를 전혀 다른 범주 — 그 대학교가 속하지 않는 범주 — 에 잘못 위치시킨 셈이다. 유사한 예로서 라일은 어린아이가 군대 퍼레이드를 보는 장면을 드는데 그 퍼레이드에는 사단 행렬이 행진하고 있다. 그가 대대, 포대, 기병 대대를 보고 있다고 들었기 때문에 아이는 언제 사단 행렬이 지나가는지를 알고 싶어 한다. 또다시 아이는 대대, 포대, 기병 대대를 보았으므로 자신이 이미 사단 행렬을 보았다는 사실을 깨닫지 못한 채 사단 행렬이라는 것이 다른 것들과 같은 단위인 줄 아는 것이다. 오류는 대대, 포대, 기병 대대, 〈그리고〉 사단 행렬을 같은 범주에 놓고 말하는 것이 옳다고 생각하는 것이다. 어린아이는 사단 행렬을 잘못된 범주에 놓은 것이다. 이러한 범주의 오류는 영어에서 어떤 요소들을 제대로 사용할 줄 모르는 데서 오는 것이다. 라일에 의하면 더 중요한 것은 개념들을 완전하게 사용할 줄 아는 사람들도 정작 추상적인 사고를 할 때 그 개념들이 속하지 않는 논리적 범주들에 그 개념들을 집어넣을 수도 있다는 사실이다.

라일은 기계 속의 정령 도그마가 유사한 오류를 범하고 있으며, 따라서 〈급진적인 범주적 오류의 그룹은 이중 생활 이론의 근원〉이라고 믿는다. 이 도그마의 주창자들은 한 사람의 감정, 사고 그리고 목적 수행적인 활동들이 물리학의 용어만으로는 묘사될 수 없다고 본다. 이 때문에 그들은 정신적 활동이 그에 대응되는 일단의 숙어들로 묘사되어야만 한다고 결론짓는다. 더욱이 정신적 행위는 육체 활동과 다르기 때문에 도그마 주창자들은 정신이란 그 자신의 형이상학적 상태를 지니고 있으며, 이는 전혀 다른 재료와 전혀 다른 구조로 이루어져 있고 그 자신의 복잡한 조직화를 소유하고 있다고 본다. 그래서 그들은 정신과 육체가 원인과 결과라는 서로 분리된 장(場)에서 육체는 기계적이고 정신은 기계적이지 않은 채 존재한다고 주장한다.

　이러한 범주적 오류는 어디에서 연원하는 것인가? 라일은 데카르트를 이러한 오류의 주요 범인으로 지목하고 있지만 정신·육체 이원론은 17세기보다 훨씬 더 긴 역사를 갖는 것이 분명하다. 데카르트의 특수한 해석은 과학적 방법이 공간을 점유하는 모든 것에 적용되는 기계론을 제공할 수 있다는 견해에 의해 고무된 것이었다. 엄밀한 과학적 관점에서 볼 때 데카르트는 자연에 대한 기계론적 표현에 영향을 받았다. 그러나 종교적이고 도덕적인 사람으로서 그는 인간 본성이 그 정신 측면에서 기계와 단지 복잡성의 정도에서만 차이가 난다는 주장을 받아들이기가 어려웠다. 그 결과 데카르트와 이후 철학자들은 정신적-행위 언어 *mental-conduct words*는 비기계적인 과정을 의미한다고 잘못 해석했고 따라서 비기계적 법칙은 정신의 비공간적 작용들을 설명해야만 한다고 결론 내렸다. 그러나 이러한 설명이 함축하고 있는 것은 다음과 같은 가정이었다. 즉 비록 정신은 육체와 다르지만 그럼에도 불구하고 〈사물, 재료, 상태, 과정, 원인, 그리고 결과〉와 같은 범주들 중 하나였던 것이다. 그리하여 옥스퍼드 대학교 방문자가 옥스퍼드 대학교를 또 다른 추가 단위로 생각했듯이 데카르트와 그 추종자들은 정신을 원인 과정의 특별한 중심이긴 하지만 추가적인 단위로 다루었던 것이다. 이런 결론에서 이론적 난점들이 생겨났다. 즉 정신과 육체는 어떻게 관련되는가? 그들 둘은 어떻게 서로에게 영향을 미치는가? 정신이 육체를 지배하는 법칙과 유사한 엄격한 법칙에 의해 지배된다면 이것은 책임, 선택, 장점, 자유와 같은 관념들은 전혀 의미가 없는 결정론을 의미하는 것 아닌가? 무엇보다도 나쁜 것은, 정신은 공간 안에 있지 않다, 움직임이 없다, 물질이 아니다, 그리고 관찰이 불가능하다와 같이 오직 부정적인 용어들로만 정신에 대해 말할 수 있다는 것이다. 이런저런 이유로 라일은 기계 속의 정령이라는 논의 전체가 〈파기〉된다고 결론을 내린다.

그렇다면 우리는 대체 인식을 하고, 지력을 행사하고, 이해하고, 의욕하고, 느끼고 그리고 상상하는 행위들과 같은 정신적 사건들을 어떻게 이해해야 할까? 라일은 기계 속의 정령의 대안으로 오늘날 〈논리적 행동주의 logical behaviorism〉라는 견해를 내세운다. 이 이론은 정신적 사건들이 얘기하는 것은 관찰 가능한 행위에 대해 얘기하는 것으로 전환되어야만 한다는 이론이다. 사실상 정신에 관한 모든 단언들은 육체적 행위와 관련된 어떤 사실들을 포함한다. 즉 〈우리가 사람들을 정신적 술어로 특징화할 때 우리는 들어가 보는 것이 불가능한 의식의 흐름 속에서 일어나는 어떤 영적인 과정들과 검증될 수 없는 관계를 맺고 있는 것이 아니다. 오히려 우리는 사람들이 흔히 행하는 공공연한 행위의 일부에 해당하는 그러한 방식을 묘사하는 것이다〉. 정신적인 용어들은 사람들이 행동하는 방식을 언급하는 것이지 내밀한 영혼의 상태를 의미하는 것이 아니다. 궁극적으로 우리의 모든 정신 상태는 우리의 행동을 통해 분석될 수 있다. 그러므로 라일은 우리의 정신 상태가 행위를 기술하는 방식 이상의 그 어떤 것도 반영하는 것이 아니라고 본다. 예를 들어 내가 인간 감정들을 이야기할 때 나는 정신의 어떤 내적이고 애매모호한 힘들의 작용을 언급하는 것이 아니다. 즉 순조로운 상황에서는 〈나는 이것보다 더 직접적으로 너의 성향과 기분을 알아차리고 있다. 나는 너의 대화 어법, 너의 감탄사, 그리고 너의 목소리 톤을 듣고 이해한다. 다시 말해 나는 너의 몸짓과 얼굴 표정을 보고 알 수 있다〉고 라일은 말한다.

1. 2. 동일성 이론과 기능주의

라일의 논리적 행동주의 이론은 비판을 받았다. 우리가 설령 그의 데카르트적 이원론에 대한 비판을 수용한다고 해도 정신을 관찰 가능한 행동으로 환원시키고 있는 그의 해결책에는 문제가 있다. 라일의 행동주의는 우리가 감각이라는 투입 input과 행동이라는 결과 output만을 바라봄으로써 정신의 사건들에 관한 모든 것을 설명할 수 있다고 가정하는 것이다. 예를 들어 나는 사자(투입)를 보고 벌벌 떠는 두려운 행동(결과)을 내보인다. 라일에게 있어 투입과 결과는 내가 느끼는 공포의 모든 것을 설명한다. 하지만 이것은 지나치게 단순하다. 그 자신 스스로 범주적 오류를 범하지 않기 바라면서 라일은 투입과 결과 사이에서 일어나는 모든 것을 무시하고 있다. 그러나 나의 공포의, 나의 두뇌의 명확한 출처는 어디인가? 데카르트조차 인간의 두뇌가 감각 자료를 처리할 때 중요한 역할을 하고 있음을 인지하고 있었다. 그리고 지난 몇 십 년간 많은 의사들은 죽음을 두뇌 활동의 정지로 보는 것을 거부해 왔다. 이 문제를 다룰 때 〈동일성 이론〉은 정신의 상태는 두뇌 활동과 동일하다는 견해다. 예를 들어 내가 사자를 볼 때 내 감정들에 관해 어떤 것을 알고자 한다면 나는 두뇌 속에서 일어나는 행동 유형을 볼 필요가 있다. 그러면 공포라는 나의 경험은 나의 두뇌의 서로 다른 부분들에서 일어나는 일련의 신경학적 사건들로 설명된다. 동일성 이론은 과학이라는 우산 (특히 신경 과학) 아래 인간 의식에 관한 모든 문제들을 해결하고자 한다. 점쟁이, 무당, 신학자 또는 형이상학자들조차 인간의 비물질적인 영혼의 본성에 관해 숙고함으로써 이 주제에 대해 어떤 의미 있는 공헌을 할 수 있었던 시대는 지나갔다.

인간의 의식과 두뇌 활동을 동일시하고자 하는 시도가 독특한 일은 아니다. 앞에서 언급했듯이 데모크리토스와 다른 원자론자들이 이런 입장을 제시했고, 좀 더 최근인 18세기와 19세기에는 몇몇 생물학자들이 두뇌의 기능이 어떻게 의식적인 사고를 유발하는지에 관한 다소 조잡한 이론들을 제시했다. 두뇌의 기능에 관한 이론들이 최근 몇 십 년간 좀 더 세련되어짐에 따라 마음과 두뇌의 동일성에 관한 이론들도 세련되어졌다. J. J. C. 스마트[1]와 데이비드 암스트롱[2]과 같은 두 철학자는 최근의 이러

---

1 John Jamieson Carswell Smart(1920~). 20세기 중반 이후 심신 문제에 있어서 심적 현상의 물질 환원성을 거부하면서 등장한 많은 동일성 이론 가운데 암스트롱과 함께 〈심뇌 동일성mind-brain identity theory〉을 주장한 오스트레일리아의 대표적인 동일론자. 그는 마음과 육체를 무엇인가의 형태로 인과적으로 연결하려는 주장 대신에 심신을 동일한 무엇의 양면으로 이해하려는 동일론 가운데서도 동일한 것을 육체로 추정함으로써 스스로 유물일원론자라고 부르기도 했다. 이들의 입장을 계승한 리처드 로티는 소멸형disappearence form 동일설이라는 극단적인 유물론적 동일설을 주장하여 심적 술어의 소멸 가능성을 제기하기도 했다.

2 David Armstrong(1926~). 존 스마트와 함께 감각, 지각, 사고, 희로애락, 의지 등의 심적 현상을 대뇌에서 생기는 물리적 과정에 지나지 않는다고 주장하면서 이것의 과학적 입증 가능성을 주장한 심뇌 동일론자. 그가 주장하는 심뇌 동일론의 특징은 첫째, 물리적인 원자, 분자, 전자장 등을 궁극적 실재로서 간주한다. 둘째, 심적 현상을 자극과 반응의 관계로 파악한다. 셋째, 20세기 중반 대뇌 생리학의 융성을 배경으로 하여 심적 현상과 동일시한 신체적 과정을 대뇌 과정에 국한시킨다. 넷째, 논리 실증주의, 분석 철학의 전통에 입각하여 심적 현상과 대뇌 과정의 관계를 일종의 언어 동일시의 관계로 파악한다. 한마디로 말해 이러한 입장에서는 슬픔과 같은 심적 현상은 외적 자극과 반응 사이에서 생기는 대뇌의 과정이라는 것이다.

한 이론과 관련이 있다. 아마도 동일성 이론에 대한 가장 일반적인 비판은 그 이론이 〈라이프니츠의 법칙〉이라고 불리는 원칙을 위반했다는 것이다. 라이프니츠에 의하면 두 사물들이 정말 동일하다면 하나에 유효한 특성들이 다른 것에 대해서도 유효해야만 한다. 라이프니츠의 법칙에 의하면 이렇듯 심적 사건들과 두뇌 활동이 정말이지 동일하다면 ― 스마트와 암스트롱이 주장하듯 ― 심적 사건들에 관한 모든 특성들이 두뇌 활동에 적용되며 그 반대도 그럴 것이다. 그러나 비판자들이 지적하듯 두뇌 활동에는 적용될 것 같지 않은 심적 사건들에 관해 말할 수 있는 어떤 것들이 있으며 그 반대도 있다. 첫째 두뇌 활동은 공간 속에 위치될 수 있으나 심적 사건들은 그럴 것 같지 않다. 예를 들면 우리는 신경(뉴런)이 점화되는 두뇌의 특정 부분을 지적할 수 있다. 그러나 우리는 두뇌의 특정 부분을 가리키며 〈나무에 대한 나의 관념이 바로 거기에 있다〉고 말할 수는 없다. 둘째, 두뇌 활동들은 그것을 과학적 도구를 가지고 모니터할 수 있다는 의미에서 객관적으로 관찰 가능하다. 그렇지만 심적 사건들은 그런 방식으로 관찰될 수 없다. 마지막으로 심적 사건들은 그것들이 어떤 것으로 인도된다는, 즉 그것들은 의도를 나타낸다는 뚜렷한 특징을 지니고 있다. 즉 나는 나무에 대한 관념을 지니고 있고, 나는 새로운 차를 원하고, 나는 세계 각지의 정치적 소요들에 관해서 생각한다. 이와 대조적으로 두뇌 활동들은 어떤 것에 〈관해서 *about*〉가 아니다. 그것들은 그저 물리적인 사건들인 것이다.

완고한 동일성 이론가들은 이런 문제로 시달리지 않았다. 사실 그들은 우리가 두뇌 활동에 대해서 알면 알수록 두뇌의 부분들을 가리키면서 〈의도적인 생각이 바로 거기에서 일어나고 있다〉고 점점 더 안전하게 말할 수 있게 될 것이라고 믿는다. 그럼에도 불구하고 동일성 이론은 또 다른 비판에 직면하게 된다. 특히 동일성 이론은 생각이나 감정과 같은 심적 사건들이 생물학적인 두뇌 활동이어야만 한다고 추정한다. 그렇지만 실리콘 칩과 같은 비생물학적 시스템에서는 왜 사유가 일어날 수 없는가? 이것에 라이벌 이론인 〈기능주의 *functionalism*〉에 따르면 심적의 사건들은 기본적으로 네트워크와 경로, 그리고 심적 과정들의 상호 연관에 의존하는 것이지 그것이 구성되는 물리적 재료에 의존하는 것이 아니다. 기능주의자들은 인간의 심적 과정들이 인간 두뇌 활동의 기능이라는 것은 부인하지 않는다. 그들은 그와 관련되는 과정들을 보여 주는 컴퓨터, 로봇 또는 다른 인간이 만든 고안물들을 포함하고자 마음의 활동이라는 기준을 개방하고 있다.

〈인공 지능〉 분야는 기능주의 이론을 현실화시키고자 하며 계산적인 기계를 통해 인간의 인지적 정신 상태들을 복제하고자 한다. 한동안 과학자들은 어떤 기계적인 형태를 통해 인간의 사고 과정을 복제해 보려고 했다. 1939년의 뉴욕 세계 박람회는 인간 활동을 흉내 내는 인간형 로봇을 선보였다. 그때는 눈에 보이는 효과가 확신되었으며 많은 관찰자들은 과학자들이 정말로 인간 같은 창조물을 만들 수 있다고 믿었다. 그러나 당시의 기술 단계에서 로봇은 태엽 인형보다 조금 나은 정도였고 기능주의자들이 사유와 관련시켰던 내적 과정을 전혀 보여 주지 않았다. 최근 몇 십 년의 컴퓨터 테크놀로지는 최소한 인간의 사유 과정을 복제하려고 하는 실행 가능한 최초의 기회를 제공했다. 어떤 면에서 오늘날 인공 지능의 목표는 겸손하다. 기계 형태를 통해 인간의 정신 과정들 — 감정, 의지 활동, 그리고 감각들과 같은 — 을 복제하려고 하기보다는 인공 지능 옹호자론자들은 차라리 감각 자료를 분석하고, 그것에 대해 판단 내리는 일과 같은 사유 과정에만 초점을 맞추고 있다. 인공 지능 옹호론자들의 주장은 그들의 기술에 따라 천차만별이다. 그럼에도 불구하고 일반적으로 두 가지 접근 방법이 두드러진다. 인공 지능에 대한 〈약한〉 입장은 적절하게 프로그램화된 기계가 인간의 인식을 흉내 낼 수 있다고 주장한다. 이와 대조적으로 〈강한〉 인공 지능 입장은 적절하게 프로그램화된 기계가 실제로 인지적인 정신 상태일 수 있다고 주장한다. 약한 입장은 인간의 인지 기능을 본뜬 기계가 현실적으로 의식적인 정신 상태를 소유하고 있을 필요가 없으므로 철학적으로 별 문제될 것이 없다는 것이다. 그러나 강한 입장은 컴퓨터가 인간 같은 사고들을 지닐 수 있다고 주장하므로 철학적으로 다소의 물의를 빚고 있다.

1. 3. 설과 중국어 방 논의

강한 인공 지능 입장에 대해 가장 잘 알려진 공격을 가한 사람은 옥스퍼드 대학교에 있는 존 오스틴의 제자였고 나중에 버클리에 있는 캘리포니아 대학교 교수로 재직한 존 설John Searle이다. 설은 어떤 컴퓨터 프로그램들이 인간이 하는 것과 같은 방식으로 이야기들을 해석한다고 주장하는, 즉 인간이 경험으로부터 추론을 이끌어 내듯이 컴퓨터도 사건 속에서 사건들에 관해 숨은 의미를 알아차리고 추론을 끌어낼 수 있다고 하는 컴퓨터 과학자들의 과장된 주장들에 대해 우려를 표명했다. 강한 인공 지능 옹호론자들은 문제의 프로그램이 이야기들을 이해하기도 하고 이야기를 이해하는 인간 능력을 설명하기도 한다. 즉 〈이해〉의 충분조건을 제공한다고 주장한다. 설은 생생한 사고 실험을 통해 이러한 견해에 반대한다. 나 또는 중국어를 못하는 어떤 다른 사람이 방 안에 있고 다음과 같은 세 가지 중국 문자의 집합을 대한다고 가정해 보자. (1) 중국어의 구조를 구성하는 한 묶음의 중국어 문장 (2) 하나의 이야기 (3) 그 이야기에 관한 질문들. 나는 컴퓨터 프로그램과 같은 종류의 또 한 무리의 영어로 된 규칙을 받아들이는데, 이는 위의 세 가지 문자들을 서로 연결시킬 수 있게 해주는 것이다. 비록 중국어 기호들의 의미는 모르지만 나는 외부인으로서 그 기호들을 익숙하게 조작해서 문제에 맞게 답할 수도 있으며, 그렇게 되면 어느 누구도 내가 중국인인지 아닌지를 구분할 수 없다. 설에 의하면 〈나는 중국어로 된 이야기를 한 마디도 이해하지 못하지만 나는 중국어를 모국어로 사용하는 사람들과 구분할 수 없을 정도의 투입과 결과를 가질 수 있다. 따라서 나는 당신이 원하는 어떤 형식적 프로그램을 가지고 있을 수 있지만 여전히 아무것도 이해하지 못한다〉는 것이 명백하다. 설은 이러한 시나리오로 위에서 말한 강한 인공 지능 입장들에 맞선다. 즉 나는 중국어 이야기를 이해하는 것도 아니고 내가 따라가는 과정이 〈이해〉라는 관념을 충분히 설명하지도 않는다. 간단히 말해 컴퓨터 프로그램이 한 이야기의 뉘앙스를 의미 있게 해석한다 해도 그 프로그램은 그 이야기를 실제로 이해하는 것이 아니다.

설은 자신의 중국어 방 논의에 대해 많은 반론을 기대했다. 단순히 자료를 공급받았다기보다 실제 세계와 상호 작용함으로써 자료를 획득하는 로봇 안에 컴퓨터 프로그램을 설치하면 어떨까? 그 로봇은 비디오카메라와 자동화된 팔과 다리로 상호 작용할 수도 있다. 그렇지만 설은 이것이 컴퓨터 안에 이미 설치된 자료와 아주 똑같은 자료를 만들 수 있을 뿐이므로 컴퓨터가 정보를 처리하는 방식에서는 어떤 새로운 것도 없다고 주장한다. 컴퓨터 프로그램이 단지 단어들 사이의 상호 관련이 아니라 차라리 뉴런 점화 패턴을 본뜬다면 어떨까? 설은 우리가 여전히 시뮬레이션을 가질 뿐이지 실재가 아니라고 대답한다. 설에 의하면 컴퓨터 프로그램은 그것이 아무리 정교하다 해도 인지적인 정신 상태일 수가 없다. 그러나 이것은 생물학적이고 유기체적인 두뇌에게는 보유되어 있는 특징이다. 비록 설이 기능주의자들과 인공 지능의 주창자들의 과도한 주장들을 거부하기는 했지만 그렇다고 해서 순수한 동일성 이론가나 옛

날 데카르트 이원론에게 승리를 돌리자는 것은 아니다. 그는 그 대신 후자의 두 이론들 사이의 중간 지대를 형성하고자 했는데, 그것을 그는 생물학적 자연주의Biological Naturalism라고 했다. 동일성 이론가들처럼 그는 심적 사건들은 정말이지 자연 속에서 생물적인 것이며, 특히 고도의 두뇌 기능을 포함하고 있다고 믿었다. 이처럼 우리가 인간 정신의 본성을 탐구할 때 우리는 두뇌를 탐구하기에 우리의 정신 과정에는 신비한 영혼적 요소들이 존재하지 않는다. 이원론자처럼 설은 라이프니츠의 법칙에 의해 동요되며 두뇌 활동 — 예를 들어 상상력을 자극하는 뉴런 — 에 대한 기술은 근본적으로 정신적 사건들 — 예컨대 나는 새 차를 원한다 — 에 대한 기술과 다르다고 주장한다. 따라서 인간 사유에 관한 철학적 기술은 두뇌 활동에 대한 과학적 기술에 의해 결코 대체될 수 없다. 각자는 자신의 영역 내에서 타당할 뿐이다.

2. 로티

플라톤 이래로 전통적인 철학자들은 지식의 근원을 발견하고자 했다. 그들은 정신과 육체, 현실과 실재를 구분하고 절대적으로 확실한 진리의 근거를 제공할 수 있는 것이 〈외부의〉 — 정신의 외부에 있는 — 무엇인지, 그것이 정확히 있는지 알고자 했다. 이와 대조적으로 분석 철학자들은 철학의 모험을 의미 있는 언어의 기초를 발견하는 아주 겸손한 작업으로 목표 수준을 낮추었다. 문장이나 명제는 그것들이 객체와 입증 가능한 사실들과 상응할 때만 의미 있다고 간주되었다. 이런 식으로 철학의 엄밀함은 과학적 지식의 엄밀함과 유사해졌다. 그러나 철학적 관심에서의 이러한 이동이 커다란 혁명을 뜻하는 것인가? 확실히 언어 분석은 빈번한 언어 남용을 증명하면서 몇몇 철학적 문제들을 명쾌하게 했다. 좀 더 극적으로 말해 몇몇 전통적인 문제들은, 분석 철학자들이 언어는 반드시 사실을 정확하게 드러내야 한다고 주장하는 바람에 철학에서 쉽게 제거되었다. 즉 〈선한〉 것이나 〈아름다운〉 것 또는 〈정의로운〉 것이나 〈신〉이라고 말할 때 언어에 의해서 어떤 〈사실들〉이 드러날 수 있는가? 만일 그런 사실들이 존재하지 않는다면 철학은 더 이상 윤리학, 미학, 종교, 정의, 그리고 형이상학에 대해 의미 있게 말할 수 없다. 확실히 우리는 이것이 전통적인 철학적 관심사들로부터의 혁명적인 이탈을 보여 준다고 생각할 수 있다.

그러나 미국의 철학자 리처드 로티Richard Rorty에 의하면 분석 철학은 철학적 가정들에 있어 중심적인 변화를 예고하는 것이 아니다. 그의 도발적인 저서 『철학과 자연의 거울Philosophy and the Mirror of Nature』(1979)에서 로티는 분석 철학이란 어떤 새로운 것이 아니라 오히려 데카르트와 칸트가 지식의 〈근거〉를 마련하려고 했던 것의 변형이라고 주장한다. 그에 의하면 분석 철학에서 새로운 것은 지식이 정신적인 것에 의해서가 아니라 언어적인 것에 의해 표현된다는 확신이다. 그러나 그렇다고 해도 인간으로서 우리가 탐구 활동을 할 수 있는 어떤 기초 구조를 우리의 본성상 소유하고 있다는 가정은 불변하는 채로 말이다. 분석 철학에는 다음과 같은 것들이 있다. (1) 인식하는 주체 (2) 주체 외부의 실재 (3) 실재가 어떻게 인식 주체에게 표상되는가를 기술하는 표상 이론. 우리가 어떻게 인식하는가에 대한 오래된 설명은 여전히 같다. 즉 정신이란 어떤 것은 정확하게 그리고 어떤 것은 부정확하게 자연에 대한 표상들을 담는 커다란 거울과 같아서 우리는 순수한 〈이성적〉 방법들을 가지고 그 자연의 표상들을 연구하는 것이다. 분석 철학은 정신이 거울과 같다는 가정을 제거하지 않고 그대로 둔다. 단지 분석 철학은 로티가 말하듯 〈거울을 조사하고, 손보고, 닦음으로써〉 정신에 의해 파악되는 표상들에 대한 정확도를 높이고자 할 뿐이다. 더욱이 거울을 손보고 닦는 것은 또 다른 이전의 가정, 즉 우리의 〈외부에는〉 영원히 존재하는 어떤 실재가 있는데 어떤 이유에서인지 그것은 정신에게 부정확하게 표상된다는 이전의 가정을 내포한다.[3] 이러한 이유로 로티는 철학에서 진정한 혁명적 변화는 몇몇 가정들에 대한 단호한 거부가 필요하다고 믿는다. 첫째 우리는 전통적인 거울 이미지 — 즉 인간이 우리의 탐구가 어떻게 진행되어야 하는지를 지시하는 구조적인 뼈대를 갖추고 있다는 가정을 포기해야 한다. 우리는 또한 사유 작용이나 역사가 있

---

[3] 로티는 1979년 『철학과 자연의 거울』을 내면서 체계적이고 분석적인 철학의 종언을 고하는 듯한 주장을 했다. 로티가 말하고 있는 〈포스트 철학 문화〉는 분명히 체계적인 철학이 문학적인 작업들로 대체되는 문화를 일컫는다. 이후 로티는 버지니아 대학교의 철학과와 영문과에서 강의했으며 문학과 철학을 자유롭게 넘나드는 작업을 했다. 1998년 이후에는 스탠퍼드 대학교의 비교 문학과로 옮겨 재직 중이다. 로티가 체계적인 철학의 종언을 고한 것은 철학이 더 이상 진리에 대한 특권을 누리지 않고 문학의 한 장르로 여겨지는 문화가 되기를 희망한 것일 뿐이다. 로티는 철학이 문학적인 글쓰기의 일종으로 간주될 수 있으며, 자신이 하고 있는 작업은 그와 같은 문학의 한 장르로서의 철학적 글쓰기라고 생각할 것이다. 말하자면 로티 유의 철학을 하고 있는 것이다(이유선, 『리처드 로티』, 이룸, 2003, pp. 249~250 참조).

리처드 로티

기 이전조차 실재에 대한 〈본질〉이 있었다는 가정, 즉 아는 것이란 곧 진리를 아는 것이라는 가정도 포기해야만 한다.

로티는 프린스턴 대학교의 젊은 교수로서 분석 철학자였다. 그는 1931년에 태어나 뉴욕에서 독자로 자랐는데, 부모는 프리랜서 저널리스트였고 외할아버지인 월터 라우셴부슈Walter Rauschenbusch는 저명한 자유주의 프로테스탄트 신학자였다. 열네 살에 시카고 대학교에 입학한 그는 나중에 예일 대학교에서 철학 박사 학위를 받았다. 그는 웨슬리 대학교에서 짧은 강사 생활을 하고는 프린스턴 대학교에 자리를 잡게 되었는데, 당시 프린스턴 대학교 철학과는 분석 철학에 매우 경도되어 있었다. 몇 년 동안 로티는 분석 철학에 빠져 있었다가 마침내 언어적, 논리적 수수께끼들을 푸는 소소한 일에는 만족할 수 없게 되어 1970년대 초 짧은 교수 생활의 위기를 겪고 나서 동료들을 놀라게 하며 자신의 연구 방향을 존 듀이의 프래그머티즘으로 바꾸었다.

2.1. 프래그머티즘의 영향

다윈의 『종의 기원』(1859) 발표 50주년이었던 1909년 듀이는 〈철학에 미친 다윈주의의 영향〉이라는 강연을 했다. 듀이에 의하면 다윈주의의 영향이란 그것이 새로운 유형의 사고를 이끌었다는 것이다. 그런데 그 사고 유형은 듀이 자신에게도 영향을 미친 것이었다. 듀이에 의하면 생물학적 진화론은 변화가 존재하는 모든 것에 기본이라고 강조하고 있다. 이 변화는 물질 조각들의 단순한 재배치일 뿐만 아니라 〈유기체적 시스템〉의 존재, 그리고 그 유기체들이 환경과 관련해서 갖는 창조성을 나타낸다. 이것은 지식이 더 이상 자연의 수학적 질서라는 관념이나 플라톤식의 〈영원성〉의 흔적 저변에 있는 실재들을 목적으로 삼는 것이 아님을 의미한다. 세계에 관해 〈주어진〉 것은 아무것도 없다. 철학은 더 이상 헤겔의 자유 이념의 실현이니 마르크스의 인간적인 최종 단계니 하는 절대적인 기원이나 절대적인 최종 목적을 탐구하지 않게 될 것이다. 철학은 더 이상 우리의 삶이 반드시 창조와 같은 더 이전의 원인의 결과나 특별한 목적과 같은 것으로서 특정한 가치나 특성들을 가져야만 한다는 것을 증명하지 않을 것이다. 이런 견해에서 보면 세계는 외부에 존재하는 영원한 모범을 추상적으로 반영하는 것으로도 기술되지 않을 것이다.

듀이에 의하면 그 대신 철학적 사유는 우리의 직접적이고 구체적인 삶의 경험들과 함께 시작해야 할 것이다. 그렇게 되면 우리는 아리스토텔레스가 그랬듯이 인생을 파악할 수 있을 것이다. 비록 우리가 자연의 일부로서 과학이 묘사하듯 어떤 특정한 기계적인 방식으로 행동할지라도 우리는 〈인간적〉이다. 그리고 비록 우리는 다른 동물들이 지닌 특성들을 지니고 있을지라도 우리는 독특하고 유일한 존재다. 우리를 유일의 존재로 만드는 것은 우리가 자연의 과정들을 의식하고 있으며 우리가 어떻게 〈작용하는지〉를 알 수 있다는 사실이다. 우리는 어떤 행동 양식들이 어디로 향하고 그 행동 양식들이 지지하거나 좌초시키는 가치나 목적이 무엇인지를 안다. 경험은 우리에게 어떤 일들이 다른 일들을 위해 〈필요하거나, 더 낫거나, 또는 더 안 좋은지〉를 가르쳐 준다. 우리는 어떤 멀고 먼 추상적인 기준에 의해서가 아니라 바로 유기체의 자연스런 작용을 통해 형성된 보다 분명한 어떤 〈목적들〉에 의해 사물들을 평가할 수 있다. 이런 견해에서 보면 인간의 삶은 인간 본성의 작용들과 좀 더 큰 자연 환경의 다양하고 동시 발생적인 작용들 간의 밀접한 관계를 보여 주며, 이러한 관계가 목적과 가치의 폭넓은 선택을 하게 해주는 것이다. 새로운 다원주의의 인식론적 태도가 어떻게 프래그머티즘의 방향으로 듀이에게 영향을 미쳤는지를 알아내기란 아주 쉽다. 실재에 대한 유일하고 궁극적인 진리를 추구하는 대신 그는 수많은 진리들, 즉 다원적 진리관과 이러한 사고나 관념들은 그것들이 〈작용하기〉 때문에 옳다는 것으로 강조점을 옮겨갔다.

  로티는 이러한 이유에서뿐만 아니라 몇몇 다른 이유에서도 듀이의 프래그머티즘으로 이끌렸다. 한 가지 예를 들어 듀이의 프래그머티즘은 그에게 언어 분석이 그의 철학적 활동 영역에 가했던 몇몇 제한들을 피할 수 있는 통로를 제시해 주었다. 프래그머티즘은 그에게 정신이 실재를 반영하는 믿을 만한 거울이라는 전통적인 생각, 오로지 충실하게 실재 세계를 표상하는 사고들과 언어만이 옳다고 가정하는 관념을 거부할 수 있는 근거를 마련해 주었다. 하나의 사고나 진술이 실재와 정확하게 대응되기 때문에 절대적으로 확실할 수 있는 것이 아니므로 그는 하나의 진술은 그것이 성공적인 행동을 가져다주면, 즉 그것이 〈작용하면〉 옳다고 생각하는 쪽이 더 낫다고 생각했다. 우리는 진술을 그 진리가 그것의 유용성에 근거하는 〈도구〉로 생각해야 한다. 몇 가지 진술들의 유형이 있으므로 그에 대응해서 몇 가지 진리의 종류가 있다. 진리를 이런 식으로 보는 것은 철학을 수많은 영역들의 연구 주제로 되돌아가게 한다. 이런 관점에서 과학은 수많은 인간의 관심 영역들, 즉 정치학, 윤리학, 예술, 문학, 역사, 그리고 종교 가운데 단지 하나일 뿐이므로 진리에서 어떤 특별한 권리란 존재하지 않는다. 따라서 과학적 방법들은 여러 가지 특정한 진리의 종류가 있는 만큼 진리에서 유일무이한 기준을 제시해 줄 수는 없다.

  로티가 프래그머티즘에 특별히 끌렸던 것은 그것이 지닌 복수적인 진리관이 폭넓은 철학적 논의들을 합법적으로 열어 준다는 점이었다. 언어에 대한 분석 이외에도 철학이 사실상 포기한 인간적 문제들에 통찰력을 제시하고자 하는 소설이나 시를 연구하는 것이 이제 철학적으로 유용하게 되었다. 더욱이 영미 철학자들은 두려움, 불안, 고독과 같은 어두운 주제가 스며들었던 키르케고르, 니체, 하이데거의 저작들과 같은 유럽의 철학적 언설에 안심하고 참여할 수 있게 되었다. 로티는 분석 철학이 삶의 아주 깊은 문제들에 대한 관심으로부터 스스로를 소외시켰던 만큼 연구할 가치가 있다고 간주되는 문학의 영역과 유형을 확장시킴으로써 이런 고립을 극복할 수 있다는 사실을 발견했다. 이러한 통찰에 따라 로티는 프린스턴 대학교 철학과를 떠나

1983년 버지니아 대학교 인문학 교수가 되었다. 여기서 그의 철학에 대한 접근 방법은 문학과 문화 비평에 크게 의존했으며 소설가와 시인들의 도덕적이고 계몽적인 능력을 받아들였다. 로티는 이제 〈체계적인〉 철학에는 관심도 없으며 그런 것에 몰두하는 일이 유용하지도 않다고 생각한다. 점점 더 철학을 〈교화하는〉 일이 강조될 것이며 그 실행자들은 문화와 자기 변혁에 관심을 기울일 것이라고 그는 믿는다.

2.2. 언어의 우연성

만일 로티의 철학적 관점 가운데 가장 급진적인 측면을 말하는 하나의 주제가 있다면 그것은 영원한 〈본질〉이란 없다는 그의 신념이다. 예를 들어 인간의 이성에 의해 발견될 만한 어떠한 〈인간 본성〉도 〈진정한 자아의 본질〉도 또는 〈보편적인 도덕 법칙〉도 존재하지 않는다. 실재의 영원하고 고정된 구조 대신에 우리가 발견하는 것은 항상 존재하는 〈우연chance〉에 의해 어느 곳에서나 〈우연성contingency〉과 맞닥뜨린다는 사실이다. 만일 모든 것이 〈우연적〉인 것이라면 인생의 의미는 어떻게 가능할까? 만일 영원한 진리가 없다면 우리는 과연 어떻게 우리의 삶이 의도된 목적이나 가치에 미치지 못 했는지를 알 수 있는가? 로티는 그의 프래그머티즘이 이러한 결과를 초래하고 있음을 알고 있었다. 그러나 이러한 당황스런 우연의 세계에 의해 위협을 느끼는 대신 그는 그 속에서 끊임없는 자기 변혁과 자기 창조를 통해 우연성을 극복할 수 있는 기회가 많음을 발견했다. 그는 여전히 우리의 〈언어〉, 우리의 〈자아〉에 대한 우리의 관념, 인간 사회나 〈공동체〉에 대한 우리의 개념과 같은 경험의 근본적인 측면들을 우연성과 우연이 특징짓는다는 사실을 깨닫는 것이 철학적으로 중요하다고 주장한다.

우리는 통상적으로 언어를 어휘가 정신에 실재를 표상하는 수단으로 간주한다. 어떻게 하나의 어휘가 〈외부에 있는〉 어떤 것을 표상하거나 매개체가 될 수 있는가? 하나의 방법은 조각 그림 맞추기의 은유를 사용하는 것이다. 단어들을 사용함으로써 우리는 그 퍼즐의 여기저기 부분들을 맞출 수 있고 그렇게 해서 어휘가 변하고 전개하게 됨에 따라 우리의 언어 외부에 있는 것에 점점 더 가까워질 것이라고 가정한다. 그러나 이것은 외부에 포착될 수 있는, 고정되고 불변하는 실재들이 발견될 수 있다는 것을 가정하는 것이다.

예를 들어 과학의 언어를 보자. 갈릴레이는 그가 지구와 태양의 운동을 서로에 대한 관계를 고려하며 묘사하고자 했을 때 새로운 어휘를 창조했다. 과학적 언어에서 이러한 변화의 역사는 무엇을 설명하는가? 이것은 갈릴레이의 새로운 묘사가 자연계의 내재적인 본질을 꿰뚫은 심오한 통찰이었음을 말하는가? 로티는 그렇지 않다고 본다. 그에 의하면 〈우리는 현재의 물리적 또는 생물학적 학문이 제공하는 실재에 대한 재(再)서술이 어느 만큼은 《사물 자체》와 가깝다고 생각하고 싶은 유혹을 벗어나야 한다〉. 새로운 언어가 조각 그림 맞추기를 더 많이 맞춘다고 해도 그것은 그렇지 않다. 오히려 그 대신 우리는 언어의 은유를 〈도구〉로 사용해야 하고, 과학의 새로운 어휘는 단지 새로운 언어를 만들어 내는 사람들로 하여금 새로운 목표를 달성하게 할 뿐이다. 자연에서 필연적인 진화의 노선이 존재하지 않듯, 언어에서도 필연적인 발전의 노선은 존재하지 않는다. 우리는 다윈 시대 이전의 자연과 그 목적에 대해 생각했던 그런 방식으로 되돌아갈 수는 없다. 우연성과 우연 — 즉 사물의 다소간 제멋대로의 운동 — 은 자연과 언어에서의 변화들을 설명한다. 물리적 진화란 불가피하거나 필연적인 경로를 밟아 온 것이 아니다. 난초가 나타난 것은 필연적인가 아니면 단지 우연에 불과한가? 멘델[4]은 〈우리에게 정신을 전 과정의 중심점이었던 어떤 것이라기 보다는 그저 단지 일어난 어떤 것으로 보게〉 해주지 않았던가? 반대로 세계가 물리학자나 시인이 얼핏 보았던 내재적인 본질을 지닌다고 하는 것은 〈세계가 신성한 창조, 계획을 묘사하는 어떤 언어를 스스로 말하는 자, 즉 정신 속에 어떤 것을 지닌 신의 작업이라는 사고가 남아 있는 흔적〉이라고 로티는 말한다.

우리의 언어는 세계를 묘사하고자 하는 이들에 의해 우연히 선택된 산물이기 때문에 그렇게 내려온 언어에 의해 이제 제한되어야만 할 이유가 없다. 과거의 언어는 틀림없이 우리가 생각하는 방식에 영향을 주었다. 그렇지만 우리는 문제를 풀어 가는 데 더욱 유용하다면 새로운 어휘를 창조해야 한다. 〈우리는 언어가 적응해야 할 언어 이전의 의식을 지니고 있는 것도 아니요, 사물이 어떠한 모습인가에 대해 — 이것을 밝히는 것이 철학자들의 임무로 되어 있는데 — 어떤 심오한 분별력도 지니고 있지

---

4 Gregor Johann Mendel(1822~1884). 오스트리아의 식물학자이자 가톨릭 사제. 그는 1856년부터 1863년까지 브르노 수도원의 정원에서 완두콩의 인공 교배에 의한 유전 실험을 하던 도중에 이른바 〈멘델의 법칙〉을 발견했다. 그는 1865년 자신의 실험 결과를 자연 과학 협회에 보고했지만 그가 죽을 때까지도 인정받지 못했다.

않다〉라고 보는 것이 자신의 본질적인 견해라고 로티는 말하고 있다. 그에 의하면 진리는 니체가 〈은유라는 이동 부대〉라고 부른 그 이상의 어떤 것도 아니다.

2. 3. 자아의 우연성

플라톤은 우리에게 두 세계에 대한 은유를 남겼다. 한편으로는 시간, 현상, 그리고 변화의 세계와 다른 한편으로 영속적이고 불변하는 진리가 그것이다. 우리의 삶은 이성과 관조의 실재 세계로 들어가기 위해 특정한 시간과 장소에 제한받는 육체와 속견들의 혼란에서 벗어나고자 하는 시도를 수반한다. 이러한 어휘로 플라톤은 인간 본성에 대한 본질을 묘사하는 언어를 창조했는데, 이는 우리의 인간 상황에 대한 단 하나의 진실한 묘사만이 존재한다는 사실을 의미한다. 우리는 삶의 우연한 사건들에 부딪치면서 이성의 사용과 그 힘에 의해 감정들을 조절해야만 하고 그럼으로써 도덕적, 지적인 덕을 성취할 수 있다. 신학자들은 기본적으로 이와 똑같은 은유를 제시하면서 인간 존재에게 우리의 〈진정한 본질true nature〉을 향해 분투하기를 요구한다. 마찬가지로 칸트는 한편으로는 지엽적으로 우리의 선택에 영향을 주는 일상의 경험들과 다른 한편으로는 모든 인간에게 영원하고 보편적인 도덕 법칙을 계시하는 우리의 내적이고 도덕적인 의식 사이에 존재하는 차이들을 기술했다. 우리가 부딪치는 이러한 두 세계의 여러 해석들은 곧 우리가 벗어나도록 노력해야만 하는 가상적인 세계와 비교되는 진정한 세계를 나타낸다.

로티는 플라톤, 신학자, 칸트가 절대적으로 옳은 묘사이기도 하듯이 우리의 의식에 〈자아〉라는 딱지와 묘사를 부과했다고 믿는다. 결국 자아를 규정하는 또 다른 대안의 방식들이 있는데도 말이다. 예를 들어 만일 니체가 〈신은 죽었다〉고 말했다면, 그는 사건들의 흐름, 그리고 우연의 밀려듦 외에 더 이상의 실재란 없다는 것을 말한 것이다. 그 어떤 보편적인 도덕적 법칙이나 〈진정한 자아〉라는 것은 없다. 이러한 회의주의는 인간 삶의 의미를 어떻게 부여할 것인가 하는 문제를 남겨 놓는다. 로티도 동의하고 있는 바이지만 니체는 각자가 그 자신의 언어로 각자의 대상들을 묘사함으로써 자신의 삶에 의미를 부여하는 길 이외에 달리 선택할 길이 없다고 말한다. 진정한 의미에서 우리들 각자는 진리를 추구하기보다 이전의 자아를 극복하고 새로운 자아를 선택하고 추구함으로써 〈자아〉를 변화시키는 데 열중하지 않으면 안 된다. 로티에 의하면 〈우리는 자신의 이야기를 함으로써 우리 자신을 창조〉한다.

플라톤은 자아를 세 부분, 즉 물리적인 육체, 열정과 감정들, 그리고 가장 높은 정신으로 나누어 말하면서 인간의 본성을 좀 특별하고 세부적으로 묘사하고자 했다. 그는 우리의 정신이 진리를 추구하고 일상의 삶에서 부딪치는 우연한 사건들을 극복할 수 있게 해준다고 가정했다. 그러나 로티에 의하면 영원한 진리의 영역을 가정하지 않고도 의식은 전혀 달리 표현되어 왔다. 즉 반대로 그는 프로이트의 저작들에서 자아의 세 부분이 우연한 사건에 지나지 않는 것으로 묘사되어 있음을 발견한다. 죄의식은 도덕 법칙에 대한 내적인 인식에 의하지 않고 설명된다. 오히려 프로이트가 말하듯이 〈리비도의 퇴행적인 후퇴가 일어나고, 초자아 *super-ego*는 아주 가혹하고 불친절해지며, 자아 *ego*는 초자아에 순종하여 양심, 연민, 순결이라는 모습으로 강한 반작용 형태를 산출한다〉. 앞에서 말한 두 세계에 대한 은유는 너무 강력해서 극복할 수가 없을지도 모른다. 그러나 프로이트는 이렇게 대답하였다.

만일 우연이 우리의 운명을 결정하는 데 쓸모없는 것이라고 여겨진다면 태양이 움직이는 것이 아니라고 썼을 때 레오나르도 자신이 극복하려고 했던 우주에 대한 경건한 견해로 다시 퇴보하는 것이다. ……사실상 정자와 난자의 만남이라는 우리의 기원부터 우리의 삶과 관계있는 모든 것이 우연이라는 사실을 우리는 곧잘 잊는다. ……우리 모든 인간은 셀 수 없는 자연의 원인들이 경험하게 강요하는 셀 수 없는 실험들 가운데 하나와 대응한다.

2. 4. 공동체의 우연성

인간은 어떻게 함께 살아갈 수 있고, 또한 인간은 어떻게 결속하고 공동체를 형성할 수 있는가? 여기에서 다시 플라톤은 〈본질적인 인간 본성〉과 공동체의 사회적, 정치적인 합의에서 든든한 연관 관계를 끌어낸다. 플라톤은 세 가지 사회 계급들이 인간의 영혼이나 자아의 세 가지 부분의 필연적인 확장이라고 생각했다. 장인은 인간의 물질적인 요소를 구체화한 것이요, 무인은 기운찬 열정(기개)을 표현하고, 통치자는 정신(이성)의 화신이다. 또한 플라톤의 주장에 따르면 공동체 집단의 조화가 성취되려면 각 개인들의 세 부분이 먼저 조화를 이루어야만 한다. 자아의 모든 요소들은 고도의 기능, 즉 이성에 의해 지배되고 통치되어야만 한다. 마찬가지로 사회의 모든 계급들은 통치자에게 복종해야만 한다. 이러한 전체적인 질서는 인간 본성이 지닌 구조의 지시에 따른다.

로티는 우리의 공적인 삶이 이미 주어진 인간 본성이라는 사실들에 근거해야만 한다는 이러한 생각에 동의하지 않는다. 또한 신학자들은 특히 왕의 신성한 권리에 관한 이론에서 정치적인 권위의 기원과 정당성에 대한 플라톤의 설명을 나름대로 해석했다. 반면에 마르크스는 역사에 대한 그의 기술, 그리고 인간 존재가 자연의 물질적인 질서와 맺는 관계로부터 계급 없는 사회 이론을 끌어냈다. 이렇듯 좋은 사회를 묘사하는 데 서로 다른 어휘와 언어를 사용하는 것은 그들의 특수한 관점에 의존한다. 각자의 설명은 서로 다른 〈궁극적 실재〉의 관념과 인간 본성의 본질에 대해 서로 다른 견해에 초점을 맞추고 있다. 그렇다면 인간 본성을 진정으로 묘사해서 나오는 어떤 유일한 공동체 개념은 존재하지 않는다는 사실은 별로 놀라운 일이 아니라고 로티는 말한다.

로티는 인간 본성을 절대적으로 옳게 설명할 수 있는 유용한 이론이 없으므로 사회의 어떤 도덕적 기반 쪽을 바라볼 때도 어떤 지표도 존재하지 않는다고 주장한다. 언어의 우연성과 자아의 우연성은 〈올바른〉 종류의 공동체로 인도할 수 있는 믿을 만한 객관적 정보가 없음을 의미한다. 거기에는 정의로운 사회를 보증할 수 있는 어떤 지식 이론도 〈합리성, 신의 사랑, 또는 진리에 대한 사랑〉도 존재하지 않는다. 그 대신 로티는 존 롤스[5]가 자신의 강의에서 언급했던 듀이의 통찰력에 동의한다.

정의라는 개념을 정당화하는 것은 그것이 우리에게 이미 주어진 선행하는 질서 그대로를 통해서가 아니라 우리 자신과 우리의 열망, 그리고 우리의 실현에 대한 심오한 이해와 일치, 즉 공적인 삶에 스며 있는 역사와 전통이 주어진다면 우리에게 그것이 가장 합당한 이론이라는 이해를 통해서다.

5 John Bordley Rawls(1921~2002). 미국의 윤리학자. 그는 1960년대 격동하는 미국 사회에 대하여 직·간접으로 응답하면서 『정의론』을 통해 사회 윤리학의 복권을 시도한 바 있다. 그는 우선 공리주의의 내재적 극복을 위하여 사회 계약설을 재구성한 〈공정으로서의 정의〉를 부르짖고 나섰다. 이것은 자유롭고 평등한 계약 당사자가 사회 제도의 기본 규칙을 서로 승인한다는 의미에서 〈공정〉이 사회 정의의 핵심이 되어야 한다는 주장이다. 나아가 롤스는 『정의론』 출간 이후 본격화된 사회 윤리학의 논쟁을 통해 자신의 정치적 자유주의의 입장을 더욱 분명히 하기도 했다.

자유 민주주의의 이상인 자유와 평등이라는 가치는 공동체를 세우기 위한 중심 가치다. 로티는 이 지점에서 〈당신은 어떻게 자유가 사회 조직의 주요한 목적이라는 것을 아느냐?〉고 묻는 것은 〈존이 어떻게 당신의 우정을 받을 만한 가치가 있는지 아느냐?〉고 묻는 것만큼이나 실속이 없다. 자유와 평등에 대해 선호하는 것과 고통을 없애고자 하는 욕망은 이성에 의해서 발견된 것이 아니라 우연에 의해 발견되었다. 이러한 가치들은 항상 명백한 것도 아니고 항상 선택되었던 것도 아니다. 예를 들어 그것들은 이집트인들에게는 항상 선택 사항이었던 것도 아니고 그것들을 받아들이기를 거부하는 사람들을 이성적으로 방어할 수도 없었다. 자유 사회를 함께 묶는 사회적 접착제는 합의며, 이를 통해서 모든 사람은 그들의 능력이 닿는 데까지 자아 창조 기회를 갖는 것이라고 로티는 말한다. 프래그머티즘 관점에서 로티는 가장 문제되는 것은 〈우리가 선이나 진리라고 부르는 것은 무엇이든 자유로운 토론의 결과라는 확신이 폭넓게 공유되는 것〉이다. 왜냐하면 만일 우리가 정치적 자유를 보호한다면 〈진리와 선은 그들 자신을 보호할 것〉이기 때문이라고 그는 주장한다.

3. 되돌아온 덕 이론

19세기와 20세기의 많은 기간 동안 도덕 철학자들은 두 진영 간의 전쟁을 수행해 왔다. 한편으로는 도덕성이란 것이 단지 우리 행위의 결과만을 주목함으로써 결정된다고 믿는 경험론자들이 있다. 만일 어떤 행동이 행복이나 이득을 더 많이 가져온다면 그것은 도덕적으로 선한 것이다. 만일 어떤 행동이 불행이나 불이익의 크나큰 결과를 가져온다면 그것은 도덕적으로 나쁜 것이다. 이 진영의 대표자는 공리주의자인 벤담으로서 그는 우리가 행동의 결과로부터 행복과 불행의 수지를 기계적으로 계산할 수 있다고 주장한다. 논쟁의 다른 쪽에서는 이성론자들이 인간에게 본성적으로 원인과 결과라는 원칙과 같은 다른 이성적인 개념들과 유사한 도덕적 직관이 심어져 있다고 믿는다. 이런 견해에 의하면 하나의 행동이 우리의 도덕적 직관과 조화롭다고 이성적으로 판단할 수 있다면 도덕적으로 선하다. 만일 우리의 도덕적 직관과 조화되지 않는다면 그 행동은 도덕적으로 나쁜 것이다. 칸트가 이 진영의 대표자다. 도덕적 경험론자들은 우리가 이성적이고 도덕적인 직관을 가지고 있지 않으며, 이성론자들의 접근 방법은 보편적이고 불변하는 도덕성의 기준을 찾고자 하는 희망에 찬 사고 작용이라고 주장한다. 반면 도덕적 이성론자들은 경험론자들의 접근이 진정으로 이성적인 본성을 무시하고 도덕성을 사회 그룹들의 변덕으로 절하시키게 된다고 한다. 각 진영의 옹호론자들은 계속적으로 상대방의 공격에 대응해서 자신들의 이론을 수정하고 강화시켜 왔다. 최근 몇 십 년간 몇몇 철학자들은 두 진영 간의 전체 논쟁이 오도된 것이라고 주장한다. 이러한 견해에 의하면 도덕 철학은 특히 아리스토텔레스가 발전시킨 덕이라는 윤리학의 중심 개념을 벗어나 있던 18세기에 길을 잘못 들어섰다. 아리스토텔레스에게 덕은 우리의 동물적인 욕구들을 제어해 주는 습관이다. 우리가 이러한 덕스러운 습관을 교화할 때 우리의 행동은 이성적이고 사회적인 창조물로서 우리의 자연적인 목적을 반영한다. 영국의 철학자 엘리자베스 앤스콤(Elizabeth Anscombe, 1919~2000)이 최근의 이런 덕 이론에 대한 최초의 옹호자다.

3. 1. 엘리자베스 앤스콤

앤스콤은 비트겐슈타인의 제자로서 마음의 철학에 대한 스승의 견해에 영향을 많이 받아 그 분야에서도 크게 공헌했다. 그녀의 덕 이론 개념은 「현대 도덕 철학 Modern Moral Philosophy」(1958)이라는 논문 속에 잘 나타나 있다. 앤스콤은 여기에서 우리가 몇 가지 윤리적으로 윤색된 단어들을 우리의 도덕 어휘 속에서 통상적으로 쓰고 있다는 데 주목한다. 나는 네가 어떤 일들을 〈해야만 하고*ought*, 반드시 해야 하고*must*, 또는 하지 않으면 안 된다*obligated*〉고 말하고 있다. 이러한 용어들은 일종의 도덕적인 명령이나 지시를 표현한다. 예를 들어 만일 내가 〈너는 도둑질을 하지 말아야 한다〉고 말한다면 그때 나는 도둑이 어떤 보편적인 도덕 법칙을 범하고, 따라서 도덕적으로 죄를 지어 그 도둑질 대가로 벌을 받을 수 있음을 의미하고 있다. 이러한 도덕적 명령 개념은 어디에서 오는 것일까? 그녀는 기독교 철학자들이 중세 시대 이러한 개념을 소개하고 있다고 주장한다. 신성한 법이라는 개념에 몰두해 있던 중세 철학자들은 신이 적절한 행위 뒤에 숨어 있는 궁극적인 권위라고 믿었다. 도둑질과 같은 어떤 행동들은 죄받을 행동이며, 따라서 신은 우리가 그런 행동들을 피하기를 요구한다. 궁극적으로 중세 철학자들에게 모든 도덕은 신의 법이나 명령에 대한 복종을 포함한다. 좀 더 후에는 흄, 칸트와 같은 철학자들이 도덕의 기원에 대한 세속적인 설명을 제공했다. 흄은 특별히 신성한 권위와 전혀 관련이 없지만 대신 감정이나 인간 본성의 다른 심리적 특성들에 근거를 둔 도덕 이론을 제공하였다. 문제는 흄과 다른 사람들이 도덕적 입법자로서 신이라는 관념을 벗어던졌지만 〈해야만 한다〉와 〈도덕 법칙〉이라는 중세의 관념들을 여전히 보유하고 있다는 사실이다. 문제를 단순화해 보면 〈법〉이라는 관념은 입법자를 필요로 하며, 일단 우리가 도덕 법칙의 입법자로서 신이라는 관념을 포기하면 도덕 법칙에 대한 복종에 대해 계속 말하는 것은 의미가 없다. 그렇지만 — 이것은 앤스콤의 주요 관심사다 — 흄으로부터 현재까지의 철학자들은 어쨌든 〈해야만 한다〉거나 도덕 법칙이라는 관념을 계속해서 사용하고 있다. 앤스콤에 의하면 〈그것은 형법과 형사 법정이 폐지되고 잊혀진 후에도 《형법》이라는 개념이 남아 있을 수 있는 것과 같다〉. 어떤 철학자들은 도덕적 의무의 근거를 의심스럽게 설명하고 있으며, 다른 철학자들은 〈해야만 한다〉는 개념이 어떤 실재의 내용을 가지고 있지 않다는 사실을 인정한다. 그럼에도 불구하고 〈해야만 한다〉와 도덕 법칙이라는 개념들은 오늘날의 윤리 이론에서도 중심적이다. 사실상 그러한 도덕적 명령들은 그런 개념이 없으면 이론이 파괴될지 모르는 현대의 도덕 이론들 속에 스며들어 있다.

여기에는 〈해야만 한다〉 또는 〈도덕 법칙〉에 대한 관념들과 현대의 도덕 이론들에서 나온 근거 없는 명령들에 대한 관념들에 관해 아카데믹한 철학자들 사이에서 벌어지는 이론적인 논쟁 이상의 문제가 걸려 있다. 앤스콤에 의하면 몇몇 도덕 이론들은 흄 이래 실재의 삶에서 위험스런 종류의 도덕적 논의에 기여해 왔다. 그런 이론 가운데 하나가 〈결과주의consequentialism〉이다. 앤스콤은 이러한 공리주의의 한 변형을 주장한 도덕 철학자로서 19세기 영국의 헨리 시지윅[6]을 들고 있다. 이 이론에 따르면 올바른 행동은 우리가 예상할 수 있는 가장 좋은 결과를 가져오는 행위다. 앤스콤이 보기에 이러한 접근 방법이 갖고 있는 문제는 두 가지 서로 완전히 다른 유형의 결과를 구분하지 못한다는 데 있다. 첫째, 진실을 말한다거나 살인하지 않는 것과 같이 본

---

6 Henry Sidgwick(1838~1900). 영국 공리주의의 최후의 대표적인 도덕 철학자. 그는 밀, 벤담, 칸트의 영향을 받았지만 자신의 윤리설을 공리주의 또는 보편적 쾌락주의, 이기주의 또는 이기적 쾌락주의, 직관설로 구분하고 이 가운데서도 공리주의와 직관설의 종합을 시도했다.

질적인 선을 포함하는 결과들이 있다. 둘째, 목적이 수단을 정당화한다고 — 굶주린 가족을 살리기 위해 빵을 훔치는 것과 같은 — 말하는 좀 더 간접적인 결과들이 있다. 앤스콤에 의하면 진정한 도덕은 본질적인 선에 초점을 맞추어야만 하며, 다음으로 좀 더 간접적인 유형의 결과들로 인해 이것들을 상쇄시키지 않고도 그러해야 한다. 또 다른 글에서 그녀는 사람들이 때때로 어떻게 불운한 결과로 이 두 가지 결과들을 흐리게 하는지에 대하여 생생한 예를 제시하고 있다. 그녀에 따르면, 제2차 세계대전이 끝날 무렵 트루먼 대통령은 일본의 히로시마와 나가사키에 원자폭탄을 떨어뜨리기로 결정했을 때 결과론적인 추론을 사용했다. 한쪽 저울 위에 트루먼은 수많은 무고한 일본인들이 죽는 부정적인 결과를 올려놓았다. 앤스콤은 그러한 사망을 피하는 것은 근본적으로 해볼 만한 선한 일이었을 것이라고 주장한다. 트루먼은 다른 한쪽에서는 폭탄이 전쟁을 빨리 끝낼 수 있고, 또한 그렇게 하는 것이 어떤 하나의 목적을 위해서는 유용한 수단을 제공하는 것이라고 생각했다. 후자의 추론이 좀 더 무게가 있다고 믿었던 그는 폭탄을 떨어뜨리기로 결정했지만, 그 결정은 앤스콤이 보기에 무시무시했던 것이다. 이렇게 결과주의는 결점이 있을 뿐만 아니라 그것이 이와 같은 결정에 적용될 때는 위험하기 그지없다. 그리고 그 다음으로 결과주의의 잘못된 힘은 〈해야만 한다〉와 〈도덕 법칙〉이라는 개념들 속에 스며 있는 잘못된 도덕적 명령의 개념들에 근거하고 있다.

도덕적 명령을 둘러싼 이 문제의 해결책은 무엇인가? 앤스콤은 세속적인 도덕 이론가로서 중세 기독교의 신성한 법칙이라는 관념의 부활을 권하지 않는다. 즉 그녀는 도덕 법칙의 입법자로서 신을 복귀시키도록 권하지 않을 것이다. 그 대신 그녀는 우리가 도덕 법칙과 의무에 대해 말하는 모든 것을 거부하고 아리스토텔레스의 영감에 귀를 기울이는 것이 좋을 것이라고 권고한다. 아리스토텔레스는 신성한 입법자나 도덕 명령들에 대해 말하지 않았다. 그 대신 그는 우리의 동물적인 욕구에 반응하는 행동을 조절해 주는 습관을 덕이라고 기술한 바 있다. 사람들은 그들이 도덕 법칙들을 범하기 때문에 악한 것이 아니라 그들이 덕을 얻는 데 실패하고, 그 대신 비겁, 불성실, 부정, 불의와 같은 악을 발전시키기 때문에 악하다. 만일 우리가 아리스토텔레스의 접근 방법을 채택한다면 우리는 〈해야만 한다〉와 〈도덕 법칙〉이라는 관념들을 포기하게 될 뿐만 아니라 흄 이래 철학자들이 의존해 온 〈행동, 의도, 쾌락, 결핍〉과 같은 도덕 심리학의 관념들도 포기해야 할 것이다. 이것은 우리가 아리스토텔레스의 덕의 개념과 일치하는 좀 더 적절한 도덕 심리학의 개념들을 얻게 될 때까지 도덕 철학의 모든 분과를 〈제쳐 두는 것〉이다. 앤스콤의 글이 발표되고 난 후 10년간 몇몇 철학자들은 도덕적 명령을 둘러싸고 있는 전통적인 다른 도덕적 의무 개념들과 결과주의를 거부함으로써 앤스콤의 도전을 진지하게 받아들였다. 이러한 새로운 덕 이론가들은 도덕적 덕을 지지하는 심리학적 토대를 탐구하면서 인간 본성에 대한 좀 더 최근의 설명들로 아리스토텔레스의 논의를 보충하고자 시도하였다.

3. 2. 넬 노딩스

최근의 덕론의 지지자 가운데 한 사람이 넬 노딩스Nel Noddings다. 그녀는 『여성의 관점에서 본 윤리학Ethics from the Standpoint of Women』(1990)에서 덕을 독특하게 여성적인 도덕성의 개념을 형성하는 방식으로 간주한다. 노딩스와 다른 페미니스트 저자들은 우리의 많은 지적 유산이 남성들에 의해서 형성되었을 뿐만 아니라 세계를 바라보는 남성들의 방식을 반영하고 있다고 지적한다. 여성과 남성의 사유 방식 사이에 가능한 차이들을 둘러싸고 전개된 몇 가지 논쟁이 있다. 남성적인 접근 방법은 규칙을 따르고, 엄격한 법칙을 고안하며 우리가 사람과 사물들을 범주화할 수 있게 해주는 섬세한 논리적 구분들을 발견하는 것을 강조한다. 이에 반해 여성적인 사유 방식은 다른 사람들을 양육하고 보호하는 능력을 강조한다. 공학, 수학 같은 남성 지배적인 경향이 있는 직업과 사회사업, 교육 같은 여성 지배적인 직업을 비교해 볼 때 그러한 특성을 볼 수 있다. 많은 철학은 남성적인 사유 방식에 의해 추진되어 왔으며, 아마도 어떤 점에서 볼 때 남성적인 방식에 의해 오염되어 왔다. 노딩스는 윤리학이 바로 그 적절한 예라고 지적한다. 예를 들어 칸트는 도덕이 냉정한 이성적 의무를 통해 근거를 지우며, 〈사랑으로부터 나온 행위는 도덕적 행동으로서 자격이 없다〉고 지적할 정도다. 도덕에 대한 니체의 모델은 전통적인 가치들을 던져 버리고 새로운 가치들을 세우는 전사의 도덕이다. 그의 이론은 공공연하고 거만한 남성스러움을 띠며, 따라서 그의 많은 이론은 여성적인 것과 관계된 모든 것과 여성을 평가 절하하고 있다. 이러한 도덕적 철학자들 가운데 몇몇은 노골적으로 성차별적인 발언조차 서슴지 않으며, 여성의 이성 능력을 평가 절하하고 여성적인 감성주의를 경멸하고 있다.

노딩스에 따르면 남성 지향적인 윤리론에 의해 야기된 문제들에 대한 해결책은 여성 지향적인 윤리학으로 남성 지향적 윤리론을 대체하는 일이다. 윤리학을 왜 성 gender 중립적으로 만들지 않는가? 결국 모든 도덕 이론들은 보편화, 즉 모든 사람들에게 해당하는 보편화를 지향한다. 오직 하나의 성에 초점을 맞추는 것은 이러한 목표를 훼손시킨다. 노딩스가 볼 때 〈철저하게 성차별적인 사회에서 성적인 입장으로부터 자유로운 윤리학을 확립하는 것은 불가능할지도 모른다〉. 최소한 여성 지향적인 이론들은 남성 지향적인 이론을 상쇄시키기 위해서 필요하며, 아마도 미래에는 성 중립적인 접근 방법으로 그 양자를 초월할 수 있을지 모른다. 비평가들은 전통적인 여성의 활동과 태도가 윤리학과 아무런 관련이 없으며, 따라서 의미 있는 도덕 이론을 발전시키는 데 어떤 토대로 작용할 수 없다고 주장할지도 모른다. 일반적으로 여성들에게 주어진 임무를 예로 들어 보면 자녀 양육, 요리, 청소, 그리고 집안 장식이다. 이러한 일들은 좀 더 의미 있고 도전적인 삶의 활동들을 희생해서 여성에게 부과될 때 비천하고 심지어 착취적이기까지 한 일들이다. 남성들은 이러한 임무들, 그리고 이런 일들로 연상되는 여성적인 나약함을 회피하려고 할 뿐만 아니라 많은 현대 여성들도 이러한 임무들을 억압적인 것으로 거부하기도 한다. 그럼에도 불구하고 노딩스는 이러한 전통적인 여성 활동에서도 우리가 여성 윤리학을 근거로 세울 수 있는 어떤 토대를 발견할 수 있다고 믿는다. 이러한 모든 일들 속에 깔려 있는 주제는 돌보기나 다른 사람들을 양육하는 능력이다. 현대의 여성들조차 이러한 과제들을 완전히 내던진다 할지라도 이런 활동의 가장 억압적인 부분마저도 여전히 다른 사람들을 보살피는 것에 대한 지향성을 반영하고 있다.

노딩스는 보살피기를 윤리적으로 강조하는 것이 오히려 덕 이론에 적절하게 어울린다고 믿는다. 보살피는 태도 자체는 용기와 절제 같은 다른 덕들과 유사하게 우리가 계발해야 할 습관이다. 더욱이 덕 이론과 보살피는 태도는 둘 다 전통적인 도덕 이론의 가혹한 규칙들에 저항한다. 유일무이한 상황에 대한 유일무이한 대응을 수반하는 덕스럽게 보살피려는 행동에는 자발성이 있다. 그렇다고 해서 이것이 곧 아리스토텔레스의 덕론을 그대로 받아들이기만 하면 된다는 것을 의미하지는 않는다. 왜냐하면 아리스토텔레스의 이론은 여성과 노예들의 삶의 형태에 전혀 관심을 기울이지 않았던 엘리트주의적이고 남성 지배적인 사회 관념 위에 근거하기 때문이다.

아리스토텔레스의 덕에 대한 정체성은 배타적인 계급의 확립과 이들에게 전유된 활동에 거의 전적으로 의존했다. 여성들과 노예들의 덕은 교육받은 시민의 덕이 아니었다. 그는 특권 영역을 확대시키거나 자질구레한 일들을 공유함으로써 다른 사람들을 통해 훈육될 수도 있는 하나의 계급에서 덕을 확인하고자 하지 않았다. 만일 그가 그런 시도를 했더라면 그것은 오직 하나의 방향으로만 움직였을 것이다. 상층 계급의 덕을 좀 더 낮은 계급에게 주입시킬 수는 있으나 여성적인 덕을 남성들에게 발전시킬 수는 결코 없을 것이다.

그러므로 우리는 풀 죽은 집단, 특히 여성의 삶의 스타일을 반영하는 덕을 첨가함으로써 아리스토텔레스의 덕의 목록을 확대해야 한다.

페미니스트들은 여전히 여성이 그렇게 노골적으로 보살피는 태도에서 자신들의 정체성을 확인해야 하는가에 대해 의문을 품을지 모른다. 과거에 양육하는 여성이 착취 받았던 것과 마찬가지로 오늘날 보살피는 여성은 어떤 종류의 억압에 스스로를 취약하게 만들고 있다. 그들은 자신들이 〈그들의 자녀들을 돌보기 위해 남자나 복지에 의존적이며, 따라서 때때로 육체적으로 혹사당할 수 있는〉 자신들을 발견하게 될 수도 있다. 노딩스는 만일 여성만이 돌보기의 윤리학을 받아들이게 되면 여성에 대한 억압은 계속될 것이라는 데 동의한다. 그렇다면 남성에게도 보살피는 태도를 주입시키면 어떨까? 이것은 인간이란 성별에 상관없이 상호 의존적이라는 사실을 깨닫게 해줄 것이다. 아주 타당한 도덕 교육으로 우리는 사람들에게 적절한 한계를 긋고, 양육자에 비해 이득을 보는 일이 없는 돌보기의 덕 virtue of care을 주입시킬 수 있을 것이다.

4. 대륙 철학

20세기 중반에 이르러 분석 철학 전통의 영미 철학과 현상학과 실존주의 전통의 유럽 철학 사이에 균열이 일어났다. 두 진영은 방법론적으로 차이가 났는데, 분석 철학자들이 논리와 언어를 강조한 반면 대륙 철학자들은 인간 본질과 행동에 대한 존재론적인 관심을 강조했다. 그들은 또한 서로 다른 대륙 철학자들에게 영감을 구했다. 분석 철학자들은 흄, 러셀, 비트겐슈타인에게서 대륙 철학자들은 니체, 후설, 하이데거, 사르트르에게서 영감을 구했다. 그러나 최근 10년간 두 진영 사이에는 좁힐 수 없었던 간격이 좁아지고 있다. 이제 유럽의 대학에서는 분석 철학이 강의되고 있으며 영국과 미국의 교육 제도, 특히 영문학과에서 대륙 철학이 그 길을 찾고 있다. 최근 현대 철학은 서로 중첩되는 몇몇 〈주의들isms〉인 구조주의, 포스트구조주의, 해체주의, 포스트모더니즘이 서로 연관되고 있다.

4. 1. 구조주의

구조주의structuralism는 1900년대 언어의 본질을 설명하면서 하나의 이론으로 시작되었다. 그 선구자는 스위스 언어학자 소쉬르(Ferdinand de Saussure, 1857~1913)다. 그는 여러 다양한 외국어들 사이에서 어떤 공통성을 찾고자 했던 19세기의 표준적 언어 이론에 불만을 느꼈다. 이러한 접근이 아주 매혹적으로 보였지만 소쉬르는 그것이 근본적으로 잘못 되었다고 믿었다. 각각의 언어는 다른 언어나 심지어 각 단어들이 지시한다고 여겨지는 물리적인 대상들과 어떤 의미 있는 연관이 없는 닫힌 형식 체계 — 그 자체로서의 실체 — 라고 그는 주장했다. 영어와 같은 하나의 주어진 언어는 오로지 단어의 의미가 관습적인 구조나 사용 패턴에 기반을 두는 자의적인 단어들의 체계로 이루어져 있다. 하나의 단어는 옷감의 실과 같은 것으로서 그 기능이 다른 주변의 실들과의 짜임과 관련해서만 결정된다. 예를 들어 걸음마 단계의 아이는 배고프다는 단어를 어떻게 발음하는지, 어떻게 〈맘마〉라고 말하는지를 배울 뿐이다. 이 단어는 그 자체로서 아무것도 의미하지 않는다. 어른들도 그 단어의 의미를 말하는 것은 분명히 아니다. 빈틈없는 부모라면 유아의 언어 능력과 행동을 큰 맥락에서 이해하고 유아가 〈우유〉를 의미한다는 것을 알아들을 것이다. 요컨대 언어는 자의적인 사회 관습이며 이에 따라 한 언어의 모든 부분들은 커다란 사회 구조 체계로부터 그 의미를 획득한다.

소쉬르는 그의 이론이 언어를 넘어서 함축하고 있는 바가 있다는 것을 깨달았고, 그럼으로써 실제로 그의 이론을 다른 사회 관습 체계에 적용할 수 있었다. 그의 입장을 따라서 몇몇 저자들은 구조주의를 인류학, 심리학, 지성사, 정치 이론에 적용했다. 이러한 운동을 통합하는 주제는 어떤 문화 대상이나 개념도 그것을 둘러싼 문화 구조로부터 그 의미를 획득한다는 것이었다. 프랑스의 인류학자 클로드 레비스트로스 (Claude Lévi-Strauss, 1908~1991)의 주장에 따르면 문화 구조는 남성과 여성, 홀과 짝, 밝다와 어둡다 등과 같은 대립항을 유형적으로 포함한다. 이러한 대립항들은 체계에 영속적인 논리 구조를 부여한다. 예를 들어 힌두의 카스트 체계는 순결과 불순이라는 대립항에 근거한 사회 계급 제도를 수반한다. 즉 계급이 높을수록 좀 더 순결하며 계급이 낮을수록 불순하다. 다음은 구조주의 운동의 두 가지 열쇠다. (1) 한 사물의 의미란 그것을 둘러싼 문화 구조에 의해 규정된다. (2) 체계는 대립항을 통해 반영되는 일관된 구조를 지닌다. 예를 들어 결혼반지의 의미를 이해하고 싶다고 가정해 보자. 그럴 경우 내가 속한 문화의 다른 모든 것으로부터 고립해서 내 결혼반지의 의미를 캔다는 것은 내게 무익한 일이다. 그 대신 나는 결혼반지들이 요란한가, 얌전한가 — 대립항 — 와 같은 여러 가지 결혼 반지의 내적 구조와 이러한 특징들이 우리의 문화를 통해 전달된다는 것을 이해하려고 해야 한다. 나는 결혼반지를 다른 사람에게 줄 때 지닌 신호처럼 결혼반지가 문화 구조의 거대 체계 속에서 어떤 역할을 하는지, 그리고 결혼반지를 끼는 것이 어떻게 해서 학교 반지를 끼는 것과 다른지를 이해하려고 해야 한다.

 구조주의가 처음부터 철학〈그 자체로서〉전개된 것이 아닐지라도 그것의 철학적 함의는 이내 분명해졌다. 즉 그것은 사르트르의 실존주의에 대한 반동으로 순식간에 나타난 것이다. 사르트르는 개인이 자유로운 선택을 통해서 그들 자신의 본질을 창조하며, 따라서 각자는 그들의 사회 환경에 의해 미리 규정된 것이 아니라고 믿었다. 레비스트로스와 다른 구조주의자들은 실존주의가 의미하는 이러한 개별 인간과 주관주의에 대한 강조를 거부한다. 결혼반지가 좀 더 큰 사회 구조에 의해 규정되는 것과 마찬가지로 사람들도 사회 구조에 의해 규정되며, 따라서 우리는 사회적 맥락이 손상된 자유로운 독립적 행위자로서 우리 자신을 보아서는 안 된다. 우리는 다른 사람들을 항상 우리 자신을 이해하기 위한 근거로서 이용해야만 한다. 1960년대에 구조주의는 프랑스에서 가장 인기 있는 철학으로서 실존주의를 압도했다.

4. 2. 포스트구조주의

 1970년대 등장한 포스트구조주의 *Poststructuralism*는 실존주의의 확장이자 그에 대한 반박이기도 하다. 구조주의처럼 포스트구조주의도 몇 가지 분야로 나뉘어졌는데, 아마도 가장 유명한 것이 문학 비평 분야일 것이다. 예를 들어『바람과 함께 사라지다』와 같은 소설의 해석에 대해 구조주의자들이 어떻게 말하는지 생각해 보자. 우리는 이 책이 미국 남북 전쟁에 대한 역사적 논의로 보고 싶을 수도 있다. 그렇지만 구조주의자들은 그 책에서 특정한 문장의 의미는 닫힌 체계로서의 그 책 내부에 있는 구조에 주로 의존한다고 주장할 것이다. 더욱이 그 책에서 구조는 전쟁과 평화, 부와 빈곤, 사랑과 갈등이라는 대립항을 포함한다. 포스트구조주의는 그 문제를 더 밀고 나아간다. 첫째, 만일『바람과 함께 사라지다』가 진정으로 닫힌 체계라면 우리는 남북 전쟁에 관한 다른 역사서에서 발견할 수 있는 것과 같은 그 소설 외부에 대한 어떤 사실이나 고려도 배제해야만 한다. 그 책의 어떠한 의미이든지 그것은 독자인 우리가 그 닫힌 체계 안으로 들어설 때 그 책에 대하여 무엇을 생각하느냐에 달려 있다. 각각의 독자는 그 책을 서로 다르게 해석할 것이므로 그 책에는 어떤 정해진 의미도 없다. 둘째 포스트구조주의자들은 만일 우리가 주의 깊게『바람과 함께 사라지다』안에서 소위 대립항들을 찾는다면 우리는 이것이 지나친 단순화임을 알게 될 것이다. 예를 들어 그 책은 비록 사랑과 갈등이라는 요소들을 포함하고 있지만 영화에는 클라크 게이블Clark Gable의 대사 〈솔직히 나는 조금도 관심 없어〉[7]와 같은 무관심도 들어 있다. 이와 마찬가지로 우리는 부와 빈곤만이 아니라 중간 정도의 수입도 볼 수 있다. 구조주의자들은 대립항들이 닫힌 체계에 논리적 일관성을 제공한다고 믿었다. 그러나 일단 우리가 이러한 대립항이라는 관념을 거부하게 되면 ─ 포스트구조주의자들이 권하듯이 ─ 그 책에는 어떤 내적 논리 구조도 남아 있지 않게 될 것이다. 각 독자는 그렇게 되면 그 책을 가지고 유희하며 자신의 의미를 거기에 부여할 것이다.

철학에서 포스트구조주의는 프랑스 철학자 자크 데리다(Jacques Derrida, 1930~2004)와 가장 깊이 관련되어 있다. 문학 비평에 관심을 둔 다른 포스트구조주의자들과 달리 데리다는 철학책들을 목표로 삼았다.[8] 그는 서양의 사상사를 통해 철학자들

---

[7] 비비안 리(스칼렛 역)가 〈당신이 떠나면 난 어디로 가죠? 난 어떻게 해요?〉라고 하자 클라크 게이블(렛 역)이 사라지면서 하는 말.

[8] 사실상 데리다는 프랑스에서보다 미국에서, 그것도 철학자들이 아닌 문학 비평가들의 눈에 먼저 띄었다. 1966년 존스 홉킨스 대학교의 심포지엄에서 발표된「인문 과학의 언설에서 구조, 기호, 놀이」라는 논문 때문이었다. 실제로 이것은 미국에서의 새로운 문학 비평 운동의 개막을 알리는 것이 되었다.

이 현상과 실재, 속견과 지식, 정신과 물질, 그리고 참과 거짓과 같은 주요한 대립 개념들을 둘러싸고 자신들의 이론을 세웠다고 주장한다. 피상적인 가치에서 볼 때 이들 대립적인 개념들은 철학 체계들이 하나의 정합적인 구조를 지니며, 그것이 대립항 속에 반영되어 있다고 보는 구조주의 이론을 지지할 수도 있다. 그렇지만 소설에서 우리가 대립항들을 거부해야 하는 것처럼 데리다는 이러한 철학 개념들 또한 의심스럽다고 믿는다. 〈해체*déconstruction*〉라고 명명한 방법을 통해서 그는 철학에서 이 모든 대립항들이 사실상 자기모순적임을 보여 주고자 했다. 예를 들어 후설은 우리의 의식에 〈현전하는*present* 것(현상)〉과 우리의 의식에 〈부재하는*absent* 것(세계가 존재하든 안 하든 간에)〉 사이의 뚜렷한 차이를 강조했다. 그러나 후설 자신이 우리 의식에 실제로 현전하는 것을 탐구했을 때 그는 〈현전하는〉[9] 것이 원칙적으로 과거에 일어났던 것에 대한 기억뿐만 아니라 미래에 일어날 일에 대한 예상도 포함함을 깨달았다. 이제 문제는 과거도 미래도 우리 의식에 진정으로 〈현전하는〉 것이 아니라는 점이다. 이렇듯 후설의 현전과 부재 간의 초기 구분은 무너진다. 두 개념은 사실상 서로 뒤얽혀 있다. 데리다는 우리가 유사하게 철학에서의 모든 표준적인 대립항들을 해체시킬 수 있다고 믿는다. 예를 들어 현상과 실재의 이원론으로 실재를 기술하고자 할 때 나의 기술은 내 감각에 나타나는 것과 같은 현상에만 오로지 의존하는 것처럼 보인다. 마찬가지로 물질과 정신의 이원론으로 정신에 관한 어떤 것 — 나의 영혼이나 신성한 존재 — 을 말하고자 할 때, 나의 기술은 온통 어떤 물질적인 실재에 기반을 둔다. 그러한 철학 체계의 내적 논리가 결여되므로 그런 어떤 철학도 세계에 대한 적절한 기술을 할 수 없다는 것이다.

여기에서 그는 플라톤 이래의 서구 사상이 〈중심으로의 욕망 중독증〉에 걸려 있다고 주장함으로써 철학적 구토와 해체라는 자신의 입장을 예고하고 있다. 그 뒤 그의 철학적 골격이 공개되기까지는 오랜 시간이 걸리지 않았다. 그는 이미 세 권의 저서를 동시 출판하고 있었기 때문이다. 1967년 출판된 『언어와 현상*La Voix et le phénomène*』, 『그라마톨로지에 대하여*De la grammatologie*』, 『글쓰기와 차이 *L'Écriture et la différence*』가 그것이다.

[9] 데리다의 〈현전*présence*〉은 하이데거가 사용한 〈*Anwesen*〉이나 〈*Anwesenheit*〉의 프랑스어 번역이다. 하이데거에 의하면 〈현전〉은 고대로부터 이어져 오는 존재 이해의 단서다. 존재란 전통적으로 〈항상적 현전성*beständige Anwesenheit*〉 안에서 이해되어 온 것이다. 즉 항상적 현전성의 이해 속에는 언제나 시간의 한 양태인 〈현전〉이 얽혀 있다는 것이다. 과거나 미래도 모두 현재의 변화된 양태에 불과하다. 과거는 지나간 현재고 미래는 와야 할 현재다. 그래서 데리다도 후설에게는 〈현재밖에 존재하지 않는다〉고 주장한다.

데리다에 의하면 철학적 언설의 기초가 되는 좀 더 중심적인 이원론 가운데 하나는 말과 문자의 사이에 존재하는 이원론이다. 프랑스의 철학자 루소는 이러한 구분을 가장 분명하게 끌어낸 바 있다. 루소의 주장에 따르면 말은 우리의 의사소통하는 감정들이 드러나는 자연스러운 형태며, 말은 그 자체로서 실재하고 확실한 것을 전달한다. 대조적으로 문자는 말의 타락한 복사다. 문자는 오직 간접적으로만 우리의 감정을 전달하므로 궁극적으로 진리를 왜곡하고, 그럼으로써 환상의 근원인 일련의 관습적인 고안물들에 의존한다. 그렇지만 데리다는 말과 문자 둘 다 상징들의 관습적 사용과 엄격한 문법 규칙 같은 언어의 기본 요소들을 포함하고 있다고 말한다. 실제로 확립된 관습들이 언어에 중심적이기 때문에, 그리고 루소의 추론에 따르면, 문자가 말보다 관습에 의존하므로 문자가 말보다 더 나은 언어의 전달 수단이라고 주장할 수 있을 것이다.

4. 3. 포스트모더니즘

포스트구조주의와 해체의 특수한 방법은 전통적인 철학 체계의 성공에 대해 아주 회의적인 견해를 표명하는 것이다. 포스트구조주의자들도 개별적인 관찰자로서 우리가 사물들에 부과하는 것 이상으로 세계에 어떤 의미를 발견하는 것에 대해 의문을 던진다. 사물들에게 종합적인 의미를 발견하는 전체 역사적인 기획은 치명적으로 결함이 있는 것으로 보인다. 서구 문명에서 문제는 과학자들과 철학자들이 세계를 보는 새롭고 현대적인 방식을 알리던 16세기에서 18세기 동안의 르네상스와 계몽주의 시기 동안 시작되었다. 과학자들은 우리를 둘러싼 자연 세계를 지배하는 통합된 물리적 법칙의 체계를 발견하고자 했다. 과학적 기획의 추가 사항으로서 철학자들은 인간 사고의 메커니즘을 기술했다. 또한 그렇게 함으로써 그들은 인간 존재와 인간 문화가 어떻게 더 큰 기계적 자연론에 들어맞는가를 설명했다. 인문주의, 합리론, 경험론, 관념론 등의 철학 이론들은 모두 세계란 하나며, 그러므로 모든 것을 지배하는 하나의 유일한 설명 체계가 있다는 기본적인 가정을 반영한다. 우리가 형성하는 모든 신념과 가치들은 이러한 통합적인 체계에 기반을 둔다. 사물에 대한 이러한 근대적 개념은 19세기와 20세기를 거쳐 전해 내려와 현재까지 곧장 전해졌다. 하나의 통합된 세계 체계라는 근대적 관념은 아주 멋진 동화이지만, 그럼에도 불구하고 단지 하나의 꾸며낸 이야기일 뿐이다. 그러므로 우리는 이러한 사물에 대한 근대적 개념을 넘어서 〈포스트모던적인〉 정신 구조로 건너뛰지 않으면 안 된다.

포스트모더니즘Postmodernism은 하나의 철학 이론이 아니다. 그렇기 때문에 자기 파괴적일 수 있다. 그 대신 그것은 사물의 근대적 개념들에 대한 다양한 비판들을 망라하는 하나의 우산 운동an umbrella movement이다. 포스트구조주의는 아마도 이런 비판들 가운데 가장 지배적인 것일지 모르며, 이런 이유로 인해서 〈포스트모던〉과 〈포스트구조주의적〉이라는 용어는 종종 서로 바꾸어 사용될 수 있다. 그러나 최근의 많은 철학은 모더니즘을 표적으로 삼으므로 포스트모던이라고 볼 수 있기도 하다.[10] 로티는 인간의 본성처럼 사물에도 〈본질〉이 있다는 표준적인 관념을 거부한다. 앤스콤은 근대적인 도덕 이론들 뒤에 있는 〈입법자〉에 도전했다. 페미니스트 철학자들은 대체로 사물에 엄밀한 도식을 부과하는 남성 지향적인 방식을 거부한다. 우리는 대중의 전통적인 가치 구조를 거부한 니체와 같은 이전 시대의 철학자에게서도 포스트모던한 태도를 발견한다. 심지어 듀이와 같은 미국의 프래그머티스트들은 표준적인 철학적 문제들에 대한 고정된 해결책을 거부하고 세계에 대해 어떤 〈주어진 것도〉 없다고 주장했다. 포스트모던 논의는 대부분 철학이라는 학문 분과를 넘어서 확대되고 있다. 철학은 근대 문화에 대한 하나의 표명에 불과하기 때문이다. 문학, 예술, 연극, 영화, 건축 또한 통합된 질서, 균형, 조화의 근대론자들의 태도에 대한 동요 아래 놓여 있다. 이와 같이 포스트모더니스트 작가들, 음악가, 예술가들은 각자의 장르에서 전통적인 모형을 깨뜨리고자 시도하고 있다.

---

10 철학에서 포스트모더니즘과 포스트구조주의는 동의어라고 해도 무방하다(M. Sarup, *A Introductory Guide to Poststructuralism and Postmodernism*, Georgia Univ., 1989, p. 118). 오늘날 포스트모더니즘이라는 용어는 새로운 유형의 사회와 그 사회의 새로운 문화적 징후들에 붙여진 명칭이지만 포스트구조주의자들이 보기엔 주로 예술 분야에서 나타나는 새로운 징후들을 설명하는 용어다. 그러나 철학에서도 포스트모더니즘에 관한 논의는 1979년 리오타르Lyotard가 『포스트모던의 조건 *La Condition postmoderne*』을 출판하자, 그 이듬해에는 하버마스Habermas가 프랑크푸르트 시가 수여하는 아도르노상(賞) 수상 기념 강연에서 〈모더니티 — 미완의 계획〉이라는 제목으로 리오타르에게 응수하면서 본격적으로 논의되기 시작했다. 사실상 이때부터 포스트구조주의자들은 자신의 의사와는 무관하게 다양한 목소리로 포스트모더니즘을 웅변하는 철학자로 취급되었다.

용어 해설

ㄱ

감각 자료 *sense-data* 우리의 감관을 통해서 받아들이는 정보의 요소들.

검증 *verification* 증명을 수단으로 또는 추리의 형식적 규칙에 의해서 어떤 것이 참임을 논증하거나 증명하는 것.

검증 원리 *verification principle* 어떤 명제가 그 명제에 사용된 어휘들이 오직 수학에서처럼 반드시, 그리고 언제나 참인 명제를 요구하기 때문에 참인 것을 주장한다거나, 어떤 명제가 경험적으로 그것을 검증함으로써 참이나 거짓으로 판단할 수 있는 것이라면 그 명제는 유의미하다고 주장하는 논리 실증주의의 한 원리.

게슈탈트 이론 *Gestalt theory* 우리의 지각적 경험은 전 범위에 걸친 특징들(형식, 구조, 감각, 의미, 가치) 등 모든 것들을 동시에 구성한다고 주장하는 20세기의 심리학 이론.

결정론 *determinism* 모든 사실 또는 우주조차도 이전의 사실이나 사건들에 의해 결정된다거나 원인이 된다는 이론. 인간의 행동과 역사적 사건들은 엄격한 인과의 법칙에 따르거나 필연적 연관 관계에 있다는 주장. 따라서 이러한 견해에 따르면 인간은 자유 의지를 소유하지 않으며 독자적인 진정한 선택을 시작할 능력도 갖고 있지 않다.

경험론 *empiricism* 경험이 모든 지식의 원천이므로 인간은 천부적으로 지식을 소유한다든지 이성의 행사만으로 지식을 얻을 수 있다는 주장을 부인하는 이론.

공리주의 *utilitarianism* 만일 어떤 행위가 다른 행동보다도 더욱더 선을 낳는다면 도덕적으로 선하다고 하는 윤리론. 이것은 벤담과 밀의 주장이기도 하다.

관념론 *idealism* 정신이 세계에서 가장 궁극적인 실재라는 견해. 모든 실재가 물질적 사물로 구성된다는 견해인 유물론과 반대된다.

구조주의 *structuralism* 소쉬르와 레비스트로스에 의해 제기된 현대 유럽 철학의 한 이론. 여기에서 사물의 의미는 그것을 둘러싼 문화적 구조들(빛과 어둠처럼 대립적 개념들의 쌍에 의존하고 있는)에 의해 정의된다.

권위 *authority* 특히 신앙의 신비로움이 인간 이성의 영역을 능가한다고 주장하는 철학자와 신학자들에게는 신학적 지식의 원천이 되는 것.

귀납법 *induction* 어떤 특정한 사실들에 대한 관찰로부터 모든 사실에 관한 일반화(또는 결론)로 진행하는 논리적 추론.

기능주의 *functionalism* 정신적인 사건들은 정신적인 과정들의 네트워크, 통로, 상호 관계에 의존하지만 그것을 구성하는 뉴런(신경 세포) 같은 어떤 특정한 물질적 재료에 의존하지 않는다고 주장하는 심신 문제에 관한 현대 이론. 기능주의는 정신적 사건이 비생물학적 체계 속에서 발생할 수 있다는 가능성을 열어 놓고 있다.

ㄴ

논리 실증주의 *logical positivism* 검증 원리에 의존하는 분석적 전통의 20세기 철학 운동.

논리적 행동주의 *logical behaviorism* 정신적인 사건들을 감각적인 투입*input*와 행동의 결과 *output*로 환원시키는, 심신 문제에 대한 길버트 라일의 현대 이론.

ㄷ

다원론 *pluralism* 세상을 구성하는 데는 하나 또는 두 개의 분리된 실체 이상의 것이 있다는 견해. 이것은 일원론*monism* 및 이원론*dualism*과 대조적인 입장에 있다.

도구적 *instrumental* 어떤 사물이나 성질 또는 행위를 스스로 존재하는 것으로 기술하는 것을 〈본질적*intrinsic*〉이라고 하는 데 반하여 어떤 사물이나 성질 또는 행위가 그 밖의 어떤 것을 달성하기 위한 수단일 경우 〈도구적〉이라고 부른다.

도구주의 *instrumentalism* 사유는 그것이 실제적 결과를 낳는 한 도구적이라는 존 듀이의 이론을 가리킨다.

독단주의 *dogmatism* 합리적 논증이나 경험에 의한 증명 없이 단정적으로 주장하는 행위.

ㅁ

목적론 *teleology* 목적을 뜻하는 그리스어 *telos*에서 유래. 인간의 본성과 역사적 사건에서 목적에 대한 연구.

미학 *aesthetics* 예술 작품의 판단을 위한 기준으로서의 미와 아름다움과 같은 개념들의 분석과 연관된 철학의 분과.

ㅂ

범주들 *categories* 아리스토텔레스와 칸트의 용어로 인간의 정신이 원인, 결과, 공간, 시간 등을 인식하기 위해 가져온 개념들을 의미.

변증법 *dialectic* 소크라테스의 대화와 헤겔의 반대자들에 대한 논박, 마르크스의 물질적 힘들의 충돌에서처럼 역동적 변화를 낳는 것. 또는 반대 명제 분석에 기초한 추론 과정. 소크라테스는 속견*opinion*과 지식*knowledge*을 구별함으로써 변증법적 교수법을 이용했다. 헤겔과 마르크스는 역사에서 변증법적 개념들을 고안해 냈다. 헤겔의 경우 역사에서의 대립적 관념들이 열쇠라면 마르크스의 경우 역사는 물질적 힘들의 갈등으로 설명된다.

변화 *change* 어떤 것의 변경, 어떤 것의 부분적 재배치, 이전에 존재한 적이 없었던 어떤 것의 출현, 그리고 어떤 것의 쇠퇴와 해체.

본질 *essence* 어떤 사물을 독특한 것으로 만드는 주요한 특징이나 성질 또는 필수적인 기능.

본질적 *intrinsic* 어떤 사물이나 성질 또는 행위를 어떤 다른 목적에 대한 수단으로 기술할 경우 그것을 〈도구적*instrumental*〉이라고 하는 데 반하여 만일 그것이 스스로 존재한다면 〈본질적(내재적)〉이라고 한다.

본체계 *noumenal world* 현상 세계에 반대되는 실재 세계. 칸트에 의하면 본체계는 인식 불가능하다.

분석 명제 *analytic statement* 분석 명제는 술어가 이미 주어 안에 있기 때문에 반드시 참이다. 예를 들어 〈모든 개는 동물이다〉에서 〈개〉라는 단어는 이미 〈동물〉이라는 개념을 포함하고 있다.
분유participation 세계(현상계) 안의 사물들은 형상(이데아)의 영역에서 이상적인 원형을 본받는다는 플라톤의 이데아론의 중심 개념.
불가지론자agnostic 신이 존재한다는 사실에 대하여 어떤 결정적인 증거도 없고 방법도 없기 때문에 믿지도 않지만 불신하지도 않는 사람.
비결정론indeterminism 어떤 경우에 생리적 원인이나 심리적 원인 이전에 의지가 독립적으로 결정하거나 선택한다는 이론.

ㅅ

삼단 논법syllogism 예를 들면 모든 인간은 죽는다(대전제), 소크라테스는 인간이다(소전제), 그러므로 소크라테스는 죽는다(결론)와 같은 추론의 한 형식.
상대주의relativism 절대적 지식이란 존재하지 않는다는 견해. 진리는 각 개인, 사회 단체 또는 역사적 기간에 있어서 저마다 다르므로 인식 주체의 환경에 따라 상대적이다.
생득 관념innate Ideas 경험에 의한 증명을 요구하지 않고도 알고 있는 천부적 관념들.
생성becoming 헤겔 철학에서 생성의 세계는 일상적 경험, 개인과 사물들 속에 있는 만물이 생성 소멸하는 세계.
소피스트, 궤변론자sophists 기원전 5세기경 아테네에서 활동한 떠돌이 교사들. 특히 아테네의 청년들에게 정치 경력을 준비시켰다. 따라서 그들은 수사학과 청중을 설득하는 능력, 논쟁에서 상대를 물리치는 능력만을 강조했을 뿐 진리 추구에는 거의 관심을 갖지 않았다.
스콜라 철학scholasticism 연역 논리와 플라톤, 아리스토텔레스, 아우구스티누스 같은 주요 인물들의 권위를 강조하는 중세 학교 Schola에서의 신학적 교수 방법이자 철학.
실존주의 existentialism 주로 사르트르와 메를로퐁티가 이끌어 간 20세기 철학의 한 운동. 사르트르의 경우 실존주의의 핵심적인 주제는 〈실존이 본질에 선행한다〉, 즉 사람들은 그들이 특정한 결론을 내릴 때까지, 그리고 그들의 일을 선택할 때까지, 그렇게 함으로써 스스로를 정의할 때까지 어떠한 정체성도 갖지 않는다는 것이다.
실증주의positivism 19세기에 콩트로부터 시작된 철학 운동으로 직접적인 관찰에 의존하지 않는 어떤 탐사도 거부해야 한다는 주장.
실체substance 개별적이고 분명한 사물. 현상의 토대를 이루는 것. 어떤 사물이 지닌 다른 성질들의 토대가 되는 어떤 사물의 본질을 가리킨다.

ㅇ

아포스테리오리, 후천적a posteriori 문자 그대로 경험 이후라는 뜻. 후천적인 지식은 경험에서 비롯된다. 이것은 선천적a priori 지식과 대조적이다.
아프리오리, 선천적a priori 문자 그대로 경험 이전이라는 뜻. 선천적인 지식은 경험 이전의 것이거나 경험으로부터 독립해 있다. 예를 들면 몇몇 철학자는 우리가 모든 사건을 경험하지 않았을 경우조차도 모든 사건들은 원인을 가지고 있다는 사실을 안다고 지적한다.
연역법deduction 제2명제의 진리는 제1명제와 연관되어 있으므로 제2명제가 파생된다는 사실을 추론함으로써 인간의 정신이 하나의 명제에 대한 진리를 또 다른 명제의 진리와 연관시키는 추론 과정.
연장성extension 데카르트의 용어. 시간과 공간 속에서 차원을 갖는 것과 같은 물질적 사물의 특성.
요청postulate 칸트의 이론에서 신의 존재, 의지의 자유, 불멸성과 같이 증명 불가능한 실천적 또는 도덕적인 원리. 우리의 도덕적 의무를 가능케 하기 위해서 우리는 그것을 믿지 않으면 안 된다는 것이다.
우매한 대중의 정신 상태herd-mentality 사람들은 종종 범인의 수준으로 공통적으로 환원된다는 니체 철학의 한 견해.
우연적 contingent 있을 수도 있고 그렇지 않을 수도 있는, 다른 사건에 달려 있는 필연적이지 않은 사건.

우주론적 증명 cosmological argument 신이 우주의 존재의 제1원인이어야 한다는 관념에 기초한 신의 존재에 대한 증명.

원인 cause 변화, 운동 또는 다른 사물 속에서의 행위를 낳는 힘을 지닌 어떤 것.

유물론 materialism 물질이 우주 안에 존재하는 모든 것의 토대를 구성한다는 견해. 따라서 물질과 물질적 힘의 결합은 사유의 본질, 역사적, 경제적 사건들의 과정, 육체의 감각적 쾌락과 물질적 풍요로움에 기초한 가치 표준을 포함하는 모든 실재의 측면을 설명한다. 정신이나 마음의 우선성과 자연 안에서의 합리적 목적에 대한 관념은 거부된다.

유아론 solipsism 라틴어의 *solus*(혼자), *ipse*(자신)에서 유래. 자아만이 존재에 대한 모든 지식의 원천이라는 견해. 이러한 견해가 때로는 자아만이 유일한 실재라는 결론에 이르기도 한다.

유한성 finitude 한정할 수 있는 한계를 가지는 것.

윤리학 ethics (1) 인간의 행동을 위한 일단의 규칙들 (2) 가치 판단, 선과 악, 옳고 그름, 바람직한 것과 그렇지 않은 것에 대한 연구들 (3) 책임이나 의무 또는 어떤 방식으로 행동해야 할 이유에 관한 이론들.

이성론 rationalism 감각적 인상의 도움 없이 세계에 관한 근본적인 진리를 파악할 수 있는 이성 능력을 강조하는 철학적 견해.

이원론 dualism 정신과 육체, 가지적인 관념의 세계와 가시적인 사물의 세계, 선한 힘과 악한 힘처럼 독립적이고 환원 불가능한 두 개의 실체가 있다고 주장하는 이론. 이원론은 일원론이나 다원론과 대조적이다.

인공 지능 artificial intelligence 컴퓨터에서 인간의 인식적 정신 상태와 같은 것을 만들려고 시도하는 현대 이론.

인과성 causality 한 사건은 반드시 다른 사건을 따라 일어난다는 식의 원인과 결과의 관계.

인상 impression 감각과 정신적 반성을 구성하는 경험에 대한 흄의 용어.

인식 cognition 넓은 의미로 인식 또는 인식 행위를 뜻한다.

인식론 epistemology 지식의 본성, 기원, 범위, 타당성을 연구하는 철학의 한 분과.

인식적 의미 cognitive meaning 논리 실증주의자들과 분석 철학자들이 정의에 의해 참이거나 경험적으로 검증 가능한 명제들과 관련하여 사용한 용어.

일원론 monism 우주에는 하나의 실체만이 있다는 견해. 관념론과 유물론은 일원론적 이론들이다. 일원론은 이원론 및 다원론과 대조된다.

ㅈ

자유 의지 free will 어떤 경우에 의지는 생리적 원인이나 심리적 원인과 독립적으로 결정하거나 선택한다는 이론.

자율 autonomy 문자적 의미로는 스스로 다스림을 뜻한다. 외적 권위로부터의 독립. 칸트의 경우 타율과 반대로 행위에 대한 스스로의 법칙이나 규칙을 만들려는 의지의 자유.

정언 명령 categorical imperative 칸트의 도덕론에서 정언 명령이란 어떤 이성적 존재에 의해 지켜야 할 의무로 이해되는 절대적인 도덕 법칙이다. 이것은 예외를 허용하는 가언 명령 *hypothetical imperative*과 대조적이다.

제1동자 prime mover 아리스토텔레스의 용어로 그 자체의 운동의 원인을 요구하지 않지만 스스로 만물의 제1원인이 되는 존재.

존재 being 형이상학에서 궁극적인 실재나 존재를 지시하는 일반적인 용어다. 플라톤의 경우 참된 존재는 영원한 형상들(이데아들)의 영역이다.

존재론적 증명 ontological argument 안셀무스가 고안해 낸 신에 대한 존재 증명. 즉 신은 가장 위대한 존재로서 정의될 수 있는데 이러한 정의는 필연적으로 존재를 내포한다는 것이다.

종합적 synthetic 〈어떤 개가 여우들을 붙잡도록 도울 것이다〉와 같이 주사(主辭)가 빈사(賓辭)를 미리 포함하고 있지 않은 종합적인 문장은 주사에 어떤 경험적(종합적) 관념을 부가한다. 그러므로 이 문장은 〈모든 개는 동물이다〉와 같이 주사에 이미 빈사가 포함되어 있는 분석적 문장과 대조적이다.

중국어 방 논의 *chinese room argument* 설이 제기한 사고 실험. 그것은 적절하게 프로그램된 기계도 인지적 정신 상태로 될 수 있다고 주창하는 강력한 인공 지능의 요구를 반박하기 위한 것이다.

지각 *perception* 우리가 세계에 관한 지식을 얻는 감각적 매개물.

직관 *intuition* 개념을 정의하고 결론을 정당화하거나 또는 추론을 구성할 필요도 없이 자아, 외부 세계, 가치, 다른 형이상학적 진리에 대해 직접 인식하는 능력.

ㅋ

코기타툼 *cogitatum* 사유된 것의 내용. 이처럼 생각한다 *cogito* 는 것은 어떤 것을 생각하는 것 *cogitatum* 이다.

코기토 *cogito* 문자 그대로 라틴어로 〈나는 생각한다〉를 뜻한다. 자아를 사유하는 존재로서 데카르트가 사용한 용어.

ㅍ

파스칼의 도박 *Pascal's wager* 파스칼의 논지로, 이성이 신의 존재 문제에 관해 중립적일 경우 믿는 것이 더 이익이 되므로 심리적으로 믿지 않을 수 없게 된다는 것.

포스트구조주의 *Poststructuralism* 포스트구조주의는 단순히 구조주의의 뒤를 이어 등장한 철학 운동이 아니다. 포스트구조주의는 인문, 사회 과학에서 전개한 구조주의 철학의 아류가 아니기 때문이다. 포스트구조주의는 과학적인 지(知)와 철학적인 지(知)의 차이를 자각하고 철학에만 한정되지 않는 확대된 지의 영역에 존재하는 형이상학적 사고를 비판한다. 또한 포스트구조주의는 이성과 정치, 지와 권력의 내재적 공범 관계를 예리하게 통찰하여 비판한다. 주로 프랑스의 푸코와 들뢰즈, 데리다에 의해 전개된 20세기 후반의 철학 운동.

포스트모더니즘 *postmodernism* 세계는 통일된 체계로 설명될 수 있다는 르네상스 및 계몽주의 시대의 가정을 거부하는 현대 대륙 철학의 이론.

프래그머티즘 *pragmatism* 퍼스, 제임스, 듀이와 연관된 20세기의 철학 운동. 그들은 일상생활에서 어느 정도 변화를 가져오지 않는 철학 이론에는 가치 있는 것이 별로 없다고 주장한다.

ㅎ

해체 *deconstruction* 자크 데리다가 제기한 포스트구조주의 이론. 그는 철학 체계 안에 있는 모든 대립 개념들의 쌍이 실제로는 자기 논박적이라는 사실을 보여 주려 했다.

허무주의 *nihilism* 가치 있는 것이란 아무것도 없다는 견해. 니체에 따르면 〈신의 죽음〉은 절대적 가치의 거부와 객관적, 보편적 도덕 법칙이라는 관념에 대한 거부로 이어진다.

현상 *appearance* 우리의 감각에 참된 실재와 비교되는 것으로써 나타나는 어떤 것. 예를 들면 배의 노는 물속에서 굽어 보이지만 실제로는 그렇지 않다.

현상계 *phenomenal world* 칸트의 인식론에서 우리의 인식 너머에 있는 본체계와 대비되는 현상의 세계.

형상론 *theory of form* 궁극적인 실재는 삼각형, 인간성, 정의와 같이 사물들의 원형을 포함하는 정신 영역 안에 있다는 플라톤의 주장.

형이상학 *metaphysics* 실재의 궁극적 본성에 대한 의문과 연관된 철학의 분과. 자연의 다양한 측면에 초점을 맞추는 과학과 달리 형이상학은 자연의 배후에 있는 것이 무엇인지, 사물은 어떻게 생겨나는지, 어떤 것이 존재한다는 것이 무슨 뜻인지, 그리고 변화에 속하지 않으므로 지식에서 확실성의 근거가 되는 존재의 영역이 있는지와 같은 좀 더 일반적인 문제를 설명하기 위하여 특정한 사물들에만 초점을 맞추지 않는다. 그 배후의 세계까지 의문을 연장한다.

환상 *illusion* 시각적 환각 같은 잘못된 인상. 또는 프로이트가 말하듯 심층적인 원망(願望)에서 나온 거짓 신념.

회의주의 *Skepticism* 지식의 어떤 근본적인 구성 요소를 의심하려는 경향. 또한 플라톤의 아카데미아, 피론, 섹스투스 엠피리쿠스와 연관된 고대 그리스 철학의 한 학파의 사상.

참고 문헌

제1장 소크라테스 이전의 철학자들

원전

Barnes, Jonathan, *Early Greek Philosophy* (Harmondsworth: Penguin, 1987).
Freeman, Kathleen, *Ancilla to the Presocratic Philosophers: A Complete Translation of The Fragments in Diels' Fragmente der Vorsokratiker* (Oxford: Basil Blackwell, 1956).
McKirahan, Richard D. Jr., *Philosophy Before Socrates* (Indianapolis: Hackett Publishing Company, 1994).

비판적 연구서들

Guthrie, W. K. C., *The Greek Philosophers: from Thales to Aristotle* (New York: Harper and Row, 1960).
Kirk, G. S., and Raven, J. E., *The Presocratic Philosophers* (New York: Cambridge University Press, 1960).
Long, A. A., *The Cambridge Companion to Early Greek Philosophy* (Cambridge: Cambridge University Press, 1995).
Mourelatos, A. P. D., ed., *The Presocratics* (Princeton: Princeton University Press, 1993).

제2장 소피스트들과 소크라테스

원전
제1장 소크라테스 이전의 철학자들의 원전을 참고.

비판적 연구서들

Benson, Hugh H., ed., *Essays on the Philosophy of Socrates* (New York: Oxford University Press, 1992).

Reeve, C. D. C., *Socrates in the Apology* (Indianapolis: Hackett Publishing Company, 1989).

Santas, G. X., *Socrates: Philosophy in Plato's Early Dialogues* (London: Routledge & Kegan Paul, Ltd., London, 1979).

Vlastos, Gregory, *Socrates: Ironist and Moral Philosopher* (Ithaca: Cornell University Press, 1991).

Vlastos, Gregory, *Socratic Studies* (Cambridge: Cambridge University Press, 1994).

제3장 플라톤

원전

Cooper, John M., ed., *Plato: Complete Works* (Indianapolis: Hackett Publishing Company, 1997).

Hamilton, Edith, ed., *The Collected Dialogues of Plato, Including the Letters* (New York: Pantheon Books, 1961).

비판적 연구서들

Annas, Julia, *An Introduction to Plato's Republic* (Oxford: Clarendon Press, 1981).

Grube, G. M. A., *Plato's Thought* (Indianapolis: Hackett Publishing Company, 1980).

Irwin, T. H., *Classical Thought* (Oxford: Oxford University Press, 1989).

Kraut, Richard, *The Cambridge Companion to Plato* (Cambridge: Cambridge University Press, 1992).

Vlastos, Gregory, *Platonic Studies* (Princeton: Princeton University Press, 1981).

Vlastos, Gregory, *Plato's Universe* (Seattle: University of Washington Press, 1975).

제4장 아리스토텔레스

원전

Barnes, Jonathan, ed., *The Complete Works of Aristotle* (Princeton, N. J.: Princeton University Press, 1984).

Cohen, S. M., Curd, P. and Reeve, C. D. D., eds., *Readings in Ancient Greek Philosophy* (Indianapolis: Hackett Publishing Company, 1995).

McKeon, Richard, ed., *The Basic Works of Aristotle* (New York: Random House, 1941).

비판적 연구서들

Ackrill, J. L., *Aristotle the Philosopher* (Oxford: Oxford University Press, 1981).

Barnes, Jonathan, *Aristotle* (Oxford: Oxford University Press, 1982).

Barnes, Jonathan, ed., *The Cambridge Companion to Aristotle* (Cambridge: Cambridge University Press, 1995).

Cooper, John, *Reason and Human Good in Aristotle* (Cambridge, Mass.: Harvard University Press, 1975).
Kraut, Richard, *Aristotle on the Human Good* (Princeton: Princeton University Press, 1989).
Rorty, A. O.,ed., *Essays on Aristotle's Ethics* (Berkeley: University of California Press, 1980).
Ross, W. D.,*Aristotle* (New York: Barnes and Noble, 1949).
Sherman, N., *Aristotle's Ethics: Critical Essays* (London: Rowman and Littlefield, 1999).

제5장 아리스토텔레스 이후의 고대 철학

원전

Bailey, C., *Epicurus: The Extant Remains* (Oxford: Clarendon, 1926).
Epictetus, *The Handbook of Epictetue* (Indianapolis: Hackett Publishing Company, 1983).
Inwood, B. and Gerson, L. P., *Hellenistic Philosophy, Introductory Readings* (Indianapolis: Hackett Publishing Company, 1988).
Inwood, B., *Hellenistic Philosophy: Introductory Readings* (Indianapolis: Hackett Publishing Company, 1988).
Long, A. A. and Sedley, D. N., *The Hellenistic Philosophers* (Cambridge: Cambridge University Press, 1987).
Lucretius, *On the Nature of Things, trans.* W. H. D. Rouse (Cambridge, MA: Harvard University Press, 1975).
Marcus Aurelius, *The Meditations, trans.* G. M. A. Grube (Indianapolis: Hackett Publishing Company, 1985).
Plotinus, *Enneads*, tr. A. H. Armstrong (Cambridge: Harvard University Press, 1966~1988).
Sextus Empiricus, *Against the Professors,* trs. R. G. Bury, (Cambridge, MA: Harvard University Press, 1935~1949), 3 vol.
Sextus Empiricus, *Outlines of Pyrrhonism,* trs. J. Annas and J. Barnes, *Outlines of Scepticism* (Cambridge: Cambridge University Press, 1994).
Sextus Empiricus, *Selections from the major writings on scepticism, man, & God*, ed., Philip P. Hallie (Indianapolis: Hackett Publishing Company, 1985).

비판적 연구서들

Graeser, A., *Plotinus and the Stoics* (Leiden, Netherlands: E. J. Brill, NV. 1972).
Inwood, B., *Ethics and Human Action in Early Stoicism* (Oxford: Oxford University Press, 1985).
Long, A. A., *Hellenistic Philosophy* (London: Duckworth, 1974).
Long, A. A., *Stoic Studies* (Cambridge: Cambridge University Press. 1996).
Mitsis, P., *Epicurus' Ethical Theory* (Ithaca, NY: Cornell University Press, 1988).
Rist, J. M., *Plotinus: The Road to Reality* (Cambridge: Cambridge University Press, 1967).
Schroeder, F. M. *Form and Transformation: A study in the Philosophy of Plotinus* (Montreal: McGill University Press, 1992).

제6장 아우구스티누스

원전

Augustine, *Concerning the Teacher and On the Immortality of the Soul* (New York: Appleton-Century-Crofts, Inc., 1938).
Augustine, *Confessions* (Baltimore: Penguin Books, 1961).
Augustine, *Enchiridion on Faith, Hope and Love* (Chicago: Henry Regnery Company, 1961).
Augustine, *The City of God* (Garden City, N.Y.: Doubleday & Company, Inc., 1958).
Oates, Whitney J., ed., *Basic Writings of St. Augustine* (New Work: Random House, 1948).

비판적 연구서들

Brown, Peter, *Augustine of Hippo* (Berkeley, CA: University of California Press, 1967).
Chadwick, H., *Augustine* (New York: Oxford University Press, 1986).
Dihle, A., *The Theory of Will in Classical Antiquity* (Berkeley, CA: University of California Press, 1982).
Gilson, Etienne, *The Christian Philosophy of Saint Augustine* (New York: Random House, 1961).
Kirwin, Christopher, *Augustine* (London: Routledge, 1989).
Meagher, R. E., *An Introduction to Augustine* (New York University Press, 1978).

제7장 중세 초기의 철학

원전

Anselm, *Anselm's Basic Writings* (La Salle, Ill.: Open Court Publishing Company, 1962).
Averroes, *Averroes on the Harmony of Religion and Philosophy*, ed. G. Hourani (London: Luzac, 1961).
Averroes, *Averroes' Tahafut al-Tahafut (The Incoherence of the Incoherence)*, ed. S. Vanden Bergh (London: Luzac, 1954).
Averroes, *Averroes' Three Short Commentaries on Aristotle's 'Topics', 'Rhetoric' and 'Poetics'*, ed. C. Butterworth (Albany, NY: State University of New York Press, 1977).
Boethius, *Consolation of Philosophy* (New York: Frederick Ungar Publishing Co., 1957).
Fremantle, Anne, ed., *Age of Belief: The Medieval Philosophers* (New York: New American Library of World Literature, 1955).
Hyman, A., and Walsh, J. J., ed., *Philosophy in the Middle Ages: the Christian, Islamic, and Jewish Traditions* (Indianapolis: Hackett Publishing Co., 1973).
Maimonides, *Guide of the Perplexed* (Chicago: The University of Chicago Press, 1963).
Maimonides, Moses, *The Guide for the Perplexed*, trans. M. Friedlander (New York: Dover Publications, 1956).
McKeon, Richard, ed., *Medieval Philosophers* (New York: Charles Scribner's Sons, 1959).

비판적 연구서들

Bett, Henry, *Johannes Scotus Erigena* (New York: Russell & Russell, 1964).
Carré, M. H., *Realists and Nominalists* (Oxford: Oxford University Press, 1946).
Church, R. W., *Saint Anselm* (London: Macmillan & Co., 1937).
Hick, John and McGill, Arthur C., eds., *The Many-Faced Argument* (New York: Macmillan, 1967).
Katz, S., ed., *Maimonides:Selected Essays* (New York: Arno Press, 1980).
Kraemer, J., ed., *Perspectives on Maimonides: Philosophical and Historical Studies* (Oxford: Oxford University Press, 1991).
Marenbon, J., *The Philosophy of Peter Abelard* (Cambridge: Cambridge University Press, 1997).
Rand, E. K., *Founders of the Middle Ages* (Cambridge, Mass: Harvard University Press, 1941).
Sikes, J. G., *Peter Abailard,* The University Press, 1932.
Wahba, M., and Abousenna, M., eds., *Averroes and the Enlightenment* (New York: Prometheus, 1995).

제8장 토마스 아퀴나스와 그의 후계자들

원전

Aquinas, *Basic Writings of St. Thomas Aquinas,* ed. Anton Pegis (New York: Random House, 1945).
Aquinas, *Philosophical Texts* (Oxford: Oxford University Press, 1960).
Aquinas, *Summa Theologiciae,* ed., Thomas Gilby (London, 1963~75), 60 vols.
Aquinas, *Treatise on Happiness* (Englewood Cliffs, N. J. Prentice-Hall, 1964).
Blakney, R. B. ed., *Meister Eckhart: A Modern Translation* (New York Harper & Row, Publishers, 1941).
Duns Scotus, *Philosophical Writings* (New York: The Liberal Arts Press, 1964).
Fremantle, Anne, ed., *Age of Belief: The Medieval Philosophers* (New York: New American Library of World Literature, 1955).
McKeon, Richard, ed., *Medieval Philosophers* (New York: Charles Scribner's Sons, 1959).
Ockham, *Philosophical Writings* (New York: The Liberal Arts Press, 1964).

비판적 연구서들

Coplestons, F. C., *Aquinas* (London: Penguin Books, 1955).
Gilson, Etienne, *The Christian Philosophy of St. Thomas Aquinas* (New York: Random House, 1956).
Ingham, M. E., *Ethics and Freedom: An Historical-Critical Investigation Of Scotist Ethical Thought* (Washington, DC: University Press of America, 1989).
Kenny, Anthony, ed., *Aquinas: A Collection of Critical Essays* (New York: Anchor Doubleday, 1969).
Kenny, Anthony, *The Five Ways. St. Thomas Aquinas' Proofs of God's Existence* (London:

Routledge & Kegan Paul, 1969).
Kent, B., *Virtues of Will: The Transformation of Ethics in the Late Thirteenth Century* (Washington, CD: Catholic University of America Press, 1996).
Kretzman, Norman and Eleonore Stump, eds., *The Cambridge Companion to Aquinas* (Cambridge: Cambridge University Press, 1993).
Marenbon, J., *Later Medieval Philosophy (1150~1350)* (London: Routledge, 1987).
Wolter, A. B., *The Philosophical Theology of John Duns Scotus,* ed. M. Adams (Ithaca, NY: Cornell University Press, 1990).

제9장 르네상스 시대의 철학

원전

Bacon, Francis, *The Oxford Francis Bacon* (Oxford: Clarendon Press, 1996).
Bacon, Francis, *The Works of Francis Bacon,* edited by J. Spedding (London: Longmans, 1857~1874).
Galileo, *Dialogue Concerning the Two Chief World Systems,* tr. S. Drake (Berkely: University of California Press, 1953).
Galileo, *Letter to the Grand Duchess Christina,* in *Discoveries and Opinions of Galileo,* tr. S. Drake (New York: Doubleday, 1957).
Hobbes, Thomas, *Leviathan, or the Matter, Form and Power of Commonwealth, Ecclesiastical and Civil,* ed., E. Curley, (Chicago, IL: Hackett Publishing Company, 1994).
Hobbes, Thomas, *The English Works of Thomas Hobbes,* ed., W. Molesworth (London: John Bohn, 1839), 11 vols.
Kraye, Jill, ed., *Cambridge translations of Renaissance philosophical texts* (Cambridge: Cambridge University Press, 1997).
Pascal, Blaise, *Pensées,* tr. A. J. Krailsheimer (London: Penguin Books, 1995).
Pico della Mirandola, Giovanni, *On the Dignity of Man* (Indianapolis: Hackett Publishing Company, 1998).

비판적 연구서들

Bouwsman, W. J., *The Culture of Renaissance Humanism* (Washington: American Historical Association, 1973).
Butterfield, H., *Origins of Modern Science* (New York: Collier Books, 1962).
David Boonin-Vail, *Thomas Hobbes and the Science of Moral Virtue* (Cambridge: Cambridge University Press, 1994).
Davies, S., *Renaissance Views of Man* (New Yokr: Barnes & Noble, 1979).
Krailsheimer, A. J., *Pascal* (New York: Oxford University Press, 1980).
Kraye, Jill, ed., *The Cambridge Companion to Renaissance Humanism* (Cambridge: Cambridge University Press, 1996).
Machamer, Peter, ed. *The Cambridge Companion to Galileo* (Cambridge: Cambridge Uni-

versity Press, 1998).
Pater, Walter, *The Renaissance* (Cleveland: The World Publishing Company, 1961).
Peltonen, Markku, ed., *The Cambridge Companion to Bacon* (Cambridge: Cambridge University Press, 1996).
Sorell, T., ed., *The Cambridge Companion to Hobbes* (Cambridge: Cambridge University Press, 1995).
Symonds, J. A., *The Renaissance in Italy* (London: John Murray, 1937), 6 vols.
Taylor, Henry Osborn, *Philosophy of Science in the Renaissance* (New York: Collier Books, 1962).

제10장 대륙 이성론

원전

Descartes, Rene, *The Philosophical Writings of Descartes,* tr. J. Cottingham, R. Stoothoff, D. Murdoch and A. Kenny (Cambridge: Cambridge University Press, 1984).
Leibniz, *Leibniz: Philosophical Essays,* edited by and trans. R. Ariew and D. Garber (Indianapolis: Hackett Publishing Company, 1989).
Spinoza, Benedict, *The Chief Works of Benedict de Spinoza,* tr. R. H. M. Elwes (New York: Dover, 1951).

비판적 연구서들

Cottingham, John, ed., *Descartes* (New Yokr: Oxford University Press, 1998).
Cottingham, John, ed., *The Cambridge Companion to Descartes* (Cambridge: Cambridge University Press, 1992).
Donagan, A., *Spinoza* (Chicago: University of Chicago Press, 1989).
Grene, M., Spinoza, *A Collection of Critical Essays* (Graden City, N. Y.: Anchor Books, 1973).
Jolley, Nicholas, ed., *The Cambridge Companion to Leibniz* (Cambridge: Cambridge University Press, 1995).
Kashap, S. P., *Studies in Spinoza* (Berkeley: University of California Press, 1972).
Kenny, Anthony, *Descartes: A Study of His Philosophy* (New York: Random House, 1968).
McRae, R., *Leibniz: Perception, Apperception, and Thought* (Toronto: University of Toronto Press, 1976).
Mercer, C., *Leibniz's Metaphysics: Its Origins and Development* (Cambridge: Cambridge University Press, 1998).

제11장 영국 경험론

원전

Berkeley, George, *The Works of George Berkeley, Bishop of Cloyne,* edited by A. A. Luce and

T. E. Jessop (Edinburgh: Thomas Nelson, 1948~57). 9 vols.
Hume, David, *A Treatise of Human Nature*, edited by David Fate Norton, Mary J. Norton (Oxford; New York: Oxford University Press, 2000).
Hume, David, *An Enquiry Concerning Human Understanding*, edited by Tom L. Beauchamp (New York: Oxford University Press, 1999).
Hume, David, *The Philosophical Works of David Hume*, edited by T. H. Green and T. H. Grose (London: Longman, Green, 1875), 4 vols.
Locke, John, *An Essay Concerning Human Understanding*, edited by P. H. Nidditch, Clarendon Editon (Oxford: Oxford University Press, 1975).
Locke, John, *The Works of John Locke* (London: T. Tegg, 1823), 10 vols.
Locke, John, *Two Treatises of Government*, edited by P. Laslett (Cambridge: Cambridge University Press, Oxford: Oxford University Press, 1967).

비판적 연구서들
Ashcraft, R., ed., *John Locke: Critical Assessments* (London: Routledge, 1991), 4 vols.
Ayers, M., *Locke* (London: Routledge, 1991), 2 vols.
Berman, David, ed., *George Berkeley: Eighteenth-Century Responses* (New York: Garland publishing, 1989).
Chappell, Vere, ed., *The Cambridge Companion to Locke* (Cambridge: Cambridge University Press, 1994).
Fieser, James, ed., *Early Responses to Hume* (Bristol, England: Thoemmes Press, 1999~2003), 10 vol.
Grayling, A. C., *Berkeley: The Central Arguments* (London: Duckworth, 1986).
Norton, David Fate, ed., *The Cambridge Companion to Hume* (Cambridge: Cambridge University Press, 1993).
Tweyman, Stanley, ed. *David Hume: Critical Assessments* (London: Routledge, 1991), 4 vols.
Winkler, K. P., *Berkeley: An Interpretation* (Oxford: Clarendon Press, 1989).

제12장 칸트

원전
Kant, Immanuel, *Critique of Judgment: Including the First Introduction*, tr. W. S. Pluhar (Indianapolis, IN: Hackett Publishing Company, 1987).
Kant, Immanuel, *Critique of Pure Reason*, tr. Werner S. Pluhar and Patricia Kitcher (Indianapolis: Hackett Publishing Company, 1996).
Kant, Immanuel, *Grounding for the Metaphysics of Morals*, tr, James W. Ellington (Indianapolis: Hackett Publishing Company, 1985).
Kant, Immanuel, *Kant's Critique of Judgement*, tr. J. C. Meredith (Oxford: Clarendon Press, 1952).
Kant, Immanuel, *Lectures on Ethics*, tr. P. Heath (Cambridge: Cambridge University Press, 1997).

Kant, Immanuel, *Prolegomena to Any Future Metaphysics That Will Be Able to Come Forward as Science,* tr. James W. Ellington (Indianapolis: Hackett Publishing Company, 1977).

비판적 연구서들

Aune, B., *Kant's Theory of Morals* (Princeton, NJ.: Princeton University Press, 1979).
Broad, O. D., *Kant: An Introduction* (Cambridge: Cambridge University Press, 1978).
Chadwick, R., ed., *Immanuel Kant: Critical Assessments* (London: Routledge, 1992), 4 vols.
Ewing, A. C., *Short Commentary on Kant's "Critique of Pure Reason,"* (Chicago: University of Chicago Press, 1987).
Guyer, Paul, ed., *Kant's Groundwork of the Metaphysics of Morals: Critical Essays* (New York: Rowman & Littlefield, 1998).
Guyer, Paul, ed., *The Cambridge Companion to Kant* (Cambridge: Cambridge University Press, 1992).
Höffe, O., *Immanuel Kant* (Albany: State University of New York Press, 1994).
Strawson, P. F., *The Bounds of Sense: An Essay on Kant's Critique of Pure Reason* (London: Methuen, 1975).
Walker, R. C. S., *Kant* (London: Routledge & Kegan Paul, 1978).
Wolff, R. P., ed., *Kant: A Collection of Critical Essays* (Garden City: Doubleday Anchor, 1967).

제13장 독일 관념론

원전

Hegel, G. W. F., *Elements of the Philosophy of Right,* trans. H. B. Nisbet, ed. A. Wood (Cambridge: Cambridge University Press, 1991).
Hegel, G. W. F., *Introduction to the Philosophy of History,* trans. L. Rauch (indianapolis: Hackett Publishing Company, 1988).
Hegel, G. W. F., *Lectures on the Philosophy of Religion,* trans. C. P. Hodgson and R.F. Brown (Los Angeles, CA: University of California Press, 1984~7) 3 vols.
Hegel, G. W. F., *Phenomenology of Spirit,* trans. A. V. Miller (Oxford: Clarendon Press. 1970).
Hegel, G. W. F., *Philosophy of Nature,* trans. and ed. M. J. Petry (London: Allen & Unwin, 1970) 3 vols.
Schopenhauer, Arthur, *Manuscript Remains,* tr. E. F. J. Payne (Oxford, New York and Hamburg: Berg, Schopenhauer, Arthur, 1988~90), vols 1-4.
Schopenhauer, Arthur, *On the Basis of Morality,* tr. E. F. J. Payne (Providence, RI and Oxford: Berhahn Books, 1995).
Schopenhauer, Arthur, *On the Will in Nature,* tr. E. F. J. Payne (New York and Oxford: Berg, 1992).
Schopenhauer, Arthur, *Schopenhauer's Early Fourfold Root,* tr. E. F. J. White (Aldershot: Avebury, 1997).
Schopenhauer, Arthur, *The World as Will and Representation,* tr. E. F. J. Payne (New York:

Dover, 1969), 2 vols.

비판적 연구서들

Atwell, J. E., *Schopenhauer: The Human Character* (Philadelphia, PA: Temple University Press, 1990).
Beiser, Frederick C., ed., *The Cambridge Companion to Hegel,* edited by (Cambridge University Press, 1993).
Fox, M., ed., *Schopenhauer: His Philosophical Achievement* (Brighton: Harvester, 1980).
Hardimon, M., *The Project of Reconciliation: Hegel's Social Philosophy* (Cambridge: Cambridge University Press, 1994).
Inwood, M., *Hegel* (London: Routledge & Kegan Paul. 1983).
Jacquette, D., ed., *Schopenhauer, Philosophy and the Arts* (Cambridge: Cambridge University Press, 1996).
Janaway, C., *Schopenhauer* (Oxford: Oxford University Press, 1994).
Pippin, R. B., *Hegel's Idealism: The Satisfactions of Self-Consciousness* (Cambridge: Cambridge University Press, 1989).
Stern, R. ed., *G. W. F. Hegel: Critical Assessments* (London: Routledge & Kegan Paul, 1993) 4 vols.
Taylor, C., *Hegel* (Cambridge: Cambridge University Press, 1975).
White, F. C., *On Schopenhauer's Fourfold Root of the Principle of Sufficient Reason* (Leiden: E. J. Brill, 1992).

제14장 공리주의와 실증주의

원전

Bentham, Jeremy and Mill, John Stuart, *The Utilitarians: Jeremy Bentham and John Stuart Mill* (Garden City, N. Y.: Dolphin Books, 1961).
Bentham, Jeremy, *A Fragment on Government* (Cambridge: Cambridge University Press, 1988).
Bentham, Jeremy, *Introduction to the Principles of Morals and Legislation* (New York, Hafner Publishing Company, 1948).
Bentham, Jeremy, *The Works of Jeremy Bentham,* ed., J. Bowring (Edinburgh, 1834), 10 vols.
Comte, Auguste, *System of Positive Polity,* tr. J. H. Bridges, F. Harrison (New York: Burt & Franklin, 1966), 4 vols.
Comte, Auguste, *The Positive Philosophy,* tr. H. Martineau (London: G. Bell, 1896), 3 vols.
Mill, John Stuart, *Autobiography* (New York: The Liberal Arts Press, 1958).
Mill, John Stuart, *Collected Works of John Stuart Mill,* ed., J. M. Robson (London: Routledge and Toronto, Ont.: University of Toronto Press, 1991).
Mill, John Stuart, *Six Great Humanistic Essays of John Stuart Mill* (New York: Washington Square Press, 1963).

비판적 연구서들

Albee, Ernest, *History of English Utilitarianism* (New York: Collier Books, a division of Crowell-Collier, 1962).
Crisp, R., *Mill on Utilitarianism* (London: Routledge, 1997).
Gray, J., *Mill on Liberty: a Defence* (London: Routledge, 1996).
Harrison, R., *Bentham* (London: Routledge, 1983).
Lévy-Bruhl, L., *The Philosophy of Auguste Comte* (New York: G. P. Putnam's Sons, 1903).
Long D., *Bentham on Liberty* (Toronto Ont.: University of Toronto Press, 1977).
Mill, John Stuart, *Auguste Comte and Positivism* (Ann Arbor: University of Michigan Press, 1961).
Pickering, M., *Auguste Comte: An Intellectual Biography* (Cambridge: Cambridge University Press, 1993).
Scharff, R., *Comte after Positivism* (Cambridge: Cambridge University Press, 1995).
Skorupski, John, *John Stuart Mill* (London: Routledge, 1989).
Skorupski, John, ed. *The Cambridge Companion to Mill* (Cambridge: Cambridge University Press, 1998).
Ten, C. L., *Mill on Liberty* (Oxford: Oxford University Press, 1980).

제15장 키르케고르, 마르크스, 니체

원전

Kierkegaard, Søren, *Concluding Unscientific Postscript,* trans. D. F. Swenson, L. M. Swenson and W. Lowrie (Princeton, NJ: Princeton University Press, 1941).
Kierkegaard, Søren, *Either/Or,* trans. H. V. Hong and E. H. Hong (Princeton, NJ: Princeton University Press, 1987), 2 vols.
Kierkegaard, Søren, *Fear and Trembling and Repetition,* trans. H. V. Hong and E. H. Hong (Princeton, NJ: Princeton University Press, 1933).
Kierkegaard, Søren, *Philosophical Fragments,* trans. H. V. Hong and E. H. Hong (Princeton, NJ: Princeton University Press, 1985).
Marx, Karl, and Engels, Friedrich, *Collected Works* (London: Lawrence & Wishart, 1975).
Marx, Karl, *Basic Writings on Politics and Philosophy: Karl Marx and Friedrich Engels,* ed., Lewis Feuer (Garden City, NY: Doubleday & Company, 1959).
Marx, Karl, *Economic and Philosophic Manuscripts of 1844* (New York: International Publishers Company, 1964).
Marx, Karl, *Selected Writings,* ed. D. McLellan (Oxford: Oxford University Press, 1977).
Marx, Karl, *The Pelican Marx Library* (Harmondsworth: Penguin, 1975~).
Nietzsche, Friedrich, *Beyond Good and Evil* (Chicago: Henry Regnery Company, 1959).
Nietzsche, Friedrich, *Joyful Wisdon* (New York: Frederick Ungar Publishing Co., 1960).
Nietzsche, Friedrich, *Philosophy in the Tragic Age of the Greeks* (Chicago: Henry Regnery Company, 1962).
Nietzsche, Friedrich, *The Birth of Tragedy and the Genealogy of Morals* (Garden City, N.Y.:

Doubleday & Company, Inc., 1956).
Nietzsche, Friedrich, *The Portable Nietzsche* (New York: Viking Pree, 1954).
Nietzsche, Friedrich, *Thus Spoke Zarathustra* (Baltimore: Penguin Books, 1961).

비판적 연구서들
Callinicos, A., *Marxism and Philosophy* (Oxford: Oxford University Press, 1985).
Elster, J., *Making Sense of Marx* (Cambridge: Cambridge University Press, 1985).
Gardiner, Patrick, *Kierkegaard* (Oxford: Oxford University Press, 1988).
Hannay, Alastair, *The Cambridge Companion to Kierkegaard* (Cambridge: Cambridge University Press, 1998).
Krimse, Bruce, *Kierkegaard in Golden Age Denmark* (University of Indiana Press, 1990).
Lowrie, Walter, *A Short Life of Kierkegaard* (Princeton University Press, 1942).
Magnus, Bernd, ed., *The Cambridge Companion to Nietzsche* (Cambridge: Cambridge University Press, 1996).
Nehamas, A., *Nietzsche: Life as Literature* (Cambridge, MA: Harvard University Press, 1985).
Rosen, M., *On Voluntary Servitude: False Consciousness and the Theory of Ideology* (Cambridge: Polity Press, 1996).
Rudd, A., *Kierkegaard and the Limits of the Ethical* (Oxford: Oxford University Press, 1993).
Schacht, R., *Nietzsche* (London: Routledge & Kegan Paul, 1983).
Torrance, J., *Karl Marx's Theory of Ideas* (Cambridge: Cambridge University Press, 1995).
Weston, M., *Kierkegaard and Modern Continental Philosophy* (London and New York: Routledge, 1994).
Young, J., *Nietzsche's Philosophy of Art* (Cambridge: Cambridge University Press, 1992).

제16장 프래그머티즘과 과정의 철학

원전
Bergson, Henri, *Creative Mind* (New York: Philosophical Library, 1956).
Bergson, Henri, *Introduction to Metaphysics* (New York: The Liberal Arts Press, 1949).
Bergson, Henri, *Selections from Bergson* (New York: Appleton-Century-Crofts, 1949).
Bergson, Henri, *The Two Sources of Morality and Religion* (Garden City, NY.: Doubleday & Company, 1954).
Bergson, Henri, *Time and Free Will* (New York: Harper & Row, Publishers, 1960).
Dewey, John, *A Common Faith* (New Haven, Conn.: Yale University Press, 1960).
Dewey, John, *Experience and Nature* (New York: Dover Publications, 1929).
Dewey, John, *On Experience, Nature and Freedom* (New York: The Liberal Arts Press, 1960).
Dewey, John, *Philosophy of Education* (Paterson, N.J.: Littlefield, Adams & Company, 1956).
Dewey, John, *Quest for Certainty* (New York: Capricorn Books, G.P. Putnam's Sons, 1960).
Dewey, John, *Reconstruction in Philosophy* (Boston: Beacon Press, 1957).
Dewey, John, *The Early Works of John Dewey, 1882~1898; The Middle Works of John*

Dewey, 1899~1924; The Later Works of John Dewey, 1925~1953, ed. J.A. Boydston, (Carbondale, IL: Southern Illinois University Press, 1969~1990), 37 vols.
Dewey, John, *Theory of Moral Life* (New York: Holt, Rinehart and Winston, 1960).
James, William, *Essays in Pragmatism* (New York: Hafner Publishing Company, 1940).
James, William, *Essays on Faith and Morals* (Cleveland: The World Publishing Company, 1962).
James, William, *The Will to Believe and Human Immortality* (New York: Dover Publications, Inc., 1956).
James, William, *The Works of William James* (Cambridge, MA, and London: Harvard University Press, 1975~1988), 17 vols.
James, William, *Varieties of Religious Experience* (New York: New American Library of World Literature, 1958).
Northrop, F. S. C., and Mason W. Gross eds., *A. N. Whitehead: An Anthology* (New York: The Macmillan Company, 1961).
Peirce, Charles Sanders, *Collected Papers of Charles Sanders Peirce,* eds. C. Hartshorne, P. Weiss, and A. Burks (Cambridge, MA: Harvard University Press, 1931~1958), 8 vols.
Peirce, Charles Sanders, *The Essential Peirce,* ed. H. Houser, and C. Kloesel (Bloomington, IN: Indiana University Press, 1992~1994).
Peirce, Charles Sanders, *The Writings of Charles S. Peirce: A Chronological Edition,* eds. M. Fisch, C. Kloesel, E. Moore, N. Houser (Bloomington, IN: Indiana University Press, 1982).
Whitehead, Alfred North, *Adventures of Ideas* (New York: New American Library of World Literature, 1955).
Whitehead, Alfred North, *Modes of Thought* (New York: Capricorn Books, G. P. Putnam's Sons, 1959).
Whitehead, Alfred North, *Process and Reality* (New York: Harper & Row, Publishers, 1960).
Whitehead, Alfred North, *Religion in the Making* (Cleveland: The World Publishing Company, 1960).
Whitehead, Alfred North, *Science and the Modern World* (New York: New American Library of World Literature, 1949).
Whitehead, Alfred North, *The Function of Reason* (Beacon Press, Boston, 1958).

비판적 연구서들

Alexander, I. W., Bergson, *Philosopher of Reflection,* (Bowes & Bowes, Ltd., London, 1957).
Bird, G., *William James* (London and New York: Routledge, 1987).
Boisvert, R., *Dewey's Metaphysics* (New York: Fordham University Press, 1988).
Brent, J., *Charles Sanders Peirce: A Life* (Bloomington, IN: & Kegan Paul, 1987).
Campbell, J., *Understanding John Dewey* (Chicago, IL: Open Court, 1995).
Colapietro, V., *Peirce's Approach to the Self* (Buffalo, NY: State University of New York Press, 1989).
Hausman, C., *Charles S. Peirce's Evolutionary Philosophy* (Cambridge: Cambridge University Press, 1993).
Hookway, C., *Peirce* (London: Routledge & Kegan Paul, 1985).

Johnson, A. H., *Whitehead's Philosophy of Civilization* (New York: Dover Publications, 1962).
Kline, George, ed., *Whitehead's Theory of Reality* (New York: Dover Publications, 1952).
Leclerc, Ivor, *Whitehead's Metaphysics* (New York: The Macmillan Company, 1958).
Lowe, V., *Alfred North Whitehead: The Man and His Work* (Baltimore, MD: The Johns Hopkins University Press, 1990), 2 vols.
Mays, W., *Whitehead's Philosophy of Science and Metaphysics, and Introduction to His Thought* (The Hague, Netherlands: Martinus Nijhoff, 1977).
Myers, G. E., *William James: His Life and Thought* (New Haven, CT, and London: Yale University Press, 1986).
Putnam, R. A., eds., *Cambridge Companion to William James* (Cambridge: Cambridge University Press, 1997).

제17장 분석 철학

원전

Austin, John L., *How to Do Things with Words* (New York: Oxford University Press, 1965).
Austin, John, L., *Philosophical Papers* (Oxford: Clarendon Press, 1970).
Austin, John, L., *Sense and Sensibilia* (Fair Lawn, N. J.: Oxford University Press, 1962).
Ayer, A. J., *Language, Truth and Logic* (New York: Dover Publications, 1946).
Ayer, A. J., *Logical Positivism* (New York: The Free Press of Glencoe, 1958).
Carnap, Rudolf, *Logical Syntax and Language* (New York: Harcourt, Brace & World, 1937).
Carnap, Rudolf, *Philosophy and Logical Syntax* (London: Kegal Paul, 1935).
Carnap, Rudolf, *The Logical Structure of the World* (Berkeley: University of California Press, 1967).
Carnap, Rudolf, *The Unity of Science* (London: Kegan Paul, 1934).
Moore, G. E., *Philosophical Papers* (New York: Collier Books, a division of Crowell-Collier Publishing Co., 1962).
Moore, G. E., *Philosophical Studies* (Paterson, N. J.: Littlefield, Adams & Company, 1951).
Moore, G. E, *Some Main Problems of Philosophy* (New York: Collier Books, a division of Crowell-Collier Publishing Co., 1962).
Quine, W. V., and Ullian, J. S., *The Web of Belief* (New York: Random House, 1970).
Quine, W. V., *From a Logical Point of View* (Cambridge, Mass: Harvard University Press, 1953).
Quine, W. V., *Word and Object* (Cambridge, Mass: the M. I. T. Press, 1960).
Russell, Bertrand, *Analysis of Matter* (New York: Dover Publications, 1954).
Russell, Bertrand, *Human Knowledge* (New York: Simon and Schuster, 1962).
Russell, Bertrand, *Inquiry into Meaning and Truth* (Baltimore: Penguin Books, 1963).
Russell, Bertrand, *Our Knowledge of the External World* (New York: New American Library of World Literature, 1960).
Russell, Bertrand, *Sceptical Essays* (New York: Barnes & Noble, 1961).
Russell, Bertrand, *The Problems of Philosophy* (Fair Lawn, N. J.: Oxford University Press, 1912).

White, Morton, ed., *Age of Analysis: 20th Century Philosophers* (New York: New American Library of World Literature, 1955).
Wittgenstein, Ludwig, *On Certainty* (Oxford: Basil Blackwell & Mott, 1967).
Wittgenstein, Ludwig, *Philosophical Investigations* (Oxford: Basil Blackwell & Mott, 1968).
Wittgenstein, Ludwig, *Tractatus Logico-Philosophicus* (New York: Humanities Press, 1961).

비판적 연구서들
Ayer, A. J., *Wittgenstein* (Chicago: University of Chicago, 1986).
Baker, G. P. and Hacker, P. M. S., *An Analytical Commentary on the Philosophical Investigations* (Oxford: Blackwell, 1990), 3 vols.
Barrett, R. B. and Gibson, R., eds., *Perspectives on Quine* (Oxford: Blackwell, 1990).
Canfield, J. V., ed., *The Philosophy of Wittgenstein* (New York and London: Garland Publishing Company, 1986~1988), 15 vol.
Clark, R. W., *The Life of Bertrand Russell* (London: Cape and Weidenfeld & Nicolson. 1975).
Gibson, R., *The Philosophy of W. V. Quine* (Gainesville, FL: University Presses of Florida, 1982).
Grayling, A. C., *Russell* (Oxford: Oxford University Press, 1996).
Hacker, P. M. S., *Wittgenstein's Position in Twentieth Century Analytic Philosophy* (Oxford: Oxford University Press, 1996).
Hahn, L. E. and Schilpp, P. A., eds., *The Philosophy of W. V. Quine* (La Salle, IL: Open Court, 1986).
Johnston, P., *Wittgenstein: Rethinking the Inner* (London: Routledge, 1993).
Kripke, Saul, *Wittgenstein on Rules and Private Language* (Oxford: Blackwell, 1982).
McGinn, M., *Sense and Certainty: A Dissolution of Scepticism* (Oxford: Blackwell, 1989).
Monk, R., *Bertrand Russell* (London: Jonathan Cape, 1996), 2 vols.
Monk, R., *Ludwig Wittgenstein* (London: Jonathan Cape, 1990).
Orenstein, A. and Kotatko, P., eds., *Knowledge, Language and Logic: Questions for Quine*, Boston Studies in the Philosophy of Science (Dordrecht: Kluwer, 1998).
Savage, C. W. and Anderson, C. A., eds., *Rereading Russell: Essays in Bertrand Russell's Metaphysics and Epistemology* (Minneapolis, MN: University of Minnesota Press, 1989).
Schilpp, Paul A., ed., *Philosophy of Bertrand Russell* (New York: Harper & Row, Publishers, Incorporated, 1963), 2 vols.

제18장 현상학과 실존주의

원전
Heidegger, Martin, *Basic Writings* (New York: Harper & Row, Publishers, 1977).
Heidegger, Martin, *Being and Time* (London: SCM Press, 1962).
Heidegger, Martin, *Poetry, Language, Thought,* tr., A. Hofstadter (New York: Harper & Row, Publishers, 1971).
Husserl, Edmund, *Ideas: A General Introduction to Pure Phenomenology* (New York: The

Macmillan Company, 1937).
Husserl, Edmund, *Phenomenology and the Crisis of Philosophy* (New York: Harper & Row, Publishers, Incorporated, 1965).
Husserl, Edmund, *The Paris Lectures* (The Hague, Netherlands: Nartinus Nijhoff, 1964).
Jaspers, Karl, *Man in the Modern Age* (New York: Doubleday & Company, Inc., Garden City, 1957).
Jaspers, Karl, *Philosophy and the world* (Chicago: Henry Regnery Company, 1963).
Jaspers, Karl, *Reason and Existenz* (New York: Noonday Books, Farrar, Straus & Cudahy, 1957).
Jaspers, Karl, *Truth and Symbol* (New Haven, Conn.: College and University Press, 1962).
Kaufmann, Walter, ed., *Existentialism* (Cleveland: The World Publishing Company, 1956).
Kern, Edith, ed., *Sartre* (Englewood Cliffs, N. J.: Prentice-Hall, 1963).
Marcel, Gabriel, *Man Against Mass Society* (Chicago: Henry Rignery Company, 1962).
Marcel, Gabriel, *Mystery of Being* (Chicago: Henry Rignery Company, 1960) 2 vols.
Marcel, Gabriel, *Philosophy of Existentialism* (New York: The Citadel Press, 1961).
Merleau-Ponty, Maurice, *Primacy of Perception*, tr., William Cobb (Evanston, IL: Northwestern University Press, 1964).
Merleau-Ponty, Maurice, *The Phenomenology of Perception*, tr., Colon Smith (London: Routledge & Kegan Paul, 1962).
Merleau-Ponty, *Maurice, Visible and the Invisible*, tr., Alphonso Lingis (Evanston, Ill.: Northwestern University Press, 1968).
Sartre, Jean-Paul, *Being and Nothingness* (New York: Philosophical Library, 1956).
Sartre, Jean-Paul, *Existentialism and Human Emotions* (New York: Philosophical Library, 1947).
Sartre, Jean-Paul, *Sartre By Himself* (New York: Urizen Books, Incorporated, 1978).
Sartre, Jean-Paul, *The Critique of Dialectical Reason* (London: NLB, 1976).

비판적 연구서들

Beauvoir, Simone de, *Adieux: A Farewell to Sartre*, tr. Patrick O'Brian (New York: Pantheon Books, 1984).
Caws, P., *Sartre* (London: Routledge & Kegan Paul. 1979).
Caws, P., *Sartre* (Routledge, Chapman and Hall, 1984).
Cohen-Solal, A., *Sartre: A Life* (New York: Pantheon, and London: Heinemann. 1987).
Howells, C., ed., *The Cambridge Companion to Sartre* (Cambridge: Cambridge University Press, 1992).
Howells, C., *Sartre: The Necessity of Freedom* (Cambrdige: Cambridge University Press, 1988).
Kockelmans, J. L., *Phenomenology: The Philosophy of Edmund Husserl and Its Interpretation* (Garden City, NY: Doubleday and Company, 1967).
Mehta, J. L., *Martin Heidegger: The Way and the Vision* (Honolulu: University of Hawaii Press, 1976).
Murdoch, Iris, *Sartre. Romantic Rationalist* (New York: Viking, 1987).
Pietersma, Henry, ed., *Merleau-Ponty: Critical Essays* (Washington, DC: University Press, of America, 1990).

Sallis, J., *Delimitations: Phenomenology and the End of Metaphysics* (Bloomington, IN: Indiana University Press, 1995).
Schilpp, P. A., *The Philosophy of Jean-Paul Sartre* (La Salle, Ill.: Open Court Publishing Company, 1981).
Schmidt, James, *Maurice Merleau-Ponty: Between Phenomenology and Structuralism* (New York: St. Martin's Press, 1985).
Schürmann, R., *Heidegger on Being and Acting: From Principles to Anarchy* (Bloomington, IN: Indiana University Press, 1987).
Smith, B. and Woodruff Smith, D., eds., *The Cambridge Companion to Husserl* (Cambridge: Cambridge University Press, 1995).
Smith, B. and Woodruff Smith, D., eds, *The Cambridge Companion to Husserl* (Cambridge: Cambridge University Press, 1995).
Whiteside, Kerry H., *Merleau-Ponty and the Foundation of an Existential Politics* (Princeton, N. J.: Princeton University Press, 1988).
Wilcocks, R., ed., *Critical Essays on Jean-Paul Sartre* (Boston: G. K. Hall. 1988).

제19장 최근의 철학

원전

Anscombe, G. E. M., *Collected Philosophical Papers* (Minneapolis, MN: University of Minnesota, Press, 1981) 3 vols.
Armstrong, D. M., *A Materialist Theory of the Mind* (London: Routledge & Kegan Paul, 1968).
Derrida, Jacques, *Of Grammatology*, tr. G. Spivak (Chicago, IL: University of Chicago Press, 1974).
Derrida, Jacques, *Speech and Phenomena and Other Essays on Husserl's Theory of Signs*, tr., D. Allison (Evanston, IL: Northwestern University Press, 1973).
Derrida, Jacques, *Writing and Difference*, tr. A. Bass (Chicago, IL: University of Chicago Press, 1978).
Lévi-Strauss, Claude, *Structural Anthropology* (New York: Basic Books, 1963).
Noddings, Nel, "Ethics from the Stand Point Of Women", in Deborah L. Rhode, ed., *Theoretical Perspectives on Sexual Difference* (New Haven, CT: Yale University Press, 1990).
Noddings, Nel, *Caring: A Feminine Approach to Ethics and Moral Education* (Berkeley, CA: University of California Press, 1984).
Rorty, Richard, *Consequences of Pragmatism* (Minneapolis: University of Minnesota Press, 1982).
Rorty, Richard, *Contingency, Irony, and Solidarity* (Cambridge: Cambridge University Press, 1989).
Rorty, Richard, *Linguistic turn* (Chicago: The University of Chicago Press, 1988).
Rorty, Richard, *Philosophy and the Mirror of Naure* (Princeton, N. J.,: Princeton University Press, 1979).

Ryle, Gilbert, *Dilemmas* (Cambridge: Cambridge University Press, 1960).
Ryle, Gilbert, *The Concept of Mind* (New York: Barnes & Noble, 1950).
Saussure, Ferdinand de, *Course in General Linguistics,* tr. W. Baskin (Glasgow: Fontana / Collins, 1977).
Searle, John R. "Minds, Brains, and Programs," *Behavioral and Brain Sciences* (1980), 3: 417-24.
Searle, John R., *Minds, Brains, and Science* (Cambridge, Mass: Harvard University Press, 1984).
Smart, J. J. C., "Sensations and Brain Processes," *Philosophical Review* (1959), 68: 141-56.

비판적 연구서들
Culler, J., *Saussure* (Glasgow: Fontana / Collins, 1976).
Descombes, V., *Modern French Philosophy,* tr. L. Scott-Fox and J. M. Harding (Cambridge: Cambridge University Press, 1980).
Held, Virginia, *Feminist Morality: Transforming Culture, Society, and Politics* (Chicago, IL: University of Chicago Press, 1993).
Leach, E., *Lévi-Strauss,* Modern Masters Series (London: Fontana, 1970).
Lepore, E. and van Gulick, R., eds., *John Searle and his Critics* (Oxford: Blackwell, 1991).
Lyons, W., *Gilbert Ryle: An Introduction to His Philosophy* (Brighton: Harvester Press, and Atlantic Highlands, NJ: Humanities Press, 1980).
Merquior, J. G., *From Prague to Paris. A Critique of Structuralist and Post-structuralist Thought* (London: Vergo, 1986).
Norris, C., *Derrida* (London: Fontana, 1987).
Rosenthal, D. M., ed., *The Nature of Mind* (London: Oxford University Press, 1991).
Saatkamp, H. J., Jr., ed., *Rorty & Pragmatism*: *The Philosopher Responds too His Critics* (Nashville, TN, and London: Vanderbilt University Press, 1995).
Tong, Rosemarie, *Feminine and Feminist Ethics* (Belmont, CA: Wadsworth, 1993).

옮긴이의 말

혹자는 인간의 사유는 바다와 같다고 한다. 그 물결은 때로는 높이 솟았다가 저 아래로 곤두박질하기도 하며 역류가 있는가 하면 소용돌이도 있고, 평온한 순간과 아울러 격동과 혼란의 순간도 있다. 바다가 그렇듯이 사유 또한 하나며 저 깊숙한 곳에서는 생명과 운동을 가능하게 하는 기본의 힘들과 연결되어 있다.

인간의 사유는 순수한 추상, 또는 인류의 일상생활 위에 떠워 있는 연(鳶)이 아니다. 사유는 삶의 필수적인 부분이다. 사유는 삶에서 나오며 삶을 반영하는 동시에 그 삶을 수정시킨다. 인간 사유의 수많은 파동은 문명과 역사의 파동이며 거꾸로 문명과 역사는 사유의 파동을 일으키는 동시에 그 파동의 영향을 받는다.

한마디로 말해 인간 역사의 실재를 형태로 만드는 여러 힘들의 정신적 투영, 이것이 곧 사상이다. 따라서 역사 속에서 작용하고 있는 여러 힘들의 패턴처럼 사상의 패턴도 대립에서 동일로, 동일에서 대립으로 부단히 옮겨 간다. 그리고 그러한 사유의 구축construction마저 진저리를 내어 해체deconstruction를 부르짖는다. 결국 사상이라는 지평에서의 변화는 절대적 변형과 전체적인 소멸의 문제가 아니라 역사적 시간에 따른 〈강조의 문제〉다.

이 책은 미국의 밴더빌트 대학교 철학 교수였던 새뮤얼 이녹 스텀프Samuel Enoch

Stumpf와 테네시 대학교 철학 교수인 제임스 피저James Fieser가 쓴 『소크라테스에서 포스트모더니즘까지Socrates to Sartre and Beyond: A History of Philosophy』 (McGraw-Hill, 2003)를 완역한 것이다. 본래 이 책은 스텀프가 1966년에 〈소크라테스에서 사르트르까지: 서양 철학사Socrates to Sartre: A History of Philosophy〉라는 제목으로 출간했던 것을 1998년 그가 죽은 후 제자인 제임스 피저가 전면적으로 수정 및 재편집하고, 그리고 몇 개 장(章)을 보완해 2003년에 새롭게 출간한 것이다. 그러므로 이 책에는 스텀프의 책에서 볼 수 없었던 중세 철학에서의 〈이슬람과 유대 사상〉, 그리고 독일 관념론에서의 〈쇼펜하우어〉가 추가되어 각 시대마다의 사상적 균형을 이루고 있다.

특히 이 책은 20세기 철학과 그 후 현재 논의 중인 철학까지도 다룸으로써 시간이 생명일 수 있는 철학사의 수명을 최대한 연장하고 있다. 예를 들면 스텀프의 책에서는 없었던 후설과 메를로퐁티의 현상학에 관한 장이 추가된 것이나 리처드 로티의 반(反)표상주의를 비롯하여 레비스트로스의 구조주의와 자크 데리다의 포스트구조주의, 마지막으로 포스트모더니즘까지 언급하여 철학사를 현재 논의의 장(場)으로까지 끌어들였다. 특히 남성 중심주의의 폐역clôture으로서 공인받은 공간같이 여성 차별의 장이 되어 온 철학사에 시몬 드 보부아르를 비롯하여 앤스콤과 노딩스에게 상당한 지면이 할애된 것은 주목할 만한 사건이자 이 책을 돋보이게 하는 장점이 아닐 수 없다. 노딩스의 『여성의 관점에서 본 윤리학』을 소개함으로써 이 책은 성gender 문제를 윤리학의 주제화한 페미니즘을 통해 철학사에 드디어 여성 철학의 등장을 조심스럽게 시도하고 있다.

스텀프는 이 책의 초판 서문에서 철학에 입문하려는 학생이나 다른 학문을 전공하는 이들, 그리고 일반 교양인을 위해 이 책을 쓴다고 밝힌 바 있는데, 옮긴이의 번역 동기도 이와 크게 다르지 않다. 첨가할 수 있는 번역 동기가 있다면, 철학사는 특색과 장점이 저마다 다를 수 있기 때문에 그 종류도 많을수록 좋다는 생각이다.

옮긴이는 이 책을 번역하는 데 영어로만 통일되어 있는 모든 철학 용어들을 될 수 있는 대로 그 나라의 말에 맞게 고쳐 놓았다. 이를 위해서 여러 나라의 철학사를 참고했는데, 특히 에밀 브레이어Emil Bréhier의 『철학사Histoire de la philosophie』와 요하네스 히르슈베르거Johannes Hirshberger의 『철학사Geschichte der Philosophie』

를 이용하였다. 또한 이 번역본에서는, 신판에서는 생략되었지만 제2판의 내용이 더 낫다고 판단되는 부분이나 신판의 내용보다 독자의 이해에 도움이 될 만한 부분들은 그대로 남겨 두었다. 피저의 첨삭이나 수정을 통한 개정이 반드시 개선 효과를 가져왔다고 생각하지는 않기 때문이다.

  이 책은 옮긴이에 의해 2004년 9월에 번역 출판된 것의 개정본이다. 2004년 번역본은 피저의 개정판을 전면적으로 수정하여 번역한 것이 아니라 그가 추가한 〈제19장 최근의 철학〉과 그 밖의 일부분만을 보완하여 출판한 것이었으므로 온전한 것이 아니었다. 그럼에도 불구하고 그 동안 이 점을 양해해 준, 그리고 여러 흠결들을 지적해 준 그간의 독자들에게 고마움을 전하지 않을 수 없다. 또한 옮긴이는 이러한 저간의 사정으로 인해 이 책의 번역본이 전면적인 수정과 보완을 거쳐 독자들에게 이제야 비로소 제 모습으로 선보일 수 있게 되어 매우 다행스럽게 생각한다.

  끝으로 이 책의 출판을 기꺼이 맡아 준 홍지웅 사장님에게 먼저 감사드리고 싶다. 아울러 이 책을 볼 때마다 언제나 편집장님을 비롯하여 출판의 인고를 함께해 준 열린책들의 여러분들에게도 감사의 마음을 떠올릴 것이다.

2008년
이광래

찾아보기

ㄱ

가상디 Pierre Gassendi　　334, 361
갈 Franz Joseph Gall　　539
갈레노스 Claudios Galenos　　130, 323, 328
갈릴레이 Galileo Galilei　　57, 323~326, 328, 333, 334, 394, 423, 529, 532, 740
고르기아스 Gorgias　　60, 64, 65, 89
괴델 Kurt Gödel　　645
괴테 Johann Wolfgang von Goethe　　470, 491, 531, 577, 587
귀리케 Otto von Guericke　　323
기욤(샹포의) Gillaume de von Champeaux　　243, 244, 249
길버트 William Gilbert　　323, 328

ㄴ

노딩스 Nel Noddings　　748~750, 786
노이라트 Otto Neurath　　645
뉴턴 Isaac Newton　　56, 57, 325, 327, 375, 376, 395, 423, 431~434, 491, 529, 532, 535, 540, 618, 630, 631, 632, 658
니체 Friedrich Nietzsche　　34, 541, 572~578, 580~587, 686, 687, 691~694, 698, 706, 739, 741, 742, 749, 751, 757, 761, 763

ㄷ

다윈 Charles Darwin　　275, 428, 563, 586, 591, 592, 611, 618, 626, 658, 737
더프리스 Hugo de Vries　　626
데리다 Jacques Derrida　　754, 755, 763, 786
데모크리토스 Democritos　　49, 53~58, 124, 125, 173, 174, 176, 326, 328, 377, 378, 395, 552, 562, 631~633, 679, 718, 724, 730
데카르트 René Descartes　　57, 210, 320, 323, 333, 334, 347~367, 369, 372, 376, 377, 387, 388, 395, 433, 450, 475, 592, 595, 623, 625, 633, 635, 680, 681, 683, 684, 717, 724, 725, 728~730, 734, 735, 761, 763
도스토예프스키 Fedor Dostoevskii　　686, 693, 706
듀이 John Dewey　　591, 592, 609~616, 618, 675, 736~738, 743, 756

디드로Denis Diderot 704
디오게네스 라에르티우스Diogenes Laertius 80

ㄹ

라이프니츠Gottfried Wilhelm Leibniz 156, 325, 347, 348, 375~386, 431, 433, 436, 633, 731, 734
라일Gilbert Ryle 7, 639, 725~730, 760
러셀Bertrand Russell 540, 630, 640~646, 661, 662, 664, 674, 751
레비스트로스Claude Lévi-Strauss 752, 753, 759, 786
레우키포스Leucippos 53~56, 124
로스켈리누스Roscellinus 243~245
로이스Josiah Royce 597
로크John Locke 57, 303, 376, 387~392, 394~404, 406~408, 412~415, 418, 421, 506, 508, 540, 552, 634, 680
로티Richard Rorty 730, 734~744, 756, 786
롤스John Bordley Rawls 743
루소Jean Jacques Rousseau 5, 303, 413, 755
루크레티우스Lucretius 175, 326
루터Martin Luther 309~315
리카도David Ricardo 519, 552

ㅁ

마르셀Gabriel Marcel 674, 694, 697, 698
마르쿠스 아우렐리우스Marcus Aurelius 180
마르크스Karl Marx 519, 540, 541, 550~572, 691, 712, 713, 743, 758, 775
마이모니데스Moses Maimonides 258~260, 365
마키아벨리Niccoló Machiavelli 306~308
마흐Ernst Mach 540
맥태거트John Ellis McTaggart 640
메르센Marin Mersenne 333

메를로퐁티Maurice Merleau-Ponty 674, 677, 714~722, 761, 786
메스트르Joseph de Maistre 530
멘델Gregor Johann Mendel 626, 740
모어Thomas More 312
몽테뉴Michel de Montaigne 312, 316~320, 347, 692
무어George Edward Moore 640, 642, 662, 664
밀James Mill 516
밀John Stuart Mill 504~506, 516~529, 532, 537, 552, 675, 747, 759

ㅂ

바르트Karl Barth 694
바우어Bruno Bauer 553, 554
바이스만Friedrich Weismann 645
버클리George Berkeley 388, 403~413, 415, 418, 421, 467, 496, 540, 733
베르그송Henri Bergson 592, 617~630, 675, 682, 691, 699
베이컨Francis Bacon 323, 324, 327~334, 337, 355, 367, 387, 540, 657
벤담Jeremy Bentham 426, 427, 504~524, 526, 527, 745, 747, 759
보나벤투라San Bonaventura 253, 254, 256, 264~266, 278
보날Louis Gabriel Ambroise, Vicomte de Bonald 530
보부아르Simone de Beauvoir 701~703, 714, 716, 786
보에티우스Anicius Manlius Severinus Boethius 229~232, 234, 235, 238, 243, 261, 262
보일Robert Boyle 323, 388
보즌켓Bernard Bosanquet 640
볼테르Voltaire 303, 704
볼프Christian von Wolff 431, 433
뵈메Jacob Böhme 691

부르크하르트Jacob Burckhardt 574
부버Martin Buber 694
분트Wilhelm Wundt 675
불트만Rudolf Bultmann 694
브라헤Tycho Brahe 324
브래들리Francis Herbert Bradley 640
브렌타노Franz Brentano 675, 686
브룅슈비크Léon Brunschvicg 714
브루너Emil Brunner 694
비샤Marie François Xavier Bichat 535
비트겐슈타인Ludwig Wittgenstein 638, 639, 643, 644, 646, 653, 659~667, 745, 751

488~504, 573, 577, 587, 786
슈툼프Carl Stumpf 675
슈트라우스David Friedrich Strauss 531, 553
슐리크Moritz Schlick 645, 655
스마트John Jamieson Carswell Smart 730, 731
스페우시포스Speusippos 132
스피노자Baruch de Spinoza 347, 348, 365~377, 433, 436, 474, 575
시게루스(브라반트의)Sigerus de Brabantia 253, 255, 266
시지윅Henry Sidgwick 746

ㅅ

사르트르Jean-Paul Sartre 674, 677, 691, 698, 699, 700~714, 716, 717, 721, 722, 751, 752, 761, 786
사보나롤라Girolamo Savonarola 306, 312
사비니Friedrich Karl von Savigny 570
사이비 디오니시우스Pseudo-Dionysius 229, 235~240, 242, 297
산타야나George Santayana 597
설John Searle 732~734
세네카Lucius Annaeus Sereca 180
섹스투스 엠피리쿠스Sextus Empiricus 189, 315, 764
셸링Friedrich Wilhelm Joseph von Schelling 469~471, 531, 542, 691
소쉬르Ferdinand de Saussure 751, 752, 759
소크라테스Socrates 43, 54, 59, 60, 62, 64, 66~85, 87, 88, 95, 100, 103, 106~108, 112, 122, 124, 133, 134, 138, 162, 167, 173, 180, 181, 189, 244, 245, 246, 301, 316, 332, 521, 522, 545, 548, 549, 575, 585, 587, 679, 692, 760, 761
소포클레스Sophocles 67
솔론Solon 22, 84
쇼펜하우어Arthur Schopenhauer 380, 469,

ㅇ

아낙사고라스Anaxagoras 51~53, 56, 68
아낙시만드로스Anaximandros 21, 25~27, 124
아낙시메네스Anaximenes 21, 27, 28, 34, 49, 50, 124
아르케실라오스Arkesilaos 189
아르키메데스Archimedes 357
아리스토텔레스Aristoteles 23, 24, 29, 31, 52~56, 69, 77, 79, 85, 89, 103, 104, 129~169, 173~175, 180, 189, 191, 195~197, 212, 220, 227, 230, 231, 234, 235, 240, 242, 252~254, 256~262, 264~268, 275, 278, 282~284, 286, 287, 290, 291, 301, 302, 304, 305, 310, 318, 324, 328, 330, 332, 333, 345, 350, 388, 408, 470, 476, 477, 505, 529, 634, 640, 658, 668, 679, 686, 692, 737, 745, 747, 748~750, 760~762
아리스톤Ariston ho Chios 180
아베로에스Averroës 253~258
아벨라르두스Petrus Abaelardus 244~246, 264, 292
아비센나Avicenna 246, 253~257, 260, 269, 274, 292

아우구스티누스 Augustinus　195, 196, 203~210, 212~228, 231, 235, 238, 239, 240, 247, 250, 261, 265, 266, 279, 285, 286, 288, 290, 291, 302, 309, 310, 312, 360, 692, 761
아이스킬로스 Aeschylos　66, 573
안셀무스 Anselmus　216, 243, 244, 246~252, 264, 268, 360, 369, 762
알베르투스 Albertus　263, 264, 266, 296, 297
알키비아데스 Alkibiades　68, 79, 80
암모니오스 사카스 Ammonios Saccas　195
암브로시우스 Ambrosius　206, 207
암스트롱 David Malet Armstrong　730, 731
앤스콤 Elizabeth Anscombe　745~748, 757, 786
야스퍼스 Karl Jaspers　674, 691, 694~698
에라스무스 Desiderius Erasmus　312~315
에리우게나 Johannes Scotus Eriugena　229, 238~242
에어 Alfred Jules Ayer　639, 646, 656
에우독소스 Eudoxos　88
에우리피데스 Euripides　67
에크하르트 Johannes Eckhart　292, 296, 297
에피쿠로스 Epicuros　173~180, 188, 196, 377
에픽테토스 Epiktetos　180~182, 186
엠페도클레스 Empedokles　48~51, 54
오도(토르나시우스의) Odo Tornacensia　243, 249
오리게네스 Origenes　195
오스틴 John Austin　667~673, 733
오컴 William Ockham　247, 292, 294, 295, 296, 309
요한네스 둔스 스코투스 Johannes Duns Scotus　292
워즈워스 William Wordsworth　470, 517, 629, 630
위클리프 John Wycliffe　302
유스티누스(순교자) Justinus Martyr　195
이소크라테스 Isokrates　88

ㅈ

제논 Zenon　43~47, 64, 83, 175, 180, 181, 625
제임스 William James　517, 545, 591, 592, 594, 597~609, 680, 691, 763
조이제 Heinrich Seuse　297
존슨 Samuel Johnson　404

ㅋ

카르납 Rudolph Carnap　645, 649~654, 663, 664
카르미데스 Charmides　67, 80, 85, 89
카뮈 Albert Camus　691
칸트 Immanuel Kant　303, 361, 431~455, 457~470, 472, 473, 485, 488, 491, 493, 494, 498, 504, 505, 511, 531, 541, 566, 575, 592, 625, 647, 648, 668, 680, 682, 684, 704, 706, 720, 723, 724, 735, 741, 744, 746~748, 760~762
커드워스 Ralph Cudworth　391
케플러 Johannes Kepler　324, 325, 658
코페르니쿠스 Nicolaus Copernicus　324, 325, 328, 334, 442
콜렛 John Colet　312
콩트 Auguste Comte　504, 528~540, 646, 761
콰인 Willard Van Orman Quine　654, 657~659
크누첸 Martin Knutzen　431, 432
크로이소스 Kroisos　22
크리티아스 Kritias　80, 85
크세노폰 Xenophon　67, 68
클레멘스(알렉산드리아의) Clemens　195
키르케고르 Søren Aabye Kierkegaard　541~550, 686, 691, 694, 697, 698, 707, 739
키케로 Marcus Tullius Cicero　180, 188, 204, 205, 231

ㅌ

타울러 Johann Tauler 297
탈레스 Thales 21~27, 34, 41, 43, 49, 651
테르툴리아누스 Tertullianus 195
토리첼리 Evangelista Torricelli 320, 323
토마스 아퀴나스 Thomas Aquinas 151, 208, 231, 246, 254, 258, 259, 261~267, 274~282, 284~297, 301, 308, 309, 312
트라시마코스 Thrasymachos 60, 65
티퍼세이 Tippershey 323
틸리히 Paul Tillich 694

ㅍ

파르메니데스 Parmenides 38~45, 47~49, 54~56, 59, 64, 83, 89, 100, 102, 474
파스칼 Blaise Pascal 314, 320~322, 334, 691, 763
파이글 Herbert Feigl 645
퍼스 Charles Sanders Peirce 591~598, 763
페트라르카 Petrarca 304
펠라기우스 Pelagius 208
포르피리오스 Porphyrios 196, 231, 234, 242
포이어바흐 Ludwig Feuerbach 531, 542, 552~555, 558
푸앵카레 Jules Henri Poincaré 540
프레게 Gottlob Frege 661
프로클로스 Proklos 235~237
프로타고라스 Protagoras 60, 62~64, 84
프톨레마이오스 Claudios Ptolemaios 324, 658
플라톤 Platon 23, 26, 33, 34, 43, 54, 62, 64, 65, 67~69, 76, 77, 79~90, 92~134, 140, 145, 146, 154~157, 161, 162, 164, 167, 173~175, 189, 191, 195~197, 200, 203, 210~212, 217, 223~225, 230, 231, 235, 243, 244, 246, 261, 262, 265, 280, 290, 291, 301~303, 313, 318, 328, 331, 391, 470, 473, 474, 491, 492, 502, 505, 544, 545, 573, 575, 595, 625, 636, 637, 640, 668, 679, 720, 724, 734, 741~743, 754
플로티노스 Plotinos 173, 174, 195~203, 206, 231, 216, 218, 231, 261, 278, 302, 318
플루타르코스 Plutarchos 26
피론 Pyrrhon 189, 315, 316
피치노 Marsilio Ficino 317
피코 델라 미란돌라 Giovanni Pico della Mirandola 304
피타고라스 Pythagoras 28~33, 100, 195
피히테 Johann Gottlieb Fichte 468, 469, 471, 531

ㅎ

하비 William Harvey 323
하이데거 Martin Heidegger 674, 676, 677, 685~691, 693, 699, 702, 706, 708, 739, 751, 754
헤겔 Georg Wilhelm Friedrich Hegel 34, 466, 469, 470~488, 492, 504, 531, 541~543, 546, 552~555, 558, 559, 561, 570, 575, 591, 592, 595, 597, 611, 640, 695, 737
헤라클레이토스 Herakleitos 33~40, 49, 59, 83, 100, 173, 633
헤르메이아스 Hermeias 132, 133
헤어 Richard Mervyn Hare 657
호메로스 Homeros 20~22, 29, 574, 577, 658, 659
홉스 Thomas Hobbes 327, 333~347, 355, 364, 366, 387, 391, 400~403, 432, 505, 540
화이트헤드 Alfred North Whitehead 129, 592, 617, 618, 629~637, 642
횔덜린 Johann Christian Friedrich Hölderlin 470
휠링크스 Arnold Geulincx 365
후설 Edmund Husserl 674~687, 694, 699, 702, 710, 751, 754, 755, 786
흄 David Hume 303, 388, 412~427, 434,

436~438, 441, 442, 488, 494, 505, 507, 517, 540, 625, 644~646, 648, 675, 680, 694, 724, 746~748, 751
히파소스 Hippasos 31
히포크라테스 Hippocrates 130, 196, 328
히피아스 Hippias 60
힐라스 Hylas 408

옮긴이 **이광래** 고려대학교 철학과를 졸업하고 같은 대학원에서 철학 박사 학위를 받았다. 강원대학교 철학과와 중국 랴오닝 대학교 철학과 그리고 러시아 하바롭스크 대학교 명예 교수로 재직 중이다. 국제 동아시아 사상사학회 회장을 지냈으며, 현재 한국일본사상사학회 고문이다. 프랑스 철학, 서양 철학사, 사상사에 대한 여러 책을 번역했고, 국민대학교 미술학부 대학원(박사 과정)에서 미술 철학을 강의하며 미술사와 예술 철학에 관해 저술과 강연 활동을 하고 있다.

지은 책으로『미셸 푸코: 광기의 역사에서 성의 역사까지』(1989),『프랑스 철학사』(1993),『이탈리아 철학』(1996),『한국의 서양 사상 수용사』(2003),『일본사상사 연구』(2005),『미술을 철학한다』(2007),『해체주의와 그 이후』(2007),『방법을 철학한다』(2008),『미술 철학사』(2016),『미술과 문학의 파타피지컬리즘』(2017),『미술과 무용, 그리고 몸철학』(2020),『고갱을 보라』(2022),『건축을 철학한다』(2023),『필로아트』(2024) 등이 있고, 옮긴 책으로『말과 사물』(1980),『서양철학사』(1983),『사유와 운동』(1993),『정상과 병리』(1996),『그리스 과학 사상사』(2014) 등이 있다.

소크라테스에서 포스트모더니즘까지

발행일	2004년 9월 10일 초판 1쇄
	2024년 3월 10일 초판 26쇄
지은이	새뮤얼 이녹 스텀프, 제임스 피저
옮긴이	이광래
발행인	홍예빈 · 홍유진
발행처	주식회사 열린책들

경기도 파주시 문발로 253 파주출판도시
전화 031-955-4000 팩스 031-955-4004
홈페이지 www.openbooks.co.kr 이메일 humanity@openbooks.co.kr

Copyright (C) 주식회사 열린책들, 2004, Printed in Korea.
ISBN 978-89-329-0547-1 03100